플루타르코스
영웅전 전집 II

플루타르코스

현대지성 클래식 **7**

플루타르코스
영웅전 전집 II

BIOI PARALLELOI

플루타르코스 | 이성규 옮김

현대
지성

목차 _Contents_

하권

일·러·두·기

1. 본 역서는 존 드라이든(John Dryden)이 영역하고, 아서 휴 클러프(Arthur Hugh Clough)가 7년 동안의 개정 작업을 거쳐 1859년에 출간한 영역본을 바탕으로 완역하였다. 이 영역본은 영미권에서 가장 널리 보급된 판본이다.

2. 본 역서는 가능한 한 외래어 표기법에 따라 인명·지명을 표시하였고, 이해하기 쉽게 현 지명을 따랐다.

예) 퓌타고라스 → 피타고라스 　　실리시아 → 킬리키아 　　크랏수스 → 크라수스

퀴로스 → 키로스 　　　　　그락쿠스 → 그라쿠스 　　퓌르로스 → 피로스

뤼십포스 → 리시포스 　　　아이귑토스 → 이집트 　　헬라스 → 그리스

3. 본 역서는 다양한 일화, 기원, 관습 등 여담으로 기록한 부분과 시(詩) 등의 인용문을 빠짐없이 모두 완역하였다.

4. 원래 띄어써야 할 단어를 익숙한 단어는 예외로 하였다.

예) 로마 인→로마인, 아테네 인→아테네인, 그리스 인→그리스인

5. 로마의 이름은 '우스'로 끝나지만, 그리스의 이름은 '오스'로 끝난다. 가능한 한 외래어 표기법대로 맞추었다.

예) 로마식: 파울루스, 카밀루스, 코리올라누스 　　그리스식: 헤라클레이토스, 리쿠르고스, 피로스

28

크라수스

(CRASSUS, BC 115경~53)

로마의 장군이자 정치가. 집정관, 감찰관 등을 지냈으며 스파르타쿠스 반란을 집압하여 크게 이름을 떨쳤다. 재물에 대한 탐욕이 매우 컸고 폼페이우스, 카이사르 등과 세력을 다투었다. 시민들의 반대를 물리치고 파르티아 원정을 떠나 큰 전투를 벌이다가 동포의 배신과 적의 속임수 때문에 죽임을 당했다.

마르쿠스 크라수스는 두 형과 함께 조그마한 집에서 태어났다. 그의 아버지는 감찰관[1]의 지위에 오르기도 했고, 해외 원정에서 승리를 거두어 개선식을 올린 적도 있다. 식사 때면 늘 가족들이 한 자리에 모이곤 했는데, 크라수스의 생활이 간소했던 것도 다분히 그러한 영향을 받았던 것 같다.

크라수스는 두 형 중 하나가 죽자, 미망인이 된 형수와 결혼을 하여 아이까지 낳았다. 이러한 면으로 볼 때 그는 로마인들 중에서 가장 단정한 사람이었다는 것을 알 수 있다. 그러나 늙어서는 베스타 처녀[2]인 리키니아와 지나치게 가깝다는 소문이 돌기도 했다. 결국 재판까지 받았지만, 그것은 사실이 아니라고 밝혀졌다. 리키니아는 로마 근교에 좋은 별장 하나를 가지고 있었다. 크라수스는 이 땅을 싼

---

1) 켄소르: 집정관을 지낸 사람 중에서 선임되던 고위 관직.
2) 베스타 여신의 신전에서 성화를 지키는 여섯 명의 처녀.

값에 사고 싶어했다. 사람들은 그들이 좋지 못한 관계를 맺고 있다고 여겼다. 그러나 그는 개의치 않고 계속 리키니아를 쫓아다녔고, 마침내 욕심내던 땅을 손에 넣고야 말았다.

로마인들은 크라수스가 여러 가지 좋은 성품을 지니고 있었지만, 단 하나 탐욕 때문에 광채를 잃어버렸다고 얘기하곤 했다. 물론 다른 나쁜 점들도 있었지만 사람들의 눈에는 그가 지닌 탐욕밖에는 눈에 보이지 않았던 것이다. 그가 가진 재산과 그 재산을 얻는 방법을 보면 크라수스가 재물에 대해 얼마나 탐욕스러웠는지를 알 수 있다.

그의 재산은 처음에 3백 탈렌트 정도에 지나지 않았다. 그는 처음으로 집정관의 자리에 올랐을 때 재산의 10분의 1을 헤라클레스 신전에 바쳤다. 시민들에게는 큰 잔치를 베풀고 석 달 동안 먹을 곡식을 나누어 주기도 했다. 그러나 파르티아 전쟁에 출정하기 전에 재산을 평가해 보니, 그러고도 7천 1백 탈렌트나 남아 있었다. 사실 이 재산의 대부분은 화재나 전란 때 얻은 것으로, 결국 나라의 불행을 이용하여 사사로운 제 욕심을 채운 것이었다. 즉 술라가 로마를 정복했을 때 그는 수많은 사람들을 역적으로 몰아 죽이고 그들의 재산을 몰수하여 경매에 부쳤다. 그때 크라수스는 재물을 모았던 것이다.

당시 건물[3]들은 모두 높이 솟아 즐비하게 늘어서 있었기 때문에 집이 무너지거나 화재가 일어날 위험이 컸다. 이것을 본 크라수스는 건축 기술을 가진 노예 5백 명을 사들였다. 또한 불이 난 집이나 그 이웃집들도 사들였다. 사람들은 자기들의 눈앞에까지 다가온 위험을 보고 헐값에 집을 팔아 넘겼다. 이렇게 해서 로마 시의 대부분이 크라수스의 손 안으로 흘러들어갔다. 그러나 그토록 많은 노예들을 가지고 있으면서도 그는 집 한 채 말고는 따로 집을 짓지 않았다. 그러면서 그는 항상 이런 말을 하곤 했다.

"집짓기를 좋아하는 사람은 집이 원수가 되어 망하는 법이다."

그는 또 많은 은광과 비옥한 토지들을 가지고 있었다. 그러나 은광과 토지에서 나오는 수입도 노예들로부터 거두어들이는 수입에 비하면 보잘것 없는 것이었다. 그가 소유하고 있던 노예들은 은세공 기술이 있거나 시 낭독을 잘하거나 글씨를 빨리 쓰거나 경리를 보거나 식탁의 시중을 드는 등 제각기 뛰어난 기술을 가지고 있었다. 크라수스는 이와 같은 노예들을 직접 훈련시키고 감독했다.

---

3) 로마의 주택은 주로 나무로 지어졌으며, 골목은 비좁고 꾸불꾸불했다.

크라수스는, 노예란 한 집안을 꾸려나가는 데 필요한 수단이므로 그들에게 관심을 갖는다는 것은 집안의 주인으로서 반드시 해야 할 중요한 일이라고 생각했다. 그는 늘 "주인은 노예들에게 관심을 갖고, 노예들은 모든 일에 마음을 써야 한다"고 즐겨 말하곤 했다. 왜냐하면 경제라는 것은 무생물에 적용될 때는 단순한 돈벌이이지만, 인간 세상에 베풀 때는 정치의 한 분야가 되기 때문이다. 그러나 크라수스가 다음과 같이 말한 것은 확실히 옳지 못한 판단이었다. "개인 재산으로 군대를 유지할 힘이 없는 사람은 부자라고 말할 수 없다."

크라수스의 두상,
루브르 박물관 소장

왜냐하면 아르키다모스도 얘기했던 것처럼 전쟁은 정해진 비용으로 지탱할 수 있는 것이 아니므로 얼마나 많은 비용이 들지는 알 수가 없기 때문이다. 크라수스의 그 말은 마리우스의 얘기와도 큰 차이가 있다.

마리우스는 부하 병사들에게 각각 14에이커 씩의 토지를 나누어 주었었다. 그런데 일부 병사들은 그것으로도 모자라 땅을 더 달라고 요구했다. 이것을 본 마리우스는 이렇게 말했다. "살아가기에 넉넉한 재산이 있으면서도 아직도 적다고만 하는구나."

크라수스는 외국 사람들에게도 매우 친절해서 집을 늘 개방해 두었다. 그리고 친구들에게 이자도 받지 않고 돈을 꾸어 주었으나, 갚을 날짜가 되면 어김없이 되돌려 받았다. 그래서 사람들은 이자를 달라는 것보다 더 가혹한 처사라고 생각했다. 그는 남을 대접할 때면 언제나 소박하고 평민적인 잔치를 열었다. 초대를 받는 사람들도 대부분 일반 평민들이었다. 그는 손님을 아주 친절하고 알뜰하게 대접했으며 정답게 맞아들였다. 그래서 초대받은 손님들은 화려한 잔치보다도 훨씬 유쾌한 시간을 보내고 돌아갔다.

학문에 있어서 그가 배운 것은 수사학이었다. 그밖에도 대중을 상대로 할 때 필요한 학문들을 익혔다. 그래서 그는 로마에서도 손꼽히는 웅변가들과 어깨를 나란히 할 수 있었으며, 치밀하고 성실한 점에서는 어느 웅변가들보다도 뛰어났다. 그가 민중들로부터 사랑을 받게 된 것도 바로 그런 점 때문이었다. 그는 아무리 사소한 사건이더라도 법정에 나서기 전에 충분한 준비를 했다. 사람들은 크라수스야말로 동포 시민들을 위기에서 구해주는 부지런하고 자상한 사람이라고 칭찬했다. 또 그는 사람을 만나면 정답게 손을 잡고 명랑하게 인사말을 건넸기 때문에 많은 사람들의 인기를 끌었다. 그는 아무리 신분이 낮고 초라한 사람을 만나더라도 반갑게 그 사람의 이름을 부르며 안부를 물어보곤 했다.

그는 또 역사학에 대해 정통했으며, 아리스토텔레스의 철학을 깊이 연구하기도 했다. 그에게 철학을 가르친 학자는 알렉산드로스였다. 알렉산드로스는 크라수스와 가까이 지냈을 때에도 전과 다름없이 가난하게 산 것으로 보아 몹시 선량하고 온후한 사람이었음을 짐작할 수 있다. 크라수스는 알렉산드로스의 여행길에 동행해 다니던 유일한 친구이기도 했다. 알렉산드로스는 출발할 때 크라수스에게 좋은 옷을 한 벌 빌려 입고 갔다가 여행에서 돌아오면 곧 돌려주곤 했다. 그러나 알렉산드로스는 가난을 전혀 무시하는 사람은 아니었다. 그러므로 이 철학자는 참을성이 많은 동정할 만한 수난자라고 해야 마땅할 것이다.

마리우스와 킨나는 로마에 돌아와 다시 권력을 장악하였다. 그들은 나라에 이익을 주기 위해서가 아니라 귀족 계급을 멸망시키고 그들의 세력을 쓸어버릴 목적을 가지고 있었다. 그들은 귀족들을 손에 닿는 대로 잡아죽였다. 수많은 시민들도 그들이 마구 휘두르는 무기 밑에서 힘없이 쓰러져 갔다.

그때 죽어간 사람들 가운데는 크라수스의 아버지와 형도 끼여 있었다. 간신히 위기를 모면한 크라수스는 친구 세 명과 함께 하인 10명을 데리고 스페인으로 몸을 피했다. 스페인은 일찍이 그의 아버지가 총독으로 머물렀던 곳이었으므로 친구들도 많이 있었다. 그러나 스페인에 도착한 크라수스는 인심이 흉흉하다는 것을 곧 깨달았다. 그들은 마리우스의 잔인함에 치를 떨면서 마치 마리우스가 가까운 곳에까지 쳐들어온 것처럼 두려워했다. 그래서 크라수스는 아무에게도 말하지 않고 비비우스라는 사람의 땅에 있는 바닷가 동굴에 몸을 숨겼다. 비비우스 파키아누스는 예전에 크라수스와 가까이 지내던 사람이었다.

그 동굴은 바다에서 멀지 않은 곳에 있었다. 삐죽삐죽한 절벽들로 가로막혀 입구는 잘 보이지 않았지만 일단 안으로 들어가 보면 깜짝 놀랄 만큼 천정이 높고 넓은 방이 여러 개 잇따라 있었다. 맑은 개울이 절벽 밑으로 흐르고 있어 마실 물도 얻을 수 있었고, 굴 속의 틈새로는 햇빛이 들어와 종일토록 좁은 방을 비추어 주었다. 또 바위가 두꺼워서 동굴 안에는 물이 흘러들어오지 않아 습하지도 않았고, 바닷바람이 적당히 불어와 공기도 신선했다.

크라수스 일행은 그 동굴에 숨어 며칠을 지냈다. 그러나 얼마 후 식량이 떨어지자 비비우스의 도움을 청하지 않을 수 없었다. 크라수스는 비비우스의 마음을 떠보기 위해 하인을 보냈다. 비비우스는 크라수스가 와 있다는 말을 듣고 무척 기뻐하면서 하인에게 물었다.

"어디에 숨어 계시느냐? 같이 온 일행은 얼마나 되고?"

하인의 대답을 들은 비비우스는 곧 크라수스를 만나고 싶어했다. 그러나 그는 만일을 염려하여 대신 요리사를 시켜 음식을 장만하여 어느어느 바위 근처에다 갖다 놓으라고 했다. 그리고 이렇게 덧붙였다.

"음식을 갖다 놓고 곧바로 돌아오너라. 그리고 이 음식을 먹는 사람이 누군지는 알려고 하지 말아라. 만약 공연한 짓을 하면 너를 죽여 버릴 것이다. 그러나 묵묵히 내 말을 잘 따른다면, 너를 노예의 몸에서 풀어 주마."

크라수스가 동굴에 숨어 있는 동안 요리사는 날마다 음식을 날랐다. 요리사가 날라오는 음식들은 넉넉할 뿐 아니라 뛰어난 요리였다. 물론 그것은 최대한 정성을 쏟은 비비우스의 덕분이었다. 그래서 크라수스는 안심하고 동굴에서 지낼 수가 있었다.

비비우스는 크라수스가 젊은 청년임을 상기하고 그의 나이에 적절한 쾌락을 충족시켜 주어야 한다고 생각했다. 고작 필요한 음식만을 제공한다는 것은 참다운 우정의 표시가 아닐 뿐더러 마지못해 하는 것처럼 보일까봐 염려스럽기도 했던 것이다. 그래서 그는 아름다운 하녀 둘을 데리고 동굴로 찾아갔다. 그리고 입구를 가리키며 하녀들에게 그 안으로 들어가라고 했다. 크라수스 일행은 여자를 보고 깜짝 놀랐다.

"너희들은 누구냐?"

그러자 여자들은 비비우스가 일러준 대로 대답했다.

"저희들은 이 동굴 안에 계신 새 주인님을 섬기러 왔습니다."

크라수스는 곧 비비우스의 장난스러운 익살과 고마운 뜻을 헤아리고 하녀들을 맞아들였다. 그래서 두 하녀는 크라수스가 동굴 속에 머무는 동안 함께 있으면서 그를 보살폈다. 크라수스는 이 하녀들을 통해 비비우스에게 자기들의 안부를 전하기도 하고 필요한 것을 전하기도 했다.

이렇게 여덟 달을 동굴 안에 숨어 있었을 때 드디어 킨나가 죽었다는 소식이 들려왔다. 크라수스는 동굴에서 나왔다. 수많은 사람들이 크라수스를 따르기 위해 구름처럼 몰려들었다. 크라수스는 그들 가운데 2천 5백 명을 추려 군대를 조직하고 여러 도시를 돌아다녔다. 여러 군데의 기록을 보면, 그 때 그는 말라카[4] 시를 약탈했다고 전해진다. 그러나 크라수스는 이 말을 들을 때마다 절대로 그런 일이 없다고 부인했다.

그 뒤 크라수스는 배 몇 척을 이끌고 아프리카로 건너가, 메텔루스 피우스를 만났다. 메텔루스 또한 당시 이름난 인물이었는데, 상당히 많은 수의 군대를 거느리고 있었다. 그러나 그 두 사람은 사이가 좋지 않아 크라수스는 얼마 후 그곳을 떠났다.

그는 다시 바다를 건너 술라를 찾아갔다. 술라는 크라수스를 반갑게 맞아들이며 그를 가까이 두었다. 얼마 후 술라는 지중해를 건너 이탈리아를 향해 진군했다. 그 때 술라는 젊은 장군들을 모두 실전에 참가시키려고 결심하고 있었다. 그래서 술라는 그들을 여러 곳에 파견시켰다. 크라수스 역시 마르시[5] 족이 사는 지방에 가서 군대를 모아오라는 임무를 맡게 되었다. 크라수스는 도중에 적의 점령지가 있으므로 자기에게 호위병을 달라고 요청했다. 그러자 술라는 몹시 화를 내며 고함을 질렀다.

"호위병이라고? 호위병으로는 네 아버지와 형, 친구와 친척들을 데리고 가라. 그들은 모두 억울하게 죽은 사람들이다. 나는 지금 그들의 원수를 갚아 주기 위해 싸우고 있는 것이다."

술라의 말에 용기를 얻은 크라수스는 몇 안 되는 부대를 거느리고 길을 떠났다. 도중에 몇 번이나 적을 만났지만 모두 물리치고 마침내 목적지에 이르렀다. 크라수스는 그곳에서 많은 수의 군대를 모으고 술라의 명령대로 로마를 향해 진격했다. 그가 폼페이우스와 명성을 다투게 된 것은 바로 이 전쟁 때부터였다. 폼페이우스는 그보다 나이가 적었으며, 그의 아버지는 로마 시민들의 미움을 독차지하고 있는 사람이었다. 그러나 이런 불리한 조건에도 불구하고 그 무렵 폼페이우스는 전쟁에서 이름을 떨치고 있었다.

술라는 같은 지위에 있는 다른 연장자들을 제쳐 놓고 폼페이우스를 특별히 존경했다. 그래서 술라는 그가 나타나면 자리에서 일어나 모자를 벗고 인사를 했다. 더군다나 그는 폼페이우스를 '임페라토르[6]'라고 부르며 존경을 표시했다. 크라수스는 이런

---

4) 지중해에 접해 있는 스페인의 항구도시.
5) 게르만 민족 가운데 하나.
6) 대장군 또는 황제라는 말.

일을 몹시 불쾌하게 생각했다. 크라수스는 경험이 부족한 데다가 타고난 탐욕과 인색함 때문에 승리를 거두어도 언제나 제대로 빛을 내지 못하고 있었다. 이런 여러 가지 점에서 크라수스는 결코 폼페이우스를 이길 수 없는 처지였다. 크라수스는 폼페이우스에게 바쳐지는 영광을 생각할 때마다 피가 끓어오르고 가슴이 답답해지곤 했다.

한번은 크라수스가 움브리아[7]의 투데르티아를 점령하고 전리품을 모두 챙긴 적이 있었다. 그러자 병사들은 술라를 찾아가서 이 일에 대해 항의를 했다. 얼마 안 있어 로마의 성문 앞에서 최후 결전이 있었다. 술라의 군대는 무참하게 짓밟히고 있었다. 그러나 크라수스는 밤이 될 때까지 적군을 추격하는 등 큰 승리를 거두었다. 크라수스는 술라에게 사람을 보내 승리를 알리고 식량을 보내달라고 하였다. 이 전투에서 크라수스는 큰 명성을 얻었으나 이것도 오래가지는 못했다. 로마에 들어간 크라수스는 반대파들을 적이라고 몰아부쳐 그들을 모두 죽이고 재산을 빼앗았다. 그때 그는 엄청난 값어치를 가진 물건들을 헐값에 사들이거나 거저 자기 손에 넣기도 했다.

그는 또 브루티움[8] 지방에 사는 어떤 사람을 역적으로 몰아 그의 재산을 몰수하기도 했다. 그리고 많은 토지를 가지는 것으로도 만족하지 못하고 배를 채우기 위해 술라의 명령을 어기기까지 했다. 이러한 일이 있은 다음부터 크라수스의 명성은 다시 땅에 떨어지게 되었고, 사람들의 비난을 받게 되었다. 그런 사실들을 알게 된 술라는 그 다음부터 크라수스에게 중요한 일은 절대로 맡기지 않았다.

크라수스는 아첨으로 사람들의 환심을 사기도 잘했고 반면에 다른 사람들의 아첨에 잘 속아 넘어가기도 했다. 그리고 스스로가 끝도 없는 탐욕을 가졌으면서도 다른 사람들이 탐욕스러움을 보이면 그를 미워하고 비난하곤 했다.

폼페이우스는 자신에게 주어진 모든 일들을 아주 성공적으로 수행해냈다. 그는 아직 집정관이 되기도 전인 젊은 나이에 개선식을 올렸으며, 민중들은 그를 존경하는 마음에서 '대 폼페이우스'라고 즐겨 불렀다.

한번은 폼페이우스를 보고 어떤 사람이 외쳤다.

"저기 대 폼페이우스님이 오신다!"

그 소리를 들은 크라수스는 그에게 물었다.

---

7) 이탈리아 중부에 있던 나라.
8) 남부 이탈리아의 한 구역으로 오늘날 칼라브리아 지방이다.

"그 사람이 도대체 얼마나 크지?"

크라수스는 전쟁에 있어서는 폼페이우스를 당해낼 수 없다고 생각하고, 정치에 발을 들여 놓았다. 그는 민중들의 환심을 사기 위해 돈으로 사람을 매수하기도 하고, 남의 선거 운동을 하기도 하는 등 수단과 방법을 가리지 않았다. 그러는 동안 크라수스는 여러 차례의 큰 성공에 못지 않는 대단한 권력과 명성을 얻게 되었다.

사실 그들 두 사람의 관계를 살펴보면 조금 이상한 점이 눈에 띈다. 폼페이우스의 명성과 권력은 그가 로마를 떠나 있을 때 가장 드높았고, 막상 그가 전쟁에서 승리를 거두고 로마로 돌아오면 언제나 크라수스의 권세를 당해내지 못했다. 거기에는 다음과 같은 이유가 있었다.

폼페이우스는 성질이 교만하고 자존심이 강한 편이었다. 그는 대중들과 만나기를 꺼리고 공회장에 나타나는 일도 드물었다. 그의 주위에는 사람들이 많지 않았으며, 그들의 도움이라는 것도 사실 미미하고 소극적인 것이었다. 그는 높은 권세를 지키고 있는 것으로도 만족했던 것이다.

그러나 크라수스는 어떤 사람들과도 금방 친해지고, 남과 잘 어울리는 적극적인 사람이었다. 그래서 그는 항상 남을 돕느라고 바빴으며, 자유롭고 은근한 태도 때문에 틀에 박힌 폼페이우스보다 더 큰 인망을 얻을 수 있었다. 두 사람은 다같이 위엄 있는 풍채와 박력 있는 말솜씨, 그리고 사람들을 사로잡는 매력적인 표정을 가지고 있었다. 그러나 크라수스는 좀체로 적대감이나 원한을 품지 않았고, 폼페이우스나 카이사르가 자기보다 더 큰 명성을 얻고 있음을 보고도 시기는 했지만 그것 때문에 그들과 맞서려고 하지는 않았다.

언젠가 카이사르는 해적들에게 잡혔을 때 이렇게 외쳤다.

"크라수스! 내가 잡혔으니 이제 시원하시오?"

그러나 나중에 카이사르는 크라수스와 친하게 지냈다.

카이사르가 프라이토르, 즉 법무관으로 스페인에 부임할 때 그는 빚쟁이들에게 몰려 곤욕을 치렀다. 그때 크라수스는 830탈렌트나 되는 빚을 자기가 갚겠다고 약속하고 그를 구해 주었다.

당시 로마는 폼페이우스, 카이사르, 크라수스를 각각 그 우두머리로 하는 세 파로 나뉘어져 있었다. 카토도 이름이 높았지만 그는 세력이 적고 따르는 사람도 적었다. 착실하고 온건한 보수파들은 폼페이우스를 지지하고, 활동적인 정열가들은 카이사르에게 희망을 걸고 있었다. 그리고 크라수스는 중간 노선을 지키며 다른 두 파를 교묘히 이용하고 있었다. 두 사람은 크라수스가 정책을 자주 바꾸었기 때문에 그를 믿지도 못하고 또 그를 멀리 할 수도 없는 처지였다. 크라수스는 호의나 적의는 무시하고 오직 자신에게 돌아올 이익만을 위해서 수시로 결정을 번복했다. 그는 불과 며칠 전에 대중 앞에서 강력히 주장했던 정책을 순식간에 뒤집어 버리는 일도 예사로 했다.

그는 많은 사람들의 호감을 받았지만, 그만큼 혹은 그 이상으로 두려움의 대상이 되기도 했다. 따라서 높은 지위에 올라 있던 사람이나 정치가들의 골치를 썩였던 시키니우스도 크라수스만은 전혀 공격하지 않았다. 하루는 어떤 사람이 그에게 그 이유를 물어보았다. "어째서 크라수스만은 건드리지 않는 겁니까?"

그러자 시키니우스가 대답했다. "그는 뿔을 짚으로 두르고 있기 때문이오."

그 시대의 로마인들은 사람들에게 덤벼드는 황소의 뿔을 짚으로 둘러, 그 소에게 가까이 가지 말라는 표시를 하였기 때문에 나온 말이었다.

이 무렵, 검투사[9]들이 난리를 일으켜 온 이탈리아를 황폐하게 만든 스파르타쿠스의 반란이 일어났다. 카푸아의 렌툴루스 바티아투스라는 사람은 아주 많은 검투사들을 데리고 있었는데, 성질이 아주 포악하고 냉정한 사람이었다. 그래서 그는 검투사들을 짐승처럼 다루며 몹시 혹사를 시켰다. 그들 검투사들은 대부분 갈리아 인과 트라키아 인들이었는데, 나쁜 주인에게 팔려온 탓으로 로마의 관객들 앞에 구경거리가 되어 서로를 죽이고 죽어야 하는 운명이었다.

주인의 학대는 날이 갈수록 심해져 갔으며, 그들은 언제 죽을지도 모르는 채 죄인처럼 감금되어 있었다. 2백 명이나 되는 이들 검투사들은 결국 탈주를 하기로 작정했다. 그러나 이 계획은 실행하기도 전에 주인에게 발각되고 말았다. 그들의 계획이 누설된 것을 눈치챈 검투사들 중 78명은 곧 탈출을 시도해 마침내 성공을 했다. 그들은 부엌으로 뛰어들어가 식칼과 꼬챙이 등을 들고 밖으로 쏟아져 나왔다. 그리고는 무리를 지어 다니며 도망을 갔다. 그러다가 그들은 검투사들이 쓰는 무기를 싣고 있는 짐수레와 마주쳤다. 그들은 곧 그 무기와 도구들을 빼앗아 무장을 갖추고 전략적으로 유리한 곳을 점령하고 세 사람의 지휘관을 뽑았다. 이렇게 해서 뽑힌 지휘관

---

9) 외국에서 잡혀왔거나 팔려온 노예나 포로들. 그들끼리 칼싸움을 시키거나 짐승과 결투를 벌이게 했다. 이렇게 해서 시합 때마다 많은 검투사들이 죽었는데, 로마 시민들은 이 시합을 무척 즐겼다.

들 가운데 가장 우두머리가 스파르타쿠스라는 검투사였다.

그는 트라키아 태생으로 유목민족 출신이었다. 힘도 세고 용감했으며 머리도 아주 좋았다. 또 태어난 환경에 비해 고상한 성품을 갖추고 있어 트라키아 인이라기보다는 오히려 그리스 사람 같았다. 전하는 이야기로는 그가 로마에 노예로 팔려왔을 때, 잠자는 그의 얼굴에 뱀 한 마리가 똬리를 틀고 있었다고 한다. 그때 같은 나라에서 온 어떤 점을 잘 치는 여자가 그 모습을 보고는 이렇게 예언을 했다. "이것은 당신이 장차 크게 이름을 떨칠 사람이라는 계시입니다. 그러나 끝까지 행복하지는 못할 것입니다."

이 여자는 스파르타쿠스의 아내가 되었는데, 반란 때 남편과 함께 도망을 쳤다.

카푸아에 머물고 있던 로마 군들은 반란의 소식을 전해 듣고 이들을 무찌르기 위해 달려왔다. 그러나 검투사들의 부대는 로마 군들을 간단히 무찌르고 무기를 모두 빼앗아 버렸다. 로마 군의 무기를 손에 넣은 검투사 부대는 자신들이 지니고 있던 결투용 무기들은 야만적일 뿐 아니라 치욕의 상징이라며 모두 내던져 버리고 로마의 정식 무기들로 다시 무장을 했다.

로마의 원로원은 곧 법무관인 클로디우스에게 3천 명의 군사를 주고 그들을 토벌하라고 했다. 클로디우스는 곧 카푸아로 달려가 그들을 험한 산 위로 몰아넣고 포위했다. 산은 몹시 험했다. 삐쭉삐쭉 솟은 바위와 깎아지를 듯한 절벽과 낭떠러지가 곳곳에 있었다. 게다가 단 하나 있는 길은 클로디우스가 이미 점령하고 있었다. 그런데 산에는 포도가 엄청나게 자라고 있었다. 스파르타쿠스는 그 산포도 덩굴들을 엮어서 길고 튼튼한 줄사다리를 만들었다. 스파르타쿠스의 부대는 이 줄사다리의 한 쪽 끝을 절벽 꼭대기에 동여매고, 다른 끝은 평지까지 닿게 한 다음, 그것을 타고 무사히 산을 내려갔다. 그리고 맨 나중에 내려온 사람은 모든 무기들을 밑으로 던진 다음 안전하게 평지로 내려왔다.

로마 군은 이런 사실을 전혀 모르고 있었다. 결국 스파르타쿠스 부대의 습격을 받고 저항할 새도 없이 진지를 빼앗기고 말았다. 그러자 그 부근에서 소나 양을 치며 살던 목동들도 그들에게 합세해 왔다. 그들은 몹시 날쌔고 대담했다. 스파르타쿠스는 그들에게 무장을 시키고 척후병이나 탐색대로 이용하였다.

원로원은 다시 푸블리우스 바리누스를 토벌대로 보냈다. 그러나 푸블리우스는 2천 명의 병사를 이끌고 나가 싸웠지만 격파되고 말았다. 그러자 다시 코시니우스에게 대군을 주어 바리누스를 도와주라고 했다. 기회를 노리고 있던 스파르타쿠스는 코시니우스가 살리나이에서 목욕을 하고 있는 동안 습격하였다. 코시니우스는 간신히 몸을 피할 수 있었지만 군용품은 모조리 빼앗기고 말았다. 스파르타쿠스는 계속해서 적을 추격해 다시 엄청난 수의 로마 군을 죽이고 진지를 빼앗았다. 결국 코시니우스도 그곳에서 전사하고 말았다.

그 뒤에도 스파르타쿠스는 법무관 바리누스와의 싸움에서 여러 번 승리를 거두었다. 그 중에는 바리누스의 말과 릭토르[10]들을 사로잡은 일도 있었다. 이렇게 해서 스파르타쿠스의 이름은 세상에 널리 퍼져 나갔고, 로마 시민들은 그의 이름을 듣기만 해도 두려움에 벌벌 떨었다.

그러나 스파르타쿠스는 더 이상 로마의 대군과 싸우는 것은 현명하지 못한 일이라는 것을 깨달았다. 싸움이 오랫동안 계속될수록 로마 군을 이길 수 없으리라는 것을 알게 되었던 것이다. 그래서 그는 부대를 해산시켜 각자 고향으로 돌려보내기 위해 알프스 산맥을 넘기로 했다.

그러나 부하들은 그동안의 승리로 자신감에 넘쳐 그의 의견을 따르지 않았다. 그들은 산지의 곳곳을 돌아다니며 이탈리아 땅을 짓밟으며 약탈을 일삼고 다녔다.

이렇게 되자 원로원은 나라를 위태롭게 만드는 중요한 사건으로 판단하고 두 집정관을 함께 출정시켰다. 두 사람의 집정관이 함께 전쟁에 나간다는 것은 가장 중요한 전쟁이 있을 때만 취해지는 조치였다.

집정관 겔리우스는, 로마 군을 얕잡아 보고 스파르타쿠스로부터 이탈되어 있던 게르만 인 부대를 불시에 습격하여 그들을 전멸시켜 버렸다. 그리고 또 한 명의 집정관인 렌툴루스는 대군을 거느리고 스파르타쿠스의 주력군을 포위해 버렸다.

스파르타쿠스는 부하들에게 로마 군과의 결전을 명령했다. 그들 부대는 로마 군대의 여러 장군들을 죽이고 수많은 군수품들을 빼앗았다. 스파르타쿠스는 이제 알프스를 향한 길을 다시 트려고 했다. 그런데 도중에 갈리아 지방을 지키고 있던 카시우스 장군이 1만 명이나 되는 병력을 이끌고 그들의 앞길을 가로막았다. 그러나 카시우스도 스파르타쿠스 군에게 크게 패해 수많은 장군과 병사들을 잃고 그 자신만 간신히 도망쳐 목숨을 유지할 수 있었다.

이어지는 패배의 소식을 들은 원로원은 두 집정관들의 무능함에 몹시 분노하여

---

10) 장군의 신분을 나타내는 도끼인 파스케스를 들고 장군이나 장관 옆에 서 있던 관리.

전쟁에서 손을 떼게 했다. 그리고 크라수스를 새로운 사령관으로 임명하고 이 전쟁을 맡겼다.

수많은 귀족의 자제들이 크라수스의 지휘 아래 모여들었다. 그들 귀족들은 크라수스의 명성에 대한 기대나 그에 대한 우정 때문이기도 했지만, 싸움에서 공을 세워 자신의 이름을 휘날리기 위해 이 전쟁에 나선 것이다.

대군을 거느리게 된 크라수스는 피케눔[11) 근처로 가서 진을 쳤다. 스파르타쿠스가 이쪽으로 진군해 온다는 정보를 듣고 그들을 기다리자는 생각이었다. 크라수스는 장군 뭄미우스에게 2개 부대를 주고 적의 배후를 돌아 뒤를 쫓아오되, 너무 가까이 가거나 전투를 벌이는 일이 있어서는 안 된다고 일렀다. 그러나 뭄미우스는 적군이 나타나자마자 승리를 거둘 수 있는 좋은 기회라고 판단하고 크라수스의 명령을 어기고 말았다. 전투를 벌인 뭄미우스의 부대는 크게 패하여 반 이상의 병사를 잃었고, 무기를 버린 채 달아난 병사들만 겨우 목숨을 건질 수 있었다.

크라수스는 명령을 어긴 뭄미우스를 크게 나무라고, 병사들에게 다시 무기를 주되 다시는 버리지 않겠다는 서약을 받고 보증인까지 내세우게 했다. 그러나 맨 먼저 도망쳐 온 비겁한 자 5백 명을 추려서 10명씩 50개의 조로 나누었다. 그리고 각 조에서 한 사람씩 50명을 제비로 뽑아 사형을 시켜 버렸다.

10명 중 한 사람을 처벌하는 이 법은 '데키마티온'이라고 불리던 고대 로마의 군법이었다. 오랫동안 사용되지 않았던 것을 크라수스가 다시 부활시킨 것이다. 이 군법에 따르면, 사형을 당하는 죄인은 절대 간단하게 죽이지 않고 모든 병사들이 보는 앞에서 치욕적인 상처를 준 다음 아주 참혹하게 죽이게 되어 있었다. 크라수스는 이러한 조치들로 군대의 규율을 새로이 정비한 다음, 곧 스파르타쿠스 군을 향해 전 군대를 움직였다.

그러나 스파르타쿠스는 전투를 피하여 루카니아[12) 지방을 거쳐 바닷가로 이동하였다. 그리고 여기서 킬리키아[13)의 해적선 몇 척을 만나게 되자, 이것을 이용하여 시칠리아 섬을 손에 넣을 계획을 세웠다.

---

11) 이탈리아 동부 지방.
12) 남부 이탈리아의 타란도 만 부근 지방.
13) 소아시아 남동쪽에 있던 나라.

그 무렵 시칠리아는 노예전쟁이 끝난 지 얼마 되지 않았던 시기였다. 따라서 불꽃만 던진다면 다시 한 번 엄청난 전쟁의 불길이 타오를 수 있는 상태였다. 스파르타쿠스는 2천 명의 병사를 투입하여 새로운 전쟁을 부활시키려고 마음먹었다. 그런데 스파르타쿠스를 시칠리아 섬까지 태워다 주겠다는 약속으로 많은 돈까지 받았던 킬리키아의 해적선은 그들을 속이고 출항하고 말았다. 스파르타쿠스는 할 수 없이 다시 군대를 움직여 레기움 반도로 가서 그곳에 진을 쳤다.

크라수스는 스파르타쿠스의 군대를 바짝 쫓아 레기움 반도로 갔다. 그리고 지형을 살펴본 다음 적을 무찌를 묘안을 짜냈다. 그는 즉시 이탈리아의 땅과 반도를 잇는 지협(地峽)을 가로질러 성을 쌓기 시작했다. 군대를 놀리지 않고 일거리를 주는 동시에 스파르타쿠스 군의 보급로를 끊어버리려는 것이었다.

이 사업은 거창하고 곤란한 일이었지만 뜻밖에도 짧은 시일 안에 끝이 났다. 이쪽 바다에서 저쪽 바다까지의 길이는 3백 펄롱(60km), 거기에 넓이와 깊이가 15피트(4.5m)씩 되는 도랑을 팠고, 그 위에는 엄청난 높이의 둑을 쌓는 공사였다.

스파르타쿠스는 크라수스가 벌이는 일을 보고 처음에는 무슨 장난인가 싶어 무시해 버렸다. 그러나 양식이 떨어져 그 부근으로 약탈을 하러 나가다가 그 튼튼한 장벽이 가로막힌 것을 보고 비로소 그 사업의 목적이 무엇이었는지를 깨닫게 되었다. 반도 안에 갇혀서는 더 이상 식량을 얻을 수가 없었다. 스파르타쿠스는 눈보라가 거세게 치는 어느 날 밤, 로마 군이 파놓은 도랑 하나를 흙과 나무로 메운 다음 군대를 이끌고 탈출을 시도했다. 그러나 그가 거느리고 나온 병사의 수는 전체의 3분의 1에도 못 미쳤다.

크라수스는 스파르타쿠스의 군대가 곧장 로마를 습격하지 않을까 염려스러웠다. 그러나 얼마 후 적군의 군대에 폭동이 일어나 많은 무리가 이탈했고, 그들이 루카니아 호수에 따로 진을 치고 있다는 정보가 들어왔다. 크라수스는 이 소식을 듣고 안도의 한숨을 쉬었다. 루카니아 호수의 물은 때로는 맑은 물이라서 마실 수가 있었지만, 어떤 때는 마실 수 없는 짠물로 변하는 이상한 성질을 가지고 있었다. 이 사실을 알고 있는 크라수스는 적을 습격하여 호수의 물 속에 몰아넣고 달아나는 적병을 뒤쫓았다. 그런데 갑자기 스파르타쿠스의 부대가 그들을 구하기 위해 달려왔다. 그래서 크라수스는 별 성과 없이 싸움을 중단시켜야만 했다.

크라수스는 얼마 전에 원로원에 편지를 보내, 트라키아로 나가 있던 루쿨루스와 스페인으로 나가 있던 폼페이우스를 불러 자기를 돕게 해 달라고 요청한 일이 있었다. 그러나 그는 그것을 후회하고 있었다. 그는 그들 두 장군이 오기 전에 전쟁을 끝내려고 서두르기 시작했다. 그러지 않았다가는 전쟁의 승리에 대한 영예를 그들 두 장군에게 빼앗길까봐 두려웠던 것이다.

크라수스는 부하 장군에게 6천명의 병사를 주어 어느 산을 점령하고 거기 숨어 있으라고 명령을 내렸다. 폭동을 일으키고 주력 부대를 떠나 있는 카이우스 칸니키우스와 카스투스가 지휘하고 있는 검투사 부대를 먼저 정복하려는 생각이었다. 로마 군은 적의 눈을 피하기 위해 투구까지 뒤집어 쓰고 살금살금 산 위로 올라갔다. 그러나 검투사 부대를 위해 제사를 드리고 있던 두 여자에게 발각되어 양쪽 군대 사이에는 싸움이 벌어지게 되었다. 로마 군은 몹시 힘들게 전투를 벌였다. 그때 크라수스의 부대가 달려와 전쟁은 더욱 치열하게 벌어졌다. 이 전투는 어느 때보다 처절하고 격렬하게 전개되어 많은 스파르타쿠스 군의 피를 불러일으켰다. 적군의 전사자는 모두 1만 2천 3백 명이었는데, 그 가운데 등에 상처를 입은 자는 겨우 둘이었고 그 밖에는 모두 대열에서 한 발짝도 물러서지 않고 용감하게 싸우다가 전사하였다.

스파르타쿠스는 이처럼 많은 군대를 잃게 되자 페텔리아 산 속으로 물러갔다. 크라수스는 두 장군 퀸타우스와 스크로파를 보내 그들을 뒤쫓게 했다. 그러나 스파르타쿠스의 군대가 방향을 돌려 공격하자 로마 군은 완전히 무너져 뿔뿔이 흩어지고 말았다. 그리고 스크로파도 부상을 당하여 간신히 목숨만 건졌다.

그런데 스파르타쿠스의 이 승리는 오히려 파멸의 원인이 되고 말았다. 이 승리 때문에 병사들은 두려운 것이 없어져 싸움을 피하는 것은 사람다운 행동이 아니라고 떠들어대며 지휘관들의 명령까지 듣지 않게 된 것이다. 더욱이 장군들에게 칼을 빼들고 위협하면서 다시금 군대를 루카니아로 돌려 로마 군과 싸움을 벌이자고 고집을 부렸다. 바로 크라수스가 바라던 일이 벌어진 것이다. 이때 폼페이우스가 가까이 오고 있다는 정보와 함께 이런 소문이 돌았다. "폼페이우스가 오기만 하면 이 전쟁은 끝이 난다. 그가 올 때까지 일부러 전쟁을 질질 끌고 있었던 것이다."

이 소문을 들은 크라수스는 신경을 곤두세우고 결전을 서둘렀다. 그는 군대를 적진 가까이에 보내 진을 치게 하는 한편 주위에 방벽을 쌓게 했다.

스파르타쿠스는 일부의 군대를 보내 로마 군의 선봉 부대를 공격했다. 그러자 양쪽 군대는 속속 증원군을 급히 보내 전투는 점점 커져 갔다. 스파르타쿠스는 이제 더 이상 싸움을 피할 수 없겠다고 생각하고 전 군사들에게 전투 태세를 갖추게 했다. 그런 다음 그는 부하를 시켜 자신의 말을 끌어오라고 했다. 그리고는 칼을 뽑아들고 말의 목을 베어 버렸다. 그리고 병사들에게 외쳤다.

"여러분! 우리가 이 싸움에서 이기면 이보다 훨씬 훌륭한 말을 얻을 수 있을 것이오. 그러나 만약 진다면 말은 아무 필요도 없을 것이오."

싸울 각오를 단단히 갖춘 스파르타쿠스는 크라수스를 향해 달려나갔다. 적의 칼과 창이 겹겹이 싸여 있는 한가운데를 뚫고 나가면서 그는 수많은 적을 무찔러 나갔다. 그리고 백인 대장 두 사람을 상대로 싸워 그들을 쓰러뜨렸다. 그러나 그러는 사이 크라수스는 놓치고 말았다.

스파르타쿠스는 부하들이 돌아서서 도망을 가도 계속해서 앞으로 전진했다. 그는 적병들에게 둘러싸이면서도 한 발자국도 뒤로 물러서려 하지 않았다. 결국 그는 전쟁터 한가운데에서 장렬한 최후를 마쳤다.

크라수스는 이 전투에서 훌륭한 전술을 보이며 사령관으로서의 우수한 자질을 발휘했다. 그는 또 위험한 싸움터도 가리지 않고 뛰어들어 목숨을 돌보지 않는 용기를 아낌없이 보여 주었다. 그러나 승리의 영광은 대부분 폼페이우스에게 돌아가고 말았다. 폼페이우스는 우연히도 수많은 적군의 패잔병들과 만나 그들을 모두 전멸시켜 버렸던 것이다. 그래서 그는 원로원에 이렇게 보고했다.

"결전을 벌여 스파르타쿠스의 부대를 격파한 것은 크라수스입니다. 그러나 이 전쟁의 뿌리를 말끔히 뽑아 버린 것은 바로 나 폼페이우스입니다."

로마로 돌아온 폼페이우스는 세르토리우스를 정벌하고 스페인에서 세운 전공으로 성대한 개선식을 올렸다. 그러나 크라수스는 개선식을 거행하고 싶다는 희망조차 드러낼 수가 없었다. 약식의 개선식조차도 노예들의 반란을 진압시킨 사람에게는 지나친 일이라고 하는 바람에 아무런 영광도 누릴 수가 없었다.

그후 폼페이우스는 집정관으로 추대되었다. 크라수스는 그의 동료 집정관이 되기를 열렬히 희망했다. 그래서 그는 지금까지의 적대감을 깨끗이 씻어버린 듯 폼페이우스에게 접근하여 자신을 후원해 달라고 부탁했다. 폼페이우스는 정치적으로 남다른 재주를 가지고 있던 크라수스에게 은혜를 베풀어 주고 싶었다. 그는 크라수스의 지지를 넓혀 주기 위해 시민 대회에 나가 그를 동료 집정관으로 뽑아 달라고 호소했다.

"만약 크라수스를 동료 집정관으로 당선시켜 준다면 내가 당선된 것보다 더 감사히 여기겠습니다."

이렇게 해서 크라수스는 폼페이우스와 나란히 집정관의 자리에 올랐다. 그러나 집정관이 된 후 두 사람의 좋은 관계는 오래 계속되지 않았다. 그들은 거의 모든 일에서 서로 의견이 달랐고 언제나 다투면서 맞섰다. 그래서 그들이 집정관으로 올라 있는 동안 제대로 이루어진 사업은 하나도 없었다. 오히려 모든 정사를 침체시킬 때도 많았다.

다만 기억할 만한 일은 크라수스가 헤라클레스에게 큰 제사를 드린 일과, 1만 개의 식탁을 준비하여 시민들을 대접하고 3개월치의 식량을 나누어 준 일뿐이었다. 임기가 거의 끝나갈 무렵, 그들은 우연히 시민 대회에 함께 나타나 연설을 하게 되었다. 그때 오나티우스라는 한 평범한 시민이 연단에 올라가 말했다.

"시민 여러분! 꿈속에 유피테르 신께서 나타나시더니, 두 분 집정관이 화해할 때까지 그들을 사임시켜서는 절대로 안 된다는 말을 시민 여러분께 전하라고 하셨습니다." 그는 원래 기사 계급에 속하던 사람이었으나 은퇴하여 시골에서 살고 있던 사람이었다.

그의 말을 들은 시민들은 두 사람을 향해 화해를 하라고 외쳐댔다. 그러나 폼페이우스는 아무 말도 없이 그저 잠자코 서 있기만 했다. 그러자 크라수스가 먼저 손을 내밀면서 말했다.

"시민 여러분! 내가 먼저 폼페이우스에게 화해를 청하는 일이 부끄러운 일이라고는 생각하지 않습니다. 왜냐하면 여러분들은 그가 어른이 되기도 전에 대 폼페이우스라는 칭호를 붙였고, 원로원의 자리에 앉기도 전에 개선식을 올리도록 허락했기 때문입니다."

크라수스가 집정관의 임기를 지내는 동안 한 일 중에 기억할 만한 일은 이 정도였다. 집정관의 자리에서 물러난 크라수스는 곧 감찰관으로 선출되었다.[14] 그러나 이 관직에 있으면서도 그는 나라를 위해 별로 한 일이 없었다. 그는 원로원의 투표 상황을 검사하거나, 기병대를 검열하거나, 인구 조사를 실시하는 감찰관의 임무를 소홀히 하고 게으름을 피우며 할 일 없이 세월만 보내고 있었다.

그의 동료로 있던 사람은 루타티우스 카툴루스였는데 성품이 온유한 사람이었다.

---

14) 크라수스가 감찰관이 된 것은 기원전 65년으로, 그는 6년 동안 재임하였다. 감찰관은 집정관을 지냈던 사람들 중에서만 선임되던 관직이었다.

그는 크라수스가 하는 일에 대해서 반대나 방해를 하는 일이 거의 없었다. 그러나 크라수스가 이집트를 로마의 식민지로 만들기 위해 좋지 못한 방법을 계획하자 반대하고 나섰다. 이 일로 두 사람 사이에는 다툼이 생겨 결국 두 사람은 감찰관에서 물러났다.

크라수스는 로마의 정권을 전복시킬 뻔한 카틸리나[15] 대음모 사건 때 가담하고 있었다는 의혹을 받은 적도 있었다. 어떤 사람이 시민들에게 크라수스가 이 음모에 가담하고 있다는 사실을 알렸지만 아무도 그 사실을 믿으려 하지 않았다. 키케로도 연설문 원고 속에서 카이사르와 크라수스가 이 일의 공모자라고 밝혔지만 이 원고는 두 사람이 살고 있을 동안에는 발표되지 않았다. 그러나 다른 곳에서는, 키케로가 집정관을 지내던 동안에 했던 연설 중에서 크라수스가 그 사건에 관련된 편지를 들고 깊은 밤에 자신을 찾아왔었다고 밝히고 있다.

이 사건이 있는 뒤 크라수스는 키케로를 몹시 미워했다. 그러나 아들 푸블리우스가 말려서 결국 그를 해치지는 못했다. 푸블리우스는 웅변과 학문을 사랑하는 젊은 이였는데, 키케로를 남달리 존경하고 있었다. 예전에 키케로가 법정에서 탄핵을 받았을 때는 상복을 입고 슬퍼하면서, 다른 청년들에게도 상복을 입으라고 권할 정도로 키케로에 대한 존경이 특별했다. 그래서 그는 여러 가지로 애를 써서 결국 아버지와 키케로를 화해시켰다.

그즈음 로마로 돌아온 카이사르는 집정관에 선출되기를 희망하고 있었다. 크라수스와 폼페이우스가 다투고 있는 것을 본 그는, 두 사람을 서로 화해시키기 위해 애를 썼다. 두 사람 모두의 후원없이는 자신의 목적을 달성할 수 없었기 때문이었다.

"두 분이 다투면 서로의 세력을 꺾어 키케로와 카툴루스, 카토 쪽을 유리하게 할 뿐입니다. 그러나 두 분이 힘과 목적을 하나로 합친다면 저들의 세력은 문제도 안 될 것입니다."

카이사르의 이러한 권유는 곧 효력을 나타냈다. 두 사람은 서로 화해를 하고 카이사르는 그들과 함께 절대적인 세력을 만들었다. 이 세 사람의 권력은 민중과 원로원도 힘을 못쓰게 만들 만큼 강력했다. 결국 카이사르는 이 두 사람을 이용하여 가장 큰 권력을 손에 넣은 것이다. 카이사르는 두 사람 모두의 지지를 얻어 집정관의 자리

---

15) 기원전 108~62. 법무관을 지냈고 아프리카의 총독으로도 있었다. 기원전 63년에 두 집정관을 암살하고 정권을 빼앗으려는 계획을 세웠으나 키케로에 의해 좌절되고 말았다. 에트루리아에 있던 마니우스에게 도망갔다가 전투중에 살해되었다.

에 올랐다. 그리고 정치적인 수완을 발휘하기 시작했다. 그러자 폼페이우스와 크라수스는 힘을 합쳐, 카이사르에게 군사령관의 임무를 맡겨 갈리아 지방으로 보내기 위해 음모를 꾸몄다. 그렇게 되면 카이사르는 성 안에 갇힌 신세가 되고 말 것이라고 생각했던 것이다. 그리고 원로원의 결정에 따라 그가 떠나 버리면, 로마의 다른 지역을 자기들끼리 나누어 가질 생각이었다.

폼페이우스가 이런 계획을 꾸민 것은 상식을 벗어난 지배욕 때문이었다. 그러나 크라수스는 타고난 탐욕에다가, 싸움터에서 무훈을 세우고 개선식을 올려보자는 새로운 욕심까지 덧보태진 것이었다. 크라수스는 여러 가지 면에서 카이사르보다 뛰어났으므로 무공에 있어서도 그에게 뒤떨어지기가 싫었던 것이다. 그러나 그는 전쟁에서 지고 명예롭지 못한 이름을 얻었을 뿐 아니라 나라에 엄청난 재난을 가져오고 말았다.

갈리아 지방에 가 있던 카이사르가 루카에 왔을 때 수많은 로마 시민들은 그를 마중나왔다. 폼페이우스와 크라수스도 그곳에 가서 비밀 회담을 열었다. 그 결과, 그들은 나라의 모든 권리를 세 사람이 나눠 갖기 위해 다시금 강력한 조치를 단행하기로 결정했다. 즉, 카이사르는 계속 갈리아에서 군대를 통솔하기로 했고, 폼페이우스와 크라수스는 새로운 영토와 군대를 가지기로 결정한 것이다.

이 목직을 이루기 위한 방법은 두 사람이 다시 집정관에 취임하는 것밖에 없었다. 그들은 집정관의 후보로 나서고 카이사르는 그들을 적극적으로 후원하기로 했다. 카이사르는 또 로마에 있는 여러 친구들에게 편지를 보내는 한편 많은 병사들을 로마로 올려보내 투표를 하게 했다. 그런데 이들 세 사람이 비밀 회담을 끝내고 로마로 돌아왔을 때, 그들 사이에 무슨 음모가 꾸며졌다는 소문이 온통 들끓고 있었다. 그래서 마르켈리누스와 도미티우스는 원로원에서 폼페이우스에게 집정관으로 출마할 것인지를 물었다.

"글쎄요. 그럴지 안 그럴지 아직은 모르겠소."

폼페이우스의 애매한 대답을 들은 원로원은 다시금 그를 추궁했다. 그러자 폼페이우스는 단호한 목소리로 대답했다. "정직한 시민의 지지는 얻고 싶소. 그러나 정직하지 못한 시민들의 지지는 원하지 않소."

이 대답은 몹시 교만하고 불손하게 들렸다. 그래서 크라수스는 겸손한 태도로 다시 말했다. "나라에 이익이 된다면 기꺼이 출마를 하겠지만, 그렇지 않다면 출마하지 않을 생각입니다."

이 대답을 듣고 힘을 얻은 사람들은 집정관 후보로 나설 뜻을 굳혔다. 도미티우스도 다른 여러 사람들과 함께 집정관 후보로 출마하였다. 그러나 막상 폼페이우스와 크라수스가 집정관 후보로 당당하게 나서자 사람들은 모두 겁을 먹고 후보를 사퇴해 버렸다. 그러나 카토만은 자기의 친척이며 동지인 도미티우스를 격려하면서 집정관 선거에서 물러서지 않았다.

"폼페이우스와 크라수스가 욕심내는 것은 집정관의 자리가 아니라 독재 정부요. 그리고 그들의 목적은 관직이 아니라 군대와 영토를 나누어 갖는 것이 분명하오."

카토는 도미티우스에게 힘을 북돋아 주는 한편 그를 억지로 포룸으로 끌어냈다. 시민들 중에는 도미티우스와 카토를 지지하면서 폼페이우스와 크라수스를 비난하는 사람들도 많았다. 그런 시민들은 카토의 말에 귀를 기울이며 이렇게 웅성거리기도 했다.

"폼페이우스와 크라수스는 왜 또다시 집정관이 되려는 것일까? 그리고 왜 하필이면 또 그들 둘이 짝을 지어 후보로 나선 것일까? 크라수스나 폼페이우스의 동료 집정관으로 짝을 이룰 사람이 얼마든지 많은 데도 말이야."

시민들이 이런 의혹과 불신을 가지고 있다는 것을 알게 된 폼페이우스는 온갖 수단과 방법을 다 동원하였다. 그들은 도미티우스가 날이 새기 전에 동료들과 함께 포룸에 나가는 것을 습격하여 사람들을 죽이거나 상처를 입혔다. 그때 카토도 몸에 부상을 당했다. 그리고 나서 도미티우스 파를 집 안에 몰아넣은 다음 밖으로 나가지 못하게 하고, 폼페이우스와 크라수스가 집정관에 당선되었다고 선포해 버렸다.

그 뒤 두 집정관은 군대를 이끌고 도미티우스의 집을 포위하는 한편 카토를 포룸에서 내쫓아 버렸다. 그리고 반항하는 사람들은 닥치는 대로 죽여 버렸고, 카이사르와 협약했던 내용을 법률로 확정시켰다. 이 법률에 의해 갈리아의 총독 임기가 5년간 더 연장되었으며 두 사람은 제비를 뽑아 각각 시리아와 스페인을 나누어 가졌다.

이렇게 해서 크라수스는 시리아를, 폼페이우스는 스페인을 차지하게 되었다. 이 결과는 두 사람과 로마 시민들을 모두 기쁘게 만들었다. 시민들은 폼페이우스가 로마를 떠나기를 바라지 않았으며, 폼페이우스 자신도 사랑하는 아내와 함께 로마에 머물게 된 것을 기뻐했다.

크라수스도 이 결과를 매우 큰 행운으로 생각하며 기쁨을 감추지 못했다. 그는 낯선 사람들이나 길에서 만난 사람들 앞에서는 자신의 감정을 눌렀지만, 가까이 지내는 친구들 앞에서는 허황되고 유치한 호언장담을 늘어놓기 일쑤였다. 그의 행동은 평소의 성격과도 판이한 것이었고 나이로 보아서도 어울리지 않았다. 그는 원래 자기 자랑을 하거나 실현하지 못할 허풍을 늘어놓는 사람이 아니었다. 그러나 그는 이성을 잃은 사람처럼 어울리지 않는 기쁨을 드러내며 호언장담을 일삼았다. 그는 루쿨루스가 티그라네스를 무찌르고, 폼페이우스가 미트리다테스를 정복했던 전쟁 같은 것은 어린애들의 장난이라며 비웃었다. 그리고 자신은 멀리 박트리아를 거쳐 인도에 이르고, 대륙의 동쪽 바다 깊숙한 곳까지 원정을 할 계획을 세웠다.

크라수스에게 시리아를 통치하라고 한 원로원의 법령 속에는 파르티아와 전쟁을 하라는 내용은 들어가 있지 않았다. 그러나 크라수스는 이 계획에 무엇보다 열중하고 있었으며, 이것은 누구나 알고 있는 사실이었다. 더욱이 카이사르까지도 먼 갈리아에서 편지를 보내 크라수스의 계획에 찬성을 나타내며 그의 전쟁열을 부채질하였다.

그러나 크라수스가 로마를 떠나는 날이 가까워지자 평민 호민관 아테이우스가 그의 계획을 막으려고 했다. 그밖에도 많은 사람들이 아테이우스의 주위에 몰려들어, 로마에 아무런 해도 끼치지 않는 평화로운 동맹국을 한 사람의 야심 때문에 침략한다는 것은 잘못이라고 공격하였다. 이러한 분위기에 불안을 느낀 크라수스는, 자기가 로마를 떠날 때 호송을 맡아 달라고 폼페이우스에게 요청했다.

느니어 크라수스가 출발하는 날, 수많은 시민들은 그를 가로막기 위해 모두 길가에 나왔다. 그때 폼페이우스가 명랑한 얼굴로 나타나 크라수스와 동행하였다. 그러자 군중들은 마음을 가라앉히고 그들이 지나가는 것을 가만히 내버려 두었다. 그러나 아테이우스는 물러나지 않고 크라수스가 다가오는 것을 기다리고 있다가 그에게 말했다. "크라수스 장군! 제발 파르티아 정벌을 취소하시오."

크라수스는 아무 대꾸도 하지 않고 그대로 앞을 향했다. 그러자 아테이우스는 부하들에게 크라수스를 잡아 가두라고 명령했다. 아테이우스의 부하들이 크라수스에게 달려드는 것을 본 다른 호민관들은 깜짝 놀라 그들을 가로막았다. 이렇게 해서 크라수스는 그들 앞을 빠져나올 수 있었다.

그러자 아테이우스는 성문으로 달려갔다. 그는 향로에 불을 담고 기다리다가 크라수스가 가까이 오는 것을 보고 향을 살랐다. 그리고는 크라수스를 향해 무서운 저주를 퍼붓고 온갖 흉악한 귀신들의 이름을 불렀다. 로마인들의 말에 의하면, 이 신비한 저주는 무서운 효과가 있으며, 그 저주를 받은 사람은 물론 저주를 내린 사람도 불행한 죽음을 피할 수 없다고 한다. 그래서 이 저주는 섣불리 시행되지 않는 것이었다고 전해진다.

당시 로마 시민들은 그런 저주를 내린 아테이우스를 비난했다. 물론 그는 나라를 사랑하는 마음으로 그러한 행동을 한 것이지만, 이것 때문에 가장 큰 저주와 공포를 당한 것은 바로 로마였기 때문이다.

로마를 떠난 크라수스가 브룬디시움 항구에 도착했을 때는 겨울이었다. 바다는 심한 격랑이 일고 있었다. 그는 바다가 잔잔해질 때까지 기다리고 있을 수가 없었다. 그러나 서둘러 출항한 배는 곧 풍랑에 휩쓸려 난파되고 말았다.

겨우 바다를 건너간 크라수스는 살아남은 군사들을 끌어모아 행군을 서둘렀다. 갈라티아에 이르러서는 그 나라의 왕 데이오타로스를 만났다. 이 왕은 매우 늙은 나이에도 불구하고 새로운 도시를 건설하고 있었다. 크라수스는 이것을 보고 왕을 조롱했다.

"날은 이미 저물었는데 왕께서는 또 도시를 건설하시는군요."

이 말을 들은 왕은 빙긋 웃더니 이렇게 대꾸했다.

"장군 또한 그다지 이른 시간에 파르티아를 정벌하러 나온 것 같지는 않소이다."

그때 크라수스는 예순 살이 갓 지난 나이였다. 그러나 실제 나이보다 훨씬 더 나이가 들어 보였다.

크라수스의 원정은 처음 얼마 동안은 계획대로 잘 되어 나갔다. 유프라테스 강에 쉽게 다리를 놓고 무사히 군대를 건너가게 할 수 있었고, 또 강을 건너가자 메소포타미아의 수많은 도시들이 스스로 항복을 해왔다. 다만 아폴로니오스라는 자가 왕으로 있던 한 도시는 점령하기가 쉽지 않아서 약 1백 명의 군사를 잃고 말았다. 이 보고를 받은 크라수스는 즉시 주력 부대를 이끌고 나타나 완강히 버티고 있던 도시를 함락시켜버렸다. 그리고 도시는 마구 노략질하고 시민들은 모두 노예로 팔아 버렸다. 이 도시는 그리스 사람들이 제노도티아라고 부르던 곳이었다.

로마 군은 이곳을 무찌른 크라수스를 '임페라토르', 즉 대장군이라고 부르며 축하를 했다. 크라수스는 이 칭호에 만족했는지 잠자코 받아들였다. 그러나 어떤 사람들은 그가 큰 뜻을 갖지 못하고 작은 승리에 만족하는 것을 보고 그를 비난하기도 했다. 크라수스는 새로 정복한 도시에 7천 명의 보병과 1천 명의 기병을 수비대로 머물게 하고 시리아로 물러나왔다. 그는 이곳에서 겨울을 보낼 생각을 하고 있었다. 카이사르를 따라 갈리아로 출정했던 아들 푸블리우스도 많은 승리로 이름을 떨친 뒤, 정예병 1천 명을 이끌고 합세했다.

그런데 시리아에서 겨울을 보낼 생각을 했던 것은 큰 실수였다. 파르티아 원정 자체가 가장 큰 잘못이었다면 이것도 그것에 버금가는 잘못이었다. 만약 그가 현명한 장군이었다면 제대로 진격하여 파르티아의 숙적이던 바빌론과 셀레우키아를 점령했어야 했다. 그러나 그는 아무런 이유도 없이 시리아로 물러나 적들에게 많은 시간적 여유를 주고 말았다.

시리아로 물러난 그는 자신이 사령관이라는 사실을 까맣게 잊고 고리대금업자처럼 세월을 보냈다. 동방의 새로운 문물과 황금을 본 그의 마음속에는 다시금 그의 선천적인 탐욕이 고개를 들기 시작했던 것이다. 그래서 그는 무기를 검열하고 병사들을 훈련시키는 대신 각 도시에서 거두어들일 세금을 계산하거나 히에라폴리스 신전[16]에서 가져온 보물들을 저울질하는 데 많은 시간들을 흘려 보내고 있었다. 또 여러 도시와 왕국에 군사동원령을 내리고는 돈을 받고 그것을 면제해 주어 시민들로부터 위신을 잃고 멸시를 받게 되었다.

그에게 내린 첫 번째 불길한 징조는 다름 아닌 히에라폴리스 신전에서 내려졌다. 이 신전에 모셔진 여신은 베누스라고도 하고 유노라고도 했다. 사람들은 이 여신을 자연이나 수증기 속에서 세상 만물의 씨를 지어내고 인간에게 이로운 모든 지식을 가르쳐 주는 신이라고 믿고 있었다. 하루는 이 신전에 참배를 하고 나오던 아들이 문간에 걸려 넘어졌다. 그 바람에 뒤따라오던 크라수스마저 연달아 넘어지는 일이 있었다.

시리아에서 겨울을 난 크라수스는 다시 진영을 떠날 채비를 갖추었다. 그때 파르티아 왕이 보낸 사절단이 찾아왔다.

"만일 당신의 군대가 로마에서 정식으로 파견되어 왔다면 우리 파르티아의 대왕은 끝까지 대항하실 것이오. 그러나 소문처럼 로마의 뜻을 거역하고 사사로운 이익을 좇기 위해 우리 왕국을 침범하는 것이라면 왕께서는 자비를 베푸시어, 포로가 된 것이나 다름없는 당신의 군대가 조용히 돌아가도록 허락하시겠답니다."

크라수스는 사절단의 거만한 말을 듣고 화를 버럭 냈다.

"내 대답은 셀레우키아에 가서 들려 주겠소."

그러자 사절단 중에 가장 나이가 많은 바기세스가 비웃으며 손바닥을 내밀었다.

---

16) 유프라테스 강 서쪽 32km에 있던 곳으로 '성스러운 도시'라는 뜻이다. 아타르가티스 또는 아스타르테 여신을 모시는 신전이 있었다고 한다.

"이 손바닥에 털이 난 다음에야 셀레우키아를 볼 수 있을 것이오."

이렇게 말하고 파르티아의 히로데스 왕에게 돌아간 사절단은 전쟁을 하기로 결정했다고 보고를 올렸다.

그러는 사이 메소포타미아의 여러 도시에 남았던 수비대들이 파르티아 군에게 참패를 당하고 얼마 안 되는 병사들만 간신히 도망쳐 왔다. 패잔병들로부터 전쟁의 소식을 전해들은 로마 군은 큰 불안에 휩싸였다. 패잔병들은 자기네 수비대가 얼마나 많은 적들로부터 공격을 받았으며, 그들이 얼마나 막강한 부대인지를 자세히 얘기했다.

"일단 적이 쫓아오기 시작하면 아무도 도망을 갈 수가 없고, 그들이 퇴각할 때는 아무리 쫓아가도 붙잡을 수가 없어. 그리고 그들이 나타날 때는 꼭 이상하게 생긴 화살이 난데없이 날아와서 그대로 명중을 해버려. 또 그들이 가지고 있는 무기는 세상 어떤 것이라도 벨 수 있고 그들의 갑옷은 아무리 강한 무기로 찔러도 들어가지도 않아."

이런 식의 터무니없는 말은 로마 군의 사기를 점점 떨어뜨렸다. 이런 말을 듣기 전까지만 해도 그들은 파르티아 군을 아르메니아나 카파도키아 군과 다름없이 얕잡아 보고 있었다. 아르메니아나 카파도키아는 너무나 약한 부대여서 루쿨루스는 전리품이 너무 많아 골치를 썩일 정도였다고 했는데, 로마 군들은 파르티아 군도 그들과 마찬가지로 생각하고 있었던 것이다. 그래서 그들은 이 전쟁에서 가장 큰 고생이라고 해봐야 먼 행군과 도망치는 적을 추격하는 것쯤이라고 생각하고 있었다. 그러나 패잔병들의 얘기는 그런 꿈을 산산이 깨 버리고 말았다.

그러자 여러 장군들은 진격을 중단하고 사태를 다시 검토해야 된다고 크라수스에게 건의했다. 특히 크라수스의 재무관인 카시우스는 원정 계획을 수정해야 한다고 강력하게 건의했다. 점쟁이들 또한 제물이 늘 신통치 않아 불길한 징조가 있다고 귀띔해 주었다. 그러나 크라수스는 그런 모든 말을 무시해 버리고 진군 또 진군을 주장하는 자들의 소리에만 귀를 기울였다.

크라수스는 아르메니아의 왕 아르타바스데스가 6천 명의 기병을 이끌고 왔다는 소식을 듣고 다시 용기를 얻었다. 왕은 그가 데리고 온 군대는 호위병에 지나지 않으며, 1만 명의 철기병과 3만 명의 보병을 보내고 비용도 자신이 부담하겠다고 약속했다. 그는 또 크라수스에게 아르메니아를 거쳐 파르티아로 들어가라고 권유했다. 왕자신이 군수품을 댈 것이니 식량 걱정은 전혀 없으며, 전국이 산맥과 구릉으로 덮여 있으니 파르티아 군의 자랑인 기병의 공격을 받을 위험도 없다는 것이었다. 그러나 크라수스는 왕의 열성과 협조에 대해 간단히 감사하다는 말을 하고는 이렇게 말했다.

"메소포타미아에는 용감한 로마의 수비대가 많이 있소. 그러니 그곳을 지나 군대를 진군시키겠소."

크라수스에게 거절을 당한 아르메니아의 왕은 그 말을 듣고 곧 돌아가버렸다. 크라수스 군은 제우그마에 도착하여 유프라테스 강을 건넜다. 그런데 그때 무서운 천둥과 함께 번개가 내리치고, 바람과 구름이 섞인 폭우가 쏟아지면서 뗏목으로 만든 다리가 무너져 버렸다. 그리고 군대의 야영 진지로 정해 놓았던 곳에 두 번씩이나 벼락이 떨어졌으며, 사령관의 말 하나가 강물에 떨어져 죽었다. 또 제일 앞에 서 있던 로마 군의 군기가 저절로 휘돌아서 독수리의 머리가 뒤를 향했다.

그뿐 아니라 강을 건넌 다음 군사들에게 식량을 배급할 때는 제비콩과 소금이 제일 먼저 배급되었다. 그것들은 죽은 사람의 제사 때 쓰이는 것들이었다. 또 크라수스가 연설을 하는 도중에 했던 말 한 마디가 몹시 불길하게 여겨지는 것도 있었다. 그것은 군사들의 사기를 돋우기 위해서 한 말이었지만, 정작 병사들은 그 말을 듣고 몹시 두려운 생각이 들었다.

"이제 강에 놓았던 다리를 모두 끊어 버리겠다. 여러분들 중에 로마로 돌아갈 사람은 아무도 없기 때문이다."

그 말을 듣고 군사들은 여기저기서 웅성거렸다. 크라수스는 자기의 말에 오해가 있다는 것을 알았다. 그러나 오만한 그는 그 참뜻을 군이 설명하려 하지 않았다. 그리고 제사를 드린 다음 제관이 관례에 따라 제물로 쓴 짐승을 그에게 넘겨 주었는데, 그는 그것을 땅에 떨어뜨리고 말았다. 사람들은 모두 깜짝 놀라 크라수스를 쳐다보았다. 그러자 크라수스는 너털웃음을 터뜨리며 이렇게 말했다. "나이를 먹으면 가끔 이런 일도 일어나는 법이오. 그렇지만 무기를 버리는 일은 없을 테니 걱정마시오."

그들은 곧 유프라테스 강을 따라 진군을 계속했다. 7개 군단의 병력, 즉 약 4천 명씩의 기병대와 경무장병이 전부였다. 그때 정찰나갔던 병사들이 돌아와서 보고를 올렸다.

"적은 그림자도 보이지 않습니다. 말발굽이 나 있는 모양으로 보아 급히 후퇴를 한 것 같습니다."

이 보고를 들은 크라수스는 더욱 안심을 하게 되었다. 군사들 또한 파르티아 군을 얕잡아 보게 되었다. 그들은 적이 싸울 용기조차 없어서 모두 도망간 것이라고 여겼다. 그런데 재무관인 카시우스의 생각은 달랐다. 그는 크라수스를 찾아가 자신의 생각을 얘기했다.

"적의 움직임이 아무래도 수상합니다. 그러니 이곳에 수비대를 남겨두고 방비가 잘 되어 있는 근처의 도시로 들어가 군대를 쉬게 한 다음 적에 대한 좀 더 확실한 정보를 얻을 때까지는 행동을 중지하는 것이 좋겠습니다. 아니면 강을 따라서 셀레우키아로 진군하는 것도 괜찮을 것입니다. 군량을 배로 실어오고 있으니 군대가 멈춰서는 곳마다 배가 다다를 수 있고, 또 강 때문에 적에게 포위될 위험이 없어 전투가 벌어져도 똑같은 조건에서 싸울 수가 있습니다."

크라수스가 이 의견을 고려하고 있을 때, 로마 병사가 아라비아의 족장을 데리고 왔다. 그는 아리암네스라는 사나이인데 교활하기가 짝이 없는 자였다. 그의 출현은 로마 군을 파멸로 이끌어간 여러 가지 원인 가운데서 가장 치명적인 것이었다. 일찍이 폼페이우스를 따라 동방 원정을 떠났던 병사들 중에 그를 알고 있는 사람이 하나 있었다. 아리암네스는 폼페이우스로부터 많은 은혜를 받았었다. 그래서 폼페이우스의 군대에 종군했다가 이번에 다시 온 사람들은 그가 로마 군을 돕기 위해서 온 것이라고 생각했다.

그러나 지금 그는 파르티아 왕의 장군들에게 매수되어 있었다. 그는 크라수스의 군대를 광야로 꾀어내어 유프라테스 강의 구릉 지대를 떠나게 하려는 데 목적이 있었다. 파르티아 군은 로마 군과 정면 충돌을 원하지 않기 때문에 그들 군대를 포위해 버리려는 생각이었다.

크라수스를 찾아온 이 족장은 능청스러운 말솜씨로 폼페이우스를 자기의 은인이라고 추켜세운 뒤, 크라수스의 군대를 듣기 좋은 말로 실컷 칭찬하였다. 그리고는 이렇게 말을 이었다.

"파르티아 사람들은 벌써 오래 전부터 값진 가구와 재산들을 챙겨 놓고 스키타이[17]와 히르카니아[18]로 피난을 가려고 서두르고 있습니다. 그런데도 장군의 군대는 계속 전투를 질질 끌고 있으니 나로서는 도저히 이해할 수가 없습니다. 저런 적에게는 무기도 필요 없습니다. 다리만 빨리 쓰면 끝입니다."

---

17) 흑해와 카스피해 동쪽에 있던 지방.
18) 카스피해 남동쪽에 있던 지방.

족장은 다시 덧붙였다. "만일 장군께서 전투를 하실 생각이 있다면, 적들이 용기를 회복하고 각 부대를 집결시키기 전에 쳐버려야 합니다. 지금 왕은 자취도 없고 수레나와 실라케스가 장군을 막으려고 투입되어 있습니다."

그러나 그것은 모두 거짓이었다. 그때 파르티아의 왕 히로데스는 군대를 둘로 나눈 뒤, 한 부대를 끌고 아르타바스데스 왕을 정복하기 위해 아르메니아로 침입해 들어가고 있었다. 그리고 나머지 한 부대는 수레나에게 주어 로마 군을 치게 하였다. 어떤 역사가는 히로데스가 군대의 반만 로마 군과 대적하게 한 것은 그들을 얕보았기 때문이라고도 한다.

그러나 파르티아 왕이 로마의 일인자인 크라수스를 경멸하여 아르메니아를 침입했다는 것은 이치에 맞지 않는 얘기이다. 아마도 그는 로마 군과 직접 전투를 벌이는 것이 두려워서 수레나를 앞장세웠던 것 같다. 자신의 몸을 위태롭게 하지 않고 운을 시험해 보려는 속셈이었던 것이다.

수레나는 결코 평범한 인물은 아니었다. 재산과 문벌, 명성에 있어서도 왕을 제외하고는 가장 뛰어난 인물이었다. 용기와 전술은 파르티아에서 최고였으며, 체격이나 용모에서는 그는 따를 만한 자가 없었다. 그는 사사로운 일로 여행을 할 때에도 1천 마리의 낙타에 짐을 싣고, 2백 대의 마차에 첩이나 시녀들을 태우고 다녔다. 호위병으로는 1천 명의 철기병과 더 많은 수의 기병을 데리고 다녔다. 기병과 노예들을 모두 합치면 1만 명 이상의 인원을 이끌고 다닌 셈이 된다. 그리고 그의 가문은 새로운 왕에게 왕관을 씌워 주는 특권을 조상 때부터 가지고 있었다. 지금의 왕인 히로데스가 귀양살이를 하다가 다시 왕의 자리에 앉게 된 데에도 수레나의 힘이 매우 컸다. 또 셀레우키아 시를 점령했을 때, 맨 먼저 성벽에 올라섰던 사람도 바로 그였는데, 그때 그는 수비를 서고 있던 적병들을 직접 베어 죽였다고 한다. 당시 그는 서른 살도 안 된 젊은이였지만, 생각하는 것이 남다르고 판단력 또한 뛰어나서 나라 안에서 가장 이름 높은 인물로 존경받고 있었다.

크라수스가 멸망했던 것도 알고 보면 그의 교묘한 술수에 걸려든 것이었다. 크라수스는 처음에는 오만과 자부심 때문에, 나중에는 공포와 불행 때문에 그의 손에 희생되었던 것이다. 족장 아리암네스는 크라수스를 꾀어 드디어 강으로부터 평원으로 끌고 나왔다. 처음 얼마 동안은 행군하기가 쉽고 좋은 땅이었으나, 곧 다리가 푹푹 빠지는 모래사막이 나타났고, 그곳은 나무 한 그루, 물 한 방울도 찾아볼 수 없는 땅이었다. 로마 군은 지친 다리와 배고픔, 그리고 타는 듯한 갈증 때문에 모두 힘이 빠져 버리고 말았다. 나무나 시냇물, 산등성이의 그림자도 없었고, 풀 한 포기 없는 모래의 바다가 사방을 둘러싸고 있었다. 로마 군은 조금씩 적의 모략에 빠진 것이 아닌가 하는 의심을 하기 시작했다. 그때 아르메니아의 왕 아르타바스데스가 보낸 특사가 와서 왕의 말을 전했다.

"나는 지금 히로데스로부터 맹렬한 공격을 받고 있소. 그래서 장군을 도울 증원군을 보낼 수가 없소. 대신 장군께서 방향을 돌려 이쪽으로 오는 것이 어떻겠소? 나와 힘을 합쳐 싸운다면 파르티아 정복은 어렵지 않을 것이오. 내 뜻을 거절하고 그대로 계속 진군을 하더라도 상관없소. 그러나 적의 기병대가 움직이기 좋은 넓은 평야로는 절대로 가지 마시고 반드시 산줄기를 따라 가시오."

크라수스는 아르메니아가 증원군을 보내지 않는 것에 몹시 화가 나서 답장도 쓰지 않고 사신에게 소리를 질렀다.

"지금은 아르타바스데스를 상대하고 있을 여유가 없다. 그러니 나중에 배신 행위를 벌하겠다고 가서 전해라."

카시우스를 비롯한 몇몇 장군들은 크라수스의 처사가 잘못되었다고 판단했다. 그래서 위험한 진군을 중지해야 한다고 건의했지만 아무 소용이 없었다. 그것은 크라수스를 점점 불쾌하게 할 뿐 아무 보람도 없었다. 그들은 더 이상 건의하지 않고 대신 아리암네스를 향해 욕설을 퍼부었다.

"이 사람 같지도 않은 놈, 무슨 못된 귀신이 너를 여기까지 데리고 왔느냐? 어떤 요술로 크라수스를 사로잡았길래, 아라비아의 도둑 패거리들이나 어울릴 이런 막막한 사막으로 로마 군을 끌고 다니게 만들었느냔 말이다."

그러나 간사한 아리암네스는 그런 호통을 듣고서도 연신 허리를 굽신거렸다. "장군, 조금만 참으십시오. 조금만 기다리면 멋진 구경을 하시게 됩니다."

그러면서도 병사들에게도 이런 농담을 했다.

"아니, 그럼 여러분은 여기가 무슨 캄파니아[19]라도 되는 줄 아시오? 쉴 때마다 샘과 시원한 나무 그늘과, 목욕탕이나 술집이라도 나타나기를 기대하는 거요? 여기는 아라비아와 아시리아의 경계선이라는 것을 잊지 마시오. 알겠소?"

---

19) 나폴리가 있는 이탈리아의 비옥한 땅.

그는 이렇게 로마 군을 어린애처럼 놀리다가 흉계가 드러나기 전에 말을 타고 달아나 버렸다. 도망칠 때에도 적군을 혼란에 빠뜨려 로마 군을 돕기 위해 떠난다는 말을 빠뜨리지 않았다.

그런데 그날 크라수스는 로마 장군이 입고 다니는 붉은 옷을 입지 않고 검은 옷을 입고 나섰다가 문득 놀라 갈아입었다고 한다. 그리고 군기를 드는 병사들이 깃발을 들고 일어서려 할 때 마치 땅에 뿌리가 박힌 것처럼 좀처럼 빠지지 않았다는 이야기도 있다. 이것을 본 군사들은 모두 불길한 징조라고 여겼다. 그러나 크라수스는 이러한 일들을 무시해 버렸다. 그리고 군대를 재촉하여 보병도 기병처럼 빨리 행군하게 했다. 그때 정찰을 나갔던 병사 몇 명이 헐떡이며 달려와 크라수스에게 보고를 올렸다.

"장군님! 정찰대는 모두 적에게 포위되고 저희들만 겨우 빠져나왔습니다. 지금 파르티아의 대군이 물밀듯이 몰려오고 있습니다."

군대는 곧 혼란에 빠졌다. 크라수스 또한 뜻밖의 일에 너무 놀라 군대를 다시 배치하는 등 정신없이 허둥거렸다. 처음에는 카시우스의 의견을 들어 보병을 길게 늘어뜨리고 양끝에 기병대를 배치하였다. 적의 포위를 피하기 위한 대열이었다. 그러나 곧 생각을 바꾸어 전군을 집결하여 방형진을 만들고 사방에서 적과 싸울 수 있도록 했다. 이 방형진은 한 쪽을 각각 12연대 단위로 편성하고 각 연대마다 기병대를 조금씩 배치하여 기병대를 고루 보호할 수 있게 만든 것이었다. 이 대형에서 카시우스는 좌익을, 크라수스의 아들 푸블리우스는 우익을 맡고, 자신은 중앙을 맡아 지휘하기로 했다.

군대의 배치가 끝나자 크라수스는 곧 진군을 서둘러 발리수스라는 작은 강에까지 이르렀다. 강물은 별로 많지 않았지만 갈증과 더위에 지친 병사들에게는 대단히 반가운 일이었다. 대부분의 부대장들은 여기서 야영을 하면서 적군의 수와 움직임을 정찰한 다음, 이튿날 새벽에 공격하자고 했다. 그러나 크라수스는 성급한 아들과 기병대의 열렬한 간청에 못이겨 곧 진격을 하기로 결정했다.

크라수스는 군사들이 채 갈증을 풀기도 전에 다시 진군 명령을 내렸다. 전투를 시작하기 전에 행군 속도를 늦추고 휴식도 자주 시키면서 천천히 나가는 것이 보통이었지만 서둘러 강행군을 시켰다.

어느덧 로마 군의 눈 앞에 적군의 모습이 나타났다. 그런데 로마 군의 예상과는 달리 적군은 그다지 많은 수가 아니었다. 적의 무장도 눈을 놀라게 할 만큼 눈부시지도 않았다. 그러나 그것은 수레나가 주력 부대의 대부분을 뒤에 숨겨 두고, 햇빛에 반짝이는 무기들도 모두 갑옷 속에 감추거나 헝겊을 씌워 두었던 것이었다.

양쪽 군대가 서로 맞부딪치게 되자 적은 삽시간에 기괴한 북소리와 함성을 지르며 벌판을 가득 채웠다. 파르티아 군은 북소리에 맞추어서 살기등등하게 쏟아져 나왔다. 처음 얼마 동안 사방에서 울리던 북소리는 마치 맹수의 울부짖음에 뒤섞여 들리는 천둥소리 같았다. 사람의 모든 감각기관 가운데 청각이 가장 예민하며, 그것을 자극하면 사람은 정신을 차리지 못하게 된다는 것을 파르티아인들은 아주 잘 알고 있는 것 같았다.

로마 군들은 벌써부터 두려움에 떨고 있었다. 그런데 소리만으로도 충분히 기가 질려 있는 로마 군들의 눈 앞에서 파르티아 군은 무기를 감추고 있던 덮개를 일제히 벗겼다. 순식간에 마르기아네 산 강철로 만든 갑옷과 투구, 그리고 눈부시게 반짝이는 예리한 창검들이 햇빛 아래 드러났다.

가장 눈에 띄는 것은 역시 장군 수레나였다. 그는 다른 사람들에 비해 키가 훨씬 크고 풍채가 뛰어났다. 그러나 여자처럼 곱게 생긴데다가 화려한 옷을 입고, 얼굴에 분도 바르고, 머리에 메디아 식으로 가르마를 타서 넘겼기 때문에 용맹스러운 장군의 모습은 찾아볼 수가 없었다. 그런 한편, 병사들은 스키타이 풍속대로 긴 머리를 앞이마에 흩어놓아서 보는 사람을 몹시 두렵게 만들었다.

파르티아 군은 처음에 그들의 긴 창으로 로마 군의 전열을 무너뜨리려고 계획했었다. 그러나 로마 군의 전열은 더욱더 굳게 뭉쳤고 한 발짝도 물러서지 않았다. 할 수 없이 물러난 파르티아 군은 다시 로마 군을 포위해 버렸다.

크라수스는 돌격 명령을 내렸다. 그러나 적이 쏘아대는 화살 때문에 곧 쫓겨 들어왔다. 적은 마치 비를 퍼붓듯이 화살을 쏘아댔다. 적의 화살은 얼마나 힘차게 날아왔는지 로마 군의 어떤 방어물도 가리지 않고 꿰뚫어 버렸다. 이것을 보고 간담이 서늘해진 로마 군들은 혼란과 공포로 어찌할 줄을 몰랐다.

파르티아 군은 로마 군을 멀찍이 포위한 채 사방에서 계속 화살을 쏘아댔다. 그들은 화살을 똑바로 겨누지도 않고 그저 빗발처럼 쏘아댔다. 로마 군이 빈틈없이 밀집해 있었기 때문에 겨냥을 하지 않더라도 어김없이 어딘가에 꽂히게 되어 있었다. 무턱대고 쏘아대는 그들의 강력한 화살은 로마 군 속으로 수없이 떨어져 내렸다.

이렇게 되자 로마 군은 가엾기 짝이 없는 형편이 되고 말았다. 그 상태로 유지하고 있다가는 성한 사람이 남아나지 않을 것이 뻔했다. 그대로 돌격을 한다고 해도 적에게 아무런 피해도 주지 못한 채 아군의 피해만 더욱 커질 형편이었다. 파르티아 인들은 도망을 치면서도 활을 쏘는 재주가 있었기 때문이었다. 그런 재주는 스키타이 인들에 버금갈 만큼 뛰어났다. 이 교활한 전법은 도망을 가면서도 화살을 쏘았기 때문에 보통의 도망처럼 불명예스러운 것이 아니라고 여겼다. 크라수스는 적군의 화살이 바닥나기만을 기다릴 수밖에 없었다. 그리고 그때 퇴각을 할 것인지 돌격을 할 것인지를 결정하기로 했다. 그러나 적군은 화살이 다 떨어지면 낙타로 뛰어가 다시 새로운 화살을 가득 싣고 나오는 것이었다.

크라수스는 몹시 당황했다. 이대로 있다가는 부대는 고스란히 화살에 맞아 죽을 형편이었다. 그는 곧 아들 푸블리우스에게 전령을 띄워 군대가 포위당하기 전에 백병전을 벌이라고 지시했다. 파르티아 군이 푸블리우스가 지휘하는 쪽의 끝을 기병대로 에워싸며 포위할 기색을 보였기 때문이었다.

명령을 받은 푸블리우스는 카이사르가 보낸 천 명의 갈리아 정예병을 합친 1천 3백 명의 기병과 궁수 5백 명, 그리고 가까이에 있는 군단병력 8연대를 지휘하고 파르티아 군을 향해 돌진해 나갔다. 그러자 적은 그곳이 늪지대라서 싸우기가 힘들어서였는지, 아니면 푸블리우스를 크라수스로부터 멀리 떼어내어 공격을 하려던 것이었는지 몰라도 후퇴하기 시작했다. 아무튼 달아나는 파르티아 군을 본 푸블리우스는 자신감이 생겼다.

"적이 달아나고 있다. 어서 적들을 무찔러라!"

푸블리우스는 소리를 지르면서 적을 뒤쫓았다. 두 장군 켄소리누스와 메가바쿠스도 그를 따라 추격을 계속했다. 메가바쿠스는 힘과 용기로 이름이 나 있었으며, 원로원 의원인 켄소리누스는 뛰어난 웅변 솜씨로 유명한 사람이었다. 그들은 푸블리우스와 친구 사이였다.

로마의 기병대는 적을 맹렬하게 추격해 나갔다. 보병들도 앞을 다투어 달려갔다. 그런데 얼마 후 기병대는 적에게 속았다는 것을 깨닫게 되었다. 정신없이 도망가는 줄로만 알았던 적군이 별안간 그들을 향해 돌아선 것이다. 더구나 난데없이 새로운 대군까지 나타나 있었다. 로마 군은 이미 위험 속에 깊숙이 들어와 있었다. 달아날 길도 없었다.

파르티아 군은 갑자기 철기병을 앞에 내세워 로마 군을 막아서더니, 땅이 꺼질 듯이 말을 달리며 먼지를 일으켰다. 모래와 먼지가 안개처럼 일어나고 사방에는 말발굽 소리가 요란하게 울려 퍼졌다. 아무것도 분간할 수 없는 상황 속에서 로마 군은 모두 한 곳에 몰려들어 우왕좌왕하기 시작했다. 그때 파르티아 군의 투창과 화살이 빗발처럼 쏟아졌다. 로마 군의 몸에 박힌 화살들은 끝이 갈라져 있어서 뽑으려고 하면 부러지는 바람에 상처만 더욱 커졌다. 로마 군은 그렇게 비참한 죽음을 맞아야 했다. 살아남은 군사들도 전의를 잃고 있었다. 그런데도 푸블리우스는 적의 철기병을 공격하라고 소리를 높였다. 그러나 이미 군사들은 한 발짝도 움직일 수가 없었다. 이제는 도망칠 수 있는 형편도 안 되었다.

푸블리우스는 계속 기병대를 격려하면서 줄기차게 달려나갔다. 그러나 막상 적군 가까이까지 가자 공격도 방어도 할 수 없었다. 로마 군이 던진 투창은 짧고 약해서 적의 방패에 닿자마자 그대로 튕겨져 나와 버렸다. 적군의 방패가 워낙 막강했기 때문에 그것을 당해낼 수가 없었다. 그러나 갈리아 기병대가 입고 있던 갑옷은 너무 얇아, 적의 길고 큰 창은 그들의 몸 속으로 사정없이 박혀 버렸다.

이들 갈리아 기병대는 푸블리우스가 가장 큰 기대를 걸고 있던 부대였다. 과연 그들은 놀랄 만큼 눈부신 활약을 하였다. 적이 내지르는 긴 창을 움켜잡고 파르티아 군병들과 맞붙어 싸웠으며, 적을 힘껏 밀어뜨려 기병들을 땅에 떨어뜨렸다. 말에서 떨어진 적의 기병들은 갑옷이 너무 무거워 땅을 뒹굴다가 갈리아 부대의 창에 찔려 죽었다.

어떤 갈리아 기병 하나는 말에서 뛰어내려 적의 말 밑으로 기어들어가 말의 배를 찔러 버렸다. 상처를 입은 말은 이리 뛰고 저리 뛰면서 주인을 땅에 떨어뜨렸고, 그 파르티아 기병은 말에게 짓밟혀 죽었다. 그러나 갈리아 병사들은 더위와 갈증에 몹시 약해서 견디기가 어려웠다. 그리고 이런 기후에 익숙하지 못한 말들이 갈증을 참지 못해 적의 긴 창을 향해 돌진하는 바람에 대부분의 말을 잃고 말았다.

결국 푸블리우스는 싸우다가 부상을 당하게 되었다. 군사들은 부상을 당한 푸블리우스를 부축하여 후퇴를 하기 시작했다. 얼마 쯤 갔을 때 모래 언덕이 있는 것을 보고, 그들은 살아남은 말들을 묶어 가운데에 둔 다음 푸블리우스를 엄호하게 했다. 그리고 각자 방패를 들고 나란히 섰다. 이렇게 하면 그들을 도울 군대가 도착할 때까지의 얼마 동안은 적을 막아낼 수 있으리라고 생각했던 것이다.

그런데 정반대의 사태가 벌어졌다. 평지에서 진을 치고 있을 때는 앞줄에서 싸우고 있는 병사들 때문에 뒷줄은 얼마간 엄호를 받을 수 있었다. 그러나 이곳은 언덕이라 높은 곳에 있던 뒷줄은 쉽게 눈에 띄었고, 적의 화살을 정면으로 맞을 수밖에 없었다. 결국 그들은 아무런 저항도 하지 못한 채 수치스러운 죽음을 맞고 말았다.

그때 푸블리우스의 곁에는 두 사람의 그리스인이 있었다. 그들은 멀지 않은 카르하이라는 곳에 사는 히에로니모스와 니코마코스였는데, 푸블리우스에게 이렇게 권유했다. "장군님! 여기서 멀지 않은 곳에 이크나이라는 도시가 있습니다. 어서 그곳으로 피신하시지요."

그 도시는 로마를 지지하고 있는 도시였다. 그러나 푸블리우스는 부상으로 고통을 당하고 있으면서도 단호하게 거절했다.

"죽음이 아무리 무서운 것이라고 해도, 나를 위해 죽어간 친구들을 버리고 살기 위해 달아난다는 것은 말도 안 되오."

그리고 부하들에게 어서 몸을 피하라면서 그들을 얼싸안았다. 푸블리우스는 화살이 양손에 꽂혀 있어 움직일 수가 없었다. 그래서 그는 가슴을 드러내놓고 자기의 방패를 들고 다니던 호위병에게 칼로 찌르라고 명령했다. 푸블리우스가 이렇게 죽자, 켄소리누스도 같은 방법으로 자살을 했으며, 이에 메가바쿠스와 절망에 빠진 많은 병사들도 스스로 목숨을 끊어 버렸다.

드디어 파르티아 군의 공격이 시작되었다. 남아 있던 로마 군은 끝까지 물러나지 않고 싸우다가 모두 적의 긴 창에 맞아 쓰러지고 말았다. 살아남아 포로가 된 자는 5백 명도 채 안 되었다. 파르티아 군은 푸블리우스의 목을 잘라 들고 말을 달려 크라수스를 향해 진격했다.

그때 크라수스는 아들 푸블리우스에게 돌격 명령을 내린 다음 기병이 도망가는 적을 추격하고 있다는 정보를 들었다. 그리고 자기 앞에 있는 적의 공격이 한결 줄어든 것을 보고, 그들이 자신의 아들을 전멸시키러 이동한 것은 까맣게 모른 채 점차 용기를 얻고 있었다. 그래서 그는 군대를 비탈진 언덕에 집결시킨 다음, 아들이 적을 무찌르고 돌아올 것만을 기다리고 있었다.

푸블리우스는 위기에 빠져 즉시 크라수스에게 전령을 보냈었다. 전령은 적의 포위망을 뚫고 간신히 크라수스 부대에 도착했다. 전령은 숨을 헐떡이면서 푸블리우스 군의 상황을 보고했다.

"빨리 구원군을 보내지 않으면 푸블리우스 부대는 전멸하고 맙니다!"

보고를 받은 크라수스는 너무 당황하여 갈피를 잡을 수가 없었다. 로마 군 전체를 위한 걱정과 아들에 대한 염려 때문에, 군대를 움직여야 할지 그러지 말아야 할지를 결정할 수가 없었다.

　크라수스는 한참을 망설인 끝에 결심을 굳히고 전군에게 출동 명령을 내리기로 했다. 그런데 그때 먼젓번보다도 더 큰 함성과 북소리를 울리며 적군이 공격을 해왔다. 귀를 찢어놓을 듯이 함성을 지르고 노래를 부르고 북을 울리며 적군은 전투 개시를 예고하고 있었다. 그리고 그들 중 하나는 푸블리우스의 머리를 긴 창의 끝에 꽂아 들고는 로마 군 가까이까지 다가와 큰소리로 비웃었다.

　"이 사람의 아버지는 누구고, 또 조상은 누구냐? 설마 이 훌륭하고 용감한 청년이 비겁한 크라수스의 아들은 아니겠지?"

　이 광경은 다른 어떤 위험보다도 더 로마 군의 간담을 서늘하게 했다. 푸블리우스의 처참한 죽음은 로마 병사들에게 분노를 실어준 것이 아니라 오히려 그들을 두려움으로 벌벌 떨게 만들었다. 그러나 크라수스만은 이런 가운데에도 빛나는 용기를 드러냈다. 그는 대열 사이사이를 헤집고 돌아다니며 소리 높이 외쳤다.

　"동포들이여! 이것은 오로지 나 하나의 불행일 뿐이오. 여러분이 안전하게 있는 한, 로마의 운명과 영광 또한 안전할 것이오. 그러나 만약 훌륭한 아들을 잃은 나를 가엾게 여기는 사람이 이 가운데 있다면 그 마음을 적에 대한 분노로 바꾸어 주시오. 적들의 기쁨을 빼앗고 잔혹한 행동을 복수해 주시오. 절대로 지나간 일 때문에 용기를 잃어서는 안 됩니다. 여러분! 큰 일을 하는 사람은 인내할 줄도 알아야 하는 법이오. 루쿨루스가 티그라네스 왕을, 스키피오가 안티오코스를 정복한 것도 피를 흘리지 않고는 얻을 수 없는 영광이었소. 옛날 우리 조상도 시칠리아 바다에서 1천 척의 배를 잃었고, 이탈리아에서도 훌륭한 장군들의 목숨을 수없이 잃었던 적이 있었소. 그러나 그들은 모두 정복자를 정복하는 사람이 되었소. 로마가 오늘날의 영광을 누릴 수 있게 된 것도 운이 좋아서가 아니라, 알고 보면 위기에 처해서도 그것을 극복했던 사람들의 인내와 용기, 바로 그것 때문이었소."

　크라수스는 열심히 부하들을 격려했다. 그러나 그의 말을 귀담아 듣고 있는 병사들은 얼마 되지 않았다. 함성을 지르라고 했을 때도 기어들어가는 몇몇의 소리밖에 들리지 않았다. 그것으로 로마 군의 사기가 얼마나 약해졌는지를 충분히 짐작할 수 있었다. 반면 파르티아 군은 우렁차고 무서운 소리를 내며 점점 가까이 다가왔다.

　마침내 싸움이 벌어졌다. 파르티아 군은 하인과 노예들까지 로마 군을 에워싼 채 화살을 쏘았으며, 기병대는 긴 창을 내밀고 달려들어 로마 군을 좁은 땅에 몰아넣었다. 화살에 맞아 죽기를 원하지 않는 로마의 병사들은 적을 향해 말을 달렸지만, 그 것은 자살이나 다름 없었다. 그들은 털끝만큼도 적을 건드리지 못하고 비참하게 죽 어갔다. 파르티아 군의 두껍고 날카로운 칼은 로마 군에게는 치명적인 손해를 입혔 다. 그것은 때로 한꺼번에 두 사람을 꿰뚫어 버리는 경우도 있었다.

이렇게 싸우는 동안 밤이 되었다. 파르티아 군은 싸움을 그치고 진영으로 물러나 면서 로마 군에게 소리쳤다.

"이봐, 크라수스! 하룻밤만 더 살려 줄 테니 죽은 아들을 위해 실컷 울라구. 그리 고 사로잡혀 죽음을 당하고 싶지 않으면 파르티아 대왕께 항복하러 오라구, 알겠나?"

파르티아 군은 로마의 진영 가까이에 진을 치고 자신만만해했다.

그러나 로마 군의 하룻밤은 암담하기 짝이 없었다. 그들은 죽은 전우들을 묻을 생각도 못했고, 고통에 신음하고 있는 부상자들의 소리도 귀에 들어오지 않았다. 그 들은 다가올 자신의 운명을 한결같이 슬퍼하고 있었다. 날이 밝으면 기다리는 것은 죽음뿐이었고, 광막한 사막으로 달아난다고 해도 살아날 수 있는 가망은 없었다.

더구나 부상자들 문제도 컸다. 도망하는 부대가 부상자들을 데리고 갈 수는 없는 노릇이었고, 버리고 갈 수도 없는 일이었다. 부상당한 자신들을 버리고 떠나는 데 대 한 배신 때문에 그들은 통곡과 저주와 애원의 말들을 쏟아 놓을 것이고, 그러면 적군 들에게 들키는 것은 뻔한 사실이었다.

군사들은 자신들의 슬픈 운명이 모두 크라수스 장군의 잘못이라고 생각했다. 그 들은 장군을 만나서 무슨 대책이라도 듣고 싶었다. 그러나 크라수스는 외투를 머리 끝까지 뒤집어쓰고 어둠 속에 죽은 듯이 누워만 있었다. 그것은 뒤집힌 운명에 파묻 힌 사람들의 본보기였다. 그러나 현명한 사람의 눈에는 그것이 경솔하고 무모한 야 심 때문이라는 것이 보였다. 사실 그는 수백만 민중들의 지배자였다. 그러나 그는 폼 페이우스와 카이사르 단 두 사람에게 뒤진다는 이유 때문에 모든 것을 팽개치고 이 런 비참한 결과를 만들어낸 것이다.

부대장인 옥타비우스와 카시우스는 크라수스를 찾아가 위로를 하려고 했다. 그 러나 그는 넋을 잃고 있어서 함께 어떤 대책을 의논할 수가 없었다. 그들은 각 부대 의 대장들과 군사위원들을 소집하여 앞으로의 대책을 의논했다. 그 결과 어둠을 타 고 달아나는 것밖에는 다른 방법이 없다는 데 의견이 모아졌다.

그들은 퇴각 명령을 내렸다. 로마 군은 나팔도 불지 않고 소리없이 퇴각하기 시작했다. 그러나 얼마 후 자신들을 버리고 떠난다는 것을 눈치 챈 부상자들이 소리를 지르기 시작했다. 그들은 저주를 하면서 울음을 터뜨렸다. 그 소리는 조용했던 밤의 적막을 깨뜨렸다. 퇴각하고 있던 로마 군은 그 소리를 적이 습격해 오는 소리로 잘못 알았다. 그래서 두려움 때문에 벌벌 떨면서 이리저리 휩쓸렸다. 퇴각은 순조롭게 이루어질 수가 없었다. 갈팡질팡하며 길을 찾거나 따라오는 부상자들을 실었다 내렸다 하는 데 많은 시간을 빼앗겼다.

결국 에그나티우스가 거느린 3백 명의 기병부대만이 탈주에 성공했다. 그들은 자정 가까이 되어 카르하이 성에 도착했다. 에그나티우스는 성 밖에서 파수병들에게 외쳤다. "크라수스 장군은 파르티아 군과 큰 전쟁을 벌였다고 부대장 코포니우스에게 전하라!"

그리고는 수비병이 그의 이름을 묻기도 전에 허둥지둥 제우그마를 향해 달려갔다. 이렇게 해서 에그나티우스는 자신과 부하들의 목숨을 구해낼 수 있었지만, 사령관을 버리고 도망갔다는 불명예를 남겼다.

그렇지만 그가 전한 소식은 크라수스에게 도움을 주었다. 코포니우스는 누군지도 모르는 사람이 그런 말을 하고는 급히 달아났다는 얘기를 수비병에게 들었다. 그말만으로는 사태를 자세히 알 수 없지만, 아무튼 몹시 위급하다는 것을 알아챌 수 있었다. 그는 곧 부하들에게 무장을 한 뒤 대기하고 있으라는 명령을 내렸다. 그리고 크라수스가 온다는 정보를 받자 군대를 거느리고 마중을 나가 그와 군대를 호위해서 성 안으로 들어왔다.

한편 파르티아 군은 로마 군이 어둠을 틈타 도망간다는 사실을 알고 있었지만 추격을 하지는 않았다. 그러나 날이 밝자 곧 출동하여 4천여 명의 부상병과 수많은 낙오병들을 죽였다. 그리고 길을 잃어 벌판을 헤매고 있던 로마 군의 부대장 바르군티누스의 부대를 만났다. 4개 대대나 되는 이 부대는 로마 군의 본대에서 멀리 떨어져서 후퇴를 하다가 언덕에서 포위되고 말았다. 그들은 끝까지 싸움을 벌여 전멸당하고 마지막에는 겨우 20명만 살아 남았다. 파르티아 군은 이 20명의 로마 군이 칼을 뽑아들고 달려오는 것을 보고 그들의 용기에 감탄했다. 그래서 그들은 잠시 주춤하다가 이들을 위해 대열을 양쪽으로 열어 주었다. 그리고 그들이 카르하이로 갈 수 있도록 가만히 내버려 두었다.

수레나는 얼마 뒤 다음과 같은 소식을 듣게 되었다.

"크라수스와 그 밖의 장군들은 모두 달아났고 카르하이로 도망간 것은 쓸데없는 패잔병들 뿐입니다."

수레나는 승리의 와중에도 가장 중요한 인물들을 놓친 것이 몹시 안타까웠다. 그는 그 정보가 확실한 것인지 아닌지를 확인해본 다음, 카르하이를 포위할 것인지 아니면 크라수스를 추격할 것인지를 결정하기로 했다. 그래서 그는 사신 한 사람을 카르하이 성으로 보냈다. 사신은 성 밖에 도착하여 외쳤다.

"크라수스 장군이나 카시우스 장군님은 성벽 위로 나와 주십시오. 수레나 장군께서 휴전을 맺고 싶어 하십니다."

이 소리를 들은 크라수스는 즉시 그 제안을 받아들이기로 결정하고 카시우스를 성벽 위로 올려보냈다. 사신은 카시우스가 틀림없음을 확인한 뒤 말했다.

"수레나 장군께서는 휴전을 원하십니다. 왕과는 평화 조약을 약속하고 메소포타미아에서 철수한다면 로마 군의 귀국을 안전하게 보장한다는 조건입니다. 수레나 장군은 로마 군을 섬멸하는 것보다 이렇게 하는 것이 두 나라를 위해 유리하다고 생각하십니다."

카시우스는 조건을 받아들이겠다는 뜻을 보이고 크라수스와 수레나가 회담할 장소와 시간을 결정해서 알려달라고 했다. 대답을 들은 사신은 수레나에게 돌아가 보고를 올렸다. 수레나는 로마 군이 자신들의 꾀에 빠진 것과, 크라수스를 포위할 수 있게 된 것을 무척 기뻐했다.

다음날, 수레나는 새벽부터 대군을 이끌고 나와 카르하이를 향해 물밀듯이 밀어닥쳤다. 그리고는 로마 군을 비웃으며 거만하게 말했다.

"휴전을 원하거든 크라수스와 카시우스를 사슬에 묶어 내보내라!"

로마 군은 그제야 속은 것을 깨닫고 이를 갈았지만 이미 돌이킬 수 없는 위급한 상황이었다. 장군들은 크라수스에게 이렇게 권유했다.

"아르메니아 군이 구하러 올 것이라는 희망은 이제 버리십시오. 여기는 너무 먼데다가 또 그들이 우리를 구하러 올 리도 없습니다."

마침내 그들은 성에서 물러나기로 결정하고 출발할 때까지 비밀에 붙이기로 했다. 그런데 크라수스는 그만 역적이나 다름없는 안드로마코스에게 이 계획을 얘기하고 길 안내까지 부탁하고 말았다. 파르티아 군은 안드로마코스를 통해 로마 군의 크고 작은 움직임들을 샅샅이 보고받을 수 있었다.

그러나 파르티아에서는 야간 전투를 벌이는 것을 금지하고 있었고 또 위험 부담이 컸기 때문에 추격을 하지 않았다. 크라수스는 한밤중에 몰래 시내를 빠져나왔다. 그러나 안드로마코스는 수레나가 거뜬히 추격할 수 있도록 하기 위해 로마 군을 이곳저곳으로 끌고 다녔다. 그리고 나중에는 넓다란 늪과 도랑이 수두룩한 땅으로 그들을 데리고 다녔다. 로마 군 중에서는 그의 배신을 눈치 채고 안드로마코스를 따라가지 않은 부대도 있었다. 그 중 하나가 카시우스의 부대였는데 그는 군대를 돌려 카르하이로 도로 들어갔다. 길 안내자는 아라비아인이었는데, 그는 카시우스에게 이렇게 말했다.

"달이 전갈좌를 지날 때까지 기다렸다가 떠나십시오."

카시우스는 그 말을 듣고 대답했다.

"나는 전갈좌보다 사수좌[20]가 더 무섭다네."

그리고 그는 곧 기병 5백 명을 이끌고 시리아로 떠났다.

정직한 길 안내자를 만난 그 밖의 부대들은 신나카라는 산으로 올라갔다. 그리고 동이 트기 전에 안전한 곳에 도착하여 진을 쳤다. 그들 가운데는 저 용감한 옥타비우스가 이끄는 5천 명의 병력들도 끼여 있었다.

가장 고생을 한 것은 역시 크라수스였다. 안드로마코스에게 속은 그는 날이 밝을 때까지도 늪 근처에서 헤매고 있었다. 그를 따르고 있는 군사는 보병 4개 대대, 그리고 소수의 기병대와 다섯 명의 호위병뿐이었다. 밤새도록 고생을 한 그들은 날이 밝아서야 간신히 본래의 길로 들어설 수 있었다.

그러나 아미 추격해온 적병들은 그들을 바짝 따라붙어 있었다. 크라수스는 12스타디움(2km)쯤 앞서 있는 옥타비우스의 부대와 합칠 생각도 못하고 다른 편에 있는 산으로 올라갔다. 그 산은 방어하기에는 불리했고 적의 기병이 공격하기에는 썩 좋은 곳이었다.

그런데 그 산은 벌판 저쪽에 있는 신나카 산과 가느다란 줄기를 따라 이어져 있었다. 벌써 산 위에 닿은 옥타비우스는 크라수스가 궁지에 몰려 있는 것을 발견했다. 그는 몇몇 부하들을 데리고 크라수스를 구하기 위해 말을 달렸다. 다른 병사들도 자신의 지휘관이 달려가는 것을 보고 스스로의 비겁함을 나무랐다. "대장이 목숨을 걸

---

20) 사기타리우스 성좌로 열두 별자리 가운데 하나. 여기서는 파르티아 군의 화살을 빗대어서 한 말이다.

고 싸우러 갔는데, 우리가 모른 척한다는 것은 비겁한 일이오!"

그들은 서로를 일깨우고 격려하면서 모두 산을 내려와 크라수스를 구하기 위해 달려갔다.

쫓기고 있던 로마 병사들은 자신들을 도우러 응원군들이 달려오는 것을 보고 곧 용기를 되찾았다. 로마 군이 모두 힘을 합쳐 맹렬한 공격을 퍼붓자 그토록 억세던 파르티아 군도 잠시 주춤거리더니 언덕을 내려가 버렸다. 이렇게 해서 크라수스는 간신히 목숨을 구할 수 있었다.

로마 군은 크라수스를 방패로 에워쌌다. 그리고는 이렇게 외쳤다.

"우리가 다 죽어 넘어지기 전까지, 파르티아의 화살은 대장군님의 언저리에도 못 미칠 것입니다."

수레나는 부하들의 기가 한 풀 꺾여 있는 것을 보았다. 그리고 만약 날이 저물어 로마 군이 산 속으로 들어가 버리게 되면 그들을 영영 놓치게 될 것이라는 생각이 들었다. 그래서 그는 이번에도 속임수를 쓰기로 했다. 그는 먼저 다음과 같은 소문을 퍼뜨렸다.

"왕께서는 더 이상 전쟁을 바라지 않는다. 그리고 크라수스에게 너그러운 은혜를 베푸시어 두 나라가 다시 우호관계를 맺는 실마리를 찾기 바라신다."

수레나는 이런 소문이 군대 안에 퍼져 포로가 된 로마 병사가 듣도록 했다. 그리고 일부러 포로 몇 명을 놓아 주고 전투를 중지시켰다. 그런 다음 수레나는 측근 몇 명을 데리고 천천히 언덕으로 올라갔다. 그리고 싸울 뜻이 없음을 보이기 위해 자기가 가지고 있던 활줄을 풀어 버렸다.

수레나는 두 손을 흔들면서 크라수스를 큰소리로 불러 정중한 태도로 말했다. "크라수스 장군! 우리 이제 휴전을 맺읍시다. 로마 군이 우리의 위력을 시험하셨기 때문에 대왕께서 노하였던 것이오. 그러나 너그러우신 대왕께서는 지금, 로마 군이 휴전협정을 맺고 무사히 로마로 돌아가기만을 바라고 계십니다."

로마 병사들은 수레나의 제안을 기뻐했다. 그러나 적의 배신을 몇 번이나 겪었던 크라수스는 그들이 갑작스럽게 딴 소리를 꺼내는 것이 아무래도 의심스러웠다. 그래서 그는 수레나의 제안에 귀를 기울이지 않고 이렇게 대답했다.

"생각할 여유를 좀 주시오."

그런데 뜻밖에도 로마의 병사들이 아우성을 치며 어서 휴전에 응하라고 소리를 질러댔다. 그들 중에는 그에게 다가와 이렇게 비난을 퍼붓는 병사도 있었다.

"무기까지 놓고 오는데 뭐가 무서워서 회담을 피하는 겁니까? 우리더러 싸우다 가 죽으라는 겁니까?"

크라수스는 할 수 없이 병사들을 다독거려야만 했다.

"여러분! 이대로 해질 때까지만 버티다가 밤에 저 산 속으로 들어가면 우리는 모두 안전할 것이오. 그곳으로는 적의 기병대도 쫓아올 수가 없으니 부디 조금만 참으시오."

그는 탈출할 것과 방법을 하나하나 설명하면서 말을 이었다.

"여러분! 이제 살아날 길이 눈 앞에까지 다가와 있소. 여기까지 살아왔으면서 지금 희망을 버린다면 아무 보람도 없지 않소? 그러니 해가 질 때까지만 기다립시다."

그러나 병사들은 그런 말은 더 듣기도 싫다면서 제각기 방패를 두드리며 크라수스를 위협했다.

이렇게 되자 크라수스는 병사들의 요구에 따라 적의 진영으로 가는 것밖에는 다른 도리가 없었다. 그는 떠나기 전에 장군들에게 이런 말을 남겼다.

"옥타비우스, 페트로니우스, 그리고 그 밖에 로마의 젊은 장교 여러분! 여러분은 내가 이런 선택을 할 수밖에 없는 모습을 보았소. 그리고 내가 얼마나 심한 모욕을 받았는지도 알고 있을 것이오. 그러나 여러분! 무사히 고국 땅을 밟거든 반드시 이렇게 얘기해 주시오. 크라수스는 동포들의 배신에 꺾인 것이 아니라 적의 속임수에 넘어간 것이라고 말이오."

옥타비우스는 페트로니우스 등과 함께 그를 따라 산을 내려갔다. 크라수스는 자기를 따르던 호위병들을 모두 돌려보냈다.

크라수스를 제일 먼저 맞이한 것은 두 명의 그리스 혼혈아였다. 그들은 말에서 뛰어내려 크라수스에게 정중하게 인사를 드렸다. 그리고는 크라수스에게 그리스 말로 속삭였다.

"수레나 장군 일행이 무기를 가지고 있는지 확인해 보십시오."

그러나 크라수스는 이렇게 대꾸했다.

"죽음이 두려웠다면 내 스스로 이런 곳에 뛰어들었겠소?"

크라수스는 로스키우스 형제 두 사람을 수레나에게 먼저 보내 회담의 조건과 수행원의 숫자를 물어보라고 했다. 그러나 수레나는 그들을 잡아 가두어 버렸다. 그런 다음 그는 막료들과 함께 말을 타고 크라수스에게 왔다. 그는 크라수스를 보더니 입을 열었다.

"아니, 이게 어찌된 일입니까? 로마의 대장군께서 걸어오시다니요."

그러면서 부하에게 크라수스에게 말을 갖다 드리라고 말했다. 그러자 크라수스가 말했다.

"어느 쪽도 잘못된 것은 없소. 당신이나 나나 제 나라 관례대로 회담에 나온 것이니까 말이오."

그러자 수레나는 크라수스를 보며 말했다.

"지금 이 순간부터 히로데스 왕과 로마 군 사이에는 평화와 함께 휴전이 이루어졌소. 그러나 유프라테스 강까지 가서서 조약문에 서명을 좀 해주셔야겠소. 로마 사람들은 조약의 조건을 잘 잊어버려서 말입니다."

말을 마친 수레나는 손을 내밀며 악수를 청했다. 크라수스는 담담하게 악수를 한 뒤 자기 말을 끌어오라고 로마 군을 향해 말했다. 그러자 수레나가 나섰다. "아니, 그러실 필요 없습니다. 이 말은 우리 대왕께서 선물로 드리는 것입니다."

수레나는 곧 황금으로 장식한 말을 크라수스 앞으로 보냈다. 그러자 마부들이 크라수스를 들어 올려 말 위에 앉히더니 채찍을 때렸다. 말이 막 뛰어오르려는 순간 옥타비우스는 재빨리 말고삐를 잡았다. 이에 페트로니우스와 한 떼의 로마 군이 달려와서 마부들을 밀어냈다. 그러면서 난투극이 벌어졌다. 결국 옥타비우스는 마부 하나를 베어 죽이고 그도 등에 칼을 맞아 숨을 거두었다. 무기를 갖고 있지 않았던 군단 호민관 페트로니우스도 칼을 맞고 말에서 떨어졌으나 가슴을 가린 갑옷 덕분에 상처는 별로 깊지 않았다.

그때 크라수스도 포막사트레스라는 파르티아 군사에게 살해되었다고 한다. 그러나 또 다른 설에 의하면, 크라수스를 죽인 것이 그가 아니라 다른 사람이며, 포막사트레스는 다만 죽어 있는 크라수스의 머리와 오른손을 잘라낸 것뿐이라고 한다. 자세한 것은 알 수가 없고 다만 추측을 할 수 있을 뿐이다. 왜냐하면 그곳에 있던 로마인들은 위급한 상황에 처해 있었으므로 제대로 지켜본 사람이 없었고, 또 그들 대부분은 그곳에서 죽임을 당했거나 곧 도망을 쳐서 산으로 올라갔기 때문이다.

결국 파르티아 군은 산 위에 있던 로마 군을 공격하였다. 그들은 수레나 장군의 말을 전한다면서 이렇게 얘기했다.

"로마 병사 여러분! 크라수스는 마땅히 받아야 할 벌을 받은 것뿐이니 여러분들은 걱정할 필요가 없소. 그리고 수레나 장군은 여러분이 언덕에서 내려오시기를 바라십니다."

로마 군은 이 말을 듣고 더러는 언덕을 내려가 항복을 했고, 더러는 밤을 틈타 사방으로 흩어졌다. 그러나 그들 대부분은 그 근처를 샅샅이 뒤지고 다니던 아라비아인들에게 잡혀 죽임을 당했기 때문에, 무사히 귀국한 사람은 거의 없었다. 전해지는 기록에 의하면 그때 로마 군의 전사자는 2만 명, 그리고 포로는 만 명 정도였다고 한다.

수레나는 크라수스의 머리와 손을 아르메니아에 출정중이던 히로데스 왕에게 보냈다. 그리고 셀레우키아로 전령을 보내 자기가 크라수스를 잡아간다는 소식을 전하고, 우스꽝스러운 행렬을 지어 도시로 들어갔다. 그들은 로마 군 포로들 가운데 크라수스와 아주 비슷하게 생긴 카이우스 파키아누스에게 자기 나라 여자처럼 옷을 입혀 놓고, 누가 크라수스 장군님이라고 부르면 대답을 하게 했다. 그리고 그를 말에 태운 뒤 그 앞에는 나팔수와 릭토르들을 세웠다. 릭토르들이 가지고 있는 도끼에는 피가 뚝뚝 떨어지는 로마 병사들의 머리를 달아매고 빈 주머니를 처맸다. 그 뒤에는 셀레우키아의 기생들이 나와 추잡한 노래를 부르면서 크라수스를 조롱하였다. 이 행렬은 시민들에게 보여주기 위해 꾸민 장난이었다.

행렬이 끝난 다음 수레나는 셀레우키아 시의 의회를 소집했다. 거기서 그는 아리스티데스가 쓴《밀레시아카》라는 음란한 책을 보여 주었다. 이 책은 루스티우스라는 로마 군인의 배낭 속에서 발견된 책이었다. 그것을 보면서 수레나는, 로마인들이야말로 전쟁에 나가서까지도 못된 생각이나 하는 음탕한 놈들이라고 비난했다. 그러나 셀레우키아의 시민들은 그런 얘기를 전해들으면서 이솝의 이야기가 얼마나 지혜로운가를 떠올리지 않을 수 없었다. 왜냐하면 장군 수레나의 부대는 앞에서 보면 그럴 듯했지만, 그들의 뒤에는 수많은 기생과 첩들의 마차가 줄을 이어 늘어섰기 때문이었다. 앞에는 긴창과 활로 무장한 부대, 그리고 기병대가 근엄한 모습으로 서 있었지만, 뒤에는 캐스터네츠와 피리소리가 울려 퍼지는 한밤중의 술잔치로 마무리되는 것이 보통이었다. 물론 싸움터에 그런 책을 들고 다닌 루스티우스는 비난받을 만한 짓을 했지만, 밀레시아의 이야기를 비웃고 있는 파르티아 인들 또한 자신의 혈통을 부끄러워할 줄 알았어야 했다. 그들이 떠받드는 아르사케스 왕족의 혈통은 모두가 밀레토스(밀레시아)나 이오니아의 기생 출신이었기 때문이다.

그럴 즈음 히로데스 왕은 아르메니아의 왕 아르타바스데스와 휴전 조약을 맺고, 이것을 더욱 확실히 하기 위해 아르메니아 왕의 여동생과 파르티아의 왕자 파코루스의 결혼을 성사시켰다. 두 왕은 잔치를 열며 크게 기뻐했다. 잔치에는 그리스의 여러 연극들이 상연되고 시도 읽혀졌다. 히로데스 왕은 그리스의 문화예술에 조예가 깊었고 그리스어도 썩 잘 했다. 아르타바스데스도 또한 그리스어로 연설집과 역사책 등을 쓸 만큼 그리스의 사정에 훤했던 사람이다. 그들의 그리스어 책 중에는 지금까지 남아 있는 것도 있다.

잔칫상이 물러간 다음 에우리피데스의 연극이 시작되었다. 두 왕은 〈디오니소스 제〉의 아가베[21] 대목에서 트랄레스 출신의 비극배우 야손이 이 역할을 노래하자 아낌없는 박수갈채를 보냈다. 그때 실라케스가 들어오더니 파르티아 왕에게 절을 하고 크라수스의 머리를 그 앞에 던졌다. 그러자 파르티아 인들은 기쁨의 함성을 지르며 박수를 보냈다.

왕은 기쁨을 드러내고 실라케스에게 자리를 권했다. 이때 배우 야손은 합창단 중 하나에게 펜테우스의 머리를 건네주고 대신 크라수스의 머리를 집어들었다. 그리고는 디오니소스 제 때의 미친 여자 역할을 하면서 서정시의 한 구절을 우렁차게 읊었다.

우리는 오늘 대단히 큰 사냥을 했어요.
저 산에서 이런 훌륭한 놈을 잡아 집으로 돌아왔어요.

이 시를 들은 사람들은 다시 한 번 기쁨의 함성을 질렀다. 곧이어 합창단의 물음과 대답이 노래로 불려졌다.

그래, 이것을 쓰러뜨린 것은 어느 행복한 사람의 손이지요?
그것은 바로 나의 용기요.

그때 우연히 이 자리에 참석하고 있던 포막사트레스가 갑자기 뛰어나왔다.

---

21) 아가베의 아들인 펜테오스 왕은 디오니소스가 신이라는 것을 믿지 않았다. 그래서 화가 난 디오니소스는 아가베와 여자들을 시켜서 펜테오스를 죽여 버렸다. 〈디오니소소 제〉의 연극 중에서 짐승을 죽였다고 기뻐하면서 사실은 자기 아들의 머리를 들고 아가베가 등장하는 대목이 있다.

"이 명예는 마땅히 내가 받아야 한다. 나 말고는 아무도 받을 자격이 없어."

포막사트레스는 군중을 헤치고 뛰어나와 크라수스의 머리를 빼앗았다. 그는 크라수스를 죽였다고 알려진 사람이었다. 왕은 몹시 기뻐하며 그에게 많은 상을 내리고, 관례에 따라 야손에게도 1탈렌트의 황금을 내렸다. 크라수스의 전쟁은 큰 비극으로 막을 내렸다. 그러나 운명은 잔인한 수레나를 용서해 주지 않았다. 얼마 뒤 히로데스 왕은 수레나의 명성을 시샘하여 그를 사형시킨 것이다. 그리고 그 뒤 왕은 로마군과의 전투에서 맏아들 파코루스를 잃었다. 이어 왕이 수종병에 걸려 자리에 눕게 되었을 때 왕좌를 탐낸 둘째 아들 프라아테스가 아버지를 죽이려고 아코니틴[22]을 먹였다. 그런데 이 독약이 오히려 약이 되어 왕의 병은 씻은 듯이 나았다. 그러자 프라아테스는 제일 간단한 방법을 선택했다. 그는 아버지를 목졸라서 죽이고 만 것이다.

---

22) 지이바라는 꽃에서 뽑아낸 독약.

니키아스와
크라수스의 비교

✗

니키아스는 크라수스에 비해 한결 정직하고 떳떳한 방법으로 재산을 모은 사람이었다. 원칙적으로 말해서 광산으로 돈을 모으는 것은 결코 떳떳한 일이 못 된다. 그것은 죄수나 노예들이 사슬에 묶인 채 땅 속에서 목숨까지 바쳐가며 얻어낸 것이기 때문이다. 그러나 크라수스가 압수한 땅과 불붙은 집을 헐값으로 사들여 재산을 만든 것에 비하면 니키아스의 이런 방법은 훨씬 정직한 것이다.

크라수스는 다른 사람이 농사를 짓는 것처럼 공공연하게 이런 방법을 썼을 뿐 아니라 돈놀이까지 한 적도 있었다. 또 스스로는 부정하고 있지만 그 밖에도 사건들로 세상 사람들의 손가락질을 받았다. 즉, 그것은 뇌물을 받고 원로원에서 정사를 그르쳤으며, 동맹국을 속이고, 세력있는 여자들의 힘을 이용했으며, 죄인과 짜고 일을 공모한 것 등이다.

니키아스는 이러한 비난을 받은 일이 없었다. 오히려 그는 성격이 너무 소심해서 중상 모략을 일삼는 자들에게 돈을 주어 입을 막을 정도였다. 그런 행동은 페리클레스나 아리스티데스 같은 인물에게는 몹시 부끄러운 일이었겠지만, 소심한 성격을 타고난 니키아스에게는 어쩔 수 없는 일이었다. 웅변가 리쿠르고스도 이런 약점을 민중들 앞에서 폭로했다. 즉, 그는 자기가 증인에게 뇌물을 주었다는 혐의를 받고 고소를 당했을 때 이렇게 말했다.

"나처럼 오랫동안 정치 활동을 한 사람이 돈을 받았기 때문이 아니라 돈을 주었기 때문에 이런 재판을 받는다는 것은 오히려 다행스러운 일로 생각되는군요."

니키아스는 그렇게 모은 돈을 공공의 이익을 위해 사용했다. 신께 제물을 바치고, 운동이나 연극 대회를 열고, 시민들을 위한 축제 행렬을 장식하는 데 돈을 쓴 것이다. 그러나 수많은 시민들에게 잔치를 베풀고 막대한 곡식을 나누어 주었던 크라수스에 비하면, 니키아스가 사용한 금액과 그의 재산은 아무것도 아니었다.

크라수스처럼 돈을 얻기 위해 명예롭지 않은 방법을 쓰고 또 그 재물을 물쓰듯 헛되이 쓰는 것을 보면, 인간의 죄악이라는 것은 마음이 중심을 잃었을 때 생겨나는 것임을 알 수 있다.

두 사람의 정치 활동도 마찬가지였다. 니키아스는 국사를 처리하는 데 있어서 부정한 일로 비난받을 만한 행동을 결코 하지 않았다. 그는 도리어 알키비아데스의 권모술수와 민중들의 입에서 쏟아지는 목소리에 밀려 항상 두려움을 벗어나지 못했다. 그러나 크라수스는 친구와 원수, 은혜와 원한을 예사롭게 뒤집었고, 비열한 방법으로 나쁜 책략을 일삼아 세상의 손가락질을 받았다. 그리고 사람을 사서 카토와 도미티우스를 암살시키라는 명령을 내리고 집정관의 자리를 차지했던 일은 스스로도 부인하지 못했다. 또 영지를 분배하기 위해 집회를 열었을 때도 수많은 부상자를 내고 사람을 넷이나 죽인 일도 있었다. 그리고 그의 전기에서는 생략했지만, 크라수스는 원로원 의원이었던 루키우스아날리우스가 자기 의견에 반대하는 연설을 했다고 해서 그의 얼굴을 피투성이로 만든 일도 있었다. 크라수스는 정치가로 이처럼 오만과 횡포를 일삼았지만, 니키아스 또한 소심함과 비겁함 때문에 크라수스에 못지않은 비난을 받아야 했다.

크라수스는 언제나 당당해서 클레온이나 히페르볼루스 정도가 아니라 빛나는 전공을 자랑하는 카이사르나 개선식을 세 번이나 올린 폼페이우스를 자신의 상대자로 생각하고 있었다. 그런 크라수스는 그들이 힘을 합쳐 공격했을 때도 대등하게 맞섰으며, 폼페이우스보다 더 높은 감찰관까지 지내기도 했다.

나랏일을 맡아 보는 정치가는 세상의 악평을 두려워하지 않는 단단한 각오가 있어야 한다. 그리고 자기의 위대함으로 악평을 극복하고 다른 사람들의 질투를 누를 줄 알아야 하는 법이다. 그러나 니키아스는 조용하고 안전하게 살기만을 원했기 때문에 선거에서는 알키비아데스를, 필로스에서는 스파르타 사람들을, 그리고 트라키아에서는 페르디카스를 두려워했다. 그에게는 어떤 철학자들이 말했던 것처럼 '평화의 꽃다발을 엮으며' 아테네에서 평화롭게 지낼 수 있는 조건이 갖추어져 있었다.

니키아스는 과연 평화를 사랑한 사람이었다. 펠로폰네소스 전쟁을 끝내려고 애썼던 그의 노력은 그리스 사람다운 자질을 보여주었다. 이 점에 있어서 크라수스는 비록 로마의 판도를 카스피 해와 인도양까지 넓혔다고 하더라도 니키아스와는 도저히 견줄 수가 없다.

그러나 자신의 능력을 잘 알고 있는 큰 인물은 권력이 절정에 도달했을 때, 무능하고 비뚤어진 마음을 가진 자에게 권력의 자리를 내주어서는 안 된다. 그러나 니키아스는 아무런 자격도 없고 오로지 목소리만 큰 클레온이 군사령관의 자리에 앉는 것을 가만히 지켜보고만 있었다.

스파르타쿠스를 정복할 때 크라수스가 너무 경솔하게 서둘렀던 것 또한 칭찬할 일은 못 된다. 그는 일찍이 뭄미우스가 코린트 정복의 영광을 메텔루스에게 빼앗긴 것처럼, 폼페이우스가 도착하면 전쟁의 월계관을 그에게 빼앗길까봐 두려워서 그랬던 것이다. 그러나 그가 명예를 위해 그런 행동을 한 것은 이해할 수는 있지만, 그렇다고 해서 칭찬할 수는 없을 것이다.

그러나 니키아스의 행동은 그런 까닭이 있는 것도 아니었다. 그는 다만 이익과 명성을 얻을 기회를 위해 자기의 자리를 경쟁자에게 양보하지 않았다. 그리고 자신이 위험한 지경에 빠지자 나라를 불길 속에 내버려 둔 채 자기의 안전만을 지켰다.

비슷한 처지에 있었던 테미스토클레스는 페르시아와의 전쟁에서 무능한 지휘관이 권력을 잡고 나라를 위태롭게 하자 뇌물까지 써서 그 사람의 생각을 돌려 놓았다. 또 카토는 무서운 위기에 처한 나라를 구하기 위해 호민관으로 나섰다.

그런데 니키아스는 미노아 섬과 키테라 섬, 혹은 약한 멜리아 인들을 토벌하는 작은 전투에는 자진해서 나서면서, 스파르타와 전쟁을 하게 되었을 때는 장군의 휘장을 벗어던졌다. 그리고 유능한 장군이 가장 필요한 그 때에, 경험도 없고 무모한 클레온에게 아테네의 육군과 해군을 모두 맡겨 버렸다.

이런 행동은 나라의 흥망을 생각하지 않은 나머지 명예까지 땅에 떨어뜨리고 말았다. 그러므로 아테네 시민들은, 시칠리아 원정은 곤란하다고 역설하는 그의 의견을 들은 척도 하지 않았다. 그렇게 해서 강제로 시칠리아에 파견된 것도 알고 보면 모두가 니키아스의 평소 성격 탓이었음을 알 수 있다.

그러나 늘 전쟁을 반대하고 사령관직도 원하지 않던 그에게 총사령관의 직책이 떨어진 것은, 아테네 시민들이 그의 정의감을 깊이 존경하고 있었기 때문이었다. 그와는 달리 크라수스는 항상 군대를 지휘하려는 욕망을 가지고 있었지만 그 뜻을 이루지 못하고 겨우 노예전쟁이 일어났을 때에야 사령관의 자리에 오를 수 있었다. 그러나 이것도 폼페이우스, 메텔루스, 그리고 루쿨루스 형제가 원정에 나가고 없었기 때문에 그에게 온 직책이었다. 그때 그는 권력의 절정에 있었는데도 미처 군대의 지휘를 맡아 보지 못했다는 것은 오히려 이상한 일이었다. 그래서 그를 지지하는 친구들까지도 크라수스를, 어떤 희극 시인의 노래에 나오는 사람처럼 생각했다.

싸움터만 아니면
어디에서도 용감한 사람.

로마는 군대를 지휘하여 이름을 떨치려는 크라수스의 야망 때문에 이익을 본 것이 없다. 아테네는 니키아스를 강제로 시칠리아로 원정보냈고, 크라수스는 로마의 의견과는 달리 파르티아 원정을 감행했다. 그래서 아테네는 니키아스에게 재앙을 끼쳤고, 로마는 크라수스로부터 재앙을 받는 결과가 되었다.

그러나 이것은 크라수스의 허물을 찾아내는 일인 동시에 니키아스를 칭찬할 만한 근거가 된다. 니키아스는 유능하고 경험이 풍부한 장군으로서, 아테네 시민들의 망상에 흔들리지 않고 시칠리아 정복은 불가능하다며 전쟁을 적극적으로 반대했다. 그러나 크라수스는 로마인들에게 파르티아는 아무것도 아니라며 쓸데없는 망상을 불어넣어 참패를 당하고 말았다. 사실 그의 야심은 엄청났다. 동쪽으로는 인도양까지 진출하여 아시아를 정복하고, 폼페이우스나 루쿨루스도 이루지 못한 꿈을 완성하려고 했다. 그 두 장군은 신중하고 현명한 사람들이었지만, 크라수스와 똑같이 아시아 정벌을 꿈꾼 사람들이었다.

예전에 폼페이우스가 아시아 원정을 위한 사령관에 임명되었을 때 원로원은 반대를 하고 나섰다. 또 카이사르가 30만 명의 게르만 인을 물리쳤을 때, 카토는 "자기가 정복한 적에게 그를 넘겨주어 맹약을 깨뜨린 천벌을 혼자 책임지게 하자"며 그를 게르만 인에게 넘겨주자고 호소했다. 그러나 로마 시민들은 카토의 제안에는 대꾸도 하지 않고, 전쟁의 승리를 축하하며 보름 동안이나 잔치를 열어 기뻐했다.

그러나 만일 크라수스가 바빌론을 점령하고 메디아, 페르시아, 히르카니아, 수사, 그리고 박트리아 등을 로마의 식민지로 만들었다면 며칠 동안이나 잔치가 계속되었을지 알 수가 없다. 에우리피데스의 말처럼, 인간은 잘못을 저지르지 않을 수 없으며, 평화롭게 가만히 있지 못하고 언제나 전쟁을 만들고 만다. 그렇다면 멘데나 스칸데아 같은 초라한 곳을 빼앗거나, 아이기나 같은 작은 도시의 시민들을 둥지에서 내쫓는 장난을 할 것이 아니라 더 큰 사업을 일으켰어야 했다. 또 사소하고 자질구레한 일들 때문에 정의를 함부로 내버려서도 안 되며 알렉산드로스 대왕이나 크라수스를 본받았어야 할 것이다. 알렉산드로스를 찬양하고 크라수스의 원정을 비난하는 것은 한 사람은 성공하고 한 사람은 실패했다는 단순한 결과밖에 따지지 못하는 사람들이나 하는 어리석은 짓일 뿐이다.

장군으로서 니키아스는 많은 성과를 거두었다. 그는 여러 차례 승리를 얻고 시라쿠사를 거의 함락의 위기까지 몰아넣었다. 또 시칠리아 원정의 참패도 그가 책임져야 할 일은 아니었다. 그가 건강을 잃었다는 것과 동포들의 질투심도 실패의 중요한 원인이 되었기 때문이다.

그러나 크라수스는 너무나 많은 실수와 실패를 거듭하여 행운의 신조차 그를 도울 수 없게 만들었다. 그러나 정말 이상한 것은 그러한 어리석음 때문에 파르티아 군의 희생물이 되었다는 것이 아니라 그 한 사람의 어리석음이 로마의 왕성한 행운을 꺾어 버렸다는 사실이다.

니키아스는 예언이나 점술을 곧잘 믿었지만 크라수스는 그렇지 않았다. 그런데도 두 사람은 똑같이 비극적으로 운명을 마감했으니 어떤 결론을 내려야 할지, 누가 더 현명하다고 할지를 말하는 것은 쉽지 않다. 그러나 우리는 예전의 일반적인 의견에 따른 지나친 조심성으로 일을 그르친 사람이, 법을 무시하고 자기 고집대로 행동한 사람보다는 낫다는 판단을 하지 않을 수 없다.

그들의 죽음에서는 크라수스가 더 훌륭한 모습을 보였다. 그는 자기 자신을 죽임으로써 적에게 항복하지도 않았고 노예의 치욕도 받지 않았으며 적의 계략에 넘어가지도 않았다. 그는 다만 동료들의 간청과 적의 배신에 대한 희생물이 되었을 뿐이었다. 그러나 니키아스는 목숨을 구하기 위해 도망을 치다가 적에게 항복을 하고 말았다. 그러므로 그는 크라수스에 비해 부끄럽고 비겁한 죽음을 맞아야 했다.

29

세르토리우스

(SERTORIUS, BC 123경~72)

로마 태생의 뛰어난 장군. 아버지를 일찍 여의고 홀어머니 밑에서 자라났다. 로마에서
추방당하는 수모를 겪었지만, 스페인과 루시타니아의 군대를 지휘하며 로마를 위협하
는 존재가 되었다. 전투 도중 한 쪽 눈을 잃어 애꾸가 되었으나, 용감하고 지혜로운 장
군이었다. 그러나 결국 동지들의 배신으로 암살당했다.

기나긴 세월이 흐르고 운명의 여신이 자기의 갈 길을 찾아나가다 보면, 가끔 똑
같은 사건이 일어나기도 한다. 셀 수 없이 많은 원인이 있기에 그 많은 재료로 비슷
한 일을 만든다는 것은 오히려 아주 쉬운 것인지도 모른다. 그와 반대로 많은 사건
들이 몇 안 되는 소재로만 이루어져 있는 것이라면, 같은 일들은 틀림없이 다시 일
어나고 거듭될 것이다.

그런데 세상 사람들 사이에서 전해 내려오거나 책에서 발견되는 이런 우연한 사
건들을 합리적이고 계획된 일로 생각하여 수집하는 사람들도 있다. 그 수집광들이
모으고 관찰한 것을 예로 들면 다음과 같다.

아티스[1]라는 이름을 가진 두 사람이 있었다. 한 사람은 시리아 사람이었고, 다른

---

1) 프리기아 사람이라고도 한다. 대모신 키벨레의 사랑을 받았으나, 후에 배신한 벌을 받아 미쳤다. 아르카
디아의 아티스는 알려져 있지 않다.

한 사람은 아르카디아 사람이었다. 그런데 우연히도 두 사람은 모두 멧돼지에게 물려 죽었다. 또 악타이온[2]이라는 사람도 두 사람이었는데 한 사람은 집에서 키우던 개에게 물려 죽었고, 다른 한 사람은 그의 애인들에게 물려 죽었다. 유명한 장군이었던 스키피오도 두 사람이 있는데 한 사람은 카르타고 군을 크게 격파했고, 다른 스키피오도 그들을 완전히 격파해 멸망시켰다.

트로이 시는 세 번이나 점령을 당했다. 처음에는 라오메돈이 약속을 하고는 주지 않았던 준마 때문에 헤라클레스에게 당했고, 두 번째는 유명한 트로이의 목마 때문에 아가멤논에게 멸망했다. 그리고 세 번째는 말 한 마리가 성문 가까이에서 죽어 성문을 닫을 수 없었기 때문에 카리데모스에게 멸망당하고 말았다.

향기로운 식물에서 이름을 빌려온 도시가 두 곳이 있었다. 한 곳은 오랑캐꽃에서 이름을 따온 이오스이고, 다른 한 곳은 몰약의 스미르나였다. 그런데 이 두 곳 중 한 곳에서 시인 호메로스가 태어났고, 다른 한 곳에서 생을 마감했다고 전해진다.

이러한 예를 조금 더 얘기해 보자. 아주 호전적이었던 데다가 뛰어난 전술을 사용할 줄 알았던 장군 가운데는 애꾸눈 장군이 여럿 있다. 필리포스 왕[3], 안티고노스[4], 한니발, 그리고 이번에 생애를 살펴보려는 세르토리우스 같은 사람이 바로 그런 장군들이었다.

세르토리우스는 여색을 멀리한다는 점에서 필리포스보다 더 멀리했고, 친구와의 신의는 안티고노스보다 더 잘 지켰으며, 적에 대해서는 한니발보다 인정이 많았다. 그리고 판단력과 전술에서는 그들 누구에게도 뒤지지 않았다. 그러나 그의 운명은 그들 누구보다 좋지 않았다. 그를 가장 괴롭힌 적이 있다면 그것은 바로 그가 타고난 운이었다.

그러나 세르토리우스는 한 사람의 유형자, 한 떼의 야만인 군대의 선두에 선 외국인으로서, 메텔루스의 전략과 폼페이우스의 용맹, 그리고 술라의 성공과 로마 세력에 대항하는 당당한 자기의 세력을 유지했다.

---

2) 아르카디아의 악타이온은 아르테미스 여신의 목욕 장면을 엿보다가, 그 벌로 사슴으로 변하여 개에게 물려 죽었다. 코린트의 악타이온은 다른 사람이다.
3) 알렉산드로스 대왕의 아버지이다. 그는 피드나의 전투에서 화살에 맞아 한쪽 눈을 잃었다.
4) 알렉산드로스 대왕의 아시아 원정에 참여한 애꾸눈 장군이다. 대왕이 죽고, 마케도니아 왕국이 분리된 후 알렉산드로스 대왕의 부하 가운데 가장 큰 왕이 되었다.

그리스의 뛰어난 장군 중에서 그와 비교할 만한 장군은 카르디아의 에우메네스[5]일 것이다. 이 두 사람은 어쩌면 군대를 지휘하기 위해서, 전투를 위해서, 전략을 위해서 태어났는지도 모른다. 그들은 모두 자신의 조국에서 추방되어 외국에서 명장이 되었고, 마지막에는 가장 가까이에서 자신의 정적들과 맞서 싸워 주었던 부하들에게 배신당하고 암살되는 사납고 억울한 운명을 타고난 사람들이었다.

퀸투스 세르토리우스는 사비니 지방의 누르시아에서 태어났으며 귀족 출신이었다. 그는 어릴 때 아버지가 돌아가셨기 때문에 어머니에게 세심하고 예절바른 교육을 받으며 자랐다. 어머니의 이름은 레라였는데, 그는 어머니를 대단히 존경하고 사랑했다고 한다.

그는 어릴 때부터 웅변술이 뛰어났다. 그래서 그는 법정에서 많은 사람들을 변호해 주면서 이름을 떨치기도 했다. 그러나 군사적 활동에서의 뛰어남과 전쟁에서의 공적은, 그의 운명을 군대를 이끄는 장군으로 바꾸어 놓았다.

그의 첫 번째 전투는 킴브리 족과 테우토네스 족이 갈리아 지방을 침략해 왔을 때였다. 그는 카이피오[6] 군에 입대해 전선으로 나갔다. 로마 군이 전쟁에 패해 도망갈 때 그는 말을 잃었고, 부상을 당했다. 그러나 그는 가슴막이를 입고 방패로 무장한 채 론 강의 험한 물결을 헤엄쳐 건넜다. 그는 강한 체력을 가졌고, 이미 그런 식의 위험에 익숙해져 있었다.

킴브리 족과 테우토네스 족은 수십만의 대군을 이끌고 다시 침략해 왔다. 그들은 닥치는 대로 사람을 죽이고 짓밟으며 로마를 침공했다. 로마 군은 전투 대형을 유지하기도 힘들고 벅찬 전투를 겪어야만 했다. 이때 마리우스의 지휘를 받고 있던 세르토리우스는, 스파이가 되어 적진에 들어가 적의 사정을 알아내려는 작전을 세웠다.

세르토리우스는 적이 사용하는 말을 대충 배우고, 구해 놓은 켈트 족의 군복을 입은 다음 홀로 야만인의 진영에 숨어 들어갔다. 거기서 주의깊게 모든 것을 살피고, 다른 사람들에게 많은 이야기를 듣기도 하며 적이 가장 중요하게 여기는 정보를 알아내고 돌아왔다. 그의 이러한 공에 대해 마리우스는 칭찬을 아끼지 않았다.

---

5) 마케도니아의 장군이다. 필리포스와 알렉산드로스 대왕의 참모로 활약하다가 대왕이 죽은 후 카파도키아와 파플라고니아를 할당받았다. 세력을 유지하려고 싸웠으나 마침내 안티고노스에게 배신을 당해 사형당했다.
6) 로마의 장군이다. 기원전 106년에 집정관의 자리에 올랐고, 다음 해에는 갈리아 총독이 되어 킴브리 족과 싸우다가 대패했다.

킴브리 족, 테우토네스 족과의 전쟁이 끝난 뒤에 세르토리우스는 스페인으로 파견되었다. 그곳에서 그는 로마의 디디우스[7] 장군의 부대에서 1천 명의 군사를 거느리는 지휘관이 되어 켈티베리아[8] 사람의 도시인 카스툴로에서 겨울을 보냈다. 군대는 물자가 너무 풍부해서인지 군기가 아주 문란했다. 병사들은 매일 술로 시간을 보냈다. 시민들도 로마 군을 얕잡아보기 시작했다. 그래서 주변에 살고 있던 기리소이니 시민들과 함께 합세하여, 어느 날 밤 반란을 일으켰다. 그들은 로마 군을 습격하여 많은 로마 병사들을 죽였다.

세르토리우스는 얼마 안 되는 부하들과 함께 겨우 탈출해 나왔다. 그리고는 부하들을 모아서 성벽 주위를 포위했다. 마침 기리소이니 시민들이 들어왔던 곳에 문이 열려 있는 것을 발견하고, 적들이 그 문으로 도망쳐 나오지 못하게 한 후 여러 성문으로 공격해 들어갔다. 세르토리우스는 결국 도시를 점령하고, 무기를 들 수 있는 시민들을 닥치는 대로 죽였다.

이어서 그는 로마 군에게 야만인의 옷을 입힌 다음, 반란군을 지원한 야만인들의 본거지를 공격했다. 자기들과 똑같은 옷을 입은 로마 군을 본 기리소이니 사람들은, 그것이 로마 군의 속임수라는 것은 꿈에도 생각지 못하고 원정에서 승리하고 돌아오는 개선군으로만 생각했다. 그들은 성문을 열고 돌아오는 개선군을 맞이했다. 무사히 잠입한 로마 군은 수많은 사람들을 죽였고, 나머지는 모두 잡아 노예로 팔아 버렸다.

이 승리로 세르토리우스의 이름은 스페인에 널리 퍼지게 되었다. 그리고 로마로 돌아온 세르토리우스는 곧 알프스 지방에 재무관으로 파견되었다. 그것은 로마로서는 무척 다행한 일이었다. 이때는 바로 마르시 전쟁[9]이 막 터지려는 순간이었기 때문이었다. 세르토리우스는 병사들을 새로 모으고 무기를 공급하라는 명령을 받았다. 풍요롭게 생활하던 세르토리우스 또래의 장교들은 태만하고 무책임한 생활을 하고 있었지만, 세르토리우스는 이들과 달리 자기가 맡은 임무를 책임 있게 수행했다. 그래서 많은 사람들은 그에게 큰 기대를 하고 있었다. 그는 장군으로 진급한 후에도 결

---

7) 메텔루스와 함께 기원전 98년 집정관이 되었다. 그후 스페인의 총독으로 파견되었다.
8) 고대 스페인의 산간 도시이다. 에브로 강과 타브로 강의 북동부에 있다. 이베리아 반도에 들어와 생활하던 켈트족을 가리키기도 한다.
9) 동맹국 전쟁을 가르친다. 기원전 90~88년에 걸쳐 마르시 사람들을 포함한 로마의 동맹국들과 로마의 전쟁이었다.

코 자기의 지위를 생각하지 않았다. 전투에서는 일반 병사와 용기를 다투면서 용감하게 싸웠다. 그러다가 전투 중에 한 쪽 눈을 잃게 되었다. 한 쪽 눈을 잃은 세르토리우스는 이것이 자신에게는 큰 명예라고 생각했다.

"다른 사람들은 자신의 무공을 나타낼 수 있는 것이 창이나 왕관 같은 것들뿐입니다. 그렇기 때문에 그들은 그것을 언제나 지니고 다닐 수 없지요. 하지만 나의 용맹과 명예를 나타내는 표시는 언제나 내 몸과 붙어 있습니다. 그것은 바로 내가 잃은 한 쪽 눈입니다. 그래서 내 눈을 보는 사람들은 모두 내가 가진 용기를 짐작할 수 있을 겁니다."

그의 말은 사실이었다. 많은 사람들이 그에게 존경의 마음을 바쳤다. 그가 극장에라도 가게 되면 사람들은 큰 박수와 환호로 그를 맞아 주었다. 그것은 높은 지위를 가진 사람이거나 명성을 날린 사람들에게도 좀처럼 주어지기 힘든 명예였다.

그는 정치에 뛰어들기 위해 먼저 호민관 후보로 나섰다. 그러나 술라의 방해로 낙선하게 되었고 이때부터 그는 술라를 미워하기 시작했다. 이 사건은 그의 가슴속에 술라에 대한 적대감을 품게 한 중요한 원인이 되었다.

얼마 뒤, 마리우스는 술라와의 정권 다툼에 져서 아프리카로 도망을 갔다. 그리고 정권을 장악한 술라는 미트리다테스 왕을 정복하기 위해 이탈리아를 떠났다.

당시 로마에는 두 명의 집정관이 있었다. 한 명은 옥타비우스로 술라를 지지하고 있었고, 다른 한 명의 집정관인 킨나는 술라를 반대하는 입장이었다. 킨나는 기울어진 마리우스 지지자를 모아 혁명을 일으키려고 음모를 꾸몄다. 그러자 세르토리우스는 킨나를 지지하고 그에게 가세하였다. 그는 옥타비우스가 로마를 책임질 인물이 못 된다고 생각했고, 옥타비우스는 마리우스를 지지하던 사람들을 불신했기 때문이었다. 두 집정관은 포럼에서 큰 싸움을 벌였다. 그리고 킨나와 세르토리우스는 많은 병사들을 잃고 도망을 가게 되었다. 또한 절대 로마에 돌아갈 수 없는 처지가 되고 말았다. 그들은 이탈리아 전국을 돌아다니며 흩어져 있는 병사들을 설득해 다시 모아들였다. 그리고 그들을 훈련하여 옥타비우스와 겨룰 수 있는 군대로 단련시켜 나갔다.

그즈음 마리우스가 바다를 건너 이탈리아로 돌아왔다. 마리우스는 술라에게 치욕스러운 기억이 있었기 때문에 곧바로 킨나에게 와서 이렇게 부탁했다.

"킨나 장군, 나는 장군이 로마의 진정한 집정관이며 뛰어난 장군이라는 사실을 받아들이겠소. 그리고 나 마리우스는 장군의 밑에서 한 명의 병사로 복무하고자 하오.

그러니 부디 나를 받아 주시오."

사람들은 마리우스를 받아들이는 데 찬성을 했다. 그러나 세르토리우스만은 끝까지 반대하고 나섰다. 자기보다 뛰어난 장수가 나타나면 킨나가 자신을 중요하지 않게 생각할 것 같았기 때문이었다. 또 술라에 대한 원한으로 불타고 있는 마리우스를 받아들인다면 복수심에 불타는 그의 잔인한 성격으로 보아, 승리를 거두더라도 그 뒤의 모든 일을 그르치게 될 것 같았기 때문이었다.

세르토리우스는 킨나에게 이렇게 말했다.

"지금 우리는 마리우스의 도움을 받을 필요가 없소. 승리는 이미 우리의 것이고, 우리가 해야 할 일도 그다지 많지 않소. 만일 지금 마리우스를 받아들인다면, 누구나 알고 있듯이 가장 힘든 협조자가 될 것이며, 우리가 얻어낸 승리를 그에게 빼앗기고 말 것이오."

그러자 킨나가 말했다.

"세르토리우스 장군! 그건 맞는 이야기요. 그러나 나는 이미 마리우스에게 도움을 청했고, 그를 초청했소. 그러니 그를 돌려보낸다면 나는 비겁하고 부끄러운 일을 한 것이 되고 마오. 지금은 나도 적당한 방법이 생각나지 않는구려."

세르토리우스는 즉각 대답했다.

"킨나 장군! 나는 마리우스가 제멋대로 판단하고 이곳으로 오는 줄 알았습니다. 그래서 이로움과 해로움을 따진 것입니다. 그러나 킨나 장군이 그를 초청했다면 지금은 그런 이야기를 할 때가 아닙니다. 그가 왔으니 우리는 그를 환영해야 합니다. 초청한 사람이 환영하는 것이 당연한 예의지요. 장군이 약속을 하셨으니 이제는 그것을 지켜야 합니다."

킨나의 노력으로 마리우스는 받아들여졌다. 그리고 킨나와 마리우스, 세르토리우스, 세 사령관은 병력을 나누고 로마로 진군했다.

그들은 이 전투에서 승리를 거두고 로마를 점령했다. 전쟁에서 승리한 킨나와 마리우스는 온갖 만행을 저지르기 시작했다. 이들의 만행이 어찌나 잔인하고 무서웠는지 사람들은 지난날 외적에게서 받았던 참화는 오히려 황금시대였다고 말하기까지 했다.

그러나 이 세르토리우스는 달랐다. 세르토리우스는 사사로운 원한을 풀기 위해 함부로 사람을 죽이지도 않았고, 정복당한 사람들을 짓밟지도 않았다. 그는 마리우스의 행동을 몹시 못마땅해했으며, 킨나에게도 권력을 지나치게 행사하지 말라고 충고했다.

마리우스가 전쟁을 하는 동안 그를 호위하던 노예출신의 호위병들이 있었다. 마리우스는 전쟁이 끝난 다음에도 그들에게 자신의 호위를 맡기는 한편, 재산을 마음대로 약탈해도 좋고, 자신들의 원래 주인들을 죽여도 좋다고 허락해 주었다. 그러자 그들은 주인을 죽이면서 주인의 부인들을 욕보이고 어린 자식들을 학대하기까지 했다. 그런데도 마리우스는 아무런 말도 하지 않았다.

마리우스 부하들의 행패는 날이 갈수록 점점 심해지기만 했다. 이런 모습을 지켜 보던 세르토리우스는 결국 자신의 부하들에게 이들을 공격하라는 명령을 내렸다. 그래서 이 4천여 명의 노예부대는 세르토리우스 부하들의 창에 찔려 모두 죽임을 당하고 말았다.

그 후 마리우스는 죽고, 얼마 뒤 킨나도 암살당했다. 그러나 세르토리우스의 기대와는 달리, 마리우스의 아들이 부정한 방법으로 집정관에 당선되었다.

술라는 계속 로마를 향해 진군해 왔다. 술라를 막기 위해 전쟁에 나간 카르보, 스키피오 등은 그와의 전투를 무서워하여 싸움에 태만하게 굴었기 때문에 계속 전쟁에 패하고 있었다. 더구나 그들의 당파는 서로를 배반하고 있었기 때문에 그들이 전쟁에서 이긴다는 것은 기대할 수도 없었다.

로마의 지도자들은 점차 분별력을 잃게 되어 사태는 날이 갈수록 악화되어 갔다. 이제 세르토리우스도 어떻게 해볼 도리가 없었다. 술라는 로마에 좀 더 쉽게 들어가기 위해 계략을 꾸몄다. 그는 스키피오 진영에 가깝게 진을 치고, 그들에게 우호의 손길을 내밀었다. 스키피오는 평화로운 해결을 원했기 때문에 몰래 그의 군대를 팔아넘기려 했다. 세르토리우스는 그에게 진심 어린 충고를 했다. 하지만 스키피오는 끝내 술라의 계략에 넘어가고 말았다.

세르토리우스는 더 이상 로마에 머물러야 할 필요가 없다고 생각하고 곧바로 스페인을 향해 떠났다. 스페인 총독에게 부탁을 해서, 자기의 힘을 기르고 술라에게 쫓겨오는 다른 동지들의 피난처를 마련할 생각이었다.

스페인으로 가는 길은 멀고 험했다. 비바람을 맞으며 한 산악 지대를 지나갈 때, 그곳의 주민이 몰려와 세르토리우스의 길을 막았다.

"뭐하는 짓이오?"

세르토리우스의 물음에 야만인의 두목이 대답했다.

"장군! 남의 땅을 지나가려면 통행세를 내셔야지요."

세르토리우스는 부하에게 통행세를 주라고 명령했다. 그러나 부하는 통행세를 주는 것은 로마의 장군으로서 있을 수 없는 수치스러운 일이라고 반대했다. 세르토리우스는 반대하는 부하들에게 말했다.

"나는 지금 시간을 사려는 것이다. 지금은 통행세를 주어 빨리 가는 것이 시간을 사는 것이다. 큰 뜻을 이루기 위해서는 무엇보다도 시간이 귀중하다는 사실을 잊지 말아야 한다."

부하들은 세르토리우스의 명령에 복종했다. 그리고 길을 재촉해 얼마 뒤 스페인에 도착할 수 있었다.

스페인은 계속 번성하여 전쟁에 나갈 수 있는 청년들이 많았다. 그러나 로마에서 파견되어 온 총독이 계속 폭정을 일삼았기 때문에 사람들은 로마의 장군들에게 심한 반감을 품고 있었다. 세르토리우스는 이들의 호감을 사지 않는 이상 병사들을 모집할 수 없다는 것을 깨닫고 머리를 짜냈다. 그는 먼저 스페인 귀족들과 친하게 지내면서 그들의 관심을 끌었다. 그런 다음에는 세금을 감면하거나 면제해 주어서 주민들의 환심을 샀다.

그가 스페인 사람들에게 특히 믿음을 얻게 된 중요한 계기는 로마의 군대를 야영시킨 것이었다. 그는 군대에 명령을 내려, 겨울을 도시의 교외에서 지내게 했다. 그리고 스스로도 자기의 막사를 성 밖에 설치해 주민들에게 민폐를 끼치지 않게 한 것이다. 또한 그는 주민들의 힘을 조금도 빌리지 않는 정책을 폈다. 스페인에는 로마에서 이민해 온 로마인들이 많았다. 세르토리우스는 이들 중에서 병역을 치를 수 있는 사람들을 모집해 그들을 훈련시켰다.

이러한 평화적인 사업으로 세르토리우스는 행정 면에서 온화함으로 명성을 얻게 되었고, 군사적으로는 강한 군대를 거느릴 수 있게 되었다. 그의 정적들도 그를 겁내게 되었고, 스페인의 여러 도시들도 그에게 서서히 복종해 들어왔다. 또 많은 스페인의 청년들이 그의 군대에 자진해서 입대해 왔다.

세르토리우스가 이렇게 세력을 키우고 있을 때, 술라는 어렵지 않게 로마를 손에 넣었다. 세르토리우스는 술라가 분명 자신을 침략해 오리라는 생각을 했다. 그래서 그는 율리우스 살리나토르에게 군사 6천 명을 나누어 주어 피레네 산맥의 곳곳을 지키도록 하고, 자신도 6천 명의 군대를 이끌고 피레네 산맥으로 갔다.

얼마 후 술라는 군대를 보냈다. 그 군대의 지휘관은 카이우스 안니우스 장군이었다. 그러나 그는 율리우스의 진지를 공격할 수 없고 어떤 수단도 사용할 수 없음을 알고, 어쩔 수 없이 산기슭에서 진을 친 다음 시간만 보내고 있었다.

그런데 이때 율리우스의 부대에서 반란이 일어났다. 반란을 일으킨 사자는 칼푸르니우스, 별명은 라나리우스라고 부르는 자였는데 그가 율리우스를 암살했던 것이다. 그러자 나머지 병사들은 모두 제 살 길을 찾아 흩어졌다. 이런 모습을 본 안니우스는 기회를 놓치지 않고 그들을 공격했다. 세르토리우스의 군대는 이들을 가로막으려고 했지만 결국 전투에서 패배하고 말았다.

율리우스를 믿고 있었던 세르토리우스는 로마 군의 공격을 막아낼 수 없게 된 것을 알고, 병사 3천 명을 이끌고 뉴카르타고[10]로 후퇴했다. 그리고 도착하자마자 배를 타고 바다를 건넜다. 그는 아프리카의 마우레타니아[11]의 바닷가에 도착했다. 세르토리우스는 이곳에서 병사들을 쉬게 하고, 앞으로의 계획을 마련하려 했다. 그러나 물을 찾아 헤매고 있던 병사들이 토인들의 습격을 받게 되어 많은 병사를 잃고 말았다. 결국 세르토리우스는 다시 스페인으로 돌아갈 수밖에 없었다. 그러나 살 길을 찾아 돌아간 그는 스페인에서마저도 다시 쫓겨나고 말았다.

세르토리우스는 바다를 헤매다가 킬리키아의 해적선을 만났다. 세르토리우스는 해적과 손을 잡고 피티우사 제도에 상륙하여, 안니우스가 배치해 놓은 수비대를 쫓아버렸다. 세르토리우스가 피티우사 제도를 점령했다는 소식을 듣고, 안니우스는 5천 명의 병사와 함대로 세르토리우스를 치러 왔다. 세르토리우스는 함대의 속도를 높이기 위해 배를 가볍게 만들었다. 그러나 그 배는 빠르기는 했지만 전투에는 적당하지 않았다. 그러한 사실을 알면서도 세르토리우스는 안니우스와 싸우겠다고 다짐했다.

싸움은 시작되었다. 그때 마침 서쪽에서 거센 바람이 휘몰아쳐서 세르토리우스는 매우 불리한 처지에 놓이게 되었다. 그들의 배는 가벼워서 바람에 뒤집히거나 부딪쳐 깨어지기 시작했다. 도저히 싸울 수가 없었다. 더구나 이제는 그가 갈 곳도 없었다. 섬은 로마 군이 점령했기 때문에 그의 부대는 폭풍 속에서 무참히 시달려야 했

---

10) 카르타고노바, 지금의 카르타헤나를 말한다. 남부 스페인에 있는 지중해 연안의 항구도시이다. 이곳은 한니발의 매부인 하스드루발이 카르타고의 스페인 전초기지로 사용했던 곳이다.

11) 아프리카 북쪽에 있던 고대 왕국이다. 오늘날 모로코와 알제리 일부에 자리잡고 있다.

다. 그 폭풍은 열흘 동안이나 쉬지 않고 계속되었다.

세르토리우스는 나머지 군대를 이끌고 간신히 로마 군으로부터 도망쳐 나왔다. 그들은 무인도 몇 개를 발견하여 물도 없는 그 섬에서 하룻밤을 쉬고, 다음날 다시 항해를 시작했다.

그는 카디스 해협[12]을 빠져 스페인 해협을 오른쪽으로 바라보며 항해를 계속했다. 그리고 해협을 통과하여 바이티스 강 어귀에서 조금 올라간 곳에 상륙했다. 이곳에서 세르토리우스는 얼마 전에 대서양의 어느 섬에서 왔다는 선원 몇 명을 만나게 되었다. 그리고 이러한 이야기를 들었다.

"그 섬은 저승의 낙원[13]이라 불립죠. 내리는 비로 부드러운 소낙비이지만, 언제나 미풍이 불어 이슬을 맺게 하죠. 땅은 기름져서 농사짓기에 적당하고, 들과 산에는 아름답고 맛좋은 과일이 열려 그곳 사람들의 충분한 양식이 됩니다. 그러니 주민들은 일을 안 해도 온갖 향락을 맛볼 수 있습죠."

그들은 또 덧붙였다.

"뿐만 아니라 사철 내내 따뜻하고, 계절의 변화가 급하지 않아 하늘은 언제나 맑습니다. 유럽과 아프리카에서 불어오는 억센 북풍과 동풍은 넓은 바다를 건너오다가 가라앉고, 남풍이 가끔 소낙비를 몰고 오는데, 이 비는 땅을 더욱 기름지게 합니다. 날씨가 좋아 식물도 아주 잘 자라고요. 그래서 야만인들도 이 섬을 죽은 뒤 복을 누리는 사람들의 낙원이라면서, 호메로스가 이야기한 엘리시움[14]이라고 믿고 있죠."

그들의 이야기를 듣고 세르토리우스는 야릇한 그리움에 빠졌다. 그곳에 가서 평화롭고 조용히 살며, 정치와 전쟁에서 벗어나 나머지 인생을 보내고 싶었던 것이다. 이러한 세르토리우스의 마음을 눈치 챈 부하들은 그를 몹시 못마땅하게 생각했다. 특히 약탈과 전쟁을 즐기던 킬리키아의 해적들은 세르토리우스를 장군으로 받들기를 거부하고, 세르토리우스에게서 떠나기 시작했다. 그들은 마우레타니아의 왕위

---

12) 지금의 지브롤터 해협을 말한다. 다른 말로 '헤라클라스의 해협.'
13) 천당이나 극락이라고 바꿔 말할 수 있다. 오늘날 아프리카 서해의 카나리아 제도 가장 북쪽에 있는 마데이라 섬과 포트산트 섬을 말한다.
14) 천상의 낙원. 착한 사람들이 죽은 뒤 축복받는 이상향의 낙원. 호메로스는 《오디세이아》 4편 563연부터 '엘리어스'를 노래했다. 그 내용은 다음과 같다. "엘리시움의 낙원. 신들은 그 대지의 끝으로 그대를 인도하시리라 …. 사람들은 아무 걱정없이 편히 살 것이며, 그곳에는 눈도 비도 폭풍우도 없네. 부드러운 서풍이 항상 솔솔 불어오네."

싸움에서, 아프타의 아들인 아스칼리스를 돕고 그를 다시 왕위에 앉히기 위해 아프리카로 떠났다.

세르토리우스는 잠시 절망에 빠졌지만 다시 군대를 이끌고 아스킬리스와 싸우는 편을 도우려고 떠났다. 부하들에게 새로운 희망을 주어 더 이상의 이탈을 막기 위해서였다. 세르토리우스는 아스칼리스 군을 격파하고 포위했다. 술라는 그곳에 파키아누스를 보내 아스칼리스를 돕게 했지만, 세르토리우스는 파키아누스 군을 격파하고 기세를 몰아 아스칼리스 형제를 쫓아 틴기스로 가 그곳을 점령했다.

그곳은 안타이우스의 무덤이 있다는 곳이었다. 전해 내려오는 이야기에 의하면, 안타이우스는 엄청난 거인이었다고 해서 세르토리우스는 그의 무덤을 파보았다. 정말로 유골의 크기는 60큐빗(3m)이나 되었다. 이 유골을 본 세르토리우스는 매우 놀라서 무덤을 덮고 성대한 제사를 지냈다. 이런 일로 그 무덤은 더욱 유명해졌다.

아프리카 사람들의 전설에 의하면, 안타이우스가 죽은 후 아내 틴가는 헤라클레스와 살았다고 한다. 그리고 그들 사이에서 아들이 태어났는데 그가 소팍스였고, 이곳의 왕이 되었다고 한다. 그래서 이곳의 이름을 어머니의 이름에서 따왔다고 한다. 소팍스의 아들 디오도루스도 유명한 장군이었는데, 옛날 헤라클레스가 이 지방에서 마련한 올비아 인과 미케네 인의 식민지에서, 그리스 사람들로 군대를 만들어 리비아의 여러 종족들을 정복했다고 한다.

내가 지금 이러한 일을 기록하는 것은 여러 왕들 중에서도 가장 역사에 관심이 많았던 유바 왕에게 경의를 표하기 위해서이다. 유바 왕의 조상은 디오도루스와 소팍스 왕의 후손이라 전해지기 때문이다.

세르토리우스는 틴기스를 점령하고 그 지방을 다스렸다. 그는 이곳에서 그의 큰 도량을 보여 주었다. 자기를 따르겠다는 사람들을 너그럽게 대해 주면서, 모든 주민들을 민족적인 차별 없이 공평하게 대우했다. 또 그들의 재산을 전혀 빼앗지 않고, 다만 스스로 세르토리우스에게 가져오는 선물만을 받았다.

이렇게 선정을 베풀며 세르토리우스가 다음 행동의 방향을 고민하고 있을 때 루시타니아 사람들이 사절단을 보내 자신들의 장군이 되어 달라고 간청해 왔다. "세르토리우스 장군님! 우리는 지금 로마의 세력에 겁먹고 떨고 있습니다. 장군께서는 전쟁에서도 명성을 떨쳤고, 경험도 많으시니 우리의 장군이 되어 주십시오."

그들은 이미 그의 재주와 용맹을 들어 왔기 때문에 그의 보호를 열렬히 원했던 것이다. 실제로 세르토리우스는 용기가 뛰어났고, 어떠한 유혹에도 쉽게 빠지지 않았으며, 불운이나 난관에 빠져도 겁내지 않고, 어떤 일이 있어도 교만해지지 않는 성품을 지녔다고 전해진다.

세르토리우스보다 용감한 장군은 없었고, 진지를 지키거나 다른 지역을 급하게 점령해야 할 경우는 전술과 지혜, 혹은 기습작전을 시도하여 적을 속이는 그의 기술을 따라올 자가 없었다. 그는 또 전쟁이 끝난 뒤 상을 줄 사람에게는 무척이나 온화했고, 벌을 내릴 때에는 관대했다.

그가 마지막에 스페인 인질들에게 혹독하고 잔인한 행위를 한 것은 사실이다. 이것을 보고, 그는 원래 악한 인물인데 경우에 따라 자신에게 유리한 면을 살리고자 인자한 모습의 겉옷을 입었다고 생각할 수도 있다.

그러나 이성과 판단에 따라 길러진 그의 순수한 미덕은, 어떤 불운이 따르더라도 미덕의 반대인 배덕으로 변하지는 않았다. 그렇지만 그와 함께 좋은 취향이나 타고난 착한 성품도 부당한 일에 시달리게 되면 운명이 변하듯 그 성질도 얼마쯤 변하거나 고쳐지는 것이라 생각한다. 그러므로 자신의 운명이 기울어졌을 때 세르토리우스가 자신에게 해를 입힌 사람들에게 화를 내며 가혹한 형벌을 내린 것 역시 예외일 수 없다고 믿는다.

세르토리우스는 루시타니아 사람의 초청으로 리비아를 떠나 그 나라로 가서 곧바로 장군의 위치를 얻었다. 그는 군기가 해이해진 루시타니아 군의 군기를 바로잡고 그들을 훈련시켰다. 그는 또 주변의 스페인 여러 지방을 복종하게 만들었다. 대부분의 지방은 그의 너그러운 성품과 용맹을 전해 듣고 귀순했다. 그러나 세르토리우스가 꾀를 내서 민심을 자신에게 끌어들인 경우도 없지는 않았다. 그 중에서도 가장 교묘하게 꾀를 낸 것은 사슴을 이용한 것이었다.

스파누스라는 농부가 우연히 사냥꾼을 피해 도망치는 어미 노루와 새끼 노루를 발견했다. 그는 어미노루는 놓쳐 버리고 새끼노루만 잡았는데, 이상하게도 그 새끼노루의 털빛이 하얀 색이었다. 그 당시 세르토리우스는 각 고을의 진귀한 생산물이나 신기한 물건을 가져오면 상을 내리고 있었는데, 이 농부는 마침 세르토리우스가 주변에 와 있어 그 사슴을 그에게 바쳤다.

세르토리우스는 처음에는 이 사슴에게 별 관심이 없었다. 그러나 사슴은 길들여지면서 그가 부르면 즉시 달려오고, 그가 가는 곳이면 전쟁터까지도 겁없이 따라다녔다. 그는 한 가지 꾀를 생각해냈다. 바로 사슴을 이용하자는 것이었다. 세르토리우스는 사슴을 달의 여신 디아나가 준 것이고 사슴이 자신에게 몇 가지 비밀을 이야기했다고 소문을 퍼뜨렸다. 그는 미개인들이 미신을 잘 믿는다는 사실을 이용한 것이다.

미개인들은 달의 신이 비밀을 알려 주는 사슴을 세르토리우스에게 주었다는 소문을 듣고, 그를 더욱 신뢰했다. 세르토리우스 또한 적의 침공이나 어느 도시의 반란에 대한 비밀 정보를 받을 때마다 이것이 모두 사슴이 알려준 것이라고 하면서 전투 준비를 철저하게 했다. 그리고 부하들의 승전 소식을 받아도, 이 소식을 가져온 전령을 숨긴 다음 사슴이 이야기해 주어서 알았다고 꾸며댔다. 또 그는 사슴의 머리에 꽃관을 씌운 후 군중들 앞에 나가 다음과 같이 병사들을 격려하기도 했다.

"병사들이여! 여러분은 이제 곧 승전의 소식을 듣게 될 것이오. 그것은 확실하오. 우리는 이 반가운 승전 소식을 축하하기 위해 미리 잔치를 열고 신들에게 제사를 지냅시다."

그는 이렇게 부하들을 통제하기 쉽도록 온순하게 만들었다. 이것은 부하들에게 신의 지휘를 받고 있다고 믿게끔 만들려는 것이었다. 세르토리우스의 세력이 엄청나게 커져간 것으로 보아도 이 얘기는 사실이라는 것을 알 수 있을 것이다. 사실 세르토리우스의 군대는 얼마 되지 않았다. 자신의 명예를 위해 로마 군이라고 이야기한 2천 6백 명의 병사와 루시타니아의 방패부대 4천 명, 기병 7백 명, 그리고 아프리카에서 이곳으로 올 때 따라온 7백여 명이 그가 가진 부대의 전부였고, 처음에 겨우 20여 개 도시를 지배했다. 그러나 세르토리우스는 12만 명의 보병과 6천 명의 기병, 2천 명의 궁수와 투석수를 가진 적을 상대했고, 무수히 많은 도시를 점령했던 로마의 장군들과 싸워서도 패하지 않았다. 그렇게 해서 그는 아주 작은 것에서 시작하여, 끝내는 수많은 시민과 도시를 지배하는 지위에까지 올랐던 것이다.

세르토리우스는 그를 징벌하려던 코타 장군을 멜라리아 부근의 해전에서 격파하고, 바이티카의 지혜로운 장군 푸피디우스를 바이티스 강변에서 격파했다. 그리고 2천 명의 로마 군을 살해하고, 이베리아 북부의 루키우스 도미니우스에게 부하를 보내어 그들을 무찔렀다. 또 메텔루스가 보낸 다른 장군인 토라니우스도 정복하기에 이르렀다.

당시 로마의 장군인 메텔루스에게도 많은 피해를 주었기 때문에, 루키우스 말리우스는 멀리 갈리아의 나르보에서 대군을 이끌고 달려오고, 로마의 폼페이우스도 군대를 이끌고 달려올 정도였다. 세르토리우스는 이러한 대결에서도 결코 겁내지 않았다. 넓은 벌판에서의 전투는 피하고 무장한 이베리아 군대를 이끌고 지형을 이용하여 신출귀몰하게 싸웠다. 이러한 세르토리우스의 전술에는 메텔루스도 당할 재주가 없었다. 로마 군은 벌판에서 싸우는 전투만 해왔기 때문에 빠른 적을 쫓으며 험한 산을 넘는 전투에는 서툴렀다. 그래서 그들은 불과 천막도 없이 비와 바람 속에서 견딜 수가 없었다.

메텔루스는 이제 나이가 들어 지쳐 있었고, 계속 편하고 사치스런 생활을 하다 보니 예전과 같은 전투를 할 수도 없었다. 그러나 세르토리우스는 젊고 빠르고 인내심이 강한 장군이었다. 세르토리우스는 전투가 없을지라도 결코 술에 취하는 일이 없었으며, 심한 고통과 긴 행군을 견뎌냈고, 굶는 것도 예삿일처럼 여겼으며, 나쁜 음식도 잘 먹었다. 그리고 한가할 때는 사냥을 다녀 지형을 완전히 익혔기 때문에 쫓기더라도 안전하게 후퇴할 수 있는 길을 알고 있었고, 적을 쫓을 때의 지름길도 잘 알고 있었다.

메텔루스는 이러한 세르토리우스와 싸우려 해도 싸울 수가 없었고, 거의 전투에 패한 만큼의 손해를 입었다. 세르토리우스는 적이 물과 음식을 공급받는 것을 막고, 진격해 오면 피하고, 쉬고 있으면 공격해 적을 편하게 쉬지 못하게 했다. 메텔루스가 어느 시가지를 점령하면 세르토리우스는 어느새 그를 포위하여 로마 군의 보급로를 막아 로마 군을 지치게 만들었다.

그러던 중 세르토리우스는 메텔루스에게 전령을 보내 결투를 제의했다. 이러한 제의를 들은 로마 군은 크게 찬성했다. "로마 사람이 로마 사람에게, 사령관이 사령관과 결투하자는 제안은 정당한 제안이다."

하지만 도전을 받은 메텔루스는 이 제안을 거절했다. 로마 군은 즉시 메텔루스의 행동을 비난하고 나섰다. 그러나 메텔루스는 오히려 비난을 비웃으며 아무렇지도 않게 생각했다. 그의 생각은 올바른 것이었다. 테오프라스토스가 말한 것처럼 장군은 장군답게 죽어야 하며, 결코 일반 병사처럼 죽어서는 안 되기 때문이다.

그 후 메텔루스는 세르토리우스를 지원하던 란고브리타이 시를 침공했다. 란고브리타이 시에는 우물이 단 하나밖에 없어 성 밖의 샘에서 물을 길어다 먹었다. 이러한 사실로 메텔루스는 단 이틀이면 이 시를 점령할 수 있으리라 생각했다. 물을 구할 수 없게 되면 목이 말라 항복을 할 것이기 때문이었다. 그래서 그는 부하들에게 닷새분의 식량만 가지고 진군하도록 명령했다. 이 사실을 안 세르토리우스는 재빨리 구원의 손길을 보내기로 했다. 그는 수많은 스페인 사람과 무어 사람들을 뽑아 물을 담은 3천 개의 가죽부대를 성으로 가져가게 했다. 그들은 산길로 물을 가지고 들어가고, 돌아오면서 부녀자와 노인 등 전쟁을 할 수 없는 사람들을 데리고 나와 성 안의 사람들이 물이 없어 시달리는 일이 없도록 미리 준비를 했다.

메텔루스가 사실을 알았을 때는 이미 로마 군의 식량이 떨어진 뒤였다. 당황한 메텔루스는 아퀴누스에게 6천 명의 군사를 주어 군량을 가져오라고 명령했다. 그러나 이 소식을 들은 세르토리우스는 3천 명의 군사들을 밀림 속에 숨겨 두어 식량을 가지고 돌아오는 6천 명의 아퀴누스 군을 공격하게 하고, 자신도 적의 선봉 부대를 공격하여 많은 아퀴누스의 병사들을 죽이고 나머지를 포로로 잡았다.

가까스로 목숨을 구한 아퀴누스는 메텔루스에게 이러한 사실을 보고했다. 메텔루스는 치욕스러웠지만 포위를 풀고 후퇴할 수밖에 없었다. 이 일로 메텔루스는 스페인 사람들에게 비웃음과 경멸을 당하고, 세르토리우스는 더욱 존경받게 되었다.

세르토리우스는 또 미개한 스페인 군을 로마 군 식으로 훈련시켜 명성을 떨쳤다. 그는 로마 식 대형을 갖추고, 암호나 신호를 지키도록 훈련시켜 좀도둑과 같이 하잘 것 없던 그들을 규율이 엄격한 군대로 만들었다. 그리고 많은 재물을 들여 그들의 투구를 도금시키거나 멋진 조각을 하게 하고, 방패에도 여러 가지 무늬와 의장을 그리도록 하였으며, 외투와 군복에도 수를 놓게 했다. 그들은 이러한 것들에 익숙하게 만들기 위해 돈을 주었고, 그 외의 많은 개량을 하는 데도 그들을 도와주어 누구에게나 칭송을 받게 되었다.

그들을 더욱 기쁘게 한 것은 그들의 자식들을 위한 세르토리우스의 노력이었다. 세르토리우스는 각 마을에서 명문가의 아이들을 오스카라는 큰 도시에 불러들여 그리스와 로마의 학문을 배우게 했다. 그 아이들은 빨간 단을 두른 긴 옷을 아름답게 입고 학교에 다녔다. 이러한 모습을 본 그 아이들의 부모는 매우 기뻐했고, 그 기쁨은 세르토리우스에 대한 깊은 존경으로 되돌아왔다. 세르토리우스는 아이들의 학비를 대주고, 가끔 시험을 봐서 로마 사람들이 불라이[15]라고 부르는 목걸이를 상으로 주었다. 그는 상을 주며 소년들에게 이렇게 말했다. "여러분이 어른이 되었을 때, 나

---

15) 금이나 은을 얇게 편 반원형 메달. 이것을 끈에 달아 목에 걸고 다녔다. 이것은 로마 귀족 소년들의 장신구였다.

와 권위를 나누어 정치를 할 수 있도록 지도하려는 것이오."

　그러나 세르토리우스의 이러한 노력은 사실 스페인 사람들이 자신을 배신하지 못하도록 미리 막기 위한 것이었다. 그 당시 스페인에는 한 장군이 전쟁에서 전사하면, 부하들이 끝까지 적과 맞서 싸우다가 장군을 따라 죽는 풍습이 있었다. 스페인의 주민들은 이러한 풍습을 제물, 혹은 봉헌이라 하여 매우 성스러운 의무로 알고 있었다. 이런 부하를 거느린 장군은 많지 않았다. 그러나 세르토리우스를 위해 자신의 목숨을 제물로 하여 함께 죽기로 맹세한 병사는 수천에 달했다. 그래서 세르토리우스 부대가 스페인의 어떤 도시에서 패했을 때, 군사들은 자신의 안전을 돌보지 않고 세르토리우스를 성벽 넘어 시내로 안전하게 옮겨 놓고 자신들의 안전을 돌보았다는 이야기도 전해 온다.

　세르토리우스를 따른 사람들은 스페인 사람들만이 아니었다. 이탈리아에서 온 군대도 세르토리우스의 지휘를 받고 싶어 했다. 예전에 로마에서 세르토리우스와 같은 당파에 속했던 페르펜나 벤토가 스페인으로 건너왔다. 명문가 출신인 그는 많은 병사를 거느리고 있었으므로 세르토리우스와 합칠 생각은 없었다. 자신의 힘만으로도 메텔루스와 싸워 이길 수 있다는 생각을 하고 있었던 것이다. 그러나 병사들은 세르토리우스에게 가기를 원했다. 페르펜나의 귀에는 온통 세르토리우스의 칭찬만 들렸다. 그래서 페르펜나는 무척 기분이 상했다.

　그 뒤 폼페이우스의 군대가 피레네 산맥을 넘어온다는 소식을 들은 페르펜나의 병사들은 드디어 페르펜나를 협박하기 시작했다. 그들은 무장을 하고, 군기를 들고 페르펜나 앞에 나와 요구했다.

　"우리는 지금 세르토리우스 장군에게 가야 합니다. 폼페이우스를 이기려면 그 방법밖에 없습니다. 만약 장군이 못 가겠다고 버틴다면, 우리의 목숨을 지켜줄 수 있는 대장을 섬기기 위해 장군을 버리고 떠나겠습니다."

　페르펜나는 어쩔 수 없이 세르토리우스와 합쳐 53개 코호트의 새로운 세력을 덧보태었다.

　이베루스 강 주변의 부족들도 모두 세르토리우스에게 가담해 왔다. 이렇게 여러 군대가 모여들자 세르토리우스의 세력은 갈수록 커졌다. 그러나 이렇게 모인 군대의 대부분은 야만인들이었기 때문에 군기가 문란해지기 시작했다.

　그들은 실력도 없이 으스대면서 계속 적을 섬멸하고자 요구해 왔다. 세르토리우스는 이런 그들의 모습을 보고 무척 걱정을 했다. 처음에는 그들을 설득하고 달래서 그들의 행동을 억제하려고 애썼다. 그러나 그들의 요구는 점점 더해갈 뿐이었다. 마침내 세르토리우스는 그들의 소망을 들어주기로 하고 적과 싸우기 원하는 부대에게 출정을 허락했다.

그것은 그들이 전멸되지 않을 정도로만 패배하게 하여, 앞으로 자신의 명령에 잘 따르게 하려는 생각에서였다. 과연 의기양양하게 출정한 군대는 전투가 시작된 지 얼마 후 적에게 쫓기게 되었다. 이것을 본 그는 즉시 군대를 이끌고 나가 그들을 구해 주었다.

하루는 세르토리우스가 병사를 모두 모아 놓고, 말 두 마리를 끌고 나오게 했다. 한 마리는 튼튼하고 젊은 힘이 센 말이었고, 한 마리는 늙고 여윈 말이었다. 그리고 두 사람을 불러 말 옆에 서게 했다. 건강한 사람은 늙은 말 옆에 서고, 허약한 사람은 건강하고 젊은 말 옆에 서게 한 뒤 그는 말의 꼬리를 뽑으라고 명령했다. 건강한 사람은 허약한 말의 꼬리를 한 번 뽑을 양으로 힘껏 잡아당겼고, 허약한 사람은 건강한 말의 꼬리를 한 개씩 뽑았다. 건강한 사람이 아무리 힘을 써도 말의 꼬리는 한 번에 빠지지 않았다. 그러나 허약한 사람은 별 힘을 들이지 않고, 얼마 후 꼬리털을 모두 뽑았다.

그러자 세르토리우스는 일어나 병사들에게 외쳤다.

세르토리우스와 말의 꼬리, Gerard van Kuijl, 1638

"병사들이여! 그대들은 이제 보았을 것이오. 참고 인내한다는 것은 분별없는 폭력보다 강하다는 것을. 단결하면 절대 패하지 않는다고 하지만, 조금씩 그리고 꾸준히 쥐어뜯으면 쉽게 정복한다는 것을 말이오. 정신과 인내가 있는 곳에는 적이 없는 법이오. 그러니 아무리 큰 힘을 가진 무리일지라도 시간이 흐르면 정복할 수 있는 것이오. 시간은 바른 판단을 하고 기회를 기다리는 자에게는 훌륭한 벗이며 믿음직한 둥지가 되지만, 불합리하게 사용하면 목숨을 앗아가는 적이 되는 것이오."

세르토리우스는 가끔씩 이런 일을 꾸며, 모든 일은 언제나 깊이 생각해야만 한다는 사실을 깨우쳐 주었다.

세르토리우스의 뛰어난 공적 중 가장 널리 알려진 것은 기묘한 전술을 써서 카라키타니 사람들에게 승리를 거둔 일이다. 이 카라키타니 사람들은 타구스 강 한편에 사는 사람들인데, 절대로 시가지나 촌락을 이루지 않고 높은 언덕 안쪽에서만 생활을 했다. 그곳은 입구가 모두 북쪽으로 나 있는 깊은 바위굴이었다. 그리고 산기슭은 마른 진흙 비슷한 토질이어서 가루가 되기 쉬울 뿐 아니라 만일 사람이 밟기라도 하면 재가 횟가루처럼 날아오르기도 했다. 그들은 이런 땅의 습성을 아주 잘 이용했다. 전투에서 불리해지면 모두 동굴 속으로 도망을 가버리곤 했다. 동굴 속에 많은 약탈물들을 저장하고 있어서 오랜 시간 무사히 지낼 수 있었기 때문이었다.

세르토리우스가 언젠가 메텔루스와 싸우다가 이 언덕 부근에 진을 쳤을 때였다. 야만인들은 세르토리우스가 로마 군에게 패한 것으로 알고 그를 마구 조롱했다. 그때 세르토리우스는 참을 수 없을 만큼 화가 나서였는지 아니면 로마 군에게 패한 것처럼 보인 것이 불쾌해서였는지 어느 날 새벽에 그곳을 찾아나섰다. 그러나 아무리 찾아도 접근할 길이 없었다. 그래서 그는 그들을 위협하기 위해 말을 마구 달리며 이리저리 돌아다녔다. 그런데 갑자기 바람이 모래먼지를 일으켰다. 그리고 그 모래먼지는 북쪽을 향해 있는 입구로 빨려들어가는 것이었다. 원래 이 지방에는 북풍이 많이 불었는데, 이 바람은 북쪽의 습한 평야와 눈으로 덮인 산에서 불어오는 것이었다. 마침 그때가 무더운 여름이어서 북쪽의 산에서 눈이 녹고 있었기 때문에 바람은 한층 더 심하게 불었다. 야만인들은 상쾌하고 신선한 바람을 즐기며 종일 시원하게 지내고 있었던 것이다.

진영으로 돌아온 세르토리우스는 주민들의 정보를 수집하고, 자신의 경험을 살려 이것저것을 생각해 보았다. 그리고 병사들에게 재같이 가벼운 먼지를 모아 야만인이 살고 있던 언덕 앞에 쌓게 했다. 군대는 일을 빠르게 진행했다.

이러한 행동에 야만인들은 군대가 언덕을 오르기 위해 흙을 쌓는다고 생각하고 그들을 비웃었다. 세르토리우스는 이 비웃음을 모르는 체하고 일을 재촉했다. 그들은 늦은 밤까지 이 일을 하고 돌아갔다.

다음날 아침이 되자, 미풍이 불어 아주 가벼운 먼지만 이리저리 날렸다. 하지만 해가 높이 솟자, 북풍이 점점 세차지면서 야만인들의 동굴은 온통 먼지투성이가 되고 말았다. 세르토리우스의 병사들이 흙더미를 마구 파헤치고, 뭉친 흙덩이를 부수고, 말을 타고 마구 달려 흙먼지를 일으켰던 것이다.

먼지는 바람을 타고 야만인들의 동굴로 빨려 들어갔다. 동굴은 입구가 하나였다. 결국 야만인들은 참지 못하고 사흘 만에 항복을 해 왔다.

이 전투로 세르토리우스는 난공불락의 천연적인 요새를 뛰어난 전술로 정복하는 것을 보여주었고, 자신의 명성을 한층 더 높이는 기회가 되었다.

세르토리우스가 메텔루스를 상대로 싸우는 동안, 그가 계속 전투에서 이길 수 있었던 것은 메텔루스의 늙은 나이와 완만한 기질 때문이라 여겨지고 있다. 사실 메텔루스는 마치 산도둑 집단처럼 빠른 군대를 지휘하는, 더군다나 용감하고 민첩한 세르토리우스와 겨루기에는 힘이 모자랐다.

그러던 중 폼페이우스가 피레네 산맥을 넘어 출정하기에 이르렀다. 이렇게 해서 세르토리우스는 폼페이우스와 전술을 겨룰 수 있는 기회를 맞게 되었다.

두 사람은 전술이나 용맹에 있어 서로 우열을 가리기가 힘들었다. 그럼에도 불구하고 사람들은 세르토리우스가 승리를 거둘 것이라고 믿고 있었다. 그래서 당대의 장군 중 제일의 장군은 세르토리우스라는 얘기가 로마에까지 퍼지게 되었다. 그것은 당시 폼페이우스의 명성이 그보다 작았기 때문은 아니었다. 그는 앞서 술라의 몇몇 전쟁에서도 큰 공을 세워 이름을 빛냈으며, 그 때문에 술라로부터 '마그누스'란 칭호를 받고 '대 폼페이우스'라고 불리고 있었다. 더군다나 젊은 나이에 벌써 개선식을 올리기도 했던 사람이었다.

그런데 세르토리우스를 섬기던 몇몇 도시들은 그를 버리고 폼페이우스에게 붙어보려고 했다. 그러나 그 순간 세르토리우스는 라우론 시 부근에서 세상의 예상을 뒤엎은 놀라운 승리를 거두어 그들의 배반을 막을 수 있었다.

세르토리우스가 라우론 시를 포위하자, 폼페이우스는 군대를 이끌고 이 도시를 구출하러 왔다. 이 시의 변두리에는 언덕이 하나 있었는데 이곳은 전략상 매우 유리한 지형이었다. 그래서 양쪽 군대 모두 언덕을 차지하기 위해 서둘렀다. 세르토리우스군은 산을 오르는데 능숙했기 때문에 폼페이우스보다 먼저 언덕을 점령할 수 있었다. 그러나 폼페이우스가 산기슭에 군대를 배치하고 살펴보니, 세르토리우스 군대는 시와 자신의 군대 사이에 포위된 것이나 다름없어 보였다. 그 때문에 폼페이우스는 언덕을 빼앗긴 것을 불쾌히 생각하지 않고, 라우론 시민들의 사기를 돋구며 말했다.

"라우론의 시민들이여! 용기를 가져라. 그리고 성벽에 올라가 여러분을 포위했던 이들이 도리어 포위된 모습을 구경하라!"

그 소식을 듣고 세르토리우스는 미소를 머금고 말했다.

"우리가 포위되었다고? 그렇다면 술라의 문하생인 폼페이우스에게 '장군의 자리에 있는 자는 앞을 보듯 언제나 등 뒤도 보는 것이 중요하다'는 것을 가르쳐 주겠다."

세르토리우스는 즉시 폼페이우스 진지 뒤쪽에 있던 자신의 군대에 신호를 보냈다. 그곳에는 중무장한 6천 명의 병사들이 폼페이우스를 감시하고 있었다. 세르토리우스는 언덕을 점령할 때, 폼페이우스가 자신의 뒤를 공격하지 못하도록 그곳에 미리 군사를 배치해 놓았던 것이다.

폼페이우스는 늦게서야 뒤쪽으로 다가오는 세르토리우스 군대를 발견했다. 그러나 이미 때는 늦어 있었다. 폼페이우스는 큰소리를 쳤던 자신이 오히려 위기에 빠져 있었다는 것을 깨닫고 어쩔 줄 몰라 했다. 앞뒤로 둘러싼 적군을 공격하자니 자신이 없었고, 위기에 빠진 우방을 버리고 도망간다는 것도 장군으로서 부끄러운 짓이었던 것이다.

폼페이우스는 어쩔 수 없이 자신의 친구들이 눈 앞에서 파멸하는 것을 볼 수밖에 없었다. 성 안을 지키던 군사들이 어쩔 수 없는 상황이라는 것을 깨닫고 세르토리우스에게 항복을 했던 것이다. 세르토리우스는 그들을 해치지 않고 자유를 주었다. 그러나 성은 완전히 불태워 버렸다.

세르토리우스가 이렇게 한 것은 결코 그가 노여워서나 성격이 잔인해서가 아니었다. 역사적인 장군 가운데서도 세르토리우스는 그런 감정을 가장 잘 억제한 인물이었다. 그는 폼페이우스가 동맹자의 성이 불타는 것을 보면서도 아무런 행동도 할 수 없었다는 비난을 받게 하려고 했던 것이다.

이런 세르토리우스도 몇 차례의 패배는 맛보아야 했다. 세르토리우스의 직속군은 언제나 백전 백승의 명예를 유지했지만, 그의 휘하에 있던 장군들이 지휘한 전투에서는 몇 번 패배가 있었다. 그래서 많은 사람들은 세르토리우스에게 대항하여 싸운 로마의 여러 장군이 얻은 승리보다, 그가 적에게 입은 피해를 보충하고 승리하는 재주를 더욱 칭송했다.

이러한 예로는, 수크로 강에서 벌였던 폼페이우스와의 전투, 투리아 시 부근에서 폼페이우스와 메텔루스 두 사람과 동시에 벌인 전투를 들 수 있다.

수크로 전투는 조급함이 빚어낸 무참한 전쟁이었다. 폼페이우스는 메텔루스가 수크로에 오기 전에 세르토리우스를 무찔러, 세르토리우스 토벌의 공을 독차지하려고 했다. 반면에 세르토리우스는 메텔루스가 오면 적이 한층 강해질 것을 염려하여, 메텔루스가 오기 전에 폼페이우스와 전투를 벌일 생각이었다.

세르토리우스는 어둠이 내릴 때 군대를 출동시켰다. 적은 이곳 지리를 모르기 때문에 어두운 밤이 유리하다고 생각했던 것이다. 그때 세르토리우스는 우측을 지휘하고 있었기 때문에 직접 폼페이우스와 싸우지는 않았다. 그는 로마 군의 좌익을 지휘하고 있는 아프라니우스와 대치하고 있었다. 그렇지만 좌측의 부대가 폼페이우스에게 패하고 있음을 보고 그들을 구하려고 급히 달려갔다. 그는 도망치는 자신의 군대를 멈추게 하고, 대형을 지키며 싸우고 있던 부하들을 격려하며 다시 전투를 벌였다. 그리고 추격해 오는 적에게 맹렬히 돌격해 로마 군의 전열을 무너뜨리고, 폼페이우스의 목숨까지 위태롭게 만들었다.

그때 폼페이우스는 부상을 당하고 말까지 잃고 말았다. 그러나 간신히 목숨은 구할 수가 있었다. 그것은 바로 폼페이우스의 말 때문이었다. 폼페이우스의 말은 황금으로 장식한 마구를 덮고 있었는데, 세르토리우스를 따르던 아프리카 사람들이 서로 이 말을 차지하려고 싸우는 바람에 폼페이우스는 슬그머니 도망칠 수 있었던 것이다.

폼페이우스가 지휘하던 로마 군은 이 전투에서 완전히 패해 달아났다. 그동안 아프라니우스는 세르토리우스가 떠나자마자 세르토리우스의 우측 부대로 달려가 적을 무찌르기 시작했다. 세르토리우스가 오기 전에 아프라니우스 군은 세르토리우스의 진지까지 진격해 와 닥치는 대로 노략질을 해갔다. 그러므로 그는 폼페이우스가 패한 것을 아직 모르고 있었다. 그는 날이 어두워지는 것도 모르고 노략질에 열중했다. 이때 세르토리우스가 도착해 노략질에 열중이던 아프라니우스와 그 부하들을 습격해 한꺼번에 많은 적을 죽였다.

이튿날 아침에 세르토리우스는 군대를 무장시켜 다시 로마 군을 치려 했다. 그러나 메텔루스가 가까이 와 있다는 보고를 듣고 군대를 돌려 다시 진지로 돌아왔다. 세르토리우스는 군대를 돌려 돌아오며 이렇게 중얼거렸다.

"저 늙은 계집이 조금만 늦게 도착했더라도 어린애의 종아리를 몇 대 때려 로마로 보내 줄 수 있었는데⋯."

전투가 끝난 뒤 세르토리우스는 아끼던 흰 사슴을 잃어 무척 상심해 있었다. 이 사슴은 미개한 군사들을 위로하고 사기를 높이는 데 꼭 필요했는데 어디로 갔는지 사라져 버렸기 때문이다. 그런데 그 뒤 어느 날 밤, 어떤 사람이 산보를 하다가 우연히 사슴을 찾았다고 알려왔다. 그는 이 사슴의 털색을 보고 찾아왔던 것이다. 세르토리우스는 그를 불러 이 사실을 아무에게도 말하지 않는다고 약속하면 큰 돈을 주겠다고 약속하고 사슴을 감춰두었다. 그리고 며칠 후 밝은 미소를 띠며 공회당에 나와 야만인의 족장들을 보고 이야기를 시작했다. "어젯밤 꿈에 신께서 나타나 크게 기쁜 일이 생길 거라는 신탁을 내리셨소."

이렇게 말하고 어느 때처럼 사람들의 청원을 듣고 응답하고 있었다. 이때 주변에 있던 사슴지기가 사슴을 풀어 놓았다. 사슴은 세르토리우스를 보고 반가워 그에게 달려왔다. 그리고 그의 무릎에 머리를 비비고 오른손을 핥았다.

족장들은 이 모습을 보고 처음에는 어리둥절했으나, 이 사슴이 잃어버렸던 사슴이라는 것을 알아채고 박수를 치고 함성을 지르며 기뻐했다. 세르토리우스는 사슴을 어루만지며 눈물까지 흘렸다. 족장들은 세르토리우스를 집까지 바래다 주며 이렇게 말했다. "우리의 세르토리우스 장군은 보통 인물이 아니야. 그는 분명 신의 특별한 은총을 받고 있는 거야."

그들은 더욱 장래에 대해 큰 용기와 희망을 가지게 되었다.

세르토리우스는 다시 군대를 이끌고 로마 군을 치러 나갔다. 로마 군은 사군툼 주변의 평야에 진을 치고 있었다. 세르토리우스의 군대는 곧 이들을 둘러싸 버렸다. 그러나 곧바로 전투를 하지 않고 계속 기다리면서 적군의 군량이 떨어지기를 기다렸다. 드디어 로마 군은 군량을 다 써버려 어떻게든 세르토리우스의 포위를 뚫고 군량을 구해야 했다. 이윽고 포위를 뚫고 군량을 구하려는 로마 군과 세르토리우스 군 사이에 전투가 벌어졌다. 전투는 치열하다 못해 처참할 지경이었다. 세르토리우스 군도 로마 군도 모두 용감하게 싸웠다. 이 전투에서 폼페이우스의 가장 훌륭한 장군이라는 멤미우스가 전사하고 말았다.

세르토리우스는 이 승리의 기운을 몰아서 메텔루스를 향해 달려갔다. 이때 메텔루스는 싸움을 하던 도중에 창에 찔리고 말았다. 장군을 버리고 도망가는 것이 수치라는 것을 잘 알고 있는 로마 군은 방패로 벽을 둘러 메텔루스를 보호했다. 그리고 과감하게 진격하여 세르토리우스 군을 무찔렀다.

세르토리우스도 불리함을 깨닫고 어쩔 수 없이 후퇴해야만 했다. 그는 부하들을 쉬게 하고 병력을 증강하기 위해 견고한 성을 가진 산속의 도시로 들어갔다. 그리고 그곳에서 성벽을 보수하고 성문도 더욱 견고하게 수리했다. 결코 이 성을 지탱하려는 것이 아니라 단지 적을 속이기 위한 것뿐이었다. 과연 이후의 사정은 그가 계획한 대로 진행되어 갔다. 로마 군은 성을 포위하고는 언제든 마음만 먹으면 성을 함락시킬 수 있으리라 생각하며 성을 지켰다.

한편 세르토리우스는 여러 도시로 장군을 보내 병사를 모아오게 했다. 그리고 연락이 오자 쉽게 포위를 뚫고 성 밖으로 나왔다. 새로운 병사를 맞은 그는 다시 대군을 이루어 로마 군의 육지 보급로를 차단해 버렸다. 그와 동시에 해적선을 이용해 해안을 위협하고 로마 군의 해상 보급로까지 차단해 버렸다. 그렇게 함으로써 로마의 여러 장군이 제각기 진지를 버리고 따로따로 후퇴하게 만들었던 것이다.

메텔루스는 갈리아 지방으로 후퇴했고, 폼페이우스는 처량한 모습으로 바카이아 족들의 지방으로 물러나 추운 겨울을 지내야 했다. 폼페이우스는 그곳에서 군량이 떨어지고 군자금도 바닥나 무척 고생을 하게 되었다. 그래서 하는 수 없이 로마의 원로원에 편지를 보냈다. "만일 원로원이 급히 나를 돕지 않는다면, 나는 어쩔 수 없이 군대를 철수해야 합니다. 그만큼 나는 이탈리아를 방어하기 위해 내 개인의 재산을 탕진했습니다."

이렇게 세르토리우스는 당대 가장 유명한 로마의 장군 두 명을 궁색한 지경으로 몰아넣었던 것이다. 로마에서는 많은 사람들이 세르토리우스가 폼페이우스보다 먼저 로마로 쳐들어올 것이라고 생각했다.

메텔루스 또한 세르토리우스를 두려워하고, 그를 높이 평가하고 있었다. 그는 결코 전투로는 세르토리우스를 꺾을 수 없다는 것을 깨닫고 비겁한 배신 행위를 하면서까지 자신의 목숨을 구하려 했다. 그러한 행위는 그의 배신 행위로 인해 알려졌고, 이런 소문이 퍼지게 되었다.

"세르토리우스를 죽이는 로마 사람에게 은 1백 탈렌트와 땅 2만 에이커를 주겠다. 그리고 세르토리우스를 죽인 사람이 죄를 지어 로마에서 추방되었던 사람이면, 로마로 돌아올 수 있게 하고 죄를 사면해 주겠다."

메텔루스는 일찍이 세르토리우스를 단 한 번 이겼을 때, 스스로를 '임페라토르'라고 부르라는 명령을 내렸었다. 그만큼 그는 자신의 승리에 푹 빠져 있었던 것이다. 그리고 자기가 가는 곳에 사는 사람들은 반드시 환영 대회를 마련하고 제물과 제단을 마련해 자기를 마중하라고 했다. 뿐만 아니라 환영 잔치에 초대되어 나갔을 때에는 사람들을 시켜 자기의 머리에 승리의 월계관을 씌우게 한 뒤 호화로운 잔치를 대접받았다.

환영 잔치 때에는 황금의 왕관과 기념물이 바쳐졌는데, 그것들은 수많은 기계장치에 의해 차례대로 받들어져 나왔다. 그러고 나면 잔치에 불려나온 남녀 합창단이 교대로 나와 그의 앞에서 승리와 환희의 노래를 불렀다. 메텔루스의 이런 허세는 세상 사람들의 조롱만 살 뿐이었다. 왜냐하면 그는 이미 후퇴한 적을 자신이 쳐서 물리친 것처럼 이야기했고, 평소에 세르토리우스를 '술라에게 쫓겨 도망온 종놈'이니 하며 조롱하면서도, 바로 그들에게 어쩌다 한 번 승리한 것을 그처럼 터무니없이 기뻐하고 교만을 부렸기 때문이었다.

반면에 세르토리우스는 자신의 힘을 기르기에 여념이 없었다. 그는 로마에서 쫓겨난 사람들을 따뜻하게 맞아들이고, 원로원 의원직을 지냈던 사람들을 모아 다시 원로원을 구성했다. 그리고 법무관이나 재무관은 그 사람들 가운데서 뽑아 임명했다. 그는 또 정부를 모두 로마의 법률이나 제도에 따라 편성하는 등 그의 뛰어난 기질을 발휘했다. 스페인 군대와 재물과 도시를 이용하긴 했으나 결코 스페인 사람을 중요한 자리에 임명하지 않았고, 언제나 스페인 사람보다 높은 자리에 로마 사람들을 임명했다. 그의 목표는 로마 사람들의 자유를 회복시키는 것에 있었으며, 스페인 세력을 로마에게 대항하게 하는 것이 아님을 나타내려는 것이었다.

세르토리우스는 로마를 적으로 싸우고 있었지만, 그는 진정한 로마의 애국자였고, 언제나 조국 로마로 돌아가기를 바라고 있었다. 그것은 그가 미워하는 것은 로마가 아닌 로마의 권력자들이었기 때문이었다. 세르토리우스는 항상 용감한 장군답게 행동하고, 결코 적에게 비굴한 모습을 보인 적이 없었다. 그러나 승리를 거둔 후 메텔루스나 폼페이우스에게 사람을 보내어 이런 말을 전하게 했다.

"나에게 조국을 돌려 주시길 원합니다. 만약 내게 조국 로마에 돌아갈 길을 열어 준다면, 무기와 권력을 버리고 평민으로 살아가겠습니다. 로마에서 가장 천한 사람의 대우를 받아도 좋습니다. 로마의 버림을 받고 외국의 최고 권력자가 되기보다는, 로마에서 비천한 시민으로 일생을 마치는 것이 소원입니다."

세르토리우스의 이러한 마음은 그가 늘 품고 있던 어머니에 대한 그리움에서 자극받은 것이었다고 한다. 아버지를 일찍 여의고 어머니 손에 자라났기 때문에 그의 모든 사랑은 어머니에게 쏠려 있었던 것이다.

그는 동지들을 스페인으로 맞아들여 장군으로 임명한 뒤, 어머니의 죽음을 전해 들었다. 그때 세르토리우스는 너무도 비통하여 스스로 목숨을 끊을 생각을 하기도 했다. 그 뒤 7일 동안이나 막사에서 나오지 않았고, 친한 친구나 막료들에게조차 말을 하지 않았으며 얼굴 한 번 보이지 않았다.

고위 장군과 많은 친구들은 막사에 찾아가 그를 설득하려고 갖은 애를 썼다. 그제 야 세르토리우스는 모습을 드러내며 장군들과 장교들에게 말을 하기 시작했고, 정무를 집행하기 시작했다.

이러한 모습을 통해 그가 어떤 사람됨을 가졌는지를 알 수 있다. 즉, 그는 자애롭고 따뜻한 성격을 가졌으며, 천성적으로 평화롭고 한가한 생활을 즐기는 사람이었다. 그러나 그는 본의 아니게 군대의 지휘권을 맡고 되었고, 그 길 아니면 안전하게 살아갈 수가 없어서 무기를 들게 되었고, 정적들에게 자기방어를 하기 위해 전쟁을 했던 것이다.

세르토리우스는 미트리다테스 왕과의 교섭에서도 그의 위대한 정신을 보였다. 미트리다테스가 술라로부터 받은 타격을 회복하고 다시 아시아를 침공하려 할 즈음, 이미 세르토리우스의 명성은 온 천하를 뒤덮고 있었다. 서유럽 여러 항구에서 온 장사꾼들이 그들의 상품과 더불어 그의 명성을 아시아 각국으로 퍼뜨려 놓았던 것이다. 그러므로 세르토리우스의 명성과 위대한 전공은 소문의 꼬리를 물고 폰토스 왕국의 모든 항구와 도시를 가득 메웠다.

이 소문을 들은 미트리다테스 왕은 그의 야망을 더욱 굳혔다. 더구나 아첨 잘하는 신하들의 말에 용기를 얻고, 세르토리우스에게 사절단을 보내 우호를 맺으려 했다. 그때 신하들은 왕에게 이렇게 이야기했다.

"대왕이시여! 신들의 짧은 소견으로는, 폐하는 저 위대한 피로스 왕에, 세르토리우스는 용맹을 한니발에 비유할 수 있습니다. 그러니 만일 로마가 폐하와 세르토리우스에게 공격당한다면 어찌 되겠습니까? 이처럼 위대한 군대와 위대한 사령관을 상대하는 로마는 제대로 저항도 한 번 못 해 보고 무너질 것입니다."

이 말을 들은 미트리다테스 왕은 몇 명의 사절단에게 편지와 훈령을 주어 세르토리우스에게 보냈다.

"세르토리우스 장군님! 폐하께서는 술라의 힘에 눌려 어쩔 수 없이 맺은 협정으로 빼앗긴 아시아에 대한 권리를 되찾고 싶어 하십니다. 그 권리는 영원한 저희 폐하의 것이었습니다만, 술라의 대군에게 억지로 빼앗겼던 것입니다. 장군께서도 술라의 부당함과 악독함을 아실 것입니다. 그러니 장군께서도 저희 폐하께 아시아에 대한 권리를 인정해 주시리라 믿습니다. 만일 그렇게만 해주신다면 저희 폐하께서는 장군에게 술라와의 전쟁에 쓸 군자금과 함대를 선물로 드릴 것입니다. 부디 승낙해 주십시오."

이 제안을 들은 세르토리우스는 자신이 원로원이라 이름붙인 총회를 소집하여 이 제안을 전했다. 원로원은 즉시 이 제의를 수락하라고 찬성했다. 이것은 미트리다테스가 자신들에게 원하는 것은 한 가지뿐이고, 그것에 대한 대가는 지금 세르토리우스가 가장 필요로 하는 것이었기 때문이다. 그러나 세르토리우스는 이들의 의견에 반대하고 다음과 같이 선언했다.

"여러분, 나는 미트리다테스 왕이 비티니아와 카파도키아, 그리고 그밖의 지역에서 국왕으로서의 세력과 권위를 부리려 하는 것에는 이의가 없소. 그곳의 주민들은 원래 군주 정치에 익숙해 있고, 또 로마의 영토도 아니기 때문이오. 그러나 미트리다테스가 정당한 권리와 자격으로 로마에게 넘긴 땅은, 미트리다테스가 일찍이 로마로부터 빼앗았다가 얼마 뒤 전쟁에 패해 핌브리아에게 다시 빼앗겨 돌려 주었고, 다시 술라와 맺은 휴전 협정에 의하여 포기했던 땅이 아니오? 그런 땅을 미트리다테스의 소유라고 인정할 수 없소. 내가 할 일은 내 군대를 가지고 로마의 영토를 확장하는 것이므로, 로마 영토를 축소하면서까지 세력을 넓히고 싶지는 않소. 뜻이 있는 자는 승리를 했다 하더라도 정당한 것만을 받아들이고, 명예롭지 못한 경우에는 목숨조차 구하지 않는 법이오. 나는 정당한 승리를 바랄 뿐이오. 그러므로 나는 이 제안에 반대하오."

미트리다테스는 사절단이 돌아와 이런 뜻을 전하자 깜짝 놀라며 이렇게 말했다. "세르토리우스라는 자는 정말로 대단한 위인인 것 같소. 로마에서 쫓겨나 서양 변방에 있으면서 동쪽 끝에 자리잡은 나의 왕국에게 국경을 긋고, 만일 아시아를 다시 찾으려 한다면 전쟁을 하겠다는 위협까지 하고 있으니 말이오. 세르토리우스가 로마 팔라티누스[16]에 자리를 잡는다면, 나에게 무엇을 명령할지 모르겠소. 아! 정말 무서운 놈이오."

그러나 미트리다테스와 세르토리우스는 맹세를 하고, 이 맹세에 따라 동맹 협정을 맺기에 이르렀다. 동맹 조건은 다음과 같았다.

1. 미트리다테스는 카파도키아와 비티니아를 자유롭게 점령할 것.
2. 세르토리우스는 왕의 군대를 위해 장군 한 사람과 병력을 출동시킬 것.
3. 그 대가로 왕은 세르토리우스에게 군자금 3천 탈렌트와 군함 40척을 파견할 것 등등.

협정에 따라 세르토리우스는 로마 원로원 의원을 지내다가 자신을 따라왔던 마르쿠스 마리우스를 장군에 임명하여 아시아로 보냈다.

마르쿠스 마리우스는 미트리다테스와 힘을 합쳐 아시아의 여러 도시를 침략했다. 그 도시들은 세르토리우스의 군대가 왔다는 소문을 듣고 싸워 보지도 않고 항복했다. 마리우스는 당당하게 파스케스를 앞세우며 입성했고, 미트리다테스도 자진해서 이인자의 자리에 섰다.

마리우스는 항복한 도시를 세르토리우스의 명령이라며 매우 너그럽게 다스렸다. 주민들에게는 자유를 주고, 세금도 면제해 주었다. 시민들은 매우 기뻐했고 다시 새로운 희망을 갖게 되었으며, 환희의 앞날을 바라보게 되었다.

그러나 이때 스페인에서는 세르토리우스를 없애려는 음모가 이루어지고 있었다. 로마에서 쫓겨온 원로원 의원과 귀족들은 세르토리우스의 도움을 얻어 점점 권력을 키우면서, 로마와의 전투에서 승리할 수 있으리라는 자신감을 얻게 되었다. 그러자 그들은 세르토리우스의 은혜를 잊고 그를 시기하기 시작했다. 특히 명문 귀족 출신인 페르펜나의 시기는 대단했다. 그는 스페인의 권력을 쥐고, 군대를 혼자 지휘하려는 야심을 가지고 있었던 것이다. 그는 자신의 야심을 달성하기 위해 귀족들을 구슬리면서

---

16) 로마에 있는 일곱 언덕 가운데 하나. 당시에는 의사당이나 관청 등 로마의 중요 기관은 하나도 없었다. 뒷날, 즉 플루타르코스의 시대에는 로마 황제의 궁전이 세워져 로마 제국의 권좌를 상징하게 되었다.

반란 공작을 세워나갔다. 페르펜나는 악의에 가득 찬 말로 추방된 귀족들을 부추겼다.

"우리가 어떤 악귀에 사로잡혔기에 계속 초라해지는 것이오? 바다와 육지의 지배자인 술라의 학정에 복종하고 있었다면 고향에서 편하게 지낼 수 있었을 텐데, 여기 스페인까지 와서 자유를 누리려 한 것은 아니었잖소? 그런데 우리는 노예가 되고 말았소. 우리가 무슨 악운으로, 로마에서 쫓겨난 세르토리우스의 호위병과 종이 되어 버린 것이오? 세르토리우스 그 놈은 우리를 꼼짝못하게 하기 위해 우리를 원로원 의원이라 부르면서 사람들을 웃기고 있는 것이오. 그리고는 우리에게 스페인이나 루시타니아의 야만인처럼 모욕을 당하며 그의 거만한 명령에 복종하라고 강요하고 있는 것이오."

이 말을 들은 대부분의 귀족들은 그동안 세르토리우스의 세력을 겁내어 직접 그에게 반대하지는 못했지만, 암암리에 그에게 저항하고 그의 세력을 파괴하기로 결정했다. 그들은 스페인 사람과 루시타니아 사람들을 학대하고, 가혹한 형벌을 내리고, 부당하게 세금을 부과했다. 그리고 이것이 모두 세르토리우스의 명령이라고 소문을 냈다. 이렇게 해서 그들은 이곳 저곳에서 반란을 일으키도록 부채질했던 것이다.

그 소식을 들은 세르토리우스는 부하 장군들을 반란이 일어난 도시로 보냈다. 그러나 반란을 진압하러 나간 장군들은 그들의 반란을 더욱 부추길 뿐이었다. 이렇게 되자 세르토리우스를 반대하는 도시는 점점 늘어나게 되었고, 그곳 주민들은 그가 처음 이곳에 왔을 때보다 더욱 불온하고 거친 자들이 되어 버렸다. 마침내 세르토리우스의 노여움은 폭발하고 말았다. 그는 얼마 전까지의 인자함과 선량함을 잊은 채, 오스카 시에서 교육받던 스페인 귀족의 자녀들을 참혹하게 살해하거나 노예로 팔아버렸다. 그러는 동안 페르펜나의 음모에 동참하는 자들의 수는 점점 늘어만 갔다. 그리하여 마침내는 세르토리우스를 제외하고 군대에서 가장 높은 장군이었던 만리우스를 끌어들이기에 이르렀다.

그 무렵, 만리우스는 어느 미소년과 친하게 지내고 있었다. 만리우스는 그 소년에게 호감을 얻으려고 반란 음모를 털어 놓았다.

"난 이제 여기서 제일 가는 사람이 될 것이다. 세르토리우스만 없으면 이곳에서 내가 제일이니까. 그러니 너는 나만 생각하고 있어라. 그렇게만 하면 너에게 무엇이든 줄 테니까."

그러나 소년은 만리우스보다 아우피디우스를 더 따르고 있었다. 그래서 소년은 이 이야기를 아우피디우스에게 그대로 얘기해 버렸다. 이 말을 들은 아우피디우스는 깜짝 놀랐다. 자신도 그 음모에 가담하고 있었지만, 만리우스까지 가담하게 된 것은 모르고 있었기 때문이었다. 소년의 말을 들으니 페르펜나와 그라키누스, 그리고 자신도 잘 알고 있는 공모자들의 이름이 툭툭 튀어나오는 것이었다. 그는 놀란 모습을 숨기면서 소년에게 말했다.

"그것은 허풍선이인 만리우스가 지어낸 거짓말이니 믿지 말아라. 그리고 내 말만 믿도록 해라."

이렇게 소년을 달랜 후 그는 페르펜나에게 달려갔다. 그리고 그에게 시간이 흐르면 이 사실이 탄로나겠으니 어서 행동을 취하자고 했다. 페르펜나도 더 이상 시간을 끌고 싶지 않아 음모자들을 모아 계획을 세웠다. 그들은 어느 전투에 장군이 크게 승리했다는 거짓 편지를 세르토리우스에게 보냈다. 이 소식에 세르토리우스는 매우 기뻐하며 승리의 신에게 감사의 제물을 올렸다.

이때 페르펜나는 세르토리우스와 다른 사람에게 승리를 축하하는 잔치를 열자고 하여 자신이 직접 잔치를 열었다. 세르토리우스도 내키지는 않았지만 그가 연 잔치에 나갔다. 잔치는 처음에는 화기애애했다. 세르토리우스가 참석하는 만찬이나 잔치는 언제나 질서와 예의를 지키게 되어 있었기 때문이다. 세르토리우스는 절대 야비한 말이나 행동을 하지 못하게 하였고, 조용하고 허물없는 오락으로 한가롭게 보내는 것을 습관으로 하고 있었던 것이다. 그러나 잔치가 중간에 이르자 점점 무질서하게 변해갔다.

이것은 음모자들이 미리 계획한 것이었다. 그들은 점점 야비하고 더러운 말을 주고받기 시작하더니 차츰 술에 취한 듯 떠들고 무례한 행동을 하기 시작했다. 이런 모습을 본 세르토리우스는 기분이 몹시 상했다. 그래서 못 본 체 못 들은 체하며 옆으로 기대 누웠던 몸을 다시 고쳐 완전히 누워 버렸다.

순간 페르펜나가 포도주잔을 떨어뜨렸다. 이것은 음모자들의 신호였다. 그러자 세르토리우스의 옆에 앉아 있던 안토니우스가 번개같이 칼을 뽑아 세르토리우스를 찔렀다. 세르토리우스는 칼을 맞고 일어나려고 안간힘을 썼다. 그러나 안토니우스가 그의 두 팔을 꼭 잡고 일어나지 못하게 했다. 결국 몸을 방어할 수 없게 된 세르토리우스는 무수한 칼에 맞아 숨을 거두었다. 이것이 세르토리우스의 마지막이었다.

세르토리우스가 죽었다는 소식을 들은 스페인의 여러 도시는 음모자들을 버리고 폼페이우스와 메텔루스에게 사람을 보내 항복을 해왔다. 페르펜나는 무엇인가 해 보려고 나머지 사람들과 세르토리우스가 남긴 군대와 무기를 가지고 싸웠지만 사람들에게 조롱받는 패전만을 거듭할 뿐이었다. 페르펜나는 복종할 줄만 알고, 지휘할 줄 모르는 사람이라는 것이 세상에 드러난 것이었다. 그가 폼페이우스를 향해 진군할 때 그는 싸워보지도 못하고 사로잡히게 되었다. 그리고 끝까지 장군다운 면모를 보여 주지 못했다.

페르펜나는 세르토리우스가 가지고 있던 문서들을 챙겨 로마로 갔다. 그리고 로마의 집정관이나 높은 지위를 가지고 있는 사람들이 세르토리우스를 이탈리아로 초청하기 위해 자필로 써보낸 편지를 보이며, 현 정부를 부정하며 새로운 정부를 세울 것을 바라는 자들이 얼마나 많은가를 증명하겠다고 제의했다. 그러나 폼페이우스는 이제 경솔하거나 생각이 깊지 않은 사람이 아니었다. 그는 노련하고 확고한 판단력을 가진 대장부답게 행동하여 로마를 정치 변혁이라는 커다란 공포와 위험으로부터 구해냈다.

그는 세르토리우스의 서류와 편지를 거들떠보지도 않고, 부하들도 읽지 못하게 단숨에 불태워 버렸다. 그리고 그들의 이름이 알려져서 더 이상의 소란과 분쟁이 일어나서는 안 된다는 판단에 따라 페르펜나를 처형시켜 버렸다.

이렇게 해서 페르펜나와 공모했던 사람들은 폼페이우스의 손에 모두 죽었다. 몇몇은 아프리카로 도망을 쳤지만, 그들은 마우레타니아 사람들의 투창을 맞고 죽어야 했다. 음모자들 가운데 살아난 사람은 아무도 없었다. 오직 미소년을 두고 만리우스와 다투던 아우피디우스만이 목숨을 건졌을 뿐이었다. 그는 자신을 교묘히 숨기고 혐의를 피해 스페인의 이름없는 작은 마을로 숨어들었다. 그리고 그곳에서 사람들의 미움을 받으면서 쓸쓸하고 빈곤하게 살다가 늙어 죽었다고 한다.

30
에우메네스
(EUMENES, BC 362경~316)

케르소네소스 사람으로 가난한 집안에서 태어났다. 미천한 신분이었지만 필리포스의 눈에 띄어 군인이 되었다. BC 323년 알렉산드로스 대왕이 죽은 뒤 내란이 일어나자 마케도니아 왕실의 정통성을 지지했다. 그러나 동지들의 배신으로 안티고노스에게 죽임을 당했다.

역사가 두리스[1]는 에우메네스에 관하여 이렇게 기록하고 있다.

"카르디아 사람 에우메네스는, 트라키아 령 케르소네소스[2]에 사는 가난한 마부의 아들로 태어났다. 그의 집안은 가난했지만, 학자로서, 군인으로서 필요한 교육은 충분히 받을 수 있었다. 그가 어렸을 때, 마케도니아의 필리포스 왕이 이곳 카르디아를 지나간 적이 있는데, 왕은 이곳에 머물면서 청년들의 씨름이나 운동 경기를 참관했다. 그때 에우메네스가 승리를 거두자, 왕은 그를 지혜롭고 용감한 청년이라고 여기고 그를 자신의 신하로 삼게 되었다."

다른 역사가들은 다음과 같이도 전하는데, 이 설이 아마 진실에 더욱 가까운 것

---

1) 기원전 4세기 후반에서 3세기 초의 사모스 출신의 그리스 역사가.
2) 지금의 갈리폴리 반도를 말한다. 즉, 유럽 지역에 속하는 터키-마르마라 해 입구의 반도. '케르소네소스'는 반도라는 뜻이다.

같다. 그들은 이렇게 기록했다.

"필리포스 왕은 일찍이 에우메네스 아버지의 손님이 된 일이 있었는데 그때 받은 대접에 대한 보답으로 에우메네스를 등용했다."

에우메네스는 필리포스 왕이 죽은 뒤 그의 아들 알렉산드로스 대왕을 섬기며 비서관장이라는 낮은 관직에 있었다. 그러나 관직은 낮았지만 알렉산드로스 대왕의 신임을 받았으며, 인도 출정 때는 장군으로서 군의 지휘도 맡았다.

그 뒤 헤파이스티온[3]이 죽자 그의 자리를 페르디카스[4]가 잇게 되고, 페르디카스의 지위는 에우메네스가 잇게 되었다. 그래서 알렉산드로스 대왕이 죽은 후, 왕의 친위대장이었던 네오프톨레모스는 이런 말을 한 적이 있다.

"나는 창과 방패를 가지고 대왕을 모셨다. 그러나 에우메네스는 펜과 종이로 대왕을 섬겼다."

그러나 이 말을 들은 마케도니아 사람들은 모두 친위대장의 자랑을 비웃었다. 그들은 이미 알렉산드로스 대왕이 에우메네스에게 크고 많은 은혜를 베풀었을 뿐만 아니라 혼인으로 인척관계를 맺었을 만큼 큰 명성을 얻었던 사실도 알고 있었기 때문이다.

알렉산드로스 대왕의 첫 번째 부인은 아시아에서 얻은 아르타바조스의 딸 바르시네였다. 대왕은 그녀에게서 헤라클레스란 왕자를 얻었다. 대왕은 페르시아 귀부인[5]들을 부하들에게 분배해 주기로 했는데, 바르시네의 자매인 아파메를 프톨레마이오스[6]에게, 바르시네란 같은 이름의 자매를 에우메네스와 결혼시켰던 것이다. 이런 알렉산드로스 대왕의 호의에도 불구하고 에우메네스는 가끔 왕을 불쾌하게 만들곤 했다. 그것은 주로 왕이 무척 신뢰하고 신임하던 헤파이스티온 때문이었다. 언

---

3) 알렉산드로스 대왕의 친구이며 장군. 왕명에 의하여 정복지에 그리스 식민주를 건설하는 중책을 맡았었다. 엑바타나에서 급사했다.

4) 알렉산드로스 대왕의 부하 장군. 알렉산드로스 대왕의 사후 섭정이 되어 왕비 록사나와 유복 왕자인 알렉산드로스 4세의 왕위를 위해 노력했다. 그래서 필리포스 왕의 서왕자 아리다이오스(마케도니아 군에 의해 왕위에 올랐다) 밑에서 군사령관직을 맡았다. 안티고노스와 안티파트로스와 네오프톨레모스가 도전할 때 이집트 원정 중에 있었는데 폭동으로 사망했다.

5) 알렉산드로스 대왕은 페르시아 왕 다리우스 3세의 첫딸 스타티라를 왕비로 삼고, 막내딸을 헤파이스티온에게 시집보냈다. 이는 혼인으로 페르시아의 왕위를 확보하기 위한 수단이었다. 그러나 마케도니아 사람은 이것을 달갑게 여기지 않았다. 그래서 그것에 대한 무마책으로 페르시아 귀족 가문에서 80명의 처녀를 선택해 자기 부하 장군들에게 시집보냈다.

6) 이집트 프톨레마이오스 왕가의 설립자. 필리포스의 내연의 처 아시네의 아들로 알렉산드로스 대왕의 부하 장군이었다. 대왕이 죽은 후, 왕위 계승권자로 이집트와 리비아의 총독이 되었다. 기원전 305년 데메트리오스와 싸워 왕위에 오른다. 알렉산드리아를 세계적인 도시로 만들고 학문과 예술을 부흥시켰다.

젠가 왕은 헤파이스티온을 섬기는 피리꾼 에비온에게 에우메네스가 쓰려고 했던 집을 주었다. 그 소식을 들은 에우메네스는 몹시 화가 나 왕에게 달려갔다. 그리고 불평을 늘어놓았다.

"이런 대우를 받을 바에는 앞으로 무기를 내던지고, 피리꾼이나 배우가 되는 것이 나을 것 같습니다."

이 말을 듣고 왕은 그의 말이 옳다고 생각되어, 헤파이스티온의 잘못을 추궁했다. 그러나 다시 생각해 보니 에우메네스의 말은 헤파이스티온을 공격한 것이 아니라 대왕 자신을 모욕한 것이었다. 그래서 그는 에우메네스에 대해 크게 화를 냈다.

또 한번은 왕이 네아르코스에게 함대를 주어 남쪽 바다로 출동시키려 할 때였다. 당시 군자금이 모자라 왕은 신하들에게 자금을 빌렸다. 그때 에우메네스는 3백 탈렌트를 바치라는 명령을 받았는데, 겨우 백 탈렌트를 가지고 왕에게 가서 이렇게 말했다.

"폐하! 저에게는 폐하의 명령을 수행할 만한 능력이 없습니다. 이것도 이리저리 뛰어다닌 끝에 겨우 마련한 것입니다."

왕은 이 말을 듣고 에우메네스에게 아무 말도 하지 않았다. 돈도 받지 않았다. 그리고 에우메네스가 돌아가고 나자 주변에 있던 친위병들에게 비밀리에 명령을 내렸다.

"지금 곧바로 에우메네스의 막사로 가라. 그리고 아무도 보지 않을 때 막사에 불을 질러라."

그렇게 하면 급히 돈을 나르는 에우메네스를 확인할 수 있을 것이고, 거짓말을 밝혀내 처벌할 수 있으리라 생각했던 것이다. 그런데 막사가 너무 빨리 타버리는 통에 재물은 물론이고 중요한 문서들까지도 모두 타버렸다. 왕은 곧 자신의 지나친 행동을 뉘우쳤다. 천막이 타고 난 후, 녹아서 덩어리가 되어 버린 금과 은이 1천 탈렌트도 넘게 나왔지만 왕은 그 돈을 한 푼도 받지 않았다. 그리고 각 지방의 총독과 장군들에게 명령을 내려, 불타버린 문서들을 새로 작성하여 에우메네스에게 보내라고 했다.

그 뒤 에우메네스와 헤파이스티온은 왕이 준 어느 선물 때문에 싸운 일이 있었다. 그 싸움에서는 에우메네스가 이겼다. 그런데 그 얼마 후 헤파이스티온이 죽고 말았다. 그의 죽음에 대왕은 몹시 슬퍼했다. 그래서 그를 미워하던 무리들에게 화를 냈다. 특히 에우메네스를 미워해서 헤파이스티온과 싸운 이야기를 자꾸 언급하며 그를 궁지로 몰아넣었다. 그러나 에우메네스는 영리한 사람이었다. 그는 오히려 왕의 미움을 이용하여 여러 가지 새로운 일을 고안했다. 즉, 그는 헤파이스티온의 장례식을 성대하게 치러 왕을 기쁘게 했던 것이다.

알렉산드로스 대왕이 죽은 후, 중무장 보병 부대와 장군들 사이에서 싸움이 일어났다. 에우메네스는 장군을 지지했으나 자기가 외국인이기 때문에 마케도니아 사람이 싸우는 것에 관여하지 않겠다고 말했다.

그는 왕이 정복했던 영토를 분배할 때 카파도키아[7], 파플라고니아[8], 그리고 트레비존드[9]까지의 흑해 연안을 분배받았다. 그러나 그가 분배받은 그 지방들은 모두 말뿐이어서, 아직 아리아라테스가 지배하고 있었다.

페르디카스는 레온나토스[10]와 안티고노스[11]를 시켜 이곳을 정복한 다음 에우메네스에게 줄 생각이었다. 그러나 안티고노스는 여기에 관한 페르디카스의 편지를 받고 거들떠보지도 않았다. 새롭게 세력을 확장한 안티고노스는 자신이 혼자 대정복자가 될 야심을 품고 다른 장군들을 경멸하고 있었다. 그래서 그는 페르디카스의 명령을 거부했던 것이다.

오직 레온나토스만이 에우메네스를 원조하려고 군대를 출동시켰다. 그런데 그의 군대가 프리기아[12]로 진주했을 때, 헤카타이오스(카르디아의 왕)는 안티파트로스가 거느린 마케도니아 군이 라미아[13] 시에 포위되어 있으니 구해 달라는 연락을 보냈다.

레온나토스는 우선 안티파트로스[14]를 구하려고, 에우메네스를 만나 함께 그곳으

---

7) 소아시아 동부의 고대국가. 페르시아 제국의 한 주였다.

8) 소아시아 북부의 고대국가. 흑해 연안에 있어서 동쪽은 폰토스, 남쪽은 갈라티아, 서쪽은 비티니아와 접경하고 있었다.

9) 아시아 터키 북동부에 있는 주이다. 트라브존이라고도 부르며, 항구도시이다. 옛이름은 트라페조스이다.

10) 알렉산드로스 대왕의 부하 장군이다. 대왕이 죽은 후 프리기아의 총독이 되었다. 라미아 전투에서 전사했다.

11) 알렉산드로스 대왕의 부하 장군이다. 대왕이 죽은 후 프리기아, 리키아, 팜필리아를 분배받았다. 스스로 왕이라 칭하며 이집트를 침공하다가 전사했다.

12) 소아시아 중앙과 서부에 있던 고대 국가이다. 흑해와 에게 해 연안의 넓은 땅을 소유하고 있다가 기원전 333년에 알렉산드로스 대왕에게 정복당했다.

13) 그리스 중부 에게 해변, 즉 에우비아 섬의 북쪽 끝과 마주 대하고 있는 옛도시이다. 테살리아의 한 도시였다.

14) 마케도니아의 장군이며 정치가이다. 카산드로스의 아버지이다. 알렉산드로스 대왕의 동방 원정 중에 마케도니아를 대리 통치했다. 그리고 대왕이 죽은 후, 섭정이 되어 크라테로스와 함께 세력을 확대하려다가 전사했다.

로 건너가자고 했다. 그러나 에우메네스는 레온나토스의 요청을 받아들이지 않았다. 그것은 에우메네스가 헤카타이오스와 정치적 입장 차이로 사이가 좋지 않았기 때문이었다. 에우메네스는 카르디아 시민에게 자유를 주려고 항상 헤카타이오스를 비난했고, 알렉산드로스 대왕이 살아 있을 때는 그를 갈아치워야 한다고 탄핵한 일도 한두 번이 아니었다. 그래서 에우메네스는 이 원정에 참가하는 것을 꺼려했다. 그는 레온나토스에게 핑계를 댔다.

"장군! 저는 장군을 따라 그리스로 가고 싶지 않습니다. 헤카타이오스가 저와 화해를 한다해도 그것은 본심이 아닐 것이며, 또 안티파트로스와 나는 원래 사이가 좋지 않으니 그가 나를 암살할지도 모릅니다. 이런 이유로 저는 장군을 따라갈 수가 없습니다."

에우메네스의 말을 들은 레온나토스는 그제야 자신의 속셈을 털어 놓았다.

"에우메네스 장군! 내가 안티파트로스를 구하러 간다는 것은 구실에 불과합니다. 나는 마케도니아의 왕이 되고 싶소. 이미 클레오파트라와도 약속이 되어 있소이다. 자! 이 편지를 보시오."

그리고는 레온나토스는 클레오파트라(알렉산드로스 대왕의 누이)에게서 온 편지를 보여주었다. 편지의 내용은 레온나토스와 결혼을 약속하겠으니 펠라[15]로 오라는 것이었다.

에우메네스는 정말로 안티파트로스를 두려워해서였는지, 아니면 레온나토스를 위험한 인물로 보았기 때문인지, 그날 밤 자기 부하인 기병 3백 명과 무장한 하인 2백 명을 이끌고 레온나토스로부터 탈출했다. 그리고 5천 탈렌트 정도의 황금을 가지고 밤새 길을 재촉해 페르디카스에게 달려갔다. 거기서 그는 레온나토스의 계획을 알리고 페르디카스의 두터운 신임을 얻어 그의 고문이 되었다.

페르디카스는 대군을 직접 이끌고 에우메네스와 함께 출동했다. 그리고 아리아라테스 왕을 잡고 카파도키아를 정복하여 에우메네스를 그곳 총독으로 임명했다. 카파도키아 총독의 지위에 오른 에우메네스는 자신의 동지들에게 중요한 도시를 나누어 주고, 수비대장이나 재판관 등에 임명했다. 그러나 페르디카스는 그의 일에 전혀 간섭을 하지 않았다. 그런 페르디카스를 에우메네스는 계속 따라다니며 섬겼다.

---

15) 그리스 북부 살로니카 부근의 폐허도시이다. 마케도니아의 수도였으며, 알렉산드로스 대왕의 고향이다.

그것은 그만큼 페르디카스를 존경했으며, 마케도니아 왕가에게 멸시받는 것을 두려워했기 때문이었다.

페르디카스가 킬리키아에 이르렀을 때, 그는 혼자서도 자기 계획을 수행할 수 있으리라 믿었다. 그리고 자신이 없는 동안 자신의 나라를 본국의 유능한 총독에게 맡겨 두어야겠다고 생각했다. 그는 에우메네스가 적임자라고 생각하고 그를 돌아가게 했다. 그것은 표면적으로는 나라를 다스리게 한다는 것이었지만, 사실 아르메니아를 지키려는 속셈을 가지고 있었던 것이다. 아르메니아는 에우메네스의 영지와 맞붙어 있는 나라인데 네오프톨레모스의 음모로 어수선해져 있었다. 네오프톨레모스는 자부심이 강하고 허영심이 많은 인물이었다. 에우메네스는 그의 마음을 사기 위해 그와 가까워지려고 애썼다. 그런데 그곳에서는 마케도니아 보병대가 큰 세력을 가지고 있어 행동이 너무 방자했다. 이들은 다스리기 어렵다고 생각한 에우메네스는 자신에게 충성할 수 있는 새로운 기병대를 편성하기로 했다.

그는 주민들에게 기병대에 지원하면 세금을 면제해 주고, 물건도 바치지 않게 해 주겠다고 약속했다. 그리고 믿을 만한 부하들에게 말을 사주고, 하루도 쉬지 않고 군사 훈련을 시켰다. 훈련을 열심히 한 사람에게는 상을 주고, 명예도 주었다. 이런 정책으로 지원자는 순식간에 늘어나 6천 3백 명의 기병대를 가지게 되었다. 마케도니아 사람들은 이런 모습을 보고 놀라기도 하고 기뻐하기도 했다.

그때 크라테로스와 안티파트로스가 그리스를 정복하고 페르디카스의 세력을 누르기 위해 아시아로 향하고 있고, 우선 카파도키아를 침략할 것이라는 정보가 들어왔다. 당시 페르디카스는 프톨레마이오스를 향하고 있었기 때문에, 에우메네스를 카파도키아와 아르메니아 군의 총사령관에 임명하고 편지로 이런 명령을 했다.

"친애하는 에우메네스 장군, 나는 장군을 총사령관에 임명합니다. 장군께서는 네오프톨레모스와 알케타스 두 장군을 지휘하도록 하십시오. 나는 장군께 모든 권한을 위임합니다."

그러나 네오프톨레모스와 알케타스 장군은 이 명령에 따르지 않았다. 알케타스는 에우메네스에게 이런 답장을 보냈다.

"장군, 저의 마케도니아 군은 안티파트로스와 싸우는 것을 부끄럽게 생각하고 있습니다. 그리고 그들은 크라테로스 장군을 존경하고 있습니다. 그래서 그분을 총사령관으로 모시려고 합니다. 그러므로 페르디카스 장군의 명령을 따르기 어려울 것 같습니다."

　네오프톨레모스 장군도 오래 전부터 반란을 일으킬 생각을 갖고 있었으므로 군대를 동원해 오라는 에우메네스의 명령을 받자 바로 전쟁을 선포했다.

　이렇게 되자 에우메네스는 미리부터 공들인 준비의 보답을 거두게 되었다. 그의 보병들은 참패를 당했지만 기병은 압도적인 승리를 거두었고, 적의 군수품도 모두 빼앗았다. 그리고 적의 보병이 승리에 도취되어 있을 때 도시 공격을 감행하여 항복을 받아내고, 자신에게 충성하겠다는 선서를 받았다.

　네오프톨레모스는 몇몇의 부하들을 데리고 크라테로스와 안티파트로스에게 달려갔다. 그러나 그가 도착하기 전에, 크라테로스와 안티파트로스는 에우메네스에게 이미 편지를 보내 자신들과 평화 협정을 맺고 크라테로스를 더 이상 적대시하지 말아 달라는 부탁을 했다. 이 편지를 받은 에우메네스는 이렇게 말했다. "내가 안티파트로스를 미워한 것은 어제 오늘의 일이 아니오. 그러니 그가 내 친구에게 전쟁을 걸어온 지금, 갑자기 내가 그를 좋아하게 된다는 건 말도 안 되는 일이오. 그러나 크라테로스와 페르디카스와 공정하게 휴전을 하고 잘 이행하겠다는 맹세를 한다면 나는 그 중재의 역할을 맡을 수 있소. 나는 살아 있는 날까지 불의와 싸울 것이며, 페르디카스의 신뢰를 배반하지 않을 것이오."

　이 대답을 듣고 안티파트로스는 다음 행동을 고민하고 있었다. 그때 네오프톨레모스가 도착해 전투에 패전한 이야기를 하며 즉시 도와 달라고 부탁했다. 그는 두 장군 중 한 사람이, 될 수 있으면 크라테로스가 출동해 주기를 원했다. 크라테로스라고 하면 마케도니아 사람들은 절대적인 지지를 보내고 있기 때문에 마케도니아 식 투구와 그의 목소리만 들려주어도 마케도니아 출신의 군인은 모두 귀순할 것이라고 말했다.

　사실 크라테로스의 명성은 대단했다. 알렉산드로스 대왕이 죽은 후 군대 전체의 신망을 얻고 있는 사람은 그뿐이었다. 병사들은 그가 대왕의 미움을 사면서까지 자신들을 위해 노력했다는 사실을 기억하고 있었다.

　또 그는 마케도니아의 미풍양속을 지키려고 애쓴 사람이었다. 알렉산드로스 대왕이 페르시아를 정복하여 호화스럽고 방탕한 생활에 빠지고 마케도니아 군의 장군들이 교만에 빠져 고유한 풍속을 잊으려 할 때 마케도니아의 미풍양속을 지키기 위해 노력했었다. 이러한 이유들 때문에 그는 마케도니아 군의 사랑을 받고 있었던 것이다. 크라테로스는 곧 행동을 결정했다. 그는 안티파트로스를 킬리키아로 보내고,

자신은 네오프톨레모스와 함께 에우메네스를 치러 출동하기로 했다. 그는 에우메네스 군은 지금쯤 승리를 축하하는 잔치를 벌이고 있을 것이라 생각했다. 그래서 때를 놓치지 않고 습격하려 한 것이다.

그러나 에우메네스는 크라테로스가 공격해 오리라는 것을 이미 예측하고 있었다. 그래서 즉시 반격할 준비를 하고 있었다. 만약 이런 준비만 가지고는 그가 게으르지 않은 장군이라는 것을 보여줄 수는 있겠지만, 뛰어난 지혜를 가진 장군이라고는 생각할 수 없을 것이다. 그러나 그는 자신의 약점, 즉 자신이 마케도니아 사람이 아니라는 것을 잘 알고 있었다.

그는 자신의 약점을 적에게 드러내지 않으려고 병사들에게 적의 사령관이 크라테로스라는 사실을 알리지 않았다. 이 점으로 봐서 그는 사령관으로서의 탁월한 자질과 전략을 갖추고 있었던 것 같다.

에우메네스는 먼저 네오프톨레모스와 피그레스가 카파도키아와 파플라고니아 기병을 모아 공격해 온다는 것을 병사들에게 알렸다. 그런데 전쟁의 준비를 마무리하고 잠자리에 들었을 때 이상한 꿈을 꾸었다.

그것은 두 사람의 알렉산드로스 대왕이 나타나 서로 마케도니아의 장창 부대를 거느리고 싸우려 하는데, 한쪽은 아테나 여신이 돕고, 한쪽은 데메테르 여신이 돕는 것이었다. 곧바로 치열한 전투가 벌어졌고, 아테나 여신이 돕는 대왕이 패했다. 그러고 나서 승리한 군사들이 데메테르가 준 밀 이삭을 모아 승리자의 관을 엮고 있는 꿈이었다.

꿈에서 깬 에우메네스는 이 꿈이 자신의 승리를 암시하는 길몽이라고 해석했다. 지금 자신의 영토에서 한창 밀이 익어가고 있었기 때문이다. 그리고 그가 전쟁을 벌이려는 것도 이 기름진 국토를 지키기 위해서였다. 그의 영토에서는 곡식이 여물어 태평성대를 노래하고 있었기 때문에, 농업의 여신인 데메테르가 자신을 돕는 것이라 믿었던 것이다.

더구나 크라테로스 군의 암호가 '아테나' 하고 부르면 '알렉산드로스'라고 대답하기로 했다는 정보를 알고 있었기 때문에, 그는 더욱 승리를 자신하며 자기 군대의 암호를 '데메테르', '알렉산드로스'로 결정했다. 그리고 그는 끝까지 적의 사령관이 누구인지를 밝히지 않았다.

전투가 시작되었을 때에도 그는 마케도니아 군을 믿지 않고, 아르타바조스의 아들 파르나바조스와 테네도스[16] 출신의 포이닉스가 거느린 외국 기병대가 싸우게 했다. 그리고 두 장군에게 다음과 같은 명령을 내렸다.

"적을 발견하면 즉시 돌격하여 무찌르도록 하시오. 부하들에게 후퇴할 여유도 주어서는 안 되오. 그리고 적이 사절을 보내거나 수작을 걸어올 여유도 주지 말고 빠른 속력으로 전투에 임해야 하오."

에우메네스가 가장 두려워한 것은 바로 마케도니아 군의 배신이었다. 그들은 크라테로스가 적의 사령관이라는 것을 알면, 창을 거꾸로 돌릴 위험이 있었기 때문이었다. 에우메네스는 정예의 기병부대 3백 명을 데리고 우익의 선두에 나서서 네오프톨레모스를 치러 나갔다. 그리고 작은 언덕을 넘어 적을 향해 폭풍처럼 달려나갔다.

이 모습을 보고 가장 놀란 사람은 크라테로스였다. 그는 적군 중에서 마케도니아 출신들은 반란을 일으킬 것이라며 희망을 품게 한 네오프톨레모스를 원망하면서도, 한편으로는 부하들에게 용감하게 싸우라고 격려하고 스스로도 마음을 잡았다. 전투는 무척 격렬했다. 창들이 모두 꺾여 나가자 양쪽 군대는 칼을 들고 맞붙어 싸우기 시작했다. 크라테로스는 알렉산드로스 대왕의 후계자다운 모습을 보여 주었다. 그는 군을 지휘하면서도 많은 적군을 죽여 눈부신 활약을 하였다.

그러다가 그만 그는 트라키아 기병의 창에 찔려 말에서 떨어지고 말았다. 쓰러진 크라테로스를 알아보는 사람은 거의 없었으나, 에우메네스의 부하 장군인 고르기아스만은 그의 얼굴을 알아보고 말에서 내려 그의 최후를 지켜보았다.

한편 에우메네스는 네오프톨레모스와 맞붙어 싸우고 있었다. 그 둘은 오랜 시간 원수처럼 으르렁대는 사이였다. 두 번의 전투가 치러지는 동안 서로를 알아보지 못하던 그들은 세 번째에서야 알아챘다. 그들은 곧 서로 부둥켜안은 채 말에서 떨어져 투구와 갑옷을 벗기려고 싸웠다. 네오프톨레모스가 일어나려 하자 에우메네스는 그의 다리를 칼로 찌르며 일어섰다. 네오프톨레모스는 다리를 절며 계속 싸웠지만 얼마 후 목에 칼을 맞고 쓰러지고 말았다.

분노에 가득찬 에우메네스는 그가 죽지 않은 것을 모르고 달려들어 갑옷을 벗기려 하다가 그만 허리를 찔렸다. 그러나 이미 죽어가는 네오프톨레무스는 큰 상처를 입힐 수가 없었다. 그가 죽자 에우메네스는 곧 말을 잡아 타고 아직도 한창 전투가

---

16) 지금의 보즈카아다 섬을 말한다. 터키 서해안 북동쪽인 에게 해에 있다.

벌어지고 있는 곳으로 달려갔다.

그는 크라테로스가 죽었다는 소식을 듣고 그가 쓰러져 있는 곳으로 달려갔다. 크라테로스는 아직 숨이 남아 있었다. 에우메네스는 죽어가는 크라테로스를 부둥켜안고 눈물을 흘렸다. 그리고 이 옛 친구를 죽이지 않으면 자기 자신이 죽어야 할 운명으로 밀어넣은 네오프톨레모스를 원망하였다.

이 승리는 처음의 전투로부터 10여일 뒤에야 얻어진 것이었다. 한 번의 승리는 용기로, 다음의 승리는 전략으로, 이런 승리를 얻은 그는 큰 명성을 얻었다.

그러나 이 승리로 그는 자신의 군대와 적의 미움을 사게 되었다. 외국인의 신분으로 마케도니아 최고의 장군과 정정당당하게 싸워 승리를 거두었기 때문이었다. 만일 이 승리가 페르디카스에게 넘어갔다면 그는 마케도니아 최고의 권력자가 되었을 것이다. 그러나 에우메네스가 승리를 거두기 직전, 이집트 원정을 나가 있던 페르디카스는 군의 폭동으로 살해당하고 말았던 것이다.

마케도니아 군대는 몹시 분노하며 에우메네스에 대한 복수를 맹세했다. 안티고노스와 안티파트로스는 즉시 그를 공격해 왔다.

한편 에우메네스는 이다 산[17] 곁을 통과하다가 그곳에 있는 마케도니아 왕가의 목장에서 말을 징발한 다음 마케도니아 군을 맞아 싸우러 나갔다. 그리고 그 목장지기에게 왕실로 보내는 편지를 전했다. 그것은 말을 징발하게 된 이유를 밝힌 편지였다.

"제가 왕실 소유의 말을 징발한 것은 대왕의 영광을 지키기 위해서입니다. 이러한 행동을 용서하시기 바랍니다. 그리고 반란군을 섬멸한 뒤 전리품으로 말값을 지불할 것을 약속드립니다."

이 편지를 받은 안티파트로스는 웃으며 이렇게 대답했다고 한다.

"에우메네스는 과연 사무를 잘 보는구만. 그러나 놈이 그때까지 살아 있어야 갚을 것 아닌가."

에우메네스는 사르디스에 가까운 리디아의 한 평원에서 전투를 벌일 계획이었다. 기병부대였기 때문에 평원에서의 전투가 유리했고, 또 클레오파트라에게 자신의 권위를 보이고 싶은 생각도 있었기 때문이었다. 그러나 안티파트로스가 불쾌하

---

17) 지금의 카즈다니 산을 말한다. 소아시아 북서부에 있는 유명한 산이다. 호메로스는 이 산을 신들의 거처라고 노래했다.

게 생각할 것이라는 클레오파트라의 청을 받아들여 상(上) 프리기아로 진군하여 켈라이나이 시로 가서 겨울을 지내게 되었다.

그런데 그곳에 머무르는 동안 알케타스, 폴레몬, 도키모스 세 장군이 에우메네스를 제치고 총사령관에 오르려고 했다. 그때 에우메네스는 장군들에게 이렇게 충고했다.

"장군들은 이런 옛말을 기억하지 못합니까? '남을 다스리려는 사람은 제 명에 죽지 못한다'라는 말 말이오."

세 장군을 이렇게 설득시킨 그는 병사들에게 지금까지 밀린 봉급을 사흘 안에 주겠다는 약속을 했다. 그러나 금고는 이미 텅텅 비어 있었고, 봉급을 줄 여유도 없었다. 그래서 그는 부하들에게 이 지역의 마을과 성과 주민들을 팔아 버렸다. 그리고 약탈한 전리품으로 밀린 봉급을 줄 수 있었다.

이렇게 되자 에우메네스의 명성은 더욱 높아졌다. 그러자 적은 "에우메네스를 죽이면 누구든지 1백 탈렌트를 주고, 높은 지위도 주겠다"는 현상을 걸었다. 그러나 마케도니아 사람들은 분노를 터뜨리며 그의 목숨을 보호하기 위한 명문 출신 청년 1천 명의 특별호위대까지 만들었다. 그리고 경계를 더욱 엄중히 할 것을 약속했다. 마케도니아 사람들은 에우메네스로부터 상을 받으면 왕에게서 받은 것처럼 큰 영광으로 여겼고, 자줏빛 모자나 군복 외투를 받으면 왕만이 줄 수 있는 상이라고 생각했다.

행운은 보잘것 없는 소인의 마음도 도량을 지니게 만든다. 그리고 높은 위치에서 세상을 내려다볼 때에는 누구든지 그 가슴속에 어떤 위대함과 위엄을 지니게 마련이다. 그러나 정말로 고귀하고 확고한 정신은 재난과 불운에 처했을 때에도 참고 이겨낼 때 그 가치가 나타나는 법이다. 에우메네스의 경우가 바로 그것이었다.

에우메네스는 안티고노스와 전투를 하기 위해 카파도키아의 오르키니이로 갔다. 그러나 부하 중에 배신자가 있어 전투는 패배로 끝나 버렸다. 그는 후퇴하는 길에 배신자를 찾아내 교수형에 처하고 적군의 추격을 피해 멀리 길을 돌아서 다시 전장으로 돌아왔다. 전장으로 돌아온 에우메네스는 전사자의 시체를 모은 뒤, 부근 마을의 문짝을 모아와 불을 질러 화장을 시켰다. 장군과 일반 병사의 무덤은 구별해서 만들어 주었다. 얼마 뒤 그곳으로 돌아온 안티고노스는 에우메네스의 행동을 보고 그의 담력과 굳센 결심에 크게 감탄했다고 한다.

그 뒤, 에우메네스의 부대는 안티고노스의 병참부대를 만나게 되었다. 그들은 습격하면 많은 노예를 사로잡을 수 있고 전리품도 빼앗을 수 있었지만, 그 후의 일을 두려워하여 습격을 하지 않았다. 만일 부하들이 엄청난 전리품을 얻게 된다면, 민첩한 후퇴 작전이 어려울 뿐 아니라 병사들이 힘든 군대 생활을 그만두고 떠날까봐 걱정스러웠던 것이다. 그러나 이런 좋은 기회를 막는 것은 무척이나 힘들었다. 그래서 에우메네스는 이렇게 명령했다.

"병사들이여! 저기 막대한 적의 물자가 있다. 그러나 우리는 먼저 배를 채우고, 휴식을 취하고, 말에게 먹이를 준 후 습격을 할 것이다."

그렇게 명령하고 즉시 적군에게 사람을 보냈다.

"우리 에우메네스 장군께서는 친구의 옛정을 생각해서 장군께 충고하십니다. 지금 매우 급합니다. 이 평야에서 빨리 후퇴하시어 가까운 산으로 이동하셔야 합니다. 그렇지 않으면 저희 장군이 거느린 기병대에게 포위당하고 말 것입니다. 빨리 준비하십시오."

적장 메난드로스는 위험을 감지하고 즉시 평야에서 물러났다.

에우메네스는 정찰대를 보내어 적의 동정을 살피게 하고, 부하들에게 전투 준비를 명령했다. 그러나 정찰병은 메난드로스가 이미 습격하기 어려운 곳으로 피신했다고 보고했다. 에우메네스는 낙담한 것처럼 가장하고 군대를 다른 방향으로 이동시켰다.

이 소식을 들은 마케도니아 장군들은 에우메네스를 칭찬했다.

"안티고노스 장군! 그는 우리의 자식을 노예로 삼고 있고, 아내를 욕보일 수 있었는데도 용서했습니다. 그것은 세상에서 보기 드문 훌륭한 정신입니다. 안 그렇습니까?"

그러나 안티고노스는 이렇게 말했다.

"미안하지만 에우메네스는 우리를 위해 그렇게 한 것이 아니라 자신을 위해 그랬을 뿐이오. 그는 늘 도망가려 하고 있소. 그래서 그런 행동은 스스로를 쇠사슬로 묶는다는 것을 알기 때문에 그런 결정을 내린 것이오."

그 후 에우메네스는 늘 적군에게 쫓겨 다니면서 군대를 해산하고 많은 병사를 집으로 돌려 보냈다. 그 이유가 병사들의 안전을 염려해서였는지, 아니면 싸우기에는 너무 적고 도망다니기에는 너무 많은 수여서였는지는 알 수 없다. 그는 기병 5백 명과 보병 2백 명을 이끌고 카파도키아와 리카오니아의 국경 부근에 있는 노라라는 성으로 몸을 피했다. 그러나 무작정 피하고 있을 수만은 없었다. 병사들은 모두 고향으로 돌아가기를 원했다. 그는 돌아가는 병사들을 잡지 않았다. 오히려 한 사람씩 포옹을 하며 작별을 아쉬워했다.

안티고노스는 에우메네스를 뒤쫓아 성을 포위했다. 그리고 공격을 하기 전에 에우메네스에게 회담을 제의했다. 그러자 에우메네스는 이렇게 말했다.

"그대는 많은 병사와 막료가 있으니 대신 내보낼 사람을 누구로 정할까 고민할 필요가 없소. 하지만 나는 혼자요. 그러니 나와 상의할 필요가 있다면 먼저 인질을 보내시오."

안티고노스는 이렇게 대답했다.

"나는 그대보다 윗사람이라는 사실을 잊었소?"

에우메네스는 대답했다.

"나는 내가 칼을 들고 싸울 수 있는 한, 나보다 위대한 사람은 세상에 없다고 생각하오."

마침내 안티고노스는 에우메네스의 요구를 받아들여 그의 조카인 프톨레마이오스를 인질로 보냈고, 에우메네스는 성에서 나와 안티고노스의 천막으로 갔다.

두 사람은 예전부터 가까운 사이였다. 그들은 깊은 우정과 옛정을 가슴에 품고 오랫동안 환담을 나누었다. 그러나 에우메네스는 자신의 안전이나 용서 같은 말은 한 마디도 꺼내지도 않았다. 오히려 자신에게 주어졌던 영토의 확보를 주장했으며 자신의 공로에 대한 보상을 하라고 요구했다. 그의 대담한 태도에 참석자들은 다만 놀랄 뿐이었다.

협상 후 안티고노스는 포위 공격을 할 병사들만 남기고 자신은 그곳을 떠났다. 에우메네스는 그 성 안에 갇히게 되었다. 성 안에는 물과 소금은 넉넉했지만, 다른 음식물은 아무것도 없었다. 그러나 에우메네스는 군사들이 사기를 잃지 않도록 마음을 썼다. 병사들은 한 사람씩 식탁에 초대해 초라했지만 정성들인 음식을 먹으며 이야기도 나누고, 농담도 하며 갇혀 있는 생활을 명랑하게 했다. 에우메네스는 전쟁 속에서 많은 고난을 당한 사람이었지만, 늙은 노병의 모습이 아닌 건장한 청년의 몸을 가지고 있었다. 태도는 항상 온유하고 친절했다. 웅변가처럼 훌륭한 솜씨는 아니었지만 지금까지 남아 있는 편지에서 볼 수 있듯이 말솜씨도 뛰어나 듣는 사람의 마음을 끌었다.

포위된 생활을 하는 동안 그는 아무 훈련도 하지 않고 먹고 마시기만 하는 병사들의 건강을 위해 성 안에서 가장 넓은 땅을 병사들의 운동장으로 만들었다. 그리고 말들도 운동을 시키지 않으면 위급한 상황시에 뛸 수 없게 되므로, 마구간 천장에 달아맨 도르래를 이용하여 앞발이 땅에 닿지 않을 만큼 말을 끌어올린 다음 채찍질을 해서 땀이 흥건하게 될 때까지 운동을 시키곤 했다. 그리고 사료도 소화가 잘 되도록 보리를 부수어 주었다.

이런 포위 상태가 계속되는 동안, 안티고노스는 마케도니아에서 안티파트로스가 죽고 카산드로스[18]와 폴리스페르콘[19]이 서로 싸우고 있다는 소식을 들었다. 그러자 안티고노스는 이제 혼자서 세상을 독차지할 희망을 품게 되었다. 그러나 이 희망을 성취하려면 에우메네스의 도움이 필요했다. 그래서 그는 히에로니모스를 보내 서약서를 교환하려고 했다.

히에로니모스는 우선 에우메네스에게 서약서를 보냈다. 에우메네스는 이 서약서를 읽고, 수정을 해서 다시 되돌려 보냈다. 그리고 어느 것이 옳은지 판단하라고 했다. 마케도니아 병사들은 에우메네스의 수정본이 옳다고 했다. 안티고노스가 쓴 것은, 처음에 왕실의 이름을 잠깐 비쳤을 뿐 처음부터 끝까지 자신에게 충성을 요구한 글이었다. 그러나 에우메네스의 수정본은 "올림피아스[20]와 여러 왕께"라는 말을 주로 써서 안티고노스뿐만 아니라 마케도니아 왕가에도 충성을 다하겠다는 글이었다. 그렇기 때문에 병사들은 에우메네스의 서약서가 옳다고 판단한 것이다. 그들은 에우메네스에게 자신이 만든 서약서에 따라 충성을 맹세하도록 포위를 풀었다. 그리고 안티고노스에게도 그 서약서 형식에 따라 맹세를 하라고 요구했다.

에우메네스는 그동안 인질로 잡아두었던 카파도키아 사람들을 모두 석방했다. 그들은 보답으로 많은 군마와 짐승, 천막 등을 선물했다. 그래서 에우메네스는 아직 이 지방에 떠돌고 있는 부하를 모아, 약 1천 명에 가까운 기병을 편성했다. 그리고 그 군사를 이끌고 성을 탈출하여 안티고노스의 세력에서 완전히 벗어났다.

그가 안티고노스의 향배를 의심한 것은 당연한 일이었다. 그 이유는 마케도니아 장군들이 에우메네스가 서명한 서약서에 안티고노스의 서명을 받으려고 사람을 보냈을 때, 안티고노스는 수정한 글을 보고 화를 내며 그가 도망하지 못하도록 더욱 포

---

18) 안티파트로스의 아들이다. 안티파트로스가 죽자 폴리스페르콘과 태후를 죽이고 알렉산드로스 대왕의 이복누이 테살로니카와 결혼하여 왕이 되었다. 안티고노스와 싸워 록사나 왕비와 어린 왕자 알렉산드로스 4세를 죽였다. 그뒤 마케도니아와 그리스를 완전히 정복했다. 그때 안티고노스를 살해했다.

19) 알렉산드로스 대왕의 부하 장군이다. 안티파트로스가 죽은 후, 마케도니아의 섭정이 되었지만 카산드로스에게 빼앗겼다.

20) 알렉산드로스 대왕의 어머니이다. 즉 필리포스 왕의 전 왕비이다. 에페이로스의 왕 네오프톨레모스의 딸이었고, 제2의 왕비 클레오파트라와의 결혼으로 본국에서 쫓겨났다. 그후 복위되었다가 카산드로스에게 사로잡혀 피드나에게 죽었다.

위를 강하게 하라고 명령했기 때문이었다.

에우메네스가 노라 성을 탈출하여 이리저리 숨어 달아나고 있을 때 마케도니아에서 편지가 왔다. 그 편지는 권력이 강대해진 안티고노스를 두려워하고 질투하게 된 사람들에게서 온 것이었다. 그 가운데에는 알렉산드로스 대왕의 어머니인 올림피아스가 쓴 편지도 있었다.

"에우메네스 장군! 지금 마케도니아 왕실은 대왕의 은혜를 배신한 자들의 망동으로 위험에 빠져 있습니다. 대왕이 남긴 어린 왕자의 생명이 위협받고 있으니 빨리 와 주십시오."

또 폴리스페르콘과 필리포스 왕[21]으로부터 온 편지는 이러했다.

"에우메네스 장군, 지금 마케도니아는 안티고노스의 횡포 때문에 위협받고 있습니다. 장군이 돌아오셔서 질서를 잡아 주었으면 합니다. 우리는 장군을 카파도키아군 사령관으로 임명하겠으니, 장군께서는 속히 안티고노스 토벌군을 일으켜 진군을 서둘러 주시기 바라오. 그렇게 해주신다면, 우리 왕실은 그동안 입은 장군의 손해를 보상해 드리겠소. 장군에게 퀸다에 있는 왕실 금고에서 5백 탈렌트를 지출할 권한과 전쟁에 필요한 병력을 모으고 세금을 부과할 수 있는 권한을 주겠소. 그리고 은방패부대의 사령관이 되어 주시오."

이러한 글은 에우메네스뿐 아니라 은방패부대의 지휘관인 안티게네스와 테우타모스에게도 보내졌다. 이 편지를 받은 두 사람의 지휘관은 당연히 이러한 처사를 불쾌하게 여겼다.

그래서 그들은 에우메네스를 만났을 때 겉으로는 존경하는 척했지만, 속으로는 시기심과 경쟁심을 품고 그에게 사령관직을 내주고 싶어하지 않았다.

에우메네스는 그들의 시기심을 가라앉히기 위해 돈이 필요없다는 듯 금과 은을 받지 않았다. 그리고 지도력도 없는 그들의 경쟁심을 없애기 위해 미신을 사용하기로 하고, 이런 말을 하기도 했다.

"지난 밤 꿈에 알렉산드로스 대왕을 뵈었소. 돌아가시기 전처럼 늠름한 모습으로 나타나셔서 내게 손을 들어 한 쪽을 가리키셨소. 그곳에는 장막이 있었는데 그

---

21) 필리포스 2세의 서자인 아리다이오스이다. 대왕이 죽은 뒤, 바빌론에서 군대에 의해 즉위했으며, 올림피아스 태후의 명으로 죽었다.

안에 황금으로 빛나는 옥좌가 화려하게 치장되어 있었소. 그건 바로 대왕의 장막이었소. 그리고 이렇게 말씀하셨소. '만일 그대들이 이 장막에서 군사회의를 한다면 나도 이 자리에 참석하겠소. 그리고 나의 이름으로 모든 전투를 승리로 이끌겠소' 하고 말이오."

두 장군은 그의 말을 믿었다. 에우메네스는 그들이 자기의 장막으로 가서 회의하는 것을 싫어했고, 자신도 타인의 장막을 가서 상의하는 것을 바라지 않았다. 그래서 그들은 대왕의 장막을 세워 옥좌를 놓고 '알렉산드로스의 장막'이라 부르면서, 중요한 회의는 모두 이곳에서 열었다.

에우메네스는 두 장군의 마음을 끌어들인 다음, 안티고노스가 있는 아시아 대륙의 깊은 곳으로 진군했다. 그러자 에우메네스와 친하게 지내던 페우케스테스를 비롯한 페르시아의 총독들이 그를 환영하면서, 군사를 거느리고 와 합세했다. 이렇게 되자 마케도니아 군대는 더욱 강해지고 사기가 드높아졌다.

그러나 이들 총독들은 나쁜 버릇을 가지고 있었다. 알렉산드로스 대왕이 죽은 후 권력을 마음대로 휘두르는 동안 그들은 아주 거만해져서 자신들이 마치 왕이라도 된 것처럼 행동했다. 그래서 그들의 일상생활은 매우 호화로웠고, 야만인들의 아첨으로 더욱 건방진 행동을 하게 되었다. 이런 자들은 서로 뒤섞여 서로를 헐뜯고 험담하기 일쑤였다. 그들은 또 마케도니아 군에게 추파를 던지며 그들의 환심을 사려고 했다. 잔치나 제사에 드는 비용을 마구 써서 마케도니아 군대는 순식간에 술집이나 환락가처럼 변해 버렸다. 그래서 군인들은 민주 정치가 부패되었을 때의 국민처럼 그들에게 매수되어, 총사령관과 지휘관을 팔아넘기는 투표자의 패거리가 되고 말았다.

에우메네스는 그들이 자신을 무서워하여 기회만 있으면 자신을 암살하려고 한다는 것을 알아차렸다. 그는 자신을 가장 미워하는 사람에게 많은 돈을 꾸었다. 돈을 쓸 곳이 없었지만 그렇게 함으로써 암살당하는 것을 예방하려 한 것이다. 적어도 그가 돈을 갚기 전까지는 그를 죽이지 않을 것이 분명했기 때문이었다. 그는 적의 재산으로 자신의 생명을 보호했다. 돈을 마구 써서 목숨을 구하는 일은 흔했지만 에우메네스는 돈을 꾸어서 그 목적을 이루었던 것이다.

전쟁이 그친 동안 마케도니아 군은 장군들의 농간에 넘어가 군대를 서로 차지하려는 그들의 말에 귀를 기울였다. 그러나 안티고노스가 대군을 이끌고 공격해 와서 진정한 장군이 필요하게 되자 일반 병사는 물론이고, 호기를 부리던 장군들도 에우메네스에게 복종했다.

안티고노스가 파시티그리스 강을 건너려 한 것을 알아챈 장군은 오직 에우메네스뿐이었다. 그는 적을 강가에서 맞아 본격적인 전투를 벌여 큰 승리를 거두어, 강을 적의 시체로 메꾸고 4천 명을 포로로 사로잡았다.

다른 장군들은 잔치를 열어 마케도니아 병사의 비위를 맞추는 동안에도 에우메네스는 어떻게 전투를 하고, 어떻게 병사를 지휘해야 할까를 고민하고 있었다. 그래서 마케도니아 병사들은 그를 가장 믿을 수 있는 장군이라고 마음속으로 생각했다. 이것은 그가 병으로 누워 있을 때도 뚜렷이 드러났다.

그 얼마 전에 페우케스타스는 페르시아에서 전군에게 잔치를 베풀고 병사들에게 양 한 마리씩을 주어 각자의 제물로 쓰게 했다. 병사들이 모두 좋아하는 것을 보고 그는 자신이 꼭 총사령관으로 추대될 것으로 믿었다. 그리고 행군이 시작되었다.

에우메네스는 병에 걸려 있는 몸이어서 행군을 하는 동안에도 되도록 안정을 하고 번잡한 것을 피하기 위해 본대와 떨어져 가마를 타고 가고 있었다. 그런데 진군을 시작한 지 얼마 안 되어 넘어 내려오는 적군을 발견했다. 적은 황금빛 갑옷을 햇빛에 반짝이며 등 위에 전탑을 얹고 있는 코끼리떼를 이끌고 전투 때의 복장인 자줏빛 옷을 입은 채, 질서있고 늠름하게 전진해 오고 있었다. 이런 적을 보자 병사들은 행진을 멈추고 에우메네스의 지휘를 요구했다.

"에우메네스 장군이 지휘하지 않는다면 한 걸음도 움직일 수 없다."

이 말은 들은 에우메네스는 가마를 재촉하여 병사들 앞에 나섰다. 그리고 오른손을 흔들어 보였다. 에우메네스 모습을 본 병사들은 창을 뽑아들고 "드디어 우리의 장군께서 도착하셨다. 자, 나가자!"고 함성을 지르며 적을 향해 돌진했다.

안티고노스는 먼젓번 전투에서 잡은 포로들에게 에우메네스가 병들었다는 소식을 듣고 그가 전투를 지휘하지 못할 것이라고 생각했기 때문에 진군을 서둘렀던 것이다. 그러나 군대는 질서정연하고 전투 준비가 잘 되어 있었다. 그는 당황하여 진군을 멈추게 했다. 그러나 곧 에우메네스의 가마를 발견하고는 비웃기 시작했다.

"저 가마가 우리에게 전투를 하자고 하는군!"

안티고노스는 군대를 거두어 얼마 떨어지지 않은 곳에 진을 쳤다.[22]

안티고노스의 군대가 물러가자 에우메네스의 군대는 다시 군기가 흐트러졌다. 병사들은 전쟁에 지쳤기 때문에 쉬어야겠다는 이유를 내세웠다. 그리고는 가베니 족의 지방에서 몇몇씩 짝을 지어 흩어져 버렸다. 그래서 그들의 선두와 후속 부대의 거리는 1천 펄롱(200km)이 넘는 간격을 둔 채 서로 흩어져서 겨울을 지내게 되었다.

에우메네스의 군대가 뿔뿔이 흩어졌다는 정보를 들은 안티고노스는 지금이야말로 에우메네스를 몰락시킬 가장 좋은 기회라 생각했다. 그는 즉시 군대를 이끌고 폭풍처럼 진군해 왔다. 에우메네스의 지휘관들이 병사들을 모을 시간을 주지 않기 위해 그는 험난한 지역을 강행군했다. 그러나 사람이 살지 않는 광막한 벌판에는 심한 추위가 기다리고 있었다. 거센 바람과 찬서리가 휘몰아쳐 그들의 행군은 어려움에 부딪혔다. 이 추위를 막는 방법은 불을 피우는 방법밖에 없었다. 그러나 이 불 때문에 안티고노스 군대의 움직임은 적에게 드러나고 말았다. 이 광야를 바라볼 수 있는 높은 고지의 사람들이 모닥불에 놀라 페우케스타스에게 보고했던 것이다.

이 소식을 접한 페우케스타스는 무척 놀랐다. 다른 장군들도 어쩔 줄 몰라 하며 겁을 먹었다. 페우케스타스는 우선 도망을 가면서 군대를 모으자고 말했다. 그러나 에우메네스는 장군들을 진정시키며 말했다.

"장군들, 서두를 필요 없소. 내가 적의 도착을 예정보다 사흘 정도 늦추도록 해보겠소."

장군들이 찬성을 하자 에우메네스는 곧 각처에 전령을 보내 군대를 전속력으로 결집시켰다. 그리고 자신도 몇 명의 막료와 함께 말을 타고 나갔다. 그는 적을 가로질러 평야가 내려다보이는 높은 곳에 올라서서, 적은 수의 병력을 이곳저곳에 배치하고 모닥불을 피우게 했다. 그 모습은 마치 수많은 군대가 적을 기다리고 있는 것

---

22) 역사가 디오도로스는 이 상황을 이렇게 적고 있다. 두 군대는 반 마일쯤 거리를 두고 진주했다. 안티고노스는 이 지방이 황폐해 대군을 오래 진주시킬 수 없음을 알고 마케도니아와 페르시아 군대를 꾀어내려고 부하를 보냈다. "에우메네스를 버리고 우리와 연합하자"고 말이다. 이 사실을 안 에우메네스는 분함을 참으며 다음의 우화를 이야기했다. "사자가 어느 소녀를 사랑하여 결혼하자고 했소. 소녀의 아버지는 이 이야기를 듣고 이렇게 대답했소. '이런 결혼은 집안의 영광을 위해 무척 감사해야 할 일이지만, 사자의 발톱과 이빨을 믿을 수 없소. 만일 결혼한 뒤 말싸움이라도 벌어지면 내 딸은 어떻게 되겠소.' 하고 반대했다오. 그러나 사랑에 빠진 사자는 이빨과 발톱을 뽑아버리고 결혼을 요구했소. 그러자 소녀의 아버지는 몽둥이로 이빨빠진 사자를 때려죽였다고 하오. 안티고노스는 이 사자와 같소. 지금은 여러분의 군대를 빼앗으려고 많은 약속을 하지만 그 발톱과 이빨을 조심해야 하오."

처럼 보였다.

안티고노스는 이 평원을 지나다가 여기저기에서 넓게 타오르는 모닥불을 보았다. 그는 작전을 알아챈 적이 반격을 하려는 것으로 생각하고 몹시 당황했다. 그래서 그는 충분히 휴식을 취한 적군과 싸우게 되면 불리하다고 판단하고 군대의 방향을 바꾸었다. 그리고는 도시와 촌락이 있는 지방을 천천히 행군하면서 병사들을 쉬게 했다.

그러나 당연히 일어나게 될 전투가 일어나지 않고, 주민들도 모닥불만 보았지 적군을 본 적은 없다고 말하자, 그는 그제야 에우메네스의 계략에 속았다는 것을 깨달았다. 그는 곧 전쟁을 준비하고 진군해 나갔다.

에우메네스 군은 이미 집결하여 안티고노스의 공격을 기다리고 있었다. 그때 그의 전략에 감탄한 병사들이 그를 총사령관에 추대하려고 했다. 그러나 그는 다른 장군들이 음모를 계획하고 있다는 사실을 모르고 있었다. 병사들의 이러한 추대 움직임에 분노한 은방패부대의 지휘관 안티게네스와 테우타모스는 페르시아 총독과 장교들을 모아 언제 어떻게 에우메네스를 암살할 것인가 비밀리에 의논했던 것이다. 그들은 당장 코앞에 닥친 이 전투를 에우메네스의 뛰어난 전술로 승리로 이끌고 난 다음 그를 죽이기로 했다.

그런데 빌려준 돈을 못 받을까봐 걱정이 된 코끼리부대 지휘관 에우다모스와 파이디모스가 이 음모를 슬며시 에우메네스에게 알려 주었다. 에우메네스는 그들에게 감사의 인사를 한 뒤, 자신의 막사에 믿을 수 있는 친구들을 모아놓고 담담하게 이야기했다.

"친구들, 나는 마치 짐승들 무리 속에 갇혀 있는 것 같다네."

그리고 마지막 유언을 남기고, 모든 문서를 불태워 버렸다. 그것은 자신이 죽은 뒤 문서 속에 있는 비밀 때문에 편지를 보낸 사람의 피해를 없애기 위해서였다.

주변을 정리한 에우메네스는 승리를 적에게 주어 버릴지, 아니면 아르메니아나 메디아를 거쳐 달아나 카파도키아를 점령할지 고민을 했다. 그러나 친구들과 함께 있는 동안은 결론을 내리지 않았다. 그는 어느새 이제까지의 수많은 운명을 극복한 뛰어난 인간이 되어 있었던 것이다.

그는 여러 가지 임기응변의 계획을 세워 놓았다. 그리고 나서 자신의 군대를 전투대열로 배치하고, 그리스와 야만인 병사에게 용감하게 싸워 달라고 부탁하였다. 마케도니아의 장창부대와 은방패부대는 그가 사열을 하자 패기에 가득 찬 함성을 올렸다.

"장군님, 우리가 돌격하면 적은 산산이 무너집니다. 장군님께서는 안심하십시오."

사실 그들은 필리포스 왕과 알렉산드로스 대왕을 섬겨 온 유서깊은 부대의 노병들이었다. 그들의 나이는 거의 70을 넘었고, 60 미만의 병사는 한 명도 없었다. 그들의 용맹성은 이미 온 세상이 다 알고 있었다. 그들은 전쟁을 운동 경기로 여기는, 그러나 단 한 번도 패배한 적이 없는 백전 노장들이었다.

드디어 전투가 벌어졌다. 그들은 적을 향해 돌진하며 함성을 질렀다.

"이놈들! 아버지들과 싸우겠다고 덤비는 이 흉칙한 놈들아!"

그들의 기세는 적을 완전히 압도했다. 그들이 돌격하는 곳마다 적은 순식간에 무너졌다. 안티고노스의 보병들은 흩어져 달아났지만, 기병대는 열심히 싸웠다. 기병대는 페우케스타스가 겁이 많다는 것을 알고, 그것을 이용해 에우메네스의 보급부대를 모조리 사로잡았다. 이것은 안티고노스가 위급한 경우를 당했을 때도 냉정한 판단력을 잃지 않았기 때문이기도 하지만 특이하게 생긴 지형의 덕도 보았다. 전투가 벌어진 장소는 넓은 평원이었지만, 땅은 질지도 딱딱하지도 않아서 보드랍고 가는 모래가 깔려 있었다. 이런 땅에 많은 사람과 말이 뛰게 되자 모래들은 작고 흰 먼지로 변하여, 아주 가까운 곳에서도 앞이 전혀 보이지 않았다. 그 때문에 안티고노스의 기병은 적이 눈치 채지 못하는 사이에 에우메네스 군의 보급부대를 사로잡을 수 있었던 것이다.

전투가 끝난 뒤, 은방패 부대의 지휘관 테우타모스는 안티고노스에게 사절을 보내 군량을 돌려 달라고 했다. 그러자 안티고노스는 에우메네스를 인도해 준다면 군수물자는 물론 다른 것도 보상해 주겠다고 제안해왔다. 테우타모스는 안티고노스의 제안을 병사들에게 알렸다. 그런데 이 말을 들은 병사들은 에우메네스를 사로잡아 적에게 넘겨 주려는 비열한 행동을 하기로 결정했다.

그들은 에우메네스의 천막으로 몰려갔다. 에우메네스가 아무런 의심을 하지 않는 것을 확인한 그들은 기회를 노렸다. 그리고 에우메네스에게 달려들어 그를 사로잡은 다음 손을 등 뒤로 묶어 버렸다.

얼마 후, 안티고노스가 에우메네스를 넘겨받기 위해 니카노르를 보내왔다. 에우메네스는 그에게 마케도니아 병사들 사이를 통과해 갈 것과 그들에게 한 마디만 할 수 있도록 허락해 달라고 요구했다. 그는 그들에게 아무것도 요구하지 않을 것이며, 간청하려는 것도 아니고, 그들에게 이익이 될 것을 충고하려는 것뿐이라고 말했다.

에우메네스는 언덕 위로 올라섰다. 그러자 주위는 조용해졌다. 그는 이렇게 말했다.

"오! 가장 비겁한 마케도니아 사람들이여! 지금 안티고노스가 가지고 싶어 하는 것이 얼마나 큰 전승 기념비인지 모르시오? 지금 비겁한 여러분들은 사령관을 사로잡아 적의 손에 넘기고, 그에게 전승 기념비를 세워 주려 하고 있소. 바로 이것이 안티고노스가 바라던 전승 기념비요. 여러분들은 진정한 승리자였지만 자신의 배낭 때문에 스스로를 패자로 만들었소. 그리고 마치 승리를 창칼이 아니라 재물에 있는 것처럼 사령관과 배낭을 맞바꾸는 것을 아무렇지도 않게 생각하고 있소. 나는 지금 사로잡힌 몸이지만, 패배자라고는 생각하지 않소. 나는 비겁한 부하들에게 배신당하여 내가 정복했던 적의 손에 넘어가는 것이기 때문이오. 난 이제 여러분들을 위해 얘기하겠소. 군대의 수호신 제우스와 함께 배신자에게 복수하시는 모든 신의 이름으로 애원하니, 여기서 여러분들의 손으로 나를 죽이시오. 죽음은 오직 하나, 적의 진영에서 죽으면 세상 사람들은 여러분들을 탓할 것이오. 그러나 여러분들이 나를 죽여도 안티고노스는 약속을 어기지 않을 것이오. 그는 죽은 에우메네스를 원하고 있지, 살아 있는 에우메네스는 원하지 않으니까 말이오. 그것마저 거부한다면 내 손 하나만 풀어 주시오. 그러면 나는 자살할 수 있소. 만일 나에게 칼을 주기가 두려우면 나를 꽁꽁 묶어 사나운 짐승들의 발 아래 던져 밟혀 죽게 해주시오. 그러면 나는 사령관에게 최선을 다하고 온정을 베푼 병사로서 나를 죽인 여러분의 죄를 용서할 것이오."

에우메네스의 말을 들은 많은 병사들은 그의 운명을 슬퍼하며 눈물을 흘렸다. 그러나 은방패 부대의 노병만은 에우메네스에게 손가락질을 하며 소리쳤다.

"그 자를 빨리 끌고 가시오! 그 자의 쓸데없는 말은 들을 필요가 없소. 그 자 같은 케르소네소스의 역신은 죽거나 말거나 관심없소. 그 자는 수많은 전투에서 마케도니아 사람을 괴롭혔고, 많은 사람을 죽음으로 몰아넣었던 장본인이오. 그것보다 필리포스 왕과 알렉산드로스 대왕의 병사들 중 최고라는 우리 은방패 부대는 여러 해 동안 전쟁터에서 빛나는 전공을 세운 용사요. 그런 우리가 지금 무공에 의한 전리품을 빼앗기고 노년에 밥을 구걸하게 되었으니, 그것이 가장 분하고 슬픈 일이오. 게다가 우리의 처자식이 적의 손에 떨어진 지 사흘이나 되었소."

결국 에우메네스는 안티고노스의 진영으로 끌려갔다.

안티고노스는 에우메네스가 오자 군중들이 소란을 일으킬 것을 걱정하여, 코끼리 10마리와 메디아와 파르티아의 혼성 기병대를 동원해 군중이 모여드는 것을 막도록 했다.

안티고노스는 예전의 정을 생각하여 그를 자기 앞에 끌고 오는 것을 망설였다. 에우메네스를 인계받은 관리들이 그를 어떻게 가두어야 하는지를 물었다. 그는 자신이 기르는 코끼리나 사자처럼 대하라고 했다. 그러나 얼마 뒤 안티고노스는 에우메네스를 가엾게 여겨 에우메네스에게 매단 무거운 쇠사슬을 풀어 주도록 명령하고, 그의 하인이 에우메네스의 몸에 향유를 발라 주는 것도 허락했다. 또 그를 만나고자 하는 친구들과 그가 만나고자 하는 친구들을 자유롭게 만날 수 있도록 했다.

안티고노스는 에우메네스의 처리 문제를 여러 날 동안 고민하고 토의했다. 어떤 때는 적극적으로 에우메네스를 변호하던 크레타 사람 네아르코스와 자기 아들 데메트리오스의 의견을 따르려 했다. 그러나 대부분의 장군들은 그를 즉시 처형해야 한다고 주장했다. 안티고노스는 어떻게 해야 될지 알 수가 없었다.

이때의 이야기로 다음과 같은 일화가 전해온다.

에우메네스는 자신을 감시하던 오노마르코스에게 물었다.

"안티고노스는 왜 적을 손에 넣고도 즉시 죽이지 않고, 석방을 시켜 너그러움을 보여 주려 하는 것인가?"

오노마르코스는 아주 거만하게 대답했다.

"죽음을 두려워하지 않는다는 것을 보이고 싶었다면 이곳보다는 싸움터가 훨씬 나았을 텐데요."

에우메네스는 다시 말했다.

"하늘에 두고 맹세하는데 나는 그것을 이미 싸움터에서 나타냈었네. 나와 싸워 본 사람들에게 물어보게. 나는 지금까지 나보다 전쟁에 뛰어난 사람을 만난 적이 없으니 말이야."

오노마르코스도 지지 않고 대답했다.

"그럼 잘 됐구려! 이제야 당신보다 뛰어난 사람을 만났으니 말이오. 그런데도 당신은 그분의 처분을 조용히 기다리지 못하는 거요?"

마침내 안티고노스는 에우메네스를 죽이기로 결정했다. 그리고 그에게 음식을 주지 말라고 명령했다. 그리고 2, 3일 뒤 그가 거의 굶어 죽게 되었을 때, 갑자기 군을 이동시켜야 할 일이 벌어져 사형집행인을 보내 그를 죽였다.

안티고노스는 에우메네스의 시체를 그의 친구들에게 주고 화장을 허락했다. 그리고 그의 유골을 모아서 은그릇에 담은 다음 그것을 가족들에게 보내 주었다.

에우메네스는 이렇게 비참한 최후를 맞았다.

신은 에우메네스를 배반한 지휘관과 병사에 대한 징벌권을 오직 한 사람 안티고노스에게만 내렸다. 안티고노스는 은방패 부대의 노병들을 흉칙한 놈들이라 미워했다. 그래서 그들을 아라코시아의 총독 시비르티오스에게 넘겨 주어 온갖 수단 방법을 써서 그들을 죽이라고 명령했다. 시비르티오스는 안티고노스의 명령에 따라 은방패부대 병사는 한 사람도 마케도니아의 고향에 가지 못하게 했으며, 죽어서는 그리스의 바다조차 바라보지 못하게 했다고 한다.

세르토리우스와
에우메네스의 비교

지금까지 우리는 세르토리우스와 에우메네스의 생애를 살펴보았다. 그들에 대해 기억할 만한 사건들은 앞에서 충분히 말했으므로 이제는 그들의 생애를 비교하여 공통점과 차이점을 알아보기로 하자.

이들 두 사람은 모두 자기가 태어난 조국에서 쫓겨나 다른 나라 군대의 사령관이 되었다. 그리고 그들은 똑같이 잡다한 여러 종족들로 편성된 용맹스러운 군대를 지휘했으며, 그 숫자는 대단한 것이었다.

세르토리우스에 관해 특이한 점은, 전투에서의 공적과 명성에 있어 제1인자로 인정받아 동료들에 의해 총사령관의 지위에 올랐다는 점이다. 그와 반대로 에우메네스는 자신과 그 자리를 다투는 사람이 많았지만, 자신의 빛나는 업적으로 높은 자리를 차지하였다.

세르토리우스는 자신의 지휘를 받고 싶어했던 사람들의 순수한 감정에 의해 받아들여졌다. 그러나 에우메네스는 이와는 달리, 자기들로서는 지휘할 능력이 없어 안전을 꾀하기 위해 몰려든 자들을 부하로 두어야 했다.

한 사람은 로마 사람으로 스페인과 루시타니아 사람들의 대장이 되었다. 그들은 오랫동안 로마의 통치를 받고 있던 사람들이었다. 다른 한 사람은 케르소네소스 사람으로서 마케도니아의 총사령관이 되었다. 당시 마케도니아 인들은 온 세상을 지배하고 있었다. 세르토리우스는 많은 싸움에서 거둔 무수한 업적과 원로원에서 보인 재주로 자신의 이름을 빛냈고, 그 후 영광스런 자리에 앉게 되었다. 그러나 에우메네스는 누구나 하찮게 여기던 문관이나 비서관의 지위에서 그토록 영광스러운 자리에까지 올라섰다.

에우메네스는 처음 관직을 얻을 기회도 어렵게 얻었을 뿐 아니라 그 뒤에도 수많은 방해물이 나타났다. 그런 방해물들 중에는 그에게 공공연하게 맞서는 사람도 있었지만, 자기 편 사람이면서 비밀리에 음모를 꾸미고 있는 경우도 많았다.

한편 세르토리우스는 보수파 중에 반대를 전혀 받지 않았다. 다만 말년에 그의 몇몇 친구들이 은밀하게 음모를 꾸민 적은 있었다.

세르토리우스는 전쟁터에서 승리를 거두기만 하면 자신의 위험도 함께 몰아냈다. 그러나 에우메네스에게 있어 새로운 승리는 늘 새로운 위험의 실마리가 되곤 했는데 이것은 그를 시기하는 사람들의 악의가 늘 불타오르고 있었기 때문이었다.

전쟁터에서의 공적은 거의 비슷했다. 그러나 심리적인 경향에서는 많은 차이가 있었다. 즉, 에우메네스는 천성적으로 전쟁과 투쟁을 즐겼지만, 세르토리우스는 평화를 바라고 조용한 삶을 꿈꾸던 사람이었다.

만일 에우메네스가 경쟁을 하지 않고 조용히 지냈더라면 그는 명예롭게 생애를 마쳤을지도 모른다. 그러나 그는 마케도니아 장군 가운데서 가장 위대한 사람과 끝까지 승부를 겨루려고 했다.

세르토리우스는 정치의 소용돌이 속에 몸을 던져 괴로움을 당하려 하지 않았다. 그러나 그는 자신의 한 몸을 건지기 위해 평화로운 생활을 짓밟으려는 사람들과 싸우지 않으면 안 되었다.

에우메네스가 만일 2인자의 위치를 기꺼이 받아들였다면, 자리를 다툴 필요가 없게 된 안티고노스는 그를 장군으로 우대했을 것이다. 그러나 폼페이우스의 친구들은 세르토리우스가 세상 일과 인연을 끊고 조용한 생활을 하려는 것조차도 용서하지 않았던 모양이다.

에우메네스는 전쟁을 지휘하고 싶어 스스로 전쟁을 찾아다녔고, 세르토리우스는 자신에게 닥쳐오는 위험을 막기 위해 할 수 없이 군대를 지휘하였다. 에우메네스는 정말로 전쟁을 즐긴 사람이었다. 그는 자신의 안전보다 전쟁에서의 공명에 더 큰 뜻을 두었던 것이다. 그러나 세르토리우스는 진정한 용사였으며, 전쟁의 승리로 자신을 보호했다.

이들이 죽음을 맞이했던 태도를 살펴보면, 한 사람은 죽음을 꿈에도 생각하지 않았고 의심도 하지 않았던 데 반해, 또 한 사람은 오래 전부터 죽음을 예측하고 있었다. 그래서 세르토리우스는 사람을 의심하지 않고 공정한 성품과 고귀한 정신을 보여 주었다. 그러나 에우메네스는 다소 우유부단하게 행동해서 도망갈 생각을 했으면서도 도망가지 않고 있다가 결국 사로잡히고 말았다.

세르토리우스의 죽음은 결코 그의 생애를 욕되게 하지 않았다. 그는 정적조차도 죽이지 못했지만, 동지로 여겼던 사람들의 손에 죽임을 당하고 말았다. 그러나 에우메네스는 적에게 잡히기 전에 이미 자기 한 몸조차 벗어날 수 없이 되었으며, 자의로 산 채로 사로잡혔다. 그는 주어진 운명을 용기나 명예로 막으려고도 하지 않았으며, 순순히 받아들이려고도 하지 않았다. 그래서 적에게 애원하다시피한 비열한 행동은 적이 자신의 육체뿐 아니라 정신까지 지배하게 만들었던 것이다.

31
아게실라오스

(AGESILAUS, BC 444경~360)

스파르타의 왕. 아르키다모스 왕의 둘째 아들로 어머니는 에우폴리아이다. 외모는 잘 알려져 있지 않으나 다리를 조금 절었다고 하며 성격은 명랑하고 온화한 편이었다. 당시 그리스 최고의 인물로서 뛰어난 왕이자 장군이었다. 84세까지 장수를 누렸으며, 이집트 원정에서 돌아오다가 숨을 거두었다.

제욱시다모스의 아들 아르키다모스 왕은 스파르타를 훌륭하게 다스렸다. 그는 람피도[1]라는 명문 출신의 귀부인을 왕비로 맞아 아기스를 낳고, 멜레시피다스의 딸 에우폴리아와 다시 결혼하여 아게실라오스라는 둘째 왕자를 얻었다. 두 아들은 나이 차이가 많이 났다.

왕위 계승권은 스파르타의 법에 의해 아기스에게 있었다. 아게실라오스는 어느 면에서나 그저 평민에 불과했다. 그래서 그는 다른 소년들과 함께 보통의 교육 과정을 밟아야만 했다. 그 교육은 웃사람에게 복종하는 것이 중심이었다. 그리스의 시인 시모니데스가 스파르타를 보고 '인간 조련사'라고 불렀던 것도 이런 이유에서 비롯된 것이다. 말을 잘 길들이려면 망아지 때부터 훈련을 시작해야 하는 것처럼 아이들에게 어렸을 때부터 엄격한 교육을 실시했던 것이다. 그렇게 교육을 받은 소년들

---

1) 아르키다모스의 배다른 누이였다고 한다.

은 점차 법률을 잘 지키고 자기보다 높은 사람에게는 절대적인 복종을 바치는 국민으로 자라났다.

왕위 계승권을 가지지 못한 아게실라오스는 이러한 교육을 받으며 자라났다. 이 것은 뒷날 그가 왕위에 오르게 되었을 때, 가장 적임자로 평가받은 이유가 되기도 했다. 왕자다운 타고난 기상에다가 너그럽고 인정 많은 시민 정신을 갖추었기 때문에 그는 스파르타의 역대 왕 중에서 민중들을 가장 잘 이해한 왕으로 평가받았다.

아게실라오스는 일찍부터 리산드로스와 다정하게 지냈다. 그는 플로크 또는 클래스(동아리)라고 불리는 집단에 들어가 훈련을 받았는데, 리산드로스[2]도 같은 클래스에 들어가 있었다. 리산드로스는 아게실라오스의 총명함과 절제심을 보고 그에게 반하여 그를 존경하고 따랐다. 아게실라오스는 명랑하고 뛰어난 소년이었다. 어느 누구에게도 실력이 뒤지지 않았으며, 야망 또한 크고 높았다. 또 어떤 어려움을 당하더라도 끝까지 극복하는 열정적이고 강한 면을 드러내는 한편, 성격은 매우 소탈하고 유순하였다. 잘못을 지적하면 곧 그것을 인정했고, 옳다고 생각하면 어떤 협박을 받아도 절대 굽히는 법이 없었다.

그는 한 쪽 다리가 다른 쪽보다 조금 짧아서 다리를 약간 절었다. 혈기가 왕성한 그는 그런 결점을 조금도 부끄러워하지 않았다. 그래서 사람들은 그가 다리를 전다는 사실을 잊어버리곤 했다. 그는 또 어떤 힘든 일이 있어도 절름발이라는 핑계로 피하려 한 적이 없었다. 그의 고결한 정신은 이 결점 때문에 오히려 더 뚜렷해졌다.

그의 얼굴이 어떻게 생겼는지는 알 수가 없다. 그는 생전에 자기의 초상화를 그리지 못하게 했으며, 죽은 다음에도 그리지 못하도록 금지시켰다. 전하는 바에 의하면, 그는 체격이 작아서 위엄 같은 건 찾아보기 어려웠다고 한다. 그러나 솔직하고 유머스러웠으며, 교만하거나 불쾌해할 만한 태도를 가지고 있지 않았다. 그래서 그는 늙은 뒤에도 씩씩하고 아름다운 여느 청년들 못지않게 사람들의 마음을 끌었다고 한다.

철학자 테오프라스토스의 기록을 보면, 아르키다모스 왕이 아게실라오스의 어머니를 둘째 왕비로 맞으려 했을 때, 에포로스들(스파르타의 5명의 정치위원)은 끝까지 반대했다고 한다. 그들은 왕에게 벌금을 물리고 이렇게 말했다.

"그 여자 때문에 우리는 장차 왕이 아니라 소왕(小王)의 혈통을 얻게 될 것입니다."

---

2) 기원전 395년에 죽은 스파르타의 뛰어난 장군이며 정치가. '리산드로스 전기'를 참고할 것.

아게실라오스의 형 아기스가 스파르타를 다스리고 있을 때, 아테네에서 추방당한 알키비아데스[3]가 스파르타로 망명을 해왔다. 그는 잠시 머무르는 동안 왕비 티마이아와 아주 가까운 사이가 되어 금방 나쁜 소문이 퍼졌다. 아기스 왕도 왕비를 의심하며 그녀가 아들을 낳았을 때 이런 말을 했다.

"왕비가 낳은 아이는 왕자가 아니라 알키비아데스의 자식이오."

역사가 도리스의 말에 의하면, 티마이아 자신도 시녀에게 이렇게 속삭이며 그 일을 자랑스러워했다고 한다.

"이 아이의 이름은 레오티키데스가 아니라 사실은 알키비아데스란다."

한편 사람들은 알키비아데스가 티마이아를 사랑해서 아이를 낳게 한 것이 아니라, 자기의 자손을 스파르타의 왕좌에 앉히려는 야심 때문에 그런 짓을 했다고 떠들어대기도 했다.

이러한 사실이 알려지자 아기스 왕은 알키비아데스를 죽이려고 했다. 알키비아데스는 왕의 노여움을 눈치 채고 스파르타를 떠났으나 왕자 레오티키데스는 왕세자로서의 대우는 물론, 아기스 왕의 아들로서도 인정받지 못했다. 그러나 아기스 왕은 눈물과 애원으로 호소하는 레오티키데스를 죽기 직전에 자기의 아들로 선언했다. 그러나 이 일만으로 왕위 계승권이 확정될 수는 없었다. 아기스 왕이 죽은 뒤, 아테네를 정복하고 스파르타 최고의 권력을 장악한 리산드로스가 레오티키데스를 사생아로 몰아붙이면서 아게실라오스를 왕위 계승자로 내세웠다. 그밖에도 아게실라오스와 함께 교육을 받았던 많은 사람들이 그를 지지하고 나서며 리산드로스와 함께 했다.

그때 스파르타에는 신탁과 점술로 이름이 높은 디오피테스라는 사람이 있었는데, 그는 아게실라오스를 빗대며 이런 말을 했다.

"절름발이가 스파르타의 왕이 되면 나라가 위태롭게 되오."

또 다음과 같은 신탁을 내세워 자신의 주장을 뒷받침하기도 했다.

---

3) 기원전 450~404년 아테네의 정치가이며 뛰어난 장수. 펠로폰네소스 전쟁 중 시라쿠사를 정벌했다가 실패하여 아테네에서 추방당했다. '알키비아데스의 전기' 참조.

두 다리로 튼튼하게 서 있는 스파르타여,

부디 조심하여라.

만약 절름발이가 왕이 되면[4]

끝없는 전쟁의 폭풍이 나라를 삼키리라.

이 말을 듣고 리산드로스는 이렇게 반박했다.

"이 신탁은 레오티키데스를 경계하라는 뜻이오. 신께서 염려하시는 것은 다리가 절름발이인 사람이 왕이 되는 것이 아니라, 헤라클레스의 순수한 혈통을 이어받지 못한 사생아가 왕위에 올라서는 안 된다는 것이오. 왕이 되는 사람에게 다른 피가 섞여 있다면, 그것이야말로 나라를 절름발이로 만드는 일이라는 뜻이오."

아게실라오스도 가만히 있지 않았다.

"레오티키데스가 혈통이 불순한 사생아라는 것은 바다의 신 포세이돈도 증명하신 일이오."

이것은 아주 심한 지진[5] 때문에 침대에서 떨어진 아기스 왕이 그 후 왕비를 가까이 하지 않았는데도 불구하고 열 달 후에 레오티키데스가 태어난 사실을 지적하는 것이었다. 이렇게 해서 아게실라오스는 드디어 왕좌에 올라 아기스 왕의 엄청난 재산까지 물려받게 되었다. 한편 레오티키데스는 사생아라는 낙인이 찍혀 추방되고 말았다.

아게실라오스는 자신의 외가 쪽 친척들이 좋은 가문이면서도 가난하게 살고 있는 것을 보고 상속받은 재산의 반을 그들에게 나누어 주었다. 서민적인 그의 행동은 사람들에게 좋은 인상을 심어 주었다. 아게실라오스는 이렇게 사람들의 환심을 사는 동시에 자신의 왕위계승에 대한 시기와 질투를 다스리는 데 애썼다.

크세노폰[6]은 아게실라오스에 대해 이런 말을 했었다.

"그는 나라의 법을 지키고 국민들의 여론을 좇아 행동했다. 그러나 그는 이렇게 행동함으로써 실제로는 자기가 원하는 대로 모든 것을 추진시켰다."

---

4) 스파르타의 헌법에는 왕을 두 사람씩 두는 것으로 되어있다. 그러므로 절름발이가 된다는 것은 두 왕 중 한 자리가 빈다는 뜻이 되기도 한다. 스파르타는 역사적으로 왕이 한 사람일 때는 언제나 전제적인 폭군의 지배를 받아 왔다.

5) 크세노폰이 쓴 《그리스의 역사》 제3권에 이 지진에 대한 자세한 설명이 기록되어 있다.

6) 기원전 431~354. 아테네의 철학자이며 역사가, 장군. 소크라테스의 제자로서 펠로폰네소스 전쟁과 페르시아와의 전쟁에 참가했다. 저서로 《소아시아 원정기》가 있다.

이 말은 아게실라오스가 에포로스들과 원로원으로부터 다음과 같이 세력을 얻은 일을 가리키는 것이었다.

당시 스파르타의 정권은 에포로스와 원로원이 완전히 장악하고 있었다. 에포로스들은 해마다 재선출되었으며 원로원의 임기는 종신이었다. 그들은 항상 왕과 언쟁이 끊이지 않았다. 그러나 아게실라오스는 지금까지의 왕들과는 전혀 다른 태도를 보였다. 그는 에포로스와 원로원 의원들의 의견에 늘 귀를 기울였고, 무슨 일이든지 그들의 생각을 반드시 물어보곤 했다. 그리고 그들이 부를 때는 다른 일을 모두 제쳐놓고 달려갔고, 그들이 찾아오면 왕좌에서 일어나 반갑게 맞았다. 그리고 누가 새로이 의원이 되면 관복과 제물로 쓸 황소를 보내 축하해 주었다.

이처럼 아게실라오스는 에포로스의 원로들의 지위를 높여주며 그들의 환심을 사려는 것처럼 보였다. 그러나 그는 모든 사람들이 자신에게 호감을 가지게 하여 결과적으로는 자신의 세력을 확장해 가고 있었다. 또한 아무리 적이라고 해도 훌륭한 일을 했을 때는 칭찬을 아끼지 않았으며 거기에 알맞는 상을 내렸다. 그러나 친구들이 잘못을 저질렀을 때는 차마 나무라지를 못하고, 때로는 그들의 잘못된 행동을 도와주기까지 하였다. 우정에서 우러나온 행동은 부끄러운 것이 아니라고 생각했던 것이다.

왕은 또 자기와 대립하고 있던 사람이 죄를 짓고 체포되었을 때도 제일 먼저 나서서 석방시키기 위해 애썼다. 이렇게 그는 적과 친구를 구별하지 않고 힘껏 그들을 도와주려고 했다. 아게실라오스에 대한 존경과 믿음은 점차 높아만 갔다. 그러자 에포로스들은 의심을 품기 시작했다. 그리고 이러한 이유를 들어 벌금을 매겼다.

"왕은 나라를 위해서가 아니라 왕 자신만을 위해 민심을 얻고 있습니다."

자연과학자들은 만일 이 우주에서 대립과 투쟁의 원리가 없어져 버린다면, 모든 천체는 운행을 그치게 되고, 자연의 모든 생물은 모두 사라진다고 주장했다. 스파르타의 입법자들도 이것과 마찬가지로 국법을 제정할 때 대립적인 요소들을 집어넣어 덕을 베풀게 하는 자극제가 되게 하였다. 다시 말하면, 투쟁 없이 이루어진 성공은 헛된 것이며 그것들은 아무런 가치도 없다는 얘기이다.

어떤 사람은 이 사상이 호메로스[7]로부터 이어져 내려온 것이라고 말한다. 즉, 아

---

7) 그리스 최대의 시인.

킬레우스와 오디세우스가 말다툼하는 장면을 보고 아가멤논[8]이 기뻐했던 것을 예로 들어, 그는 고귀한 사람들의 경쟁과 대립이 나라에 큰 이익이 된다고 생각했다는 것이다. 그러나 이 의견을 그대로 찬성할 수는 없다. 왜냐하면 이런 적대감이 지나치게 되면 몹시 위험하고 끔찍한 결과를 가져오기 때문이다.

아게실라오스가 왕위에 오른 지 얼마 되지 않았을 때, 그는 아시아로부터 다음과 같은 보고를 받았다.

"페르시아의 왕이 대군을 이끌고 들어와 스파르타를 바다 속에 처박아 버리겠다고 합니다."

리산드로스는 이 소식을 듣고 어떻게 해서든지 아시아로 출정하여 자신의 동지들을 구하고 싶어했다. 그는 예전에 많은 동지들을 아시아의 각 도시에 총독으로 남겨두고 왔는데, 그들은 시민들을 너무 혹사시켰기 때문에 모두 쫓겨나거나 죽임을 당하고 있었다. 그래서 리산드로스는 자기의 정치적인 세력을 유지하기 위해 그들을 구해야만 했다.

리산드로스는 아게실라오스 왕을 찾아가 이번 원정의 총사령관이 되라고 권유했다. 그리고 전쟁을 그리스에서 먼 페르시아 쪽으로 옮겨 적이 상륙하기 전에 강한 근거지를 확보하라고 일러 주었다. 또 그는 아시아에 있는 여러 동지들에게 편지를 띄워, 아게실라오스를 이번 원정의 총사령관으로 삼아야 한다는 내용의 편지를 스파르타에 보내라고 지시했다. 아게실라오스는 마침내 민중 대회에 나가서 페르시아 원정군의 총사령관이 되겠다고 말했다. 그 조건으로 30명의 스파르타 장군으로 구성된 군사위원회, 새로 해방된 농노 출신 가운데 추린 1만 명, 그리고 여러 동맹국들로부터 지원받은 병력 6천 명을 요구했다. 이 요구는 리산드로스의 적극적인 지지로 곧 받아들여졌다.

아게실라오스는 30명의 스파르타 장군과 함께 원정을 떠났다. 그 중 리산드로스는 명성도 높고 왕과의 친분도 두터웠던 탓에 위원회의 우두머리가 되었다. 아게실라오스 왕은 리산드로스가 자기를 원정군의 총사령관으로 추대한 것을 무척 고맙게 생각하고 있었다. 그는 리산드로스가 자기를 왕으로 밀어준 것보다 사령관으로 밀

---

8) 그리스 신화에 나오는 영웅으로 미케네의 왕이다. 트로이 전쟁 때 그리스 연합군의 총사령관으로 활약했으며, 귀국한 뒤 그의 아내와 그 정부에게 암살당했다.

어준 일을 더 큰 은혜로 생각할 정도였다.

　게라이스토스에는 동맹군이 속속 도착하고 있었다. 그들은 여기에 모여 아울리스 항구[9]를 지나 출정할 계획이었다. 아게실라오스는 군대가 집결하는 동안 막료 몇 사람을 거느리고 아울리스를 향해 먼저 떠났다. 꿈속에서 이런 말을 들었기 때문이었다.

　"스파르타의 왕이여! 그리스 연합군의 총사령관이 되었던 것은 일찍이 아가멤논밖에 없었소. 그런데 지금 왕도 같은 군대를 지휘하면서 같은 곳을 출발하려 하고 있소. 그러니 아가멤논이 이곳을 떠날 때 바친 것과 똑같은 제물을 바치고 떠나시오."

　꿈에서 깨어난 아게실라오스는 아가멤논이 신탁을 듣고 바친 제물이란 다른 아닌 자기의 딸이었다는 것을 기억해냈다. 그는 곧 막료들에게 자기의 꿈 이야기를 했다. 그리고 이런 말을 덧붙였다.

　"나는 반드시 여신께서 기뻐하실 만한 제물을 바칠 것이오. 그러나 결코 아가멤논처럼 무식하고 야만적인 짓은 하지 않겠소."

　이렇게 말한 아게실라오스는 곧 제사를 준비하라고 했다. 그런데 이곳의 관례에 따르면 제사는 보이오티아의 제관이 맡아 하는 것으로 되어 있었다. 그러나 아게실라오스는 이런 관례를 무시하고 자신의 제관에게 제사를 집행하도록 했다. 그리고 암사슴 한 마리를 꽃으로 장식한 다음 제물로 바쳤다. 보이오티아의 장관들은 이 소식을 듣고 모두 달려 나와 자기 나라를 모욕했다며 몹시 분개했다. 그들은 선조 대대로 내려오던 관례를 어겼다는 이유로 병사들을 풀어 아게실라오스 왕의 제사를 중단시키고, 제물로 놓여 있던 암사슴을 내던지는 등 제사를 엉망으로 만들어 버렸다.

　아게실라오스는 몹시 화가 났지만 제사를 그만두고 출항하는 수밖에 없었다. 그러나 보이오티아에 대한 분노와 징조 때문에 마음이 몹시 불안하였다. 무엇보다도 페르시아 원정이 실패로 돌아가지 않을까 하는 걱정이 앞섰다.

　군대는 지중해를 건너 에페소스[10]에 도착했다. 그러나 그는 이곳에서 리산드로스의 권력이 얼마나 대단한지를 발견하고 마음이 매우 불쾌해졌다. 주민들은 모두 그에게 존경을 표시하고, 그의 집 앞에는 언제나 구름처럼 사람이 몰려들어 있었다.

---

9)　그리스의 중부 동해안인 에브리포스 해협에 자리잡고 있는 보이오티아의 항구. 이곳은 트로이 전쟁 때 그리스 함대의 출발기지로 쓰였다. 또 아가멤논이 자기 딸 이피게니아를 제물로 바친 곳도 이곳이었다. 이 이야기는 에우리피데스의 〈아울리스의 이피게니아〉라는 유명한 비극이 되었다.

10)　소아시아 서쪽에 있던 이오니아의 한 도시.

그들은 마치 아게실라오스는 총사령관이라는 이름만 가지고 있고, 모든 실권은 리산드로스가 가지고 있다고 생각하고 있는 것 같았다.

사실 리산드로스는 아시아 전역에서 가장 유력하고 큰 권력을 지니고 있었다. 그는 일찍이 이 지방에서 전쟁을 벌였을 때, 자기를 지지하는 세력을 철저하게 보호해 주고 반대파들은 남김없이 몰아내 버렸다. 그때의 일은 아직 얼마 되지 않아 아시아인들의 가슴속에 생생하게 남아 있었다. 더구나 아게실라오스는 너무 단순한 데다 위엄도 갖추지 못한 반면, 리산드로스는 중후하고 위압적인 태도를 가지고 있다. 그래서 그들은 모두 리산드로스를 실질적인 총사령관이라고 믿고 있었다.

이처럼 주민들은 모두 리산드로스를 왕처럼 대우하고 아게실라오스에게는 인사조차 제대로 하지 않았다. 가장 먼저 불쾌한 감정을 드러낸 것은 스파르타의 장군들이었다. 그들은 자기들과 똑같은 권한을 가진 리산드로스가 그처럼 존경을 받고, 자기들은 리산드로스의 명령이나 따르는 허수아비가 되어버렸다고 분노를 터뜨렸다.

아게실라오스 또한 시간이 갈수록 마음이 흔들리기 시작했다. 그는 원래 시기심이 많지 않아서 다른 사람들이 영광을 누려도 좀체로 시기하는 법이 없었다. 그러나 그는 명예와 영광을 가장 중요하게 생각했다. 그는 자기가 아무리 공을 세워보았자 리산드로스에게 모두 빼앗기고 말 것이라는 데 생각이 미쳤다.

리산드로스의 명성에 두려움을 느끼게 된 아게실라오스는 리산드로스가 내놓는 모든 의견에 반대하기 시작했다. 그리고 리산드로스가 원하는 일은 무슨 수를 써서든 미루거나 묵살해 버렸고, 그와 관계가 있는 사람들의 말은 모두 무시해 버렸다. 심지어 재판을 할 때도 리산드로스가 처벌하려는 사람은 석방시키고, 그가 변호하는 사람은 무조건 무거운 벌을 내렸다. 이런 일이 여러 번 반복되자 리산드로스는 이것이 결코 우연한 일이 아니며, 어떤 목적을 위해 계획된 일이라는 것을 눈치 채게 되었다. 그래서 그는 자기에게 도움을 청하러 오는 사람들에게 이렇게 말했다.

"내가 당신을 도와 주려고 하면 당신은 나 때문에 오히려 괴로움을 당할 뿐이오. 그러니 직접 왕을 찾아가 부탁을 하시든지, 아니면 나말고 다른 사람에게 도움을 청하시오."

리산드로스의 이런 행동은 왕의 마음을 더욱 불쾌하게 만들었다. 그가 일부러 자신에 대한 악감정을 만들어낸다고 생각했던 것이다. 그러던 어느 날 아게실라오스는 그에게 식탁에서 고기를 써는 일을 시켰다. 그리고 여러 사람들 앞에서 그를 조롱했다. "자, 부탁이 있는 사람은 내 식탁에서 고기를 썰고 있는 친구에게 가보시오."

이런 모욕을 참다 못한 리산드로스는 왕에게 말했다.

"왕이시여! 친구를 이렇게까지 모욕할 수도 있습니까?"

"물론 있지요. 왕보다 더 큰 권력을 가지려고 하는 친구에게는 말이오."

"좋습니다. 그러면 왕의 마음을 더 이상 불쾌하게 만들지 않고 왕을 섬길 수 있는 알맞은 일을 하나 맡겨 주십시오."

아게실라오스는 리산드로스에게 새로운 임무를 주어 헬레스폰토스[11]로 파견했다. 리산드로스는 그곳에서 파르나바조스 지방의 페르시아 인 스피트리다테스를 회유하여 기병 200기와 많은 자금으로 아게실라오스를 돕도록 만들었다. 그러나 리산드로스의 왕에 대한 노여움은 여전히 가시지 않았다. 그래서 리산드로스는 지금까지 스파르타의 왕권을 누리고 있는 두 가문[12]으로부터 빼앗아 온 국민에게 왕이 될 자격을 주게 하려는 음모를 꾸몄다. 만약 그가 보이오티아 전쟁에서 목숨을 잃지 않았더라면 아마 이 계획 때문에 스파르타에는 큰 내란이 일어났을 것이다.

이것으로 보아서 알 수 있듯이, 지나친 야망을 품은 사람은 자제심이 특별히 강하지 않은 한, 나라에 미치는 이로움보다는 해로움이 클 때가 많다. 그러나 리산드로스가 자부심과 불손한 행동을 드러낸 것은 사실이라고 하더라도 아게실라오스 또한 그런 인물의 잘못을 올바르게 고쳐나가지 못했다는 데도 문제는 있다. 즉, 리산드로스처럼 야망이 큰 인물에 대해서는 그보다도 적당한 방법이 있었을 것인데도 두 사람은 똑같이 감정에 사로잡혀 자기 자신의 공명심에만 눈이 멀었던 것이다. 그래서 한 사람은 왕으로서의 권위를 망각하였고, 또 한 사람은 친구의 단점을 이해하지도 참아내지도 못했던 것이다.

그럴 즈음 아게실라오스는 페르시아의 티사페르네스 장군과 힘을 겨루고 있었다. 처음에 티사페르네스는 아게실라오스를 이길 자신이 없어서 그리스 도시에 자유를 주겠으니 휴전을 맺자고 협상을 시작했다. 그러나 얼마 후 자기가 가진 군대 정도면 전쟁을 해볼 만하다고 판단하고 생각을 바꾸어 전쟁을 선포하였다. 아게실라

---

11) 아시아와 유럽 사이에 있는 해협으로 마르마라 해와 에게 해를 연결하고 있다.

12) 스파르타에는 두 왕이 있었는데, 왕이 될 자격은 헤라클레스의 자손 중에서도 에우리폰트와 아기스, 두 가문에만 제한되어 있었다.

오스도 이러한 조처를 반가워했다. 사실 그리스의 여러 도시들은 아게실라오스의 원정에 대해 큰 기대를 품었다.

그때 크세노폰은 1만 병력을 이끌고 아시아의 심장부를 가로질러 바다 저쪽까지 진군하면서 페르시아를 공격하고 있었다. 또 페르시아 군대와 만날 때마다 거듭되는 승리를 거두어 육지와 바다를 마음대로 휘어잡고 있던 아게실라오스는 그리스를 위해 뭔가 커다란 성과를 이루고 싶어했고, 그리스인들도 그런 기대를 가지고 있었다.

아게실라오스는 티사페르네스가 휴전 협정을 깨뜨린 것에 대한 복수로 똑같은 속임수를 쓰기로 했다. 그래서 그는 카리아를 공격한다고 헛소문을 퍼뜨려 페르시아 군대가 그곳으로 모여들게 만들었다. 그리고 군대를 돌려서 프리기아로 들어가 그곳의 수많은 도시들을 정복하고 포로와 전리품들을 빼앗았다. 이로써 그는 그리스의 동맹국들에게 다음과 같은 것을 일깨워 주었다.

"굳은 약속을 깨뜨리는 것은 신에 대한 모욕이다. 그러나 전쟁 중에 배신한 자를 배신으로 처벌하는 것은 바람직한 일일 뿐 아니라 유익하고 명예로운 일이다."

그러나 아게실라오스는 자기의 기병이 약한 데다가 제사에 좋지 않은 징조까지 나타나자 군대를 철수시켰다. 그리고 에페소스에 도착하여 기병을 모집하기 위한 동원령을 내렸다. 많은 사람들이 몰려들자 그는 다음과 같은 명령을 내렸다.

"여러분들 가운데 군대에 입대하고 싶지 않은 자는 자신의 몸 대신 기병 한 사람과 무기, 그리고 말 한 필씩을 바쳐라."

그러자 많은 사람들이 무기나 말을 내고 병역을 면제받고 싶어했다. 그래서 그는 힘이 없는 보병 대신 용감한 기병대를 얻게 되었다. 출정하기 싫은 자는 전쟁을 잘하는 사람을 대신 사서 고용했고, 말을 탈 줄 모르는 자는 말을 잘 타는 사람을 대신 내보냈기 때문이었다. 옛날에 아가멤논도 이런 정책을 써서 돈 있는 자들을 병역에서 면제시키는 대신 말을 바치게 했던 적이 있었다.

그런 다음 아게실라오스는 프리기아에서 얻은 포로를 경매에 부쳐 노예로 팔았다. 그는 옷을 모두 벗겨 사람과 옷을 따로 팔라고 명령했다. 포로들의 옷을 사려는 사람들은 아주 많았다. 그러나 포로들은 햇빛과 바람을 쏘이지 못하고 갇혀 지냈기 때문에 피부가 희멀건했다. 그리스 병사들은 이런 포로는 노예로서 아무런 구실도 못할 것이라고 비웃었다. 그때 아게실라오스가 그리스 병사들에게 이렇게 말했다.

"여러분이 싸우게 될 적은 이와 같은 보잘것없는 자들이오. 그리고 여러분이 빼앗게 될 전리품도 바로 저런 물건들이오."

봄이 되어 전투를 할 시기가 다가오자, 그는 리디아를 침략하겠다는 뜻을 나타냈다. 그런데 티사페르네스는 얼마 전 아게실라오스에게 속은 일이 있어서 이 말도 속임수로 생각하고 믿지 않았다. 그는 제풀에 속아 아게실라오스는 카리아를 공격할 것이라고 마음대로 생각해 버렸다. 카리아는 길이 험해서 기병대의 활동에 방해가 되므로 기병이 약한 아게실라오스가 틀림없이 그곳으로 올 것이라고 믿었던 것이다. 이렇게 생각한 티사페르네스는 군대를 카리아로 이동시켰다. 그러나 아게실라오스는 자기가 말한 대로 리디아의 수도 사르디스를 공격했다. 티사르페네스는 이 소식을 듣고 황급히 군대를 돌려 우선 기병대만을 이끌고 그들을 뒤쫓았다. 그리고 전속력으로 추격해 그리스 군의 낙오된 자들을 만나 그들을 무찔렀다.

아게실라오스는 적의 기병대가 뒤쫓고 있다는 보고를 듣고 전투를 준비했다. 그는 적의 보병대가 아직 도착하지 않았고, 자신의 군대는 완전히 전투 태세를 갖추고 있으므로 반드시 이길 것이라고 확신했다. 그는 방패를 가진 경무장병과 기병대에게 돌격 명령을 내렸다. 아게실라오스는 중무장 부대를 지휘하며 그들을 뒤따랐다. 결국 페르시아 군은 아게실라오스의 군대에게 무참하게 패배를 당하고 뿔뿔이 흩어졌다. 그리스 군은 추격을 늦추지 않고 그들은 계속 뒤쫓아 마침내는 적의 진영을 빼앗고 수많은 적을 닥치는 대로 죽였다.

이 승리의 결과로 페르시아 땅에서 마음대로 양식을 얻을 수 있게 되었으며, 그리스인들의 오랜 적이었던 잔인한 티사페르네스에게 뼈아픈 보복을 안겨 주었다. 페르시아의 왕은 티트라우스테스를 보내 싸움에서 피배한 데 대한 책임을 묻고 그의 목을 베어 버렸던 것이다.

이어서 페르시아의 왕은 티트라우스테스를 사절로 보내 아게실라오스에게 철수를 조건으로 거액의 돈을 주겠다고 했다. 아게실라오스는 사절에게 이렇게 대답했다. "나에게는 전쟁을 그치거나 시작할 만한 권한이 없소. 그러나 내 나라의 국민들에게 물어보시오. 또 돈은 내가 가지는 것보다 내 병사들이 가지기를 바라오. 그러나 그리스 병사들은 돈을 얻고 싶어는 하지만, 뇌물을 받아서 부자가 되는 것은 수치스러운 일로 생각하고 있소. 그들은 오직 전쟁의 승리로 전리품을 얻는 것을 가장 명예로운 일로 생각하오."

그러나 아게실라오스는 티트라우테스가 그리스의 적인 티사페르네스를 죽여준 것을 고맙게 생각하여, 군대를 철수시키고 프리기아로 돌아왔다. 그리고 겨우 30탈렌트의 돈을 받아 군대를 위해 썼다.

아게실라오스는 행군을 하는 도중에 스파르타 정부에서 보낸 편지를 받았다. 거기에는 자신이 육군뿐만 아니라 해군의 총사령관으로도 임명되었다는 사실이 적혀 있었다. 이렇게 아게실라오스는 일찍이 한 번도 없었던 영광을 받으면서 그 시대 최고의 인물이 되었다.

그러나 테오폼포스[13]가 말했던 것처럼, 그는 이러한 권세에 우쭐하기보다는 더욱더 자신의 덕행을 닦는 데 노력했다. 물론 그가 피산드로스를 해군사령관으로 임명한 것은 실수였다. 전쟁 경험이 많은 여러 선임자들을 제쳐 놓고 그를 해군 사령관으로 임명한 것은 국가의 이익보다는 자신의 아내, 즉 왕비의 동생이었던 친척 관계를 고려한 결정이었기 때문이다.

아게실라오스는 파르나바조스가 다스리고 있는 땅으로 군대를 이끌고 들어갔다. 그곳은 양식이 풍부한 데다가 막대한 돈을 거둬들일 수 있는 곳이었다. 그래서 그는 파플라고니아 국경까지 진군을 계속하여 코티스 왕을 동맹자로 얻었다. 코티스 왕은 이미 아게실라오스의 명성을 들어 그를 깊이 존경하고 있었기 때문에 자진해서 동맹을 제안해 온 것이다.

스피트리다테스는 파르나바조스에게 반기를 든 이래 늘 아게실라오스와 행동을 같이하고 있었다. 그에게는 원래 아들과 딸이 하나씩 있었는데, 그 아들은 메가바테스라는 아주 잘생긴 미소년이었다. 아게실라오스는 이 소년을 도가 지나칠 만큼 사랑했다. 또 결혼할 나이가 된 그의 딸을 코티스 왕과 결혼시키고 천 명의 기병과 2천 명의 경무장 보병을 얻었다. 이렇게 해서 군대를 더욱 강화시킨 아게실라오스는 다시 프리기아로 돌아가 파르나바조스의 영토를 짓밟고 다녔다. 그러나 파르나바조스는 그와 싸워볼 용기도 나지 않았다. 수비병을 믿고 적을 공격할 수도 없었으므로 그는 재물들을 몰래 가지고 나와 아게실라오스를 이리저리 피해 다녔다. 그러던 중 드디어 스피트리다테스와 스파르타의 헤리피다스 장군[14]의 습격을 받아 엄청난 재

---

13) 기원전 380년에 태어난 그리스의 역사가.
14) 아게실라오스의 군사 고문 30명 중 우두머리. 리산드로스가 본국으로 소환된 다음 그가 후임으로 이 직책을 맡았다.

물들을 빼앗기고 말았다.

그런데 헤리피다스는 스피트리다테스의 부하들이 빼앗은 노획물들을 하나도 빠짐없이 내놓게 하여 아주 샅샅이 조사를 하였다. 심지어는 스피트리다테스까지도 끈질기게 조사했다. 그러자 불쾌해진 스피트리다테스는 다시 그리스 군을 배반해 버렸다. 그리고 파플라고니아의 군대를 이끌고 사르디스로 떠나 버렸다. 아게실라오스는 이 일로 몹시 가슴이 아팠다. 스피트리다테스와 같은 뛰어난 지휘관에다가 상당한 병력, 그리고 한 사람의 우정까지 잃어버렸기 때문이었다. 뿐만 아니라 이 사건 때문에 스파르타 군은 몹시 탐욕스럽고 천박하다는 수치스러운 평판이 나돌기 시작했다. 아게실라오스 왕은 자신뿐만 아니라 온 나라가 모두 깨끗하고 결백하다는 평을 듣고 싶어했던 만큼 이 일은 매우 불명예스럽게 느껴졌다.

그런데 그에게는 이것말고도 개인적으로 상심할 만한 일이 있었다. 지나치게 사랑하고 있던 스피트리다테스의 아들도 아버지를 따라 떠나버렸던 것이다. 이 일 또한 왕에게는 아주 깊은 상처가 되었다.

왕은 소년이 떠나기 전까지는 자신의 감정을 되도록이면 억제하려고 애썼다. 특히 소년과 함께 있는 자리에서는 더욱 조심했다. 소년이 왕에 대한 인사로 키스를 받기 위해 다가왔을 때도 왕은 거절했다. 소년은 얼굴을 붉히고 왕 앞을 물러나왔고 그 이후로 더욱 거리를 두었다. 왕은 인사를 거절했던 것을 후회했다. 마음을 돌이킨 왕은 짐짓 모른 체하며 가까운 친구들에게 물었다.

"저 소년이 왜 그 전처럼 상냥하게 인사를 하지 않는지 모르겠소."

이 말을 들은 친구들이 대답했다.

"왕께서 그렇게 만드신 것입니다. 얼마 전 소년의 키스를 거절하시고 놀란 듯 피하신 적이 있지 않으셨습니까? 그렇지만 왕께서 만약 다시 용납하신다면 소년은 예전처럼 상냥해질 것입니다."

왕은 잠자코 그들의 말을 듣더니 잠시 후 이렇게 말했다.

"지금 했던 얘기는 소년에게 비밀로 해주시오. 그러나 나는 내 눈 앞에서 온갖 것이 황금으로 변하는 것보다는 예전처럼 소년에 대한 마음을 억누를 수 있다면 그것이 더 기쁘겠소."

그러나 이렇게 감정을 억제하던 아게실라오스도 소년이 떠나버리자 그리움이 날로 커져만 갔다.

그 뒤 파르나바조스는 아게실라오스와 회담을 요청해 왔다. 두 사람과 다같이 가깝게 지내던 키지코스의 아폴로타네스가 주선을 하여 드디어 회담이 이루어지게 되었다. 약속 장소에 도착한 아게실라오스는 나무 그늘이 드리워진 풀밭 위에 앉아 파르나바조스를 기다리고 있었다. 잠시 후 파르나바조스는 땅에 깔고 앉을 보드라운 털가죽과 아름다운 무늬가 놓인 방석을 가지고 나왔다. 그러나 아게실라오스가 맨땅에 앉아 있는 것을 보고는 자신의 사치스러움이 부끄러워졌다. 그래서 그는 화려한 옷도 개의치 않고 아게실라오스와 나란히 땅에 앉았다.

서로 인사말이 오간 다음, 파르나바조스가 먼저 입을 열었다. 그는 스파르타가 아테네와 전쟁을 하는 동안 자기가 얼마나 큰 도움을 주었는지를 얘기하면서, 그런 은혜를 받은 나라가 이제 와서 자신들의 영토를 짓밟고 있으니 은혜를 원수로 갚으려는 것이냐며 항의를 했다. 그러자 스파르타 장군들은 모두 부끄러워서 고개를 떨구었다. 일찍이 동맹국으로서 도움을 주었던 나라를 짓밟는다는 것은 그릇된 일이었다. 그러나 아게실라오스는 이렇게 대꾸했다.

"파르나바조스 장군! 그때는 페르시아 왕과 사이가 좋았기 때문에 우리는 그대들을 친구로서 대하고 그대의 영토를 존중하였소. 그러나 지금은 왕과 싸우고 있으니 그대 또한 적으로 대할 수밖에 없소. 그러니 이런 침략 행위는 그대를 해치려는 것이 아니라 그대를 해침으로써 페르시아 왕에게 해를 끼치려는 것이오. 그러나 만약 장군이 페르시아의 노예가 아니라 그리스의 친구로 지내기를 바란다면, 우리 또한 그대의 재산과 자유와 모든 귀중한 것을 지키고 존중하겠소."[15]

파르나바조스는 이 말을 듣고 마음을 털어 놓았다.

"고맙습니다. 만약 우리나라의 왕이 나 대신 다른 사람을 이곳에 파견한다면 그때는 당신 뜻을 따르겠습니다. 그러나 우리의 왕이 나를 믿고 있는 동안은 그에게 충성을 다할 것이며, 당신을 상대로 싸울 것입니다."

아게실라오스는 이 말에 크게 감동을 받았다. 그는 손을 내밀어 악수를 한 다음 그 자리를 떠나며 이렇게 말했다.

"저렇게 훌륭한 장군이 적이 아니라 친구였다면 얼마나 좋겠소."

---

15) 크세노폰의 《그리스 전쟁사》를 보면, 아게실라오스 왕은 한 마디를 덧붙였다고 한다. 즉 다시 전쟁을 하더라도 되도록이면 파르나바조스의 영토를 피하겠다는 얘기였다.

파르나바조스 일행이 돌아갈 때 그의 아들은 조금 뒤처져 있다가 아게실라오스에게 다가왔다. 그는 미소를 지으며 아게실라오스에게 말했다.

"왕이시여! 저는 왕을 귀한 손님으로 모시고 싶습니다."

소년이 이렇게 말하면서 손에 들고 있던 투창을 선물로 내밀었다. 아게실라오스는 그 창을 받고 소년의 예절과 씩씩한 모습에 감탄을 했다. 그는 답례로 줄 적당한 선물이 없을까 궁리하다가 자기의 비서인 이다이오스의 말안장을 소년에게 주었다.

아게실라오스와 소년의 인연은 나중에까지 계속되었다. 그 뒤 소년이 형에게 쫓겨나 추방을 당했을 때도 아게실라오스는 스파르타로 그를 불러들여 따뜻하게 대해 주었다. 그것 말고도 아게실라오스가 이 페르시아 인에게 베풀어 준 은혜는 더 있다. 그가 아테네 태생의 한 소년을 몹시 사랑하고 있었는데, 이 소년은 올림픽 경기 대회에 출전하고 싶어했다. 그런데 소년은 경기에 나갈 수 있는 나이가 이미 지나 출전을 거부당할 것이 뻔했다. 그래서 이 페르시아 인은 이 소년을 경기에 출전시켜 달라고 아게실라오스에게 부탁했다. 그러자 왕은 곤란함을 무릅쓰고 그의 부탁을 들어주었다.

아게실라오스는 자기가 아끼는 사람을 위해서는 어떤 일이든지 서슴지 않는 편이었다. 다른 일에서는 언제나 공정한 편이었지만, 친구에게 도움이 되는 일이라면 아무것도 주저하지 않았다. 그래서 그는 카리아의 왕자 히드리에우스에게 이런 편지를 보내기도 했다.

"만약 니키아스가 무죄라면 곧 석방하시오. 그리고 유죄라면 나를 위해서 석방하시오. 반드시 석방시켜야 하오."

아게실라오스는 친구에 대해서는 이런 특별한 행동을 보였다. 그러나 이 원칙에도 예외는 있어서, 때로는 친구보다 나랏일을 살피기도 했다.

그런 하나의 예로 이런 일이 있었다. 언젠가 그는 매우 급하게 군대를 이동해야 했던 일이 있었다. 그런데 그때 병이 든 한 친구가 자신을 데려가 달라고 애원을 했다. 그러나 왕은 뒤를 돌아보며 이렇게 말했다.

"자비심과 분별력을 둘 다 지킬 수는 없구나."

그리고는 가슴 아파하면서도 그 친구를 두고 떠났다고 한다. 이 이야기는 철학자 히에로니모스가 전하는 일화이다.

한편 아게실라오스의 아시아 원정은 다시 1년이 지나고 있었다. 그동안 아게실라오스는 그 시대 최고의 인물이 되어 있었고, 검소한 생활과 덕행은 그의 명성을 더욱 크게 만들고 있었다. 그는 군사령부를 떠나 있는 동안에는 언제나 신전에서 잠을 잠으로써, 자신의 사생활까지도 모두 신을 증인으로 하였다. 그는 수천 명의 그리스 병사들 중에서도 가장 초라한 침구를 썼다. 그는 아무리 덥거나 추워도 참고 견디며 신이 어떤 날씨를 내려 주시든 그것을 모두 즐겁게 받아들였다.

아시아에 사는 그리스 시민에게 그의 존재는 특히 돋보였다. 페르시아의 통치자들이 호화로운 옷을 입고 잔인한 정치를 하다가도, 초라한 몰골의 아게실라오스 왕 앞에서는 벌벌 떠는 것을 보면서 그들은 몹시 신이 났다. 그뿐 아니라 왕의 입에서 말 한 마디가 떨어질 때마다 머리를 조아리며 굽신거리는 모습은 볼 만한 것이었다. 이런 통쾌한 광경들을 보는 그리스 시민들은 티모테우스[16]의 시 한 구절을 떠올리지 않을 수 없었다.

그리스의 왕은 군신 아레스.
그리스는 결코 황금을 두려워하지 않는다네.

아게실라오스의 명성이 곧 소아시아의 모든 지역으로 퍼지자 그들은 페르시아에 반기를 들고 나섰다. 아게실라오스는 이오니아 해안 각 도시의 질서를 바로잡은 다음 어진 정치를 베풀었다. 그는 주민들에게 해를 끼치지 않았다. 또한 아무도 내쫓거나 죽이지 않았으며 온건한 정책으로 다시 합법적인 정부를 세웠다.

그런 다음 그는 진격을 계속하여 해안으로부터 멀리 떨어진 페르시아 땅으로 전쟁터를 옮길 작정이었다. 목적지로는 페르시아의 궁전이 있는 수사나 엑바타나를 정했다. 그러면 호화로운 궁정을 지키기 위해서 전쟁을 하게 될 것이며, 그리스의 각 나라에 뇌물을 써서 내란을 일으킬 수 없을 것이 분명했다.

그러나 이 위대한 계획은 스파르타로부터 날아온 불행한 소식 때문에 이루어지지 못했다. 스파르타에서 달려온 에피키디다스는 전쟁의 소용돌이에 휩싸인 나라를 구하기 위해 아게실라오스를 불렀던 것이다.

"그리스는 스스로 야만족이 되어 같은 민족끼리 싸움을 하고 있다. 이것은 야만족의 침입보다 더 큰 재난을 끼치면서 스스로를 멸망시키고 있다."

---

16) 기원전 446~357. 그리스 밀레토스에서 태어난 시인, 음악가.

그리스 여러 나라가 스스로 불러들인 파멸과 시기와 야합, 그리고 음모는 이런 말로 표현되었다. 이것은 야만족을 무찌를 수 있는 결정적인 순간에 무기를 돌려 동족의 가슴을 겨냥하는 것이었으며, 나라 밖으로 밀어냈던 전쟁을 다시 나라 안으로 불러들이는 것이나 다름없었다. 코린트의 데마라토스는 그 후 이런 말을 했는데, 나는 결코 동의하지 않는다.

"알렉산드로스가 다리우스를 정복하고 그의 왕좌에 앉는 것을 못본 사람은 세상에서 가장 기쁜 장면을 놓친 것이다."[17]

그러나 그리스 사람들은 그들의 장군들을 레욱트라와 코로네아, 그리고 코린트와 아르카디아에서 서로 싸우게 만들어 놓고는, 그동안 페르시아 정복의 영광을 알렉산드로스와 마케도니아 군에게 넘겨 주었다. 만일 그들이 이러한 결과를 생각했다면 그들은 분명 눈물을 흘리며 원통해했을 것이다.

그러나 아게실라오스의 행동은 역시 남다른 데가 있었다. 그는 자신의 희생을 감수한 채 명령에 복종하여, 곧 아시아로부터 군대를 거두어 돌아왔다. 한니발은 이탈리아로 원정을 와서 큰 곤란을 겪고 있었지만 조국을 수호하라는 귀국 명령을 받았을 때 마지못해서 간신히 따랐다. 알렉산드로스도 아기스 왕과 안티파트로스의 전쟁 소식을 들었을 때, 이런 말로 무시해 버렸다.

"우리가 페르시아의 다리우스 왕을 정복하고 있는 동안 고향에서는 생쥐들이 싸우고 있군."

그들에 비하면 아게실라오스가 보여준 나라 사랑과 법에 대한 존경심은 스파르타의 큰 자랑이 아닐 수 없었다. 그는 귀국 명령을 받자 승리의 영광과 정복의 야망을 모두 거두고 곧 귀국길에 올랐다. 이것을 보고 안타까워하는 동맹국들도 적지 않았다.

그러므로 "국민으로는 스파르타인이 가장 좋고, 인간으로는 아테네인이 제일"이라는 데모스트라토스의 말은 여기서는 해당되지 않는다. 그것은 아게실라오스가 뛰어난 왕이며 장군인 동시에 친구와 인간으로서도 가장 훌륭한 사람이라는 것이 증명되었기 때문이다.

페르시아의 금화에는 활을 쏘는 사람의 모습이 새겨져 있는데 아게실라오스는 이것을 보고 다음과 같이 말했다.

---

17) '알렉산드로스 전기' 참조

"나는 천 명의 페르시아 궁수들에게 쫓겨 아시아에서 물러난다."

이것은 페르시아의 황금이 테베와 아테네의 정치가들을 매수하여 스파르타와 전쟁을 일으켰기 때문에 한 말이었다. 아게실라오스는 군대를 이끌고 헬레스폰토스를 거쳐 트라키아를 통과했다. 그런데 아게실라오스는 이르는 도시마다 사람을 보내 이런 질문을 하게 했다.

"우리를 친구로서 통과시키겠소? 아니면 적으로 싸움을 하겠소?"

그는 길을 빌려 달라고 하지 않고 이렇게 담판을 지었다. 그래서 모든 야만족들은 그들을 환영하며 행군에 협조해 주었다.

그런데 트랄레이스 인[18]들은 옛날 크세르크세스[19]가 지나갈 때도 돈과 패물을 받았던 일이 있었는데, 이때에도 은 백 탈렌트와 여자 백 명을 통과세로 요구했다. 그러자 아게실라오스는 그들의 말을 비웃으며 말했다.

"그것들을 받을 준비나 마치고 왔소?"

아게실라오스가 행군을 계속하자, 트랄레이스 인들은 무기를 들고 나와 대항을 했다. 그러자 아게실라오스는 그들을 무찔러 많은 부상자와 전사자를 냈다.

군대는 이윽고 마케도니아에 들어섰다. 아게실라오스는 왕에게 사신을 보내 언제나와 같은 질문을 했다. 그러나 마케도니아의 왕은 깊이 생각해 보고 결정하겠다는 대답을 보내왔다. 그러자 아게실라오스는 이렇게 한 마디 했다.

"그럼 천천히 생각해 보고 계시오. 그동안 우리는 이 땅을 통과하겠소."

마케도니아 왕은 깜짝 놀라 그들은 친구로서 대할 것이니 통과하라고 대답했다. 아게실라오스는 다음으로 테살리아로 들어갔다. 이 나라는 적국과 동맹을 맺고 있었으므로 아게실라오스는 마음껏 약탈하면서 진군을 계속했다. 그러면서 한편으로는 휴전을 의논하기 위해 크세노클레스와 스키테스를 이 나라의 수도인 라리사로 보냈다. 그러나 라리사 시민들은 그들을 잡아 감옥에 가두어 버렸다. 병사들은 몹시 흥분하여 즉시 라리사를 함락하자고 떠들어댔다. 아게실라오스는 그들을 진정시키며 말했다.

"나에게는 테살리아 사람 전체보다도 두 장군의 목숨이 더 소중하오."

---

18) 트라키아와 마케도니아 국경 근처에 살던 야만족.
19) 고대 페르시아의 왕으로 다리우스 1세의 아들. 제3차 그리스 원정에 실패하여 귀국했다가 호위대장에게 암살당했다.

그리고는 라리사 시민들과 협상을 하여 두 사람을 구해냈다. 아게실라오스의 이런 마음은 다음과 같은 사실로도 증명된다.

그때쯤 코린트 시의 근처에서 큰 승리를 거두었다는 스파르타 군의 소식이 들려왔다. 스파르타는 별 손해가 없었지만 적은 수많은 병력을 잃었다는 것이었다. 그러나 아게실라오스는 승리의 소식을 듣고도 기뻐하기는커녕 이렇게 한탄했다.

"아! 그리스의 불행이구나. 그 용사들이 살아서 싸운다면 야만족 페르시아를 쉽사리 정복할 수 있었을 텐데."

얼마 후 테살리아의 파르살로스 지방이 아게실라오스를 공격해 왔다. 그들이 진군을 방해하자 아게실라오스는 5백 명의 기병을 직접 지휘하여 그들을 모두 무찔러버렸다. 그리고 나르타키온 산기슭에 승리의 기념비를 세웠다. 테살리아의 기병은 당시 천하무적이라고 이름이 높았는데, 자기가 훈련시킨 약간의 기병을 가지고 그들을 꺾었으므로 그는 이 승리를 몹시 자랑스러워했다. 여기서 그는, 곧 보이오티아로 진격하라는 명령을 전달하기 위해서 파견된 디프리다스라는 에포로스를 만났다. 그는 준비를 좀 더 해서 진격할 생각이었다. 먼 길을 오느라 병사들은 모두 지쳐 있었고, 숫자도 얼마 안 되었기 때문이었다. 그러나 본국에서 온 명령을 어길 수는 없었으므로 그는 곧 부하 장군들을 소집했다.

"멀리 아시아에서 시작된 행군이 오늘로써 끝나게 되었소. 그러니 이 전쟁을 맞아 힘껏 싸워 봅시다."

그는 코린트에 와 있던 군대에 연락을 보내 2개 사단의 증원군을 보내 달라고 요청했다. 스파르타 본국 정부는 아게실라오스에게 영광을 드리는 뜻으로 '왕의 군대에서 싸울 젊은이'들을 모집했다. 그러자 스파르타의 청년들이 속속 지원하여 지원자는 예상을 뛰어넘었다. 에포로스들은 그중에서 가장 강한 50명만을 뽑아 아게실라오스 왕의 호위대로 보냈다.

아게실라오스는 이제 테르모필라이를 지나 포키스 지방을 거쳐 보이오티아로 들어섰다. 그리고 카이로네아 시 부근에 진을 쳤다. 그런데 그날 마침 일식이 일어나더니 동시에 나쁜 소식을 들었다. 스파르타의 함대가 크니도스 해전에서 파르나바조스와 아테네의 코논에게 참패를 당하고 사령관 피산드로스마저 전사했다는 소식이었다. 이것은 나라로서도 슬픔이었지만 처남을 잃은 아게실라오스 개인의 슬픔이기도 했다. 그러나 내일이면 전투를 벌여야 하는 병사들에게 이런 마음을 나타낼 수는 없었다. 그는 군대의 사기를 높이기 위해 스파르타의 해군이 승리를 거두었다고 거짓 소식을 전하고, 마치 반가운 소식을 받은 것처럼 화관을 쓰고 감사의 제사를 드렸다. 또 잔치를 벌이고 제사에 쓴 고기를 병사들에게 나누어 주었다.

코로네아에 이르자 적이 눈 앞에 나타났다. 아게실라오스는 군대를 둘로 나누어 배치했다. 오르코메노스 시민들이 대부분인 부대를 좌익으로 삼고 자신은 우익을 맡았다. 그리고 적군은 테베 군을 우익에, 아르고스를 좌익에 배치하였다. 크세노폰은 아시아 원정에 종군했다가 함께 돌아왔기 때문에 이때에도 아게실라오스의 군대에 참여하고 있었는데, 자신이 그때까지 본 전투 중에 가장 치열한 것이었다고 기록하고 있다. 전투가 시작되자 테베 군은 오르코메노스 군을 간단하게 무찔러 버렸다. 그러나 아게실라오스 또한 아르고스 군을 순식간에 격파해 버렸다.

양쪽 군대는 제각기 좌익 부대가 무너져 추격당하고 있다는 보고를 듣고 즉시 증원군을 보냈다. 그때 아게실라오스가 적을 정면이 아닌 측면이나 배후에서 공격했더라면 간단히 승리를 거두었을 것이다. 그러나 그는 노여움 때문에 곧장 돌격 명령을 내렸다.

테베 군은 용맹스러움에서 스파르타에 뒤지지 않았다. 양쪽 군대 사이의 치열한 대응으로 격전이 벌어졌다. 그 중에서도 가장 심한 전투가 벌어졌던 곳은 왕과 50명의 호위병이 있던 곳이었다. 이 때 아게실라오스가 목숨을 건질 수 있었던 것도 왕을 위해 힘써 싸운 이들이 있었기 때문이었다. 이 전쟁에서 그들이 보여준 활약은 뛰어났다. 그들은 생명을 아랑곳하지 않고 자신의 몸을 방패로 삼아 적의 창과 칼을 막아냈다. 그들은 왕이 상처를 입고 쓰러지자 그를 둘러싸며 필사적으로 왕을 위해 싸웠다. 적군을 수없이 죽였지만 그들 또한 적지 않은 피해를 입었다. 이렇게 해서 왕은 간신히 목숨을 구하고 적의 포위망을 뚫고 나왔다.

아게실라오스는 이런 식으로 싸움을 계속해서는 절대로 적을 무찌를 수가 없다는 사실을 깨달았다. 그래서 그는 전투 대열을 늘어뜨려, 중앙을 테베 군이 뚫을 수 있게 한 다음 그들을 양쪽에서 공격하기로 했다. 그러나 이 전술은 속임수였지 적당한 작전이 될 수는 없었다. 적은 예상대로 스파르타 군의 대열을 뚫고 나가 마음 놓고 앞으로 전진해 갔다. 스파르타 군은 때를 놓치지 않고 그들을 공격했다. 테베 군은 뜻밖의 사태에 주춤했지만 곧 대오를 정비하여 헬리콘 산으로 피했다. 그들은 산 위에서 처절한 싸움의 흔적을 발견하고, 자기 부대만이 마지막까지 살아남았음을 자랑스러워했다.

아게실라오스는 많은 상처로 신음하고 있으면서도 부하들에게 업혀 군대를 순찰하고 전사자의 시체들을 모두 진영 안으로 옮기게 했다. 그리고 수많은 테베 군이 근처의 신전에 숨어 있다는 보고를 받았지만 그대로 내버려 두라고 했다. 그 신전은 이토니아의 아테나 신전이었는데, 그곳에는 옛날에 스파르타 장군이 지휘한 보이오티아 군이 톨미데스 장군이 이끈 아테네 군을 격파하고 세운 전승 기념비가 있었다.

다음날 아침이 되자, 아게실라오스는 테베 군이 다시 싸울 의사가 있는지를 알아보기 위해 병사들에게 화관을 쓰게 하고, 피리를 불며 전승 기념비를 세우게 했다. 그러자 적은 휴전을 요청하고, 전사자의 시체를 돌려 달라고 했다. 아게실라오스는 그들의 요청을 받아들이고, 자신의 승리를 확인하였다.

그가 델포이에 도착했을 때 마침 그곳에는 피티아 경기 대회가 열리고 있었다. 그는 이 행사를 도우면서, 아시아 원정에서 거둔 전리품 중 10분의 1을 아폴론 신께 바쳤다. 이것은 액수로 따졌을 때 백 탈렌트나 되는 것이었다.

드디어 스파르타로 돌아온 아게실라오스 왕은 간소한 생활로 국민들의 존경과 칭송을 한 몸에 받았다. 다른 장군들은 원정을 다녀오면 흔히 외국의 생활풍습에 물이 들어 조국의 풍습을 잊어버리거나 경멸하곤 했다. 그러나 그는 마치 에우로타스 강[20]을 건너본 일도 없는 사람 같았다. 그는 음식이나 복장도 그대로였고, 집에 있던 가구나 그릇, 갑옷이나 무기도 바뀐 것이 없었다. 또 궁전의 대문이 어찌나 낡았는지 아리스토데모스[21]가 세웠던 그대로라고 여겨질 정도였다. 이처럼 그는 떠날 때나 다름없이 돌아온 다음에도 변함이 없었고, 오히려 스파르타의 풍습을 지키고 존중하기 위해 온 힘을 기울였다.

또 크세노폰의 기록에 의하면, 그의 딸이 타고 다니던 카나트룸도 다른 여느 여자아이들의 것과 똑같았다고 한다. 카나트룸이란 신화에 나오는 신령한 짐승의 모습으로, 나무로 만든 수레 혹은 마차를 가리키는 것이다. 행렬이 있을 때면 아이들이나 어린 소녀들이 이것을 타고 다녔다고 한다. 그런데 크세노폰도 아게실라오스

---

20) 스파르타 시를 통과하는 강 이름.

21) 헤라클레스의 아들로 스파르타를 세운 사람. 기원전 1100년 경의 인물로 궁전의 문을 이 사람이 세웠다고 한다. 그렇게 해서 따지면 아게실라오스가 살았던 때는 문을 만든 지 7백년 가량이 되던 시기였다.

의 딸 이름은 전하지 않고 있다. 그리고 디케아르코스[22]는 아게실라오스의 딸 이름과 에파미논다스[23]의 어머니 이름이 전해지지 않은 것은 매우 안타까운 일이라고 했다. 그러나 라코니아 지방의 기록에서, 아게실라오스의 아내는 클레오라, 두 딸의 이름은 에우폴리아와 프롤리타였음을 발견할 수 있다. 그리고 그가 사용했던 창은 아직도 스파르타에 보존되어 있는데, 다른 스파르타인들이 쓰던 창과 똑같은 것이다.

그 무렵 스파르타 시민들은 경기용 말을 많이 기르고 있었다. 이것은 보람 있는 일이기는 했지만 매우 사치스러운 일이었다. 그래서 아게실라오스는 그의 누이동생인 키니스카를 시켜, 올림픽 경기 대회에 네 필의 말이 끄는 전차를 참가시키게 했다. 경기에서 우승을 하는 것은 그 사람의 용기를 보여 주는 것이 아니라, 누가 돈을 더 많이 썼느냐를 증명하는 것뿐이라는 사실을 국민들에게 가르쳐 주려는 것이었다.

철학자 크세노폰이 그의 손님으로 머무르고 있을 때였다. 아게실라오스는 자기의 어린 아들을 크세노폰에게 맡겨 스파르타 식 교육을 시켜 달라고 했다.

"스파르타 식 교육은 학문의 가장 중요한 목적, 즉 지배와 복종을 가르친다고 생각하오."

리산드로스가 죽은 뒤, 스파르타 정부는 그가 놀랄 만한 음모를 꾸미고 있었다는 사실을 밝혀냈다. 그것은 리산드로스가 아게실라오스 왕을 타도하기 위해 아시아에서 돌아왔을 때 만든 조직이었다. 왕은 리산드로스가 어떤 인물이었는지 시민들에게 알리기 위해 그가 생전에 썼던 문서들을 조사했다. 그런데 그 문서들 가운데 할리카르나소스의 클레온이 써놓은 연설 원고가 끼여 있었다. 그 연설은 혁명을 일으키기 위해 시민들을 선동하는 내용이었다. 아게실라오스는 리산드로스의 음모를 증명하기 위해 이것을 세상에 알리기로 결심했다. 그런데 이 연설 원고를 읽어본 원로 한 사람이 그에게 충고를 했다.

"왕이시여! 이 글은 너무나 훌륭하고 주장이 힘찹니다. 만약 이것을 발표했다가는 오히려 꺼진 리산드로스의 불씨를 불붙이는 결과가 일어날지도 모릅니다. 그러니 이 원고를 발표할 생각은 그만두십시오."

아게실라오스는 그에게 물었다.

---

22) 기원전 4세기의 그리스 철학자, 역사가, 지리학자. 아리스토텔레스의 제자였다.
23) 기원전 418~362. 테베의 유명한 장군이며 정치가.

"그러면 어떻게 해야 좋겠소? 솔직히 얘기해 주시오."

한참 동안 생각이 잠겨 있던 원로는 이렇게 대답했다.

"이 연설 원고는 리산드로스와 함께 땅 속에 묻는 것이 좋을 듯합니다."

아게실라오스는 그 충고를 현명하게 받아들였다. 그리고 리산드로스에 대한 일에 더 이상 신경을 쓰지 않았다. 또한 정적들을 공공연하게 모욕하는 일을 그만두고, 오히려 그들을 각지의 총독이나 장군으로 임명하여 외국으로 보냈다. 만약 비행을 저질러 재판을 받게 되었을 때도 그들을 열심히 변호하여 석방시켜 주었다. 이렇게 되자 그를 반대하거나 음모를 꾸미는 사람은 모두 사라지게 되었다.

그와 함께 왕위에 있었던 아게시폴리스는 아버지가 추방을 당했기 때문에 불리한 조건에 놓여 있었다. 더구나 그는 나이도 젊고 소극적인 인물로 나랏일에는 별로 개입하지 않았기 때문에 아게실라오스는 모든 일을 마음대로 처리할 수 있었다. 또한 아게실라오스는 그를 끌어들여 마음대로 조종할 수 있게 만들었다.

스파르타의 풍습 중에는 두 왕이 스파르타에 머물러 있을 때는 반드시 함께 식사를 하도록 되어 있었다. 이것은 아게실라오스가 그를 가까이 할 수 있는 아주 좋은 기회가 되었다. 그는 아게시폴리스 왕도 자기처럼 미소년을 좋아하는 것을 알고 언제나 그쪽으로 이야기를 돌렸다.

당시 스파르타에서는 이러한 일을 수치스럽게 여기기는커녕 리쿠르고스의 전기에서 자세히 얘기한 것처럼 미덕과 공명심을 키우는 행동으로 생각했다.

이렇게 해서 아게실라오스는 스파르타에서 가장 큰 세력을 가지게 되었다. 그래서 그는 배다른 형제인 텔레우티아스를 해군 사령관으로 임명하고 그의 도움으로 코린트를 공격하는 한편, 자신은 육지로 들어가 그곳의 성을 점령했다. 그리고 코린트에 머물러 있던 아르고스 군을 습격했다. 마침 코린트 지협 경기대회에 정신이 빠져 있던 아르고스 군대는 그때 막 제물을 올리려던 참이었다. 그러나 스파르타의 기습을 당하고는 준비했던 것들을 모두 내팽개치고 달아나 버렸다.

스파르타가 코린트를 점령하자, 망명해 있던 코린트 인들은 이 대회를 아게실라오스가 맡아 치러 달라고 부탁했다. 그러나 그는 부탁을 거절하고 이렇게 말했다. "꼭 대회를 계속해야겠다면 여러분들이 맡아서 하시오."

그리고는 그곳에 머무르면서 행사가 무사히 끝날 수 있도록 보호해 주었다.

아게실라오스가 철수하고 떠난 다음, 아르고스 군은 다시 경기 대회를 열었다. 그들은 매우 엄격하게 대회를 집행하여 먼젓번에 우승했던 사람이 다시 우승하는 경우도 있었지만 우승자였던 사람이 승리를 잃는 경우도 있었다. 그러나 아게실라오스는 아르고스 인이 행사를 다시 연다는 소식을 듣고 비난했다. "행사를 다시 연다는 것은 자신들의 비겁함을 증명하는 것밖에는 안되오. 그게 그렇게 중요했다면 싸움을 승리로 이끌어서 지켰어야 하지 않소?"

아게실라오스는 운동이나 경기는 늘 정도를 지나치지 않을 만큼만 적당히 해야 한다고 생각했다. 그는 스파르타에서 열리는 연극이나 운동 경기에 늘 관심을 가지고 있었고, 소년소녀들의 운동회에까지 즐겨 참석했다. 그러나 사람들의 마음을 사로잡는 환락 같은 것에는 전혀 관심이 없었다. 그 예로 다음과 같은 일이 있었다.

그 당시에 칼리피데스라는 유명한 연극 배우가 있었다. 그는 그리스 전체에서 이름을 떨치면서 누구에게나 환영을 받았다. 하루는 그가 아게실라오스 왕을 만나 인사를 드렸다. 그런데 왕은 아는 체도 하지 않았다. 그러자 그는 염치도 없이 왕의 행렬에 뛰어들어 이렇게 물었다.

"저를 모르시겠습니까?"

"광대 칼리피데스 아닌가?"

아게실라오스는 이렇게 대꾸하고는 가던 길을 계속 갔다.

또 언젠가 친구 하나가 나이팅게일의 소리를 기가 막히게 흉내 내는 사람이 있으니 들어보라고 했다. 그러자 왕은, "나는 진짜 나이팅게일의 울음 소리를 들어봤다네"라고 대답하며 거절하였다.

메네크라테스라는 다 죽게 된 사람까지 살려낸다는 유명한 의사가 있었다. 그래서 그들은 그를 '제우스'라고 불렀고, 스스로도 그 별명을 무척 자랑스러워했다. 그런데 그는 아게실라오스 왕에게 편지를 보낼 때, 첫 머리를 이렇게 썼다.

"제우스 메네크라테스는 아게실라오스 왕의 건강을 기원합니다."

그러자 왕은 이렇게 답장을 썼다.

"아게실라오스 왕은 메네크라테스가 정신을 차리기 바라오."

아게실라오스 왕은 다시 군대를 이끌고 코린트로 들어갔다. 그리고 헤라이온을 점령했다. 그때 테베에서 휴전을 요청하는 사절이 도착했다.

그는 테베에 대해 늘 원한을 품고 있었다. 그래서 이 기회에 원한을 풀려고 했다. 두 나라의 상황으로 보아도 그들에게 모욕을 주는 것이 한결 이롭다고 생각했다. 그래서 사절단을 만나지도 않고, 그들의 말을 들으려고도 하지 않았다. 테베의 사절단은 왕의 태도를 보고 그만 돌아가려고 했다. 그런데 그때 왕의 거만한 태도에 대한 벌이라도 되는 듯이 이피크라테스에 의해 스파르타의 1개 사단이 테베 군에게 전멸당했다는 보고가 들어왔다.

이런 참패는 스파르타로서는 몇 년만에 처음 있는 일이었다. 더구나 전멸당한 부대는 중무장을 갖춘 스파르타의 정예 부대였고, 그들이 상대한 적도 제대로 무장도 갖추지 못한 용병들이었다. 이 소식을 듣고 아게실라오스는 펄쩍 뛰면서 즉시 그들에게 달려갔다. 그러나 때는 이미 늦어 있었다.

헤라이온으로 돌아온 아게실라오스는 테베의 사절단을 불렀다. 사절단은 왕에게 받은 모욕을 앙갚음하려는 듯 휴전 얘기는 꺼내지도 않고 코린트로 떠나겠다는 얘기만 했다. 아게실라오스는 무척 화가 났다.

"여러분 친구들이 이겼다고 좋아하는 것을 구경하고 싶다면, 내일 모셔다 드리겠소."

다음날 그는 사절단을 데리고 군대를 출동시켰다. 그의 군대는 코린트 땅을 마음대로 짓밟고 약탈하면서 코린트의 성문 앞에까지 갔다. 그러나 코린트 군은 감히 나타나 싸울 생각도 못했다. 아게실라오스는 사절단에게 이것을 확인시켜 준 다음에야 그들을 시내로 들여보냈다.

아게실라오스는 여기저기에 흩어져 있던 스파르타의 패잔병들을 모은 뒤 다시 귀국길에 올랐다. 새벽이 되면 행군을 시작하고 해가 지면 진을 쳤다. 스파르타 군을 무찌를 기회를 노리고 있는 아르카디아 군에게 틈을 주지 않기 위해 그는 아주 조심스럽게 행동했다.

그 뒤, 아카이아의 요청으로 그 나라 군대와 함께 아카르나니아를 향해 진군하게 되었다.[24] 그들은 엄청난 양의 전리품들을 빼앗으면서 진군을 거듭하여 아카르나니아를 무찔렀다. 아카이아는 적군이 곡식의 씨를 뿌리지 못하도록 하기 위해, 군대를 겨울 동안 주둔시키라고 아게실라오스를 설득했다. 그러나 그는 이 의견을 반대했다. 다음 해에 좋은 수확을 거둘 수 있게 되면 적은 오히려 전쟁을 피할 것이라는 생

---

24) 아카이아가 소유하고 있던 해협 건너의 칼리돈을 아카르나니아가 점령하려고 했기 때문에 싸움이 벌어졌다. 그때 아카르나니아는 아테네의 도움을 받았으므로 아카이아는 스파르타를 끌어들였다.

각에서였다. 시간이 지나면서 아게실라오스의 이 짐작은 맞아 떨어졌다. 아카르나니아는 이듬해 여름 아카이아 군이 정벌군을 보내자 평화 조약을 맺자고 제안했던 것이다. 그 뒤 코논과 파르나바조스는 바다를 손에 넣고 라코니아 연안을 어지럽혔다. 또 아테네는 파르나바조스가 보내준 자금으로 허물어진 성벽을 다시 쌓았다. 어쩔 수 없이 스파르타는 페르시아 왕과 휴전을 할 수밖에 없었다.

스파르타 시민들은 안탈키다스를 페르시아의 왕 티리바조스에게 보내어 협상을 시켰다. 그런데 그것은 아게실라오스의 원정으로 보호를 받았던 아시아의 그리스인들을 팔아넘기는 비열한 꼴이 되고 말았다. 그러나 이 불명예스러운 행위의 책임은 아게실라오스가 져야 할 것이 아니었다. 이 교섭은 처음부터 끝까지 그의 정적인 안탈키다스가 담당했고, 전쟁을 계속한다면 아게실라오스의 이름이 더욱 빛날 것이라고 생각했기 때문에 이런 조건으로 휴전을 맺어 버린 것이었다. 그런데 어떤 사람이 아게실라오스를 보고 스파르타 사람들이 모두 페르시아 사람처럼 되어간다고 비웃었을 때 그는 이렇게 대꾸했다.

"아니오. 페르시아 사람들이 스파르타인처럼 되어 가는 것이오."

또 그리스 여러 나라 중 특히 테베가 페르시아 왕의 협약을 받아들이려 하지 않았을 때는 이렇게 협박을 했다. "페르시아 왕과의 평화 조건을 지키지 않는다면 오로지 전쟁이 있을 뿐이다."

아게실라오스가 이처럼 협정을 적극적으로 받아들인 데는 이유가 있었다. 협정 조약 속에는 테베가 보이오티아에서 손을 떼고 그들에게 자유를 준다는 조건이 있었던 것이다. 그 결과 테베는 힘이 아주 약해졌다.

아게실라오스가 가지고 있던 테베에 대한 악감정은 나중에 더욱 뚜렷해졌다. 한 가지 예를 들면, 그는 스파르타의 포이비다스 장군을 시켜 테베 시의 카드메아 성을 불법적인 방법으로 점령해 버리기도 했다. 이것은 평화 조건을 맺고 있는 상태에서 조건을 깨뜨리고 벌인 일이었다. 그리스의 여러 도시들은 몹시 격분하였다. 스파르타의 시민들도 이 사태에 당황했다. 특히 아게실라오스의 반대파들은 사건의 진상을 밝히고 책임자를 가려내겠다며 극성을 부렸다. 그들은 포이비다스 장군을 불러 이런 일을 시킨 사람이 누구냐고 물었다. 그들은 분명 왕이 명령을 내렸을 것으로 짐작했던 것이다. 그러나 이 말을 전해들은 아게실라오스는 포이비다스를 보호하며 이렇게 말했다.

"문제는 그것이 스파르타에게 유리하냐 아니냐 하는 것뿐이오. 만약 나라에 이익을 주는 일이었다면 그럴 권한이 있든 없든 간에 반드시 그 일을 했어야 할 것이오."

아게실라오스가 이런 말을 했다는 것은 사실 깜짝 놀랄 만한 일이었다. 그는 언제나 정의와 도리를 중요한 가치로 생각해 왔고, 또 정의의 수호자로서 존경받아 왔기 때문이다. 그는 늘 이런 말을 했다.

"정의는 가장 중요한 미덕이며 정의롭지 않은 용기는 아무런 필요가 없습니다. 그러므로 모든 사람들이 정의를 지킨다면 더 이상 용기는 필요하지 않을 것입니다."

언젠가 어떤 사람이 말끝에 이런 말을 덧붙였다.

"페르시아 대왕께서는 그렇게 되기를 바라고 계십니다."

"대왕이라니, 어째서 그 사람이 나보다 큰 왕이라는 겁니까? 나보다 정의롭기라도 한 겁니까?"

이 말은 왕의 크고 작음은 그가 가진 권력이 아니라 정의에 의해 결정된다는 뜻이다.

휴전이 이루어진 다음, 페르시아 왕은 편지를 보내 개인적으로 친하게 지내고 싶다는 뜻을 전해 왔다. 그러나 아게실라오스는 거절했다.

"두 나라가 친하게 지내면 됐지, 왕들까지 친하게 지낼 필요가 뭐 있소?"

그러나 그는 말과는 달리 자기의 야심 때문에 정의롭지 못한 행동을 할 때도 있었다. 테베에 대해서는 더욱 그랬다. 그는 앞에서도 말했듯이 포이비다스를 보호하고 스파르타 국민들에게 다시 한 번 그 죄를 되풀이시키려는 듯이 행동했다. 그래서 그는 카드메아 성을 돌려 주지 않고 그곳에 수비병을 두었을 뿐 아니라, 테베의 정권을 팔아넘긴 아르키아스와 레온티다스를 수비대장으로 임명했다.

그래서 포이비다스가 누군가의 명령을 따른 것뿐이고 모든 일은 아게실라오스가 조종했을 것이라는 의혹이 일어났다. 그 후에 일어났던 사건들은 이 의심을 더욱 짙게 만들었다. 즉, 테베인들이 수비대를 쫓아내고 도시를 해방시키자 아게실라오스는 전쟁을 선포하였다. 아르키아스와 레온티다스를 살해한 데 대한 책임을 묻고 그들에게 보복을 하려는 것이었다. 아게실라오스의 이러한 행동은 그들의 의혹을 더욱 확실히 만드는 증거가 되었다. 이 두 사람은 테베의 폴레마르크[25]라는 직책에 앉아 있

---

25) 육군 지휘자. 특히 아테네에서는 아홉명의 아르콘 가운데 세 번째 사람을 가리켰다. 여기서는 지배자라는 뜻으로 쓰였다.

었지만, 사실은 참주 역할을 했기 때문에 이런 벌을 받은 것이었다. 그러나 아게실라오스는 이 당연한 벌에 대해 보복을 하려고 군대를 일으켰던 것이다.

이때 아게시폴리스 왕은 이미 죽고 그 대신 클레옴브로토스[26]가 또 하나의 왕이 되어 있었다. 그러므로 아게실라오스는 그를 정벌군의 사령관으로 임명하고 보이오티아로 진격시켰다. 아게실라오스는 제일 처음 싸움터에 나갔던 날로부터 40년 동안이나 전쟁을 했으므로, 스파르타의 법률에 의해 군복무가 면제되었다. 그래서 그는 나이를 핑계로 출정을 하지 않았다. 그러나 진짜 이유는 다른 데 있었다. 그는 얼마 전에 참주들로부터 추방당했던 플리아시아 인들의 평민파를 도와준 일이 있었는데, 이제 다시 그 참주들을 위해 테베와 싸운다는 것은 아무래도 떳떳하지 못한 일이었기 때문이었다.

그런데 또 하나의 사건이 일어났다. 아게실라오스의 반대파 중에는 스포드리아스라는 사람이 있었는데 그는 테스피아이의 총독으로 가 있었다. 그는 야심이 대단했던 사람으로 몹시 조급하게 행동을 하는 결점이 있었다. 그런데 이 사람은 포이비다스가 카드메아를 빼앗아 그리스 전체에 이름을 떨치는 것을 보고, 공명심에 불타게 되었다.

'아테네의 피라이우스 항구를 빼앗아 버리면, 아테네는 바다에서 고립되고 말 것이다. 만약 그렇게 되면 나는 포이비다스보다 더 유명해지겠지.'

그는 불타는 야심을 채우기 위해 이런 생각을 하게 되었다. 그러나 다른 설에는, 보이오티아의 펠로피다스와 멜론 장군이 이 계획을 세웠으며 부하들을 보내 그의 자부심을 부추겼다고 한다.

"그런 큰일을 할 수 있는 사람은 세상을 다 뒤져도 오직 장군 한 사람밖에 없습니다."

스포드리아스는 몹시 불명예스러운 배신일 뿐 아니라 심한 전투와 큰 행운이 아니면 결코 성공할 수 없는 이 일을 결국 감행하기로 결정했다. 그는 밤중에 몰래 군대를 움직여 날이 밝자마자 피라이우스를 치기로 계획을 세웠다. 그러나 스파르타 군은 날이 어두워질 무렵이 다 되어서야 출발을 했고 트리아시아 평야도 건너기 전에 해가 솟아 버렸다. 그런데 그때 엘레우시스[27] 신전에서 햇빛의 반사를 받아 이상한 빛

---

26) 포사니아스 왕의 막내 아들로 아게시폴리스 왕의 동생이다.

27) 아티카 지방의 한 도시로 아테네 북서쪽으로 14마일(22km) 정도 떨어져 있다. 이곳에는 데메테르 여신의 신전이 있었다.

이 번쩍거렸다. 이 모습을 지켜본 병사들은 사기가 땅에 떨어졌다. 더구나 스포드리아스도 밤을 이용해 행군을 하는 것이 얼마나 불리한지를 알게 되자 그 계획을 포기해 버렸다. 그래서 그 부근의 마을들을 짓밟고 약탈하면서 테스피아이로 돌아갔다.

아테네는 스포드리아스가 평화 조약을 어긴 데 대해 항의하면서 스파르타에 사절단을 보냈다. 그러나 스파르타의 에포로스들은 이미 스포드리아스를 소환하여 사형을 내리려 하고 있었으므로 사절단은 항의를 할 필요도 없었다. 스포드리아스는 자신의 행동에 스파르타인들이 분노하고 있는 것을 보고 판결의 결과를 예상할 수 있었다. 그는 죽임을 당할 것이 두려워 다른 나라로 도망가 버렸다. 스파르타 시민들은 이 일 때문에 그를 더욱 부끄러워하게 되었다. 그래서 그들은 아테네 사람들이 자신들을 똑같은 피해자로 생각해 주기를 원했다.

이 스포드리아스에게는 클레오니모스라는 아주 잘생긴 아들이 하나 있었다. 아게실라오스 왕의 아들 아르키다모스는 이 청년과 아주 가까운 사이였다. 그래서 그는 클레오니모스를 힘닿는 데까지 도와주고 싶었다. 그러나 스포드리아스가 아게실라오스의 반대파라는 것은 세상이 다 알고 있는 사실이었기 때문에 드러내놓고 도와줄 수는 없었다. 그러나 클레오니모스는 눈물을 흘리면서 아게실라오스의 노여움을 풀어 달라고 애원했다. 아르키다모스는 며칠 동안 아버지의 뒤를 따라다니면서 말을 꺼내보려고 했지만 도저히 용기가 나지 않았다. 며칠을 그렇게 망설이고 있는 동안 드디어 재판 날짜가 다가왔다.

아르키다모스는 결심을 굳게 하고 클레오니모스가 간청한 사실을 얘기했다. 아게실라오스는 두 젊은이의 우정을 알고 있었지만 클레오니모스가 장차 스파르타에서 큰 인물이 될 것이라고 생각했기 때문에 그들이 만나는 것을 가만히 두고 보았다. 그러나 이때 왕은 아주 냉담한 말투로 이렇게만 이야기했다.

"어떻게 하는 것이 가장 적절하고 명예로운 길인지를 잘 생각해 보마."

하루에도 몇 번씩 만나던 클레오니모스였지만 아르키다모스는 이제 그를 만날 면목이 없었다. 스포드리아스를 구하려고 노력하고 있던 사람들도 실망이 여간 아니었다. 그때 아게실라오스의 친구인 에티모클레스가 와서 이렇게 말했다. "왕께서는 스포드리아스가 무거운 벌을 받아야 마땅하겠지만 스파르타로서는 그런 훌륭한 장군을 죽일 수가 없다고 하셨습니다."

아게실라오스는 아들의 간절한 소원을 들어주기 위해 그런 말을 했던 것이다. 이것으로 클레오니모스는 아르키다모스의 우정과 도움을 진심으로 고마워했다. 그리고 스포드리아스의 친구들은 더욱 용기를 내어 적극적인 변호를 전개했다.

사실 아게실라오스는 자식들에 대한 사랑이 남달랐다. 아이들이 아주 어렸을 때였다. 왕은 죽마를 만들어서 아이들과 함께 놀고 있었는데, 마침 그를 찾아온 친구에게 이 광경을 들키고 말았다. 그러자 그는 이렇게 말했다.

"자네가 아이들을 둔 아버지가 될 때까지는 이 일을 비밀로 해주게."

재판은 스포드리아스의 무죄로 결판났다. 그가 무죄 석방되었다는 소식을 들은 아테네는 곧 무기를 들고 전쟁을 선포할 기세였으며, 스파르타인들 또한 아게실라오스를 비난했다. 왕이 어린 아들의 어리광을 들어주기 위해 정의를 왜곡하고 그리스의 평화를 깨뜨렸다는 것이었다.

그와 함께 왕좌에 있던 클레옴브로토스가 테베와의 전쟁을 원하지 않는 것을 보고, 그는 지난번에 나이를 이유로 누린 특권을 깨뜨리고 스스로 군대를 지휘하며 보이오티아로 출정했다.

보이오티아와의 전투는 승부가 좀처럼 나지 않았다. 앞서고 물러서기를 거듭하면서 시간만 끌었다. 그러다가 아게실라오스는 부상을 당하게 되었다. 그러자 안탈키다스는 그를 이렇게 비난했다. "왕이 부상을 당한 것은 전쟁을 원치 않는 테베 인들에게 전쟁을 가르친 대가이다."

사실 테베 군은 스파르타 군과의 전투로 천천히 단련이 되어 아주 용맹스러운 군대가 되어 있었다. 옛날 리쿠르고스가 그의 유명한 법령인 레트라를 만들 때, 스파르타는 같은 나라와 오래 싸워서는 절대 안 된다고 했던 것도 바로 이런 이유였다. 이렇게 되자 스파르타의 동맹국들은 아게실라오스에게 불만을 드러내기 시작했다. 테베를 미워하여 그 나라를 멸망시키려는 개인적인 복수심 때문에 일어난 전쟁이라는 것 때문이었다. 또 자기들의 군대가 훨씬 많은 데도 얼마 되지도 않는 스파르타의 명령에 이리저리 휩쓸려다니며, 생명을 위태롭게 하고 있다는 것 또한 불만 중의 하나였다.

아게실라오스는 그들을 달래기 위해 꾀를 썼다. 그는 동맹군 병사들을 모두 한 쪽에 앉히고 스파르타 군사를 맞은 편에 앉힌 다음 병사들에게 말했다.

"여러분들 가운데 질그릇 굽던 직업을 가졌던 사람은 일어서시오."

왕은 계속 대장장이, 석수장이, 목수 등 온갖 상공업인들을 모두 불러 세웠다. 그러자 대부분의 동맹군들이 다 일어섰고, 스파르타 병사들은 일어서는 사람이 하나도 없었다. 스파르타에서는 그런 기술을 배우는 것이 법으로 금지되어 있었으므로 아무도 일어나지 않은 것은 당연한 일이었다. 그러자 아게실라오스는 미소를 띠며 이렇게 말했다.

"자, 여러분! 우리나라 군사가 더 많다는 걸 이제야 아시겠소?"

아게실라오스 왕은 마침내 보이오티아에서 군대를 철수하기로 했다. 군대는 귀국길에 올라 메가라의 아크로폴리스로 들어가고 있었다. 그런데 그때 아무렇지도 않았던 아게실라오스의 다리가 별안간 아파오더니 점점 부어서 피가 고이고 나중에는 목숨이 위험할 만큼 곪게 되었다.

시라쿠사 출신의 의사가 급히 달려와 그의 복사뼈 밑에서 고름과 피를 짜냈다. 그런데 고통은 덜해졌지만 이번에는 피가 멎지를 않았다. 너무 출혈이 심해서 왕은 그만 기절을 했다. 겨우 피가 멎고 스파르타까지 실려왔지만 그는 몸이 쇠약해져 오랫동안 병석에 누워 있어야 했다.

그가 병석에 있는 동안 스파르타는 바다와 육지에서 패전을 거듭했다. 그 중에서도 가장 큰 패전은 테기라이 전투였다. 이때 스파르타 군은 테베 군에게 처음으로 완벽하게 패배를 당했던 것이다. 이렇게 되자 스파르타는 그리스의 여러 나라들과 평화를 유지하고 싶어졌다. 그리스 각 나라에서도 휴전을 의논하기 위해 스파르타에 사절들을 보내왔다. 이들 중에는 테베의 에파미논다스도 끼어 있었다. 그는 이미 학문과 교양으로는 이름이 나 있었지만 군사면에서는 아직 능력을 발휘하지 못하고 있었다.

그는 각 나라에서 파견된 사절들이 아게실라오스의 환심을 사려고 하는 것을 보았지만 자신만은 한 나라의 대표로서 위신을 지키려고 노력했다. 그는 대회에서 연설을 할 때 자기 나라만이 아니라 그리스의 여러 나라를 위해 이렇게 말했다.

"전쟁이 끊기지 않는 것은 스파르타가 그릇된 주장을 하고 있기 때문입니다. 이것으로 인해 각국은 고통을 받으며 피폐해지고 있고, 오로지 스파르타만이 점점 강해져 가고 있습니다. 만약 스파르타가 이런 입장을 버리고 다른 나라들과 똑같은 지위에 서려고 하지 않는다면, 결코 평화란 있을 수 없을 것입니다. 평화는 정의와 평등을 조건으로 할 때에만 이루어질 수 있는 것입니다."

그는 거침없이 자신의 생각을 말했다. 아게실라오스는 그의 말에 모든 사절들이 고개를 끄덕이는 것을 보고 곧 그에게 질문을 던졌다.

"보이오티아의 작은 도시들이 자주독립을 누리는 것은 정의와 평등이라고 생각하시오, 아니면 그렇지 않다고 생각하시오?"

에파미논다스는 곧바로 대꾸했다.

"그러면 라코니아의 작은 도시들이 자주독립을 누리는 것은 정의와 평등이라고 생각하시오, 아니면 그렇지 않다고 생각하시오?"

아게실라오스는 이 말에 자리를 차고 일어나 다시 물었다.

"그대는 보이오티아가 자주독립을 해야 된다는 것이오, 그래서는 안 된다는 것이오?"

"그러면 왕은 라코니아의 작은 도시들에게 자주독립을 주겠다는 거요, 안 주겠다는 거요?"

아게실라오스의 노여움은 하늘을 찌를 듯했다. 그는 휴전하려는 나라의 명단에서 테베를 지워 버리고 전쟁을 선포했다. 그리고 다른 나라들과는 평화 조약을 체결한 다음, 사절들이 돌아갈 때 이런 말을 했다.

"모든 일을 평화 협정을 가지고 해결할 수는 없소. 그러므로 평화롭게 해결할 수 있는 일은 평화롭게 해결하겠지만, 그렇지 못한 일은 전쟁으로 해결하겠소. 여러 나라의 복잡한 분쟁과 불화를 조정하는 것도 이제는 지쳤소."

스파르타 정부는 곧 포키스에 머물러 있던 클레옴브로토스 왕에게 테베 시 침입 명령을 내려 동맹국들에게 군대를 보내라고 재촉했다. 동맹국들은 핑계를 대며 출정을 이리저리 늦추었지만, 감히 스파르타에게 대항하지는 못했다.

에파미논다스의 전기에서도 언급했던 것처럼 여러 가지 불길한 징조들이 나타나고, 프로토오스 등이 이 전쟁을 막으려고 애를 썼지만 아게실라오스는 결국 전쟁을 고집하고 테베에 대한 전쟁을 시작했다. 그리스 여러 나라와 동맹을 한 데다가 테베만이 고립되어 있으므로 이때야말로 그들을 정복하기에 가장 좋은 기회라고 생각했던 것이다. 그러나 이 전쟁은 신중한 판단과 계획으로 이루어진 것이 아니라 아게실라오스의 사사로운 감정 때문에 이루어진 것임에는 틀림없다.

평화 조약이 체결된 스키로포리온 달, 즉 6월 14일이었고, 스파르타 군이 레욱트라 전쟁에서 패배를 맛본 것은 헤카톰바이온, 즉 7월 5일이었다. 그러므로 겨우 20일 만에 이루어진 전투라는 것으로도 이것이 단순한 화풀이 때문에 생겨난 전쟁이라는 것을 알 수 있다. 레욱트라에서 벌어진 전투는 천 명의 전사자를 내고 스파르타에게 패배의 쓰라린 경험을 안겨 주었다. 전사한 사람들 중에는 클레옴브로토스 왕과 왕을 호위하다가 죽은 우수한 스파르타의 장수들이 끼여 있었다. 특히 스포드리아스의 아들인 클레오니모스는 왕을 지키기 위해 놀라운 용맹성을 발휘했다. 그는 세 번이나 칼에 맞고 쓰러졌지만, 그때마다 다시 일어나 싸우다가 끝내 최후를 마쳤다.

이 전투의 결과는 스파르타에게 뜻밖의 타격이었고, 테베에게는 위대한 승리의 영광이었다. 역사상 그리스의 여러 나라가 거두었던 어떤 승리보다도 이것은 더 명예롭고 더 빛나는 것이었다. 그러나 패배를 당한 스파르타 병사들의 정신 또한 테베에 못지않게 찬란하였다.

크세노폰은 위대한 사람의 말은 그것이 농담이나 술에 취했을 때 나온 것이라도 모두 마음에 새겨둘 가치가 있다고 말했다. 그렇다면 용감한 사람들이 불행에 빠졌을 때 드러내 보이는 말이나 행동들도 후세에 전할 만한 가치가 있을 것이다.

레욱트라 전투의 소식이 전해질 때, 스파르타에서는 김노파이디아이 축제가 벌어지고 있었다. 그래서 구경을 온 다른 나라 사람들과 시민들로 온통 들끓고 있었다. 축제가 벌어지고 있던 대회장에서는 마침 소년들이 나와 춤을 추는 행사가 한창이었다. 에포로스들은 급히 달려온 전령으로부터 패전 소식을 들었다. 이것은 스파르타의 권위를 완전히 무너뜨리고 여러 나라에 대한 지배력을 송두리째 잃게 되는 큰 타격이었다. 그러나 그들은 이 축제의 흥을 깨뜨려 시민들을 실망시킬 수는 없었다. 다만 전사자의 가족들에게만 비밀스럽게 소식을 전하고, 축제는 계속 진행할 수 있도록 했다.

다음날 아침이 되자 시민들은 모두 패배의 소식을 알게 되었다. 누가 죽고 누가 살았는지, 누가 전사자의 가족인지 아닌지는 굳이 묻지 않아도 다 알 수 있는 일이었다. 그런데 전사한 사람들의 가족이나 친척들은 모두 밝고 명랑한 얼굴을 하며 축하의 인사말을 주고받았고, 살아서 돌아온 병사의 가족들은 모두 집에 틀어박혀 가족을 잃은 듯이 슬픈 표정을 짓고 있었다. 혹시 외출할 일이 있어 나갈 때도 그들은 눈을 내리깔고 고개도 제대로 들지 못했다. 스파르타 여자들의 태도는 더욱 훌륭했다. 살아서 돌아온 아들을 맞은 어머니들은 침묵과 설움의 빛이 역력했으며, 아들을 잃은 어머니들은 기쁨을 주고받으며 신전에 가서 감사의 기도를 올렸다.

그러나 동맹국들은 모두 스파르타로부터 이탈하기 시작했다. 그리고 승리를 거둔 에파미논다스가 군대를 이끌고 스파르타로 오고 있다는 소식을 듣자, 이제 시민들은 아게실라오스를 절름발이라고 했던 옛날의 신탁을 기억하지 않을 수 없었다. 그들은 신탁에서 분명히 경고를 했음에도 불구하고 절름발이를 국왕으로 떠받들었기 때문에 이런 불행이 닥쳤다고 생각했던 것이다. 그러나 아게실라오스의 권력과 그에 대한 존경은 민중들의 불평을 충분히 누를 수 있을 만한 것이었다. 나라를 구하고 자신들의 목숨을 지켜줄 수 있는 것은 오직 아게실라오스뿐이라는 것을 그들은 알고 있었다.

먼저 그들은 전쟁에서 지고 도망온 자들의 처리 문제를 해결해야 했다. 그들은 숫자도 많았고, 그 중에서는 세력을 가진 자들도 많이 섞여 있었기 때문에 만약 법률대로 처벌을 내린다면 소요를 일으킬지도 모르는 일이었다. 법률대로라면 그들은 어떤 공직에도 나갈 수 없었고, 결혼도 허락되지 않았으며, 때리거나 모욕을 주어도 저항을 할 수도 없었다. 또 그들은 세수나 목욕을 하는 것도 금지되었고, 여러 가지 색깔을 덧대어 누빈 누추한 옷을 입고 턱수염을 반만 깎고 반은 기른 채 거리를 돌아다녀야 했다.

그러나 많은 군대가 필요한 긴박한 시기에 그토록 많은 사람들을 법대로 처벌한다는 것은 상상할 수도 없는 일이었다. 그래서 그들은 이 문제를 아게실라오스 왕에게 맡기고, 법률에 대해서도 절대적인 권한을 주어 해결 방법을 찾게 했다. 그러나 아게실라오스는 법을 고치거나 새로운 법을 만들려고도 하지 않고 다만 민회에 나가 이렇게 선언했다.

"이 법을 오늘 하루만 잠재우기로 결정했소. 그러나 오늘 이후로는 더욱 엄격히 시행될 것이오."

이렇게 해서 아게실라오스는 법을 그대로 유지하면서 수많은 시민들을 치욕에서 구해 주었다. 이어서 그는 실망에 빠져 있던 청년들을 이끌고 아르카디아로 침입해 들어갔다. 그는 큰 전투를 교묘히 피해가면서 안티네아의 작은 도시 하나를 점령한 다음 그 지방을 마음껏 약탈하게 했다. 아게실라오스의 생각대로 병사들은 다시 용기를 되찾을 수 있었다.

얼마 뒤 에파미논다스는 테베와 동맹국들의 군대를 끌어모아 드디어 라코니아로 침입했다. 병력은 중무장병 4만 명과 경무장부대, 그리고 약탈을 위해 그들을 따라온 인원까지 합친다면 7만 명이 훨씬 넘었다. 도리아 인들이 라코니아를 점령한 이후 6백 년 동안 스파르타에는 적군의 그림자도 찾아볼 수 없었으며, 아무도 침입할 생각조차 하지 못했다. 그런데 테베 군이 아무도 손대지 못했던 신성한 땅에 창검과 불을 들이댄 것이었다. 그들은 아무런 저항도 받지 않고 온 나라를 짓밟은 다음, 에우로타스 강까지 쳐들어와 진을 쳤다.

테오폼포스가 '전쟁의 밀물'이라고 불렀던 이 침입군에 대해 아게실라오스는 정면 도전을 피할 수밖에 없었다. 그는 스파르타 시에 방어벽을 쌓아올리고 중요한 장소에는 수비병들을 배치시켰다. 테베 군은 그의 이름을 부르며 지독한 욕설을 퍼붓고, 전쟁을 일으켜 나라를 망하게 한 놈이니 용기가 있다면 나와서 덤벼보라고 소리치기도 했지만 그는 그런 말들을 못 들은 체했다.

시내에서 일어난 소요와 혼란 또한 아게실라오스를 몹시 괴롭혔다. 노인들은 이런 비참한 형편이 된 것을 참지 못해 소리를 지르며 돌아다녔고, 부녀자들은 적군의 함성과 횃불을 보고 이리저리 날뛰며 정신을 잃었다. 더구나 왕 자신은 지난날의 영광을 떠올리면서 한없는 시름에 빠져들기도 했다. 그가 왕위에 오를 때만 해도 그리스에서 최고의 자리에 있던 스파르타가 이제는 모든 영광을 다 잃어버리고 비웃음을 당하는 지경에까지 이르고 만 것이다.

그는 이미 늙어 기운이 떨어진 몸으로 차마 눈뜨고는 보지 못할 불행의 한가운데에 놓여 있었다. 그의 가슴은 쓰라림으로 찢어질 것만 같았다. "스파르타 여자들은 적군의 화톳불에서 솟는 연기도 구경한 적이 없다"며 자랑스러워했던 그는, 지금 하늘이라도 태울 듯 치솟는 화톳불을 바로 눈 앞에서 보아야만 했다.

언젠가 스파르타의 안탈키다스가 어느 아테네 시민과 자기네 나라의 힘을 자랑했던 적이 있었다. 그때 아테네 시민이 이렇게 말했다.

"우리가 당신네 군대를 케피소스[28] 강에서 몇 번씩이나 격퇴시켰다는 건 당신도 알고 있을 거요."

이 말에 안탈키다스는 이렇게 대꾸했다.

"물론 기억하고말고요. 그렇지만 우리는 아테네 군대를 에우로타스 강 근처에는 오지도 못하게 했지요."

또 어떤 평범한 스파르타 시민이 아르고스 사람과 이야기를 나누고 있었는데, 그 아르고스인이 이렇게 자랑을 했다.

"우리나라 땅에는 수많은 스파르타 군의 뼈가 묻혀 있습니다."

그러자 스파르타 시민이 대꾸했다.

"그래요? 그러나 아르고스인은 우리나라 땅에 단 하나의 뼈도 묻지 못했지요."

---

28) 아테네 서쪽을 흐르는 강.

그러나 이미 상황은 바뀌어 있었다. 그래서 에포로스였던 안탈키다스조차 자기 가족들은 키테라 섬[29]에 피난시키고 있었다.

적군은 드디어 에우로타스 강을 건너 시내로 쳐들어 오기 시작했다. 아게실라오스는 다른 곳은 모두 버리고 한가운데 솟아 있는 산 위에 군대를 집결시켰다. 에우로타스 강에는 눈보라가 불어닥쳐 물살이 거세어지고 수심도 깊었다. 더구나 물이 너무 차서 테베 군은 강을 건너는 데 큰 어려움을 겪었다. 힘들게 강을 건넌 테베 군의 맨 앞에는 늠름한 모습을 한 에파미논다스가 서 있었다. 그때 어떤 장군이 그를 손가락으로 가리키며 아게실라오스 왕을 보았다. 그러자 왕은 한참 그를 쳐다보더니 "대담한 사나이구나!" 하고 감탄했다.

에파미논다스는 스파르타 시내에 승리의 기념비를 세우겠다는 포부로 불타고 있었다. 그래서 그는 여러 가지 방법으로 싸움을 돋구었지만 아게실라오스는 산 위에서 꼼짝도 하지 않았다. 에파미논다스는 전투가 이루어질 기미가 전혀 안 보이자 군대를 철수시켜 부근 지방을 약탈하고 다녔다.

한편 테베 군이 스파르타 시에서 물러나자, 오랫동안 불만을 품어온 시민들 일부가 아게실라오스 왕에 대한 반란을 계획했다. 그들은 약 2백 명 가량의 무리를 이루어 아르테미스 신전이 있는 이소리온을 점령하였다. 이곳은 시내의 요새였으므로 정부군은 이들을 곧 공격하여 몰아내려고 했다. 그러나 아게실라오스는 그 뒤에 어떤 큰 음모가 있지 않을까 염려스러워 일단 공격을 중지시켰다. 그리고 무장을 하지 않은 평복을 입은 다음 시종 하나를 데리고 그들이 점령하고 있는 곳을 찾아갔다. 그리고 그들에게 이렇게 외쳤다.

"명령을 잘못 들었소. 이곳에서 집합하라는 명령은 없었소."

그러고 나서 그는 어느 곳으로 이동해야 하는지를 일러 주었다. 반란자들은 그들의 음모가 아직 발각되지 않은 것으로 생각하여 안심을 했다. 그리고 그가 알려준 곳으로 이동했다. 아게실라오스는 곧 믿을 만한 부하들을 시켜 요새인 이소리온을 점령하게 하고, 반란자들을 모두 붙잡은 다음 주동자 15명을 그날 밤에 사형시켜 버렸다.

그 뒤 그는 다시금 위험한 음모가 꾸며지고 있다는 보고를 받게 되었다. 이 음모에 가담하고 있던 자들은 모두 상당한 세력을 가진 인물들이었다. 그들은 한 집에 모

---

29) 펠로폰네소스 남쪽에 있는 섬으로 지금은 케리고 섬이라고 부른다.

여 혁명을 일으킬 준비를 하고 있었다. 아게실라오스는 이런 소란한 시기에 형식을 갖춘 재판을 할 수도 없었고, 그렇다고 음모를 모른 척할 수도 없었다. 그래서 그는 에포로스들과 의논하여 재판 없이 그들 모두를 사형시켜 버렸다. 스파르타 시민권을 가진 사람이 재판도 없이 이런 처벌을 받은 것은 이것이 처음이었다.

당시에는 완전한 시민이 아닌 지방 농민들이나 농노들에게도 모두 무기가 지급되어 있었다. 그런데 이들 중에는 탈영을 하여 적군에게 항복하는 자가 많아 군대의 사기가 계속 떨어지고 있었다. 이런 보고를 들은 아게실라오스는 새벽마다 병사들의 천막을 점검하라는 명령을 내렸다. 그래서 만약 도망간 자가 있으면 그 무기를 감추게 하여 탈영자의 숫자를 알 수 없게 만들었다.

그런데 테베 군이 왜 스파르타에서 철수를 했는지에 대해 많은 역사가들은 의견을 달리하고 있다. 겨울이 되었기 때문이라고도 하고, 아르카디아 군이 해산했기 때문에 다른 동맹국들도 모두 흩어져 버린 것이라고도 한다. 혹은 석달 동안 각 지방을 황폐하게 해놓고 물러간 것이라고 말하는 사람도 있다.

그러나 역사가 테오폼포스는 테베 군의 철수 이유를 다음과 같이 설명하고 있다. "보이오티아의 여러 장군들이 이미 철수를 결정했을 때, 아게실라오스는 프릭소스라는 스파르타인을 시켜 철수를 권유하면서 10탈렌트의 돈을 주었다. 그래서 그들은 스스로 철수를 결정해 놓고도, 돈을 받고 철수를 한 것처럼 되어 버렸다."

그러나 많은 역사들의 의견에서 서로 일치하는 한 가지는 스파르타를 멸망 직전에서 구한 것은 아게실라오스의 덕택이었다는 것이다. 그는 공명심과 자존심을 모두 버리고 갖은 모욕을 당하면서도 오직 나라를 구하기 위해 모든 것을 아끼지 않았던 것이다.

그러나 아무리 아게실라오스라고 해도 옛날 스파르타가 누렸던 영광과 위대함을 회복시킬 수는 없었다. 마치 아무리 튼튼하고 건강했던 사람이라도 단 한 번 심한 병이 난 다음에는 그 전 같은 힘을 회복할 수 없듯이, 스파르타 또한 지난날의 번영을 부활시킬 수는 없었다. 오래도록 지속되어 왔던 한 나라의 번영이 단 한 번의 타격으로 한꺼번에 무너져 내린 것이다.

그러나 이것은 결코 놀랄 만한 일은 아니다. 리쿠르고스는 국민의 평화와 질서 생활을 위해 정치 조직을 만들고 스파르타의 법을 세웠다. 그러나 행복과 질서를 추구하는 국가로서는 바람직하지 못한 전쟁이나 독재가 끼어들면서 리쿠르고스가 만든 정치나 법 질서는 더 이상 제구실을 하지 못하게 되었고, 스파르타는 스스로 파멸을 불러들이게 되었던 것이다.

그 뒤 아게실라오스는 너무 늙었기 때문인지 전쟁에 전혀 나서려 하지 않았다. 그러나 그의 아들 아르키다모스는 시칠리아의 디오니시오스에게 군대를 얻어 아르카디아 군을 격파했다. 이 전투는 흔히 '눈물 없는 전투'로 알려져 있는데, 한 사람의 스파르타 병사도 잃지 않고 수많은 적을 죽였기 때문에 붙여진 이름이었다.

그러나 이 전쟁은 스파르타가 얼마나 약해졌는가를 뚜렷이 보여 주었다. 그 전까지 스파르타는 당연히 자기들이 승리를 거둔다고 생각했고, 큰 승리를 거두었을 때도 제물로는 수탉 한 마리만 바치곤 했다. 그래서 병사들은 승전을 크게 자랑스러워하지도 않았고, 시민들도 당연한 것으로 받아들였다. 투키디데스의 기록을 보면, 만티네이아에서처럼 큰 승리를 거두었을 때도 승전 소식을 가져온 전령에게 고작 고기 한 조각을 나누어 주었을 뿐이라고 한다.

그러나 아르카디아에서의 승전 소식을 접한 스파르타는 기쁨을 숨기지 못하고 환호를 올렸다. 아게실라오스는 자기 아들이 개선 장군이 되어 시내로 들어오는 것을 마중하기 위해 모든 관리들을 데리고 멀리까지 나갔다. 그리고 아들의 모습을 발견하자 감격의 눈물을 흘리면서 끌어안았다. 또 노인들이나 부녀자들은 에우로타스 강에 나가서 스파르타의 치욕을 씻고 다시 태양을 쳐다볼 수 있게 허락해 준 신께 두 손을 높이 들며 감사의 기도를 드렸다. 그때까지 스파르타의 남자들은 전날의 패전에 대한 부끄러움 때문에 아내나 딸들 앞에서 제대로 고개도 들지 못했다고 한다.

한편 에파미논다스는 메세네를 독립시키고 그리스 각지에 흩어져 있던 그곳 주민들을 다시 불러들였다. 그러나 스파르타는 감히 그 계획을 막을 생각도 못하고 있었다. 메세네의 영토는 넓고 비옥한 땅으로 오랫동안 스파르타가 차지하고 있었으나 아게실라오스가 왕으로 있는 동안 그 땅을 빼앗기고 말았다. 그러므로 스파르타 시민들은 그를 몹시 원망하고 있었다.

그래서 테베가 휴전을 제안했을 때도 아게실라오스는 거절을 할 수밖에 없었다. 메세네 땅을 잃었다고는 하지만 이름뿐인 소유권마저 포기하고 싶지는 않았기 때문이다. 그러나 이렇게 체면을 따졌기 때문에 그는 자칫했으면 속임수에 걸려들어 스파르타 땅까지 잃을 뻔했다. 이 사건은 다음과 같이 이루어졌다.

만티네이아 인들은 테베 군에 대해 반란을 일으키고 스파르타에 도움을 요청해

왔다. 아게실라오스가 그들의 요청을 허락하고 곧 군대를 이끌고 만티네이아로 갈 것이라는 이 사실을 알게 된 에파미논다스는 만티네이아 사람들 몰래 테게아를 떠나 무방비 상태에 놓여 있는 스파르타로 갔다. 그런데 얼마 되지 않아 이 정보는 아게실라오스의 귀에 들어갔다. 칼리스테네스는 그 정보를 준 사람이 테스피아이 사람인 에우티노스라고 하고, 크세노폰은 어떤 크레타 사람이었다고 한다. 아게실라오스는 깜짝 놀라 전령을 급히 스파르타로 보내 이 사실을 알리고, 자신도 곧 뒤따라갔다.

아게실라오스가 스파르타에 도착하자마자, 곧 테베 군이 에우로타스 강을 건너와 시가지를 공격하기 시작했다. 그때 아게실라오스는 나이에 맞지 않는 엄청난 용맹을 보이면서 큰 활약을 했다. 그는 그 전처럼 방어만 할 것이 아니라 운명을 내걸고 필사적인 전투를 벌이기로 했다. 이 작전은 큰 성공을 거두어 거의 남의 손에 넘어갈 뻔했던 나라를 구하고 에파미논다스를 격퇴시켰다. 그는 전승 기념비를 세우고, 스파르타의 남자들이 자신을 길러준 나라를 위해 얼마나 훌륭한 일을 했는지를 아내와 자식들에게 보여 주었다.

그때 아르키다모스가 보여 주었던 활약은 모든 사람들의 눈을 끌고도 남았다. 그는 대담하고 민첩한 몸놀림으로 적의 공격을 받아 무너지려는 곳마다 번개처럼 나타나 부하들을 덮치려는 적을 막아냈다. 이렇게 해서 스파르타는 무사히 위기를 넘길 수 있었다.

그러나 이 전투에서 적과 전우 모두를 감동시킨 사람은 역시 포이비다스의 아들 이시다스였다. 그는 매우 아름다운 얼굴에다가 키도 크고 체격도 잘 다듬어져 있었는데, 이제 막 소년 티를 벗고 청년이 되어가는 나이였다.

그는 집에서 목욕을 마치고 향유를 바르고 있다가 전쟁이 벌어졌다는 소식을 들었다. 그는 머뭇거릴 사이도 없이 맨몸으로 뛰쳐나와 한 손에는 칼을, 다른 손에는 창을 잡았다. 전우들을 밀치며 맨 앞에까지 나선 그는 적군 속에 뛰어들어 닥치는 대로 적들을 쓰러뜨렸다. 그러나 싸움이 끝난 뒤에 보니 몸에는 상처가 하나도 없었다. 그건 어쩌면 그의 용기를 보고 감탄한 신이 그를 돌보아 주었거나, 아니면 적의 병사들이 그런 모습으로 나타나 싸우는 모습을 보고 인간이 아닌 신이라고 여겨 피해 달아났기 때문이었을 것이다.

전쟁이 끝난 다음 에포로스들은 그의 공격을 표창하여 화관을 씌워 주었다. 그리고 갑옷을 입지 않고 싸움터에 나간 벌로 천 드라크마의 벌금을 물게 했다.

며칠이 지난 뒤 스파르타 군은 만티네이아 근처에서 테베 군과 다시 맞붙었다. 이 전투에서 에파미논다스는 스파르타 군을 무찌르고 승리의 여세를 몰아 적을 추격했다. 그런데 그때 스파르타의 안티크라테스가 에파미논다스를 습격하여 그를 찔러 버렸다. 디오스코리데스[30]는 창에 찔린 것이라고 했지만, 스파르타인들은 그 무기가 칼이었다고 했다. 그래서 안티크라테스의 후손들을 오늘날까지 마카이로네스, 즉 칼의 용사라고 불리고 있다.

스파르타 시민들은 에파미논다스의 이름만 들어도 벌벌 떨었기 때문에 그를 찔러 죽인 안티크라테스에 대한 칭찬은 자자했다. 그는 이 승리에 대해 특별히 상과 영예를 받아 그의 후손들은 일체의 세금이 면제되었다. 오늘날[31]도 안티크라테스의 후손인 칼리크라테스는 그 특권을 누리고 있다.

이 전투에서 에파미논다스를 잃은 그리스의 여러 나라들은 모두 평화 조약을 맺었다. 그러나 아게실라오스는 메세네 사람들을 자기들의 도시도 가지고 있지 못하므로 이 조약에 맹세할 자격이 없다며 반대를 했다. 그러나 다른 모든 나라는 아게실라오스의 주장을 받아들이지 않았다. 그래서 스파르타는 전쟁을 계속하여 메세네를 다시 손에 넣으려고 했다.

그러자 사람들은 전쟁에 굶주린 고집쟁이 노인이라며 아게실라오스를 손가락질했다. 그는 전쟁을 치를 경비가 없어서 시민들과 친구들에게 돈을 빌려 가면서까지 전쟁을 하려고 했기 때문이다. 스파르타가 숨이라도 돌릴 수 있도록 시간을 주어야 할 시기에 그는 전쟁을 연장시키고 그리스의 평화를 해칠 생각만 하고 있었다. 그는 스파르타가 통치하고 있던 바다와 육지를 잃고나자 메세네의 작은 땅이라도 얻고 싶었던 것이다.

그는 이집트 왕 타코스를 위해 싸움을 벌여 자신의 이름을 더욱 더럽히고 말았다. 그리스 최고의 장군으로서 세상에 이름을 떨치던 위대한 그가 이집트의 한 야만인 우두머리에게 고용되어 용병 부대의 지휘관이 되었다는 것은 추태에 지나지 않는다는 것이 세상의 평가였다. 그는 이미 팔십이 넘은 나이인 데다가 지금까지 전쟁에서 입었던 부상 때문에 제대로 몸을 가누기도 힘든 처지였다. 그럼에도 불구하고 만일

---

30) 기원전 1세기경 그리스의 의사.
31) 그때부터 5백 년 후이다.

그가 그리스 전체의 자유를 위해 페르시아를 상대로 싸웠더라면 사람들은 그 정신을 우러러 보았을지도 모른다. 그러나 이러한 행동 또한 전적으로 칭찬할 만한 일은 못 된다. 왜냐하면 명예로운 일이 되려면 적어도 시기와 조건이 적당해야 하며, 그래야만 그 일의 옳고 그름을 판단할 수 있기 때문이다.

그러나 아게실라오스는 이렇게 생각하고 있었다.

'어떤 일이든 그것이 자기 자신만의 명예가 아니라 나라의 이익을 위한 것이라면 부끄러워할 이유가 없다. 오히려 집 안에 틀어박혀 죽는 날만 기다린다면 그것이 정말 부끄러워해야 할 일이다.'

이런 믿음을 갖고 있던 그는 타코스가 보낸 돈을 받아 용병을 모집했다. 그리고 그 병력으로 함대를 구성한 뒤, 페르시아 원정 때처럼 30명의 스파르타 장군을 고문으로 임명하여 이집트로 출항했다.

이집트에 도착하자 타코스 왕의 군사위원들이 모두 마중나와 그의 상륙을 환영하였다. 또 많은 이집트 사람들이 그의 명성을 듣고 찾아와 그의 얼굴을 보려고 몰려들었다. 그러나 그들의 눈에 비친 것은 늠름한 장군의 모습이 아니라 절름발이에다가 낡은 옷을 걸친 늙은이가 풀밭에 앉아 있는 모습이었다. 이 모습을 본 사람들은 그의 몰골을 비웃었다.

이집트의 관리들은 그에게 여러 가지 선물을 바쳤다. 그런데 그는 밀가루와 송아지, 거위 따위는 받으면서 과일 말린 것과 과자, 향료 등은 거절했다. 이것을 보고 사람들은 그를 이상한 사람이라고 생각했다. 그 관리는 그에게 귀한 것들이니 받아들이라고 다시 권했다. 아게실라오스는 그 물건들을 마지못해서 받았지만 자기가 데리고 온 병사들에게 모두 주고 말았다. 그러나 역사가 테오프라스토스는, 그가 파피루스로 짠 모자만은 썩 마음에 들어하며 받았다고 한다. 그래서 그는 이집트를 떠날 때 왕에게 청해서 파피루스를 가지고 왔다고 전해진다.

아게실라오스는 군대를 이끌고 가서 타코스의 군대와 합쳤다. 그러나 총사령관이 될 것이라는 기대와는 달리 타코스가 총사령관을 맡고, 아테네의 카브리아스가 해군사령관으로 임명되었으며, 자신에게는 데리고 온 용병 부대를 지휘하는 권한만 주어졌다. 그는 이 일로 몹시 불쾌했지만 그런 일은 계속되었다. 그는 타코스 왕의 무례한 태도와 허영심을 보고 몹시 기분이 나빴다. 더욱이 타코스 왕이 페니키아 해전에 나섰을 때, 한 나라의 왕이며 장군인 그는 일개 장군의 자격으로 그를 따라나서야 했다. 얼마 동안 아게실라오스는 이 무례한 태도를 참을 수밖에 없었다. 그러다가 드디어 그 울분을 토할 기회가 왔다.

타코스의 사촌인 넥타나비스는 타코스 밑에서 큰 부대를 지휘하고 있었는데, 그가 반란을 일으키고 이집트의 왕임을 선포하였다. 그런 그가 아게실라오스에게 사람을 보내 협조를 요청해 왔다. 그리고 카브리아스에게도 똑같은 요청을 하면서 두 사람에게 큰 보수를 주겠다고 약속했다.

그러자 타코스는 그 두 사람에 대한 태도를 완전히 바꾸고, 그동안의 우정을 지켜 달라고 애원했다. 카브리아스는 그의 애원을 받아들이고 그를 도와주기로 했다. 그리고 아게실라오스에게도 함께 타코스를 도와주자고 권유했다. 그러나 아게실라오스는 단호한 말로 뿌리쳤다.

"카브리아스! 당신은 개인 자격으로 오셨으니 당신 생각대로 행동하시오. 그러나 나는 스파르타가 이집트 군을 지휘하라고 파견한 사람이오. 그러니 나는 본국의 명령이 없는 한, 우리의 친구인 이집트를 상대로 싸울 수가 없소이다."

그러고 나서 아게실라오스는 곧 타코스를 비난하고 넥타나비스를 칭찬할 만한 자료들을 스파르타로 보냈다.

한편 이집트의 두 왕도 각각 스파르타로 사절을 보내, 한쪽은 이미 맺고 있던 조약을 계속 유지하려고, 또 한쪽은 그 조약을 깨뜨리고 새로운 조약을 체결하기 위해 애를 썼다. 스파르타 정부는 양쪽 사절단을 만나 충분한 이야기를 들었다. 그런 뒤 "모든 결정은 아게실라오스에게 맡긴다"는 공식 입장을 밝혔다. 그리고 한편으로는 아게실라오스에게 몰래 밀사를 보내 "스파르타의 이익이 되는 길을 선택하라"고 지시했다.

이 명령을 받은 아게실라오스는 자기가 데리고 갔던 용병 부대를 모두 이끌고 넥타나비스에게 갔다. 이것은 스파르타의 이익을 위한 것이긴 했지만 이것은 배신이나 다름없는 괴상한 행동이었다. 그러나 스파르타 사람들은 자기 나라에 이로운 것이라면 그것은 무조건 정당한 행동이라고 생각했으며, 옳고 그른 것을 고려하지 않은 채 스파르타를 강하게 만들 수 있는 길만을 찾으려고 했다.

아게실라오스 군의 버림을 받은 타코스는 결국 도망을 가고 말았다. 그런데 멘데스 지방에서 왕위 계승자라고 주장하는 어떤 자가 10만 명이나 되는 대군을 이끌고 진격해 왔다. 넥타나비스는 아게실라오스에게 이렇게 말했다.

"적의 숫자는 과연 많지만, 장사치나 농사꾼들을 되는 대로 주워 모은 것입니다.

그러니 우리의 상대는 되지 못합니다."

그러나 아게실라오스는 이렇게 대꾸했다.

"내가 염려하는 것은 숫자가 아니라 그들이 전략이라는 것은 전혀 모른다는 것입니다. 그런 자들에게는 전략을 써봐야 먹히지를 않습니다. 전략이라는 것은 이쪽으로 공격해 올 것이라고 예상하는 적들을 다른 쪽에서 갑자기 공격하는 것인데, 아무런 생각도 없는 저들에게 그것이 무슨 소용이 있겠습니까? 아무리 뛰어난 씨름꾼이라도 꼿꼿하게 가만히 서 있는 상대에게는 기술을 걸 수가 없는 것처럼 저들도 마찬가지란 말이오."

그런데 멘데스인들도 아게실라오스를 자기 편으로 끌어들이려는 눈치를 보였다. 넥타나비스는 이러한 기미를 알아채고 아게실라오스가 그들에게 넘어갈까봐 몹시 불안해했다. 아게실라오스가 빨리 결전을 벌이자고 서두르자 그의 의심은 더욱 커져만 갔다.

"하루라도 빨리 전투를 시작해야겠소. 저들은 전쟁 경험이 없으니 공연히 싸움을 미룰 필요가 없소. 시간을 주면 엄청난 숫자를 가진 저들은 우리를 포위할 것이오. 그렇게 되면 이쪽이 위험해집니다."

넥타비아스는 아게실라오스를 한층 두려워하여 그의 말과 정반대되는 쪽으로 결정을 내리기로 했다. 그래서 그는 자기 군대를 방비가 잘 되어 있는 넓은 도시로 이동시키고 아게실라오스의 움직임을 샅샅이 살폈다. 아게실라오스는 그가 자신을 의심한다는 것을 알고 몹시 불쾌하고 노여웠지만, 또다시 그를 배신할 수는 없었으므로 넥타나비스를 따라 그 도시로 들어갔다.

적군은 밀물처럼 밀려들어 도시 주변에 참호를 파기 시작했다. 넥타나비스는 포위 공격을 당할 것이 두려워 전투를 할 결심을 굳혔다. 군량이 부족한 그리스 군대도 그의 의견에 찬성했다. 그러나 아게실라오스는 그들의 의견에 반대를 했다. 그러자 이집트 사람들은 그를 더욱 의심하면서 그가 또 왕을 배신하려 한다고 공공연히 떠들어댔다. 그러나 아게실라오스는 자기가 품고 있는 작전에 확신이 있었다. 그래서 이런 모욕을 조용히 참으며 기회가 오기만을 기다렸다.

적군은 그때 성을 봉쇄하고 깊은 참호와 높은 둑을 만들어 도시 주위를 완전히 포위한 다음, 그들이 굶어죽기만 기다릴 계획이었다. 그런데 어느덧 참호가 완성되어 양쪽 끝이 맞닿게 되었다. 그러자 아게실라오스는 병사들을 무장시키고 드디어 넥타나비스에게 갔다.

"자, 드디어 왕을 구할 수 있는 기회가 왔소. 지금까지 나는 작전 계획이 새나갈까 봐 비밀로 하고 있었소. 그러나 이제 잘 들으시오. 적이 힘들여 파놓은 저 참호는 바로 우리에게 승리를 안겨다 줄 것이오. 대군을 가지고 있는 적은 저 참호 때문에 오히려 우리를 공격하기 힘들어졌소. 그러니 아직 완성이 덜 되어 있는 쪽으로 나가면서 싸우기만 하면 왕과 왕의 부대를 살릴 수 있소. 우리 앞에 있는 적은 금방 무너질 것이고, 나머지 적군들은 참호 때문에 제대로 공격을 못할 것이오."

넥타나비스는 곧 아게실라오스의 지혜에 감탄하여 그리스 군의 부대에 끼어 용감하게 싸웠다. 첫 번째의 공격만으로도 적은 혼란에 빠졌다. 이렇게 해서 넥타나비스의 신뢰를 얻은 아게실라오스는 씨름에서 똑같은 기술을 몇 번이고 사용하는 것처럼 여러 번 이 작전을 되풀이했다.

그는 쫓고 쫓기면서 적을 두 줄기의 참호로 몰아냈다. 이 참호는 둘 다 물이 많고 깊게 뻗어 있었다. 아게실라오스는 이것을 교묘히 이용하여 대열을 두 참호 사이에 그물처럼 펼치고 공격을 했다. 그러자 적군은 양쪽 가에 있는 참호 때문에 아게실라오스 군을 포위할 수가 없었다. 그래서 그들은 별로 저항도 해보지 못하고 엄청난 전사자들을 냈으며, 겨우 목숨을 건진 자들도 모두 흩어져 달아나 버렸다. 이 승리로 이집트의 왕권을 확보하게 된 넥타나비스는 아게실라오스에게 깊은 감사와 존경을 나타내며 겨울이라도 지내고 돌아가라고 했다. 그러나 아게실라오스는 빨리 본국으로 돌아가 전쟁에 힘을 보태기 위해 서둘렀다. 그때 스파르타는 군자금도 부족한 데다가 자기 나라 군대는 외국에서 전쟁을 하고 있었으므로 용병을 사지 않으면 안 될 처량한 지경이었기 때문이었다. 그러므로 이집트 왕은 예절을 다하여 그를 배웅하고, 수많은 선물과 함께 군자금 2백 30탈렌트를 주었다.

겨울이라 날씨가 나빠서 바다에는 풍랑이 계속 일었다. 그래서 아게실라오스가 타고 있던 배는 바다를 곧장 건너지 못하고 아프리카의 해안을 따라 조심스럽게 항해를 했다. 그러다가 메넬라오스 항구라는 사람이 살지 않는 땅에 막 상륙하려 할 때, 마침내 아게실라오스는 마지막 숨을 쉬고 눈을 감았다.

그의 나이 84세, 스파르타 왕으로 오른지 41년이 되는 해였다. 이 41년 중에서 30년 동안 그는 그리스에서 가장 큰 지위를 누린 인물이었다. 다시 말하면 레욱트라 전투에서 패하기 전까지 그는 가장 위대한 인물이었고, 그리스 전체의 왕이었으며,

존경받는 총사령관이었다.

스파르타의 풍습에 의하면, 외국에서 사람이 죽었을 때 그가 보통 시민이면 거기서 장례를 치르고, 왕이면 본국으로 유해를 가져오게 되어 있었다. 그렇기 때문에 수행원들은 꿀이 없어서 밀랍으로 그의 유해를 싸서 고국으로 실어와 장사를 지냈다.

아들인 아르키다모스는 아게실라오스의 뒤를 이어 왕이 되었고, 그로부터 5대째인 아기스 왕에 이르기까지 그의 자손은 계속 왕좌에 앉았다. 그러나 아기스 왕은 스파르타의 엄격한 전통을 되살리려고 하다가 레오니다스에게 암살되고 말았다.

32
폼페이우스
(POMPEIUS, BC 106~48)

로마의 위대한 정치가이자 대범하고 용맹스러운 군인. 로마 달력 647년 8월에 태어났다. 매우 아름다운 용모를 갖추고 있었으며, 로마에서는 최초로 단독 집정관까지 올랐고, 여러 차례 개선식을 올렸다. 당시 로마의 왕이라고 할 만큼 절대적인 힘과 권력을 가지고 있었으며, 아프리카와 유럽, 아시아 등 3개 대륙을 완전히 손에 넣었다. 그러나 카이사르와의 싸움에 패배하여 이집트로 피신하였다가 59세에 비참한 최후를 맞았다.

폼페이우스는 어렸을 때부터 로마 시민들의 사랑을 많이 받았다. 그에 대한 애정은 아이스킬로스[1]가 쓴 비극에서 프로메테우스[2]가 자기를 구해준 헤라클라스에게 한 말을 떠올리게 한다.

당신의 아비(제우스)는 나의 원수지만
당신(헤라클레스)은 너무도 사랑스럽소.

폼페이우스의 아버지 스트라보[3]는 로마 시민들로부터 심한 미움을 샀다. 그러나

---

1) 기원전 525~456. 아테네에서 태어난 그리스의 3대 비극 작가 중 하나.

2) 그리스 신화에 등장하는 영웅. 하늘에서 불을 훔쳐 인간에게 준 죄로 큰 바위에 묶여 독수리에게 간을 쪼이는 벌을 받는다. 제우스의 아들 헤라클레스의 도움으로 구원되었다.

3) 재무관과 법무관을 거쳐 시칠리아 총독을 지내고, 기원전 89년에 집정관에 올랐다가 2년 뒤에 죽었다.

로마 시민들은 폼페이우스에게는 그런 원한이나 증오심을 나타낸 적이 없었다. 스트라보는 뛰어난 장군이었고 한 번도 패한 적이 없는 훌륭한 용사였다. 사람들은 그가 살아 있는 동안 제대로 기를 펴지 못했다. 하지만 그가 벼락에 맞아서 죽자 온갖 방법으로 그를 모욕했다. 심지어는 그의 시신이 담긴 관 뚜껑을 열고 시체를 끌어내기까지 했다고 한다.

그러한 아버지와는 달리 폼페이우스는 일찍부터 큰 지지를 얻고 있었다. 그는 운명이 뒤바뀌는 것을 여러 번 경험했지만, 민중들의 사랑과 믿음은 언제나 변하지 않았다. 그에 대한 민중들의 지지와 사랑은 아주 일찍 시작되어 그의 운이 뻗어나가는 동안 함께 자라났으며, 그의 운이 기울어졌을 때까지 계속 이어졌다.

스트라보가 민중들로부터 그토록 심한 미움을 받은 것은 끝도 없는 탐욕 때문이었다. 그리고 폼페이우스에게 그처럼 큰 사랑을 보낸 것은 절제 있는 생활 태도와 전쟁에서 보여준 능숙한 기량, 뛰어난 연설과 성실한 마음, 그리고 언제나 친절한 태도 때문이었다. 그는 다른 사람이 부탁을 해오면 언제나 밝은 얼굴로 들어주었고, 끝까지 노력을 아끼지 않았다. 또 그는 사람을 끄는 매력이 있었으며, 은혜를 베풀 때도 전혀 기색을 드러내지 않았고 남의 도움을 받을 때도 언제나 위엄과 명예를 잃지 않았다.

처음부터 그는 아름다운 용모와 훌륭한 체격 때문에 사람들에게 좋은 인상을 주었다. 사람들은 그에게 깊은 호감을 가지고 그를 지지했다. 그의 아름다운 표정과 위엄은 나이가 들어가면서 더욱 중후해지고 왕자다운 모습을 뚜렷이 나타냈다.

그의 머리카락은 약간 곱슬로 물결을 지어 흐르고, 눈은 부드러운 광채를 띠었다. 사람들은 그런 모습을 보면서 알렉산드로스 대왕과 많이 닮았다고 생각했다. 그래서 젊었을 때는 알렉산드로스 대왕이라는 별명으로 불린 적도 있었다. 실지로 그렇게 많이 닮았는지는 알 수 없지만 많은 사람들이 그렇게 부르는 것을 폼페이우스 자신도 별로 싫어하지 않았다. 언젠가 집정관을 지낸 루키우스 필리푸스는 폼페이우스를 좋아하는 이유를 이렇게 얘기했다.

"필리포스 왕이 알렉산드로스를 사랑한 것은 이상한 일이 아니오. 그리고 그것은 나도 마찬가지요."

또 플로라라는 기생은 나이가 든 뒤에도, 젊은 시절 폼페이우스와 가까이 지내던 일을 떠올리며 늘 이런 말을 했다.

"그분의 사랑을 받으면 죽었던 내가 다시 살아나는 것 같았어요."

그녀는 이런 얘기도 했다. 언젠가 폼페이우스와 함께 다니던 친구 게미니우스가 그녀에게 사랑을 고백하며 귀찮게 굴었다고 한다. 그래서 플로라는 그에게 말했다. "게미니우스 님, 폼페이우스 님이 계시는 한 나는 당신의 마음을 받아들일 수가 없어요."

폼페이우스

그러자 게미니우스는 폼페이우스를 만나 그 말을 전하고 승락을 받아가지고 왔다. 폼페이우스는 그녀에 대한 사랑은 변함이 없었지만 그 후로는 한 번도 그녀를 찾아오지 않았다. 이 일로 플로라는 오랫동안 설움과 후회의 나날을 보냈다고 한다. 플로라는 세상 사람들 사이에서 아름답기로 널리 이름이 나 있었다. 그래서 카이킬리우스 메텔루스가 카스토르와 폴룩스 신전을 장식할 때 플로라의 조각상을 함께 헌납했다고 한다.

폼페이우스는 또 자기의 해방 노예인 데메트리우스 — 그의 두터운 신임을 받아 4천 탈렌트의 유산을 받았다 — 의 아내에 대해서, 그는 자기의 원래 성격과는 달리 그녀에게 너그럽고 공정한 태도를 보이지 않았다. 이것은 자기가 그녀의 불가항력적인 아름다움에 빠져 꼼짝도 못한다는 비난을 받을까봐 두려워서 그런 것이었다. 그는 언제나 세심하고 신중하였지만, 연애사건들 때문에 반대파의 비난과 조소를 끊임없이 받아야만 했다. 정적들은 언제나 유부녀들의 환심을 사기 위해 부정을 눈감아 주고 국가 수입을 횡령했다는 비난을 그에게 퍼부었던 것이다.

그의 생활이 얼마나 소박하고 간소했는지도 다음과 같은 이야기에서 엿볼 수 있다. 언젠가 그가 병에 걸려서 음식을 제대로 소화할 수 없게 된 일이 있었다. 의사는 메추리를 먹으라고 처방을 내렸다. 하인들은 그 새를 구하기 위해 뛰어다녔지만 철 지난 메추리를 도저히 구할 수가 없었다. 그런데 누군가가 루쿨루스의 저택에서 1년 내내 메추리를 기르고 있으니 그곳에 가면 구할 수 있다고 귀띔해 주었다. 그러자 폼페이우스는 호통을 쳤다.

"그토록 사치스럽게 사는 루쿨루스의 도움이 없으면, 이 폼페이우스가 죽기라도 한단 말이냐?"

그는 의사의 처방을 무시해 버리고 손쉽게 얻을 수 있는 다른 음식을 먹었다고 한다. 그러나 이것은 나중에 있었던 일이다.

폼페이우스가 젊었을 때, 그의 아버지 스트라보는 킨나[4]를 무찌르기 위해 사령관으로 출정하였다. 그런데 폼페이우스와 함께 천막을 쓰던 루키우스 테렌티우스가 킨나의 꾐에 빠졌다. 그는 다른 사람들이 스트라보 장군의 천막에 불을 지를 때 폼페이우스를 죽이기로 되어 있었다. 폼페이우스는 저녁을 먹다가 이 음모를 알게 되었으나 별로 놀라는 빛을 드러내지 않았다. 그는 여느 때보다 더 명랑하게 먹고 마시며 그 친구와 정답게 농담을 하기도 했다.

이윽고 잠잘 시간이 되자, 그는 슬그머니 천막을 빠져 나와 아버지의 천막으로 달려갔다. 그리고 재빠르게 호위병을 세우고 아버지의 천막을 지키게 한 다음, 사건이 일어나기를 조용히 기다렸다.

밤이 깊어지자 테렌티우스는 소리없이 일어났다. 그리고는 폼페이우스가 있는지 없는지도 확인하지 않고 그의 잠자리를 칼로 여러 번 쑤셔댔다. 그러자 군대는 벌집을 터뜨린 것처럼 큰 소란이 일어났다. 평소부터 장군을 싫어하고 있던 병사들이 모두 들고일어나 무기를 들고 달려나왔던 것이다. 그동안 스트라보 장군은 자신의 막사 안에서 꼼짝도 못하고 있었다.

폼페이우스는 날뛰고 있는 병사들 사이를 돌아다니면서 눈물을 흘리며 애원했다. 마지막에는 진영의 입구에 엎드려 밖으로 나가려는 병사들 앞에 머리를 숙이고 흐느껴 울었다.

"기어이 나가려거든 나를 밟아 죽이고 나서 가시오."

병사들은 폼페이우스의 목멘 소리에 마음을 돌렸다. 그렇게 해서 8백 명을 제외한 병사들은 모두 생각을 바꾸고, 장군과 화해를 했다.

스트라보가 죽은 후, 시민들은 곧 그를 공금횡령죄로 고발했다. 폼페이우스는 스트라보의 상속자로서 법정에 서게 되었다. 그는 따로 횡령사실을 조사하다가 중요한 사실을 알게 되었다. 폼페이우스는 아버지의 생전에 노예로 있던 알렉산드로스가 횡령을 저질렀다는 것을 알게 되었다. 법정에 나간 폼페이우스는 이 사실을 낱낱이 밝

---

4) 로마의 장군이며 정치가. 기원전 87년에 집정관을 지내고 마리우스의 지지자로서 활약하다가 마리우스가 죽자 민중파의 지도자로서 술라와 대항했다. 기원전 84년에 피살되었다.

히고 증거를 들었다. 그런데 얼마 후 다른 사람이 또 폼페이우스를 고발했다. 죄목은 그의 아버지가 아스쿨룸을 점령했을 때, 사냥 도구와 몇 권의 책을 그가 개인적으로 가져갔다는 것이었다. 다시 법정에 나간 폼페이우스는 여기에 대해 사실대로 말했다.

"아스쿨룸을 점령했을 때, 아버지께서 그 물건들을 제게 주신 것은 사실입니다. 그러나 로마에 난입해 들어온 킨나 장군이 호위병들을 시켜 저희 집을 마구 약탈했고, 그때 그 물건들도 모두 빼앗겼습니다."

그는 재판이 시작되기 전에 자신을 고발한 사람과 여러 차례 만나 논쟁을 했다. 그때 그는 젊은이답지 않은 침착하고 예리한 태도를 보여 크게 인기를 얻었다. 재판을 담당한 재판관 안티스티우스도 그의 인품을 매우 사랑하게 되었고, 그를 사위로 삼고 싶다고 했다. 그래서 폼페이우스는 그 청혼을 받아들여 안티스티우스의 딸인 안티스티아와 몰래 약혼식을 올렸다.

그러나 이 비밀은 군중들의 눈을 피해가지는 못했다. 안티스티우스가 피고인 폼페이우스에게 무죄를 선고하자, 그들은 마치 약속이라도 한 것처럼 "탈라시오, 탈라시오!" 하고 외쳤다. 이것은 약혼식 관례에 따라 외치는 소리인데, 그 습관이 생긴 데는 다음과 같은 유래가 전해진다.

사비니족의 딸들이 로마 시에 연극과 운동 경기를 구경하러 온 적이 있었다. 그때 이 여자들은 로마의 용감한 시민들에게 그만 납치를 당하고 말았다. 그들은 여자들을 자기 집에 데려다가 아내로 삼으려고 했던것이다. 그런데 그때 소나 염소를 치던 어떤 초라한 사람 하나가, 키도 크고 얼굴도 아름다운 여자를 떠메고는 쏜살같이 도망을 갔다. 그리고 시민들에게 여자를 빼앗길까봐 겁이 나 "탈라시오!"라고 외쳤다. 그때 로마에는 탈라시우스라는 유명한 사람이 있었는데, 그분께 가져간다는 뜻으로 '탈라시오'라는 여자의 이름을 불렀다는 것이다. 그러자 사람들은 그 두 사람의 결합을 축복해 주기 위해서 다같이 "탈라시오"를 외쳤다고 한다. 탈라시우스와 그의 아내 탈라시오의 결혼 생활은 아주 행복했다고 하는데, 그래서 결혼을 할 때마다 그런 행복을 누리라는 뜻으로 "탈라시오"를 외치게 되었다고 한다.

폼페이우스는 재판이 끝난 뒤 얼마 지나지 않아 곧 안티스티아와 결혼을 했다. 그리고는 킨나의 군대를 찾아갔다. 그런데 근거도 없는 온갖 악평과 비난이 나돌고 있었다. 그는 두려움을 느껴 그곳을 빠져나왔다. 폼페이우스가 사라지자 사람들은 킨나가 그를 죽인 것이라고 생각했다.

이 소문이 온 진영으로 널리 퍼지게 되자, 오래 전부터 킨나를 싫어하던 자나 그에게 악의를 품고 있던 병사들이 반란을 일으켜 킨나를 습격했다. 킨나는 재빨리 달아났다. 그러다가 결국 칼을 빼들고 쫓아오던 백인 대장에게 붙잡히고 말았다. 궁지에 몰린 킨나는 땅바닥에 무릎을 꿇고, 도장으로 쓰는 아주 값비싼 반지를 내놓으며 살려 달라고 애걸했다. 그러나 백인 대장은 멸시에 가득 찬 눈으로 그를 내려다보며 말했다. "나는 휴전조약서 도장을 받으러 온 사람이 아니라 잔인한 폭군을 죽이러 온 것이다."

얘기를 마친 대장은 킨나를 단칼에 베어 버렸다. 이렇게 해서 킨나가 죽고, 뒤를 이은 사람은 카르보였다. 그런데 이 카르보는 킨나보다 더 심한 폭군으로 온 로마를 쥐고 흔들며 잔인한 짓을 일삼기 시작했다.

그때 아시아 원정에 나가 있던 술라의 군대가 로마를 향해 달려오고 있다는 소식이 전해져 왔다. 사람들은 살아가는 것이 너무도 고통스러워, 누구든 카르보 대신 자리를 차지해 주었으면 하고 바라면서 술라가 돌아오기만을 기다렸다. 로마 시민들은 이미 끊임없이 거듭되던 재난에 지쳐서 자유 같은 것은 바라지도 않고 있었다. 그들은 그저 노예처럼 살아도 좋으니 숨돌릴 틈이나 생기기를 바랄 뿐이었다.

그즈음 폼페이우스는 이탈리아의 피케눔 지방에서 잠시 시간을 보내고 있었다. 그곳에 아버지의 땅이 있기도 했지만, 자기 아버지에게 은혜를 입은 그곳 사람들이 무척 친절히 대해 주었기 때문이었다.

그런데 그곳 시민들이 자기들의 땅과 재산을 모두 버리고 술라의 진영을 찾아가는 것을 보고는 폼페이우스도 가만히 있을 수가 없었다. 그러나 도망친 사람처럼 빈손으로 가거나 도움을 구하는 사람처럼 기어들어가고 싶지는 않았다. 그래서 먼저 술라를 위해 어떤 공적을 세워야겠다고 결심했다. 그는 우선 부끄럽지 않을 만큼의 군대를 거느리기 위해 피케눔 사람들에게 도움을 요청했다. 시민들은 폼페이우스의 뜻을 기꺼이 받아들이고 카르보가 파견했던 사절들을 돌려 보냈다. 그러자 빈디우스라는 자가 나타나 폼페이우스를 비난했다. "폼페이우스는 이제 막 학교에서 뛰어나왔소. 그런데 그가 우리 고장의 지도자가 되려 하고 있소."

이 말을 듣고 화가 머리끝까지 난 시민들이 빈디우스에게 달려들어 그를 죽여 버렸다.

폼페이우스는 그때 겨우 스물세 살이었지만, 스스로 군대를 다스릴 만한 정신을 체득하고 있었다. 뿐만 아니라 그의 권력은 다른 사람들에게서 부여받은 것이 아니라 본인 스스로가 만들어 낸 것이었다. 군대를 이끌고 출정한 폼페이우스는 우선 아욱시뭄이라는 큰 도시를 점령했다. 그리고 카르보 편에 붙어서 자기를 반대하고 있던 벤티디우스 형제를 추방시키고, 호민관 한 사람을 뽑았다. 그런 다음 다시 시민들 중에서 병사들을 뽑아 장교와 대장들로 임명하였다.

이런 방법으로 그는 근처 여러 도시들을 손에 넣었다. 카르보를 지지하던 사람들은 모두 도망가 버리고, 그 밖의 많은 사람들이 폼페이우스에게 모여들었다. 그렇게 얼마 지나지 않아 군대는 3개 군단의 병력을 이루게 되었고, 군량과 군수품들도 풍부하게 갖출 수 있게 되었다.

폼페이우스는 드디어 술라의 진영을 향해 진군을 시작했다. 그는 서둘러 달려가지 않고 지나는 곳마다 적을 괴롭혔다. 그래서 그들이 지나간 지방들은 카르보의 세력이 발붙일 수 없게 되었다. 그러자 카리나스, 클로일리우스, 브루투스 세 장군이 한꺼번에 폼페이우스를 공격해 왔다. 그들은 병력을 전부 전선에 세우거나 한 곳에 집결시키지 않고 각각 세 방향에서 폼페이우스를 에워싸며 진을 쳤다. 그들은 여기서 폼페이우스를 완전히 짓밟을 생각이었다. 폼페이우스는 조금도 두려워하는 기색도 없이 차분하게 군대를 집결시켰다. 그런 뒤 자기가 제일 앞장 서서 전병력을 이끌며 브루투스를 공격했다. 브루투스의 진영에서는 켈트족 기병대가 달려나와 맞섰다. 폼페이우스는 창을 움켜쥐고 맨 앞으로 달려나와 적들 가운데 가장 용감한 무사와 맞붙어 싸워 죽였다.

이것을 본 적병들은 말머리를 돌려 자기네 진영으로 도망을 가기 시작했고 대열에서는 큰 혼란이 일어났다. 그러자 적군은 삽시간에 달아나기 시작했다. 세 장군도 어쩔 줄 모르고 허둥대다가 제각기 살 길을 찾아 달아났다. 그들이 달아나는 것을 보고 부근의 도시들은 자진해서 폼페이우스에게 항복해 왔다.

세 장군이 패하자 다음에는 집정관 스키피오가 그를 정벌하려 나왔다. 그러나 양쪽 군대가 서로 창을 던질 만큼 가까워지자 스키피오 군대의 병사들은 한꺼번에 소리를 지르며 폼페이우스에게 귀순했다. 스키피오는 겨우 목숨을 부지하고 멀리 달아날 수밖에 없었다. 마지막으로 카르보가 직접 몇 개의 기병대를 이끌고 아르시스 강에서 폼페이우스를 맞았다. 그러나 폼페이우스의 변함없는 용기에 역습을 당하여 그들 역시 패하고 말았다. 더구나 이번에는 무너져 도망가는 적을 추격하여 말을 타고는 움직일 수 없는 곳까지 기병대를 몰아붙였기 때문에 적은 말과 무기를 내놓고 모두 항복을 해왔다.

술라는 폼페이우스가 승리를 거듭하고 있다는 사실을 전혀 모르고 있었다. 그는 다만 폼페이우스의 첫 출동 소식만 듣고, 전투 경험이 풍부한 적의 장수들에게 어려움을 당하지나 않을까 걱정하고 있었다. 그래서 그는 구원군을 이끌고 서둘러 진군하던 중이었다. 폼페이우스는 술라가 온다는 소식을 듣고, 즉시 부하 장군들에게 명령하여 깃발과 기물들을 정돈하고 대열을 정비했다. 그리고 모든 병사들에게 위엄과 존경으로 총사령관을 맞으라고 명령했다.

드디어 술라가 도착했다. 폼페이우스 군영의 질서정연한 모습과 함께 생생한 젊음의 열기, 그리고 거듭된 승리로 드높아진 병사들의 기상이 술라의 눈에 들어왔다. 그는 말에서 내렸다. 폼페이우스는 개선식 때처럼 그에게 '임페라토르', 즉 대장군이라는 이름을 부르며 인사를 드렸다. 술라는 폼페이우스에게 역시 임페라토르라고 부르며 답례를 했다.

겨우 스무 살을 갓 넘긴 청년인 데다가 원로원 의원도 지내보지 못한 그를 이렇게 부른 것은 놀랄 만한 일이었다. 그때까지 스키피오나 마리우스 가문조차도 이 칭호를 얻기 위해 경쟁을 하고 있었는데, 아무도 예상하지 못했던 뜻밖의 행운이 바로 폼페이우스에게 안겨진 것이다.

술라는 그 뒤에도 처음 만났을 때와 똑같은 태도로 폼페이우스를 대했다. 그는 폼페이우스가 자기를 찾아올 때면 언제나 자리에서 일어나 모자를 벗고 인사를 했다. 술라의 주위에는 여러 장군들이 있었지만, 그는 누구도 폼페이우스에게처럼 정중한 대우를 해준 일이 없었다. 그러나 폼페이우스는 이런 특별한 대우를 받으면서도 한 번도 우쭐대거나 거드름을 피우는 일이 없었다.

그 뒤 술라는 갈리아 지방을 정벌하기 위해 폼페이우스를 보내려고 했다. 이곳에는 메텔루스가 충분한 병력을 가지고 사령관으로 가 있었지만, 아직까지 이렇다 할 전과를 올리지 못하고 있었다. 그런데 술라의 말을 들은 폼페이우스는 출정을 사양했다.

"이미 메텔루스 장군이 사령관으로 가 있을 뿐 아니라 그분은 저보다 연세도 많고, 명성 또한 높으십니다. 그런데 감히 제가 그분의 지휘권을 가로챈다는 것은 결코 옳지 못한 일이라고 생각합니다. 그러나 만일 메텔루스 장군이 제가 오기를 원하시고, 또 그런 요구를 저한테 직접 하신다면, 저는 언제든지 그분의 뜻을 받들 생각입니다."

메텔루스는 갈리아에서 이 소식을 듣고, 즉시 와 달라는 편지를 폼페이우스에게 보냈다. 편지를 받은 폼페이우스는 곧 갈리아로 떠났다. 그리고 자신도 놀랄 만큼 큰 공을 세우고, 이미 늙은 메텔루스 장군에게 다시금 새로운 용기를 불붙여 주었다. 그것은 빨갛게 달아오는 구리를 차고 굳은 다른 구리 위에 놓으면 물보다 더 빨리 녹는 것과 같은 이치였다.

최고의 자리에 서 있는 운동 선수에게, 그 사람이 소년 시절에 거둔 우승의 기록들은 별로 빛을 내지 못한다. 폼페이우스의 경우도 이와 마찬가지여서 젊은 시절 뛰어난 공을 세웠지만, 뒷날 세운 뛰어난 업적들에 비하면 그것은 사실 아무것도 아니다. 그의 청년 시절 얘기를 낱낱이 늘어놓다 보면, 그의 인품을 잘 드러내 줄 뒷날의 뛰어난 공적과 행운들을 자세히 적을 수 없게 되므로 젊은 시절의 이야기는 더 자세히 쓰지 않기로 하겠다.

술라는 이탈리아 전체를 손에 넣고 딕타토르, 즉 독재관에 임명되었다. 그는 부하들에게 재물이나 관직을 나누어 주었다. 특히 폼페이우스에 대한 대접은 특별했다. 그는 이 청년의 뛰어난 용기와 힘에 감탄했을 뿐만 아니라 반드시 큰 기둥으로 자랄 것이라고 생각했다. 그래서 폼페이우스를 가까이 두고 싶었다. 아내 메텔라도 같은 생각이었다.

술라 부부는 갖은 말로 폼페이우스의 마음을 흔들었다. 그것은 안티스티아와 이혼하고 자신의 딸 아이밀리아와 결혼을 시키기 위해서였다. 아이밀리아는 메텔라의 전 남편인 스카우루스 사이에서 낳은 딸인데, 이미 다른 남자와 결혼을 하여 아이까지 가지고 있는 몸이었다. 이 결혼은 사실 몰인정한 이해타산의 결과였다. 술라에게는 유리한 일이었지만 폼페이우스에게는 고통스러운 일이었다. 이미 아이를 배고 있던 아이밀리아는 남편의 품에서 억지로 떨어져야 했고, 안티스티아는 술라 때문에 이혼의 치욕을 겪는 비참한 신세가 된 것이다. 또한 안티스티아는 폼페이우스 때문에 아버지도 잃었다. 그녀의 아버지 안티스티우스는 폼페이우스의 장인이었기 때문에 술라의 당파로 몰려 원로원에서 살해되었고, 어머니 또한 설움 때문에 스스로 목숨을 끊은 것이다. 불행은 그치지 않아 이 비극적인 결혼은 결국 또 하나의 비극을 낳았다. 아이밀리아는 폼페이우스에게 시집온 지 얼마 안 되어 아이를 낳다가 죽고 말았던 것이다.

그 후 페르펜나가 시칠리아에서 큰 세력을 얻고 반대파 군대의 피난처로 삼고 있다는 소식이 들려왔다. 한편 카르보는 시칠리아 근처의 바다를 손에 넣고 세력을 키우고 있었으며, 도미티우스는 아프리카를 침입하여 이름난 망명객들을 불러모으고 있었다. 폼페이우스는 이들 군대를 무찌르기 위해 곧 시칠리아로 파견되었다. 이 소식을 들은 페르펜나는 재빨리 달아났다. 시칠리아 섬은 폼페이우스의 수중으로 손쉽게 굴러들어왔다. 폼페이우스는 그동안 학정에 시달리던 도시들을 해방시키고 그들에게 너그러운 정치를 폈다. 그러나 메세나의 마메르티니 인들만은 예외였다. 그들은 오래 전에 로마가 선포했던 법령을 들고 나와서 자신들에게 특별한 조처를 내려야 한다고 주장했다. 그러자 폼페이우스는 호통을 쳤다.

"허리에 칼을 차고 있는 우리에게 그런 법률을 따진다고 통할 줄 아느냐?"

카르보를 처형한 방법도 이에 못지 않게 잔인했다. 그는 카르보의 죄에 벌을 내린다기보다는 오히려 그의 불행한 운명을 비웃는 것 같았다. 사실 그럴 필요가 있었는지는 모르지만 만일 카르보를 처형했어야 한다면, 포로로 체포했을 때 바로 처형했어야 했다. 그러나 폼페이우스는 로마의 집정관을 세 번이나 지냈던 그를 사슬에 묶은 채 법정에 세우고, 스스로 재판을 맡아 그를 심문했다. 그리고 재판에 참가했던 사람들이 의분을 터뜨리는 것을 보고서야 그를 끌어내어 사형에 처했다.

카이사르의 친구인 카이우스 오피우스의 말에 의하면, 폼페이우스는 퀸투스 발레리우스에게도 잔인한 처벌을 가했다고 한다. 그는 매우 박식한 데다가 과학에도 조예가 깊은 사람이었다. 폼페이우스는 끌려온 그에게 이런저런 질문을 던져 그의 학문을 실험해 보고는 사형시켰다고 한다. 그러나 오피우스의 이 말, 특히 카이사르와 관계된 사람에 대한 이야기는 그다지 믿을 만한 것이 못 된다.

술라의 오랜 적으로 세상에 알려져 있는 인물에 대해서는, 그도 잔인한 처벌을 내릴 수밖에 없었다. 그러나 그 밖의 인물에 대해서는 될 수 있는 한 너그럽게 대했고, 죄를 보아도 못 본 척했으며, 도망을 가는 경우에도 그대로 내버려 두곤 했다. 히메라 시민들에 대한 경우도 바로 여기에 속한다. 그는 이 도시를 점령하고 시민들을 모두 엄격하게 처벌하기로 결심했다. 페르펜나와 카르보를 도우면서 적대적인 행위를 했기 때문이었다. 그런데 히메라 시민들의 지도자인 스테니스라는 사람이 찾아와서 그에게 꼭 할 말이 있다고 했다.

"죄인은 모두 내버려 두시고, 죄없는 저희들을 벌한다는 것은 옳지 못한 행동입니다."

이 말을 듣고 폼페이우스가 물었다.

"그렇하면 죄인은 도대체 누구란 말이오?"

스테니스는 이렇게 대답했다.

"그건 접니다. 저는 친구들은 설득하고, 적들은 강제로 끌어들여 이런 일을 저질렀습니다."

폼페이우스는 그의 솔직함과 대담함에 감탄하였다. 그래서 스테니스의 죄를 모두 용서하고, 다음으로 히메라 시민들을 용서해 주었다.

이렇게 폼페이우스가 시칠리아에서 바쁘게 일을 처리하는 동안, 원로원과 술라의 지시가 내려왔다. 곧 아프리카로 달려가서 도미티우스를 정벌하라는 것이었다. 그 몇 해 전에 마리우스가 아프리카의 군대를 모아 이탈리아로 건너와서, 로마에 혁명을 일으키고 독재자가 되었던 적이 있었는데, 지금 도미티우스의 군대는 그때 마리우스의 군대보다도 더 큰 병력을 가지고 있었다.

폼페이우스는 곧 원정 준비를 갖추었다. 120척의 군선과 8백 척의 수송선을 갖추고 거기에 군량과 무기와 자금과 공성기를 실은 다음 그는 곧 출항했다. 그리고 시칠리아에는 처남 멤미우스를 총독으로 남겨 두었다.

함대는 며칠 동안 지중해 바다를 항해하여 아프리카 해안에 도착했다. 그는 부대를 둘로 나누어 각각 우티카 항구와 카르타고에 상륙했다. 그때 폼페이우스는 6개 군단 병력을 이끌고 있었는데, 그가 상륙하자마자 적의 병사들 중 7천 명이 순순히 항복을 해왔다.

그런데 얼마 후 부하 병사 몇 명이 땅 속에서 우연히 보물을 발견했다. 그 곳에는 꽤 많은 돈이 들어 있었다. 병사들은 이것이 옛날 카르타고가 멸망할 때 숨겨둔 것이 틀림없다고 생각했다. 그런 보물들이 얼마든지 숨겨져 있을 것이라고 생각하고, 너나 할 것 없이 이 보물을 찾느라고 며칠 동안 땅을 파헤치고 다녔다. 돈에 눈이 뒤집혀서 땅만 파고 있었으니 명령이나 군기 같은 것은 이미 들리지도 않았다. 폼페이우스는 큰 손해를 입고 있었지만, 그냥 웃으면서 내버려 둘 수밖에 없었다. 마침내 병사들은 지쳐서 겨우 정신을 차렸다. 그들은 폼페이우스를 찾아와 잘못을 빌며 힘껏 싸우겠으니 어서 군대를 이동시켜 달라고 애원했다. 그제야 병사들은 자기들의 어리석음에 대한 충분한 벌을 받고 잘못을 뉘우쳤던 것이다.

한편 도미티우스는 폼페이우스의 상륙 소식을 전해 듣고 전투 태세를 갖추어 그에게 달려와 진을 쳤다. 그런데 양쪽의 진영 사이에는 여기저기 바위가 솟아 있는 물줄기가 가로로 놓여 있었다. 그런데다가 아침에 시작된 폭풍우가 하루종일 계속되어 강물은 더욱 거세어졌다. 도미티우스는 전투를 벌이지 못할 것으로 판단하고 군대를 철수시켜 진영으로 돌아갔다.

폼페이우스는 이 기회를 이용해서 즉각 진군 명령을 내리고 거센 강물을 건너기 시작했다. 그리고 모두 강을 건너자 곧 적의 진영을 공격하였다. 도미티우스의 군대는 곧 무질서하게 흩어져 심한 혼란에 빠졌다. 저항을 해 보려고 해도 이미 대열이 흩어져 힘든 형편이었다. 더구나 바람이 정면으로 불어오고 세찬 빗물이 떨어져 상황은 더욱 불리해졌다.

사실 이 폭풍우는 로마 군에게도 이롭지는 않았다. 어찌나 바람이 억세었던지 사람을 잘 알아볼 수도 없어, 폼페이우스도 자칫하면 목숨을 잃을 뻔했다. 한번은 그의 부하가 누군지를 몰라 보고 암호를 물었는데, 폼페이우스는 그만 제대로 말을 못하고 머뭇거린 일이 있었다. 그러자 그 부하는 창을 움켜쥐고 덤벼들다가 겨우 장군의 얼굴을 알아보고 멈추었던 것이다.

적군은 수많은 전사자를 뒤로 한 채 모두 도망쳐 버리고 말았다. 그때 적은 모두 2만 명이었는데, 도망친 자라고 해 봐야 겨우 3천 명뿐이었다고 한다. 병사들은 '임페라토르'라는 칭호와 함께 폼페이우스에게 존경을 나타냈다. 폼페이우스는 그런 대우를 사양하면서 이렇게 말했다. "적의 진지가 아직 남아 있는 한, 나는 그런 영광된 이름을 받을 수가 없소. 여러분이 진정으로 나에게 영광을 주고 싶다면, 먼저 저기 보이는 적진을 무너뜨려 주시오."

장군의 말은 병사들은 곧 도미티우스의 본거지를 공격했다. 그들의 진지 앞에는 수많은 방해물과 참호가 가로놓여 있었지만, 사기가 드높은 로마 군을 당해낼 수는 없었다. 이때 폼페이우스는 전날의 사고를 염려하여 투구를 벗어 자기 얼굴을 드러내놓고 싸웠다고 한다. 로마 군은 적진으로 돌격해 곧 진지를 함락시켰다. 그때 도미티우스도 여러 부하 병사들과 함께 전사하였다.

이렇게 해서 도미티우스의 진지는 함락되고 이 부근 지방의 여러 도시들도 서로 다투어 항복을 해 왔다. 또 항복하지 않은 도시들도 공격을 해 함락시켰다. 또한 다시 진격을 시작하여 도미티우스의 오랜 친구이며 부대장인 이아르바스 왕을 사로잡았다. 그리고 이아르바스의 왕국은 히엠프살에게 넘겨 주었다. 이 승리로 사기가 더욱 높아진 군대는 곧 누미디아로 진격하여 여러 날을 계속 추격한 끝에 야만인들을 모두 무찔렀다. 이렇게 해서 그는 로마의 권력을 거의 잊고 있던 야만인들에게 다시금 공포를 안겨 주었다. 또 그는 며칠 동안 사자와 코끼리 사냥에 군대를 동원시키기도 했다.

"아프리카 맹수들에게도 로마 군의 힘과 용기를 알게 해야지."

폼페이우스가 적군을 모두 무찌르고 아프리카를 완전히 손에 넣고, 또 모든 국왕과 나라를 새로 세운 기간은 아무리 길게 잡아도 40일을 넘지 않는다. 이때 폼페이우스의 나이는 스물넷이었다.

폼페이우스는 다시 우티카로 돌아왔다. 그때 술라의 편지와 명령서가 전달되었다. 1개 군단의 병력을 제외한 나머지 군대는 모두 해산시키고, 후임 사령관이 갈 때까지 기다리라는 내용이었다. 폼페이우스는 이 명령이 몹시 불쾌했지만 그것을 밖으로 드러내지는 않았다. 그러나 해산을 당하게 된 군인들은 가만히 있지를 않았다.

"술라의 명령이 그러니 하루 빨리 이곳을 떠나 로마로 돌아가시오."

그러나 폼페이우스의 말을 들은 그들은 더욱 술라를 욕하며 완강히 저항했다.

"대장군님! 우리는 어떤 일이 있더라도 장군님을 지킬 것입니다."

"무서운 폭군을 믿어서는 안 됩니다."

폼페이우스는 그들을 진정시키기 위해 온갖 말을 다했지만 들으려고 하지 않았다. 할 수 없이 그는 연단에서 내려와 눈물을 흘리면서 천막으로 물러나 버렸다. 그러자 병사들이 쫓아와 그를 다시 연단으로 끌어올렸다. 그날은 이런 식의 말다툼으로 하루 해가 저물고 말았다.

병사들은 어떻게 해서든지 장군의 마음을 돌리려고 했다. 그러나 폼페이우스는 병사들에게 명령을 따를 것을 설득하고, 더 이상 반항하지 않을 것을 호소했다. 그러자 병사들은 아우성을 치며 반란을 일으키려고 했다. 폼페이우스는 그들을 달래다가 지쳐서 이렇게 말했다.

"그런 일을 억지로 강요한다면 나는 자살해 버리고 말겠소."

그러던 중 술라는 폼페이우스가 반란을 일으켰다는 소식을 듣게 되었다. 이 얘기를 들은 술라는 곁에 있던 친구들을 돌아보며 말했다.

"그래? 나는 왜 늘그막에 와서 어린애와 다툴 운명을 타고 난 것일까?"

이 말은 또 마리우스 2세가 자기를 괴롭히고 있던 일을 비꼬아서 하는 말이기도 했다. 그러나 폼페이우스의 반란에 대한 일은 곧 진실이 밝혀졌다.

로마 시민들은 이 소식을 듣고 그에 대해 은근한 명예를 바치며 그의 귀국을 기다렸다. 술라는 시민들의 그런 움직임을 보면서 폼페이우스를 성대하게 환영해 주리라고 생각했다. 드디어 폼페이우스가 돌아왔다. 술라는 그를 반갑게 끌어안으면서 '마그누스'라고 외쳤다. 이 말은 위대한 사람이라는 뜻으로 폼페이우스에 대한 존경과 환영의 뜻을 나타내는 것이었다. 그런데 다른 설에 의하면, 이 존칭은 아프리카에서 그의 군대가 불렀던 이름이었는데, 이때 술라가 인정을 함으로써 확정된 것이라고도 한다.

어쨌든 폼페이우스는 이 존칭을 받은 마지막 인물이 되었다. 그 훨씬 뒤 그가 세르토리우스를 정벌하기 위해 스페인에 가 있을 때, 그는 비로소 폼페이우스 '마그누스'라는 이름을 쓰기 시작했다. 그 전까지는 사람들의 시기와 질투가 두려워서 사용하지 않다가, 이때부터 명령서나 편지에 이 이름으로 서명을 하게 된 것이었다.

로마인들은 전쟁에서 큰 공을 세우거나 전공을 많이 쌓았다는 것만으로는 이러한 존칭을 주지 않았다. 이 존칭은 백성을 잘 다스린 사람들의 노력을 칭찬하기 위해서 주어지기 시작했다. 그렇게 보면 로마의 옛 풍습들 중에는 존경하고 찬양할 만한 것들도 많다. 한편 '막시무스', 즉 가장 위대한 사람이라는 이름을 받은 사람은 지금까지 단 두 사람뿐이었다. 그 중 하나는 발레리우스로서 원로원과 시민을 화해시킨 공으로 이 이름을 받았다. 그리고 또 한 사람은 파비우스 룰루스로서 해방 노예의 자식들이 돈의 힘으로 원로원 의원이 되었을 때 그들을 모두 내쫓은 공로로 이 존칭을 얻었다.

폼페이우스는 개선식을 올리기를 원했지만 술라는 반대하며 억지소리를 했다. "로마의 법률에 의하면 개선식은 집정관이나 법무관이었던 사람만 올릴 수 있게 되어 있소. 대 스키피오도 큰 전쟁에서 승리를 거두었지만, 한 번도 그런 직책을 지낸 적이 없었기 때문에 끝내 개선식을 요구하지 않았소. 그런데 아직 원로원 의원이 될 만한 나이도 안 된 폼페이우스가 개선식을 열면서 로마로 들어온다면, 시민들이 어떻게 생각하겠소? 아마도 엄청난 비난을 할 것이오."

그리고는 다시 덧붙여서 말했다.

"나는 그의 요구를 절대로 받아들일 수가 없소. 만일 그가 끝까지 고집을 한다면 나는 나의 권력을 써서라도 그를 굴복시킬 것이오."

그러나 폼페이우스는 이렇게 말했다.

"세상은 지는 해보다 솟아오르는 해를 더 숭배하는 법이오."

이 말은 자기의 권세는 치솟고 있지만, 술라의 권력은 기울어지고 있다는 뜻이었다. 술라는 처음에 이 말을 잘 알아듣지 못했다. 그러나 그 말을 들은 사람들은 몹시 놀랐다. 그는 폼페이우스가 무슨 말을 했느냐고 물었다. 그리고는 폼페이우스의 말뜻을 알고 그의 대담함에 놀라 두 번이나 거듭해서 외쳤다.

"개선식을 올리게 하라!"

그러나 다른 사람들은 여전히 개선식을 반대하며 술라의 말을 받아들이지 않았다. 그러자 폼페이우스는 그들을 더욱 약올려 주려고 개선식에 쓸 전차를 리비아에서 데려온 네 마리의 코끼리로 끌려는 계획을 세웠다. 그러나 로마의 성문이 좁아서 어쩔 수 없이 말네 마리로 바꾸었다.

폼페이우스 마그누스

또 병사들은 예상했던 만큼의 재산을 벌지 못하고 돌아온 것이 불만스러워 개선식을 방해하기 시작했다. 그러나 폼페이우스는 아무 관심도 없다는 듯이 말했다. "마음대로 하시오. 개선식을 못 올렸으면 못 올렸지 병사들의 명령대로 움직이는 장군은 되지 않겠소."

개선식을 반대하던 부하들 중에는 세르빌리우스라는 사람이 있었다. 그는 전쟁에서 큰 공을 세운 사람이었다. 그는 폼페이우스의 말을 듣고 이렇게 말했다. "나는 폼페이우스가 과연 참다운 영웅이라는 것을, 그리고 개선식을 올릴 만한 자격이 있다는 것을 알게 되었습니다."

만일 폼페이우스가 원하기만 했다면 원로원 의원이 되는 일은 별로 어렵지도 않았다. 그러나 그는 원로원 의원직을 원하지 않았으며, 뭔가 특별한 방법으로 명예를 얻고 싶었다.

나이가 차기 전에 원로원 의원이 된다는 것은 별로 이상한 일이 아니었지만, 원로원 의원이 되기도 전에 개선식을 올린다는 것은 사실 좀 특별한 일이었다. 덧붙여서 말하면, 그가 그렇게 한 것은 민중들의 환심을 얻기 위한 것은 아니었다. 개선식이 끝난 뒤에도 원로원 의원이 되지 않았으며, 여전히 로마의 기사로 있었기 때문이다. 이것을 보며 민중들은 다같이 그를 칭찬하며 그의 행동을 기쁘게 생각했다.

술라는 빠른 기세로 두각을 나타내는 폼페이우스의 권세가 절정을 향해 치달리는 것을 보고 몹시 불안스러웠다. 그러나 그것을 방해한다는 것은 수치스러운 일이었기 때문에 짐짓 아무렇지도 않은 듯 가만히 있었다. 그러나 폼페이우스는 자신의 반대를 뿌리치고 레피두스를 집정관으로 후원하고 나섰다. 결국 폼페이우스는 공공연히 선거운동을 하여 그를 당선시켰다. 이렇게 되자 술라는 더 이상 참고 있을 수가 없었다. 그는 폼페이우스가 선거장에서 나와 군중들에게 둘러싸여 포룸으로 가고 있는 것을 보고 큰 소리로 외쳤다.

"이것 보게, 젊은이! 승리에 만족하고 있겠지만, 그대는 지금 이 도시에서 가장 뛰어난 카툴루스를 제쳐놓고 저 야비한 레피두스를 집정관으로 앉힌 걸세. 과연 너그럽고 장한 일을 했다고 생각하는가? 그대는 지금 시민의 눈을 가려 버린 것일세. 그건 그렇다고 치더라도 이제부터는 정신을 바짝 차려야 할 걸세. 그대는 그대의 원수를 도와 그 세력을 키워 주었으니 말일세."

술라가 폼페이우스를 얼마나 싫어했는지는 그의 유언에 가장 노골적으로 나타난다. 그는 폼페이우스에게 단 한 마디의 유언도 남기지 않았다. 다른 친구들에게는 여러 가지 유산을 주고 아들을 부탁하기도 했지만, 폼페이우스의 존재는 완전히 묵살해 버렸던 것이다.

그러나 폼페이우스는 가슴속의 불길을 꾹 눌렀다. 그리고 레피두스 등이 그를 마르스(軍神) 광장에 묻는 것과 국장을 치르자는 것에 대해서는 반대했지만, 장례식만은 명예롭고 안전하게 치러지도록 힘껏 도와주었다.

술라가 죽은 얼마 뒤 술라의 예언은 곧 사실로 나타났다. 레피두스는 마치 자기가 술라의 후계자인 것처럼 온갖 권세와 위엄을 부리며 공공연히 야심을 드러냈던 것이다. 그는 술라에게 눌려 지내던 동지와 군대에게 무기를 나누어 주고, 마리우스의 잔당을 끌어모았다.

레피두스의 동료 집정관이던 카툴루스는 원로원과 민중들의 지지를 받고 있었고, 인격적으로도 큰 존경을 받고 있던 인물이었다. 그러나 그의 재능은 군사보다는 정치에 있었다. 이 일은 폼페이우스가 처리하지 않으면 안 되었다. 폼페이우스는 조금도 주저하지 않고 귀족들 편을 들어 레피두스 토벌군의 사령관으로 임명되었다. 그때 레피두스는 이미 이탈리아 많은 지방을 동란에 끌어들였고, 알프스 남부에 있던 갈리아 군도 브루투스의 수중에 들어갔다.

폼페이우스는 진격하는 곳마다 적을 쉽게 무찔렀으나, 갈리아의 무티나에서만은 브루투스 군과 오랫동안 다투게 되었다. 이 틈을 타서 레피두스는 대군을 이끌고 전속력으로 로마를 향해 진격해 왔다. 그는 로마의 성문 앞에 자리를 잡고는, 자신을 다시 집정관에 선출하라며 압력을 가하고 있었다. 그런데 그때 폼페이우스의 편지가 날아와서 시민들은 공포에서 벗어날 수 있었다.

그 편지에는 싸움도 시작하기 전에 전쟁을 모두 끝냈다는 내용이었다. 왜냐하면 브루투스는 자기 군대를 배반하고 싶지도, 또 군대의 반란으로 자기가 배반당하고 싶지도 않았기 때문에 자진해서 폼페이우스에게 항복을 해왔던 것이다. 그래서 폼페이우스는 약간의 기병대를 호위병으로 거느리고 브루투스를 포 강가의 한 작은 도시로 데리고 갔다. 여기서 하루를 지낸 그는 게미니우스를 시켜 브루투스의 목을 치게 했다.

이 사건으로 폼페이우스는 심한 비난을 받았다. 그는 원로원에 보고한 첫 번째 편지에서는 그가 자진해서 항복을 해왔다고 썼으면서, 바로 뒤에 보낸 편지에서는 브루투스를 처형했다는 말과 함께 그의 죄상을 낱낱이 열거했던 것이다. 브루투스, 즉 뒷날 카시우스와 함께 카이사르를 암살한 브루투스는 바로 이 사람의 아들이다. 브루투스는 싸움터에서 죽음을 맞았을 때도 아버지와는 전혀 다른 모습을 보여주었는데, 이 부분에 대해서는 그의 전기에서 자세히 얘기하였다.

한편 레피두스는 로마에서는 물론 이탈리아의 어디에도 발붙일 곳이 없어지자 사르디니아 섬으로 도망을 갔다. 거기서 그는 울분 때문에 곧 병이 들어 죽었다. 그는 정치적인 운이 자기와 맞지 않았음을 한탄했다고도 한다. 그러나 뒤에 발견된 것은 자기의 아내가 정숙하지 못했음을 폭로하는 편지였다고 한다.

그런데 아직 세르토리우스가 남아 있었다. 그는 레피두스와는 전혀 다른 장군이었는데 스페인을 차지하고 로마의 강적이 되어 있었다. 로마의 내란은 마지막 고비에 이른 병처럼 이제 이 한 사람에게 집중되어 있었다. 그는 이미 로마의 여러 장군들을 무찌르고 지금은 메텔루스와 맞서 싸우고 있었다. 메텔루스는 이름난 장군으로 전력이 뛰어났는데, 이때는 나이가 많이 들어 전쟁을 천천히 끄는 바람에 세르토리우스에게 골탕을 먹는 일이 많았다.

세르토리우스는 마치 산도둑의 두목처럼 이리저리 메텔루스를 습격하기도 하고, 복병을 써서 로마 군을 괴롭히기도 했다. 그러나 메텔루스는 정상적인 방법으로 정정당당한 전투를 벌이고 있었다.

그래서 자기 군대를 가지고 있던 폼페이우스는 메텔루스를 돕기 위해 출정을 하겠다고 원로원에 요청했다. 카툴루스는 군대를 해산시키라고 명령했지만, 그는 이런저런 구실을 핑계로 대면서 로마 변두리에 군대를 주둔시키고 있었다. 마침내 원로원도 루키우스 필리푸스의 보고에 따라 폼페이우스를 스페인에 출정시키는 것이 좋겠다고 생각하고 그의 요청을 받아들였다. 전해지는 얘기로는, 그때 원로원 의원 중의 하나가 필리푸스에게 이런 질문을 했다고 한다.

"폼페이우스를 스페인에 파견하는 것은 그를 총독으로 보낸다는 의미입니까?"

필리푸스는 대답했다. "총독이 아니라 두 집정관 대신으로 보내는 것이오."

필리푸스는, 그때의 두 집정관은 무능해서 있으나마나 한 인물이라는 뜻으로 그런 말을 했던 것이다.

폼페이우스가 스페인에 도착하자 로마 군은 새 사령관에게 큰 희망을 가졌다. 세르토리우스와 마지 못해 동맹을 맺고 있던 도시들도 폼페이우스가 온다는 소식을 듣고는 모두 반란을 일으켰다. 이것을 본 세르토리우스는 폼페이우스에게 온갖 거만하고 무례한 욕설을 퍼부었다.

"저 메텔루스라는 늙은이만 없다면 이 철없는 꼬마놈의 종아리를 채찍으로 때려 쫓아내는 건데……."

그러나 그는 말로만 큰소리를 쳤을 뿐, 폼페이우스에 대한 두려움 때문에 매우 조심스럽게 작전을 세웠다. 이렇게 폼페이우스를 상대하고부터 그는 이전과 달리 전투다운 전투를 벌이기 시작했다. 폼페이우스가 도착하자 원래 사치스럽고 방탕했던 메텔루스는 이제 더욱 정도가 심해져 향락과 교만한 생활에 빠져들게 되었다. 그래서 본래 검소하고 소박하게 살던 폼페이우스는 더욱 호평을 받게 되어 다른 사람들의 좋은 모범이 되었다. 이러한 미덕은 이미 그의 몸에 밴 습성이었고, 그는 본래부터 육체적 욕망을 즐기지 않았다.

전쟁의 형세는 여러 번 뒤바뀌었다. 그러나 세르토리우스에게 라우론이라는 자그마한 도시를 빼앗기게 되었을 때처럼 폼페이우스를 가슴아프게 한 적은 없었다. 그때 폼페이우스는 세르토리우스 군을 보기좋게 포위할 생각을 하고, 곧 이 도시를 구할 것이라고 큰소리를 쳤다. 그런데 도리어 자기 자신이 포위를 당하게 되었다. 그는 군대를 전혀 움직일 수가 없었다. 다만 웅크리고 앉은 채 그는 이 도시가 정복당하고 불타는 것을 지켜보고 있어야 했다.

그 뒤 발렌티아 근처에서 벌어진 전투에서 폼페이우스는 헤렌니우스와 페르펜나가 거느린 군대를 격파했다. 이 두 장군은 세르토리우스에게 망명한 자들로, 그 당시에 막료 장군으로 활약하고 있었다. 그들은 이 싸움에서 1만 명 이상의 병사를 잃고 말았다. 이 승리로 용기를 얻은 폼페이우스는 곧바로 세르토리우스와 싸움을 벌일 준비를 서둘렀다. 메텔루스가 오기 전에 승리의 영광을 빼앗기고 싶지 않았던 것이다.

세르토리우스 군과 폼페이우스 군은 수크로 강가에서 마주쳤다. 싸움은 해가 기울고 있을 무렵 시작되었다. 다같이 메텔루스의 도착을 두려워하고 있었기 때문에 싸움을 서둘렀다. 폼페이우스는 승리의 영광을 독차지하기 위해, 세르토리우스는 두 군대가 힘을 합치기 전에 어서 전투를 벌여야 한다는 생각 때문이었다. 승패는 쉽게 나지 않았다. 양쪽은 각각 한 쪽의 부대가 이기는 반반씩의 승리를 거두고 있었던 것이다. 그러나 두 장군 중에서 좀 더 뛰어난 활약을 보인 것은 세르토리우스였다. 그는 자기 진영을 잘 유지하면서 공격해오는 적을 쫓아버렸다. 자칫 폼페이우스는 적의 손에 사로잡힐 뻔했다.

마침내는 백병전을 벌이게 되었다. 말을 타고 있던 폼페이우스도 적과 맞붙어 싸웠다. 적병들은 폼페이우스에게 한꺼번에 달려들었다. 하필이면 부하들이 모두 도망간 뒤여서 폼페이우스는 무턱대고 도망갈 수밖에 없었다. 그의 말에는 황금으로 장식된 값비싼 말안장이 있었는데, 적병들은 그것을 서로 가지려고 다투었다. 그래서 폼페이우스는 간신히 목숨을 구할 수 있었다.

다음날 해가 뜨자 양쪽 장군은 서로 승리를 주장하면서 재빨리 들판으로 나왔다. 그때 마침 메텔루스의 군대가 도착했다. 세르토리우스는 할 수 없이 군대를 거두어 퇴각해야만 했다. 그러나 이것은 세르토리우스 군의 작전 가운데 하나였다. 그들은 안개처럼 흩어졌다가는 갑자기 15만명 이상의 대군이 되어 구름처럼 나타나곤 했다. 그것도 한 길로만 진군해 오는 것이 아니라, 마치 녹아내리는 빙하처럼 삽시간에 여기저기서 모여들었다.

폼페이우스는 전투가 끝난 다음 메텔루스를 만나러 갔다. 폼페이우스는 지위와 나이가 많은 메텔루스 앞에 나아가 존경의 뜻을 나타냈다. 메텔루스는 얼른 그의 행동을 제지시키며 정중하게 폼페이우스를 맞았다. 그는 집정관의 지위에 있었고 연장자였지만 조금도 상관처럼 굴지 않았다. 다만 두 군대가 행동을 같이 할 때에는 메텔루스가 군대 전체를 지휘했을 뿐이었다.

그러나 두 장군은 대부분 진영을 따로따로 했다. 적이 늘 두 부대의 연락을 끊어 그들을 분리시켰기 때문이었다. 적군은 여러 가지 다양한 작전으로 로마 군을 어지럽혔고, 교묘한 전술로 여러 곳에서 동시에 나타나 공격을 하기도 했다. 그들은 부근 지방을 짓밟아서 미리 로마 군의 식량을 없애버리고 바다의 해상권까지 장악하기에 이르렀다. 그래서 폼페이우스와 메텔루스는 세르토리우스의 지배 하에 있는 지방에서 후퇴하여 다른 곳으로 물러날 수밖에 없었다. 폼페이우스는 이 전쟁으로 자신의 개인 재산까지 다 써버렸기 때문에 사람을 로마 원로원에 보내어 전쟁 비용을 요구했다. "만약 전쟁 비용을 보내지 않으면 군대를 이끌고 로마로 돌아갈 수밖에 없소."

집정관을 지내고 있던 루쿨루스는 폼페이우스와 사이가 좋지 않았다. 그 뿐 아니라 미트리다테스와의 전쟁을 지휘할 욕심으로 폼페이우스를 로마로 돌아오게 해서는 안 되었다. 그는 급히 전쟁 비용을 만들어 폼페이우스에게 보냈다. 폼페이우스도 미트리다테스와 전쟁을 치르고 싶은 생각이 있었다. 왜냐하면 이 전쟁보다는 아시아 원정이 여러 가지 면에서 훨씬 큰 명예였고, 위험도 별로 없었기 때문이었다. 그래서 그는 하루빨리 세르토리우스와의 전쟁을 그만두고 아시아로 출정하고 싶었다.

그러는 동안 세르토리우스는 암살을 당하고 말았다. 세르토리우스를 죽인 자는 페르펜나였는데, 그는 세르토리우스를 암살한 다음 지휘권을 빼앗고 그가 세웠던 계획을 실행하려고 했다. 그러나 세르토리우스와 똑같은 군비와 군대를 가지고 있었지만, 지휘 능력은 결코 그를 따르지 못했다.

폼페이우스는 곧 페르펜나를 치기 위해 들판으로 내려갔다. 지휘 능력이 없는 페르펜나는 아무렇게나 닥치는 대로 작전을 내리곤 했다. 사실을 안 폼페이우스는 10개 코호트[5]의 군대를 미끼로 삼아 적군이 오면 도망하는 척하라고 명령을 내렸다. 과연 페르펜나는 미끼를 향해 덮쳐들었다. 이렇게 로마 군이 산산이 흩어져서 달아나는 시늉을 하고 있을 때, 폼페이우스는 전군을 이끌고 적을 완전히 격파해 버렸다. 적의 장군들 대부분은 그대로 싸움터에 쓰러졌으며, 페르펜나는 폼페이우스에게 사로잡혀 사형을 당하고 말았다.

그런데 이 일 때문에 폼페이우스는 일찍이 시칠리아 섬에서의 일을 완전히 잊어버리고 은혜를 원수로 갚았다는 비난을 받게 되었다. 그러나 이것은 나라의 이익을 위해서는 신중하고 현명한 처사였기 때문에 결코 비난받을 행동은 아니었다. 왜냐

---

5) 군단의 10분의 1. 3백에서 6백 명 가량의 병력

하면 페르펜나는 세르토리우스의 서류를 모두 보관하고 있었는데, 그 속에는 로마의 중요 인사들이 혁명을 일으키기 위해 세르토리우스를 이탈리아로 불러들인 편지도 들어 있었다. 페르펜나는 폼페이우스에게 그 중 몇 통의 편지를 공개하겠다고 했다. 그러나 폼페이우스는 이렇게 생각했다.

'이 편지는 이제 겨우 끝맺음을 하려는 전쟁보다 더 큰 전쟁의 도화선이 될 것이다. 그럴 바에야 이 자를 죽이고, 그 편지들도 모두 없애는 것이 좋겠다.'

폼페이우스는 페르펜나를 사형에 처하고, 서류들은 읽어 보지도 않고 모두 불태워 버렸다. 그 뒤에도 스페인에 남아 전쟁의 불길이 완전히 가라앉을 수 있도록 질서를 잡아주었다. 그리고 군대를 이끌고 이탈리아로 갔다.

그가 돌아왔을 때는 마침 노예전쟁이 한창인 때였다. 폼페이우스가 귀국할 무렵, 이 전쟁의 사령관이었던 크라수스는 승리를 빼앗기지 않으려고 위험을 무릅쓰고 적을 공격하여 만 2천 3백 명을 죽이는 큰 승리를 거두었다. 그런데 뜻밖에도 운명은 폼페이우스에게도 승리의 영광을 나눠 가질 기회를 주었다. 진군을 하던 폼페이우스는 크라수스에게 패하여 도망치고 있던 노예군 5천 명을 소탕한 것이다. 그는 원로원에 다음과 같은 내용의 편지를 보냈다.

"크라수스는 이 싸움에서 노예군을 격파했습니다. 그러나 이 전쟁을 완전히 뿌리 뽑은 것은 바로 나, 폼페이우스입니다."

로마 시민들은 이 소식을 듣고 너나없이 기뻐했다. 폼페이우스는 시민들에게 워낙 인기가 많았기 때문에 시민들은 그가 감히 이런 말을 꺼내는 것을 아무렇지도 않게 생각했음은 물론 오히려 기쁜 마음으로 받아들였다. 또 스페인 전쟁과 세르토리우스에 대한 승리가 폼페이우스의 공이 아니었다고 생각하는 사람은 아무도 없었다.

이처럼 시민들은 그에 대한 절대적인 존경을 가지고 그의 귀국을 기다리고 있었다. 그러나 그들의 마음속에도 불안한 생각은 있었다. 그들은 폼페이우스가 군대를 해산하지 않고 무력으로 정권을 장악하여 술라처럼 행세하지 않을까 두려웠던 것이다. 비록 폼페이우스를 맞기 위해 환영을 나갔지만, 그를 사랑하는 마음속에는 그에 대한 두려움도 함께 자리하고 있었다.

이와 같은 기미를 눈치챈 폼페이우스는 개선식이 끝난 뒤 곧바로 군대를 해산하겠다고 약속을 했다. 그러자 시민들의 의혹은 모두 풀어졌다. 그러나 그를 시기하던 사람들은 비난의 소리를 높였다.

"폼페이우스는 민중들의 인기를 끌려고 저렇게 아첨을 하고 있는 것이오."

"술라는 호민관 제도를 폐지시켰소. 그러나 폼페이우스는 민중들에게 아부를 하기 위해 그 제도를 다시 부활시킬 것이오."

비난은 곧 사실로 나타났다. 로마 시민들은 호민관 제도의 부활을 열렬히 바라고 있었다. 폼페이우스는 민중들의 뜨거운 지지에 보답하기 위한 길을 찾다가 좋은 기회를 얻게 된 것을 기뻐하였다.

원로원은 폼페이우스에게 두 번째로 개선식을 올리라고 선언하고, 그를 집정관으로 뽑았다. 그러나 폼페이우스가 더욱 이름을 떨치고 위대한 인물이라고 떠받들어진 것은 다른 데 이유가 있었다. 당시 정치가들 중 재산이나 권세에서 가장 뛰어난 인물은 크라수스였다. 그는 폼페이우스는 물론 다른 모든 인사들을 얕보고 있었다. 그런데 그는 집정관이 되고도 남았을 인물이었지만 아직 한 번도 집정관의 후보로 나선 적이 없었다. 그런 그가 폼페이우스에게 와서 자기를 지지해 달라고 처음으로 부탁을 했던 것이다. 폼페이우스는 크라수스의 요구를 기쁘게 받아들였다. 그러지 않아도 그런 위대한 인물과 인연을 맺고 싶어서 뭔가 그를 기쁘게 해 줄 일을 찾고 있었던 참이었다. 그는 크라수스를 위해 발벗고 나섰다. 그리고 정말 가슴에서 우러나오는 말로 크라수스를 지지했다.

"여러분이 나를 집정관으로 밀어 주는 것보다 그를 나의 동료 집정관으로 밀어 주시는 것을 나는 훨씬 더 기쁘게 생각합니다."

그러나 막상 두 사람이 집정관에 나란히 앉게 되자 계속해서 충돌이 이어졌다. 크라수스는 주로 원로원, 즉 귀족들 사이에서 세력을 모았고 폼페이우스의 권력은 반대로 평민들 사이에 있었다. 폼페이우스가 호민관 제도를 부활시키고 새로운 법률에 따라 재판권을 기사들에게 되돌려 주었기 때문이었다.

그러나 평민들에게 무엇보다도 큰 호감을 준 것은 군무를 면제해 달라고 했을 때 그가 보인 태도였다. 로마에서는 옛부터 기사가 법정연한의 군무를 마치면, 말을 끌고 감찰관 앞에 가서 자기의 지휘관과 장군의 이름, 그리고 복무한 장소와 전투에 대해 보고를 하도록 되어 있었다. 그러면 감찰관은 군에서 세운 공로에 따라 명예를 주거나 치욕을 주는 것이었다.

당시 감찰관은 겔리우스와 렌툴루스였다. 그들은 위엄 있는 모습으로 앉아 기사들이 차례로 그들 앞을 지나가는 것을 보고 있었다.

드디어 폼페이우스의 차례가 되었다. 그는 포룸의 저편에서 모습을 나타냈다. 곁에는 자기 관직을 상징하는 깃대를 든 릭토르, 즉 호위관들이 함께 따르고 있었다. 폼페이우스는 말고삐를 잡고 천천히 걸어왔다. 그리고 사열대가 가까워지자 호위관들을 물러나게 하고 혼자 감찰관 앞으로 갔다. 시민들은 이 겸손한 행동에 감탄하여 모두 아무 말도 하지 못했다. 그를 보고 있던 두 감찰관의 얼굴도 존경과 기쁨으로 빛나고 있었다. 드디어 감찰관이 그에게 물었다.

"폼페이우스 마그누스, 그대는 법률에 규정된 동안 전쟁에서 복무를 하였는지를 대답하시오."

"예, 나는 정해진 기간 동안 장군인 나 자신의 지휘를 받으며 완전히 임무를 완수하였습니다."

폼페이우스의 얘기가 끝나자 시민들은 환호성을 올렸다. 그 기쁨의 소리는 끊임없이 이어졌다. 기쁨으로 날뛰는 군중들을 도저히 가라앉힐 수가 없을 정도였다. 감찰관들은 자리에서 일어나 폼페이우스를 집에까지 호송했다. 그들 세 사람 뒤로는 시민들이 환호를 올리며 뒤따랐다.

이제 폼페이우스의 집정관 임기도 얼마 남지 않았다. 그러나 크라수스와의 불화는 날이 갈수록 더 심해져 갔다. 그럴 즈음 기사를 지냈던 카이우스 아우렐리우스라는 사람이 어느 날 민회에 나타났다.

그는 연단까지 뛰어올라와 민중들을 향해 이야기를 했다. 그것은 유피테르 신이 자신의 꿈에 나타나 두 집정관이 화해를 하기 전에는 절대 그 자리에서 물러나지 못하게 하라고 일러 주었다는 것이었다. 그의 말을 들은 폼페이우스는 아무 말도 하지 않고 그대로 서 있었다. 그러자 크라수스가 그의 손을 잡으며 말했다.

"시민 여러분! 나는 폼페이우스에게 먼저 화해의 손을 내밀었지만, 내가 수치스러운 행동을 했다고는 생각지 않소. 왜냐하면 여러분들은 이 폼페이우스의 얼굴에 수염도 나기 전에 그에게 마그누스라는 존칭을 바쳤고, 원로원의 자리에 앉기도 전에 개선식의 영광을 두 번씩이나 주었으니 말이오."

두 사람은 이렇게 화해를 하고 곧 집정관직을 떠났다. 그런 뒤에는 크라수스는 지금까지 지내던 것처럼 생활을 했다. 그러나 폼페이우스는 많은 소송 사건에 변호인으로 나가던 일을 그치고, 공식적인 장소에는 점차 모습을 나타내지 않았다. 그래서 그가 어쩌다가 한 번씩 포룸에 나타나면 군중들은 모두 그의 뒤를 따랐고, 다른 어떤 곳에서도 늘 많은 사람들에게 둘러싸여 있었다. 사실 그는 많은 군중들 속에서 자기 모습을 위엄 있게 보이고 싶었기 때문에 오히려 자주 모습을 나타내지 않으려 했는지도 모른다. 그는 연설이나 대화를 통해서도 자기의 명성과 위엄을 지키기 위해 많은 애를 썼다고 한다.

무기를 들고 있을 때 얻어진 명성을 평화를 만나 긴 옷을 입고 사람들 사이에 섞이게 되면 잃게 되는 수가 많다. 그런 사람은 평화시에도 전쟁 때처럼 최고의 인물로서 대우를 받고 싶어하는데, 그런가 하면 전쟁 때 명성을 얻지 못한 얼간이들마저 최고의 영웅인양 평화시에 설치고 다니는 일이 많다.

그러므로 이런 자들은 만약 어떤 전쟁 영웅이 정치에 나서면 그 사람을 억누르기 위해 갖은 애를 쓰고, 또 그 사람이 정치적 야심을 버리고 은퇴를 하면 그 사람의 군사적인 명예를 질투하여 그를 깎아 내리려고 한다. 이것이 진실이라는 것은 얼마 뒤에 일어난 여러 가지 사건들로 확인될 수 있다.

해적의 세력은 킬리키아[6]에서 맨 먼저 시작되었다. 그들은 처음에 아주 미미한 세력으로서 조심스럽게 행동했다. 그러나 그 뒤 미트리다테스에게 용병으로 고용되어 왕의 군대에서 복무하게 되면서 그들은 대담하게 행패를 부리기 시작했다. 그 뒤 로마가 내란에 휩쓸려 바다를 무방비로 내버려 두게 되자 해적들은 차츰 바다 위에 나타나기 시작했다. 그들은 바다 위에서 상인이나 선박을 노략질하거나, 여러 섬과 항구를 마구 짓밟고 다녔다.

그러자 좋은 집안에서 태어난 돈 많은 인물들까지 해적선을 타고 다니면서, 마치 해적 행위가 명예로운 일인 듯 직업으로 삼게 되었다. 그들은 각 해안선에 여러 무기 창고를 세우고 해적 도시들을 만들었으며, 곳곳에 감시탑과 요새를 만들었다. 그리고 우수한 선원들을 뽑아 드나드는 해적선단을 구성하고 숙련된 길 안내자들을 고용했으며, 배도 특수한 목적에 맞추기 위해 아주 빠른 속도를 내는 배들로만 편성하였다.

로마 시민들이 그런 해적들을 보면서 분노를 자아낸 것은 단순히 그들의 강한 힘 때문만은 아니었다. 오히려 사람들은 그들의 화려하고 찬란한 겉치레 때문에 더욱 그들을 증오하게 되었다. 해적선은 모두 금빛 돛대를 달고 있었고, 노의 끝에는 은

---

6) 소아시아 남동쪽과 타우로스 산맥 남쪽 지중해 근처에 있는 지방으로 키프로스 섬과 마주보고 있던 해안이다.

을 박았으며, 돛대는 자줏빛으로 색칠되어 있어서 그 모양이 마치 스스로를 명예롭게 여기고 있는 듯했다.

그리고 그들이 도착하는 곳에는 언제나 화려한 술판이 벌어졌다. 장군들은 모두 해적의 포로가 되었고, 여러 도시들은 그들이 매긴 세금에 시달리게 되면서 로마의 위신은 땅에 떨어지고 말았다.

이러한 해적선의 숫자는 1천 척이 넘었고, 그들이 점령한 도시도 4백개 이상을 헤아렸다. 그들은 이 도시들을 짓밟으면서 신전을 더럽히고 그곳에 놓인 전리품들까지 약탈하여 주머니를 채웠다. 그러한 신전들 가운데는 클라로스와 디디마[7], 그리고 사모트라키아 섬의 신전, 헤르미오네에 있는 땅의 여신 데메테르[8]의 신전, 에피다우로스에 있는 아이스쿨라피우스[9]의 신전, 이스트무스와 타이나론 그리고 칼라우리아에 있는 포세이돈[10]의 신전들, 악티움과 레우카스에 있는 아폴론의 신전, 사모스 섬과 아르고스, 그리고 라키니움에 있는 헤라[11]의 신전들이 있었다. 그런가 하면 해적들도 올림포스 산에 가서 괴상한 제사 같은 것을 드렸는데, 그 가운데 미트라스 제는 오늘날까지 남아 있다.

이처럼 해적들은 바다에서 뿐만 아니라 육지에까지 올라와 사람들을 괴롭혔다. 그들은 때때로 육지 깊숙이까지 들어와 마을을 습격하여 농가를 불태우거나 노략질하기도 했다. 심지어 관복을 입은 로마의 두 법무관 섹스틸리우스와 벨리우스를 습격하여 사로잡기도 했다. 그때 이 두 법무관의 수행 관리와 호위관들은 그들에게 몽땅 잡혀 갔다. 또 개선식까지 올린 안토니우스의 딸들이 시골길을 여행하던 도중 해적들에게 납치된 일도 있었다. 그래서 안토니우스는 딸의 몸값으로 많은 돈을 지불해야 했다.

해적들의 행위들 가운데서도 로마 시민들을 비웃고 놀려대는 것은 가장 증오스러운 것이었다. 그들은 납치된 사람이 로마 시민이라고 말하면 일부러 깜짝 놀라면서 무릎을 꿇고 벌벌 떠는 시늉을 했다. 그리고 연신 머리를 조아리면서 제발 살려달라고 비는 것이었다. 이것을 본 사람들은 그들이 정말 겁이 나서 비는 줄로 생각하

---

7) 소아시아 서해안에 있던 폐허도시로 아폴로의 신탁과 신전으로 유명했다.
8) 제우스의 할머니뻘 되는 그리스 신화의 여신.
9) 음악과 의술의 여신.
10) 로마의 넵투누스에 해당하는 바다의 신.
11) 로마의 유노 여신에 해당한다.

고 속곤 했는데, 그러면 해적들은 로마 식 신발과 옷을 입혀 주면서 그들을 더욱 놀린다. 그러고 나서 바다 한가운데에 이르면 배에 사다리를 걸치고, 배에서 내려 즐거운 여행을 하라고 한 후, 거부하면 그들을 바다에 빠뜨려 죽였다. 이런 해적들의 세력이 지중해 전체를 휩쓸어 버리자, 이제는 바다를 항해할 수도 없었고 그에 따라 무역도 완전히 중단되었다. 로마 시민들은 시장에 물자가 부족해지는 것을 보면서 이런 일이 오래 된다면 모두 굶어죽고 말 것이라고 걱정했다. 그래서 그들은 폼페이우스를 보내 해적들로부터 바다를 되찾기로 결심했다.

그때 폼페이우스의 친구인 가비니우스는, 폼페이우스에게 해상의 지배권뿐 아니라 지상에서의 권한까지 모두 부여하기 위한 법률을 제안하였다. 다시 말하면, 이 법은 헤라클레스의 기둥[12] 안에 있는 모든 바다, 그리고 해안으로부터 4백 펄롱(80km) 이내에 있는 모든 땅에서 절대적인 권한을 가지게 되는 것이었다. 로마의 영토 대부분이 이 범위 안에 속해 있었으며 주요한 왕국들도 모두 이 안에 들어가 있었다. 그뿐 아니라 원로원 의원 중 15명을 장군으로 임명하여 각자에게 일정한 지방을 관리하도록 하며, 전쟁 비용은 국고에서 원하는 만큼 받을 수 있게 되었다. 또 병선은 2백 척을 얻을 수 있었고, 병졸과 선원도 필요한 만큼 얼마든지 징발할 수 있는 권한이 이 법률 안에 들어가 있었다.

이 법안이 낭독되자 평민들은 모두 열렬한 환영을 보냈다. 그러나 원로원의 주요 인물들과 저명한 시민들은 이 무제한의 권력은 지나친 정도를 뛰어넘어 오히려 공포를 느끼게 한다고 여겼다. 그래서 그들은 이 제안에 만장일치로 반대를 했다. 다만 카이사르만은 이 법안에 찬성을 하는 연설을 했다. 그러나 이것은 폼페이우스를 위하는 마음에서가 아니라 민중들의 환심을 사려는 것이었다. 그러나 다른 집정관들은 모두 폼페이우스를 맹렬히 비난하였으며 집정관 중 하나는 민회에 나가 이런 말까지 했다.

"만일 폼페이우스가 로물루스 같은 영광을 탐낸다면 그도 로물루스 같은 죽음을 면하지 못할 것이오."

그러나 이 집정관은 이 말이 끝나자마자 군중들에게 몰매를 맞을 뻔했다. 드디어 카툴루스가 연단에 올라와 반대 연설을 하자 민중들은 그를 존경하는 마음에서 잠시 동안 조용히 듣고 있었다. 그는 여러 가지 말로 폼페이우스를 추어올린 뒤, 이

---

12) 지금의 지브롤터 해협

렇게 말했다.

"이렇게 고귀한 인물을 위험한 전쟁에 내보낸다는 것은 결코 옳은 일이 아닙니다. 그를 존경한다면 그의 목숨을 아낄 줄도 알아야 하는 것입니다."

그는 이 연설을 다음과 같은 말로 끝맺었다.

"만약 폼페이우스를 잃는다면 어디서 또 그런 사람을 구할 수 있겠습니까?"

그러자 군중들은 미리 약속이라도 한 것처럼 "당신이요!"라고 소리쳤다. 결국 카툴루스의 웅변도 그들에게는 아무 소용이 없었다. 다음으로 로스키우스가 연설을 하러 나섰다. 그러나 시민들은 처음부터 그의 말을 전혀 들으려고도 하지 않고 떠들어댔다. 그래서 그는 폼페이우스 한 사람에게 일을 맡기지 말고 다른 한 사람을 동료로 임명하자는 뜻으로 손가락 두 개를 펴보였다. 그러자 시민들은 격분하여 하늘이 찢어질 듯 고함을 질러댔다.

민회는 이렇게 끝이 났다. 그리고 다음날 투표가 이루어지고, 표결을 발표할 때가 되었다. 폼페이우스는 시골로 슬쩍 몸을 피해 버렸다. 그리고 법안의 통과가 결정되었다는 소식을 듣고나서야 밤중에 시내로 돌아왔다. 법안이 통과되면 엄청난 축하객들이 몰려들 것이고, 그렇게 되면 많은 정치인들의 시기를 받을까봐 염려스러웠기 때문이었다.

다음날 아침 그는 드디어 시민들 앞에 나와 신에게 제사를 올렸다. 그리고 공개 집회에서 시민들에게 연설을 했다. 이 연설에서 그는 군중들을 움직여, 자기의 권한을 더욱 확장시켰다. 그것은 법령에 제시되어 있는 것보다 갑절이나 되는 것이었다. 그를 위해서 5백 척의 함대가 준비되고 12만 명의 보병과 기병, 그리고 1천 명의 육군이 마련되었다. 또 예전에 장군을 지냈던 원로원 의원 24명이 그의 부하 장군으로 선출되고, 여기에 두 사람의 재무관이 추가되었다.

이렇게 전쟁 준비가 진행되는 동안 치솟았던 물가가 조금씩 내리기 시작했다. 해적을 토벌한다는 소식 때문에 해상 무역이 천천히 자리를 잡기 시작했기 때문이었다. 그래서 사람들은 폼페이우스의 이름만으로도 벌써 전쟁을 끝내게 되었다며 기뻐하였다. 폼페이우스는 지중해 전역을 13개 구역으로 나누고 각 구역마다 일정한 수의 함대와 장군을 배치했다. 이처럼 병력을 여러 바다로 분산시켜 놓자, 해적선들은 차츰 그의 손에 걸려들기 시작했다. 폼페이우스는 사로잡은 해적들은 여러 항구에 모두 가두어 놓았다. 재빨리 도망간 해적선들은 모두 킬리키아로 들어가 그곳을 자신들의 소굴로 삼았다. 폼페이우스는 곧 정예 병선 60척을 거느리고 소굴을 향해 출항했다.

불과 40일이라는 짧은 시간이 걸렸을 뿐이었다. 그는 우선 로마 근처의 바다와 티르헤니아 해, 아프리카의 연안, 사르디니아와 코르시카 섬, 그리고 시칠리아 섬 부근의 바다에서 해적들을 완전히 몰아내 버렸다. 폼페이우스가 이렇게 빨리 해적들을 몰아낼 수 있었던 것은 모두 그의 끊임없는 노력과 부하 장군들의 열성적인 협조 덕택이었다.

그렇지만 폼페이우스는 로마의 집정관 피소의 질투심 덕분에 적지 않은 방해를 받아야 했다. 피소는 군수품을 중단하고 선원들을 해산시키는 등 갖은 방법을 써서 폼페이우스를 괴롭혔다. 그러자 폼페이우스는 함대를 브룬디시움으로 보내고, 자기는 육지의 지름길을 따라 로마 시로 향했다. 로마 시민들은 이 소식을 듣고 밀물처럼 쏟아져 나와 열렬히 그를 환영했다. 무엇보다 시민들을 기쁘게 한 것은 그 전까지 텅 비어 있던 가게마다 물건들이 가득 쌓여 있는 풍경이었는데 이것이 모두 폼페이우스의 공적 덕분이었다.

이렇게 되자 피소는 집정관의 자리에서 물러나야 할 형편이 되고 말았다. 더구나 가비니우스는 벌써 그를 고발하기 위한 공작을 꾸미고 있었다. 그러나 폼페이우스는 그에게 매우 너그러운 태도를 보이면서 그가 집정관의 자리를 확고히 할 수 있도록 도와주었다. 그리고 모든 일이 원만하게 조절되자 필요한 것들을 얻어가지고 브룬디시움 항구로 떠났다. 거기서 다시 남아 있는 해적들을 소탕하기 위해 폼페이우스는 곧 출항 명령을 내렸다.

그는 시일이 절박하다는 것을 알고 항해를 서둘렀다. 그래서 도중의 몇몇 도시들은 들르지도 않고 급히 항해를 계속했지만 아테네만은 그냥 지나칠 수가 없었다. 드디어 아테네에 상륙한 그는 신에게 제사를 드리고 아테네 시민들에게 연설을 하였다. 아테네의 성문을 나오면서 그는 두 줄의 시가 걸려 있는 것을 보았다. 안쪽과 바깥쪽에 걸려 있는 이 두 시에는 각각 이렇게 적혀 있었다.

　　　그대의 겸손한 마음은 스스로를 인간이라 낮추지만
　　　그것은 그대를 더욱 신과 가까이 만든다오.

　　　그대를 기쁨으로 맞았던 우리들은

이제 그대가 떠나는 길에 축복을 드리네.

폼페이우스는 아직도 바다에 남아 떠돌고 있던 해적선들과 싸워 승리를 거두었다. 그러나 애원하는 자들에게는 언제라도 너그러운 처분을 내려 배만 압수하는 정도에 그치고 벌을 주지 않았다. 그러자 수많은 해적들이 아내와 자식을 데리고 폼페이우스에게 항복을 해 왔다. 폼페이우스는 모두 너그럽게 받아들이고 용서를 해주었다. 그들은 또 자진해서 다른 해적들의 행방을 알려 주었다. 폼페이우스는 이들의 협조를 얻어 숨어 있던 해적들을 모두 잡아들였다. 이들 중에서 가장 숫자가 많고 세력도 강한 패거리는 킬리키아의 코라게시움으로 나와 폼페이우스가 오기를 기다려 최후의 결전을 벌였다. 그러나 폼페이우스가 물샐 틈 없이 포위하여 그들을 공격하자 마침내 사절을 보내 항복의 뜻을 전했다. 그들은 자기들의 도시와 섬, 그리고 모든 재물들을 다 바칠 테니 목숨만 살려 달라고 애원했다. 이렇게 해서 결국 전쟁을 끝냈다. 해적은 불과 석 달만에 바다에서 완전히 사라지고 만 것이다.

폼페이우스는 이때 수많은 배를 전리품으로 얻었다. 그 중에서 놋쇠로 뱃머리를 싼 배만 해도 90척이나 되었으며, 포로로 잡힌 해적의 숫자는 2만 명이 넘었다. 폼페이우스는 이들을 모두 죽이고 싶지는 않았다. 그러나 그대로 놓아 보내기에는 숫자도 너무 많은 데다가, 싸움도 잘하고 동지들도 많으니 곧 다시 뭉쳐 나쁜 짓을 할 것이 분명했다. 그는 포로 문제를 놓고 여러 가지로 생각한 끝에 다음과 같은 결론을 얻었다.

"인간이란 원래 포악하고 비사회적인 동물이 아니다. 이것은 태어날 때부터 타고난 것이 아니라 나쁜 습관들에 물들게 된 것이다. 따라서 사는 곳과 방식이 달라지면 성격도 달라지는 것이다. 사나운 야수도 온순하게 길을 들이면 사나운 습성을 버리게 되는 것처럼."

이렇게 생각한 폼페이우스는 포로들을 바다에서 육지로 이동시켜 도시나 시골에 모여살게 해서 고요한 성품으로 바꾸어 보기로 했다. 그래서 그는 인구가 줄어든 킬리키아의 여러 도시로 그들을 이주시켰다. 아르메니아 티그라네스 왕의 침입을 받아 황폐화된 킬리키아의 솔리 시로도 그들의 일부를 이주시켰는데, 이 도시는 폼페이우스가 재건시켰던 곳이었다. 그리고도 남은 포로들은 그리스의 아카이아에 있는 디메로 이주시켰는데, 이곳은 아주 기름진 땅이었지만 주민이 거의 없었다.

그러나 폼페이우스를 시기하던 자들은 이 조치를 비난하고 나섰다. 특히 그가 크레타 섬에 가 있던 메텔루스에게 한 행동은 그의 동지들조차 비판하였다. 메텔루스는 스페인에서 폼페이우스와 함께 세르토리우스를 토벌했던 메텔루스의 친척으로, 총독이 되어 그 섬에 파견되어 있었다. 크레타 섬은 킬리키아에 버금가는 해적의 근거지였기 때문에 메텔루스는 많은 해적들을 잡아 그들을 사형시켰다. 그리고 남은 적들이 성채에 들어가 버리자 그곳을 포위하여 공격을 하였다. 그런데 이렇게 포위를 당하고 있던 해적들이 메텔루스를 피해 폼페이우스에게 사람을 보냈다.

"크레타 섬은 폼페이우스 장군님의 관할 범위에 속하며 섬 자체가 해안으로부터 지정된 거리 안에 있습니다. 그러니 제발 이곳에 오셔서 가엾은 저희들을 구해 주십시오. 장군님의 지역에 속하는 땅을 전부 바치겠습니다."

폼페이우스는 이 요청을 받아들이고 메텔루스에게 공격을 중지하라는 편지를 보냈다. 동시에 같은 내용의 편지를 크레타의 여러 도시에 보내어 메텔루스의 명령을 따르지 말라고 지시하고, 루키우스 옥타비우스를 새 사령관으로 뽑아 크레타 섬으로 보냈다. 그런데 루키우스는 포위된 해적들의 목숨을 구하기 위해 그들과 함께 메텔루스와 싸움을 벌였다. 그 때문에 폼페이우스는 세상의 빈축을 사고 사람들의 비웃음거리가 되고 말았다. 폼페이우스가 선과 악도 구별하지 못하는 도둑들의 목숨을 위해 자기의 이름을 내걸고 해적들의 피난처까지 마련해 준 것은 모두 메텔루스에 대한 시기와 경쟁심 때문이었던 것이다. 그 옛날 아킬레우스가 적장 헥토르를 죽이지 말라고 한 것 또한 대장부다운 행동이 아니라 유치한 공명심에서 나온 것이었다.

다른 사람들이 그를 죽이면
가장 큰 명예를 잃을까봐 겁을 냈다.

폼페이우스는 로마를 위해 많은 노력을 기울였지만, 한낱 개선식의 영광을 다른 사람에게서 빼앗기 위해 잔인하고 사나운 해적들을 도와주고 전쟁까지 하였다. 그러나 메텔루스는 굴복하지 않았다. 그는 해적들을 더욱 맹렬하게 공격하여 마침내 그들을 쫓아낸 다음, 그들 하나하나를 다 붙잡아 처형하였다. 그리고 한편으로 옥타비우스를 찾아가 실컷 모욕을 하고 섬에서 내쫓아 버렸다.

드디어 해적에 대한 토벌이 모두 끝이 났다. 폼페이우스는 오랜 만에 한가로운 시간을 보낼 수 있었다. 그래서 그는 여러 도시들을 돌아다녔다. 이 소식이 로마에 전해지자 호민관 만리우스는 법안을 내놓았다. 이 법안은 루쿨루스[13]가 다스리던 모든 나라와 군대, 그리고 글라브리오[14]가 차지했던 비티니아를 폼페이우스에게 맡기고, 그가 이미 가지고 있던 해군과 육군은 그대로 유지하게 한 뒤 미트리다테스[15]와 티그라네스[16]에 대한 전쟁을 맡기자는 것이었다. 이것은 로마를 한 사람의 지휘에 맡기자는 것이나 다름없었다. 왜냐하면 지난번에 제정된 법령에 따라 폼페이우스의 지배를 받지 않은 나라는 프리기아, 리카오니아, 갈라티아, 카파도키아, 킬리키아, 상부 콜키스, 아르메니아 등이었는데, 지금 만리우스가 내놓은 법안에 의하면 이 나라들까지 폼페이우스가 지배하게 될 뿐 아니라 루쿨루스의 군대까지 완전히 그의 손아귀에 들어오게 되기 때문이었다.

이렇게 되면 루쿨루스는 자기가 쌓아 놓은 공적마저 도둑맞고, 그의 후임자인 폼페이우스는 전쟁의 위험도 당해보지 않고 개선식의 영광을 차지하게 되는 것이었다. 그러나 귀족들은 그가 억울하게 밀려난 것보다도 폼페이우스가 전제적인 제왕이 되지 않을까 하는 생각이 더욱 강했다.

그래서 그들은 서로 힘을 합쳐 만리우스의 이 법안을 반대하기로 결정했다. 그러나 이 법령을 통과시키고 법령으로 확정해야 할 날이 오자, 이들은 시민들이 두려워서 아무 말도 하지 못했다. 대담하게도 카툴루스가 만리우스와 이 법률에 대한 비판을 퍼부었지만 민중들은 아무 반응도 보이지 않았다. 그러자 카툴루스는 원로원 의원들을 향해 소리쳤다. "옛날 우리 조상님들이 그랬던 것처럼 이제 산 속에 들어가 자유를 찾아야겠소."

만리우스의 법안은 모든 부족의 만장일치로 통과되고 법률로 확정되었다. 이렇게 해서 폼페이우스는 술라가 무력으로 로마를 정복하여 겨우 얻었던 만큼의 권력을 로마에 있지 않고서도 간단하게 얻을 수 있었다.

---

13) 로마의 장군으로 기원전 74년에 집정관에 취임하여 8년간 아시아 원정을 하여 큰 공을 세웠다. '루쿨루스 전기' 참조
14) 기원전 67년의 집정관으로, 루쿨루스의 후임자가 되어 미트리다테스와 전쟁을 하고 있었다.
15) 폰토스의 왕.
16) 아르메니아의 왕.

폼페이우스는 외국에서 이 소식을 듣게 되었다. 그런데 축하의 인사를 건네기 위해 사람들이 몰려들자, 그는 양미간을 찌푸리고는 마치 너무 지나친 권력에 싫증이 난 사람처럼 이렇게 외쳤다고 한다.

"아! 전쟁은 언제면 끝이 날까? 평생 동안 전쟁이나 하면서 사람들이 부러워하는 권력을 얻기보다 차라리 아내와 함께 시골에 내려가 조용히 살림이나 하는, 아무 이름 없는 사람이 되었으면 좋겠다."

그러나 이렇게 말하는 그를 보며 가장 친한 친구들은 쓴웃음을 지었다. 그들은 그 말을 듣고는 모두 속이 들여다보이는 거짓말이라고 생각했다. 왜냐하면 그는 루쿨루스와 사이가 안 좋았고 또한 그의 타고난 야망과 정권욕이 더욱 불타오르고 있었으므로 이 소식을 무척 기뻐했을 것이라는 사실은 누구나 다 짐작할 수 있었기 때문이다. 그의 본심은 얼마 뒤 행동으로 나타났다. 그는 자신의 모든 관할 구역에 포고문을 보내어 군대와 함께 여러 왕과 통치자들을 모두 불러들였다. 그리고는 그 지방에 들어가자마자 루쿨루스가 세웠던 정책을 모두 뒤엎어 버렸다. 그는 루쿨루스가 내린 벌은 모두 사면해 버리고, 그가 준 상이나 권한은 모두 박탈하는 등 이제 루쿨루스의 권한은 모두 없어졌다는 사실을 깨닫게 하려는 듯이 행동했던 것이다.

그러자 루쿨루스의 친구들은 모두 그를 설득하며 폼페이우스와 회담을 하라고 권유했다. 친구들의 의견을 받아들인 루쿨루스는 드디어 폼페이우스와의 회담을 약속하고 갈라티아 지방에서 만나기로 결정했다.

두 사람은 모두 이름 높은 장군으로 많은 공훈과 업적이 있었다. 그들은 월계수로 장식한 막대[17]를 들고 나타났다. 그런데 루쿨루스는 나무가 울창한 살림지대를 지나왔지만, 폼페이우스의 군대는 나무의 그림자라고는 보이지 않는 메마른 벌판을 지나느라 월계수 잎들이 모두 바삭바삭 말라 있었다. 이것을 본 루쿨루스는 릭토르를 시켜 싱싱한 월계수 잎들을 나누어 주었다. 그러나 이것을 아주 나쁜 징조로 생각하는 사람들도 있었다. 즉, 그들은 루쿨루스가 거둔 승리와 명예를 폼페이우스가 차지하게 될 것을 예언한 것으로 생각했던 것이다. 루쿨루스는 집정관을 지낸 연대나 나이로 보았을 때 당연히 위였다. 그러나 폼페이우스는 개선식을 올린 일이 두 번이나 있었기 때문에 그보다 윗자리에 앉게 되었다. 두 장군은 서로 다정하게 인사말을

---

17) 파스케스라고도 하며 그 사람의 명예를 상징하는 물건이다. 릭토르, 즉 호위병들이 이것을 들고 다녔다.

나누고 서로의 공훈을 칭찬하며 이야기를 시작했다. 그러나 막상 협상 조건이 화제에 오르게 되자 좀처럼 의견이 모아지지 않았다.

그러다가 마침내 심한 말까지 오가게 되었다. 폼페이우스는 루쿨루스를 탐욕스럽다고 비난하였고, 루쿨루스는 그에게 야심이 지나치다고 응수했다. 그래서 이들은 친구들이 갈라 놓았을 때에야 겨우 흥분을 가라앉혔다.

그 뒤 루쿨루스는 갈라티아에 머물면서 자기가 정복한 땅들을 부하 장군들에게 상으로 나누어 주었다. 그러자 가까운 곳에 자리잡고 있던 폼페이우스는 루쿨루스의 명령은 모두 무효라고 선포하는 한편, 루쿨루스에게는 천 6백 명의 병력만 남기고 나머지 군대를 모두 자기에게 보내라고 명령했다. 남겨둔 군대는 군기가 문란해서 자기한테는 쓸모가 없으며, 그들은 루쿨루스에게 반란을 일으킬 것이라고 생각했던 것이다. 뿐만 아니라 루쿨루스의 공적과 영광을 험담하며 이렇게 비꼬기도 했다.

"루쿨루스는 깃발과 북을 늘어놓고, 왕의 그림자를 뒤쫓으며 전쟁의 시늉만 하고 있었소. 그러니 쓸데없는 관객들을 끌어모으는 연극의 어릿광대와 무엇이 다르겠소? 그런데 내가 싸우러 왔다는 소식을 듣더니 미트리다테스 왕은 다시 방패와 칼을 들고, 거듭되는 패배로 단련된 그의 군대를 가지고 일어났소. 그는 지금까지 나를 기다려왔고, 그래서 이제야말로 본격적인 전쟁을 하려고 하는 것이오."

그러자 루쿨루스가 대꾸했다.

"폼페이우스는 전쟁의 허깨비나 그림자만을 상대로 싸움을 하고 있소. 당신은 게으르기 짝이 없는 까마귀처럼 남이 죽인 시체를 물어뜯어 제 배를 채우고 있소. 당신은 세르토리우스, 레피두스, 그리고 스파르타쿠스에 대한 승리를 장난으로 빼앗았소. 더구나 얼마 전에는 크라수스가 이루었고 카툴루스에게 돌아갈 것이었으며, 메텔루스가 맨 처음 획득한 승리를 그가 도둑질했소. 그리고 지금 그는 패잔병들을 물리쳤다고 개선식을 빼앗던 수법으로 또다시 폰토스와 아르메니아를 정벌한 명예를 빼앗으려 하고 있는 것이오."

이렇게 말을 마친 루쿨루스는 곧 그곳을 떠나 버렸다.

폼페이우스는 그의 전 해군 세력을 페니키아와 보스포루스 해협 사이에 배치하여 바다를 지키게 했다. 그리고 자신은 미트리다테스를 정벌하기 위해 육군을 모두 이끌고 진군을 시작했다.

한편 미트리다테스는 3만 명의 보병과 2천 명의 기병대를 거느리고 있었다. 그러나 그는 감히 로마 군과 싸울 생각을 못하고 적군이 공격하기 어려운 험한 산에 진을 치고 있었다. 그러나 오래지 않아 먹을 물이 바닥나 버려 산을 버리고 이동을 해야 했다. 미트리다테스가 산을 떠나자 폼페이우스가 곧 점령을 했다. 폼페이우스는 우물은 없었지만 식물이 무성하게 자라고 여기저기에 동굴이 있는 것을 발견하였다. 그래서 그는 반드시 샘의 줄기가 있을 것으로 생각하고 부하들을 시켜 땅을 파게 했다. 그러자 곧 병사들이 충분히 먹을 만한 물이 나왔다. 미트리다테스가 여기에 머물면서도 지하수를 파볼 생각을 전혀 못한 것이 이상하게 생각될 정도였다.

얼마 뒤 폼페이우스는 미트리다테스를 쫓아가 그 주위를 빙 둘러싸고 진을 쳐서 적을 포위해 버렸다. 45일 동안 포위를 당하고 있던 미트리다테스는 결국 병든 자와 전투를 견뎌내지 못할 자들을 가려 모두 죽여 버린 뒤 정예병만을 이끌고 빠져나갔다. 얼마 뒤 폼페이우스는 유프라테스 강의 어느 기슭까지 뒤쫓아 적진 가까이에 진을 쳤다. 그리고 적이 강을 건너 또다시 도망가 버리면 모든 일이 수포로 돌아가리라고 염려하고, 군대를 정돈시켜 밤중에 습격하기로 했다. 그때 미트리다테스는 잠을 자고 있었는데, 마치 닥쳐올 일을 예고하는 듯한 꿈에 시달리고 있었다. 꿈속에서 그는 돛을 활짝 펴고 순풍을 받으며 에욱시네 해(흑해)를 건너가고 있었다. 그러다가 막 보스포로스 해협이 보이자 이제는 모든 위험을 벗어난 기쁨으로 부하들과 함께 즐거워하고 있었다. 그런데 갑자기 부하들로부터 버림을 받고 파선당한 배의 한 조각에 매달려 시퍼런 바다 위에 헤매는 신세가 되었다.

그가 이런 꿈을 꾸며 식은땀을 흘리고 있을 때, 부하들이 달려와 그를 깨우며 폼페이우스가 습격했다는 소식을 전했다. 폼페이우스는 이미 너무 가까운 곳까지 와 있었으므로 진영 안에서 전투를 벌이지 않을 수가 없었다. 그는 곧 부하 장군들에게 전투 준비를 시키고, 진지를 지키기 위해 대열을 정비했다.

적이 준비를 다 갖추고 있는 것을 본 폼페이우스는 어두운 밤에 공격한다는 것이 과연 옳은 일인지 고민하기 시작했다. 그는 적이 우세하기 때문에 그냥 포위를 하고 있다가 이튿날 날이 밝으면 싸우는 것이 좋을 것이라고 생각했다. 그러나 부하 장군들은 다른 생각을 가지고 있었다. 그들은 폼페이우스를 설득한 끝에 결국 공격 명령을 받아냈다.

밤은 아직 깊지 않아 기울어진 달빛으로도 충분히 사물을 알아볼 수 있었다. 그런데다가 미트리다테스에게는 이 달빛이 아주 불리한 조건을 만들고 있었다. 로마 군은 달을 등지고 공격해왔는데, 그때 달은 산너머에 낮게 걸려 있었다. 그래서 로마 군은 그림자를 길게 내뻗으며 적에게 달려들 수 있었다.

적군은 이 그림자 때문에 거리를 제대로 판단하지 못했다. 그래서 로마 군이 바로 앞에까지 다가온 것으로 생각하고 미리 창을 던졌다. 그러자 로마 군은 함성을 지르며 밀어닥쳤다.

적은 저항도 못하고 겁을 먹고 혼란에 빠져들어 달아나기 시작했다. 이렇게 해서 로마 군은 1만 명 이상의 적을 죽이고 그들의 진지까지 빼앗아 버렸다.

미트리다테스는 처음에 8백 명의 기병대를 거느리고 로마 군을 무찔렀다. 그러나 진영이 무너지는 것을 보고 그들은 모두 달아나기 시작했다. 그러나 잠시 뒤 그 많던 병사들은 모두 로마 군의 추격을 받아 흩어져 버리고, 미트리타데스 곁에는 겨우 세 사람만이 남아 있었다. 그 중 하나는 히프시크라티아라는 애첩이었는데, 용맹스럽고 과감한 정신을 가지고 있는 그녀는 어떤 급한 상황에는 대장부 같은 용기를 보여 주었다. 그녀는 페르시아 기병 같은 옷차림을 하고 말을 탄 채 달리고 있었다. 기나긴 여행 중에도 전혀 피로한 빛을 보이지 않고 왕의 시중까지 들었다. 그렇게 해서 왕의 일행은 마침내 이노라[18]에 닿았다. 이노라에는 왕의 재산과 보물들을 간직한 성이 있었다.

성에 도착한 미트리다테스는 값진 보물들을 꺼내서 지금까지 줄곧 자기를 따라온 부하에게 나누어 주었다. 그리고 그들에게 독약을 나누어 주어, 로마 군에게 잡히는 경우 자살을 할 수 있도록 했다. 그는 아르메니아의 티그라네스 왕을 찾아갈 생각이었다. 그가 자기를 보호해 줄 것이라고 믿었던 것이다. 그러나 티그라네스는 다음과 같은 포고령을 내렸다.

"미트리다테스를 잡아오는 자에게는 백 탈렌트의 상금을 내리겠다."

미트리다테스는 할 수 없이 유프라테스 강을 건너 콜키스로 달아날 수밖에 없었다. 그러는 동안 폼페이우스는 티그라네스 왕의 아들과 은밀히 손을 잡고 아르메니아로 진격했다. 이 젊은 왕자는 자기 아버지에게 반란을 일으키고 아락세스 강가에서 폼페이우스와 만났던 것이다. 아락세스 강은 유프라테스 강 근처에서 시작되어

---

18) 이것은 잘못 전해진 지명이다. 아피우스의 역사책에 나오는 새노래는 스트라보의 역사 책에 나오는 시노리아에 해당하는 것으로 짐작된다. 스트라보의 시노리아는 아르메니아의 국경 지방에 있다고 되어 있다.

동쪽으로 흘러가서 카스피 해까지 들어가는 강이었다. 폼페이우스는 티그라네스와 함께 각 도시의 항복을 받아내며 진격을 계속했다.

루쿨루스에게 격파된 적이 있었던 티그라네스 왕은 폼페이우스가 부드럽고 너그러운 성품을 가졌다는 것을 알고, 로마 군이 성 안에 들어올 수 있도록 허락해 주었다. 그리고는 폼페이우스에게 항복하기 위해 신하들과 함께 말을 타고 나갔다. 그런데 왕이 말을 타고 오는 것을 보자 폼페이우스의 호위병이 그들에게 명령을 내렸다.

"로마의 군영 앞을 말을 타고 지나간 자는 지금까지 단 한 사람도 없다. 그러니 말에서 내려라."

티그라네스는 결국 말에서 내리고 허리에 찬 칼까지 끌러 그들에게 건네 주었다. 폼페이우스 앞에서는 자기 머리에 썼던 왕의 터번[19]을 풀러 그의 발 밑에 내려놓았다. 그리고 비천한 탄원자처럼 그 자리에 무릎을 꿇으려고 했다.

그러나 폼페이우스는 티그라네스의 손을 끌어 자기 옆자리에 앉혔다. 그리고 그 옆에는 티그라네스 왕자를 앉게 했다.

그런 뒤 폼페이우스는 천천히 입을 열었다.

"왕께서는 이미 시리아와 페니키아, 그리고 킬리키아, 갈라티아, 소페네 등을 잃으셨다고 들었지만 그렇다고 루쿨루스를 탓할 일도 아닌 것같소. 아직까지 가지고 있는 영토는 그대로 평화롭게 가지고 계시도록 하시오. 그러나 로마 군에게 끼친 손해에 대해서는 6천 탈렌트의 배상금을 지불하고, 왕자를 소페네의 왕으로 앉히시오."

티그라네스는 이 조건에 무척 만족스러워하며 그의 말을 받아들였다. 그리고 아직 왕이라 불러 주는 것이 기뻐서, 로마의 병사들에게 일인당 은화 반 므나[20], 백인대장들에게는 일인당 10므나, 그리고 각 장군들에게는 1탈렌트씩을 나누어 주겠다고 약속했다. 그러나 왕자는 이 조건이 몹시 불만스러웠다. 그래서 폼페이우스가 저녁 식사에 초대를 하자 이렇게 말하며 거절했다.

"나는 장군께 그런 명예를 받고 싶지 않소. 식사를 함께 할 로마인은 얼마든지 있지 않소?"

---

19) 긴 천을 머리에 감아 모자같이 쓴 것.
20) 고대의 화폐단위로 4파운드 정도이며, 무게로는 1파운드에 해당한다.

그 때문에 왕자는 곧 체포되어 폼페이우스의 개선식을 장식하는 몸이 되고 말았다. 이 일이 있은 뒤 얼마 되지 않아 파르티아의 왕 프라아테스는 이 소식을 전해 들었다. 그래서 왕은 폼페이우스에게 사절을 보내 티그라네스 왕자는 자기의 사위이니 넘겨달라는 요구와 함께, 유프라테스 강을 두 나라의 경계선으로 삼자고 했다. 폼페이우스는 이 요구에 대해 다음과 같은 대답을 보냈다.

"티그라네스 왕자에 대한 문제는 장인보다 그의 친아버지에게 맡기는 것이 나을 것이오. 그리고 국경 문제에 대해서는 정의와 원칙에 따라 결정짓고 싶소."

폼페이우스는 아르메니아의 일을 아프라니우스에게 맡기고, 미트리다테스를 쫓기 위해 카프카스 산맥으로 향했다. 그를 쫓기 위해서는 반드시 카프카스 산맥을 통과해야 했는데, 이곳에는 알바니아와 이베리아의 강한 부족국가가 있었다. 이베리아 족은 모스키아 산맥에서부터 폰토스까지, 그리고 알바니아 족은 그보다 동쪽에서 카스피 해까지 뻗어 있었다.

알바니아 족은 폼페이우스의 요구를 받아들여 영토를 통과하도록 허락하였다. 그러나 로마 군이 이 나라를 채 지나가기 전에 겨울이 닥쳐오고 말았다. 그래서 로마 군은 이곳에서 사투르투스 제[21]를 즐기며 잔치를 벌였다. 그런데 바로 그때 알바니아가 4만 명의 병력을 이끌고 키르누스 강을 건너 그들을 습격했다. 키르누스 강은 이베리아 산맥에서 시작되어 아락세스 강과 합쳐진 다음 카스피 해로 흘러들어가는 강이었다. 그러나 다른 설에 의하면, 아락세스 강은 이 강과 합쳐지지 않고 그 옆을 나란히 흘러 같은 카스피 해로 들어간다고 한다.

폼페이우스는 알바니아 족이 강을 건너오는 것을 충분히 막을 수도 있었다. 그러나 그는 일부러 그들이 건너오도록 내버려 두었다. 그런 뒤 군대를 이끌고 나가 적을 수없이 쓰러뜨려 버렸다. 그러자 알바니아 왕은 항복 문서를 가지고 사절단을 보냈다. 폼페이우스는 왕의 애원을 받아들여 평화 조약을 맺은 뒤, 곧 이베리아 족을 정복하기 위해 진군을 서둘렀다. 이 종족은 알바니아 족만큼 숫자도 많았으며 호전적인 면에서는 오히려 그들을 앞섰는데, 미트리다테스의 환심을 사기 위해 폼페이우스를 격퇴하려는 것이었다. 그들은 메디아나 페르시아에게도 정복된 일이 없었으

---

21) 사투르누스는 로마 신화에 나오는 농업의 신으로 그리스 신화의 크로노스에 해당한다. 이 신의 제삿날을 사투르날리아라고 하는데 이것은 12월에 거행되었으며, 이 날은 해방 노예들에게 큰 잔치를 벌였다.

며, 알렉산드로스 대왕도 히르카니아에서 회군하였으므로 마케도니아의 지배도 모면할 수 있었던 것이다.

그러나 폼페이우스는 이 나라 군대를 정복하였다. 이 전투에서 로마군은 9천 명의 적병을 쓰러뜨리고, 1만 명 이상의 포로를 사로잡았다. 그런 뒤 콜키스 땅으로 들어가, 세르빌리우스가 폰토스를 지키고 있던 함대를 거느리고 올라오는 것과 만나게 되었다. 그때 미트리다테스는 보스포로스 해협과 마이오티스 해 연안에 사는 야만족들 사이에 들어가 있었다. 그래서 미트리다테스를 추격하는 것은 그리 쉽지가 않았다. 게다가 알바니아 족이 다시 배반했다는 정보까지 들려왔다. 폼페이우스는 화가 나서 알바니아를 향해 군대를 돌렸다.

그러나 적은 그동안 키르누스 강에 말뚝을 받고 방어벽을 쳐놓고 있어서 키르누스 강을 건너는 데는 많은 위험이 뒤따랐다. 어렵게 강을 건넌 다음에도 물이 없는 메마른 험한 땅을 거치느라 진군은 계속 힘들게 이어졌다. 폼페이우스는 가죽 부대 만 개에 물을 가득 채우고 적군을 향해 진격해 나갔다.

그때 알바니아 군은 아바스 강에 진을 치고 로마 군을 기다리고 있었다. 그들은 보병 6만 명에 기병 1만 명을 갖춘 대군이었다. 그러나 무기는 변변치 않았고, 대부분은 몸에 두른 산짐승의 가죽만을 두르고 있을 뿐이었다.

적의 장군은 알바니아 왕의 동생 코시스였다. 그는 전투가 시작되자마자 폼페이우스에게 달려들어 가슴에 투창을 던졌다. 폼페이우스도 코시스의 몸뚱이를 창으로 꿰뚫어 답례를 했다. 전하는 기록에 의하면, 이 전투에는 아마존[22]의 여군들이 가담했다고 하는데, 그들은 테르모돈 강변에 있는 산에서 왔다고 전해진다. 전투가 끝난 뒤 전리품을 거두던 로마 군은 아마존 족의 방패와 장화를 발견했지만 전사자들 속에서 여자의 시체를 발견할 수는 없었다고 한다.

아마존의 여인국은 카프카스 산맥이 카스피 해를 향해 뻗어 있는 경사진 지역에 있었는데 그 중간에는 겔라이 족과 레게스 족이 살고 있어 알바니아와 직접 맞닿아 있었던 것은 아니다. 다만 그녀들은 해마다 2개월씩 테르모돈 강 근처에서 이 종족들과 살다가, 때가 되면 자기가 살던 곳으로 되돌아갔다고 한다.

이 싸움이 끝난 뒤 폼페이우스는 카스피 해 쪽으로 진격하려고 생각했다. 그러나

---

22) 여자들만으로 이루어진 무사들의 나라.

막상 행군을 시작하고 보니 독사가 너무 많아 사흘만에 군대를 되돌려야 했다. 그래서 그는 소(小) 아르메니아 쪽으로 향했다. 로마 군이 소 아르메니아에 머물고 있을 때 엘리마이아와 메디아에서 왕이 보낸 사절단이 도착했다. 폼페이우스는 그들에게 그 나라와 평화조약을 맺겠다는 대답을 주어 돌려보냈다. 그러나 파르티아 왕이 고르디에네를 침공하고 티그라네스의 영토를 침범했다는 소식을 듣고, 아프라니우스 장군을 보내 파르티아를 무찔렀다. 아프라니우스의 군대는 그들을 격파시킨 다음 아르벨라까지 추격해 갔다.

폼페이우스 앞에는 미트리다테스의 많은 첩들이 잡혀왔다. 그러나 그는 그들을 모두 부모와 친척에게로 돌려보냈다. 그들 대부분은 미트리다테스의 부하 장군이나 제후들의 딸과 아내였다고 한다. 스트라토니케는 그 중 가장 아름다운 여자로 가장 큰 권력을 누려 왔으며, 왕의 재물이 제일 많이 쌓여 있던 성을 차지하고 있던 여자였다. 그녀는 하프를 켜던 가난한 노인의 딸이었는데, 어느날 술잔치에 불려가 왕 앞에서 노래를 부르게 되었다. 그녀에게 마음을 빼앗긴 왕은 노인에게는 아무 말도 없이 곧장 그녀를 침실로 데리고 가버렸다. 노인은 너무나 실망해서 그냥 집으로 돌아갔다.

이튿날 아침 눈을 뜬 노인은 자기 집이 완전히 달라진 것을 발견했다. 집 안에는 금은 식기들이 식탁 위에 가득 쌓여 있었다. 그리고 하인과 시종들이 자기를 시중들기 위해 기다리고 있다가 노인에게 값진 옷을 입혀 주었다. 또 문 앞에는 훌륭한 안장을 얹은 말이 매여 있었다. 이것을 본 노인은 왕이 자기를 골려 주려는 것이라고 여기고, 또 누군가가 자기를 비웃고 있다고 생각하여 도망을 가려고 했다. 그러자 하인들이 그의 옷소매를 붙들며 이렇게 얘기했다. "이것들은 모두 얼마 전에 죽은 어떤 부자의 재산인데, 왕께서 이것을 갖다 주라고 하셨습니다. 사실 이것들은 앞으로 가져올 재산과 보물에 비하면 아무것도 아닙니다."

그 말을 듣고 비로소 이 꿈 같은 일을 믿게 된 노인은 자줏빛 옷을 입고 말을 타고 도시로 나가 이렇게 외쳤다. "이건 전부 내 것이다!"

사람들이 그를 보고 웃자 그에게 이렇게 말했다. "아무것도 이상할 것 없소. 앞길에 어물거리는 자들을 돌로 던지지 않는 것이 오히려 이상한 거요."

그러나 이런 부모를 가지고 있던 스트라토니케는 자기가 관리하던 성과 엄청난 양의 재물들을 모두 폼페이우스에게 바쳤다. 그러나 그는 신전을 장식하거나 개선식에 들고 나갈 만한 물건들만 받고 나머지는 모두 돌려주었다. 이베리아 왕이 내놓은 물건에 대해서도 그는 똑같은 태도를 보였다. 왕은 금으로 만든 침대와 식탁, 그리고 의자를 바쳤지만, 폼페이우스는 그것들을 모두 나라를 위해 사용하도록 국고에 집어넣었다.

폼페이우스는 카이눔이라는 성에서 미트리다테스 왕의 개인 문서를 발견했다. 그는 그것을 읽으면서 왕의 성격을 엿보며 매우 재미있어 했다. 그 가운데는 왕의 일기도 있었는데, 그것을 보면 왕은 많은 사람을 독살시키면서 자기의 아들 아리아라테스를 죽였다는 사실을 알게 되었다. 그리고 사르디아 사람인 알카이우스는 자기와 함께 경마 대회를 해서 자기를 이겼기 때문에 죽었다고 씌어 있었다. 또 꿈에 대한 해몽도 있었는데 주로 자기 자신이나 애첩들의 꿈에 대한 것이었다. 그밖에도 애첩 모니메[23)]에게 보낸 구애의 편지와 그녀의 답장들도 있었다.

역사가 테오파네스의 기록에 의하면 그 곳에는 루틸리우스[24)]가 보낸 편지도 있었는데, 그 곳에는 왕을 노엽게 만들어 아시아에 있던 로마인들을 학살하게 하려고 꾀했던 내용이 씌어 있었다고 한다. 그러나 대부분의 학자들은 이것이 테오파네스가 지어낸 얘기라고 하면서 루틸리우스는 자기와 전혀 다른 종류의 인간이었기 때문에 그를 미워했다고 설명했다. 또 루틸리우스의 역사책에서 그는 폼페이우스의 아버지를 악덕한 사람으로 기록했기 때문에, 테오파네스가 폼페이우스에게 아첨하기 위해 지어낸 것이라는 얘기도 있다.

폼페이우스는 곧 아미소스로 향했다. 그곳에 머물러 있는 동안 그는 공명심에 지나친 욕심을 부려 좋지 못한 행동을 했다. 폼페이우스는 그전에, 루쿨루스가 적군을 완전히 전멸시킨 것도 아닌데 승자가 하는 것처럼 땅을 나누어 주었다고 몇 번이나 비난을 했던 일이 있다.

그런데 바로 그런 폼페이우스가 똑같은 행동을 했다. 그는 미트리다테스가 보스포로스 왕국에서 군대를 거느리고 있다는 사실을 뻔히 알면서도 각 속주에 법령을 내리고 영토를 함부로 나누어 주었던 것이다. 그러자 수많은 장군과 지휘관들이 폼페이우스에게 몰려들었으며, 그 중에는 야만인의 왕도 12명이나 끼어 있었다. 폼페이우

---

23) 그리스 이민의 딸로 매우 아름다웠다. 청혼을 거절하다가 나중에 결국 후궁이 되었으며 젊은 나이에 죽고 말았다.

24) 로마의 집정관을 지낸 사람으로, 기원전 92년에 추방당해 스미르나로 가서 역사책을 썼다.

스는 이들을 즐겁게 해주기 위해 파르티아 왕에게 편지를 보낼 때는 이런 말을 했다.

"나는 다른 사람들처럼 파르티아 왕을 '왕중의 왕'이라고 쓰는 부끄러운 짓은 하지 않겠소."

그는 또 시리아를 정복하려는 야망으로 아라비아를 지나 홍해까지 진군하려는 계획을 세웠다. 그것은 결국 바다로 둘러싸인 모든 땅을 다 손에 넣겠다는 뜻이었다. 그는 아프리카에서 바다에까지 이르는 넓디넓은 땅에 승전의 기세를 뻗친 최초의 인물이었다. 또 스페인에 가서는 대서양을 로마 영토의 경계선으로 삼았으며, 알바니아 족을 쫓아 거의 히르카니아 바다와 맞닿는 곳까지 진군을 했던 것이다. 그러므로 그는 여기서 군대를 거두어 홍해를 손에 넣으려고 했다. 미트리다테스를 추격하는 것이 그와 전투를 벌이는 것보다 더 힘들다고 생각한 것도 바로 이러한 이유 중의 하나였다. 그래서 그는 미트리다테스를 향해 이렇게 말했다.

"나는 나보다 더 강한 적을 두고 떠나겠다. 그 적이란 바로 굶주림이다."

이렇게 말한 그는 함대를 두어 보스포로스로 배가 지나다니지 못하게 하고, 그곳으로 양식을 운반하는 배를 즉시 잡아 모두 사형에 처하라고 지시했다. 그런 다음, 그는 군대를 이끌고 다시 진군을 시작했다.

도중에 그는 몇 개의 시체를 발견하게 되었는데, 이들은 미트리다테스와 싸우다가 트리아리우스[25] 장군과 함께 죽은 병사들이었다. 그런데 이들이 아직까지도 매장되지 못한 채 버려져 있는 것을 보고, 그는 명예롭고 성대한 장례식을 베푼 다음 고이 묻어 주었다. 그런데 물론 다른 이유도 있었겠지만, 루쿨루스가 이처럼 장례식을 게을리한 것을 보고 병사들은 그를 미워했고 군대의 신망까지 잃게 되었다고 한다.

이곳을 떠난 폼페이우스는 그의 부하인 아프라니우스를 보내 아마노스 산 근처의 아라비아를 정복하게 했다. 그런 다음 그는 시리아로 가서, 합법적인 왕이 없었다는 이유로 그곳을 로마의 속주로 만들었다. 그리고 유다[26]를 정복한 뒤 왕 아리스토불로스를 포로로 잡았다. 그는 이곳에서 여러 도시를 세우기도 하고, 또 폭군을 내쫓아 해방을 시키기도 했다. 그는 또 정치적인 분쟁을 해결해 주고 여러 도시와 나라

---

25) 폼페이우스가 시리아로 떠나기 3년 전에 미트리다테스에게 크게 패하였다. 그는 부하인 13명의 장군과 150명의 백인대장과 함께 이 전투에서 전사했다.

26) 지금의 이스라엘.

의 문제들을 재판해 주었다. 자기가 직접 참석할 수 없을 때에는 친구들을 대신 보낼 정도로 성의를 보였으며, 아르메니아와 파르티아 사이에 영토에 대한 분쟁이 일어 났을 때도 그는 세 사람의 재판관을 보내 이 사건을 해결할 수 있도록 도와 주었다.

그의 권세에 대한 평판도 높았지만, 그가 공정함과 관대함을 갖추고 있다는 칭찬 도 자자하게 퍼져 나갔다. 그래서 친구들이 잘못을 저질렀을 때 그의 명성 때문에 허 물이 덮어지는 일도 있었다. 왜냐하면 그는 범법자를 처벌하지 않는 것은 아니지만 자기와 가까운 사람들에게는 언제나 너그러워 사람들이 그들의 탐욕이나 억압에 대 해 참고 견디도록 만들었기 때문이다.

이런 폼페이우스의 친구들 가운데 가장 가까이 지내던 사람은 데메트리우스라는 사람이었다. 그는 해방 노예로서 학식도 높았지만 자기의 행운 때문에 교만을 부렸 다고 하는데 여기에 대해서 다음과 같은 이야기가 전해온다.

철학자 카토가 아직 젊은 나이에도 불구하고 이름이 널리 알려져 있을 때였다. 그 는 안티오키아의 도시를 구경하러 갔다. 그때 폼페이우스는 이곳에 없었다. 카토는 여기서 평소의 습관대로 혼자서 걸어갔고 친구들은 말을 타고 있었다.

그런데 도시의 성문 근처에 흰옷을 입은 사람들이 나와 양쪽에 늘어서 있었다. 카토는 그들이 자기를 환영하기 위한 사람들이라는 것을 알고 다소 귀찮아하며 친 구들에게 말에서 내려 함께 걸어가자고 했다. 그런데 사람들이 그들에게 다가와서 는 이렇게 묻는 것이었다. "데메트리우스 님과는 어디서 헤어졌습니까? 그분은 언 제쯤 여기 도착하시죠?"

이 말은 들은 카토 일행은 갑자기 웃음을 터뜨렸다. 그러나 카토는 그들의 질문에 대답도 하지 않고, 이렇게 한 마디 던질 뿐이었다.

"아, 가엾은 도시로구나!"

그러나 폼페이우스는 데메트리우스의 주제넘은 행동도 너그럽게 넘겨, 그가 더 이상 미움을 받지 않도록 보호해 주었다. 예를 들어 그가 친구들을 초대했을 때도, 데메트리우스는 긴 의자에 늘어져 옷으로 귀를 가린 채 손님들한테는 관심도 없다 는 듯이 누워 있었다. 그러나 폼페이우스는 손님들이 모두 자리에 앉을 때까지 기다 리며 그들을 예의 바르게 맞았다고 한다.

로마로 돌아오기 전에 데메트리우스는 로마 근처에 아름다운 별장을 사들였다. 그 별장에는 아름다운 산책길과 운동장, 사치스러운 정원들이 있었으며, 그곳은 '데메트리우스의 정원'이라는 이름이 붙어 있었다. 그러나 그의 주인이었던 폼페이우스는 세 번째 개선식을 올릴 때까지도 보통의 간소한 집으로 만족하고 있었다.

그러나 나중에 로마 시민을 위해 대극장을 세울 때, 그는 거기에 딸려 있는 것처럼 생긴 자기 집을 하나 마련했다. 이 집은 그 전의 것들에 비교하면 훨씬 훌륭한 것이었지만, 다른 사람들의 부러움을 살 만한 정도는 아니었다. 그래서 그 뒤 이 집의 주인이 되었던 사람은 너무나 소박한 데 놀라서, 폼페이우스가 도대체 어느 방에서 식사를 했었느냐고 물었을 정도였다고 한다.

페트라 근처의 아라비아를 다스리던 왕은 지금까지 로마를 대수롭지 않게 생각하고 있었지만, 이제야 비로소 그 세력에 놀라 무조건 명령대로 따르겠다는 뜻을 전해왔다. 그러나 폼페이우스는 이 왕의 마음이 변할까봐 염려스러워 페트라를 향해 진군을 했다.

이 원정은 부하들에게 큰 비난을 샀다. 왜냐하면 로마 군은 오랜 적인 미트리다테스를 정벌하는 것이 원래의 목적인데, 그것을 게을리하고 있다고 생각했기 때문이었다. 더구나 미트리다테스는 군대를 새로 정비하고, 스키타이와 파이오니아를 지나 이탈리아로 가고 있다는 소문까지 들려오고 있다.

그러나 폼페이우스는 도망치는 적을 추격하기보다는 싸움터에서 무찌르는 것이 훨씬 쉬울 것이라는 생각을 하고 있었다. 그러므로 적을 추격하는 데 쓸데없는 시간을 버리기보다는 잠잠한 동안 다른 나라를 정벌하면서 성과를 거두는 것이 좋겠다는 계산을 하고 있었다.

그러나 미트리다테스에 대한 문제는 운명이 해결해 주었다.

폼페이우스가 페트라 근처에 다다라 야영 준비를 하고 있을 때, 폰토스로부터 전령들이 달려왔다. 그들이 가져온 소식이 좋은 소식이라는 것은 그들이 창끝에 매달고 온 월계수를 보면 알 수 있었다. 병사들은 그들을 보자 곧 폼페이우스에게 몰려들었다. 그때 폼페이우스는 운동을 하고 있던 참이었는데, 병사들이 무슨 소식인지를 알고 싶어 귀찮게 구는 통에 중지할 수밖에 없었다.

폼페이우스는 편지를 들고 진영 안으로 들어갔다. 거기에는 아직 연단도 갖추어져 있지 않았다. 전투 때에는 연단 대신 풀다발을 쌓아 올려 연단을 만들었지만, 그때는 너무도 급하여 짐들을 쌓아 만들었다. 폼페이우스는 그 위로 올라갔다. 그리고 미트리다테스가 죽었다는 소식을 전했다.

미트리다테스는 자기 아들 파르나케스의 반란 때문에 목숨을 끊었으며, 파르나케스는 나라를 로마 군에게 넘겨 주었다는 내용이었다. 이 소식을 들은 병사들은 뛸 듯이 환호성을 올렸다. 그리고 미트리다테스 한 사람의 죽음을 수천 명의 적을 정복한 것처럼 기뻐하며 축하의 인사를 하고 신들에게 제물을 바쳤다.

이렇게 해서 폼페이우스는 뜻밖에도 일찍 전쟁을 끝맺게 되었다. 그는 즉시 아라비아에서 군대를 철수하여 서둘러 아미소스로 갔다. 거기에는 파르나케스가 보낸 많은 예물과 왕족들의 시체가 있었다. 미트리다테스의 시체는 보존 조치를 한 의사가 뇌수를 잘 말리지 않았기 때문에 얼굴을 잘 알아볼 수가 없었다. 그러나 그의 얼굴에 나 있던 상처를 보고 그것이 미트리다테스였음을 확인하는 사람들도 있었다. 폼페이우스는 차마 미트리다테스의 얼굴을 쳐다볼 수가 없었다. 그리고 신의 질투를 누그러뜨리기 위해 그의 유해를 시노페로 보냈다.

폼페이우스는 미트리다테스의 무기보다 옷이 화려한 것을 보고 놀라워 했다. 칼을 찰 때 쓰는 띠는 4백 탈렌트나 되는 값진 것이었는데, 이것은 푸블리우스가 훔쳐가서 아리아라테스에게 팔아먹었다고 한다. 또 왕의 왕관도 뛰어난 예술품이었는데, 그것은 미트리다테스의 의형제인 가이우스가 술라의 아들 파우스투스의 부탁을 받고 준 것이었다. 폼페이우스는 파르나케스로부터 이런 사실을 듣고는 훔친 자들을 모두 처벌하였다.

일을 다 마무리한 폼페이우스는 성대한 의식과 큰 축복을 받으면서 귀국 길에 올랐다. 그리고 도중에 미틸레네에 도착해서는 테오파네스[27]에게 감사하는 뜻으로, 이 도시에 자유를 주어 해방시켰다. 그는 이곳에서 개최되는 시 경연 대회에도 참가하였다. 그때 시의 제목은 폼페이우스의 공적에 대한 것으로 정해졌는데, 사실 그때의 시인들은 이것 말고는 달리 노래할 만한 것이 없었다.

폼페이우스는 이 대회가 열리고 있는 극장이 몹시 마음에 들었다. 그는 로마에도 이것과 똑같은 설계로 더 멋진 극장을 세우기로 결심하고, 그 모형을 만들게 했다.

로도스 섬에 도착한 그는 이 섬에 있던 철학자들을 모두 불러들여 강의를 듣고 1탈렌트씩을 선물로 주었다. 포시도니오스는 그때 수사학자 헤르마고라스를 논박하는 논문을 폼페이우스 앞에서 발표하였다. 그는 아테네의 철학자들에게도 똑같은

---

27) 철학자이며 역사가.

대우를 하였다. 그리고 도시를 다시 일으킬 수 있도록 50탈렌트를 기증하기도 했다.

이러한 일들로 그는 더할 수 없는 찬사와 명예를 얻었다. 그후 그는 자기를 손꼽아 기다리는 가족들을 만나기 위해 이탈리아를 향해 달려갔다. 그러나 위대한 영광 뒤에는 항상 어느 만큼의 불행이 기다리고 있는 것은 운명의 원칙이다. 불행의 운명은 그가 오기만을 기다리고 있었다. 폼페이우스가 집을 비우고 있는 동안에, 아내 무키아가 침대를 더럽혔던 것이다. 그는 그런 소문을 듣기는 했지만 결코 믿으려 하지 않았다. 그러나 이탈리아로 돌아오면서 그는 고심한 끝에 이혼장을 써서 보냈다. 그 이유는 밝히지 않았다고 하는데, 키케로에게 보낸 편지 속에는 그 이유가 적혀 있다고 한다.

폼페이우스에 대한 온갖 소문들은 그보다 먼저 로마에 도착해 있었다. 군대를 이끌고 돌아온 폼페이우스가 절대적인 지배자로 올라설 것이라는 소문과 함께 놀란 시민들이 소란을 일으키고 있었던 것이다. 게다가 크라수스는 정말 그가 두려워서 그랬는지 재산을 정리하고 로마 변두리로 달아나 버리고 말았다. 그러나 그것은 두려움 때문이 아니라, 일부러 그렇게 해서 소문을 확실히 함으로써 민중의 의혹과 시기심을 일으키게 했던 것으로도 보인다.

그러나 폼페이우스는 이탈리아에 도착하자마자 전군을 집합시켜 그들의 노력에 대한 감사의 연설을 한 뒤 개선식 때 다시 한 번 모여달라는 부탁과 함께 군대를 해산시켰다. 이 소식은 곧 시내를 퍼져나갔다.

그런데 뜻밖의 일이 일어났다. 폼페이우스가 간단한 여행길에서 돌아오는 것처럼 무장을 하지 않고 시민들에게 나타난 것이다. 그러자 시민들은 너나없이 달려가 그를 맞이했다. 이들의 숫자는 해산시킨 군대의 숫자보다도 훨씬 많았다. 그들은 모두 폼페이우스를 따르며 로마에까지 바래다 주었다. 만약 폼페이우스가 혁명이나 반란을 꾀하려고 했다면 군대 없이도 가능했을 정도였다. 그러나 사령관이 개선식을 올리기 전에 로마 시내에 들어오는 것은 법으로 금지되어 있었다.

폼페이우스는 원로원에 사람을 보내 집정관 선거를 연기해 주는 은혜를 베풀어 달라고 요청했다. 입후보자였던 피소를 지원해 주기 위해서 이런 요청을 했던 것이다. 이 요구는 카토의 반대로 거절을 당하고 말았다. 폼페이우스는 마음이 언짢았지만, 법률과 정의를 지키기 위해 대담하고 용감한 행동을 한 카토에게 감탄하지 않을 수 없었다. 폼페이우스는 그를 어떻게 해서든지 자기 편으로 끌어들이고 싶어졌다. 그런데 마침 카토에게 딸이 두 명 있다는 것을 알게 되었다. 폼페이우스는 카토에 사람을 보내 한 사람은 자기와, 또 한 사람은 자기의 아들과 결혼을 하게 해 달라고 구혼을 했다. 카토는 구혼을 거절했다. 가족 관계로 인연을 만드는 것은 뇌물과 다를 것이 없으며, 자기의 청렴결백함을 더럽히고 싶지 않다는 이유에서였다. 그러나 그의 아내와 딸들은 그토록 위대한 사람과의 결혼을 거절했다며 몹시 불만스러워했다.

그즈음 폼페이우스는 아프라니우스를 집정관으로 내보낼 생각을 하고 있었다. 그래서 그는 각 부족들에게 금품을 나누어 주었다. 유권자들은 그의 집 뜰에 와서 돈을 받아갔다. 이 소문이 널리 퍼지자 엄청난 비난의 소리가 쏟아지기 시작했다. 나라의 최고 관직이며, 나라를 위해 봉사한 자에 대한 최고의 포상으로 주어지는 이 자리를 마치 상품처럼 취급하면서 자격도 없는 자를 당선시키려 한다는 것이었다. 그것을 본 카토는 아내와 딸들에게 이렇게 말했다.

"폼페이우스와 혼사를 맺었다면, 우리도 저런 더러운 욕을 듣게 되었을 것이다."

폼페이우스의 개선식은 성대하고 화려하게 열렸다. 이틀 동안 행렬이 계속되고도 못 보여준 것이 많아 그것만으로도 다시 한 번 개선식을 올릴 수 있을 정도였다.

개선식의 제일 선두에는 폼페이우스가 정복한 나라의 이름이 적힌 명패들이 섰다. 폰토스, 아르메니아, 카파도키아, 카플라고니아, 메디아, 콜키스, 이베리아족, 알바니아족, 시리아, 킬리키아, 메소포타미아, 페니키아, 팔레스티나, 유대, 아라비아, 그리고 바다에서 정복한 해적 등이 적혀 있었다.

이들 나라에서 점령한 것이 요새만 해도 천 개를 넘었으며 도시도 9백 개나 되었다. 또 해적선 8백 척을 획득했고, 새로 세운 도시만도 39개나 되었다. 이들 명패에는 공물에 대한 명세도 기록되어 있었는데, 폼페이우스가 원정을 떠나기 전에 5천만 탈렌트를 넘지 않던 국가 수입이 이 많은 나라를 정복한 다음에는 8천 5백만 탈렌트의 세입을 추가로 덧붙이게 되었다.

더구나 그는 2만 탈렌트 값어치의 현금과 금은 그릇, 그리고 장신구들을 국고에 넣었다. 이것은 폼페이우스가 부하 병사들에게 나누어 준 것보다 훨씬 많은 금액이었다. 그 가운데 자기 몫은 천 5백 드라크마밖에 안 되었다.

이 개선식에 끌려 나온 포로들 중에는 해적의 우두머리들 이외에도 아르메니아의 왕 티그라네스의 아들과 그의 아내, 딸, 왕의 아내인 조시메, 그리고 유대의 왕 아리스토불로스, 미트리다테스의 누이와 그녀의 아들 다섯 명, 그리고 스키타이 부인 몇 명이 끼어 있었다. 또한 알바니아 인들과 이베리아 인들의 인질, 그리고 콤마게네 왕의 인질들도 있었다.

그밖에 폼페이우스와 부하 장군들이 이긴 전투마다 각각 하나씩의 전승 기념비가 있었는데, 이 기념비의 숫자만도 엄청난 것이었다.

그런데 다른 로마인들은 한 번도 경험하지 못한 최대의 영광이 폼페이우스에게는 베풀어지고 있었다. 그것은 이 세 번째의 개선식으로 제3의 대륙 정복을 기념하고 있다는 사실이었다. 세 번이나 개선식을 올린 사람은 과거에도 있었다. 그러나 폼페이우스는 첫 번째 개선식에서 아프리카 정복을, 두 번째 개선식에서 유럽 정복을, 그리고 세 번째 개선식으로 아시아 정복을 기념하고 있는 것이다. 이렇게 그는 전 세계를 손 안에 쥔 것이나 다름 없었다.

그때 폼페이우스의 나이를 알렉산드로스의 나이와 똑같이 보아 34세라고 주장하는 사람들도 있지만, 실제로 그의 나이는 40세였다. 만일 폼페이우스가 알렉산드로스 대왕과 같은 행운을 누리던 이 무렵에 생애를 마감했더라면 아주 행복했을 것이다. 왜냐하면 그후 폼페이우스에게 계속 이어진 행운은 다른 사람들의 미움을 불러일으켰고, 그의 불행 또한 걷잡을 수 없는 것이 되었기 때문이다. 그는 공정하게 얻은 막대한 권력을 남을 보호하는 데 나쁘게 이용했다. 그리고 그런 무리들이 권력을 키워나갈수록 폼페이우스 자신의 명예는 더욱 손상되어 갔다. 결국 그는 자신의 위대함 때문에 자기도 모르는 사이에 자신의 권력을 전복시키고 말았던 것이다.

그것은 마치 어떤 도시의 튼튼한 성이 한번 적의 손에 들어가면 적의 군센 힘이 되어 버리는 것과 같았다. 카이사르는 폼페이우스의 도움을 얻어 국가를 상대로 싸울 수 있는 힘을 기르게 된 뒤 이번에는 폼페이우스의 세력을 전복시켜 버렸던 것이다. 그 이야기는 다음과 같다.

루쿨루스는 아시아에서 폼페이우스에게 모욕을 당했지만 로마로 돌아오자 원로원으로부터 특별한 명예를 받게 되었다. 그의 명성은 폼페이우스가 로마로 귀국한 뒤에 더욱더 기세를 떨치기 시작했다. 그런데다가 원로원은 폼페이우스의 야심을 가로막기 위해 루쿨루스를 적극적으로 지지하고 나섰다.

그러나 그는 나랏일에서 점점 멀어져 급기야 안일한 향락과 부자들만의 쾌락에 빠져들고 말았다. 처음 얼마 동안은 폼페이우스를 맹렬히 공격하며 폼페이우스가 폐지시켰던 법률들을 다시금 부활시키고, 카토의 지지를 얻어 원로원의 주도권을 차지하게 되었다. 이와 같은 정치적 배척 때문에 모든 희망이 사라져 버린 폼페이우스는 즉시 호민관들에게 달려가 보호를 요청하고 청년들의 힘을 빌리기 시작했다. 이 청년들 가운데는 간악하고 속이 검은 클로디우스라는 자가 있었는데, 그는 폼페이우스에게 도움을 주고 싶다며 그를 붙잡았다. 그런 뒤 그는 폼페이우스를 시장통으로 끌고 다니면서 민중들에게 아첨하는 연설을 하고 여러 가지 법률을 약속하게 만들었다.

더구나 그는 그렇게 폼페이우스의 위신을 떨어뜨리고는 마치 대단한 은혜를 베푼 것처럼 그 대가로 키케로를 버리라고 요구했다. 폼페이우스는 결국 그의 요구를 받아들였지만, 사실 키케로는 폼페이우스의 친구로서 정치적으로도 많은 도움을 준 사람이었다. 위기에 빠진 키케로는 폼페이우스에게 도움을 청했다. 그러나 그는 만나 주지도 않았을 뿐 아니라 화해를 시키려고 찾아온 사람들에게도 대문을 걸어잠그고 슬며시 뒷문으로 빠져나가곤 했다. 이렇게 되자 키케로는 위험을 느끼고 남몰래 로마를 빠져나갔다.

그럴 즈음 카이사르는 전쟁에서 돌아와 막 정계에 발을 들여놓기 시작했다. 그의 정책은 대단한 인기를 모았으며, 장래를 위해 적잖은 세력을 뿌리내리고 있었다. 이렇게 그는 폼페이우스에게 타격을 주면서 상당한 인물이 되어 갔다. 카이사르는 처음으로 집정관 후보자로 나섰다. 그는 폼페이우스와 크라수스가 서로 세력다툼을 하는 것을 보고, 어느 한 편에 치우치면 다른 한 편은 적이 될 수밖에 없는 처지라는 것을 깨달았다. 그래서 그는 어떻게 해서든지 그들 두 사람을 화해시키려고 애썼다. 사실 이 노력 자체는 정당하고 나라를 위해서도 좋은 일이었다. 그러나 카이사르가 이 일을 꾀하게 된 동기에는 간악하고도 교활한 속셈이 숨어 있었다.

대개 한 나라 안에서 서로 맞서는 두 정파는 배를 함께 탄 승객과 같은 것이어서, 만약 승객들이 한 쪽으로 몰리게 되면 배는 뒤집히고 모든 것은 물에 빠지게 되고 만다. 카이사르는 누구보다 이러한 사실을 잘 알고 있었다. 그래서 카토는 로마의 모든 재앙이 카이사르와 폼페이우스의 싸움에 있었다고 말하는 자들에게 다음과 같은 말을 했다.

"모든 일을 원인만 가지고 따진다는 것은 바르지 못한 일이오. 우리나라에 최초이자 최대의 타격을 준 것은 그들 두 사람의 싸움이 아니라, 바로 그들 두 사람 사이의 화해와 결탁에 있었던 것이오."

카이사르는 집정관이 되자 곧 가난하고 미천한 평민들의 이익을 위해 식민지의 설치나 토지 분배에 대한 법안을 제출하고 그것을 통과시키기 위해 노력했다. 그러나 이것은 집정관의 위엄을 떨어뜨려 호민관과 같은 지위로 추락시킨 결과를 만들어 버렸다. 그러자 카이사르의 동료 집정관 비불루스는 반대를 하고 나섰고, 카토는 이런 비불루스를 지지하기로 결심을 하게 되었다. 그래서 카이사르는 이 문제를 폼페이우스에게 제출한 뒤, 민중들이 지켜보는 가운데 이 법안에 대한 의견을 물었다. 폼페이우스는 이 법안에 찬동한다는 뜻을 밝혔다. 그러자 카이사르는 계속해서 물었다.

"누군가가 이 법률에 대해 폭력을 휘두른다면 그때는 어쩌시겠소? 민중들을 도울 수 있겠소?"

"그렇소. 만약 칼을 들고 나서는 자들이 있다면, 칼과 방패를 가지고 대항할 것이오."

폼페이우스는 지금까지 이같이 거만하고 불손한 말을 한 적이 없었다. 때문에 그의 동지들은 카이사르의 당돌한 질문 때문에 그런 대답이 나온 것뿐이라며 폼페이우스를 변호했다. 그러나 폼페이우스의 이후 행동은 카이사르에게 완전히 기울어져 있어서, 그가 카이사르를 위해 힘쓰고 있다는 사실을 뚜렷이 증명해 주었다. 폼페이우스는 갑자기 카이사르의 딸 율리아와 결혼을 했던 것이다.

율리아는 그 전에 카이피오와 약혼을 하고 며칠 뒤 결혼을 하기로 되어 있었다. 그래서 폼페이우스는 결혼을 한 뒤 카이피오의 노여움을 풀기 위해 자기 딸을 주었는데, 그녀도 이미 술라의 아들 파우스투스를 약혼자로 두고 있는 몸이었다. 또 카이사르는 피소의 딸 칼푸르니아와 결혼을 하였다.

그 후 폼페이우스는 로마를 군대로 가득 채우고 모든 일을 폭력으로 해결하려고 했다. 그 한 예로 집정관 비불루스는 루쿨루스, 카토와 함께 포룸으로 가다가 병사들의 습격을 받았다. 그들의 깃대가 꺾이고 머리에는 오물통 세례를 받는 봉변을 치렀고 비불루스와 동행하고 있던 두 호민관도 중상을 입고 말았다.

그들은 그런 방법으로 반대파를 포룸에서 몰아낸 뒤, 토지 분배에 관한 법안을 통과시키고 법률로 공포했다. 뿐만 아니라 카이사르에게는 알프스 산맥의 갈리아 지방에서 일리리쿰에 이르는 영토를 주고 4개 군단의 군대로 5년간 다스릴 권한을 주었다. 또 다음 해의 집정관으로는 카이사르의 장인 피소와, 폼페이우스의 추종자 가운데 가장 신임을 얻고 있던 가비니우스를 선출해 버렸다. 이런 일이 벌어지는 동안, 비불루스는 집정관의 자리에 있었음에도 불구하고 꼬박 여덟 달 동안 자기 집에만 틀어박혀 있어야만 했다. 한 번도 공개석상에 모습을 나타내지 못했고 다만 폼페이우스와 카이사르에 대해 비난에 가득 찬 성명서를 발표했을 뿐이었다.

카토 또한 신의 계시라도 받은 것처럼 나라와 폼페이우스에게 내릴 앞날의 재앙을 예언하고 있었을 뿐 아무것도 할 수가 없었다.

루쿨루스는 나랏일을 맡기에는 자기가 너무 늙었다면서 정치에서 완전히 손을 떼버렸다. 그러자 폼페이우스는 그를 비웃었다.

"노인에게는 나랏일도 해롭지만, 향락적인 생활도 그보다 덜하지는 않을 텐데 말이오."

이 말은 폼페이우스 자신에게도 해당되는 말이었다. 그도 역시 젊은 아내에게 완전히 빠져 시골의 별장이나 농장을 돌아다니느라고 포룸이 어떻게 돌아가는지도 전혀 몰랐기 때문이다.

그래서 당시 호민관이었던 클로디우스는 점점 더 그를 얕보게 되었고, 나중에는 대담하게 일을 저지르기 시작했다. 그는 키케로를 내쫓아 버리고, 군사적 업무를 핑계로 카토를 키프로스 섬으로 몰아냈다. 또 카이사르가 갈리아 원정에 나가 로마에 없는 것을 이용하여 무조건 민중들의 뜻대로 움직일 새로운 지도자를 구하는 한편 드디어는 폼페이우스의 법령까지 폐지해 버렸다. 그리고 티그라네스를 감옥에서 풀어주고 자기의 이야기 상대로 삼았다. 또 폼페이우스의 친구들을 고발하여 자기의 힘이 어느 정도인가를 시험해 보기도 하였다.

한번은 폼페이우스가 자기 친구들의 재판을 보러 나타났을 때였다. 클로디우스는 깡패들을 이끌고 법정에 들어와 높은 곳에 자리를 잡았다. 그리고 민중들을 향해 물었다.

"방탕한 장군은 누구입니까?"

"제 단짝을 찾고 있는 사람은 누구입니까?"

"또 한 손가락으로 자기 머리를 긁고 있는 사람은 과연 누구입니까?"

클로디우스와 함께 들어왔던 패거리들은 그가 이렇게 물으면서 긴 옷 자락을 뒤집을 때마다, 마치 잘 훈련된 합창단처럼 "폼페이우스!"라고 큰 소리로 외쳤다.

폼페이우스는 이러한 일들로 고민을 하게 되었다. 남의 비난을 듣는 일이나 이러한 공격에 대해서는 전혀 경험이 없었기 때문이었다. 더군다나 원로원이 이런 천박한 장난을 통쾌해하면서, 키케로를 배신한 데 대한 당연한 벌이라고 여기는 것을 보고는 더욱 깊은 시름에 잠기게 되었다.

이 일은 마침내 포룸에서의 활극으로 이어졌다. 클로디우스의 노예 하나가 칼을 들고 폼페이우스에게 달려들다가 체포를 당한 일까지 생긴 것이다. 클로디우스의 불손함과 욕설에 겁을 먹은 폼페이우스는 이 사건을 계기로 클로디우스가 호민관으로 있는 동안은 한 번도 포룸에 나타나지 않았다.

그는 집 안에 틀어박혀 원로원이나 귀족들이 가지고 있는 미움을 없앨 방법을 친구들과 상의했다. 원로원의 호감을 사기 위해서는 율리아와 이혼을 해서 카이사르와의 관계를 끊어야 한다는 쿨레오의 충고도 있었다. 또 키케로를 망명지에서 불러들여야 한다고 주장하는 사람도 있었는데, 이것은 키케로가 클로디우스와 사이가 안 좋은 데다가 원로원에서도 많은 인기를 모으고 있었기 때문이었다.

마침내 폼페이우스는 포룸에 가서 키케로의 귀국을 요청하도록 했다. 그리고 치열한 토론을 벌인 끝에 결국 클로디우스를 물리칠 수 있었다. 로마에 돌아온 키케로는 곧 원로원과 폼페이우스를 화해시키는 데 온 힘을 기울이면서, 곡물 수입에 대한 법률에 찬성하는 연설을 했다. 그 결과 폼페이우스는 다시금 바다와 육지에 있는 로마 전체의 영토를 통치할 수 있게 되었다. 그러자 기회를 노리고 있던 클로디우스는 이 법률에 반대하고 나섰다. 그는 이렇게 말했다. "이 법률에 의하면 그는 모든 항만, 시장, 창고, 다시 말해서 상인과 농민들에 대한 모든 지배권을 가지게 되었습니다. 따라서 이것은 기진맥진해진 폼페이우스의 권력에 숨구멍을 열어 주고 그의 세력을 다시금 되살릴 수 있게 만들어 준 것입니다."

그런데 다른 사람들은 이것이 집정관 스핀테르의 정치적 모략이었다면서 폼페이우스의 권력을 높이는 대신 자기는 프톨레마이오스 왕을 원조하는 사령관으로 가려는 데 목적이 있었다고도 한다. 그래서 호민관 카니디우스는 폼페이우스에게 군대 대신 호위병 두 사람만을 주어, 프톨레마이오스 왕과 그의 국민들을 화해시키는 중재자로 파견해야 한다는 법령을 제안하기도 했다.

폼페이우스는 이 제안을 받아들일 생각이 있었다. 그러나 원로원은 그의 신변이 염려된다는 그럴 듯한 구실을 붙여 통과시키지 않았다.

그런데 포룸과 원로원 근처에, "프톨레마이오스는 스핀테르보다 폼페이우스가 사령관으로 파견되어 오기를 원한다"는 전단들이 잔뜩 뿌려지기 시작했다. 그리고 티마게네스는 이런 허튼소리까지 했다.

"프톨레마이오스는 아무 이유도 없이 이집트를 떠났다. 이것은 테오파네스가 폼페이우스에게 원정의 지휘권을 다시 쥐어 주어, 그가 재물을 얻을 수 있는 기회를 만들어 주고 싶었기 때문에 설득했던 것이다.”

그러나 테오파네스는 별로 좋은 인품을 가진 사람이 아니었다. 폼페이우스는 큰 야망을 지니고 있기는 했지만 비열하고 천박한 일은 하지 않는 사람이었다. 그러므로 이 일은 아무래도 미덥지 못한 얘기이다.

식량 관리의 책임을 맡게 된 폼페이우스는 곡물 통상에 관계된 모든 행정 관리권을 손에 쥐게 되었다. 그는 자기 부하와 대리인들을 여러 곳에 파견하였다. 그리고 자신은 시칠리아, 사르디니아 섬, 그리고 아프리카 등지를 돌아다니며 많은 곡식을 수집했다.

그런데 그가 귀국길에 오르기 위해 막 배 띄우려 할 때 갑자기 거센 폭풍우가 일어났다. 배를 출항시켜야 할지 미루어야 할지 모를 위험한 상황이었다. 그러자 폼페이우스는 배에 올라가 닻을 올리라고 명령하고 큰 소리로 외쳤다.

“출항해야 할 필요는 있다. 그러나 목숨을 아낄 필요는 없다!”

이러한 용기에다가 운까지 따라서 폼페이우스는 빨리 귀국할 수가 있었다. 그래서 시장에는 곡식이 쌓이고 바다에는 배가 가득했으며, 식량은 마치 샘물이 넘치듯 다른 지방까지 공급할 수 있게 되었다.

그러는 동안 카이사르는 갈리아 전쟁으로 이름을 떨치고 있었다. 그는 얼핏 보기에는 로마에서 멀리 떨어진 벨기에와 수에비아, 그리고 브리타니아를 정복하는 데만 마음을 기울이고 있는 것처럼 보였다. 그러나 그는 은밀히 계략을 꾸며 놓고 민중들 사이에 손을 뻗치고 있었다. 그래서 중요한 정치 문제가 있으면 폼페이우스의 계획을 모두 물거품으로 만들어 놓고 있었다. 그는 군대를 자기의 손발처럼 부리기 위해 야만족들과의 싸움으로 단련시켜 가장 뛰어난 강철 군대로 만들고 있었다. 그리고 한편으로 정벌에서 얻은 각종 보물과 전리품들을 로마에 보내 민중들을 유혹하였고, 조영관, 법무관, 집정관, 그리고 여러 귀족들의 아내들에게도 선물을 보내 마음을 끌어모으고 있었다.

그래서 그가 알프스 산맥을 넘어 루카에서 겨울을 보내고 있을 때에는 수많은 사람들이 몰려들어 카이사르를 만나겠다고 아우성을 쳤다. 그 가운데는 원로원 의원도 2백 명이나 있었고, 폼페이우스와 크라수스까지도 끼여 있었다. 당시 카이사르의 장막 앞에는 총독이나 법무관들이 가져온 파스케스만 해도 120개나 세워져 있었다고 한다.

다른 모든 손님들은 돈과 부푼 희망을 안고 로마로 돌아갔다. 그러나 크라수스와 폼페이우스 두 사람과는 특별한 협정을 체결하였다. 그것은 두 사람이 이듬해에 집정관으로 나간다는 것, 카이사르는 많은 군대를 보내 투표를 도와줄 것, 당선되면 두 사람은 땅과 군대를 나눠 가진다는 것, 그리고 카이사르는 갈리아 총독의 임기를 5년간 더 연장한다는 것 등이었다. 그러나 이런 비밀 협정의 내용들은 곧 일반 시민들에게 널리 알려지게 되었다. 원로원도 몹시 심한 비난을 퍼부었다. 그 중에서도 마르켈리누스는 공개집회에 나가 노골적으로 두 사람을 꾸짖었다.

"당신들은 집정관에 입후보할 생각이 있소, 없소?"

군중들이 대답을 다그치자 폼페이우스가 대답했다.

"입후보를 할지, 안 할지 모르겠소."

크라수스는 좀 더 떳떳하게 말했다.

"나라의 이익을 위한 선택을 내리겠소."

그러나 마르켈리누스는 폼페이우스를 끈질기게 공격하면서 마침내는 심한 말까지 해댔다. 그러자 폼페이우스도 가만히 있지 않았다.

"마르켈리누스는 참으로 은혜도 모르는 자요. 배가 고파서 말도 제대로 못하던 그를 배불리 먹이고 웅변까지 할 수 있게 만들어 주었더니, 나한테 고맙다는 말도 안 하지 않소?"

대부분의 입후보자들은 그들이 두려워 입후보를 사퇴하고 물러났다. 그러나 카토는 루키우스 도미티우스를 향해 후퇴하지 말라고 격려하면서 이렇게 덧붙였다. "권력이 아니라 자유를 위해서 폭군을 꺾어 주시오."

폼페이우스와 그를 지지하던 사람들은 원로원 전체를 좌우하고 있는 카토에 대해 두려움을 가졌다. 자기들을 지지하던 사람들이 카토 때문에 마음이 흔들리는 것을 보고 몹시 염려스러워졌다. 그래서 그들은 무장한 무리를 보내, 도미티우스가 포럼에 들어올 때 습격을 감행했다. 그 무리는 우선 도미티우스를 안내하며 횃불을 들고 있던 자를 죽여 버리고, 나머지는 모두 내쫓아 버렸다. 그때 카토는 도미티우스를 보호하기 위해 싸우다가 오른손에 상처를 입고, 맨 나중에야 그 자리를 떠났다.

이렇게 해서 그들은 결국 집정관의 자리를 차지했다. 그러나 그들이 한 일은 그 전보다 더욱 심한 행패였다. 폼페이우스는 민중들이 카토를 법무관으로 뽑으려는 것을 보고 불길한 조짐이 있었다는 핑계를 대고 선거장을 해산시켜 버렸다. 그런 뒤 돈으로 사람들을 매수하여 바티니우스가 법무관이 되었다고 발표해 버렸다.

다음으로 그들 두 집정관은 카이사르와 맺은 협정을 지키기 위해 호민관 트레보니우스를 시켜 많은 법안을 제안하도록 만들었다. 그렇게 해서 카이사르의 임기를 다시 5년간 더 늘려 갈리아를 다스리게 하고, 크라수스에게는 시리아와 파르티아의 전쟁을 지휘하게 했다. 또 폼페이우스는 아프리카와 스페인을 맡고 4개 군단의 병력을 가지게 되었다. 그중 2개 군단은 카이사르의 요청에 따라 갈리아 전쟁에 투입되었다.

크라수스는 집정관의 임기가 끝나자 곧 자기의 영토인 아시아로 떠났다. 그러나 폼페이우스는 대극장의 개관식과 제사 때문에 잠시 로마에 머물러 있었다. 대극장에서는 운동 경기나 음악 같은 온갖 구경거리와 연극이 열렸다. 또 사나운 짐승을 사냥하거나 짐승과 격투를 벌이는 볼거리도 벌어졌다. 그때 죽은 사자만 해도 5백 마리나 되었으며, 특히 코끼리와도 싸움은 대단한 공포와 재미를 주었다.

이러한 대회로 폼페이우스는 대단한 인기를 끌었다. 그러나 반대 세력들에게는 또 그만큼의 질투심을 불러일으켰다. 또 그는 자기의 군대와 영토를 부하 장군들에게 맡기고 아내와 함께 이탈리아를 여행다녔기 때문에, 그것으로도 많은 비난을 받게 되었다. 그가 아내를 그만큼 사랑했는지 아니면 아내가 그를 그만큼 사랑했는지 혹은 아내를 두고 차마 먼 곳으로 떠날 수 없었는지는 알 수 없지만 아무튼 폼페이우스에 대한 아내의 지극한 사랑은 유명했다. 아내가 그를 그토록 사랑한 것은 폼페이우스가 다른 여자들을 절대 가까이 하지 않았기 때문이었다. 또 그는 평소의 위엄 있는 태도와 함께 집에서는 우아함과 부드러움도 보여 주었다. 그가 여자들에게 얼마나 매력적이었는지는 기생 플로라의 이야기에서도 알 수 있다.

언젠가 이런 일이 있었다. 조영관 선거가 있었을 때, 민중들의 소란 때문에 폼페이우스 곁에 있던 몇 사람이 죽는 일이 벌어졌다. 폼페이우스는 옷에 피가 튀자 하인에게 새옷을 가져오라고 시켰다. 그런데 집으로 달려간 하인이 피묻은 옷을 들고 서두르다가 마침 임신중이던 젊은 아내의 눈에 띄고 말았다. 아내는 피로 뒤범벅이 된 남편의 옷을 보고 그만 기절해 버렸다. 그리고 그 충격으로 그만 유산을 하고 말았다. 폼페이우스와 카이사르가 친척이 된 것을 보고 비웃던 사람들도 그와 아내의 사랑에 대해서는 나무라지 못했다. 그 뒤 그녀는 다시 임신을 하여 딸을 낳았지만 산욕으로 죽어 버렸고 며칠 뒤 아이도 죽었다.

폼페이우스는 알바의 별장에 매장할 준비를 갖추었다. 그러나 민중들은 그녀의 시체를 빼앗다가 마르스 광장에 묻고 성대한 장례식을 올려 주었다. 이것은 결코 폼페이우스나 카이사르에 대한 호의가 아니라 오직 그 부인에 대한 동정심에서 우러나온 행동이었다. 그때 민중들은 장례식에 참석하고 있던 폼페이우스보다 그 자리에 없는 카이사르에게 더 큰 경의를 나타냈다.

이제 로마는 불어닥친 폭풍의 소용돌이에 말려 모든 것이 다 흔들리고 있었다. 사람들은 두 영웅의 야망을 억제하고 있던 관계가 끊어졌으니 이제 두 사람은 본색을 드러낼 것이라고 쑤군거렸다. 게다가 얼마 후 크라수스의 전사 소식이 전해져 오자, 로마의 내란을 막고 있던 또 하나의 세력마저 무너져 버렸다.

그동안 카이사르와 폼페이우스는 크라수스에 대한 두려움 때문에 서로 행동을 조심해 왔다. 그러나 운명은 두 영웅의 대결을 감시하고 있던 사람을 없애 버렸다. 그렇게 되자 다음의 시에서 말하는 사태가 벌어지게 되었다.

두 사람은 손에 흙을 바르고 몸에는 기름을 칠하면서
싸움이 시작되기만을 기다리고 있다.

인간의 욕망에 비하면 운명이란 덧없는 것이며, 그 욕망은 도저히 만족될 수 없는 것이다. 그렇게 넓은 영토와 그토록 많은 군대를 가지고 있었지만 결국 이 두 사람은 여기에 만족하지 못했으니 말이다. 다음과 같은 시도 있다.

신들은 이 우주를
하늘과 지옥, 그리고 바다로 나누었다.
그들은 자신의 자리에 만족스러워하며
서로 남의 영토를 침범하지 않았다.

그들 두 사람은 이와 같은 시를 잘 알고 있었지만, 두 사나이가 서 있기에 로마는 너무 비좁았다.

폼페이우스는 언젠가 민중들에게 했던 연설 중에 이런 말을 했다.

"언제나 나는 지위를 생각보다 쉽게 얻었소. 그리고 언제나 민중들이 물러나라고 하기 전에 그 자리에서 물러나왔소."

사실 그가 군대를 해산시켰던 일만으로 이 말을 충분히 입증할 수 있다. 그러나 카이사르는 자기의 군대를 해산시키려고 하지 않았다. 그러자 폼페이우스는 로마의 집정관과 사령관의 권력을 내세워 자기의 자리를 굳히려고 했다. 그러나 무슨 변동을 일으킬 생각은 없었으며, 카이사르를 믿지 못하겠다기보다는 그를 아주 무시하고 경멸하는 태도를 드러냈던 것이다.

그래서 카이사르는 시민들을 매수하여, 자기의 뜻대로 되지 않는 로마를 무정부 상태로 만들어 버렸다. 그러자 호민관 루쿨루스는 독재관을 임명해야 한다고 제안했다. 그는 폼페이우스를 이 자리에 앉혀야 한다고 시민들을 설득했다. 그러나 루쿨루스는 카토의 반대로 인해 하마터면 호민관의 자리에서 쫓겨날 뻔했다. 그러자 폼페이우스의 동지들이 연단에 올라와 이렇게 주장했다.

"폼페이우스는 그런 정치를 희망한 적이 한 번도 없습니다. 그리고 그는 이 직책을 받아들이려고도 하지 않을 것입니다."

카토는 겉으로 폼페이우스를 칭찬하면서, 나라의 질서를 바로잡아달라고 호소했다. 폼페이우스는 마지 못해서 그 충고를 받아들였고, 도미티우스와 메살라가 대신 집정관으로 선출되었다.

그러나 얼마 뒤 로마가 다시 무정부 상태로 빠지게 되자, 독재관에 대한 여론은 지난번보다 더욱 높아지게 되었다. 카토의 지지 세력들은 폼페이우스가 전제적 권력을 폭력적으로 만들어내기 전에 합법적인 지위를 주는 것이 좋겠다고 생각하게 되었다. 그렇게 되자 폼페이우스 한 사람만을 집정관에 임명하자는 제안이 나오게 되었다. 그때 원로원에서 제일 먼저 이 결의에 찬성한 사람은 바로 그의 정적이었던 비불루스였다. 그의 주장은 이런 것이었다.

"지금 국가의 혼란을 바로잡기 위해서는 가장 훌륭한 사람의 노예가 되는 수밖에 없습니다."

그런데 다른 사람도 아닌 비불루스가 이런 말을 했다는 것은 참으로 이상한 구석이 있었다.

다음으로 카토가 일어났다. 사람들은 그가 분명히 반대 주장을 할 것이라고 생각했다. 그는 모두가 조용해지기를 기다려 이렇게 얘기했다.

"나는 그런 제안을 하고 싶지 않았습니다. 그러나 이미 제안이 된 이상은 반드시 채택되기를 바랍니다. 왜냐하면 무정부 상태보다는 어떤 형태로든 정부가 있는 것이 낮기 때문입니다. 또 이런 혼란스러운 시기에 폼페이우스보다 더 뛰어난 통치자는 없다고 생각하기 때문입니다."

결국 이 제안은 모든 의원들의 찬성으로 통과되었다. 폼페이우스는 단독 집정관에 임명되었다. 두 달 후에 폼페이우스의 의사에 따라 동료 집정관을 임명할 수 있게 했다. 이렇게 해서 폼페이우스는 단독 집정관이 되었고, 집정관 대리였던 술피키우스가 이것을 선언하였다.

폼페이우스는 카토에게 감사의 인사를 하고, 정치를 하는 데 많은 충고를 해 달라고 부탁했다. 카토는 이렇게 대답했다.

"폼페이우스! 나한테 감사할 필요는 전혀 없소. 내가 한 말이나 행동은 나라를 위한 것이었지 당신을 위한 것은 아니었소. 그리고 충고를 해 달라고 굳이 부탁하지 않으셔도 공개석상에서 충분히 내 생각을 말씀드릴 것이오."

카토는 모든 일에 대해 이런 태도를 보이는 사람이었다.

로마에 돌아온 폼페이우스는 메텔루스 스키피오의 딸 코르넬리아와 결혼을 했다. 그녀의 첫남편은 크라수스의 아들 포블리우스였는데, 그가 파르티아에서 죽었기 때문에 과부의 몸이 되어 있었다. 그녀는 젊고 아름다웠을 뿐만 아니라 다른 좋은 점들도 가지고 있었다. 학문에 조예가 깊었고, 비파도 잘 연주했으며, 기하학과 철학 강의도 즐겨 들었다. 또 그만큼 많은 공부를 했으면서도 교만한 태도를 보이지 않았다. 그리고 아버지의 가문도 훌륭했다.

그러나 이 두 사람이 결혼을 하기에는 나이 차이가 너무 많았다. 코르넬리아는 폼페이우스의 아들하고나 어울릴 나이였던 것이다. 사람들은 기울어진 나라를 일으켜 세우라고 했더니 화관이나 쓰고 다니면서 새신랑 행색을 한다며 폼페이우스를 비난했다. 심지어는 폼페이우스의 행동이 국가에 대한 모욕이라고 얘기하는 사람들도 있었다. 만일 나라가 융성한 때였다면 법률을 거역하면서까지 그를 단독 집정관으로 뽑지는 않았을텐데, 왜 그것 자체가 나라의 재앙이라는 것을 조금도 생각지 못하느냐는 것이었다.

그러나 결혼식이 끝나자, 그는 법률을 제정하여 선물이나 뇌물을 주고 관직을 산 사람들을 단속하고, 모든 사건을 엄격하고 공정하게 처리하였다. 그리고 군대를 이끌고 직접 법정에 출석하여 법정의 안정과 질서, 그리고 정숙을 회복하였다. 그러나 장인인 스키피오가 고발을 당하자, 그는 360명이나 되는 배심원들을 모두 집에 초대하여 스키피오에게 호의를 베풀어 달라고 부탁했다. 결국 스키피오를 고발했던 사람들은 그가 배심원들의 호위를 받으며 당당하게 포룸에 나오는 것을 보고 고발을 취하하고 말았다.

이것 때문에 비난을 받은 폼페이우스는 플란쿠스 사건으로 더 큰 야유를 받게 되었다. 폼페이우스는 기소된 사람을 칭찬하는 연설을 못하도록 법령을 제정했는데, 그럼에도 불구하고 그 자신이 법정에 나와 플란쿠스를 찬양하는 연설을 했던 것이다. 그때 배심원의 한 사람으로 나와 있던 카토는 법률에 어긋나는 칭찬을 들을 수는 없다면서 두 손으로 귀를 가렸다. 이 때문에 카토는 미움을 사게 되어 표결도 하기 전에 배심원 지위를 빼앗기고 말았다. 그러나 나머지 배심원들은 플란쿠스에게 모두 유죄 판결을 내려 폼페이우스의 체면을 깎이게 만들었다.

그 며칠 뒤, 집정관 대우를 받고 있던 힙사이우스가 고소를 당했을 때였다. 그는 폼페이우스를 기다리고 있다가 목욕을 마치고 저녁 식사를 하러 가는 그의 다리를 붙잡았다. 폼페이우스는 거만한 목소리로 차갑게 쏘아붙쳤다.

"내 밥맛을 잃게 하지 마시오."

그는 이렇게 사람을 차별하는 좋지 못한 면을 가지고 있었기 때문에 많은 시민들의 비난을 들어야 했다.

그러나 그는 그 밖의 나라 일에서는 훌륭했다. 그는 로마의 질서를 다시금 바로잡고, 나머지 5개월의 임기 동안 장인을 동료 집정관으로 임명하여 함께 일했다. 또 자기 영토를 4년 동안 더 다스리고, 군대의 유지비로 1년에 천 탈렌트 씩을 지급받기로 하는 권한을 원로원으로부터 허가받았다.

카이사르의 친구들은 카이사르에게도 어떤 명예를 베풀어 주어야 마땅하다고 주장했다. "카이사르는 무수한 전투를 거듭하여 로마의 위세를 떨쳐 왔습니다. 그러니 그를 다시 집정관으로 뽑아 주거나, 아니면 자기의 영토를 계속 다스릴 수 있게 허락해 주십시오. 그가 전쟁에서 얻었던 것들은 평화시에도 가질 수 있어야 하며, 그가 애써 쌓아 놓은 공적을 다른 사람에게 빼앗기게 해서는 안 됩니다."

이 문제로 토론이 벌어졌을 때 폼페이우스는 마치 카이사르를 변호하는 것처럼 하면서, 자기에 대한 변명을 했다. "카이사르에게서 온 편지에 의하면, 그는 지휘권을 내놓고 싶으니 후임자를 보내 달라고 했소. 그러니 로마에 있지는 않지만 그를 집정관으로 선출해 줄 수는 있을 것이오."

그러나 카토의 지지자들은 그의 말에 반대했다. "만일 카이사르가 집정관이 되고 싶다면, 군대를 해산하고 시민의 자격으로 나서야 할 것이오."

폼페이우스는 더 이상 자기의 의견을 주장하지 않고, 마치 이 문제는 어떻게 되든 내버려 두겠다는 듯한 태도로 앉아 있었다. 그러자 카이사르에 대한 그의 본심은 더욱 의심을 받게 되었다. 그는 또 파르티아와의 전쟁을 구실로 카이사르에게 빌려준 2개 군단의 군사를 되돌려 달라고 요구했다. 군대를 보내라는 의도가 무엇인지 알고 있었지만, 카이사르는 거절하지 않았다. 오히려 그들에게 후한 상까지 주어 폼페이우스에게 돌려보냈다.

그 뒤 폼페이우스는 계속 중병을 앓다가 나폴리에 가서 완전히 회복을 했다. 나폴리 시민들은 프락사고라스의 제안에 따라 그의 완쾌를 감사하는 제사를 신께 올렸다. 그러자 이웃에 있던 주민들까지 덩달아 제사를 지내게 되었고, 어느새 이탈리아의 크고 작은 도시 모두가 여러 날에 걸쳐 잔치를 벌였다. 또 방방곡곡에서 폼페이우스를 보기 위해 몰려든 사람들로 거리와 항구마다 넘쳤다. 그들은 항구와 도시에 모여들어 신에게 제물을 바쳤다.

또 수많은 군중들이 화관을 머리에 쓰고 손에 횃불을 들고 그를 맞이하였으며, 그의 앞길에 꽃을 뿌려 주기도 했다. 이 광경은 말로는 다 표현할 수 없을 만큼 아름답고 화려한 것이었다.

그런데 바로 이 일이 내란의 원인이 되리라고는 어느 누구도 생각하지 못했다. 사람들이 기뻐하는 것을 보고 폼페이우스는 자만심에 빠져 지금이 어느 때인지를 잠시 잊어버린 것이다. 그는 지금까지 자기를 지켜 주었던 조심성과 신중함을 버리고, 카이사르의 힘을 얕잡아 보게 되었다. 그는 카이사르를 물리치는 데는 군대도 필요없으며, 그의 세력을 길러준 것보다 더 쉽게 그를 꺾을 수 있을 것이라고 믿었다.

더구나 카이사르에게서 되돌려받은 폼페이우스 군대의 지휘관인 아피우스는 갈리아에서 카이사르가 세운 전공을 경멸하며 그에 대한 나쁜 소문을 퍼뜨렸다. 그리고 폼페이우스에게 말했다.

"장군님께서 다른 군대의 힘으로 카이사르를 치려고 하신다면, 그것은 장군님 권세와 명성을 모르시기 때문입니다. 카이사르의 병사들은 카이사르 장군을 싫어하고, 바로 폼페이우스 장군님을 존경하고 있습니다. 그러니 장군님께서 한번 나타나시기만 하면 모두 장군님 밑에 모여들게 될 것입니다."

아피우스의 아첨에 기분이 좋아진 폼페이우스는 드디어 쓸데없는 자만심에 빠져들고 말았다. 그는 자신의 힘을 지나치게 믿은 나머지 적을 얕보며, 전쟁을 걱정하는 사람에게는 이렇게 말했다.

"만일 카이사르가 로마에 쳐들어온다면 어떻게 합니까? 우리에게는 그들을 막을 군대가 하나도 없지 않습니까?"

"걱정할 필요없소. 이탈리아의 어느 땅이든지, 내가 밟기만 하면 군대와 말이 샘처럼 솟아날 테니 말이오."

한편 카이사르는 더욱더 적극적인 정치 공작을 하고 있었다. 그는 이탈리아의 국경 지방을 손에 넣으면서, 병사들을 로마에 보내 투표를 시키고 있었다. 또 수많은 고관들을 돈으로 매수하여 세력을 키우고 있었다. 그 가운데는 천 5백 탈렌트를 받고 넘어간 파울루스 집정관도 있었고, 평민 호민관 쿠디오도 있었다. 그의 엄청난 빚을 카이사르가 갚아 주었기 때문이다. 호민관 쿠리오의 친구인 마르쿠스 안토니우스는 이 빚의 보증인이었는데 쿠리오와 함께 매수당했다. 다음과 같은 일은 실제 있었던 사건이라고 기록되어 있다.

원로원은 카이사르가 통치권을 연장해 달라는 제안을 거부했다. 그때 카이사르가 보낸 백인 대장 하나가 이 소식을 듣고 원로원 앞에서 기다렸다. 그는 자기의 손으로 칼을 쓰다듬으며 이렇게 말했다. "그렇다면 이것이 해결을 하게 될 것이다."

카이사르의 모든 공작과 준비는 이 백인 대장의 말로써 모두 표현된 것이다. 그러나 쿠리오가 카이사르를 위해 제안한 것은 더 합법적인 것이었다. 그는 폼페이우스를 장군직에서 해임하지 않는 한 카이사르를 해임할 수는 없다고 말하면서 이렇게 덧붙였다.

"두 사람 다 장군직에서 물러난다면, 둘다 만족스러워할 것이오. 아니면 두 사람 모두에게 현재의 세력을 유지하게 해주어도 마찬가지요. 그러나 한 쪽을 약하게 만들면, 다른 쪽을 그만큼 강하게 만들게 되는 것이오. 그렇게 되면 지금까지의 두려움은 갑절이나 커지게 될 것이오."

그러나 집정관 마르켈루스는 이렇게 대꾸했다. "카이사르는 강도와 다름없소. 만일 그가 무기를 놓지 않는다면 이 나라의 적으로 선언해야 할 것이오."

그러나 쿠리오는 안토니우스와 피소의 도움을 얻어 이 문제를 표결로 결정짓기로 하고, 카이사르 혼자만 군대를 해산하고 폼페이우스에게 지휘권을 넘겨 주자는

데 찬성하는 사람은 한 쪽으로 서 달라고 했다. 그러자 대다수의 의원들이 한 쪽으로 물러나갔다. 그러고 나서 두 사람 다 장군직을 해임시키자는 데 찬성하는 의원들은 다시 다른 쪽에 서 달라고 하자, 폼페이우스를 지지하는 쪽에는 22명이 남고 나머지는 모두 쿠리오에게 갔다. 쿠리오는 자기의 주장이 통과된 것을 보고 기뻐하며, 민중들 속으로 뛰어들었다. 민중들은 크게 기뻐하면서 꽃을 던지고 그에게 꽃다발을 씌워 주었다.

그때 폼페이우스는 원로원에 출석하지 않았다. 군대의 지휘권을 가진 사람은 시내로 들어올 수 없도록 법이 정하고 있었기 때문이었다.

집정관 마르켈루스는 일어나서 이렇게 말했다.

"가만히 앉아서 연설 같은 걸 듣고 있을 때가 아니오. 지금 우리의 눈 앞에는 10개의 군단을 거느리고 로마로 진격하고 있는 카이사르가 있소. 그러니 빨리 지휘관을 뽑아 그들을 막고 나라를 지켜야 하오."

로마는 곧 큰 재난을 맞을 걱정으로 온통 들끓어올랐다. 마르켈루스는 원로원 의원들을 거느리고, 포룸을 지나 폼페이우스에게 갔다.

"폼페이우스 장군, 지금 가지고 있는 군대와 새로 만든 군대를 이끌고 나가서 나라를 지켜 주시기 바랍니다."

그런데 안토니우스가 원로원 의원들의 말을 무시하고, 카이사르의 편지를 공개 석상에서 발표해 버렸다. 그 편지에는 평민들을 위하는 그럴 듯한 내용의 제안이 담겨 있었다. "폼페이우스와 나 카이사르는 군대를 해산하고 국민들의 판결을 들어야 합니다. 그러니 국민들 앞에 나가서 지금까지의 경과를 보고하겠습니다."

편지의 효과는 곧 눈에 보이게 나타났다. 그것은 폼페이우스가 군대를 모집할 때도 여지없이 드러났다. 모집에 응한 사람은 뜻밖에 너무나 적었고, 겨우 나온 사람들도 억지로 출두한 것이었다. 그 나머지 사람들은 자기 이름이 불려도 대답도 하지 않았다. 그리고 시민들은 어떻게 해서라도 화해를 시켜야 한다고 떠들어댔다. 그러나 새로 집정관에 취임한 렌툴루스는 원로원 소집을 거부하였다. 그때 얼마 전에 킬리키아에서 돌아온 키케로가 그들을 화해시키기 위해 새로운 제안을 내놓았다. 그것은 카이사르에게 2개 군단 병력과 일리리쿰에 대한 통치권을 주고, 그 대신 갈리아 지방과 그곳에 주둔한 군대를 내놓고 집정관 후보로 나서게 한다는 것이었다.

폼페이우스가 이 제안을 거부하자, 카이사르의 동지들은 군대를 1군단으로 줄여도 좋다고 양보를 했다. 그러나 다시 렌툴루스가 반대를 하고 나섰으며, 카토 또한 이것을 수락하게 되면 또 한 번 폼페이우스에게 속게 되는 것이라고 외쳤다. 이렇게 해서 결국 화해는 이루어지지 않았다.

그러는 동안 이탈리아의 큰 도시인 아리미눔을 정복한 카이사르가 전 군사를 거느리고 로마로 진격하고 있다는 소식이 들려왔다. 그것은 헛소문이었다. 그는 다만 3백 명의 기병과 5천 명의 보병만 이끌고 오고 있었다. 알프스 저쪽에 있는 부대는 그냥 두고, 적군이 혼란에 빠져 있을 때 기습 공격을 하여 적이 준비할 여유를 주지 않으려는 속셈이었다.

카이사르는 폼페이우스의 영토와 경계선에 있는 루비콘 강에 와서 말을 멈추었다. 그는 지금 결행할 일이 얼마나 중대한지를 묵묵히 생각했다. 그러다가 마침내 두렵다는 생각만 해서는 안 된다는 것을 깨달았다. 그리고 이렇게 중얼거렸다. "주사위는 이미 던져졌다."

그는 곧 군대를 일으켜 강을 건너갔다. 이 소식이 전해지자, 로마는 무서운 공포에 휩싸였다. 민중들이 느낀 두려움과 혼란은 로마가 창건된 이래 한 번도 없었던 엄청난 것이었다.

원로원 의원들과 장관들은 모두 폼페이우스에게 몰려갔다. 원로원 의원 툴루스는 군대의 준비 상태가 어떠냐고 물었다. 폼페이우스는 잠시 머뭇거리다가 대답을 했다.

"카이사르가 되돌려준 2개 군단이 있습니다. 그리고 얼마 전에 징발한 군대 3만 명도 곧 마련할 수 있을 것이오."

이 말을 들은 툴루스는 큰소리로 말했다. "그대는 우리를 속였군요!"

그는 카이사르에게 즉시 사절단을 보내자고 권유했다. 여기에는 자기가 카토만큼 고집도 세고 바른 말도 잘한다고 떠들어대던 파보니우스가 있었다. 그는 떠벌이는 것만 빼면 아주 훌륭한 인품을 갖춘 사람이었다. 파보니우스는 폼페이우스에게 이렇게 말했다.

"옛날에 말씀하셨던 것처럼, 군대가 솟아나게 땅을 밟아 보시지요."

그러나 폼페이우스는 때에 맞지 않는 차가운 비웃음들을 가만히 듣고만 있었다. 그러자 카토가 말했다. "그것 보시오. 카이사르에 대한 내 얘기가 그대로 적중하지 않았소?"

그러자 폼페이우스는 카토를 향해 말했다. "그 얘기야 맞아 떨어졌지만, 당신도 결국 카이사르를 도와준 꼴이 되지 않았소?"

카토는 폼페이우스를 대장군으로 삼고 절대적인 권한을 주어야 한다고 말했다. "이런 난리가 생기게 만들었던 당사자만이 가장 좋은 치료법을 알고 있을 것이오."

그런 다음 카토는 자기의 영지인 시칠리아로 가 버렸다. 다른 원로원 의원들도 모두 자기의 영지로 흩어지고 말았다. 이렇게 되자 이탈리아 전역은 혼란과 무질서에 빠져들었다. 로마 시민들은 모두 다른 지방으로 내려가고, 또 성 밖에서는 모두 성 안으로 들어왔다. 이제 더 이상 그들의 두려움을 가라앉힐 수 없는 상황이 되고 말았다. 폼페이우스도 이제는 자기 판단대로 행동할 수가 없게 되었다. 폼페이우스는 의심과 두려움으로 가득 찬 시민들의 갖가지 소리 때문에 하루에도 몇 번씩 계획을 뒤집어야 했다.

적의 움직임을 파악하기도 어려워졌다. 모두들 사실이라고 우겨댔다. 또한 폼페이우스가 시민들의 말을 잘 들어주지 않으면 비난을 퍼부었다. 이제 폼페이우스는 포고령을 내려 내전을 선포하였다. 폼페이우스는 그들의 소동을 끝맺기 위해서는 도시를 버리는 수밖에 없다고 결심하게 되었다. "원로원 의원들은 모두 나를 따르십시오. 뒤처지는 사람은 카이사르와 한패로 생각하겠소."

폼페이우스는 원로원 의원들에게 이렇게 선언을 하고, 저녁해가 떨어지기 시작할 무렵 로마를 떠났다. 집정관들은 전쟁을 시작하기 전에 제사를 드리는 관례도 지키지 못하고 피난을 떠나야만 했다. 그러나 이런 위기에 처했어도 폼페이우스에 대한 민중들의 호의는 변하지 않았다. 더구나 폼페이우스의 전략을 비난하는 사람은 많았지만, 장군 자신의 잘못이라고 생각하는 사람은 없었다. 그래서 로마를 버리고 떠난 사람들 중에는 자유를 찾기 위해 도망간 사람보다, 폼페이우스를 버리지 않기 위해 떠났던 사람의 숫자가 더 많았다.

폼페이우스가 로마를 떠난 며칠 후, 곧 카이사르가 로마의 주인이 되었다. 그는 모든 시민들을 정중하게 대하고 사람들의 두려움도 천천히 가라앉혔다. 다만 국고금 사용을 허락하지 않는 호민관 메텔루스에게는 사형을 시키겠다고 협박을 했다. "이렇게 얘기로 하는 것보다는 사형을 집행하는 편이 한결 간단하다네."

카이사르는 메텔루스를 제거하고 자기 마음대로 돈을 꺼내 썼다. 그리고는 폼페이우스를 잡기 위해 즉시 출동 명령을 내렸다. 스페인에 있는 폼페이우스의 군대가 와서 그와 힘을 합치기 전에 그를 빨리 이탈리아 밖으로 쫓아내려는 것이었다.

한편 브룬디시움에 도착한 폼페이우스는 그곳에서 많은 배들을 얻어 곧 두 집정관과 30코호트의 군대를 디라키움으로 보냈다. 그리고 장인 스키피오와 아들 크나이우스를 시리아로 파견하여 함대를 준비하게 했다.

그런 다음 브룬디시움 성문을 닫아 걸고 시민들의 통행을 금지시켰다. 시가지 여기저기에 큰 도랑을 파고, 바다로 이어진 두 길을 제외한 모든 길에 말뚝을 박았다. 그는 사흘째 되는 날까지 나머지 군대를 느긋하게 배에 태우고, 마지막 날 성에 있던 군대를 재빨리 배에 타도록 했다. 그리고 나서 그는 드디어 출항 명령을 내렸다.

카이사르는 성을 지키는 군인들이 없는 것을 보고 그들이 도망을 한 것이라고 생각했다. 그러나 너무 성급하게 추격을 하느라고 하마터면 말뚝과 도랑으로 뛰어들 뻔했다. 그때 브룬디시움 시민들이 길을 안내해 주어 시내를 한 바퀴 돌아서야 항구로 갈 수 있었다. 항구에 닿았을 때는 이미 폼페이우스의 함대가 떠난 다음이었다. 항구에 뒤처져 있던 배는 겨우 소수 군병이 탄 작은 배 두 척뿐이었다.

폼페이우스의 이 철수 작전은 그의 가장 뛰어난 전략이었다는 것이 여러 사람들의 의견이었다. 그러나 튼튼한 방어력을 가진 도시를 가지고 있었고 이베리아에서 곧 군대가 달려올 것이었고, 해상권까지 완전히 장악하고 있으면서도 이탈리아를 버리고 도망갔다는 것은 아무래도 이상한 일이었다. 키케로도 여기에 대해 다음과 같은 말을 했다.

"폼페이우스는 테미스토클레스보다는 페리클레스와 같은 처지에 있었다. 그러나 그는 페리클레스가 아니라 테미스토클레스와 같은 전술을 썼다."

카이사르는 시간이 지연되는 것을 몹시 두려워하고 있었다. 그는 누메리우스라는 폼페이우스의 친구를 붙잡아서 브룬디시움으로 보내고, 평등한 조건으로 휴전을 하자는 뜻을 전하기로 결심했다. 그러나 누메리우스는 폼페이우스와 함께 떠나 버린 뒤였다. 카이사르는 60일도 안 되는 동안에 피 한 방울도 흘리지 않고 이탈리아 전체의 주인이 되었다. 그리고 나서 그는 폼페이우스를 추격하려고 했다. 그러나 배가 없어서 군대를 이베리아로 돌릴 수밖에 없었다.

그동안 폼페이우스는 엄청난 수의 군사를 끌어모으고 있었다. 해군은 군선 5백 척과 리부르니아 지방에서 온 쾌속선 등을 가지고 있었다. 그리고 육군 중에서 기병 7천 명은 로마와 이탈리아의 유명한 인사들로 구성된 정예 부대였다. 그러나 보병은 각지에서 달려온 경험없는 무리들이라서 아무래도 훈련이 필요했다. 폼페이우스는 베로니아에서 군사 훈련을 시켰다. 폼페이우스는 청년들 못지 않는 열성을 보이며 열심히 훈련을 했다. 부하 장병들도 힘을 얻어 게으름을 피우지 않았다. 예순 살을 2년 앞둔 폼페이우스가 보병들 사이에 섞여 무기를 지닌 채 도보로, 기병 사이에 끼어 말을 달리며, 칼을 뽑아 휘두르다가 칼집에 꽂는 광경을 보며 병사들은 날마다 새로운 힘을 얻었다. 특히 젊은이들도 던질 수 없을 만큼 먼 곳에서 투창을 던져 명중시키는 그의 모습은 참으로 감탄할 만한 것이었다.

각 나라의 국왕과 군주들도 하나씩 폼페이우스에게 몰려들었다. 로마의 관직에 있던 사람들도 모두 모여들자 그 수효는 원로원을 구성하고도 남을 정도가 되었다. 그밖에도 카이사르의 친구인 라비에누스는 갈리아 전쟁에 종군하고 있다가 카이사르를 버리고 폼페이우스의 군대에 가담하였다. 또 갈리아에서 살해된 브루투스의 아들은 그때까지 폼페이우스를 자기 아버지를 죽인 사람으로 생각하고 인사도 하지 않았었는데, 이제야 그가 로마의 자유를 지켜줄 사람이라고 믿고 폼페이우스를 찾아왔다. 키케로 역시 글이나 연설로 폼페이우스와 늘 엇갈린 주장을 해왔지만, 나라를 위해 싸우는 편이 될 수밖에 없다며 찾아왔다.

티디우스 섹스티우스라는 늙은 절름발이도 이 가운데 있었는데, 처음에 그가 마케도니아까지 찾아오자 사람들은 그를 비웃고 조롱하였다. 그러나 폼페이우스는 그를 보자마자 달려가서 맞이했다. "이렇게 늙고 병든 몸으로 안전을 버리고 위험을 찾아 여기까지 오시다니, 저는 다만 존경스러울 뿐입니다."

그 뒤 원로원은 카토의 제안에 따라 전쟁터 이외에서는 절대 로마인을 죽이지 않겠다는 것과 로마에 속하는 도시는 결코 약탈하거나 공격하지 않겠다는 결의를 받아들였다. 이렇게 되자 폼페이우스에 대한 사람들의 믿음은 한층 더 굳건해졌다. 그러자 멀리 떨어져 있다는 이유로 싸움에 관계하지 않던 자들이나 도울 힘이 없다는 핑계로 무시했던 자들도 이들의 승리를 지지하고 도움을 약속하게 되었다. 그들은 폼페이우스의 승리를 원하지 않는 사람은 신과 인간의 적이라고 생각하게 되었다.

폼페이우스의 너그러움이 이와 같았다면, 카이사르 또한 여기에 지지 않는 자비로움을 보여 주었다. 그는 스페인에 있는 폼페이우스의 군대를 정복한 다음 장군들을 모두 해임시켰으나 군대는 휘하에 그대로 두었다.

카이사르가 다시 알프스를 건너 이탈리아를 통과한 뒤, 브룬디시움에 도착한 것은 동지가 거의 다 되었을 때였다. 거기서 그는 다시 바다를 건너서 오리쿰에 이르렀다. 여기에서 카이사르는 잡고 있던 포로 중에서 폼페이우스의 친구인 유비우스를 그에게 보내며 이런 말을 전했다.

"우리 두 사람이 만나 회담을 하고, 군대는 사흘 안에 모두 해산시키기로 합시다. 그리고 나서 화해를 선서한 다음 함께 이탈리아로 돌아갑시다."

폼페이우스는 이 제안을 카이사르의 속임수라고 생각했다. 그래서 그는 카이사르의 제안을 거부하는 한편, 돌연 해안 지방으로 진출하여 모든 항구와 요새들을 점령해 버렸다. 그는 바다에서 수송되는 물건을 접수하기에 편리한 항구는 모조리 손에 넣고, 어디서 어떤 바람이 불어오더라도 수송에 어려움을 겪지 않도록 만들었다.

카이사르는 바다와 육지가 모두 가로막혀 있어서 싸움을 감행할 수밖에 없었다. 그는 매일같이 작은 전투를 벌였다. 때로는 적의 성까지 습격하기도 했다. 이런 사사로운 싸움에서는 대체로 카이사르가 승리를 거두었다. 그러나 완전히 궁지에 몰려 모든 군사를 잃을 뻔한 일도 있었다. 그때 폼페이우스의 군대는 적병 2천여 명을 죽이고 압도적인 승리를 거두었다. 그러나 폼페이우스는 힘이 모자랐던지, 또는 두려워서 그랬는지 달아나는 적을 추격하려고 하지 않았다. 카이사르는 그때 이렇게 말했다. "오늘의 승리는 저들의 것이다. 만일 적군 병사들 가운데 한 사람이라도 승리를 거두고 싶어했다면 말이다."

폼페이우스의 군대는 이 승리로 크게 자신감을 얻게 되었다. 그래서 이제는 적들과 결전을 벌여야 한다고 서둘렀다. 폼페이우스도 먼 곳에 있는 왕이나 장군들에게 승리를 거두었다는 소식을 적어 보냈다. 그러나 그는 적과 승부를 낸다는 것이 좀처럼 두려웠다. 그래서 그는 싸워서 승리를 거두는 데만 익숙한 카이사르의 군대에게 지연 작전을 써서 새로운 곤란에 부딪히도록 했다. 이미 지쳐 있는 적군은 행군이나 진지 이동, 참호파기나 성벽쌓기 등의 일에 대해서는 무기력했으며, 오직 백병전으로 붙어 결판을 내고 싶어했다. 그렇기 때문에 폼페이우스는 적과 시간을 질질 끌면서 식량이 부족해지기를 기다리는 것이 가장 좋은 작전이라고 판단한 것이다.

폼페이우스는 부하들의 열기를 가라앉히고 있었다. 그러나 승리를 맛보게 되고, 카이사르가 식량 부족 때문에 아타마니아를 거쳐 테살리아로 군대를 돌려 버리자 더 이상 부하들을 진정시킬 수가 없게 되었다. 부하들은 카이사르가 이미 도망갔다고 하며, 어서 적을 추격하여 섬멸하고 어서 이탈리아로 돌아가자고 했다. 심지어는 부하와 하인들을 로마로 보내 포룸 근처에다 집을 사고, 관직에 출마할 준비를 하고 있는 자들도 있었다. 또 레스보스 섬에 있는 폼페이우스의 아내 코르넬리아에게 전쟁이 끝났다는 소식을 전하러 떠나는 자도 생겨났다.

그러자 원로원이 소집되었고 이 문제에 대한 심각한 토론이 벌어졌다. 아프라니우스는 이런 의견을 내놓았다. "이탈리아를 손에 넣는 것이 이 전쟁에서 중요한 일입니다. 일단 이 일이 성공하면 시칠리아 섬, 사르디니아 섬, 코르시카 섬, 그리고 스페인과 갈리아 지방까지 모두 지배할 수 있게 됩니다. 고국이 내미는 구원의 손길을 저버리고 폭군의 노예나 아첨배들에게 나라를 내맡기고 있었으니, 이제 더 이상 하루도 지체해서는 안 됩니다."

그러나 폼페이우스의 생각은 달랐다.

'운명의 신은 지금까지 쫓겨다니기만 하던 나에게 적을 추격할 기회를 주었다. 그러니 지금 다시 도망을 간다는 것은 있을 수 없는 일이다. 지금 그리스와 테살리아 지방에는 스키피오와 그 밖의 집정관급 인물들이 군대를 거느린 채 흩어져 있다. 그런 그들을 내가 저버림으로써 카이사르의 손에 넘어가게 만들어서는 결코 안 된다. 일단 전쟁터를 로마에서 되도록 멀리 떨어진 곳으로 옮기는 것이 좋겠다. 로마 시민들이 전쟁의 불행을 전혀 못 느끼며 지내도록 만들어 주고, 천천히 개선 장군을 맞이할 수 있게 해주는 것이 로마를 가장 아끼고 사랑하는 길인 것이다.'

마음을 굳힌 폼페이우스는 카이사르를 추격하기 시작했다. 그는 싸움은 되도록 피하고, 포위를 통해 적군의 보급을 끊으면서 그들의 힘을 소모시키는 작전을 폈다. 이런 작전을 세운 데는 여러 가지 다른 이유들도 있었지만, 특히 기병대들이 되도록 빨리 카이사르를 꺾어야 하며, 그런 뒤 폼페이우스를 꺾어야 한다고 속삭이는 것을 들었기 때문이었다. 카토에게 중요한 임무를 맡기지 않고, 카이사르를 추격할 때도 카토를 해안에 남겨서 군수품을 지키게 한 것도 카토가 곧 자기를 밀어낼 것이라는 염려 때문이었다.

그러나 폼페이우스가 서둘러 적을 뒤쫓지 않자, 사방에서 비난과 공격의 소리들이 날아왔다. 그의 목적은 카이사르를 정복하는 데 있는 것이 아니라 조국과 원로원을 망하게 하려는 것이며, 그렇게 해서 권력을 장악하고 세계의 지배자들을 호위병으로 부려먹고 싶어한다는 것이었다.

도미티우스 아헤노바르부스는 폼페이우스를 아가멤논, 또는 왕중의 왕이라고 불러서 그가 미움의 대상이 되게 만들었다. 지각없는 비난을 퍼붓기 잘하는 파보니우스는 다음과 같은 말을 하여 폼페이우스에게 잊지 못할 상처를 주었다. "여러분! 우리는 올해, 투스쿨룸에 가서 무화과를 따먹을 수가 없소."

또 스페인 전쟁에서 패배하고 군대를 잃었다는 이유로 반역죄를 의심받고 있던 루키우스 아프라니우스는 폼페이우스가 전투를 피하는 것을 보고 이렇게 비웃었다. "나를 공격하던 사람들이 왜 나라를 팔아먹은 놈과는 싸우지 않는지 이해할 수가 없소."

이렇게 쏟아지는 비난들은 폼페이우스의 기를 꺾어 버렸다. 그는 쏟아지는 비난과 친구들의 기대를 모른 척할 수가 없었다. 그는 드디어 자신이 짜놓았던 신중한 계획을 깨뜨려 버리고 다른 사람들의 기대와 희망을 좇기 시작했다. 그러나 한 나라를 책임지고 있던 최고 지휘관으로서의 이 실수는 한 척의 배를 움직이는 선장이라도 하지 말았어야 하는 것이었다.

그는 훌륭한 의사란 환자가 음식을 먹고 싶어해도 그것을 다 들어주어서는 안 된다고 얘기하곤 했다. 그러나 폼페이우스 자신은 병든 자들이 수술을 원하지 않는다는 이유로 무조건 그들의 말을 들어 주었다. 폼페이우스는 그들이 내놓은 군사적 의견을 모조리 받아들였다. 그리고 그들은 진영 안을 휩쓸고 다니면서 선거 운동을 하고 있었다. 스핀테르, 도미티우스, 그리고 스키피오는 제각기 세력을 키우면서, 카이사르의 뒤를 이어 대제관이 되기 위해 다투고 있었다.

그들은 자신들이 상대하고 있는 적이 마치 아르메니아의 왕 티그라네스나 나바타이아의 왕 정도일 것이라 여기고 있었다. 그러나 카이사르와 그의 군대는 이미 천 개의 도시를 점령하고, 게르마니아인, 갈리아인, 그리고 그 밖의 무수한 종족들을 물리치며 언제나 승리를 거듭해 왔다. 또 백만 명의 적병을 포로로 잡았을 뿐 아니라 그밖의 많은 전투에서도 그만큼의 적을 죽여 왔던 군대였다.

그러나 그들은 군대가 파르살로스 평원에 도착하자, 폼페이우스를 위협하여 군사회의를 열게 했다. 그 자리에서 기병대장 라비에누스는 다음과 같이 맹세를 했고, 다른 장군들도 이 맹세를 똑같이 따랐다.

"완전히 적을 물리치지 않고는 절대로 싸움터에서 돌아오지 않겠소."

그날 밤 폼페이우스는 꿈을 꾸었다. 극장으로 들어서는 그를 민중들이 열광적으로 환호하며 승리의 여신 베누스의 신전을 수많은 진리품으로 장식하는 꿈이었다. 그는 이 꿈으로 힘을 얻었지만 한편으로는 불안한 마음이 들었다. 카이사르의 조상이 베누스의 소생이었기 때문이었다. 폼페이우스는 자기가 거두었던 명예와 영광을 그에게 모두 빼앗기는 것이 아닐까 하고 몹시 걱정스러웠던 것이다.

그런데 진지 안에서 놀라운 일이 일어났다. 잠을 못 이루고 있던 폼페이우스는 그만 자리에서 벌떡 일어났다. 새벽에 보초병이 교대를 할 무렵, 카이사르의 진영 쪽에서 이상한 불빛이 몰려오더니 큰 불덩어리가 폼페이우스의 진영으로 떨어진 것이다. 카이사르는 그때 보초병들을 둘러보다가 이 이상한 광경을 보았다는 말을 남기고 있다.

동이 틀 때가 되자 카이사르는 스코투사로 군대를 이동하기 위해 서둘러 천막을 거두고 가축과 하인들을 먼저 보냈다. 그때 척후병들이 달려와서 보고를 했다. "적군의 움직임이 이상합니다. 무기를 들고 왔다갔다하면서 소란스러운 걸 보면 아마 전투 준비를 하고 있는 것 같습니다."

이어서 또 다른 척후병들이 달려와 적이 제1진을 전투 대형으로 갖추었다는 보고를 했다. 카이사르는 보고를 듣고 말했다. "자, 기다리고 기다리던 때가 왔다. 이제는 굶주림과 싸우는 것이 아니라 인간과 싸울 수 있게 된 것이다."

그리고는 곧 천막 밖에 진홍색 깃발을 걸라고 명령했다. 이것은 로마 군의 전투 명령 신호였다. 깃발이 오르자 부하들은 모두 무기를 잡고 천막에서 뛰쳐나와 기쁨의 함성을 질렀다. 장군들과 병사들은 마치 잘 훈련된 무용단처럼 질서있게 전투 준비를 했다.

한편 폼페이우스는 우익을 맡아 안토니우스를 상대하기로 하고, 장인 스키피오를 가운데 배치하여 루키우스 칼비누스를 맡도록 했다. 그리고 좌익은 루키우스 도미티우스에게 지휘권을 주고, 기병대의 주력군이 그를 지원하게 했다. 기병대의 거의 대부분을 좌익에 집중시켜, 카이사르와 그의 제10군단을 무찌르려는 것이었다. 제10군단은 적군이 가장 자랑하는 정예 부대였는데, 카이사르는 전투 때마다 그들을 선두에 데리고 나서서 군대를 지휘하였다.

카이사르는 적의 좌익이 엄청난 기병대의 호위를 받고 있는 데다가, 그들이 들고 있는 장비도 만만치 않은 것을 보고 깜짝 놀랐다. 그래서 그는 예비군에서 6연대를 급히 불러 제10군단 뒤에 배치하고, 적의 눈에 띄지 않게 숨어 있다가 적의 기병대가 공격해 오면 최전선으로 재빨리 달려나가라고 지시했다.

그는 용감한 군대는 백병전을 하려고 창을 내던지고 적에게 달려드는 것이 보통이지만, 지금은 창을 치켜들고 적의 얼굴과 눈을 똑바로 겨누고 싸우라고 했다. 그렇게 하면 저 명문의 자제들은 자기들의 얼굴에 흉터가 생길까봐 도망을 칠 것이라는 얘기였다.

카이사르가 이러고 있는 동안, 폼페이우스는 말 위에 올라 양쪽 군대의 움직임을 지켜보고 있었다. 적군은 훌륭한 대오를 갖추고 공격 직전의 긴장 상태에 놓여 있었다. 그러나 자기의 병사들은 전투 경험이 없는 탓에 모두들 초조와 불안을 달래며 질서없이 웅성거리고 있었다. 그는 전투가 시작되자마자 참패를 당할까봐 두려워 최전선에 배치된 부대들을 멈추게 했다.

"부대들은 모두 제 위치에 창을 잡고 서라! 절대로 흩어지지 말고 적군의 공격을 막아내라!"

그러나 카이사르는 폼페이우스의 이 전술을 비판하면서 이렇게 말했다.

"공격력이라는 것은 적과 부딪히면서 생기는 것이다. 그런데 폼페이우스는 그런 명령을 내림으로써 스스로 힘을 꺾었을 뿐 아니라 부하들의 사기까지 떨어뜨려 버렸던 것이다. 용기는 공격해 오는 적을 향해 군대가 성난 파도처럼 함성을 지르며 돌진할 때 생겨나는 것이다. 그런데 폼페이우스는 병사들을 자기의 위치에 못 박아 놓음으로써 그 기운을 빼앗아 버렸던 것이다."

그때 카이사르의 군대는 2만 2천 명, 폼페이우스의 군대는 그 갑절 정도였다. 마침내 양쪽 군대에 나팔 소리와 함께 전투 개시 신호가 내렸다. 바다와 같은 무리 속에 서 있던 병사들은 다른 생각을 할 여유가 없었다.

그때 로마의 최고 귀족 몇 명과 그 밖의 몇몇은 싸움터 밖에서 이 싸움을 지켜보고 있었다. 그들은 개인의 야망이나 경쟁심이 로마 제국을 어떻게 만들었는지를 두 눈으로 똑똑히 지켜보면서, 모두 통탄의 한숨을 내쉬었다.

같은 무기를 잡고 같은 대열을 형성하면서 같은 깃발 밑에 모여 있는 그들은 같은 도시의 정예 부대로서 로마의 꽃이었지만, 지금은 서로를 향해 창칼을 겨누고 있는 것이었다. 같은 나라의 같은 민족으로서 제 혈육을 죽이기 위해 달려드는 이 광경은 탐욕에 사로잡힌 인간이 얼마나 맹목적이고 광적인지를 보여 주고 있었다.

만일 두 사람이 각자가 얻은 것에 조용히 만족했더라면 세계에서 가장 크고 좋은 바다와 육지들이 모두 그들 손에 놓여 있었을 것이다. 또 그들이 승리와 정복을 거듭하고 싶은 욕심에 굶주린 것이라면, 파르티아나 게르마니아 전쟁에서 충분한 만족을 얻었을 것이다. 스키타이는 아직 정복되지 않는 상태였으며 인도도 남아 있었다.

그리고 이런 곳들은 야만민족을 개화시키기 위한 목적이라는 그럴듯한 구실로 자신들의 야심을 숨길 수도 있었을 것이다.

게다가 스키타이의 기병과 파르티아의 화살, 그리고 인도의 보물은 폼페이우스와 카이사르가 함께 지휘하는 7만 명의 로마 군에 감히 저항할 수도 없었을 것이다. 이들 두 장군의 이름은 오히려 이곳에서 먼저 알려져 있었다. 또 그들 두 사람의 명성과 권위는 이런 사납고 야만적인 여러 민족을 정복하면서 이미 멀리까지 퍼져 있었다.

그러나 지금 두 장군은 서로 대립하면서 싸우느라고 일찍이 정복된 일이 없었던 자신들의 영광과 나라의 운명을 생각지 못하고 있었다. 그러므로 그들 사이의 깊은 인연이나 율리아와의 사랑이라는 것도, 참다운 우정의 결과가 아니라 단지 이해 관계를 위해 이루어진 담보물에 불과한 것으로 만들어 버렸다. 결국 파르살루스 평원은 사람과 말, 그리고 온갖 무기로 가득 뒤덮이게 되었다. 양쪽에서 한꺼번에 전투 명령이 떨어졌을 때 제일 먼저 튀어나온 것은 120명의 부하를 거느린 백인 대장 카이우스 크라시아누스였다. 그는 카이사르와의 약속을 지키기 위해 적군을 향해 돌진했다.

카이사르는 이 날 아침, 제일 먼저 카이우스 크라시아누스가 천막에서 나가는 것을 보았다. 카이사르는 그의 인사를 받고는 이렇게 물었다.

"오늘의 전투가 어떻게 될 것 같소?"

그러자 그는 오른손을 내밀며 힘차게 대답했다.

"큰 승리를 얻게 되실 겁니다. 카이사르 장군님! 저는 살든 죽든 열심히 싸워서 꼭 장군님의 칭찬을 받겠습니다."

크라시아누스가 달려나가자 많은 병사들이 그를 뒤따랐다. 적의 한가운데로 들어간 그는 곧 칼을 휘두르면서 수많은 적병들을 베어 쓰러뜨렸다. 크라시아누스는 앞으로 앞으로 밀고 들어가 적군의 최전선에 있던 부대를 무찔렀다. 그러나 그는 적병의 칼에 쓰러지고 말았다. 그러자 싸움은 더욱 치열해졌다.

그때 폼페이우스는 우익으로 달려가지 않고, 좌익에 배치한 기병대가 어떻게 공격을 시작하는지 지켜보고 있었다. 기병대는 카이사르 군을 포위하기 위해 곧 흩어지더니, 앞에 서 있는 적의 기병을 공격하였다. 그러자 카이사르는 신호를 보내 기병대를 후퇴시키고, 적의 포위작전을 막기 위해 숨겨 두었던 3천 명의 보병대를 앞장세웠다.

그들은 기병대와 나란히 붙어서더니, 카이사르의 지시대로 투창을 치켜올려 적의 얼굴을 겨누고 한꺼번에 달려들기 시작했다. 폼페이우스는 적의 보병이 벌이는 예상치 못한 공격에 잠시 정신을 차리지 못했다. 더구나 폼페이우스의 기병은 전투 경험이 없었기 때문에, 적의 보병을 당해 내지 못하고 머리를 돌리고 말았다. 그들이 얼굴을 가리고 달아나는 모습은 보기에도 딱할 정도였다.

그러나 카이사르의 군대는 달아나는 기병을 추격하지 않고, 적의 우익을 공격하기 시작했다. 폼페이우스 군대의 우익은 기병대가 달아나는 바람에 호위도 못 받게 되어 꼼짝없이 포위 공격을 당할 형편이었다. 드디어 카이사르는 적을 측면으로 공격하고 제10군단을 정면으로 투입시켜, 포위 공격을 예상하고 있던 적의 허점을 찔렀다. 그렇게 되자 우익도 더 이상 버틸 힘을 잃고 뿔뿔이 달아나 버렸다. 한편 폼페이우스는 하늘 높이 피어오르는 먼지를 보고 자신의 기병대가 어떻게 되었는지를 짐작할 수 있었다. 그는 자기가 폼페이우스 마그누스라는 사실도 생각지 않고 아무 말 없이 진영을 향해 걸어갔다. 다음의 시 구절은 아마 그때의 폼페이우스를 표현할 수 있을 것이다.

하늘의 유피테르 신께서
아이아스의 마음에 공포를 내리시니,
그는 얼빠진 채 가만히 서서
일곱 겹으로 된 훌륭한 방패마저 팽개쳐 버리고
몸을 벌벌 떨며 싸움터를 바라보았네.

이런 모습으로 천막에 들어온 폼페이우스는 가만히 입을 다문 채 걸터앉았다. 그러다가 적병들이 진영에까지 뛰어들어오자 말없이 일어나 변장을 하고서 몰래 빠져나왔다. 남은 병사들도 모두 달아나고 진영 안에는 하인들이 여기저기 죽어 넘어져 있을 뿐이었다. 그러나 카이사르 군에 종군하여 이 전투에 참가했던 아시니우스 폴리오에 따르면, 폼페이우스 군대의 전사는 6천 명을 넘지 않았다고 한다.

적의 진지를 빼앗은 카이사르 군은 폼페이우스 군이 얼마나 어리석고 사치스러웠던가를 알 수 있었다. 그들은 마치 전쟁에서 이긴 것처럼 천막마다 도금양 나무로 장식해 놓았고, 바닥에는 아름다운 카펫을 깔아 놓았으며, 테이블에는 발이 달린 술잔들이 가득 있었다. 그런 광경들은 싸움터에 나가는 것이 아니라 오히려 제사를 지낸 뒤 한바탕 잔치를 베푼 자리처럼 보였다.

한편 폼페이우스는 진지를 버리고 얼마쯤 가서 말을 버린 다음 몇몇 부하들과 함께 걸어갔다. 그들은 아무도 추격하지 않는다는 것을 알고 천천히 걸음을 옮기며 생각에 깊이 잠겨 있었다. 지나간 34년 동안 오직 승리와 정복만을 거듭해 온 그는 이제 나이가 든 다음에야 난생 처음으로 패배를 맛보고 도망가는 운명이 되어 있었던 것이다.

게다가 생각할수록 가슴 아픈 것은 지금까지 그렇게 많은 전투로 얻었던 명성과 권세를 단 한순간에 잃어버린 데다가, 조금 전까지만 해도 수많은 부하와 무기의 보호를 받고 있던 자신이 이렇게 초라한 꼴로 도망을 치게 되어, 바로 곁에 서 있던 적들조차 알아보지 못할 신세가 되어 버린 것이다.

그들은 라리사를 지나 템페의 강가에 엎드려 목을 축인 다음, 다시 산골을 따라나와 바닷가에 닿았다. 그날은 바닷가에 있는 어느 어부의 오두막에서 남은 밤을 새웠다.

다음날 새벽, 그들은 강을 오가는 작은 배 하나를 구해 몸을 실었다. 폼페이우스는 자기를 따르던 노예들을 아무 걱정 말고 카이사르에게 가서 잘 살라며 돌려보내고 자유민만을 태웠다. 폼페이우스 일행을 실은 배는 해안을 따라 가다가 마침 닻을 올리고 있던 큰 장삿배와 만나게 되었다. 그 배의 선장은 페티키우스라는 로마인이었다. 그는 폼페이우스를 잘 알지는 못했지만, 얼굴은 잘 알고 있었다. 그는 그 전날 밤 꿈을 꾸었는데, 아주 초라한 몰골이 되어 나타난 폼페이우스가 그에게 말을 붙이는 꿈이었다.

그는 마침 선원들에게 이 이상한 꿈 이야기를 한참 하고 있던 참이었다. 그런데 갑자기 선원 하나가 소리를 쳤다. "강에서나 다닐 만한 작은 배가 해안을 따라 오고 있어. 게다가 배에 탄 사람들은 옷을 벗어서 흔들고 있고……."

페티키우스는 선원이 말하는 쪽을 돌아다 보았다. 거기에는 폼페이우스가 꿈에서 본 것과 똑같은 모습을 하고 있었다. 그는 재빨리 배를 나란히 대고, 폼페이우스 일행을 모두 배에 태운 다음 항해를 계속 했다. 이때 이 배에 탔던 사람은 폼페이우스와 렌툴루스 형제, 그리고 파보니우스였다. 그리고 얼마 후 데이오타로스 왕이 육지로 급히 도망오는 것을 발견하고서 그도 배에 태워 주었다.

선장은 저녁 식사를 정성껏 준비했다. 파보니우스는 폼페이우스가 하인도 하나 없이 스스로 신발을 벗는 것을 보고는 달려가서 신을 벗겨 주고 발에 향유를 발라 주었다. 파보니우스는 그 뒤부터 하인이 주인을 섬기듯이 폼페이우스의 시중을 들면서, 발을 씻겨 주거나 식사 시중을 들기도 했다. 어떤 목적이나 이유도 없이 파보니우스가 이렇게 정성을 다해 섬기는 것을 본 사람들은 모두 감탄을 하였다.

> 오로지 정성을 다해 하는 일만이
> 진정으로 거룩한 것이라네!

폼페이우스를 태운 배는 계속 해안을 따라 항해를 하여 암피폴리스에 도착했다. 그리고 코르넬리아와 아들을 만나기 위해 레스보스 섬의 미틸레네로 다시 건너갔다. 그곳에 도착한 폼페이우스는 곧 사람을 보내 자기의 소식을 전했다. 한편 코르넬리아는 자기가 기다리던 것과는 너무도 다른 소식을 받고 놀라지 않을 수 없었다. 그녀는 디라키움에서 전쟁은 이미 끝이 났으며, 이제 카이사르를 추격하는 일만 남았다는 얘기를 소문이나 편지로 듣고 있었던 것이다. 반가운 소식만을 기다리고 있던 코르넬리아는, 심부름을 온 사람이 인사말을 꺼내기도 전에 눈물을 흘리는 것을 보고는 놀라지 않을 수 없었다. 심부름꾼의 행동으로 이미 달라진 폼페이우스의 운명을 짐작할 수 있었던 것이다. 심부름꾼은 겨우 말을 꺼냈다.

"폼페이우스 장군님을 만나시려면 빨리 서두르십시오. 그분은 지금 자기 것도 아닌 남의 배 한 척에 몸을 의지하고 계십니다."

이 말을 들은 코르넬리아는 결국 쓰러져서 한참 동안 정신을 잃고 말았다. 그러다가 겨우 정신을 차린 그녀는 더 이상 눈물을 흘리면서 한탄이나 하고 있을 때가 아니라는 것을 깨닫고 곧장 바닷가까지 달려나갔다. 폼페이우스는 자기 앞에서 곧 쓰러지려는 아내를 붙잡아 안았다. 코르넬리아는 남편의 두 팔에 안긴 채 눈물을 흘리면서 말했다.

"이건 당신의 운명이 아니라 내 운명 탓이에요."

코르넬리아는 흐느끼면서 계속 울부짖었다.

"나와 결혼하기 전에는 5백 척의 함대를 거느리고 바다가 좁다는 듯이 다니시던 당신이 이제는 허술한 배 한 척에 운명을 의지하는 신세가 되셨군요. 왜 이런 저를 만나러 오셨어요? 당신은 왜 이런 불행을 가져다드린 제가 천벌을 받도록 내버려 두시지 않으세요? 첫 남편 푸블리우스가 파르티아에서 죽었다는 소식을 듣기 전에 제가 죽었더라면 저는 얼마나 행복했을까요. 또 그 소식을 듣고 자살하려고 했을 때 차라리 그냥 죽어 버렸더라면 얼마나 현명한 여자라는 말을 들었겠어요. 제가 죽지 않고 살아났기 때문에 폼페이우스 마그누스에게 멸망이 다가온 거예요."

폼페이우스는 대답했다.

"코르넬리아, 당신은 지금까지 불행을 모르고 살았던 여자요. 그리고 당신이 생각하는 것처럼 나는 그렇게 운이 좋은 사람은 아니오. 어차피 죽기 위해 태어난 사람이니, 우리는 운명이 주는 이 고통을 참고 견뎌야만 하오. 비록 이런 지경까지 떨어져 버렸지만, 전과 같은 행운이 다시 우리를 찾아올 것이오."

코르넬리아는 사람을 보내 짐을 실어왔다. 시민들은 폼페이우스를 맞으러 나와, 시내에 들어오시라고 초청을 했다. 그러나 그는 시민들의 권유를 거절하고 그들에게 충고를 해주었다.

"부디 정복자의 말을 따르시오. 카이사르는 너그럽고 어진 사람이니 그에게 항복해서 마음놓고 사시기를 바라오."

그는 또 시내에서 나온 철학자 크라티포스와 신의 뜻에 대해 토론을 벌이면서, 그에게 몇 가지 허물을 지적하기도 했다. 그러나 그는 폼페이우스의 얘기를 점잖게 피하면서, 폼페이우스에게 희망을 주려고 하는 데만 애썼다. 그런 일을 당한 사람의 말을 반박하여 마음을 상하게 하고 싶지도 않았기 때문이었다. 왜냐하면 폼페이우스는 신의 뜻이라는 것을 의심하고 있다고 말했기 때문에 그는 몇 가지 얘기를 하고 싶기도 했다. 즉, 로마의 정치가 잘못되어 있기 때문에 나라에 왕이 들어서려는 것이라면서 이렇게 물어볼 수도 있었을 것이다. "폼페이우스! 만약 당신이 승리를 하셨다면, 당신이 그 행운을 좋은 데다 쓰셨을 거라고 보장할 수 있겠습니까? 무엇으로 우리를 믿게 하시겠습니까? 우리는 다만 신의 뜻을 그대로 따를 수밖에 없는 것입니다."

폼페이우스는 아내와 친구들을 배에 태우고 곧 출항하였다. 그리고 식량과 물을 구하기 위해서 내리는 때를 빼놓고는 어느 항구에도 내리지 않았다.

그들이 제일 먼저 도착한 곳은 팜필리아의 아탈리아였다. 여기에 며칠 머무는 동안 킬리키아에서 몇 척의 군함과 약간의 군대가 모여들었다. 그리고 다시 60명 정도의 의원들이 모였다.

그곳에서 그는 자신의 함대가 아직 남아 있으며, 카토는 군대를 모아 아프리카로 건너가고 있다는 소식을 들었다. 그는 그제야 자신의 큰 실수를 깨닫고, 훨씬 우세한 해군을 이용하지 않고 어리석게도 육군만 내세웠던 자신을 원망하였다. 그가 자신의 함대와 연락을 하여 그 근처에 머무르게 했더라면, 설령 육지에서 패배를 당했더라도 바다에서 다시 충분한 병력을 갖고 결투를 벌일 수 있었기 때문이다. 사실 해군이 도울 수 없는 먼 곳으로 전쟁터를 이동한 것은 폼페이우스의 가장 큰 실책이었으며, 카이사르에게는 가장 탁월한 전술이었다.

그러나 지금은 그런 실수를 탓하고 있을 때가 아니었다. 현재 놓여 있는 사정을 빨리 파악하여 어떤 결정을 내리고 계획을 세워야 했다. 그래서 그는 각 도시에 사람을 보내서 자기 함대를 위한 군자금과 병력을 모으게 했고, 자기 자신도 이곳저곳을 돌아다니며 도움을 청했다. 그러나 만약 적군이 재빨리 추격해 와서 전쟁 준비도 갖추기 전에 공격을 하게 된다면 큰일이었다. 그는 당분간 안전한 피난처를 구해야겠다고 생각하고 곧 회의를 열었다.

로마는 어디에도 안전한 데가 없었다. 폼페이우스는 자기를 가장 잘 보호해 줄 수 있는 동시에 대군을 모아 진군하기에도 가장 적당한 곳은 파르티아뿐이라는 생각을 했다. 그러나 아프리카의 유바 왕에게 가는 것이 좋다고 얘기하는 사람도 있었다. 레스보스 섬 태생인 테오파네스는 이렇게 말했다.

"여기서 배로 사흘 길 안에 있는 이집트를 버리고 간다는 것은 거의 미친 짓이나 다름없습니다. 그 나라의 프톨레마이오스 왕은 아직 젊지만 자기 아버지에게 은혜를 베푼 폼페이우스의 은혜를 고마워하고 있습니다. 그런데도 배반을 밥먹듯이 하는 파르티아 사람들에게 운명을 맡긴다면, 차라리 한때 사돈이라는 이유를 대서 카이사르에게 관용을 베풀어 달라고 하는 것이 나을 것입니다. 그렇게 해서 로마의 2인자가 되는 것을 감수한다면 1인자를 제외한 모든 사람들을 능가할 수 있을 것입니다. 하물며 크라수스도 아르사케스[28])에게는 몸을 굽히지 않았는데, 도대체 왜 그에게 몸을 맡기려는 것입니까? 더군다나 스키피오 가문 출신인 젊은 아내를 야만인들 속에 둔다는 것은 다시 한 번 생각해 보아야 할 문제입니다. 그들은 재물에 대한 욕심이 많은 데다가, 자기들이 대단한 종족이라도 되는 것처럼 오만하게 굴고 있습니다. 그러니 그들에게 간다면 코르넬리아에게 충분히 해를 끼칠 수 있다는 것도 생각해 봐야 할 것입니다."

이 얘기는 유프라테스 강으로 가려던 폼페이우스의 생각을 충분히 돌릴 수 있을 만큼 설득력이 있었다고 역사가들은 말했다. 그리고 폼페이우스가 아직도 이성을 가

---

28) 파르티아의 왕을 지칭하는 보통명사.

지고 있었다면, 운명은 그에게 이런 결정을 내리게 했을 것이다.

이집트로 도피하기로 결정이 내려지자, 폼페이우스는 아내와 함께 키프로스 섬에서 셀레우키아의 배를 타고 떠났다. 그리고 다른 부대는 함선과 장삿배에 나누어 탄 채 폼페이우스와 나란히 바다를 건넜다.

그런데 그때 프톨레마이오스 왕은 펠루시움 시에 군대를 끌고 가서 자기의 누이인 클레오파트라 7세와 싸움을 하고 있었다. 폼페이우스는 이 소식을 전해듣고 곧 뱃머리를 펠루시움으로 돌렸다. 그리고 사절을 보내서 폼페이우스의 도착을 알리고 자신의 보호를 미리 요청했다.

프톨레마이오스는 아직 나이가 어렸기 때문에 정부 요인들을 소집한 것은 주요 행정권을 쥐고 있던 포티노스였다. 그는 폼페이우스를 받아들여야 하는지 아닌지에 대한 모든 사람들의 의견을 들어보았다. 그러나 모임에 참석한 사람들을 한낱 내시에 지나지 않던 포티노스와 수사학 선생인 키오스인 테오도토스, 그리고 이집트 인 아킬라스 따위였다. 폼페이우스 마그누스의 운명이 그런 보잘것없는 사람들에게 맡겨졌다는 것은 참으로 비참한 일이 아닐 수 없었다.

그러나 카이사르의 보호를 수치스럽게 생각했던 폼페이우스는 해안 저쪽에 멀찍이 닻을 내린 채 뱃전을 때리는 파도에 흔들리며 이 회의의 결정을 기다려야만 했다. 그들은 여러 가지로 의견이 나뉘어졌다. 폼페이우스를 쫓아 버리자는 얘기도 나왔고, 그를 맞아들여야 한다는 의견도 있었다. 그때 테오도토스는 자기의 특기인 말재주를 부리며 이렇게 주장했다.

"만약 우리가 그를 맞아들인다면 카이사르는 적이 되고, 폼페이우스는 주인으로 섬겨야 되는 것이오. 그리고 그를 쫓아내 버린다면 우리의 무자비한 행동은 폼페이우스의 원한과 함께 그를 붙잡지 않았다는 카이사르의 분노를 사게 될 것이오. 그러니 가장 좋은 방법은 그를 기쁘게 맞는 척하고 죽여 버리는 것뿐이오. 이 방법은 한쪽을 만족시키면서 다른 한쪽에 대한 두려움을 없앨 수 있게 할 것이오."

그리고 나서 그는 싱긋 웃더니 이렇게 덧붙였다.

"죽은 사람은 물지를 못하니까 말이오."

이 주장은 곧 통과되었고, 아킬라스가 이 일을 맡기로 했다. 아킬라스는 예전에 폼페이우스 밑에서 지휘관으로 있었던 셉티미우스와 백인 대장인 살비우스, 그리고 서너 명의 수행원을 거느리고 폼페이우스의 배로 갔다. 폼페이우스와 함께 왔던 일행들도 이집트인들이 어떤 결정을 내렸는지를 알기 위해 폼페이우스의 배로 모여들었다.

그런데 성대한 환영은 고사하고, 테오파네스의 기대와는 달리, 겨우 몇 명이 고깃배를 타고 오는 것을 보자, 그들은 뭔가 흉계가 있다고 생각했다. 폼페이우스의 권위를 존중하는 기색도 없었을 뿐더러 접대도 너무나 허술하고 누추했기 때문이었다. 그래서 그들은 폼페이우스에게 말했다.

"그들이 여기까지 오기 전에 빨리 여기를 떠나는 것이 좋겠습니다."

그러나 그들은 벌써 가까이 와 있었다. 셉티미우스가 먼저 일어나더니 라틴 말로 임페라토르라고 부르며 인사를 건넸다. 다음에는 아킬라스가 일어서더니 그리스 말로 인사를 하고는 폼페이우스에게 말했다.

"이 배로 옮겨 타십시오. 여기는 바다가 아주 얕아서 그런 무거운 함선으로는 상륙할 수가 없습니다."

그때 바닷가에는 군대를 가득 실은 이집트 왕의 함선들이 가득 늘어서 있었다. 그러니 이제는 도망을 갈 수도 없었고, 그랬다가는 도리어 폼페이우스를 죽일 구실을 마련해 주는 꼴밖에는 안 되었다. 폼페이우스는 코르넬리아에게 작별 인사를 했다. 코르넬리아는 폼페이우스의 죽음을 예감하고 슬프게 통곡을 했다. 폼페이우스는 백인 대장 두 사람과 필리푸스라는 해방 노예, 그리고 시키테스라는 노예를 이집트 인의 배에 먼저 태웠다.

폼페이우스는 아들과 아내를 향해 손을 흔들며 소포클레스의 시를 되풀이해서 읊었다.

　　　폭군의 문을 들어서는 길은
　　　자유를 버리고 노예가 되는 길.

이 말을 마지막으로 그는 배에 올랐다. 육지까지는 상당히 먼 거리였다. 그러나 가는 동안 배에 탄 누구도 그에게 따뜻한 우정이나 환영의 말을 건네지 않았다. 폼페이우스는 셉티미우스에게 말했다. "당신이 분명 예전에 내 부하였소?"

셉티미우스는 말없이 고개를 끄덕였을 뿐 아무 말도 하지 않았다. 다시 무거운 침묵이 감돌았다. 폼페이우스는 프톨레마이오스에게 하려고 준비해 두었던 그리스어로 된 인사말을 꺼내어 읽기 시작했다.

코르넬리아는 다른 사람들과 함께 근심스럽게 폼페이우스 일행을 지켜보고 있었다. 그러다가 몇 명의 이집트 고관들이 마중나온 것을 보고는 조금 마음을 놓았다. 폼페이우스는 좀 더 편하게 앉으려고 몸을 움직였다. 그 순간 셉티미우스의 칼이 폼페이우스의 등을 찔렀다. 그리고 이어서 살비우스와 아킬라스가 칼을 뽑았다. 등을 찔린 폼페이우스는 두 손으로 자기의 옷자락을 들어 얼굴을 가린 다음, 조금도 움직이지 않았다. 그러나 아주 낮은 신음소리만 낼 뿐 내리치는 칼을 그대로 받으며 숨을 거두었다. 그때 그의 나이는 59세였으며, 생일을 하루 지난 때였다.

멀리 배에서 이 광경을 지켜보고 있던 코르넬리아는 해안에까지 들릴 만큼 큰 소리로 비명을 질렀다. 배에 탔던 사람들은 곧 닻을 올리고 바다쪽으로 달아났다. 때마침 불어온 강한 바람이 그들을 도와주었다. 이집트 사람들은 그들을 추격하려다가 되돌아서고 말았다.

그들은 폼페이우스의 머리를 자른 뒤 몸은 내던져 버렸다. 머리도 없이 벌거벗겨진 그의 시체는 해안에 놓여져 사람들의 구경거리가 되었다. 필리푸스는 그들이 시체를 실컷 구경하고 갈 때까지 기다리고 있었다. 그들이 모두 물러가자 주인의 시체를 바닷물에 씻은 뒤 자기의 외투로 고이 쌌다. 그는 시체를 화장시키기 위해 모래톱 주위를 떠돌고 있는 부서진 고깃배의 나무 조각들을 모으기 시작했다. 필리푸스가 나무 조각들을 모아 쌓아 올리고 있을 때 한 나이 많은 노인이 다가왔다. 그는 젊었을 때 폼페이우스의 군대에 있었던 사람이었다. 노인은 필리푸스에게 물었다.

"대 폼페이우스 님의 장례를 준비하는 사람은 누구요?"

필리푸스는 울음섞인 목소리로 자기는 해방 노예라고 대답했다.

"이 영광스러운 일을 혼자 다 차지하려고 하지 말고, 나에게도 그 귀한 일을 도울 수 있도록 해주게. 낯선 이국땅을 떠돌아 다닌 끝에 이런 행복을 만나게 된 것이라고 생각하겠네. 내 손으로 로마가 낳은 가장 뛰어난 장군의 몸을 만지고 마지막까지 돌봐드리고 싶네."

폼페이우스의 장례는 이렇게 치러졌다.

다음날, 키프로스를 떠나온 루키우스 렌툴루스는 이런 일이 있었다는 사실을 모르고 있었다. 그는 배를 타고 이 해안을 지나가다 잿더미 곁에 서 있는 필리푸스를 발견하고 그에게 갔다. "여기서 최후를 마친 사람은 누구요?"

그리고 그는 곧 사태를 알아차리고 깊은 한숨과 함께 이렇게 내뱉았다.

"당신은······. 아! 폼페이우스 마그누스!"

그러나 그도 이곳에 상륙했다가 발각되어 곧 죽임을 당하고 말았다.

얼마 뒤, 카이사르는 이 무참한 죄로 더럽혀진 이집트 땅에 닿았다. 그는 한 이집트인이 폼페이우스의 머리를 가져오자, 마치 그가 살인자라도 되는 양 얼굴을 외면해 버렸다. 그리고 사자 한 마리가 칼을 잡고 있는 모습을 새긴 폼페이우스의 도장을 가지고 오자 그것을 받아쥐고 끝없이 눈물을 흘렸다.

카이사르는 아킬라스와 포티노스를 잡아 사형시켜 버렸다. 그리고 프톨레마이오스 왕은 전투에서 지고 도망을 가 나일 강으로 사라져 버렸다. 수사학자인 테오도토스는 이집트에서 도망을 쳐 카이사르에게 잡히지는 않았지만, 초라한 신세로 세상의 미움을 받으며 여기저기를 헤매고 다녔다. 그리고 그 뒤 카이사르를 죽인 마르쿠스 브루투스가 아시아에서 그를 발견하게 되자 갖은 모욕을 주고 사형을 시켰다.

폼페이우스의 시신을 태운 재는 코르넬리아의 손에 의해 알바 부근의 별장에 묻혔다.

아게실라오스와
폼페이우스의 비교

두 사람의 생애에 대한 이야기를 했으므로, 이제는 그것들을 돌이켜 서로 다른 점부터 살펴보기로 한다.

첫째, 폼페이우스는 모든 영광과 권세를 아주 공정한 방법으로 얻었다. 그의 출세는 모두가 자기 자신이 노력한 결과였으며, 이탈리아를 전제자로부터 해방시키기 위해 술라를 도운 데서부터 시작되었다. 그러나 아게실라오스는 인간과 신의 뜻을 모독하고 스파르타의 왕좌를 차지하였다. 즉, 그는 레오티키데스를 정식 아들이라고 선언했던 형 아기스 왕의 말을 무시하고 그를 사생아로 몰아부쳤으며, 절름발이에 대한 신탁도 자기에게 유리한 쪽으로 거짓 해석하였다.

둘째, 폼페이우스는 술라가 살아 있는 동안 늘 그에 대한 존경을 잊지 않았으며, 죽은 뒤에는 레피두스 등의 반대를 무릅쓰고 정중하게 술라의 장례를 치러 주었다. 그리고 그의 딸을 자기 아들 파우스투스와 결혼시키기도 했다. 그러나 아게실라오스는 사소한 이유 때문에 리산드로스에게 치욕을 주고 추방시켜 버렸다. 더군다나 술라는 폼페이우스에게 자기가 가지고 있던 것밖에는 남겨준 것이 없었지만, 리산드로스는 아게실라오스를 스파르타의 왕으로까지 만들어 주었으며 그리스 전체의 총사령관으로까지 오르도록 도와주었다.

셋째, 폼페이우스가 정치 생활에서 과오를 범한 것은 주로 다른 사람과의 관계에서 일어난 것이다. 그 대부분은 자신뿐만 아니라 카이사르와 장인인 스키피오와 관계가 있었다. 그러나 아게실라오스는 스포드리아스가 아테네 시민에게 그토록 나쁜 짓을 했는데도 아들의 부탁 때문에 목숨을 구해 주었다. 또 포이비다스가 그들을 속이고 테베와 평화 조약을 맺었을 때도 부정한 행위를 더욱 적극적으로 도와주었다. 그러므로 폼페이우스는 친구들의 요청 때문에, 혹은 사정을 잘 몰랐기 때문에 로마를 어렵게 만들었지만, 아게실라오스는 자신의 개인적인 감정과 호전적인 근성 때문에 스파르타를 전쟁의 불길로 몰아넣었다.

사실 이 두 사람이 만들어 낸 재앙들은 그들에게 짐지워진 불행의 탓이라고 할 수 있을 것이다. 그러나 로마 시민들은 그것을 예측할 만한 능력이 없었지만, 적어도 스파르타 시민들은 절름발이에 대한 신탁을 누구나 알고 있었으므로 아게실라오스가 가져올 재앙을 미리 피했어야 했다. 만약 레오티키데스가 핏줄이 먼 사생아라는 것이 확실하게 증명되었다고 해도 에우리폰 왕가의 혈통은 엄연히 존재했다. 또 만일 리산드로스가 신탁을 거짓으로 해석해 주지만 않았더라면, 스파르타는 아무 고통 없이 합법적이고 굳건한 왕을 세울 수 있었을 것이다.

한편 시민들이 레욱트라 전투에서 참패하고 살아 돌아온 비겁한 자들을 어떻게 처리해야 할지 고민하고 있을 때, 하루만 법률을 잠재우기로 하자고 제안한 아게실라오스의 노련한 정치적 지혜는 폼페이우스에게서는 찾아볼 수 없는 것이다. 그러나 폼페이우스는 친구들이 자기가 제정한 법을 깨뜨리고 무시했을 때에도 죄로 여기지 않았다. 이런 사실로 우정과 그의 권세가 얼마나 대단한 것이었는지를 짐작해 볼 수 있을 것이다. 그리고 아게실라오스는 법률을 깨뜨려야 할지, 아니면 시민들을 구해야 할지를 정해야 하는 궁지에 몰렸을 때, 시민들도 구하고 법률도 지키는 현명한 방법을 썼다.

또 아게실라오스는 스파르타에서 명령이 왔을 때, 조금도 망설임없이 아시아 원정을 그만두고 조국에 돌아왔다. 이러한 그의 행동은 그가 시민적인 준법정신을 지니고 있었다는 사실을 보여 주는 것으로 충분히 칭찬해 주어야 할 만한 행동이었다. 왜냐하면 그는 폼페이우스처럼 나라의 이익과 자신의 명성을 동시에 키울 수도 있었지만, 하나를 버리고 오직 나라의 이익을 선택했다. 이것은 알렉산드로스를 제외하고는 어디서도 찾아볼 수 없는 대단한 명성과 권력조차도 내던진 훌륭한 행동이었다. 그러나 다른 관점에서 보면, 폼페이우스가 거둔 군사적인 업적이나 전리품의 숫자, 그리고 수없이 거듭된 승리의 영광들은 대충 헤아려보아도 아게실라오스와 비교할 수 없는 것이었다. 크세노폰은 자기가 좋아하는 인물의 생애에 대해서는 무엇이든 자기가 쓰고 싶은 대로 쓸 수 있는 권리가 있기는 하지만 이 사실만큼은 인정할 수밖에 없을 것이다.

적에 대한 너그러움과 따뜻함에 대해서도 두 사람 사이에는 큰 차이가 있었다. 아게실라오스는 테베가 자기 왕가의 고향이었지만 그곳 시민들을 노예로 팔았고, 메세네는 동맹국이었음에도 불구하고 그곳 사람들을 제 나라에서 쫓아 버리려고 하였다. 그랬기 때문에 그는 도리어 스파르타를 멸망으로 몰아갔고, 스파르타의 대외적인 지배권까지 완전히 잃어버리고 말았다.

그러나 폼페이우스는 해적 생활을 더 이상 않겠다는 해적들에게 살아갈 도시를 주었으며, 아르메니아의 왕 티그라네스가 손에 들어왔을 때도 개선식에 끌고 나가지 않고 오히려 그를 동맹자로 삼았다. 그리고 티그라네스 왕에게 이렇게 말했다. "하루 동안의 영광을 버리고, 대신 나라에 보탬이 될 만한 일을 선택하겠소."

그러나 만일 장군으로서의 영광이 주로 그 미덕과 능력에 있다면, 전쟁에서 보여준 중요한 행동과 전략들을 잘 살펴보아야만 한다. 이런 점에서 보면 스파르타의 아게실라오스가 로마의 폼페이우스보다는 한결 뛰어났다. 아게실라오스는 7만 명이나 되는 엄청난 적의 공격을 받았을 때에도 결코 도시를 버리지 않았다. 또 레욱트라 전투에서 크게 패해 완전히 사기를 잃었던 병사들을 데리고 그 성을 끝까지 지켜냈다. 그러나 폼페이우스는 겨우 5천 명이 조금 넘는 군대를 끌고 온 카이사르가 이탈리아의 작은 도시 하나를 점령했다는 소식을 듣고 놀라서 급히 로마를 떠나 버렸다. 그것이 미약한 병력도 막을 길이 없어서였는지, 아니면 적의 숫자가 많다고 잘못 알고 있었는지는 알 수가 없다.

또 그는 자기의 아내와 자식들을 멀리 피난시켰지만, 자기를 믿고 있던 시민들에게는 아무 조치도 취해 주지 않은 채 도망가 버리고 말았다. 그는 그때 나라를 지키기 위해 카이사르와 끝까지 싸우거나, 아니면 동포이자 친척인 그와 휴전을 맺었어야 했다. 그러나 그는 카이사르가 통치 기간을 연기시키고 다시 한 번 집정관이 되겠다는 것조차 받아들이지 않았다. 그렇게 해서 결국 카이사르는 로마를 점령하게 되었고,

메텔루스를 비롯한 모든 시민들을 전쟁의 포로로 만들어 버렸던 것이다. 사실 장군의 임무는 아군이 우세할 때는 적을 싸움에 끌어들이고, 아군이 약할 때는 전투를 피하는 것이다. 그런 면에서 아게실라오스는 뛰어난 소질을 발휘하였다. 그리고 그가 이처럼 뛰어난 역량을 발휘했기 때문에 그의 군대는 단 한 번도 패배하지 않았던 것이다.

그러나 폼페이우스는 카이사르보다 훨씬 뛰어난 군대를 가지고 있었으면서도 위험을 피하려고만 했고, 적이 원하는 대로 모든 힘을 육군에게만 쏟아부어 결전을 시도하였다. 그렇게 해서 재산과 군수품과 진지를 빼앗기고, 결국 해상권까지 적에게 빼앗기고 말았던 것이다. 만약 카이사르가 이것을 얻지 못했다면 그도 결국 패배를 당하고 말았을 것이다. 폼페이우스에 대한 변호나 변명은 그토록 뛰어난 사람에게는 오히려 가장 심한 모욕이 될 것이다. 그리고 자기의 주변을 둘러싸고 있던 젊은 장군들의 비난이나 외침 때문에 훌륭한 자신의 계획을 포기하기는 했지만 이것도 결코 용서하지 못할 일은 아닐 것이다. 그러나 시민들로부터 조국을 진지로 삼고 원로원을 자기의 장막으로 삼았다는 얘기를 듣고, 로마의 집정관이나 법무관들을 반역자나 배신자라고 불렀으며, 한 번도 남의 지휘를 받지 않고 늘 총사령관의 자리에 있었던 바로 대 폼페이우스가 한낱 파보니우스와 도미티우스 같은 인물들의 비웃음과 아가멤논이라는 조롱을 듣지 않기 위해, 로마 제국 전체와 자기의 생명까지 내놓는 길을 선택했다는 것은 도저히 상상할 수도 없는 일이다. 만일 그런 비웃음이나 조롱이 그토록 괴롭고 자신의 명예가 그렇게 소중했다면, 그는 무기를 들고 저항하며 로마를 위해 싸웠어야 했을 것이며, 비겁한 도망을 선택해서는 안 되었을 것이다. 또 만일 그가 테미스토클레스의 교묘한 전술을 쓰려고 했던 것이라면, 테살리아에서 수치스러운 날을 보낸 것에 대해 부끄러움을 느껴야 할 것이다.

파르살로스 평원은 그가 카이사르와 로마 제국의 패권을 다투는 전쟁터로 쓰라고 만들어진 것이 아니었다. 또 어떤 전령이 와서 결투를 벌이라고 명령했거나 그들의 패배를 예언한 것도 아니었다. 해상권을 장악하고 있던 그가 갈 수 있는 평원은 거기 말고도 수 천 개나 있었고, 그가 함대를 이끌고 정벌할 수 있는 도시도 세상에는 수없이 널려 있었다. 그가 잘못한 것이 있다면 그것은 막시무스나 마리우스, 루쿨루스, 또는 아게실라오스 등의 전례를 따르지 않았던 점이다.

스파르타에 쳐들어온 테베 군이 계속해서 싸움을 걸어오고, 스파르타 시민들도 로마인들 못지 않게 아우성을 쳐댔지만, 아게실라오스는 이것들을 모두 참고 견디었다. 또 이집트에 있을 때도 참을 수 없는 비난과 욕설을 듣고 의심까지 받았지만 그는 이것들을 모두 참아냈다. 그러고 나서 아게실라오스는 자기의 판단에 따라 자신의 결심을 끝까지 지켜냄으로써 그들의 뜻을 거스르면서도 이집트를 구해 주었다. 또 그는 절망적인 위기에 처했던 스파르타를 파멸로부터 건져냈을 뿐만 아니라 테베를 정복하고 그곳에 전승기념비까지 세웠던 것이다. 이렇게 그가 스파르타 시민들에게 승리의 영광을 안겨줄 수 있었던 것은 시민들이 테베를 맞아 싸우라고 강요했을 때도 꺾이지 않고 자기 생각을 지켰기 때문이었으며, 만약 그들을 이끌고 성에서 나와 싸웠더라면 온 국민을 파멸에 빠뜨리고 말았을 것이다.

그렇기 때문에 시민들은 아게실라오스가 자신들을 구해냈다는 사실을 깨닫게 되었고, 자기를 억압했던 사람에게 칭송을 드릴 수 있게 되었다. 그러나 폼페이우스는 친구를 위해 잘못을 저질렀고, 친구들의 충고에 휩쓸렸기 때문에 자신을 망치고 말았다. 그러나 어떤 설에는 그가 장인인 스키피오에게 속았다고도 한다. 스키피오는 폼페이우스가 아시아에서 가져온 재물들을 모두 감추고 그것들을 자기 것으로 만들기 위해, 군자금을 다 썼으니 전쟁을 하라고 권했다는 것이다. 그러나 그가 속았다는 것을 인정한다고 해도, 그는 비난받을 수밖에 없다. 왜냐하면 그는 높은 지위를 차지하고 있는 인물이었던 만큼 그런 사소한 속임수에 넘어가 전쟁을 시작해서는 안 되었기 때문이다.

이렇게 해서 우리는 두 사람의 전쟁 업적과 지휘력 그리고 성격들을 비교하면서, 두 사람의 장점과 단점들을 살펴보았다.

두 사람은 모두 이집트로 항해했는데, 그 중 한 사람은 목숨을 건지기 위해 할 수 없이 그 땅으로 항로를 정한 것이다. 그러나 다른 한 사람은 명예나 다른 목적을 위해서가 아니라, 보수를 받는 야만족의 장군으로 고용되어 갔던 것이며, 그것은 나중에 그리스인과 싸움을 벌이기 위한 것이었다. 우리는 폼페이우스를 비참하게 죽여버린 이집트 인들을 비난할 수밖에 없다. 그러나 이집트 인들은 그것에 못지 않은 비난을 다시 아게실라오스에게 되돌려줄 것이다. 폼페이우스는 자기가 믿고 있던 이집트 인의 배신으로 암살을 당했지만, 아게실라오스는 자기에게 도움을 청한 이집트 인들을 배신하여 오히려 그들을 공격하고 적을 도와주었기 때문이다.

33

알렉산드로스

(ALEXANDER, BC 356~323)

마케도니아의 왕이자 뛰어난 군인. 아버지는 헤라클레스의 후예인 필리포스, 어머니는 올림피아스이다. 페르시아를 정복하여 아시아의 왕이 되었다. 성격은 호탕하고 대범했으며, 다른 사람들에게는 너그러웠지만 자기 자신에 대한 절제는 아주 뛰어났다.

알렉산드로스와 카이사르의 생애를 써나가기 위해서는 한 가지 기억해 두어야 할 것이 있다. 그것은 내가 이들의 생애를 살펴보는 동안, 두 영웅이 이룩해 놓은 업적과 세상 구석구석까지 뻗어 있는 그들의 발자취를 하나도 빼놓지 않고 자세하게 기록하려 하기보다는, 차라리 가장 기념할 만한 부분들만을 정리하는 태도를 취하겠다는 것이다. 그러므로 이 글을 읽는 사람들은 그의 공적에 대해 자세히 적지 않고 몇 가지 빠뜨린 점이 있다고 해도 그것을 허물로 생각하지 말았으면 한다.

내가 글을 쓰는 것은 전기를 쓰려는 데 목적이 있는 것이지 역사를 기록하려는 것은 아니다. 전기를 쓰는 작가의 입장에서 보면, 반드시 위대한 업적이나 큰 전쟁에서만 그 인물의 사람됨을 읽을 수 있는 것은 아니다. 오히려 어떤 우연한 사건이나 사소한 말 한마디나 농담들이 그가 벌였던 피나는 전투나 막대한 군비, 또는 성을 점령한 유명한 사건보다 더 절실히 그의 성격과 경향을 드러내 주기 때문이다.

그러므로 초상화를 그리는 사람들도 다른 부분보다 작은 얼굴 부분에 온 정성을 다 쏟는 것이다. 때문에 나는 그 사람의 마음의 움직임을 드러낼 수 있는 행동을 자세하게 다루어 그들의 생애에 대한 초상화를 그리는 것을 본분으로 삼고, 그 외의 위대한 업적이나 큰 전투의 승리들은 역사가들의 몫으로 남겨두려 한다.

여러 역사가들의 공통된 의견에 의하면 알렉산드로스의 부계는 헤라클레스의 후예인 카라누스였고, 모계는 아이아코스[1]의 후예인 네오프톨레모스[2]의 후손이라고 한다. 알렉산드로스의 아버지 필리포스는 젊었을 때 사모트라케 섬에 갔는데, 그곳에서 열린 종교의식에 처음으로 참석했다가 왕녀 올림피아스를 만나 사랑하게 되었다. 올림피아스의 부모는 일찍 세상을 떠났기 때문에 필리포스는 그녀의 오빠 아림바스의 허락을 얻어 그녀와 결혼을 했다.

그런데 그들이 결혼식을 올린 날 밤, 신부는 이상한 꿈을 꾸었다. 벼락이 자기 몸에 떨어져 불이 붙고, 번개가 불꽃을 흐트러뜨리며 사라지는 꿈이었다. 그리고 그 얼마 후 이번에는 필리포스가 다시 꿈을 꾸었다. 자기가 아내의 몸에 봉인을 했는데, 그 봉인의 흔적이 사자의 모습을 하고 있었다.

점술가들은 이 이상한 꿈 얘기를 듣고, "아내로부터 눈길을 떼지 마라"며 필리포스에게 충고했다. 그러나 텔메수스의 아리스탄드로스는, 사람이란 텅 비어 있는 것에는 봉인을 하지 않는 법이라며 한참을 골똘히 생각했다. 그리고는 필리포스 왕에게 말했다.

"이 꿈은 왕자님의 잉태를 나타내는 것이 틀림없습니다. 그리고 그 왕자님은 사자처럼 용맹스럽고 강한 분이 되실 거라는 계시입니다."

언젠가 필리포스 왕은 왕비가 잠자고 있는 옆에 큰 구렁이 한 마리가 누워 있는 것을 발견했다. 필리포스는 그것을 보고, 요사스러운 여자라고 두려워했는지 또는 어떤 신이 자기 자리를 빼앗았다고 생각했는지, 그 뒤로는 올림피아스를 가까이 하지 않았다고 한다.

또 다른 설에 의하면, 마케도니아 여자들은 옛날부터 오르페우스[3] 의식이나 디오니소스의 제사를 광적으로 좋아했으며, 하이모스 산 기슭에 사는 에도니아와 트라키

---

1) 그리스 신화에 나오는 제우스 신의 아들로, 아킬레우스의 아버지이다.

2) 그리스 에페이로스의 왕.

3) 아폴론 신과 칼리오페 사이에서 태어난 아들로, 트라키아의 시인이며 음악가이다. 아내 에우리디케가 죽자, 그는 저승으로 가서 그곳의 신 하데스의 마음을 음악으로 움직였다. 그러나 아내를 데리고 나오다가 결코 뒤를 돌아다보지 않겠다는 약속을 깨뜨렸기 때문에 아내를 되찾을 수 없었다.

아 여자들이 하는 의식을 똑같이 행하곤 했다. 그래서 광신적인 숭배의식을 뜻하는 '트레스케우에인'이라는 말은 트라키아라는 말에서 유래된 것이라고 한다. 그런데 올림피아스 또한 이 광적인 의식의 황홀함에 취해 있었고, 동방의 사람들처럼 행사에 큰 구렁이를 썼다고 한다. 이 구렁이들이 여자들의 머리에 두른 담쟁이덩굴이나 머리에 쓴 바구니 속에서 꿈틀꿈틀 기어나오는 것을 보고는 남자들도 기겁을 했다고 한다.

이런 일이 있는 뒤 필리포스는 메갈로폴리스 태생의 카이론을 델포이의 아폴론 신전으로 보내 신탁을 물어보았다. 신탁은 이렇게 내려왔다.

"필리포스는 암몬 신[4]께 더욱 정성껏 제물을 바치고 그 신을 각별하게 섬기라. 그리고 암몬 신이 구렁이로 변하여 왕비와 함께 누워 있는 것을 문틈으로보았으니 뒷날 그쪽 눈을 잃게 될 것이다."

에라토스테네스[5]가 전하는 얘기로는, 올림피아스가 뒷날 알렉산드로스가 첫 원정길을 떠날 때 탄생의 비밀을 밝히고 "신의 아들다운 업적을 떨치라"고 당부했다고 전한다. 그러나 또 다른 설에 의하면, 올림피아스는 그런 일들을 모두 부정하면서 늘 이렇게 말했다고 한다.

"알렉산드로스 때문에 헤라[6]에게 받은 이 미움을 언제나 면할 수 있을까?"

알렉산드로스는 마케도니아 사람들이 로우스라고 부르는 헤카톰바이온 달의 6일에 태어났다. 그런데 바로 그 날 에페소스[7]에 있는 아르테미스[8] 여신의 신전이 불에 타 없어지고 말았다. 그래서 마그네시아[9]의 헤게시아스는 그 불이라도 끌 만한 차가운 농담을 했다. "이 신전 주인(아르테미스)이 알렉산드로스를 받으러 간 사이에 신전이 불타버렸어요."

그러나 그때 에페소스에 와 있던 페르시아의 예언자들은, 이 화재가 무서운 재난의 징조라고 여기고 머리를 헝클어뜨린 채 길거리를 뛰어다니면서 외쳤다. "아시아를 완전히 파괴해 버릴 자가 태어났다!"

---

4) 고대 이집트의 태양신인 아멘의 그리스 표기. 그리스의 제우스, 로마의 유피테르에 해당한다.
5) 기원전 3세기의 그리스 천문학자, 지리학자.
6) 제우스 신의 누이이며 아내. 하늘의 여왕으로 로마의 유노 여신에 해당한다.
7) 에게 해 부근의 소아시아에 있던 그리스의 이민 도시.
8) 로마의 디아나, 사랑과 정조의 여신.
9) 터키 서쪽 에게해 부근에 있던 도시로 마니사라고도 한다.

바로 그때 포티다이아 시를 공략한 부왕 필리포스는 한꺼번에 좋은 소식을 세 가지나 받았다. 하나는 파르메니온[10]이 일리리아 군을 크게 격파했다는 것이었고, 또 하나는 왕의 경기용 마차가 올림픽 경기에서 우승했다는 것, 그리고 나머지 하나는 아들 알렉산드로스가 태어났다는 반가운 소식이었다. 이 소식들이 필리포스를 기쁘게 한 것은 물론, "세 가지 좋은 일과 함께 태어난 왕자님은 누구도 무찌르지 못할 강한 인물이 될 것"이라는 예언자들의 말은 그를 더욱 만족스럽게 해주었다.

알렉산드로스의 얼굴 생김새는 리시포스가 만든 그의 조각상을 보면 잘 알 수 있다. 알렉산드로스는 오직 이 사람에게만 자신의 조각상을 만들게 하고 다른 사람들에게는 금지시켰다. 이 조각상을 보면, 뒷날 그의 후계자들과 친구들이 흉내 내던 알렉산드로스의 특징적인 모습, 즉 머리를 왼쪽 어깨로 약간 기울인 채 유난히 눈을 빛내던 모습이 아주 정확하게 표현되어 있다. 그러나 알렉산드로스가 벼락 화살을 들고 있는 초상화를 그린 아펠레스는 그의 얼굴을 실제보다 어둡게 그려 놓았다.

아리스토크세노스[11]의 기록을 보면 그에 대해 쓴 다음과 같은 구절이 있다. "알렉산드로스의 몸에서는 기분좋은 냄새가 났고, 옷과 숨결에도 훈훈한 향기가 배어 있었다."

아마도 그것은 알렉산드로스의 체질이 뜨거운 데다가 비쩍 말랐기 때문이었던 것 같다. 테오프라스토스[12]의 학설에 의하면, 모든 향기는 열이 습기에 작용을 할 때 증발되면서 생기는 것이기 때문이다. 그래서 세상에서 가장 메마르고 가장 무더운 지역에서 좋은 향료가 나오는 것이다. 대개의 물질을 썩게 만드는 습기를 태양열이 증발시켜 버리기 때문이다.

그리고 보면 알렉산드로스가 술독에 빠지고, 성질이 불 같았던 것도 모두 이 뜨거운 체질 때문이었던 것 같다. 그러나 그는 어릴 때부터 웬만한 자극이 아니고서는 육체적인 쾌락에 대해서 흥미를 나타내지 않았고 또 그것을 억제하여 공명심(功名心)을 키울 줄도 알았다. 특히 그는 공명심에 대해서는 나이에 어울리지 않을 만큼 성실하고 높은 기백을 나타냈다.

부왕인 필리포스는 자기의 웅변술을 자랑하기도 하고, 올림픽 전차 경주에서 얻

---

10) 마케도니아의 장군.
11) 기원전 4세기경의 그리스 소요학파 철학자. 아리스토텔레스의 제자였다.
12) 기원전 3세기경의 그리스 철학자, 과학자

은 승리를 돈에 새기기도 했지만, 알렉산드로스에게는 그런 정도의 영광은 대수롭지 않았다. 언젠가 친구들이 발이 빠른 그에게 올림픽 경기에 나가보라고 했을 때도 그는 이렇게 대답했었다.

"만일 다른 나라 왕들을 상대로 하는 경주라면 나가 보겠네."

그는 운동 경기를 싫어하지는 않았지만, 그런 일을 별로 소중히 여기지도 않았다. 그는 이따금 연극배우나 음악가, 하프 연주자나 시인, 혹은 가수들에게 상을 주며 재주를 겨루게 하기도 했으며, 사냥이나 무술 시합도 즐겼다. 그러나 권투나 레슬링만은 전혀 관심을 나타내지 않았다.

부왕이 나라를 비우고 없을 때 찾아온 페르시아 사신들을 알렉산드로스가 대신 접견한 일이 있었다. 그때 그는 사절단과 상냥스럽게 이야기를 나누면서 바다에서 수도까지는 얼마나 되며 왕의 성격과 적에 대한 태도는 어떻고 싸움터에 내보낼 수 있는 병력은 어느 정도인가 하는 따위의 질문을 하였다. 사신들은 그의 신중한 태도의 왕자다운 모습에 감탄을 하였다.

"필리포스 왕이 지혜롭기로 유명하다지만, 왕자의 지혜와 큰 포부에 비춘다면 보잘것없는 것이었소."

또 알렉산드로스는 아버지가 어느 중요한 도시를 함락했다거나 큰 승리를 거두었다는 소식을 들을 때마다 조금도 기쁜 모습을 보이지 않고 오히려 투덜거렸다. "이러다가는 아버지한테 일을 다 뺏겨서, 우리는 크고 빛나는 사업도 못하고 말겠어."

쾌락과 돈보다는 영광과 명성을 더욱 갈망했던 그는 아버지로부터 상속받을 영토가 넓어질수록 자기가 정복할 땅이 적어진다며 안타까워했다. 그는 결코 안일한 생활과 호사스러움이 보장되는 평화롭고 번영된 나라를 물려받고 싶지 않았다. 오히려 수많은 외적을 가진 나라의 왕위를 계승받아 용기를 마음껏 발휘할 수 있게 되기를 바랐던 것이다.

알렉산드로스는 수많은 시종들과 스승들로부터 교육을 받았다. 그 스승들 가운데 가장 우두머리인 자는 올림피아스의 가까운 친척인 레오니다스였다. 그는 몹시 엄격한 사람으로 알려져 있었다. 그는 페다고그[13]라는 호칭을 싫어하지 않았다. 그

---

13) 원래는 아이들을 보호하며 학교로 데려다주는 하인이었으며 가르치는 권한은 없었다고 한다. 오늘날의 교육이라는 말의 어원이 되었다.

러나 그의 고매한 성격과 알렉산드로스와의 친척 관계 때문에 사람들은 모두 그를 '왕의 스승'이라고 부르게 되었다.

실제로 페다고그였던 사람은 아카르나니아 태생인 리시마코스였다. 그는 별로 신통한 인물은 아니었지만, 자기 자신을 포이닉스[14], 알렉산드로스를 아킬레우스[15], 그리고 필리포스를 펠레우스[16]라고 부른 교묘한 착상이 알렉산드로스의 마음에 들어 레오니다스에 버금가는 위치를 차지하였다.

테살리아인 필로니코스가 그의 명마 부케팔라스를 필리포스 왕에게 끌고 와서 13탈렌트라는 막대한 값으로 팔겠다고 했다. 왕은 말을 시험해 보기 위해 신하들과 함께 벌판으로 나갔다. 말은 대단히 사나웠다. 사람이 타려고만 하면 이리저리 날뛰었다. 왕은 아무 쓸모 없는 말이라면서 당장 끌고 가라고 호통을 쳤다. 그러나 이것을 죽 지켜보았던 알렉산드로스가 중얼거렸다.

"말을 다룰 줄 모르기 때문에 훌륭한 명마를 알아보지 못하는구나."

필리포스는 처음에는 알렉산드로스의 말을 못 들은 체했다. 그러나 몹시 아까워하는 빛을 보이자 알렉산드로스에게 물었다. "저들은 너보다 훨씬 노련한 사람들이다. 그런데도 네가 저 사람들보다 말을 더 알고 더 잘 다룰 수 있단 말이냐?"

알렉산드로스가 대답했다. "다른 말은 모르겠지만 이 말은 제가 더 잘 다룰 수 있습니다."

필리포스가 다시 물었다.

"만일 네가 저 말을 못 다룬다면 무엇으로 그 벌을 받겠느냐?"

"저 말값을 치르겠습니다."

이 말을 듣고 사람들은 한꺼번에 웃음을 터뜨렸다. 이렇게 해서 알렉산드로스 왕자와 필리포스 왕은 내기를 하게 되었다. 알렉산드로스는 곧 말에게 달려가 고삐를 잡더니 해를 향해 돌려세웠다. 말의 방향을 돌린 알렉산드로스는 두 손으로 말을 달래며 손으로 등을 쓰다듬었다. 그러자 말은 으르렁거리던 소리를 그치고 잠잠해졌다. 말은 제 그림자가 움직이는 것을 보고 겁을 먹어 날뛰었던 것이었다. 알렉산드로스는

---

14) 아킬레우스의 스승.

15) 트로이 전쟁 때의 전설적인 영웅.

16) 아킬레우스의 아버지.

망토를 조용히 벗어던지고 가볍게 말등에 올라탔다. 말채찍을 쓰지 않고 다만 고삐를 살살 잡아당기면서 움직이자 말은 더 이상 반항하지 않았다. 그러자 알렉산드로스는 큰 소리로 호령을 하면서 두 발로 말의 옆구리를 힘차게 찼다. 왕자를 태우고 쏜살같이 달려가는 말을 보며 왕과 신하들은 손을 땀을 쥔 채 침을 삼켰다. 잠시 후 알렉산드로스는 유쾌하고 당당한 모습으로 돌아왔다. 이것을 본 사람들은 모두 환호를 올렸다. 필리포스 왕은 너무나 기쁜 나머지 눈물을 흘리며 알렉산드로스를 맞았다. "내 아들아, 너는 너에게 알맞은 왕국을 찾도록 해라. 마케도니아는 네게 너무나 좁다."

그 뒤 필리포스 왕은 알렉산드로스가 도리에 맞는 일은 잘 따르지만 무슨 일을 강제로 시킬 때는 전혀 듣지 않는다는 것을 깨닫게 되었다. 그래서 절대로 아들에게 명령하지 않고 달래고 설득해서 마음을 돌리려고 했다. 그리고 또 궁중에 있는 선생들 정도로는 도저히 왕자를 감당할 수 없으며 더 크고 중요한 문제가 있다는 것을 알았다.

> 든든한 밧줄로 된 고삐를 잡고
> 힘찬 노를 저어서.

소포클레스의 이런 시처럼 그는 다른 여러 가지가 필요하다는 것을 알게 되었다. 그래서 그 시대의 가장 이름높은 철학자인 아리스토텔레스[17]를 알렉산드로스의 스승으로 모셔왔다. 그리고 아들의 교육을 위해 쏟은 노력에 감사하는 뜻으로 아주 성대한 대접을 했다. 즉, 왕은 일찍이 아리스토텔레스의 고향인 스타기라 시를 공략했었는데, 그때 그를 위해, 추방되었거나 노예로 팔려갔던 사람들을 다시 도시로 불러들여 그들에게 자유를 주었던 것이다.

그리고 알렉산드로스와 아리스토텔레스가 연구하거나 공부할 곳을 미에자 근처의 님프[18]의 신전으로 정해 주었다. 오늘날까지도 그곳에는 아리스토텔레스가 앉았다는 돌의자와 그가 거닐던 그늘진 숲길이 남아 있다.

알렉산드로스는 아리스토텔레스로부터 윤리와 정치에 관한 것들 뿐만 아니라, 소요학파라는 명칭에서도 알 수 있는 것처럼 일반인들에게는 공개하지 않는 깊고

---

17) 기원전 384~322. 그리스의 대 철학자로 플라톤의 제자이다.
18) 숲이나 냇가에 산다는, 반은 사람이고 반은 짐승의 모습을 한 요정.

심오한 이치들도 가르쳤다고 한다. 알렉산드로스가 나중에 아시아에 가 있다가 아리스토텔레스가 그런 이치들을 책으로 펴냈다는 소식을 들었을 때, 그는 나무라는 편지를 써서 스승에게 보냈다.

"아리스토텔레스 선생님께. 건강을 빕니다. 선생님께서 친히 구전으로 가르치셔야 할 이론들을 책으로 발표한 것은 잘못하신 일인 것 같습니다. 우리가 가르침을 받은 지식들을 모든 사람들에게 다 공개해 버린다면 우리가 무엇을 가지고 그들을 능가할 수 있겠습니까? 저는 다른 사람들보다 권력이나 영토로서가 아니라 지식으로서 뛰어나기를 원하기 때문에 이런 말씀을 드리는 것입니다."

그러나 아리스토텔레스는 이렇게 답장을 썼다.

"그 지식들은 사실 발표되었다고 말할 수 없소. 왜냐하면 형이상학에 대한 이 책은 내게 직접 가르침을 받지 않은 사람은 아무리 읽어 보아도 그 뜻을 이해할 수 없기 때문이오."

알렉산드로스는 또 의술에도 깊은 관심을 가지고 있었다. 이것 또한 아리스토텔레스로부터 물려받은 영향이었다. 그는 의술의 이론을 좋아해서 친구들과의 토론을 즐기기도 했지만, 실제로 그것을 응용하기도 했다. 그는 친구가 병에 걸렸을 때 약의 처방을 해주거나 적절한 음식을 적어서 보냈다는데 그런 편지들이 여러 편 남아 있다. 그는 또 천성적으로 모든 학문과 함께 책읽기를 무척 좋아한 사람이었다. 오네시크리토스가 전하는 바에 의하면, 알렉산드로스는 아리스토텔레스가 쓴 호메로스의 《일리아드》향갑판[19]을 항상 가지고 다닐 수 있는 군사학의 보물창고라고 말했으며, 잠자리에 들 때에도 언제나 칼과 함께 베개 밑에 두었다고 한다.

그는 아시아에 가 있을 때도 《일리아드》 말고는 다른 책이 없어 하르팔로스에게 책을 좀 보내 달라고 했다. 그래서 그가 보낸 책은 필리스토스의 역사책과 에우리피데스, 소포클레스, 아이스킬로스 등이 쓴 수많은 비극, 그리고 텔레스테스와 필록세노스가 쓴 축제합창가요 등이었다.

알렉산드로스는 아리스토텔레스를 높이 존경하였다. 그는 아버지로부터는 생명을 받았지만, 그분은 보람 있게 사는 방법을 가르쳐 주셨다고 말하면서, 아리스

---

19) 알렉산드로스는 페르시아를 정복한 뒤, 전리품으로 가져온 다리우스왕의 향그릇 속에 이 책을 넣고 다녔다. 그래서 향갑판이라는 이름이 붙여졌다.

토텔레스를 친아버지와 똑같이 존경했다. 그래서 그는 나중에 가서 어떤 불신 때문에 사이가 멀어졌을 때도 그에게 해를 끼치지는 않았다. 다만 그 전처럼 가까이 지내지는 못했고, 스승에 대한 존경심도 점점 식어갔던 것은 사실이다. 그러나 젊었을 때 심어진 학문에 대한 깊은 열망은 알렉산드로스가 성장하는 동안에도 결코 시들지 않았다. 그가 아낙사르코스[20]에게 보여준 존경, 크세노크라테스[21]에게 보내준 거액 50탈렌트, 단다미스와 칼라노스[22]에게 기울인 특별한 관심들로도 그의 열망을 엿볼 수 있을 것이다.

필리포스 왕이 비잔티움으로 가서 포위전을 계속하고 있는 동안, 마케도니아 왕국은 국새와 함께 당시 16세였던 알렉산드로스에게 맡겨졌다. 알렉산드로스는 반란을 일으킨 마이도이 족을 정벌하고, 그들의 도시를 함락시킨 뒤 야만인들을 내쫓아 버렸다. 그리고 식민지를 새롭게 세운 다음, 자신의 이름을 붙여 알렉산드로폴리스라고 하였다.

또 부왕이 그리스 군과 카이로네아에서 전투를 벌이고 있을 때 함께 출정하여 가장 먼저 테베의 신성 군단을 공격했다고 한다. 그곳 케피소스 강가에는 지금도 한 그루의 떡갈나무가 서 있는데, 옛날 알렉산드로스가 이 나무 밑에 장막을 쳤다고 하여 이것을 '알렉산드로스의 떡갈나무'라고 부르고 있다. 그리고 거기서 멀지 않은 곳에는 마케도니아 군 전사자들의 무덤이 있다.

필리포스 왕은 왕자가 어린 나이에도 이토록 용감하게 잘 싸우는 것을 보고 그에 대한 사랑이 더 깊어졌다. 그는 시민이나 부하 장군들이 알렉산드로스를 왕이라 부르고, 자기를 장군이라 부르는 것을 들으며 기쁨을 감추지 못했다. 그러나 필리포스의 연애 사건과 결혼 문제는 이들 부자간의 사이를 멀어지게 만들었다. 게다가 질투심이 많고 고집이 센 왕비 올림피아스의 공작으로 아버지에 대한 알렉산드로스의 미움은 더욱 커지기만 했다. 그러나 알렉산드로스가 아버지로부터 더욱 멀어져간 데는 다음과 같은 이유가 있었다.

필리포스가 클레오파트라를 후궁으로 맞아들이는 결혼식 때였다. 그녀는 필리

---

20) 기원전 350년경의 그리스 철학자.
21) 기원전 396~314. 그리스 플라톤파 철학자.
22) 인도의 나체 고행자, 철학자.

포스에 비하면 나이가 너무 어렸다. 그런데 결혼 잔치에서 거나하게 취한 그녀의 큰 아버지 아탈루스가 그만 이런 말을 하고 말았다.

"마케도니아의 모든 백성들이여! 왕과 클레오파트라가 대를 이을 다음 왕을 탄생시키기를 여러 신께 기도합시다!"

이 말은 들은 알렉산드로스는 몹시 화가 치밀어 술잔을 그의 얼굴에 던지면서 외쳤다. "아니, 그럼 내가 서자라는 말이오?"

이 광경을 보고 왕은 홧김에 칼을 뽑아 들고 아들을 찌르려고 했다. 그러나 필리포스는 그만 발이 미끄러져 마룻바닥에 넘어지고 말았다. 알렉산드로스는 화가 가시지 않은 얼굴로 아버지를 향해 소리쳤다.

"보시오. 유럽에서 아시아로 건너가 정복할 준비를 하시는 분이 이쪽 자리에서 저쪽 자리로 건너가시지도 못하는 모습을 말이오."

아버지를 조롱한 알렉산드로스는 어머니인 올림피아스와 함께 그 자리를 물러나왔다. 그리고 곧 에페이로스로 그녀를 모셔다 드리고, 자기는 일리리아로 갔다. 그런데 이때 코린트인 데마라토스가 필리포스 왕을 찾아왔다. 그는 왕의 오랜 친구로, 어떤 얘기라도 스스럼없이 주고받는 사이였다. 필리포스는 그에게 그리스 사람들이 서로 평화롭게 잘 살고 있느냐고 물었다. 그러자 데마라토스가 대답했다. "전하, 전하의 집안 문제도 해결 못하시면서, 그리스 일에 마음을 쓰십니까?"

친구의 비난을 들은 필리포스는 자신의 잘못을 다시 생각했다. 그리고 데마라토스의 충고를 따라 알렉산드로스와 화해를 하고 그를 불러들이게 했다. 그러나 이 두 사람의 평화는 오래가지 못했다. 페르시아의 영토에 있던 카리아의 총독 픽소도로스가 아리토크리토스를 보내 맏딸을 필리포스의 서자 아리다이오스와 결혼시켜 필리포스 왕의 힘을 빌려 보려는 뜻을 밝혔던 것이다.

그러자 올림피아스 등이 들고 일어나 이 혼사로 필리포스 왕은 중대한 동맹을 맺어 아리다이오스에게 왕국을 물려주려 한다며 비난을 했다. 소식을 듣고 놀란 알렉산드로스는 여러 가지 생각으로 머리가 아팠다. 알렉산드로스는 연극배우인 테살로스를 카리아로 보냈다. 픽소도로스가 사생아이며 바보인 아리다이오스를 버리고 자기를 사위로 맞도록 마음을 돌려보려는 것이었다.

픽소도로스는 알렉산드로스의 청혼이 마음에 들었다. 그러나 필리포스는 이 소식을 듣자마자 파르메니온의 아들이며 알렉산드로스의 친구인 필로타스를 시켜, 알렉산드로스의 방을 찾아가 이렇게 꾸짖게 했다.

"그대는 존귀한 지위에 있는 세자로서, 야만인 왕의 하인에 불과한 카리아 인에게 청혼을 하였소. 이것은 비열한 짓일 뿐만 아니라 왕권을 욕보인 수치스러운 짓이오."

필리포스는 이것으로도 분이 덜 풀렸는지, 코린트 사람들에게 편지를 보내 테살로스를 붙잡으라고 명령했다. 그리고 아들의 친구이자 자신의 신하인 하르팔로스, 네아르코스, 에리기이오스, 그리고 프톨레마이오스 등을 모두 추방시켜 버렸다. 그러나 뒷날 알렉산드로스는 이들 모두를 불러들여 큰 명예와 높은 직책을 주었다.

얼마 뒤, 아탈로스와 클레오파트라의 모함을 당한 파우사니아스라는 젊은이는 결국 원한을 참지 못해 필리포스 왕을 암살하였다. 그는 필리포스 왕의 손으로 자기의 모욕을 되갚을 수 없다는 것을 알고 기회를 노리고 있다가 그를 죽여 버렸던 것이다. 그런데 이 암살 사건은 청년의 복수심을 부채질하고 있던 올림피아스가 시킨 일이라는 소문이 퍼졌다. 알렉산드로스에게도 같은 혐의가 뒤집어 씌워졌다. 이것은 파우사니아스가 자신의 모욕을 알렉산드로스에게 하소연했을 때, 그가 에우리피데스의 〈메데이아〉의 한 구절을 읊었다는 소문이 돌았기 때문이었다. 그것은 메데이아가 원수를 갚겠다고 말하는 대목이었다.

남편에게
아버지에게
그리고 신부에게도.

그런데 이것이 아탈로스, 필리포스, 그리고 클레오파트라를 가리키는 것이라고 생각했던 것이다. 이것이 사실이었는지 아닌지는 모르지만 알렉산드로스는 이 음모에 가담한 자들을 모두 찾아내어 엄벌에 처했다. 그리고 자기가 원정을 나가 있는 동안에 올림피아스가 클레오파트라에게 비인간적인 대우를 했다는 소식을 듣고는 몹시 노여워했다고 한다.

아버지 필리포스가 암살당했을 때 알렉산드로스는 겨우 스무 살이었다. 그는 온 갖 위험과 복수를 노리고 있는 적들에게 둘러싸인 채 한 왕국의 왕좌를 이어받았다. 그때 마케도니아 근처의 야만족들은 정복당한 지가 얼마 되지 않은 때여서 다시 자기들의 왕을 내세우려는 공작을 그치지 않고 있었다. 그렇기 때문에 알렉산드로스의 왕권은 매우 위험스러운 것이었다. 또 필리포스 왕은 그리스를 무력으로 정복하기는 했지만 새로운 정치 질서를 확립할 만한 충분한 시간도 없이 무질서와 혼란 속에서 세상을 떠났던 것이다.

마케도니아 사람들은 나라가 위급한 지경에 놓여 있다는 것을 알고 있었다. 그래서 그들은 새로운 왕 알렉산드로스가 그리스의 정세에 되도록 간섭하지 말고, 반란을 꾀하는 여러 도시들을 잘 다스려야 한다고 말했다. 그러나 알렉산드로스는 이런 소극적이고 유연한 정책에는 반대하였다. 그는 적의 비위를 맞추려고 하다가 오히려 짓밟힘을 당하는 일이 없도록 하기 위해서는 군은 신념과 과감한 정책이 필요하다고 생각했다.

알렉산드로스는 이런 정책들을 실천하기 위해 군대를 이끌고 야만족 여러 나라들을 계속 침략하였다. 멀리 도나우 강에까지 이르러 트리발리아의 시르모스 왕을 완전히 무찌르고 야만족들을 정복하였다. 그런데 테베가 반란을 일으켜 아테네와 손을 잡고 있다는 소식이 들려왔다.

알렉산드로스는 곧 군대를 이끌고 테르모필라이의 험난한 고개를 넘어가면서, 일찍이 일리리아와 트리발리아 인과 싸울 때는 자기를 '아이'라고 부르고 테살리아에 있을 때는 '소년'이라고 불렀던 데모스테네스에게 이렇게 외쳤다. "이제 곧 아테네의 성문 앞에서 대장군의 모습을 보여 주겠소."

테베에 도착하자, 그는 시민들이 품고 있는 원한을 자신이 얼마나 너그럽게 받아들이는가를 보여 주기 위해 다음과 같이 포고령을 내렸다. "반란의 주동자인 포이닉스와 프로티테스를 넘겨 준다면 나머지는 모두 용서하겠다."

그러나 테베인들은 도리어 알렉산드로스의 부하 장군인 필로타스와 안티파트로스를 넘겨달라면서 포고령을 내렸다.

"그리스의 자유를 위해 싸우려는 용사들은 모두 테베로 모여라."

그들이 알렉산드로스의 뜻을 거절하자, 그는 즉시 전쟁의 고통이 어떤 것인지 보여 주겠다며 전투 준비를 명령했다. 테베 군은 수적으로는 도저히 상대도 되지 않을 수많은 적을 맞아 참으로 용감하게 싸웠다. 그러나 마케도니아 군의 기습 공격을 받고 대부분 전사하고 말았다. 또 도시는 적의 공격을 받아 함락되고 모든 재산은 약탈당하거나 파괴되었다.

알렉산드로스가 테베 시를 이처럼 잔인하게 다룬 것은 두 가지 이유가 있었다.

그 하나는 그리스의 다른 도시들이 겁을 먹고 순종하게 되리라는 생각이었고, 다른 하나는 동맹국인 포키스와 플라타이아 군이 테베에 대해 품고 있는 미움을 풀어 주기 위한 것이었다. 그는 이곳의 제관들이나 마케도니아와 가까운 사람들, 시인 핀다로스의 가족, 그리고 전쟁을 주장하는 데 반대했던 자들을 제외하고는 모조리 노예로 팔아 버렸다. 이 숫자는 약 3만 명에 달했고, 그 밖에도 6천 명 이상의 시민들이 처형을 당했다.

한 무리의 트라키아 병사들이 점령지에서 티모클레아라는 귀부인의 집을 부수고 들어간 일이 있었다. 그때 이들의 우두머리는 그녀에게 덤벼들어 겁탈을 하고, 재물을 내놓으라고 했다. "감추어둔 금이나 은을 빨리 내놔!"

그러자 그녀는 뜰로 나가 우물을 가리키면서 말했다.

"도시가 함락될 때 값진 보물들을 모두 여기다 던져 넣었소."

욕심이 생긴 트라키아 인은 우물 속을 들여다보려고 허리를 굽혔다. 그 순간 등 뒤로 다가선 부인이 그를 우물 속에 밀어넣고 큰 돌을 던져 죽여 버렸다.

병사들은 그녀를 꽁꽁 묶어가지고 알렉산드로스에게 데려왔다. 그러나 부인은 사나운 적군들 속에 들어가서도 조금도 두려워하거나 놀라는 기색을 보이지 않았다. 알렉산드로스는 그녀가 아무래도 신분이 높은 귀부인인 것 같아, 누구냐고 물어보았다. 그러자 부인은 조용하게 대답했다.

"당신의 아버지 필리포스와 카이로네아에서 만나 그리스의 자유를 위해 싸우다가 돌아가신 테아게네스가 나의 오빠요."

알렉산드로스는 이 말과 그녀의 차분한 태도를 보고 놀라지 않을 수 없었다. 그는 곧 그녀와 그녀의 아이들에게 자유를 주라고 명령을 내렸다.

그 뒤, 알렉산드로스는 아테네 시민들에게도 너그러운 태도를 보였다. 그때 아테네는 테베의 재난을 매우 슬퍼하여 온갖 축제나 제사들도 금지하고 있었다. 그리고 가까스로 도망쳐 온 테베 인들에게 온갖 정성을 다하고 그들을 따뜻하게 대해 주었다. 그러나 알렉산드로스는 아테네를 공격하지 않고 그대로 두었다. 배부른 사자처럼 노여움이 풀린 때문인지, 이제는 자비로움을 보여 위력을 과시하고 싶었던 것인지는 알 수 없지만, 여하튼 이것은 아테네 시민들에게는 퍽 다행스러운 일이었다.

알렉산드로스는 아테네 시민들이 지난날 저질렀던 죄를 용서해 주었을 뿐 아니라 아테네 시민들에게 다음과 같은 얘기도 했다.

"만일 무슨 일이 생겨 내 계획에 차질이 생긴다면, 그때 그리스의 주인이 될 수 있는 자는 아마도 당신들일 거요."

또 그는 나중에 테베 시민들에게 했던 자신의 잔인한 행동들을 후회했는데, 어쨌든 그는 이런 뉘우침이 있은 다음부터는 누구에게나 부드럽고 너그러운 태도를 베풀게 되었다. 그는 술이 취해서 클레이토스를 죽였던 일과 인도 원정 때 마케도니아군이 명령을 듣지 않아 대원정을 명예롭게 끝내지 못한 일을 수호신인 디오니소스 신의 노여움과 복수 때문에 생긴 일이라면서, 일생 중 가장 큰 불행이었다고 말했다.

알렉산드로스는 테베가 망한 뒤에도 살아남은 사람들의 요청을 순순히 들어주곤 했다. 훗날 알렉산드로스가 병들어 죽을 때까지 살아남은 테베 인들 중에는 알렉산드로스의 보살핌을 받지 않은 사람이 하나도 없었다고 한다.

그 뒤, 그리스인들은 알렉산드로스와 함께 페르시아를 무찌르기 위해 이스트모스에 모여들었다. 그들은 그리스 연합군의 총사령관으로 알렉산드로스를 선출하였다. 그러자 수많은 철학자들과 정치인들은 모두 그를 찾아와 축하의 인사를 드렸다. 그러나 그렇게 많은 사람들이 몰려오는 와중에도, 코린트에 살고 있던 시노페 태생의 디오게네스[23]만은 그를 찾아오지 않았다. 알렉산드로스는 그가 자기를 찾아올 줄로 믿었지만, 디오게네스는 인사를 오기는커녕 크라니움이라는 곳에 틀어박혀 나올 기색도 보이지 않았다.

알렉산드로스가 그를 찾아갔을 때 디오게네스는 햇볕을 쬐면서 누워 있었다. 많은 사람들이 다가가자 그는 몸을 뒤척였다. 그리고는 몹시 귀찮은 듯 왕을 쳐다보았다. 알렉산드로스는 정중한 말씨로 인사를 건네고 소원이 있으면 들어주겠다고 얘기했다. 그러자 디오게네스는 이렇게 대답했다.

"햇빛이 가려지지 않게 저쪽으로 조금만 비켜 주셨으면 하오."

알렉산드로스는 이 말을 듣고 몹시 놀랐다. 자기를 전혀 대수롭지 않게 생각하는 그의 넓고 큰 도량에 감탄을 했던 것이다. 알렉산드로스는 이곳을 떠나면서 곁에 있던 사람들에게 말했다.

"내가 만약 알렉산드로스가 아니었다면, 디오게네스가 되고 싶소."

---

23) 기원전 412~322. 그리스의 견유학파 철학자. 아테네로 와서 안티스테네스에게 가르침을 받아, 사회 인습을 부정하고 큰 통 속에 들어가서 살았다. 그는 아테네에서 아이기나로 항해를 하다가 해적들에게 잡혀, 코린트의 어떤 부자에게 노예로 팔렸다가 나중에 해방되었다.

그 뒤, 알렉산드로스는 전쟁의 운이 어떤지 알고 싶어 델포이로 갔다. 그런데 하필이면 그가 도착했던 날이 신탁이 내려오지 않는 불길한 날이었다. 그러나 알렉산드로스는 전혀 신경을 쓰지 않고 성녀에게 사람을 보냈다. 왕의 명령임에도 불구하고 그녀는 율법으로 금지되어 있는 일은 할 수 없다며 요청을 거절했다. 그러자 알렉산드로스가 몸소 나서서 그녀를 신전 안으로 끌고 갔다. 결국 성녀는 그의 집요함에 지고 말았다. "당신한테는 당할 수가 없구려."

그 말을 이해한 알렉산드로스는 곧 대꾸했다. "그럼 됐소. 듣고 싶던 대답을 들었으니 더 이상 신께 물어볼 필요 없소."

알렉산드로스가 출정 준비를 하는 동안 여러 가지 징조가 나타났다. 그 가운데 하나는 리베트라에 있는 사이프러스 나무로 만든 오르페우스의 조상(彫像)이 땀을 흘리고 있는 것이었다. 이것을 본 사람들은 모두 용기를 잃어갔다. 그러나 아리스탄드로스는 알렉산드로스에게 이렇게 말했다.

"이것은 불길한 징조가 아닙니다. 대왕께서 수없이 빛나는 전공을 세워, 후세의 시인과 음악가들이 그것을 묘사하고 찬양하느라 저렇게 진땀을 흘리게 된다는 징조입니다."

그의 군대는 보병 3만 명과 기병 4천 명이었다는 설도 있고, 보병 4만 3천 명 그리고 기병은 3천 명이었다는 설도 전해진다. 아리스토불로스의 설에 의하면 그는 70탈렌트 정도의 군자금을 가지고 있었다고 하며, 두리스의 설로는 군량미 30일 분밖에 없었다고도 한다. 또 오네시크리토스는 당시 알렉산드로스에게 2백 탈렌트의 빚이 있었다는 얘기도 전한다. 어쨌든 대규모적인 계획의 준비로서는 변변치 못한 준비였음에는 틀림이 없었다.

그러나 알렉산드로스는 부하들의 일이 염려되어 모든 사람들에게 재산을 나누어 주었다. 어떤 자에게는 많은 토지를 주고, 어떤 자에게는 한 마을을, 그리고 다른 사람들에게는 항구를 주기도 하였다. 그는 이렇게 신분에 맞도록 각각 재산을 나누어 준 다음에야 군비를 수송시켰다. 그러나 이렇게 하느라고 그는 대부분의 왕실 재산을 다 써버리고 말았다. 그러자 페르디카스가 그에게 물었다. "대왕님 것으로는 무엇을 남겨 놓으셨습니까?"

알렉산드로스는 대답했다. "희망이오."

그러자 페르디카스가 말했다. "그럼 대왕을 모시고 떠나는 저희들도 그 희망을 나누어 갖겠습니다."

그는 이렇게 말하고 알렉산드로스가 자기에게 준 재산을 받지 않았다. 그러자 다른 여러 부하들도 받은 선물을 반환하였다. 그러나 그가 준 선물을 사양하지 않은 사람이나 도움을 달라고 요청하는 사람들은 누구나 풍성한 선물을 받았다. 마케도니아의 국고금은 거의 바닥이 날 지경이었다.

알렉산드로스는 자신의 결심을 다시 한 번 가다듬은 뒤 헬레스폰토스를 건넜다. 그들은 트로이로 가서 아테나 여신에게 제물을 바치고, 그곳에 잠들어 있는 용사들의 영혼을 위해 제사를 드렸다. 특히 그는 아킬레우스[24]의 묘비에 향유를 뿌리며 이렇게 말했다.

"살아 있을 때는 그처럼 좋은 친구[25]가 있었고, 죽은 뒤에는 그처럼 좋은 시인[26]이 있으니 얼마나 행복한 일입니까?"

그는 고대의 풍습에 따라 무덤을 한 바퀴 돌고 난 다음 꽃다발을 바쳤다. 그런 뒤 그곳에 있던 진귀한 보물들을 구경했는데, '파리스[27]'의 하프'를 한 번 보라는 권유를 받자 이렇게 말했다.

"그것이 새삼스레 구경할 만한 가치가 있다는 생각은 안 드네. 대신 영웅들의 공적을 노래할 때 연주했다는 아킬레우스의 하프를 한 번 보고 싶네."

그동안 페르시아의 다리우스 왕은 대군을 이끌고 그라니코스 강 건너 기슭에 진을 치고 있었다. 알렉산드로스는 아시아로 들어가기 위해서는 그들과 싸움을 벌이지 않을 수 없게 되었다. 그런데 이 강은 수심이 깊고 강바닥이 울퉁불퉁해서 아무래도 강을 건너는 데는 어려움이 따를 것 같았다. 게다가 물살까지 거칠어 병사들은 모두 겁을 내고 걱정을 하기 시작했다. 마케도니아의 어느 왕도 다이시오스 달에는 전쟁을 하지 않았으니, 관례에 어긋나는 싸움을 피해야 한다고 주장하는 사람도 있었다.

그러자 알렉산드로스는 그들의 망설임을 물리치기 위해 이렇게 명령했다.

---

24) 트로이 전쟁 때의 그리스 장군. 친구인 파트로클로스가 트로이 왕의 아들인 헥토르의 손에 죽자 아킬레우스가 그의 원수를 갚았다.

25) 친구 파트로클로스를 가리킨다.

26) 호메로스를 가리킨다.

27) 트로이의 왕자. 세 여신 가운데 아프로디테를 가장 아름다운 여신으로 뽑아준 데 대한 보답으로 가장 아름다운 여자를 주겠다는 약속을 받았다. 그래서 그는 그리스의 헬레네를 사랑하게 되어 10년간의 트로이 전쟁을 일으키게 된다. 이 이야기는 호메로스의 《일리아드》에 나오는 것이다.

"그러면 오늘부터 이 달을 아르케미시움이라고 불러라."

또 파르메니온이 날이 저물었으니 모든 일은 내일로 미루자고 하자 다시 이렇게 말했다. "내가 그라니코스 강을 겁낸다면 헬레스폰토스가 부끄러워할 것이다."

그리고는 아무 말도 하지 않고 기병 13개 소대를 이끌고 강으로 뛰어들었다. 화살이 빗발치는 험한 강에 뛰어들어 험한 해안을 지키고 있는 적을 공격한다는 것은 사실 깊은 생각에서 결정된 작전이라기보다는, 무분별한 열정으로 무턱대고 하는 행동처럼 보였다. 그런데도 알렉산드로스는 마음을 굳히고 끝내 강을 건너 공격을 하려고 했다. 결국 그들은 진흙투성이가 되어 힘겹게 강기슭을 기어올라갔다. 그런데 적이 한꺼번에 몰아닥쳤다. 알렉산드로스는 뒤따라 온 병사들을 정돈할 사이도 없이 기병대를 끌고 나가야 했다. 그리고 주력 부대가 진을 칠 때까지 무서운 함성을 지르며 새까맣게 달려드는 적을 맞아 싸움을 벌였다. 적들은 무서운 기세로 덤벼들었다.

알렉산드로스는 둥근 방패와 양옆에 새털을 꽂은 투구를 쓰고 있었기 때문에 적은 한 눈에도 그를 알아볼 수 있었다. 그를 알아본 적병들은 그의 주위로 밀어닥쳤다. 배에 댄 갑옷의 한 군데에 예리한 창을 맞았지만 다행히 심한 상처를 입지는 않았다. 그런데 그때 페르시아의 장군 로이사케스와 스피트리다테스가 한꺼번에 달려들었다. 알렉산드로스는 스피트리다테스를 날쌔게 피하면서, 로이사케스의 앞가슴을 창으로 찔렀다. 창이 부러지는 것을 보고 알렉산드로스는 다시 칼을 뽑아들고 자세를 바로잡았다.

이들 두 사람이 맞붙는 동안 말을 돌린 스피트리다테스는 왕의 바로 곁으로 바짝 다가오더니 말 등 위에 우뚝 서서 도끼를 내리쳤다. 그 바람에 알렉산드로스의 투구 양쪽의 새털 장식이 잘려나갔다. 그러나 투구가 단단했는지, 도끼날이 머리털에 살짝 닿았을 뿐 상처를 입지는 않았다. 스피트리다테스는 다시 도끼를 들었다. 그때 '검은 클레이토스'라고 불리던 클레이토스가 달려와 그를 창으로 찔러 죽였다. 그 순간 알렉산드로스도 로이사케스를 칼로 베어 버렸다.

기병대가 이렇게 아슬아슬하게 싸우고 있는 동안 마케도니아 군의 보병대는 강을 건너와 적의 보병부대를 공격하고 있었다. 그러나 적의 보병은 어물어물하더니 모두 도망쳐 버리고, 그리스인으로 구성된 용병들도 완강히 저항을 했지만 결국 쫓겨 달아나고 말았다. 이들은 마케도니아 군의 추격을 받아 어느 산 쪽으로 몰려갔다. 그들은 살려달라고 애원을 했지만 감정이 격앙된 알렉산드로스는 그들에게 돌격 명령을 내렸다. 그러나 제일 앞에서 달리던 알렉산드로스의 말이 적이 찌른 창에 맞아 쓰러지고 말았다.

목숨을 애원하던 적병을 모두 섬멸시키려 했던 알렉산드로스의 고집은 결국 자기 부대의 많은 희생을 만들어 내고 말았다. 여기서 마케도니아 군은 지금까지 치렀던 모든 전투에서 잃었던 것보다 많은 수의 병사들을 잃었다. 그리고 양쪽 군대의 부상자 숫자도 여기서 생긴 것이 더 많았다. 죽음을 각오하고 싸우는 적을 공격했기 때문이다.

페르시아 군은 이 싸움에서 2만 명의 보병과 2천 백 명의 기병을 잃었으며, 알렉산드로스 군은 34명의 전사자를 냈는데 그 중 9명은 보병이었다고 한다. 이것은 아리스토불로스의 기록에 의한 숫자이다. 알렉산드로스는 이들 전사자들을 기리기 위해 리시포스를 시켜 그들의 동상을 세우게 했다. 그리고 고향에 있는 그리스인에게 이 승리의 기쁨을 나누어 주기 위해 적에게 빼앗은 방패 3백 개를 아테네로 보내고, 다른 전리품에는 다음과 같은 글을 새겼다.

"필리포스의 아들 알렉산드로스, 그리고 스파르타 사람을 제외한 그리스인들은 아시아의 야만족을 무찌르고 이 전리품들을 얻었다."

그리고 나서 알렉산드로스는 금술잔과 값진 옷, 그리고 그 외의 값진 보물들을 조금만 남기고 모두 어머니에게 보냈다. 이 승리의 결과 알렉산드로스는 유리한 자리를 차지하게 되었다. 이웃에 있던 여러 도시와 함께 리디아의 수도이며 페르시아 군의 본부가 있던 사르디스가 싸워 보지도 않고 항복을 해왔던 것이다. 할리카르나소스와 밀레토스 두 지방은 끝까지 저항을 했지만 알렉산드로스는 그 주변 지역들과 힘을 합쳐 그들을 정복해 버렸다.

그런 다음 알렉산드로스는 이제 어느 쪽으로 진격을 해야 할지 결정짓지 못해 얼마 동안 망설이고 있었다. 다리우스 왕을 공격하여 모든 것을 이 싸움에 집중시켜야 하는지, 아니면 소아시아 연안을 완전히 손에 넣어 힘을 키운 다음 결전을 해야 할지 쉽게 결정할 수 없었던 것이다. 그가 이런 생각 때문에 한동안 주저하고 있을 즈음 이상한 일이 일어났다. 리키아의 크산토스 시에 있던 샘물이 갑자기 넘치더니 동판 한 장을 토해냈던 것이다. 이 동판의 가장자리에는 고대 문자로 페르시아 왕국은 그리스 군에게 멸망할 것이라는 내용이 새겨져 있었다.

이것으로 큰 용기를 얻은 알렉산드로스는 곧 해안을 따라 진격을 거듭하여 킬리키아와 페니키아를 정복했다. 그리고 다시 팜필리아 해안을 따라 진군하였다. 그즈음 팜필리아 해안은 언제나 거센 파도가 밀려와 험한 절벽과 낭떠러지 밑에는 시커먼 파도가 부서지고 있었다. 그런데 이상하게도 알렉산드로스가 이곳에 왔을 때는 하늘이 맑아지고 바다도 잔잔해져 그들의 앞 길을 열어 주는 것 같았다.

메난드로스[28]는 그의 희곡 속에서 이때의 일을 얘기하고 있다.

> 내가 누구를 만나고 싶어하면
> 그는 바로 문 앞으로 걸어온다.
> 그리고 알렉산드로스의 행운처럼
> 내가 바다를 건너려고 하면
> 사나운 바다도 잠잠해져 버린다.

그러나 알렉산드로스의 편지를 보면, 별다른 기적이 있었다는 말은 적혀 있지 않았다. 다만 파셀리스를 떠나 '사닥다리', 즉 클리막스라는 험한 절벽을 지났다고만 씌어있다. 그는 한동안 파셀리스에 머무르면서 이 도시의 광장에 죽은 지 얼마 안되는 철학자 테오덱테스의 동상이 서 있다는 얘기를 들었다. 그는 어느 날 저녁 광장을 찾아갔다. 알렉산드로스는 아리스토텔레스의 가르침을 받고 있을 때 그의 얘기를 몇 번 들은 적이 있었다. 그는 신하들과 함께 동상에 꽃다발을 바쳤다.

그 뒤 그는 피시디아 인의 반란을 진압하고, 다시 프리기아를 정복하였다. 프리기아의 수도는 고대 미다스 왕[29]의 거성이었다고 하는 고르디움이었다. 거기서 알렉산드로스는 산수유 나무 껍질을 꼬아 동여맨 유명한 전차를 보았다. 그런데 고르디움에는 이 매듭을 푸는 사람이 온 세계를 지배한다는 전설이 내려오고 있었다. 이 끈의 끝은 아무도 찾을 수 없도록 하기 위해 복잡한 매듭 속에 감추어져 있었다. 그래서 대부분의 역사가들은 알렉산드로스도 그것을 찾다가 귀찮아져서 칼로 매듭을 잘라내 버렸다고 한다. 그러나 아리스토불로스의 기록에 의하면, 전차의 멍에를 붙들어 매고 있는 이음쇠에서 못 하나를 뽑아냈더니 모든 것이 풀려 버렸으며, 그때 멍에에까지 뽑혀져 나갔다고 한다.

---

28) 아테네의 희극작가.
29) 마이다스라고도 한다. 욕심이 많았던 그는 손에 닿은 물건을 모두 황금으로 만드는 힘이 있었다.

알렉산드로스는 다시 파플라고니아와 카파도키아로 진군하여 항복을 받아냈다. 그러던 중 다리우스가 해안 지방에 배치해 두었던 군대 중에서 가장 용맹스러웠던 장수인 멤논이 죽었다는 소식을 들었다. 만일 그가 살아 있었더라면 알렉산드로스의 행군에 많은 방해가 되었을 것이므로, 이 소식은 더 한층 알렉산드로스의 아시아 공격을 부추겼다. 그때 다리우스 왕은 수사로부터 60만 명의 대군을 끌고 진군해 오고 있었다. 그는 페르시아의 점쟁이들이 그에게 아첨하기 위해 거짓으로 해몽해 준 꿈을 믿고 진군을 결심했던 것이다. 꿈 속에서 마케도니아의 부대는 큰 불꽃 속에 갇혀 있었다. 알렉산드로스는 그때 선왕의 역전사[30]였을 때 입었던 옷을 입고서 다리우스의 시중을 들고 있었는데 벨루스 신전 쪽으로 가다가 갑자기 사라져 버렸다. 사실 이 꿈은 마케도니아가 이루려는 찬란한 업적과 함께, 다리우스가 역전사에서 왕의 자리에 올라선 것처럼 알렉산드로스가 아시아를 움켜쥐게 되리라는 것, 그리고 그 영광을 얻은 뒤 얼마 안 되어 생애를 마치게 되리라는 것을 암시하는 것이었다.

그러나 다리우스는 알렉산드로스가 오랫동안 움직이지 않는 것을 보고 자기가 두려워서 그런 것이라 생각하고, 더욱 자신만만하게 진군을 서두르고 있었다. 그때 알렉산드로스를 붙들고 있는 것은 병이었다. 그 병은 지나친 피로 때문이라고도 하고, 얼음처럼 찬 키드노스 강에서 목욕을 했기 때문이라고도 했다. 의사들은 그의 병은 가망이 없다면서 누구 하나 고쳐 보려고 하지 않았다. 만약, 치료를 시작했다가 병을 낫게 하지 못한다면, 살아남지 못하리라는 것은 불을 보듯 뻔한 일이었기 때문이었다. 그런데 아카르나니아의 필리포스라는 의사가 알렉산드로스의 병이 위독한 것을 보고, 자기의 생명을 걸고 고쳐 보기로 결심을 했다. 진심으로 왕을 아끼고 있는 친구로서 왕과 죽음을 같이하는 것이 자신의 할 일이라고 생각했던 것이다.

그는 정성을 다해 약을 지어 알렉산드로스에게 드렸다.

"이 약을 드시면 자리에서 일어나셔서 정벌을 완수하실 수 있을 겁니다."

그때 마침 파르메니온 장군으로부터 밀서가 도착했다. 이 편지의 내용은 놀라운 것이었다.

"의사 필리포스는 다리우스로부터 많은 뇌물을 받고, 또 공주와 결혼하여 왕의 사위가 된다는 조건으로 대왕을 독살할 계획입니다. 조심하십시오."

---

30) 여행을 할 때 왕의 시중을 드는 사람.

조용히 편지를 읽고 난 알렉산드로스는 편지를 베개 밑에 놓고 아무에게도 보이지 않았다. 알렉산드로스는 필리포스가 약그릇을 들고 들어오자 아주 쾌활하고 침착하게 약을 받아마시면서 그 편지를 꺼내 필리포스에게 주었다. 이것은 정말 볼 만한 광경이었다. 한 사람은 편지를 읽고 있고, 또 한 사람은 약을 마시고 있었다. 잠시 후 두 사람은 서로를 마주 보았다. 알렉산드로스의 얼굴에는 우정과 믿음이 반짝이고 있었고, 필리포스는 놀라움과 두려움으로 떨고 있었다. 필리포스는 두 손을 들어 자기의 결백함을 맹세한 다음 알렉산드로스 앞에 엎드려 부르짖었다.

"부디 아무 걱정 마시고 제 처방을 따르십시오."

그러나 몸 속에서 약기운이 퍼지자 알렉산드로스는 말할 기운도 없이 기절해 버렸다. 모든 감각과 맥박도 멈추었다. 그러자 필리포스는 정성 어린 간호를 했다. 얼마 뒤, 알렉산드로스는 건강을 회복하고 자리에서 일어났다. 그리고 눈으로 직접 확인하기 전에는 안심하지 못하겠다고 떠들어대던 병사들 앞에 모습을 드러냈다.

그때 다리우스에게는 알렉산드로스를 잘 알고 있는 마케도니아 병사 아민타스가 탈주해서 와 있었다. 그는 다리우스가 산과 좁은 골짜기를 끼고 들어가 알렉산드로스를 공격하려는 계획을 세우고 있는 것을 알고 완강하게 그를 말렸다. "많은 병력을 충분히 이용하여 적은 수의 적을 섬멸시키려면 넓은 평야가 유리합니다. 그러니 군대를 옮기지 마시고 지금 이 평원에 그대로 있어야 합니다."

다리우스는 평원에서는 적이 쉽게 도망갈 것이며 알렉산드로스도 놓치게 될 것이라고 말했다. 그러자 아민타스가 말했다. "그런 건 걱정하실 필요가 없습니다. 알렉산드로스는 왕을 피할 사람이 아닙니다. 그는 꼭 싸우러 옵니다. 아마 지금 서둘러서 진군을 하는 중일 겁니다."

그러나 다리우스는 아민타스의 의견을 받아들이지 않고, 곧 진영을 철수하여 킬리키아로 진격해 갔다. 바로 그때 알렉산드로스는 다리우스를 찾아 시리아로 진격하고 있었다. 그러나 그들은 한밤중이어서 서로 적을 못만나고, 다시 각자의 진영을 향해 되돌아섰다. 알렉산드로스는 킬리키아로 들어가는 험한 길목에서 다리우스 군을 치기로 하고 급히 행군을 서둘렀다. 한편 다리우스는 빨리 골짜기를 벗어나 넓은 평원으로 되돌아가기 위해 서두르고 있었다.

다리우스는 그때서야 킬리키아에 너무 깊숙이 들어온 것을 후회하고 있었다. 지형은 바다와 산, 그리고 그곳을 가로질러 흐르는 피나로스 강 때문에 대군을 움직이기에 매우 불리했지만 대부분 보병으로 구성되어 있는 적은 수의 적에게는 유리한 지형이었기 때문이었다. 그런데 이처럼 유리한 자리에 서게 해준 운명의 도움보다 더 큰 것은 바로 그 지형을 제대로 이용했던 알렉산드로스의 작전이었다. 그는 도저히 비교도 안 될 만큼 적은 수의 병사들을 이끌고 있었기 때문에 만약 포위를 당한다면 끝장이었다. 그래서 그는 자기의 우익을 가지고 적의 좌익을 포위해 버리고 야만인 군대를 완전히 쓰러뜨려 버렸다.

역사가 카레스(Chares)의 기록에 의하면, 알렉산드로스는 이 전투에서 다리우스와 맞붙어 싸우느라고 허벅지에 큰 상처를 입었다고 한다. 그러나 알렉산드로스가 안티파트로스 장군에게 보냈던 편지를 보면, 가벼운 상처가 생겼다고만 적혀 있다. 11만 명이나 되는 엄청난 적의 전사자를 낸 이 전투에서 다리우스는 간신히 목숨을 건지고 달아났다. 그러나 알렉산드로스는 다리우스의 전차와 활을 빼앗았을 뿐 추격하지는 않았다. 진영으로 돌아와 보니 부하 장병들은 값진 전리품들을 마음대로 거두고 있었다. 적은 가벼운 옷차림을 하기 위해 물자의 대부분을 다마스쿠스에 두고 왔지만 그러고도 챙길 만한 물건은 얼마든지 있었다.

다리우스가 쓰던 막사는 금과 은이 수두룩했고 값진 물건들로 화려하게 장식되어 있었다. 병사들은 이 막사를 알렉산드로스의 몫으로 손대지 않고 남겨 두었다. 알렉산드로스는 다리우스의 막사로 가서 갑옷을 벗으면서 말했다.

"우선 다리우스의 목욕탕에서 싸움의 피로를 씻어볼까?"

그러자 곁에 있던 시종 하나가 말했다. "아닙니다. 알렉산드로스의 목욕탕이라고 하셔야지요. 패배한 자의 물건은 곧 정복자의 것이 되니까요."

목욕탕에는 정교하게 금을 박아서 만든 욕조와 손화로가 있었고, 향유들이 모두 순금으로 된 그릇에 놓여 있었다. 또한 온 방 안에는 귀한 향내가 가득히 들어차 있었다. 목욕탕에서 나온 알렉산드로스는 잔치 준비가 되어 있는 막사로 갔다. 그런데 알렉산드로스가 만찬을 들고 있을 때 보고가 들어왔다. 포로 중에 끼어 있던 다리우스의 어머니, 아내, 그리고 아직 결혼을 하지 않은 두 딸이 다리우스의 전차와 활을 보고, 그가 죽은 줄 알고 통곡하고 있다는 것이었다. 보고를 들은 알렉산드로스는 한참 동안 생각에 잠겼다. 승리의 기쁨보다도 그들의 설움이 가슴에 더 와 닿았던 것이다. 알렉산드로스는 곧 레온나토스를 보내 이렇게 전하라고 했다.

"다리우스는 죽지 않았으니 울지 마시오. 그리고 나를 두려워할 필요도 없소. 나는 다만 아시아를 정복하려는 것뿐이며 결코 다리우스에게 개인적인 미움은 없소. 지금까지 생활했던 것과 똑같이 지낼 수 있도록 해 줄 테니 아무 걱정도 하지 마시오."

알렉산드로스의 말을 전해듣고 그들은 기뻐서 어쩔 줄을 몰랐다. 그는 너그럽고 친절하다는 말들은 그대로 실천한 것이다. 알렉산드로스는 페르시아 전사자들 가운데 그녀들이 원하는 사람들은 누구든지 매장할 수 있게 해주었고, 병사들이 노획한 물건들 중에서 그녀들이 필요하다고 말하는 것은 무엇이든지 되찾을 수 있도록 해주었다. 또 그녀들에게 왕족의 칭호와 지위를 그대로 가지고 있게 했으며, 그녀들에게 필요한 돈을 그 전보다 더 많이 지급해 주었다. 무엇보다도 가장 고귀하고 훌륭한 것은 포로가 된 그녀들을 매우 정중하게 대했으며, 절대로 거칠고 무례한 말을 쓰지 못하게 한 것이었다. 그래서 그들은 적군의 진영이라기보다는 오히려 신전에 살고 있는 것처럼 조용한 보금자리에서 편안히 지낼 수 있었다.

다리우스 왕이 아시아에서 가장 키가 크고 잘생긴 남자였던 것처럼 왕비 또한 그 시대의 가장 아름다운 여자라는 평판을 듣고 있었다. 부모를 닮은 두 딸도 그들에게 못지 않은 미모를 가지고 있었다. 그러나 알렉산드로스는 적을 정복하는 것보다 그들을 보호하는 것이 더욱 왕다운 일이라고 생각하여, 포로인 그들을 정중히 대하며 누구도 함부로 다루지 못하게 했다. 그는 결혼하기 전까지 다마스쿠스에서 사로잡은 멤논의 미망인 바르시네를 제외하고는 어떤 여자도 가까이하지 않았다. 바르시네는 아버지인 아르타바조스 왕족의 혈통을 이어받은 여자로, 그리스 학문에 대해 아는 것이 많았고 성격도 온화하였다. 얼굴도 몹시 아름다웠다고 하는데, 파르메니온이 하도 권하는 바람에 알렉산드로스가 그녀에게 끌렸었다고 아리스토불로스는 전하고 있다.

그는 포로로 잡혀 온 페르시아 여자들이 너무나 아름다워 눈이 아플 지경이라고 농담을 하기도 했다. 그러나 그는 여자들의 아름다움에 대해 자신을 자제하는 아름다움으로 맞서려고 했다. 그래서 그는 생명 없는 조각품을 다루듯 거들떠보려고도 하지 않았다.

한번은 알렉산드로스 함대의 사령관이었던 필록세노스가 편지를 보내 타렌툼 사람 테오도로스가 아주 잘생긴 소년을 노예로 팔겠다는데 사고 싶은지 어떤지 말해 달라고 한 적이 있었다. 그러자 알렉산드로스는 몹시 화를 내며, 자기를 어떻게 보길래 그런 모욕적인 편지를 보냈느냐며 호통을 쳤다. 그리고 필록세노스를 몹시 꾸짖고, 테오도로스가 데리고 왔다는 그 소년들도 당장 돌려보내라고 명령했다. 하그논이라는 젊은 부하도 그에 못지 않은 질책을 받은 적이 있었다. 하그논은 크로빌로스라는 코린트 태생의 소년을 데리고 와서 알렉산드로스에게 선물로 바치고 싶다는 글을 써보냈기 때문이었다.

또 파르메니온의 마케도니아 군에 있던 다몬과 티모테오스라는 두 병사가 파르메니온이 고용하고 있던 어느 외국인의 아내를 욕보였다는 보고를 받은 일이 있었다. 알렉산드로스는 파르메니오에게 편지를 보냈다.

"만일 그 일이 사실이라면, 범인들은 사람을 잡아먹는 맹수로 간주하여 무참하게 사형하시오."

그리고 같은 편지 속에 이런 말도 덧붙였다.

"나는 여태껏 다리우스의 왕비를 본 일도 없고, 보고 싶었던 적도 없소. 또 내 앞에서 그녀의 아름다움에 대해 얘기를 꺼내지도 못하게 했소."

그는 잠을 잔다는 것과 욕정을 가지고 있다는 것은 사람이 언젠가는 죽을 운명이라는 것을 실감하게 해준다면서, 피로와 성욕은 사람이 타고난 약점이라고 말하곤 했다.

그는 음식에 있어서도 매우 절제를 했다. 그 사실은 다음과 같은 얘기로도 알 수 있다. 그는 아다 공주에게 어머니의 칭호를 주고 나중에는 카리아의 여왕으로 봉했는데, 그녀는 날마다 맛있는 음식과 향기로운 과자들을 그에게 보내곤 했다. 그러다가 나중에는 자기가 데리고 있는 뛰어난 요리사와 과자 만드는 사람까지 보내려고 했다. 그러자 알렉산드로스는 아다에게 말했다.

"저는 레오니다스 선생님으로부터 가장 좋은 식사법을 배웠으니 그런 요리사들은 필요없습니다. 그분은 아침을 맛있게 먹으려면 야간 행군을 하고, 저녁을 맛있게 먹으려면 아침을 적게 먹으면 된다고 가르쳐 주셨습니다."

그리고 다시 덧붙였다.

"선생님은 우리 어머니께서 사치스러운 음식을 따로 숨겨두셨을까봐 내 옷장과 가구들을 가끔 뒤지곤 하셨습니다."

그는 여러 사람들이 생각하는 것처럼 그렇게 많이 술을 즐기지도 않았다. 술을 마실 때도 술보다 이야기를 더 즐겼기 때문에 한 잔을 비우는 데도 오랜 시간이 걸렸다. 그래서 사람들은 그가 술을 많이 마셨다고 잘못 생각했던 것이다. 그리고 일단 무슨 일이 있을 때는 다른 장군들과는 달리 술도, 잠도, 여자도, 구경거리도 다 잊어버리고 오로지 그 일에만 사로잡혀 열중했다. 그렇기 때문에 그는 짧은 인생을 살았으면서도 그토록 위대한 업적들을 이룩할 수 있었던 것이다.

보통 한가할 때는 잠자리에서 일어나자마자 신들에게 제사를 드리고 아침을 들었다. 그런 뒤에는 사냥을 하거나 일을 하고, 혹은 전술을 연구하거나 책을 읽는 데 하루를 보냈다. 또 서두르지 않아도 되는 행군일 때는 중간에서 말을 내려 활 쏘는 연습을 하거나, 전속력으로 달리는 전차에 뛰어오르거나 뛰어내리는 연습을 했다. 그의 일기를 보면, 여우나 새사냥을 즐겼다는 이야기도 있다. 또 저녁이 되면 꼭 목욕을 하고 향유를 바른 뒤, 주방장을 불러 식사 준비가 어떻게 되어 가는지 묻곤 했다. 저녁 식사는 날이 어둑어둑해질 때까지 기다렸다가 늦게 했으며, 식탁에 앉은 모든 친구들이 골고루 대접을 받을 수 있도록 세심하게 마음을 썼다. 그리고 이야기를 나누는 것을 몹시 좋아하여, 시간가는 줄 모르고 이야기를 나누었다. 이런 때의 그는 다른 어떤 왕들보다 인자하고 명랑한 이야기 상대였다.

그러나 그는 가끔 군사적인 이야기가 나오면, 듣는 사람이 난처해질 만큼 자기 자랑을 늘어놓았다. 이것은 그의 타고난 성품이기도 하지만 아첨배들의 말을 듣고 자라난 습관 때문이기도 했다. 마음이 곧은 친구들은 그럴 때마다 몹시 난처했다. 왕 앞에서 아첨배들과 경쟁을 하듯 칭찬을 하고 싶지도 않았고, 그렇다고 마땅히 할 만한 칭찬도 하지 않아 왕의 노여움을 사고 싶지도 않았다. 너무 지나친 칭찬도 수치스러웠지만 칭찬을 하지 않는 것은 위험한 노릇이었던 것이다.

이렇게 술자리가 끝나고 나면 그는 반드시 목욕을 했다. 그리고는 다음날 늦게까지 잠을 잤으며 때로는 하루 종일 잠을 잘 때도 있었다.

그는 맛있는 음식을 별로 즐기지 않는 편이었다. 진기한 생선이나 과일들이 올라오면 전부 신하들에게 나누어 주고, 자기 것은 남겨 두지도 않는 일이 예사였다. 그러나 그의 식탁은 항상 풍성했고, 정복한 땅이 넓어가면서 식탁의 비용도 점점 많아져 나중에는 하루 식사비가 1만 드라크마에까지 이르렀다. 그는 결국 이 액수를 한도로 정하고, 신하가 왕을 초대하는 잔치에서도 이 이상의 비용은 넘지 못하도록 했다.

이소스 전투가 끝난 뒤, 알렉산드로스는 다마스쿠스에 군대를 보내 페르시아의 돈과 군수 물자, 그리고 부녀자들을 손에 넣었다. 이 임무를 맡았던 사람들 중에서 가장 큰 몫을 차지한 것은 테살리아의 기병부대들이었다. 알렉산드로스는 전투에서 보여 주었던 용기를 특별히 생각하여, 일부러 그들에게 이 일을 맡겼던 것이다. 그러나 여기서 얻은 물품들은 그들의 주머니를 모두 채우고도 남았다. 마케도니아 군은 이때

비로소 금은과 페르시아 여자, 그리고 페르시아의 화려한 식사를 맛볼 수 있었다. 그 후부터 군대는 마치 냄새를 맡은 사냥개처럼 페르시아의 부자들을 쫓기에 바빠졌다.

알렉산드로스는 더 멀리 진격하기 전에, 먼저 해안 지방을 완전히 정복하려고 했다. 그러자 곧 키프로스 섬을 다스리던 여러 왕들과 티레 시(市)를 제외한 모든 페니키아 인들이 그에게 항복을 해 왔다. 알렉산드로스는 티레 시를 흙으로 높은 성을 쌓아 올리고, 성벽을 무너뜨리는 공성기를 써서 성을 공격하는 한편, 바다에서는 2백 척의 배로 항구를 완전히 막아 버리고 7개월에 걸쳐 공격을 계속했다. 일곱 달째가 되었을 때, 알렉산드로스는 어느 날 밤 헤라클레스가 성벽 위에 서서 자기에게 손을 내밀며 부르는 꿈을 꾸었다. 한편 티레의 많은 시민들도 아폴론 신이 나타나 그들이 하는 짓이 못마땅하다며 알렉산드로스에게 가 버리는 꿈을 꾸었다. 이런 꿈을 꾸고 난 티레 시민들을 마치 배신하고 도망가는 탈주병이라도 잡듯이 아폴론의 신상을 여러 겹으로 꽁꽁 묶고 받침돌에 얽어맸다. 그리고는 '알렉산드로스를 따라다니는 놈'이라며 욕을 해댔다.

알렉산드로스는 또 이런 꿈도 꾸었다. 사티로스[31]가 멀리 나타나서 놀리는 바람에 쫓으려 했지만, 계속 달아나 갖은 고생을 한 끝에 겨우 잡는 꿈이었다. 점술가들은 꿈을 이렇게 해석했다. "사티로스라는 말을 둘로 나누면, 사티로스, 즉 티로스는 그대의 것이라는 뜻입니다." 알렉산드로스가 사티로스의 꿈을 꾼 자리는 샘 근처였는데, 그 샘은 아직까지도 남아 있다.

티레 성을 포위하고 있는 동안 알렉산드로스는 안틸리바노스 산 속에 사는 아라비아 인들을 토벌하러 나섰다. 그런데 이 산 속에서 스승 리시마코스를 구하려다가 자칫 목숨을 잃을 만큼 큰 모험을 하게 되었다. 스승은 자기가 옛날에 아킬레우스를 따라 트로이에 출정을 했을 때의 포이닉스[32]보다 더 젊고 용기도 뒤떨어지지 않는다며 억지로 따라나온 것이었다. 산 속에서 병사들은 말에서 내려 걸어가게 되었다. 그런데 병사들을 앞서가던 알렉산드로스 일행은 다리에 힘이 빠진 노인 때문에 시간을 많이 허비하느라 뒤처지게 되었다.

병사들에게서 멀리 떨어지게 된 알렉산드로스 일행은 이미 어둠이 내린 뒤여서

---

31) 그리스에 나오는 신으로 반은 신, 반은 짐승의 모습을 하고 있다.

32) 아킬레우스의 스승.

찬 밤기운 때문에 몹시 추위를 느꼈다. 산은 깊고 길은 험했으므로 별 수 없이 자리를 잡고 밤을 지내는 수밖에 없었다. 그들이 있는 곳에서 멀지 않은 곳에는 적의 모닥불이 번득이고 있었다. 군이 위험에 처했을 때면 언제나 제일 먼저 위험 속으로 뛰어드는 알렉산드로스는 이번에도 곧장 모닥불 쪽을 향해 달려나갔다. 그리고 보초병 두 명을 순식간에 칼로 베어 버리고, 불이 붙은 장작 한 개를 빼앗아 왔다. 그들은 그 장작개비로 아주 큰 모닥불을 만들었다. 이렇게 해서 그들 일행은 그 날 밤을 무사히 보냈다고 역사가 카레스는 적고 있다.

한편 티레를 공격하고 있던 병사들은 수많은 전투로 몹시 지쳐 있었다. 알렉산드로스는 우선 군대를 좀 쉬게 해놓고, 적을 견제하기 위해서 소수의 부대만 이끌고 성벽을 공격했다. 공격하기 전에 제물을 바친 아리스탄드로스는 자신만만하게 말했다. "성은 이번 달 안에 반드시 함락됩니다."

그런데 성을 공격하던 이 날이 바로 그 달의 그믐날이었다. 병사들은 아르스탄드로스의 말에 모두 웃음을 터뜨렸다. 그러나 왕은 항상 아리스탄드로스의 예언을 존중하고 있었다. 그는 당황하는 아리스탄드로스를 보고는 병사들에게 이렇게 명령했다. "오늘은 30일이 아니라 23일로 하겠다."

드디어 공격이 시작되었다. 그는 처음에 계획했던 것보다 더 맹렬히 성을 공격하게 했다. 이 치열한 공격을 보고 영내에서 쉬고 있던 다른 병사들도 가슴에서 피가 끓어올라 자신도 모르게 일어나 그들의 뒤를 이어 공격을 하였다. 이렇게 해서 티레 성은 그날 밤에 함락되었다.

그 다음으로 알렉산드로스가 포위한 곳은 시리아에서 가장 큰 도시인 가자였다. 어느 날 커다란 새 한 마리가 알렉산드로스의 머리 위를 날더니 흙 한 덩어리를 그의 어깨에 떨어뜨렸다. 그러더니 성을 공격하는 공성기계 위에 가서 내려앉았다. 나중에는 공성기계를 덮어둔 그물에 얽혀 잡히고 말았다.

이것을 보고 아리스탄드로스는 알렉산드로스가 부상을 당하고 가자 시가 함락될 것이라고 예언을 했는데, 이 예언은 얼마 뒤 그대로 이루어졌다.

알렉산드로스는 이곳에서 얻은 많은 전리품들을 올림피아스와 클레오파트라, 그리고 가까운 친구들에게 보냈다. 스승 레오니다스에게는 5백 탈렌트의 유향과 백 탈렌트의 몰약을 보냈는데, 이것은 어렸을 때 선생님이 가르쳐 준 대로 했다는 표시였다.

알렉산드로스가 어렸을 때였다. 그는 두 손으로 향을 가득 퍼서 불 속에 한 줌씩

집어넣고 있었다. 이것을 보던 스승 레오니다스가 꾸짖었다.

"향이 나는 나라를 정복하시거든 그때는 마음대로 쓰십시오. 그러나 그 전까지는 아껴 쓰셔야 됩니다."

그래서 알렉산드로스는 다음과 같은 편지를 써서 선물과 함께 보냈다.

"선생님께 몰약과 향료를 풍성하게 보내드리니, 이제는 아낌없이 신들을 섬기십시오."

다리우스에게서 빼앗은 보물과 전리품들 가운데는 아주 값진 향갑(香匣)이 하나 있었다. 알렉산드로스는 세상에서 보기드문 이 물건을 보고 가까운 사람들에게 물었다. "이 향갑 속에 무엇을 넣어 두었으면 좋겠소."

사람들은 제각기 다른 의견을 말했다. 그들의 말을 다 들은 알렉산드로스는 이렇게 말했다. "내 생각에는 호메로스의 《일리아드》를 넣어 두는 것이 가장 좋을 것 같소."

이 이야기는 여러 역사책에도 씌어져 있는 사실이다. 알렉산드로스는 호메로스의 책을 가지고 다녔을 뿐만 아니라 전쟁터에서도 즐겨서 읽곤 했다.

그래서 이런 이야기도 전해진다. 이집트를 정복한 알렉산드로스는 그리스인들이 살 만한 크고 번화한 도시를 건설하고 자기 이름을 붙이려고 했다. 그는 우수한 건축가들의 의견에 따라 자리를 정한 다음, 토지를 측량하고 구획 정리까지 다 마쳤다. 그런데 어느 날 아주 이상한 꿈을 꾸었다. 새하얀 머리를 한 신령한 노인이 나타나 시를 읊는 것이었다.

이집트의 해안
파도가 철썩이는 높은 곳에
섬이 하나 있으니
그곳의 이름은 파로스라네.[33]

잠에서 깨어난 알렉산드로스는 곧장 파로스로 갔다. 그 섬은 당시 나일 강의 한 줄기가 카노포스 시를 지나 바다로 들어가는 하구에 가로놓여 있었다. 그리고 바다는 저 끝에서 육지와 닿아 넓게 펼쳐져 있었고, 땅이 바다로 멀리 나가 큰 호수를 이

---

33) 호메로스의 《오딧세이》 제4부에 있는 시의 구절.

루고 있어서 항구를 만들기에도 매우 좋은 곳이었다.

"호메로스는 여러 가지에서 뛰어나지만, 건축가로서도 보통은 아니군."

알렉산드로스는 이런 훌륭한 지형에 알맞는 훌륭한 도시를 설계해 보라고 했다. 그런데 마침 분필이 없어서 검은 땅 위에 보릿가루를 뿌려 성을 두를 곳을 반원형으로 표시하였다. 그리고 같은 거리를 두고 중심으로부터 부채살처럼 선을 그었더니, 그 모양이 망토나 케이프[34]와 같았다. 그런데 알렉산드로스가 설계도를 만족스럽게 바라보고 있을 때였다. 갑자기 몇만 마리나 되는 온갖 새들이 날아와 선을 그려 놓았던 보릿가루를 먹어 버렸다. 왕은 그것이 불길한 징조로 느껴져 마음이 몹시 불안해졌다. 그러나 점술가들은 이렇게 해석했다. "이것은 왕께서 세울 도시가 대단히 번화하고 물자가 풍부하여, 왕께서는 수많은 국민들을 먹여살리는 사육사가 되리라는 징조입니다. 좋은 징조이니 걱정마십시오."

마음이 놓인 알렉산드로스는 곧 공사를 시작하라고 명령하고, 암몬 신전에 신탁을 물으러 갔다. 그런데 거기까지 가는 길은 매우 멀고 힘이 들었다. 물이라고는 한 방울도 나지 않는 사막이어서 먹을 물을 구할 수가 없는데다가 억센 남풍이 불어와 옛날 캄비세스[35]와 같은 운명이 될지도 모르는 일이었다. 옛날에 캄비세스가 5만 명의 대군을 이끌고 이 길을 가고 있을 때, 성난 파도처럼 남풍이 불어닥쳐 이들 모두를 생매장해 버린 곳이 바로 이곳이었다.

이러한 위험 때문에 많은 사람들은 걱정도 하고 경고도 하였다. 그러나 알렉산드로스가 일단 마음먹은 일을 돌려 놓는다는 것은 여간 어려운 일이 아니었다. 그는 자기 자신에 대한 신념과 함께 불굴의 의지가 있었다. 뿐만 아니라 그의 타고난 자부심은 상대가 누구든, 그것이 설령 자연의 거대한 힘이라고 하더라도 결코 꺾이려고 하지 않았다.

이 여행 도중에도 여러 가지 위험한 일이 생겨났다. 그러나 그때마다 기적적인 일들이 생겨나 그는 신의 보호를 받는 사람이라는 것을 믿지 않을 수 없게 되었으며, 그에게 내려졌던 신탁 또한 더욱 존중되었다.

그 이상한 일 중 첫 번째는 아주 큰 비가 내려 목이 말라 죽을 것이라던 불안을 깨

---

34) 소매 없는 짧은 외투 또는 테가 없는 모자.

35) 기원전 6세기경의 페르시아 왕.

곳이 씻어 버린 일이다. 이 비로 메말랐던 땅은 촉촉해지고 뜨거운 모래의 열기도 식혀져 걷기에 아주 편하도록 굳어졌다. 그리고 사막에는 시원한 바람이 불어왔다. 또 안내인들을 이끌어 주던 표지들이 흐트러져 길을 잃고 헤매고 있을 때 어디선가 수없이 많은 새 떼가 나타났다. 그들은 사람들이 걸어가면 앞서서 날아가고, 그들이 조금 뒤처지면 가만히 멈추어 기다려 주었다. 칼리스테네스의 말에 의하면, 더욱 신기한 것은 혹시 일행 중 누군가가 밤중에 길을 잃으면 이 새들이 계속 울어대며 바른 길로 이끈 것이었다.

이렇게 해서 사막을 통과한 그들은 드디어 신전에 도착하였다. 암몬 신전의 제관들은 모두 나와 정중하게 인사를 했다. 대제관은 알렉산드로스에게 특히 '신의 아들'이신 당신을 환영한다고 말했다. 그러자 알렉산드로스는 이렇게 물었다. "저희 아버님을 암살했던 놈들 가운데 도망간 놈이 있습니까?"

대제관은 그 말을 듣고 알렉산드로스를 꾸짖었다. "그대의 아버지는 인간을 초월한 분이시므로, 그런 말투로 질문을 해서는 안 됩니다."

알렉산드로스는 다시 물었다. "필리포스 왕의 암살자들에 대한 처벌은 끝났습니까?"

그리고 덧붙여서 물었다. "제게 세계를 정복할 운명이 있습니까, 없습니까?"

이 물음에 대해 암몬 신은 이렇게 대답했다. "알렉산드로스는 세계를 얻을 것이다. 그리고 필리포스의 죽음에 대한 보복은 끝났다."

만족한 알렉산드로스는 암몬 신에게 굉장한 제물을 바치고, 제관들에게도 충분한 대접을 해주었다. 그가 받은 신탁에 대해서는 대부분의 역사가들이 이처럼 전하고 있다. 그러나 알렉산드로스는 어머니에게 보낸 편지에서, 두세 가지의 비밀 신탁을 따로 받았으며 귀국하면 어머니께 말씀드리겠다는 이야기를 적고 있다.

어떤 역사가들은 대제관이 알렉산드로스에게 인사를 드릴 때, '오, 파이디온', 즉 '나의 아들'이라고 말한다는 것이 그만 외국어 발음이 서툴러서 '오, 파이디오스', 즉 '신의 아들'이라고 말했던 것이라고 한다. 그러나 알렉산드로스는 이 말을 듣고 암몬 신이 자기를 아들이라고 부른 것이라며 무척 기뻐했다.

알렉산드로스는 이집트에 있을 때 프삼몬이라는 철학자의 강의를 듣고 있었다. 그 중에 알렉산드로스의 마음을 끄는 내용이 있었다. "신은 모든 인간의 왕이다. 세상의 만물들을 다스리고 정복하는 것은 왕이기 때문이다."

그런데 이 주제에 대해 알렉산드로스 자신이 얘기한 내용은 한층 더 철학적인 면모를 띠고 있다. "신은 모든 인간의 공통된 아버지이다. 그러나 그 중 가장 선한 자를 특별히 아끼신다."

아시아의 야만인들을 대할 때 그는 항상 교만하고 거만스러워, 자기가 정말 신의 아들인 것처럼 행동했다. 그러나 그리스 사람들을 대할 때는 언제나 겸손한 태도를 보였다. 사모스 섬에 대한 일로 아테네 시민에게 보낸 편지 속에서 알렉산드로스는 다음과 같이 적었다. "나로서는 이 자유와 영광의 도시를 당신네들에게 주지 않았을 것이오. 그러나 이름 높으신 나의 선친 필리포스 왕께서 당신들에게 주셨던 것이니 인정하겠소."

그 뒤 적의 화살을 맞고 쓰러져 신음을 할 때에는 신하들에게 이렇게 말했다. "아, 지금 내 상처에 흐르고 있는 이 피는 신의 몸에서 흐른다고 하는 이코르[36]가 아니라 인간의 피로구나."

언젠가 사람들이 전부 겁낼 만큼 큰 천둥과 함께 비가 쏟아졌는데, 그때 궤변철학자 아낙사르코스가 알렉산드로스에게 물었다.

"제우스 신의 아들이시라니, 왕께서도 이런 일을 할 수 있으시겠군요."

알렉산드로스는 웃으면서 대답했다. "생선만 있고 페르시아 총독들의 모가지가 없는 내 식탁을 비웃는 당신의 말이 내게 그런 일을 시킬지도 모르지만, 나는 내 친구들에게 공포를 안겨 주고 싶지는 않소이다."

이 말은 다음과 같은 이야기에서 나온 말이었다.

알렉산드로스 왕이 헤파이스티온에게 작은 생선 몇 마리를 보냈는데, 이것을 본 아낙사르코스가 생선만 있는 식탁이라는 식으로 비꼬아서 얘기를 했다. 즉, 큰 뜻을 품고 갖은 고생과 위험을 겪은 사람도 결국 남보다 더 행복하게 살지는 못한다는 의미로, 세상의 영웅 호걸들을 비꼬고 경멸하는 뜻으로 한 말이었다.

이런 여러 가지 이야기들로 미루어 보아, 알렉산드로스는 자기 자신을 신의 아들로 생각할 만큼 어리석거나 자만하지는 않았다는 것을 알 수 있다. 그리고 그가 신에 대해 얘기했던 것은 다만 남들에게 자기 위신을 높이기 위해 사용했던 하나의 수단이었다는 것을 또한 알 수 있다.

---

36) 신들의 혈관에 흐른다는 상상적인 액체.

이집트를 떠나 페니키아로 돌아온 알렉산드로스는 먼저 신들에게 제물을 바쳤다. 그리고 성대한 축하 행렬과 함께 서정적인 무용과 연극 대회 등을 열었다. 그 가운데서도 연극 경연 대회는 특히 화려하였으며, 봉납자를 뽑는 경쟁만으로도 사람들을 충분히 흥분시켰다. 이러한 대회는 봉납자가 합창단과 배우 등 출연자들을 제공하고, 공연에 필요한 모든 비용을 부담하였다.

아테네에서는 원래 각 부족에서 제비를 뽑아 봉납자를 정했는데, 이때도 키프로스 섬의 여러 왕들 중에 제비를 뽑아 봉납자를 결정하게 되었다. 이들 모두는 서로 이기기 위해 필사적인 싸움을 벌였지만, 결국 살라미스의 니코크레온 왕과 솔리의 파시크라테스 왕이 뽑히게 되었다. 이 두 사람은 각각 합창단과 배우를 내보냈는데, 이들은 아테노도로스와 테살로스라는 유명한 배우들이었다. 그래서 아테노도로스는 시크라테스 왕을, 그리고 테살로스는 니코크레온 왕을 위해 연기를 하게 되었다.

그때 알렉산드로스는 테살로스가 이기기를 바랐지만, 투표가 끝날 때까지는 그런 뜻을 전혀 비추지 않았다. 그런데 우승자가 아테노도로스로 정해지자 대회장을 나가면서 이렇게 중얼거렸다.

"테살로스가 이긴다면, 왕국 하나쯤은 아깝지 않을 텐데……."

그 뒤 아테노도로스는 아테네에서 개최된 디오니소스 제전에 출연하지 않고 이 대회에 참가했다는 이유로 벌금형을 받게 되었다. 그러자 아테노도로스는 알렉산드로스에게 가서 해명서 한 통만 써달라고 부탁했다. 그러나 왕은 부탁을 거절하고 벌금으로 낼 돈만 주었다.

또 언젠가 스카르피아의 리콘이라는 연극배우가 희극에 출연하여 자신의 연기를 뽐내고 있을 때였다. 그는 대사 속에 10탈렌트만 희사해 달라는 말을 끼워 넣었다. 그러자 알렉산드로스는 웃으면서 돈을 내주었다.

다리우스는 알렉산드로스에게 편지 한 통과 함께 사신을 보내 휴전을 요청해 왔다. 그는 사로잡힌 가족들의 몸값으로 1만 탈렌트를 지불하고, 유프라테스 강 서쪽의 모든 땅과 공주 한 명을 주겠다고 제안했다. 알렉산드로스는 신하들을 불러모아 놓고, 이 제안의 내용을 이야기했다. 그러자 파르메니온이 말했다. "제가 왕이었다면 곧 수락을 할 것입니다."

그러자 알렉산드로스가 대꾸했다. "내가 파르메니온이라면 아마 그렇게 했을 거요."

그러고 나서 알렉산드로스는 다리우스에게 답장을 썼다.

"만일 당신이 나를 찾아와 항복을 한다면 예의를 갖추어 대할 것이오. 그러나 그러지 않는다면 내가 당신을 찾아 내겠소."

정식으로 항복을 해오지 않는다면 곧 정벌을 해 버리겠다는 얘기였다. 얼마 뒤 다리우스의 아내가 아이를 낳고, 얼마 있더니 그만 죽어 버렸다. 그러자 알렉산드로스는 자신이 보낸 답장을 후회했다. 자기의 너그러움을 세상에 보일 수 있는 좋은 기회를 빼앗겼기 때문이었다. 그러나 죽은 사람을 위해 매우 성대한 장례식을 치러 어느 정도나마 자기의 인자함과 너그러움을 보여 주려고 했다.

왕비와 함께 포로가 되었던 사람 중에 티레오스라는 환관이 있었다. 그는 왕비가 죽은 다음 슬그머니 진영을 빠져나가 곧장 다리우스에게 도망을 갔다. 다리우스 왕은 그에게 왕비의 죽음을 전해 듣고는 통곡을 했다.

"아, 페르시아의 운명이 왜 이다지도 비참하게 되었단 말인가! 왕비이며 왕의 누이인 귀한 몸으로, 살아서 적의 포로가 되고 죽어서는 초라하고 쓸쓸히 묻혀야 하다니!"

그러자 티레오스가 말했다.

"왕이시여! 왕비님의 장례나, 살아계셨을 때의 대접에 대해서는 이 나라의 운명을 탓하실 필요가 없습니다. 제가 알기로, 스타티라 왕비님이나 공주님들, 그리고 대왕의 어머님께서는 대왕의 얼굴을 뵙지 못하는 것 말고는 무엇 하나 아쉬울 것 없이 지내셨습니다. 그러나 우리나라의 오로마스데스 신의 영광이 내리게 되면, 머지 않아 모든 분들의 얼굴을 뵈올 수 있을 것입니다. 그리고 왕비님의 장례는 아주 정중하게 치러졌으며, 적들도 눈물을 보이며 왕비님의 명예로운 마지막을 지켜 보았습니다. 알렉산드로스는 싸움터에서는 상당히 사납지만 승리를 거둔 뒤에는 너그러운 사람인 것 같았습니다."

이 말을 들은 다리우스의 마음에는 고통과 함께 의심이 생겨났다. 그는 티레오스를 조용한 밀실로 데리고 가서 물었다.

"그대가 만일 페르시아의 운명에 발맞춰 나를 버리지 않았다면, 그리고 마케도니아 사람에게 넘어간 것이 아니라면, 그리고 내가 그대의 변함없는 왕 다리우스라고 생각한다면, 사실대로 말하라. 거룩하신 미트라스 신께 바치는 존경과 나 다리우스 왕의 오른손에 걸고, 자, 있는 그대로만 말하라. 스타티라의 죽음을 슬퍼하고 있는 내가, 혹시 그녀가 살아 있을 때 생긴 더 큰 불행을 모르고 있는 것은 아닌가? 살아서 포로로 잡힌 이상, 젊은 정복자가 적의 아내를 가만히 두었을 리가 없지 않은가? 그런데도 알렉산드로스가 그런 특별 대우를 했다면, 그런 젊은 사람이 그럴 수 있었다면, 분명 무슨 이유가 있을 것이다. 나를 욕보이기 위해 일부러 무슨 일을 꾸몄을 거란 말이다."

티레우스는 다리우스의 말의 끝나기도 전에 왕의 발 밑에 엎드렸다. 그리고 이렇게 말했다.

"그런 의심으로 알렉산드로스뿐만 아니라 이미 돌아가신 왕비님을 욕되게 하지 마십시오. 지금 대왕의 모든 불행 가운데서도 아직 남아 있는 큰 위안은, 흔히 있는 다른 장수들과는 다른, 인간 이상의 미덕을 갖춘 알렉산드로스에게 패배했다는 사실입니다. 알렉산드로스는 페르시아 남성들에게 보여준 용기 못지 않은 훌륭함을 페르시아 여성들에게 보여 주었습니다. 그러니 대왕께서는 부디 제 말을 믿어 주십시오."

이야기를 끝낸 티레우스는 자신의 말이 진실임을 증명하는 엄숙한 맹세를 했다. 그리고 다른 여러 가지 일에서 보여준 알렉산드로스의 너그러움과 절제를 이야기했다. 그러자 다리우스는 친구와 신하들이 모여 있는 방으로 달려갔다. 그리고는 하늘을 향해 두 손을 높이 쳐들고 기도했다.

"페르시아 왕국과 왕위를 지켜 주시는 여러 신들이시여! 페르시아를 다시 일으켜, 이 나라를 이어받았을 때와 똑같은 상태로 다시 자손에게 물려줄 수 있게 도와주십시오. 그리고 제가 가장 사랑하는 사람들에게 은혜를 베푼 알렉산드로스에게 은혜를 갚을 수 있는 기회를 주십시오. 그러나 만약 운이 다하여 페르시아 왕국이 허물어질 수밖에 없다면, 그리고 저의 멸망이 신들의 노여움이나 운명에 따른 것이라면, 부디 키로스 대왕[37]의 왕좌에 알렉산드로스 말고는 아무도 앉지 못하게 해주십시오."

이상의 이야기는 역사가들이 공통적으로 전하고 있는 이야기이다.

한편 알렉산드로스는 유프라테스 강의 모든 지역을 차지한 뒤 다리우스를 공격하러 떠났다. 다리우스 또한 백만 명의 대군을 이끌고 알렉산드로스를 향해 진군하고 있었다. 그런데 행군 도중에 알렉산드로스의 군대 안에서 우스꽝스러운 일이 생겼다. 그것은 종군하던 노무자들이 두 패로 갈라서서, 한 쪽의 대장을 알렉산드로스라고 부르고, 다른 쪽 대장을 다리우스라고 정한 다음 흙덩어리를 던지며 싸움놀이를

---

37) 페르시아 제국을 창건한 왕.

한 것이다. 처음 얼마 동안은 흙덩어리만 던지며 싸움을 했지만, 점점 싸움이 격렬해져 나중에는 주먹싸움으로 변하고, 나중에는 서로 흥분하여 몽둥이와 돌멩이를 던지는 진짜 싸움이 벌어졌다. 이들을 뜯어말리던 병사들은 알렉산드로스에게 보고를 했다. 그러자 알렉산드로스는 두 대장에게 결투를 벌여 승부를 정하라고 명령했다.

그는 알렉산드로스라고 불리는 대장에게 몸소 무장을 시켜 주고, 다리우스 역할을 맡은 대장에게는 필로타스에게 무장을 시키게 했다. 병사들은 이 전투의 결과가 곧 전쟁의 결과가 될 것이라는 긴장감에 모두 나와서 구경을 했다. 두 대장은 치열한 싸움을 벌여 결국 알렉산드로스 쪽이 승리를 거두었다. 알렉산드로스는 그에게 마을 12개를 상으로 주고, 페르시아 옷을 입어도 좋다는 허락을 내렸다. 이것은 역사가 에라토스테네스가 전하는 이야기이다.

대부분의 역사가들은 다리우스와의 모든 전투 가운데 가장 치열하고 큰 것은 아르벨라라고 하지만 사실은 가우가멜라에서였다. 가우가멜라는 페르시아 말로 낙타의 집이라는 뜻이다. 전설에 의하면, 옛날 페르시아의 어느 왕이 적에게 쫓기다가 낙타가 잘 달려준 덕에 생명을 구한 적이 있었다. 그래서 왕은 이 낙타를 위해 집을 지어 주고, 그 땅에서 나오는 세금으로 낙타의 먹이를 사주도록 했다. 그 다음부터 이 땅은 낙타의 집, 즉 가우가멜라라는 이름이 붙게 되었다고 한다.

아테네에서는 보이드로미온 달 초순, 즉 엘레우시스 제사가 있을 무렵에 월식이 일어났다. 그리고 이 날로부터 11일 째 되는 밤, 양쪽 군대는 서로 적을 마주 보는 곳에 진을 쳤다. 다리우스는 전군에게 무장을 풀지 말라고 명령한 뒤, 횃불을 앞세우고 군대를 돌아보았다.

한편 알렉산드로스는 병사들을 모두 쉬게 한 다음, 점술가 아리스탄드로스와 함께 공포의 신에게 제사를 드리며 밤을 새울 생각이었다. 그때 파르메니온을 비롯한 알렉산드로스의 여러 부하 장군들이 니파테스 산과 고르디에네 산맥 사이의 평원에 횃불과 화톳불이 가득한 것을 발견했다. 그곳에는 불빛이 바다를 이루고 있었고, 군대가 움직이는 소리는 먼 파도 소리처럼 밀려오고 있었다. 장군들은 그렇게 많은 대군을 상대로 맞붙어 싸운다는 것은 상상도 못할 일이라며 모두 두려워하기 시작했다. 그들은 잠시 의견을 나눈 끝에 구름처럼 몰려드는 적과 싸운다는 것은 아무리 생각해도 위험하다는 결론을 내렸다.

그들은 알렉산드로스가 제사를 끝내고 돌아오자마자 그에게 몰려가 이렇게 간청했다. "지금 곧바로 다리우스를 공격해야 합니다. 어두워서 적이 얼마나 많은지 보지 못할 때 나서야만 병사들은 싸워보기라도 할 겁니다."

그러자 알렉산드로스는 대답했다. "나는 승리를 훔치기는 싫다."

사람들은 알렉산드로스의 이 유명한 말을 전쟁을 무슨 놀이처럼 생각하고 무분별하게 내뱉은 지나친 말이라고 생각했다. 엄청난 위험을 눈앞에 두고 그런 농담 같은 말을 한다는 것은 지나친 자만심을 가진 사람이 아니고서는 할 수 없는 말이라고 생각했던 것이다.

그러나 어떤 사람들은, 그가 확고한 신념과 미래에 대한 정확한 판단을 한 뒤에 했던 말이며, 다리우스가 패배한 다음에도 밤에 기습 공격을 받았기 때문에 졌다는 변명을 하지 못하게 하려는 것이었다고 얘기했다. 그 전에도 다리우스는 이소스의 전투에서 패배한 것은 지형이 불리하여 산과 바다에 갇혔기 때문에 제대로 공격을 할수 없었던 탓이라며 변명을 했었다.

그렇기 때문에 다리우스가 엄청난 병력과 광대한 영토를 여전히 손에 쥐고 있는 이상 군대나 무기를 조금씩 빼앗는 정도로는 그의 희망을 꺾을 수가 없었다. 오직 대낮에 넓은 평원 위에서 정정당당하게 결투를 벌여야만 스스로 패배를 인정하고 창칼을 단념할 것이며, 자신의 모든 희망과 용기를 버릴 수 있을 것이라는 것이 알렉산드로스의 생각이었다.

알렉산드로스(모자이크), 폼페이의 벽화.

부하 장군들은 곧 알렉산드로스의 뜻을 알고 물러났다.

그런데 다음날 아침 장군들이 알렉산드로스의 막사에 들어가 보니 왕은 아직도 늘어져서 잠을 자고 있었다. 깜짝 놀란 그들은 우선 밖으로 나와 병사들에게 아침밥을 먹으라고 명령하고, 왕이 깨어나기를 기다렸다. 그러나 시간이 흘러가자 가만히 있을 수가 없었다. 그래서 파르메니온이 왕의 침대로 가서 두세 번 큰 소리로 그를 깨웠다.

알렉산드로스가 겨우 눈을 뜨자 대왕의 일생에 가장 큰 전투를 눈앞에 두고 마치 승리를 거둔 것처럼 그렇게 잠만 자고 있을 수가 있냐고 파르메니온이 물었다. 알렉산드로스는 얼굴에 미소를 띠며 대답했다.

"이미 다 이겼잖소. 안 그렇소? 이 광막한 나라에서 다리우스를 쫓아 다니느라 이미 지치지 않았느냔 말이오."

알렉산드로스는 전투를 막 시작하기 전에도, 그리고 싸움의 가장 위험한 고비에서도 이처럼 위대한 기질을 드러냈다. 싸움판은 잠시 동안의 흔들림으로 승부가 정해지는 것이어서 그는 상황이 어떻게 돌아가는지를 판단하고 그때 그때 가장 바르고 정확한 조치를 취해야 한다고 생각했던 것이다.

파르메니온이 지휘하고 있던 좌익이 박트리아 기병대의 홍수 같은 공격을 받고 무너지고 있을 때, 갑자기 마사이오스가 다른 기병대를 그 뒤로 돌려 군수품을 지키고 있던 부대를 습격했다. 파르메니온은 당황한 나머지 알렉산드로스에게 급히 전령을 띄웠다. "빨리 강력한 증원 부대를 뒤에 배치하여 구하지 않으면 진지도 군수품도 다 잃게 됩니다."

장병들에게 공격 신호를 올리고 있던 알렉산드로스는 파르메니온에게 이렇게 전했다. "전쟁에서는 이긴 편이 모든 것을 갖게 되는 법이오. 그러니 진 편은 진지와 군수품을 모두 내던지고 다만 명예롭게 싸우다가 전사할 길을 찾으면 되는 것이오. 장군이 너무 당황해서 깜빡 잊었나 보군."

이렇게 말한 뒤 알렉산드로스는 머리에 투구를 썼다.

그는 시칠리아의 대장장이가 두들겨 만든 갑옷을 입고, 그 위에는 이소스 전투에서 얻은 가슴막이를 입었다. 투구는 테오필로스가 만든 것이었는데, 강철로 만들었지만 잘 달구고 다듬었던 탓에 은처럼 빛이 났다. 그리고 목에는 값진 보석을 강철에 박아 만든 목막이 갑옷을 두르고 있었다.

그가 싸움터에서 가장 많이 사용하는 칼은 키프로스 섬의 키티움 왕이 선물한 것이었는데, 어찌나 잘 단련되었는지 놀랄 만큼 가볍고 강했다. 허리띠는 어느 전투에나 찼던 것으로, 다른 것들에 비해 한결 호화로웠다. 이것은 옛날 헬리콘이 만든 것으로 로도스 섬 주민이 바친 것이다. 왕은 군대의 대형을 정돈하거나 할 때에는 보통 늙은 부케팔라스를 쉬게 하고 다른 말을 타곤 했다. 실제 전투에 나갈 때는 반드시 부케팔라스를 탔다. 이때에도 그는 부케팔라스에 성큼 올라탄 다음, 군대를 지휘하여 공격을 개시했다.

알렉산드로스는 이 날, 테살리아와 그 밖의 그리스 각국 병사들에게 아주 긴 연설로 격려를 했다. 군대는 대답을 하며, 어서 적을 공격하게 해 달라고 우렁찬 함성으로 외쳤다. 칼리스테네스가 전하는 바에 의하면, 그때 알렉산드로스는 오른손을 하늘 높이 쳐들면서 하늘을 향해 이렇게 소리쳤다고 한다.

"만일 제가 정말 제우스 신의 아들이라면, 모든 신들은 우리 군대를 도와 주시고 우리에게 힘을 주십시오."

점술가 아리스탄드로스는 흰 망토를 걸쳐입고 머리에는 금관을 쓰고 달려와서 손을 들어 하늘을 가리켰다. 거기에는 독수리 한 마리가 높이 떠서 알렉산드로스와 함께 적군을 향해 날아가고 있었다. 이것을 본 병사들은 샘물처럼 솟은 용기로 장군을 따라 전속력으로 말을 달려나갔다. 그 뒤에는 보병의 밀집 부대가 함성을 지르며 달려나갔다.

페르시아 군은 첫 번째 대열이 창도 겨누기 전에 미리 겁을 집어먹고 무너지기 시작했다. 알렉산드로스는 숨돌릴 틈도 없이 그들을 추격하기 시작했다. 그러다가 자신의 중앙 부대를 지휘하고 있던 다리우스 왕을 발견한 그는 그곳을 목표로 길을 터 나갔다. 막 무너져 가는 적의 선두 대열 속에 키가 크고 풍채가 좋은 다리우스가 높은 전차 위에 올라서 있는 모습은 눈에 띄지 않을 수 없었다. 그의 주위에는 기병대가 철통 같은 대열로 둘러싸고 있었고, 창검은 마치 찬란한 바다처럼 번쩍이고 있었다. 그리고 더 너머에는 페르시아 군의 물결이 먼 바다의 풍경처럼 넓게 펼쳐져 있었다.

그러나 알렉산드로스의 무서운 돌격은 아무도 막을 수가 없었다. 아우성을 치며 쫓기던 적들은 줄곧 밀어닥치는 알렉산드로스 앞에서 쓰러지기 시작했고, 쫓기고 있던 물결은 제대로 싸워 보지도 못하고 바다로 말려들어가 큰 혼란을 일으키고 있었다. 마지막까지 버티고 서서 저항을 하던 용감한 페르시아의 무사들도 하나둘씩 왕의 눈 앞에서 쓰러져 갔다. 그들은 땅에 쓰러지는 순간에도 달려가는 적군의 다리나 말의 다리에 달라붙으며 왕을 보호하다가 죽었다.

다리우스는 이처럼 처참한 광경들을 지켜보고 있었다. 그는 제일 처음으로 내보냈던 부대가 쫓겨 들어오는 것을 보고 전차를 돌려 달아나고 싶은 생각이 들었다. 그러나 놀란 말들이 울부짖는 소리와 어지러운 말 발굽 소리, 그리고 온 벌판을 가득 메워가는 시체들 속에 파묻혀 전차는 앞으로도 뒤로도 갈 수 없는 형편이었다. 다리우스는 모든 것이 끝났다고 생각했다. 그는 전차와 무기를 모두 내버리고, 새끼를 낳은 지 얼마 안 되는 암말을 타고 피했다. 하지만 다리우스는, 만일 파르메니온이 알렉산드로스에게 전령을 보내 더욱 완강히 진지를 지키고 있는 적군과 격전을 벌이고 있으니 빨리 증원군을 보내라고 요청하지 않았더라면, 도망도 가지 못했을 것이다.

이 전투에서 파르메니온은 아주 성의 없이 싸웠다는 비난을 받았다. 칼리스테네스의 말처럼 왕년의 명장이 늙어서인지 아니면 마음 한 구석에 숨겨 놓은 알렉산드로스에 대한 질투심 때문이었는지도 모른다. 알렉산드로스는 파르메니온의 구원 요청을 받고, 완벽하고 결정적인 승리를 얻지 못하게 된 것을 몹시 노여워했다. 그러나 그는 이 일을 숨기고 이미 날이 저물어 더 이상 싸울 수가 없게 되었다는 듯 퇴각 나팔을 불게 했다. 그리고 나서 위기에 처한 파르메니온 군을 향해 직접 나섰다가 마침내 적군이 완전히 무너져 달아났다는 소식을 들었다.

이 전투로 페르시아 왕국은 완전히 무너졌다. 아시아의 왕이 된 알렉산드로스는 성대한 희생물을 신께 바치며 감사를 드리고 그 나라의 보물과 마을을 친구와 장군들에게 나누어 주었다. 그리고 그리스에 소식을 전해 자기의 명성을 알렸다. "앞으로는 모든 전제자들을 없애겠다. 그리고 각 도시는 그들 각자의 법률에 따라 자유를 누리게 될 것이다."

플라타이아 시민들에게는 도시를 재건해 주겠다는 약속을 했다. 옛날 그리스가 자유를 위해 야만인과 싸우고 있을 때, 그 도시 사람들이 자기네 영토가 싸움터로 변하는 것도 돌보지 않고 신의 영토로 바쳤기 때문에 그 고귀한 정신을 찬양하려는 것이었다. 알렉산드로스는 또 파일로스를 칭찬하기 위해 전리품의 일부분을 이탈리아에 있는 그리스 식민지 크로토니아에 보냈다. 파일로스는 레슬링 선수였는데, 페르시아가 그리스를 침략했을 때 아무도 그리스를 도우려 하지 않았으나, 파일로스는 자기 돈으로 함선을 만들어 타고 살라미스 해전에 참가했었다. 그때 그리스의 모든 식민 도시들은 그리스를 비난했고, 그리스를 열렬히 지지하던 파울로스까지 해를 당할 뻔했지만, 그는 그리스의 위험을 자기의 위험으로 생각하고 그처럼 용기 있는 행동을 했던 것이다. 이렇게 알렉산드로스는 여러 아름다운 행동과 용기를 칭찬하면서 그들 하나하나를 찾아 모두에게 상을 내렸다.

알렉산드로스가 곧 군을 돌려 바빌론으로 진군하여 항복을 받았다. 그리고 다시 엑바타나로 갔다. 그런데 땅이 갈라진 큰 구멍이 하나 있었는데, 그 곳에서 불길이 활활 솟아오르고 있는 것이었다. 그리고 거기서 얼마 떨어지지 않은 곳에는 나프타[38]가 모여서 큰 호수를 이루고 있었다. 나프타는 여러 가지 점에서 역청과 비슷한데, 그 주위에 불기만 있으면 불꽃도 닿기 전에 불이 타올라 그 중간에 있는 모든 것들을 태워 버렸다.

바빌론 주민들이 나프타의 힘과 성질이 어느 정도인가를 보여 주려고, 알렉산드로스의 숙소에 이르는 길에 몇 군데 뿌린 것이다. 그리고는 날이 저물자 한 쪽 끝에다 불을 댔다. 그러자 불이 붙는 동시에 번개같이 달려간 불길이 다른 끝에까지 이르러 온 길이 불바다가 되어 버렸다.

알렉산드로스는 목욕을 끝내고 향유를 바르고 있었다. 그때 아테네 출신의 하인 아테노파네스가 시중을 들고 있었다. 그는 알렉산드로스에게 실험을 해보자고 했다. 마침 목욕탕 곁에는 아름다운 음성을 가진 소년 스테파오스가 서 있었는데 그에게 나프타를 발라 불을 붙여보자는 것이었다. 아테노파네스는 이렇게 말했다.

"만약 사람의 몸에도 불이 붙는다면, 그건 틀림없이 놀라운 기름일 겁니다."

스테파오스도 한 번 해보고 싶다고 했다. 아테노파네스는 곧 기름을 바르고 불을 당겼다. 그러자 소년은 삽시간에 불길에 휩싸여 버렸다. 알렉산드로스는 너무나 당황하여 어쩔 줄을 몰랐다. 마침 알렉산드로스의 목욕물을 들고 온 시종이 그 물을 끼얹어 겨우 불을 끌 수 있었다. 소년은 겨우 목숨은 건졌지만, 온몸에 심한 화상을 입게 되었다. 옛부터 전해 오는 연극 속에 메데이아[39]가 크레온 왕의 딸에게 준 왕관과 옷에 발랐던 것도 바로 이 기름이었다고 주장하는 사람들도 있다. 즉, 그런 물건들은

---

38) 휘발유.

39) 그리스 신화에 나오는 여자 마법사. 콜키스의 아이아테스 왕의 딸. 이아손에게 반하여 아버지를 배반하고 황금 양털을 주었다. 그뒤 그리스로 가서 이아손과 결혼했는데, 이아손이 코린트의 크레온 왕의 딸 글라우케와 재혼하려 하자 독약이 묻은 값진 옷을 보내 글라우케를 타죽게 했다. 그리고는 두 아들을 죽이고 용이 끄는 마차를 타고 하늘로 올라갔다고 한다.

저절로 타오를 수가 없으므로, 나프타를 칠해 놓은 옷을 입은 사람이 불길 가까이 갔다가 불이 옮겨붙어 탔다는 것이다.

일정한 거리에 있는 불길이나 광선은 어떤 물건에 대도 해가 없고 다만 빛과 열을 줄 뿐이지만, 기름기나 습기가 있는 것에 대면 갑자기 불이 나게 된다. 나프타가 어디서 어떻게 나온 것인지에 대해서는 여러 가지 의견으로 갈라져 있다. 많은 학자들은 토질이 기름지고 뜨거운 것을 지적하면서 그 기름의 인화력을 설명하고 있다. 실제로 바빌로니아 지방은 타는 듯이 뜨거워서, 땅에 뿌린 보리의 씨앗이 도로 튀어나오는 일도 있고 여름에 가장 더울 때는 찬물로 가득 채운 가죽부대를 깔지 않으면 뜨거워서 잠을 잘 수 없다고 한다.

나중에 이곳 총독으로 임명된 하르팔로스는 그리스에서 가져온 식물로 집과 정원을 꾸미려고 했다. 그런데 대부분의 것들은 모두 잘 자랐지만, 담쟁이만은 모두 죽어 버렸다. 담쟁이는 서늘한 땅을 좋아하는 식물인데, 이 지방은 너무 뜨거워 살 수가 없었던 것이다.

알렉산드로스는 수사[40]를 점령하고 그곳 궁궐에서 주조된 4천 탈렌트의 화폐와 함께 이루 헤아릴 수 없이 많은 보물과 가구들을 발견했다. 그 가운데는 헤르미오네에서 생산되는 자줏빛 물감[41]도 있었다. 이것은 190년 동안이나 저장되어 있던 것이었지만, 빛깔은 금방 만들어 낸 것처럼 선명했다. 전하는 이야기로는, 자줏빛 물감을 들일 때는 벌꿀을 사용하고, 흰빛일 경우에는 올리브 기름을 사용했다고 한다. 그래서 이 물감은 오래 시간이 지나가도 원래의 순수한 빛깔을 변함없이 간직한다고 한다.

역사가 디논의 기록에 의하면, 페르시아의 역대 왕들은 나일 강과 도나우 강의 물을 길어오게 하여 이 보물 창고에 저장했다고 하는데, 이것은 그들 왕국의 판도가 얼마나 웅대한 것이었는가를 보여 주기 위한 것이라고 한다.

페르시아[42]로 들어가기 위해서는 매우 험악한 산악지대를 통과해야 했다. 그래서 다리우스 왕은 벌써 이곳으로 도망을 와서, 높은 가문의 군대들의 보호를 받고 있었

---

40) 이란 남서쪽에 있던 폐허 도시. 키로스 대왕 때는 페르시아의 수도였다.
41) 펠로폰네소스 반도의 아르골리스 만에서 잡은 생선에서 얻는 물감으로, 자줏빛이 나는 아주 유명한 염료이다.
42) 페르시아 제국이 아니라, 페르시아의 본고장인 페르시스 지방, 즉 지금의 페르시아 만 북쪽 해안에 있는 파르스 주를 가리킨다.

다. 그때 알렉산드로스는 어릴 때 피티아[43])가 예언해 준 신탁이 떠올랐다.

리쿠스[44]) 하나가 알렉산드로스를 인도하여
페르시아로 들어갈 것이다.

알렉산드로스는 리키아 사람을 아버지로, 페르시아 사람을 어머니로 두어 그리스와 페르시아 말을 다 잘하는 길잡이를 찾아냈다. 그는 이 길잡이 덕분에 그는 사잇길을 따라 페르시아에 들어갈 수 있었다. 페르세폴리스를 함락시킨 알렉산드로스는 포로로 잡힌 적군을 무참하게 죽였다. 알렉산드로스가 쓴 편지에 이 학살 명령이 씌어 있는데 그렇게 하는 것이 유리하다는 믿음으로 그렇게 했다고 적혀 있다. 이곳에서도 수사에서 온 것에 못지않게 많은 화폐를 얻었는데 너무나 재물이 많아, 노새 두 마리가 끄는 수레 만 대와 낙타 5천 마리로 실어낼 정도였다고 한다.

이런 일도 있었다. 군대가 왕궁으로 밀려들어갈 때 병사들의 난폭한 행동 때문에 그만 크세르크세스[45]) 왕의 거대한 동상이 쓰러지고 말았다. 이것을 본 알렉산드로스는 말을 멈춰 세우고 마치 살아 있는 사람에게 말을 건네는 것처럼 이렇게 말했다. "어떻게 할까요? 그대가 옛날에 그리스를 짓밟았으니 그냥 쓰러진 채 땅에 엎드려 있도록 내버려 둘까요, 아니면 그대의 위대한 정신을 존중하는 뜻으로 다시 한 번 일으켜 세워 줄까요?" 그런 뒤 한참 동안 가만히 서 있던 알렉산드로스는 잠에서 깬 듯 자리를 떠났다.

마침 겨울도 다가오고 있었고 병사들도 좀 쉬어야기에 그는 넉 달 동안 이곳에 머물렀다. 전하는 기록에 의하면, 알렉산드로스가 황금으로 된 천개[46]) 밑에 있는 페르시아 왕의 옥좌에 앉아 있는 것을 보고 그의 오랜 친구인 데마라토스가 주름진 얼굴에 눈물을 흘리며 이렇게 말했다고 한다. "오늘이 되기 전에 죽은 그리스인들은 알렉산드로스 대왕이 다리우스의 왕좌에 앉는 모습을 보지 못했으니, 세상에서 가장 큰

---

43) 델포이의 아폴론 신의 신탁자.
44) 그리스 말로 늑대, 혹은 리키아 사람이라는 뜻이다.
45) 다리우스 1세의 아들로, 제3차 그리스 원정군을 이끌고 왔지만 기원전 480년 살라미스 해전에서 참패를 당했다.
46) 왕좌 위를 가리는 양산같이 생긴 것.

기쁨을 모른 채 죽어 버렸구나.”

알렉산드로스는 다시 다리우스를 추격하기 위해 준비를 갖추었다. 그는 우선 큰 잔치를 베풀고 장군들과 그들의 애인들을 초대했다. 여기에 참석했던 여자들 가운데 가장 유명한 사람은 타이스였다. 아테네 태생인 그녀는 나중에 이집트의 왕이 된 프톨레마이오스의 애첩이었다. 처음에는 이야기를 재미있게 하면서 알렉산드로스의 흥미를 돋구더니, 술잔이 오고감에 따라 점점 애교를 부리면서 뜻밖의 말들을 꺼냈다. 그녀가 태어난 나라를 본다면 그럴 수도 있는 일이었지만, 그때 그녀의 신분으로서는 다소 거만스러운 얘기였다.

“저는 아시아의 이 구석 저 구석을 군대와 함께 따라다녔습니다. 그러느라 고생도 많이 했지요. 그런데 지금 페르시아 왕의 궁궐에서 술을 마시고 있으니 그런 고생의 분풀이는 다 된 셈이죠. 옛날 내 조국인 아테네를 불살라 버린 크세르크세스의 궁궐에 내 손으로 불을 질러 볼 수 있다면 얼마나 좋겠어요? 만약 그렇게 된다면 세월이 흐른 다음, 알렉산드로스를 따라다닌 어떤 여자가 지금까지 어떤 장군들이 했던 것보다 통쾌하게 그리스의 원수를 갚았다고 두고두고 이야기를 할 거예요. 그렇게 되면 정말 얼마나 기쁘겠어요?”

사람들은 그녀의 말에 열광적인 환호를 보내며 알렉산드로스에게 청했다. 일이 이렇게 되자 알렉산드로스도 어쩔 도리가 없어 자리에서 일어났다. 머리에 화관을 쓰고 손에는 횃불을 높이 든 그가 앞장서서 나가자 다른 사람들도 모두 그를 따르며 왕궁을 둘러쌌다. 소식을 들은 마케도니아의 병사들도 모두 횃불을 들고 왕궁으로 모여들었다. 왕궁을 불살라 버린다는 것은 페르시아에 더 머무르지 않고 곧 고국으로 돌아가려는 것이라고 생각했던 것이다.

여러 역사가들의 기록에 의하면, 왕궁을 불태운 것은 이처럼 돌발적으로 생긴 일이었다고 한다. 또 그런 행위는 신중한 생각에서 나온 결정이었다고 전하는 역사가들도 있다. 그러나 모든 역사가들이 기록에서 일치하는 것은, 알렉산드로스는 불을 지른 뒤 곧 후회하고 불을 끄라고 명령했다는 사실이다.

알렉산드로스는 원래 남에게 선물 같은 것을 잘 주는 사람이었다. 이러한 성격은 그가 정복한 세계가 넓어짐에 따라 더욱 커져갔다. 그는 항상 너그럽고 이해심이 많았고 은혜를 많이 베풀었으며, 이것을 받는 사람들은 그 갑절 만큼이나 그에게 고마워했다. 파이오니아 군의 지휘관이었던 아리스톤은 적의 머리를 베어 그에게 바치면서 이렇게 말했다.

"대왕님! 저희 나라에서는 이런 것에 대해 금술잔을 상으로 내려줍니다."

이 말을 들은 알렉산드로스는 빙그레 웃으면서 이렇게 말했다.

"그러나 그건 빈 잔이겠지. 나는 그 술잔에 포도주를 가득 따라 그대와 건배를 하겠네."

또 한번은 병사 하나가 금을 가득 실은 알렉산드로스의 노새를 끌고 있었을 때였다. 그는 짐이 너무 무거워서 노새가 걷지를 못하자, 자기가 대신 짐을 지고 노새를 끌고 갔다. 이런 광경을 멀리서 지켜보고 있던 알렉산드로스는 병사가 헐떡거리자, 그에게 달려갔다. "힘을 내게. 조금만 더 힘을 내서 자네 천막까지 가져가게. 그리고 그건 모두 자네가 가지게."

그는 언제나 무엇을 달라고 요청하는 사람들보다 자기가 주는 것을 사양하고 받지 않는 사람들을 더 싫어했다. 그가 포키온[47]에게 이런 편지를 보낸 것도 바로 그런 이유 때문이었다.

"내가 선물을 보낼 때마다 돌려 보내는데, 한 번만 더 그렇게 하면 더 이상 친구로 여기지 않겠소."

알렉산드로스와 공놀이를 함께 하는 사람들 중에는 세라피온이라는 젊은이가 있었다. 그는 아무것도 달라는 말을 하지 않았고 선물을 준 적도 없었다. 어느 날 세라피온이 공을 던질 차례가 되었는데, 다른 사람들에게는 공을 던지면서 알렉산드로스에게는 던지지를 않았다. 알렉산드로스가 왜 그러느냐고 묻자 세라피온이 대답했다. "달라고 안 하시니까 드리지 않는 겁니다." 알렉산드로스는 이 대답을 듣고 껄껄 웃더니, 그 뒤부터 많은 선물을 아낌없이 주었다.

알렉산드로스는 프로테아스라는 술친구 때문에 한번은 몹시 화가 난 적이 있었다. 그러자 프로테아스는 눈물을 흘리면서 잘못을 빌었다. 알렉산드로스는 프로테아스를 용서하고 옛날처럼 지내겠다고 했다. 그런데 프로테아스는 이렇게 말했다. "왕께서 저를 용서하시는 표시로 뭔가를 주시지 않는 이상, 저는 그 말을 못 믿겠습니다."

알렉산드로스는 곧바로 그에게 5탈렌트를 내주라고 했다. 알렉산드로스가 친구

---

47) 아테네의 정치가이며 장군. 낙소스 해전 뒤 반 마케도니아 정책을 주장했으며, 카이로네아에서 필리포스 왕에게 패하자, 아테네를 위해 친선을 교섭했다. '포키온 전기' 참조

들이나 가까운 사람들에게 나누어준 돈이 얼마나 많았는지는 그의 어머니 올림피아스가 알렉산드로스에게 보낸 편지에 잘 나타나 있다.

"그대가 친구들의 이익을 생각해 주고 그들에게 상을 내려 주는 것은 좋은 일이오. 그러나 그들을 모두 왕처럼 크게 만들어 버리시니, 그들을 따르는 자들은 많아지고 왕을 따르는 자는 없어지고 있소."

올림피아스는 항상 그런 편지들을 보내왔지만, 왕은 그것을 아무에게도 보이지 않았다.

다리우스 왕의 가까운 신하 마자이오스에게는 아들이 하나 있었다. 그는 이미 어떤 지역의 총독이 되어 있었는데, 알렉산드로스는 그에게 전보다 더 넓은 땅을 주었다. 젊은 총독은 이것을 공손하게 사양하며 말했다.

"옛날에는 다리우스 왕 하나뿐이었는데, 지금 대왕께서는 너무 많은 알렉산드로스 왕을 만드셨습니다."

또 알렉산드로스는 파르메니온에게 바고아스의 저택을 주었는데, 그 속에는 수사에서 빼앗은 재산이 1천 탈렌트가 있었다. 그는 또한 안티파트로스에게 몰래 글을 보내, 자객이 해치려는 음모가 있으니 조심하라고 알려주기도 했다.

알렉산드로스는 어머니에게 아주 많은 선물을 보냈다. 정치에 대해서는 일체의 참견도 하지 말라고 부탁했다. 이 일로 어머니와 사이가 나빠졌지만, 그는 자식의 도리를 지키기 위해 어머니가 퍼붓는 말들을 꾹 참고 들었다.

또 한번은 안티파트로스가 올림피아스를 몹시 공격하는 편지를 보낸 것을 보고 이렇게 말했다. "안티파트로스는 그런 편지 천 통도 어머니의 눈물 한 방울을 당해내지 못한다는 사실을 모르는군."

알렉산드로스의 신하들은 누구나 할 것 없이 사치스럽고 호화스러운 생활을 누렸다. 테오스의 하그논은 은고리가 달린 구두를 신고 다녔으며, 레온나토스는 레슬링을 할 때 쓰는 가루[48]를 이집트에서 낙타로 실어올 정도였다. 또 필로타스가 사냥할 때 쓰는 그물은 길이가 백 펄롱(20km)도 더 되는 것이었으며, 목욕한 뒤에 바르는 기름도 다른 사람들이 쓰는 것보다 훨씬 값진 향유만을 썼다. 그리고 목욕실이나 그

---

48) 그 당시 사람들은 몸에 항상 향유를 바르고 있었고, 레슬링을 할 때는 흙가루를 발라 손이 미끄러지지 않도록 했다.

외의 모든 방에는 항상 많은 하인들을 두어 시중을 받았다. 이런 모습을 본 알렉산드로스는 그들에게 조용히 타이르곤 했다.

"그렇게 많이 싸움터에 나가 봤는데도, 일하는 자가 일하지 않는 사람에 비해 훨씬 편안하고 기분좋게 잘 수 있다는 사실을 깨닫지 못했구나. 쾌락에 빠지고 게으른 것은 노예의 습성이며 일과 고통을 달게 받는 것은 고귀한 사람의 할 일인데, 어째서 그대들은 망한 페르시아를 본받으려 하는가?"

또 이런 말도 했다. "스스로를 군인이라고 말하는 사람들이 제 손으로 자기 몸을 돌보는 일조차 귀찮아하니, 어떻게 말을 거두고 제 무기를 반짝이게 닦을 수 있겠소? 우리가 만일 우리에게 망한 자들처럼 살게 된다면 우리의 마지막도 그리 멀지는 않을 것이오."

알렉산드로스는 스스로 모범을 보이기 위해, 사냥을 할 때나 전투 행군을 할 때도 피곤한 기색을 보이지 않고 한층 더 맹렬한 기백을 보였다. 알렉산드로스가 커다란 사자 한 마리와 싸워서 이겼을 때 사절로 와 있던 스파르타 사람이 감탄하며 말했다. "인간의 왕이신 대왕께서 짐승의 왕인 사자와 겨루어 이기셨으니 그들의 왕국을 정복하셨습니다."

이때 사자를 잡던 모습은 나중에 크라테로스가 조각으로 새겨 델포이의 신전에 바쳤다. 이 조각품에는 사자와 사냥개들, 사자와 결투를 벌이고 있는 알렉산드로스, 알렉산드로스를 구하려고 막 나서는 크라테로스 등의 모습이 청동으로 조각되어 있었다. 이중 일부는 리시코스가, 그리고 나머지 일부는 레오카레스가 제작한 것이다.

알렉산드로스는 자기 자신을 단련시키면서 다른 사람들에게도 고귀하고 용감한 정신을 심어주기 위해 이처럼 여러 가지 위험과 맞서곤 했다. 그러나 그들은 사치와 쾌락에만 빠져 한바탕 신나게 즐기는 것만 생각하고 긴 행군이나 원정은 싫어하였다. 그리고는 마침내 알렉산드로스를 공격하기까지 하였다. 알렉산드로스는 그런 불평을 듣고도 처음 얼마 동안은 너그럽게 대했다.

"왕이 나쁜 소리를 듣는 것은 당연한 일이지."

그는 이렇게 말하면서 그러한 공격들을 잘 참고 견뎠다. 그리고 아무리 사소한 일이라도 기회만 닿으면 자기가 신하들을 얼마나 아끼는지를 보여 주려고 했다. 언젠가 페우케스테스가 사냥을 나갔다가 곰에게 물렸는데 다른 친구들에게는 이 사고 소식을 말했지만 왕에게는 알리지 않았다. 왕은 나중에야 이 소식을 듣고 편지에 이렇게 썼다. "다른 사람들한테는 다 알려 주면서 나한테는 편지 한 장 보내지 않으니 너무나 섭섭한 일이오."

그리고 이렇게 덧붙였다. "그래, 지금은 좀 어떠시오? 그리고 혹시 같이 사냥갔던 사람들 중에 그대가 위험을 당하는 것을 보고도 도망간 자가 있는지를 알려 주기 바라오. 만일 있다면 처벌을 해야겠소."

또 한번은 장군들이 족제비 사냥을 나갔다가 페르디카스가 잘못 던진 창이 크라테로스의 허벅지에 상처를 입힌 일이 있었다. 그때 알렉산드로스는 자리를 비우고 있던 헤파이스티온에게 사건의 내용을 자세히 써서 보내기도 했다.

어떤 병을 앓던 페우케스테스가 완쾌되었던 적도 있었는데, 알렉산드로스는 그를 치료해 준 의사에게 고맙다는 편지를 써 보내기도 했다. 크라테로스가 병이 들었을 때는 그를 너무 염려한 나머지 꿈까지 꾸고 그의 회복을 위해 신들에게 희생물을 바치며 그에게도 같이하게 했다. 또 의사 파우사니아스가 헬리보오[49]로 크라테로스의 병을 고치려 할 때에는 크라테로스의 건강을 염려하여 그 약의 사용 방법을 알려 주는 편지를 써서 파우사니아스에게 보내기도 했다. 그는 친구나 부하 장군들의 평판에 대해서도 몹시 마음을 썼다. 그래서 하르팔로스가 싸움터에서 도망쳤다는 거짓 소식을 가지고 온 에피알테스와 키소스에게 중상 모략을 했다는 혐의를 씌워 감옥에 가둔 적도 있었다.

늙었거나 병든 병사들을 귀국시키는 목록을 만들었을 때, 아이가이에 사는 에우릴로코스는 아무 병도 없었는데 병자의 목록에 자기 이름을 써 넣었다. 이 사실은 곧 발각되어 잡혀 오게 되었다. 에우릴로코스는 텔레시파라는 젊은 여자와 사랑하는 사이인데, 그녀가 해안 지방으로 돌아가겠다고 해서 속였다고 자백을 했다. 알렉산드로스는 그녀가 노예인지를 물었다. 그녀는 자유인이며 그리스 기생이었다. 그러자 알렉산드로스가 말했다. "자유인이라면 선물이나 설득으로 그녀를 자네 곁에 머무르게 해보게. 나도 열심히 도와주겠네."

그가 어떻게 그렇게 친구들의 사소한 일에 대해서까지 편지를 썼는지 이상할 정도였다. 예를 들면, 셀레우코스 장군의 노예로 있던 젊은이가 킬리키아로 도망을 갔을 때 알렉산드로스는 그 젊은이를 찾아내라는 명령서를 써보냈다. 또 페우케스테

---

49) 성탄꽃과의 식물 또는 그것의 가루인데 살충제로 쓰인다.

스가 크라테로스에게 딸려 있던 니콘이라는 노예를 잡았을 때 그는 특별히 고마워하며 공로를 칭찬하는 편지를 보냈다. 어느 신전에 한 노예가 도망쳐 왔을 때는 노예가 숨어 있는 동안에는 신전에 손도 대지 못하게 하고, 나중에 나오거든 그때 잡으라고 지시한 일도 있었다. 그때도 알렉산드로스는 메가비조스에게 편지를 보냈다.

이런 이야기가 전해 내려온다. 그가 사형을 선고해야 할 범죄 사건에 대해 재판을 할 때였다. 그는 원고의 진술을 들을 때 피고측을 위해 한 쪽 귀를 가렸는데, 이것은 원고의 진술에 대해서 선입견을 갖지 않겠다는 뜻이었다. 그러나 그 다음에 연달아 범죄 사실이 밝혀지자, 그는 따뜻한 마음을 버리고 허위 고발까지 믿게 되었다. 그리고 자기를 나쁘게 말하는 자가 있으면 이성을 잃은 사람처럼 가혹하고 잔인한 처단을 내렸다. 이것은 자기의 생명이나 왕국보다도 마치 자기의 명예를 더 소중히 여기는 것 같았다.

한편 알렉산드로스는 다리우스 왕을 찾기 위해 추격을 시작했다. 그는 또 하나의 커다란 전투를 각오하고 있었다. 마침 다리우스가 그의 부하 베소스 장군에게 잡혀 있다는 보고가 들려 왔다. 알렉산드로스는 곧 데리고 왔던 테살리아 기병대를 해산시키고 약속보다 2천 탈렌트나 더 주어 본국으로 돌려보냈다. 그런 다음 알렉산드로스는 다리우스가 있는 곳으로 찾아가기 위해 길고 힘겨운 행군을 했다. 그들은 11일 동안 3천 3백 펄롱(약 660㎞)이나 되는 긴 길을 걸었다. 마실 물이 떨어져 병사들 대부분은 기력을 잃고 쓰러질 지경이 되고 말았다.

그렇게 고통스러운 날이 지나고 있던 어느 날, 마케도니아 병사 몇몇이 물을 가득 채운 가죽부대를 싣고 알렉산드로스 앞으로 왔다. 마침 알렉산드로스는 타는 듯한 갈증에 시달리고 있었다. 그들은 투구 하나에 물을 가득 담아서 그에게 갖다 바쳤다. 알렉산드로스는 어디로 운반해 가는 물이냐고 물었다. 그들은 모두 이렇게 대답했다. "제 아이들에게 가져가는 길입니다. 그러나 이 물이 대왕님을 구할 수 있다면 자식들은 상관없습니다. 자식이야 또 낳으면 되니까요."

알렉산드로스는 물이 담긴 투구를 받았다. 주위에 있던 사람들이 모두 그를 부러워하며 투구를 바라보고 있었다. 그러자 그는 물을 한 방울도 마시지 않은 채 되돌려 주면서 감사의 인사를 몇 번이나 하면서 말했다.

"나 혼자 물을 마시면 병사들의 갈증은 더 심해질 것이오."

그의 숭고한 정신과 자제심에 감탄한 장병들은 그 자리에서 일어나며 외쳤다.

"장군님, 염려마시고 어서 진군을 계속하십시오! 너그럽고 지혜로운 왕을 모시고 있는 한 저희들은 목마름도 배고픔도 느끼지 않습니다."

군대 전체의 사기는 하늘을 나는 새라도 떨어뜨릴 수 있을 만큼 드높았다. 그러나 험한 행군 때문에 왕의 뒤를 따라 적의 진영에 들어간 자는 60기도 채 못 되었다. 그들은 많은 금은더미와 부녀자들을 가득 태운 마차들도 지나치면서 다리우스 왕을 찾았다. 다리우스는 수많은 화살에 맞아 어떤 전차 속에 쓰러져 있다가 발견되었다. 다리우스는 폴리스트라토스에게 물을 얻어 마신 뒤 말했다. "당신한테 은혜를 갚지 못하는 것이 내게는 가장 큰 불행이오. 그러나 알렉산드로스가 나의 어머니와 아내, 그리고 아이들에게 베풀어 준 친절에는 신들도 감동하셔서 그를 도우려고 하실 것이오. 따뜻한 정을 나누어 준 당신한테도 알렉산드로스가 내 대신 감사의 뜻을 전할 것이오. 그리고 이렇게 당신의 손을 잡고 있는 것처럼 알렉산드로스와 악수를 하게 해주시오."

말을 마친 다리우스는 곧 죽고 말았다. 뒤늦게 달려온 알렉산드로스는 몹시 슬픈 얼굴로 외투를 벗어 다리우스의 시체 위에 덮어 주었다. 그리고 나중에 베소스를 사로잡자 처참하게 죽여 버렸다. 즉, 나무 두 그루의 꼭대기를 굽혀서 베소스의 사지를 묶은 다음 한데 묶어 놓은 줄을 칼로 잘라 버렸다. 나무는 제자리로 돌아가면서 베소스의 몸을 반으로 찢어 놓았다.

알렉산드로스는 다리우스의 유해를 정중히 그의 어머니에게 보냈다. 또 다리우스의 동생 엑사트레스를 가까이하면서 절친한 친구로 두었다.

곧이어 그는 정예 부대를 거느리고 히르카니아로 갔다. 그곳은 에욱시네 해(흑해)와 비교해도 손색이 없을 만큼 드넓은 바다였지만 물이 그렇게 짜지는 않았다. 이 바다에 대해서 자세한 것은 알 수 없지만 아마도 마이오티스 호수에서 나온 한 지류인 것으로 짐작된다. 지리학자들은 알렉산드로스의 원정이 있기 몇 년 전에 이 바다에 대해 조사를 펼쳤었다. 그들은 대양으로부터 갈려나와 대륙으로 들어가는 네 개의 만 가운데, 이 만은 카스피 해 또는 히르카니아 해라고 부르는 가장 북쪽에 있는 만이라는 것을 밝혀냈다.

야만인들은 여기에서 뜻밖에도 알렉산드로스의 애마 부케팔라스를 끌고 가던 마케도니아 병사들과 마주치게 되었다. 야만인들은 병사들과 말을 사로잡아 버렸다. 이 소식을 들은 알렉산드로스는 몹시 화를 내며 그들에게 사람을 보냈다. "만일 내 말을 돌려보내지 않으면 가리지 않고 모두를 학살하겠다."

야만인들은 두려움에 떨며 말과 함께 그들의 도시까지 알렉산드로스에게 넘겨 주었다. 그러나 알렉산드로스는 그들을 너그럽고 부드럽게 대했으며, 말을 빼앗았 던 자들에게도 많은 돈을 주었다.

그는 파르티아 쪽으로 방향을 잡았다. 여기서는 할 일이 많지 않아 처음으로 동방 풍 옷을 입기 시작했다. 그들의 풍습을 좇으면 주민들이 더 쉽게 따를 것이라고 생각 했기 때문이었던 것으로 보인다. 혹은 마케도니아 사람들을 천천히 순화시켜 페르 시아의 왕들이 신하들로부터 받던 절대적인 존경과 복종을 받아보려고 했던 것이었 는지도 모른다. 그러나 그는 완전히 이국적이고 우스꽝스러운 메디아의 풍습은 따 르지 않았다. 메디아 인들은 페르시아 인들이 입는 바지나 긴 소매가 달린 웃옷, 그 리고 티아라는 머리 장식도 쓰지 않았다. 메디아는 페르시아와 마케도니아의 중 간을 선택하여, 페르시아보다는 덜 호화롭고 마케도니아보다는 더 화려하게 만들어 진 자신들만의 독특한 복장을 만들었다.

알렉산드로스는 처음 얼마 동안은 이방인들과 만날 때, 혹은 실내에서 가까운 친 구들과 함께 있을 때에만 동방풍 복장을 하고 있었다. 그러나 나중에는 말을 타고 나 갈 때나 공식적인 자리에도 그런 옷을 입고 나타나곤 했다.

마케도니아 인들은 알렉산드로스 대왕의 그런 차림을 보고 눈살을 찌푸리는 경 우가 많았다. 그러나 알렉산드로스를 존경하는 마음으로 얼마간은 그의 허물이나 명예욕을 덮어주려고 했다.

사실 왕은 바로 얼마 전에도 다리에 화살을 맞아 뼈가 부러진 일도 있었고, 언젠 가는 돌로 뒷덜미를 심하게 맞아 눈이 제대로 안 보였던 일도 있었다. 그러나 항상 위험 속에 자신의 몸을 던지려는 그의 마음은 조금도 사그라들지 않았다. 예를 들면, 그가 티나이스 강이라고 생각했던 오렉사르테스 강을 건너 스키타이 군을 백 펄롱 (20km)까지 추격하고 있을 때였다. 그는 심한 설사로 고생을 하면서도 결코 싸움을 늦추지 않고 용감히 싸웠던 것이다.

많은 역사가들은 아마존 여인국 사람들이 알렉산드로스를 방문했다고 주장하고 있다. 클리타르코스, 폴리클리토스, 오네시크리토스, 안티게네스, 그리고 이스테르 등이 바로 그러한 역사가들이다. 그러나 아리스토불로스와 왕의 시종관인 카레스, 프톨레마이오스, 안티클레이데스, 테베의 필론, 테안겔라의 필리포스, 에레트리아의 헤카타이오스, 칼케돈의 필리포스, 그리고 사모스 섬의 두리스 등은 이것이 근거 없는 낭설이라고 반박하고 있다. 알렉산드로스 자신의 기록도 이들 주장을 뒷받침하고 있다. 알렉산드로스는 늘 온갖 사건을 안티파트로스에게 알렸는데 그 편지 가운데는 스키타이 왕이 자기에게 딸을 주겠다고 청해 왔다는 얘기는 있지만 아마존에 대해서는 아무런 기록도 찾아볼 수가 없다.

그 후 몇 년이 지난 다음 리시마코스 장군이 마케도니아의 왕이 되었을 때의 일이다. 그때 오네시크리토스가 리시마코스 앞에서 그의 역사책 4권에 있는 이 아마존 이야기를 낭독했다. 그러자 왕은 싱긋이 웃으면서 물었다.

"나는 그때 어디에 있었기에 보지 못했지?"

그가 아마존 인들을 만났든 만나지 않았든 간에 어쨌든 알렉산드로스에게는 별로 큰 의미가 없었던 것 같다.

알렉산드로스는 마케도니아 군이 전쟁을 수행하기를 꺼리고 있다는 것을 짐작하고 대부분을 그곳에서 쉬게 했다. 그 중에서 보병 2만, 기병 3천 명을 뽑아 히르카니아로 들어갔다. 그때 그는 이런 말을 했다.

"지금까지 야만인들은 우리의 군대를 꿈에서 만났었다고 생각하고 있소. 그러므로 우리가 만일 아시아를 놀라게 하고 시끄럽게 어질러 놓고 마케도니아로 돌아가 버린다면, 그들은 우리를 비겁한 여자들의 무리로 생각하게 될 것이오. 그러나 나는 여러분을 강제로 붙잡아 둘 생각은 없으니 떠나고 싶으면 언제든지 떠나시오. 내가 여기서 버림을 받는다는 건 섭섭하기 짝이 없는 일이지만 나는 가까운 친구들과 함께 영광의 사업을 끝맺고 마케도니아를 세계 제일의 나라로 만들 것이오."

이 말은 그가 안티파트로스에게 보낸 편지에 썼던 것을 그대로 옮긴 것이다. 이 편지에서 그는, "이 연설을 마치자 병사들이 함성을 지르며 어디까지라도 따르겠으니 지휘를 해 달라고 소리쳤다"는 말을 덧붙였다. 이렇게 해서 정예 부대의 절대적인 복종을 얻게 되었고, 나머지 병사들도 저절로 알렉산드로스를 따랐다.

이제 그는 아시아인들의 풍습을 더욱 잘 따르며, 마케도니아와 아시아의 풍속을 서로 접근시켜 보려고 애썼다. 그렇게 해야만 무력이 아닌 이해와 협조의 기반이 다져지게 되어, 그가 원정을 떠나고 없는 동안에도 동요하지 않으리라고 생각했던 것이다. 이 목적을 위해 그는 주민들 가운데 소년 3만 명을 뽑아서 그리스 말을 가르쳤다. 그리고 마케도니아식의 군사 훈련도 시켰다.

그가 록사나[50]와 결혼을 한 것은 순전히 애정 때문이었다. 그는 어느 잔치에서 록사나가 춤을 추는 것을 우연히 보게 되었는데, 그녀의 아름다움과 젊음에 매혹당했던 것이다. 그러나 이 결혼은 결과적으로 정략적인 것이었다. 왜냐하면 주민들은 왕이 자기네 동포 중에서 왕비를 고르고, 그녀에게 매우 친절한 태도를 갖추는 것을 보고 몹시 만족스러웠기 때문이다. 더군다나 알렉산드로스는 절제력이 강했던 남자였던 만큼 정식 결혼을 하기 전까지는 그녀를 가까이하지 않음으로써 주민들의 존경과 사랑을 얻게 되었다.

그와 친한 친구와 신하들 가운데 특히 헤파이스티온은 그가 하는 모든 행동에 찬성하고 그의 옷차림이나 생활 습관을 바꾸는 일도 지지하며 그를 따라하기도 했다. 그와는 달리 크라테로스는 고국의 습관과 풍습을 끝까지 고집하는 사람이었다. 이것을 안 알렉산드로스는 페르시아 사람들과 만나는 데는 헤파이스티온을 이용하고, 그리스나 마케도니아 사람을 만날 때는 크라테로스를 이용하였다.

알렉산드로스는 헤파이스티온에게 더 많은 애정을, 크라테로스에게는 더 많은 존경을 나타내게 되었다. 그래서 그는 가끔 이런 말도 했다.

"헤파이스티온은 알렉산드로스의 친구이고, 크라테로스는 왕의 친구라오."

두 사람은 마음속으로 심한 질투를 하고 있었다. 그래서 가끔 다투는 일도 생겨났다. 뿐만 아니라 그들이 인도에 있었을 때는 칼을 뽑아 들고 나섰는데 그들의 친구들까지 가담하여 큰 싸움이 벌어지고 말았다. 그 때 알렉산드로스는 급히 말을 타고 달려와 헤파이스티온을 여러 사람들 앞에서 꾸짖었다.

"내가 돌보지 않으면 아무런 가치도 없다는 것을 모르니 참으로 어리석기 짝이 없소."

그리고 크라테로스도 조용히 불러 나무란 다음 두 사람을 화해시켰다. 그러고 나서 그는 암몬 신과 그 밖의 여러 신들 앞에서 이렇게 맹세했다.

"나는 그대들 두 사람을 어느 누구보다 사랑하고 있소. 그러나 오늘 이후에 다시 두 사람이 다투는 것을 보게 된다면 나는 둘 다 사형을 시키겠소. 적어도 싸움을 건 사람을 용서하지 않을 것이오."

그 뒤 두 사람은 서로 감정을 해치게 하는 행동은 물론 오해할 만한 말은 농담으

---

50) 박트리아 왕의 딸. 기원전 327년에 알렉산드로스 대왕과 결혼하였다.

로라도 꺼내지 않게 되었다.

당시 마케도니아에서는 파르메니온의 아들 필로타스가 가장 큰 명성을 얻고 있었다. 그는 전투에서도 뛰어난 용기를 보여 주었을 뿐 아니라 알렉산드로스에 버금갈 만큼 남에게 선심도 잘 썼고 친구들에 대한 사랑도 남달랐다. 언젠가 친구 하나가 그에게 돈을 좀 빌려 달라고 찾아왔다. 필로타스는 곧 돈을 내주라고 하인에게 말했다. 그러나 하인은 그만한 돈이 없다고 대답했다. 그러자 필로타스는 이렇게 말했다. "아니, 내다 팔 만한 그릇이나 옷도 하나 없단 말이냐?"

그러나 그는 자기가 가진 재산에 대한 자랑이나 교만한 태도, 그리고 호화롭고 쾌락적인 생활에 있어서는 좀 지나친 면이 있었다. 위대한 사람이 가지고 있어야 할 고상한 정신이나 따뜻한 마음은 갖추고 있지 못했다. 그렇기 때문에 그는 많은 사람들로부터 미움을 사게 되었고, 파르메니온도 아들에게 가끔 이런 얘기를 했다. "애야, 사람이란 좀 더 겸손할 줄 알아야 한단다."

그는 필로타스에 대한 세상의 비난들을 오래 전부터 듣고 있었으며, 또 그 비난은 이미 알렉산드로스의 귀에까지 들어가 있었다.

한번은 이런 일도 있었다. 일찍이 다리우스가 킬리키아 전투에서 패전하고, 마케도니아가 다마스쿠스에게 수많은 노획물을 얻게 되었을 때였다. 그때 진영으로 끌려온 포로들 중에는 피드나 태생의 아주 아름다운 여자가 있었다. 안티고네라는 여자였는데 필로타스의 몫으로 떨어지게 되었다.

필로타스는 어느 술자리에서 아주 무례한 태도로 애첩 안티고네에게 말했다. "마케도니아 군이 지금까지 해냈던 사업들은 알고 보면 모두 나와 우리 아버지가 한 일이라구. 그런데도 알렉산드로스 같은 어리석은 철부지가 우리들이 이룬 공을 다 차지하고 있단 말이야. 그리고 그가 왕위에 앉아서 명성과 영광을 누리고 있는 것도 전부 우리 두 사람 덕택이라구."

안티고네는 이 말을 마음속에만 묻어 두고 있을 수가 없었다. 그녀는 가까운 친구에게 들은 대로 이야기를 했다. 그것은 곧 꼬리에 꼬리를 물고 퍼졌고 마침내 크라테로스의 귀에까지 들어가게 되었다. 크라테로스는 몰래 그녀를 불러 알렉산드로스에게 데리고 갔다. 알렉산드로스는 그녀에게 이렇게 명령을 내렸다. "앞으로 얼마 동안 필로타스와 계속 가깝게 지내거라. 그리고 가끔 나를 찾아와 들은 것들을 보고하도록 해라."

함정에 빠진 줄은 꿈에도 모르고 있었던 필로타스는 알렉산드로스에 대한 어리석고 무분별한 말들을 계속 내뱉었다. 그러나 알렉산드로스는 충분한 증거가 있음에도 불구하고 얼마 동안은 모르는 체 가만히 내버려 두었다. 그것은 그의 아버지 파르메니온에 대한 믿음과 충성심 때문이었거나 아니면 군대 안에서 그들 부자가 차지하고 있는 권위와 명성을 고려한 것으로 보인다.

그즈음 칼라스트라 태생의 마케도니아 인인 림누스는 알렉산드로스를 암살할 음모를 꾸미고 있었다. 친구 니코마코스에게 이 음모를 털어 놓고 그도 가담하라고 권유하였다. 그러나 니코마코스는 이 사실을 자기의 형제인 케발리노스에게 말해 버렸다. 이 말을 들은 케발리노스는 곧바로 필로타스에게 달려갔다.

"대왕의 신상에 대한 중요한 일이 생겼으니, 우리 형제를 대왕님과 만나게 해주십시오."

필로타스는 무슨 까닭이었는지, 왕은 지금 몹시 바쁘기 때문에 만날 수가 없다고 했다. 형제들은 다시 한 번 필로타스에게 간청했지만 다시 거절당하고 말았다. 그들은 다른 사람에게 부탁을 하여 겨우 알렉산드로스를 만날 수 있었다. 왕을 만난 그들은 우선 림누스의 암살 음모를 얘기한 다음, 두 번씩이나 부탁을 거절한 필로타스에 대한 얘기도 털어 놓았다.

알렉산드로스는 이 말을 듣고 몹시 노여워했다. 그래서 곧 림누스를 체포하기 위해 군대를 보냈다. 그러나 림누스는 자기를 체포하려 온 군사들에게 끝까지 저항을 하다가 죽임을 당하고 말았다. 이렇게 되자 왕은 암살 음모를 조사할 만한 단서까지 잃게 되어 더욱 노여움을 나타냈다. 알렉산드로스는 이때부터 필로타스에 대한 불쾌감을 감추지 않고 드러냈다. 그러자 평소에 그를 미워하던 사람들이 하나둘씩 모습을 드러내며 필로타스를 공격했다.

"림누스처럼 보잘것없는 시골뜨기가 감히 왕을 암살하려는 큰 음모를 꾸몄소? 그럴 리가 없소. 그 놈은 반드시 더 큰 세력을 지닌 어떤 사람의 조종을 받았을 것이 분명합니다. 그러니 왕을 암살하면 누가 가장 큰 이익을 보겠느냐를 샅샅이 따져 보아야 합니다. 그것을 엄중히 조사해 보면 반드시 사건의 배후를 캘 수 있을 겁니다."

그들은 필로타스가 반역적인 흉계를 꾸미고 있었다면서 여러 가지 증거를 제시하였다. 알렉산드로스는 드디어 필로타스를 체포했다. 그리고 장막을 치고 그 뒤에 앉아서 고문을 당하고 있는 필로타스를 살피고 있었다. 필로타스는 다 죽어가는 목소리로 용서를 빌었다. 그러자 왕은 이렇게 말했다고 한다.

"이처럼 비겁하고 약한 네가 어떻게 감히 그처럼 대담하고 커다란 흉계를 꾸몄느냐?"

알렉산드로스는 필로타스를 사형시킨 다음, 메디아로 자객을 보내 파르메니온까지 죽여 버렸다. 파르메니온은 필리포스 왕을 도와 가장 큰 공을 세웠으며, 마케도니아의 장군들 중에서도 가장 강력히 아시아 원정을 주장한 사람이었다. 그의 아들 세 명은 모두 알렉산드로스 밑에서 종군하였는데, 그는 두 눈으로 아들이 전사하는 것을 보았으며 이제 마지막 남은 아들과 함께 자기도 죽임을 당했던 것이다.

이 사건으로 부하 장군들, 특히 안티파트로스는 알렉산드로스를 두려워하게 되었다. 그래서 그는 만일의 경우를 위해 아이톨리아 인과 비밀 동맹을 맺으려고 사람을 보냈다. 오이니아다이 마을을 파괴했던 아이톨리아 인들 역시 알렉산드로스의 말을 듣고 알렉산드로스를 계속 두려워하고 있었던 것이다.

"오이니아다이의 후손들은 군이 그들의 원수를 갚을 필요가 없소이다. 왜냐하면 내가 그 원수를 미리 갚을 테니까 말이오."

그 얼마 뒤 클레이토스가 살해되었다. 이 사건은 얼핏 들으면 필로타스를 죽인 것보다 더 참혹한 것이었다. 그러나 이 사건의 경위와 원인을 헤아려 보면, 이것은 알렉산드로스의 노여움과 술기운이 클레이토스의 악령에게 준 기회였을 뿐임을 알 수 있다.

이 사건은 다음과 같은 배경이 있었다. 어떤 사람이 그리스에서 난 포도를 알렉산드로스 왕에게 바친 적이 있었다. 포도가 하도 맛있게 잘 익은 것을 보고 알렉산드로스는 클레이토스를 불렀다. 얼마쯤 나눠 주고 싶은 생각이었던 것이다. 마침 클레이토스는 신에게 제물을 바치고 있었다. 그는 왕의 부름을 받고 중간에 제사를 그만두고 왕에게 달려왔다. 그런데 신께 바치기 위해 신주까지 부었던 양 세 마리가 그를 따라나왔다.

왕은 이 소식을 듣고 아리스탄드로스와 스파르타의 클레오만티스 두 점술가에게 징조를 물어보았다. 점술가들은 모두 불길한 징조라는 대답을 했다.

더구나 알렉산드로스는 사흘 전에, 클레이토스가 파르메니온의 죽은 세 아들 곁에 앉아 통곡을 하고 있는 꿈을 꾸고는 클레이토스를 위해 제사를 드리기로 했다. 그러나 클레이토스에게 재앙이 내리지 않기를 비는 이 제사가 다 끝나기도 전에 그가 나타났다. 왕은 그때 마침 카스토르와 폴룩스에게 제물을 바친 다음이었다.

드디어 잔치가 고비에 이르렀을 때, 프라니코스가 지었다고도 하고 피에리온이 지었다고도 하는 노래가 시작되었다. 그런데 이 노래는 최근에 야만인과 싸우다가 패전한 장군들을 조롱하는 내용이었다. 나이 많은 장군들은 이 노래를 듣고 모두 새파랗게 질려서 노래를 지은 사람과 부르는 사람을 꾸짖었다. 그러나 왕과 젊은 장군들은 모두 재미있어하며 노래를 계속하라고 했다.

이렇게 되자 평소에도 성질이 몹시 급했던 클레이토스가 술에 취해 일어나더니 몹시 화난 목소리로 외쳤다.

"야만족들까지 앉아 있는 자리에서 마케도니아 장군을 욕하는 것은 옳지 못한 일이오. 비록 운이 나빠서 지기는 했지만 지금 그들을 비웃고 있는 자들보다는 훨씬 뛰어난 장군들이었소."

그러자 알렉산드로스가 그의 말을 가로 막으며 말했다.

"비겁한 행동을 했던 사람들을 단지 운이 나빴다고 변호하고 있는 클레이토스야말로 자신을 변호하고 있는 것 아니오?"

이 말을 들은 클레이토스는 더 이상 참지 못하고 이렇게 대꾸했다.

"그러나 겁쟁이인 바로 제가, 신의 아들이라는 한 사람의 목숨을 구했습니다. 스피트리다테스의 칼을 피해 오셨을 때 말입니다. 그래서 마케도니아 군대가 흘린 피의 대가로 대왕이 되시더니, 이제는 아버지인 필리포스 왕을 저버리고 암몬 신을 아버지라고 부르시는군요. 그러나 그것들도 모두 이 겁쟁이의 헤아릴 수 없이 많은 상처들 덕분이라는 것을 잊지 마십시오."

알렉산드로스는 화가 머리끝까지 치밀었다.

"이 비열한 놈! 여기가 어딘지도 모르고 함부로 입을 놀리고, 마케도니아 군과 나를 이간질시키다니, 그러고도 무사할 줄 아느냐?"

클레이토스가 다시 대꾸를 해왔다. "저희들은 이미 지독한 벌을 받고 있습니다. 충성을 다하면 주시는 것이 기껏 이 정도입니까? 벌써 죽은 사람들이야말로 진짜 행복한 자들입니다. 마케도니아 사람들이 메디아의 몽둥이에 늘씬 두들겨 맞고, 자기들의 왕을 한 번 보려고 페르시아 인들에게 굽신거려야 하는 꼴을 안 당해도 되니 말입니다. 정말 그 사람들이 부러워 죽겠습니다."

그러자 알렉산드로스의 주위에 있던 사람들이 모두 자리를 박차고 클레이토스를 비난했다. 그러는 동안 알렉산드로스는 파르디아의 크세노도코스와 콜로폰의 아르테미오스를 돌아보면서 이렇게 물었다. "그리스인들이 마케도니아 사람들을 짐승처럼 생각하고, 자기들은 뛰어난 존재처럼 구는데 그것은 어떻게 생각하시오?"

그러나 클레이토스는 가만히 있지 않고 왕에게 이렇게 쏘아붙였다. "제가 할 말을 다 하게 해주십시오. 그렇지 않고 만일 올바른 소리가 듣기 싫으시면, 식탁에는 자유인은 빼놓고 야만인과 노예들만 초대하셔야 될 겁니다."

마침내 알렉산드로스는 더 이상 화를 참지 못하고 상 위에 있던 사과 하나를 던지고는 칼을 찾기 시작했다. 그러나 호위병 아리스토파네스가 칼을 재빨리 감추어 버렸다. 사람들은 모두 왕을 둘러싸고 그를 진정시켰다. 그러나 알렉산드로스는 들은 척도 않고 벌떡 일어나더니, 마케도니아 말로 호위병을 부르고 나팔을 불라고 나팔수에게 명령을 내렸다. 그리고 나팔수가 머뭇거리자 주먹으로 쳐서 넘어뜨려 버렸다. 알렉산드로스가 마케도니아 말을 하는 것은 몹시 흥분했다는 증거였다. 그래서 나팔수는 선뜻 명령을 받아들일 수 없었던 것이다. 나중에 나팔수는 전군을 혼란에 빠뜨릴 수 있는 이 명령에 복종하지 않았다는 이유로 칭찬을 받았다.

한편 클레이토스는 더욱 기세좋게 떠들어댔다. 그래서 친구들은 그를 억지로 밖으로 밀어냈다. 그러나 그는 에우리피데스의 〈안드로마케〉[51]에 있는 다음 구절을 읊으면서, 뻔뻔스럽게 다시 문을 열고 들어왔다.

아, 그리스에 이런 일이 생기다니!

이 모습을 보고 알렉산드로스는 호위병이 들고 있던 창을 순식간에 빼앗아들고 그 문 앞에 쳐놓은 커튼을 들치고 막 들어서는 클레이토스를 찌르고야 말았다. 클레이토스는 비명을 지르며 쓰러져 곧 숨을 거두었다.

곧 정신을 차린 왕은 자기 부하들이 묵묵히 자기를 쳐다보고 있는 것을 발견했다. 그러자 알렉산드로스는 시체에서 창을 뽑아 갑자기 자기 목을 찌르려고 했다. 그 순간 놀란 호위병들이 달려들어 그의 손을 막고 침실로 데려갔다. 왕은 그 날 밤을 눈

---

51) 비극시인 에우리피데스의 희곡이다. 호메로스의 《일리아드》에 나오는 여자로 트로이 전쟁 때 적장 헥토르의 아내였으며, 그리스 군이 승리한 뒤에 트로이 성벽에서 내던져진 아스티아낙스의 어머니이다.

물로 지냈다. 다음날 설움에 지쳐 무거운 한숨만 내쉬고 있었다. 왕이 문을 잠근 채 아무 소리도 내지 않자 친구들은 혹시 무슨 일이 있는 게 아닌가 싶어 걱정스러워졌다. 그래서 할수 없이 문을 부수고 침실로 들어갔다. 그러나 알렉산드로스는 그들의 위로를 조금도 듣지 않았다.

그러자 아리스탄드로스가 이렇게 말했다. "대왕께서 얼마 전에 꾸셨던 꿈이나, 그 다음 있었던 이상한 일들은 모두 피할 수 없는 운명을 예언했던 것입니다."

이 말을 듣고서야 왕은 슬픔이 조금 가신 듯했다. 그들은 아리스토텔레스의 가까운 친구였던 철학자 칼리스테네스와 아브데르의 아낙사르코스를 초대하여 왕을 위로하게 했다. 칼리스테네스는 부드러운 목소리로 이성적인 얘기로 알렉산드로스의 격렬한 감정을 가라앉혔다. 그러나 늘 독자적인 철학적 사색을 즐기며 성질이 교만하고 사나운 것으로 유명했던 아낙사르코스는 알렉산드로스의 방에 들어서자마자 대뜸 이렇게 말했다.

"저기서 울고 있는 분이 진짜 알렉산드로스 대왕입니까? 전세계에서 수많은 승리를 거두시고 만백성을 다스리시는 분이 저렇게 노예처럼 떨고 계시는 겁니까? 세계의 왕답게 이건 이렇다, 저건 저렇다 하고 명령을 내리실 것이지, 사람들의 어리석은 소문이 두려워서 저러고 계시다니 이게 말이나 됩니까? 제우스 신은 한 손에 법을, 다른 한 손에는 정의를 들고 있습니다. 그 까닭이 무엇인지 아십니까? 그것은 승리자의 모든 행동은 정의롭고 합법적이라는 것을 뜻하는 것입니다."

그는 이런 말로 알렉산드로스의 비통한 심정을 위로하려고 했다. 그러나 동시에 알렉산드로스를 더욱 잔학하게 만들고 불법적인 행동을 함부로 하게 만들었던 것도 사실이었다. 왕은 그를 매우 존경하게 되었고, 그만큼 칼리스테네스를 멀리하게 되었다.

그러던 어느 날 이 두 철학자는 잔치 자리에서 얼굴을 맞대게 되었다. 그들은 계절과 아시아의 기후에 대한 이야기를 나누었다. 그 때 칼리스테네스는 이 지방이 그리스보다 더 춥다고 하고, 아낙사르코스는 아니라고 반대 주장을 폈다. 그러자 칼리스테네스가 말했다. "이곳이 더 춥다는 것은 당신도 인정할 수밖에 없을 거요. 왜냐하면 그리스에 있을 때는 얇은 웃옷 하나만 입고 다니던 당신이 여기서는 페르시아 융단을 셋이나 감고 있으니 말이오."

이 말은 아낙사르코스와 그 밖의 사람들을 몹시 화나게 했다.

칼리스테네스는 학식이 넓고 깊어서 많은 젊은이들로부터 존경을 받고 있었다.

규칙적이고 단정한 생활과 검소한 조건에 만족하는 훌륭한 태도 때문에 나이 많은 사람들도 그를 존경하고 있었다. 왕에게 아첨하려는 사람들은 그런 칼리스테네스가 몹시 못마땅할 수밖에 없었다. 그들은 칼리스테네스가 알렉산드로스를 찾아온 이유는 다음과 같다고 고백하는 말을 듣고, 더욱 그를 비난하기 시작했다. "내가 이곳을 찾아온 것은 우리 고향 도시를 재건하고 흩어진 주민들을 다시 모으려는 것입니다."

그는 자기 자신의 위대한 명망 때문에 많은 사람들의 질투와 미움을 받았다. 뿐만 아니라 그는 그런 사람들이 자기를 몰아부칠 만한 기회를 스스로 만들어 주기도 했다. 예를 들면, 그는 공식적인 식사 초대도 번번이 거절했으며, 어쩌다가 참석할 때는 그들이 못마땅하다는 듯 한 마디 말도 하지 않아 사람들의 기분을 상하게 만들곤 했다. 알렉산드로스도 그를 빗대어 이런 말을 했다. "자신의 일에 현명하지 못한 현자를 나는 별로 좋아하지 않는다."

언젠가 많은 사람들이 함께 식사에 초대받았을 때였다. 술잔이 칼리스테네스에게 돌아가자 사람들은 그에게 마케도니아를 찬양하는 즉흥 연설을 해보라고 했다. 그는 일어나 아주 멋진 찬사를 쏟아놓았다. 사람들은 모두 박수를 보내며 그에게 꽃다발을 던졌다. 그러나 알렉산드로스는 에우리피데스의 시구를 인용하면서 이렇게 말했다.

"주제가 좋으면 누구라도 말을 잘할 수 있는 법, 당신이 웅변을 정말로 잘한다면 이번에는 마케도니아의 나쁜 점을 얘기해 보시오. 그렇게 해서 사람들이 받아들이고, 나쁜 점을 고칠 수 있도록 해주시오."

그러자 칼리스테네스는 곧 일어나, 조금 전 자기의 연설을 잊은 듯 마케도니아를 깎아내리기 시작했다. 그는 필리포스 왕이 승리를 거둔 것은 그리스가 서로 싸워서 약해져 있었기 때문이었다면서 이렇게 풍자했다.

"세상이 어지러우면 악한 자들이 이름을 떨치게 되는 법이지요."

이 연설은 마케도니아 인들의 감정을 몹시 상하게 만들었다. 그때부터 칼리스테네스는 사람들의 미움을 받게 되었다. 그러자 알렉산드로스는 칼리스테네스는 웅변술을 보여준 것이 아니라 마케도니아에 대한 원한을 보여준 것에 불과하다고 말했다.

역사가인 헤르미포스는 칼리스테네스에게 글을 읽어 주던 하인 스트로이보스가 이 사건의 전말을 아리스토텔레스에게 얘기했다고 한다. 그에 따르면, 칼리스테네스는 알렉산드로스가 자기를 미워하는 것을 보고 작별 인사를 할 때 다음과 같은 시를 몇 번 읊었다고 한다.

죽음은 저 위대한 파트로클로스[52]마저도 잡아갔소.
그대보다 훌륭한 사람이었는데도 말이오.

그래서 아리스토텔레스는, 칼리스테네스는 참으로 강한 웅변가였지만 안타깝게도 판단력이 부족했다고 평가하였다. 그는 무릎을 꿇고 왕에게 절하는 것을 거부하였고, 마케도니아의 가장 선한 신하들마저도 마음속으로만 생각하는 말들을 공공연하게 밖으로 내뱉었다. 왕 앞에서 무릎을 꿇고 절하는 예식을 없게 하여, 그것으로 그는 그리스인들과 알렉산드로스의 치욕은 구했지만 결국 자기 자신의 파멸을 피할 수는 없었다. 당연한 도리와 설득이 아니라 강제적으로 목적을 달성하기 위해 너무 거친 방법을 썼기 때문이었다.

미틸레네의 카레스가 전하는 바에 의하면, 어느 날 식사 때 왕은 잔을 들어 술을 한 모금 마시고 곁에 있던 어떤 사람에게 건네 주었다고 한다. 그러자 잔을 받은 신하는 일어서서 신전 앞으로 가더니, 거기서 잔을 비우고 알렉산드로스에게 키스를 한 다음 자리로 돌아갔다. 다른 사람들도 모두 그런 식으로 잔을 받았다. 드디어 칼리스테네스의 차례가 되었다. 그러자 그는 왕이 헤파이스티온과 얘기를 하고 있는 것을 틈타서, 그 술을 그냥 훌쩍 마셔버렸다. 그리고 나서 왕에게 키스를 드리러 가자 피돈이라는 별명으로 불리던 데메트리오스가 이렇게 외쳤다. "대왕님! 그에게 키스를 허락하지 마십시오. 그는 대왕님께 드리는 경배를 거부했습니다."

그 말을 듣고 왕이 칼리스테네스에게 입을 맞추지 않자, 칼리스테네스는 이렇게 소리쳤다. "그러면 저는 다른 사람들보다 한 번 키스를 덜 받고 그만 물러나겠습니다."

그리고 나서 칼리스테네스는 더 이상 이 일에 신경을 쓰지 않았다. 이렇게 되자 왕은 점점 그에 대해 불쾌한 생각을 키워갔고, 나중에는 헤파이스티온의 이런 말까지 믿게 되었다. "칼리스테네스는 그 전에 대왕님께 경배를 드리겠다고 저와 약속을 했는데, 그 약속을 깨버리고 말았습니다."

리시마코스나 하그논과 같은 무리들도 그에 대한 비난을 퍼부었다.

"그는 자기가 왕의 압제에 저항했다고 자랑스럽게 떠들어댑니다. 요즘은 젊은이

---

52) 그리스 신화에 나오는 아킬레우스의 친구. 적장 헥토르에게 죽음을 당했는데, 아킬레우스가 그의 원수를 갚았다.

들도 그를 따르면서, 그야말로 유일하게 자신의 자유를 지킬 줄 아는 용기 있는 사람이라고 존경하고 있습니다."

그렇기 때문에 헤르몰라오스의 음모가 탄로났을 때, 칼리스테네스의 적들이 밝힌 그의 죄상들을 알렉산드로스는 쉽게 믿어 버렸다. 그때 음모를 꾸민 젊은 헤르몰라오스는 칼리스테네스에게 이런 질문을 했었다. "세상에서 가장 유명한 사람이 되려면 어떻게 해야 됩니까?"

칼리스테네스는 대답했다. "세상에서 가장 유명한 사람을 죽이면 되오."

그리고 이렇게 덧붙였다. "알렉산드로스가 황금으로 만든 자리에 앉아 있다고 해서 겁을 내서는 안 됩니다. 그는 다른 사람들과 똑같이 약하고 상처받기 쉬운 한 사람의 인간이라는 것을 잊지 마시오."

그러나 헤르몰라오스의 공모자들은 아무리 심한 고문을 받아도 칼리스테네스의 이름은 들먹이지 않았다. 왕 자신도 크라테로스, 아탈로스, 그리고 알케타스에게 보낸 편지 속에서, 고문당한 젊은이들은 한결같이 자신들끼리 음모를 꾸몄으며 다른 사람들은 이 일에 아무도 가담하지 않았다고 말했다는 얘기를 적고 있다. 그러나 그 뒤 안티파트로스에게 보낸 편지에서는 칼리스테네스에 대해 이렇게 썼다.

"그 젊은이들은 마케도니아 군대의 돌에 맞아서 죽었소. 그러나 궤변 철학자와 그를 내게 보낸 자, 그리고 내 목숨을 노리는 자들을 숨겨둔 자들은 모두 내 손으로 처단할 것이오."

이 말은 아리스토텔레스에 대한 선언이었다. 칼리스테네스는 아리스토텔레스의 조카 헤로의 아들이었으며, 그는 아리스토텔레스의 집에서 자라났던 것이다. 칼리스테네스는 알렉산드로스의 명령에 따라 교살되었다고도 하고, 감옥에서 병들어 죽었다고 한다. 그러나 카레스의 기록을 보면, 그는 아리스토텔레스가 참석한 가운데 정식 재판을 하기로 되어 있었으며, 체포된 뒤 7개월 동안 쇠사슬에 묶인 채 감옥에 갇혀 있었다고 한다. 그런데 알렉산드로스가 인도에서 부상당할 무렵, 갑자기 몸이 흉칙스럽게 붓고 이가 들끓더니 감옥에서 죽었다고 한다. 그러나 이것은 아주 나중에 일어난 일이다.

그 무렵 알렉산드로스에게 코린트의 데마라토스라는 노인이 찾아왔다. 그는 알렉산드로스를 만나보고는 이렇게 말했다. "알렉산드로스 대왕이 다리우스의 왕좌에 앉아 있는 모습을 못 보고 죽은 사람은 세상에서 가장 통쾌한 장면을 놓친 것이오."

이 말로 노인은 왕의 은총과 호의를 받게 되었다. 노인은 얼마 후 눈을 감았기 때문에 그것을 오래 누리지 못했다. 왕은 그에 대한 마지막 은총으로 성대한 장례식을 치러 주었다. 마케도니아 군대는 이 노인을 위해 높이 80큐빗(40m)이나 되는 엄청난 흙무덤을 쌓고, 그의 유골은 네 마리의 말이 끄는 호화로운 마차에 실려 해안까지 이송되었다.

알렉산드로스는 그때부터 인도를 원정하려는 계획을 세웠다. 그러나 군대는 엄청난 양의 전리품 때문에 전혀 행군이 되지 않았다. 그래서 새벽에 모든 전리품을 수레에 싣고, 우선 자기 것과 자신의 친한 친구들 것에 불을 당겼다. 그리고 마지막에는 병사들의 것까지 모두 모아 불살라 버렸다.

이 일은 사실 필요 이상의 결정이었지만 결과는 좋았다. 병사들은 대부분 필요한 몇 가지만을 챙겼고, 나머지는 모두 함성을 올리며 수레에 불을 질렀다. 이 광경을 본 알렉산드로스는 인도 원정 계획에 한층 더 열을 올렸다.

그러나 그는 사소한 과실을 범한 사람에게 지나친 벌을 내리기에 이르렀다. 자기의 친한 친구였던 메난드로스가 요새를 수비하라는 명령을 지키지 못하고 그에게 도망오자 그만 그를 사형시켜 버렸다. 또 자기에게 반란을 일으켰던 오르소다테스라는 야만인은 알렉산드로스가 직접 활을 쏘아 죽여 버렸다.

그 무렵 어떤 양이 새끼를 낳았는데, 이 새끼양의 머리 모양과 색깔이 페르시아 왕이 쓰는 왕관과 똑같았고, 양 옆에는 혹이 달려 있었다. 이 괴상한 모양을 본 알렉산드로스는 기분이 몹시 언짢았다. 그래서 그는 바빌론의 제관들을 시켜 제사를 지내고, 친구들에게 이렇게 말했다.

"이것은 내 몸을 위해서가 아니라 그대들을 위해서요. 만일 내가 죽고나서 위대한 나의 조국이 혹시 자격도 없는 우매한 자들의 손에 넘어가게 될까봐 그것이 두려워서 이러는 것이오."

그러나 이런 두려움은 얼마 뒤에 일어난 좋은 징조로 곧 사라졌다.

왕실의 가구를 관리하던 마케도니아의 프록세노스가 오크소스 강 근처에 왕의 막사를 치려고 할 때, 땅을 파다가 기름기가 많이 있는 액체가 흘러나오는 샘을 발견했다. 이 샘의 윗부분을 가려내자 아주 맑고 향기로운 기름이 솟아나왔다. 그 향기나 맛은 올리브 기름과 거의 비슷했지만 그 근처에는 올리브 나무라고는 그림자도 없는 땅이었다. 전하는 이야기로는, 오크소스 강의 물은 몹시 부드럽고 시원해서 이 물에 목욕을 하면 살결이 부드럽고 광택이 난다고 한다.

이 샘을 발견하게 된 알렉산드로스는 아주 기뻐했다. 그가 안티파트로스에게 보낸 편지에서 "이 일은 신이 나에게 내려주신 여러 가지 징조 가운데 가장 뚜렷하고 중요한 것"이라고 쓴 것을 보아도 알 수 있다. 점술가들은 이 징조가 알렉산드로스의 원정이 가져올 영광을 나타내는 것이기는 하지만, 그러기 위해서는 지독한 고생을 겪어야 할 것이라고 예언했다. 왜냐하면 기름이라는 것은 인간이 힘든 일을 한 다음에 몸에 발라 원기를 회복하라고 신이 주시는 것이기 때문이라는 주장이었다.

그들의 예언은 과연 어긋나지 않았다. 그 뒤 알렉산드로스는 여러 차례의 전투에서 몇 번이나 죽을 고비를 넘겼으며, 또 수없이 깊은 상처를 입었던 것이다. 그러나 가장 큰 타격은 식량의 부족과 심한 기후 문제였다. 그렇지만 알렉산드로스는 언제나 운명과 함께 닥쳐오는 온갖 어려움을 극복하고 이겨냈다. '용감한 사람에게는 결코 불가능이란 없으며, 비겁한 자에게는 가능한 것이 없다'는 것이 바로 그의 생각이었다.

그는 가까이 갈 수도 없을 만큼 험한 시시미트레스의 성벽을 공격할 때, 병사들이 모두 절망하고 있는 것을 보고 오크시아르테스에게 이렇게 물었다고 한다. "시시미트레스는 어느 정도의 용기를 가지고 있었소?"

"아주 겁쟁이였습니다."

오크시아르테스의 대답을 들은 알렉산드로스는 이렇게 말을 이었다.

"그럼 저 성은 곧 내 것이 될 것이오. 저곳을 지키고 있는 자들은 아주 약하니까 말이오."

그는 즉시 시시미트레스를 협박하기 시작했다. 그렇게 해서 이 성은 아주 간단하게 빼앗을 수가 있었다.

또 그가 병사들을 이끌고 어떤 험한 요새를 공격할 때였는데, 그는 자기와 이름이 똑같은 알렉산드로스라는 병사를 불러내서 이렇게 말했다.

"오늘 그대는 용감히 싸워야 하네. 그 이름을 위해서도 말이야."

이 젊은이는 그 싸움에서 참으로 뛰어난 용기를 보여 주었으나 아깝게 전사하고 말았다. 그때 알렉산드로스는 젊은이의 죽음을 전해듣고 매우 슬퍼했다고 한다.

언젠가 니사라는 작은 도시를 공격할 때였다. 그들 앞에는 깊은 강이 흐르고 있었다. 군대는 멈칫거리며 전혀 움직이지를 못했다. 알렉산드로스는 강기슭으로 나오더니 이렇게 한탄을 했다. "아! 나는 왜 여태 헤엄도 배우지 못했단 말인가!"

그리고는 방패를 왼팔에 걸친 채 그냥 강을 건너려고 했다. 그러자 놀란 장병들이 왕을 붙들어 겨우 말릴 수 있었다. 그들은 맹렬한 공격을 퍼부었지만 성을 함락시키지는 못했다. 그러나 포위되어 있던 적은 사절단을 보내 평화 조약을 맺자고 했다.

사절단은 갑옷도 걸치지 않고 기다리고 있는 알렉산드로스를 보고 깜짝 놀랐다. 그리고 누군가가 방석을 가져오자 알렉산드로스는 사절단들 중에서 가장 나이가 많아 보이는 사람에게 방석을 주고 앉으라고 권했다. 방석을 받은 사람은 아쿠피스라는 사람이었다. 그는 알렉산드로스의 겸손함에 감탄하여, 왕의 우정에 보답하기 위해 어떤 일을 하면 좋겠느냐고 물었다. 그러나 알렉산드로스가 대답했다.

"아쿠피스 당신이 나라를 다스리도록 하시오. 그리고 가장 훌륭한 인물 백 명을 볼모로 넘겨 주시오."

이 말에 아쿠피스는 웃으며 대답했다.

"대왕님, 가장 훌륭한 인물보다는 가장 악한 인물 백 명을 보낸다면, 저는 우리나라를 더 잘 다스릴 수 있을 것입니다."

인도에서 탁실레스 왕의 손길이 미치고 있는 땅은 거의 이집트에 비교할 만큼 크고 넓었다. 그 땅에는 좋은 목장이 많이 있었고, 과일도 많이 열렸다. 왕 또한 지혜롭기로 이름이 나 있었다. 탁실레스 왕은 알렉산드로스를 만났을 때 이런 말을 했다.

"왕이 이곳에 온 이유가 우리의 물과 식량을 뺏기 위한 것이 아니라면, 우리는 왕과 싸울 필요가 없습니다. 현명한 사람들이 싸움을 벌이는 것은 이 두 가지 이유밖에는 없기 때문입니다. 세상 사람들이 원하는 나머지 물건들은, 만일 내가 더 많이 가지고 있다면 서슴지 않고 왕께 드릴 것이며, 왕이 더 많이 가지고 있다면 제가 조금 나누어 주어도 좋을 것입니다."

이 말을 듣고 알렉산드로스는 몹시 기뻐하며 악수를 청했다.

"당신은 다정한 말과 정중한 행동으로 전투를 한 번도 벌이지 않으려고 하시지만 아마 그렇게는 안 될 것이오. 나는 당신과 끝까지 다툴 것이며, 싸우는 이상 결코 지지는 않을 것이오. 그러나 당신이 나에게 아무리 큰 호의를 베풀려고 해도 나보다 더 많은 은혜를 베풀지는 못할 것이오."

왕에게 여러 가지 선물을 받은 알렉산드로스는 받은 것보다 더 값진 선물을 그에게 주었다. 그리고 거기에 화폐 천 탈렌트를 덧보태주어 자신의 너그러움을 나타냈다. 신하들은 이 이 일을 매우 불쾌하게 여겼다. 그러나 이 일 때문에 수많은 야만인들은 그에게 호감을 느꼈다.

그 뒤 알렉산드로스는 여러 도시를 공격했지만, 여러 곳에서 모여든 인도 정예군으로부터 막대한 손실을 입었다. 그래서 그는 어느 도시에서 항복을 받아냈을 때, 물러가는 적군을 습격하여 전부 다 죽여 버렸다. 이것은 정의와 명예를 지켜왔던 알렉산드로스에게는 단 하나의 큰 오점이 되고 말았다.

그는 또 이 원정에서 인도의 철학자들 때문에 많은 어려움을 겪었다. 그들은 주민들을 선동하여 알렉산드로스를 편들고 있는 제후들을 비난하고, 독립을 회복하려는 반란을 일으켰던 것이다. 알렉산드로스는 하는 수 없이 많은 철학자들을 잡아 그들을 교수형에 처했다.

포로스 왕과의 싸움에 대해서는 알렉산드로스가 쓴 편지 속에서 많은 부분을 알수 있다. 그 편지에서 그는 다음과 같이 전쟁의 상황을 설명하고 있다.

"양쪽 군대는 히다스페스 강을 사이에 두고 진을 치고 있었다. 포로스는 수많은 코끼리 부대를 이용하여 적이 건너지 못하도록 감시하고 있었다."

한편 알렉산드로스는 일부러 부하들에게 소란을 일으키게 하여 적군의 경계를 흐려놓으려 하고 있었다. 그러다가 비바람이 몹시 부는 어느 캄캄한 밤에, 알렉산드로스는 보병과 기병의 정예병만을 이끌고 강을 건너 작은 섬에 도착했다. 비가 무섭게 쏟아지면서 천둥과 번개가 치는 바람에 벼락에 맞아 타죽은 병사들도 있었다. 그러나 알렉산드로스는 섬을 뒤로 하고, 다시 맞은 편 강기슭을 향해 올라갔다.

그때 히다스페스 강에 사나운 폭풍우가 멎더니 엄청나게 불어난 강물이 소용돌이치기 시작했다. 그러다가 강둑 한 군데가 무너지자 그 쪽으로 강물이 마구 흘러들어갔다. 그가 강을 건넜을 때는 이미 땅이 깎이고 젖어 발붙일 수 없을 만큼 미끄러웠으며 강기슭은 거센 물살에 휩쓸리고 있었다. 알렉산드로스는 그때 이렇게 말했다. "아! 아테네인들이여, 그대들의 칭찬을 받기 위해 내가 얼마나 많은 고생을 했는지 상상이나 할 수 있겠소?"

그러나 이 말은 오네시크리토스가 쓴 기록 속에 나온 것이고, 알렉산드로스의 편지에 의하면 그의 부대는 배를 버리고 무장을 한 채 홍수 속을 헤쳐나갔다고 한다. 알렉산드로스는 가슴까지 차오르는 강물을 뚫고 강을 건넌 다음, 기병대만을 이끌고 보병과 20 펄롱(4km)의 거리를 유지하며 앞으로 전진했다. 만약 적의 기병대가 공격해 온다고 해도 자기의 기병대가 넉넉히 대항할 수 있었고, 보병이 공격을 해와도 바로 뒤에 있는 보병부대가 뒤쫓아와 전면전을 벌일 수 있을 것이라는 생각을 했던 것이다. 판단은 어긋나지 않았다. 적의 기병 천 명과 전차 60대와 만난 그들은 적을 쉽게 격파해 버리고, 전차를 모두 빼앗은 다음 4백 명 정도의 기병대를 죽였다.

포로스는 알렉산드로스가 강을 건넜다는 사실을 짐작하고, 나머지 마케도니아 군을 막기 위해 전군을 거느리고 나섰다. 알렉산드로스는 공격해 오는 적들의 엄청난 병력과 코끼리 부대의 무서운 힘을 피하기 위해 군대를 둘로 나누었다. 그렇게 해서 자기는 적의 좌익을 공격하기로 하고, 부하 장군 코에누스에게는 우익을 공격하라고 지시했다. 이 작전은 정확하게 들어맞았다. 적은 양쪽 날개를 잃고 곧 코끼리 부대가 있는 중앙으로 몰려들었다. 알렉산드로스는 이것을 공격하여 치열한 싸움을 벌였다. 적군이 완전히 패배하여 물러난 것은 그날 8시쯤이었다. 이러한 기록들은 그날의 승리자였던 알렉산드로스가 자세히 기록하여 그의 서간집 속에 남겨둔 것이다.

대부분의 역사가들이 공통적으로 전하는 기록에 의하면, 포로스의 키는 4큐빗[53] 1스판[54]이나 되었다고 한다. 그가 타고 있던 코끼리도 몸집이 아주 컸는데, 코끼리에 올라타고 있으면 보통 사람이 말을 타고 있는 것처럼 조화가 잘 되었다고 한다. 이 코끼리는 매우 영리하여 주인의 사정에 맞게 잘 움직였다. 왕이 왕성한 기력으로 싸우고 있는 동안 코끼리는 적의 무리 속에 뛰어들어 적병들이 왕 가까이는 얼씬도 못하게 했으며, 왕이 상처를 입고 정신이 빠져 있을 때도 조용히 땅에 무릎을 꿇고 왕을 내려 놓은 다음, 왕의 몸에 꽂힌 투창들을 제 코로 뽑아 버리기도 했다.

포로스를 포로로 잡은 알렉산드로스는 그를 향해 어떤 대우를 받고 싶으냐고 물었다. 그러자 포로스는 한 나라의 왕으로 대접받기를 원한다고 대답했다. 알렉산드로스는 다시 그 밖에 원하는 것은 없느냐고 물었다. 포로스는 그의 물음에 이렇게 대꾸했다. "내가 방금 한 말 속에 모든 뜻이 포함되어 있소."

이 말을 들은 알렉산드로스는 그를 자기가 다스리는 영토의 총독으로 임명하여 그의 왕국을 다스리게 했다. 뿐만 아니라 자기가 정복했던 그 주위의 주민들까지 그의 영토에 덧붙여 주었다. 이 영토는 15개의 부족과 5천여 도시와 무수한 촌락으로

---

53) 큐빗은 팔꿈치에서 가운데 손가락 끝까지의 길이로 약 46-54센티미터.
54) 스판은 엄지와 집게 손가락을 벌려 잰 길이. 약 22센티미터.

이루어져 있었다. 그러고 나서 알렉산드로스는 그보다 세 배나 넓은 다른 지역을 정복한 다음 측근인 필리포스를 총독으로 임명했다.

포로스와의 전쟁이 끝난 뒤 얼마 지나지 않아 알렉산드로스의 애마 부케팔라스가 그만 죽고 말았다. 대부분의 기록에 의하면 이 말은 포로스와의 전쟁 때 얻은 상처 때문에 치료를 받다가 죽었다고 하는데, 오네시크리토스의 말로는 이미 서른이나 된 많은 나이 때문에 노쇠하여 죽었다고 한다.

알렉산드로스는 말의 죽음을 마치 오래된 친구의 죽음처럼 슬퍼했다. 그래서 그는 히다스페스 강가에 새로운 도시를 세우고 부케팔리아라는 이름을 붙였다. 왕은 또 새끼 때부터 자기가 손수 길렀던 페리타스라는 개가 죽었을 때도 이 개의 이름을 어느 도시에 붙였다고 한다. 이 이야기는 레스보스 섬의 포타몬으로부터 들은 것이라고 역사학자 소티온은 전하고 있다.

그러나 포로스와의 이 싸움이 끝난 뒤, 마케도니아 군은 인도로 깊숙이 들어가는 것을 망설이기 시작했다. 그때 그들은 겨우 2만 명의 보병과 2천 명의 기병을 상대했지만 이 싸움마저도 그다지 쉽지가 않았던 것이다.

그러나 알렉산드로스는 아랑곳하지 않고 갠지스 강까지 군대를 행군시켰다. 그러자 병사들은 드디어 반대 의사를 뚜렷이 나타냈다. 그것은 갠지스 강의 넓이가 32펄롱(6.4km)이나 되는 데다가 수심이 백 큐빗(50m)이나 되었으며, 강기슭에는 이미 수많은 적들이 버티고 있었기 때문이었다.

사실 그들은 건너편 언덕에 간다리타 인들과 프라이시아 인들의 두 왕이 8만 명의 기병과 20만 명의 보병, 8천 대의 전차와 6천 마리의 코끼리를 거느리고 마케도니아 군이 건너오기만을 기다리고 있다는 소문을 이미 듣고 있었다. 이 소문은 전혀 터무니없는 것은 아니었다. 그 얼마 뒤, 이 지방을 통치한 안드로코토스가 5백 마리의 코끼리를 셀레우코스에게 선물로 주었으며, 60만 명의 군대를 가지고 인도 전체를 정복했다는 사실로도 이 엄청난 소문은 단순히 마케도니아 군을 겁주기 위해 만들어진 것만은 아님을 알 수 있다.

알렉산드로스는 군대가 행군을 반대하자 몹시 화를 내며 막사 안으로 들어가 버렸다. 그리고는 땅바닥에 엎어져 이렇게 말했다.

"나는 갠지스 강을 건너는 데 반대하는 병사들에게는 그들이 지금까지 세운 어떤 공에 대해서도 고마워하지 않을 것이오. 그리고 여기서 철수한다는 것은 나 자신의 패배를 고백하는 것이나 다름없는 일이오."

그러나 동료들의 설득과 막사에 몰려와 호소하는 병사들의 외침에 알렉산드로스도 그만 굴복하고 말았다. 드디어 그는 귀국을 결심한 것이다. 그는 철수를 하는 도중에 여러 가지 기묘한 술책을 썼다. 그것은 원정에 대한 기념물들을 남겨 후세에까지 자기의 위력을 과시하려는 욕망 때문에 나온 행동이었다. 그는 자기가 입었던 옷보다 훨씬 큰 갑옷이나 무기, 그리고 보통의 것보다 훨씬 큰 말의 여물통과 재갈, 그리고 굴레들을 만들어 여기저기에 버리고 갔다. 그는 신에게 제물을 바친 제단도 남겼는데, 오늘날까지도 프라이시아 부족의 왕들은 강을 건널 때마다 이곳에 참배를 드리고 그리스 식으로 제물을 바치고 있다.

아직 나이가 어렸던 안드로코토스는 거기서 알렉산드로스를 보았다고 하는데, 나중에 그는 사람들에게 이런 말을 했다고 한다.

"알렉산드로스는 그때 한 나라의 주인이 될 좋은 기회를 놓치고 말았다."

그 당시 이 지방에 지배하고 있던 왕들은 모두 야비하고 흉악하여 백성들의 원성을 사고 있었기 때문에 쉽게 전국을 정복할 수 있었을 것이라는 얘기였다.

알렉산드로스는 이제 대양으로 나가보고 싶은 욕망이 생겼다. 그는 수많은 뗏목과 배들을 만들어 천천히 인더스 강을 내려갔다. 결코 한가로운 유람은 아니었다. 강을 내려가다가도 몇 번씩이나 강기슭에 상륙하여 여러 부족들을 정복하였고 그 부근 일대를 자기의 영토로 만들어 나갔던 것이다.

알렉산드로스는 인도에서 가장 사나운 부족인 말리족과 싸울 때 자칫 목숨을 잃을 뻔한 적도 있었다. 소나기처럼 수많은 화살을 뿌려대는 적의 수비병들을 쫓아낸 다음, 알렉산드로스는 누구보다 먼저 성에 사다리를 놓고 기어 올라갔다. 그런데 그가 성에 닿았을 때 그만 사다리가 부러져 부하들은 못 올라오고 알렉산드로스만 혼자 적 앞에 놓여지게 되었다. 야만인들은 수없이 투창을 던져대며 달려들었다. 그러자 알렉산드로스는 잽싸게 몸을 움직여 적의 무리 속으로 뛰어들었다.

알렉산드로스가 뛰어내리는 순간 갑옷에서 요란한 소리와 함께 눈부신 광채가 났다. 야만인들은 마치 그가 몸에서 광채를 내는 것 같은 착각 때문에 깜짝놀라 모두 흩어져 버렸다. 그러나 잠시 후 부하라고는 단 두 명뿐인 것을 발견하자 칼과 창을 들고 달려들었다. 그러나 알렉산드로스는 조금도 물러서지 않고 그들과 맞서서 용감히 싸웠다. 멀리서 지켜보고 있던 한 적병이 그를 향해 화살을 쏘아대기 시작했다. 화살은 알렉산드로스의 갑옷을 뚫고 가슴 밑에 있는 갈빗대에 꽂혔다. 화살을 맞은 알렉산드로스는 비틀거리다가 한 쪽 무릎을 꿇었다. 그러자 화살을 쏘았던 적병은 칼을 휘두르며 달려나왔다. 바로 그 순간 호위병 페우케스테스와 림나이우스가 나서서 알렉산드로스 앞을 가로막았다. 림나이우스는 싸우다가 거기서 죽었고 페우케스테스는 필사적으로 야만인들을 막았다.

알렉산드로스의 목숨도 아직은 위험으로부터 벗어나지 못하고 있었다. 그는 갈빗대 말고도 수많은 상처를 입고 있었을 뿐 아니라 나중에는 아주 단단한 곤봉으로 목덜미를 얻어 맞고 성벽에 등을 대고 서서 마지막 힘을 다하고 있었다. 드디어 마케도니아 군이 길을 열고 들어왔다. 이것을 본 알렉산드로스는 곧 기절을 하고 말았고, 병사들은 그를 업어 막사로 옮겼다. 이렇게 되자 왕이 전사했다는 소문이 퍼지고 말았다. 그들은 왕의 가슴에 박힌 화살을 뽑기 위해 화살을 톱으로 썰고 갑옷을 벗겼다. 살촉은 손가락 굵기의 세 배나 되는 넓이에다가 길이도 손가락 굵기의 네 배나 되었다. 갈비뼈 속에 깊숙이 꽂혀 있는 살촉을 빼내자, 알렉산드로스는 죽은 것처럼 혼수 상태에 빠져 있다가 한참 후에 정신을 차렸다. 일단 위험은 벗어났지만 너무나 쇠약해진 몸 때문에 그는 오랫동안 가만히 누워 있어야 했다.

몸이 완쾌되자 알렉산드로스는 신들에게 제사를 드리며 완쾌되었음을 감사드렸다. 그런 다음 다시 배를 타고 항해에 나섰다. 그는 배를 타고 가면서 연안에 있는 많은 도시들을 정복하였다.

그리고 그는 인도의 철학자 10명을 포로로 잡아들였다. 그들은 사바스[55]를 선동하여 반란을 일으키게 했을 뿐 아니라, 마케도니아 군을 여러 가지로 괴롭혔던 자들이었다. 그들은 '나체 고행자'라고 불렸는데, 어떤 어려운 질문에 대해서도 간결하고 적절한 대답을 척척 해낸다는 소문이 나 있었다. 알렉산드로스는 그들을 시험해 보기로 했다. 가장 서투른 대답을 한 사람부터 차례로 죽이겠다고 말한 다음, 그 중 나이가 가장 많은 사람에게 심판을 하라고 했다.

그는 첫 번째 사람에게 산 자와 죽은 자 중 어느 쪽이 더 많으냐고 물었다.

"살아 있는 사람이 더 많습니다. 죽은 자는 존재하지 않으니까요."

두 번째 사람에게는 세상에서 가장 큰 짐승이 육지에 있는지 바다에 있는지를 물

---

55) 인도 어떤 부족의 왕이었는데, 알렉산드로스에게 항복했다가 다시 반란을 일으켰다.

었다.

"육지입니다. 바다란 육지의 일부분에 불과하니까요."

세 번째 사람에게는 가장 영리한 짐승이 무엇이냐고 물었다.

"아직 인간의 눈에 발견되지 못한 짐승입니다."

네 번째 사람에게는 왜 사바스를 선동하여 반란을 일으켰냐고 물었다.

"살든 죽든 명예를 지키기 위해서였습니다."

다섯 번째 사람에게는 밤과 낮 중 어느 것이 먼저 생겼느냐고 물었다.

"낮이 먼접니다. 최소한 하루만은 말입니다."

알렉산드로스는 이 대답이 별로 만족스럽지 않았다. 그러자 이것을 눈치 채고 그는 이렇게 덧붙였다. "기묘한 질문에 대해 기묘한 대답을 하는 것은 전혀 기묘한 일이 아닙니다."

알렉산드로스는 여섯 번째 사람에게, 어떻게 하면 가장 사랑을 받을 수 있느냐고 물었다. "절대적인 권력을 가지십시오. 그러나 절대로 사람들을 두렵게 만들어서는 안 됩니다."

어떻게 해야 신이 될 수 있는지를 묻자 일곱 번째 사람이 대답했다.

"인간이 할 수 없는 일을 하면 됩니다."

여덟 번째 사람에게는 삶과 죽음 중 어느 것이 더 강하냐고 물었다.

"삶이 죽음보다 강하지요. 수많은 고생을 참아야만 하니 말입니다."

알렉산드로스는 마지막 사람에게, 인간은 얼마 동안 사는 것이 가장 좋으냐고 물었다. "죽는 것이 사는 것보다 낫다고 생각할 때까지요."

알렉산드로스는 심판자로 남았던 마지막 사람에게 판결을 내리라고 했다. 그러자 그는 대답했다. "그들의 대답은 각자 다른 사람보다 서툴렀습니다."

그러자 왕이 말했다. "그러면 그런 판결을 내린 그대부터 죽어야겠소."

"그렇지 않습니다. 만일 가장 서툰 대답을 한 자부터 죽이겠다고 하신 말씀을 지키신다면, 왕께서는 가장 서툰 대답을 한 자부터 죽이셔야만 합니다."

이 말을 들은 알렉산드로스는 그들 모두에게 선물을 준 다음 석방시켰다.

알렉산드로스는 또 나체 고행자들 가운데 가장 높은 명성을 가지고 은둔 생활을 하고 있는 몇몇에게 오네시크리토스를 보내 초청하였다. 오네시크리토스는 디오게네스 학파의 철학자로서 절제와 욕심없는 생활을 신조로 삼고 있는 사람이었다. 그런데 그들 중에서 칼라노스라는 거만한 사람은 그에게 이렇게 말했다.

"나와 얘기를 하고 싶으면 먼저 그 옷부터 벗어 던지시오. 그렇지 않으면 그대가 제우스의 심부름을 받아왔다고 해도 나는 한 마디도 하지 않을 것이오."

그러나 단다미스라는 사람은 그렇게까지 심하지는 않았다. 그는 소크라테스, 피타고라스, 디오게네스 등에 대한 얘기를 하자 잠자코 듣다가 이렇게 말했다.

"그들은 모두 위대한 인물들인 것 같소. 그러나 법에 얽매여 노예처럼 살았던 것은 큰 잘못이었소."

그러나 다른 설에 의하면, 이때 단다미스는 오네시크리토스에게 알렉산드로스가 무슨 이유로 이렇게 먼 곳까지 왔느냐고 물었다고 한다.

그러나 탁실레스 왕은 칼라노스를 설득시켜 알렉산드로스를 방문하게 했다. 그의 본래 이름은 스피네였으나, 그는 사람들을 만날 때마다 인도의 인사말로 '칼레'라는 말을 했기 때문에 그리스 사람들은 그를 칼라노스라고 부르게 되었다. 칼라노스는 알렉산드로스에게 다음과 같은 교훈을 주었다고 한다.

그는 말라비틀어진 쇠가죽 한 장을 자리에 깔고, 그 가장자리를 밟으면서 돌기 시작했다. 한 곳을 밟을 때마다 다른 부분들이 위로 들쳐지곤 했다. 그런데 마지막에 쇠가죽의 한가운데를 밟았더니 평평하고 조용하게 깔려 있었다. 이것은 왕이 왕국의 중앙에 버티고 있어야 하며, 먼 변경으로 나와 시간을 허비해서는 안 된다는 뜻이었다.

알렉산드로스가 인더스 강과 지류들을 따라 내려가는 데는 모두 일곱 달이 걸렸다. 그는 바다로 빠져나오자 한 섬으로 건너갔다. 그는 이 섬을 스킬루스티스라고 불렀지만, 다른 사람들은 프실투키스라고 불렀다. 그는 상륙하자마자 신들에게 제사를 드린 다음 바다와 해안을 살펴보았다. 그리고 다시 돌아가서 어떤 정복자도 자기의 땅을 넘어서지 못하도록 해 달라고 신께 기도를 했다.

그는 네아르코스에게 해군 대장을 맡기고 오른쪽으로 인도를 바라보면서 해안을 따라 귀로에 올랐다. 왕은 오네시크리토스를 향해장으로 삼고, 자기 자신은 육지로 오리케스라는 나라를 거쳐서 돌아갔다. 그런데 바로 이곳에서 그만 군수품의 부족으로 심한 고생을 겪게 되고 많은 부하들까지 잃고 말았다.

이렇게 해서 12만 명의 보병과 만 5천 명의 기병 가운데서 그가 거느리고 온 병력은 거의 4분의 1밖에 남지 않았다. 대부분의 병사들은 병으로 죽거나 나쁜 식사, 일사병, 그리고 굶주림으로 하나둘씩 죽어 버렸던 것이다. 가끔 몇몇 야만인들이나 살고 있는 이런 지역에는 가도가도 끝이 없는 광야만 나타났고, 토인들이 기르고 있는 양들은 바다 생선만 먹고 자라 이상한 냄새가 나고 맛도 좋지 않았다. 말로는 다 표현하지 못할 만큼 오랜 행군이 끝나고 그들은 60일만에 사막을 벗어났다. 게드로시아 시에 들어서서야 그들은 드디어 많은 물건들을 풍족하게 얻을 수 있었다. 근처에 있던 여러 종족의 왕들도 많은 음식과 필요한 물건들을 미리 준비해 놓고 그들을 환영해 주었다.

알렉산드로스는 여기서 군대를 좀 쉬게 한 다음, 카르마니아 지방을 지나갔다. 그들은 이곳을 지나가는 7일 동안 계속 큰 잔치를 벌이면서 신나게 놀았다. 왕은 여덟 필의 말이 끄는 큰 무대로 된 전차 위에 높다랗게 앉아서 친구들과 함께 밤낮으로 술잔치를 베풀었다. 그 뒤에는 무수한 수레의 행렬들이 뒤따랐다. 수를 놓은 진한 자줏빛의 포장을 두른 것, 계속해서 싱싱한 가지로 바꾸는 푸른 나무로 덮은 것들이었다. 그리고 그 속에는 왕의 친구들이나 지휘관들이 술을 마시고 있었다. 방패나 갑옷, 투구나 창 같은 것은 하나도 보이지 않았다. 아득히 늘어선 병사들은 저마다 컵과 발이 달린 술잔, 그리고 술병들을 휘어잡고 서로 축배를 외치고 있었다. 그들은 큰 항아리나 독에 들어 있는 술을 마음껏 마시며 서로의 건강을 위해 건배를 했다. 그들의 행렬이 지나가는 곳마다 피리와 나팔 소리가 울려퍼졌고, 하프와 노랫소리가 거리를 뒤덮었으며, 여자들은 흥겹게 춤을 추었다. 마구 들떠서 서로 술을 마시고, 서로 농담과 장난을 주고받는 이 행렬은 마치 디오니소스 신이 지휘하는 성대한 행군 같았다. 그들은 이렇게 게드로시아의 왕궁에 도착했다. 알렉산드로스는 군대를 멈추게 하고 성대한 잔치를 열었다. 어느 날 그는 만취한 후 춤 대회를 보았다고 한다. 그가 총애하던 바고아스가 우승하자 춤추며 극장을 지나 왕의 곁에 앉았다. 그러자 마케도니아 병사들이 키스해 주라고 계속 박수치는 바람에 왕은 그를 안고 키스해 주었다고 한다.

그즈음 바닷길로 돌아온 네아르코스가 도착했다. 왕은 무척 기뻐하여 그들을 맞았다. 알렉산드로스는 이번에는 자기가 함대를 이끌고 유프라테스 강의 항구를 지나 바다로 나가야겠다고 마음먹었다. 그는 아라비아와 아프리카를 돌고 헤라클레스의 기둥(지브롤터 해협)을 거쳐서 지중해로 들어갈 계획을 세웠다. 그러기 위해서 그는 탑사코스에서 여러 가지 종류의 배를 만들게 하고 각지에서 선원과 항해사들을 끌어모았다.

그러나 인도에서 힘겨운 전쟁을 하고 말리 족과의 전투에서 큰 어려움을 겪은 데다가 사막을 횡단할 때도 수많은 어려움과 손해를 입었다는 소식을 전해듣고, 수많은 피정복 국민들은 반란을 일으킬 기미를 보였다. 뿐만 아니라 왕이 원정을 나가 있는 동안 각지의 총독과 사령관들이 포악한 행동을 일삼으며 극성을 부리고 있었던 탓에 왕국 전체가 술렁거리고 있었다.

더군다나 본국에서는 올림피아스와 클레오파트라가 손을 잡고 안티파트로스를 몰아낸 뒤 서로 왕국을 나누어 가졌다. 올림피아스는 에페이로스를, 클레오파트라는 마케도니아를 차지하고 있었다.

알렉산드로스는 이 소식을 듣고 이렇게 말했다.

"우리 어머니가 더 현명한 판단을 내리셨군. 마케도니아 사람들은 여자의 통치를 받고서 가만히 있을 리가 없거든."

알렉산드로스는 사태를 파악하고 다시 네아르코스에게 함대를 주어 바닷길을 따라 해안의 여러 부족들을 정벌하라고 했다. 그리고 나서 그는 행동거지가 안 좋은 총독 아불레테스의 아들 옥시아르테스를 직접 창으로 찔러 죽이고 귀국길에 올랐다. 그는 아불레테스가 공급하기로 되어 있던 필요한 식량들 대신 3천 탈렌트의 은을 싣고 오자 그 돈을 말 앞에 던지고는, 말이 거들떠보지도 않는 것을 가리키며 이렇게 말했다.

"그래, 말도 안 먹는 것을 나더러 먹으라는 소리냐?"

그리고 나서 아불레테스를 감옥에 처넣었다. 알렉산드로스는 페르시아에 있는 동안 이곳에 사는 부인들에게 금화를 나누어 주었다. 그것은 페르시아 왕이 오면 모든 여자들에게 금화 한 닢씩을 선물로 주던 오랜 관습에 의한 것이었다. 이런 관습 때문에 페르시아 왕들은 여간해서는 이곳에 발을 들여놓으려고 하지 않았다. 특히 오코스 왕은 왕위에 있는 동안 고향에 한 번도 가지 않았을 만큼 인색한 왕이었다고 전해진다.

그 얼마 후 알렉산드로스는 키로스 왕의 무덤이 파헤쳐 있는 것을 발견하고 곧 범인을 잡아들였다. 범인은 펠라 태생의 마케도니아 사람이었는데, 제법 신분도 높은 사람이었다. 그러나 알렉산드로스는 그를 사형에 처해 버리고는 묘비에 씌어진 말을 그리스 어로 옮겨 다시 새겨 놓았다.

지나가는 나그네여,
그대가 누구이며 어디에서 왔든
나는 그대가 올 줄을 미리 알고 있었다.

나는 페르시아를 세운 키로스이니

내 뼈가 묻힌 이 작은 땅을

빼앗아 가려 하지 마라.

비명을 읽어 본 알렉산드로스는 큰 감명을 받고, 인간사의 덧없음을 유한함에 대해 조용히 생각해 보았다.

이즈음 얼마 동안 속병으로 고생하고 있던 칼라노스가 갑자기 자기 몸을 화장할 나무를 쌓아 달라고 부탁을 해왔다. 그는 높이 쌓인 장작더미 앞에서 기도를 하고, 제사 때 쓰는 신주를 몸에 뿌리더니 머리카락을 한 줌 잘라 장작더미 위에 던졌다. 그리고는 그곳에 있던 사람들과 손을 잡고 작별 인사를 나누었다. "나는 여러분들이 왕과 함께 즐겁게 살아가기를 바랍니다. 그리고 나도 오래지 않아 바빌론에서 왕을 만나게 될 것입니다."

이 말을 마친 그는 장작더미 위에 조용히 눕더니 천을 자기 얼굴에 덮었다. 그리고 곧 불길에 휩싸였지만 그는 조금도 움직이지 않고 그대로 재가 되었다. 그는 인도의 철학자들이 하는 오랜 풍습대로 자기를 제물로 제사를 드린 것이다.

오랜 세월이 지난 후 이와 같은 일은 다시 한 번 일어났는데, 그는 카이사르의 친구인 인도 사람이었다. 그는 아테네에 와서 화장했는데, 아테네 사람들은 아직도 그곳을 '인도 사람의 무덤'이라고 부른다.

화장을 끝내고 돌아온 알렉산드로스는 많은 친구들과 부하 장군들을 초대하여 잔치를 벌였다. 그리고 술마시기 대회를 열어 가장 많이 마신 사람에게 상을 주기로 했다. 이때 프로마코스는 포도주를 12쿼트[56]나 마셔 1탈렌트의 상금과 월계관을 차지했다. 그런데 카레스의 기록에 의하면, 그는 그 뒤 사흘만에 죽었다고 한다. 카레스는 엄청난 양의 술을 마신 뒤 심한 오한에 떨다가 죽은 사람만도 41명이나 된다고 한다.

수사로 돌아온 왕은 다리우스 왕의 딸 스타티라와 결혼을 했다. 그의 친구들 가운데도 많은 사람들이 페르시아의 귀부인들과 결혼했다. 그들은 함께 결혼식을 올리고, 페르시아 여자들과 결혼한 모든 마케도니아인들을 초대하여 9천 명이 모인 가운데 축제를 열었다. 알렉산드로스는 이 자리에 모인 모든 사람들에게 금으로 된 술잔

---

56) 1쿼트는 4분의 1갈론으로 약 1.2리터이다.

을 하나씩 나누어 주었다고 한다.

알렉산드로스 왕은 호탕하고 대범한 사람이었다. 다른 예는 접어두고서라도, 9,870탈렌트에 이르는 부하 장병들의 빚을 모두 갚아 준 것을 보면 그의 너그러움과 대범함을 짐작할 수 있을 것이다. 그런데 그때 싸움터에서 한 쪽 눈을 잃은 안티게네스가 빚이 없으면서 채무자 명단에 자기 이름을 써넣은 사실이 발견되었다. 그는 명단에 자기 이름을 쓴 다음 어떤 사람을 데려와서 자기에게 돈을 꾸어준 사람이라며 왕에게서 돈을 받았다.

이 일이 밝혀지자 알렉산드로스는 몹시 화가 났다. 그래서 그는 안티게네스를 추방시켜 버리고 그 사람의 지휘권도 빼앗아 버렸다. 안티게네스는 용감하고 뛰어난 군인이었다. 젊었을 때 필리포스 왕을 따라 페린토스라는 도시를 공격했었는데, 그때 적이 던진 창 하나가 날아와 그의 눈에 박혔다. 그러나 그는 창을 뽑을 생각도 하지 않고 용감하게 적을 공격하여 적군을 성 안으로 몰아넣기도 했다. 안티게네스는 알렉산드로스의 조처에 큰 불만을 품었다. 그는 심한 모욕과 수치심 때문에 자살해 버리겠다고 말했다. 이렇게 되자 알렉산드로스는 그를 용서해 주고, 또 속임수를 써서 받은 돈도 가지라고 했다.

알렉산드로스가 돌아왔을 때 그리스 식으로 교육시킨 3만 명의 소년들은 아주 뛰어난 용모와 체력을 갖추고 있었다. 알렉산드로스는 그들이 훌륭한 용사가 되어 있는 것을 보고 매우 만족스러워했다. 그러나 마케도니아 병사들은 이것을 보고 몹시 걱정스러웠다. 알렉산드로스가 자기들 대신 이 소년들을 더 소중하게 생각할까봐 두려웠던 것이다. 그래서 알렉산드로스가 약하거나 다친 병사들을 귀국시키려 하자 그들은 드디어 불평을 드러내기 시작했다.

"건강했던 사람을 불러서 실컷 부려먹은 다음, 병자로 만들어서 고향의 부모에게 돌려보낸다는 것은 부당한 일이오. 이건 사람을 사람으로 대우하는 것이 아니란 말이오."

마케도니아 병사들은 너나없이 불평을 했고, 알렉산드로스에게 이렇게 따지기도 했다. "그러시려면 차라리 우리를 전부 다 돌려보내 주시오. 모두 쓸데없는 놈들이니 말이오. 대왕께서는 젊고 씩씩한 야만인 소년들을 잘 훈련시켜 놓았으니 그들을 데리고도 충분히 세계를 정복할 수 있을 것이오."

화가 머리 끝까지 난 알렉산드로스는 그들에게 심한 소리를 퍼붓고는 모두 물러

가라고 소리쳤다. 그리고는 페르시아 사람들에게 경비를 맡기고 그 가운데서 호위병과 시종들을 뽑아냈다. 마케도니아 장병들은 알렉산드로스가 페르시아 사람들을 앞세우고 자기들에게는 눈길도 안 주자 모두 기가 꺾였다. 그들은 점차 질투와 분노 때문에 했던 자신들의 행동을 후회하기 시작했다. 드디어 병사들은 알렉산드로스의 막사 앞에 와서 통곡을 했다.

"은혜도 모르고 설쳐댔던 저희들의 행동을 용서해 주십시오."

알렉산드로스는 어느 정도 노여움이 풀리기는 했지만 여전히 그들을 만나주지 않았다. 그러나 그들도 물러가지 않았다. 그들은 이틀 밤 이틀 낮 동안 꼬박 알렉산드로스 왕의 이름을 부르며 통곡을 했다. 사흘 째 되던 날, 알렉산드로스는 드디어 그들 앞에 모습을 드러냈다. 그는 사랑하는 병사들이 초라한 꼴로 앉아 있는 것을 보고 눈물을 흘렸다. 그리고는 부드러운 말로 그들의 잘못을 꾸짖고 다시 위로를 해주었다. 그런 다음 그는 병자들에게 많은 상을 내리고, 안티파트로스에게 전하는 편지를 써서 본국으로 돌려보냈다. 그 편지에는, 공개적인 여러 자리에서 귀국한 이들에게 월계관을 씌워 주고, 극장에서는 가장 앞자리에 앉혀 주라고 씌어 있었다. 그리고 자기를 위해 목숨을 바친 전사자들의 자식들에게 그 아버지가 받던 봉급을 계속 지급하라고 했다.

왕은 다시 메디아의 엑바타나에 가서 우선 급한 일들을 처리했다. 이 일들이 끝나자 그는 잔치를 열어 마음의 여유를 가졌다. 이런 행사들을 위해 그는 그리스로부터 3천 명의 예술인들을 불러들였다. 그러나 곧 헤파이스티온이 열병에 걸려 앓아 눕게 되어 행사는 중단되고 말았다. 아직 젊고 호방한 기질을 가진 헤파이스티온은 병에 걸렸는데도 음식을 가리지 않고 몸도 돌보려 하지 않았다. 그의 병을 맡아 보던 의사 글라우코스가 연극을 보러 극장에 간 사이에는 닭 한 마리를 삶아 먹어치우고 한 항아리나 되는 포도주까지 퍼마셔 버렸다. 그 때문에 그는 병이 더욱 심해져 며칠 후에 세상을 뜨고 말았다.

왕은 이 일로 큰 슬픔에 젖어 이성을 잃었다. 그는 자기의 말과 노새들의 꼬리를 모두 잘라 버리고, 근처에 있는 성의 꼭대기를 허물어 그의 죽음을 애도하는 뜻을 나타냈다. 또 그는 운수 나쁜 의사 글라우코스를 못 박아 죽이는 한편, 진영 안에서 노래를 부르거나 악기를 연주하는 일을 금지시키고 암몬 신전에서 신탁이 오기만을 기다렸다. 암몬 신전에서 도착한 신탁은 헤파이스티온에게 영광을 드리고 그를 영웅으로 모셔 제사를 지내라는 내용이었다. 이 신탁을 받고나서야 왕의 슬픔은 조금 가라앉았다.

알렉산드로스는 슬픔을 씻어내기 위해 전쟁을 시작하기로 했다. 그는 코사이 사람들을 습격하여 사람 사냥을 하듯 온 시민들을 마구 죽였다. 그는 이것을 헤파이스티온의 영혼에게 바치는 제물이라고 여겼던 것이다. 그러고 나서 그는 만 탈렌트의 비용을 들여 헤파이스티온의 장례를 치르고 기념비를 세우기로 했다. 왕은 이 막대한 비용보다 더 우수한 창조성으로 행사를 빛내야겠다고 생각하고 조각가들 중에서 특히 스타시크라테스를 불러 이 일을 맡겼다. 그는 평소에 지극히 대담하고 웅장한 구상을 한다고 이름이 나 있었다. 그래서 왕은 오로지 스타시크라테스만이 이런 일을 훌륭하게 처리할 수 있을 것이라고 생각했던 것이다.

그 전에 두 사람은 서로 만나 이야기할 기회가 있었는데, 그때 스타시크라테스는 알렉산드로스에게 이런 말을 했다. "세상에 있는 모든 산들 중에서 트라키아에 있는 아토스 산이 사람의 형상으로 조각하기에 가장 적당하게 생겼습니다. 만일 대왕께서 명령만 하신다면, 저는 그 산을 대왕님의 조각상으로 만들어 지금까지 한 번도 만들어진 일이 없는, 그리고 영원히 남을 가장 웅대한 기념물로 만들어 드리겠습니다. 그 조각상의 대왕님은 왼손으로 인구 1만의 도시를 잡고, 오른손으로는 강을 잡아 바다에 따라넣는 모습이 될 겁니다."

그때 왕은 그런 명령을 내리지는 않았다. 왕은 그것보다 더 신기하고 웅장한 계획을 세우며 기술자들과 많은 시간을 보냈다.

알렉산드로스가 바빌론을 향해 출발하려 할 때 유프라테스 강을 따라 올라온 네아르코스가 달려왔다. 그는 알렉산드로스에게 이렇게 말했다. "얼마 전에 칼다이아의 점술가들을 몇 명 만났습니다. 그런데 한결같이 저에게 하는 말이, 알렉산드로스 대왕이 바빌론으로 가지 못하도록 말리라는 것이었습니다."

그러나 왕은 이 말을 별로 새겨듣지 않고 곧 출발을 했다.

바빌론 성벽에 가까와졌을 때 공중에서 까마귀 떼가 싸우며 서로 물어뜯고 있었다. 그 중에서 죽은 몇 마리가 알렉산드로스 바로 옆에 떨어졌다.

얼마 뒤 그는 바빌론의 총독 아폴로도로스가 신들에게 제사를 드리고 알렉산드로스의 미래를 점쳐 보았다는 소식을 듣게 되었다. 그래서 그는 그 점을 쳤다는 피타고라스를 불러 그것이 사실인지를 물어보았다. 피타고라스는 그렇다고 대답했다. 그러자 알렉산드로스는 다시 어떤 징조가 나왔느냐고 물었다. 피타고라스는 희생물의 내장이 좋지 않았다고 대답해 주었다. 이 말을 듣고 알렉산드로스는 참으로 불길한 징조라며 깜짝 놀랐다. 그러나 피타고라스는 해치지 않고 그냥 돌려보냈다. 알렉산드로스는 네아르코스의 충고를 받아들이지 않은 것을 뉘우치며, 바빌론 성 밖에다가 진을 쳤다. 그리고 이따금씩 유프라테스 강에 배를 띄워 강을 오르내리며 시간을 보냈다.

이 일 말고도 여러 가지 이상한 징조 때문에 그는 마음이 몹시 괴로웠다. 그런 일 중에는 알렉산드로스가 기르던 사자들 중에서 가장 크고 잘생긴 놈을 갑자기 순하던 당나귀가 발길질을 해서 죽여 버린 일도 있었다.

그가 향유를 바르기 위해 옷을 벗고 공놀이를 하고 있을 때였다. 같이 있던 젊은이 하나가 왕의 옷을 가지러 갔는데, 누군지도 모르는 남자 하나가 왕관을 쓴 채 왕의 옷까지 입고 옥좌에 앉아 있었다. 사람들은 그에게 누구냐고 다그쳐 물었다. 그러나 그는 아무 대꾸도 하지 않다가 한참만에 입을 열었다.

"내 이름은 디오니시오스고, 메세네에서 태어났습니다. 나는 어떤 죄를 지어 바빌론으로 끌려와 감옥에 갇혀 있었습니다. 그런데 오늘 세라피스 신[57]이 갑자기 나타나더니, 사슬을 풀어 주고 이리로 나를 데려왔습니다. 그리고는 나에게 왕의 옷을 입히고, 왕관을 씌우고, 왕좌에 앉히더니 어떤 일이 있어도 말을 하지 말라고 했습니다."

왕은 이 말을 듣고 점술가들의 말을 따라 그를 죽여 버렸다. 그러나 마음이 몹시 산란한 데다가 신들이 자기를 버렸다는 생각 때문에 두려운 생각이 들기 시작했고, 가까이 있는 친구들까지 의심하게 되었다. 그렇게 되자 특히 안티파트로스와 그의 아들들은 대단히 걱정스러워졌다.

안티파트로스의 아들 중에서 이올라스는 왕의 잔에 술을 따라주는 시종관이었다. 그리고 또 한 사람의 아들인 카산드로스는 얼마 전에야 이곳에 도착한 사람으로, 그리스 식 교육을 받으며 자란 까닭에 동방의 풍속을 잘 몰랐다. 그래서 그는 야만인들이 알렉산드로스에게 경배하는 의식을 보고는 크게 소리를 내어 웃은 일이 있었다. 그러자 화가 난 알렉산드로스는 카산드로스의 머리를 움켜잡고 벽에다 처박아 버렸었다.

또 한 번은 그의 아버지가 고발을 당하자 카산드로스가 변호하려고 했었는데, 그

---

57) 고대 이집트의 신. 오시리스와 아피스 두 신의 성격을 갖춘 신으로 민간에서 숭배되었다. 그 신앙은 나중에 그리스와 로마로 전해졌다.

때 알렉산드로스는 말을 가로막으며 이렇게 말했다. "무슨 말을 하려고 그러는 건가? 그러면 이 사람들이 학대를 받은 일도 없는데, 오로지 그대의 아버지를 모함하기 위해 이렇듯 먼 길을 달려왔단 말인가?"

카산드로스는 대꾸했다. "증거가 있는 곳을 떠나 이렇게 멀리까지 왔다는 것 자체가 수상합니다."

이 말을 듣고 알렉산드로스는 웃으면서 말했다. "그런 말은 아리스토텔레스한테서 배운 궤변일 뿐이다. 그런 말은 양쪽 다한테 적용이 되는 것이니까 말이야."

그리고는 이렇게 덧붙였다. "만일 이 고소인들에게 조금이라도 해를 끼쳤다가는 너와 너희 아버지 둘 다 엄벌에 처하겠다."

이와 같은 일은 카산드로스의 기억 속에 항상 떠나지 않고 있어서, 그는 알렉산드로스를 무척 두려워했다. 그래서 뒤에 마케도니아의 왕이 되고 그리스 전체의 주인이 되었던 카산드로스는 델포이 신전의 조각상들을 구경하다가 알렉산드로스의 조각상을 발견하고는 깜짝 놀라 온몸을 덜덜 떨었다. 그때 그는 현기증이 일어나 정신을 잃고는 한참 뒤에야 깨어났다고 한다.

한편 이런 불길한 징조에 시달리게 된 알렉산드로스는 어떤 일에나 쉽게 놀라고 사람을 의심하게 되었다. 조금만 이상한 일이 일어나도 큰 불상사가 일어나거나 흉악한 일이 생길 것이라고 생각했다. 이렇게 되자 그의 주위에는 수많은 예언가와 점술가들이 들끓게 되었다. 신을 믿지 않거나 경멸하는 일도 무서운 일이지만, 이처럼 미신에 너무 얽매이는 것도 그에 못지 않게 무섭고 비참한 일이었다. 이것은 마치 물이 흐르는 이치와 같다. 흐름을 멈추지 않는 물처럼 알렉산드로스의 마음속은 온통 두려움과 어리석음으로 가득 채워지고 있었던 것이다. 헤파이스티온에 대한 신탁이 왔을 때, 그는 잠시 동안 시름을 잊을 수 있었다. 그러나 곧 제사와 술에 다시 빠져들고 말았다.

그러던 어느 날 네아르코스 일행이 도착했다. 알렉산드로스는 그들을 환영하며 성대한 잔치를 베풀어 주었다. 잔치가 끝나자 알렉산드로스는 여느 때처럼 잠자리에 들기 전에 목욕을 했다. 그때 마침 메디우스의 초청이 와서 그의 궁궐로 가게 되었다. 여기서 그는 밤새도록 술을 마시고 다음날도 온종일 술을 마셔댔다. 그런데 갑자기 몸에 심한 열이 오르기 시작했다.

기록에 따르면, 그가 그런 열병에 시달린 것은 헤라클레스의 커다란 술잔을 한꺼번에 들이킨 다음이었다고도 하고, 갑자기 창으로 몸을 찌르는 듯한 아픔을 느끼고 나서였다고도 하지만 어느 것도 사실은 아닌 것 같다. 왜냐하면 역사가들은 때때로 위대한 업적을 남긴 영웅의 최후를 가능한 한 비극적이고 감동적으로 만들려고 이야기를 꾸며내는 경우가 많기 때문이다.

아리스토불로스가 전하는 기록에 따르면, 그는 높은 열과 심한 갈증에 시달리다가 단숨에 포도주를 마셔 버린 다음부터 미친 사람처럼 고래고래 소리를 질렀다고 한다. 그러고 나서 혼수 상태에 빠져들었고 급기야 다이시우스 달[58] 30일에 세상을 떠났다고 한다.

왕의 일지에는 그때의 일이 다음과 같이 기록되어 있다.

다이시우스 달 18일.

왕은 심한 열 때문에 목욕실에서 잠을 잤다. 다음날 왕은 침실로 돌아와서 메디우스와 함께 주사위 놀이를 하며 하루를 보냈다. 그날 저녁 왕은 목욕을 하고 신에게 제사를 드린 다음 저녁 식사를 했다. 그날 밤에도 열이 심했다.

20일. 평소와 같이 목욕을 하고 신에게 제사를 드렸다. 목욕탕에 누워 네아르코스의 항해담과 바다에 대한 이야기를 매우 재미있게 들었다.

21일. 전날과 같은 하루를 보냈다. 다만 열이 심해져서 밤새도록 몹시 앓았다. 다음날은 열이 더욱 심해졌다. 왕은 부축을 받으면서 일어나 목욕통 옆자리에 누웠다. 그리고 장군들과 의논을 하여 적당한 사람으로 군대에 생긴 결원을 보충하기로 했다.

24일. 병세는 더욱 나빠졌지만 왕은 일어나서 제사를 드렸다. 그리고 장군들은 곁을 떠나지 말고, 하급 장교들은 문 밖을 지키며 밤을 새우라고 명령했다.

25일. 강 건너편에 있는 궁궐로 자리를 옮긴 뒤 잠을 조금 잤으나 열은 내리지 않았다. 장군들이 침실에 들어갔을 때는 혼수 상태에 있었다. 다음날도 같은 상태가 계속되었다. 마케도니아 병사들은 왕이 돌아가신 줄

---

58) 마케도니아의 달 이름으로 아테네의 무니키온 달에 해당한다. 대체로 오늘날의 4월경이다.

알고 모두 몰려와 소란을 일으키며 왕의 막료들을 협박하여 안으로 들어왔다. 그들은 무장을 벗은 뒤 차례로 왕의 침상 곁을 지나며 쾌유를 빌었다. 같은 날 피톤과 셀레우코스를 세라피스의 신전으로 보내, 왕을 그곳으로 옮기는 것이 어떤지를 물었다. 그러나 옮기지 말라는 신탁이 내려왔다. 28일. 저녁에 마침내 왕이 돌아가셨다.

이 기록은 왕실의 일기 중에 있던 것을 그대로 옮겨 적은 것이다.

알렉산드로스가 죽었던 당시에는 왕이 독살당했다는 의혹은 전혀 없었다. 그러나 역사가들의 기록에 의하면, 그로부터 6년 뒤에 올림피아스가 독살의 증거를 찾아냈다고 한다. 그래서 올림피아스는 많은 사람들을 사형시키고, 이미 세상을 떠나고 없는 이올라스를 마치 독살의 주범인 듯 몰아세운 뒤 그의 유해를 꺼내 땅바닥에 버렸다고 한다.

역사가들에 따라서는 아리스토텔레스가 안티파트로스를 꾀어 독살을 종용했으며, 아리스토텔레스가 그 독약을 운반시켰다고 주장하는 사람도 있다. 그들은 이 주장의 증거로, 하그노테미스라는 사람이 알렉산드로스의 부하 안티고노스에게 이 말을 직접 들었다는 사실을 내세우고 있다. 이들의 주장에 의하면, 이 독약은 노나크리스 지방의 어떤 절벽에서 떨어지는 물로 얼음보다 더 차가웠다고 한다. 이슬을 모으듯이 물을 모은 것이 바로 그 독약이었는데, 너무도 차고 침투력이 강하기 때문에 다른 그릇에는 아예 담을 수 없고 말발굽 속에만 저장할 수 있었다고 한다.

그러나 대부분의 역사가들은 이 주장들을 단순히 꾸며낸 이야기로 생각하고 있다. 알렉산드로스가 세상을 떠난 뒤 여러 장군들은 서로 세력다툼을 하느라고 시체를 여러 날 동안 후덥지근한 방에 내버려 두었다. 그런데도 왕의 시체에는 독이 오르거나 썩은 흔적이 안 보였고 신선한 피부를 그대로 유지하고 있었다고 한다. 역사가들은 이 사실을 근거로 독살로 죽었다는 주장을 반박하고 있다.

알렉산드로스가 죽었을 당시 록사나는 임신중이었는데, 그녀는 마케도니아 사람들로부터 많은 존경을 받고 있었다. 그런데 스타티라를 질투하고 있던 록사나는 왕의 글씨를 흉내내어 스타티라에게 편지를 보내 그녀를 불렀다. 스타티라가 여동생과 함께 도착하자 록사나는 두 사람을 모두 죽이고, 시체를 우물 속에 던진 다음 흙으로 덮어 버렸다.

이때 록사나와 함께 이 일을 꾸민 사람은 페르디카스[59]였다. 그는 알렉산드로스가 죽자 아리다이오스[60]를 마케도니아의 명목상의 왕으로 앉히고, 그 그늘에 숨어 모든 권력을 마음대로 쥐고 흔들었다. 아리다이오스는 필린나라는 어느 천박한 여자에게서 태어난 필리포스 왕의 아들이었다. 그는 몹시 지능이 낮았는데, 원래부터 신체나 정신에 결함이 있었던 것은 아니었다. 사실 그는 어렸을때 축복된 앞날을 약속받을 만큼 훌륭한 소년이었지만 올림피아스가 그에게 독약을 먹이는 바람에 한동안 시름시름 앓게 되었다. 그런 다음부터 아리다이오스는 건강뿐 아니라 지능까지 떨어져 완전히 바보가 되어 버렸던 것이다.

---

59) 알렉산드로스의 부하 장군. 왕이 죽은 뒤 록사나와 대왕의 유복자인 알렉산드로스 4세를 위한 섭정으로 지명되었다.

60) 알렉산드로스 대왕의 부왕인 필리포스 2세의 사생아. 알렉산드로스가 죽은 다음 마케도니아의 왕이 되었다. 그러나 6년 뒤인 기원전 317년에 올림피아스의 명령에 따라 살해되었다.

34
카이사르

(CAESAR, BC 100~44)

로마의 정치가이며 군인. 대범하고 용맹스러웠으나, 친절하고 너그러운 면도 갖추고 있었다. 법무관, 총독, 대제관, 집정관은 물론 1인 집정관의 지위까지 오르는 등 로마의 권력을 한 손에 쥐고 있었다. 역사상 가장 뛰어난 장군으로 평가되며, 갈리아에서 수많은 나라들을 정복하였다. 브루투스의 음모에 의해 암살당했다.

로마의 정권을 장악하게 된 술라는 카이사르와 코르넬리아[1]를 이혼시키려고 몹시 애를 썼다. 카이사르의 아내 코르넬리아는 로마의 1인 통치자였던 킨나의 딸이었는데, 술라는 온갖 협박과 달콤한 말로 꾀었지만 그녀는 말을 듣지 않았다. 그러자 화가 난 술라는 코르넬리아의 결혼지참금을 몰수해 버렸다. 술라는 이처럼 카이사르를 무척이나 미워하였다. 왜냐하면 카이사르가 그와 사이가 나빴던 마리우스[2]의 인척이었기 때문이었다. 즉, 마리우스와 카이사르의 고모 율리아가 결혼하여 마리우스 2세를 낳았으므로 카이사르는 마리우스 2세와 고종 사촌간이었다. 술라는 카이사르의 세력을 약화시켜서 마리우스파를 없애려고 하였다. 하지만 술라에게는 맞서야할 세력이 많았고 카이사르도 아직 나이가 어렸기 때문에 별로 신경을 쓰지 않았다.

---

1) 처음에 코스타이라는 어느 부자의 딸과 약혼했지만 곧 파혼하고 코르넬리아와 결혼했다.
2) 로마의 장군이며 정치 지도자(BC 155?~89).

카이사르는 어린 나이에 제관[3] 후보로 나섰다. 술라는 처음에는 카이사르가 당선되지 않도록 방해 공작만을 펼쳤지만, 나중에는 죽이려고까지 하였다. 이때 누군가가 그까짓 어린아이를 죽일 필요가 있느냐고 말하자 그는 이렇게 대꾸했다. "비록 어린아이에 불과하지만, 그놈의 마음 속에는 여러 놈의 마리우스가 들어앉아 있소. 당신한테는 그게 안 보입니까?"

그는 질문했던 사람을 이런 말로 비난하였다.

한편 카이사르는 재빨리 사비니 지방으로 피신하였다. 그러나 얼마 후 병이 들어 한밤중에 피신처를 옮기다가 술라의 병사들에게 붙잡히고 말았다. 그러자 카이사르는 2탈렌트의 뇌물을 대장 코르넬리우스에게 주고 목숨을 건진 후, 곧장 배를 타고 비티니아로 갔다.

비티니아는 니코메데스 왕이 다스리고 있었는데, 카이사르는 잠시 이곳에 머물러 있었다. 그러나 그는 비티니아에서 배를 타고 로마로 돌아오다가 파르마쿠사 섬[4] 부근에서 지중해를 장악하고 있던 해적에게 붙잡히고 말았다. 해적들은 카이사르에게 몸값으로 20탈렌트를 내면 놓아 주겠다고 말했다. 이 말을 들은 카이사르는 자신의 가치를 알지 못하는 어리석은 놈들이라고 비웃으며 오히려 자청해서 돈을 50탈렌트로 올려 주겠다고 말했다. 그리고 부하들에게 돈을 구해 오라고 명령했다. 그동안 그는 가장 악독하다고 소문난 킬리키아 인 해적들 틈에서 친구 하나와 부하 둘만을 데리고 있었다.

하지만 카이사르는 붙잡혀 있으면서도 해적들을 몹시 얕잡아 보았다. 예를 들어, 잠을 잘 때, 그는 해적들에게 절대 떠들지 말라고 명령을 내리는 등 38일 동안 포로로 있었다기보다는 오히려 왕처럼 거리낌없이 지냈다.

마침내 카이사르의 몸값이 밀레토스에서 도착했다. 그는 곧 풀려나 밀레토스로 갔다. 그리고 군사들을 모아 해적들을 공격해 쳐부수었다. 그리고 아시아의 총독이며 해적들의 법적 처벌권이 있는 법무관인 유니우스에게 해적들을 넘겨 버렸다. 그러나 유니우스는 해적들의 재물에 탐이 나 이들의 처벌을 신중히 고려해 보아야 되겠다고 말하였다. 그러자 화가 난 카이사르는 해적들을 모조리 감옥에서 끌어내어

---

[3] 당시 제관은 3명의 고급 관리와 12명의 하급 관리로 구성되어 있었다.

[4] 밀레토스 근처에 있던 섬.

십자가에 매달아 죽여 버렸다.

그러는 동안 로마에서는 술라의 세력이 점점 약해지고 있었다. 이런 형편을 지켜본 카이사르의 친구들은 그에게 로마로 되돌아오라고 권유했다. 그 당시 카이사르는 로도스 섬에서 몰론의 아들 아폴로니오스[5]에게 가르침을 받고 있었다. 아폴로니오스는 당시 훌륭한 웅변 선생님인 동시에 훌륭한 인격을 지닌 사람으로서 사람들로부터 큰 칭송을 받고 있었다. 그래서 키케로도 아폴로니오스로부터 가르침을 받았다고 한다.

카이사르는 선천적으로 정치적인 웅변에 소질을 타고난 데다가 공부도 열심이어서 마침내는 키케로 다음가는 아폴로니오스의 제자가 되었다. 그러나 카이사르는 정치와 무력에 더 큰 관심을 가지고 있었으므로 웅변에는 별 뜻이 없었다. 즉 정치적으로 최고의 위치에 서고 싶었던 것이다. 그래서 키케로의 〈카토〉를 읽고 〈반(反) 카토〉를 발표하였다. 카이사르는 군인의 연설문과 연설에 있어서 능수능란한 연설가의 연설문을 비교한다는 것은 옳지 못하다고 얘기하고 있다.

마침내 카이사르는 기원전 77년에 로마로 돌아왔다. 그는 도착하자마자 곧 마케도니아의 총독 돌라벨라[6]를 고발하였다. 그러자 그리스의 많은 도시들도 돌라벨라의 비리를 증언하기 위해 많은 사람들을 보내왔다. 하지만 돌라벨라는 무죄로 석방되고 말았다.

그 뒤 카이사르는 그리스 사람들의 은혜를 갚기 위해, 기원전 76년에 푸블리우스 안토니우스[7]가 마케도니아의 총독 마르쿠스 루쿨루스[8]로부터 뇌물을 받았다는 혐의로 고발을 당하자, 그리스 사람들을 도와주었다. 카이사르의 변호가 도움이 되어 자신이 불리해지자, 안토니우스는 그리스에서는 그리스 사람의 재판을 공평하게 할 수 없다며 법정을 로마로 옮겼다. 하지만 로마의 법정에서도 카이사르는 훌륭한 변호연설로 많은 사람들에게 신뢰와 존경을 받았다.

카이사르는 만나는 사람마다 반갑게 인사를 건넸고, 그들을 늘 친절하게 대했을 뿐만 아니라 항상 재치가 있어서 민중들에게 아낌없는 칭찬을 받았다. 또한 성대하

---

5) 갈리아의 아라반타 사람으로 웅변을 가르쳤으며 기원전 87년에 로마에 들어와 약 6년 동안을 이곳에서 지냈다.
6) 기원전 81년에 집정관을 지낸 사람으로 나중에 마케도니아를 통치하는 총독이 되었다.
7) 카이우스 푸블라우스 안토니우스. 기원전 63년에 키케로와 함께 집정관을 지냈던 사람이다.
8) 이 전기에 실린 루쿨루스의 동생으로 당시 법무관을 지내고 있었다.

게 잔치를 벌이고 많은 사람들을 초대하여 조금씩 자신의 정치 세력을 넓혀나갔다.

한편, 카이사르를 미워하던 사람들은 그가 돈이 없어지면 그의 세력도 약해질 것이라고 생각하고, 민중 사이에서 그의 세력이 자라나는 것을 보고도 그다지 신경쓰지 않았다. 하지만 카이사르를 지지하는 세력은 점점 커졌다. 그리고 누구도 무시할 수 없을 정도가 되어 곧 개혁이라도 일으킬 기세를 보이게 되었다. 결국 카이사르를 미워하던 사람들은, 처음에는 약한 세력이더라도 열심히 노력하고 쌓아나가면 순식간에 강한 세력이 되어 누구도 꺾을 수 없게 된다는 것을 깨닫게 되었다. 그러나 이미 수습할 수 없는 상황이 되어 있었다.

이와 같은 카이사르의 정책을 가장 먼저 알아차린 사람은 웅변가 키케로였다. 그는 잔잔한 바다를 보고도 폭풍우가 일어날 것을 알아차리는 사람처럼 카이사르의 부드러운 웃음 속에 독재자적인 모습이 감추어져 있음을 알고 이렇게 얘기했다.

"그렇게 머리를 정성스럽게 빗고, 한 손가락으로 머리를 만지던 사람이 로마의 정권을 뒤엎을 야망을 가지고 있었으리라고는 꿈에도 생각하지 못했소."

그러나 이 말은 이미 카이사르가 힘을 키우고 난 후의 말이었다.

카이사르는 군사 호민관[9]으로 출마하면서, 민중들의 지지를 받고 있다는 첫 번째 증거를 보여 주었다. 카이사르는 이 선거에서 카이우스 포필리우스와 경쟁하였으나 커다란 표차로 당선되었다. 그 뒤 카이사르에 대한 민중의 지지가 더욱 뚜렷이 나타나게 된 것은 마리우스의 아내이며 자신의 고모이기도 한 율리아가 죽자, 그가 대담하게도 율리아와 그녀의 남편 마리우스의 초상을 들고 나와 연설을 했을 때부터였다.

마리우스와 술라는 사이가 매우 좋지 않았다. 하지만 술라가 정권을 잡고 있었으므로 마리우스와 그의 지지자들은 국가의 적으로 선언되어 있는 형편이었다. 그런 가운데 카이사르가 한 이

율리우스 카이사르

---

9) 로마의 군단을 지휘하던 지휘관으로, 모두 6명으로 구성되어 있었으며 교대로 군대를 지휘하였다.

러한 행동은 술라가 정권을 잡은 이래 처음 있는 일이었으므로 온 나라를 떠들썩하게 만들었다. 카이사르의 당돌하고 대담한 행동에는 비난의 소리와 찬성의 소리가 함께 들렸다. 하지만 찬성하는 소리가 훨씬 높았다. 군중들은 환호성을 올리며 잊혀졌던 마리우스의 영광을 되찾은 카이사르를 환대했다.

당시 로마에서는 나이가 많은 부인이 죽었을 때만 추도 연설을 할 수 있는 풍습이 있었다. 하지만 카이사르는 자신의 젊은 아내의 죽음을 안타까워 하는 연설을 하여 새로운 관례를 만들기도 했다. 또한 그는 이 일로 인정이 많은 사람이라는 얘기까지 듣게 되었다.

카이사르는 아내의 장례를 치른 다음, 법무관 베투스의 재무관으로 스페인을 향해 떠났다. 카이사르는 그를 매우 존경하고 있었다. 나중에 그가 죽고 나서 자신이 법무관이 되자 그의 아들을 재무관으로 삼기도 했다.

카이사르는 법무관을 지낸 다음 폼페이아를 두 번째 아내로 맞아들였다. 카이사르에게는 첫 번째 아내 코르넬리아와의 사이에서 얻은 딸이 하나 있었는데, 그녀는 나중에 폼페이우스와 결혼하였다.

카이사르는 씀씀이가 헤퍼서 관직을 얻기도 전에 1,300탈렌트나 되는 큰 빚을 지고 있었다. 카이사르를 미워하는 사람들은 그가 돈으로 사람들의 인기를 모으려 한다며 비난했다. 그러나 카이사르의 이런 행동은 적은 투자로 커다란 결과를 얻는 것이었다. 그는 아피아 국도[10]를 연장하는 사업에 감독관이 되자 막대한 사업비를 충당하기 위해 자신의 재산까지 내놓았다. 또 그는 조영관[11]으로 선출되었을 때 검투사들을 모아 성대한 대회를 320번이나 열어 민중들에게 즐거움을 주었다.

또 그는 민중들을 위해 연극이나 행렬 등을 성대히 열어 주기도 했다. 한 번도 그처럼 화려한 대회를 본 적이 없던 민중들은 다시 한 번 카이사르를 존경하게 되었고, 더 나아가서는 그에게 새로운 직위의 영광을 주기 위해 열심히 노력하였다. 이렇게 해서 카이사르는 민중들의 인기를 끌어모을 수 있었다.

당시 로마의 정권은 두 개의 파로 갈라져 있었다. 그 하나는 이미 상당한 세력을

---

10) 기원전 312년, 집정관을 지내고 있던 아피우스 클라우디우스가 건설한 도로이다.

11) 공공건물이나 수도, 운동, 연극, 공문서 등을 관리했다. 이 관직은 당시 원로원으로 들어갈 수 있는 가장 명예로운 지위였으며, 카이사르는 기원전 65년에 이 직위에 올랐다.

가졌던 절대적 지도자 술라였고, 또 하나는 그의 반대 세력으로서 이미 세력이 기울어져 있던 마리우스 일파였다. 카이사르는 이미 약해질 대로 약해진 마리우스 파를 강화하여 자신의 정치 세력으로 만들려고 비밀스럽게 계획을 세웠다.

카이사르는 조영관이 되자 민중의 인기를 모으고자 노력했다. 그리고 마침내 이 노력이 성과를 거두자 마리우스와 승리의 여신의 동상을 만들어 아무도 없는 한밤중에 카피톨리누스[12] 언덕에 세웠다.

다음날 아침, 사람들은 금빛 찬란하고 황홀할 정도로 아름다운 동상이 서 있는 것을 보았다. 더군다나 거기에는 마리우스가 킴브리족을 무찌른 행위를 찬양하는 글까지 새겨져 있었다. 사람들은 이 동상에 감탄했고, 또한 그것을 세운 사람의 대담한 용기에 탄복했다. 사람들은 누가 그것을 세웠는지 금방 짐작으로 알아차릴 수 있었다. 이 소문은 순식간에 퍼져서 많은 사람들이 이 동상을 보기 위해 모여들었다.

그때 어떤 사람은 이렇게 말했다.

"카이사르가 원로원의 명령으로 이미 사라져 버린 사람들의 영광을 다시금 되살리려는 것은 정부에 대한 노골적인 반감을 드러내는 것이다. 따라서 카이사르는 자신이 혁명을 일으킨다면 사람들이 어떻게 할 것인지를 알아보려고 그런 것이 분명하다. 많은 사람들에게 성대한 잔치를 베풀었지만 결국 그는 독재자가 되려는 것이 틀림없다."

사람들이 계속해서 몰려들자 뿔뿔이 흩어져 있던 마리우스 파도 용기를 되찾게 되었다. 사람들은 카피톨리누스 언덕에 몰려들어 마리우스 동상을 보고 감격의 눈물을 흘리며 기뻐하였다. 그리고 카이사르야말로 마리우스의 진정한 친척이라고 칭찬하였다.

이 사건을 해결하기 위해 원로원이 소집되었다. 당시 로마에서 가장 이름이 널리 알려져 있던 카툴루스 루타티우스는 이렇게 말했다.

"이것 보시오, 카이사르. 여태까지는 지하에서 몰래 일을 꾸미더니 이제는 아예 드러내 놓고 나라를 뒤엎으려 드는군요."

그러자 카이사르는 원로원 의원들을 충분히 설득시킬 만한 연설을 하였다. 이 일로 그를 지지하는 사람들은 더욱더 활기를 띠게 되었고, 민중들의 지지가 이토록 높으니 멀지 않아 분명히 로마의 실권을 쥐게 될 것이라고 하기도 했다.

---

12) 유피테르 신전이 있는 로마의 7언덕 중의 하나.

그즈음 대제관으로 있던 메텔루스[13]가 세상을 떠났다. 대제관 직위는 매우 영광스러운 자리였으므로, 원로원 의원들 사이에서도 가장 널리 알려지고 세력도 컸던 이사우리쿠스[14]와 카툴루스가 후보로 나서게 되었다.

한편 카이사르도 당당히 그들과 맞서 대제관의 후보로 출마하였다. 그 세 사람은 각각 사람들의 인기가 비슷했으나, 자신감이 부족했던 카툴루스는 카이사르에게 많은 돈을 줄 테니 후보를 사퇴해 달라고 부탁했다. 그러나 카이사르는 결코 물러날 수 없다며 그의 제안을 거절했다.

드디어 선거일이 되었다. 카이사르는 집을 나서면서 어머니에게 눈물로 인사를 드렸다. 그리고 이렇게 말했다.

"어머님! 오늘은 제가 대제관이 되거나, 아니면 이 나라에서 쫓겨나는 운명의 날입니다."

투표는 아슬아슬하게 진행되다가 결국 카이사르의 당선으로 끝이 났다. 카이사르가 대제관이 되자 원로원 의원들과 귀족들은 그가 민중을 동원하여 난리를 일으킬까 봐 매우 두려워하였다. 그래서 피소와 카툴루스는 카틸리나의 반란 사건 때 카이사르를 살려둔 키케로를 비난하였다. 이 반란 사건은 국가 정치의 변혁을 목표로 했던 것으로 고위 관리를 전부 암살하고 나라를 혼란 속에 빠뜨리려고 했다. 그러나 발각되기 전에 다른 가벼운 죄목으로 처벌이 내려지자 음모자들은 모두 흩어지고 말았다.

그러나 그의 세력이었던 렌툴루스[15]와 케테구스는 그 뒤에도 계속 로마에 남아 있었다. 그때 카이사르가 그들을 위해 어떤 도움을 주었는지는 분명하게 나타나 있지 않다. 그러나 그 음모자들이 원로원에 잡혀서 유죄 판결을 받게 되었던 일은 확실한 증거가 남아 있다. 집정관이었던 키케로가 원로원 의원들에게 그들의 처벌 문제를 물었을 때, 의원들은 사형을 내려야 한다고 주장했다. 그러나 카이사르는 이렇게 말했다.

"원로원 의원 여러분, 이 두 사람은 가문도 좋고 학식도 있는 훌륭한 사람들입니다. 이런 사람들을 뚜렷한 이유도 없이 정식 재판도 거치지 않은 채 죽인다는 것은 그릇된 일이며 법에도 어긋나는 일입니다. 그러므로 지금의 전쟁이 끝날 때까지 집

---

13) 기원전 80년에 집정관을 지냈던 사람으로 술라 일파에 속해 있었다.
14) 처음에는 카토를 지지했으나 카이사르 편으로 옮겨갔다. 기원전 48년에 집정관을 지냈다.
15) 기원전 71년에 집정관을 지냈던 사람. 원로원에서 추방당했다가 기원전 63년에 다시 법무관이 되었다.

정관인 키케로가 정하는 이탈리아의 도시 중 하나에 가두어 두었다가, 전쟁이 끝난 뒤에 그들의 죄를 충분히 조사하고 처벌을 내리도록 합시다."

카이사르의 이 제안은 매우 인간적이고 도덕적인 제안이라고 여겨졌을 뿐만 아니라 매우 설득력 있는 연설이었기 때문에 의원들은 모두 카이사르의 의견에 찬성하였다.

드디어 마지막으로 카토와 카툴루스의 차례가 되었다. 두 사람은 카이사르의 의견에 반대를 했다. 심지어 카토는 카이사르가 반란 사건에 가담했다는 말까지 했다. 이렇게 해서 결국 두 음모자들은 사형 집행인의 손에 넘겨지고 말았다.

그런데 카이사르가 원로원에서 나오려고 할 때, 키케로의 호위병들이 그에게 칼을 뽑아들고 달려들었다. 마침 쿠리오[16]가 자신의 외투를 벗어서 카이사르를 가려 주었으므로 몰래 빠져나갈 수 있었다. 그때 키케로는 호위병들에게 카이사르를 죽이지 말라고 명령했다고 한다. 그에 대한 민중의 지지가 두려워서였는지, 아니면 인도적인 면에서 카이사르를 죽이는 것이 옳지 않다고 생각되어서였는지 그것은 알 수가 없다.

그러나 만약 이것이 사실이었다면, 키케로가 집정관으로 있던 때의 일들을 적은 책에서 왜 이 일에 관한 것은 한 마디도 적지 않았는지 알 수가 없다. 아무튼 키케로는 이 일 때문에 카이사르를 죽일 수 있는 모처럼의 좋은 기회를 놓쳤다는 비난의 말을 듣게 되었다. 당시 카이사르에 대한 민중의 지지가 높았기 때문에 카이사르를 죽이지 못했다고 하는 사람들도 있다.

이 일이 있은 얼마 후, 카이사르는 원로원에 나가서 자신이 의심을 받은 것에 대해 정당한 해명을 해 달라고 요구했다. 하지만 그 연설은 원로원의 반발을 사게 되었으므로 회의는 오랜 시간 동안 계속되었다. 그러자 사람들은 카이사르의 석방을 외치며 원로원을 포위하기 시작했다.

이렇게 되자 카토는 사람들이 카이사르에게 모든 희망을 걸고 한결같은 지지를 보내고 있으므로 이것이 점점 커져 민중 혁명의 불씨가 될까봐 두려워하기 시작했다. 그래서 그는 원로원 의원들을 설득하여 빈민들에게 매달 구호양식을 나누어 주도록 하였다. 그 결과 1년에 750만 드라크마나 더 지출하게 되었지만 불안한 사태를 해결하는 데 커다란 도움을 주었다. 또한 그즈음은 카이사르가 법무관으로 나길 참

---

16) 기원전 76년에 집정관을 지냈던 사람.

이었는데, 이 조치로 인해 그의 세력은 크게 약화되었다.

카이사르가 법무관으로 있을 동안에는 별다른 일이 생기지 않았다. 하지만 카이사르의 집안에는 불행한 일이 있었다. 푸블리우스 클로디우스라는 재산 많고 말도 잘하는 귀족 출신의 사람이 있었는데, 그는 성격이 거칠기로 아주 유명했다. 그런 그가 카이사르의 아내 폼페이아를 사랑하였으며, 폼페이아 또한 그를 그다지 싫어하지 않는 눈치였다. 그러나 신중하고 생각이 깊은 카이사르의 어머니 아우렐리아가 늘 며느리의 행동을 지켜보고 있어서 두 사람의 밀회는 매우 힘든 일이었다.

한편 당시의 로마 사람들은 보나[17]라는 여신을 섬기고 있었다. 그리스인들이 키나이케아라고 부르는 여신이기도 하다. 프리기아인들은 이 여신이 본래 자기들의 신이며, 이 신은 자신들의 왕인 미다스의 어머니라고 말한다. 하지만 로마 사람들은 이 여신은 숲의 요정 중의 하나로, 파우누스[18]와 결혼했다고 생각하였다. 또한 그리스 사람들은 이 여신은 바코스의 어머니로서, 그 이름을 함부로 불러서도 안 된다고 하였다. 이 신에게 제사를 지낼 때는 포도나무 가지로 지붕을 덮고, 신화처럼 한 마리의 신성한 구렁이를 여신 곁에 놓아 두고 제사를 지냈다. 특히 제사를 지낼 때 남자는 절대로 가까이 오지 못하게 했으며, 여자들끼리만 비밀리에 오르페우스의 비밀 종교의 제사를 지내면서 많은 행사를 벌였다고 한다. 따라서 이 날은 집정관이나 법무관이라도 남자는 모두 집 밖에 나가 있어야만 했다. 그리고 여자들만 남아서 모든 준비를 한 뒤 한밤중에 제사를 지내고, 밤새도록 노래를 부르고 춤을 추며 놀았다.

한편, 계속 기회를 엿보고 있던 클로디우스는 폼페이아가 집에서 제사를 지내고 있을 때 여자처럼 치장하고 가수로 변장하여 그녀의 집으로 갔다. 그는 집에 도착하자마자 미리 알아둔 여종의 안내로 쉽게 집으로 들어갈 수 있었다. 여종은 폼페이아에게 이 사실을 알리려고 했다.

그런데 넓은 집 안을 거닐고 있던 클로디우스는 그만 카이사르의 어머니 아우렐리아의 여종과 마주치고 말았다. 그 여종은 그를 여자로 생각하고 놀이를 함께 하자고 하였다가 거절하자 그녀는 그에게 어디서 온 누구인지 물었다. 그는 폼페이아의

---

17) 착한 여신이라는 뜻으로 자식이 많은 이탈리아의 여신이다. 이 여신에게 지내는 제사는 12월 3, 4일이라고도 하고, 5월 1일이라고도 한다.
18) 숲과 들과 목장을 다스리는 로마의 신. 그리스 신화에 나오는 판과 같으며, 사람의 몸과 양의 머리, 그리고 뿔과 꼬리를 가지고 있다. 생활이 문란했던 신이라고 한다.

시녀인 아브라를 기다린다고 말했다. 그런데 바로 그녀가 아브라였다. 더구나 목소리 때문에 남자인 것까지 눈치 챈 여종은 비명을 지르면서 사람들이 있는 곳으로 달려갔다. 그 소란으로 여자들은 모두 깜짝 놀랐다. 아우렐리아는 제사를 중지하고 신성한 물건들을 감추었다. 그리고는 모든 문을 잠그게 하고는 등불을 들고 그를 찾기 시작하였다. 그는 자신을 들어오게 한 여종의 방에 숨어 있다가 금방 들켜서 쫓겨나고 말았다.

여자들은 자신들의 집으로 돌아가 남편들에게 사실을 알렸다. 다음날 아침 로마의 시내에는 클로디우스가 신을 모독하였다는 소문이 쫙 퍼졌다. 부인들뿐만 아니라 신들까지 모욕하였으니 심한 벌을 내려야 한다고 모든 사람들이 떠들어댔다.

그때 호민관 한 명이 클로디우스를 종교 모독죄로 고발하였다. 또한 원로원 의원들도 여러 가지 증거를 제시하며 루쿨루스의 아내인 자기의 친 누이와의 불미스러운 관계도 고발했다. 그러나 민중들은 오히려 클로디우스의 편을 들며 귀족들에게 반감을 나타냈다. 이와 같은 민중들의 지지는 재판관들에게도 많은 영향을 미쳐 클로디우스에게는 큰 도움이 되었다.

한편 카이사르는 이 사건으로 품페이아와 이혼을 하게 되었지만, 그가 증인으로 법정에 섰을 때는 클로디우스의 고소 이유를 잘 모르겠다고 말하였다. 이 말에 놀란 고소인들은 그에게 다음과 같은 질문을 던졌다.

"그럼, 당신은 왜 부인과 이혼했습니까?"

"내 아내는 그런 행동을 해도 안 되지만, 그런 의심도 받아서는 안 되기 때문이오."

결국 클로디우스는 석방되었다. 그러나 대부분의 재판관들은 그를 유죄로 판결하여 사람들의 미움을 사거나, 또 무죄로 석방하여 귀족들에게 비난을 받지 않도록 하기 위해 알아볼 수 없는 글씨로 적어 투표를 했다고 한다.

카이사르는 법무관의 임기를 마치자 스페인의 총독으로 임명되었다. 그런데 그가 떠나려고 하자 돈을 빌려 준 사람들이 몰려와 빚을 갚으라고 요구했다. 카이사르는 곧 부자였던 크라수스에게 찾아가서 도움을 청했다. 크라수스 또한 정치적으로 폼페이우스와 대립적인 관계에 있었으므로 다른 어느 때보다 카이사르의 힘이 필요하던 시기였다. 그러므로 크라수스는 심하게 독촉해대는 빚쟁이들에게 830탈렌트나 되는 돈의 보증을 서 주었다. 이렇게 한 뒤에야 카이사르는 그가 새로이 다스려야 할 스페인으로 떠날 수 있게 되었다.

스페인으로 가던 도중 알프스 부근에서 이런 일이 있었다. 사람도 얼마 살지 않는 가난한 야만인들의 마을을 지나게 되었을 때였다. 카이사르는 부하들의 농담을 엿듣게 되었다. "이런 데는 명예나 권력을 위해 남을 시기하고 미워하는 일은 아마 없을 거야."

이 말에 카이사르는 심각한 표정을 지으며 말했다.

"나는 로마에서 2인자로 있는 것보다는 차라리 이곳에서 왕이 되는 것을 선택하겠소."

스페인에 있을 때는 이런 일도 있었다. 휴식 시간에 알렉산드로스의 전기를 읽던 카이사르는 한참 동안 생각에 잠겨 있다가 갑자기 울음을 터뜨렸다. 놀란 친구들이 이유를 묻자, 그는 이렇게 대답했다.

"아아, 정말 슬픈 일이오. 알렉산드로스는 나보다도 젊은 나이에 그렇게 많은 나라들을 무너뜨렸는데, 나는 아직 아무것도 한 일이 없으니 말이오."

그러나 카이사르는 스페인에 있을 때 많은 일을 하였다. 그는 10개 보병대를 새로 편성하여 그 전에 있던 20개 보병대와 합쳤다. 그리고 스페인 서북쪽의 칼라이키족과 루시타니아 족을 무찌르고, 바다까지 나아가 로마에 복종하지 않았던 많은 나라를 정복했다. 또한 나라 안의 정치도 매우 훌륭하게 이끌었다. 이렇게 해서 그가 임기를 마치고 스페인을 떠날 때에는 개선 장군의 칭호인 대장군이라는 명예로운 호칭까지 얻게 되었다.

그런데 당시 로마의 법률은 누구든 개선식의 영광을 갖고자 원하는 사람은 일단 로마 시외에 머무르면서 그 허락을 받아야 한다고 정해져 있었다. 또한 집정관의 후보로 나가려는 사람은 반드시 로마에 살고 있어야 한다고 법률로 정해져 있었다. 카이사르는 집정관 선출이 있는 바로 그때에 로마에 도착했으며, 이 두 가지의 법률 때문에 몹시 난처한 상황에 처하게 되었다. 그래서 그는 로마에 있는 친구들에게 사람을 보내, 자신이 없는 상태에서 집정관의 후보로 출마할 수 있게 원로원에 요청해 달라고 부탁했다.

카토는 법에 어긋난다고 하면서 그의 요청을 반대하였다. 그러나 대다수의 원로원 의원들이 이미 카이사르의 요구에 동의하도록 설득되어 있었다. 그래서 카토는 하루 종일 연설을 계속하여 원로원 의원들이 결의를 하지 못하도록 하였다. 일이 이렇게 되자 카이사르는 개선식을 포기하고 즉시 로마로 들어와 집정관에 출마하기 위한 계획을 은밀히 세우기 시작했다.

그런데 카토가 재빨리 카이사르의 속셈을 알아차렸다. 카이사르는 당시 사이가 좋지 못했던 폼페이우스와 크라수스를 화해시키고 그들의 막강한 세력을 자신의 편으로 만들어 사람들이 알아채지 못하는 사이에 정치를 변화시키려 했던 것이다. 사람들은 폼페이우스와 카이사르가 대립하고 있기 때문에 많은 내란이 일어났다고 생각했다. 그러나 사실은 그들의 결합에 기인한 것이었다. 그들은 처음에는 귀족 정치를 뒤엎기 위해 결합하였으나 곧 각자의 이익을 위해 서로 싸우기 시작했다. 이와 같은 사실을 미리 짐작했던 카토는 쓸데없는 것을 걱정하는 사람이라고 핀잔을 들었으나, 나중에는 앞일을 내다 볼 줄 아는 사람, 또는 운이 나쁜 사람이라는 말을 듣게 되었다.

마침내 카이사르는 크라수스와 폼페이우스의 세력에 힘입어 집정관에 당선되었다. 그리고 칼푸르니우스 비불루스도 그와 함께 당선되었다.

집정관이 된 카이사르는 곧 호민관들이나 제출할 수 있는 법안을 원로원에 제출하였다. 그 법안은 사람들의 지지를 얻기 위한 것으로, 토지 분배 문제를 다룬 것이었다.

이 법안이 제출되자 명예를 소중히 여기던 원로원 의원들은 반대를 하였다. 그러자 카이사르는 오히려 이것을 이용하여 원로원 의원들은 완고하고 자신들의 이익만을 내세운다고 반박하였다. 그런 다음 카이사르는 크라수스와 폼페이우스를 앞세우고 민중들 앞에 나아가 법안을 지지해 달라고 요청하였다.

사람들은 곧 지지를 했다. 폼페이우스는 한술 더 떠서 그들과 싸우겠다고 말했다. 그러자 귀족들과 원로원 의원들은 그것이 폼페이우스의 명예로 보거나 원로원에 대한 의리로 볼 때 있을 수 없는 일이라고 여겼다. 하지만 사람들은 오히려 그런 폼페이우스에게 지지를 보냈다.

카이사르는 폼페이우스의 힘을 더욱더 이용하기 위하여 자신의 딸 율리아를 폼페이우스와 약혼시켰다. 사실 율리아는 이미 세르빌리우스 카이피오와 약혼을 한 뒤였다. 그래서 카이사르는 세르빌리우스에게 폼페이우스의 딸을 주겠다고 했는데, 그녀 역시 술라의 아들 파우스투스와 이미 약혼을 한 상태였다.

얼마 뒤, 카이사르는 피소[19]의 딸 칼푸르니아와 결혼하였다. 그리고 다음 해에 자신의 장인인 피소를 집정관에 당선시켜 주었다. 이때 카토는 몹시 비난을 퍼부으며,

---

19) 기원전 58년에 집정관을 지냈던 사람.

여자를 이용하는 결혼에 의하여 관직을 주고받는 것은 결코 있을 수 없는 일이라고 비판하였다. 한편 동료 집정관이었던 비불루스는 카이사르의 정치에 반대의 뜻을 나타내다가 성공하지 못하고 오히려 카토처럼 공회장에 나갔다가 겨우 목숨만 살게 되었다. 그래서 그는 나머지 재직 기간 동안 집에만 틀어박혀 있는 형편이 되고 말았다.

한편 폼페이우스는 카이사르의 딸 율리아와 결혼하자마자 사람들을 부추겨 카이사르의 법령을 통과시켰다. 따라서 그에게는 갈리아 지방과 알프스의 나머지 지역 일리리쿰을 합친 지역의 통치권과 4개 군단의 사령관직을 5년간 부여하기로 결정되었다.

카토는 이 법안에 반대하다 그만 카이사르에 의해 감옥에 갇히게 되었다. 카토는 감옥에 끌려가면서 어떤 호민관에게도 부탁하지 않았고 오히려 말없이 고개를 숙이고 잡혀갔다. 이 일로 귀족은 물론이고 민중들까지 카토를 존경하는 마음을 가지게 되었다. 그래서 카이사르는 호민관 중 한 사람에게 그를 놓아 주라고 은밀히 얘기했다.

그런데 원로원 의원들의 대부분이 카이사르에게 불만을 표시하며 원로원에 나가지 않았다. 나이가 가장 많은 콘시디우스는 카이사르에게 원로원 의원들이 나오지 않는 이유는 병사들을 무서워하기 때문이라고 솔직히 말하였다. 그러자 카이사르는 그에게 물었다.

"그러면 당신은 왜 나를 무서워하지 않소?"

"아니, 이것 보시오, 카이사르. 지금 내 나이에 죽음을 두려워하겠소? 살 날도 얼마 남지 않았는데 말이오?"

콘시디우스는 카이사르를 향해 태연하게 대답하였다.

그런데 카이사르가 집정관으로 있을 때 커다란 실수를 저지른 일이 있었다. 그것은 바로 자신의 아내에게 수치를 안겨 주고 신성한 신의 제사에 침입한 클로디우스를 호민관에 당선되게 한 일이었다. 카이사르는 아마 키케로의 세력을 없애버리려고 이런 일을 했던 것 같다. 카이사르는 클로디우스의 협력을 얻어 키케로의 세력을 이탈리아에서 완전히 없애버리고 난 뒤에야 자신의 군대 주둔지를 향해 떠났다.

이렇게 해서 갈리아 전쟁 이전에 보여 주었던 카이사르의 행동을 대충 알아보았다. 그러나 이제부터 그의 삶에 있어서 한층 더 새로운 모습을 볼 수 있게 될 것이다. 카이사르는 지금까지 군대를 지휘한 어떤 사람보다도 훌륭하고 위대하다는 평을 받는 장군임을 보여 주었던 것이다.

그 옛날의 파비우스, 스키피오, 메텔루스를 비롯하여, 시대를 바꾸어 카이사르와 같은 시대의 인물인 술라, 마리우스, 루쿨루스 형제 등 어느 누구와 비교를 해보아도 명성이나 장군으로서의 인품에 있어서 그를 따라잡을 수 있는 사람은 없었다. 또한 이름이 하늘에 닿을 만큼 위대하다는 평가를 받았던 폼페이우스와 비교한다고 해도 역시 그의 능력이 더욱 뛰어났다고 평가할 수밖에 없을 것이다.

카이사르가 얼마나 훌륭한 장군이었는지는 여러 가지 면에서 찾아볼 수 있다. 먼저 그가 싸운 곳은 말할 수 없을 정도로 험악한 곳이었고, 그가 정복한 지역도 매우 광대했다. 또한 그는 잔인하고 야만스러운 민족들을 너그럽게 다스렸고 포로들에게도 인간적인 모습을 보여 주었으며, 부하들에게도 누구보다 따뜻한 장군이었다. 그는 갈리아 지방에서 크고 작은 전쟁들을 치르면서 10년 동안 무려 800개의 도시를 점령하였으며 300개의 나라를 무찔렀다. 그래서 300만 명의 적과 싸워 100만 명을 죽이고 100만 명을 포로로 잡았다.

카이사르는 자신의 부하들로부터 열렬한 지지와 충성을 받고 있었다. 다른 장군의 부하로 있을 때는 평범한 병사였지만, 카이사르의 부하가 되면 그의 명령에는 목숨을 내걸고 맨 앞에서 싸우는 것이었다. 이처럼 카이사르에 대한 부하들의 충성심은 대단했다.

아킬리우스가 바로 그런 사람들 중의 하나였다. 그는 마르세유[20] 해전에서 싸우다가 오른손을 잃고 말았다. 하지만 그는 왼손만으로 끝까지 싸워 적의 배를 빼앗았다. 또 카시우스 스카이바는 디라키움의 전투 도중 한쪽 눈에 화살이 날아와 꽂히고, 어깨와 허벅지에 창이 박힌 가운데도 용감하게 적을 맞서 물리쳤다.

브리타니아[21]로 싸우러 갔을 때에는 늪에 빠진 백인대장들을 구하고는 돌아오는 길에 늪에 빠져 방패를 잃게 된 병사가 있었다. 다른 병사들은 모두 환호성을 보냈지만, 그는 오히려 카이사르의 앞에 다가와 방패를 잃어버린 죄를 용서해 달라고 눈물을 흘리며 빌었다.

또한 아프리카에서는 스키피오의 군대가 카이사르의 배 한 척을 빼앗은 사건이 있었다. 이 배에는 얼마 전에 재무관으로 임명된 그라니우스 페트로가 타고 있었다.

---

20) 이오니아 계 그리스인들이 세운 프랑스 최대의 무역항.

21) 지금의 영국이다. 카이사르가 이곳을 공격한 것은 기원전 55년으로 1차로 켄트 해안에 상륙했던 때였다.

스키피오는 다른 병사들은 모두 포로로 잡겠지만 그 사람만은 살려 주겠다고 말했다. 그러자 페트로는 이렇게 말했다. "카이사르의 병사들은 적을 용서할 수는 있지만 적의 용서는 받을 수 없소."

이 말을 마친 그는 칼을 뽑아 자살하였다.

카이사르의 부하들이 이렇게 용감하게 싸울 힘을 갖게 된 것은 모두 카이사르의 가르침이었다. 무엇보다 먼저 그는 자신의 부하들에게 재산과 명예를 골고루 나누어 주었다. 그는 결코 싸워서 얻은 재물들을 자신만의 이익을 위해 챙기는 일이 없었다. 그는 훌륭한 일을 한 병사들에게 상으로 주기 위해서 재물을 쌓아 두었던 것이다. 카이사르는 자신의 부하들이 부자면 자신도 부자라고 생각하고 있음을 잘 보여 주었다.

또한 그는 위험한 일이 생겼을 때도 장군이라고 해서 그 일을 피하려고 하지 않고, 오히려 앞장서서 모범을 보였다. 병사들은 그가 어느 누구보다 영광을 탐내는 사람이라는 것을 알고 있었으므로 그의 행동에 새삼스럽게 놀라지는 않았다. 그러나 체력이 몹시 약한 데도 불구하고 그것을 극복하는 모습에는 모두들 놀라지 않을 수 없었다. 그는 원래 자그마한 체격에 부드럽고 고운 살결을 가졌다. 게다가 심한 두통과 간질병까지 있었다. 그는 코르도바에서 처음으로 간질병을 일으켰다고 한다. 그러나 그는 나쁜 신체 조건을 핑계로 삼아 힘든 일을 피하려 하지 않고, 오히려 이를 병의 치료법으로 생각하였다. 그래서 힘든 행군이나 초라한 식사도 마다하지 않았고, 길바닥에서 잠을 자는 일이 많았음에도 불구하고 불평하지 않았다. 이처럼 힘든 상황을 이겨내며 병과 싸워 몸을 튼튼히 키워나가려는 것이었다.

그는 시간을 더욱 잘 활용하기 위해 밤에는 전차나 가마 속에서 잠을 잤다. 그리고 낮에는 여러 요새나 도시, 병사들이 사는 곳까지 살펴보았다. 이때 그는 자신의 얘기를 받아 적을 사람과 칼을 찬 병사 하나만을 데리고 다녔다. 또 그의 행군 속도는 로마를 출발하여 론 강까지 가는데 8일밖에 안 걸릴 만큼 빨랐다.

카이사르는 어렸을 때부터 말을 매우 잘 타서 두 손을 뒤로 돌리고도 아주 빨리 달릴 수 있었다. 그래서 그는 전쟁터에서도 말 위에서 편지에 쓸 내용을 얘기하면서 두 명의 속기사에게 받아 쓰게 했다고 한다. 또 할 일이 너무 많고 땅이 너무 넓어 긴급히 알리고자 할 때 어려움을 겪게 되자 암호로 연락하는 방법을 가장 먼저 생각해낸 이도 바로 카이사르였다고 한다.

한편 그의 식사가 얼마나 보잘것없었는지는 다음과 같은 사실로 잘 알 수 있다.

밀라노에서 발레리우스 레오의 초대를 받아 저녁 식사에 참석하였는데 상 위에 아스파라거스가 놓여 있었다. 그런데 거기에는 먹는 기름이 아니라 몸에 바르는 기름이 뿌려져 있었다. 카이사르는 이 음식을 아무 말 없이 먹고 있었다. 그런데 옆에 있던 부하 하나가 맛이 이상하다고 중얼거렸다. 그러자 카이사르는 그를 꾸짖었다.

"먹고 싶지 않으면 안 먹으면 그만 아닌가? 그것을 욕하는 사람은 더욱 예의가 없는 사람이다."

또 언젠가는 길을 가던 중에 그만 폭풍우를 만나 가난한 시골집에 들어가 밤을 지내게 되었다. 그곳에는 방이 하나밖에 없었는데, 한 사람이 겨우 누워 잘 수 있는 아주 작은 방이었다. 이것을 본 카이사르는, "명예로운 자리는 위대한 인물에게 주고, 편안한 자리는 약한 자에게 주는 것이 마땅한 일이오"라고 말하며, 병자인 오피우스를 방에서 자게 하고 자신은 다른 사람과 함께 처마 밑에서 밤을 지냈다.

카이사르가 갈리아에서 벌인 최초의 싸움은 헬베티아 인[22]과 티구리니 인들과의 싸움이었는데, 이들은 그때까지 살았던 열두 개의 도시와 4백 여개의 마을을 불태우고는 갈리아 지방을 통과하고 있었다. 이것은 킴브리[23]인과 테우토네스[24] 인들이 했던 것과 같았다. 뿐만 아니라 그들은 매우 용맹스러웠고, 숫자에 있어서도 결코 뒤지지 않았다. 그들의 총 인구는 30만 명이었는데, 그 중 전투 인원이 10만 명이나 되었다고 한다. 티구리니 인들과 싸울 때 카이사르는 라비에누스[25]를 대신 보내어 손 강 부근에서 적을 물리쳤다.

그런데 헬베티아 족은 카이사르가 동맹을 맺은 어느 도시로 가고 있을 때 갑자기 공격을 했다. 카이사르는 재빨리 상황을 파악하고 안전한 곳으로 후퇴한 후에 군대를 정비했다. 그때 부하가 말을 끌고 오자 카이사르는 이렇게 말했다. "이 말은 적을 무찌르고 그들을 뒤쫓을 때 타겠다. 그러니 지금은 적을 향하여 무조건 공격을 하자."

그리고는 곧 공격을 명령했다. 오랫동안 힘들게 싸움을 계속한 끝에 헬베티아 족

---

22) 라인 강과 론 강, 그리고 쥐라 산맥 사이에서 살고 있던 종족이다.

23) 지금의 덴마크 북부에 해당하는 지역에 살고 있었으나, 기원전 2세기부터 이동을 시작하여 기원전 101년에는 북이탈리아까지 침입해 들어왔다. 그러나 마리우스가 이끄는 군대에게 격파되었다.

24) 처음에는 홀슈타인 해안에 살았으나, 킴브리 인들과 함께 이동을 시작하여 기원전 102년에는 지금의 남프랑스 지방까지 쳐들어왔다. 킴브리 인들과 마찬가지로 마리우스에게 격파당했다.

25) 카이사르의 부하장교.

의 부대를 쫓아낼 수 있었다. 그러나 그들은 다시 전차들을 정비하고 부녀자와 아이까지 가세하여 죽음을 무릅쓰고 저항을 해 왔다. 결국 싸움은 한밤중이 돼서야 겨우 끝이 났다. 카이사르는 이 전쟁에 승리함은 물론 그 뒤의 조치 또한 매우 훌륭하게 처리해 나갔다. 그는 싸움터에서 도망쳐 온 10만 명도 넘는 적을 그들이 버린 땅에 돌아가 살게 하였다. 그가 이렇게 한 것은 이 땅에 게르만 족이 침투할 것을 미리 예방하기 위한 것이었다.

카이사르가 갈리아에서 벌인 두 번째 전쟁은 게르만 족과의 전쟁이었다. 그는 이 전쟁에 앞서 게르만 족의 왕 아리오비스투스와 로마에서 평화 조약을 맺은 일이 있었다. 그러나 게르만 족은 갈리아 지방의 사람들에게 있어서는 매우 위험스러운 존재였다. 그들은 항상 갈리아 지방을 침범하려고 기회를 노리고 있었기 때문이다.

한편 카이사르는 부하 장군들이 게르만 족과 싸우는 것을 두려워하고 있고, 귀족 출신의 젊은 장교들은 싸움을 재미나 돈벌이로 여기고 있다는 것을 알게 되었다. 그래서 하루는 그들 모두를 모아 놓고, 싸우기가 무서워 비겁하게 굴려면 차라리 본국으로 돌아가라고 호통을 쳤다.

"게르만 족이 얼마나 강한지는 모르겠지만, 킴브리 인들보다 못한 것 같소. 이제 나는 제10군단만 인솔하고 나가서 그들과 싸우겠소. 나는 옛날의 마리우스보다 못한 장군이라는 말은 듣고 싶지 않소."

제10군단은 카이사르가 자신들을 높이 평가해 준 데 대해 감사의 뜻을 전했다. 그러나 나머지 군단들은 그들을 몹시 무모하다고 비난하였다. 카이사르는 여러 날의 행군 끝에 게르만 군과의 거리가 200펄롱(40km) 되는 곳까지 갔다.

한편 게르만 족의 왕 아리오비스투스는 게르만 군이 먼저 공격을 하면 로마 군은 반드시 무너질 것이라 생각하고 있었다. 그런데 로마 군이 먼저 공격을 해오자 게르만 군은 몹시 놀랐다. 게르만 군은 이 일로 사기가 몹시 꺾이게 된 데다가 점쟁이들의 예언으로 한층 더 풀이 죽어 버렸다. 점쟁이들은 강물이 소용돌이를 일으키는 모양과 소리를 듣고, 초승달이 나타날 때까지는 전투를 해서는 안 된다고 예언하였기 때문이다.

이 사실을 알게 된 카이사르는 그들이 불안에 떨고 있을 때 공격을 하는 것이 유리하다고 생각하였다. 그래서 산에 있는 게르만 군의 요새를 계속해서 공격하여 마침내 그들을 싸움에 끌어들였다. 결국 카이사르는 이들을 완전히 물리치고 400펄롱(80km)이나 되는 라인 강까지 달아나는 적들을 뒤쫓았다. 평원은 게르만 병사들의 시체로 뒤덮이고, 아리오비스투스는 몇 명의 부하들과 간신히 라인 강을 건너 피하였다고 한다. 이 때 적군의 시체는 무려 8만 구에 이르렀다고 한다.

이 전투를 승리로 끝낸 카이사르는 병사들을 세라나[26]인들이 살고 있는 지방으로 이끌고 가서 겨울을 지내도록 했다. 그리고 그동안의 로마의 정치를 살피기 위하여 자신의 영지인 포 강 근처의 갈리아 지방으로 가서 머물렀다. 이곳에는 알프스 안쪽의 갈리아와 이탈리아의 나머지 지역을 나누고 있는 루비콘 강이 흐르고 있었다. 카이사르는 이곳에 머무르면서 많은 사람들을 친절히 대하고 그를 찾아오는 사람들을 환대하면서 자신에 대한 지지를 굳혀 나갔다. 또한 그는 로마의 무기로 많은 전쟁에서 승리를 거두었으며 전쟁에서 얻은 제물로 로마 시민들에게 환심을 샀다. 하지만 폼페이우스는 이런 사실을 조금도 눈치 채지 못하였다.

그러던 중 카이사르는 갈리아 족의 3분의 1을 차지하면서 강한 세력을 가지고 있던 벨가이 인들이 반란을 일으켰다는 소식을 듣게 되자 즉시 싸움터로 달려갔다. 곧 그는 로마 편인 갈리아 족을 약탈하는 적의 가장 큰 부대를 물리쳤다. 적의 수는 엄청나게 많았지만 그들은 전쟁에 서툴렀기 때문에 카이사르에게 금방 항복할 수밖에 없었다. 적의 시체가 얼마나 많았는지 늪을 지날 때는 시체를 딛고 건너야 할 정도였다고 한다. 카이사르는 반란군 가운데 제일 끝까지 버티고 있던 네르비 인들을 향해 군대를 돌렸다.

네르비 인들은 울창한 산 속에 살고 있었다. 그들은 6만 명의 군대를 이끌고 카이사르의 진영을 기습했다. 그들은 순식간에 기병대를 물리치고 제12군단과 제7군단을 포위하여 장교들을 죽여 버렸다. 이때 카이사르가 방패를 들고 적의 군대 깊숙이 들어가거나 제10군단이 이것을 보고 달려와 적을 물리치지 않았다면, 로마 군은 한 사람도 살아남지 못했을 것이다.

로마 군은 다시 힘을 내어 죽기를 각오하고 싸웠다. 네르비 인들 또한 죽기 살기로 싸웠기 때문에 6만 명의 적군 중에 500명만 살아서 돌아갔다고 한다. 그리고 그들의 지도자들 400명 중에는 겨우 3명만이 살아서 돌아갈 수 있었다고 한다.

이 소식이 로마에 전해지자 원로원은 15일간 신들에게 제사를 지내면서 축하 행

---

26) 프랑스 센 강 유역의 고대지명. 그곳에 살던 종족.

사를 열었다. 일찍이 이렇게 긴 축하 행사 기간은 한 번도 없었다. 이것으로 그때 로마가 얼마나 큰 위험을 느꼈는지 짐작할 수 있을 것이다. 이 승리로 말미암아 사람들의 지지를 한 몸에 받고 있던 카이사르는 더욱 확실하게 지지를 받게 되었다.

카이사르는 갈리아 지방의 문제를 해결한 후 포 강으로 돌아와 로마의 정치에 관한 계획을 세웠다. 정치 운동을 하는 사람들은 카이사르를 찾아와 그에게 돈을 청하며 그들이 당선되면 카이사르의 세력을 더욱 크게 해 주겠다고 약속하였다. 더욱 놀라운 사실은 로마의 최고 권력자라고 할 수 있는 폼페이우스, 크라수스, 사르디니아의 총독 아피우스, 그리고 스페인의 지방총독 네포스까지 그를 만나기 위해 루카까지 찾아온 일이었다. 그래서 어떤 때는 120명의 하급관리와 200명 이상의 원로원 의원들이 이곳에 있었다고 한다.

오랫동안 의논을 한 결과 폼페이우스와 크라수스가 집정관이 되고, 카이사르는 필요한 돈을 받으며 5년간 다시 갈리아 지방을 다스리기로 결정되었다. 하지만 카이사르에게서 돈을 받은 사람들은 원로원에게 압력을 가하여 카이사르에게 돈을 더 많이 보내게 만들었다. 이 일로 인해서 원로원은 가난에 허덕이게 되었다.

카토가 이 회의에 참석하지 못했던 것은 그들이 카토를 키프로스로 보내 버렸기 때문이었다. 카토의 지지자였던 파보니우스는 사람들에게 이 사실을 알렸지만 누구도 그의 말에 귀를 기울이지 않았다. 사람들은 카이사르에게 지지를 보내고 있었고, 크라수스와 폼페이우스를 두려워했기 때문이었다.

한편 카이사르가 갈리아 지방으로 돌아가자, 다시 큰 전쟁이 일어났다. 게르만족 중에서 가장 강한 부족이었던 우시페스 족과 텐테리타이 족이 라인 강을 넘어 갈리아 지방으로 들어왔던 것이다. 카이사르는 이 전쟁에 관해 이렇게 말했다.

"야만인들은 겉으로는 평화 협정을 맺었지만, 갑자기 우리를 기습 공격해 왔소. 그때 적의 기병대 800명이 우리 기병대 5,000명을 해치웠소. 나중에 다시 이런 속임수를 쓰려고 했으므로 나는 더 이상 참고 있을 수가 없었소. 그래서 적의 대표자들을 가두고 야만족들을 공격하였소. 약속을 어기는 사람들을 계속 믿는다는 것은 바보 같은 행동이라고 생각했기 때문이오."

그러나 타누시우스의 역사책을 보면, 원로원이 카이사르의 승리를 위해 축하와 감사를 드렸을 때 카토는 이렇게 말했다고 한다.

"카이사르는 약속을 지키지 않아 로마의 명예를 더럽혔으니 적에게 넘겨 주는 것이 마땅합니다. 그러면 그는 죄의 대가를 받고, 로마는 명예를 회복할 수 있습니다."

라인 강을 건너온 적은 40만 명이나 전사하고 몇 명만이 겨우 살아서 도망쳤다. 도망친 적들은 게르만 족인 수감브리 인들이 있는 곳을 향해 달아났다. 그러자 카이사르는 이것을 기회로 게르만 족을 완전히 무찌르려고 하였다. 그는 라인 강을 건넌 최초의 장군이란 소리를 듣고 싶었던 것이다.

그래서 카이사르는 강에다 다리를 놓기 시작하였다. 그러나 강폭이 매우 넓었고 물살도 매우 세었기 때문에 결코 쉽지가 않았다. 또한 적이 던진 통나무들이 떠내려 와 다리 기둥에 부딪혀서 다리가 흔들렸다. 그러자 카이사르는 강의 위쪽에 큰 나무들을 박아 통나무들이 떠내려 오지 못하게 하였다. 마침내 다리는 열흘만에 완성되었고, 세상 사람들은 모두 놀라워했다.

카이사르가 다리를 건너가자 적은 저항조차 하지 못했다. 하지만 게르만 족 중에서 가장 용감한 수에비 인들은 깊은 산 속으로 도망가 버렸다. 그러자 카이사르는 숲에 불을 지르고, 자신들에게 도움을 주었던 종족들만 도와주었다. 그리고 게르마니아에 10일간 묵었다가 갈리아 지방으로 돌아왔다.

카이사르가 브리타니아로 원정을 떠나자 사람들은 그의 용기에 아낌없는 찬사를 보냈다. 해군을 서쪽 바다에 처음으로 진출시키고 파도를 거슬러 올라갔기 때문이었다. 옛날부터 서쪽 바다 끝에는 커다란 섬이 있다는 얘기가 있었지만, 역사가들 가운데에는 그것은 누군가가 지어낸 얘기라며 믿지 않는 사람들도 많았다. 따라서 그의 원정은 정말 놀라운 일이었다. 그러나 이 브리타니아 원정은 사실 자랑할 만한 일이 못 된다. 그는 비록 아무도 가보지 못했던 미지의 땅으로 들어가 로마인의 시야를 넓혔지만 몇 차례의 거듭되는 전투로 심한 손해를 입었던 것이다. 또한 그 섬은 너무나 가난해서 카이사르는 왕을 포로로 잡고 조공을 보내도록 하였다.

카이사르는 섬을 떠나서 갈리아에 도착하였다. 그러나 폼페이우스에게 시집간 딸이 아기를 낳은 후에 그만 죽어 버렸다는 친구들의 편지가 그를 기다리고 있었다. 폼페이우스와 카이사르는 그녀의 죽음을 몹시 슬퍼하였다. 그런데 그 며칠 후 갓난 아이까지 죽어 버렸다. 많은 사람들은 이 일로 두 사람의 관계가 깨어질 것이라 생각하고 나라에 내란이 일어날까봐 몹시 걱정을 하였다. 한편 사람들은 호민관들의 반대를 무릅쓰고 율리아의 관을 마르스 광장으로 갖고가서 성대하게 장례식을 치르고 묻어 주었다.

카이사르의 군대는 더욱 많아져서 여러 곳에 나누어서 지내게 하고 카이사르는 이탈리아로 갔다. 그러자 다시 갈리아 지방에 내란이 일어나 곳곳을 휩쓸고 로마 군의 요새까지 공격해 왔다. 그 반란군 중에서도 가장 수가 많고 강대했던 것은 아브리오릭스의 군대였다. 이들은 로마 장군 코타와 티투리우스의 부대를 쳐부수었고, 순식간에 키케로의 군단이 6만의 적군에게 포위당해 버렸다.

이때 로마 군은 대부분 부상을 당한 데다가 심한 피로까지 겹쳐서 거의 전멸당할 지경이었다. 이 소식을 들은 카이사르는 재빨리 7천 명의 병사를 이끌고 키케로를 구하러 달려갔다. 적은 카이사르가 거느린 병사의 수가 매우 적다는 사실을 알고 싸우러 달려왔다. 카이사르는 도망치는 척하면서 적을 유도하여 그들이 자신의 군대를 얕잡아 보게 하였다. 그리고는 마침내 적과 싸우기에 알맞은 곳을 찾아내자 요새를 튼튼하게 쌓았다. 그리고 그는 얕보고 몰려오는 적들을 향해 돌격하여 그들을 모두 물리쳐 버렸다. 이렇게 되자 적은 막대한 피해를 입고 도망쳐 버렸다.

갈리아에서의 반란을 진정시킨 카이사르는 겨울 동안 곳곳을 돌아다니며 움직임을 살펴보고 경계하였다. 그리고 얼마 후에 로마로부터 3개 군단이 도착하자 병력을 더욱 증강시켰다. 폼페이우스가 자신의 지휘하에 있던 2개 군단과 포 강 부근에서 모집한 병사들을 보낸 것이었다.

그러나 얼마 뒤 갈리아에서 힘을 키운 사람들이 뿌린 전쟁의 불길이 다시금 피어오르게 되었다. 갈리아의 모든 힘 있는 사람들이 힘을 합치고 젊은 병사들이 모두 반란에 나서게 되자 이 지방은 엄청난 전쟁의 소용돌이에 휩싸이고 말았다. 그때 마침 겨울이라 눈이 내려 길을 막고 있었으므로 카이사르 군의 약점은 곧 나타났다.

반란군의 중심 인물은 베르킨게토릭스라는 사람이었는데, 그의 아버지는 독재를 하다가 갈리아 사람들에게 죽임을 당했다. 이르베르니 족과 카르누티니 족을 중심으로 많은 부족들이 이 반란군에 가담하였다. 베르킨게토릭스는 군대를 여러 부대로 나누고 용감한 자들을 장군으로 임명하여 지휘하게 하였다. 그래서 그는 손 강 부근의 모든 지방을 가지게 되었다.

또한 그는 카이사르가 로마에서 반대파에 의해 몰리고 있다는 것을 알고 이 기회를 이용하여 갈리아 지방의 전부를 얻고자 하였다. 그러나 그가 조금만 늦게 반란을 일으켰다면, 즉 카이사르가 정치의 소용돌이에 휘말려있을 때 이 반란을 일으켰더라면 로마는 킴브리 족이 쳐들어왔을 때와 마찬가지로 큰 어려움을 당했을 것이다.

하지만 아무리 나쁜 조건에서도 그것을 잘 이용할 줄 알았던 카이사르는 야만인들이 반란을 일으켰다는 소식을 듣게 되자 곧바로 전쟁터로 달려 갔다. 그의 군대는 좁고 험한 길을 눈깜짝할 사이에 달려가 적을 공포 속에 몰아넣었다. 전령이 로마에 도착했을 날짜에 카이사르는 전군을 이끌고 그곳까지 달려온 것이었다. 그는 잃어버렸던 성을 되찾고 도시를 점령하면서, 점차 그들과의 거리를 좁히기 시작했다. 하지만 로마인과 우호 조약을 맺고 친하게 지내던 아이두이 족이 반란군에 가담하고 있었다. 카이사르의 군대는 곧 불리한 조건에 놓이게 되었다.

그러자 카이사르는 로마와 우호 관계를 맺고 있고, 갈리아의 다른 부족들이 침입하지 못하도록 방패막이의 구실을 하고 있던 세콰니 족의 영토로 가려고 하였다. 그런데 카이사르의 군대가 리고네스 족의 영토를 지나갈 때쯤 적군이 사방에서 포위하며 달려들었다. 카이사르 군은 목숨을 내걸고 치열한 싸움을 벌인 끝에 많은 사상자를 내면서 승리를 거두었다.

패전 뒤에 전쟁터를 빠져나온 적군의 부대는 왕을 모시고 알레시아로 도망쳤다. 카이사르는 그들을 뒤쫓아가서 포위했다. 그러나 성벽이 높을 뿐만 아니라 성 안에 있던 적군의 수가 17만 명이라는 엄청난 숫자였으므로 성을 무너뜨리기는 어려웠다. 그런데다가 성 밖에는 예상하지 못했던 큰 위험이 도사리고 있었다. 알레시아 성을 구하기 위해서 갈리아의 각 도시에서 30만 대군이 모여들어 힘을 모았던 것이다.

이렇게 해서 카이사르는 안팎으로 포위되어 있었다. 이 두 군대가 서로 힘을 합치면 로마 군은 전멸될 수밖에 없었다. 카이사르는 곧 이중 장벽을 쌓아서, 하나는 성 안의 적을 막고 다른 하나는 성 밖의 적을 막는 데 쓰기로 하였다. 이때 그가 겪은 위험은 그에게는 많은 명예를 가져다주었고, 그의 용기와 작전은 큰 본보기가 되었다.

그러나 신기한 것은 성의 장벽을 지키던 로마 군은 전쟁의 승리를 몰랐다는 사실이다. 로마 군은 성 안에서 방패와 피묻은 갑옷과 그릇, 천막을 메고 신이 나서 돌아오는 아군을 보고서야 비로소 승리한 것을 알았다. 그 누구도 모르는 사이에 많은 군대를 해치웠기 때문에 사람들은 모두 의아하게 생각했다. 이렇게 하여 그들은 자취도 없이 사라지고 말았다.

반란군의 중심 인물인 베르킨게토릭스가 화려한 갑옷을 입고 말을 타고 성을 나왔다. 그는 즉시 카이사르 앞으로 달려와서 투구를 벗고 무릎을 꿇었다. 그러자 카이사르는 그를 죽이지 않았다. 그는 개선행진을 위하여 구금되었다.

<카이사르의 발 앞에 무기를 던지는 베르킨게토릭스>, 리오넬 로이어(Lionel Royer).

카이사르는 오래 전부터 폼페이우스를 타도하려고 마음먹고 있었고, 폼페이우스 역시 카이사르를 타도하려고 마음먹고 있었다. 지금까지 두 사람이 평화를 지킨 것은 단지 크라수스에 대한 두려움 때문이었다. 그러나 이제 크라수스가 죽은 이상, 둘 중 한 사람이 일인자가 되어야만 했다. 결국 한 사람은 쓰러져야만 했다. 그리고 자기가 쓰러지지 않으려면 상대보다 먼저 손을 써야만 했다.

폼페이우스는 자기가 카이사르를 키워 주었기 때문에 그를 타도하는 것은 쉬운 일이라 생각하고 있었다. 그러니까 폼페이우스가 카이사르를 경계하기 시작한 것은 오래 전 일이 아니었던 것이다.

그러나 카이사르는 처음부터 폼페이우스를 경쟁 상대로 생각하고, 상대방을 제거할 계획을 가슴속에 품고 있었다. 마치 격투 선수처럼 상대를 멀리서 파악하고, 마음속으로 싸울 준비를 했던 것이다. 그래서 그는 갈리아 전쟁을 훈련이라고 생각하면서 군사를 단련시키고, 많은 공훈으로 자신의 영예를 높여갔다. 그리고 피나는 노력에 노력을 거듭하여 마침내 폼페이우스와 겨루어도 부끄럽지 않은 적수가 되었다.

게다가 폼페이우스 시대의 로마는 카이사르에게 유리하게 작용했다. 당시의 로마는 부패가 심해서 관직에 오르려면 공공연하게 돈을 주어 사람들을 매수했고, 시민은 투표로써 싸우지 않고 활과 칼 그리고 돌팔매질로 싸웠다. 그야말로 나라는 사공이 없는 배와 마찬가지였다.

사태를 지켜본 뜻있는 사람들은 이런 무질서 끝에 공화제가 무너지고 군주제가 출현하리라는 것을 짐작했다. 그들은 이러한 부패의 끝은 군주제뿐이며, 부패를 치료할 수 있는 유능한 의사는 폼페이우스뿐이라고 말하기도 했다.

폼페이우스는 겉으로는 그것을 원하지 않는 듯 했지만, 실제로는 애쓰고 있었다. 그의 속셈을 눈치 챈 카토는 원로원 의원들을 설득하여 폼페이우스를 단독 집정관으로 당선시켰다. 그것은 합법적으로 군주제를 제공해서 폼페이우스가 독재를 하려는 생각을 헛되이 만들려는 것이었다.

원로원은 또 이와 동시에 폼페이우스가 두 곳의 속주를 계속 통치하도록 결의했다. 그때 폼페이우스는 스페인과 아프리카의 총독을 겸하고 있었지만 부하를 시켜 대신 다스리게 하고, 자신은 나라에서 연간 1천 탈렌트를 받으며 군대를 거느리고 로마에 들어와 있었다. 원로원은 그의 총독 임기를 연장하였다. 그러자 카이사르도 부하를 로마에 보내 집정관과 총독 임기 연기를 신청했다. 그런데 마르켈루스와 렌툴루스가 반대하고 나섰다. 그들은 항상 카이사르를 미워했으므로 그의 명예를 떨어뜨리고 모욕을 주기 위해 그 요구를 반대했던 것이다. 예를 들어, 그들은 카이사르가 갈리아 지방을 개척하여 만든 신 코뭄[27]의 주민들로부터 로마의 시민권을 빼앗았다. 그리고 마르켈루스는 로마에 머물러 있던 신 코뭄의 원로원 의원을 처벌하고 그가 로마 시민이 아니라는 것을 보이기 위해 때린 것이라고 말했다. 그리고는 귀국하면 카이사르에게 맞은 데를 보여 주라고 명령했다.

마르켈루스가 집정관의 임기가 끝나서 물러나자, 카이사르는 갈리아에서 얻은 돈을 로마에 뿌려 정치인들을 자기 편으로 끌어들이기 시작했다. 그러면서 그는 호민관 쿠리오가 진 빚을 갚아 주고 자기 이름을 새긴 재판소를 지었다. 이것을 본 폼페이우스는 착착 진행되어 가는 카이사르의 음모에 놀라 친구들의 힘을 모았다. 그리고는 카이사르가 지배하고 있던 속주의 후계자를 지명하기 위해 일을 꾸미는 한편, 그전에 카이사르에게 빌려 주었던 병사들을 돌려 달라고 요구했다.

---

27) 메디올라눔스, 즉 지금의 밀라노 북쪽에 있는 마을을 가리키는 말이며, 카이사르가 개척한 식민지인 신 코뭄이다.

카이사르는 곧 병사들에게 250드라크마씩 주어 폼페이우스에게 돌려보냈다. 병사들을 데리고 온 장교들은 카이사르에 대해 나쁜 소문을 퍼뜨리고, 폼페이우스에게는 아첨을 하였다. 카이사르의 군대는 폼페이우스를 좋아하며, 폼페이우스는 로마에서 혼란에 빠져 있기는 하지만 갈리아 지방에 있는 군대는 폼페이우스의 지휘를 바란다고 말했다. 그리고는 이탈리아로 들어오면 폼페이우스의 편을 들 것이라고 얘기했다. 또 그들은 카이사르의 끝도 모르는 원정을 지긋지긋하게 생각하고 있으며, 그가 군주제에 대한 야심을 불태우고 있을 것이라고 의심을 하고 있었다.

이 말을 들은 폼페이우스는 의기양양해져서 전투 준비를 게을리하고, 카이사르에게는 신경도 쓰지 않았다. 이때 카이사르는 원로원이 더 이상 자신에게 갈리아 총독의 임기를 연장해 주지 않으리라는 것을 눈치 챘다. 그러자 그는 칼을 만지며 이렇게 말했다. "그러나 이것이 허가를 하게 만들 것이다."

카이사르가 요구한 것은 매우 공정하고 떳떳한 느낌을 주었다. 그는 자신과 폼페이우스가 무기를 버리고 보통사람으로서 각자의 공로에 대한 평가를 민중들에게 맡기자고 했다. 그의 무력을 빼앗고 폼페이우스의 권력은 그대로 두자고 제의한다면, 한 쪽은 전제가 확립되고 다른 한 쪽은 야심을 품어 그 죄를 뒤집어쓰는 것밖에는 되지 않을 것이기 때문이다.

쿠리오가 카이사르를 대신해서 사람들에게 이런 말을 전하자, 그들은 박수 갈채를 보냈다. 그러나 폼페이우스의 장인인 스키피오는 만약 카이사르가 장군직을 내놓지 않는다면 그를 적으로 몰아야 한다고 제의했다.

그래서 폼페이우스의 군대를 해산시킬 것인지, 또는 카이사르의 군대를 해산시킬 것인가에 대해 집정관이 묻자, 첫 번째 질문에는 찬성자가 없었지만, 두 번째 질문에는 거의 다 찬성을 했다. 그리고 폼페이우스와 카이사르의 지휘관직을 둘 다 뺏어야 한다고 안토니우스가 말하자 모두가 이 의견에 찬성을 했다. 그러자 스키피오는 몹시 화를 냈으며, 렌툴루스는 강도에게 필요한 것은 무기이지 투표가 아니라고 소리쳤다. 이 때문에 원로원 회의는 잠시 중단되었으며, 의원들은 의견이 일치하지 않는 것을 유감으로 생각하여 상복을 입고 다녔다.

그 뒤 카이사르에게서 온 편지는 옛날보다는 많이 부드러워져 있었다. 그는 갈리아 지방과 일리리쿰에 두 개 군단의 병력을 보유하게 하고, 다음 선거에 입후보할 때까지 기다려 달라는 내용의 편지를 보내 왔다.

이때 키케로도 시칠리아로부터 돌아와 폼페이우스를 설득하고 있었다. 마침내 폼페이우스는 카이사르에게 군대를 주는 것에 찬성하게 되었다. 그리고 키케로는 카이사르의 부하들을 설득하여 카이사르가 6천 명의 병사와 두 속주로 만족하고 제안을 수락하도록 해 달라고 요구하였다.

폼페이우스는 이 제안을 받아들이겠다고 하였다. 그러나 집정관인 렌툴루스가 심하게 반대하는 바람에 그의 계획은 무너지고 말았다. 그때 원로원에서 렌툴루스는 쿠리오와 안토니우스에게 욕을 하고 그들을 내쫓았다. 하지만 카이사르는 이것을 이용하여 그의 병사들을 선동했다. 그는 권위와 인격을 지닌 사람들이 노예로 변장하여 수레를 타고 도망쳐야 할 정도로 세상은 혼란해졌다고 말하였다. 정말로 두 사람은 그런 모습을 하고 로마에서 도망쳤던 것이다.

이때 카이사르 주위에는 기병 3백 명과 보병 5천 명밖에 남지 않았으며, 나머지 군대는 알프스에 머물러 있었다. 적이 알지 못하게 갑자기 일을 벌이는 경우에는 많은 군대가 필요하지 않으며, 적들이 알고 미리 경계를 한다면 그들을 물리치기 힘들다고 생각했던 것이다. 그래서 카이사르는 부하들에게 단지 칼만 들고 갈리아의 대도시 아리미눔으로 들어가 가급적이면 사상자 없이 적을 정복하라고 말하였다. 그는 호르텐시우스에게 이 일의 지휘를 맡겼고, 자신은 시민들과 함께 평상시처럼 시간을 보냈다.

카이사르는 낮에는 검투사들의 시합을 구경하였고, 저녁에는 손님들과 함께 만찬에 참석하였다. 그렇게 흥겨운 시간을 보내던 그는 손님들에게 곧 돌아오겠다고 말하고는 아리미눔으로 달려갔다.

갈리아 땅과 이탈리아의 경계선인 루비콘 강에 이르렀을 때 그는 여러 가지 생각에 휩싸였다. 그는 지금이 매우 위험한 상황이라고 생각하였다. 카이사르는 잠시 여러 가지 생각을 하다가 아시니우스와 그의 친구들에게 어떻게 하면 좋겠느냐고 의견을 물어보았다. 그들은 이 강을 건넘으로써 어떤 일이 벌어질 것인가, 또한 후세에 어떻게 평가받을 것인가를 의논하였다.

마침내 카이사르는 결단을 내리고는 "주사위는 던져졌다"고 외치며 전속력으로 달려갔다. 그리고 날이 새기 전에 아리미눔으로 가서 공격을 시작하였다. 그런데 그는 강을 건너기 전날 밤에 어머니와 관계하는 이상한 꿈을 꾸었다고 한다.

아리미눔이 점령되자, 다른 곳들도 둑을 뚫고 쏟아져 나오는 물살처럼 법과 국경의 자취가 없어져 버렸다. 로마는 밀려드는 피난민들 때문에 난리가 일어난 것처럼 온통 혼란 속에 빠져들어 관리들도 이것을 바로잡을 수 없게 되었다. 마치 바다 한가운데서 거센 태풍을 만나 가라앉기 직전인 배처럼 위태로운 상황이었다. 아무데서나 반대파들끼리의 싸움이 일어났으며, 세상은 온통 불안과 공포에 빠져들게 되었다.

사람들은 폼페이우스에게 달려가 그를 비난하였다. 이들 중에는 그가 카이사르에게 군대를 주었기 때문에 이런 일이 일어났다고 말하는 사람도 있었다. 하지만 또 다른 한편으로는 카이사르가 양보하여 화해하자고 말했으나, 폼페이우스가 이 제의를 받아들이지 않고 렌툴루스를 시켜 카이사르에게 모욕을 주었기 때문이라고 말하는 사람도 있었다. 사람들도 폼페이우스가 어떤 조치를 취하기를 바랐다. 그는 이탈리아 전부를 군인들로 가득 채울 수 있다고 원로원 의원들 앞에서 말한 적이 있었기 때문이다.

사실 그는 카이사르보다도 많은 군대를 가지고 있었지만 혼자서는 판단을 내리기가 힘들었다. 그는 이때 적이 모든 것을 점령하였다는 거짓 소문을 발표하고 로마 정부는 없어졌음을 알렸다. 그리고는 원로원을 향해 국가와 자유를 원한다면 자신을 따르라는 말을 남기고는 급히 로마를 떠나 버렸다.

그러자 집정관들은 로마를 떠나기 전에 행하는 제사도 지내지 않고 급히 떠나 버렸다. 원로원 의원들도 재산을 챙겨 재빨리 도망쳐 버렸다. 또한 카이사르를 지지하던 사람들도 두려움에 휩싸여 그들의 뒤를 따랐다. 그 중에서도 가장 슬픈 일은 혼란스러운 대도시의 모습이었다. 마치 도시는 폭풍우를 맞아 파도에 휩쓸려 바위에 부딪치는 배의 모습 같았다. 하지만 사람들은 그들이 가는 곳에는 항상 폼페이우스가 있으니 안전하리라고 생각하였다. 그래서 그들은 자신들의 고향인 로마를 카이사르의 영토인 듯 버렸던 것이다.

이때 카이사르의 부하로서 가장 큰 신임을 받고 있던 인물로 라비에누스라는 자가 있었는데, 이 사람마저도 카이사르를 버리고 폼페이우스를 따라갔다. 그러자 카이사르는 라비에누스의 재산을 전부 정리해서 그에게 보내 주었다.

그리고 나서 카이사르는 곧 도미티우스가 이끌고 있는 30개 보병대를 공격하였다. 코르피니움에 버티고 있던 도미티우스는 더 이상 카이사르의 군대를 막지 못하자 독약을 마시고 자살을 기도하였다. 그러나 카이사르가 포로들에게 친절히 대해 준다는 말을 듣고 카이사르의 진지로 달려가 항복을 하며 부하가 되었다. 하지만 나중에 그는 카이사르를 배신하고 폼페이우스 편으로 넘어가 버렸다. 한편 이 소식이 로마에 전해지자 사람들은 다소 안심하게 되었고, 도망쳤던 사람들도 다시 로마로 돌아왔다.

카이사르는 도미티우스의 부대를 자신의 부대와 합쳤다. 이렇게 해서 큰 군대를 가지게 된 그는 곧바로 폼페이우스를 쫓아갔다. 하지만 폼페이우스는 맞서 싸우지 않고 브룬디시움으로 달아나 버렸다. 거기서 다시 배를 타고 디라키움을 향해 떠났다. 카이사르는 폼페이우스를 뒤쫓아 가려고 했으나 배가 없었으므로 다시 로마로 돌아왔다. 이렇게 해서 카이사르는 60일 동안 피 한 방울도 흘리지 않고 이탈리아를 움켜쥐게 되었다.

그가 로마로 돌아오자 많은 원로원 의원들 앞에서 부드럽고 정중하게 연설을 하고, 폼페이우스에게 사자를 보내 적당한 조건으로 평화협정을 맺도록 요청하였다. 하지만 그들은 폼페이우스가 두려워서였는지, 아니면 카이사르의 말이 못마땅해서였는지, 아무도 카이사르의 의견을 받아들이지 않았다.

그후 카이사르가 국고에서 돈을 꺼내려고 하자 호민관 메텔루스가 법을 들고 나오며 저지했다. 카이사르는 말했다.

"세상은 법률이 지배하거나 아니면 무기가 지배를 하는 법이오. 그러니 만일에 내가 하는 일이 보기 싫거든 즉시 이곳을 떠나시오. 전쟁 때는 마음대로 입을 놀릴 수 없는 것이니, 내가 평화를 이룩했을 때, 그때 하고 싶은 말을 하도록 하시오. 사실 내가 이렇게 말하고 있는 것부터가 나의 권리를 조금은 포기하는 것이오. 왜냐하면 당신은 내 권력 아래에 있고, 나는 당신을 내 마음대로 취급할 수 있기 때문이오."

말을 끝마친 카이사르는 금고의 문을 향해서 걸어갔다. 그리고 대장장이를 불러 자물쇠를 부수게 했다. 그때 메텔루스가 다시 막아 서자 카이사르는 더 이상 반항하면 죽여 버리겠다고 말했다.

"잘 들어두시오. 나는 말로 하는 것보다 행동으로 하는 것이 더 간단하다는 것을 알고 있소."

이 말을 듣고 메텔루스는 물러났다. 그 뒤부터는 카이사르의 명령을 다른 어느 누구보다도 잘 받아들였다.

카이사르는 스페인으로 진격하였다. 그는 폼페이우스의 부하였던 아프라니우스와 바로를 몰아내고, 그 군대와 영토를 손에 넣어 폼페이우스의 세력을 약화시키려고 했던 것이다. 그러나 그는 여러 차례 기습을 당했고, 식량도 모자라서 매우 고생을 하였다. 그럼에도 불구하고 그는 적을 추격하고 전투에 끌어내어 마침내는 승리를 거두었다.

카이사르가 로마에 돌아오자, 그의 장인인 피소는 폼페이우스에게 사람을 보내어 평화협정을 맺자고 제안하였다. 하지만 이사우리쿠스는 카이사르의 환심을 사려고 이 제안에 반대하였다.

원로원은 카이사르를 1인 집정관으로 선출하였다. 그러자 그는 추방당했던 사람들을 모두 불러들이고, 술라 시대에 박해를 받은 사람들의 권리를 되찾아 주었다. 또한 그는 빚에 대한 이자를 낮추는 법을 제정하여 어려운 사람들을 구제하고 여러 가지 조치를 취하였다. 하지만 11일 만에 1인 집정직을 내놓고, 세르빌리우스 이사우리쿠스와 함께 집정관이 되어 다시 전쟁터로 나갔다.

그들이 바다로 왔을 때에는 한겨울이었다. 그들은 바다를 건너 오리쿰과 아폴로니아를 정복하였다. 그러나 뒤에 오는 부대를 위하여 배를 브룬디시움으로 보냈다. 그들은 행군으로 피곤한 데다가 계속되는 전쟁으로 몸과 마음이 지치게 되자, 자신도 모르는 사이에 카이사르에 대한 불만을 털어 놓기 시작했다. "카이사르는 도대체 어디까지 얼만큼 가야지 우리를 쉬게 해줄까? 우리를 별의별 곳에까지 다 끌고다니면서 물건 취급을 하니 정말로 인정이라곤 조금도 없는 사람이야. 우리가 부상을 당해서 얼마나 힘든지를 모르지 않을 텐데도 미친듯이 적을 쫓기만 한단 말이야. 적을 쫓는 것이 아니라 마치 적에게 쫓기는 사람처럼 달리기만 한단 말이야."

이렇게 말하며 그들은 느릿느릿 브룬디시움으로 향하였다. 하지만 그들은 카이사르가 이미 그곳을 지나갔다는 사실을 알게 되자 마음을 고쳐먹고 자신들을 스스로 불충한 부하들이라고 나무랐다.

한편 카이사르는 그동안 아폴로니아에 가 있었다. 그런데 적과 싸움을 하기에는 수가 너무 적었으므로 브룬디시움으로부터 부대가 한시라도 빨리 도착하기를 기다렸다. 그러나 아무리 기다려도 군대가 오지 않자, 마침내 위험한 모험을 하기로 결심했다. 아무도 알아 보지 못하게 변장하고서 작은 배를 타고 수많은 적의 배들 사이를 뚫고 브룬디시움으로 가려고 했던 것이다. 노예로 변장한 카이사르는 강으로 나갔다. 강은 잔잔하였고 부드러운 바람이 불어왔다. 그러나 바다 쪽에서 바람이 불어와 소용돌이가 일어났다. 더 이상 배를 저을 수 없게 되자 선장은 배를 돌리자고 하였다. 하지만 카이사르는 자신의 신분을 밝히며 선장에게 이렇게 말했다.

"선장! 용기를 내시오. 당신은 카이사르와 그의 운명을 쥐고 있는 사람이란 말이오."

선원들은 노를 저어 험난한 강 어귀를 어떻게든 빠져나가려고 했지만 소용이 없었다. 배에 물이 들어와 마침내 목숨까지 위태로워졌다. 카이사르는 몹시 안타까웠지만 배를 돌릴 수밖에 없었다.

얼마 후에 카이사르의 부하 안토니우스가 부대를 이끌고 브룬디시움으로부터 도착했다. 카이사르는 다시 폼페이우스와 싸움을 시작했다. 하지만 폼페이우스는 아주 유리한 곳에 진을 치고 있었고, 식량도 넉넉히 가지고 있었다. 그러나 카이사르 군은 처음부터 군량이 넉넉하지 못했고, 나중에는 군량이 완전히 떨어지고 말았다. 그래서 병사들은 풀뿌리를 캐어 우유와 섞어먹으며 지낼 수밖에 없게 되었다. 그러면서도 그들은 적의 초소에 풀뿌리와 우유를 던지면서 이렇게 소리를 질렀다.

"땅이 우리에게 이런 물건을 주는 한, 너희들을 결코 단념하지 않겠다."

한편 폼페이우스는 적의 이런 행동을 자신의 부하들이 알지 못하도록 하기 위해 무척 애를 썼다. 부하들의 사기가 떨어질까봐 걱정스러웠기 때문이었다. 폼페이우스의 진지 부근에서는 항상 작은 전투가 벌어졌는데, 늘 카이사르 군이 이기고 있었다. 그런데 한번은 카이사르 군이 크게 져서 거의 본진을 빼앗길 뻔하였다. 싸움터는 카이사르 군의 시체로 가득 차게 되었다. 카이사르는 쫓겨오는 부하들을 다시 싸움터에 돌려 보내려고 했으나 도저히 말을 듣지 않았다.

한편 기수는 군기를 팽개치고 도망쳤기 때문에 적에게 빼앗긴 군기는 무려 32개나 되었다. 이 난리통에 카이사르 또한 목숨을 잃을 뻔하였다. 그의 부하 중에 몸집이 매우 큰 병사가 달아나는 것을 보고 카이사르는 그를 붙잡아 적과 다시 싸우게 하려고 하였다. 그러자 그 병사는 오히려 카이사르를 향해 칼을 뽑아들고 달려왔다. 아마 위험에 눈이 멀었던 모양이었다. 그러나 다행스럽게도 카이사르의 부하가 재빨리 병사를 막아냈다.

카이사르는 자신이 완전히 졌다고 생각했지만, 폼페이우스는 조심성이 지나쳐 그들을 더 이상 잡으려 하지 않고 물러나 버렸다. 이것을 본 카이사르는 그의 부하들에게 이렇게 말했다. "적이 만일 승리를 거둘 줄 아는 장군을 가지고 있었다면, 오늘의 전투는 적의 승리로 끝났을 것이다."

그날 밤 카이사르는 뜬 눈으로 밤을 지새우며 고민하였다. 그리고 자신의 전술이 잘못되었다는 것을 깨닫게 되었다. 바로 눈 앞에 마케도니아와 테살리아의 부유한 도시들이 있는데도 그리로 이동하지 않고 적에게 유리한 해안에 머물러 있는 것은 어리석은 일이 아닐 수 없다고 생각하게 되었던 것이다.

그래서 그는 즉시 군대를 철수하여 폼페이우스가 군수 공급을 받을 수 없는 평지로 끌어낼 것인가, 아니면 스키피오 군을 무찌를 것인지를 고민하였다. 마침내 그는 마케도니아에 있는 스키피오를 무찌르기로 결심했다.

한편 카이사르의 군대가 이동하는 것을 본 폼페이우스의 부하들은 카이사르가 도망치는 것이라고 생각하고는 쫓아가자고 하였다. 하지만 폼페이우스는 그를 두려워했다. 폼페이우스는 군량도 풍부하므로 전쟁을 오래 끌수록 자신에게 유리해질 것이라고 생각하였다. 카이사르의 정예 부대는 전투에 있어서 많은 경험과 승리의 용기를 가지고 있지만 그것은 신체와 더불어 약해지리라고 생각했기 때문이었다. 더군다나 카이사르 군의 진중에 전염병까지 돈다는 소식을 들었으므로 곧 카이사르는 무너지리라고 생각하였다.

그래서 폼페이우스는 카이사르와 싸우려고 하지 않았다. 이 계획에 기뻐한 사람도 카토 한 사람뿐이었다. 카토는 동부의 생명을 구할 수 있게 될 이 계획에 감사하였다. 또 그는 카이사르 군대의 전사자가 천 명이나 된다는 얘기를 듣고는 눈물까지 흘렸다고 한다.

그러나 다른 사람들은 폼페이우스가 싸움에 응하지 않는 것을 비난하였고, 그의 부하들까지도 '아가멤논[28]'이니 '왕중왕'이니 하며 그를 자극하여 싸우게 하려고 하였다. 이러한 비난은 결국 폼페이우스가 오래도록 혼자 장군의 위치에 버티고 앉아 사람들을 종처럼 부린다는 뜻이었다. 또한 파보니우스는 폼페이우스의 욕심을 비난하며, 금년에는 고향 투스쿨룸으로 돌아가 투스쿨룸의 무화과를 먹지 못할 것이라고 불평을 터뜨렸다. 한편 스페인에서의 싸움에 패하고 돌아온 아프라니우스는 돈으로 매수되어 군대를 팔았다는 말을 듣게 되자, 오히려 이렇게 대꾸하며 코웃음을 쳤다.

"그러면, 당신들은 왜 그 땅을 산 카이사르가 저기 있는데도 싸우지 않소?"

폼페이우스는 할 수 없이 카이사르를 뒤쫓기 시작했다. 한편 카이사르가 전투에서 졌다는 소식을 들은 나라들은 그에게 군수 물자를 원조해 주지 않으려고 했다.

---

28) 그리스 전설 속에 나오는 미케네의 왕. 트로이 전쟁 때 그리스 연합군의 총사령관이었으며, 당시 그리스인들로부터 왕중왕이라는 말을 들었다.

그러나 무척 힘든 행군을 끝낸 카이사르는 테살리아의 한 도시인 곰피에서 충분한 군량을 얻을 수 있었다. 뿐만 아니라 군대 안에서 돌던 전염병도 사라지고 없었다.

마침내 두 군대는 파르살로스 평원에서 서로 마주하게 되었다. 이때 폼페이우스는 여러 가지 악몽에 시달리고 있었기 때문에 계속 전투를 피하고 있었다. 하지만 사람들은 분명히 승리를 거둘 것이라고 믿고 있었다. 그리고 도미티우스, 스핀테르, 스키피오 등은 서로 카이사르의 대제관의 자리를 차지하려고 애쓰고 있었다. 그리고 미리 로마에 사람을 보내어 집정관이나 법무관이 쓰기에 알맞은 집을 마련하게 한 사람들도 있었다.

폼페이우스의 군대 중에서 가장 멋있는 갑옷으로 무장한 기병들은 어서 전투를 하기 원했는데, 자신들을 훌륭한 병사로 생각하고 있기 때문이었다. 게다가 카이사르의 기병은 모든 1천 명에 지나지 않았지만 자신들은 5천 명이나 되었기 때문에 자신들의 승리를 확신하고 있었던 것이다. 또 보병의 숫자도 폼페이우스 군은 4만 5천 명이었지만 카이사르의 군은 2만 2천 명밖에 되지 않았으므로 자신들이 유리하다고 생각한 것은 당연했다.

한편 카이사르는 부하들을 모아놓고 의견을 물었다. 그는 코르피니우스 장군이 지휘하는 2개 군단이 곧 올 것이며, 또 메가라와 아테네 근처에도 칼레누스 장군이 지휘하는 15개 보병대가 있다고 말했다. 그리고는 그들과 합류할 때까지 싸움을 미루는 것이 좋을지, 아니면 지금 싸울 것인가를 물었다. 그러자 부하들은 적을 물리치자고 말했다.

카이사르는 군대를 위해서 제사를 지냈다. 그때 맨 처음 바친 제물이 쓰러지는 것을 보고 예언자는 사흘 안으로 운명이 결정될 전투가 일어날 것이라고 말했다. 그래서 카이사르가 예언자에게 좋은 징후가 보이냐고 물었더니 그는 이렇게 대답했다.

"그것은 장군께서 더 잘 아실 겁니다. 다만 신은 지금의 형세에 커다란 변화가 올 것임을 알려 주셨습니다. 그러니 장군께서 지금 만족스러우면 나쁜 일이 닥쳐올 것이고, 그렇지 않으면 반대로 좋은 일이 생길 것입니다."

전투를 앞두고 카이사르가 진중을 돌아보고 있을 때 갑자기 하늘에 큰 불덩이가 나타나더니, 자신의 진영 쪽으로 날아오는 것 같았다. 그런데 갑자기 방향을 바꾸더니 불덩이는 폼페이우스의 진중에 떨어져 버렸다.

그 다음 새벽에 보초가 교대하려 할 때쯤, 그들은 적의 진중에 큰 소란이 있었음을 알 수 있었다. 그러나 카이사르는 전투가 벌어지지 않을 것이라고 생각했으므로 진지를 거두고 진군하려고 했다. 그런데 천막을 거의 다 거두었을 때 정찰병이 급히 말을 타고 오더니 적의 공격이 시작될 것이라고 말했다.

이 말을 들은 카이사르는 무척 기뻐하면서 신에게 기도를 드리고, 병사들에게 전투 준비를 하라고 명령했다. 가운데에는 도미티우스 칼비누스를 배치하고 좌익에는 안토니우스를 배치하였다. 그리고 카이사르 자신은 제10군단의 선두에 서서 우익을 맡았다. 그러나 우익에 적의 기병이 배치되어 있는 것을 보고, 그 위용과 수에 겁을 먹었다. 그래서 카이사르는 6개 대대를 자기 뒤에 배치하라고 명령하고, 기병이 올 때 할 일을 일러주었다.

한편 적군은 우익을 폼페이우스가 맡고, 도미티우스는 좌익을 맡았다. 그리고 폼페이우스의 장인인 스키피오가 중앙을 맡았다. 그들은 기병대를 모두 왼쪽에 배치하여, 적의 오른쪽을 완전히 정복하려고 하였다. 부대 배치를 모두 끝낸 그들은 자신들이 당연히 이길 것이라 생각하고 자신만만해 있었다.

마침내 전투가 벌어졌다. 폼페이우스는 선두 부대에게 절대로 자리를 떠나지 말고 적군이 투창의 범위 안으로 들어올 때까지 가만히 있으라고 명령하였다. 이것을 본 카이사르는 폼페이우스의 전략이 매우 어리석은 전략이라고 비웃었다. 그는 승리와 패배가 첫 번째 전투에 의해서 결정되며, 처음 전투는 병사들에게 힘을 더욱 증가시키는 것이라고 생각했다. 따라서 병사들의 정신을 타오르게 하려면 적과 치열한 전투를 벌여야 한다고 말했다.

한편 카이사르는 부대를 움직여 앞으로 돌진하고 있었다. 그때 그는 자신의 부하가 용감히 싸우는 것을 보고 이렇게 물었다.

"카이우스 크라시니우스, 우리가 이길 수 있겠소?"

크라시니우스는 대답했다.

"반드시 승리할 것입니다, 장군님!"

크라시니우스는 120명의 부하들을 데리고 적진으로 돌진하였다. 용감무쌍하게 싸운 그는 적의 전방을 무너뜨렸지만 그만 적군의 칼에 죽고 말았다.

한편 이와같이 카이사르 군대의 사기가 뜨거워지고 있을 때 폼페이우스의 부대가 몰려왔다. 그들은 카이사르의 부대를 포위하려고 하였지만 시작도 하기 전에 카이사르가 숨겨 두었던 부대가 달려나와 적을 무찔렀다. 이때 카이사르 군은 창을 던지지 않고 적의 얼굴을 찌르려고 달려들었다. 이것은 전투 경험이 없는 적군들이 자신들의 젊고 아름다운 얼굴에 상처를 내지 않기 위해 달아나도록 만드는 작전이었다.

적이 달아나기 시작하자 카이사르의 군대는 곧 그들을 뒤쫓아가서 무찔렀다. 폼페이우스는 너무나 놀라서 자신이 '위대한 폼페이우스'라는 것도 잊은 채 한 마디 말도 못하고 서 있더니, 모든 것을 내팽개치고 진지로 도망쳐 들어갔다. 그러는 동안에 카이사르의 부대는 적의 진지 바로 앞까지 나아가 치열한 전투를 벌이고 있었다.

일이 이렇게까지 되자 폼페이우스는 정신을 차리고, "아니, 정말로 적이 우리 진지 안에까지 들어 왔단 말이냐?" 하고 겨우 한 마디 하였다고 한다. 그리고는 초라한 옷으로 변장을 하고서 도망을 쳤다. 그 후 그가 어떤 운명을 겪으며 살았는지는 그의 전기에서 이야기하였다.

카이사르는 적의 진지를 둘러보려고 왔다가 죽어 넘어진 적의 시체를 보고는 신음하듯이 이렇게 한탄했다.

"그들은 일이 이렇게 되기를 바랐을까? 나를 이렇게 만든 건 바로 그들이었는데. 나 카이사르도 만일 군대를 버렸다면 그전까지 누렸던 승리의 영광들은 모두 보잘 것없이 내던져지겠지. 그리고 아마 세상 사람들의 모진 비난을 받게 되고 말 거야."

한편 카이사르는 포로로 잡은 사람들을 자신의 군대에 편입시켰다. 그리고 브루투스 등 많은 장교들은 그냥 놓아 주었다고 한다. 브루투스는 나중에 카이사르를 죽인 사람이었다. 하지만 그때 카이사르는 브루투스가 보이지 않아 매우 걱정을 하다가 그가 살아 있다는 것을 알고 몹시 기뻐하였다고 한다.

이 승리가 있기 전에 승리를 알리는 이상한 일들이 많이 일어났었다. 그중에서도 가장 신기한 것은 트랄레스에서 생긴 일이었다. 그곳에는 승리의 여신인 빅토리아 신전이 있었는데, 여기에 카이사르의 조각상이 놓여 있었다. 그런데 조각상 옆에서 한 그루의 종려나무가 솟아오른 것이었다.

또한 북이탈리아의 동쪽에 있는 파두아 시에는 카이우스 코르넬리우스라는 유명한 점술가가 있었다. 그는 전투가 있던 그날 밤에도 점을 치고 있었는데, 사람들이 그에게 지금 두 사람의 군대가 전투를 하고 있다고 말하였다. 그러자 그는 펄쩍 뛰면서, "카이사르여, 당신이 이겼소" 하고 신들린 듯이 외쳐서 사람들을 놀라게 했다고 한다. 이것은 역사가 리비우스가 이야기하고 있는 것들이다.

카이사르는 승리를 기념하는 의미에서 테살리아 인에게 자유를 주었다. 그러고 나서 그는 폼페이우스를 추격하였다. 또 그는 아시아에 도착하였을 때, 이야기 수집가인 테오폼포스를 위하는 마음으로 그의 고국 크니도스 인들에게도 시민권을 주었다고 한다. 또한 아시아의 사람들에게 세금의 3분의 1을 감면해 주기도 했다.

마침내 그는 알렉산드리아에 도착했다. 그러나 폼페이우스는 이미 살해된 뒤였다. 카이사르는 테오도토스가 폼페이우스의 머리를 갖다바치자 그것을 바로 보지 못하고, 단지 폼페이우스의 반지를 받아들고 눈물을 흘렸다. 그리고 폼페이우스의 친구와 부하들이 이집트 왕에게 잡혀오자, 그 포로들을 모두 석방시켜 주었다. 그래서 그는 로마에 있는 친구들에게 쓴 편지에도 이번 승리에서 가장 기쁜 것은 자기와 맞서 싸우던 사람들을 용서해 준 일이라고 적었다.

카이사르가 이집트에서 전쟁을 한 것은 그가 클레오파트라를 사랑했기 때문이라고 말하는 사람도 있었다. 그러나 다른 한 편에서는 이집트 왕의 대신들 특히 내시 포티노스를 비난하기도 했다. 포티노스는 당시 폼페이우스를 죽이고 클레오파트라를 내쫓으려 했으며, 카이사르마저 죽일 계획을 가지고 있었다. 그리고 포티노스는 카이사르에게 참을 수 없이 모욕적인 행동을 하였다. 예를 들어, 그는 카이사르의 부하들에게 먹지도 못할 음식을 먹으라고 주면서 카이사르에게 고맙게 받으라고 얘기하였다. 그리고 왕의 식탁에 나무그릇을 올려 놓고는 카이사르가 빚을 구실삼아 금그릇을 빼앗아 갔다고 말하기도 했다. 이것은 당시 이집트 왕의 아버지가 카이사르에게 1,750만 드라크마의 빚을 지고 있었던 것을 얘기한 것이었다. 카이사르는 그 중 750만 드라크마는 왕자들을 위하여 면제해 주었다. 하지만 포티노스는 카이사르에게 떠나라고 하면서 돈은 나중에 보내겠다고 말하였다. 그러자 화가 난 카이사르는 몰래 사람을 보내어서 쫓겨난 클레오파트라를 불러들였다.

클레오파트라는 이 소식을 듣자마자 부하인 아폴로도로스를 데리고 작은 배로 어둠을 이용해 왕궁에 접근하였다. 그녀는 왕궁에 어떻게 숨어 들어갈 것인가를 생각하다가 한 가지 꾀를 냈다. 그녀는 이불 자루 속으로 들어간 뒤에 아폴로도로스로 하여금 짊어지고 들어가게 한 것이다.

카이사르는 클레오파트라의 대담한 성격에 탄복하였다. 그리고 그녀의 매력에 완전히 정복당하고 말았다. 그래서 카이사르는 그녀의 오빠인 왕과 그녀가 같이 나라를 다스리게 한다는 것으로 화해를 성립시켰다. 이 일로 성대한 축하잔치가 열렸다. 이때 카이사르의 이발사로 일하고 있던 노예로부터 놀랄 만한 정보를 알게 되

—
<클레오파트라와 카이사르>,
왕궁으로 숨어든 클레오파트라,
장 레온 제롬(Jean Leon Gerome)

었다. 그 노예는 여러 가지 사건을 소문으로 들어 많이 알고 있었는데, 친위대 장교인 아킬라스와 내시인 포티노스가 축하 잔치 도중에 카이사르를 죽이려 한다는 사실을 엿들은 것이다.

카이사르는 이 얘기를 듣고 미리 부하들을 연회장에 숨겨 놓았다가 포티노스를 죽여 버렸다. 그러나 아킬라스는 도망을 쳤고, 카이사르에게 대항하였다. 카이사르는 매우 불리한 처지에 있었다. 그가 처음으로 당한 어려움은 적이 수로를 끊어서 물을 전혀 마실 수 없게 된 것이었다. 다음으로 적은 카이사르와 그의 함대의 교통을 차단하였다.

또한 이집트 왕까지 아킬라스와 합세했다. 그러나 카이사르는 이들 모두를 상대로 싸워서 물리쳤다. 이 전투에서 이집트 군은 많은 사상자를 냈고, 왕도 행방을 감추고 말았다. 카이사르는 클레오파트라를 이집트 여왕으로 세우고는 곧 시리아를 향해 떠났다. 그 얼마 뒤 클레오파트라는 카이사르의 아들을 낳았다. 알렉산드리아 사람들은 아이의 이름을 아버지인 카이사르의 이름을 본따서 카이사리온이라고 불렀다.

카이사르는 아시아로 군대를 이끌고 갔다. 여기서 그는 도미티우스가 미트리다테스의 아들 파르나케스에게 패해 폰토스로 도망쳤으며, 파르나케스가 이것을 이용하여 카파도키아와 비티니아를 정복했다는 소식을 듣게 되었다. 또한 파르나케스가 다시 소 아르메니아로 향하여 그 지방의 많은 군주들을 선동하여 반란을 일으키고 있다는 소식도 듣게 되었다. 카이사르는 곧 세 개의 군단을 이끌고 젤라 근처에서 일대 결전을 벌여 적을 완전히 격파하였으며, 파르나케스는 간신히 도망쳤다.

이때 카이사르는 로마에 있는 친구 마티우스에게 이 전쟁을 알리기 위해 짧게 단 세 마디를 적어 보냈다. "왔노라, 보았노라, 그리고 이겼노라."

그 후 카이사르는 이탈리아로 건너가 로마로 돌아왔다. 그것은 그가 두 번째로 1인 집정관에 당선된 해의 말이었다. 일찍이 이 직위를 1년 이상 지낸 사람은 없었다. 그리고 다음 해에 그는 집정관으로 당선되었다. 이때에 군대 일부가 반란을 일으켰다. 카이사르는 집정관을 지낸 코스코니우스와 갈바를 처단하였다. 그러나 반란자들을 '제군'이라고 부르는 대신 '시민'이라고 부르며 아무런 처벌도 내리지 않았다. 그는 오히려 그들에게 각각 1천 드라크마의 돈과 이탈리아의 땅을 나누어 주었다.

카이사르는 자기 부하인 돌라벨라의 화려한 생활과 아만티우스의 탐욕, 안토니우스의 방탕, 그리고 코르피티우스의 사치를 비난하는 소리를 듣게 되었다. 그 중에서도 코르피티우스는 폼페이우스가 쓰던 집에서 살게 되었는데, 그 집을 화려하게 다시 지었다. 카이사르는 물론 이 모든 것들을 잘 알고 있었지만, 그들과 손을 끊을 수는 없었으므로 모든 일을 모른 척하고 있었다.

파르살로스의 전투가 끝난 뒤, 카토와 스키피오는 아프리카로 도망쳤다. 그곳에서 그들은 유바 왕의 도움을 받아 군대를 모으고 있었다. 카이사르는 이들을 정복하기 위해 다시 출정을 서둘렀다. 그는 도중에 시칠리아 섬으로 갔다. 마침 겨울이었으므로 병사들은 그곳에 오래 머물려고 하지 않았다. 그래서 해안에 막사를 치고 있다가 따뜻한 바람이 불어오자 3천 명의 보병과 약간의 기병을 이끌고 바다로 출항하였다. 그는 병사들을 아프리카에 모두 무사히 상륙시킨 다음, 남겨 두고 온 주력 부대의 일이 걱정되어 다시 되돌아갔다. 그리고 바다에서 그들을 만나 함께 아프리카로 돌아왔다.

카이사르의 군대에는 아프리카누스 스키피오 가문에서 태어난 스키피오 살루티오라는 자가 있었는데, 별로 능력을 갖추지 못한 사람이었다. 하지만 아프리카에서는 스키피오 성을 가진 사람이 전쟁에 나가면 반드시 이긴다는 오랜 신탁을 굳게 믿고 있었다. 이 사실을 안 카이사르는 이 사나이를 장군처럼 앞에 세웠다.

카이사르는 군량이 떨어져 적에게 자주 전투를 걸었다. 한편 누미디아 인들은 대부대와 우수한 기병으로 카이사르 군을 습격하여 계속 괴롭히고 있었다. 한번은 카이사르의 기병대가 아프리카 사람들이 춤을 추며 피리를 부는 것을 구경하고 있을 때였다. 이때 갑자기 적이 나타나 그들을 둘러싸더니 사람들을 마구 죽였다. 그리고는 도망치는 병사들을 뒤쫓아 진지 안으로 들어왔다. 만일 카이사르와 아시니우스 폴리오가 적을 막지 못했다면 전쟁은 이것으로 끝이 났을 것이다.

언젠가 다른 전투에서, 적의 세력이 강하여 카이사르 군이 쫓기고 있을 때 카이사르는 도망치는 기수의 뒷덜미를 잡고는, "이보게! 적이 있는 곳은 이쪽일세" 하고 돌려 세우며 호통을 쳤다고 한다.

한편 승리를 거둔 스키피오는 마지막 결전을 할 결심을 하였다. 그래서 그는 아프라니우스와 유바를 멀지 않은 곳에 남겨 두고, 자신은 탑소스를 향하여 나가 호수 위쪽에 진지를 쌓았다. 스키피오가 이렇게 한창 전투 준비를 하고 있는 동안, 카이사르는 험준한 숲 속과 사람이 안 사는 지방을 지나 적에게 달려들었다. 그리고 적군의 한 무리를 전멸시키고 또 다른 부대를 향해 공격을 서둘렀다. 또 한 부대를 물리치고 난 다음, 그는 군대를 돌려 아프라니우스의 진지를 습격하였다. 유바 왕은 도망을 쳤다. 이리하여 카이사르는 며칠만에 적의 진지를 셋이나 빼앗고 5천 명이나 되는 적을 쓰러뜨린 반면에 그의 군대의 손실은 50명에 불과했다. 이 전투에 대해서 여러 역사가들은 카이사르가 이 전투에 직접 참가하지 않았다는 데 의견을 모으고 있다. 왜냐하면 그는 군대를 이끌기 이전에 이미 병이 났었기 때문이었다.

카토는 전투에 참가하지 않고 우티카를 지키고 있었다. 그래서 카이사르가 카토를 사로잡으려고 우티카로 갔을 때, 카토는 이미 자살을 해 버린 뒤였다. 그는 이것을 유감스럽게 생각하며 이렇게 말했다.

"카토! 당신이 내게 당신의 생명을 맡기기를 원하지 않은 것처럼 나도 당신의 죽음을 원하지 않았소."

하지만 카토가 죽은 뒤 카이사르가 카토에 대해 쓴 글을 보면, 카이사르가 그를 용서해 주리라는 생각은 전혀 없었던 것 같다. 이미 죽은 사람의 추억에 대해서도 비난을 했던 그가 카토를 살려두었으리라고는 생각하기 어렵기 때문이다. 그러나 그가 키케로와 브루투스, 그리고 그 밖의 많은 사람들을 용서해 준 것을 고려해 본다면 이 글은 카토가 미워서 쓴 것이 아니라 오히려 자기 자신의 변호를 목적으로 쓴 것이라고 생각된다.

키케로는 카토를 찬양하는 글을 짓고 그 제목을 〈카토〉라고 붙였다. 그토록 위대했던 사람이 이러한 글을 썼다면, 세상의 수많은 사람들이 그것을 읽게 될 것이다. 그러므로 카토를 칭찬하는 것은 곧 자신을 비난하는 일이라고 생각했던 카이사르가 이 글을 아무렇지도 않게 넘길 수는 없었다. 그래서 그는 〈반(反) 카토〉라는 글을 써서 카토의 모든 결함을 기록했다. 그런데 이 두 편의 글은 카토와 카이사르처럼 서로 다른 의견을 가진 사람들에 의해 각각 찬사를 받고 있다.

아프리카에서 로마로 돌아온 카이사르는 민중들에게 자신의 승리를 무척 자랑하였다. 그는 해마다 20만 아티카 부셸에 상당하는 곡물과 300만 파운드의 기름을 갖다 바칠 나라를 정복했다며 큰소리쳤다. 또한 이집트, 폰토스, 아프리카 등에서 거둔 승리를 축하하는 개선식을 올리고, 그중에서 아프리카에서의 승리는 스키피오에 대한 승리가 아니라, 유바 왕에 대한 승리라고 얘기하였다. 이때 유바 왕의 어린 아들이 개선식에 끌려나왔으나 포로로서는 가장 행복한 사람이었다. 왜냐하면 포로가 됨으로써 그는 누미디아 인 중에서 가장 박식한 그리스 역사가가 되었기 때문이다.

개선식이 모두 끝나자 카이사르는 부하 장병들의 공을 따져서 후한 상을 주고 사람들에게 큰 잔치를 베풀었다. 그 얼마 뒤 인구 조사를 하게 되었는데, 32만 명이던 인구가 15만 명으로 줄어들었다고 한다. 이처럼 내란으로 인해 생긴 피해는 그 외의 지방은 물론 로마에까지도 막대한 영향을 끼치고 있었다.

얼마 뒤 카이사르는 네 번째로 집정관에 선출되자, 폼페이우스의 아들들을 정복하기 위해 곧 스페인으로 떠났다. 그들은 아직 소년이었지만 놀라울 만큼 많은 군대를 모아 지휘하고 있었다. 카이사르는 이것을 보고 큰 두려움을 느꼈다. 이들의 싸움은 문다 근처에서 벌어졌는데, 카이사르 군은 변변히 저항도 하지 못한 채 금방 물러서고 말았다.

카이사르는 군사들 속에 뛰어들어, "나를 저 어린애들한테 넘겨 줄 셈이냐?" 하고 고함을 지르며 적에게로 달려갔다. 그는 3만 명이나 되는 적을 죽였지만, 카이사르 또한 가장 용감한 부하 1천 명을 잃고 말았다.

전투가 끝나고 돌아오면서 그는 부하 장교들에게 이렇게 말했다.

"지금까지 승리를 위해서 수많은 전쟁을 치렀지만 내 목숨을 지키기 위해 싸운 것은 오늘이 처음이었다."

그가 승리를 거둔 날은 바코스의 제삿날이었으며, 4년 전에 폼페이우스가 전쟁터로 나간 날이기도 했다. 이 전투에서 폼페이우스의 작은 아들은 도망쳤지만, 얼마 후 디디우스는 큰아들의 머리를 카이사르에게 가지고 왔다. 이것이 카이사르의 마지막 전쟁이었다. 그러나 이 전쟁의 승리를 축하하는 개선식은 무엇보다도 로마 사람들에게 모진 비난을 받았다. 이 전쟁은 다른 나라나 야만족과의 싸움이 아니라 같은 로마 동포와의 싸움이었기 때문이다. 또 카이사르는 지금까지 동포와의 전쟁에서 이겼을 때는 전령이나 편지를 보낸 일이 없었는데, 이상하게도 이 전쟁에서는 미리 승리의 소식을 알려왔다. 그래서 사람들은 카이사르가 명예보다는 오히려 수치를 선택했다며 그의 행동을 비난했다.

그러나 로마인들은 자신들의 운명을 모두 카이사르에게 맡겼다. 들끓던 내란을 잠재우고 사람들에게 숨돌릴 틈이라도 주리라는 기대에 그가 죽을 때까지 1인 집정관의 자리에 있도록 했다. 이 종신 집정관의 지위는 가장 절대적인 권력을 가지게 되는 것이었으므로 카이사르는 이제 왕이나 다름없는 자리에 서게 된 것이었다.

카이사르에게 인간으로서 가질 수 있는 가장 큰 영광을 주자고 원로원에서 제일 처음 주장했던 사람은 키케로였다. 그러자 다른 원로원 의원들도 카이사르에게 잘 보이기 위해, 그에게 최고의 영광을 주어야 한다고 떠들어댔다. 이렇게 해서 지나친 영광이 카이사르에게 잇따라 내려지게 함으로써 사람들로 하여금 그를 미워하게 만들었다. 이처럼 사람들이 카이사르를 미워하게 된 것은 그를 따르는 무리들 탓도 있었지만 그의 적들의 힘도 무시할 수는 없었다. 적들은 이러한 일들을 그를 공격하기 위한 구실로 삼았다. 그러므로 카이사르에 대한 평판이 나빠지자 그들은 무척 통쾌해했다.

왜냐하면 그때는 이미 내란이 끝난 뒤여서 카이사르가 공격을 받을 만한 일이 전혀 없었다. 그러므로 로마 시민들이 자비의 신전을 지어 그의 공적을 기념하려 한 것도 충분한 이유가 있었다. 즉, 카이사르는 전쟁 중에 자신을 적으로 삼았던 사람들을 용서해 주었을 뿐만 아니라 그 중 브루투스와 카시우스에게는 법무관의 지위까지 내려주었기 때문이다.

그는 또 폼페이우스의 조각상이 쓰러진 것을 보고 이것을 다시 일으켜 세우기도 했다. 키케로는 이 일에 대해, 카이사르는 폼페이우스의 조각상을 다시 세움으로써 자신의 조각상을 더 굳건히 세웠다고 말했다.

카이사르의 친구들은 그에게 호위병을 두라고 여러 번 권유하였다. 그리고 스스로 호위를 맡겠다고 자원을 하는 사람도 적지 않았다. 그러나 카이사르는 그들의 충고를 거절하면서 이렇게 말했다. "매일 죽을지도 모른다는 걱정을 하면서 사는 것보다는 지금 당장 죽는 게 낫소."

그는 민중의 존경과 사랑이야말로 가장 명예롭고 안전한 호위라고 생각했던 것이다. 그래서 그는 자신의 병사들을 위해 여러 차례 잔치를 열어 주었다. 그리고 그들에게 땅을 나누어 주는 동시에 민중의 인기를 얻기 위해서 카르타고와 코린트 등을 식민지로 개발했다. 이 두 도시는 옛날에 동시에 파괴되었던 것처럼 재건 또한 동시에 이루어졌다.

한편 카이사르는 귀족들에게 앞으로는 집정관이나 법무관의 지위를 얻을 수 있게 해주고, 더러는 다른 지위나 명예를 주겠다고 약속했다. 그는 이처럼 모든 사람들에게 미래에 대한 희망을 주어 자신의 통치를 수월하게 만들려는 것이었다. 집정관 막시무스가 임기를 하루 남기고 죽었을 때, 그 나머지 하루 동안 카니니우스 레빌리우스를 집정관으로 임명했던 것도 바로 그런 이유에서였다. 그래서 많은 사람들이 경의를 표하기 위해 새 집정관에게 가고 있을 때, 키케로는 말했다. "빨리 갑시다. 그렇지 않으면 우리가 도착하기 전에 그의 집정관 임기가 끝나고 말거요."

카이사르는 위대한 업적을 이룬 사람이었지만, 타고난 명예욕과 끝이 없는 야망은 어쩔 수가 없었다. 그래서 그는 지금까지 거두어들인 열매를 맛보는 데 만족하지 못하고, 새로운 명예를 탐내기 시작했다. 이 야망은 바로 자기 자신과의 필사적인 투쟁이었으며, 자신의 과거에 뒤떨어지지 않는 미래를 만들어 내기 위한 끊임없는 싸움이었다.

이러한 야망을 채우기 위해, 그는 파르티아를 점령하기로 결심했다. 그리고 히르카니아를 거쳐서 거기서 카스피 해를 끼고 나아가 카프카스 산맥을 넘고, 폰토스 부근으로 스키타이에 이르기로 했다. 그 뒤 게르마니아를 모조리 휩쓸고, 다시 갈리아를 거쳐 이탈리아로 돌아오는 것이 그의 계획이었다. 카이사르는 자신의 머릿속에 그리고 있던 바다를 경계선으로 대제국을 완성한다는 커다란 포부를 가지고 있었던 것이다.

카이사르는 이 엄청난 계획을 실현시키기 위해 여러 가지 준비를 했다. 코린트에 있는 지협을 파기 위해 아니에누스를 파견하였다. 또 그는 깊은 운하를 파서 티베르 강 물길이 로마 시 바로 밑으로 키르케오 산을 지나 테라키나 근처에서 바다로 들어가도록 방향을 바꾸려 했다. 이것은 로마에 들어오는 상인들에게 편하고 안전한 길을 제공하려는 생각에서 나온 계획이었다.

이밖에도 그는 포멘티움과 세티아 근방의 습지를 메꾸어 경작지로 만들고, 수만 명의 농민들에게 이 땅을 경작시킬 계획도 세웠다. 그리고 로마에 가까운 해안에는 커다란 둑을 쌓아 바닷물이 넘어들어오지 못하도록 하며, 오스티아 앞바다에 있는 암초와 여울목을 없애 배들이 자유롭게 드나들고 정박할 수 있도록 항구를 만들려고 했다. 그러나 그는 이 계획들을 실현시키지는 못했다.

한편 시기의 부정확함을 교정하기 위해 새로 만든 역법은 여러 가지 문제점들을 해결하여 많은 이익을 가져다주었다. 로마 사람들은 보통 달(月)의 운행을 중심으로 1년의 날짜를 정했기 때문에 그들의 명절이나 기념일이 해마다 자꾸 달라져, 나중에는 정반대의 계절에 명절이 찾아오기도 했다. 옛날뿐만 아니라 카이사르가 살고 있던 당시까지 이런 일이 계속 반복되었는데, 그것은 사람들이 태양력 계산법을 모르고 있었기 때문이었다.

그래서 제관들은 아무 때나 윤달을 끼워 넣고는 그 달을 메르케도니우스라고 불렀다. 이 윤달은 전설적인 일곱 왕 중의 하나인 누마 왕이 처음에 고안해 낸 방법이었다. 그러나 이것도 일시적인 방편일 뿐이었으므로, 해를 거듭하면서 생기는 착오를 고치기에는 역부족이었다.

카이사르는 가장 우수한 철학자들과 수학자들을 모아서 이 문제를 의논하고, 여기서 나온 여러 방법들을 잘 정리하여 한층 정확한 달력을 만들어 냈다. 이것이 오늘날까지 로마에서 사용되고 있는 달력이며, 다른 어느 나라의 것보다 정확한 것이다. 그러나 카이사르를 미워하고 있던 사람들은 이것마저도 공격의 구실로 이용했다. 키케로는, 어떤 사람이 다음날 거문고 자리가 나타날 것이라고 말하자 이렇게 대꾸했다.

"그렇겠지요. 새로운 법령이 내려졌으니까요."

이 말은 곧 새로 만든 달력도 권력에 의해 강제로 쓰여지고 있다는 뜻이었다. 그러나 카이사르가 가장 명백하고 치명적인 증오심을 사게 된 것은 그가 왕이 되고자 하는 소망을 가지고 있었기 때문이었다. 오래 전부터 그를 미워하고 있던 사람들은 물론 대부분의 시민들에게 그의 이러한 소망은 못마땅한 것이었다. 그를 왕으로 세우기 위해 공작을 꾸미고 있던 사람들은 로마의 신탁집에 있던 예언을 들먹이며, 로마는 왕의 통치를 받아야만 파르티아를 정복할 수 있다는 소문을 퍼뜨렸다. 그리고 그들은 알바에서 로마로 돌아오는 카이사르를 왕이라고 떠받들며 맞아들였다. 그러나 사람들이 이 일을 불만스러워하리라는 것을 짐작한 카이사르는 그들에게 이렇게 대꾸했다.

"내 이름은 왕이 아니라 카이사르요."

이 능청스러운 대답에 주위에 있던 사람들은 모두 조용해졌다. 그러자 카이사르는 불쾌한 표정을 하고는 그 앞을 지나가 버렸다.

또 언젠가 원로원이 그에게 지나친 명예를 주었는데, 그때 그는 마침 포룸의 연단에 앉아 있었다. 카이사르는, 두 집정관과 법무관을 비롯하여 모든 원로원 의원들이 차례로 인사를 했지만, 예사 사람을 대하듯 자리에서 일어나지도 않았다. 그리고는 그들에게 자기의 명예가 너무 지나치니 줄이는 것이 좋겠다고 말했다. 이 일은 원로원뿐만 아니라 평민들까지도 분노하게 만들었다. 그의 태도는 원로원은 물론 나라를 모욕한 것이었기 때문이다. 그러므로 그 자리에 있던 사람들은 대부분 일어나서 몹시 불쾌한 표정으로 나가 버렸다.

카이사르도 자신의 실수가 몹시 마음에 걸려 곧 집으로 돌아갔다. 그리고는 주위에 있는 사람들을 향해, 누구든 자기 목을 좀 잘라 달라고 말했다. 그러나 나중에 그는 자신이 자리에 그냥 앉아 있었던 것은 지병인 간질병 때문이었다고 변명을 했다. 그때는 몸이 좋지 않아서, 자리에서 일어나면 현기증이 나고 정신을 잃을 것 같았다는 것이었다. 그러나 이것은 사실이 아니었다. 그때 그는 의원들이 들어오는 것을 보고 일어나려 했지만, 자신에게 아부를 일삼고 있던 코르넬리우스 발부스가 말리는 바람에 그냥 앉아 있었던 것이다. 코르넬리우스는 카이사르에게 이렇게 말했다.

"자신이 카이사르라는 것을 잊지 마십시오. 당신은 특별한 명예를 받을 만한 자격이 있습니다."

그밖에도 그는 호민관들을 모욕했다는 이유로 다시 증오의 씨앗을 만들었다. 그즈음에는 마침 루페르칼리아[29] 축제가 열리고 있었다. 어느 역사가의 이야기에 의하면, 이 축제는 원래 목동들 사이에서 행해지던 것으로 아르카디아 지방의 리카이아 축제와 비슷하다고 한다. 이때에는 젊은 귀족과 관리들이 모두 웃도리를 벗고 길거리로 나오며, 만나는 사람을 가죽끈으로 때리며 장난을 했다. 그러면 귀부인들도 바깥으로 나와 학교에서 야단을 맞는 아이처럼 손바닥을 맞았다. 이것은 임신한 여자에게 아이를 쉽게 낳을 수 있게 하고, 아기를 갖지 못하는 여자에게는 임신을 할 수 있게 해준다는 의미를 지니고 있었다.

카이사르는 개선식 때처럼 화려한 옷을 입고 포룸에 나와 그 행사를 구경하고 있었다. 안토니우스는 당시 집정관을 지내고 있었으므로, 직접 이 행렬 속에 끼여 있었다. 그런데 행렬이 포룸에까지 이르자 군중들이 안토니우스가 지나갈 수 있게 길을 터주었다. 그러자 그는 월계수로 만든 왕관을 가지고 나와 카이사르에게 바쳤다. 군중들 사이에서는 박수가 흘러나왔지만, 이것은 미리 짜둔 각본에 의한 것이었으므로 그 소리는 별로 크지 않았다. 그러나 카이사르가 이것을 거절하자 군중들은 우레와 같은 박수를 보냈다. 그리고 다시 안토니우스가 왕관을 바쳤을 때는 소리가 줄어들었다가 카이사르가 한 번 더 거절하자 그 전처럼 큰 박수소리가 났다.

---

[29] 파우누스 신에 대한 제사로, 카피톨리누스 서쪽의 루페르칼레라는 동굴에서 2월 15일에 행해졌다.

이렇게 해서 사람들의 마음을 떠본 카이사르는 그 왕관을 카피톨리누스로 가져 가라고 했다. 그러나 그 얼마 후 카이사르의 조각상에 누군가가 왕관을 씌워둔 것이 발견되었다. 이 소식을 들은 호민관 플라비우스와 마룰루스가 곧 그곳으로 달려가 왕관을 벗겨 버렸다. 뿐만 아니라 맨처음으로 카이사르를 왕이라 부른 자가 누군지 를 찾아내서 감옥에 쳐넣어 버렸다. 그러자 사람들은 환호를 지르면서 그들을 뒤따 르고, 두 사람을 브루투스[30]라고 불렀다. 옛날에 그가 왕위 계승권을 없애 버리고 권 력을 원로원과 민중에게 돌려주었기 때문이었다.

일이 이렇게 되자 카이사르는 몹시 노여워하면서, 그 두 사람의 관직을 빼앗아 버 렸다. 그리고는 그들을 브루투스와 쿠마이 인이라고 부르면서 사람들을 비난하였 다.[31] 이렇게 되자 사람들의 마음은 차츰 마르쿠스 브루투스에게 쏠렸다. 카토의 조 카이며 사위이기도 한 브루투스는 그 옛날부터 유명했던 브루투스의 후손으로, 외 가도 명문인 세르빌리우스의 집안이었다. 그러나 그는 카이사르에게서 많은 도움을 받았기 때문에 그가 왕처럼 독재를 하고 있어도 감히 그를 몰아내려는 생각은 못하 고 있었다. 왜냐하면 파르살로스 전투에서 폼페이우스 군이 패하여 카이사르의 포 로가 되었을 때 카이사르는 그를 살려 주었고, 친구들을 살려 달라는 그의 요청을 들 어 주었기 때문이다. 또한 그는 카이사르한테서 큰 신임을 받고 있었다.

더구나 그는 법무관[32]들 중에서도 가장 큰 명예를 가지고 있었고, 4년 뒤에는 경 쟁자 카시우스를 물리치고 집정관의 자리에 오를 수 있도록 미리 약속이 되어 있었 다. 그때 카이사르는, 여러 면에서 카시우스가 더 적당하지만 브루투스를 저버릴 수 는 없다면서 이런 결정을 내렸던 것이라고 한다. 그러나 그 뒤 자신을 해치려는 음모 를 눈치 챈 카이사르는 브루투스가 가담했다는 얘기를 듣고도 못들은 체했다. 그리 고는 자신의 몸을 가리키며 말했다.

"브루투스는 내 몸과 같은 사람이오."

그는 브루투스가 덕으로 정권을 잡을 사람이지, 결코 은혜를 저버리고 비열한 짓

---

30) 루키우스 유니우스 브루투스. 왕이 다스리고 있던 로마의 정치 체계를 뒤엎고 공화국 정치를 시작한 사람이다.
31) 브루투스라는 말은 바보라는 뜻이 있었다. 그리고 쿠마이는 소 아시아에 있는 도시의 이름인데, 이곳 사 람들 역시 큰 바보로 알려져 있었다.
32) 당시 정무관은 16명으로 구성되어 있었다. 특히 브루투스는 제일 큰 권력을 가진 우두머리로, 시민들의 재판을 맡아보는 일을 하고 있었다.

을 할 사람이 아니라고 생각했던 것이다.

그러므로 브루투스를 음모에 끌어들이려던 사람들도 감히 얘기를 꺼내지 못하고 그의 얼굴만 쳐다보고 있었다. 그리고는 밤에 법정으로 가서 브루투스의 책상에 이런 쪽지를 적어두는 일이 고작이었다.

"브루투스, 그대는 아직도 잠만 자고 있군요."

"그대는 정말 브루투스요?"

이런 일들로 브루투스의 마음이 흔들리자 카시우스는 그를 더욱 부추기기 시작했다. 카시우스는 개인적으로 카이사르를 몹시 미워하고 있었고, 카이사르 또한 카시우스를 계속 의심하고 있었다. 그래서 언젠가 카이사르는 부하 장교들에게 이런 말을 하기도 했다.

"여러분들은 카시우스가 무슨 생각을 하고 있는지 알 수 있을 것 같소? 나는 저런 사람은 싫소. 얼굴까지 핏기도 없이 창백하질 않소?"

또 안토니우스와 돌라벨라가 음모를 꾸미고 있다는 얘기를 들었을 때는 이렇게 말했다.

"살찐 자들은 두렵지 않소. 나는 오히려 창백하고 야윈 놈들이 무섭소."

이것은 카시우스와 브루투스를 가리키는 말이었다.

그러나 운명은 뜻밖이라기보다는 피할 수 없는 것이라고 말하는 편이 옳을 것이다. 카이사르가 살해되기 얼마 전에는 여러 가지 이상한 일이 있었다. 하늘에 불이 날아다니고, 밤중에 무엇을 두드리는 소리가 나고, 날아가던 새가 갑자기 포룸으로 떨어진 것 정도는 이때에 일어난 일들에 비하면 아무것도 아니다.

그러나 철학자 스트라보[33]의 이야기에 의하면, 사람 모양으로 생긴 수많은 불덩어리들이 서로 싸우는 모습을 하더니 그 중 어떤 노예가 손으로 갑자기 큰 불을 내뿜었다고 한다. 그러나 잠시 후 불이 모두 꺼졌고 그 노예는 흔적도 없이 사라져 버렸다고 기록되어 있다.

또 카이사르가 제사를 드리려고 짐승을 잡았는데 기묘하게도 심장이 없었다고 한다. 심장도 없는 짐승이 살아 있었다는 것은 있을 수 없는 일이었으므로 이것은 아주 나쁜 징조로 여겨졌다. 뿐만 아니라 어떤 점쟁이는 3월 15일에 무서운 일이 있을

---

33) 그리스의 역사가이며 지리학자.

것이라고 카이사르에게 경고했다. 그런데 바로 그 날 카이사르가 원로원으로 가다가 다시 그 점쟁이를 만나게 되었다.

"오늘이 바로 3월 15일이군요."

카이사르가 그의 예언을 비웃으며 말했다. 그러자 그 점쟁이는 정색을 하며 이렇게 대꾸했다.

"하지만 아직 다 끝나지 않았습니다."

카이사르는 그 전날 마르쿠스 레피두스의 초대를 받아 그와 함께 저녁을 먹었는데, 어느 때처럼 식탁에 기대 몇 장의 서류에 서명을 하고 있었다. 그런데 얘기 도중에 어떻게 죽는 것이 가장 좋으냐 하는 것으로 화제가 넘어갔다. 그러자 카이사르는 선뜻 이렇게 말했다.

"갑작스러운 죽음."

그날 밤, 카이사르는 집으로 돌아와 아내 옆에 누워서 잠을 잤다. 그런데 갑자기 집 안에 있는 모든 창과 문이 활짝 열렸다. 이 소리에 놀라 깨어보니 방 안에는 밝은 달빛이 가득 들어차 있었다. 그 달빛에 비추어 보니 아내 칼푸르니아는 깊은 잠에 빠져 있었다. 그런데 그의 아내가 잠꼬대처럼 무어라고 신음을 하고 있었다. 그때 그녀는 남편의 시체를 안고 우는 꿈을 꾸었다고 한다. 그러나 리비우스가 전하는 얘기에 의하면, 카이사르 집의 정면에는 원로원의 결의에 의해 훌륭한 장식이 된 뾰족탑 [34]이 세워져 있었는데, 그녀는 이것이 무너지는 것을 보고 우는 꿈을 꾸었다고 한다.

다음날, 날이 밝자 칼푸르니아는 밖에 나가지 말고 원로원의 회의도 미루라고 카이사르에게 애원했다. 그리고 만약 자기 말을 못 믿겠다면 점을 치든지 제사를 지내든지 해서 앞일을 물어보라고 말했다. 카이사르도 이 말을 듣자 조금 불안해졌다. 원래 칼푸르니아는 다른 여자들과는 달리 미신을 잘 믿지 않는 여자였는데, 그날따라 이상하게 불안해했기 때문이다. 그래서 그는 제사를 올려 징조를 알아보라고 지시했다. 그러자 얼마후 제관들이 불길한 징조가 나왔다는 보고를 했으므로 그는 회의를 연기하기 위해 원로원에 사람을 보내기로 했다.

그런데 알비누스라는 별명으로 불리던 데키무스 브루투스라는 사람이 그를 찾아

---

34) 당시 뾰족탑의 장식은 신전 지붕에만 허용되는 것이었다. 그러나 원로원은 카이사르에게 특별한 명예를 주기 위해 이 장식을 허락해 주었다.

왔다. 그는 카이사르의 각별한 사랑을 받고 있었을 뿐만 아니라 카이사르의 제2 상속자이기도 했다. 그러나 그는 또 마르쿠스 브루투스와 카시우스 등의 음모에 가담하고 있었다. 그는 만일 카이사르가 이 날을 무사히 넘긴다면 자신의 비밀이 탄로날까봐 걱정스러워졌다. 그래서 그는 점쟁이의 점괘를 비웃으면서 카이사르에게 이렇게 말했다.

"원로원 의원들은 지금 모두 모여서 당신이 오기만 기다리고 있습니다. 더구나 지금 그들은 이탈리아를 제외한 모든 땅에서 당신을 왕으로 선포하고 이탈리아의 모든 땅과 바다에서 왕관을 쓸 수 있도록 결의하려고 앉아 있는 것입니다. 그런데 오늘은 모두 해산하고 나중에 다시 모이라고 말한다면, 당신을 미워하고 있는 무리들이 무슨 소리를 하겠습니까? 그리고 우리의 친구들이 이것은 독재가 아니다, 압제가 아니다 하고 아무리 떠들어 봤자 누가 그걸 듣고 있겠습니까? 만일 오늘이 정말 운이 안 좋은 날이고, 그래서 원로원 회의를 꼭 연기하시겠다면 직접 나가셔서 말씀하시는 것이 옳지 않겠습니까?"

이렇게 말하면서 그는 카이사르의 손을 잡아끌었다.

문을 나선 지 얼마 안 되어 하인 하나가 달려갔다. 그러나 카이사르의 주위에는 사람들이 너무 많아 가까이 갈 수가 없었다. 단념을 한 노예는 카이사르의 집으로 가서 칼푸르니아를 만났다. 그리고는 카이사르에게 드릴 중요한 얘기가 있으니, 그가 돌아올 때까지 여기서 기다리게 해 달라고 부탁했다.

크니도스 사람이며 그리스의 철학자인 아르테미도로스는, 브루투스나 그 친구들과 가까운 사이였기 때문에 카이사르를 암살하려는 음모를 눈치 채고 있었다. 그래서 그는 이 사실을 작은 종이에 적어 카이사르에게 전해주려고 했다. 그런데 그는 카이사르가 서류를 받으면 앞에 있는 시종들에게 맡기는 버릇이 있다는 것을 알고 있었으므로, 그에게 되도록 가까이 다가가서 종이를 주며 이렇게 외쳤다.

"카이사르! 장군의 신상에 관한 중요한 얘기가 적혀 있으니, 지금 곧 읽어 주십시오."

카이사르는 이 말을 듣고 종이를 펴서 읽으려고 했다. 그러나 밀려드는 군중들 때문에 도저히 읽을 수가 없었다. 그러나 종이만은 원로원까지 손에 꼭 쥐고 갔다고 한다.

또 다른 설에 의하면, 이것을 준 사람은 아르테미도로스가 아니라 다른 사람이며, 아르테미도로스는 군중들에게 밀려 카이사르에게 가까이 가지도 못했다고 한다.

우연의 일치였는지도 모르지만 다음과 같은 일은 그냥 지나칠 만한 것은 아니다. 즉, 이 날 암살의 무대가 된 원로원은 바로 폼페이우스의 동상이 서 있는 곳이었다. 더군다나 그곳은 폼페이우스가 극장과 함께 세워 기증한 곳이기도 했다. 이런 것들을 생각해 보면, 운명의 손이 이 사건을 이곳으로 끌어왔다는 생각이 들지 않을 수 없다.

그리고 또 카시우스는 신의 존재를 믿지 않는 에피쿠로스 학파의 사상을 믿던 사람이었는데, 행동을 시작하기 전에 폼페이우스의 동상을 바라보며 그의 보살핌을 기도했다고 한다. 중요하고 대담한 일을 치를 순간이 되자 긴장과 흥분 때문에 평소에 자기가 가졌던 신념마저 잠시 잊었던 것인지도 모른다.

한편, 브루투스 알비누스는 카이사르에게 절대적인 충성을 바치고 있던 용맹스러운 안토니우스를 원로원 밖으로 불러, 일부러 긴 이야기로 시간을 끌고 있었다. 물론 그는 안토니우스가 원로원 안으로 들어가지 못하게 방해하려는 속셈이었다. 만약 안토니우스가 카이사르와 함께 있다면 중요한 일을 그르칠 수 있기 때문이었다.

드디어 카이사르가 원로원 안으로 들어오자, 의원들은 모두 일어나 그에게 존경을 표시했다. 그러고 나서 브루투스의 음모에 가담한 몇몇 사람들은 카이사르 주위를 빙 둘러섰다.

틸리우스 킴베르[35]가 추방된 자신의 형제들을 위해 청원을 하자 음모자들도 그의 의견을 지지했다. 그러나 카이사르가 자리에 앉으면서 그들의 청원을 거절하자, 그들은 계속 이 문제를 갖고 늘어지면서 노골적으로 불쾌함을 나타냈다. 그러던 중 틸리우스가 갑자기 카이사르의 겉옷을 잡아당겨 벗겨 버렸다. 이것은 바로 행동 개시를 알리는 신호였다.

다음 순간 카스카가 맨 먼저 칼을 뽑아들고 카이사르의 목덜미를 내리쳤다. 그러나 너무 큰 일이라서 침착함을 잃었던 탓인지 별로 심하게 내리치지를 못했다. 카이사르는 몸을 획 돌리며 그 칼을 움켜 쥐었다.

"비겁한 놈! 이게 무슨 짓이냐?"

카이사르가 이렇게 말하는 순간 카스카는 자신의 형을 불렀다.

"형님, 도와주세요."

---

35) 카이사르의 열렬한 지지자로 비티니아 주를 통치하고 있었다.

음모를 전혀 모르고 있던 사람들은 이 뜻밖의 사태에 놀라 꼼짝도 못했다. 그들은 두려움 때문에 도망치지도 못하고, 카이사르를 돕지도 못한 채 넋을 잃고 있었다.

음모자들은 모두 다 칼을 뽑아들었다. 카이사르는 이들에게 완전히 둘러싸여, 어느 쪽으로 돌아서도 칼은 자신의 눈과 얼굴을 겨누고 있었다. 그는 포위된 짐승처럼 이미 적의 손 안에 갇혀 버린 것이었다.

브루투스가 카이사르의 허벅지를 찔렀다. 카이사르가 이러저리 공격을 피하다가, 브루투스가 칼을 들고 덤벼 오는 것을 보더니 옷을 끌어 올려서 얼굴을 감싸며 저항을 그쳤다고 한다. 그리고 그는 쫓기다가 우연히 그랬는지는 몰라도, 대리석으로 만들어진 폼페이우스의 조상(彫像) 앞에 서 있었다고 한다. 이 조상은 곧 피로 물들어, 마치 폼페이우스는 자신의 발 밑에 쓰러져 꿈틀거리는 원수에 대한 복수를 총지휘하고 있는 것처럼 보였다.

카이사르는 스물세 군데나 상처를 입었다. 그리고 음모자들도 카이사르를 공격하느라고 한 덩어리가 되는 바람에 서로 많은 상처를 입었다. 브루투스도 손에 상처를 입었다. 카이사르를 죽인 브루투스는 그들의 행동을 해명하기 위해 앞으로 걸어나왔다. 그러나 의원들은 그 연설을 들을 생각도 하지 못한 채 모두 앞다투어 도망갔다. 한편 사람들은 큰 혼란과 공포에 몸을 떨었다. 어떤 사람은 집으로 달려가 문을 잠그고, 어떤 사람은 사건이 난 현장으로 달려갔으며, 또 어떤 사람은 그 현장을 보고 되돌아오기도 했다. 그러므로 거리 곳곳은 사람들의 물결로 아수라장을 이루고 있었다.

<살해 당하는 카이사르>, 빈첸초 카무치니(Vincenzo Camuccini)

카이사르의 충실한 부하였던 안토니우스와 레피두스도 몰래 도망을 쳐서 아는 사람의 집에 숨어 있었다. 그러나 브루투스의 무리들은 아직은 채 흥분이 가라앉지 않은 듯, 칼을 뽑아들고 원로원을 나와 카피톨리누스를 향해 올라갔다. 그들은 피신을 하기는커녕 오히려 자신만만한 모습으로 사람들에게 자유를 부르짖었고, 귀족들을 만나면 이야기를 나누기도 했다. 그리고 그 중에는 카피톨리누스까지 행렬을 따라가며 마치 자신도 이 사건에 참가하여 대단한 공이라도 세운 사람처럼 구는 자도 있었다.

카이우스 옥타비우스와 렌툴루스 스핀테르가 바로 그런 자들이었다. 그러나 이들은 이 날의 허세의 값을 톡톡히 치러, 훗날 안토니우스와 카이사르 2세[36]에게 죽임을 당했다. 그러나 그들이 음모에 가담했다는 사실을 믿지 않았던 것처럼 그들이 생명을 바친 것도 모두 헛일이 되고 말았다. 그리고 처벌을 내린 사람들 또한 그들이 음모에 참가하지 않았다는 것을 알고 있었지만, 음모에 참가하고자 하는 생각을 가졌기 때문에 벌을 주었던 것이다.

다음날, 브루투스는 카피톨리누스에서 내려와 사람들에게 연설을 했다. 그러나 사람들은 이 일에 대해 겉으로는 아무런 표정도 드러내지 않았다. 그들은 다만 침묵을 지키면서 카이사르에게는 동정을, 그리고 브루투스에게는 존경을 보냈다. 한편 원로원은 지난 일은 잊어버리고 각 파를 화해시키기로 했다. 그리고 카이사르를 신으로 모시고, 그가 집권할 때 만들었던 법령은 어떠한 것도 바꾸지 않기로 했다. 또한 브루투스와 그의 일당들을 각 속주의 총독으로 임명하고 각자에게 알맞은 명예도 내려주었다. 그러자 사람들도 모든 일이 다 잘 처리되었다고 생각했다.

그런데 카이사르의 유언장을 펼쳐보니, 그가 모든 로마 시민들에게 많은 재산을 남겼다는 사실이 밝혀졌다. 시민들은 카이사르의 시체가 수많은 상처를 입은 채 들려 나가는 것을 보자 더 이상 참고 있을 수가 없었다. 시민들은 의자나 문짝, 혹은 상 등을 들고 나와 시체 주위에 둘러쌓았다. 그리고는 거기에 불을 질러 카이사르의 시체를 화장해 주었다.

그들 중에는 불이 붙은 나무를 들고 일어나 음모자들의 집을 재로 만들어 버리겠다고 달려나가는 사람도 있었고, 음모자들을 찾아내서 갈가리 찢어 죽이겠다고 미친듯이 아우성을 치며 거리를 헤매는 사람도 있었다. 그러나 음모자들은 이미 몸

---

36) 아우구스투스.

을 숨긴 뒤였다.

카이사르의 친구 중에는 킨나라는 사람이 있었는데, 그는 이상한 꿈을 꾸다가 잠에서 깨어났다. 꿈속에서 카이사르는 그에게 식사를 같이 하자고 초대했다. 그러나 그가 거절하자 억지로 끌고가려고 했다. 그는 끌려가지 않기 위해 버티다가 잠에서 깨어났던 것이다. 그런데 카이사르의 시체를 화장하고 있다는 소식을 듣게 되었다. 그는 꿈도 불길한 데다 몸도 안 좋았지만 죽은 사람을 위로하기 위해 억지로 일어나서 밖으로 나갔다.

그런데 군중 속의 한 사람이 그에게 누구냐고 물었다. 그가 킨나라고 말하자 그 사람은 옆에 있는 사람에게 그 말을 전했다. 이렇게 해서 카이사르를 죽인 놈들 중의 하나가 나타났다는 소문이 삽시간에 군중들 사이에 퍼졌다. 공교롭게도 음모자 중에도 킨나라는 이름이 있었기 때문이었다. 그러자 군중들은 곧 달려들어 그를 찢어 죽이고 말았다.

이 일로 겁을 집어먹은 브루투스와 카시우스 등은 며칠 뒤 로마를 빠져나갔다. 그들이 그 뒤 어떻게 싸우고 어떤 고생을 겪었는지는 브루투스의 전기에서 이야기하겠다.

이렇게 해서 카이사르는 기원전 44년, 56세의 나이로 생을 마감했다.

폼페이우스가 죽은 지 4년이 조금 넘은 때였다. 카이사르는 평생 동안 많은 위험을 무릅쓰고 간신히 권력을 얻었지만 그것은 허울좋은 껍데기였고, 시샘받는 영예였다. 그러나 살아 있는 동안 언제나 그를 지켜 주었던 위대한 수호신은 그가 죽은 뒤에도 떠나지 않고, 모든 땅과 바다를 뒤져 암살자들을 찾아냈다. 그리고 조금이라도 음모에 가담했던 사람들을 모두 잡아 처벌하였다.

세상에서 생기는 여러 가지 기이한 일들 가운데서 가장 기이한 것은 카시우스의 최후였다. 그는 이 암살 사건이 있은 몇 년 뒤 필리포이 전투에서 안토니우스에게 패하고 스스로 목숨을 끊었는데, 그때 자신의 목숨을 끊은 칼이 바로 카이사르를 찔렀던 그 칼이었다.

카이사르가 죽은 뒤 7일 동안 하늘에는 커다란 별이 나타났다가 사라졌다. 그리고 태양빛이 희미해지더니, 1년 내내 빛을 잃고 있었다. 그러므로 햇빛은 뜨겁지도 않았고, 하늘은 늘 어둡고 음침했으며, 기온이 떨어지자 열매들도 조금 익다가 곧 시들어 떨어지고 말았다.

그러나 여러 가지 이상한 일들 중에서 가장 놀라운 것은 브루투스에게 유령이 나타난 것이었다. 이것은 신들조차 카이사르의 죽음을 노여워하고 있다는 것을 나타내는 일이었다. 그 이야기는 다음과 같다.

브루투스가 군대를 이끌고 아시아의 아비도스에서 넘어오고 있을 즈음이었다. 어느 날 밤, 그는 여느 때처럼 막사 안에 누워 앞으로의 계획을 생각하고 있었다. 원래 그는 잠이 없는 사람으로 유명해서, 누구보다 늦게까지 깨어 있곤 했다. 그런데 갑자기 사람의 발자국 소리가 들리더니 그의 막사를 향해 오는 것 같았다. 브루투스가 그쪽으로 눈을 돌리자 굉장히 크고 무서운 사람의 형상이 보였다. 그는 깜짝 놀랐다. 그러나 그 형상이 아무 말도 하지 않고 가만히 침대 옆에 서 있기만 하자 도대체 누구냐고 물었다.

"나는 당신에게 원한을 품은 귀신이다. 필리포이에서 나를 보게 될 것이다."

브루투스는 대담하게 대꾸를 했다.

"그러지, 그럼."

그러자 유령은 곧 사라져 버렸다.

그 뒤 브루투스는 필리포이에서 안토니우스와 카이사르 2세를 맞아 싸움을 벌였다. 첫 전투에서 승리를 거둔 그는 카이사르 2세의 진지까지 약탈했다. 그런데 두 번째 전투가 있기 전날 밤, 그 유령이 다시 나타나 아무 말 없이 서 있더니 얼마 뒤 사라졌다.

브루투스는 자신의 운명을 깨달았으므로 목숨을 내걸고 싸웠다. 그러나 그는 전투 중에 죽지는 않았다. 그는 자신의 군대가 참패한 것을 보고 절벽 꼭대기까지 올라갔다. 그리고 자신의 가슴을 칼로 찔러 스스로 목숨을 끊었다. 다른 설에 의하면, 한 친구의 힘을 빌려 최후를 마쳤다고도 한다.

35
포키온
(PHOCION, BC 402?~317)

아테네의 장군이며 정치가. 정의롭고 온화한 성품을 지녔으며, 생활과 정치에서 아름다운 덕을 보여 주었다. 카브리아스 장군을 존경했으며, 마케도니아의 알렉산드로스로부터도 존경을 받았다. 나라를 구하기 위해 필리포스, 알렉산드로스, 안티파트로스 등과 겨루었으나 결국 마케도니아에게 아테네를 내주고 말았다. 아그노니데스 등 배신자들의 음모로 죽임을 당했다.

데마데스[1]는 안티파트로스[2]와 마케도니아 사람들을 위하여 여러 가지 정책을 마련하고, 그 권세를 이용하여 아테네의 정치까지도 제멋대로 운영하였다. 그리고 그는 아테네의 전통과 영광을 손상시키는 말을 자주 했는데, 자신은 오로지 국가를 구하기 위해 키를 잡은 것일 뿐이라고 변명하였다.

이러한 데마데스의 파렴치한 말을 포키온의 정치에 적용시켜 보면, 그를 이해하기가 훨씬 쉬울 것이다. 실제로 데마데스는 정치와 생활을 마음대로 쥐고 흔들어 나라를 망하게 만든 책임자였다. 그가 늙은 뒤에, 안티파트로스는 혓바닥과 배를 제외하면 그는 아무 쓸모가 없는 존재로, 마치 제물에 쓰려고 잡아 놓은 짐승과 다를 바가 없다고 그를 평가했다.

---

1) 아테네의 웅변가이며 정치가.
2) 마케도니아의 장군.

이와는 달리 포키온은 생활과 정치에서 아름다운 덕을 나타냈던 사람이었다. 그러나 그는 그리스가 안고 있던 슬픈 운명 때문에 자신의 업적에 대한 정당한 평가를 받지 못했다.

운이 다하면, 예전에 지니고 있던
분별력 또한 사라져 이젠 우리의 것이 아닙니다.

그러나 우리는 소포클레스의 이 말대로 미덕은 사라질 수도 있는 것이라고 생각해서는 안 된다. 사실 운명이란 것은 참으로 알 수 없는 힘을 가지고 있다. 운명은 때때로 착한 사람들에게까지 영향을 주어, 그들이 마땅히 받아야 할 명예 대신에 세상의 오해와 억울한 비난을 안겨 주기도 한다. 그래서 사람들은 착한 사람이 지닌 미덕마저 의심하게 될 때도 있다.

대체로 발전과 성공으로 치닫고 있는 민주 사회는 착한 사람을 모욕할 때가 많다. 그리고 이와 반대의 경우도 물론 가능하다. 즉, 심한 고생과 재난에 시달리면, 민중들은 거칠고 조급해지므로 쉽게 분노를 일으키곤 한다. 이러한 그들 앞에 올바른 정책을 내놓아도 그들은 쉽게 반발하기 때문에, 감히 그들 앞에서는 마음놓고 연설하기도 어려운 지경이 된다.

또한 그들의 잘못을 지적해 주면 그들은 나라의 불행을 자신들에게 뒤집어 씌운다며 분노하고, 진심 어린 충고를 해주면 자신들을 무시하는 것이라고 생각해 버린다. 마치 상처에 꿀을 바르면 아프고 쑤시는 것처럼 진심에서 우러나온 가장 현명하고 정당한 충고라 하더라도 시인들처럼 부드러운 말로 표현하지 않는 이상 그들은 곧바로 노여움을 드러내는 것이다.

어느 시인은 입에 단 것은 거슬리지 않는다고 말했다. 그러므로 사람들에게 충고를 할 때에도 이 시인이 말했던 것처럼 항상 아름답고 부드러운 말씨를 골라 써야만 한다. 눈에 병이 생기면 강한 빛을 피하고 어두운 그늘을 찾듯이, 불행에 빠진 사회는 아무리 그것이 필요한 충고라고 해도 직선적이고 강한 충고를 들을 만큼 인내심이 크지 않다. 그러므로 민주 사회를 다스리는 정치가의 자리는 늘 불안하고 위태롭기 마련이다. 사람들의 뜻만 좇으려고 하면 그들과 함께 나라를 망치게 되고, 그렇다고 사람들을 올바로 끌어가려고 하면 그들의 손에 희생될 가능성이 크기 때문이다.

천문학자들은 다음과 같은 지식을 우리들에게 가르쳐 주고 있다.

"해는 다른 별들과 똑같은 궤도를 따라 움직이는 것이 아니다. 그렇다고 해서 그 반대의 길을 따라 움직이는 것도 아니다. 해는 비스듬한 곡선을 따라 이동하며, 수많은 별들 사이를 지장없이 돌아다닌다. 그렇기 때문에 다른 모든 별들은 제자리를 지킬 수 있고, 놀라울 만큼 뛰어난 조화가 이루어지는 것이다."

한 나라의 정치에도 이 원리는 그대로 적용된다. 만일 통치자의 정책이 민중의 생각과 어긋난다면, 그 통치자는 민중의 미움을 받게 될 것이다. 반대로 통치자가 민중의 비위를 맞추려고 그들의 실수나 잘못까지 모르는 체 눈감아 준다면 결국은 멸망하고 말 것이다. 그러므로 나라를 제대로 이끌기 위해서는 지배자의 양보와 민중의 진심 어린 복종이 필요하다. 즉, 때로는 민중을 위해 양보를 해주고, 때로는 민중의 복종을 받아내며, 정말 옳은 정책이라면 강력하게 추진하는 힘도 필요하다는 것이다. 그리고 이렇게 한다면 강제적인 방법을 쓰지 않아도 민중은 그 지도자를 따르며 그의 정책을 뒷받침해 줄 것이다.

이처럼 훌륭한 지도자는 꿋꿋하고 엄격한 성격을 지녀야 하는 동시에 너그럽고 따뜻한 성격도 지녀야 하므로, 그만큼 힘이 드는 것이다. 그러나 이러한 자질을 잘 조절하기만 한다면, 신이 세계를 지배하듯 모든 일을 조화롭게 이끌어갈 수 있을 것이다.

지금까지 얘기한 것들은 카토 2세에게도 그대로 들어맞는다. 그는 민중을 부드럽게 다스릴 줄 몰랐기 때문에 미움을 받아야 했다. 사실 그는 민중에게서 큰 인기를 얻어서 출세한 것은 아니었다. 그는 집정관으로 있으면서도 민중의 지지를 얻지 못했다. 그래서 키케로는, 카토가 집정관의 자리에서 쫓겨난 것은 로물루스가 세운 썩은 나라 안에 살면서도 플라톤의 이상적인 나라를 꿈꾸었기 때문이라고 말했던 것이다. 즉, 카토는 마치 제철이 아닌데도 미리 무르익은 과일과 같아서, 사람들은 그를 쳐다만 볼 뿐 따먹으려 하지는 않았던 것이다. 카토는 사치와 타락으로 썩어가는 사회에 살면서도 높은 미덕을 잃지 않았고, 그렇기 때문에 많은 사람들의 존경을 받기도 했다. 그러나 그는 당시의 사회와는 너무나 동떨어져 있었기 때문에 그의 가치 또한 제대로 발휘될 수가 없었다.

그러나 카토가 정치를 시작했던 당시는 포키온의 시대처럼 완전히 파멸의 길을 걷고 있던 때는 아니었다. 물론 카토의 시대도 성난 파도가 미친 듯 날뛰고 있는 바다와 같았다. 그러나 그는 용감하게 키를 잡았고, 그 배를 바로잡을 수 있는 지위에 있지는 않았지만 적어도 자기보다 권력이 강한 자들을 도와 나라의 불행을 극복할 수는 있는 시대였다. 그는 끝까지 그 시대의 지휘를 맡지는 못했지만 그 대신 사람들로부터 책임을 추궁받지도 않았다. 또한 그는 용기와 미덕을 발휘하여 나라의 운명이 마지막 파멸까지 가는 것을 막았기 때문에 제국의 파멸은 그 후에도 오랜 시간이 흐른 후에 일어나게 되었던 것이다.

여기서 카토와 비교할 사람으로 포키온을 선택한 것은, 이 두 사람이 다 같이 선한 사람들이었으며 위대한 정치가였다는 단순한 이유 때문만은 아니다. 왜냐하면 사람은 똑같은 성격과 똑같은 업적을 가지고 있다고 해도 항상 차이점이 존재하기 때문이다. 알키비아데스와 에파미논다스의 용맹에는 차이가 있고, 테미스토클레스와 아리스티데스의 생각에도 차이가 있으며, 누마 폼필리우스와 아게실라오스의 정의로움도 서로 종류가 다른 것이다.

그러나 포키온과 카토는 성격이나 행동에서 비슷한 부분이 너무나 많기 때문에 그들의 차이점을 따지기는 매우 어렵다. 이 두 사람은 너그러움이나 따뜻함, 엄격함, 대담함, 그리고 무모함이나 조심성에 이르기까지 너무 많은 부분이 닮아 있다. 그들은 둘 다 남의 일은 걱정하면서 자기 일은 전혀 돌보지 않았고, 비열하거나 수치스러운 일을 몹시 싫어하여 행동을 조심하였으며, 정의를 위해 많은 노력을 기울였다. 그러므로 이 두 사람 사이의 차이점을 찾아내기 위해서는 지극히 예리한 판단력이 필요하다.

카토의 전기에서도 자세히 말하겠지만, 그는 훌륭한 가문 출신이었다. 그러나 그렇다고 해서 포키온이 미천한 가문에서 태어났다는 것은 아니다. 만일 그가 이도메네오스의 말처럼 천민 출신이었다면, 그에게 심한 욕설을 퍼부었던 히페리데스의 아들 글라우키푸스가 이 사실을 언급하지 않았을 리가 없다. 뿐만 아니라 그가 만일 천민 출신이었다면 아카데미에 들어갈 수도 없었을 것이고, 그곳에서 플라톤과 크세노크라테스의 제자가 되어서 철학과 예술을 공부할 수도 없었을 것이다.

아테네 사람들은 포키온이 웃거나 눈물을 흘리는 것을 본 적이 없다고 하는데, 그만큼 그는 단정하고 엄격한 성품을 지니고 있었음을 알 수 있다. 또한 역사가 두리스에 의하면, 그는 공중 목욕탕에 나온 적이 한 번도 없었고, 거리를 걸을 때도 외투 밖으로 손을 내놓고 다니는 법이 없었다고 한다. 그리고 전쟁터에 나갔을 때도 특별히 못 견딜 추위가 아닌 이상은 가벼운 옷차림을 하고 다녔다고 전해진다. 그래서 병사들은 포키온이 외투를 입은 것을 보면 오늘은 날씨가 굉장히 춥다고 농담을 하기도 했다고 한다.

포키온은 원래 따뜻하고 인정이 많은 성격의 소유자였다. 그러나 그의 얼굴 표정은 지나치게 엄격하여 쉽게 다가가기가 어려웠으므로, 친한 친구가 아니면 감히 말도 붙이지 못했다.

언젠가 카레스 장군은 포키온을 보고, 얼굴이 너무 험악하게 생겼다고 말했다. 이 말을 듣고 아테네 사람들이 웃자, 포키온은 그들을 향해 이렇게 말했다.

"그렇지만 내 험악한 얼굴이 당신들에게 해를 끼친 적은 없습니다. 오히려 다른 사람들의 웃는 얼굴이 나라를 불행으로 몰아갔다고 말해야 옳지요."

이와 같이 포키온의 말은 언제나 교훈을 담고 있었으며, 깊은 뜻이 넘쳐흘렀다. 또한 그와 같은 엄격함과 간결함은 조금도 꾸밈이 없는 것이었다. 철학자는 깊은 뜻이 담긴 말을 해야 하며 이것을 모두 다 내뱉어서는 안 된다고 말했던 제논의 얘기처럼, 포키온의 연설은 가장 간결하면서도 가장 깊은 뜻을 담고 있었다.

스페토스의 폴리에욱토스라는 사람은, 가장 훌륭한 웅변가는 데모스테네스이며 가장 힘찬 웅변가는 포키온이라고 말했는데, 그가 이런 말을 한 것도 모두 이러한 이유 때문이었을 것이다. 크기는 작지만 가장 큰 가치를 가진 금화처럼 그의 연설은 짧았지만 가장 중요한 의미를 담고 있었던 것이다.

언젠가 많은 청중들이 공회당에 모여 있을 때, 포키온은 무엇인가를 골똘히 생각하면서 연단 근처를 거닐고 있었다. 그것을 지켜 보던 친구가 물었다. "무슨 생각을 그렇게 깊게 하시오?"

그러자 포키온이 대답했다. "이제부터 해야 될 연설을 어떻게 하면 더 짧게 할 수 있을지 생각하고 있었소."

다른 웅변가들의 연설은 별로 신경쓰지 않던 데모스테네스도 포키온이 연단에 서면 왠지 엄숙해져서 옆사람에게 이렇게 속삭이곤 했다고 한다.

"저 사람이 또 내 연설을 묵사발로 만들거요."

그러나 이 말은 아마 포키온의 웅변에 대해서보다는 그 친화력에 대해서 평한 말인 듯하다. 왜냐하면 같은 말 한 마디나 손짓 하나도 덕이 있는 사람의 것은 그렇지 않은 수천 명의 웅변보다 큰 힘을 가지고 있었기 때문이다.

포키온은 젊었을 때 카브리아스 장군을 매우 존경하였다. 그래서 그는 카브리아스 장군을 따라다니면서 많은 전투 경험을 쌓았고, 때로는 장군의 성급하고 변덕스러운 성격을 지적해 주기도 했다. 그런데 카브리아스 장군은 평소에는 행동이 느린 편이었지만, 일단 전투가 시작되면 먹이를 쫓는 표범처럼 날쌔고 용감하게 군대의 선두로 나가 적을 무찌르곤 했다. 그러나 바로 이런 성격 때문에 카브리아스는 키오스 섬에 가장 먼저 상륙하려다가 그만 전사하고 말았다.

그러나 포키온은 이와는 반대로 용맹스러운 데다가 조심성까지 갖춘 사람이었다. 그래서 그는 카브리아스 장군이 결단을 못 내리고 망설일 때는 옆에서 격려를 해주고, 장군이 너무 성급하게 서두르면 이를 진정시키면서 그를 잘 보좌해 주었다. 그러므로 원래 친절하고 인정이 많았던 카브리아스는 포키온을 무척 사랑하여, 그에게 중요한 일을 많이 맡기곤 했다. 이처럼 카브리아스는 온 그리스에 포키온의 이름이 널리 알려지도록 도와주었고, 자신이 너무 힘들 때에는 그에게 중요한 작전을 맡기기도 했다.

특히 낙소스 해전은 포키온의 명성을 더욱 드높여준 계기가 되었다. 이 때 포키온은 가장 전투가 치열했던 좌익을 맡아 훌륭하게 군대를 지휘했기 때문에 승리를 거두는 데 큰 몫을 하였던 것이다. 이것은 아테네가 적에게 점령당한 이래, 외국 군대의 도움 없이 단독으로 싸워서 얻은 최초의 승리였다. 그러므로 아테네 사람들은 승리를 거둔 카브리아스 장군에게 찬사를 보내는 한편, 포키온을 타고난 군인이라고 칭찬하였다.

이 승리는 대제전 중에 거둔 것이었다. 그래서 그 뒤부터 매년 9월 16일이 되면, 카브리아스는 시민들을 초대하여 큰 잔치를 베풀고 그들에게 포도주를 대접하였다. 그리고 신들에게 제사를 드려 이 승리를 기념하였다.

그 뒤 카브리아스는 포키온에게 스무 척의 배를 주고, 여러 섬을 돌아다니며 전쟁 비용을 모아오라고 했다. 그러자 포키온은 섬의 주민들과 싸우기 위해 가는 것이라면 배가 좀 더 필요하고, 그들을 친구로 생각하고 가는 것이라면 배는 한 척이면 충분하다고 말했다. 이렇게 해서 그는 자신의 배 한 척만을 가지고 출항하여 여러 섬을 돌아다녔다. 그는 섬에 도착할 때마다 공손하고 친절한 태도로 그곳의 지도자들을 만나 자신이 찾아온 이유를 말했다. 그렇게 해서 그는 여러 동맹 도시로부터 많은 군수 물자를 얻어가지고 다시 아테네로 돌아올 수 있었다.

카브리아스를 존경했던 포키온은 그가 살아 있는 동안에는 물론이고 그가 죽은 뒤에도 카브리아스의 주위 사람들을 정성껏 도와주었다. 특히 그는 카브리아스의 아들인 크테시포스를 훌륭한 인물로 키우기 위해 온갖 정성을 다 기울였다. 사실 크테시포스는 머리가 나빠서 가르쳐도 별로 소용이 없는 망나니였다. 그러나 포키온은 이런 사실을 잘 알고 있으면서도 결코 그를 포기하지 않았으며, 그의 어리석음과 잘못된 행동을 고치고 허물을 덮어 주기 위해 노력하였다. 그런데 언젠가 이 소년과 함께 전쟁터에 나갔을 때, 그가 쓸데없는 질문을 자꾸 해대면서 마치 장군이나 된 것처럼 무례하게 굴었다. 그러자 포키온도 더 이상 참지 못하고 이렇게 외쳤다고 한다.

"카브리아스 장군님! 아드님은 이렇게도 저를 못살게 굽니다. 그러니 제가 이렇게 참고 있는 것을 보시고, 제가 얼마나 장군님을 생각하는지나 알아 주시기 바랍니다."

이 당시에 나랏일을 하고 있던 사람들은 마치 제비를 뽑아서 땅을 나누어 갖듯이 정치와 군사에 관한 일을 제멋대로 나누어 맡아가졌다. 에우불로스, 아리스토폰, 데모스테네스, 리쿠르고스, 히페리데스는 자신들의 이익을 챙기기에 바빴고, 디오피테스, 메네스테오스, 레오스테네스, 카레스 등은 전쟁이나 지휘권을 이용하여 출세할 생각만 하고 있었다. 이것을 지켜 보던 포키온은 페리클레스, 아리스티데스, 솔론 등의 정책을 부활시켜, 군사와 정치 모든 방면에서 이름을 떨치려고 했다. 아르킬로코스의 말을 빌린다면, 당시 포키온의 눈에 비친 정치가들은 '아레스의 칼도 두려워하지 않고, 뮤즈의 아름다움도 싫어하지 않는' 사람들이었다. 뿐만 아니라 그는 항상 아테네를 지키는 수호신은 전쟁과 정치를 모두 다스리는 여신이라는 사실을 잊지 않았다.

그러므로 포키온은 언제나 정치의 안정과 평화를 주장했다. 그래서 그는 당시는 물론 그 이전의 정치가들 중에서도 가장 자주 장군의 자리에 선출되었던 사람이었지만 한 번도 스스로 장군이 되려고 노력한 적은 없었다. 그러나 민중이 전쟁을 희망하면 그는 절대로 전쟁을 피하거나 거절하지 않고 나라를 위해 기꺼이 싸움터로 나갔다.

여러 역사가들의 기록에 의하면, 그는 자그마치 45번이나 아테네 군의 총사령관으로 선출되었다고 한다. 그러나 그는 한 번도 선거장에 직접 나간 적이 없었고, 장군이 되고 싶어서 선거장에 사람을 보낸 일도 없었다고 한다. 그래서 그는 대부분 자신도 알지 못하는 사이에 지휘관으로 선출되었다.

그러므로 그를 시기하던 사람들은 시민들의 뜻을 늘 거스르기만 하고 시민들의 환심을 살 만한 말은 전혀 하지 않는 포키온이 그들의 절대적인 지지를 받고 있다는 사실에 대해 고개를 갸웃거렸다.

사실 아테네 사람들은 평화로울 때는 왕이 식사 시중을 들고 있는 아첨꾼의 말에 귀를 기울이듯이 정치가들의 달콤한 말에 넘어가곤 했다. 그러나 나라에 중대한 일이 생기면 곧 옳고 그름을 분별하여, 자신들의 일시적인 충동을 늘 꺾어 버리곤 하던 엄격하고 현명한 사람을 지도자로 뽑았다.

포키온은, 자신은 결코 어리석은 자들의 말을 무턱대고 따르는 사람이 아니라고 말했었다. 예를 들면, 언젠가 델포이에서 신탁을 받아다가 사람들 앞에서 읽은 적이 있었는데, 거기에는 아테네 사람들이 모두 다 한마음인데, 단 한 사람만이 반대 의견을 주장할 것이라는 내용이 적혀 있었다.

그때 포키온이 조용히 일어나더니 이렇게 부르짖었다.

"그 한 사람이 바로 나요. 나는 사람들의 행동이 마음에 들지 않으므로 이 정책에 반대하겠소."

그러자 사람들은 우레와 같은 박수를 보냈다. 이것을 본 포키온은 곁에 서 있던 친구들을 돌아다보며 물었다. "아니, 혹시 내가 나쁜 의견을 말했었소?"

이것은 그가 계속 반대만 해왔는데, 지금 한 말이 혹시 사람들에게 아첨하는 말로 들려서 박수를 친 것이 아닌가 염려스러워 한 말이었던 것 같다.

언젠가 사람들이 축제를 열기 위해 기부금을 모으고 있을 때였다. 다른 사람들은 모두 관례대로 얼마씩의 돈을 기부했지만, 포키온은 여러 차례 부탁을 받고도 계속 거절을 하고 있었다. 그러던 중 포키온은 돈놀이를 하던 칼리클레스를 가리키며 이렇게 말했다.

"돈은 부자들에게나 내라고 하시오. 나는 이 사람한테 진 빚도 아직 갚지 못하고 있는데, 어디서 손이 나오겠소?"

그러나 사람들은 계속 포키온에게 고함을 지르며 야유를 했다. 그러자 그는 다음과 같은 이야기를 들려 주었다. "옛날에 어떤 겁쟁이가 있었는데, 어느 때인가 전쟁터에 나가게 되었소. 그런데 전쟁터로 가던 도중에 까마귀 울음 소리를 듣더니 무기를 내려 놓고 그 자리에 앉아 버리지 않겠소? 그러다가 울음 소리가 그치자 이 겁쟁이는 다시 무기를 집어들고 전쟁터로 향했다오. 그런데 얼마 안 가서 다시 까마귀 울음 소리가 들려오자 또 서 버렸지요. 그러더니 나중에는 '이 놈의 까마귀야! 울려면 실컷 울어라. 그렇지만 나는 결코 네 밥이 되지는 않을 것이다'라고 말했다오."

이것은 기부금을 내라고 졸라대는 사람들을 까마귀에 비유해서 한 얘기였다. 또 언젠가 아테네 사람들은 그에게 장군의 자리에 올라 적을 무찔러 달라고 했다. 그러나 포키온은 아직은 적당한 시기가 아니라며 그들의 요구를 딱 잘라 거절했다. 그러자 그들은 무척 화를 내며 그를 비겁하다고 비난하였다. 그러자 포키온은 다음과 같이 지혜롭게 대답했다. "여러분이 무슨 말을 한다고 해서 갑자기 용감해질 내가 아니오. 그리고 여러분들도 내 말을 듣고 비겁해질 사람들이 아니오. 그러니 이제 고집은 그만 부립시다."

또 언젠가 나라 살림이 궁핍해졌을 때였는데, 사람들은 그를 공격하며 공금을 사용한 명세표를 제출하라고 떠들어댔다. 그러자 포키온은 이렇게 대답했다. "첫째, 여러분은 안전해졌음을 잊지마시오."

휴전이 체결되고 평화가 찾아오자 전쟁 중에는 비겁하게 굴던 시민들이 포키온 때문에 이긴 거나 다름없던 승리의 기회를 아깝게 놓쳐 버렸다고 떠들어댔다. 그러자 포키온은 이들을 향해 이렇게 한 마디 했다.

"여러분들을 잘 이해해 주는 장군을 가졌으니 참 다행스러운 일이오. 만일 안 그랬더라면 여러분들은 이미 죽고 없었을 것이오."

국경 문제 때문에 보이오티아와 다투게 되자 포키온은 협상으로 해결을 보자고 했다. 그러나 사람들은 전쟁으로 해결짓자고 우겼으므로, 그는 이렇게 말했다. "보이오티아 사람과는 절대로 무기로 싸우지 말고 말로 싸우시오. 말로 싸우면 여러분들이 이기겠지만 무기로 싸우면 여러분들이 지고 맙니다."

또 언젠가 그가 시민들을 설득하려 했지만 도무지 말을 들으려 하지 않았다. 그러자 시민들을 향해 이렇게 말했다. "여러분들이 원한다면 나는 하고 싶지 않은 일도 할 것이오. 그러나 내가 하고 싶지 않은 말을 하게 만들 수는 없을 것이오."

항상 그를 반대하는 웅변가들 중에 데모스테네스라는 사람이 있었는데, 그가 하루는 포키온에게 말했다.

"포키온! 아테네 시민들이 화가 나면 분명히 당신을 죽이고 말 거요."

그러자 포키온은 이렇게 대답했다.

"아마 그럴 거요. 그러나 화가 가라앉고 맑은 정신으로 돌아오면 그때는 아마 당신을 죽일 거요."

또 폴리에욱토스라는 사람이 시민들에게 필리포스 왕과 반드시 전쟁을 해야 한다고 주장을 하고 있을 때였다. 그는 살이 많이 찐 사람이어서, 연설을 하는 동안에도 계속 땀을 흘리고 숨을 헐떡이며 연거푸 물을 마셔댔다. 이것을 본 포키온은 이렇게 말했다.

"어떻게 이런 사람의 말을 믿고 전쟁을 결정할 수 있겠소? 이 사람이 갑옷과 방패를 갖추고 어정거리며 전쟁터에 나가서는 어떻게 적과 싸울 수 있겠소? 미리 생각해 둔 것을 말하는데도 저렇게 헐떡거리니 말이오."

또 리쿠르고스가 민회에 나와, 포키온의 지난 행동을 비난하고 있을 때였다. 그는 포키온이 알렉산드로스의 요구대로 아테네 시민 10명을 넘겨주려 했었다고 공격하였다. 그러자 포키온은 별일 아니라는 듯 이렇게 대답했다.

"내가 좋은 제안을 내놓으면 모두 반대를 하길래 거꾸로 말해 본 거였소."

알키비아데스라는 사람이 있었는데, 그는 수염을 길게 기르고, 스파르타 사람처럼 낡은 외투를 입고 항상 엄숙한 얼굴을 하고 다녔다. 그래서 사람들은 그를 가리켜 '스파르타인'이라고 불렀다. 그런데 언젠가 포키온이 민회에서 여러 사람의 공격을 당하자, 그는 자신에게 유리한 말을 해줄 것이라 믿고 알키비아데스를 증인으로 내세웠다. 하지만 알키비아데스는 뜻밖에도 시민들의 편을 들었다. 그러자 화가 난 포키온은 그의 수염을 잡아당기며 소리를 질렀다. "알키비아데스! 수염을 깎아야 할 때요."

한편 아리스토기톤이라는 사람이 있었는데 험담가였다. 그런데 시민들 앞에서는 늘 전쟁을 주장하던 그가 입대자 명부에 등록을 하러 나올 때는 다리에 붕대를 칭칭 감고 지팡이를 짚으며 어정어정 나타났다. 이것을 본 포키온이 서기를 보고 말했다.

"그의 이름 밑에다가 다리 병신, 그리고 마음 병신이라고 적어 두게."

이처럼 모든 일을 냉정하고 단호하게 처리하는 그를 사람들은 왜 '착한 사람'이라고 불렀는지 알 수가 없다. 그와 같이 정반대의 성격을 동시에 갖고 있는 것은 흔하지는 않지만, 그렇다고 전혀 불가능한 일도 아니기 때문이다. 혹은 포도주처럼 처음에는 달콤하다가 나중에는 쓰고 해롭게 되는 사람도 없지는 않을 것이다.

일찍이 히페리데스는 아테네 사람들을 향해 이런 말을 했다.

"아테네 시민 여러분! 내 말이 심한가 아닌가를 따지기 전에, 그 말이 여러분들에게는 이롭다는 사실을 알아 주시기 바라오."

이 말은, 탐욕에 이끌린 민중이 성가신 이들을 두려워하고 공격하지만, 권력을 이용하여 자신들의 교만과 경쟁심과 분노를 채우는 사람은 내버려 둔다는 뜻이다.

그러나 포키온은 사사로운 감정에서 다른 사람에게 해를 끼친 일은 없었다. 그는 또 누구를 원수로 생각한 일도 없었으며, 나라와 민중을 위해서라면 어떤 것과도 타협하지 않았다. 뿐만 아니라 평생 동안 누구에게나 친절함을 보여 주었고, 적에게도 신중하고 너그러운 태도를 보였으며, 어려운 일을 당한 사람이 있으면 그가 적이라고 해도 서슴지 않고 도와주었다.

한 번은 포키온이 평판이 아주 나쁜 사람을 변호해 준 일이 있었는데, 나중에 친구가 이 일을 나무라자 이렇게 대답했다.

"여보게, 죄가 없는 사람은 변호인이 필요 없는 법이네."

포키온은 너그러운 표정으로 이렇게 말했다.

또한 감옥에 갇혀 있던 아리스토기톤이 포키온을 만나고 싶어하자 그는 곧장 그를 만나러 가려고 했다. 그러나 친구들이 자꾸 말리자 포키온은 이렇게 얘기했다. "제발 말리지 말게, 아리스토기톤을 만날 장소로 감옥보다 더 좋은 곳이 어디 있겠나?"

아테네와 동맹을 맺고 있던 여러 도시나 섬 주민들은 자신들의 지방에 총독으로 파견되어 오는 사람들을 마치 적처럼 여겼다. 그래서 주민은 성을 지키면서 총독 일행이 항구에조차 들어오지 못하게 했다. 그리고 가족들과 가축, 노예들을 시골로 피난시키는 소동까지 일으켰다. 하지만 포키온이 총독으로 오게 되면, 주민들은 배를 타고 멀리까지 마중나와 월계관을 씌워 주고 반갑게 맞아들였다.

한편 필리포스 왕은 에우보이아를 손에 넣기 위해 군대를 몰래 상륙시키고, 정치가들은 돈으로 매수하여 여러 도시들을 장악하고 있었다. 그때 에레트리아의 플루타르코스는 아테네로 사람을 보내어, 마케도니아의 군대로부터 에레트리아 섬을 구해 달라고 요청하였다. 그러자 아테네는 포키온에게 극소수의 군대를 주어 출정을 시켰다. 그가 가면 그곳 주민들이 모두 힘을 합쳐 싸울 것이라고 생각했기 때문이었다. 하지만 포키온이 도착했을 때는 이미 섬 전체가 썩을 대로 썩어 있었고, 배신자들만 들끓고 있었다.

필리포스가 뿌린 뇌물은 그들의 애국심까지 좀먹었으므로 포키온과 그의 군대는 매우 위험한 상황에 놓이게 되었다. 그러나 포키온은 깊은 계곡 하나를 사이에 두고 타미나이 시가 바라다 보이는 나즈막한 언덕에 진을 쳤다. 이미 많은 병사들이 겁에 질려 본국으로 도망친 상태였고, 가장 믿음직한 병사들만이 그의 곁에 남아 있었다.

이것을 본 포키온은 부하 장병들을 격려했다. "비겁하게 도망친 놈들은 생각할 필요도 없다. 그런 놈들은 있어봤자 명령에 복종하지도 않고, 전투에도 방해만 될 뿐이다. 하지만 아테네에 돌아가면 자신들의 행동이 부끄러워서라도 우리를 비난하거나 욕하지는 못할 것이다."

마침내 적이 공격을 시작하자 포키온은 부하 장병들에게 잠자코 있으라고 명령한 뒤 신에게 제사를 지냈다. 하지만 이 제사는 불길한 징조 때문이었는지, 아니면 시간을 끌어 적군을 더 가까이 오게 만들려는 작전이었는지 시간이 아주 많이 걸렸다. 한편 이것을 지켜 보던 플루타르코스는, 포키온이 겁을 먹고 싸움을 하려 하지 않는 것으로 생각하고 용병들을 이끌고 나갔다. 그러자 기병대도 무질서하게 뒤를 따랐다. 하지만 군사들이 모두 무참하게 당하자 플루타르코스는 제일 먼저 도망을 치고 말았다. 그러자 적군은 아테네의 진지로 들어와 마치 싸움이 끝난 것처럼 막사의 말뚝들을 뽑아내기 시작했다.

이때 제사를 모두 끝마친 아테네 군은 용맹스럽게 적에게 달려들더니 맞붙어 싸우기 시작하였다. 갑작스러운 공격에 놀란 적들은 도망치기에 바빴고, 아테네 군은 그들을 참호 속까지 뒤쫓아가서 죽여 버렸다. 그러는 동안 포키온은 보병들에게 진지를 지키라고 명령한 다음, 정예 부대를 다시 가다듬고는 곧 전투를 벌였다. 포키온의 부하들 모두가 열심히 싸웠다. 그 중에서도 포키온의 곁에서 싸운 키네아스의 아들 탈로스와 폴리메데스의 글라우코스는 가장 많은 공을 세웠으며, 클레오파네스도 이 날 큰 공을 세웠다. 그는 흩어졌던 기병대를 다시 모아 포키온을 구하라고 소리쳤으며, 이것이 승리를 더욱 굳히게 하였다.

포키온은 플루타르코스를 에레트리아에서 내쫓고, 이 섬에서 가장 폭이 좁고 전투하기에 유리한 자레트라는 요새를 점령했다. 또한 포키온은 포로가 된 그리스 사람들을 모두 풀어 주었다. 아테네에 데리고 가면 정치가들이 사람들을 부추겨서 그들을 학대하지나 않을까 두려웠기 때문이었다. 포키온이 아테네로 돌아가자 동맹국들은 포키온의 정의로움과 어진 덕을 잃게 된 것을 이내 후회하게 되었다. 아테네 사람들도 그의 용기와 경험을 잃고서 무척 후회하게 되었는데. 그것은 그의 뒤를 이어 총사령관이 된 몰로소스 때문이었다. 그는 작전이 매우 서툴렀기 때문에 자기 자신까지도 적의 포로가 되었던 것이다.

그 뒤 필리포스 왕은 자신의 야망을 더욱 단단히 다지고, 전 군대를 이끌고 헬레스폰토스로 쳐들어 왔다. 그는 페린토스와 비잔티움을 점령하고 케르소네소스까지 한꺼번에 손에 넣을 속셈이었다. 아테네 사람들이 이 도시들을 구하기 위해 군대를 모집하였고 정치가들도 이것을 적극적으로 도와 카레스를 총사령관으로 임명하였다. 하지만 막상 그가 전쟁터에 도착하자 그곳 사람들은 카레스를 의심하며 성문도 열어 주지 않았다. 그러므로 그는 아무런 일도 할 수 없었고 당연히 이렇다 할 공적도 세우지 못했다. 그는 그저 아테네의 동맹국들로부터 전쟁 비용을 긁어 모을 뿐이었으므로 적들에게는 웃음거리가 되어 있었다. 아테네 사람들은 정치가들의 연설을 듣고 노여움을 감추지 못했다. 그러면서 도대체 비잔티움을 구하겠다고 군대를 파견한 것부터가 잘못이었다고 후회하였다.

이때 포키온은 아테네 사람들에게 이렇게 말했다. "우리 군대를 믿지 못하는 동맹국을 비난할 것이 아니라, 그들로부터 신임을 얻지 못하는 우리 장군들의 잘못을 탓해야 합니다. 우리가 구해주지 않으면 살 길이 없는 그 사람들은 바로 그런 장군들 때문에 오히려 우리를 두려워하고 있습니다."

이 말을 들은 아테네 사람들은 크게 감동하여 자신들의 잘못을 뉘우쳤다. 그리고 포키온으로 하여금 새로운 군대를 지휘하여 헬레스폰토스에 있는 동맹국들을 구하라고 하였다. 이 결정은 다른 동맹국들은 물론이고, 특히 비잔티움의 입장에서 보면 아주 잘된 일이었다. 왜냐하면 포키온의 명성은 이미 세상에 널리 알려져 있었고, 더욱이 그가 아카데미에서 함께 공부하였던 레온이라는 친구는 비잔티움의 지도자가 되어 있었기 때문이다. 그러므로 비잔티움 사람들은 성문을 활짝 열고 아테네 군사들을 기쁘게 맞아들였다. 그러자 포키온의 병사들도 비잔티움 사람들의 믿음에 어긋나지 않으려고 올바르게 행동하였으며 용감히 싸웠다.

마침내 필리포스 왕은 헬레스폰토스에서 물러나게 되었고 멸시를 받으며 도망가게 되었다. 그때 포키온은 적의 군함 여러 척을 붙잡고 마케도니아 군이 주둔했던 여러 도시들을 되찾았다. 그는 적의 해안에 상륙하여 공격을 계속했는데, 끝까지 저항하는 적과 싸우다가 그만 부상을 입게 되어 아테네로 돌아왔다.

또한 이때 메가라 사람들은 아테네 사람들에게 원조를 해 달라고 비밀리에 부탁하였다. 포키온은 보이오티아 사람들이 이 일을 알면 도중에서 길을 막을까봐 걱정스러웠으므로 이른 새벽부터 민회를 소집하였다. 그리고는 메가라 사람들에게서 온 청원서를 보이고 투표로 결정하게 하였다. 마침내 그들의 요청을 받아들이기로 결정하자 포키온은 군대를 이끌고 메가라를 향해 나아갔다. 메가라 사람들은 환호성을 지르며 아테네 군대를 맞이하였다.

포키온은 도착하자마자 니사이아 항구로 나아가 시에서 항구까지 두 갈래의 긴 벽을 쌓아 바닷가에서 연결되도록 해 육지에서 적이 습격해 올 수 없게 만들었다. 그러므로 메가라 사람들은 바다를 통해 완전히 아테네 사람들을 의지하며, 자신들의 운명을 맡기게 되었다.

그 뒤 그리스의 모든 나라들은 필리포스 왕과 최후의 담판을 지으려고 벼르고 있었다. 이때 포키온은 여행을 떠났으므로 아테네에서는 다른 사람을 장군으로 선출하였다. 마침내 여러 섬을 돌아 다닌 뒤 아테네로 돌아온 포키온은, 필리포스와 평화 조약을 맺으라고 사람들을 설득했다. 그러자 필리포스도 전쟁의 위험을 염려하며 화평할 기색을 내비쳤다.

이때에 재판소의 단골방청객이자 험담가인 어떤 사람 하나가 포키온의 의견에 적극 반대하며 그에게 비난을 퍼부었다. "이보시오! 이미 무기를 손에 들고 싸우려고 하는 아테네 사람인데 겁쟁이가 되라고 하는 겁니까?"

"그렇소. 전쟁을 해서는 안 되오. 전쟁 중에는 내가 여러분의 위에 서고, 평화시에는 여러분이 위에 선다는 것을 잘 알고 있으니 하는 말이오."

포키온은 이렇게 대답했다. 하지만 불행히도 그의 의견은 채택되지 않았고 데모스테네스의 제안이 통과되었다. 데모스테네스의 제안은 아테네에서 되도록 멀리 떨어진 곳에서 전쟁을 치르자는 것이었다. 이 말을 들은 포키온은 침착하게 이야기했다. "여러분! 어디에서 전쟁을 할까 고민하지 말고, 어떻게 하면 전쟁에서 이길 수 있는가를 생각하시오. 전쟁이란 이기면 멀리 물러가지만, 만일 진다면 우리 코 앞에까지 밀려오게 되는 것이오."

마침내 전쟁은 아테네의 패배로 끝나고 말았다. 그러자 아테네에서는 개혁을 원한다는 무리들이 카라데모스를 앞세우더니, 그를 사령관 자리에 앉히려고 공작을 꾸몄다. 그러나 뜻있는 시민들은 모두 아레오파고스 재판소[3]로 몰려가, 포키온에게 정치를 맡겨야 한다고 눈물로 호소를 했다. 이 청원이 마침내 받아들여져 포키온이 정치를 맡게 되었는데, 포키온 역시 결국에는 필리포스에게 항복할 수밖에 없을 것이라고 생각하고 있었다.

그러자 데마데스는, 아테네도 그리스의 다른 나라들처럼 공통의 평화 조건을 받아들이자고 제안하였다. 하지만 포키온은 필리포스가 자신의 요구를 밝히기 전에는 절대로 항복할 수 없다면서 반대하였다. 하지만 사태가 너무나 위급하였으므로 그

---

3) 아테네의 최고 재판소.

의 의견은 받아들여질 수가 없었다. 하지만 나중에 필리포스에게 군함과 기병을 바치게 되었을 때, 아테네 사람들은 휴전한 것을 대단히 후회하였다. 이것을 본 포키온은 다음과 같이 외쳤다.

"내가 데마데스의 의견에 반대를 했던 것은 이런 일이 일어날 것을 미리 염려했기 때문이었습니다. 하지만 지금에 와서 한탄만 한다고 될 일은 아닙니다. 우리 조상들은 독립을 가진 때도 있었지만 잠시 잃었던 때도 있었습니다. 하지만 그분들은 어느 때에도 명예롭게 행동하였으며 나라와 그리스 전체를 구하셨습니다. 우리들은 모두 이것을 결코 잊어서는 안 됩니다."

그 뒤 필리포스 왕의 죽음이 전해졌을 때 아테네 사람들은 몹시 기뻐하며 큰 축하 잔치를 열려고 하였다. 그러나 포키온이 이에 반대하며 다음과 같이 말했다.

"저 카이로네아에서 우리를 무찔렀던 사람들 중의 하나가 줄어들었을 뿐입니다. 이것을 가지고 우리가 기뻐한다면 정말 한심한 일이 아니겠습니까?"

얼마 후에 알렉산드로스가 테베로 침입해 오자 데모스테네스는 그를 비난하였다. 그러자 포키온은 호메로스의 시구로 응수했다.

어리석은 자여,
왜 무모하게도 그의 화가 두 번째 솟구치게 하느냐?

그리고 그는 이렇게 덧붙였다.

"지금 알렉산드로스는 야망에 불타고 있어 모든 것을 다 정복하려 하고 있소. 그런 그를 왜 건드리려고 하는 거요? 이웃 나라에 다가온 저 불을 우리나라에까지 끌어들이려는 이유가 뭐요? 하지만 내가 있는 한 우리나라가 망하는 일은 절대 없을 거요."

알렉산드로스는 테베를 점령하고 나서, 데모스테네스와 리쿠르고스, 히페리데스, 그리고 카리데모스를 넘겨 달라고 아테네에 요구하였다. 그러자 민회에 모인 군중들은 포키온에게 어떻게 하면 좋을지 의견을 말해 보라고 했다. 그러자 그는 사랑하는 친구를 옆에 세우고 이렇게 말했다.

"우리 모두가 일을 이 지경으로 만들었습니다. 이제는 알렉산드로스가 내 사랑하는 친구 니코클레스를 넘겨 달라고 해도 거절할 수 없는 형편입니다. 만일 내 생명을 던져서 여러분을 구할 수만 있다면 그것은 가장 큰 행복일 것입니다. 아테네 시민 여러분! 나는 테베에서 피난을 오는 사람들을 보면서 가슴이 아팠습니다. 그러나 이제는 테베의 운명을 슬퍼하는 일은 그만 그치고 더 이상의 전쟁을 막기 위하여 화해를 해야 할 때입니다."

사람들은 포키온의 말을 따르기로 마음먹었다. 하지만 알렉산드로스는 사절단의 결의문을 전달하자 그것을 내동댕이치며 사절단의 말을 들으려고도 하지 않았다. 그러나 포키온이 직접 그를 찾아가자 알렉산드로스는 그를 맞아들이고 그의 요청을 들어주었다. 알렉산드로스는 늘 신하들로부터 아버지인 필리포스 왕이 그를 칭찬하고 존중했었다는 이야기를 들어왔기 때문이었다. 알렉산드로스는 자신의 정책에 관해서 포키온과 여러 가지 이야기를 나누었다. 그때 포키온은 자신의 의견을 이렇게 말했다.

"만일 이 세상의 평화를 원하신다면 전쟁을 그치십시오. 그리고 명예를 얻으려는 것이라면 전쟁을 하되 그리스가 아닌 야만족들과 하십시오."

이처럼 포키온은 알렉산드로스의 성격과 야망에 맞는 이야기를 하여, 그의 마음을 풀어 주었다. 그러므로 알렉산드로스는 만일 자신에게 무슨 일이 생긴다면 그리스를 이끌어갈 나라는 아테네일 것이라며, 아테네 사람들에게 정치를 잘 살피라고 당부하기까지 하였다. 그리고 포키온을 친구로서 또 귀한 손님으로서 정중하게 대접하고, 특별한 대우를 베풀었다.

역사가인 두리스가 전하는 바에 의하면, 그 뒤 알렉산드로스는 다리우스를 제압하고 위대한 대왕이라는 칭호까지 받게 되자 편지를 쓸 때 첫머리에 인사말도 쓰지 않았다고 한다. 그러나 그는 포키온과 자신의 본국을 맡긴 안티파트로스에게 보내는 편지에는 잊지 않고 인사말을 썼다고 한다. 이것은 카레스의 책에도 실려 있는 이야기이다.

전하는 바에 의하면 알렉산드로스는 포키온에게 무척 너그럽고 친절한 태도를 보였다고 한다. 한번은 알렉산드로스가 포키온에게 100탈렌트의 돈을 보낸 적이 있었는데, 그때 포키온은 돈을 가져온 사람들에게 이렇게 물었다. "아테네에는 수많은 사람들이 있는데 왜 하필이면 나에게 이 돈을 가져 왔소?"

그러자 심부름꾼들 중에서 우두머리되는 사람이 이렇게 대답하였다. "알렉산드로스 대왕께서는 장군만을 명예롭고 뛰어난 사람이라고 인정하셨기 때문입니다."

그러자 포키온이 말했다. "그러면 앞으로도 내가 계속 그렇게 인정받을 수 있도록 도와주는 셈치고 이 돈을 도로 가져가시오." 포키온은 이렇게 말하면서 돈을 거절했다.

심부름꾼들은 포키온을 따라 그의 집에 갔다가 너무나 초라한 것을 보고 깜짝 놀랐다. 안에서는 부인이 손수 빵을 만들고 있었고, 포키온은 제 손으로 우물을 길어 손님들의 발을 씻을 물을 떠다 주었다. 그러자 그들은 알렉산드로스 대왕의 친구가 이처럼 초라하게 사는 것을 부끄러운 일이라며 기어이 그 돈을 받아 달라고 부탁했다.

그때 마침 한 가난한 노인이 누덕누덕 기운 헌옷을 입고 지나가는 것이 보였다. 그러자 포키온은 그 노인을 가리키며 물었다.

"내가 저 노인보다도 못 하오?"

"그럴 리가 있습니까? 당치도 않습니다."

그러자 포키온은 말하였다. "저 노인은 나보다도 더 가난하지만 별로 부족한 것을 모르고 사십니다. 내가 만일 이 돈을 받고도 안 쓰면 아무 소용도 없을 것입니다. 그리고 내가 이 돈을 쓰게 된다면 그것은 나와 알렉산드로스 대왕의 명예를 더럽히는 일이 될 것입니다."

이렇게 해서 포키온은 결국 그 돈을 돌려 보내고, 그 돈을 받지 않은 사람이 돈을 보낸 사람보다 더 부자라는 사실을 그리스 사람들에게 보여주었다.

한편, 알렉산드로스는 포키온이 자신의 호의를 거절하자 몹시 불쾌한 생각이 들었다. 그래서 그는 자신의 호의를 거절하는 사람은 친구도 아니라며 포키온에게 편지를 써보냈다. 그러자 포키온은 돈 대신에 소피스트 에케크라티데스와 임브로스 사람 아테노도로스, 그리고 로도스 사람 데마라토스와 스파르톤을 석방하는 호의를 베풀어 달라고 요청하였다. 이들은 예전에 어떤 사건 때문에 사르디스 감옥에 갇혀 있던 사람들이었다.

알렉산드로스는 즉시 이들을 풀어 주었다. 그리고 크라테로스를 본국 마케도니아로 보낼 때는 포키온에게 아시아에 있는 네 개의 도시 중 하나를 가지라고 전했다. 그는 돈을 보낼 때보다도 더 강력한 어조로, 만약 이번에도 자신의 마음을 저버린다면 정말로 화를 내겠다고 했다. 하지만 포키온은 이번에도 그의 호의를 거절하였다. 그 얼마 뒤 알렉산드로스는 세상을 떠났다. 포키온이 살던 집은 지금도 멜리타에 남아 있는데, 동판이 몇 개 걸려 있는 것을 빼고는 매우 소박하다.

포키온의 첫부인은 조각가 케피소도토스의 누이였다는 것 외에는 별로 알려진 것이 없다. 그리고 두 번째 부인은 포키온의 가난한 생활을 잘 견뎌낸 것으로 아테네에서도 이름이 높았다. 언젠가 아테네 시민들이 연극을 구경하고 있을 때, 여왕역을 맡은 배우가 화려한 옷을 입은 시녀들을 많이 나오게 해 달라고 요구했다. 그러나 이 요구가 받아들여지지 않자 그 배우는 무대에도 올라가려 하지 않았다. 그러자 연출을 맡고 있던 멜란티우스는 이렇게 꾸짖었다.

"저기에 포키온 부인이 앉아 계신 것도 안 보이느냐? 저런 분도 시녀 하나만 데리고 다니시는데, 그래 너는 우리 아내들까지 모두 총동원할 셈이냐?"

또 언젠가는 이오니아에서 온 여인이 포키온 부인을 찾아와서 자신의 보석 목걸이를 자랑한 적이 있었다. 그 때 포키온 부인은, "나의 보석은 지금까지 20년 동안 아테네의 장군으로 계신 포키온뿐입니다"라고 말했다.

포키온에게는 포코스라는 아들이 하나 있었는데, 언젠가 그가 미네르바 대제전의 경기 대회에 참가하겠다고 하였다. 그러자 포키온은 여러 필의 말을 달리게 하여 갈아타는 경주에 참가하라고 허락을 해주었다. 이것은 승리보다는 방탕한 생활을 하고 있는 아들이 잠시라도 규칙적인 생활을 지킬 수 있게 하려는 것이었다. 그런데 아들이 이 경기에서 우승을 하게 되자 친구들이 승리를 축하하는 뜻에서 잔치를 열어 주었다. 그러나 포키온은 초대를 모두 거절하고, 단 한 사람의 초대에만 응하였다. 그런데 그곳에 가보니 손님들이 발을 씻도록 마련되어 있는 것이 물이 아니라 포도주에 향수를 섞은 것이었다. 이것을 본 포키온은 아들에게 호통을 쳤다.

"포코스야! 네 친구가 이렇게 헛돈을 쓰고 있는데도 왜 말리지를 않았느냐? 모처럼 얻은 승리의 영광을 이 일 때문에 망쳐 버렸구나."

그는 아테네의 생활 방식이 아들에게 나쁜 영향을 끼치는 것을 보고, 스파르타에 아들을 보내어 그곳 청년들과 함께 훈련을 받게 하였다. 하지만 아테네 사람들은 포키온이 자기 나라의 교육 제도를 무시했다고 생각하여 무척 감정이 상했다. 데마데스도 이와 같은 그의 행동을 비난하였다.

"포키온! 아테네가 스파르타 식의 제도를 아예 다 받아들이도록 해 보는 것이 어떻겠소? 승낙만 하신다면 내가 다음 민회에 나가서 이 내용의 법안이 통과되도록 힘써 보겠소."

포키온은 대답했다. "이보시오. 향수 냄새를 팍팍 풍기면서 값비싼 옷을 걸치고 다니는 당신이 스파르타 식의 검소한 식사와 리쿠르고스의 제도를 권한다는 게 말이 되겠소."

일찍이 알렉산드로스가 아테네로 편지를 보내어 군함과 대중 연설가들을 보내라고 했을 때, 의원들이 포키온에게 의견을 묻자 그는 솔직하게 이렇게 말했다. "여러분! 우리는 정복자가 되기 위해 무기를 들든지, 아니면 정복자와 사이좋게 지내든지, 둘 중 하나를 선택해야 합니다."

언젠가 풋내기 정치가인 피테아스가 맨 먼저 연설하려고 나서자, 포키온은 그의 무례한 태도를 깨우치도록 이렇게 경고했다. "여보게, 자네는 민중이 새로 사들인 종이니, 당분간은 입을 다물고 있는 것이 어떻겠소."

알렉산드로스가 아시아를 정복하려고 나갔을 때 바빌론의 하르팔로스는 많은 돈을 가지고 아테네로 도망쳐 왔다. 그러자 많은 아테네의 정치가들은 그에게 잘보여 돈을 얻으려고 앞다투어 찾아가서 아부를 했다. 하지만 그는 그들에게는 돈을 조금씩밖에 안 주고는 포키온에게는 700탈렌트나 되는 돈을 바쳤다. 그리고는 자기 자신과 자신의 재산을 보호해 달라고 요청하였다. 그러자 포키온은 화를 벌컥 내며 이렇게 말하였다.

"더 이상 아테네 사람들을 돈으로 꾀었다가는 반드시 후회하게 될 거요."

이 말을 들은 하르팔로스는 그 후부터 잠잠해졌다.

그 뒤 아테네에서는 하르팔로스의 처리 문제를 논의하는 민회가 열렸다. 그러자 뇌물을 받아먹었던 사람들은 그 사실이 알려질까봐 오히려 그를 없애야 한다는 반대파의 편을 들었다. 하지만 포키온은 아테네에 손해가 되지 않는 범위 내에서 하르팔로스를 도와주려고 노력했다. 이것을 알게 된 하르팔로스는 포키온에게 더욱더 가까이 접근해 볼 작정으로 여러 가지 뇌물을 보냈다. 하지만 포키온은 어떤 뇌물에도 흔들리지 않았다. 그러자 하르팔로스는 포키온의 사위인 카리클레스와 손을 잡았다. 그래서 카리클레스는 사람들에게 좋지 못한 소리를 듣게 되었다.

한편 하르팔로스는 피토니케라는 여인 사이에서 자식까지 얻었는데 그녀가 그만 죽어 버리고 말았다. 그러자 하르팔로스는 많은 돈을 들여서 크고 화려한 무덤을 세우기로 작정하고 카리클레스한테 이 일을 맡겼다. 사람들은 이 일 때문에 카리클레스를 더욱더 욕하게 되었다. 그 무덤은 오늘날까지도 아테네에서 엘레우시스로 가는 길에 있는 헤르메스 신전 안에 남아 있다. 그런데 하르팔로스는 그때 카리클레스에게 30탈렌트라는 큰 돈을 주고 공사를 맡겼다는데, 그처럼 막대한 돈에 비하면 무덤은 너무나 초라한 것이었다. 그러므로 카리클레스는 그 장례 비용마저도 가로챘음을 알 수 있다.

하지만 그 뒤 하르팔로스가 죽고나자 카리클레스와 포키온은 그의 딸을 정성껏 길렀다. 그런데 얼마 후 카리클레스는 하르팔로스의 재산을 가로챘다는 혐의로 재판을 받게 되었다. 그때 그는 포키온에게 변호를 해 달라고 부탁을 했지만 포키온은 한 마디 말로 거절해 버렸다.

"카리클레스! 내가 자네를 사위로 삼았던 것은 자네가 올바른 사람이라고 생각했기 때문이었지 이런 일을 하려고 그랬던 게 아니라네."

알렉산드로스가 죽었다는 소식을 아테네에 제일 먼저 전한 사람은 히파르코스의 아들 아스클레피아데스였다. 그때 데마데스는 그 말을 믿지 말라면서 시민들에게 이렇게 덧붙였다. "만일 알렉산드로스가 정말 죽었다면 세상은 벌써 시체 썩는 냄새로 가득했을 것입니다."

한편 시민들은 이 소식을 듣고 너무나 기쁜 나머지 금방이라도 소동을 일으킬 것 같았다. 수많은 사람들이 시내 한복판으로 달려나와, 알렉산드로스가 죽었다고 외치며 기뻐 날뛰었다. 이것을 본 포키온은 날뛰는 시민들에게 진정하라고 외쳤다. "여러분! 제 말을 좀 들으십시오. 그가 오늘 죽었다면 내일도 죽은 사람이고 모레도 죽은 사람입니다. 그러니 안심하고 냉정을 되찾아, 우리가 앞으로 취해야 할 행동에 대해서 생각해 봅시다."

또한 레오스테네스가 그리스의 자유를 찾으라면서 시민들을 설득하여, 아테네를 전쟁의 소용돌이 속으로 몰아넣고 있을 때였다. 그는 포키온이 반대를 하자 오히려 그를 비웃으면서 이렇게 말했다.

"당신이 20년 동안이나 장군으로 있으면서 우리한테 해준 일이 뭐가 있소."

포키온은 대답했다. "적어도 나는 아테네 사람들이 자기 나라에서 편안히 죽을 수 있게 해주었소."

레오스테네스가 민회에서 연설을 하는 것을 듣고 있던 포키온은 이런 말을 했다. "이보게, 젊은이! 자네 연설은 마치 나무 같구려. 하늘을 찌를 듯한 기세로 높이 솟아 있지만 열매는 맺지 못하는군요."

그러자 이번에는 히페리데스가 일어나서, 그러면 전쟁을 언제 하느냐고 포키온에게 물었다. 그러자 포키온은 이렇게 대답하였다. "젊은이들이 군사 훈련을 불평없이 받아들이고, 부자들이 전쟁을 위해 시원스럽게 세금을 내고, 웅변가들이 공금을 도둑질하는 짓을 그치면, 그때 전쟁을 시작하겠소."

그 뒤 사람들이 레오스테네스가 훈련시킨 군대를 보고 포키온에게 이제는 전쟁할 준비가 되지 않았느냐고 물었다. 그러나 포키온은 단호하게 대답했다. "단거리 경주는 괜찮겠지요. 그러나 장거리 경주처럼 전쟁이 오랫동안 계속된다면 아무래도 걱정스럽군요. 우리는 더 이상 지원해 줄 돈도, 배도, 병사도 없으니 말이오."

얼마 안 가서 포키온의 말은 현실로 나타났다. 레오스테네스는 전투에 나서자마자 보이오티아 군을 물리치고, 안티파트로스를 라미아 성 안으로 몰아 넣는 빛나는 승리를 거두었다. 아테네 사람들은 승리의 소식을 듣고 무척 기뻐하며 신에게 감사의 제사를 지냈다. 그때 어떤 사람이 포키온에게, 승리의 기회를 빼앗겨서 분하지 않느냐고 물었다. 그러자 포키온이 대답했다.

"물론 그랬으면 좋겠지요. 하지만 역시 전쟁은 하지 말았어야 했소."

그러나 그 후에도 승리의 소식은 계속 들려왔다. 그러자 포키온은 걱정스러운 얼굴로 말했다. "이 불안한 승리가 언제까지 계속될 수 있을까"

그 얼마 뒤 레오스테네스는 전사했다. 그러자 포키온의 반대 세력들은 그가 장군이 된다면 분명히 전쟁을 중지할 것이라며 몹시 걱정을 했다. 그래서 그들은 포키온이 사령관이 되지 못하도록 음모를 꾸몄다. 그들은 이름이 잘 알려지지 않은 사람 하나를 매수해서, 민회에서 자신이 포키온의 친한 친구라며 다음과 같은 말을 하게 했다. "여러분들이 정말 포키온을 아낀다면 그를 싸움터에 나가게 해서는 안 됩니다. 만일 포키온마저 잃는다면 우리가 어디에서 또다시 그처럼 위대한 지도자를 구할 수 있겠습니까? 그러니 포키온 대신 안티필로스를 사령관으로 선출합시다."

시민들이 이 말에 찬성의 뜻을 나타내자 포키온은 이렇게 말했다.

"나는 이 사람을 전에 한 번도 본 일이 없소. 하지만 오늘부터 당신을 친구로 생각하겠소. 나에게 유리한 제안을 해주었으니 말이오."

아테네 사람들이 보이오티아를 정복하려고 했을 때 포키온은 처음부터 반대하고 나섰다. 그러자 그의 친구가 충고를 하였다. "이보게, 자네가 늘 그렇게 시민들의 의견에 반대만 한다면 언젠가는 맞아 죽고 말걸세."

그러자 포키온은 그에게 이렇게 말했다.

"나라를 위한 정책을 시민들에게 권유하다가 사형을 당한다면 그것은 내 잘못이 아니라 시민들의 잘못이네. 그렇지만 만약 해로운 일을 권했다가 사형을 당한다면 이것은 시민의 잘못이 아니라 내 잘못이 되는걸세."

그럼에도 불구하고 시민들은 전쟁에 대한 생각을 포기하지 않고 자기들을 지휘하여 전쟁터에 나가 달라고 포키온을 졸랐다. 그러자 포키온은 60세 이하의 남자들은 모두 닷새분의 식량을 준비해 가지고, 자기를 따라 보이오티아로 출정하라고 선언했다. 이 말에 시민들 사이에서는 커다란 소동이 벌어졌다. 포키온은 그들에게 자기가 내린 명령의 이유를 설명해 주었다. "놀랄 것 없소이다. 80세가 된 내가 바로 여러분들을 이끌고 출정하지 않습니까."

이렇게 해서 그는 전쟁을 하자고 날뛰던 시민들을 꺾고, 그들의 마음을 가라앉힐 수 있었다. 얼마 후 미키온이 수많은 마케도니아 군과 용병들을 거느리고 람노스[4]를 급습하고 해안 지방을 약탈하며 주변 국가들을 침략하고 있었다. 포키온은 곧 아테네 군을 거느리고 출정했다. 그런데 많은 사람들이 포키온에게 달려오더니, 저쪽 산을 공격하자, 기병대를 저쪽으로 출정시키자, 이쪽에서 적과 결전을 벌이자는 등 제각기 자기들의 의견을 늘어놓으며 그를 귀찮게 굴었다. 그러자 포키온이 말했다. "그것참, 우리 아테네 군은 왜 이렇게 장군만 많고 병사는 없는지 모르겠소."

이윽고 전투가 시작되었을 때 병사 한 명이 용맹스럽게 적진을 향해 달려갔다. 그러나 그는 적을 만나자마자 무서워서 도로 달려들어와 버렸다. 그러자 포키온은 그를 불러세우고는 이렇게 말했다. "하루에 두 번씩이나 자리를 버리다니, 어떻게 그런 부끄러운 짓을 저질렀느냐? 처음엔 내가 지시한 자리를 버리고, 또 나중에는 네 스스로 차지한 자리까지 버렸으니 말이다."

그러나 포키온은 적을 공격하여 장군 미키온을 비롯한 많은 적을 쓰러뜨리고 큰 승리를 거두었다.

그때 그리스 군은, 아시아로부터 마케도니아 군을 이끌고 안티파트로스 군과 합치기 위해 달려온 레온나토스 군과 테살리아에서 맞붙게 되었다. 이때 안티필로스는 그리스의 보병을 맡고, 테살리아 사람 메논은 기병대를 지휘하고 있었는데, 그들은 레온나토스를 죽이고 그의 부대를 완전히 섬멸했다.

그리고 나서 얼마 후, 크라테로스가 아시아로부터 대군을 거느리고 다시금 크라논에서 큰 싸움이 벌어지게 되었다. 이때 그리스 군은 크라테로스에게 지고 말았는데, 비록 패배하기는 했지만 전사자의 수도 별로 많지 않았고 손해 또한 그리 크지

___

4) 마라톤에서 약 60스타디움(12km)쯤 떨어져 있던 지방의 이름.

않았다. 그러나 그리스 군의 장군들은 대부분 젊었기 때문에 군기를 제대로 잡지 못하고 있었고, 안티파트로스 또한 그리스 병사들의 고향 도시마다 스파이를 보내 공작을 했으므로 그리스 군대는 곧 해산되고 말았다. 이로써 그리스 군의 전선은 무너졌고, 그들의 자유 또한 적에게 빼앗기고 말았다. 그러자 안티파트로스는 그 여세를 몰아 아테네를 공격하려고 했다. 이 소식을 들은 데모스테네스와 히페리데스는 재빨리 아테네에서 도망치고 말았다.

한편, 법률에 어긋나는 제의를 했다가 일곱 번이나 유죄 판결을 받았던 데마데스는 아테네 시에 갚아야 할 벌금을 못 내고 있었다. 그래서 그는 연설을 할 자격은 물론 투표권도 박탈당한 상태였다. 그런데 이처럼 혼란한 시기를 틈타, 그는 아예 법을 무시하고 나서서, 안티파트로스에게 화평을 제의하자는 연설을 했다. 그러나 시민들은 데마데스의 말을 들은 척도 하지 않고, 포키온에게 가서 어떻게 하면 좋겠느냐고 의견을 물었다. 포키온은 이렇게 대답했다. "여러분들이 처음부터 나를 이렇게 믿었더라면, 오늘 이러한 문제로 고민하게 되지는 않았을 것이오."

그러나 투표 결과 뜻밖에도 데마데스의 안이 통과되었다. 그래서 포키온은 다른 몇 명과 함께 테베에서 아티카를 공격할 준비를 갖추고 있던 안티파트로스를 찾아가게 되었다. 그때 포키온의 첫 번째 교섭은 군대를 진격시키지 말고 그곳에 머무르면서 아테네와 휴전을 하자는 것이었다. 이 제안을 옆에서 듣고 있던 크라테로스가 말하였다.

"그건 말도 안 됩니다. 지금 포키온이 우리들에게 하는 말은, 결국 이곳에 있으면서 동맹국들에게 해를 끼치라는 뜻입니다. 적의 나라를 정복할 수도 있는 우리가 뭐가 아쉬워서 그런 제안을 받아들이겠소."

그러나 안티파트로스는 포키온의 손을 잡으며 이렇게 말했다.

"포키온 장군의 말이니 그렇게 합시다."

그러나 안티파트로스는 그 이외의 조건은 들어줄 수 없다고 하였다. 그것은 라미아에서 아테네의 레오스테네스가 포위당한 안티파트로스에게 내건 것과 같이 무조건 항복하라는 뜻이었다. 포키온은 아테네로 돌아와 안티파트로스와의 협상 내용을 보고했다. 이 이야기를 들은 아테네 시민들은 이제 별 도리가 없음을 알고 그 조건을 받아들이기로 결정했다.

그래서 시민들을 포키온과 크세노크라테스 등을 다시 테베에 보냈다. 크세노크라테스는 덕과 지식을 두루 갖춘 인물로서 세상에 이름이 나 있었다. 그러므로 시민들은 아무리 거만하고 거친 사람일지라도 그를 보면 존경과 두려움을 가지게 될 것이라고 생각하여 사절로 보낸 것이었다.

그러나 그들의 짐작은 완전히 빗나가고 말았다. 왜냐하면 안티파트로스는 착한 사람을 이해하지 못하고 도리어 그런 사람을 싫어했기 때문이다. 그래서 그는 다른 사절들은 악수를 건네며 맞아들였지만 크세노크라테스에게는 인사조차 하지 않았다. 그러나 크세노크라테스는 안티파트로스가 자신의 얼굴을 보자 아테네에 대한 잔인한 계획이 부끄러워 얼굴을 들지 못한 것이라고 말했다. 그러나 안티파트로스는 크세노크라테스가 말만 하려고 하면 그 때마다 중간에서 말을 끊어 버리곤 했다. 그러므로 크세노크라테스는 더 이상 얘기를 꺼낼 수가 없었다.

포키온이 얘기를 꺼내자 안티파트로스는 그제야 귀를 기울였다. 하지만 안티파트로스는 아테네와 휴전을 하겠지만 대신 다음 조건을 반드시 받아들여야 한다고 했다. 안티파트로스가 내세운 조건은 다음과 같았다.

첫째, 데모스테네스와 히페리데스를 자신에게 넘겨 줄 것.
둘째, 아테네 정치 체제를 허락하되, 시민들의 재산 정도에 따라 선거권을 결정할 것.
셋째, 마케도니아 군대가 무니키아에 주둔하는 것을 인정할 것.
넷째, 전쟁 비용을 모두 배상할 것.

사절단은 안티파트로스가 내세운 이 조건들을 매우 만족스러워했다. 그러나 크세노크라테스는 이렇게 말했다.

"그가 우리를 노예로 생각했다면 적당한 조건일지 모르지만, 자유인으로 생각했다면 이건 너무나 지나칩니다."

포키온은 네 가지의 조건 중 아테네에 군대를 주둔시키는 조건만은 없애 달라고 부탁했다. 그러자 안티파트로스가 대답했다.

"포키온 장군, 나는 장군이 원하는 대로 무엇이든 들어주고 싶소. 그러나 장군이 나 나를 다같이 망치게 하는 일은 들어줄 수가 없소."

그러나 다른 역사가들은 다음과 같이 전하기도 한다. 그때 안티파트로스는 포키온에게, 아테네에 마케도니아 군대를 주둔시키지 않아도 시민들이 반란을 일으키지 않게 할 자신이 있느냐고 물었다. 그러자 포키온은 얼른 대답을 하지 못하고 잠자코 있었다. 그러자 칼리메돈이라는 자가 벌떡 일어나 이렇게 말했다고 한다. "안티파트로스 장군, 이 사람이 쓸데없는 헛소리를 하는 데도 그냥 듣고 계시는 이유가 뭡니까"

이렇게 해서 결국 마케도니아의 수비대가 아테네로 들어오게 되었다고 한다. 그때 수비대장이었던 메닐로스 장군은 정의롭고 인정도 많은 사람이었으며 포키온과도 가까운 사이였다. 그러나 마케도니아 군대를 아테네에 주둔시킨 것은 안티파트로스가 거만하게 자신의 세력을 뽐내기 위한 것이었지, 실제로는 별 필요도 없는 일이었다는 얘기도 있다.

마케도니아 군대가 아테네에 도착한 날짜는 시민들의 분노를 부채질하기에 충분했다. 왜냐하면 그 날은 보이드로미온 달 20일이었는데, 그 때는 대축제가 열리는 시기였기 때문이다. 아테네 시민들이 이아코스[5]를 메고 줄을 지어 엘레우시스로 가고 있었을 때에 마케도니아 군대가 들어왔던 것이다. 군대 때문에 행사가 완전히 엉망이 되어 버리자, 시민들은 성대하게 행사를 치르던 옛날 일을 기억하면서 깊은 설움에 잠겼다.

아테네가 번영의 길을 달리고 있던 때 그 행사는 적국을 공포에 떨게 할 만큼 대단했지만, 지금은 그리스가 멸망해도 신들은 아무렇지도 않다는 듯 무관심하기만 했다. 그러므로 가장 신성해야 할 제사는 모욕을 당하고, 가장 즐거워야 할 이 축제는 민족의 슬픈 운명을 더욱 뼈저리게 느끼게 만들었다.

이 일이 있기 몇 년 전에 도도나에서 아르테미스 신전[6]이 적의 손에 넘어가지 않도록 잘 지키라는 신탁이 아테네에 내려왔었다. 그리고 이번 행렬에서 신을 모실 때 가마를 덮는 헝겊을 진홍색으로 물들이려고 했는데, 이상하게도 색깔이 제대로 나오지 않고 상여를 맬 때 쓰는 헝겊처럼 빛바랜 황색으로 물들었다. 그런데 정말 이상한 것은 그때 물들인 다른 천들은 제대로 염색이 되었는데, 이 제사에 쓸 것만 빛바랜 황색으로 물들었다는 것이다. 또한 이 제사에 참가할 예정이던 어떤 사람은 칸타로스 항구에서 돼지를 씻고 있었는데, 갑자기 상어가 나타나 돼지의 뒷다리 부분

---

5) 제우스와 데메테르 사이의 아들. 그리고 엘레우시스라는 곳은 데메테르와 그의 딸 페르세포네를 모신 아티카의 성지이다.
6) 마케도니아 군대가 주둔했던 무니키아에 있었다.

을 물어 삼켜 버렸다. 이것은 아테네가 위쪽 도시만 남고 나머지 아래쪽은 잃게 될 것이라는 징조였다.

한편, 시내로 들어온 마케도니아 군대의 사령관 메닐로스는 되도록 아테네 시민들에게 피해를 주지 않으려고 마음을 썼다. 그러나 새로운 법에 따라 재산이 부족해서 시민권을 빼앗긴 사람만 해도 1만 2천 명이나 되었다. 이렇게 시민권을 빼앗기고도 아테네에 남아 있던 사람들은 심한 학대를 받았다. 그리고 아테네를 등지고 트라키아로 간 사람들에게는 안티파트로스가 토지를 나누어 주었지만 만족할 만큼은 못되었고, 그나마 식민지의 노예나 추방자들처럼 심한 멸시를 받아야 했다. 그러므로 아테네 시민들은 데모스테네스가 칼라우리아에서, 그리고 히페리데스가 클레오나이에서 죽은 뒤부터는 필리포스와 알렉산드로스가 마케도니아를 다스리던 시절을 더욱 그리워하게 되었다.

그 뒤 안티고노스가 살해되고, 그를 죽인 무리들이 새로운 정복자가 되어 민중을 억압하고 있을 때였다. 프리기아에서 한 농부가 자꾸만 땅을 파헤치는 것을 보고 어떤 사람이 무엇을 하느냐고 물었다. "안티고노스 왕을 찾으려고요."

그 농부는 한숨 섞인 목소리로 이렇게 대답했다고 한다. 이 이야기에서도 알 수 있듯이, 당시 아테네 사람들은 필리포스나 알렉산드로스 대왕처럼 어진 왕들을 그리워하며 안티파트로스를 증오하고 있었다. 안티파트로스는 스스로 평민이라고 말하면서 검소한 옷을 입고 소박한 식사를 하고 있었지만, 실제로는 아테네 시민들을 괴롭히며 폭군 노릇을 톡톡히 하고 있었다.

한편 포키온은 안티파트로스를 찾아가서, 추방당한 사람들을 그리스로 불러들일 수 있게 해 달라고 애원했다. 그래서 케라우니아 산맥과 타이나론 너머로 추방되었던 사람들이 펠로폰네소스에 들어와 살 수 있게 되었다. 그렇게 이동해 온 사람 중에는 아첨꾼 아그노니데스도 있었다. 그리고 포키온은 아테네 내부의 정치를 가다듬고 조용히 인재들을 길러 내는 데 힘썼다. 그는 현명하고 어진 사람들이 공직에 나갈 수 있도록 도와주었으며, 출세를 위해 설치는 사람들이 관직을 차지하지 못하도록 했다. 그러면서 그는 시민들에게 나라의 불행을 참아내며 농사에 힘쓰라고 말했다. 또 그는 크세노크라테스가 외국인 세금을 내고 있는 것을 보고 새 제도에 따른 시민권을 주려고 했다. 그러자 크세노크라테스는 자신이 마케도니아에까지 가면서 말리려고 했던 이 제도의 혜택을 받고 싶지 않다면서 포키온의 제안을 거절했다.

한편 마케도니아 군대의 대장인 메닐로스는 포키온에게 많은 돈을 주려고 했다. 그러나 포키온은 다음과 같이 말하면서 이것을 거절했다.

"나는 메닐로스가 알렉산드로스보다 더 훌륭하다고 생각지 않소. 예전에 알렉산드로스의 돈을 거절했던 내가 지금에 와서 메닐로스의 돈을 받는다는 건 말이 안 되지요."

그러자 메닐로스는 이 돈을 포키온의 아들 포코스에게 주려고 했다. 그때에도 포키온은 이렇게 말했다. "포코스가 만일 나쁜 버릇을 고쳐 절약을 할 줄 아는 사람이 된다면 이 아비의 재산으로도 넉넉할 것이오. 그러나 만일 지금의 버릇을 못 고치고 계속 낭비만 일삼는다면 아무리 많은 돈이 있어도 부족할 거요."

또 안티파트로스가 그에게 어떤 그릇된 일을 시키려고 했을 때 포키온은 이렇게 화를 냈다. "그건 정말 못하겠소. 나는 당신의 친구인 동시에 앞잡이까지 될 수는 없소."

안티파트로스도 그처럼 곧은 포키온의 성격을 잘 알고 있었으므로 늘 이런 말을 하곤 했다. "아테네에는 포키온과 데마데스라는 두 친구가 있소. 두 사람 중 포키온은 어떤 뇌물로도 꾀어낼 수 없는 사람이고, 데마데스는 돈을 아무리 주어도 항상 부족하게 생각하는 사람이오."

사실 포키온은 아테네의 장군을 여러 번 지냈고, 왕들과도 친구처럼 가까이 지냈지만 언제나 가난하게 살았고 또 그것을 자랑으로 생각했다. 하지만 데마데스는 법에 어긋나는 짓을 해서라도 자신이 부자라는 것을 자랑하고 싶어했던 사람이었다. 예를 들어 다음과 같은 일이 있었다.

당시 아테네에서는 외국인을 연극이나 합창단에 참가시킬 수 없게 되어 있었다. 그리고 만약 이것을 어기면 1인당 천 드라크마의 벌금을 물어야 했다. 그런데 데마데스는 외국인 백 명을 합창단에서 공연하게 하고, 1인당 천 드라크마의 벌금을 물어 자기가 얼마나 대단한 부자인지를 과시하였다.

그리고 자신의 아들 데메아스가 결혼할 때는 이런 이야기를 했었다.

"얘야! 나는 이웃집에서도 모를 만큼 초라한 결혼식을 올렸단다. 하지만 네 결혼식에는 왕들을 손님으로 초대해 주마."

한편 아테네 시민들은 포키온을 찾아가, 안티파트로스에게 부탁해서 무니키아에 있는 마케도니아 군대가 제 나라로 돌아가게 해 달라고 부탁을 했다. 그러나 포키온은 이것이 받아들여지지 않을 거라고 생각했는지, 아니면 마케도니아 군대가 있으면 아테네 시민들이 무서워서라도 질서를 지킬 것이라고 생각했는지 그들의 부탁을 계속 거절하기만 하였다. 그 대신에 그는 안티파트로스에게 부탁하여, 아테네가 배상하기로 한 전쟁 비용을 무기한으로 연기시켜 놓았다.

그러자 시민들은 데마데스를 찾아가 마케도니아 군의 철수를 부탁해 달라고 했다. 데마데스는 시민들의 말을 받아들이고 아들과 함께 마케도니아로 떠났는데, 이 것은 마치 신의 손이 그를 이끌어 준 것 같았다. 그때 마케도니아에서는 안티파트로스가 병으로 누워 있어서, 카산드로스가 모든 권력을 잡고 있었다. 그런데 바로 이 카산드로스가, 안티고노스에게 보내는 데마데스의 편지를 손에 넣게 되었다. 그 편지는, 어서 이곳으로 와서 썩은 새끼줄(안티파트로스를 의미)에 묶여 있는 그리스와 마케도니아를 해방시켜 달라는 내용이었다. 그러므로 카산드로스는 데마데스 일행이 도착하자마자 그들을 체포하였다. 그리고 아버지가 보는 앞에서 먼저 아들을 죽이고는 데마데스의 옷을 피로 물들였다. 그런 다음 데마데스에게 은혜를 원수로 갚는 배반자라고 욕을 하며 그의 목을 잘라 버렸다.

안티파트로스는 죽기 얼마 전에 폴리스페르콘을 최고사령관으로, 그리고 카산드로스를 기병대 사령관으로 임명했다. 하지만 카산드로스는 즉시 폴리스페르콘에 대한 음모를 꾸미기 시작했다. 안티파트로스가 죽자 카산드로스는 먼저 그 소문이 널리 퍼지기 전에 니카노르를 서둘러 아테네로 보냈다. 그리고는 메닐로스를 수비대 대장직에서 쫓아내고 니카노르를 그 자리에 앉혀 무니키아를 점유하게 했다. 이처럼 카산드로스의 음모가 모두 마무리된 다음에야 안티파트로스의 죽음을 들은 아테네 사람들은 모두 포키온을 비난하였다. 그들은 포키온이 이런 사실을 미리 알고 있으면서도 니카노르의 미움을 받을까봐 잠자코 있었다는 것이다. 하지만 포키온은 그런 말들을 못 들은 체 흘려 버렸다. 그리고 니카노르를 만나 아테네 시민들에게 잘 대해 달라고 부탁을 하고, 여러 가지 경기를 열어 아테네 사람들과 화목하게 지낼 것을 부탁하였다.

한편 마케도니아 왕의 교육을 맡은 폴리스페르콘은 카산드로스의 세력을 꺾으려고 다음과 같은 편지를 아테네로 보냈다.

"왕께서는 아테네의 민주 정치를 좋게 보시니, 아테네 시민들은 조상들의 습관과 제도에 따라 스스로 자유를 누리기 바랍니다."

그러나 여기에는 포키온의 세력을 꺾고 아테네를 손에 넣으려는 폴리스페르콘의 속셈이 숨어 있었다. 하지만 포키온이 신망을 받고 있는 동안은 자신의 목적을 이룰 수 없다는 것을 알았으므로, 예전에 해외로 추방된 사람들을 다시 불러들여서 포키온을 공격하게 만들었다. 아테네 사람들은 이 사건의 내막을 알게 되자 수군거리기 시작했다. 그러는 한편 니카노르는 이 문제를 시민들과 의논하기 위해 아테네의 항구 도시 피라이우스에서 민회를 열었다. 그는 포키온을 믿고 혼자서 대회장에 나갔다. 그런데 그가 피라이우스에 도착하자 그 지방의 아테네 장군 데르킬로스가 그를 잡으려고 하였다. 그러나 이것을 미리 눈치 챈 니카노르는 재빨리 그곳을 빠져 나왔다. 그리고는 방어 태세를 갖추고, 자신이 받은 모욕을 앙갚음하기로 마음먹었다. 이 사건이 있은 후 시민들은 포키온이 니카노르를 도망치게 했다고 비난을 퍼부었다. 그러자 포키온은 이렇게 말했다.

"나는 니카노르가 우리에게 해를 끼치지 않으리라는 것을 믿고 있습니다. 그리고 만약 내 생각이 틀린다고 해도 피해는 나 혼자서 입을 것이며, 결코 이런 내 믿음을 후회하지 않을 것입니다."

포키온의 이런 생각과 대답은 매우 존경할 만한 것이며, 그의 숭고한 정신을 보여 주는 것이다. 그러나 그렇다고 해서 나라의 위험을 무릅쓴다는 것은, 특히 군대의 총사령관이 그런다는 것은 시민들에 대한 신성한 임무를 저버리는 것이나 다름없다. 만약 포키온이, 아테네가 전쟁의 불길에 휩쓸릴까봐 두려워서 니카노르를 잡지 않았다거나, 혹은 믿음과 정의 때문에 니카노르를 놓아 주었다고 해도 그것은 변명이 되지 못한다. 오히려 그것은 니카노르가 정의롭고 곧은 사람이라는 포키온의 믿음이 지나쳤기 때문인 것 같다. 다음과 같은 일로도 포키온의 믿음이 지나쳤다는 것을 알 수 있을 것이다.

즉, 니카노르가 피라이우스를 공격하기 위해 마케도니아 군을 살라미스에 상륙시키고, 그곳 지도자들을 자기 편으로 매수했다는 사실을 보고받았을 때도, 포키온은 이것을 믿지 않았다. 뿐만 아니라 람프라 사람인 필로메테스가 민회에 나와서 아테네 시민들은 포키온을 따르기 위해 무기를 들자는 결의를 통과시켰을 때도 그는 가만히 앉아 있기만 했다. 그런데 니카노르는 무니키아에서 군대를 이끌고 나와서 피라이우스 주위에 진지를 구축했다.

포키온은 일이 이렇게 된 다음에야 비로소 아테네인들을 지휘하여 니카노르를 공격하려고 했다. 그러나 그때는 이미 사람들의 입에서 불평과 비난이 흘러나오고 있었으므로 명령을 따르는 사람이 없었다.

그런데 마케도니아로부터 폴리스페르콘의 아들 알렉산드로스가 군대를 이끌고 아테네로 들어와 니카노르를 치러 왔다고 말했다. 그러나 그것은 단순한 핑계였을 뿐이고, 사실은 아테네의 혼란을 틈타 도시를 점령하려는 속셈이었던 것이다. 게다가 추방되었거나 시민권을 빼앗겼던 사람들이 이들을 따라들어와 불법적인 민회를 열고는 포키온의 지위를 빼앗아 다른 사람에게 주어 버렸다. 그때 만약 니카노르와 알렉산드로스가 성 밖에서 몰래 만나 비밀 협의를 하는 것이 발각되지 않았더라면, 아테네는 완전히 파멸되고 말았을 것이다.

그런데 협잡꾼 아그노니데스가 포키온과 그의 일파를 반역자로 몰아버렸다. 그러자 카리클레스와 칼리메돈은 겁을 먹고 도망쳐 버렸고, 포키온과 그의 지지자 몇몇은 폴리스페르콘에게 도움을 청하기 위해 마케도니아로 떠났다. 그때 폴리스페르콘의 가까운 친구이자, 평소에 포키온을 존경하던 솔론과 디나르코스도 이들을 따라 마케도니아로 갔다.

그런데 마케도니아로 가는 도중에 디나르코스가 병에 걸려 일행은 엘라테아라는 곳에서 잠시 머무르게 되었다. 그 사이에 아그노니데스는 음모를 꾸미며, 포키온을 반역죄로 고발할 사절단을 폴리스페르콘에게 보내자는 결의를 통과시켰다. 이렇게 해서 폴리스페르콘에게는 양쪽에서 보낸 두 사절단이 도착하게 되었다. 그때 폴리스페르콘은 왕[7]을 모시고, 지금은 갈라타라고 부르는 아크루리움 산기슭에 있는 파리가이라는 작은 마을에 머물러 있었다.

폴리스페르콘은 황금 천막 밑에 왕의 자리를 마련하고 신하들을 참석하게 했다. 그리고는 디나르코스를 잡아다가 사형을 시키고, 아테네에서 도착한 두 사절들에게 하고 싶은 말을 하라고 했다. 두 사절단은 서로 욕설과 비난을 퍼부으며 큰 소란을 일으켰다. 그러자 아그노니데스는 왕에게 이렇게 말했다.

"저희들을 모두 한 상자에 집어넣은 다음 아테네에 보내셔서, 거기서 재판을 받게 해주십시오."

왕은 그의 말을 듣고 껄껄 웃었다. 그 자리에 있던 마케도니아 사람들을 비롯한 여러 사람들은 두 사절단의 얘기를 다 들어보겠으니 차례대로 말해 보라고 했다. 그

---

7) 알렉산드로스의 배다른 동생인 아리다이오스 왕.

러나 그들은 결코 공평하게 얘기를 들어주지는 않았다. 폴리스페르콘은 포키온이 하는 말을 여러 번 막더니 나중에는 지팡이로 땅을 두드려 더이상 얘기를 못하게 했다. 그때 헤게몬이라는 사람이 편파적이라고 따졌다.

그러자 폴리스페르콘은 화를 내며 소리를 질렀다.

"아니, 대왕님 앞에서 나를 욕보이려는 것이냐?"

그때 왕이 벌떡 일어나더니 창으로 헤게몬을 찌르려고 했다. 폴리스페르콘이 다행히 이것을 막기는 했지만 회의는 중단되고 말았다.

이렇게 해서 포키온과 그 일행은 감옥에 갇히게 되었다. 멀리서 이것을 지켜보고 있던 그의 친구들은 외투로 얼굴을 가리고는 재빨리 몸을 피했다. 그리고 감옥에 갇혔던 사람들을 클레이토스의 지시에 따라 아테네로 보내졌다. 겉으로는 거기 가서 재판을 받게 한다는 것이었지만 이미 사형은 결정되어 있는 상태였다.

이들이 케라미코스를 지나 아테네 시내로 들어가는 장면은 참으로 비참했다. 그들은 수레에 실려 곧장 아테네의 법정으로 끌려갔는데, 클레이토스는 민회가 열릴 때까지 그들을 계속 가두어 두었다.

당시의 민회에서는 노예나 외국인은 물론 시민권을 빼앗긴 사람까지 누구나 참석해서 발언을 할 수 있었다.

클레이토스는 왕이 보낸 편지를 여러 사람들 앞에서 읽은 다음, 호송되어 온 죄인들을 끌어냈다. 왕의 편지는 다음과 같았다.

"호송시킨 자들은 틀림없는 반역자들이다. 그러나 아테네는 자유와 독립을 가지고 있으니 도시의 법률에 따라 이들을 재판하라."

뜻있는 사람들은, 끌려 나온 포키온을 보자 얼굴을 가리고 눈물을 흘렸다. 그때 어떤 용기 있는 사람이 일어나서, 아테네인들이 이런 중요한 재판을 할 수 있도록 왕께서 허락을 했으니 노예와 외국인들은 모두 퇴장시키자고 제안했다. 그러나 어리석은 군중들은 그의 제안에 반대하며, 포키온은 과두정치 독재자이며, 시민의 자유에 대한 적이니, 돌로 때려 죽여야 마땅하다고 소리쳤다.

이렇게 되자 포키온의 친구들도 감히 입을 열 수가 없었다. 그러자 포키온은 발언권을 얻고 그들을 향해 이렇게 말했다.

"여러분! 여러분은 우리를 공정하게 처벌하려는 겁니까, 아니면 부정한 처벌을 하려는 겁니까?"

"물론 공정하게 처벌하려는 거요."

누군가가 이렇게 대답하자 포키온은 다시 말을 이었다.

"그렇다면 재판도 해보지 않고 공정한지 아닌지를 어떻게 압니까?"

그러자 아무도 자신의 말에 귀를 기울이지 않았다. 포키온은 한 걸음 더 앞으로 나갔다. "나는 내 잘못을 인정합니다. 그리고 내가 한 정치적인 행동이 사형에 해당된다는 것도 알고 있습니다. 그러나 아테네 시민 여러분! 여러분들은 왜 죄없는 이 사람들까지 죽이려고 합니까?"

그러자 사람들이 소리쳤다. "그들은 당신의 친구들이잖소!"

그러자 포키온은 아무 말 없이 뒤로 물러났다.

아그노니데스가 결의문을 낭독하고, 손을 들어서 무죄인가 유죄인가를 표시하라고 말했다. 그리고 만일 유죄로 결정되면 사형에 내려질 것이라고 얘기했다. 그때 어떤 사람이, 사형을 시키되 그냥 죽이지 말고 고문을 해서 죽이자는 조항을 덧붙이자면서 고문을 하는 도구와 사형을 집행할 사람을 불러오자고 말했다. 클레이토스가 얼굴을 찌푸리며 너무 잔인하다는 생각을 드러내자 아그노니데스가 이렇게 말했다.

"아테네 시민 여러분! 나중에 반역자인 칼리메돈을 잡으면 그렇게 하기로 하고, 이번에는 그러지 맙시다."

그의 말이 끝나자 어떤 시민이 말했다. "아그노니데스의 제안을 받아들이기로 합시다. 만일 포키온을 고문한다면 당신들은 틀림없이 비난을 받게 될 것입니다."

그때 사형이 결정된 사람은 포키온, 니코클레스, 투디포스, 헤게몬, 그리고 피토클레스였고, 그 자리에 있지는 않았지만 마찬가지로 사형을 언도받은 사람은 데메트리오스, 칼리메돈, 카리클레스 등이었다.

민회가 끝나자, 사형이 결정된 사람들은 감옥으로 끌려갔다. 그들은 친구와 가족들을 붙잡고 눈물을 흘리면서 침통한 얼굴로 걸어갔다. 그러나 포키온만은 장군처럼 당당하게 걸었다. 사람들은 모두 놀라지 않을 수 없었다. 그러나 포키온의 적들은 그를 뒤따라오며 욕설을 퍼부어댔고 심지어는 그의 얼굴에 침을 뱉는 자도 있었다. 그러자 포키온은 관리를 쳐다보며 이렇게 말했다.

"이 놈에게 버릇을 좀 가르쳐 주시오."

감옥에 도착한 투디포스는, 자신은 포키온과 함께 죽을 사람이 아니라면서 한탄을 했다. 그러자 포키온이 물었다.

"당신은 나와 함께 죽는다는 게 그렇게도 못마땅하시오?"

이때 포키온의 한 친구가 아들에게 남길 말이 없느냐고 묻자 이렇게 대답했다. "아테네 시민들을 원망하지 말라고 전해 주시오."

그리고 그와 가장 친했던 니코클레스가 자신이 독약을 먼저 마시게 해 달라고 하자 포키온은 그에게 이렇게 얘기했다.

"참으로 괴로운 부탁이군. 그러나 나는 평생 동안 자네의 소원을 한 번도 거절한 적이 없으니 이번에도 들어주겠네."

그런데 다른 사람들이 독약을 다 마시고 나자 포키온이 먹을 독약이 남지를 않았다. 감옥을 지키는 옥리들은 12드라크마를 내야만 독약을 만들어 주겠다고 했다. 포키온은 친구를 불러, 옥리에게 돈을 좀 주라고 부탁하면서 이렇게 한탄했다. "아테네에서는 죽는 데도 돈이 드는군 그래."

포키온이 세상을 떠난 것은 무니키온 달 19일이었다. 이 날은 마침 제우스의 제사가 있는 날이어서 사람들의 행렬이 지나갔는데, 어떤 사람은 머리에 썼던 화관을 벗어던졌고, 어떤 사람은 눈물을 뚝뚝 흘리며 감옥 안을 들여다보기도 했다. 그리고 한 가닥의 도의심이 남아 있는 사람들은, 하필이면 신성한 제삿날에 사형을 집행하여 행사를 모독했다고 분노를 토해냈다.

포키온의 매장

그러나 포키온의 적들은 그를 죽인 것만으로는 만족할 수 없었는지 그의 시체를 아테네 땅에 매장하지 못하도록 명령을 내렸다. 그리고 어느 누구도 포키온을 화장시킬 장작을 내주어서는 안 된다고 선포했다. 그러므로 돈을 받고 이런 일을 전문적으로 하는 코노피온이라는 사람이 시체를 메고, 엘레우시스를 지나 이웃 나라인 메가라에서 화장을 시켜 주었다. 시녀들을 데리고 메가라까지 따라갔던 포키온 부인은 그곳에 빈 무덤을 만들고, 유해를 품속에 몰래 숨기고는 밤중에 집으로 돌아왔다. 그리고는 부뚜막에 묻고는 이렇게 말했다.

"축복받은 부뚜막아! 착하고 용감했던 분의 재를 너에게 맡기니 부디 잘 지켜다오. 그리고 아테네 시민들이 제정신으로 돌아오면, 그때 조상들의 무덤으로 고이 옮겨갈 수 있게 해다오."

과연 아테네 시민들은 그 뒤 자신들이 얼마나 어질고 위대한 보호자를 잃었는지를 깨닫게 되었다. 그래서 그들은 늦게나마 포키온의 동상을 세우고, 장례식을 치르기로 했다. 그리고 포키온을 고발했던 아그노니데스를 잡아들여 사형시켜 버렸다. 또 도망치던 에피쿠로스와 데모필로스는 포키온의 아들인 포코스에게 죽임을 당하였다. 결국 포코스는 아버지의 원수를 갚은 셈이다.

그리스 사람들은 포키온의 죽음을 보면서 소크라테스의 죽음을 떠올리지 않을 수 없었다. 왜냐하면 두 사람의 죽음은 똑같이 아테네의 잘못과 불행으로 빚어진 슬픔이었기 때문이다.

36

소 카토

(CATO THE YOUNGER, BC 95~46)

마르쿠스 포르키우스 카토, 로마의 정치가이며 군인. 일찍 부모를 잃고 외삼촌인 리비우스 드루수스 밑에서 자라났으며 동생 카이피오에 대한 사랑이 남달랐다. 준엄한 성격과 검소한 생활 태도를 지니고 있었으며 웅변에도 뛰어났다. 로마를 위기에 빠뜨린 카이사르와 평생 싸움을 벌였으며, 결국 스스로 목숨을 끊어 생애를 마쳤다.

카토 집안의 영광과 명예는 증조부인 마르쿠스 카토(大 카토)로부터 시작되었다. 그가 당시 로마에서 얼마나 큰 신망과 권위를 가졌었는지를 이미 그의 전기에서 밝혔다. 여기서 말하는 카토는, 어렸을 때 부모를 잃고 동생 카이피오와 누이 포르키아와 함께 고아가 되었던 사람이다. 그 밖에도 그에게는 어머니와 의붓아버지 사이에서 태어난 누이 세르빌리아가 있었다. 이들 4남매는 외삼촌인 리비우스 드루수스 밑에서 자랐다. 드루수스는 당시 웅변가로 이름이 나 있었으며, 여러 가지 면에서 매우 규범적이고 기품있는 행동을 보여 다른 어떤 로마 사람들과 비교해도 전혀 손색이 없는 사람이었다. 그래서 그는 당시 로마 정부에서 매우 중요한 위치를 차지하고 있었다.

사람들이 전하는 바에 의하면, 카토는 어렸을 때부터 말이나 행동, 친구들과 노는 모습이나 표정 등에서 결코 감정에 흔들리지 않는 군건한 기질을 드러냈다고 한다. 어린아이답지 않게 의지가 굳은 그는 한번 마음먹은 일이 있으면 끝까지 해내고야마는 성미였다. 또한 아첨하는 사람이 있으면 무뚝뚝하게 물리쳐 버리고, 협박하는 사람에게는 더욱 강하게 버티며 절대로 굴복하는 일이 없었다.

그는 좀처럼 잘 웃지를 않았고, 또 화를 내는 일도 아주 드물었다. 그러나 일단 화가 나면 여간해서는 풀지를 않았다. 그가 공부를 시작했을 때 다소 머리가 둔해서 더뎠지만, 한번 배운 것은 사람들이 놀랄 만큼 오랫동안 기억하였다. 실제로 영리한 아이들은 기억하거나 이해하는 것이 빠르지만, 애를 써서 배우는 아이는 한번 기억한 것을 잘 잊지 않는 법이다. 말하자면 한번 받아들인 지식은 아주 오래도록 그들의 머릿속에 남아 있다는 것이다.

카토는 원래 고집이 세고 이해력도 더뎌서 공부를 하는 데도 남다른 노력이 필요했다. 왜냐하면 공부라는 것은 남의 말을 잘 이해하는 데서 시작되는 것이므로, 남의 말에 대한 저항이 적어야 빨리 깨달을 수 있는 것이기 때문이다. 그렇기 때문에 젊은 사람이 나이 든 사람보다, 그리고 병이 든 사람이 건강한 사람보다 이해가 더욱 빠른 것이다. 말하자면 의심이 적은 사람일 경우에 새로운 것에 대한 이해도 빠르다는 이야기가 된다.

그런 한편 카토는 스승의 말에는 아주 고분고분했으며 무엇이든지 시키는 대로 따랐다고 한다. 다만 그 모든 일에 대해서 언제나 이유를 묻고, 그 일을 해야 하는 까닭을 알아내지 않고는 못 배겼다고 한다. 그의 스승인 사르페돈은 교양이 높고 너그러운 분이었다고 한다. 그는 제자들에게 매를 드는 일이 없었고, 언제나 이치를 따지며 타이르곤 했다고 전해진다.

카토가 아직 어린 소년이었을 때였다. 그즈음 이탈리아를 둘러싼 로마의 동맹국들은 로마의 시민권을 얻으려고 공작을 하고 있었다. 그때 대표자 중에 폼파이디우스 실로라는 사람이 있었는데, 그는 당시의 이름난 장군으로 카토의 외삼촌인 드루수스와 가까운 사이여서 한동안 그의 집에 와서 머무르고 있었다. 자연히 그는 이 집에 함께 살고 있던 카토의 형제들과도 친해지게 되었는데, 어느 날 그는 아이들을 불러 이렇게 말했다.

"자, 얘들아! 내 일을 좀 도와주지 않겠니, 응? 너희 외삼촌께 가서 우리한테 시민권을 주라고 얘기를 좀 해주렴."

카토의 동생인 카이피오는 방실방실 웃으면서 그러겠다고 금방 고개를 끄덕거렸다. 그러나 카토는 대답도 없이 무서운 눈초리로 그를 노려보았다. 그러자 폼파이디우스가 그에게 말했다. "얘야! 너는 왜 아무 말도 않니? 네 동생처럼 너도 우리를 좀 도와주려무나, 응?"

그러나 카토는 여전히 아무 말도 없었다. 무겁게 입을 다물고 눈까지 흘기고 있는 것을 보면 싫다는 뜻이 분명했다. 그러자 폼파이디우스는 카토를 번쩍 들어올려 창밖에 내놓고 흔들면서 말을 안 들으면 던져 버리겠다고 소리를 쳤다. 그래도 카토가 꼼짝도 안 하자 폼파이디우스는 조용히 그를 내려놓으며 곁에 있던 친구에게 이렇게 말했다. "이 애가 아직 어리다는 것이 이탈리아로서는 얼마나 다행스러운 일인지 모르겠네. 만일 이 녀석이 지금 어른이었다면 우리는 아마 로마에서 단 한 표의 찬성도 얻을 수 없을걸세."

또 언젠가 친척 누이 하나가 카토의 형제들을 생일에 초대한 일이 있었다. 그때 초대를 받은 아이들은 모두 한 방에 모여 재판놀이를 했다. 그런데 이 놀이를 하다가 귀엽게 생긴 어린아이 하나가 유죄 판결을 받아 감옥에 끌려갔는데, 이 아이가 카토의 이름을 불러대며 살려 달라고 애원을 했다.

바깥에서 이 소리를 들은 카토는 무슨 일이 생겼는지를 곧 짐작하고 닫혀 있던 문으로 달려갔다. 문 안쪽에서 힘이 센 아이들이 감옥을 지켜느라 버텼지만 카토는 곧 문을 밀어젖히고 들어가 죄인으로 갇혀 있던 그 아이를 구해냈다. 그리고는 화를 내며 친구 몇 명과 함께 집으로 돌아가 버렸다.

카토는 커가면서 그 또래들 사이에서 점점 유명해졌는데, 여기에는 다음과 같은 이야기가 전해져 온다.

술라가 트로이라고 부르는 기마전을 열기 위해 여러 가문의 귀공자들을 모아 그들을 두 편으로 나누어 각각 대장 한 명씩을 뽑았다. 그 중 한 쪽의 대장은 술라의 부인 메텔라의 아들이었으므로 소년들은 그대로 수락하였다. 그러나 다른 한 쪽의 대장은 폼페이우스의 조카 섹스투스라는 아이가 뽑혔는데, 소년들은 그를 대장으로 받아들이려 하지 않았다. 술라가 누구를 대장으로 삼고 싶으냐고 묻자 그들은 모두 입을 모아 '카토'라고 외쳤다. 그러자 섹스투스도 자기보다 카토가 더 훌륭하다면 기꺼이 그에게 자리를 양보하겠다며 물러났다.

술라는 카토의 가족들과 가깝게 지내고 있었으므로 이따금 아이들을 불러서 같이 이야기를 나누기도 했다. 이것은 당시 술라가 큰 권력을 쥐고 있었다는 사실에 비추어 볼 때, 다른 사람들에게는 별로 베풀지 않는 특별한 대우였다. 그렇기 때문에 카토의 스승인 사르페돈은 이것이 아이들의 장래를 위해서나 안전을 위해서도 매우 좋은 일이라고 여기고 카토를 데리고 자주 술라의 집을 찾곤 했다. 그런데 당시 술라의 집은 많은 사람들이 감금되어 있던 데다가 고문을 당하는 일도 예사였기 때문에, 마치 형장과 같은 느낌을 주었다.

14세의 소년이었던 카토는 술라의 집에서 유명한 명사들의 목이 잘려나가는 것을 몰래 지켜보며 스승에게 물었다.

"선생님! 왜 술라를 죽이는 사람은 없는 거죠?"

"그를 미워하지만 모두들 그를 두려워하기 때문이지."

"그렇다면 제게 칼을 주십시오. 그를 죽여 우리나라를 구하겠어요."

사르페돈은 이 말을 듣고 무척 놀랐다. 또한 카토의 얼굴에서 불길처럼 타오르는 분노와 결의를 읽고는 카토에게서 감시의 눈길을 늦추지 않았다.

언젠가 카토가 어렸을 때 어떤 사람이 이렇게 물었다.

"너는 누구를 제일 사랑하니?"

카토는 이 말이 끝나기 무섭게 '동생'이라고 대답했다. 그 사람이 다시 물었다. "그렇다면 그 다음으로 사랑하는 사람은 누구지?"

그러자 이번에도 카토는 '동생'이라고 대답했다. 다시 한 번 물었을 때도 카토의 대답은 역시 '동생'이라는 것이었다. 카토가 이렇게 같은 대답만 계속하자 그 사람은 더 이상 묻지 않았다고 한다.

나이를 먹어갈수록 동생에 대한 그의 사랑은 더욱 깊어갔다. 스무 살쯤 되자 그는 카이피오가 없으면 밥도 먹지 않고, 그와 함께 아니면 나다니지도 않았고, 포룸에 드나들지도 않았다. 그러나 카토는 동생이 값비싼 향수와 향유를 쓰는 것에 대해서만은 반대를 표시했다. 사실 그는 모든 면에 있어서 검소하고 엄격한 생활을 하고 있었고, 카이피오도 그런 면에서는 마찬가지로 사람들의 칭찬을 듣고 있었다. 그러나 이것은 다른 사람들의 생활과 비교했을 때의 일이었으며, 카이피오도 이렇게 말했다.

"다른 사람들의 생활과 비교한다면 그렇다고도 할 수 있겠지만, 만일 그의 생활과 비교한다면 내 생활은 시피우스의 그것과 다름없소."

시피우스는 그 당시 가장 모양을 내고 사치스러운 생활을 하기로 유명한 사람이었다.

그 뒤 카토는 아폴로 신의 제사를 맞아 지내는 제관이 되어 다른 집으로 나가서 살게 되었다. 그때 그는 아버지의 유산 중에서 120탈렌트만을 자기 몫으로 가지고 나갔으며, 그 이전에 못지 않은 검소한 생활을 계속하였다.

그는 티레 사람인 안티파트로스라는 스토아 학파 철학자와 가까이 지내며, 특히 도덕과 정치 이론에 대한 연구에 심취하였다. 그러면서 그는 마치 신의 계시라도 받은 것처럼 온 힘을 다해 수양과 미덕을 쌓아가기 시작했고, 그 중에서도 특히 그의 굳건한 정의감은 인정의 여지가 없는 철저한 것이었다.

그는 또 큰 도시가 스스로를 지키기 위해서 군비가 필요한 것처럼 그의 정치적 견해를 유지하기 위해서는 준비가 필요하다고 생각했다. 그래서 그는 웅변술과 토론술을 익혔다. 그러나 친구들 앞에서 결코 그런 기술을 사용하지 않았다. 누가 카토에게 그의 침묵을 비난하자 그는 이렇게 말했다.

"하지만 내 인생은 조용하지 않을 것입니다. 침묵해선 안 될 때가 오면 말문을 열게 될 것입니다."

포르키우스 홀은 명칭 그대로 카토의 증조부가 조영관으로 있을 때 공적으로 사용하도록 세워 헌납한 건물이다. 이곳에서 호민관들이 일상적인 사무를 보았는데, 건물 안에 있는 기둥 하나가 거추장스러워 이것을 없애거나 다른 곳으로 옮기기로 결정하였다. 이것을 계기로 카토는 공회장에서 처음으로 연설을 하게 되었다. 그때 카토는 호민관들의 의견에 반대하는 웅변과 뛰어난 용기로 많은 시민들의 박수갈채를 받았다. 그의 연설은 젊은이들이 흔히 가지는 미숙함이나 지나친 꾸밈이 들어 있지 않고, 처음부터 끝까지 진실되고 시원스러우며 내용도 풍부하고 우렁찼다. 그의 힘찬 연설은 청중들의 마음을 끌어들였다. 그의 준엄한 성격은 그의 말 속에 그대로 녹아들어 청중들의 눈과 마음을 집중시켰다. 그의 목소리는 우렁차게 장내에 가득 퍼졌으며, 하루 온종일 연설을 했어도 그는 전혀 지치는 기색을 보이지 않았다.

그 날 웅변으로 승리를 거둔 그는 침묵으로 몸을 감싸고 다시 수련의 길로 들어섰다. 그는 강도 높은 운동으로 몸을 단련시키고, 더위나 눈보라 속에도 모자를 쓰지 않았으며, 계절을 가리지 않고 일년 내내 걸어다니기만 했다. 여행을 갈 때에도 친구들은 말을 탔지만, 카토는 걸어다니면서도 이 친구 저 친구에게 다가가 이야기를 나눌 정도로 걸음이 빠르고 강건했다. 또 그는 병이 났을 때에는 놀라울 만큼 고통을 잘 견디었다. 열이 심하게 올라갈 때에는 아무도 자기 곁에 오지 못하게 하고 혼자서 병마와 싸우며 몸이 완쾌될 때까지 견디곤 했다.

저녁 식사 때 음식을 선택하기 위해 주사위를 던졌다가 만약 카토가 지면 친구들이 그에게 좋아하는 음식을 먹으라고 권했지만, 그는 베누스 여신의 뜻에 반하니 옳지 않다고 했다. 카토는 저녁 식사 후 한 잔의 술을 마시고 집으로 돌아갔다. 그러나 점차 술을 많이 마시게 되었다. 카토는 하루 종일 공무에 시달리고 있으므로 밤에는 철학자들과 포도주를 마시며 지식욕을 채운다는 것이다.

그러므로 멤미우스라는 사람이 카토가 밤마다 술만 마신다고 하였을 때 키케로는 이렇게 말했다. "당신은 하나 추가할 것이 있습니다. 그렇다면 카토가 낮에는 언제나 도박판을 벌인다고 해야 하지 않습니까?" 사실 카토가 낮에 도박판을 벌이지 않는다는 사실은 모든 사람이 이미 알고 있었다. 따라서 카토가 낮에 도박판을 벌이지 않는 것처럼 밤에 아무 일도 없이 술 마시는 것이 아니라는 뜻이었다.

카토는 그 시대 일반 시민들의 생활과 풍속이 너무나 문란해서 큰 개혁을 해야겠다고 결심했다. 그래서 그는 세상 사람들의 풍속과는 정반대의 생활을 하려고 애썼다. 예를 들어, 그 당시에는 밝은 자주색의 옷옷이 유행하고 있었는데, 카토는 언제나 검은 색 옷만을 입고 다녔다. 그는 또 아침을 먹은 뒤에는 옷도 제대로 안 입고 신도 신지 않고 외출을 하기도 했다.

그러나 이러한 행동은 세상 사람들의 이목을 끌려고 일부러 꾸민 것은 아니었다. 수치스러운 일은 수치로 생각하되 그렇지 않은 일에 대해서는 결코 거리낌이 없어야 한다는 것을 몸소 익히기 위한 것이었다.

카토는 사촌으로부터 백 탈렌트 상당의 토지를 받았는데, 이것을 모두 돈으로 바꾸어서 친구들에게 이자도 없이 빌려 주었다. 또 때로는 자신의 땅과 노예를 담보로 친구들에게 돈을 대출받게 해주기도 했다.

세월이 흘러 어느덧 결혼할 나이가 되었을 때, 여자라고는 전혀 모르고 지내던 카토는 레피다와 약혼을 하였다. 레피다는 메텔루스 스키피오와 약혼했다가 스키피오가 싫다고 해서 파혼했던 적이 있었다. 그런데 막상 레피다가 카토와 결혼을 하려고 하자 갑자기 생각이 달라진 스키피오는 온갖 수단을 다 써서 레피다와 결혼해 버렸다.

카토는 몹시 분해서 이 일을 법에 호소하려고 했지만, 친구들이 한사코 말리는 바람에 그만두었다. 그러나 그는 스키피오를 풍자하는 시를 써서 분을 풀었다. 이 시는 아르킬로코스[1]처럼 신랄하기는 했지만, 그렇게 유치하거나 추잡한 것은 아니었다.

---

1) 기원전 8세기 말의 그리스 시인. 신랄한 풍자시로 유명했다.

그 뒤 카토는 소라누스의 딸 아틸리아와 결혼을 했다. 아틸리아는 카토의 첫 번째 아내이긴 했지만 유일한 여자는 아니었다.

노예 전쟁이 일어났을 때였다. 이 전쟁은 주모자의 이름을 따서 스파르타쿠스 전쟁이라고 부르는데, 로마에서는 겔리우스를 장군으로 앞세워 그들을 치러나갔다. 군단장으로 있던 동생 카이피오를 위해 카토 또한 의용병으로 출정을 했다. 그런데 겔리우스의 지휘가 신통치 않았기 때문에 카토는 그의 열의와 기량을 보일 만한 기회를 얻지 못했다. 그러나 그는 부패와 무질서로 뒤범벅이 된 로마의 병사들 속에서도 기회가 올 때마다 용기를 발휘하고, 모든 일에서 뛰어난 용맹성과 지혜를 보여 증조부인 카토에 뒤지지 않는 인물이라는 칭찬을 받았다. 사령관인 겔리우스는 그의 공을 칭찬하면서 큰 상을 내리려고 했다. 그러나 카토는, 자신은 그럴 만한 공을 세우지 못했다면서 굳이 상을 거절하였다.

그 무렵 로마에서는 선거에 대한 새로운 법이 공포되었는데, 공직에 출마하는 사람은 선거 운동에서 시민의 이름을 알려 주는 프롬프터들[2]을 데리고 다녀서는 안 된다는 것이었다. 그러나 군단장 선거가 있을 때 이 법을 지킨 사람은 카토뿐이었다. 그는 이 법을 지키기 위해 스스로 사람들의 이름을 외워 두었다가, 유권자들을 만나면 그의 이름을 부르며 인사를 건넸다. 사람들은 이러한 태도를 칭찬하기도 했지만, 한편으로는 그를 시기하는 사람들도 많았다.

총사령관으로 있는 루브리우스 장군과 합류하기 위해, 군단 사령관으로 선출된 그는 마케도니아로 파견되었다. 그가 마케도니아로 떠나기 위해 집을 나설 때, 부인 아틸리아는 몹시 걱정을 하며 눈물을 흘렸다. 카토의 친구였던 무나티우스는 그녀를 위로하며 이렇게 말했다. "부인, 염려마십시오. 제가 부인 대신 잘 돌보겠습니다."

그러자 곁에 서 있던 카토가 말했다. "정말 그렇게 해주게."

그날 하루의 여정을 마친 뒤 저녁 식사가 끝나자 카토는 무나티우스에게 갔다. "아틸리아에게 말했던 것처럼 나를 잘 부탁하네. 이제 밤낮으로 내 곁을 떠나지 말게."

---

2) 운동원의 하나로, 입후보자를 따라다니면서 선거인과 유지들에게 소개하는 일을 맡아 하는 사람이다. 이 사람이 되도록 많은 수의 유권자의 이름을 외우고 다니다가 만나는 사람의 이름을 입후보자에게 알려주면, 입후보자는 그 유권자의 이름을 부르며 인사를 건네는 것이다. 이처럼 유권자인 시민의 이름을 입후보자가 불러주는 것은 선거에 큰 영향을 끼쳤는데, 노예들이 많았다.

그리고는 자기 방에다가 침대를 두 개 들여놓고 무나티우스를 거기서 자게 했다. 이렇게 해서 카토는 무나티우스와 늘 같은 방에서 지내며, 그를 꼼짝못하게 감시하면서 그를 놀려 주었다고 한다.

그때 카토와 함께 갔던 사람은 노예 15명과 자유민 2명, 그리고 친구 4명이 전부였는데, 그들은 모두 말을 타고 갔지만 카토는 항상 걸어다니면서 사람들과 얘기를 나누었다.

루브리우스 장군은 군단 하나의 지휘를 카토에게 맡겼다. 카토는 자기 자신의 용맹성만을 내세우는 것은 졸렬하고, 지휘관다운 행동이 아니라고 생각하고, 부하들도 할 수 있는 한 자기와 같은 사람으로 만들려고 노력하였다. 이것 때문에 자신의 권위를 손상시키는 일은 결코 없었다. 그는 한 사람씩 설득하고 지도했으며, 합당한 상벌을 내렸다. 카토의 훈육은 성공적이었다. 병사들은 온순하면서 용맹스러웠고, 용감하면서도 정의로웠으며, 적에 대해서는 무섭고 우군에 대해서는 친절했다. 이렇게 되자 카토는 많은 사람들에게 존경과 사랑을 받게 되었으며 모든 병사들은 그를 믿고 따르게 되었다. 그는 부하들에게 명령을 내리면서 자기도 함께 그 일을 거들었고, 옷이나 식사, 여행에 있어서도 장교라기보다는 오히려 병사에 가까운 행동을 했다. 그러나 그가 가진 훌륭한 성품과 높은 기상, 그리고 풍부한 지식은 다른 어느 지휘관도 감히 따를 수 없을 만큼 많은 존경을 받았다.

사실 진정한 용기란 지휘관에 대한 완전한 사랑과 존경에 의해서만 만들어지는 것이며, 아무리 뛰어난 사람이라고 해도 사랑이 없다면 다만 그 사람을 존중할 뿐이지 본받으려 하지는 않을 것이다.

그즈음 아테노도로스, 일명 코르딜리오라고 불리는 스토아 철학에 높은 지식을 지닌 사람이 페르가몬에 살고 있었다. 그는 나이가 아주 많았는데, 여러 군주들이나 세력자들이 가까이하려고 아무리 애를 써도 번번이 거절을 하곤 했다. 카토는 그에게 사람이나 편지를 보내는 것으로는 결코 그를 납득시킬 수 없다는 사실을 알았다. 그래서 두 달 동안의 법정 휴가를 얻어 그를 찾아 아시아로 떠났다. 아테노도로스를 찾아간 카토는 마침내 자신의 뜻을 이루고 그의 생각을 바꾸어 자신의 진영까지 데리고 왔다. 그때 폼페이우스는 많은 왕국을 정복하였고, 루쿨루스는 큰 승리를 거두었지만, 카토는 이 대철학자를 모시고 돌아오는 자신이야말로 그 어느 장군보다도 뛰어난 업적을 거둔 것으로 생각하며 몹시 기뻐했다.

카토가 아직 복무 중에 있을 때 동생 카이피오가 아시아로 가다가 트라키아의 아이노스라는 곳에서 병에 걸리고 말았다. 이 소식은 곧 카토에게 전해졌다. 그러나 때마침 파도가 몹시 일고 있었고, 그런 큰 파도를 버텨낼 만한 큰 배도 구할 수가 없었다. 그래서 카토는 작은 배에 두 명의 친구와 세 명의 하인을 태우고는 테살로니카로 향했다. 배를 타고 가던 도중에 물에 빠져 죽을 뻔한 적도 있었지만 간신히 목적지에 도착할 수 있었다. 그러나 동생 카이피오는 이미 숨을 거둔 뒤였다.

아무리 위대한 철학을 지니고 있던 카토라고 해도 이 엄청난 슬픔을 숨길 수는 없었다. 그는 이미 식어 버린 동생의 시체를 끌어안고 통곡을 하며 눈물을 흘렸다. 그는 동생의 장례식을 위해 엄청난 돈을 썼다. 유명하고 값비싼 향과 값진 옷을 마련하여 화장을 하고, 8탈렌트짜리 트라키아 대리석을 사서 아이노스 중심가에 기념비를 세우기도 했다. 이런 점에서 보면 카토는 위대한 철학자라기보다는 오히려 동생에 대한 사랑이 깊었던 우애깊은 형이었다고 말하는 편이 더 적당할 것이다.

그는 즐거움이나 두려움, 혹은 어리석은 부탁 등에는 몹시 담담했고 절대 동요되는 일이 없었다. 그렇기 때문에 이러한 비탄의 모습을 보고 평소 그가 보여준 침착성에 모순된다고 흠을 잡는 사람들도 있었다. 그러나 그것은 카토에게 얼마나 깊은 사랑과 따뜻한 마음이 있는지를 모르기 때문에 하는 말이다. 장례식 때 여러 도시와 그곳 군주들은 수많은 예물을 보내 카이피오에 대한 명복을 빌었다. 그러나 카토는 값진 예물을 모두 돌려보내고, 향료나 옷감들만을 받았으며 거기에 대해서도 일일이 대가를 지불하였다. 그는 늘 이와같이 공정하게 일을 처리했으며 동생에 대한 사랑도 남달랐다.

카토는 군대에서 임기를 모두 마치고 떠나게 되었을 때, 사람들은 그를 끌어안으며 진정으로 눈물을 흘릴 정도였다. 그리고 카토의 발 밑에 자신들의 옷을 깔고는 그 위로 그를 지나가게 했다. 그것은 당시의 로마 사람들이 일찍이 한 번도 받은 적이 없는 최고의 존경의 표시였다.

그는 정치에 나서기 전에 아시아의 여러 나라들을 돌아보면서 그 지방 세력과 풍습을 익히기로 했다. 또한 그의 아버지와 오랫동안 친분이 두터웠던 갈라티아의 데이오타로스 왕의 간절한 초대도 거절할 수 없었다. 그때 카토는 다음과 같은 방법으로 여행을 했다. 카토는 새벽에 먼저 요리사들을 출발시켜 저녁에 숙박할 곳으로 보냈다. 요리사들은 사람들의 눈에 띄지 않게 조용히 시내로 들어가서 우선 카토의 친구를 비못해서 아는 사람이 있는가를 보고, 없을 때에는 아무에게도 폐를 끼치지 않도록 여관으로 들어가 가만히 주인을 맞을 준비를 했다. 그리고 만약 여관이 없으면 관청에 찾아가서 그날 주인이 묵을 곳을 부탁하고, 그들의 대접을 불평없이 고맙게 받아들였다.

이처럼 카토가 거느리고 있는 하인들도 자기 주인의 이름을 들먹거리며 거만하게 구는 법이 없었다. 그렇기 때문에 어떤 지방의 관리는 그들의 말을 무시하는 때도 있어서 카토가 목적지에 도착할 때까지 아무 준비도 갖추고 있지 못하는 경우도 적지 않았다.

또 카토가 막상 모습을 나타냈을 때도 그의 허름한 차림새 때문에 그를 더욱 대수롭지 않게 대하는 때도 있었다. 그가 아무 말도 없이 짐수레 위에 앉아 있는 것을 보면 영락없이 변변찮은 신분의 사람이라고 여겨지기 때문이었다. 그럴 때면 참을성이 많은 카토도 그들을 불러 이런 말을 하곤 했다.

"어리석은 사람들, 그렇게 냉대하지 말게. 이곳을 찾아오는 여행자들이 모두 나 같지는 않을 거요. 만약 사람들을 모두 이렇게 대했다가는 당신들이 아껴서 내놓지 않은 물건들도 힘으로 뺏기게 될 거요."

이렇게 여행을 하다가 시리아에 도착했을 때 우스운 일이 생겼다.

카토가 안티오크에 들어서고 있을 때, 이상하게도 수많은 사람들이 성문 밖에 나와 길 양편에 주욱 늘어서 있는 것이 보였다. 그 한 쪽에는 긴 망토를 걸친 청년들이 서 있었고, 다른 한 쪽에는 새옷을 입고 나온 아이들이 서 있었다. 그리고 흰 옷에 화관을 쓰고 있는 제관과 관리들도 보였다.

카토는 이 광경을 보고 틀림없이 자기를 환영하는 것이라고 생각했다. 그래서 그는 먼저 성 안에 들어간 일행들이 환영 행사를 막지 못한 것을 몹시 노여워하면서 일행들을 모두 말에서 내리게 한 다음 함께 걸어들어갔다.

카토가 성문에 이르렀을 때, 이 행사를 지휘하는 것으로 보이는 한 노인이 손에 지팡이와 화환을 들고 그에게 다가왔다. 그리고는 카토에게 인사도 하지 않고, 데메트리우스의 일행과는 어디서 헤어졌으며 언제쯤 이곳에 도착하겠느냐고 물었다. 카토는 이 뜻밖의 질문을 받고 놀라움을 감출 수가 없었다.

데메트리우스라는 사람은 폼페이우스의 하인이었다. 당시 전세계는 폼페이우스를 우러러보고 있는 때였고 주인이 폼페이우스라는 이유 때문에 데메트리우스마저도 이처럼 큰 영접을 받고 있었던 것이다. 카토 일행은 어이가 없어서 웃음을 참지 못하며 군중들을 지나 걸어갔다. 카토는 그때 너무나 어이가 없어서 이렇게 한탄을 했다고 한다. "아! 참으로 한심스러운 도시구나."

그러나 카토를 알아보지 못하고 큰 실례를 범한 이 도시는 폼페이우스에 의해 큰 수치를 입었다. 카토는 에페소스에서 당시 최고의 군대를 지휘하고 있던 폼페이우스에게 인사를 드리러 가게 되었다. 그때 폼페이우스는 카토를 가만히 앉아서 기다리지 않고, 마치 상관이라도 오는 것처럼 벌떡 일어나더니 카토를 향해 마주 걸어와서 인사를 청했다. 그는 오른손을 내밀어 악수를 청하며 카토를 따뜻하게 맞아들였다. 그리고 그가 머무는 동안 극진한 대접을 했고, 그가 돌아간 다음에는 그의 미덕을 높이 칭송하였다. 이것을 본 세상 사람들은 카토를 새로운 눈으로 우러러보게 되었다. 카토를 얕보고 있던 사람들도 바로 그런 면에 카토의 미덕이 있다는 것을 깨닫게 되었으며, 온화하고 위대한 그의 정신에 감탄하였다.

폼페이우스가 카토를 그토록 정중하게 대접한 것도 알고 보면 우정이 아니라 그에 대한 존경과 경외심 때문이었음을 엿볼 수 있다. 왜냐하면 폼페이우스는 카토가 머물던 동안에는 그를 정중하게 대접하고 칭송도 아끼지 않았지만, 그가 일단 떠나자 시원해했다고 사람들이 말하고 있기 때문이다. 그래서 폼페이우스는 다른 명사들이 찾아오면 기어이 붙잡아두려고 했지만 카토에 대해서만은 그런 청을 하지 않았던 것이다. 이런 일이 있은 다음부터 카토가 지나가는 도시들은 모두 앞을 다투어 그에게 성대한 환영 행사를 벌이기 시작했다.

한편 갈라티아의 데이오타로스 왕은 나이가 많이 들어 자식과 가족의 보호를 부탁하기 위해 카토를 초청했다. 초청을 받고 카토가 도착하자 데이오타로스 왕은 온갖 선물을 주면서 간청을 했다. 그러나 왕이 지나치게 간청을 하자 카토는 그만 귀찮아져 버렸다. 그래서 그는 다음날 이른 새벽에 그곳을 떠나 버렸다. 그러나 하룻길을 달려 페시누스에 도착해서 보니 더욱더 많은 선물들과 함께 왕의 편지가 카토를 기다리고 있었다. 왕이 보낸 편지에는 다음과 같은 내용이 적혀 있었다.

"부디 이 선물들을 받아 주시오. 만일 이 소원이 허락되지 않는다면, 함께 온 일행들에게 이것들을 나누어 주시오. 그들은 그대를 진심으로 받들고 있는 사람들이므로 마땅히 상을 받아야 할 것이오. 그러나 그대는 지금 상을 내릴 형편이 못 되는 줄 짐작돼오."

왕이 이렇게까지 간절한 부탁을 했으나 카토는 끝까지 고집을 꺾지 않았다. 카토는 왕에게 다음과 같은 답장을 써서 예물과 함께 돌려보냈다.

"선물을 받으려면 무슨 구실을 못 찾겠습니까? 그러나 나와 함께 있는 친구들은 정당하고 올바른 방법으로 얻은 물건이 아닌 이상 받지 않습니다."

카토가 브룬디시움으로 가는 배를 탈 때 그의 친구들은 동생의 뼛가루는 다른 배에 실으라고 말했다. 그러나 카토는 그것을 내놓기보다는 내 목숨을 내놓겠다고 말했다. 전하는 말에 의하면, 다른 배들은 안전하게 지나간 곳에서 카토가 탄 배는 위험했었다고 한다.

로마로 돌아온 카토는 자신의 집에서 철학자 아테노도로스와 철학을 논하거나, 포룸에 나가 친구들을 도와주며 시간을 보냈다. 그는 이미 재무관[3]으로 나설 수 있는 때가 되었지만 곧바로 출마하지 않고, 우선 이 관직에 대한 모든 법규들을 연구하고 경험이 많은 사람들에게 여러 가지 의문점을 물어 이 직책에 대한 풍부한 지식을 쌓았다. 그런 다음 재무관이 되자 재무담당 관리들에 대한 대개혁을 단행했다. 관리들은 장부와 법규를 아주 오랫동안 다루어 경험이 풍부한 사람도 많았는데, 매년 새로 임명되는 많은 재무관들은 이들의 가르침을 일일이 받아야 할 만큼 경험도 부족하고 직무에 대해서도 무지했다. 그렇기 때문에 이들은 상관인 재무관의 말에 복종하지 않았고, 자신들이 마치 사실상의 권력을 가진 상관인 것처럼 굴었다. 그래서 카토는 이런 폐단을 없애기 위해 재무관으로 취임하자마자 인사 이동을 단행했던 것이다.

그러나 한편으로는 직무를 더 충실하게 수행하여 명목상의 상관으로서가 아니라 직무에 관한 충분한 지식과 이해를 가진 권위있는 재무관이 되었다. 그러므로 그는 부하들을 직접 감독하면서 그들의 부정을 밝혀내고, 그들의 실책을 바로잡아 주었다. 그러나 간사하고 파렴치한 부하 직원들은 곧 다른 재무관들에게 빌붙어 카토에 대해 대항을 하기 시작했다. 그래서 카토는 주동자를 찾아내어 유산 관리에 대한 부정을 들추어내 파면을 시킨 다음 사기혐의로 고소를 하여 재판을 받게 했다.

그런데 하필이면 감찰관인 루타티우스 카툴루스[4]가 이 재판을 맡게 되어 고발당한 자를 변호하고 나섰다. 카툴루스는 당시 감찰관이라는 높은 지위로 대단한 권세

---

3) 로마의 관직의 하나로 초기에는 집정관 밑에서 형사재판관 직무를 담당했으나 나중에는 집정관이나 총독 밑에서 재무에 관한 일을 맡아 보았다.

4) 기원전 69년, 즉 카토가 재무관을 지내고 있을 때 감찰관이었으며 기원전 101년에 마리우스와 함께 킴브리족을 정벌했던 카툴루스가 그의 아버지이다.

를 누리고 있었을 뿐만 아니라 인격이나 지식에 있어서도 로마의 어느 누구보다 뛰어난 인물이었다. 더구나 그는 일생 동안 카토와 지극한 우정을 나누며 서로의 생활 태도를 존경하고 있었다.

카툴루스는 공정하게 재판을 해서는 결코 자기가 변호한 자를 석방시킬 수 없다는 것을 알고 있었다. 그래서 그는 카토에게 그 사람을 석방시켜 달라고 공공연하게 부탁을 했다. 카토는 그의 청을 거절했다. 그래도 카툴루스가 끈질기게 간청을 해오자 카토는 이렇게 말했다.

"카툴루스! 우리의 모든 행동을 판단하는 감찰관이 도리어 우리들에게 파면을 당한다면 그런 수치가 어디 있겠소?"

이 말을 들은 카툴루스는 한동안 무어라 할 말이 있는 것처럼 카토를 바라보았다. 그러나 노여움 때문이었는지 아니면 부끄러움 때문이었는지 결국 아무 말도 하지 않고 조용히 돌아갔다. 그러나 그 관리는 결국 무죄로 석방되었다. 원래 투표의 결과는 유죄가 무죄보다 한 표가 더 많았었다. 그런데 카토의 동료인 마르쿠스 롤리우스라는 사람이 병이 나서 재판에 참가하지 못하자 카툴루스는 그에게 사람을 보내 피고인을 구해 달라고 부탁을 했다. 롤리우스는 카툴루스가 보낸 가마를 타고 법정에 나와 부탁을 받은 대로 무죄표를 던졌다. 이렇게 해서 그 관리는 롤리우스의 한 표 때문에 결국 무죄가 될 수 있었다. 그러나 카토는 그 관리에게 일을 주지 않았으며, 물론 봉급도 주지 않았다. 롤리우스가 던진 무죄표를 전혀 고려하지 않은 것이다.

카토는 이런 식으로 부하 직원들을 길들인 다음 자신의 원래 생각대로 일을 공정하게 처리했다. 이렇게 되자 재무관직은 원로원 의원직보다 더 큰 신망을 얻게 되었고, 많은 사람들은 카토가 재무관의 지위를 집정관의 지위로 끌어올렸다고 얘기하곤 했다.

카토는 또 옛날 장부들을 모두 다시 조사하여 국가에 채무를 지고 있는 사람이 상당히 많으며 국가도 개인에게 채무를 지고 있다는 것을 발견하였다. 그래서 그는 받을 것은 정확하게 받아내고 지불할 것은 지체없이 갚아주어 이와 같은 폐단을 깨끗하게 정리하였다. 이렇게 되자 지금까지 국가의 재산을 자기 것으로 챙겨 부당이익을 취하고 있던 사람들은 모두 돈을 갚아야 했고, 나라에서 한 푼도 받지 못할 것이라고 단념하고 있던 사람들도 고스란히 돈을 돌려 받게 되었다. 그러자 민중들 사이에는 카토에 대한 칭송이 자자했다.

또한 카토는 원로원의 서류 중에 격식을 갖추지 않은 것들이 예사로 발견되고, 허위로 꾸민 지불 명령서도 적지 않은 것을 보고 이러한 관행을 완전히 뿌리뽑았다. 때로는 그러한 서류가 과연 원로원의 재가를 얻었는지가 의심스러워서, 아무리 많은 증인들이 증언을 해도 믿지 않고 집정관을 불러 선서를 시킨 다음 이 사실을 확인하기도 했다.

그런데 그즈음 로마에는, 과거에 술라가 '추방명령[5]'을 내렸을 때 처단대상에 오른 사람들을 죽이고 1만 2천 드라크마씩의 돈을 받아먹은 무리들이 그때까지도 설치고 있었다. 사람들은 모두 그들을 흉악한 놈들이라며 미워하고 있었지만, 세상이 바뀐 다음에도 누구 하나 그들에게 복수를 하려는 사람은 없었다. 그러나 카토는 부정한 수단으로 공금을 받아먹었다는 혐의로 이들을 조사하여, 그때 받았던 돈을 모두 변상하라고 했다. 그리고 신을 두려워할 줄 모르는 파렴치한 자들이라며 그들을 공격했다. 이렇게 해서 그들은 곧 살인죄로 고발을 당하고, 법정에 끌려나와 심한 벌을 받아야 했다. 이렇게 되자 민중들은 과거의 독재 정치가 이제야 비로소 끝을 맺었으며, 그 원흉이었던 술라도 벌을 받게 된 것이라며 모두 기뻐하였다.

이처럼 카토가 쉬지 않고 자신의 직무에 힘쓰는 것을 보고 민중들은 칭찬을 아끼지 않았다. 그는 다른 어떤 사람들보다 일찍 출근했고 가장 늦게 퇴근했으며, 민중들의 집회나 원로원 모임에는 한 번도 빠진 일이 없었다.

카토는 또 어떤 개인에게 국가에 대한 부채나 세금을 면제해 주거나, 혹은 어떤 특권을 주려는 자들을 엄중하게 감시했다. 이렇게 되자 나랏돈을 탐내는 사기꾼들은 얼씬도 하지 않게 되었고, 민중들에게 피해를 주지 않고서도 국가의 재산이 풍족해질 수 있다는 것을 보여 주었다.

카토의 동료들은 처음에는 카토에 대해 불만을 표시하기도 하고 그에게 나쁜 감정을 가지기도 했다. 그러나 이러한 오해들은 오래지 않아 풀리게 되었고 나중에는 모두들 만족스러워했다. 카토는 공금을 함부로 쓰거나 부정한 방법으로 돈을 유출시키지 못하게 하는 대신에 날아오는 화살을 모두 자기가 받았다. 그래서 동료나 부하들이 부정한 결재를 받지 못하거나 친구들을 위해 공금을 빌려줄 수 없게 되어 난처한 입장에 몰렸을 때는, 자기가 반대했기 때문에 할 수 없다고 대답하게 하여 모든

---

5) 죄인의 이름을 공표하여, 그들이 눈에 띄는 대로 처벌을 하고 그들이 재산을 모두 몰수하라는 내용의 공고문. 술라는 이런 방법을 써서 자신의 정적들을 없앴는데, 현상금으로 1만 2천 드라크마씩을 내걸었다.

비난의 책임을 자기에게 돌리도록 했다.

그가 재무관의 임기를 끝내는 날, 거의 대부분의 로마 시민들이 나와 그를 집까지 배웅해 주었다. 그런데 그가 집으로 돌아가는 도중에 이상한 소식을 듣게 되었다. 마르켈루스에게 권력이 있는 친구들 몇명이 재무관에게 몰려오더니 어떤 조건을 붙여 돈을 내놓으라고 협박을 하고 있다는 소식이었다. 마르켈루스는 어릴 때부터 카토와 같이 자란 가까운 친구였으며, 카토와 같이 일을 하는 동안에는 어느 누구보다 훌륭하게 일을 처리했다. 그러나 그는 자기 주장이 확고하지 못하고 다른 사람의 말을 거절하지 못하는 결점이 있었다. 카토는 그 소식을 듣자 즉시 발길을 돌려 재무성으로 다시 돌아갔다. 마르켈루스는 이미 그들의 청을 거절하지 못하여 그 돈을 내주기 위한 결재까지 마친 뒤였다. 그러자 카토는 그 서류를 빼앗아 사람들이 보는 앞에서 없애버렸다. 그리고는 마르켈루스를 데리고 나와 그를 집까지 데려다 주었다. 이런 일이 있었음에도 불구하고 마르켈루스는 그 후에도 카토를 원망하지 않았으며 변함없는 우정을 나누었다.

카토는 재무관의 자리를 떠난 뒤에도 국고에 대한 감시를 그치지 않았다. 그는 하인을 시켜 날마다 지출의 세목들을 베껴오게 하였다. 그리고 술라 시대부터 자신이 재무관을 지냈을 때까지의 장부를 5탈렌트나 주고 사들였다.

카토는 원로원에도 제일 먼저 나가고 맨 나중에 나오곤 했다. 그리고 다른 의원들이 천천히 모이는 동안에는 항상 옷을 들어서 앞을 가리고 조용히 책을 읽었다. 또 그는 원로원 회의 중에는 한 번도 자리를 뜨는 일이 없었다.

폼페이우스 일파는 권유와 협박 등 온갖 수단을 써서 카토를 자신들의 부정한 계획에 끌어들이려고 애썼다. 그러나 카토는 결코 그들의 의견에 찬성을 하지 않았다. 그러자 그들은 카토가 친구들을 위해 법정에 나가 변론을 하게 하거나 그들간에 불화를 일으키는 등 많은 일을 꾸며 카토가 원로원에 못 나오도록 만들려고 했다. 그러나 카토는 곧 그들의 간사한 음모를 알아차리고 아는 사람을 만날 때마다 원로원 회의가 있는 날은 절대 개인적인 일에 관여하지 않겠다는 말을 공개적으로 되풀이했다.

카토가 정치에 뛰어들게 된 것은 다른 사람들처럼 부귀나 명예를 얻기 위해서이거나 혹은 순간적인 생각이나 우연한 기회 때문도 아니었다. 그는 국민과 나라를 위해 봉사하는 것은 당연한 임무이며, 꿀벌이 벌집을 돌보는 것처럼 자연스러운 일이라고 생각했다. 그는 이러한 목적을 위해 친구나 연락원 등을 각 지방마다 배치해 두고, 그 지방에 대한 모든 정보들을 수집하였다.

당시의 선동적인 연설자로 클로디우스라는 사람이 있었는데, 그는 자신의 목적을 달성하기 위해 사람들 앞에서 여러 제관들을 비난한 적이 있었다. 그때 키케로의 아내 타렌티아와 자매간인 파비아 사이를 비방해 위험한 지경에 이르게 했다. 이러한 사실을 알게 되자, 카토는 클로디우스에 맞서 단호한 투쟁을 전개하여 마침내는 그를 무너뜨려 로마에서 쫓아내 버렸다.

이 사건이 끝나고 나서 키케로는 카토에게 감사의 말을 전했다. 그러자 카토는 키케로에게 말했다. "나한테 감사하지 말고 나라에 감사를 드리시오. 내가 하는 모든 일은 오직 나라를 위한 것이니 말이오."

이러한 일로 카토의 명성은 하늘 높은 줄 모르고 솟아올랐다. 그렇게 되자 다음과 같은 이야기들도 생겨났다.

어떤 변호사가 피고인에게 유리한 증언을 하는 증인 한 사람만을 내세우자 재판관은 이렇게 말했다. "이 증인이 만약 카토 같은 사람이라고 해도 단 한 사람뿐이니 어떻게 이 사람 말을 믿을 수 있겠소?"

또 전혀 믿을 수 없는 일을 우겨댈 때에는 이런 말을 하곤 했다.

"카토가 긍정해도 믿을 수가 없소."

이러한 예들로 알 수 있듯이 많은 사람들은 흔히 하는 대화 중에도 카토의 이름을 들먹이곤 했다.

또 언젠가는 방탕하고 사치스러운 생활을 하고 있는 어떤 사람이 원로원에서 검약과 절제에 대한 연설을 하자 암나이우스라는 사람이 일어나서 이렇게 말했다. "아니, 그게 말이 된다고 생각하시오? 크라수스처럼 마음껏 먹고, 루쿨루스처럼 으리으리한 집에 살면서 어떻게 카토처럼 말을 할 수 있단 말이오?"

이처럼 방탕하고 절제없는 생활을 하면서, 말만 위엄있고 엄격하게 하는 사람을 가리켜 흔히 카토 같은 사람이라고 비웃었다고 한다.

그 뒤 카토의 친구들은 그에게 민중 호민관에 출마하라고 권유를 하기 시작했다. 그러나 카토는 그런 대단한 권력은 마치 독약과 같은 것이어서 함부로 쓸 것이 아니라 필요한 순간을 위해 남겨 두어야 한다고 생각했다. 그리고는 책과 철학자들을 벗삼아 루카니아로 떠났다. 그는 그 지방에 토지와 별장을 가지고 있었다.

루카니아로 가는 도중에 많은 수레에 짐을 잔뜩 싣고 오는 대규모 행렬을 만나게 되었다. 그것은 메텔루스 네포스[6]의 일행으로 호민관에 출마하기 위해 로마로 가고 있는 중이었다. 카토는 그들의 이야기를 듣고 잠시 생각을 하더니 자신의 일행을 로마로 되돌렸다. 함께 가던 일행들이 모두 이상하게 생각하자 카토는 이렇게 말했다.

"왜 그걸 모르시오? 저 메텔루스라는 자는 몹시 위험한 사람이오. 그런데 지금 그가 폼페이우스의 후원을 얻어 로마로 들어가고 있으니, 분명 저 사람은 정치에 뛰어들자마자 번개처럼 나라를 쳐서 난리를 일으키고 말 것이오, 그런데 어떻게 내가 한가롭게 별장이나 찾을 수 있겠소? 당장 저 사람을 꺾어 놓거나, 아니면 자유를 위해 싸우다가 명예롭게 죽는 것을 택하겠소."

그가 로마에 도착한 것은 저녁이었다. 그는 날이 밝기를 기다려 공회장으로 나갔다. 그리고 메텔루스와 맞서 싸우기 위해 호민관에 출마했다.

호민관의 권한은 원래 어떤 일을 실제로 집행하는 것보다는 사무를 감시하는 쪽에 속하는 것이었다. 그래서 다른 호민관들이 모두 찬성을 해도 단 한 사람이 거부를 하면 어떤 안건도 효력을 발휘할 수 없었다. 카토는 바로 이런 점을 알고 있었기 때문에 호민관에 출마했던 것이다. 처음에는 카토를 후원하는 사람이 별로 많지 않았다. 그러나 사람들이 점점 그의 뜻을 알게 되자 선량한 시민들과 뜻있는 인사들은 적극적으로 그를 후원하고 격려하기 시작했다. 왜냐하면 그들은 카토가 자기 자신의 이익을 위해서가 아니라 나라를 위해서 출마를 한 것이며, 그가 얼마나 양심적인 사람인지를 잘 알고 있기 때문이었다. 또 그가 쉽게 당선될 수 있을 때에 출마하지 않고 이제 와서 출마를 한 것은 자신의 몸을 돌보지 않고 오직 시민들의 자유와 정부를 지켜 주기 위한 것이며, 그것을 위해서는 어떤 위험도 두려워하지 않는다는 것을 알고 있었다.

그러므로 그는 시민들의 열광적인 지지를 얻었으며, 홍수처럼 밀어닥치는 사람들 때문에 간신히 공회장으로 나갈 수 있을 정도였다고 한다. 그렇게 해서 결국 그는 메텔루스를 비롯한 그 밖의 몇몇 사람들과 호민관으로 당선되었다.

이제 열 명의 호민관 중 한 사람이 된 카토는 집정관 선거가 뇌물로 더러워진 것을 보고 연설을 할 때마다 민중들을 질책했다. 그리고 만약 금품을 주거나 받은 자가 있으면 그 사람의 지위를 가리지 않고 모두 고발해 버리겠다고 단호하게 선언했

---

6) 기원전 64년에 폼페이우스를 따라 아시아 원정을 나갔으며, 그 다음 해에 로마로 돌아와 호민관에 출마했다.

다. 그러나 그는 실라누스만은 이 원칙에서 제외시켰는데, 그는 카토의 누이 세르빌리아의 남편이었다. 그렇지만 뇌물을 써서 실라누스와 함께 집정관으로 당선되었던 무레나는 고발을 했다.

그런데 그 당시의 로마에는 원고가 어떤 부당한 방법을 준비하고 있는지 알게 하기 위해 피고는 원고에 감시인을 붙일 수 있도록 법률로 보장되어 있었다. 이 법에 의해서 무레나는 카토에게 감시인을 붙이게 되었다.

감시인은 카토를 줄곧 미행하며 그의 행동 하나하나를 살폈지만, 그 행동이 너무나 정의롭고 공명정대하여 결코 흠잡을 데가 없었다. 감시인은 결국 카토의 고상한 태도와 위대한 정신에 감동하여 그를 완전히 믿고 존경하게 되었다. 그래서 그는 매일 아침 카토를 찾아가 그날의 재판에 대해서 어떤 조치를 마련할 생각이 있는지를 물어보고, 만일 카토가 없다고 대답을 하면 곧장 자기 일을 보기 위해 돌아갔다고 한다.

마침내 재판날이 되자 무레나의 변호를 맡고 있던 집정관 키케로는 카토가 스토아 철학자들과 친했으므로 스토아 철학자들과 그들의 모순된 논리를 익살스럽게 비웃어댔다. 그러자 재판관들까지도 키케로의 말에 웃음을 터뜨렸다.

그가 말을 마치자 카토는 빙긋 웃으며 이렇게 말했다.

"우리는 무척 유쾌한 집정관을 모시고 있군요."

무레나는 무죄판결을 받았다. 그러나 그는 이 일이 있은 후에도 카토에 대해서 나쁜 감정을 품거나 어리석은 행동을 하지 않음으로써 그가 생각이 깊은 사람이라는 것을 드러내 주었다. 또 그는 나중에 집정관으로 있는 동안 중요한 일이 있을 때마다 카토의 의견을 반드시 물어보았으며, 언제나 카토에 대한 예의와 존경을 나타냈다. 결국 이것은 무레나의 정신이 위대했기 때문이기도 하지만, 그보다 먼저 카토 자신의 행동이 언제나 정의롭고 선량했기 때문이었다. 왜냐하면 그는 법정이나 원로원에서 정의를 위해서는 지극히 엄격한 태도를 보였으나, 일단 일이 끝나고 개인적으로 만날 때는 누구보다 너그럽고 다정한 사람이었기 때문이었다.

카토는 호민관으로 취임하기 전에 당시 집정관을 지내고 있던 키케로를 도와 카틸리나의 음모를 파헤쳤는데, 이것은 그의 가장 영광스러운 공적 중의 하나가 되었다. 이렇게 해서 폭동과 전쟁으로 로마를 초토화시켜 전복할 계획이었던 카틸리나는 키케로에 의해 유죄임이 증명되자 로마에서 사라져 버렸다. 그러나 그와 같은 뜻을 품은 렌툴루스와 케테구스 등은 여전히 로마에서 도망가 버린 카틸리나를 비겁한 자라고 비난하며 로마를 내란의 소용돌이에 밀어넣는 한편, 다른 나라의 군대까지 끌어들여 나라를 전복시킬 음모를 꾸미고 있었다.

그러나 이들의 음모는 키케로에게 들통이 나서 원로원으로 넘겨졌다. 이때 실라누스는 맨 먼저 일어나 음모자들에게는 당연히 극형을 내려야 한다고 역설했다. 그리고 그 다음에 일어선 사람들도 대부분 실라누스의 의견에 동의를 나타냈다. 다음으로 카이사르가 발언할 차례가 되어 일어섰다. 그는 원래 탁월한 웅변가였으며 나라 안의 소요를 자기의 목적을 달성하기 위한 발판으로 이용하는 사람이었다. 그래서 그는 이 사건도 진압을 하기보다는 오히려 더욱 소란하게 만들고 싶어했다. 그는 자리에서 일어나, 재판도 거치지 않고 사람을 죽인다는 것은 잘못된 것이라고 하면서, 일단 그들을 감옥에 가두어 두었다가 나중에 법에 의해 처벌을 내리자고 주장했다. 이런 의견이 나오자 의원들은 민중들의 반대가 두려워 금방 의견을 뒤바꾸었으며, 맨 처음 의견을 내놓았던 실라누스도 자신의 주장을 취소해 버렸다. 그는 자기가 주장했던 것도 원래 사형을 시키자는 것이 아니라 일단 감금을 해 두자는 뜻이었다고 변명을 하고, 로마인으로서 그 이상의 벌은 있을 수 없다고 덧붙였다.

이렇게 모든 의원들이 모두 동정적으로 기울자 카토는 자리를 박차고 일어났다. 그리고는 카이사르에게 공격의 화살을 퍼부었다.

"여러 의원 여러분! 카이사르는 지금 인도적인 가면을 쓰고 정변을 일으키기 위해 민중들의 인기를 얻으려 하고 있습니다. 만약 그가 지난 일을 생각한다면 스스로 불안을 느끼며 의심을 받지 않았다는 것을 다행으로 생각해야 할 것인데도, 그는 도리어 원로원을 불안하게 하고 있는 것입니다. 겨우 파멸의 위기를 넘긴 이 나라를 염려하지는 못할 망정 모든 국민들의 적을 구하기 위해 이토록 뻔뻔스럽게 변호를 한다는 것은 참으로 기가 막힐 뿐입니다. 애당초 세상에 태어나지 말았어야 할 사람들이 태어난 이상 하루빨리 그들을 없애서 엄청난 유혈의 참변으로부터 국가를 구해내야만 하는 것이 지금 우리들이 해야 할 일입니다. 그런데도 카이사르는 지금 이 자리에서 바로 그런 놈들을 변호하고 있습니다."

카토의 연설 중에서 바로 이것만은 지금까지 남아 있다. 이것은 집정관 키케로가 간단한 기호로 많은 글자를 적을 수 있는 속기사들을 훈련시켜 미리 원로원 요소요소에 배치해 두었던 덕분이었다.

당시의 로마에는 오늘날의 속기사라는 직업이 없었다고 한다. 바로 이때부터 어느 정도의 틀을 갖춘 속기사들이 나타나기 시작한 것으로 보인다.

어쨌든 카토의 이 연설로 인해 원로원은 다시 한 번 의견을 뒤바꾸어 결국 반역도들에게 사형을 내리기로 결정하였다.

카토의 성격을 살펴보기 위해서는 어떤 사소한 것이라도 빠뜨리지 않아야 하겠으므로 다음과 같은 이야기도 참고로 적어두겠다.

카토와 카이사르가 한창 열띤 논쟁을 벌이고 있을 때, 밖에서 작은 종이쪽지 하나가 카이사르에게 전달되었다. 그러자 카토는 그 쪽지가 반란자들로부터 전해진 것이라는 의심을 품고, 다른 의원들도 모두 수상하게 여기고 있으니 그 편지를 낭독하라고 요구했다. 그러자 카이사르는 종이 쪽지를 바로 곁에 있던 카토에게 건네주었다. 그런데 그것은 카이사르의 유혹에 빠진 자신의 누이 세르빌리아가 보낸 연애편지였다. 카토는 욕을 하며 쪽지를 집어던지고는 다시 연설을 계속했다고 한다.

카토 집안의 여자들은 한결같이 불행한 삶을 살았다. 그의 누이는 카이사르와의 관계로 나쁜 소문이 떠돌았고, 또 다른 누이인 세르빌리아는 평판이 더욱 안 좋았다. 그녀는 당시 로마에서 가장 유명한 인물이었던 루쿨루스와 결혼하여 아들까지 낳았지만 행실이 좋지 못해서 이혼을 당하고 말았다. 더욱 부끄러운 것은 카토의 부인인 아틸리아도 자식을 둘이나 두었지만 행실이 나빠서 이혼했다는 사실이다.

그 뒤 카토는 필리푸스의 딸인 마르키아와 결혼을 했다. 마르키아는 정숙한 여자였지만 역시 사람들의 입에 자주 오르내리곤 했다. 마치 한 편의 연극과 같은 카토의 생애 가운데는 이처럼 해명하기 곤란한 한 장면이 숨어 있었다.

카토에게는 많은 친구와 함께 그를 따르고 숭배하는 사람들도 적지 않았다. 그 중에 퀸투스 호르텐시우스라는 높은 명망을 지닌 이가 끼여 있었는데, 그는 카토와 친구로 지내는 것에 만족하지 않고 어떻게든 친족관계를 맺고 싶어했다. 그래서 그는 카토에게, 비불루스의 아내가 되어 두 아이까지 낳은 카토의 딸 포르키아를 자신에게 달라고 하면서, 만약 그렇게만 해준다면 귀한 땅에 좋은 씨앗을 뿌리듯 훌륭한 자식을 낳겠다고 말했다.

"세상 사람들의 눈에는 이상하게 보일지 모르지만, 자연의 이치에 비추어 본다면 이것보다 좋은 일은 없습니다. 한창 때인 여자의 생산능력을 그냥 내버려 두는 것은 좋지 않은 일입니다. 만약 훌륭한 여러 사람들의 자식을 낳게 한다면 가문의 미덕은 그만큼 더 커질 것이고, 그 자손들을 통해 여러 가문의 혈통은 더욱 견고해질 것입니다. 만약에 비불루스가 아내와 헤어지고 싶어하지 않는다면, 아이 하나만 낳은 뒤에 곧 되돌려 보내겠습니다. 그러면 제 가문과 비불루스, 그리고 카토 가문의 인연은 더욱 긴밀해질 것입니다."

호르텐시우스의 말을 다 들은 카토는 호감을 느끼고 두 집안의 결합에 대해서도 좋게 생각했지만, 이미 다른 남자의 아내가 되어 있는 딸을 그렇게 한다는 것은 아무래도 어렵겠다고 대답했다.

그러자 호르텐시우스는 본심을 드러내어 이번에는 카토의 아내를 청하였다. 카토의 부인은 아직 젊어서 충분히 아이를 낳을 수 있을 뿐만 아니라 카토는 아이를 더 이상 가질 필요가 없다고 생각했던 것이다. 호르텐시우스는 카토의 아내가 임신 중이라는 사실도 이미 알고 있었기 때문에 이런 말을 했던 것이다. 카토는 호르텐시우스가 너무나 간곡하게 부탁을 하는 것을 보고, 더 이상 요구를 거절하지 못해 마르키아의 아버지인 필리푸스와 의논을 해 보겠다고 대답했다.

호르텐시우스와 카토는 필리푸스를 찾아갔다. 필리푸스는 카토가 보는 앞에서 호르텐시우스와 마르키아의 결혼[7]을 승낙하였고, 카토도 그들의 결합을 적극적으로 도와주었다.

한편 카이사르는 렌툴루스와 반란자들이 사형에 처해지고 자기 자신도 원로원에서 심한 공격을 받게 되자 민중들로부터 도움을 구해야겠다고 생각했다. 그래서 그는 부패한 무리를 선동하여 자신의 지지 세력으로 키우기 시작했다.

카토는 사태가 위험해지는 것을 보고 원로원을 설득해서 빈궁한 민중들에게 구호식량을 분배해 주게 했다. 그것은 돈으로 계산하면 1년에 약 250탈렌트 정도였다. 이런 정책을 쓰자 카이사르의 세력은 눈에 보이게 줄어들었다.

그런데 메텔루스가 들어오자 불순한 무리들을 모아들여, 또 하나의 법안을 준비하기 시작했다. 그것은 폼페이우스에게 군대를 끌고 돌아와 로마를 지키게 하자는 내용의 제안이었다. 이것은 표면상으로는 카틸리나의 음모가 완전히 가시지 않았다는 것을 이유로 내세웠지만, 실제로는 폼페이우스에게 실질적인 권력을 장악하게 하려는 데 의도가 있었다.

---

7) 마르키아는 호르텐시우스가 죽을 때까지 함께 살다가 다시 카토에게 돌아갔다. 아내를 빌려주는 이런 풍습은 당시 로마의 법률이나 도덕에 비추어보아도 그다지 이상한 일이 아니었던 것 같다. 또 어떤 역사가들은 옛날부터 로마에는 이런 풍습이 있었다고 전하기도 한다.

원로원에서는 이 문제에 대해 회의를 열었다. 그때 카토는 여느 때처럼 메텔루스를 향해 심한 공격을 퍼붓는 것이 아니라 아주 조리있고 온화한 태도로 조용히 자신의 의견을 말했다. 그리고 나중에는 자신을 낮추며, 메텔루스 집안은 옛날부터 늘 귀족이었던 뛰어난 가문이라는 칭찬까지 했다. 그러자 메텔루스는 카토가 자신에게 굴복한 것으로 생각하고 더욱 오만한 말투로 카토를 비난했다. 또 그는 교만하고 위협적인 말로 원로원을 무시하면서 어떤 일이 있어도 자신의 의견을 통과시키겠다는 강력한 태도를 보였다.

그런 메텔루스를 보고 카토는 더 이상 참고 있을 수가 없었다. 그는 메텔루스를 향해 날카로운 공격을 퍼붓기 시작했다. 그는 자기가 살아 있는 한 폼페이우스가 군대를 끌고 로마에 들어오는 것은 결코 용납할 수 없다고 선언했다. 그러자 원로원 의원들은 카토와 메텔루스 두 사람이 모두 정상적인 정신 상태가 아니라고 판단했다. 그들은 메텔루스는 나라를 지키려다가 오히려 모든 것을 파괴와 혼란으로 몰아넣는 광기를 가졌고, 카토는 명예와 정의를 위해 싸운 나머지 광분의 상태에 빠진 것으로 생각했다.

드디어 이 법안에 대해 시민들이 투표하는 날이 다가왔다. 메텔루스는 무장한 사람들과 외국인들, 검투사, 노예들을 비롯하여 폼페이우스를 지지하는 사람들을 모두 몰고나와 공회장을 뒤덮어 버렸다. 그리고 이때에 집정관에 있던 카이사르도 그들을 지지하고 나왔다. 그러므로 중요한 위치에 있던 정치인들은 모두 카토와 함께 분노를 느꼈지만 그렇다고 해서 누구나 앞장서서 나서는 사람은 없었다. 그들은 카토를 도와 저항을 해볼 엄두는 내지도 못하고 차라리 괴로움을 감수하겠다는 태도였다.

그런 한편 카토의 가족들은 극도의 불안과 공포에 휩싸여 있었고, 그의 친구들은 먹지도 자지도 못한 채 결말이 나지 않는 회의로 밤을 새우고 있었다. 카토의 아내와 누이들도 마찬가지로 탄식을 하며 눈물을 흘리고 있었다. 그러나 카토는 두려움은 커녕 오히려 확신에 가득 찬 모습으로 가족들과 유쾌하게 이야기를 나누고 있었다. 그는 여느 때처럼 저녁 식사를 하고, 다음날 아침이 되어 동료인 미누키우스 테르무스가 깨울 때까지 깊은 잠을 자고 있었다. 그리고 일어나자마자 그와 함께 공회장을 향해 집을 나섰다. 그들을 따라오는 사람들은 별로 없었고, 다만 만나는 사람들은 모두 조심하라는 얘기를 해주었다.

카토가 걸음을 멈추고 보니 카스토르와 폴룩스 신전은 과연 얘기로 들었던 것처럼 무장한 군인들로 둘러싸여 있었다. 계단에는 검투사들이 더욱 버티고 있었으며,

그 위에는 메텔루스와 카이사르가 나란히 자리를 잡고 앉아 있었다. 이 광경을 바라본 카토는 친구를 돌아다보며 이렇게 말했다. "법이 무섭다는 것조차 모르는 저 파렴치한 놈들을 좀 보게. 무기라고는 아무것도 없는 사람 하나를 상대하려고 저렇게도 많은 군대를 동원하고 나왔군 그래."

카토는 테르무스와 함께 곧장 앞으로 걸어나갔다. 계단 위에 버티고 있던 검투사들은 길을 조금 터서 이 두 사람이 올라갈 수 있도록 하고, 다른 사람은 아무도 올라가지 못하게 했다. 카토가 무나티우스와 손잡고 이야기하고 나서 메텔루스와 카이사르가 의논을 하지 못하도록 두 사람 사이에 끼어 앉았다. 그러자 카이사르와 메텔루스는 몹시 당황하여 어쩔 줄을 몰라했다.

그러자 정의파 시민들이 카토의 통쾌하고 대담한 행동에 감탄하여 앞으로 마구 밀고나오며, 자유를 지키기 위해 싸우고 있는 사람들을 결코 저버려서는 안 된다고 부르짖었다.

이윽고 서기가 법안을 들고 나왔다. 그러나 카토가 읽지 못하게 막아서자 메텔루스가 그것을 빼앗아 읽으려고 했다. 카토는 다시 그 서류를 빼앗아 버렸다. 그렇지만 메텔루스는 이미 그 법안을 외우고 있었으므로 암송하려고 했다. 그러자 테르무스가 재빨리 메텔루스의 입을 손으로 막아 버렸다. 메텔루스는 이들이 끝까지 저항을 할 것이며, 민중들도 그들에게 합세를 할 기색임을 알아차렸다. 그래서 그는 집에 사람을 급히 보내 무장한 무리들을 불러오게 했다.

무장한 무리들이 한꺼번에 함성을 지르면서 위협적으로 달려오자 모여있던 군중들은 뿔뿔이 도망치고 말았다. 그러나 카토는 끝까지 혼자 남아 돌과 나무토막이 날아와도 움직이려 하지 않았다. 그때 카토가 고발하여 재판을 받은 적이 있었던 무레나가 급히 달려왔다. 그리고는 홀로 카토를 보호하면서 카스토르와 풀룩스 신전 안으로 데리고 들어갔다.

메텔루스가 연단에서 내려다보니, 반대파는 모두 다 축출되었으므로 쉽게 자신의 뜻을 이룰 수 있을 것이라고 생각했다. 그는 군대를 돌려보내고 평상시대로 법안을 통과시키려고 했다. 그러자 흩어져 있던 반대파들이 다시 나타나더니 소리를 지르면서 밀려들었다. 이것을 본 메텔루스는 반대파들이 군대를 데리고 몰려 온 줄로 착각하고서 도망쳐 버렸다. 그때 카토가 다시 나타나서 그들의 용기를 크게 칭찬했다. 그러자 민중들은 메텔루스를 파면시켜 버리겠다고 소리를 질러댔다. 원로원도 급히 회의를 소집하여 카토를 지지하기로 입장을 정리하고, 메텔루스가 내놓은 법안은 내부에 소란과 전쟁을 일으킬 위험이 있다고 규정하여 이 제안을 거부하기로 결정했다.

그러나 메텔루스는 그런 일을 당하고도 결코 기가 죽지 않은 채 끝까지 뜻을 굽히지 않았다. 그러나 그는 자기를 따르는 무리들이 카토를 두려워하고 있다는 것을 알고 급히 공회장으로 달려갔다. 그리고 사람들을 불러 모은 다음 카토에 대해 신랄한 비난을 퍼붓기 시작했다.

"나는 폼페이우스에 대한 음모자들 때문에 핍박을 받고 로마를 떠나지만 그런 위대한 사람에게 모욕을 준 로마는 틀림없이 후회할 날이 올 겁니다."

이런 말을 남기고 메텔루스는 아시아를 향해 떠났다. 그것은 폼페이우스에게 자기가 당한 일들을 모두 보고하기 위해서였다.

카토는 이 위험한 호민관을 몰아내어 나라를 구하고, 또 그와 싸워 승리를 거둠으로써 폼페이우스의 세력도 적지 않게 꺾어 대단한 칭송을 받았다. 그러나 그가 더욱 존경을 받게 된 것은 원로원이 메텔루스의 호민관 직위를 박탈하려고 할 때 결사적으로 반대하고 나선 점이었다. 대부분의 사람들은 이처럼 승리를 거둔 뒤에 패배한 사람을 짓밟아 버리지 않은 그의 행동을 너그럽고 어진 일이라고 생각했다. 그리고 지각있는 사람들은 모두 폼페이우스의 분노를 만들어 내지 않은 그의 정책을 매우 지혜롭고 현명한 일이었다고 칭송했다.

그 얼마 뒤 아시아의 전쟁에 나갔던 루쿨루스가 돌아왔다. 그러나 그는 폼페이우스에게 승리의 영광을 모두 빼앗기다시피 했다. 루쿨루스가 돌아오자 카이우스 멤미우스는 시민들을 선동하여 그가 개선식도 올리지 못하도록 만들었다. 이것은 멤미우스가 루쿨루스에 대한 개인적인 원한이 있어서라기보다는 폼페이우스의 체면을 살려 주어 그의 환심을 사기 위한 수단이었다고 말하는 편이 옳을 것이다.

카토는 누이인 세르빌리아와 결혼한 루쿨루스를 모략하는 것은 수치라고 생각했기 때문에 멤미우스와 대립하였다. 그 때문에 카토는 권력을 남용하여 독재를 하려는 것이라는 오해까지 받아 시민들로부터 심한 반발을 받기도 했다. 그러나 멤미우스가 비난과 논쟁에 지칠 때까지 카토는 끝까지 자신의 생각을 굽히지 않았다. 이렇게 해서 루쿨루스는 비로소 개선식을 올릴 수 있게 되었다. 이 일로 인해 루쿨루스는 카토와 더욱 가깝게 되었으며, 폼페이우스의 세력으로부터 그를 보호해 주는 군건한 방패처럼 보였다.

그러는 동안 폼페이우스가 아시아에서 큰 영광을 안고 로마로 돌아왔다. 시민들은 그를 열렬히 환영하였다. 폼페이우스는 그런 시민들의 반응을 보자 자기가 내세우는 일이라면 시민들이 무엇이든지 다 들어줄 것이라고 믿게 되었다. 그래서 그는 미리 원로원으로 사람을 보내 후보로 나선 피소를 자신이 도울 수 있을 때까지 집정관 선거일을 연기해 달라고 요청했다.

원로원 의원들은 대부분 이 요청을 수락하려는 눈치였다. 그러나 카토는 그들과는 다른 의견이었다. 선거일을 연기하는 것은 별로 큰 문제가 아니었지만, 폼페이우스의 지나친 기대와 계획을 꺾기 위해서는 그의 요청에 반대하는 수밖에 없었던 것이다. 그래서 카토는 원로원을 움직여 이 요구를 거절하게 했다. 폼페이우스는 이런 움직임을 보고 적지 않은 불안을 느꼈다. 그리고 카토의 협조 없이는 도저히 자신의 뜻을 이룰 수 없다는 것을 깨닫게 되었다.

그래서 폼페이우스는 카토의 친구인 무나티우스를 중간에 세웠다. 그리고는 카토의 두 조카딸 중 하나는 자기의 아내로, 또 한 사람은 자기 아들의 아내로 달라고 했다. 또 다른 설에 의하면 카토의 조카딸이 아니라 그의 딸들에게 구혼을 한 것이라는 이야기도 있다.

무나티우스는 카토와 카토의 아내, 그리고 그의 누이들 앞에서 폼페이우스의 이러한 요청을 전했다. 그때 부인들은 그토록 위대한 인물과 인연을 맺게 된 것을 무척 기뻐했다고 한다. 그러나 카토는 생각할 필요도 없다는 듯 즉석에서 이렇게 대답했다.

"무나티우스, 어서 가서 폼페이우스에게 전하게. 안방으로 기어들어와서 카토를 잡으려 해서는 안 된다고 말일세. 만일 폼페이우스가 공명정대한 행동으로 나를 사귀고자 한다면 나도 대환영이네. 그리고 그렇게 된다면 친족이 되는 것 이상의 탄탄한 친분을 가질 수 있을 걸세. 그러나 폼페이우스에게 여자를 인질로 잡히고 나라에 해를 끼치는 짓은 절대 하고 싶지 않네."

이 말을 들은 카토 집안의 여자들은 무척 실망을 했다. 그리고 그의 친구들도 너무 지나치고 무례한 말을 했다고 카토를 비난하기도 했다.

그러나 그 뒤 폼페이우스는 자기의 친구[8]를 집정관에 당선시키려고 시민들의 표를

---

8) 루쿨루스가 돌아온 것은 기원전 66년, 개선식을 올린 것은 기원전 63년의 일이었다. 그리고 폼페이우스가 돌아온 것은 다음 해였다. 본문에서 말하는 것은 그 일년 뒤의 집정관 선거로, 이때 선출된 사람은 아시아에서 폼페이우스의 부하 장군으로 있던 피소와 메살라였다.

공공연하게 매수하고 뇌물을 썼다. 그는 심지어 자기 집 앞마당에까지 사람을 불러 돈을 세어줄 정도였다. 그때 카토는 집안의 여자들에게 이렇게 말했다. "만약 내가 그때 폼페이우스의 제안을 수락했다면 분명히 이런 일에 휘말려 수치를 당했을 것이오."

이 말을 듣고서야 여자들은 카토가 혼담을 거절했던 일이 과연 옳은 판단이었음을 깨닫게 되었다. 그러나 그 이후에 일어난 일들로 본다면 카토가 폼페이우스 집안과 결혼을 거절한 것은 역시 큰 잘못이었다. 왜냐하면 폼페이우스는 카토대신 카이사르 집안과 인연을 맺어 세력을 키웠기 때문에 자칫했으면 로마는 완전히 멸망할 뻔했고, 마침내는 로마의 공화 정치 체제도 완전히 무너지고 말았기 때문이다. 만일 카토가 폼페이우스의 작은 잘못이 두려워 카이사르의 세력을 키워 주는 이런 실수를 저지르지 않았더라면, 결코 이런 재난도 일어나지 않았을 것이다. 그러나 이런 일들은 모두 한참 후에 일어난 일들이다.

이제 루쿨루스와 폼페이우스는 폰토스 속주에서 서로 자기가 실시한 법령을 존속시키기 위해 대립하기 시작했다. 이 일에서 루쿨루스가 억울한 처지에 놓여 있었으므로 카토는 그의 편을 들었다. 결국 원로원에서 루쿨루스에게 패배를 당한 폼페이우스는 자기의 세력이 밀리고 있다는 것을 눈치 채고, 군인들에게 토지를 나누어 주기 위한 법안을 내놓아 자기 표를 끌어모으려고 했다.

그러나 카토가 이 법안마저 폐기하자 폼페이우스는 극단적인 선동가로 꼽히던 클로디우스, 그리고 카이사르와 손을 잡았다. 이렇게 된 것은 카토에게도 원인이 있었다. 즉, 그때 스페인의 총독으로 있다가 임기를 마치고 돌아온 카이사르는 개선식을 치르는 동시에 집정관으로 뽑히고 싶어 했다. 그러나 당시 로마의 법률에 의하면, 관직에 출마하는 자는 로마에 있어야 했고 개선식을 원하는 자는 로마 바깥에 있어야 했으므로 그는 둘 중 하나를 포기해야 하는 형편이었다. 그러나 그는 교묘하게 머리를 써서, 자기는 성 밖에 있으면서 친구들이 대신 선거운동을 할 수 있게 해 달라고 원로원에 요청을 했다.

원로원 의원들 대부분은 이 요청에 찬성의 뜻을 나타냈다. 그러나 오직 한 사람, 카토만은 이 요청에 반대하고 나섰다. 그리고는 카이사르의 제안이 통과될 듯한 기미를 보이자 종일토록 연설을 하여 그의 계획을 좌절시켜 버렸다. 일이 이렇게 틀어져 버리자 카이사르는 개선식을 단념하고 로마로 들어왔다. 그리고 폼페이우스와 결탁하여 집정관 후보로 나섰다. 카이사르가 집정관에 당선되자 그는 은혜를 갚는 뜻에서 자신의 딸 율리아를 폼페이우스와 결혼시키고 그와 더욱 굳건한 관계를 맺었다. 그래서 그들 중 한 사람이 빈민들에게 토지를 나누어 주자는 법안을 제출하자 다른 한 사람이 그것을 적극적으로 찬성하고 나섰다. 그러나 루쿨루스와 키케로, 그리고 그들의 친구들은 다른 집정관인 비불루스와 협력하여 강력히 반대를 했다.

그런 한편 카토는 폼페이우스와 카이사르가 결탁한 것은 틀림없이 어떤 나쁜 음모를 꾀하는 것이라고 생각하고, 그들의 의견에 누구보다 적극적으로 맞섰다. 그는 시민들에게 이렇게 말했다.

"나는 여러분들에게 토지를 분배해 주는 것 자체는 결코 반대하지 않습니다. 내가 염려하는 것은 그들이 이것을 미끼로 삼아 여러분들의 환심을 사려는 것이며, 그렇게 해서 결국 그들이 이루려고 하는 것이 두려운 것입니다."

원로원 의원들은 말을 듣고 모두 카토의 의견을 지지했다. 그리고 원로원 의원이 아닌 다른 사람들도 카이사르의 무모한 정책이 걱정스러워 원로원과 카토의 의견을 지지하고 나왔다. 왜냐하면 카이사르는 집정관의 자리에 앉아 있으면서도 민중들에게 아첨하는 어리석은 호민관들의 술수를 쓰고 있었기 때문이었다. 이렇게 되자 카이사르파는 정상적인 방법으로는 도저히 자신들의 뜻을 이룰 수가 없다고 생각하고 급기야 폭력을 쓰기로 마음먹었다. 그들은 먼저 집정관인 비불루스가 공회장으로 가는 것을 기다렸다가 똥을 한 바가지 뒤집어 씌워 버렸다. 그런 다음 시종들을 습격해 그들이 들고 있던 집정관의 관장(파스케스)을 부러뜨리고, 창을 던져 여러 사람을 다치게 했다.

법안에 반대하고 있던 원로원 의원들은 이 소식을 듣고 모두 겁을 집어먹고는 앞을 다투어 공회장에서 달아나 버렸다. 그 밖의 사람들도 천벌이 내리라고 저주를 하면서 천천히 빠져나가 버리고, 맨 나중에는 카토만이 남게 되었다.

이렇게 해서 결국 카이사르파는 토지 분배에 관한 법안을 그들의 뜻대로 통과시켰다. 그뿐 아니라 원로원에 대해 다음과 같은 선언까지 했다.

"이 법률을 지지하고, 이것을 제안했던 사람들을 보호하겠다는 선서를 하시오. 만약 선서를 거부하는 자는 엄중한 처벌을 받을 것이오."

원로원 의원들은 이러지도 저러지도 못할 형편이었으나 모두들 위협에 못 이겨 할 수 없이 선서를 했다. 그들은 옛날에 메텔루스가 선서를 거부하다가 결국 이탈리아에서 쫓겨났던 사건을 기억했던 것이다. 카토는 이런 법률에 선서를 하고 싶은 생각은 추호도 없었지만 그의 친구와 친지들이 선서를 하라고 간청을 했다. 그러나 카토의 마음을 움직여 선서를 하게 만든 것은 다른 사람이 아닌 웅변가 키케로였다. 그는 카토를 이런 말로 설득했다.

"민중이 이미 결의한 일에 대해 반대를 한다는 것은 어리석은 일이오. 일은 이미 결말이 났고 다시 어떻게 해볼 수도 없게 되었소. 그런데도 계속 고집을 부리면서 자신의 생명을 위태롭게 만든다는 것은 분별을 잃은 미친 짓이나 마찬가지요. 많은 잘못들 중에서도 가장 큰 잘못은 나라를 생각하지 않고 자기 자신을 저버리는 일이오. 우리는 마땅히 나라의 이익을 위해, 그리고 나라를 파멸로 몰아가려는 무리들을 꺾기 위해 모든 정신을 집중시켜야 하오. 그러니 자기 목숨을 헛되게 던져 버리는 것은 나라를 위해 싸우는 것이 괴롭고 귀찮으니 그런 짐은 어서 벗어 버렸으면 좋겠다는 것이나 마찬가지요. 왜냐하면 당신에게는 로마가 필요없을지 모르지만, 로마나 당신의 친구들은 모두 당신이 필요하기 때문이오. 그리고 특히 나에게는 당신이 절실히 필요하오. 저 클로디우스는 호민관의 세력을 이용해서 나를 없애려고 음흉한 공작을 꾸미고 있소."

키케로는 그의 집이나 공회장에서 이런 말들로 카토를 설득하고 간청하였다. 카토는 본심은 아니었지만 결국 원로원으로 나가 선서를 하겠다는 뜻을 밝혔다.

카이사르는 이렇게 해서 자신의 계획이 성공을 거두자 더욱 자신만만해져서, 이번에는 캄파니아 지방의 거의 모든 토지를 빈민과 필요한 시민들에게 나누어 주기 위한 새 법안을 제안했다. 감히 아무도 이 제안에 반대를 하는 사람이 없었으나 이번에도 카토가 반대를 하고 나섰다. 그러자 카이사르는 연단 위에 있던 카토를 끌어내려 감옥에 집어넣으라고 명령했다. 그러나 카토는 끝까지 언론의 자유를 포기하지 않고, 감옥으로 끌려가는 순간에도 계속해서 이 법안을 규탄하며 그런 제안을 내놓은 자를 타도해야 한다고 소리쳤다. 원로원 의원들과 선량한 시민들은 그런 카토를 뒤따르며 침묵으로써 울분을 나타냈다.

카이사르는 그들이 아무 말도 하지 않지만 그들 모두 분노를 느끼고 있다는 것을 잘 알 수 있었다. 그러나 그는 혹시라도 카토가 자기에게 굴복하고 애원할지도 모른다는 기대를 걸고, 그가 감옥으로 끌려가는 것을 내버려 두었다. 그러나 카토의 의지를 읽은 그는 자신의 행동이 부끄러운 데다가 여론도 좋지 않은 것을 깨닫고, 호민관한 사람을 가만히 불러서 카토를 풀어 주라고 했다.

그러나 카토의 말을 곧이듣지 않은 민중은 카이사르가 일리리쿰과 갈리아 지방 전체를 4개 군단의 병력을 가지고 5년 동안 통치하도록 결의하였다. 그리고 원래 귀족이었던 신분을 불법적으로 평민으로 변경시킨 푸블리우스 클로디우스를 호민관으로 당선시켰다. 그는 키케로를 몰아내고 그들이 원하는 모든 것을 주겠다는 약속을 했기 때문이다. 또 그들은, 카이사르의 장인인 피소와, 폼페이우스의 무릎 위에서 살다시피하여 그의 사소한 습관까지도 다 알고 있는 아울루스 가비니우스를 나란히 집정관으로 세웠다.

카이사르와 그 일당은 이처럼 불법적인 수단을 사용하여 권력을 장악하고, 사적인 특혜와 강압을 고루 섞어 민중을 완전히 조롱했다. 그러나 그들은 여전히 카토를 두려워하고 있었다. 그들은 카토를 내몰았지만 수치스럽고 폭력적인 방법을 써서 간신히 승리를 거둔 것이었으므로 몹시 불안했던 것이다.

그래서 클로디우스는 적어도 카토가 로마에 머물러 있는 동안은 키케로를 추방시킬 수 없다고 생각하게 되었다. 그래서 그는 키케로를 로마에서 몰아낼 방법을 고민하다가 드디어 한 가지 계획을 세웠다. 그는 사무실에 들어오자마자 카토를 초대했다. 그리고 카토에게 말했다.

"저는 당신을 로마에서 가장 고결한 인품을 가진 분이라고 생각합니다. 이 말이 진심이라는 것은 행동으로도 얼마든지 보여드릴 수 있습니다. 키프로스에 가서 프톨레마이오스[9]에 관한 일을 맡고 싶어하는 사람들은 많지만, 제 생각에 그 일을 할 만한 사람은 당신뿐입니다. 그래서 저는 그 영광을 기꺼이 당신에게 안겨드리고 싶습니다."

그러나 이 말을 들은 카토는 화를 내며 소리쳤다.

"이건 공연히 나를 잡으려는 함정이지 영광이 아니오."

그러자 클로디우스는 갑자기 태도를 바꾸어 교만한 목소리로 소리를 질렀다. "싫다, 그거요? 그러나 이미 결정이 됐으니 마음에 안 들어도 가야 할 거요."

그리고는 곧 민회를 소집하여 카토를 키프로스로 파견하는 결의를 통과시켜 버렸다. 카토가 로마를 떠날 때 클로디우스는 배도 군대도 주지 않고 단 두 명의 시종을 붙여 주었다. 그런데 그 시종이라는 자들 중 하나는 잡배였고 다른 하나는 클로디

---

9) 이집트의 왕 프톨레마이오스의 동생으로 당시 그는 키프로스를 점령하고 있었다.

우스의 하인이었다. 뿐만 아니라 그는 그 일만으로도 부족하다는 듯, 비잔티움으로 가서 망명자들을 모두 돌려보내라는 명령을 내렸다. 이것은 자기가 호민관으로 있는 동안 카토를 멀리 떨어뜨려 놓아서 로마로 돌아오지 못하게 하려는 속셈이었다.

이렇게 할 수 없이 로마를 떠나게 된 카토는 키케로에게 간곡한 당부의 말을 했다. 날이 갈수록 나라는 더 큰 시련을 당하게 되겠지만 무리하게 저항을 하다가 희생당하지 말고, 조용히 때를 기다려서 다시 나라를 구하라는 부탁이었다. 그리고 자신의 친구인 카니디우스를 키프로스의 프톨레마이오스에게 먼저 보내, 싸우지 않고 항복을 하면 로마는 그를 파포스의 제관으로 삼아 부귀와 명예를 안겨주겠다고 전했다. 그리고 나서 카토는 로도스 섬에서 그의 회답을 기다리고 있었다.

그동안에 이집트 왕인 프톨레마이오스는 내분으로 알렉산드리아를 떠나 카이사르와 폼페이우스의 군대를 빌려 다시 왕위에 오르기 위해 로마로 향하고 있었다. 그는 카토를 만나기 위해 사람을 보냈다. 자기가 부르기만 하면 카토는 분명히 자기에게 올 것이라고 생각했던 것이다. 그러나 그때 카토는 설사약을 먹고 있으므로 만나고 싶으면 왕이 직접 오셔야겠다는 대답을 보냈다.

그러나 왕이 도착했을 때도 카토는 자리에서 일어나지도 않고, 그저 평범한 사람이 찾아온 것처럼 앉으라고만 말했다. 왕은 그의 옷차림이 초라하다고 생각될 만큼 소박한 것을 보고 적지 않게 놀랐다. 그러나 왕은 그가 사무에 관한 얘기를 하는 것을 보고는 과연 그가 얼마나 생각이 깊고 지혜로우며 솔직한 사람인지를 알게 되자 더더욱 놀라움을 감추지 못했다.

카토는 이렇게 말했다. "아마 너무 행복하셔서 그게 얼마나 행복한 것이었는지를 모르셨나 봅니다. 이집트 전체를 은으로 만들어 주더라도 만족하지 못할 부패한 로마인을 찾아간다는 것은 굴욕과 고생을 스스로 부르는 것이나 다름없습니다. 그러니 어서 이집트로 돌아가셔서 화해하십시오. 만일 그럴 생각이 있으시다면, 비록 힘은 없지만 제가 함께 따라가서 중재를 위해 애를 써보겠습니다."

이 말을 들은 왕은 마치 제정신이 돌아온 듯했다. 그는 카토의 마음이 진실되고 현명하다는 것을 깨닫고 그의 충고를 따르기로 했다.

그러나 왕은 얼마 후 측근들의 설득에 금방 마음이 달라져 결국 로마에 갔다. 그리고 어느 고관의 집을 찾아가서 대문 밖에서 기다리게 되자 비로소 카토의 말이 단지 현명한 사람의 충고가 아니라 신의 계시였다고 생각하게 되었다. 그리고는 그의 충고를 따르지 않은 자신의 실수를 후회하며 괴로워했다.

그러는 동안 키프로스의 프톨레마이오스는 독약을 마시고 자살을 해 버렸다. 이 일은 카토에게 뜻하지 않은 행운이었다. 그런데 왕이 막대한 재산을 남겼다는 보고를 받고, 카니디우스가 미덥지 않아 조카인 브루투스[10]를 키프로스로 보냈다. 그리고 자신은 원래의 계획대로 비잔티움으로 가서 그곳 사람들과 망명자들을 화해시키고 질서를 잡은 다음 곧바로 키프로스를 향해 출발했다.

키프로스에는 왕이 남긴 재산과 온갖 보물들, 값비싼 그릇과 가구, 그리고 자줏빛 염료들이 산처럼 쌓여 있었다. 카토는 이것들을 모두 돈으로 바꾸고 싶었다. 그래서 그는 일을 정확하게 처리하고 되도록이면 많은 값을 받기 위해 물건을 파는 자리에 반드시 참가하며 치밀하게 계산을 했다. 이때 그는 시장의 상인들은 물론 사무원이나 경매인, 물건을 사는 사람, 그리고 친구들까지도 의심스러워 자신이 직접 물건을 살 사람을 만나 흥정을 했다. 이렇게 되자 그의 친구들은 카토의 행동에 대해 몹시 분노했다. 특히 가장 가까운 친구였던 무나티우스는 거의 절교를 하다시피 했다. 그래서 카이사르는 나중에 카토를 공격하는 글을 쓸 때 이 일을 가장 심한 공격의 재료로 이용했다.

그러나 무나티우스의 말에 의하면, 카토와 사이가 나빠진 것은 그가 자기를 의심했기 때문이 아니라 도리어 자신에 대한 무관심과 카니디우스에 대한 자신의 시기 때문이었다고 말하고 있다. 무나티우스도 카토에 대해 글을 썼는데, 트라세아는 주로 그의 글을 인용하고 있다. 무나티우스는 다음과 같이 얘기를 하고 있다.

그는 다른 사람들보다 조금 늦게 키프로스에 도착했다고 한다. 그런데 가서 보니 자신을 위한 숙소가 변변치 못했다. 그래서 그는 카토를 찾아갔는데, 그때 마침 카토는 카니디우스와 개인적인 의논을 하느라고 그를 만나 주지 않았다. 나중에 그는 카토에게 지나는 말로 불평을 했는데, 카토는 거친 말투로 이렇게 말했다고 한다.

"테오프라스토스의 말처럼 지나친 사랑은 증오로 변하기 쉬운 법이라네. 그런데 자네는 나를 지나치게 생각하고는 내가 자네를 덜 생각해 준다고 오해를 하고 있군 그래. 그러나 내가 카니디우스에게 일을 맡긴 건, 그 사람이 제일 먼저 여기에 도착했고, 그동안 정직하고 성실하게 일했기 때문이라네."

---

10) 카토의 정적이었던 카이사르파에 속해 있었으나 나중에 카이사르를 죽인다.

무나티우스의 말에 의하면 이 이야기는 단 둘이 있을 때 한 얘기였는데, 나중에 카토는 이 일을 다시 카니디우스에게 말해 버렸다고 한다. 그래서 무나티우스는 그 뒤부터 카토와 저녁식사를 하려 하지 않았고, 공적으로 의견을 물어와도 대답하지 않았다고 한다. 카토는 상관이 명령을 어긴 부하를 처벌하는 로마의 관례에 따라 그의 재산을 몰수하겠다고 협박을 했다. 그러나 무나티우스는 배를 타고 로마로 가 버렸으며 그 뒤로 오랫동안 카토에 대한 원망을 가지고 있었다.

그런데 나중에 카토가 로마에 귀국하자, 그때 카토와 함께 살고 있던 그의 아내 마르키아가 우연인 것처럼 두 사람을 만나게 했다. 바르카의 집에서의 저녁 식사에 두 사람을 초대했는데 카토가 제일 늦게 도착했다. 그가 자기는 어느 자리에 앉으면 좋겠느냐고 주인인 바르카에게 물었다.

"어디든 앉고 싶으신 곳에 앉으십시오."

카토는 이러저리 돌러보다가 무나티우스 옆자리에 앉았다. 그러나 다 끝날 때까지 그에게 그 이상의 호의는 보이지 않았다.

그 뒤 카토는 마르키아의 권유를 받아 무나티우스에게 만나고 싶다는 편지를 보냈다. 편지를 받아본 무나티우스는 아침 일찍 카토를 찾아왔다. 카토는 무나티우스를 끌어안으며 반가워했다. 그렇게 해서 두 사람은 오랫동안의 오해를 풀고 다시 화해를 하게 되었다.

내가 이런 사사로운 이야기를 자세하게 쓰는 것은 한 개인의 성품을 보여 주는 데는 오히려 이런 일들이 공적인 어떤 위대한 업적보다 그것을 잘 드러내준다고 생각하기 때문이다.

한편 카토는 프톨레마이오스 왕의 재산을 팔아 7천 탈렌트에 가까운 은화를 마련했다. 그는 먼 항해 중에 혹시라도 무슨 재난이 일어날까봐 돈궤를 많이 준비해 상자마다 2탈렌트 500드라크마씩 나누어 담았다. 그리고 긴 밧줄을 메고 그 한쪽 끝에 코르크를 동여맸다. 만일 난파당하더라도 코르크는 물 위에 떠오르므로 쉽게 찾아낼 수 있게 하려는 것이었다. 이렇게 해서 이 은화들은 로마까지 안전하게 운반되었다.

카토는 직무수행에 관한 내용을 세세히 기록한 책 두 권을 만들었지만, 안타깝게도 모두 잃어버리고 말았다. 두 권 중 하나는 자유민인 필라르기루스에게 맡겼는데, 그가 탄 배가 그만 켄크레아이 항구를 출발한 뒤 침몰하여 배와 책과 화물들 모두를 잃고 말았다. 다른 한 권은 카토 자신이 보관하여 코르키라 섬까지 가지고 나왔지만,

그곳 시장에 천막을 치고 있던 뱃사람들이 추워서 불을 지피다가 그만 천막에 옮겨 붙는 바람에 타 버리고 말았다.

하지만 프톨레마이오스의 가신 몇몇이 그의 성실성을 증명하여 정적들의 중상을 막을 수 있었다. 그러나 그 책을 만들었던 것은 자신의 성실성을 보여 주려는 게 아니었다. 그는 다른 것들에 대한 정형으로서 그것을 만들었다. 그래서 그는 무척 안타까워했다.

카토가 배를 이끌고 강을 올라온다는 소식이 로마에 전해지자, 로마에서는 모든 고관들과 제관, 원로원 의원, 그리고 대부분의 시민들이 모두 강가로 나와 그를 환영했다. 티베르 강의 양쪽 언덕은 사람들의 물결로 발 디딜 틈도 없었다. 카토의 입성은 어떤 개선식에도 뒤지지 않는 훌륭한 것이었다.

그러나 두 집정관과 법무관들이 환영하기 위해 나왔음에도 불구하고, 그는 배를 멈추지도 배에서 내리지도 않았을 뿐 아니라 6열의 노를 가진 가장 훌륭한 배를 타고 거침없이 강을 거슬러 올라가 배를 선창에 대었다. 이것을 보고 카토가 너무 도도하다고 생각하는 사람들도 적지 않았다. 그러나 배에서 은화를 내려 옮겨가는 광경을 보자 사람들은 그 엄청난 양에 놀라고 말았다.

원로원 회의가 소집되자, 그들은 카토의 업적을 높이 칭송하면서 그를 특임법무관[11]으로 임명했다. 그리고 공적인 행사에 참가할 때 자줏빛 단을 두른 긴 외투를 입을 수 있는 영광스러운 자격을 주었다. 그러나 카토는 모든 영예를 거절했다. 그리고는 프톨레마이오스의 신하인 니키아스가 매우 성실하고 부지런한 사람이라면서 그에게 자유를 달라고 원로원에 요청했다.

그 해의 집정관은 마침 카토의 장인인 필리푸스였기 때문에 그는 어느 정도 혜택을 입고 있었다. 또 한 사람의 집정관도 필리푸스가 친족으로서 카토를 아낀 것에 못지 않을 만큼 그를 소중히 생각했고 그의 미덕을 존경했다. 또한 클로디우스에게 쫓겨나 망명 생활을 하던 키케로가 다시 돌아와 민중들에게서 지지를 얻고 있었다. 그는 클로디우스가 없는 틈을 타서 카피톨리누스에 가서 클로디우스의 호민관 재직 기록을 강제로 빼앗아갔다. 이 문제로 원로원 회의가 열리게 되었다. 여기서 클로디

---

11) 법률상의 자격에서 나이에 미달되었는데도 특별히 임명하는 정무관이다. 이때는 기원전 56년, 즉 그의 나이 38세 때의 일이므로 법률에서 정한 나이보다 2년이 모자랐다.

우스가 키케로의 잘못을 고발하자 키케로는 이렇게 반박했다.

"클로디우스는 부정한 수단을 써서 호민관이 되었으니 그가 호민관을 지내면서 한 일은 모두 무효요."

그러나 카토가 그의 말을 가로막으며 말했다.

"나도 클로디우스가 한 일에 대해 찬성하는 것은 아니오. 그러나 만일 클로디우스가 호민관으로 있을 때 한 일을 모두 무효로 만든다면 내가 키프로스에 가서 했던 일까지 모두 무효가 되어 버리고 말 것이오. 생각해 보시오. 나를 키프로스에 보낸 사람이 불법적으로 호민관이 된 사람이라면 내가 그곳에 간 것도 법에 어긋나는 일이 아니겠소? 클로디우스가 호민관이 된 것은 불법이 아니오. 귀족이었던 사람이 평민의 양자가 되어 신분을 바꾸는 것은 법에서도 허가하고 있는 것이오. 그리고 만약 그 사람이 부정한 정치를 했다면 그것은 그 사람에게 책임을 따질 일이지 그의 공직 경력까지 무효로 만들 수는 없는 것이오."

키케로는 카토의 이같은 말에 무척 노여워하여 한동안 절교를 했다가 나중에야 다시 화해를 했다. 이런 일이 있은 뒤 폼페이우스와 크라수스는 알프스를 넘어온 카이사르와 협정을 맺고 다음과 같은 계획을 세웠다. 즉, 이 두 사람은 카이사르의 협력으로 다시 집정관에 입후보하여 그들이 집정관이 되면 카이사르를 5년간 더 유임시키며, 이것을 위한 군자금을 대준다는 내용이었다. 사실 이러한 협약은 제국을 마음대로 나누어 가지는 불순한 음모에 지나지 않았다.

그때 집정관으로 출마한 사람들 중에는 고결한 인품을 갖춘 명사들도 많았다. 그러나 그들은 폼페이우스와 크라수스가 함께 출마하여 선거 운동을 벌이는 것을 보고는 그만 겁을 먹고 출마를 포기해 버렸다. 다만 카토의 누이인 포르키아의 남편이었던 푸키우스 도미티우스만이 끝까지 포기하지 않고 남아 있었다. 그는 카토로부터 격려의 말을 들었다.

"절대 출마를 포기하거나 양보하지 마시오. 이것은 집정관이라는 직위를 얻는 것이 아니라 로마의 자유를 구한다는 데 그 진정한 목적이 있는 것이오. 그러니 끝까지 싸움을 포기해서는 안 되오."

또 바른 생각을 가지고 있는 사람들이면 누구나 이렇게 수근거렸다.

"폼페이우스와 크라수스가 나란히 집정관이 되어 결탁을 한다면 그 권력도 도저히 막을 수 없을 만큼 커질 것이오. 그렇게 되면 그들이 어떤 불법적인 횡포를 저지를지 모르오. 이건 나라를 위해서도 매우 위험한 일이오. 그러니 적어도 한 사람은 반드시 낙선시켜야 하오."

그래서 이들은 도미티우스를 격려하였고, 겉으로 드러내지는 못했지만 많은 시민들이 그에게 은밀한 협조의 뜻을 전했다.

폼페이우스와 크라수스는 이 일을 무척 염려하고 있었다. 그래서 그들은 도미티우스 일행이 새벽에 횃불을 들고 선거장인 군신의 신전에 들어가는 것을 기다려 기습해 버렸다. 뜻밖의 공격을 받은 이들 일행 중에 맨 앞장서서 횃불을 들고 있던 사람이 쓰러져 죽고, 많은 사람들이 부상을 당했다. 그리고 카토와 도미티우스만을 남겨둔 채 모두 뿔뿔이 도망가 버렸다. 팔에 부상을 입은 카토는 도미티우스를 붙잡고 이렇게 말했다. "목숨이 붙어 있는 한 자유를 위한 이 싸움을 포기해서는 안 됩니다. 이런 만행을 일삼는 놈들이 정권을 잡게 된다면 과연 이 나라는 어떻게 되겠소? 도미티우스, 힘을 내고 일어서시오."

그러나 도미티우스마저도 기가 꺾여 집으로 도망치고 말았다. 이렇게 해서 폼페이우스와 크라수스는 그들의 계획대로 나란히 집정관에 당선되었다. 그러나 카토는 결코 그들을 두려워하지 않고 다시 법무관에 출마하였다. 그들과 맞서 싸우려면 한낱 개인의 신분으로 행동하기보다는 적어도 공식적인 지위가 필요하다고 생각했기 때문이다. 이 일 때문에 폼페이우스와 크라수스는 새로운 걱정에 휩싸이게 되었다. 아무리 법무관의 직위라 해도 그것을 카토가 갖게 된다면 집정관 못지 않는 권위를 얻게 되리라는 것을 알고 있었던 것이다. 그래서 그들은 여러 의원들에게 미리 알리지도 않은 채 갑자기 원로원 회의를 소집하여 그들의 제안을 통과시켜 버렸다. 그때까지의 법률에는 법무관에 뽑혔어도 선거 기간 중 금품을 제공한 일이 있으면 일정한 기한 내에 고발을 하고 그 기간이 지나간 다음에야 직무를 시작할 수 있게 되어 있었다. 그런데 그들은 이 법률을 고쳐서 앞으로는 법무관으로 당선되는 즉시 직무를 보도록 만들었다.

이렇게 해서 마음대로 돈을 쓸 수 있는 터전을 만들어 놓은 그들은 자신들의 심복과 부하들을 법무관 후보로 내세우고, 민중들에게 돈을 뿌리며 투표 현장을 감시했다. 그러나 그들이 이렇게 비열한 방법을 써도 카토의 높은 덕과 명성을 당해 낼 수는 없었다. 왜냐하면 시민들은 자신들이 카토에게 돈을 써서라도 법무관이 되어 달라고 애원할 판에, 돈을 받고 그를 배신한다는 것은 있을 수 없는 일이라고 생각했기 때문이다.

이렇게 해서 카토는 로마의 3부족 중 첫 번째 부족의 지지로 승리를 거두었다. 그러자 폼페이우스는 치지도 않은 천둥이 쳤다며 선거를 중단시키고 해산을 명령했다. 로마에서는 천둥이 치면 나쁜 징조로 생각하고 의결을 하지 않는 풍습이 있었기 때문이었다. 다음 투표에서 그들은 돈을 물쓰듯이 쓰면서 선량한 시민들을 선거장에서 몰아내고, 그중에는 아예 폭력까지 써서 카토가 아닌 바티니우스[12]를 법무관으로 당선시켰다. 이때 돈에 눈이 멀어 부정 투표를 한 사람들은 모두 허둥거리며 도망을 쳤다고 한다.

호민관 한 사람이 울분을 참지 못하는 민중들을 모아 회의를 열었다. 그러자 카토는 마치 신의 계시라도 받은 듯 그들에게 이렇게 말했다.

"앞으로 이 나라에는 재난이 몰아닥칠 것입니다. 폼페이우스와 크라수스가 그런 악랄한 흉계를 꾸미고 있으니 여러분은 부디 나라를 구하기 위해 싸우십시오. 그래서 그들은 내가 법무관에 당선되는 것을 두려워했습니다."

얘기를 마친 카토는 새로 당선된 법무관들을 따라간 사람들보다 더 많은 사람들에 둘러싸여 집으로 돌아갔다.

새로 법무관이 된 카이우스 트레보니우스는 두 집정관에게 각각 스페인과 아프리카, 시리아와 이집트를 갖게 하고 또 마음대로 전쟁을 일으킬 수 있는 권한을 주자는 법안을 내놓았다. 이 법안이 제출되자 거의 모두가 반대할 생각조차 하지 못한 채 잠자코 있기만 했다. 이 법안을 투표에 붙이기 전에 카토는 연단에 올라가서 발언할 기회를 달라고 했다. 심한 말싸움 끝에 카토는 두 시간 동안의 연설을 허락받았다. 그는 시민들을 훈계하기도 하고 각성시키기도 하면서 조리있게 연설을 했다. 그러나 앞으로 밀어닥칠 일들을 염려하며 열변을 토하는 동안 정해져 있던 두 시간이 모두 지나가고 말았다. 그러자 경비병 한 사람이 올라와 카토의 연설을 중단시키고 그를 연단에서 강제로 끌어내렸다. 그러나 카토는 경비병에게 끌려내려가는 순간까지 커다란 소리로 연설을 계속했다. 많은 청중들은 그러한 카토의 이야기에 귀를 기울이며 고개를 끄덕였다.

---

12) 기원전 59년에 호민관, 55년에는 법무관을 지냈다. 그 뒤 갈리아에서 카이사르의 부하로 있다가 47년에 집정관에 당선되었다.

그러자 경비병은 카토를 끌어다가 바깥으로 밀어냈다. 그는 경비병이 몸에서 손을 떼자마자 다시 고함을 지르면서 연단으로 올라가 시민들에게 궐기하라고 호소했다. 끌어내면 올라가고, 또 끌어내면 또 올라가기를 반복하자 트레보니우스는 화가 나서 그를 감옥에 넣으라고 명령했다. 그러자 군중들은 감옥으로 끌려가고 있는 카토를 뒤따르면서까지 그의 이야기에 귀를 기울였다.

군중들 모두가 가세하는 것을 보자 트레보니우스도 그만 겁이 났다. 그래서 그는 카토를 석방시키고 연설을 계속하도록 했다. 그렇게 해서 그날 하루는 카토의 연설로 끝이 났다.

그러나 시민들은 이 일이 있은 뒤 몇 주일 동안 모두 협박이나 뇌물에 넘어가 버리고 말았다. 또 호민관 아퀼리우스를 원로원 안에 감금하고, 천둥이 친다고 외치는 카토를 공회장에서 쫓아 버렸다. 이런 소동으로 여러 사람이 다치고 몇 사람이 사망했지만 그들은 강제로 법안을 통과시켰다. 그러자 많은 시민들은 울분을 참지 못하고 폼페이우스의 동상을 쓰러뜨리려고 했다. 그러나 카토는 달려가서 그들의 행동을 말렸다. 다시 또 다른 법안이 제출되었는데, 이것은 카이사르의 영지와 군대에 대한 법안이었다. 이때 카토는 사람들에게 호소하지 않고 폼페이우스를 직접 찾아가 이렇게 경고했다.

"당신은 지금 카이사르를 등에 짊어질 셈이요? 지금은 모르겠지만 곧 그것은 짐이 되어 당신을 헐떡거리게 만들 거요. 그렇지만 그때는 이미 벗어 버릴 힘도 없어서 쓰러질 수밖에 없을 거요. 그리고 만약 당신이 그렇게 쓰러지는 날에는 이 나라도 멸망하게 될 것이오. 그 날이 되면 아마 내가 했던 말이 생각나게 될 겁니다. 이 말은 정의를 위해 하는 말이지만, 당신에게도 퍽 유익한 말이 될 거요."

폼페이우스는 카이사르의 세력이 그렇게까지 커지리라고는 생각하지 못했다. 또 그는 자기의 행운과 권세를 지나치게 믿고 있었기 때문에 카토의 이런 충고가 귀에 들어오지 않았다.

카토는 다음 해에 법무관에 당선되었다. 그러나 카토는 그 직위에 명예와 신뢰를 더했다기보다는 오히려 자신의 특이한 기질 때문에 위신을 떨어뜨렸다고도 할 수 있다. 그는 흔히 신발도 신지 않고 겉옷도 입지 않은 채 재판소로 나가기가 예사였다. 그리고 그런 복장으로 중대한 재판을 진행했으며, 아침 식사 후 술을 마시고 냄새를 풍기면서 정무를 보았다는 이야기도 떠돌았다. 그러나 그런 악평들은 사실이 아니었다.

그즈음 시민들은 나쁜 습관이 길이 들어 돈을 받고 자신의 표를 파는 데도 별로 양심의 가책을 느끼지 않았으며, 오히려 그것을 버젓한 생계 수단으로 생각하기도 했다.

카토는 제국을 좀먹는 이런 악습들을 뿌리뽑기 위해 원로원을 설득하는 등 많은 애를 써 관직에 있는 자가 선거시의 부정행위를 고발당하지 않더라도 자기 자신이 재판소에 나가 선거에 부정이 없었음을 선서하도록 하는 법령을 통과시켰다. 그러나 선거에 출마하는 사람들은 모두 이 법령을 못마땅하게 여겼고, 뇌물을 받아먹는 민중들은 이것을 더욱 탐탁지 않게 여겼다.

어느 날 아침 카토가 재판소로 나가고 있을 때, 많은 군중들이 카토에게 몰려와 욕설을 퍼부으며 돌을 던지는 소동이 일어났다. 이 때문에 재판소에 있던 사람들은 전부 도망을 가 버리고, 카토는 사람들에게 밀리다가 겨우 난간을 붙들고 올라갔다. 그는 조금도 두려워하는 기색을 보이지 않으며 위엄 있는 태도로 시민들을 훈계했다. 시민들은 그의 이러한 태도에 압도되어 다시 질서를 잡았다. 그 뒤 원로원이 이 일로 카토에게 찬사를 보내자 카토는 오히려 이렇게 비아냥거렸다.

"나는 여러분들에게 찬사를 드릴 수가 없소. 여러분들은 위험에 빠진 법무관을 구하려고도 하지 않으니까요."

그러나 공직에 출마하려던 사람들은 모두가 곤란한 처지에 빠지게 되었다. 뇌물을 쓰기도 무섭고, 그렇다고 자기만 안 쓰면 낙선될 것이 뻔했기 때문이었다. 그래서 그들은 모두 한 곳에 모여, 각각 12만 5천 드라크마씩 걸고 공명정대한 선거 운동을 벌이기로 약속했다. 만약 이 약속을 어기는 사람이 있으면 이 돈을 되돌려 받지 못한다는 조건을 덧붙였다. 그들은 이 협정의 감독관으로 카토를 세우고, 그에게 돈을 들고 가서 협정서에 모두 서명을 했다. 그러나 카토는 돈을 받지 않고 그 대신 입후보자가 약속을 어겼을 때는 보증인들이 돈을 내겠다는 각서만 받았다.

선거날이 되자 카토는 선거를 관리하는 호민관들과 나란히 앉아 투표의 진행을 감시하고 있었다. 그런데 협정을 맺었던 사람 중 하나가 약속을 위반하여 부정을 저지르는 것을 보고, 나머지 입후보자들에게 돈을 지불하라고 명령했다. 그러나 그들은 카토의 공정함을 칭찬하면서, 부정을 밝혀낸 것만으로도 충분하니 돈은 받지 않겠다고 했다.

이 일은 카토에게 더 큰 명성을 안겨다 주었지만, 그 대신 많은 시기를 면할 수 없게 되었다. 그가 마치 원로원이나 재판소의 권력을 한 몸에 지닌 듯이 비추어졌기 때문이었다. 모든 미덕 중에서도 가장 으뜸이 되는 것은 정의로움 때문이다. 세상 사람들은 흔히 용감한 사람들을 존경하며, 지혜로운 사람들에게 감탄을 하지만, 정의로운 사람에게는 그것 외에도 사랑과 믿음이 더해진다. 결국 사람들은 용감한 자를 두려워하고, 지혜로운 사람을 잘 믿지 않는다. 용기와 지혜는 사람이 타고나는 성품에 속하지만, 정의는 그 사람의 의지로 만들어진다. 그리고 용기는 정신의 강한 힘을 말하는 것이고, 지혜는 성격상의 예민함을 뜻하는 것이지만, 정의는 굳건한 지조에서 나오는 것이다. 그러므로 자기의 의지로 정의를 선택한 사람은 정의가 아닌 것은 결코 용서할 수 없는 죄악이라고 생각하며 이것을 혐오하는 법이다.

사람들은 이런 이유로 카토의 행동이 자신들을 질책하고 단속하는 것이라고 생각했으며, 그런 만큼 더 큰 시기심을 가졌다. 그 중에서도 특히 폼페이우스는 카토의 명성이 자신의 파멸을 의미한다고 생각하여, 언제나 그의 행동에 반대하고 나섰다. 선동가 클로디우스도 바로 그런 사람들 중의 하나였다.

클로디우스는 폼페이우스와 다시 손잡고 카토를 비방하고 공격하는 일에 언제나 앞장섰다.

"카토는 키프로스에서 발견한 많은 보물을 자기의 재산으로 만들었소. 그리고 카토가 폼페이우스를 그토록 미워하는 것은 그가 카토의 딸과의 결혼을 거절했기 때문이오."

카토는 이 말에 대해 다음과 같이 반박했다.

"나는 단 한 필의 말도, 단 한 명의 병사도 없이 키프로스로 갔소. 그러나 폼페이우스가 많은 전쟁과 승리 후에 가져온 것보다 더 많은 보물을 가지고 돌아왔소. 그리고 나는 폼페이우스와 인연을 맺으려고 생각해 본 적은 한 번도 없소. 그 사람이 훌륭하지 않아서가 아니라 그와 나의 의견이 다르기 때문이었소. 또 나는 법무관을 지낸 뒤 많은 속주를 주겠다고 했을 때도 그 자리에서 사양했었소. 그러나 그는 여러 곳에 속주를 가지고 있었고, 다른 사람들에게도 속주를 마음대로 나누어 주었소. 또 그는 시민들이 원하지도 않았는데 마음대로 갈리아 지방에 6천 명의 군대를 보내 카이사르에게 주었고, 이 일에 대해 여러분들의 의견도 물어보지 않았소. 그는 이처럼 많은 군대와 무기와 말을 마치 자기 것처럼 함부로 주고 받았을 뿐 아니라, 장군과 총독의 칭호를 가지고 있으면서도 군대와 속주를 다른 사람에게 맡기고는 로마에 머물러 선거에 소란을 일으키고 있소. 이러한 여러 가지 사실들로 미루어 볼 때 그는 이 나라를 무질서한 상태로 몰아넣어 전제 군주가 되려는 공작을 꾸미고 있다는 것은 의심할 여지가 없소."

카토에게는 마르쿠스 파보니우스라는 친구가 있었는데, 그는 팔레룸의 아폴로도로스가 소크라테스를 존경했던 것처럼 카토를 숭배했다고 한다. 그러므로 그에게 있어서 카토의 말 한 마디는 마치 독한 포도주처럼 강력하게 작용했다. 그는 카토의 사상에 완전히 도취되었고 거의 광적으로 폼페이우스를 공격했다고 한다.

바로 이 파보니우스가 조영관에 입후보했을 때 거의 낙선될 처지에 놓여 있었다. 그때 카토가 같은 사람의 필적으로 씌어진 무더기 표를 발견하여 호민관에게 알려 개표를 중지시켰다. 후에 파보니우스는 조영관에 당선되었다.

카토는 파보니우스의 직무를 여러 가지로 도와주었다. 극장에서 벌어지는 각종 행사의 관계자에게 상으로 금관을 주는 대신 올림픽 경기에서처럼 월계관을 씌워 주게 했다. 또 여러 가지 고상한 물건들 대신, 그리스 사람에게는 사탕무, 상추, 무나 배 등을 주었고, 로마인에게는 질그릇 술잔, 돼지고기, 무화과, 호박, 그리고 땔나무 등을 상품으로 주게 했다.

어떤 사람들은 카토를 비웃기도 했다. 어떤 이들은 평소에 보이던 심각한 표정 속에 숨은 그의 온화함에 존경을 감추지 못했다. 파보니우스는 군중들과 섞여 앉아 그에게 박수를 보내면서, 자신의 권한을 모두 카토에게 맡긴 것을 기쁘게 생각하였다.

그때 마침 다른 극장에서는 파보니우스의 동료인 쿠리오가 성대한 행사를 벌이고 있었다. 그러나 사람들은 그 호화로운 행사에는 별로 가지 않고, 파보니우스가 구경꾼처럼 앉아 있고 카토가 주최하고 있는 이 행사장으로 모두 몰려들고 있었다. 카토가 이런 방법을 쓴 것은 오락을 위한 행사에 지나친 비용을 들이는 것을 비웃고, 적은 비용을 들이고 소박한 상을 주더라도 사람들이 유쾌하게 즐길 수 있으면 된다는 것을 보여 주려는 것이었다.

그 뒤 스키피오와 힙사이우스, 그리고 밀로가 집정관 후보로 나섰는데, 이때는 경쟁이 너무나 치열해서 돈으로 표를 매수하는 정도의 방법으로는 도저히 당선이 될 수 없을 정도였다. 그래서 이들은 폭력과 살인을 예사로 일으키면서 전쟁이라도 일으킬 듯한 기세를 보였다.

그러자 사람들은 폼페이우스에게 선거를 관리하게 하자는 제안을 내놓았다. 카토는 처음부터 반대하고 나섰다. 폼페이우스가 나라의 법을 보호하는 것이 아니라 그가 법의 보호를 구해야 한다는 것이었다.

그러나 혼란 상태가 오랫동안 계속되고 세 파의 군대가 날마다 포룸을 점령하여 소요가 끝날 기미를 보이지 않았다. 카토는 극단적인 상황에 빠지는 것보다는 폼페이우스에게 이 일을 맡기는 편이 낫겠다고 생각하고 그 제안에 동의를 했다. 더 큰 불법을 막기 위해서는 차라리 작은 불법을 저지르는 편이 나으리라고 생각한 것이었다. 즉, 그는 이러한 정파 싸움이 난리를 초래하기 전에 스스로 군주제를 실시하는 편이 현명할 것이라는 판단을 내린 것이다.

"폼페이우스를 1인 집정관으로 선출합시다. 그러면 그는 이 사태를 수습하거나 아니면 독재를 실시할 것입니다. 그러나 독재를 받더라도 가장 나은 사람의 독재를 받게 될 것입니다."

그래서 카토의 친구인 비불루스가 이런 동의안을 제출했을 때, 그는 사람들의 예상과는 달리 뜻밖에 이 제안에 찬성의 뜻을 나타냈다.

"정부가 없는 것보다는 혼란한 정부라도 있는 것이 낫지요. 지금 이 혼란한 사태를 가장 잘 수습할 사람은 폼페이우스밖에 없습니다. 그는 기대에 어긋나지 않게 자신의 임무를 성실히 수행해 줄 겁니다."

1인 집정관이 된 폼페이우스는 별장으로 카토를 초대했다. 카토가 도착하자 폼페이우스는 정답게 손을 마주 잡으며 기쁘게 맞아들였다.

그는 자기에게 베풀어준 카토의 은혜에 대해 감사의 말을 전한 다음 앞으로 정무에 있어서 많은 도움을 달라고 부탁했다. 카토는 대답했다.

"내가 지금까지 당신에 대해 한 말은 결코 개인적인 감정 때문이 아니었고, 또 이번에 내가 한 말도 당신의 호의를 얻으려고 한 것이 아니오. 내가 한 모든 일은 오직 나라를 위한 생각에서 나온 것이었소. 그러니 나는 개인적으로 의견을 물어보지 않더라도 내 의견을 말할 것이오."

카토는 과연 이 말을 그대로 실천했다.

그 첫 번째는, 폼페이우스가 과거에 금권 선거를 한 자들을 조사하여 엄격한 처벌을 내리자는 새 법률을 제안했을 때였다. 그때 카토는 이렇게 충고했다.

"지난 일을 들추어낼 것이 아니라 앞으로 닥칠 일을 생각하고 미리 준비를 해 두어야 합니다. 만일 지난 일을 따지기 시작한다면 어느 때까지 올라가야 할지 결정짓기가 곤란합니다. 또 그런 일이 이미 벌어진 뒤에 생긴 법의 제재를 받아야 한다면,

그 당시로서는 죄가 아니었던 일로 벌을 받게 되는 것이니 당사자로서는 억울하다고 생각할 수밖에 없을 것입니다."

또 많은 유명 인사들이 재판을 받게 된 일이 있었는데, 그들 중에는 폼페이우스의 친구와 친지들도 끼어 있었다. 폼페이우스는 그들을 보호해 주려고 했다. 그러자 카토는 폼페이우스를 날카롭게 공격하여, 그가 더 이상 그런 일을 못하도록 만들었다.

그리고 폼페이우스는 재판을 받고 있는 사람들을 변호하는 글을 제출하지 못하도록 법을 만들어 놓고도, 무나티우스 플란쿠스가 재판을 받고 있을 때 그를 위한 글을 써서 법원에 제출한 일이 있었다. 그때 재판관의 한 사람으로 있던 카토는 귀를 막고 그것을 듣지 않았다. 플란쿠스는 카토에게 항의를 했지만, 그는 결국 유죄 판결을 받았다. 그래서 피고인들은 카토가 재판을 맡는 것을 몹시 싫어하게 되었다. 그렇고 해서 카토를 제외시켜 달라고 요구할 수도 없는 노릇이었다. 왜냐하면 그렇게 했다가 부정을 스스로 인정한다는 의심을 받게 되어 유죄 판결을 받은 사람이 한둘이 아니었기 때문이다. 또 어떤 사람은 카토를 꺼리다가 상대로부터 더 심한 공격을 받는 일도 많았다.

그즈음 카이사르는 갈리아에 계속 머물러 있었다. 그러나 그는 선물이나 돈, 그 밖의 모든 수단을 써서 로마에서의 세력을 키우려 하고 있었다. 폼페이우스도 드디어 위험이 눈 앞에 다가온 것을 깨닫고, 카토의 충고를 떠올리지 않을 수 없었다. 그러나 폼페이우스는 아무런 대책도 세우지 못한 채 시간만 보내고 있었다. 이것을 보고 참다 못한 카토는 자신이 직접 집정관에 입후보했다. 카이사르의 군대를 빼앗거나 그의 음흉한 계획을 폭로해야 한다는 생각이었던 것이다. 그때 카토와 함께 집정관에 출마한 사람들도 결코 신망이나 권위에서 그에게 뒤지지 않는 인물들이었다.

그 중 한 사람인 술피키우스는 사실 카토의 후광으로 자라다시피한 사람이었다. 따라서 그가 카토와 경쟁을 하는 것은 은혜나 의를 저버린 행동이라고 생각할 수밖에 없었다. 그러나 카토는 이것을 조금도 불쾌하게 생각하지 않았다. "아니, 도대체 뭐가 잘못됐다는 거요? 자기가 가장 소중하게 생각하는 것을 다른 사람에게 양보하지 않는 것은 지극히 당연한 일이오."

그런데 카토는 이보다 먼저 다음과 같은 법안을 원로원에 제출하여 통과시켰다. 모든 입후보자의 선거운동원들은 절대 선거 연설을 할 수 없고, 다만 후보자가 직접 유권자들 앞에서 연설하는 것만 허락된다는 내용이었다. 그러나 카토는 이 법률 때문에 평민들로부터 원성을 샀다. 평민들은 돈을 받아먹을 기회를 빼앗겼을 뿐만 아니라 평소에 돈을 준 사람들에게 보답할 길도 막혀 버렸기 때문이었다.

카토는 또 유권자들에게 연설을 할 때에도 표에는 별로 신경을 쓰지 않고 자기의 위엄을 유지하는 데만 노력을 기울였다. 그는 유권자들에게 입후보자다운 인사도 하지 않았고, 친구들이 유권자들의 인기를 모으는 방법을 쓰는 것도 허락하지 않았다. 그는 결국 선거에서 낙선하고 말았다.

선거에서 지면 본인은 물론 그의 친구나 친척들도 어느 정도 부끄러워하며 한동안은 슬픔에 잠기는 일이 보통이다. 그러나 카토는 조금도 실망하거나 부끄러워하지 않았을 뿐 아니라 오히려 아주 태연한 모습을 보여 주었다. 그는 여느 때와 다름없이 몸에 향유를 바르고, 광장에 나가 공놀이를 했으며, 아침 식사를 한 다음에는 신발도 신지 않고 겉옷도 입지 않은 채 공회장에 나가 친구들과 산책을 하곤 했다.

웅변가 키케로는 카토의 태도를 이렇게 비난했다.

"지금 이 나라는 카토 같은 사람을 필요로 하고 있소. 그런데도 그는 시민들에게 가까이 다가가 표를 얻으려고도 하지 않았으며, 법무관에는 두 번이나 출마했으면서 집정관은 한 번에 포기해 버리고 말았소."

카토는 이렇게 대꾸했다.

"내가 법무관에 출마했다가 떨어진 것은 유권자들의 진정한 뜻이 아니라 저들이 저지른 폭력과 사악함 때문이었소. 그러나 집정관에 떨어진 것은 선거가 공정하게 치러졌음에도 불구하고 시민들이 내 태도를 못마땅하게 여겼기 때문이오. 그러니 같은 태도를 취해서는 같은 대접을 받을 수밖에 없다는 것을 알면서도 또 출마를 한다는 것은 현명하지 못한 일이라고 생각하오."

그때 카이사르는 위험을 무릅쓰고 호전적인 국가들을 공격하여 큰 전과를 올리고 있었다. 그런데 카이사르가 휴전 조약을 깨뜨리고 게르마니아를 습격하여 3만 명이나 죽였다는 소식이 들려왔다. 그러자 그의 친구들은 신께 감사의 제사를 올리고, 승리의 잔치를 베풀고 원로원에 제안을 했다. 그러나 카토는 먼저 기습을 당한 사람들에게 카이사르를 넘겨 주어 그들의 저주가 로마에 내리지 않도록 해야 한다고 말했다. 그리고 이렇게 덧붙였다.

"그러나 신들에게는 당연히 제사를 드려야 합니다. 장군이 저지른 미친 짓거리들이 우리에게 별로 내리지 않도록 신들께 빌어야 하니까 말입니다."

카이사르는 카토를 날카롭게 공격하는 글을 써서 원로원으로 보냈다. 그 편지가 낭독되자 카토는 자리에서 벌떡 일어섰다. 그리고는 화를 내지도 않고 개인적인 감정도 없는 듯한 차분한 표정으로, 마치 미리 준비라도 한 듯 조리있게 이야기를 시작했다.

그는, 카이사르의 공격은 단순히 사람을 모욕하자는 유치한 행동이라고 지적하고, 이어서 카이사르의 모든 정치적 행동을 처음부터 낱낱이 따져 그가 품고 있던 음모들을 밝혔다. 그러면서도 그는 적을 대하는 태도가 아니라 마치 함께 음모에 가담했던 사람처럼 차근차근히 이야기를 끌어갔다. 그리고 마지막에 이렇게 덧붙였다.

"지금 로마가 두려워해야 할 것은 브리타니아나 갈리아 인들이 아니라 바로 카이사르라는 것을 조금만 생각해 보면 알게 될 것입니다."

원로원 의원들은 카토의 말을 듣고 많은 것을 깨닫고, 카이사르에 대한 분노를 느꼈다. 이렇게 되자 카이사르는 괜히 편지를 써서 카토가 여러 가지 사실을 폭로할 기회를 만들어 주었다며 몹시 후회했다.

한편 원로원은 별다른 조치는 취하지 않고, 다만 그를 카이사르 후임으로 보내고 그를 소환하는 데 의견을 모았다. 그러자 카이사르의 지지자들은 폼페이우스가 그 속주와 군대를 내놓지 않는 이상 카이사르에게만 그것을 강요할 수 없다고 주장했다. 그들의 이야기를 듣고 카토는 이렇게 외쳤다.

"자, 이제 내가 예언했던 일이 그대로 일어났다는 것을 알 수 있을 것이오. 지금 카이사르는 군대의 힘으로 원로원을 누르려 하고 있소. 기만과 강압으로 빼앗은 그 힘을 이제는 이 나라에 대해 쓰려 하는 것이오."

그러나 원로원 밖에 있는 시민들은 여전히 카이사르를 찬양하며 그가 정권을 잡게 될 날만 기다리고 있었다. 원로원도 카토의 제안에 마음으로만 찬성할 뿐 아무런 조치도 취할 수가 없었다.

드디어 카이사르가 아리미눔을 정복하고 군대를 끌고 로마를 향해 온다는 소식이 전해지자 사람들은 모두 카토를 찾아갔다. 이런 일이 일어나리라는 것을 미리부터 알고 카이사르의 속마음까지 꿰뚫어 보고 있었던 사람은 오직 카토뿐이었으므로 사람들은 그에게 기대를 걸 수밖에 없었다.

카토는 폼페이우스는 물론 모든 국민들이 자기만을 쳐다보고 있자 그들을 향해 이렇게 말했다. "여러분! 만약 나를 믿고 내 충고를 받아들였더라면 여러분은 지금 한 사람을 이토록 두려워하지는 않았을 겁니다. 또 한 사람에게 모든 희망을 걸어야 하지도 않았을 겁니다."

폼페이우스는 그제야 카토의 말을 깨닫게 되었다. 카토는 모든 것을 폼페이우스에게 맡기라고 원로원에 요청하면서 이렇게 말했다. "재난을 일으킨 사람이 다른 누구보다도 그것을 잘 마무리할 수 있을 거요."

그러나 충분한 병력도 없고 그나마 동원할 인원도 별로 없는 것을 보고 폼페이우스는 로마를 포기했다. 카토 또한 그를 따라가기로 결심을 하고 작은아들을 브루티움에 있는 무나티우스에게 맡긴 다음 큰아들만 데리고 길을 떠났다. 그런데 집과 딸들을 돌볼 사람이 필요했으므로 헤어졌던 마르키아를 다시 아내로 맞아들였다. 마르키아의 남편 호르텐시우스는 이미 죽고 없었다. 그녀는 많은 유산을 상속받아 혼자서 살고 있었다. 나중에 카이사르가 카토를 공격할 때 가장 심한 공격의 자료로 이 일을 이용했다. 그는 카토가 돈 때문에 헤어졌던 부인을 다시 맞아들였다고 비난을 퍼부었다.

"카토가 만약 아내를 필요로 했다면 왜 다른 사람에게 주었겠습니까? 그리고 만약 아내가 필요없다면 왜 다시 그 여자를 맞아들였겠습니까? 이건 카토가 처음부터 그의 아내를 미끼로 호르텐시우스를 끌어들일 속셈이 있었다는 얘깁니다. 그리고 그는 마르키아가 유산을 상속받을 때까지 일부러 기다렸던 겁니다."

여기에 대한 대답은 에우리피데스[13]의 시에서 찾을 수 있을 것이다.

알 수 없는 일에 관해 말하자면,
그 최고는 분명 헤라클레스의 비겁함일 것이다.

카토의 탐욕을 고소하는 것은 헤라클레스를 겁쟁이라고 비난하는 것과 같다. 어쨌든 카토는 마르키아를 다시 아내로 맞아들여 집과 딸들을 맡겼다. 그리고 자신은 폼페이우스를 따라 길을 떠났다. 카토는 그날부터 머리도 수염도 깎지 않고, 월계관을 쓴 일도 없었다. 그는 세상을 떠나는 날까지 자기 편이 이기거나 지거나 간에 항상 조국의 불행을 슬퍼하며 울분과 비애로 나날을 보냈다. 그는 시칠리아를 다스릴 책임을 맡아 곧 시라쿠사 시로 갔다. 그곳에서 아시니우스 폴리오가 적군과 함께 메세나에 왔다는 소식을 들었다. 카토는 그에게 사람을 보내 저쪽 편이 된 이유를 물어

---

13) 고대 그리스 3대 비극시인 중의 한 사람(BC 484~406).

보았다. 그러자 폴리오는 이 소동의 이유가 뭐냐고 오히려 반문하였다. 동시에 폼페이우스가 이탈리아를 포기하고 디라키움에 가 있다는 소식을 듣고, 신의 뜻은 도저히 알 수가 없다면서 한탄했다.

"폼페이우스는 의리에 어긋나거나 그릇된 일을 할 때는 언제나 승리를 거두지만, 이제 국가와 자유를 지키려 하니까 신이 저버리는구나."

카토는 폴리오쯤은 시칠리아에서 쫓아낼 수 있었지만 계속 지원군이 도착하고 있었고, 섬 전체를 전쟁의 불길 속에 몰아넣고 싶지 않았다. 그래서 그는 시라쿠사 사람들에게 어느 쪽이든 이기는 쪽과 협력해서 자신들의 안정을 지키라고 당부하고는 섬을 떠났다.

폼페이우스를 찾아간 그는 전쟁을 막으라고 권유했다. 그는 누구도 행동에 옮기지 않기를 바랐다. 누가 이기든지 간에 제국은 고통을 겪을 것이고, 그 자체로 파멸을 가져올 것이 불을 보듯 뻔한 일이었기 때문이었다.

카토는 폼페이우스를 설득해 로마에 복종하는 도시들은 약탈하지 못하며 전쟁터가 아닌 이상 로마 사람들을 죽이지 못하도록 법률을 정하게 했다. 이처럼 부드럽고 온건한 정책을 펴자 그는 큰 명성을 얻었으며, 그 때문에 많은 사람들이 폼페이우스 쪽에 가담하기 시작했다.

그 후 카토는 아시아에서 배와 군대를 모으고 있는 사람들을 돕기 위해 누이 세르빌리아와 그녀의 어린아들을 데리고 그곳으로 갔다. 그때 세르빌리아는 루쿨루스와 결혼했다가 미망인이 되어 늘 오빠인 카토를 따라다니며 돌보고 있었다. 그녀는 카토의 검소한 생활을 본받아 과거에 사람들의 입에 오르내리던 나쁜 소문들도 거의 다 씻어낼 수 있었다. 그러나 카이사르는 이 세르빌리아의 일까지 문제삼아 카토에 대한 험담을 만들곤 했다.

그런데 실제로 그곳에 가보니 카토의 도움은 별로 필요하지 않았다. 그래서 카토는 로도스 사람들을 설득시켜 폼페이우스 편에 가담시킨 다음, 그곳에 세르빌리아와 아이들을 남겨 두고 다시 폼페이우스에게 돌아갔다. 그때 폼페이우스는 대규모의 육군과 해군을 준비해 놓고 있었다.

그런데 폼페이우스의 본심이 드러나고 말았다. 처음에는 그는 해군을 카토에게 맡기려고 생각했다. 폼페이우스는 전투를 함선만 해도 5백 척이나 가지고 있었고, 그 밖의 배들까지 합하면 실로 엄청났다. 그런데 폼페이우스는 이미 했던 카토와의 약속을 깨뜨리고 비불루스를 해군 사령관으로 임명했다. 그것은 폼페이우스가 모든 압제로부터 자유를 되찾는 것이 카토의 최종 목표라는 것을 깨달아서였는지 아니면 부하들이 어떤 충고를 했는지는 알 수 없지만, 만일 카토에게 그런 역할을 맡겼다가는 카이사르를 이기는 바로 그날 자신의 군대를 카토에게 모두 빼앗길 것이라고 생각했기 때문이었다. 그러나 카토는 폼페이우스의 그런 속마음을 알면서도 전과 다름없이 그를 도와주었다.

디라키움에서 전투를 시작하기 전에 폼페이우스는 병사들의 사기를 복돋우기 위해 격려의 말을 하고 여러 장군들이 차례로 나와 연설을 하게 했다. 그러나 병사들은 그들의 말에 별로 귀를 기울이지 않고 아무 말 없이 가만히 있기만 했다. 끝으로 카토가 나왔다. 그는 자신의 철학을 담아 자유와 죽음, 명예 등에 대해 열변을 토했다. 그리고 마지막을 이렇게 끝맺었다.

"신이시여! 나라를 위해 결전을 벌이려는 이 장병들에게 신의 가호를 내려 주시고, 이들을 굽어 살펴 주십시오."

카토의 연설이 끝나자 병사들은 한꺼번에 함성을 질렀다. 그리고 다른 장군들도 희망을 갖게 되어 병사들을 이끌고 적을 향해 돌진했다. 그날 전투에서 폼페이우스 군은 카이사르 군을 크게 무찌르고 엄청난 피해를 안겨 주었다. 그러나 카이사르의 운명의 여신은 폼페이우스가 지나친 조심성 때문에 완전한 승리를 거둘 수 없도록 방해했다.

사람들이 모두 모여 승리의 기쁨에 들떠 있을 때, 카토는 혼자 눈물을 흘리고 있었다. 권력에 사로잡힌 사람들 때문에 로마인들끼리 서로를 죽이는 이 비참한 광경을 보아야 하는 것이 슬펐던 것이다.

폼페이우스는 카이사르를 뒤쫓아 테살리아로 가기 위해 진지를 철수했다. 그때 그는 디라키움에 많은 무기와 군량, 그리고 가족과 친지들을 남겨두고 카토에게 그들을 보호하는 임무를 맡겼다. 그러나 카토에게 준 병력이라고는 겨우 15개 보병대[14]에 지나지 않았다. 이것은 폼페이우스가 카토를 믿는 한편으로 그를 두려워했기 때문이었다. 그는 패배를 당해도 카토가 끝까지 자기와 있어줄 것이지만 승리를 거두었을 때 마음대로 일을 처리하지 못하게 방해할 것임을 잘 알고 있었다. 그래서 그는 카토 외에도 많은 병사들을 디라키움에 남겨 두었다.

---

14) 1개 보병대는 300~600명으로 구성.

파르살로스에서 폼페이우스가 패배했다는 소식을 듣자 카토는 마음속으로 결심했다. '폼페이우스가 전사했다면 내가 데리고 있는 사람들 모두 이탈리아로 보내 주고, 나는 조국 땅을 밟지 않을 것이다. 만일 그가 살아 있다면, 군대를 모아 보내 주리라.'

이런 생각으로 카토는 해군이 있는 코르키라로 가서 군대를 키케로에게 맡기려고 했다. 자신은 법무관을 지냈을 뿐이지만 키케로는 집정관을 지냈기 때문이다. 그러나 키케로는 카토의 청을 사양하고 이탈리아로 떠났다. 그러자 폼페이우스의 아들이 화를 내면서, 위험을 피해 도망가려는 자에게는 처벌을 내려야 한다고 주장했다. 그러나 카토는 그를 잘 타일러 키케로와 다른 사람들의 목숨을 구해 주었다. 카토는 파르살로스 전투에서 패배한 폼페이우스가 분명 이집트나 아프리카 쪽으로 도망했을 것이라고 짐작했다. 그래서 그는 그와 합세하기 위해 출항을 서두르는 한편, 따라오고 싶지 않은 사람은 모두 자유롭게 떠나라고 말했다.

카토가 아프리카 해안에 도착했을 때 그곳에서 폼페이우스의 작은아들인 섹스투스를 만나게 되었다. 그는 폼페이우스가 이미 이집트에서 숨을 거두었다는 소식을 전해주었다. 이 소식을 들은 군사들은 모두 대단한 실망에 빠졌다. 그리고 폼페이우스가 죽은 지금 카토만이 자신들의 지도자가 될 수 있다고 선언했다.

카토는 나라를 구하기 위해 여기까지 따라오며 충성을 다한 군대를 저버릴 수가 없었다. 그래서 그는 그들을 인솔하여 키레네를 향해 떠났다. 그곳 주민들은 바로 며칠 전에 라비에누스 군이 도착했을 때는 성문을 닫아 버렸으나, 카토의 군대는 환영을 하며 맞아 주었다. 그곳에서 카토는 폼페이우스의 장인인 스키피오가 유바 왕의 보호를 받고 있으며, 폼페이우스가 아프리카 총독으로 임명했던 아티우스 바루스도 군대를 끌고 합류해 있다는 소식을 들었다. 이 소식을 들은 카토는 그들과 합세하기 위해 겨울이음에도 불구하고 행군을 시작했다. 그들은 많은 당나귀들을 구해 물자루를 싣고, 많은 마차를 끌며, 또 프실리라고 부르는 야만인들을 데리고 길을 떠났다. 이들은 독사에게 물리면 물린 곳을 입으로 빨아 독을 빼주고, 독사들을 마취시켜 죽이는 기술을 가지고 있었다.

그들은 7일간 행군을 계속했다. 카토는 늘 행렬의 제일 앞에서 걸어갔다. 그리고 그는 파르살로스 전투 소식을 들은 뒤로는 식사도 꼿꼿이 앉아서 했다.[15] 또 잠을 잘

---

15) 로마 사람들은 똑바로 앉아서 식사를 하지 않고, 긴 의자에 비스듬히 누워서 식사를 했다.

때 말고는 절대 드러눕는 일도 없었다. 아프리카에서 겨울을 보낸 다음 군대를 이끌고 나왔을 때, 그의 군사는 약 1만 명 정도였다.

그때 스키피오와 바루스는 사이가 안 좋아져서, 서로 유바 왕에게 아첨하며 그와 가까이하려고 다투고 있었다. 그래서 유바 왕은 자기 나라가 매우 부강한 것으로 알고는 몹시 오만하고 사나운 태도를 보이고 있었다. 카토가 그를 맨 처음 만나러 갔을 때 그는 스키피오와 카토를 양쪽에 앉히고 그 중간에 자기 자리를 마련해 놓았다. 카토는 그것을 보고 자리를 반대 편으로 옮겨 스키피오가 가운뎃자리가 되도록 했다. 물론 스키피오는 카토의 정적으로 그를 비방하는 글도 여러 번 썼지만, 그는 개인적인 감정을 떠나 로마인의 명예를 살려 주고 싶었던 것이다.

그러나 어떤 사람들은 이 일을 고려하지 않고, 그가 시칠리아에서 철학에 대한 존경으로 철학자 필로스트라토스를 가운데 두고 산책을 한 일을 비난하기도 한다. 어쨌든 카토는 이렇게 해서 스키피오와 바루스를 마치 부하처럼 여기고 있던 유바의 콧대를 납작하게 만들고 두 사람을 다시 화해시켰다. 그러자 스키피오와 바루스는 카토를 사령관으로 추천했다. 그러나 카토는 굳이 사양을 했다.

"법을 지키기 위해 전쟁을 하고 있으면서 법을 어길 수는 없습니다. 지금 이 자리에는 속주 총독이 계시는데, 제가 사령관이 된다는 것은 있을 수 없는 일입니다. 더구나 병사들은 아프리카에서 스피키오 부대를 만난 것을 길조로 받아들이고 있으며, 그 이름이 병사들에게 희망을 가져다주고 있습니다."

그러나 스키피오는 사령관의 자리에 오르자 유바 왕의 선동에 넘어가 우티카 주민을 모두 죽이려고 했다. 그 이유는 카이사르를 돕겠다고 말했다는 것이었다. 그러자 카토는 곧 군사회의에 나가 이 일을 강력히 반대하였다. 그는 신의 이름을 부르고 맹세까지 하여 간신히 주민들의 목숨을 구해 냈다.

그 뒤 카토는 주민들의 요청과 스키피오의 부탁으로 우티카를 통치하게 되었다. 최소한 그곳 주민들이 자발적으로나 혹은 강요에 못 이겨서 카이사르에게 협조하는 일이 없도록 하기 위해서였다. 원래 이 도시는 지형적인 조건이 아주 좋아서 방어하기에 유리했다. 카토는 이곳에 강력한 진지를 만들고, 도시 둘레에는 깊은 참호를 파서 더욱 굳건한 도시로 만들었다. 그리고 많은 식량을 마련해 두었다. 그는 또 우티카의 젊은이들에게 무기를 주어 성벽을 지키게 하고, 다른 주민들은 시내에서만 살게 했다. 그리고 로마인들에게 주민들에게 피해를 끼치거나 모욕을 하지 못하도록 엄중하게 단속했다. 그는 또 많은 무기와 군자금을 우군의 진영에 보내 이곳을 주요 보급기지로 삼았다.

그런 다음 카토는 스키피오에게 이렇게 말했다. "전투 경험이 풍부한 적과의 싸움은 피해야 합니다. 모든 세력은 시간이 지남에 따라 차츰 약해지는 법이니, 여러 번의 전쟁으로 단련된 그들을 상대로 위험한 싸움을 감수하지 말고 때를 기다리시오. 시간을 끌수록 우리에게는 유리해집니다."

그러나 스키피오는 고집을 부리면서 그의 의견을 거부했다. 오히려 카토에게 편지를 보내 비겁함을 나무라고, 편안히 참호 속에 드러누워 다른 장군들이 좋은 기회를 잡았을 때 방해하지나 말아 달라고 했다. 카토는 편지를 읽고 곧 자기가 데리고 온 병사들과 이탈리아로 가서 카이사르의 주의를 분산시키겠다는 내용의 답장을 보냈다. 그리고 그에게 사령관직을 양보한 데 대해 크게 후회를 했다. 왜냐하면 스키피오는 전쟁을 제대로 치를 생각도 없는 것 같았고, 만약 승리를 거둔다고 해도 틀림없이 로마에 돌아가 이 승리를 악용할 것이라고 생각되었기 때문이다. 그래서 카토는 친구들 앞에서 이렇게 말했다.

"이 전쟁에 나선 장군들은 하나같이 경험이 부족하고 혈기만 높기 때문에 앞으로 닥칠 일이 염려스럽소. 다행히 운이 따라서 카이사르를 이긴다면, 나는 로마에 살지 않고 스키피오의 잔인함을 피해 멀리 떠날 생각이오. 지금까지 사람들에게 몇 번씩이나 무서운 위협을 했던 그가 더 이상 무슨 짓을 할지 모르겠소."

그런 일은 카토가 예상했던 것보다 더 나쁘게 진행되었다. 어느 날 부대를 이탈한 지 사흘이 되었다는 병사 하나가 카토에게 도착했다. 그가 가져온 소식은 탑소스에서 큰 전투가 벌어져 우군은 전멸당하고 진영까지 카이사르에게 빼앗겼으며, 스키피오와 유바는 겨우 몇 명의 부하와 함께 도망갔다는 것이었다. 전쟁 중인 데다가 한밤중에 이런 소식이 전해지자 사람들은 공포에 질린 나머지 미친 사람들처럼 큰 소동을 일으켰다. 그러나 카토가 나타나 이것은 지나치게 과장된 보고이며 그렇게까지 상황이 나쁜 것은 아니라며 그들을 달래자 공포와 소란은 다소 진정되었다.

다음날 아침 카토는 3백 명으로 조직한 평의회를 소집했다. 그들은 아프리카에 건너와서 장사도 하고 대금업도 하는 로마인들이었는데, 원로원 의원 몇몇과 그 자식들도 끼여 있었다. 회의는 유피테르 신전에서 열렸다. 사람들이 모두 모일 때까지 카토는 마치 아무 일도 없었던 것처럼 침착하게 책을 읽으며 서성거리고 있었다.

그 책은 무기와 군량미 등에 관한 것들이 기록된 장부였다. 사람들이 모두 모이자 카토는 조용히 입을 열었다. 그는 먼저 지금까지 평의회 의원들이 보여준 용기와 충성심, 그리고 협조해 준 일 등 그들의 공로에 찬사를 보냈다. 그리고 이렇게 얘기했다.

"여러분! 각자 살 길을 찾아 도망치고 싶을지도 모릅니다. 그러나 모두가 힘을 합쳐 싸운다면 카이사르는 우리를 쉽게 무시하지 못할 것입니다. 그리고 만일 우리가 그에게 항복을 한다면 그는 우리들을 너그럽게 받아 줄 지도 모릅니다. 그러니 우리는 절대 흩어져서는 안 됩니다. 나는 여러분들이 충분히 이 문제에 대해 논의하기를 부탁드립니다. 그렇게 해서 결정된 것에 대해서 나는 조금도 반대하지 않을 것이며, 결정된 내용을 바꾸지도 않을 것입니다. 여러분들이 만약 운이 좋은 쪽에 가담하자고 하면 그것은 마지못해 내린 결정이라고 생각할 것이며, 위험을 무릅쓰고서라도 자유를 위해 싸우겠다면 나는 찬성하는 정도로만 그치지는 않겠습니다. 여러분들의 용기를 존경하며, 여러분들의 지도자요 동료로서 나라의 운명을 건 이 싸움에 끝까지 힘을 다할 것입니다. 우리들의 조국은 우티카도 그리고 아드루메툼도 아닌, 바로 로마입니다. 여러분! 우리나라는 역사적으로 이보다 더 큰 어려움도 겪어 왔습니다. 그때마다 우리 조상들은 용감히 떨쳐 일어나 최후의 승리를 거두어 왔습니다."

카토는 계속해서 그들의 안전에 도움이 되는 몇 가지 상황들을 들었다.

"첫째, 우리의 적은 여러 곳에서 위협을 당하고 있습니다. 스페인에서는 반란이 일어나 폼페이우스 2세에 넘어갔으며, 로마는 처음 당하는 일도 아니므로 별로 두려움에 떨고 있지도 않습니다. 그러니 상황이 조금만 달라지면 언제든지 궐기를 할 것입니다. 더욱이 위험이란 것은 피하고 달아난다고 해서 없어지는 것이 아닙니다. 우리의 적들에게서 그 예를 찾을 수 있습니다. 그들은 상상도 못할 악행을 저지르기 위해 자신의 목숨까지도 아까워하지 않습니다. 그러나 그들은 우리들이 기대하는 것과 같은 행복한 결과만을 기대할 수 없습니다. 우리가 승리를 거두어서 얻는 것은 가장 행복한 삶이고, 패배해서 얻는 것은 영광스러운 죽음이기 때문입니다. 그러므로 여러분들은 이 문제에 대해 깊이 생각을 해 본 뒤 스스로 결정을 내리셔야 합니다."

카토는 연설을 마친 다음, 지금까지 그들이 보여준 용기를 살펴 가장 현명한 결정을 내릴 수 있게 해달라고 신에게 기도를 드렸다.

연설을 들은 사람들은 카토의 용감하고 너그러운 태도에 감동했다. 그리고는 자신들이 처한 위험을 잊고, 그가 이 어려움을 헤쳐나갈 수 있는 훌륭한 지휘관이라는 칭찬을 아끼지 않았다. 반드시 싸워야 한다는 신념을 갖게 된 그들은 모든 것을 운명에 맡기기로 하고, 자신들의 몸과 무기들을 뜻대로 써 달라고 카토에게 간청했다. 그리고 카토와 같은 훌륭한 사람을 배반하고 사는 것보다는 차라리 그와 함께 죽는 것을 훨씬 더 보람된 일이라고 생각하였다.

그때 의원 중의 어떤 사람이 노예들을 해방시켜 그들을 전투에 동원하자는 의견을 내놓았다. 대부분의 의원들은 그의 의견에 찬성했다. 그러나 카토는 이것이 법과 정의에 모두 어긋나는 일이라며 찬성할 수 없다고 말했다. 그러나 만약 누군가가 자발적으로 노예들을 해방시킨다면 군무에 적합한 자들은 군대에 편입시키자고 했다. 그러자 많은 사람들이 그렇게 하겠다고 하자 그들의 이름을 등재하도록 명령하고는 회의를 마쳤다.

그 얼마 뒤 유바와 스키피오로부터 편지가 왔다. 얼마 안 되는 무리를 이끌고 산 속에 숨어 있던 유바는 어떤 결정이 내려졌는지를 먼저 묻고, 만일 카토가 우티카를 떠났다면 일단 기다리고 있겠으며 저항하기로 결정을 했다면 합류하겠다는 내용의 편지를 보내왔다.

카토는 답장을 쓰기 위해 3백 명의 평의원들이 어떤 결정을 내리기를 기다리며, 편지를 가져왔던 사람들을 보내지 않고 있었다. 원로원 의원들은 특히 적극적이어서 이미 노예들에게 자유를 주고 무장을 시키고 있었다. 그러나 장사를 하거나 돈을 빌려 주어 이자로 먹고 사는 사람들은 자기 재산의 대부분이 노예였기 때문에 카토의 말은 잊어버리고 있었다. 쉬 달아오르면 쉬 식어 버리는 것처럼, 카토를 만났을 때는 열정이 뜨거웠으나 저희들끼리 있게 되자 곧 싸늘해져 버린 것이었다. 그래서 카토나 정의로움에 대한 생각들은 카이사르에 대한 두려움으로 모두 식어 버리고 말았다. 그들은 이런 이야기를 나누고 있었다.

"우리가 누구이며, 우리가 적으로 생각하는 사람은 누구인가? 그는 바로 로마의 모든 권력을 한 손에 쥐고 있는 카이사르요. 우리들 중에는 스키피오나 폼페이우스나 카토 같은 사람은 아무도 없소. 세상 사람들이 모두 두려움에 떨고 있는데, 우리가 무슨 수로 로마의 자유를 지킨단 말이오? 카토와 폼페이우스가 힘을 합치고도 나라를 빼앗겼는데, 우리가 우티카에서 그와 싸워 이긴다는 게 말이 됩니까? 그런데 우리가 그에게 대항해 노예들을 해방시켜야 합니까? 그는 좋아하지 않을 것입니다. 그러니 분수에 넘치는 생각을 해서는 안 됩니다. 자기 힘이 어느 정도인지 스스로 판단할 줄 알아야 합니다. 그러니 어서 카이사르에게 사람을 보내 너그러운 처분을 내려 달라고 부탁이나 합시다."

카토는 그들의 변심을 눈치 챘지만 그런 기색을 겉으로 드러내지는 않았다. 그리고 다만 스키피오와 유바에게, 우티카에는 올 생각도 하지 말라는 편지를 써 보냈다. 그런데 지난번 전투에서 살아남은 많은 수의 기병들이 카토에게 대표 세 사람을 보내왔다. 그들 중 일부는 유바 왕에게 가려 했고, 일부는 카토에게 가담하려 했으며, 일부는 우티카로 돌아오기 싫어했다. 이 연락을 받은 카토는 곧 마르쿠스 루브리우스를 불렀다. 그리고는 3백 명의 평의회에 참석하여 노예들을 해방시키려 하는 사람들의 이름을 조용히 적되 결코 강제로 하지는 말라고 당부했다. 그리고는 원로원 의원들과 함께 성을 빠져나갔다.

기병대의 주요 지휘관들과 만난 그는 이렇게 부탁했다.

"이렇게 많은 로마의 원로원 의원들을 저버리지 마십시오. 그리고 유바 왕을 섬기려 하지 말고, 변변치 못하지만 나를 사령관으로 맞아 주십시오. 그리고 모두의 안전을 위해 성으로 들어갑시다. 성은 어떤 공격에도 무너지지 않을 뿐 아니라 몇 년이라도 버틸 만한 식량과 물자를 갖추고 있습니다."

원로원 의원들도 그들에게 눈물을 흘리며 간청을 했다. 기병대의 지휘관들이 부하들과 의논을 하러 갔다. 그리고 카토와 원로원 의원들은 제방 위에 앉아 그들의 결정을 기다리고 있었다. 그때 성에 남아 있던 루브리우스가 소리치며 달려왔다. 3백 명의 평의원들이 성에서 소요를 일으키고 있다는 것이었다. 이 소식을 들은 카토 일행은 모두 깊은 절망에 빠져 비탄의 눈물을 흘렸다. 그러나 카토는 그들을 위로하면서, 평의원들에게 사람을 보내 진정하고 조금만 더 기다려 달라고 간청했다. 이윽고 기병대 지휘관들이 회의를 끝내고 대답을 가져왔다. 그러나 그것은 당치도 않은 내용이었다.

"우리는 유바에게 돈을 받는 군대가 되고 싶지는 않습니다. 카토를 사령관으로 모신다면 우리는 카이사르도 겁나지 않습니다. 그러나 우리는 우티카 인들과 함께 성을 지키는 것은 불안합니다. 그들은 카르타고인의 후손들로 배신을 밥먹듯이 하는 놈들이기 때문입니다. 그들은 아직 잠자코 있지만, 카이사르 군이 나타나면 우리를 배반하고 그들에게 붙을 것입니다. 그러므로 우리는 우티카인들을 모두 죽이거나 성에서 몰아내서 그곳을 적과 야만인들이 없는 곳으로 만들어 놓아야만 합류하기로 결정했습니다."

카토는 잔인하기 이를 데 없는 결정이라고 생각했다. 그러나 그는 3백 명의 평의 원들과 상의를 해 보겠다고 조심스럽게 대답했다.

카토가 성으로 들어오자, 그 전까지는 그래도 그를 존경하는 마음에서 무슨 핑계를 내세워 어물거리던 평의원들이 이제는 아예 공공연하게 불평을 늘어놓았다. 그들은 싸울 힘도 없는 자기들에게 전쟁을 강요한다며 절대로 카이사르와는 싸우지 않겠다고 했다. 어떤 자들은 카이사르 군이 올 때까지 원로원 의원들의 권한을 보류 시켜야 한다고 말하기까지 했다. 그러나 카토는 이 말을 듣지 못했는지 그냥 흘러버렸다. 사실 그는 가는 귀가 먹었다고 한다.

그런데 기병대가 떠나고 있다는 보고가 들어왔다. 카토는 3백 명의 평의원들이 원로원 의원들에게 무슨 짓을 할지 걱정스러워, 친구 몇 명을 데리고 그들을 쫓아갔다. 그때 이미 기병대는 멀리 있었으므로 말을 타고 뒤를 쫓았다. 기병대는 카토가 달려오는 것을 보고 반갑게 맞으며 자기들과 함께 생명을 구하자고 권유했다. 그러나 카토는 원로원 의원들을 위해 가지 말라고 사정을 하며 눈물까지 흘렸다. 그는 두 손으로 그들이 타고 있는 말머리를 돌려세우기도 하고, 팔을 잡아 끌어당기기도 했다. 기병들은 그런 카토의 열성을 보고 마음을 돌려, 하루만 더 기다렸다가 원로원 의원들을 데리고 떠나기로 했다.

카토는 기병대를 데리고 우티카로 돌아왔다. 그리고 그들에게 성문과 진영을 지키게 했다. 3백 명의 평의원들은 일이 이렇게 되자 자신들의 배신에 대한 처벌이 있을까봐 걱정이 되었다. 그래서 그들은 카토에게 사람을 보내 다시 자기들에게 돌아와 달라고 간절하게 빌었다. 그러나 원로원 의원들은 카토를 둘러싸고, 자신들의 지도자이며 은인을 반역자들에게 보낼 수 없다며 막아섰다. 아마 이때처럼 카토의 높은 정신이 돋보인 적은 없을 것이다. 우티카 인들은 카토가 모든 일에서 언제나 공명정대한 사람이라는 것을 알고 그를 높이 존경하게 되었다.

카토는 이미 죽음을 각오하고 있었다. 그는 다만 다른 사람들의 안전을 위해 이처럼 고생과 수고를 아끼지 않고 있었다. 물론 그는 이 생각을 밖으로 드러내지는 않았으나, 그가 자살을 결심하고 있다는 것은 누구나 다 알고 있는 비밀이었다. 카토는 원로원 의원들을 안심시킨 다음 혼자서 3백 명의 평의원들을 만나러 갔다. 그들은 카토를 뜨겁게 맞이하며, 앞으로는 자신들을 믿고 무슨 일이든지 시켜만 달라고 했다. 그리고는 카토와 같이 높고 큰 뜻을 지니지 못한 소인배들이라서 미련을 버리지 못하고 죄를 저질렀으니 한 번만 용서해 달라고 빌었다. 그들은 카토에게 이렇게 말했다.

"저희들은 카이사르에게 대표를 보내기로 결정했습니다. 그러나 이 항복의 결정은 어느 누구보다 당신을 위한 것입니다. 만일 카이사르가 이 제의를 거절한다면, 우리들의 목숨을 보장한다고 해도 받아들이지 않겠습니다. 그때는 저희들도 목숨을 걸고 싸울 결심이 되어 있습니다."

카토는 이렇게 대답했다. "여러분의 뜻은 감사합니다. 여러분이 결정을 내린 대로 어서 대표를 보내 항복의 뜻을 전달하는 것이 좋겠습니다. 그러나 나를 위해서는 어떠한 요청도 하지 말아 주십시오. 정복당한 자와 죄를 지은 자만이 용서를 빌기 때문입니다. 그런데 나는 평생 정복당한 일도, 또 죄를 지은 일도 전혀 없습니다. 명예와 정의에 있어서 카이사르는 나한테 정복당한 사람입니다. 왜냐하면 그는 나라를 등지는 행동들을 해 왔으며, 지금에 와서는 그 전에 했던 그릇된 행동까지 모두 드러났기 때문입니다. 그러니 그는 지금 유죄 선고를 받고 있는 것과 다름없습니다."

카토는 이렇게 얘기를 끝내고 회의장을 떠났다. 그때 마침 카이사르가 전군을 동원해 쳐들어온다는 소식이 들리자 카토는 탄식하며 말했다.

"그는 우리가 용감한 사람들을 찾아내기를 기대하는군."

카토는 곧 원로원 의원들에게 지체하지 말고 기병대들과 함께 우티카를 떠나라고 했다. 그리고는 바다로 향해 있는 문 하나만을 남기고 모든 성문을 닫았다. 그는 대비용 배들을 그들에게 내주었으며 원하는 이들에게는 돈과 물자를 내주었다.

그때 마르쿠스 옥타비우스가 2개 군단을 이끌고 우티카 부근에 와서 진을 쳤다. 그리고는 카토에게 사람을 보내 총지휘권을 조정하자고 했다. 카토는 아무런 대답도 보내지 않고 친구들에게 이렇게 말했다.

"나라가 이 지경이 된 것도 이상한 일은 아닌 것 같소. 이 파멸의 지경에서도 아직까지 감투 싸움을 하자니 말이오."

이때 기병대가 떠나면서 시민들의 재산을 함부로 약탈하고 있다는 보고가 들어왔다. 카토는 정신없이 달려나가 맨 처음 만난 병사에게서 약탈한 물건을 빼앗았다. 이것을 본 다른 병사들은 가지고 있던 물건들을 모두 땅에 내려놓고, 부끄러워 고개를 숙인 채 달아나 버렸다.

카토는 우티카 인들을 한 곳에 불러모아 놓고, 카이사르가 오면 평의원들을 나쁘게 말해서 벌을 받게 하지 말고 서로 협력해서 안정을 지키라고 부탁했다. 그런 다음 그는 부두로 나가 배에 타고 있는 사람들을 보살피고, 친구들에게 피난을 권유하며 일일이 끌어안으면서 작별인사를 했다. 그러나 자기 아들에게만은 피난을 권하지 않았다. 아버지 곁을 떠나라고 권유하는 것은 도리가 아니라고 생각했던 것이다.

이들 중에 스타틸리우스라는 사람이 있었는데 나이는 젊었으나 지조가 굳은 사람이었다. 그는 카토를 무척 존경했으며 정의를 위해서는 죽음조차 두려워하지 않았다. 그는 카이사르를 미워하는 것으로 유명했으므로, 카토는 그에게 피난을 가라고 권했다. 그러나 그는 전혀 말을 듣지 않았다. 그러자 카토는 스토아학파 철학자 아폴로니데스와 소요학파 철학자 데미트리우스에게 그를 부탁했다. "이 고집스러운 젊은이를 잘 타일러서, 어떻게 하는 것이 과연 자신을 위해 좋은 것인가를 깨닫게 해주시오."

그리고는 그날 밤과 그 다음날 하루 종일을 피난가는 사람을 돕는 데 보내고, 자신의 도움을 청하는 사람들에게 힘이 되어 주었다.

카이사르의 친척인 루키우스 카이사르는 평의원의 대표자 자격으로 카이사르에게 가게 되었다. 그는 카토를 찾아와 어떻게 해야 그들을 구할 수 있겠느냐고 물었다. 그리고는 이렇게 덧붙였다. "선생님을 위해서 카이사르의 손에 입맞추고 그의 앞에 엎드려 용서를 비는 것은, 저에게는 커다란 영광이 될 것입니다."

그러나 카토는 단호하게 거절했다. "카이사르에게 용서를 빌면서까지 살고 싶다면 당연히 내가 직접 그에게 갈 것이오. 그러나 나는 폭군에게 은혜를 입고 싶지는 않소. 자기가 살리고 죽일 권한이 없는 목숨들을, 마치 정당한 주인이라도 되는 듯이 하는 것 자체가 이미 도리에 어긋난 것이오. 그러니 평의원들을 위해서 어떻게 말하는 것이 좋을지나 생각해 봅시다."

그와 협의를 마친 카토는 자기 아들과 남은 친구들을 루키우스에게 소개하고 그를 멀리까지 바래다주었다.

집으로 돌아온 카토는 아들과 친구들을 불러놓고 여러 가지 이야기를 했다. 특히 그는 아들에게 절대로 정치에 관계하지 말라고 했다. 그 속에서 카토와 같은 행동을 하는 것이 이제 불가능하며 달리 행하는 것은 불명예스러울 것이기 때문이라고 말했다.

저녁이 되어 카토는 목욕을 하러 갔다. 그런데 목욕 중에 문득 스타틸리우스 생각이 나서 이렇게 소리쳤다. "아폴로니데스! 스타틸리우스라는 고집스런 젊은이는 떠났소? 그런데 인사도 없이 간 거요?"

"천만에요. 아무리 타일러도 소용이 없었습니다. 여기 남아서 당신이 하시는 대로 따라하겠답니다."

"그래요? 그럼 어디 두고 봅시다."

이렇게 말하는 카토의 얼굴에는 미소가 맴돌았다.

목욕을 마친 카토는 여느 때처럼 많은 사람들과 함께 식사를 했는데, 역시 꼿꼿이 앉은 자세였다. 그는 파르살로스 전투에서 패배한 다음부터 늘 이처럼 앉아서 식사를 했으며 잠잘 때 말고는 눕는 일도 없었다. 이날 저녁 그는 피난을 떠나지 않고 남아 있는 친구들과 우티카의 명사들과 함께 식사를 했다.

식사가 끝나자 술자리가 벌어져 사람들은 모두 즐거운 이야기를 주고 받았다. 그런데 곧 철학에 관한 이야기가 계속 이어지더니 마침내 역설이라고 일컬어지는 스토아학파의 독특한 정치가 나왔다. '착한 사람만이 자유로우며, 악한 사람들은 모두 노예이다'라는 정리가 토론의 중심 화제가 되었다. 소요학파 철학자들은 예상대로 그것이 틀린 말이라고 주장을 했다. 카토는 그들의 말을 반박하고 나왔다. 사람들은 뜻밖의 행동을 보고 그가 스스로 목숨을 끊을 각오가 되어 있음을 짐작할 수 있었다. 그래서 그들은 카토의 말이 끝나자 모두 잠잠해졌고, 장내에는 무겁고 침울한 기운이 감돌았다.

분위기를 눈치 챈 카토는 그들의 기분도 돌려놓고 의심도 풀기 위해 얼른 화제를 바꾸었다. 배를 타고 피난을 간 사람들과 물도 없는 사막으로 간 사람들의 일에 관심을 보이며, 그는 그들이 겪을 문제들에 대해 이야기를 했다.

술자리가 다 끝난 다음, 카토는 친구들과 함께 평소처럼 산책을 나갔다. 그리고 감시자들에게 필요한 지시를 했다. 산책에서 돌아온 카토는 침실로 들어갔다. 그런데 여느 때와는 달리 아들과 친구들을 하나하나 포옹하며 인사를 했다. 사람들은 이것이 혹시 마지막 인사가 아닌가 하고 의심하지 않을 수 없었다. 이윽고 인사를 마친 카토는 침대로 가서 영혼에 대한 문제를 다룬 플라톤의《대화편》을 읽기 시작했다. 그 책을 거의 다 읽어갈 때쯤 문득 고개를 들어보니 자기의 칼이 보이지 않았다. 그의 아들이 식사 중에 몰래 감추었던 것이다. 카토는 다시 책으로 눈을 돌렸다.

잠시 책을 읽던 카토는 칼이 필요한 것은 아니지만 없어졌으니 찾는 것뿐이라는 듯 하인에게 칼을 가져오라고 일렀다. 그러나 하인은 나가더니 칼도 가져오지 않을 뿐 아니라 소식조차 없었다. 책을 끝까지 다 읽도록 누구도 칼을 가져오지 않자 하인들을 모두 불러 칼을 어떻게 했느냐고 언성을 높여 물었다. 그러나 결과는 마찬가지였다.

카토는 몹시 화가 나서 마침내 한 하인을 주먹으로 때렸다. 하도 세게 때려 그의 주먹에도 피가 났다. 카토의 노여움은 점점 더해져서, 아들과 하인들이 칼 한 자루도 없이 자기를 적에게 넘겨 주려 한다며 소리를 질러댔다. 그러자 아들이 카토의 친구들과 함께 울면서 달려들어와 무릎을 꿇고 애원을 했다. 그러나 카토는 노여움이 채 가시지 않은 얼굴로 자리를 박차고 일어나 큰 소리로 말했다.

"내가 지금까지 정신을 잃고 그릇된 판단을 한 적이 있었느냐? 만일 내가 그랬다면 너희들이 나를 일깨워 주어야 하지 않느냐? 나를 어떻게 대하는 것이 옳다고 충고를 해주는 놈도 하나 없단 말이냐? 도대체 왜 내 생각을 방해하고 내 무기를 함부로 빼앗느냐? 왜 네 아비를 사슬에 묶어서, 카이사르가 와도 내 몸 하나 막지 못하게 하느냐 말이다. 내가 스스로 목숨을 끊겠다면 칼이 없어서 못 할 것 같으냐? 마음만 먹으면 숨을 잠시 동안 멈추어도 되고, 벽에 머리를 부딪쳐도 된다."

이 말을 듣고 아들은 다른 사람들과 함께 울면서 방에서 나갔다. 방에는 데메트리우스와 아폴로니데스만이 남아 있었다. 그러자 카토는 더 부드러운 어조로 그들에게 얘기했다.

"두 사람도 내 나이에 이른 사람을 죽지 못하게 하려는 생각입니까? 아니면, 카토가 살 길이 막혔을 때에는 적에게 빌어서라도 살아야 하며, 그것이 결코 비겁하거나 수치스러운 일이 아니라는 것을 증명해 주신다면, 기꺼이 따르겠소. 지금까지 믿어 왔던 모든 신념을 버리고 카이사르의 은혜로 더 지혜롭게 살 수 있다면 어디 나한테 그 새로운 철학을 강의해 보시오. 만약 그렇다면 나도 그러고 싶소. 아직 내 자신에 대해 어떻게 하겠다는 결심을 내린 건 아무것도 없소. 그러나 만약 결심이 선다면 나는 내가 믿는 대로 행동할 것이니, 두 사람도 내가 그러도록 해주셔야겠습니다. 나는 지금까지 당신들의 철학이 가르쳐 준 신조에 따라 행동해 왔고, 지금도 그건 마찬가집니다. 그리고 앞으로도 나는 어떤 행동을 할 때 당신들의 의견을 물어볼 겁니다. 그러니 그때까지는 조용히 물러나서 기다려 주시오. 그리고 내 아들에게, 나를 설득할 수 없는 일을 내게 시키지 말아 달라고 말해 주시오."

데메트리우스와 아폴로니데스는 아무 말도 하지 못한 채 울면서 방을 나갔다. 그런 다음 나이 어린 소년을 시켜 칼을 들여보냈다. 카토는 칼을 뽑아 보고 칼끝이 상하지 않은 것을 확인했다. "이제야 내 목숨을 내가 쥐게 되었구나."

카토는 이렇게 말하며 칼을 곁에 놓고 다시 책을 읽기 시작했다. 그때 그는 그 책을 두 번이나 읽었다고 한다. 얼마 후 그는 깊이 잠이 들어 밖에까지 들리게 큰 소리로 코를 골았다. 그리고 한밤중이 되자 자유인 두 사람을 불렀다. 한 사람은 주치의인 클레안테스였고, 또 한 사람은 주로 공무에 쓰고 있는 부타스였다. 그는 먼저 부타스를 부두로 보내 친구들이 모두 떠났는지를 보고 오라고 했다. 그런 다음 아까 하인을 때릴 때 다친 손을 치료받았다. 그러자 그들은 이제 카토가 자살을 단념했다고 생각하며 무척 기뻐했다.

얼마 뒤 부두에 나갔던 부타스가 돌아와 보고를 했다.

"다들 가고 크라수스만 남아 있었습니다. 그렇지만 그도 곧 떠날 채비를 하고 있었습니다. 그런데 바다에 풍랑이 몹시 심하던데요."

카토는 거친 바다에서 고생하고 있을 사람들을 생각하며 가슴 아파했다. 그리고는 부타스를 다시 부두로 보내, 혹시라도 되돌아와서 도움을 청하는 사람이 있으면 곧 자기에게 알리라고 지시했다. 잠시 후 부타스가 돌아와 부두가 조용해졌다는 보고를 했다. 그러자 카토는 문을 닫으라고 말하고, 이제 푹 자려는 듯이 침대에 가서 누웠다. 그러나 그는 부타스가 나가자마자 칼을 뽑아 자신의 가슴을 찔렀다. 그러나 손에 입은 상처 때문에 세게 찌르지 못한 탓에 바로 죽지 못하고 신음했다. 그러다가 침대에서 떨어지며 서 있던 작은 탁자를 쓰러뜨렸다. 그 소리를 듣고 방으로 달려온 하인들이 급히 카토의 아들과 친구들을 불렀다. 카토는 아직 숨이 끊어지지 않은 채 그들을 보았다.

모두 놀라서 어쩔 줄 모르고 있을 때 의사가 달려와 밖으로 나온 창자를 밀어넣었다. 다행히 창자는 상하지 않았으므로 그는 상처를 꿰매려 했다. 그러나 의식을 회복한 카토는 의사를 밀치고 두 손으로 자기 창자를 도로 끄집어내더니 곧 숨을 거두었다.

카토의 집안 사람들이 이 소식을 듣기도 전에 3백 명의 평의원들은 벌써 카토의 집 문 앞에 와 있었다. 그리고 우티카 인들도 달려 왔다. 그들은 카토가 자신들의 은인이고 구원자였으며, 오직 단 한 사람의 자유인이며 승리자였다고 입을 모아 칭송했다.

그때 카이사르가 성으로 들어오고 있다는 소식이 들려왔다. 그러나 그들은 정복자인 카이사르를 두려워하지도 않았고, 그에게 잘 보일 생각도 없었다. 그들은 서로의 소란과 싸움을 그치고, 모든 영광을 카토에게 드렸다. 그들은 카토의 시체를 아름답게 꾸미고 성대한 행렬을 만들어 바다 가까이에 묻어 주었다. 그곳에는 아직도 한 손에 칼을 들고 있는 카토의 동상이 서 있다. 그들은 카토의 장례를 모두 마친 후에야 비로소 자신들과 도시를 구할 방법을 모색했다.

한편 카이사르는 카토가 아직 우티카에 남아 있으며 로마인들을 모두 피난시킨 뒤 아들과 몇몇 친구들과 함께 태평스럽게 지내고 있다는 얘기를 들었다. 그러나 카이사르는 그의 의도를 알 수 없었으므로, 숙고한 끝에 직접 군대를 이끌고 성으로 들어왔다. 카이사르는 카토의 자결 소식을 듣고 이렇게 말했다고 한다.

"카토, 당신이 내게 당신의 생명을 맡기기 싫어했던 것처럼, 당신이 죽는 것을 나도 원하지 않았소."

만일 카토가 카이사르에게 목숨을 맡기는 수모를 감수했더라면, 그 자신의 명예가 더럽혀졌다기보다는 오히려 카이사르의 영광을 더 빛나게 했을 것이다. 물론 일이 어떻게 되었을지는 모르지만, 카이사르는 너그러운 편이었으므로 아마 예상한 대로일 것이다.

카토는 이렇게 해서 그의 나이 48세를 일기로 세상을 떠났다. 그의 아들은 카이사르로부터 아무런 피해도 입지 않았다. 그러나 그는 여자에 빠져 가산을 모두 탕진했다고 전해진다.

그가 카파도키아에서 왕족인 마르파다테스의 집에 손님으로 묵은 일이 있었는데, 그 부인은 소문난 미인이었다. 그는 이상하게 생각될 만큼 오래 머무르면서 다양한 주제의 풍자시를 만들어냈다. 예를 들면,

> 내일은 그믐날
> 이제 카토는 떠나가리라.

> 포르키우스와 마르파다테스, 진정한 친구들,
> 하나의 영혼으로 둘이 족하다 하네.

마르파다테스의 부인 이름이 '영혼'이었다. 또 이런 것도 전해진다.

> 누구나가 카토의 위대함을 인정하네.
> 그는 분명 왕가의 영혼을 가졌구나.

그러나 카토의 아들은 그 모든 오점들을 명예로운 죽음으로 깨끗이 씻어 버렸다. 그는 필리포이 전투에서 카이사르와 안토니우스의 군대를 상대로 조국의 자유를 위해 싸웠다. 전선이 무너지고 모두 도망갈 때에도 그는 마지막까지 병사들을 격려하고, 밀려오는 적들에게 호령을 하며 최후까지 싸우다가 죽음을 맞았던 것이다.

뿐만 아니라 카토의 딸도 지조와 기백에서 조금도 손색이 없었다. 그녀는 카이사르를 암살한 브루투스의 아내가 되어 그 암살 음모에 직접 가담했다. 그녀가 이름난 가문의 자손답게 일생을 마쳤음은 이미 브루투스의 전기에서 말한 것과 같다.

또 카토와 행동을 같이하겠다던 스타틸리우스라는 젊은이는 그를 따라 자결하려고 했지만 두 철학자들이 말리는 바람에 뜻을 이루지 못했다. 그 후 브루투스를 충실히 도왔으며, 필리포이 전투에서 용감하게 싸우다가 전사하였다.

아기스

(AGIS, BC 264~241)

스파르타의 왕. 아게실라오스 대왕의 6대손인 에우다미다스의 아들이었으며, 어머니는 스파르타에서 가장 부자였던 아게시스트라타였다. 옛 스파르타의 검소하고 절제된 풍속을 부활시키려고 했으나 숙부 아게실라오스의 배신으로 실패하고 말았다. 너그럽고 온화한 성품을 지니고 있었으나, 친구들의 배신으로 비참한 죽음을 맞았다.

헤라 여신[1]을 껴안는다는 것이 그만 구름을 안는 바람에 켄타우로스 족[2]을 낳았다는 신화의 주인공이 바로 익시온이다. 그래서 익시온은 지나친 야심을 가진 사람의 대표적 인물로 손꼽히곤 한다. 왜냐하면 그의 야심은 원대한 이상을 목표로 가지고 있었지만 결국 이렇다할 성과를 거두지 못했기 때문이다. 그런 사람들의 행동은 격렬하고 순간적인 충동에 물들어 있기 때문에, 소포클레스의 비극에 나오는 양치기들이 양을 두고 한 신세 한탄을 생각나게 한다.

　　우리가 주인이면서도 이 놈들에게 이끌려 다니고

---

1) 제우스의 아내로 로마에서는 유노라고 부른다. 익시온은 제우스의 초대를 받아 헤라를 만나게 되었을 때, 그녀를 사랑하게 되었다. 그래서 그는 지옥에서 차바퀴에 매달려 영원히 돌아야 하는 벌을 받았다.

2) 인간의 얼굴에 말의 몸을 가졌다는 괴물.

말도 못 하는 이 짐승의 명령에 우리는 복종을 한다.

이 시는 정치가나 민중들의 지도자라는 허울좋은 이름을 얻기 위해, 어리석은 군중들의 비위나 맞추는 사람들을 빗대어 쓴 글이다. 배의 앞머리에 서 있는 사람이 그들의 앞에 무엇이 닥쳐오는지를 가장 먼저 보지만, 그도 결국은 조종하는 키잡이의 명령대로 움직여야 하는 것과 마찬가지이다. 그러므로 인기를 탐내 정치를 하는 사람은, 그가 비록 왕이라 불리더라도 사실은 민중들의 노예나 다름없는 것이다. 정말로 현명하고 완전한 미덕을 갖춘 사람이라면, 민중들의 믿음을 얻으며 정치할 수 있으면 그만이지 그 이상의 인기를 욕심내지는 않는다. 그러나 출세의 야망을 지니고 있는 젊은이들은 눈부신 활동을 펼쳐서 영광과 명예를 널리 떨치는 것도 결코 나쁘지 않다고 생각한다. 왜냐하면 테오프라스토스의 말처럼, 젊은이의 마음속에 싹트고 있는 미덕의 봉오리는 칭찬을 받으면서 더 잘 자라 더 큰일을 완성시키기 때문이다.

그러나 권력과 권위를 지나치게 탐내는 것은 어떤 경우에도 위험한 일이다. 특히 정치가의 경우에는 완전한 파멸의 원인이 되기도 한다. 왜냐하면 정권을 잡은 사람이 이 병에 걸리게 되면, 무엇이 선인지 영예로운 것인지는 더 이상 생각하지 않고 그것을 위한 일이라면 아무것도 가리지 않게 되어 나중에는 미치광이 같은 짓까지 일삼게 되기 때문이다.

그래서 포키온은 그릇된 일을 부탁하는 안티파트로스 왕에게 이렇게 대답했다. "나는 당신의 친구인 동시에 아첨하는 사람이 될 수는 없소."

그래서 통치자들은 민중을 향해서 이렇게 말해야 할 것이다.

"나는 여러분을 통치하는 동시에 여러분에게 복종할 수는 없소."

제국에는 우화에 나오는 뱀의 일이 가끔 일어나곤 한다.

뱀의 꼬리가 언젠가 뱀의 머리에 대해 반란을 일으켰다고 한다. 늘 머리를 따라다니는 일에 불만을 품은 꼬리가 이제 가끔은 자기가 앞장을 서겠다고 말한 것이다. 그런데 꼬리가 앞장서 가다가, 그만 험한 길로 빠져 머리를 크게 다치고 말았다. 앞을 보지도, 소리를 듣지도 못하는 안내자에게 끌려갔기 때문에 일어난 불행이었다.

어리석은 군중들이 원하는 대로만 움직인 사람들의 말로를 우리는 수없이 봐 왔다. 군중들은 스스로 무질서를 억제하고 스스로 혼란에서 벗어날 수 없기 때문이다. 티베리우스와 카이우스 그라쿠스의 생애를 살펴보면 그 모든 것을 시사해 준다. 그들 형제는 고귀한 가문에서 태어나 좋은 교육을 받으며 자라났다. 그러나 그들은 장래가 촉망되는 정치 생활을 시작했지만, 민중의 인기를 탐냈다기보다는 오히려 명예를 잃을까봐 지나치게 두려워했기 때문에 결국 파멸을 맞고 말았다. 그러나 그들의 결말은 천박한 이유가 원인이 된 것은 아니었다.

두 사람 다 민중으로부터 대단한 사랑을 받았었다. 그들은 민중에게 충분한 보답을 하지 못했다고 생각한 나머지, 그들을 위한 새 법을 만들고 새 정책을 써서 자신들의 명예와 민중의 은혜에 보답하고 싶었다. 마치 그들은 명예와 보답을 놓고 경쟁이라도 하는 듯했다. 즉, 민중은 그들의 은혜를 받기 위해 더 많은 사랑을 보내고, 그들은 또 거기에 보답하기 위해 계속 새로운 방법으로 보답을 했다. 이렇게 되자 이들은 자신의 명예를 유지시키기 위해서라도 이 경쟁을 중단할 수 없는 처지에 빠지고 말았다. 그들의 전기를 읽어 보면 쉽게 깨달을 수 있다. 여기서는 스파르타의 지도자이자 왕인 아기스와 클레오메네스를 그들과 비교해 보기로 하자.

그라쿠스 형제의 경우와 마찬가지로 이 두 왕도 이기적인 향락과 기득권을 빼앗기지 않으려는 부자와 권력자들로부터 많은 시기를 받았다. 이 두 왕은 그라쿠스처럼 형제는 아니었다. 그러나 그들 두 사람이 세웠던 정책이나 그 목적은 형제 이상으로 닮은 부분이 아주 많았다.

스파르타에 금과 은에 대한 욕망이 스며들자, 돈에 맛을 붙인 사람들의 마음속에는 탐욕과 비굴함이 싹트고 사치와 방종과 무질서의 악풍도 생겨나게 되었다. 이렇게 되자 스파르타는 명예로운 자리를 잃어버린 채 아기스와 레오니다스 두 왕의 시대로 접어들게 되었다.[3]

아기스 왕은 에우리폰 왕가에서 에우다미다스의 아들로 태어났다. 그는 아시아를 정벌하여 당시 그리스에서 가장 위대한 사람이었던 아게실라오스 왕의 6대손이었다. 아게실라오스[4]에게는 아르키다모스라는 아들이 하나 있었지만, 그는 이탈리아의 만도니움 전투에서 메사피아 사람들과 맞서 싸우다가 전사하고 말았다. 그의 장남이었던 아기스[5]가 왕위에 오르게 되었다. 그런데 그는 메갈로폴리스 근처에서

---

3) 당시 스파르타는 두 왕이 함께 나라를 다스렸다.
4) 기원전 400~360년까지 스파르타의 왕을 지냈다. 아르키다모스 2세의 아들로 아기스 2세의 이복형제이다.
5) 아기스 3세. 기원전 338~331까지 왕을 지냈다.

안티파트로스에게 죽음을 당했다. 아기스 왕에게는 아들이 없었으므로 동생인 에우다미다스가 왕위를 이어받게 되었다. 그 다음으로 아르키다모스라는 아들이 계승하였고, 다음으로는 그의 아들 에우다미다스가 왕위에 올랐다. 이 에우다미다스가 주인공 아기스의 아버지이다.

한편 레오니다스는 또다른 왕가인 아기아다이 가에서 태어났으며, 아버지는 클레오니모스이다. 그는 플라타이아 전투에서 마르도니오스를 무찔렀던 파우사니아스의 8대손이다. 플리스토아낙스라고 불리는 아들이 파우사니아스를 계승했는데, 그에게는 파우사니아스라는 아들이 있었다. 파우사니아스는 장남인 아게시폴리스가 그의 자리를 차지하고 있는 동안 추방당해 테게아에서 평민으로 살고 있었다. 그가 죽고 나자 동생인 클레옴브로토스가 왕위를 이어받았다.

클레옴브로토스는 두 명의 왕자를 남겼는데, 장남 아게시폴리스가 잠시 왕위에 있다가 아들도 남기지 못한 채 죽자 동생 클레오메네스가 대신 왕위에 올랐다. 그는 두 아들 곧 아크로타토스와 클레오니모스를 두었는데, 첫째인 아크로타토스는 아버지보다 먼저 사망했으나 아들 아레우스를 남겼다. 아레우스가 왕위를 계승받았으나 그가 코린트 전투에서 전사하자 그의 아들 아크로타토스가 왕위에 올랐다. 그는 메갈로폴리스 부근에서 벌어진 전투에서 참주 아리스토데모스에게 살해당하고 임신 중인 왕비만 남게 되었다. 얼마 뒤 왕비는 유복자를 낳았는데, 클레오니모스의 아들 레오니다스가 이 유복자의 후견인이 되었다. 그러나 이 어린 왕자는 성인이 되기도 전에 죽어 버렸으므로 레오니다스가 왕위를 계승하게 되었다.

레오니다스는 당시의 스파르타에는 잘 맞지 않는 왕이었다. 당시는 전통적인 엄격함과 검소한 생활들을 버린지 오래였으나 레오니다스의 사치는 그들이 보기에도 너무 지나칠 정도였다. 그는 페르시아 군주들의 궁전에서 오래 살았으며, 셀레우코스[6] 왕의 추종자였기 때문에 페르시아 군주들의 교만한 태도를 좇아 그리스인들의 감정은 무척 안 좋아졌다. 그들은 법을 존중해야 하는 스파르타의 왕으로서는 도저히 용납할 수 없는 일이라고 생각했던 것이다.

한편, 아기스는 그와 반대로 마음이 어질고 기품도 훌륭하여 레오니다스와는 비

---

6) 알렉산드로스 대왕이 죽은 뒤 그의 부하 장군들은 서로 싸워 영토를 나누어 가졌다. 셀레우코스도 그 중 한 사람으로 기원전 312년에 시리아와 아라비아 일대를 차지하는 큰 왕국을 세웠다.

교도 할 수 없을 정도였다. 뿐만 아니라 그는 아게실라오스 대왕 이래의 다른 어느 왕과도 견줄 수 없을 만큼 탁월한 왕이었다.

그는 스파르타에서 가장 부유했던 어머니 아게시스트라타와 할머니 아르키다미아의 손에서 아무 부족함 없이 풍족하게 자라났다. 그러나 그는 스무 살이 되었을 때 모든 쾌락과 사치와의 인연을 끊어 버렸다. 그는 스파르타의 오랜 전통대로 소박한 옷을 입고 간소한 식사를 즐겼으며 여러 가지 훈련도 옛날의 라코니아 풍을 고집했다. 그는 또 친구들에게, 자신이 왕이 되려고 하는 것은 스파르타의 전통이었던 소박하고 절제된 생활방식과 엄격한 훈련을 회복시키기 위한 것이라고 자주 말했다.

스파르타 사람들의 생활이 타락하기 시작한 것은 아테네를 정복하여 금과 은이 들어오기 시작하면서였다. 그러나 리쿠르고스가 정해 놓은 호구수[7]는 그때까지도 남아 있었으며, 재산과 토지를 그 아들에게 물려 주어야 한다는 법률도 그대로 지켜지고 있었다. 이렇게 해서 옛날에 평등하게 분배되었던 토지들이 그대로 상속되고 있었으므로, 혼란함 속에서도 어느 정도 나라의 질서가 유지되고 있었던 것이다.

그러나 이 법률도 결국 허물어지고 말았다. 5명의 에포로스 중의 하나였던 에피타데우스는 막강한 영향력을 지닌 고집이 센 사람이었는데, 아들과 다툰 후에 괴상한 법률을 제안했다. 그 법률은, 자기의 집과 토지를 살아 있을 때나 죽은 뒤 자기가 원하는 사람에게 줄 수 있도록 하자는 것이었다. 그는 단지 아들에 대한 미움 때문에 이 법률을 제안했던 것이지만, 탐욕에 사로잡힌 사람들이 이 법률을 통과시킴으로써 리쿠스고스가 만들었던 예전의 훌륭한 제도는 무너지고 말았다. 이렇게 되자 권력을 쥐고 있던 사람들은 정당한 상속권을 가진 사람들의 권리까지 빼앗아 토지를 무제한으로 소유하게 되었다. 그러자 나라의 재산은 단 몇몇 사람들의 손에 들어가게 되고, 대다수의 사람들은 모두 가난에 허덕이게 되었다. 이제 나라는 더러운 일로 가득 차게 되었으며, 사람들은 부자들을 싫어하고 미워하게 되었다.

그때 구 스파르타인 가구는 겨우 7백여 호에 지나지 않았는데, 그 중에서도 세습받을 토지를 가지고 있었던 집은 겨우 백여 호 정도였고, 나머지는 재산과 함께 명예까지 박탈당하고 말았다. 그러므로 그들은 전쟁이 일어난다고 해도 열심히 싸우려

---

7) 리쿠르고스가 라코니아 땅을 3만 개의 제비로, 스파르타 땅을 9천 개의 제비로 나눈 다음 추첨을 통해 백성들에게 나누어 준 것이다.

하지 않았고, 오로지 변혁과 혁명의 날이 오기만을 기다리고 있었다.

아기스는 나라를 재분배하여 나라를 평등하게 만드는 것이야말로 영광스러운 사업이라고 생각하게 되었다. 그는 이 문제에 대해 일반의 여론을 물어보았다. 청년들은 뜻밖에도 열렬한 찬성을 보내며, 곧 그를 중심으로 단결했다. 그러나 이미 나쁜 습성에 물들어 있던 노인들은 마치 도망간 노예가 주인에게 잡히기라도 하는 듯 리쿠르고스 식의 엄격한 생활을 두려워하며 반대하기 시작했다. 그들은 아기스가 현재의 상태를 개탄하면서 스파르타의 옛영광을 찬양하자 심한 공격의 화살을 퍼부었다.

그러나 아기스의 계획은 리비스의 아들 리산드로스, 에크파네스의 아들 만드로클레이다스, 그리고 아게실라오스의 지지를 얻었다. 그들은 아기스의 계획과 열성에 찬성을 나타내며 적극적인 협조를 약속하고 그를 격려했다. 이들 가운데 리산드로스는 당시 스파르타에서 가장 큰 권위를 가진 사람이었으며 민중의 신망도 두터운 편이었다. 그리고 만드로클레이다스는 가장 수완이 뛰어난 정략가로 알려져 있었던 만큼 치밀한 계획을 세우고 가장 과감하게 행동하는 사람이었다.

아게실라오스는 아기스 왕의 외삼촌으로, 뛰어난 웅변가였다. 그러나 그는 욕심이 지나치며 지조가 굳지 못한 결점이 있었다. 그가 이 일에 참여하게 된 것은, 큰 전공을 세워 청년들 간에 이름을 떨치고 있던 그의 아들 히포메돈의 설득에 의한 것이라고 한다. 그러나 사실은 그는 많은 빚이 있었는데, 개혁을 통해 그 부채를 벗어 버리려는 속셈을 가지고 있었던 것이다.

아기스는 이처럼 강력한 인물의 지지를 얻게 되자 이번에는 자신의 어머니를 끌어들이려고 했다. 아게실라오스의 누이인 그의 어머니는 많은 친구들과 채무자와 부하들을 두고 있어 정치적으로도 큰 세력을 가졌기 때문이다.

아기스의 계획을 처음 들었을 때 어머니는 깜짝 놀랐다. 그리고는 되지도 않을 뿐더러 별 소득도 없는 일이니 그만두라고 충고를 했다. 그러자 아게실라오스는 이 계획이 훌륭한 것이며, 가문은 물론 다른 여러 사람들에게도 큰 이익이 된다면서 그녀를 설득시키려고 했다. 아기스도 자식의 영광을 옆에서 보고만 있지 말아 달라고 애원했다.

"물론 저는 재산으로는 다른 나라 왕들과 비교도 안 됩니다. 셀레우코스 왕이나 프톨레마이오스 왕의 신하나 종들도, 옛날부터 지금까지 모든 스파르타 왕의 재산을 합친 것보다 더 많은 재산을 가지고 있습니다. 그러나 재산이 아니라 검소한 생활과 참된 미덕으로 견주어 본다면, 스파르타는 그들을 충분히 이길 수 있습니다. 그리고 만일 제가 예전처럼 국민들을 고루 잘 살게 한다면, 저는 참으로 위대한 대왕으로서 존경받게 될 것입니다."

이렇게 해서 젊은 왕은 어머니의 마음을 완전히 돌려놓았다. 그의 어머니는 틈이 날 때마다 아기스 왕을 격려하였고, 자기의 힘으로 움직일 수 있는 사람들을 아기스에게 보내어 협력하게 하고, 다른 부인들에게도 이러한 뜻을 알렸다.

스파르타는 보통 여자들이 남자들을 지배하는 전통이 있었다. 그러나 이것은 아기스의 계획에 가장 큰 장애물이 되고 말았다. 왜냐하면 당시에는 스파르타 재산의 대부분이 여자들의 손에 있었으며, 사치를 좋아했던 여자들은 재산이나 돈으로부터 나오는 모든 힘을 잃기 싫어했던 것이다.

그래서 여자들은 모두 레오니다스를 찾아갔다. 그는 나이가 많고 경험도 풍부하니, 성급하게 날뛰는 젊은 왕의 계획을 멈추게 해 달라는 것이었다. 사실 레오니다스도 아기스의 계획을 못마땅하게 여기고 있었지만, 개혁을 희망하고 있는 사람들의 노여움을 살까봐 반대 의사를 드러내지 못하고 있었다. 그래서 그는 될 수 있는 한 비밀스럽게 공작을 펴서 그의 계획을 방해하기로 했다.

그는 곧 주요 관리들을 만나거나 회의에 나가서 아기스에 대한 비난을 늘어놓았다. 그는, 아기스가 부자들의 재산을 빈민들에게 나누어 주려는 것은 스파르타의 시민들을 위한 것이 아니라 폭군의 호위병을 얻으려는 수작이라고 말했다.

이런 공작에도 불구하고 아기스는 리산드로스를 에포로스(민선 장관)로 선출하는 데 성공하였다. 그리고 곧 리산드로스를 통해 다음과 같은 법안을 제출했다.

"첫째, 모든 부채는 무효로 한다. 둘째, 모든 토지를 분배하되 펠레네 수로와 타이게토스 산 사이, 말레아와 셀라시아 사이의 땅을 4천 5백 구획으로, 그 밖의 땅을 1만 5천 구획으로 나눈다. 셋째, 후자는 군무를 할 수 있는 지방민들에게 나누어 주고, 전자는 순수한 혈통의 스파르타인들과 외국인으로서 적당한 교육을 받았거나 그 밖의 자격을 갖춘 자들에게 나누어 준다. 넷째, 그들 모두를 15개의 반으로 나누되, 각 반은 2백 혹은 4백 명으로 편성하여 공동훈련과 공동식사를 하게 한다."

원로회에서는 이 법안에 대해 심한 논쟁이 벌어졌다. 그러자 리산드로스는 민회를 열어 이 법안을 지지해 달라고 호소했다. 한편 만드로클레이다스와 아게실라오스도 마찬가지로 열변을 토했다.

"소수 부자들의 이기심과 탐욕을 만족시켜 주기 위해 스파르타의 영광을 회복할 길을 막아서는 안 됩니다. 그렇게 되면 스파르타는 탐욕으로 망할 것이라는 오랜 신탁을 잊어서는 안 됩니다. 그리고 최근에 내려온 파시파에 신전의 새로운 신탁도 다시 한 번 생각해 보아야 합니다."

옛날부터 탈라마이에 있던 파시파에 신전과 그곳에서 받아온 신탁은 특별히 신성한 것으로 여겨져 왔다. 어떤 사람은, 파시파에는 아틀라스의 딸로 유피테르와의 사이에서 아몬을 낳았다고도 말한다. 또 어떤 사람은, 프리아모스의 딸인 카산드라가 여기서 죽었으며, 그녀가 모든 사람의 신탁을 알고 있어서 이런 이름이 붙었다고도 한다. 또 필라르코스의 말에 의하면, 아미클라스의 딸인 다프네라고 한다. 아폴론에게서 달아나다가 월계수로 변하고, 그 신으로부터 예언하는 힘을 받았다고 한다.

어쨌든 그때 파시파에 신전에서 내려진 신탁은, 스파르타인은 리쿠르고스가 정한 법대로 평등하게 살아야 한다는 내용이었다.

연설이 끝난 다음 아기스 왕이 나왔다. 그는 이렇게 선언했다.

"여러분! 나는 여러분의 이익을 위해 제출된 새 법안을 적극적으로 지지합니다. 뿐만 아니라 내가 가지고 있던 농토와 목장 등의 사유재산과 함께 6백 탈렌트의 돈을 내놓겠습니다. 그리고 저희 어머니와 친구들은 물론, 스파르타에서 가장 많은 재산을 가진 사람들도 모두 그렇게 할 것이라고 믿습니다."

사람들은 모두 이 젊은 왕의 너그러움에 놀라며 3백 년만에 왕다운 왕이 나타났다며 기뻐했다. 그러나 또 한 명의 왕인 레오니다스는 더욱 적극적으로 반대의 뜻을 역설했다. 만약 아기스가 하는 대로 내버려 두었다가는 자신의 재산을 모두 잃게 될 뿐만 아니라 모든 명예를 그에게 빼앗길 것이라고 생각했기 때문이었다. 그는 아기스를 향해, 리쿠르고스가 과연 공정하고 마음이 바른 사람이며 애국자였다고 생각하느냐고 질문했다. 아기스가 그렇다고 대답하자, 그는 이렇게 반박했다.

"그러면 리쿠르고스가 모든 빚을 무효로 하고, 외국인들에게까지 시민권을 주었을 거라고 생각합니까? 그분은 나라의 번영을 위해 외국인을 몰아내야 한다고 주장했습니다."

아기스는 이렇게 대답했다.

"레오니다스 왕께서는 외국에서 오래 사셨고, 페르시아 궁정에서 아내를 얻어 아들까지 낳았으니 당연히 리쿠르고스의 법을 잘 모르시겠지요. 그분은 돈뿐만 아니라 모든 채무나 채권을 스파르타에서 없앴던 분입니다. 그리고 그는 이 나라의 풍습에 맞지 않는 외국인을 몰아내자고 했지만, 그것은 외국인을 무조건 싫어해서가 아니라 돈과 사치의 나쁜 습관이 이 나라에 물들까봐 염려해서였습니다. 테르판드로스나 탈레스, 페레키데스 등도 모두 외국인이었지만 그들을 내쫓지 않았습니다. 왜 그랬겠습니까? 그것은 그들이 리쿠르고스의 제도를 찬양하고 노래하고 소개했기 때문입니다."

이렇게 말한 아기스는 다시 레오니다스에게 물었다.

"왕께서 칭찬하곤 하시던 엑프레페스가 에포로스로 있을 때 음악가인 프리니스의 악기에서 줄 두 개를 도끼로 끊은 일이 있었지요. 또 누군가 그것을 모방하여 티모테우스의 하프 줄을 끊은 일이 있었는데, 왕께서는 칭찬하곤 하셨지요. 그런데 왜 왕께서는 사치와 허영을 끊으려 하는 이를 나무라시는 겁니까? 그것은 단순히 악기의 줄을 끊은 것이 아닙니다. 그 줄을 끊음으로써 조화와 질서를 어지럽히는 사치와 허영을 사람들에게 경계시키려 했던 것입니다."

이렇게 되자 부자들은 레오니다스를 지지하게 되었다. 그들은 자신들의 이익을 버리지 말아 달라고 레오니다스에게 간청하였다. 그들은 원로회의를 움직여, 결국 아기스의 법안을 단 한 표 차이로 부결시켜 버렸다.

리산드로스는 곧 복수를 결심하고서 레오니다스에 대한 고발장을 썼다. 이 고발장의 근거가 된 것은 두 개의 옛 법률인데, 그 중 하나는 헤라클레스의 자손들은 외국 사람과 결혼해서 자식을 낳지 못한다는 것이었고, 또 하나는 외국에 나가 살기 위해 스파르타를 떠나는 자는 사형에 처한다는 것이었다. 리산드로스는 이 법으로 레오니다스를 처벌하겠다고 선언하고, 다른 에포로스들과 함께 하늘의 계시가 나타나기를 기다렸다.

이 의식은 에포로스들이 일정한 시기에 올리는 것으로 다음과 같이 진행되었다. 에포로스들은 9년에 한 번씩 맑고 달이 없는 밤을 골라 조용히 모여 하늘을 쳐다본다. 만일 별이 떨어지면 왕이 신을 모독하는 죄를 지은 것으로 단정하게 되는데, 그러면 왕은 델포이나 올림피아에서 신탁이 내려올 때까지 일체의 권한을 박탈당하게 된다.

그래서 리산드로스는 별이 떨어지는 것을 보았다고 주장하며 그를 재판에 부쳐 버렸다. 증인들은 그가 셀레우코스의 신하의 딸인 아시아 여자와 결혼하여 아이를 둘이나 낳았으며 나중에 그 부인과 싸워 스파르타로 돌아왔고, 마침 왕위를 계승할 왕자가 없어서 레오니다스가 왕이 된 것이라고 그동안의 일을 얘기했다. 그러는 한편 리산드로스는 레오니다스의 사위인 클레옴브로토스 또한 왕족이라는 것에 착안

하여 왕위를 주장하게 만들었다.

그때 레오니다스는 겁이 나서 아테나 신전의 청동궁에 들어가 숨어 있었다. 그러자 그의 딸도 남편 클레옴브로토스를 버리고 아버지를 따라 그곳으로 들어갔다. 재판날이 되었지만 레오니다스는 법정에 나오지 않았다. 이렇게 해서 그는 왕위를 박탈당하고 대신 클레옴브로토스가 왕위에 오르게 되었다.

이런 일이 있은 지 얼마 되지 않아 리산드로스의 에포로스 임기가 끝이 났다. 새로 선출된 에포로스들은 레오니다스를 옹호하기 시작했다. 그들은 불법적으로 채무를 무효로 만들고 토지를 새로 배분했다는 혐의로 리산드로스와 만드로클레이다스를 고발하였다. 생명의 위협을 느낀 두 사람은 왕을 찾아가, 두 왕의 안전과 이익을 위해서라도 에포로스들의 결의를 막아야 한다고 설득했다.

당시 스파르타의 법에 의하면 에포로스들은 두 왕의 의견이 갈라졌을 경우 자신들이 옳다고 판단한 한 편을 지지할 수 있었다. 그러므로 그들은 두 왕이 불화를 일으켰을 때만 권력을 휘두를 수 있고, 그렇지 않을 때에는 절대로 간섭할 수가 없었다. 또 두 왕이 서로의 의견을 인정하지 않았을 때는 양편을 조정하고 중재할 수 있었지만, 두 왕의 의견이 같았을 때는 입을 열 자격도 없었다. 그렇기 때문에 리산드로스와 만드로클레이다스는 두 사람의 왕에게 그런 호소를 한 것이다.

두 왕은 이들의 의견을 받아들이기로 하고, 측근들과 함께 시장으로 나갔다. 그리고는 에포로스들을 모두 몰아내고 아게실라오스 등을 새로운 에포로스로 선출했다. 그런 다음 많은 젊은이들을 무장시켜 정치범들을 석방하고, 개혁에 대해 반대하는 자들을 모두 사형시키겠다고 협박했다. 그러나 아무도 죽이지 않았을 뿐 아니라 오히려 적에게 은혜를 베풀기까지 했다. 그러한 예로 다음과 같은 이야기가 있다.

아게실라오스는 부하들을 시켜 테게아로 도망치는 레오니다스를 죽이려고 했다. 그러나 이 계획을 미리 눈치 챈 아기스는 믿을 만한 사람들을 레오니다스에게 보내 그가 무사히 테게아로 갈 수 있도록 도와주었다.

개혁은 순조롭게 진행되었다. 그러나 아겔실라오스의 욕심 때문에 이 훌륭한 계획은 그만 허물어지고 말았다. 그는 가장 넓고 토질이 좋은 땅을 많이 가지고 있었지만 그만큼 빚도 아주 많이 지고 있었다. 그는 빚을 갚지 않아도 된다는 것 때문에 이 계획에 끼어들었지만, 자신의 땅을 내놓고 싶은 생각은 조금도 없었다. 그는 아기스에게 말했다.

"두 가지 일을 동시에 단행한다면 자칫 소란이 일어나기 쉽소. 그러니 먼저 빚을 무효로 만든 다음에 부자들의 토지를 내놓게 합시다."

리산드로스를 비롯한 수많은 사람들은 아게실라오스의 이 간사한 꾀에 넘어가고 말았다. 그들은 '클라리아'라고 부르는 채권과 차용계약서들을 모두 시장에 가져오게 한 다음 한 곳에 쌓아놓고 모두 불을 질렀다. 이렇게 해서 돈에 대한 모든 문서들은 재로 변해 버렸고, 이것을 지켜보던 부자들은 억울함을 누르며 돌아가야 했다. 그러나 아게실라오스는 그런 모습을 보고도 이처럼 깨끗하고 아름다운 불은 처음 본다며 기쁨을 감추지 않았다.

사람들은 토지를 나누어 달라고 왕들에게 요구했다. 그러나 아게실라오스는 이리저리 핑계를 대며 자꾸 시간을 미루기만 했다. 그러던 중에 아기스가 군대를 지휘하여 출정을 해야 할 일이 생겼다. 스파르타와 동맹을 맺고 있던 아카이아가 도움을 요청했던 것이다. 아이톨리아 군이 메가라 땅을 거쳐 펠로폰네소스에 침입해 오고 있었으므로 아카이아의 아라토스 장군이 도움을 청해 온 것이었다. 아라토스의 구원 요청을 받은 에포로스들은 곧 아기스에게 군대를 주고 출정을 명령했다.

아기스는 자신을 따르는 병사들을 보고 마음이 무척 흐뭇했다. 그들은 모두 가난한 집의 자식들이었지만 무거운 부채를 벗은 데다가 땅을 받게 될 것이라는 희망 때문에 모두 혈기가 넘쳤다. 그들은 행군을 할 때도 질서를 잘 지켰고, 펠로폰네소스 지방의 사람들에게도 해를 끼치는 일이 전혀 없었다. 각 도시들은 이들에 대해 칭찬을 아끼지 않았다. 특히 그중에서도 가장 젊은 듯 보이는 대장의 군대가 그토록 질서 정연한 것을 보고는, 그 옛날 아게실라오스나 리산드로스 같은 명장들이 있을 때는 과연 스파르타의 군대가 얼마나 훌륭했겠느냐는 이야기들을 나누었다. 뿐만 아니라 그들은 병졸들과 똑같은 옷에 똑같은 무기를 들고 있는 젊은 왕에 대한 칭찬으로 쉴 새가 없었다. 그렇지만 부자들은 이런 개혁의 물결이 몰아닥치는 것을 보고 두려움을 느끼지 않을 수 없었다.

아기스는 코린트에서 아라토스의 군대와 합세하여 작전 계획에 대해 의논을 했다. 앞으로 더 나가는 것이 옳을지 아니면 그것이 너무 무모한지에 대한 것이 주된 의제였다. 아기스는 더 진격하기를 주장했지만, 그렇다고 해서 자기 주장을 무조건 내세우지는 않았다. 군대가 할 일은 싸움이며, 적이 펠로폰네소스 반도를 통과하지 못하게 하는 것이 임무이지만, 아라토스의 의견을 수용하겠다는 것이 그의 의견이었다. 그러나 그것은 단지 아라토스가 나이가 많고 전쟁 경험도 풍부하다는 것 때문만은 아니었다. 자신은 동맹국의 작전을 세우거나 그 군대를 지휘하기 위해 온 것이 아니라 다만 도와주려고 온 것뿐이기 때문이라는 것이었다.

시노프의 바톤은, 그때 아라토스가 전쟁을 하자고 했지만 아기스가 반대했다고 전하고 있지만 그것은 잘못된 기록으로 보인다. 그런 주장을 하는 사람은 분명히 아라토스가 쓴 글을 읽지 않았다고 여겨지기 때문이다. 왜냐하면 아라토스는 막 추수할 때였기 때문에 싸움을 벌이는 것보다는 적을 그냥 통과시키는 것이 유리하다고 적고 있기 때문이다. 그래서 아라토스는 사기가 충천해 있던 아기스의 군대에게 감사하다는 말을 전하고 그들을 본국으로 돌려보냈다.

아기스가 부하들의 큰 존경을 받으며 스파르타에 다시 돌아와 보니 나라는 큰 혼란에 빠져 있었다. 에포로스의 자리에 앉아 있던 아게실라오스는 온갖 수치스러운 방법으로 돈을 긁어모으고 있었다. 특히 그는 필요하지도 않은 윤달을 만들어서 13월의 세금까지 억지로 받아먹고 있었다. 또 그는 자기가 피해를 준 사람들의 보복이 두려워서 언제나 호위병을 데리고 다녔다. 게다가 자신의 권세를 믿은 나머지 클레옴브로토스 왕까지 노골적으로 업신여겼다. 그러나 아기스 왕에게는 아무렇게나 대하지 않았는데, 그것도 왕에 대한 존경이 아니라 단순히 그가 친척 관계에 있다는 것 때문이었다. 또 그는 다음 해에까지 에포로스 자리를 내놓지 않겠다는 생각까지 공공연히 드러내놓곤 했다. 이렇게 되자 그를 미워하던 사람들은 때를 놓치기 전에 최후의 방법을 쓰기로 결심했다.

그들은 드디어 테게아에 있는 레오니다스를 모셔다가 다시 왕위에 앉혔다. 사람들도 아게실라오스가 토지를 나누어 주겠다는 약속을 지키지 않은 데 몹시 분노하고 있었던 탓에 모두 이 일을 지지하게 되었다. 아게실라오스는 그의 아들 히포메돈이 평소에 덕을 보여 주어 모두의 사랑을 얻지 못했더라면 큰 화를 당할 뻔했다. 히포메돈은 그때 험악해져 있던 민중들의 손에서 아버지를 구해 내어 무사히 나라 밖으로 도망가게 보호해 주었다.

이러한 소란이 이어지는 동안 아기스 왕은 아테나 신전의 청동궁에, 그리고 클레옴브로토스는 포세이돈의 선전에 몸을 숨겼다. 레오니다스는 사위인 클레옴브로토스에게 화가 났다. 그는 아기스가 있는 아테나 신전을 그냥 지나쳐 포세이돈 신전으로 병사들을 이끌고 들어갔다. 그리고는 사위임에도 불구하고 적과 결탁하여 자기의 왕위를 빼앗고 국외로 추방시킨 일에 대해 고함을 치며 노발대발했다. 그러나 클레옴브로토스는 아무 말 없이 묵묵히 앉아 있기만 했다. 거기에는 클레옴브로토스의 아내이며 레오니다스의 딸인 킬로니스도 함께 있었다. 그녀는 레오니다스가 왕위를 빼앗길 때 아버지를 따라 다른 나라를 떠돌며 고생을 했다. 남편과의 인연을 끊고 고난에 빠진 아버지를 위로했으며, 아버지가 스파르타에 있는 동안에는 함께 신전에 숨어 있기도 하는 등 지극한 효성을 보여 주었다.

그러나 그녀는 이제 뒤바뀌는 운명을 좇아 불행한 처지에 놓인 남편 곁에 앉아 있었다. 두 자식과 함께 마치 신의 가호를 비는 듯 남편을 끌어안고 있는 그녀의 모습은 보는 사람의 마음을 뭉클하게 했다. 킬로니스는 자신의 초라한 몰골을 가리키며 아버지에게 말했다.

"아버지! 제가 지금 이런 몰골로 앉아 있는 것은 결코 클레옴브로토스가 가엾어서가 아닙니다. 저는 오랜 세월 아버지와 함께 타국을 돌아다니면서 온갖 설움을 겪었던 탓에 이제는 이런 모양이 아주 버릇이 되어 버렸습니다. 그런데 아버지가 승리를 거두고 다시 스파르타의 왕위에 앉으셔도 제가 이런 꼴로 있어야 되겠습니까? 아니면 왕녀답게 좋은 옷을 입고 앉아서 제 남편이 아버지께 죽임을 당하는 모습을 구경하고 있어야 되겠습니까? 클레옴브로토스와 저, 그리고 아이들의 눈물로도 아버지의 용서를 얻지 못한다면, 남편은 아버지가 주시려는 벌보다 더 큰 벌을 받게 됩니다. 만약 그렇다면, 남편은 사랑하는 아내가 스스로 목숨을 끊는 광경을 두 눈으로 지켜보게 될 것입니다. 남편의 마음도 아버지의 마음도 움직이지 못한다면, 제가 무슨 낯으로 세상 여자들을 쳐다볼 수 있겠습니까? 저는 아무래도 딸이나 아내로서 제 혈육들과 함께 고생을 하라는 운명인가 봅니다. 남편을 버리고 아버지를 따라간 여자가 무슨 변명을 할 수 있겠습니까? 그러나 아버지! 왕위를 위해 사위와 자식을 돌보지 않으시는 분이 어째서 똑같은 죄를 저지른 이 사람을 용서하지는 못하십니까?"

이야기를 마친 킬로니스는 충혈된 눈으로 사람들을 둘러보았다. 레오니다스는 신하들과 의논하기 위해 잠시 자리를 뜨더니 얼마 후에 돌아왔다. 그리고는 클레옴브로토스에게 이 나라를 떠나라고 말하고 딸을 향해 말했다.

"사랑하는 킬로니스야, 너를 사랑하기 때문에 남편을 살려 달라는 네 청을 들어준 것이다. 그런 나를 버리지 말고 앞으로도 내 곁에 있어다오."

그러나 킬로니스는 레오니다스의 애원을 듣지 않았다. 그녀는 제단 앞으로 가서 무릎을 꿇고 기도를 올린 다음 남편을 따라 떠났다. 만약 클레옴브로토스가 헛된 야망에 눈이 멀지만 않았더라면, 그는 훌륭한 아내와 함께 추방을 당하는 것이 아내가 없는 왕국을 갖는 것보다 더 기쁜 일이라는 것을 알았을 것이다.

클레옴브로토스를 추방하고 새로 에포로스들을 선출한 다음 그는 아기스를 어떻게 잡아야 할지에 대해 고민을 했다. 그는 아기스에게 신전에 숨어 있지 말고 자기와 함께 나라를 다스리자고도 해 보았다. 그는 나이가 젊고 성질이 급한 데다가 아게실라오스의 술수에 말려들어서 한 일이니, 사람들도 너그럽게 용서해 줄 것이라고 설득해 보기도 했다. 그러나 아기스는 그의 속셈을 알아차리고 신전에서 나오지 않았고, 레오니다스는 곧 그곳을 떠나 버렸다.

암파레스와 다모카레스, 그리고 아르케실라오스는 가끔 신전으로 와서 아기스와 이야기를 나누다가 돌아갔다. 그리고 얼마 후에 아기스는 이들과 함께 가까운 곳에 있는 목욕탕에도 갔다올 만큼 그들과 가까워졌다. 찾아오는 사람은 그 세 사람이 전부였다. 그런데 그 중에 암파레스는 아기스의 어머니인 아게시스트라타에게서 값진 옷과 그릇을 빌려간 일이 있었는데, 그것들을 돌려 주기 싫어서 아기스와 그의 어머니가 죽었으면 하는 생각을 하고 있었다. 그러자 에포로스였던 암파레스는 레오니다스가 음모를 꾸미는 것을 보고 그 일에 적극적으로 끼어들었다. 그리고 다른 에포로스들도 이 음모에 협조하도록 만들었다. 그들은 아기스가 목욕할 때만 신전을 나온다는 사실을 알고, 그때 그를 잡기로 계획을 세웠다.

며칠 후 아기스가 목욕을 하러 나오는 것을 본 음모자들은 아무렇지도 않은 것처럼 반갑게 인사를 하면서 친한 청년들끼리 하듯 농담을 주고받았다. 길이 갈라져서 감옥으로 가는 모퉁이에 왔을 때, 암파레스는 아기스를 붙잡고 말했다. "아기스, 에포로스들이 심문할 것이 있으니 같이 좀 가 주셔야겠소."

그때 키가 크고 억세게 생긴 다모카레스가 웃도리를 벗어서 아기스의 목을 감고 그를 끌어당겼다. 그러자 숨어 있던 패거리들이 뛰어나와 아기스의 등을 밀며 감옥으로 끌고 갔다. 그러자 레오니다스가 곧 병사들을 데리고 도착하여 감옥을 포위해 버렸다.

드디어 에포로스들이 감옥으로 모여들고 원로원도 소집되었다. 의원들은 다른 생각을 가지고 있었지만, 레오니다스는 재판하는 흉내라도 내야겠다고 생각하고 그들을 모이게 했던 것이다. 아기스는 그들의 배신을 어이없어 하며 아무 말 없이 웃음을 지었다. 암파레스가 그에게 말했다.

"대담한 짓을 했으니 이제 그 벌을 톡톡히 받을 거요. 그러니 지금은 우는 편이 더 어울릴 거요."

그때 한 에포로스는 아기스를 구할 구실이라도 찾으려는 듯, 자유 의사로 한 일인지 아니면 아게실라오스와 리산드로스의 강요 때문에 한 일인지를 물었다. 아기스는 이렇게 대답했다.

"어느 누구의 말을 듣고 한 일이 아니오. 나는 다만 리쿠르고스를 존경하며, 그의 제도를 부활시키려 했던 것뿐이오."

그러자 에포로스는 다시 후회할 일은 없느냐고 물었다. 아기스는, 자신은 영광스러운 일을 계획했으므로 아무런 후회도 없으며 어떤 벌도 두렵지 않다고 말했다. 에포로스들은 곧 아기스에게 사형을 선고하고, 그를 데카스로 끌고 가라고 말했다. 데카스는 죄수들을 교살시키는 방의 이름이었다.

그러나 형리들은 아무도 그에게 손을 대지 않았으며, 감시하고 서 있던 병사들까지도 왕에게 손을 대는 것은 어긋나는 일이라며 이를 거절했다. 그러자 데모카레스가 눈을 부라리면서 욕설을 퍼부었다. 그러나 그들이 여전히 꼼짝도 하지 않자, 다모카레스는 직접 아기스를 끌고 데카스로 데리고 갔다.

사람들은 아기스 왕이 잡혔다는 소식을 듣고, 모두 손에 횃불을 들고 감옥으로 몰려들었다. 그 중에는 아기스의 어머니와 할머니도 있었는데, 스파르타의 왕은 사람들이 보는 앞에서 공정하게 재판을 받아야 한다고 소리를 질렀다. 그러나 이것은 아기스의 죽음을 오히려 재촉하고 말았다. 감옥 안에 있던 무리들은 사람들이 더 모였다가는 아기스가 구출될 지도 모른다고 생각하고서 일을 더욱 서둘렀던 것이다.

사형장으로 끌려가던 아기스는 한 형리가 슬퍼 울고 있는 것을 보고 이렇게 말했다. "이보게, 나 때문에 울지는 말게. 사악한 자들의 무법 행위로 죄없이 죽임을 당하는 내가, 적어도 놈들보다는 나으니 말일세."

그리고는 조금도 주저하지 않고 올가미에 목을 걸었다.

아기스가 숨을 거두자 암파레스는 감옥 문 앞으로 나갔다. 아게시스트라타는 그를 보자 아직도 아들의 친구인 줄만 알고 도움을 청했다. 암파레스는 그녀를 조용히 일으켜 세우며 이렇게 말했다. "아기스는 아무런 고생도 하지 않을 테니 염려마십시오. 소원이라면 직접 들어가서 만나보셔도 좋습니다."

그러자 아게시스트라타는 자기 어머니도 함께 들어가게 해 달라고 부탁했다. 암파레스는 그러라고 하면서 두 여자가 들어오자 감옥 문을 닫아버렸다. 그는 먼저 아기스의 할머니인 아르키다미아를 사형장으로 데리고 들어갔다. 그녀는 이미 나이가 많이 들었지만 나라 안의 여자들로부터 큰 존경을 받고 있었다. 암파레스는 이 아르키다미아를 죽여 버리고, 이번에는 아게시스트라타를 불렀다. 그녀가 들어갔을 때 방 안에는 아기스의 시체와 함께 어머니의 시체가 올가미를 뒤집어 쓴 채 형틀에 매달려 있었다. 아게시스트라타는 형리들의 도움을 받아 어머니의 시체를 끌어내려 아들의 곁에 뉘였다. 그리고는 시체를 바로잡고 잘 덮어준 다음, 죽은 아들의 얼굴에 키스를 하면서 말했다.

"내 아들아! 인간을 너무나 착하게 대하고 원수까지 용서해 준 죄로 너도, 그리고 우리도 파멸을 맞게 되는구나."

그때 이 말을 엿듣고 있던 암파레스가 소리를 질렀다.

"아들을 그렇게 칭찬하시니 당신한테도 똑같은 상품을 드리지요."

그러자 아게시스트라타는 조용히 일어나 스스로 올가미에 목을 걸고는 마지막으로 이렇게 말했다. "이것이 스파르타를 위해 좋은 일이 되기를 빕니다."

이 슬픈 소식이 온 시내에 퍼지고 세 구의 시체가 감옥에서 나오자 사람들은 그 끔찍한 공포보다는 그들의 가여운 죽음을 가슴 아파했다. 그리고 슬픔은 곧 레오니다스와 암파레스에 대한 원한으로 바뀌었다. 그 옛날 도리아인이 펠로폰네소스에 들어와 스파르타라는 나라를 세운 이래 이런 잔인하고 끔찍한 일은 처음이었다. 전쟁터에서 만난 적들도 스파르타 왕에 대해서는 존경을 가지고 있었기 때문에, 감히 해를 끼칠까봐 가까이 오지도 못했다고 사람들은 떠들어댔다. 그 말은 사실이었다. 스파르타와 다른 그리스 국가들 사이에 있었던 많은 전쟁에서 스파르타의 왕이 전사했던 것은 마케도니아의 필리포스까지 더듬어보아도 레욱트라 전투 때 투창에 맞아 전사한 클레옴브로토스밖에 없다.

물론 메시나 사람들은 스파르타의 테오폼포스 왕이 그들의 아리스토메네스에게 죽임을 당했다고 전하고는 있다. 그러나 스파르타 사람들은 그때 왕이 전사한 것이 아니라 단지 가벼운 부상을 입었을 뿐이었다고 주장하고 있다. 어쨌든 스파르타의 왕으로서 에포로스들에게 죽임을 당한 것은 아기스가 최초였음에 틀림없다. 그리고 그가 사형을 당한 이유는 젊고 혈기왕성한 나이에 스파르타다운 영광을 부활시키려고 했기 때문이었다. 만약 그에게 잘못이 있다면, 사람들의 죄를 탓하지 못할 만큼

어지러운 시대에 살았던 것이 잘못일 것이다. 그리고 만약 비난을 한다면 원수보다는 그의 친구들에게 비난을 돌려야 할 것이다. 결국 그는 너그럽고 온화한 성품 때문에 레오니다스의 목숨을 구해 주었고 남의 말을 너무 잘 믿었다. 그리고 바로 그러한 죄 때문에 그처럼 죽임을 당해야 했던 것이다.

38
클레오메네스

(CLEOMENES, BC 263~219)

> 스파르타의 왕이었으며 뛰어난 군인이기도 했다. 어머니는 크라테시클레아, 아버지는
> 레오니다스 왕, 그리고 아내는 아기아티스였다. 말솜씨가 뛰어났고 검소한 생활을 즐
> 겼으며, 용맹스럽고 대담한 성격을 지니고 있었다. 리쿠르고스의 정책을 부활시키려
> 다가 매우 불행한 최후를 맞았다.

아기스가 죽자 그의 동생 아르키다모스는 재빨리 다른 나라로 피신을 하여 목숨
을 구할 수 있었다. 그러나 레오니다스는 아기스의 아내인 아기아티스와 그의 아기
를 끌어내어, 자신의 큰아들 클레오메네스와 결혼시켜 버렸다. 클레오메네스가 한
참 연하였지만 아기아티스가 다른 사람과 결혼하지 못하도록 하기 위해 그랬던 것
이다. 아기아티스의 아버지인 길리포스의 막대한 재산도 탐이 났지만 당시 그리스
에서 제일 아름답고 뛰어난 그녀를 다른 사람에게 빼앗기기가 싫었던 것이다. 아기
아티스는 결혼하지 않으려고 갖은 애를 썼다고 한다. 그러나 클레오메네스와 결혼
을 한 뒤에는 남편을 사랑하며 좋은 아내가 되었다고 한다.

클레오메네스 또한 아기아티스를 무척 사랑했다. 그는 아기아티스가 아기스를 잊
지 못하고 있다는 것을 이해하고 오히려 그에게 아기스에 대한 얘기를 청해 들었다.
그는 아기아티스의 이야기 속에서 아기스의 훌륭한 계획과 큰 뜻에 열심히 귀를 기
울였다. 그러면서 클레오메네스는 점차 아기스가 품었던 높은 정신과 너그러운 성품

을 몸에 익히게 되었으며, 생활도 그와 마찬가지로 검소하고 소박하게 꾸려나갔다.

그러나 클레오메네스는 아기스처럼 침착하고 자상하지는 못했다. 그에게는 어떤 열정이 있어서, 때로는 지나친 공명심을 불태우며 과격한 성미를 드러내는 일도 많았다. 그는 스스로 복종하게 하는 것이 왕으로서 가장 영광스러운 일이라고 생각했다. 그러나 그는 순종하지 않는 의지는 꺾어야 하고, 명예로운 일이라면 강제로라도 시켜야 한다는 생각을 가지고 있었다.

이러한 클레오메네스는 당시의 스파르타를 보며 몹시 개탄했다. 사람들은 하나같이 사치와 안락에 젖어 있었고, 레오니다스 왕은 정사를 돌보지 않고 재물과 향락에만 눈이 어두워져 있었다. 이처럼 나라를 생각하는 사람이 아무도 없었으므로 사람들도 모두 자기 이익만 챙기기에 바쁜 형국이었다. 청년들을 훈련하여 규율을 세우고 신체를 단련하며 생활의 평등을 위해 애쓴다는 기대는 아기스와 함께 사라져 버렸으며, 지금은 절제나 평등을 말한다는 것만으로도 위험한 일이 되는 형편이었다.

클레오메네스는 소년 시절에 스파이로스부터 철학을 배웠다고 한다. 스파이로스는 그때 스파르타에 와서 청년들을 가르치고 있었는데, 제논의 수제자들인 키티움의 학자들 중의 한 사람이었다. 그는 클레오메네스의 씩씩한 기상을 지켜보며, 큰 포부를 가지라고 격려했다고 한다.

옛날 레오니다스는, 티르타이오스라는 시인을 어떻게 생각하느냐는 물음에 이렇게 대답했다고 한다. "청년들의 사기를 높이는 데 적당한 사람이지요."

과연 티르타이오스의 시로 용기를 얻은 군대는 위험도 가리지 않고 용감하게 싸웠다. 마찬가지로 스토아 철학은 씩씩하고 용기있는 사람들에게는 위험한 화약이 되지만, 반대로 침착하고 온화한 사람에게는 다른 어떤 것보다 좋은 효과를 내는 것이다.

아버지인 레오니다스가 죽고 클레오메네스가 왕위를 계승받았을 때 나라는 완전히 혼란에 빠져 있었다. 부자들은 나랏일에는 아무 관심도 없이 쾌락과 재물에만 마음을 썼다. 가난한 빈민들은 전쟁이 나도 일어나서 싸울 기력이 없었고, 아이들은 전혀 교육을 받지 못한 채 아무렇게나 자라나고 있었다. 게다가 왕이 있기는 했지만 이름뿐이었고, 실질적인 권력은 모두 에포로스들이 차지하고 있었다.

클레오메네스는 정치를 개혁하지 않으면 안 되겠다고 생각하고 가까운 친구였던 크세나레스의 마음을 떠보았다. 그는 아기스가 어떤 왕이었으며 그의 계획을 이루기 위해 어떠한 방법으로 어떤 사람들의 도움을 얻었는지를 물어보았다. 처음에는 크세나레스도 자세한 이야기를 해주었다. 그러나 클레오메네스가 지나친 관심을 가지고 아기스의 개혁에 감탄하는 것을 보자, 제정신이 아니라고 화를 내면서 절교를 해 버렸다. 클레오메네스는 크세나레스처럼 다른 사람들도 모두 반대할 것이라고 생각했다. 그래서 그는 아무에게도 말하지 않고 모든 일을 혼자 계획하기로 결심했다.

그는 전쟁이 일어난다면 아무래도 평화시보다는 개혁을 단행하기가 쉬울 것이라고 생각했다. 마침 아카이아가 그런 기회를 만들어 주자 스파르타를 전쟁의 소용돌이 속으로 몰아넣었다. 이 일은 다음과 같이 이루어졌다.

당시 아카이아에서 가장 큰 권력을 쥐고 있던 사람은 아라토스였는데, 그는 펠로폰네소스 반도에 있는 모든 나라를 하나로 통합시킬 계획을 품고 있었다. 그래서 그는 여기에 모든 정치적 힘과 영향력을 기울였으며, 그렇게 해야만 외부의 적들로부터 아카이아를 지킬 수 있을 것이라고 생각했다.

이 제안에 대해 펠로폰네소소의 모든 나라는 찬성을 나타내고 동맹에 가입을 해 왔다. 그러나 스파르타와 엘레아, 그리고 스파르타의 세력 밑에 있던 많은 아르카디아 도시들은 이 동맹에 가입하지 않고 있었다. 그래서 아라토스는 레오니다스 왕이 죽자 곧 아르카디아를 공격하고 주민들의 재산을 마구 약탈하기 시작했다. 그는 이렇게 해서 아직 젊고 경험도 부족한 클레오메네스를 시험해 보려는 것이었다.

에포로스들은 벨비나 근처에 있는 아테나 신전을 점령하도록 클레오메네스를 파견했다. 그곳은 스파르타로 들어오는 길목이었으며, 메갈로폴리스 인들이 자기네 땅이라며 영토권 분쟁을 일으키고 있는 곳이기도 했다. 클레오메네스는 그곳으로 가서 영지를 점령하고 진지를 구축했다.

아라토스는 이들을 그냥 내버려 두고, 테게아와 오르코메노스를 공격하기 위해 한밤중에 군대를 일으켰다. 그러나 두 도시에 반란을 일으키고 성을 넘겨 주기로 한 음모자들이 겁을 먹고 약속을 지키지 않아 결국 실패로 돌아가고 말았다. 아라토스는 계획이 탄로난 것으로 짐작하고 군대를 돌려 물러나올 수밖에 없었다. 클레오메네스는 아라토스를 비웃는 편지를 그에게 보냈다. 그러자 아라토스는 클레오메네스라는 젊은이가 도대체 어떤 인물이냐고 물었다. 스파르타에서 도망하여 그에게 와 있던 다모크라테스가 이렇게 대답했다.

"만약 스파르타에 관심이 있으시다면, 그 어린 독수리의 발톱이 자라기 전에 시작하십시오."

얼마 후 클레오메네스는 소수의 기병과 3백 명의 보병을 이끌고 아르카디아로 돌아갔다. 전쟁을 원치 않던 에포로스들은 곧 그에게 귀국 명령을 내렸다. 그러나 클레오메네스가 철수를 하자 아라토스가 곧 카피아이를 점령했으므로, 에포로스들은 다시 그를 출정시켰다. 클레오메네스는 이 전투에서 메티드리움을 점령하고 아르고스 지방을 휩쓸었다. 그를 막기 위해 아카이아 군은 아리스토마코스를 총지휘관으로 하여, 2만 명의 보병과 천 명의 기병을 보내왔다. 그러나 클레오메네스를 두려워한 아라토스가 군대를 철수하라는 명령을 내렸으므로 아리스토마코스는 그대로 철수를 해버렸다. 이 일로 아라토스는 부하들에게 심한 비난을 받았으며, 겨우 5천 명 남짓한 스파르타 군으로부터도 비웃음을 당했다. 이 전투로 용기를 얻게 된 클레오메네스는 시민들 앞에서 어떤 선왕의 말을 인용해 말했다.

"이제 스파르타 군에게 적이 얼마나 많으냐고 묻는 것은 무의미하다. 다만 어디에 있는지 물을 뿐이다."

그 후 아카이아 군이 엘레아를 공격하자 클레오메네스는 그들을 돕기 위해 출정했다. 그런데 엘레아로 가는 도중에 리카이움 근처에서 퇴각 중인 아카이아 군을 만나게 되었다. 클레오메네스는 그들을 공격해 수많은 포로와 전사자들을 낳게 해 아라토스까지 전사했다는 소문이 온 그리스에 떠돌게 되었다. 그러나 아라토스는 누구도 예상하지 못한 사이에 만티네이아를 함락시킨 뒤 그곳에 강력한 수비대를 주둔시켜 전세를 역전시켰다.

전세가 뒤바뀌자 스파르타 사람들은 모두 용기를 잃고 클레오메네스의 군대를 철수시키고 전쟁을 그치도록 했다. 클레오메네스는 메세네에 망명해 있던 아기스의 동생 아르키다모스를 불러들였다. 아르키다모스는 정당한 권리를 갖고 있으므로 함께 나라를 다스리자는 뜻이었다. 즉, 그는 두 사람이 힘을 합친다면 에포로스들의 세력을 억제시킬 수 있으리라고 생각했던 것이다.

그러나 과거에 아기스 왕 암살에 가담했던 무리들은 이 사실을 알고 그의 귀환을 몹시 못마땅해했다. 아르키다모스가 돌아온다면 분명 자기들이 저질렀던 죄에 대해 책임을 추궁할 것이 분명했기 때문이다. 그래서 그들은 아르키다모스가 돌아오는 것을 기다려 환영하러 나온 사람들 틈에 섞여 있다가 그를 암살해 버렸다.

그러나 클레오메네스는 여전히 개혁을 실현시키기 위해 자기를 다시 전쟁터에 보내 달라고 에포로스들에게 뇌물을 썼다. 그는 어머니 크라테시클레아의 도움으로 많은 사람들의 지지를 얻게 되었다. 그의 어머니 크라테시클레아는 아들의 큰 뜻을 위해서는 어떠한 희생이라도 바칠 생각을 가지고 있었다. 그래서 재혼할 마음이 없었음에도 불구하고 당시 스파르타에서 가장 큰 영향력을 가지고 있고 가장 많은 재물을 가진 시민을 남편으로 맞았다.

클레오메네스는 군대를 거느리고 다시 진격을 서둘러 메갈로폴리스에 속한 레욱트라를 손에 넣었다. 그러나 아라토스를 사령관으로 한 아카이아 군이 밀어닥쳐 큰 전투가 벌어지게 되었다.

클레오메네스의 군대는 이 전투에서 패배했다. 그러나 아라토스는 전투를 계속하지 않고 군대를 계곡 저편으로 거두어 버렸다. 그러자 메갈로폴리스의 리디아다스는 아라토스의 명령을 어기고 기병대를 이끌고 도망가고 있는 적을 추격하기 시작했다. 그런데 정신없이 달리다보니 온갖 장애물이 있는 개울에 이르게 되어 대혼란에 빠지고 말았다. 이것을 본 클레오메네스는 타란토 인 부대와 크레타 인 부대를 충돌시켰다. 리디아다스는 이들을 맞아 용감하게 싸우다가 결국 전사하고 말았다.

여기에 용기를 얻은 스파르타 군은 다시 사기를 회복하고서 아카이아 군을 공격했다. 아카이아 군은 많은 전사자를 남기고 패퇴했다. 클레오메네스는 적의 시체들은 넘겨 주었으나 리디아다스의 시체만은 그에게 가져오라고 했다. 그리고는 자줏빛 비단옷을 덮어 주고 머리에는 월계관을 얹어 메갈로폴리스로 보냈다. 리디아다스는 메갈로폴리스의 참주였지만 시민들에게 자유를 되돌려주었고, 그 도시를 아카이아 동맹에 가입시킨 사람이었다.

클레오메네스는 이 승리로 더욱 자신을 얻었다. 그는 만일 자기 뜻대로 할 수만 있다면 아카이아 인들을 궁지에 몰아넣을 자신까지 있었다. 그래서 그는 어머니의 새 남편인 메기스토노스를 찾아가 이렇게 말했다.

"지금이야말로 나라를 위해 에포로스 제도를 없애고 토지를 다시 분배해서 평등하게 만들 수 있는 때입니다. 그러면 스파르타는 다시 그리스의 패권을 되찾을 수 있을 것입니다."

메기스토노스는 그의 의견에 찬성하여 가까운 친구들을 설득시켜 이 의견을 지지하게 만들어 주었다.

그런데 그때 에포로스 중의 하나가 파시파에 신전에서 잠을 자다가 아주 이상한 꿈을 꾸었다. 에포로스들이 앉아서 사무를 보던 곳에 있던 의자가 하나만 남기고 없어진 꿈이었다. 그는 꿈속에서도 이상한 생각이 들어 어리둥절해 있는데, 신전에서 이런 소리가 들려왔다.

"이렇게 하는 것이 스파르타를 위해 가장 좋은 일이다."

그 에포로스는 이 소리를 듣고 놀라 잠에서 깨어났다. 클레오메네스는 이 얘기를 듣고 처음에는 몹시 언짢은 기분이 들었다. 혹시 자기의 계획을 알고 마음을 떠보려는 것이 아닌가 하는 생각 때문이었다. 그러나 그것이 사실이라는 것을 알게 되자 다시 자신만만해지게 되었다.

그는 자기의 계획에 가장 심한 반대를 할 것으로 생각되는 시민들을 데리고 아카이아 군과 동맹을 맺고 있는 헤라이아와 알사이아를 공격했다. 그런 다음 오르코메노스 시에 식량을 보내 주고, 만티네이아 시를 포위하였다.

이렇게 군대를 질질 끌고다니며 고생을 시키자 지칠 대로 지친 그들은 아르카디아에 남겠다고 했다. 클레오메네스는 그들의 요구를 허락해 주고, 자신은 외인부대를 인솔하여 스파르타로 돌아왔다. 그리고는 본국으로 가장 믿을 만한 사람에게만 자신의 계획을 얘기하고, 에포로스들의 저녁식사 시간에 맞추어 도착하기 위해 행군 속도를 늦추었다.

시가지에 가까이 오자 그는 먼저 에우리클레이다스를 보내 군대에서 소식을 가져왔다는 구실로 에포로스들의 공동식당으로 들어가게 했다. 그리고 모타케스라고 부르는 포이비스와 테리키온에게 병사 몇 명을 붙여 그를 따르게 했다. 이렇게 해서 먼저 도착한 에우리클레이다스가 에포로스들을 만나고 있을 때, 칼을 뽑아들고 뛰어들어가 에포로스들을 향해 내리쳤다. 에포로스의 우두머리였던 아길라이오스는 칼을 맞고 죽은 듯이 쓰러져 있었다. 그러나 눈치를 살핀 다음 몰래 기어나와 공포의 신을 모시는 작은 건물 안으로 도망을 갔다. 이곳의 문은 항상 닫혀 있었는데, 그때는 이상하게도 열려 있었던 것이다. 안에 들어간 그는 문을 닫고 마룻바닥에 엎드려 숨을 죽이고 있었다. 그들은 나머지 네 사람의 에포로스들과 그들을 구하러 온 열 명 가량을 죽였다. 그러나 가만히 있던 사람들은 다치지 않았으며, 시내를 빠져 나가 도망가는 자들도 그냥 두었다. 그리고 다음날 신전에서 나온 아길라이오스도 그대로 살려두었다.

스파르타 사람들은 공포뿐만 아니라 웃음과 죽음, 그리고 열정 같은 것을 모시는 장소를 두고 있었다. 그들은 공포를 나쁜 것이라고 생각하지 않았으며 법과 질서는 공포로써 유지된다고 믿고 있었다. 그러므로 아리스토텔레스의 책을 보면, 에포로스들은 취임식 때 "모두 수염을 깎고 법을 잘 지켜라. 그러면 법은 모든 사람들에게 공평하게 내려지며 가혹하지 않을 것이다"라는 선언을 한다고 적혀 있다. 여기서 수염을 깎으라고 한 것은 아주 사소한 일에 있어서도 순종하는 습관을 기르게 하려는 데 그 목적이 있었던 것으로 보인다.

또 스파르타 사람들은 두려움이 없는 것을 용기라고 생각한 것이 아니라 수치와 불명예에 대한 두려움이 용기라고 생각했던 것 같다. 왜냐하면 법을 가장 두려워하는 사람이 전쟁에서 가장 용감하며, 타당한 비난을 가장 두려워하는 사람이 위험을 가장 적게 두려워한다고 생각했기 때문이다.

그래서 "두려움이 있어야 존경이 있다"고 호메로스는 말하고 있다.

"사랑하는 아버지, 당신을 두려워하며, 존경할 것입니다."
"말없이 지배당하고 있는 두려워하는 사람들."

사람들은 흔히 두려움을 자아내는 사람을 존경하게 마련이다. 그러므로 스파르타 사람들이 에포로스들의 공동식당 옆에 공포의 신전을 세운 것은 왕에 못지않게 에포로스들의 권위를 세우려 했음이었다.

다음날 클레오메네스는 국외로 추방시킬 80명의 명단을 공개하고, 에포로스들의 의자를 하나만 남기고 모두 없애 버렸다. 물론 남은 하나는 자기가 앉으려는 것이었다. 그런 다음 그는 시민 대회를 소집하여 자기가 한 행동의 목적과 계획을 설명했다.

"옛날 리쿠르고스 시대에는 나라의 권력이 두 명의 왕과 원로회의 손에 쥐어져 있었습니다. 이러한 형태의 정치는 아무런 변화도 없이 오랫동안 계속되었고, 그동안 나라는 아주 잘 다스려졌습니다. 그런데 메세네와 긴 전쟁을 하게 되면서 왕들은 전쟁터에 나가 있게 되었고, 그렇기 때문에 정치를 할 시간이 없어졌습니다. 그래서 그들은 친구들을 에포로스로 임명하여 자기 대신 나랏일을 맡아보게 했습니다. 처음에 그들은 단순히 왕의 심부름꾼에 지나지 않았던 것입니다. 그러나 이들은 점차 권력을 손에 쥐게 되었고 어느새 새로운 지위를 확립해 나가기 시작했습니다. 그 증거의 하나로, 지금도 에포로스들이 왕을 부를 때 왕은 두 번까지 그대로 앉아 있다가 세 번째에 일어서서 오는 습관이 남아 있습니다. 이러한 에포로스들의 지위를 끌어올린

아스테로포스는 그 이후 아주 오래 살면서 자리를 유지했습니다.

만일 에포로스들이 지나친 욕심을 내지 않고 분수를 잘 지켰더라면, 이 제도는 계속 두어도 무방할 것입니다. 그러나 그들은 부당하게 얻은 권력을 함부로 사용하여 한 왕은 내쫓고 다른 왕은 재판도 없이 죽여 버리는 등 나라의 기초를 흔들어 놓았으며, 나중에는 훌륭한 개혁을 추진하고 있는 사람들까지 협박했습니다. 그러므로 더 이상은 그들을 내버려 둘 수가 없습니다.

만일 한 방울의 피도 흘리지 않고 스파르타의 사치와 타락, 그리고 금전의 해악 등 다른 나라에서 들어온 나쁜 습성과 그보다 더 오랜 역사를 가진 빈부의 격차를 해결할 수 있다면 나는 세상에서 가장 행복한 왕일 것입니다. 그리고 그렇게 된다면 나는 마치 아주 심각한 병을 아무 고통도 없이 치료해 준 뛰어난 의사처럼 큰 명예를 얻게 될 것입니다.

그러나 내가 이번에 무력을 사용한 것은 리쿠르고스의 전례에 따른 것입니다. 그는 한낱 평범한 시민이었지만 무기를 들고 시장에 나타났고, 카릴루스 왕은 겁이 나서 제단으로 숨어 버렸습니다. 그러나 왕은 청렴한 애국자였으므로, 곧 리쿠르고스와 화해를 했으며 그의 개혁을 승인해 주었습니다. 오직 스파르타의 행복을 지키기 위해 행동했던 리쿠르고스를 보더라도 혁명을 이루기 위해서는 무력도 필요하다는 것을 알 수 있습니다. 그리고 그러한 리쿠르고스의 행동처럼 이번 일도 무력을 가장 적게 사용하여 나라의 이익에 반대되는 요소들을 없앤 것입니다. 이제 모든 토지는 공동의 재산이며 모든 부채는 무효입니다. 그리고 나라 안에 있는 외국인들을 잘 살피고 선별하여 스파르타의 시민권을 줄 것이며, 그들이 무기를 들고 나라를 위해 싸울 수 있도록 하겠습니다. 그렇게 해서 스파르타가 저 아이톨리아 인이나 일리리쿰 인들에게 절대로 밀리지 않도록 만들겠습니다."

그리고 나서 클레오메네스는 자신의 재산을 모두 나라에 바쳤다. 그러자 그의 의붓아버지인 메기스토노스와 친구들, 부하 장군들, 그리고 심지어는 시민들까지 왕을 본받아 그대로 했다. 이렇게 해서 토지는 모든 사람들에게 평등하게 분배되었다. 그리고 클레오메네스는 추방된 사람들에게도 땅을 나누어 주면서, 질서가 잡히면 다시 스파르타로 돌아올 수 있게 해주겠다고 약속했다.

그런 다음 클레오메네스는 지방에 사는 사람들 중에서 우수한 사람들을 뽑아 스파르타의 시민권을 주고, 4천 명에 달하는 군대를 조직했다. 그리고 그들에게는 두 손으로 긴 창을 사용하는 훈련을 시켰다. 또 손잡이를 잡고 쓰던 방패도 끈이 달린 것으로 바꾸었다.

다음으로 왕은 스파이로스와 함께 청년들의 교육에 눈을 돌렸다. 그리고 얼마 뒤에는 옛날처럼 공동식당과 훈련장을 부활시켰다. 이렇게 되자 스파르타의 전통적인 질서와 검소한 생활습관을 회복하게 되었다. 물론 마지 못해서 따르는 사람들도 없는 것은 아니었지만, 대부분의 시민들은 자발적으로 소박한 생활로 돌아가게 되었다.

클레오메네스는 혼자서 독재를 한다는 비난을 들을까봐 동생인 에우클레이다스를 또 하나의 왕으로 앉혔다. 이렇게 해서 스파르타 역사상 처음이자 마지막으로 한 집안에서 두 명의 왕이 나와 동시에 나라를 다스리게 되었다.

그즈음 아라토스가 거느리는 아카이아 군은 스파르타가 나라 안의 문제로 정신이 없으므로 국외로 나오는 일은 없으리라 생각하고 아무 걱정 없이 태평스러운 나날을 보내고 있었다. 클레오메네스는 바로 이런 때에 스파르타 군의 높은 사기를 보여 주는 것이 좋겠다고 생각했다. 그리고 자기의 계획에도 도움이 될 것으로 생각했다.

이렇게 판단한 그는 갑자기 메갈로폴리스에 침입하여 많은 물자를 약탈하고 그 넓은 땅을 마구 짓밟아 버렸다. 그리고는 메세네에서 오는 연극단 일행을 만나자 그들을 모두 잡아 버렸다. 그런 다음 그는 적의 땅에 극장을 세우고는 40미나이 상당의 돈을 주면서 하루 종일 연극을 구경하였다. 사실 그가 이렇게 한 것은 굳이 연극을 보고 싶어서가 아니었다. 그는 다만 이런 장난으로 적을 마음껏 비웃어 주는 동시에 자신의 능력을 보여 주고 싶었던 것이다.

당시 그리스나 그 밖의 나라들은 보통 연극배우나 마술사, 여자 무용수나 가수들을 군대에 데리고 다녔다. 그러나 스파르타의 군대에는 그런 식의 광대놀음 같은 것이 전혀 없었다. 젊은 병사들은 언제나 무술을 연마했고, 나이가 좀 든 고참들은 그들을 지도하며 훈련을 시키고 있었다. 그리고 쉬는 시간에는 간결하면서도 의미있는 뜻을 담은 라코니아 식의 문답놀이를 하며 즐거워했다. 이런 식의 교육이 얼마나 유익한지에 대해서는 이미 리쿠르고스의 전기에서 얘기했던 것과 같다.

모든 일에 있어서 클레오메네스는 스스로 모범을 보이는 것으로 사람들을 지도했다. 그의 단순하고 검소한 생활은 민중의 생활과 다를 것이 없었으며, 사치를 버린 그의 생활은 누구라도 본받을 만한 것이었다. 그리고 바로 이것은 그리스 전체를 목표로 한 웅장한 계획에 큰 보탬이 되기도 했다.

그 당시 다른 왕들의 궁전은 어마어마한 재물과 호화로운 가구, 그리고 수많은 하인들로 가득 차 있어서, 사람들은 감탄을 하기보다는 그들의 무례하고 오만한 태도에 불쾌감을 느끼곤 했다. 그러나 클레오메네스는 모든 면에서 왕다운 왕이었다. 그는 값진 자줏빛 옷도 입지 않았고, 가마도 타지 않았다. 또 그는 시종이나 문지기, 비서 따위에게 둘러싸여 있지도 않았으므로 그를 만날 때 오래 기다려야 하는 번거로움이 없었다. 그리고 그는 자기를 찾아오는 사람이 있으면, 입고 있던 옷차림 그대로 나와서는 찾아온 손님의 손을 잡고 반가운 인사를 건넸다. 이처럼 한 나라의 왕을 편하고 자유롭게 만날 수 있었으므로 그를 찾는 사람들은 모두 마음 깊은 곳에서 우러나오는 감탄과 함께 왕에 대한 충성을 맹세하게 되었다. 그리고 그들은 클레오메네스를 가리켜 헤라클레스의 진정한 후손이라고 얘기하였다.

그는 식사도 스파르타 식으로 작은 식탁에서 간단하게 해결했다. 외국에서 온 손님을 대접할 때는 긴 의자 두 개를 더 내놓았으며 음식도 좀 더 좋은 것을 장만했다. 그러나 특별히 향료를 쓴 것이나 과자 같은 것은 없었고, 다만 음식이 좀 푸짐하고 포도주가 더 많은 정도였다. 그는 어떤 친구 하나가 외국 손님을 대접할 때 스파르타의 공동식사 때 나오는 흑빵과 검은 스프를 대접하는 것을 보고 나무란 적이 있었다. 이 나라 풍속에 생소한 외국 손님들에게 스파르타 식을 강요하는 것은 예의가 아니라는 것이었다.

식탁을 치우면 세 발 달린 작은 술상이 나왔다. 그 위에는 포도주가 가득찬 놋 술단지 하나와 1파인트 가량 담은 은그릇 두 개, 그리고 작은 은술잔이 여러 개 놓여 있었다. 사람들은 이 술잔으로 자기 양껏 술을 마셨다. 절대 무리하게 술을 권하는 일은 없었다. 왜냐하면 왕은 천천히 술을 들면서 스스로 이야기를 꺼내고, 혹은 손님들에게 이것저것 질문도 하면서 노래하는 것 이상으로 손님들을 재미있게 만들었기 때문이다. 그는 말솜씨가 좋아서 딱딱한 얘기도 재미있게 풀어나갔고, 농담을 해도 불쾌한 느낌을 주지 않았다. 다른 왕들은 곧잘 예물이나 뇌물로 사람들의 마음을 사려고 했지만, 그는 그것을 부자연스럽고 정직하지 못한 일이라고 생각했다. 그러므로 그는 훌륭한 말솜씨로 사람의 마음을 끌어들여, 가슴속에서 우러나오는 복종을 받으려고 했던 것이다.

그는 친구와 고용인이 다른 것은, 친구는 인격과 이야기에 탄복해서 사귀는 사람이고, 고용인은 돈에 복종한 사람이라고 말했다. 그래서 클레오메네스는 가까이 있는 사람의 마음을 복종시키려면 훌륭한 인격과 유창한 말솜씨가 있어야 하며, 이렇게 하는 것이 왕답고 고상한 방법이라고 생각했다.

그에게 맨처음으로 도움을 청해 온 것은 만티네이아 사람들이었다. 클레오메네스는 그들의 요청을 받아들여 한밤중에 군대를 이끌고 그 도시 안으로 들어갔다. 만티네이아인들은 클레오메네스의 도움으로 성을 지키고 있던 아카이아 군을 몰아내자 그에게 자신들을 맡겼다. 그러나 클레오메네스는 스스로 다스릴 수 있도록 자치를 허락하고, 자신은 곧장 테게아를 향해 출발했다. 그 뒤 얼마되지 않아 그는 아르카디아를 거쳐 아카이아의 페라이를 공격했다. 아라토스가 싸우러 나오든가, 싸움을 피해 평판을 떨어뜨리든가, 국토가 황폐해지도록 내버려 두든가 하게 하기 위함이었다. 당시 아카이아의 장군은 히페르바타스였지만 실권은 아라토스가 장악하고 있었다.

아라토스는 마침내 아카이아 전병력을 이끌고 나와 헤카톰바이움 근처의 디마이에 진을 쳤다. 클레오메네스는 오면서 생각하니 적대 관계에 있는 디마이와 아카이아 군 사이에 진을 치는 것은 타당하지 않았다. 그는 즉시 공격 명령을 내려 아카이아 군을 전투에 끌어넣었다. 이 싸움에서 클레오메네스의 부대는 적의 밀집 대형을 깨어 수많은 적을 죽이고 또 많은 포로를 사로잡았다. 그러고 나서 그는 곧 랑곤으로 진격하여 그곳을 점령하고 있던 아카이아 군까지 모두 몰아내고, 도시를 엘리스 사람들에게 돌려주었다. 이렇게 해서 아카이아 군은 완전히 무너지고 말았다. 격년제로 사령관 자리를 맡던 아라토스는 그 자리를 사퇴하고 말았다. 그러나 배가 폭풍 속에 휘말려 있을 때 자기의 직분을 포기하고 배의 키를 다른 사람에게 넘겨 준다는 것은 옳지 못한 일이다.

한편 클레오메네스는 처음에는 간단한 조건으로 휴전을 허락할 듯이 말하고는 아카이아 사절들을 돌려보냈다. 그러나 따로 사절단을 보내, 자기를 총사령관으로 받아들인다면 더 이상 해를 끼치지 않고 포로와 점령한 도시들을 반환하겠다고 알렸다. 아카이아 사람들은 할 수 없이 이 조건을 수락하고, 레르나에서 회의를 열자며 클레오메네스를 초대했다. 그런데 클레오메네스는 먼 길을 행군하느라고 찬물을 너무 마신 탓에 피를 토하고 목소리가 전혀 안 나오게 되었다. 더 이상 여행을 할 수 없는 처지가 되었으므로 그는 포로들 중에서 아카이아의 주요 인물들을 돌려보내면서 회의를 뒷날로 청했다. 그런 다음 스파르타로 돌아갔다.

그런데 이것은 그리스의 파멸을 불러일으키는 원인이 되고 말았다. 만약 그렇지 않았다면 조금씩 기운을 회복하고 있던 그리스가 오만스럽고 탐욕스러운 마케도니아에게 먹히지는 않았을 것이다.

그때 아라토스는 스파르타와의 휴전을 몹시 반대하고 있었다. 클레오메네스가 두려워서였는지, 그의 명예에 질투를 느꼈는지, 아니면 33년간 아카이아의 지휘관으로 있던 자신이 젊은 사람에게 져 일생동안 쌓은 공을 다 무너뜨리게 되어 노여웠는지는 알 수 없지만, 어쨌든 아라토스는 아카이아와 스파르타의 휴전을 방해하기로 결심했다. 그러나 시민들은 아라토스의 말을 듣지 않았다. 그들은 클레오메네스를 두려워했고, 스파르타가 펠로폰네소스 반도에서 지도적 역할을 주장하는 것도 당연한 일이라고 생각하였다. 지금까지 빛나는 정치 경력을 유지해 왔던 아라토스는 시민들의 움직임을 보고, 자기 자신은 물론 어떤 그리스 사람도 해서는 안 될 일을 저지르고 말았다. 즉, 그는 안티고노스를 그리스로 불러들여 펠로폰네소스 반도를 마케도니아 인들로 채웠던 것이다. 아라토스 자신도 젊었을 때는 마케도니아 인들을 펠로폰네소스에서 몰아내고 코린트를 해방시켰지만, 지금은 바로 그들을 제 손으로 불러들인 것이다. 더구나 아라토스와 마케도니아의 왕들 사이에는 오래 전부터 시기와 다툼이 계속되어 왔는데, 그 중에서도 특히 안티고노스와는 사이가 더욱 나빴다. 지금까지 남아 있는 그의 회상록을 보아도, 온갖 죄목을 들어 안티고노스를 욕하고 있는 것으로 그에 대한 미움을 엿볼 수 있을 것이다.

그는 회상록에서 아테네의 자유를 찾아주기 위해, 그곳에 머물고 있던 마케도니아 군을 몰아내느라 큰 고생을 했다고 적고 있다. 그런데도 그는 지금 자신의 나라 안에 무기를 든 적을 불러들였으니, 그것은 자기 집 안방에까지 들어오게 한 것과 다름없는 일이었다. 그는 헤라클레스의 후손이며 스파르타의 왕인 클레오메네스가 자기 나라의 정치를 개혁한다는 것은 수치스러운 일이라고 생각했다. 부조화로부터 순수한 도리아식 기준과 리쿠르고스의 생활방식으로 되돌아가고, 스파르타의 왕이 트리타이아 인과 시키온 인들의 수장으로 불린다는 것은 참을 수 없었다. 아라토스는 자기 자신과 아카이아 전체를 마케도니아의 품에 내던지고 말았다. 그는 왕관을 쓰고 호화로운 비단옷을 입고 교만하게 명령을 내리는 마케도니아의 왕 앞에 허리를 굽신거렸다. 또 그는 클레오메네스의 명령을 받기가 싫다는 이유 때문에 안티고노스를 위해 신께 제사를 드렸다.

내가 이렇게 쓰는 것은 결코 아라토스의 명예를 떨어뜨리기 위해서가 아니다. 그는 사실 여러 가지 면에서 위대한 사람이었으며 나라를 사랑하는 애국자이기도 했다. 그러나 아무리 좋은 기질을 가지고 있다고 해도 사람이라면 누구나 약점을 가지고 있으므로, 나는 다만 그것을 안타까워할 뿐이다.

아카이아 사람들은 그 뒤 아르고스에게 회의를 열자는 요청을 다시 보내왔다. 클레오메네스는 테게아를 떠나 그곳으로 향하며, 이제 모든 난제들이 순조롭게 해결되리라는 희망에 가득 차 있었다.

그러나 이미 아라토스는 안티고노스와 동맹 협정을 끝내고 있었다. 그는 클레오메네스가 무슨 공작을 하거나 군대를 동원할까봐 염려스러워졌다. 그래서 그는 3백 명의 인질을 보낼 테니 클레오메네스 혼자서 시내에 들어오거나, 아니면 군대를 시외에 있는 킬라라비움으로 옮기고 그곳에서 만나자고 제의했다. 이 제의를 들은 클레오메네스는 몹시 화를 내면서 이렇게 나무랐다.

"그럴 생각이면 처음부터 그렇게 말할 것이지 아르고스 성문 앞에까지 오기를 기다렸다가 그런 말을 꺼내는 이유가 도대체 뭐요? 이건 분명히 나를 시기하고 성 안에 들어오지 못하게 하려는 짓이 아니오?"

아라토스는 군중들을 모아놓고 클레오메네스를 공격하는 연설을 했다. 클레오메네스는 이 문제에 대해 아라토스를 공격하는 글을 잔뜩 써서 아카이아 사람들에게 보내고는 군대를 거두어 물러가 버렸다. 그런 다음 아카이아 인들에 대해 정식으로 전쟁을 선포하고, 아르고스가 아닌 아이기움을 공격했다. 이것은 아라토스가 전하는 것처럼 아카이아 군이 반격 준비를 채 갖추기 전에 공격을 하기 위한 것이었다고 한다. 이때 아카이아 인들 사이에서도 소란한 기운이 떠돌았다. 평민들은 만일 스파르타에 가담한다면 토지도 분배받고 부채도 벗을 수 있을 것이라고 생각했고, 지도자들은 아라토스의 권력을 시기하여 마케도니아 군을 끌어들인 반역자라고 분노하고 있었다.

클레오메네스는 이러한 소란을 이용하여 아카이아 땅에 들어가 펠레네를 함락시키고 수비대를 쫓아내 버렸다. 그리고 피니오스와 펜텔레움을 자기 편으로 끌어들였다. 그때 아카이아 인들은 코린트와 시키온에 불온한 움직임이 있다고 의심하여 아르고스로 보냈던 기병과 외인부대를 파견하여 감시하도록 했다. 그리고 자신들은 아르고스에게 열리는 네메아 대회[1]에 참석하기 위해 그곳으로 갔다.

---

1) 코린트 남서쪽에 있는 네메아라는 도시에서 2년마다 열리는 그리스인들의 행사로, 여러 가지 경기도 함께 펼쳐진다.

이 소식을 들은 클레오메네스는 축제 분위기에 들떠 있는 그 도시를 습격하면 틀림없이 큰 혼란과 공포가 빚어지리라는 생각이 들었다. 그래서 그는 한밤중에 군대를 이동시켜 경기장 근처에 있는 '방패'라는 요새를 점령해 버렸다. 과연 클레오메네스의 예상대로 시민들은 모두 넋을 잃고 저항해 볼 생각도 하지 못했다. 이들은 아르고스 시내에 스파르타 군 수비대를 받아들이고, 20명의 시민을 인질로 보내며, 클레오메네스에게 복종한다는 조건을 받아들일 수밖에 없었다. 클레오메네스의 권력은 이 일로 인해 더욱 커졌다. 옛날부터 이곳을 손에 넣으려 했던 스파르타 왕은 많았지만 그때까지 뜻을 이룬 사람은 아무도 없었다. 피로스 같은 뛰어난 장군도 아르고스 시내까지 들어오기는 했지만 도시를 점령하지는 못하고 죽음을 맞아야 했다. 그렇기 때문에 클레오메네스의 작전은 더욱 뛰어나 보였다.

사람들은 지금까지 클레오메네스를 보고 솔론과 리쿠르고스의 흉내를 내기 위해 백성의 빚을 덜어 주고 땅을 나누어 준다고 비웃었지만, 이제는 스파르타가 클레오메네스 때문에 더욱 강해졌다는 것을 인정할 수밖에 없었다. 그때까지 스파르타는 다른 나라에 비해 몹시 국력이 약했다. 아이톨리아 인들이 침입하여 5천 명의 노예를 전리품으로 잡아가도 가만히 두고 볼 수밖에 없었다. 그러나 지금은 옛날의 제도로 돌아가 청년들을 훈련시켜 마치 리쿠르고스가 지휘하는 듯한 강력한 군대로 만들었다. 그리고 마침내 그리스의 패권을 손에 쥐고, 펠로폰네소스 반도를 무력으로 정복하게 된 것이다.

아르고스가 항복을 하자 플리우스와 클레오나이도 곧 클레오메네스에게 항복을 해 왔다. 한편 아라토스는 코린트에서 스파르타와 내통한 자들을 찾아내기에 여념이 없었다. 더구나 이 도시들이 클레오메네스에게 항복했다는 소식까지 전해지자 코린트까지 아카이아 동맹에서 벗어나 항복을 하려는 움직임을 보였다. 이러한 소식들은 아라토스를 몹시 괴롭혔다. 그래서 그는 시민 대회를 열어 사람들을 모이게 하고는 몰래 성문을 빠져나가 시키온으로 달아났다.

코린트 인들은 클레오메네스에게 항복하기 위해 급히 대표자들을 아르고스에 보냈다. 클레오메네스는 코린트 인들에게 아라토스를 도망치게 만들었다면서 화를 내면서 메기스토노스를 아라토스에게 보내 많은 돈을 줄 테니 아카이아 군의 수중에 있던 코린트 성을 넘겨 달라고 요구했다. 그때 아라토스는 자기는 이미 사정을 좌우할 만한 힘이 없으며 오히려 자신이 사정에 따라 좌우당한다는 대답을 보냈다고 한다.

한편 클레오메네스는 아르고스를 떠나 코린트로 가는 도중에 트로이젠과 에피다우로스, 그리고 헤르미오네 인들로부터 항복을 받았다. 그리고는 코린트에 도착해보니 아카이아 수비대가 그때까지 성을 지키며 버티고 있었다. 클레오메네스는 곧 성을 포위하고, 아라토스의 친구와 집사들에게 사람을 보내 아라토스가 돌아올 때까지 그의 집과 재산을 잘 보호하라고 전했다. 그리고 메세네 사람인 트리티말로스를 아라토스에게 보내 스파르타 군과 아카이아 군이 코린트 성에 군대를 함께 주둔시킨다면 이집트의 프톨레마이오스 왕으로부터 받고 있는 연금의 두 배를 주겠다고 제안했다.

그러나 아라토스는 이러한 제안을 모두 거부했다. 뿐만 아니라 그는 안티고노스에게 자신의 아들을 인질로 보내고, 아카이아 인들에게 코린트 성을 안티고노스에게 넘겨 주자고 설득했다. 클레오메네스는 더 이상 참지 못하고 시키온을 점령해 버렸다. 그리고 코린트 사람들은 법령으로 아라토스 재산을 클레오메네스에게 선물하기로 했고, 그는 이것을 받아들였다. 그러는 동안 안티고노스는 대군을 이끌고 게라네아를 지나고 있었다. 클레오메네스는 지협을 지켜봤자 소용이 없음을 깨닫고 오네아 산에 진지를 쌓기로 작전을 세웠다. 안티고노스와의 직접적인 전투를 피하고 되도록 오래 끌어 그들을 지치게 하려는 것이었다. 클레오메네스는 과연 이 작전으로 안티고노스의 군대를 궁지에 몰아넣었다. 안티고노스는 오랜 시일이 걸리리라고는 생각지 않았기 때문에 양식도 변변히 준비해 오지 않았던 것이다. 더구나 클레오메네스가 시간을 끌면서 버티고 있으니 그들을 무찌르고 진격할 수도 없었다. 그는 또 밤을 틈타서 레카이움을 통과하려 했지만 결국 큰 손해만 입은 채 후퇴하고 말았다.

클레오메네스는 잔치를 열고 병사들과 함께 승리를 축하하고 있었지만, 안티고노스는 어떻게 하면 좋을지 몰라 기가 죽어 있었다. 그는 우선 군대를 헤라이움으로 옮기고 시키온까지는 배로 건너갈까도 생각해 보았지만 그러기 위해서는 엄청난 시간과 준비가 뒤따라야 했다. 그런데 그날 밤에 아라토스를 지지하는 사람들이 아르고스로부터 배를 타고 건너왔다. 그들은 아르고스 시민들이 클레오메네스에 대한 반란을 일으키려고 하니 그쪽으로 가자고 말했다. 이 반란의 주동자는 아리스토텔레스라는 사람이었는데, 그는 손쉽게 민중을 설득시켜 반란을 준비할 수 있었다. 왜냐하면 그때 민중은 부채를 무효로 만들어 주지 않은 클레오메네스에 대해 심한 불만을 품고 있었기 때문이었다.

이 소식을 들은 아라토스는 곧 안티고노스의 병사 천 5백 명을 배에 태우고 바다 건너 에피다우로스를 향했다. 그러나 아리스토텔레스는 이들을 기다리지 않고 시민들을 지휘하여 스파르타 수비대를 공격하였다. 그리고 시키온에서 아카이아 군을 이끌고 온 티목세누스도 여기에 합세했다.

클레오메네스는 한밤중에 이 반란의 소식을 들었다. 그는 메기스토노스에게 몹시 화를 내며, 당장 출동하여 아르고스에 있는 수비대를 구하라고 명령했다. 왜냐하면 아르고스 인들이 반란을 일으킬 우려는 전혀 없다면서 혐의자 추방을 보류하라고 한 것이 바로 메기스토노스였기 때문이었다.

클레오메네스는 그에게 2천 명의 군대를 주어 곧 출발시켰다. 그리고 자신은 안티고노스의 동정을 살피면서, 아르고스의 사태를 단지 몇 명이 일으킨 소란에 불과하다면서 코린트인들을 진정시켰다.

그러나 메기스토노스는 아르고스 시내에 들어서자마자 죽임을 당했고, 시내에 있던 수비대들도 더 이상 버틸 수가 없어 클레오메네스에게 구원을 요청했다. 잇따라 구원을 요청하는 내용의 전령을 보내오자 클레오메네스는 곧 군대를 철수시켰다. 만일 아르고스가 적에게 넘어가면 적들은 자기들의 퇴로를 끊는 것은 물론 군대가 없는 스파르타 본국을 위협할 것이 분명했기 때문이다.

그러자 안티고노스는 곧 도시 안으로 들어와서 수비대를 배치하고, 기병대가 시가지로 밀물처럼 쏟아져 들어오고 있는 것을 본 클레오메네스는 적들을 당해 낼 길이 없음을 깨닫고 곧 군대를 후퇴시켰다.

이렇게 해서 그는 놀랄 만큼 빠른 시간 안에 큰 승리를 거두며 펠로폰네소스 반도를 거의 손에 넣었다가 그에 못지 않을 만큼 빠른 시간 안에 모든 것을 잃고 말았다. 이렇게 되자 그에게 항복했던 도시들은 곧 안티고노스에게 다시 항복을 했다. 클레오메네스의 희망은 하루 아침에 무너지고 말았다. 그는 또 어둠이 채 가시지 않은 테게아로 들어가며 그에 못지 않은 불행의 소식을 들어야 했다. 사랑하는 그의 아내 아기아티스가 세상을 떠났다는 소식이었다.

클레오메네스는 이 소식을 듣고 큰 슬픔에 잠겼다. 그러나 전혀 그런 기색을 드러내지 않았다. 그는 부하 장군들에게 태연한 모습으로 명령을 내렸으며, 테게아를 방어할 준비를 게을리하지 않았다. 그리고 다음날 새벽에서야 스파르타로 돌아가 어머니와 자식들과 함께 슬픔을 나누었고, 장례가 끝나자 곧 나라를 구할 방법을 찾기 시작했다.

그때 이집트의 프톨레마이오스 왕이 도와주겠다는 소식을 보내왔다. 그러나 그는 어머니와 자식들을 볼모로 요구했다. 그는 오랫동안 이 제안을 어머니에게 숨겼다. 그러나 더 이상 숨기고 있을 수만은 없었다.

아들의 이야기를 다 들은 어머니는 오히려 큰소리로 웃으면서 이렇게 말했다. "아니, 그까짓 일을 그토록 오래 숨기셨소? 나와 아이들을 어서 배에 태워 보내 주시오. 늙은 이 몸이 공연히 나라 안에서 썩게 만들지 말고, 스파르타를 위해서라면 어디라도 좋으니 보내 주시오."

그들은 배에 오르기 전에 포세이돈 신전으로 갔다. 그리고는 이별을 슬퍼하는 아들을 끌어안고 이렇게 말했다.

"자! 용기를 내세요. 스파르타의 왕이여! 밖에 있는 사람들에게 우는 모습이나 다른 어떤 부끄러운 모습을 보여서는 안 됩니다. 일이 잘되고 못되고는 신의 뜻이지만, 이것쯤은 우리 힘으로도 할 수 있지 않소?"

이야기를 마친 크라테시클레아는 그곳을 나왔다. 그녀는 기다리고 있던 배를 잠시 물끄러미 쳐다보더니 손자를 안고 총총히 배에 올랐다. 그리고 선장에게 출항하라고 말했다.

이집트에 도착한 크라테시클레아는 그곳에서 새로운 소식을 몇 가지 듣게 되었다. 우선 안티고노스는 이집트의 프톨레마이오스 왕에게 사절을 보냈다는 소식을 들었다. 그리고 자기의 아들인 클레오메네스는 아카이아로부터 휴전 제의를 받았지만 어머니의 신변 때문에 프톨레마이오스 왕에게 먼저 의견을 물어보려고 제안을 받아들이지 않고 있다는 것이었다. 이런 얘기를 듣게 되자 그녀는 곧 아들에게 편지를 써보냈다.

"스파르타의 왕다운 행동을 하시오. 늙은 어미와 어린 자식 때문에 프톨레마이오스를 겁내고 있어서야 되겠소?"

크레테시클레아는 불행한 상황 속에서도 이처럼 굳건한 정신을 보여주었다.

그 무렵 안티고노스는 테게아를 점령하고 오르코메노스와 만티네이아를 약탈했다. 클레오메네스는 좁은 스파르타 본토에 갇힌 셈이었다. 그래서 그는 노예들에게 5아티카 파운드 씩의 돈을 받고 스파르타의 시민권을 주었다. 이렇게 해서 5백 탈렌트를 만들었다. 또 그는 마케도니아 식으로 무장한 2천 명의 부대를 조직하여, 안티고노스의 흰방패부대를 무찌르기 위한 계획을 세우고 있었다. 당시 메갈로폴리스는 거의 스파르타와 맞먹을 만큼 크고 강한 도시였다. 더욱이 도시 근처에는 아카이아와 안티고노스의 군대가 진을 치고 있었는데, 메갈로폴리스 시는 아카이아 군을 돕기 위해 안티고노스를 펠로폰네소스로 불러들일 때 적극적으로 힘을 쓴 도시였다.

클레오메네스는 바로 이 메갈로폴리스를 공격하기로 결심했다. 이때 그가 보인 놀랄 만큼 신속한 행동은 말로는 다 표현할 수 없을 것이다. 그는 병사들에게 닷새분의 식량을 준비시키고, 아르고스 땅으로 침입하려는 것처럼 셀라시아로 진군했다. 그리고는 갑자기 방향을 바꾸어 메갈로폴리스 영토로 번개같이 밀어닥쳤다. 그는 로이테움 근처에서 군대를 정비하고는 헬리코스를 지나는 길을 장악하고서 곧장 메갈로폴리스로 다가갔다.

시내에 가까와지자 그는 판테우스에게 2개 연대를 주어 메갈로폴리스 성에서 가장 감시가 소홀하다는 성벽을 공격하라고 명령했다. 그리고 자신은 나머지 군사들을 이끌고 그 뒤를 따라갔다. 판테우스는 성벽을 일부 허물고 들어가 덤벼드는 적을 닥치는 대로 죽였다. 이들을 뒤따라 오던 클레오메네스의 부대는 시민들이 눈치 채지 못하도록 재빨리 시내로 들어갔다.

이런 뜻밖의 사태에 메갈로폴리스 인들 대부분은 정신없이 짐을 꾸려 피난을 갔지만 더러는 무기를 들고 저항했다. 그들에게는 습격한 군대를 당할 힘은 없었지만, 한 사람의 시민이라도 더 달아날 수 있게 기회를 마련해 줄 수는 있었다. 결국 시내에 남은 사람은 겨우 천 명 정도였으며, 나머지는 모두 처자식을 데리고 메세네로 달아났다.

무기를 들고 저항하던 사람 중에 죽임을 당한 자는 별로 없었고, 포로로 잡힌 숫자도 얼마 안 되었다. 그러나 그 포로들 가운데는 메갈로폴리스에게 가장 중요한 두 인물인 리산드리다스와 테아리다스가 포함되어 있었다. 이 두 사람이 포로로 잡히자 병사들은 곧 그들을 클레오메네스에게 데려갔다. 그때 리산드리다스는 클레오메네스가 멀리서 보이자 이렇게 외쳤다.

"스파르타의 왕이시여! 왕께서는 지금까지 이루었던 어떤 일보다도 더 왕다우신 일을 하셨으니, 이제 곧 영광을 빛낼 수 있는 기회가 다가올 것입니다."

클레오메네스는 의아해하며 물었다.

"그게 도대체 무슨 말이오? 혹시 도시를 돌려 달라는 건 아니겠지요?"

"바로 그겁니다. 부디 이처럼 훌륭한 도시를 파괴하지 말아 달라는 말씀입니다. 시민들에게 도시를 되돌려 주시고 그들의 구원자가 되십시오. 그리고 이 도시를 친구와 동지로 가득 메우십시오."

클레오메네스는 생각에 잠기더니 잠시 후 이렇게 대답했다.

"믿기 어려운 말씀을 하시는군요. 그렇지만 이익을 버리고 명예를 소중히 여기도록 합시다."

이렇게 말한 클레오메네스는 사절과 함께 이 두 사람을 메세네로 보냈다. 그리고 메갈로폴리스 인들이 아카이아 동맹에서 탈퇴하고 스파르타의 편이 된다면 도시를 돌려 주겠다는 약속을 전했다.

그러나 이 제안은 필로포이멘의 반대로 깨지고 말았다. 그는 클레오메네스는 메갈로폴리스를 되돌려 주려는 생각이 아니라 도시와 함께 시민들까지 손에 넣으려는 의도라며 비난했다. 그리고는 리산드리다스와 테아리다스를 메세네에서 쫓아 버렸다. 필로포이멘은 그의 전기에서 보았던 것처럼 나중에 아카이아 동맹군의 사령관이 되어 그리스에서 크게 이름을 떨쳤던 사람이다.

한편 클레오메네스는 그의 제안이 받아들여지지 않자 불같이 노여워했다. 그는 그때까지 도시 안에 있던 사소한 물건 하나도 건드리지 못하게 했지만, 이때부터는 재물들을 모두 약탈하고 조각상과 그림들을 스파르타로 실어보내고 도시를 마구 파괴했다. 그리고는 안티고노스와 아카이아군이 오기 전에 다시 스파르타로 돌아가 버렸다.

그러나 그때 그들은 아이기온에서 전략 회의를 열고 있었으므로 그들을 공격해 오지 않았다. 이 회의에서 아라토스는 연단에 올라가 옷자락으로 얼굴을 가리고는 한참 동안 눈물을 흘리고 있었다. 그러자 사람들이 모두 놀라서 무슨 일이냐고 물었다.

"클레오메네스가 메갈로폴리스를 완전히 파괴해 버렸습니다."

아라토스의 얘기를 듣자 회의는 곧 중단되었다. 너무도 뜻밖의 일인 데다가 손해가 너무 컸으므로 정신을 못 차렸다.

한편 안티고노스는 곧 출동하여 메갈로폴리스를 돕기로 결정했다. 그러나 이곳저곳에 흩어져 겨울 휴가를 보내고 있는 병사들을 다시 모으는 것은 하룻밤에 될 일이 아니었다. 그래서 그는 자기가 데리고 있던 약간의 군대만을 거느리고 아르고스를 향해 출발했다.

그때 클레오메네스는 또 하나의 훌륭한 작전을 세워두고 있었다. 사실 이 작전은 무모하기 짝이 없는 것이었지만, 폴리비오스의 의견에 의하면 오히려 뛰어난 명장의 위대한 작전이었다고 한다.

클레오메네스는 마케도니아 군이 각지에 흩어져서 겨울 동안 휴식을 하고, 안티고노스 장군은 소수의 외인부대를 거느린 채 아르고스에서 지낸다는 것을 잘 알고 있었다. 이것을 틈타서 그는 급히 아르고스의 영토로 침입해 들어갔다. 만약 아르고스가 모욕을 느끼고 싸우러 나온다면 상대도 되지 않을 만큼 많은 병력으로 그들을 물리칠 수 있었으며, 나오지 않는다면 비웃음을 당하게 될 것이 분명했다. 과연 클레오메네스의 이러한 계산은 틀리지 않았다.

클레오메네스가 아르고스의 영토에 들어가 마구 짓밟고 다니자 사람들은 안티고노스가 살고 있는 집 문으로 몰려갔다. 그리고는 어서 나가서 적을 무찌르거나, 아니면 다른 용감한 사람에게 지휘권을 넘기라고 고함을 질렀다. 그러나 안티고노스는 무모하게 나서서 위험을 당하는 것보다는 시민들의 모욕을 참고 있는 편이 낫다고 생각하고 전혀 움직이려 하지 않았다. 그러는 동안 클레오메네스는 아르고스 성벽 앞에까지 와서 재물을 마음대로 약탈하고 스파르타로 돌아갔다.

그 얼마 뒤 클레오메네스는 안티고노스가 테게아로 진군하고 있으며 곧 스파르타의 영토에 침입할 계획이라는 정보를 들었다. 그러자 클레오메네스는 군대를 불러모으고, 안티고노스 군을 피해 다른 길로 아르고스 시로 들어가서는 벌판에 있는 농작물들을 마구 짓밟아 버렸다. 이 소식을 들은 안티고노스가 아르고스를 향해 급히 달려와 산과 길목에 군대를 배치시켰다. 클레오메네스는 사자를 보내 유노 신전에 제물을 바치고 들어갈 것처럼 신전의 열쇠를 달라고 했다. 그리고는 곧 신전으로 갔다. 그러나 문이 잠겨 있었으므로 지키고 있던 마케도니아 군대를 무찌르고는 오르코메노스로 갔다.

이런 일들로 스파르타 시민들은 자신감과 희망을 회복했으며, 적들은 그가 귀신같이 뛰어난 장군이라며 두려워하게 되었다. 강대한 마케도니아와 펠로폰네소스의 모든 나라를 작은 도시 하나의 힘으로 상대했으며, 적이 스파르타의 영토에 발을 들여놓지 못하게 하는 한편 자신은 적의 땅에 들어가 그처럼 크고 중요한 도시들을 짓밟고 빼앗았다는 것은 정말 놀라운 일이 아닐 수 없었다.

그러나 그는 모든 일을 치르는데 있어서 그러하듯, 그는 특히 전쟁을 수행하는데 있어서 돈의 힘을 절감했다. 아테네인들이 그들의 갤리선들을 진수시켜 필요한 설비를 갖추기로 의결했을 때, 그 자체로 돈을 산출해 낼 수 없음을 지적하며 이렇게 말했다.

"빵굽는 이가 우선 필요할 거요. 조타수는 그 다음이고."

또 펠로폰네소스 전쟁 초기에 동맹국들이 내야 할 군자금의 액수를 미리 정하자고 했을 때 스파르타의 아르키다모스 왕은, 전쟁은 배부를 줄을 모르는 괴물이라는 말을 했었다.

씨름에서도 시간을 끌게 되면 아무리 기술이 좋은 사람이라고 해도 결국 힘이 강한 사람에게 지고 만다. 마찬가지로 외인부대의 봉급도 제대로 못 주고 백성들도 변변히 먹여살리지 못하게 된 클레오메네스는 막대한 재산을 가진 안티고노스를 당해낼 수가 없었다. 그러나 다른 점에서는 전쟁이 오래 계속된 것이 클레오메네스에게 유리하게 작용했다. 그때 마케도니아는 혼란스러웠기 때문이다. 그가 나라를 비운 동안 마케도니아 근처에 살던 야만족들이 국경을 넘어와 약탈을 했고, 안티고노스와 클레오메네스가 싸움을 벌일 때쯤에는 일리리아 군이 다시 국경을 침입해 들어왔던 것이다.

그러자 마케도니아에서 귀국하라는 편지가 왔다. 이 편지는 결전이 시작되기 전에 그에게 도착할 수도 있었다. 그리고 만약 그랬다면 그는 즉시 본국으로 돌아가 아카이아의 문제는 아카이아 인들에게 맡겼을 것이다. 그러나 일순간에 가장 중요한 일을 뒤바꾸어 놓곤 하는 운명은 그 짧은 시간의 차이가 얼마나 큰 결과를 불러오는지를 잘 보여 주었다.

그 편지가 도착한 것은 셀라시아 전투에서 클레오메네스가 패배하여 군대와 도시를 모두 잃은 바로 다음 순간이었다. 그리고 보면 클레오메네스는 참으로 불행한 운명을 타고 났는지도 모른다. 만약 클레오메네스가 계속 후퇴하며 이틀만 더 싸움을 피했더라면 마케도니아 군은 철수를 했을 것이며, 만약 그랬다면 아카이아 인들은 휴전을 위해 어떤 조건이라도 받아들여야 했을 것이다. 그러나 그는 더 지탱할 자금이 없었기 때문에 모든 것을 무력에 의지할 수밖에 없었다. 더구나 폴리비오스가 전하는 이야기에 의하면, 그는 2만 명의 병력을 가지고 3만 명의 적을 상대로 싸워야 했으므로 도저히 이길 수가 없었다고 한다.

그러나 클레오메네스는 참으로 뛰어난 장군이었다. 그의 지휘를 받은 스파르타 병사들은 목숨을 내놓은 듯 열심히 싸웠고, 외인부대 또한 용맹스럽게 싸웠다. 그러나 결국 패배의 쓴맛을 봐야 했다. 필라르코스는 또한 그가 진 것이 부하들의 배신 때문이었다고 한다. 즉, 안티고노스는 일리리아와 아카르나니아 부대를 옆으로 빼돌려 클레오메네스의 동생인 에우클레이다스의 부대를 기습하라고 명령하고, 자기는 나머지 병사들을 이끌고 진격했다. 그때 클레오메네스는 높은 언덕 위에 올라가서 안티고노스의 진지를 내려다보고 있었다. 그런데 이상하게도 일리리아와 아카르나니아 부대가 안 보였으므로, 그는 안티고노스가 어떤 목적으로 그들을 다른 곳으로 파견했다는 짐작을 하게 되었다. 그는 스파르타의 특별공작부대를 지휘하고 있는 다모텔레스를 불러 복병을 탐색해 보라고 명령하고, 적이 측면 공격을 할지도 모르니 세심하게 감시하라고 했다. 그러나 다모텔레스는 이미 안티고노스에게 매수되어 그의 앞잡이가 되어 있었으므로 적이 후방을 공격할 위험은 없으니 정면의 적만 무찌르라고 보고했다. 이 말을 듣고 안심한 클레오메네스는 그의 말대로 정면으로 들어오는 안티고노스의 군대를 향해 공격을 퍼부었다.

클레오메네스가 지휘하는 스파르타 군의 맹렬한 공격에 마케도니아의 철통 같은 밀집 대형도 견디지를 못하고, 그들은 반 마일 가량 뒤로 밀려났다. 그때 동생 에우클레이다스의 부대가 적에게 완전히 포위되어 있었다. 그런 위급한 상황을 목격한 클레오메네스는 자기도 모르게 소리를 쳤다.

"너를 잃는구나! 스파르타 청년의 모범처럼 용감히 싸웠고, 스파르타 처녀들이 부르는 노래의 주인공인 너를."

에우클레이다스의 부대를 전멸시킨 적은 이번에는 클레오메네스를 향해 달려들었다. 군대가 혼란에 빠져 도저히 버틸 힘이 없어지자 클레오메네스는 하는 수 없이 달아났다. 이 전투에서 외인부대는 큰 손해를 입었으며, 6천 명이었던 스파르타 군대는 2백 명만 남고 모두 전사하고 말았다.

스파르타로 돌아온 클레오메네스는 안티고노스에게 항복하라고 시민들에게 권유했다. 그리고 자신은 살든 죽든 스파르타의 이익을 위해 행동하겠다고 말했다. 집으로 돌아온 클레오메네스는 그가 취할 수 있는 온갖 방도를 생각한 다음 친구들과 함께 즉시 기티움 항구로 갔다. 그리고 거기서 만일의 경우를 대비해 준비해 두었던 배를 타고 떠났다.

한편 안티고노스는 단숨에 쳐들어와 스파르타를 점령해 버렸다. 그는 시민들을 친절하게 대했으며, 영광스러운 이 도시를 더럽히는 일은 하지 않았다. 그는 스파르타의 법률과 정권을 그대로 유지하도록 허락하고, 신들에게 제사를 지낸 다음 사흘째 되는 날 군대를 거두었다. 마케도니아에 큰 전쟁이 벌어져 야만인들에게 나라를 짓밟히고 있다는 소식이 들려왔기 때문이었다. 게다가 안티고노스는 폐병까지 앓게 되었다. 그러나 그는 아픈 몸을 이끌고 야만족을 물리쳐 조국을 구한 뒤 영광스러운 죽음을 맞이했다.

필라르코스에 의하면, 안티고노스는 전투 중에 고함을 지르다가 혈관이 터져서 죽었다고도 한다. 그러나 일반적으로 전해지는 얘기에 의하면, 전쟁이 완전한 승리로 끝난 다음 그는 너무나 기쁜 나머지 "아! 영광스러운 날이다"라고 외치다가 그만 피를 토하고 쓰러졌고, 그런 다음 얼마를 앓다가 죽었다고 한다.

한편 클레오메네스는 키테라 섬을 떠나 아이기알리아라는 다른 섬으로 갔다. 그리고 다시 키레네로 건너가려고 했다. 그런데 테리키온이라는 강직한 친구가 이렇게 말했다.

"대장부는 전쟁터에서 쓰러지는 것이 가장 영광스러운 죽음인데, 안타깝게도 우리는 그럴 기회를 잃었소. 스파르타 왕의 시체를 넘지 않고는 아무리 안티고노스라고 해도 우리 땅을 밟지 못한다고 떠들어댔었는데, 그것도 이제는 모두 허풍이 되어 버렸소. 그러나 이미 잃은 영광에 버금가는 영광과 명예의 길은 아직도 남아 있소. 그러니 앞일을 생각하지 않고 무조건 멀리 떠날 생각은 버려야 되오. 그것은 나라 안에서 받은 설움을 먼 타국땅의 설움으로 옮기는 것밖에는 안 되는 것이오. 만일 헤라클레스의 자손이 필리포스와 알렉산드로스의 후손을 섬기는 것이 크게 부끄러운 일이 아니라면, 안티고노스에게 항복을 하고 바다 위를 떠도는 이런 방황을 그치는 것이 어떻겠소? 안티고노스는 프톨레마이오스보다 훨씬 훌륭하며, 마케도니아 인들은 이집트인들보다 훨씬 낫소. 만약 우리를 정복한 자에게 굴복하는 것을 수치로 생각하고, 우리를 정복하지 않은 자에게 머리를 조아린다면 우리는 한 사람이 아니라 두 사람에게 겼음을 인정하게 되는 것이오. 왕이 프톨레마이오스에게 간다면, 사람들은 프톨레마이오스 신하가 되었다는 소식과 안티고노스에게 지고 도망쳤다는 소식을 동시에 듣게 될 것이오. 그리고 만일 어머니가 이집트에 계시기 때문에 가는 것이라면, 오히려 그분을 뵙기가 부끄럽지 않겠소? 어머니께서 이집트 왕실의 부인들에게 왕을 뭐라고 소개하겠소? 우리가 아직 칼자루를 잡고 있고 우리 눈에 고국 스파르타가 보이는 이상 셀라시아에서 스파르타를 위해 목숨을 바친 사람들의 뒤를 따라 이 이상의 설움을 당하지 않도록 합시다. 이집트에 가서 안티고노스가 스파르타 총독으로 누구를 임명했느냐고 묻는 일이 없도록 합시다."

테리키온이 이야기를 끝내자 클레오메네스가 대답했다.

"모든 문제에서 도망치는 가장 손쉬운 방법이 자살인데, 그대는 그것이 셀라시아에서 적에게 쫓겨 달아난 것보다 덜 수치스럽고 오히려 명예로운 일이라고 생각하나 보군. 우리보다 몇 배가 강한 사람들도 운이 나쁘거나 적이 너무 많아서 등을 보인 일도 있었소. 이기고 지는 것은 전쟁에서 흔히 있을 수 있는 일이니 말이오. 그러나 세상 사람들의 비난과 비웃음을 참지 못하고 노여워하면서 등을 돌린다면, 그건 자기 자신의 비겁함에 굴복한 것과 다름없소. 왜냐하면 자살은 명예를 빛내기 위해서 할 일이지, 해야 할 일을 회피하기 위한 수치스러운 수단이 되어서는 안 되기 때문이오. 오직 자기 자신만을 위해 죽거나 사는 것은 참으로 부끄러운 일이오. 그러니 그대가 지금 나에게 권하는 길은 우리 눈 앞에 닥친 비참한 처지에서 도망치려는 수단이며 나라를 위해서는 결코 이롭거나 명예롭지 못한 길이오. 나는 스파르타의 내일에 대한 희망을 버리지 않을 것이며, 또한 그것이 우리의 의무라고 생각하오. 그리고 모든 희망이 다 사라진 다음에도 죽을 수 있는 길은 충분히 있을 것이오."

테리키온은 아무 말도 하지 않았다. 그러나 결국 조용한 바닷가로 가서 자살을 하고 말았다. 클레오메네스는 아이기알리아 섬을 떠나 리비아로 갔다. 그리고 그곳에서 성대한 대접을 받고 알렉산드리아로 갔다. 그가 처음에 프톨레마이오스 왕에게 안내되었을 때, 왕은 통상적인 대우밖엔 하지 않았다. 그러나 그 후 여러 번 얘기를 나누는 동안 클레오메네스가 생각이 깊고 대단한 역량을 갖춘 사람임을 알게 되자 더욱 가까이 사귀었다. 프톨레마이오스는 클레오메네스가 내뱉는 스파르타 식 대화 속에 실린 강인한 정신에 감탄하여, 자기 주위에서 아첨이나 하고 있는 측근보다 훨씬 믿음직한 친구라고 생각하게 되었다. 그러자 프톨레마이오스는 이런 위대한 인물을 미리 알지 못하고, 오히려 안티고노스로 하여금 파멸시키게 하여 그에게 명예와 권력을 얻게 한 것을 부끄럽게 여기며 무척 후회스러워했다.

그러므로 그는 클레오메네스에게 많은 친절과 존경을 보였다. 그리고 배와 군자금을 주어, 그리스에 돌아가 왕위를 되찾을 수 있도록 돕겠다고 약속했다. 그리고 매년 24탈렌트의 연금을 주었지만 그와 그의 친구들은 매우 검소한 생활을 하였으므로 대부분의 연금은 망명 와 있는 그리스인과 빈곤한 사람들을 돕는 데 쓰여졌다.

그러나 프톨레마이오스 왕은, 클레오메네스를 지원해 주겠다던 약속을 지키지 못한 채 세상을 떠났다. 그리고 그 뒤를 이은 젊은 왕은 여자와 술에 취해 놀아났으므로 클레오메네스에 대한 일은 완전히 잊고 있었다. 이 젊은 왕이 제대로 하는 일이란 기껏해야 궁중에서 제사를 올리고 몸소 북을 두드리는 것 정도였다. 그러므로 왕국의 모든 일은 그의 첩인 아가토클레아와 그녀의 어머니, 그리고 뚜쟁이었던 오이난테스에 의해 좌우되었다.

처음에 그들이 클레오메네스에 대해서는 어느 정도 대우를 해 주었던 것으로 보아 그의 힘을 필요로 했던 것 같다. 왜냐하면 젊은 왕에게 마가스라는 동생이 하나 있었는데, 이 마가스는 자기 어머니의 재산을 이용하여 군대의 실권을 잡고 있었으므로, 젊은 왕은 그의 세력이 커지는 것을 두려워하고 있었다. 그래서 그는 마가스를 몰아내기 위한 비밀 회의에 클레오메네스를 참석시키기도 했다. 그러나 모든 사람들이 찬성을 나타낸 이 회의에서 클레오메네스는 반대 의견을 내놓았다.

"왕이시여, 형제가 한 사람이라도 더 있는 것이 왕위를 더욱 튼튼하게 다지는 것입니다."

그러자 신하들 가운데서 가장 세도가 있던 소시비오스가 말했다.

"그러나 마가스가 살아 있는 동안은 외인부대를 믿을 수 없습니다."

"그건 조금도 걱정하실 필요가 없습니다. 외인부대 중에는 3천 명이 훨씬 넘는 펠로폰네소스 병사들이 있고, 그들은 제 명령 하나면 충분히 뭉칠 수 있습니다."

클레오메네스는 아주 자신있게 대답했다. 그러자 회의에 참석했던 사람들은 그의 충성심과 확고한 세력을 우러러보게 되었다. 그러나 그 뒤 프톨레마이오스는 점차 두려움이 커져, 흔히 어리석은 사람들이 그렇듯이 공연한 사람들을 의심하기 시작했다. 그렇게 되자 신하들도 클레오메네스는 외인부대라는 큰 세력을 가지고 있으니 혹시 나쁜 야심을 품지나 않을까 덩달아 의심을 하기 시작했다. 이렇게 되자 클레오메네스는 배와 군대를 달라고 요청할 생각은 아예 버리고 말았다. 그러나 안티고노스가 죽고 아카이아는 아이톨리아와 전쟁을 하고 있으며 펠로폰네소스는 내란으로 멸망할 위기에 있으므로, 그는 친구들과 스파르타로 돌아가겠다고 왕에게 청했다. 그러나 왕은 수많은 여자들 속에 파묻혀 그의 청에 귀를 기울이지 않았다.

그때 정권을 쥐고 있던 소시비오스는 이 문제에 대해 고민을 했다. 클레오메네스를 억지로 이집트에 붙잡아둔다면 위험하고 다루기도 어렵겠지만, 그렇다고 해서 이집트의 병폐와 약점을 모두 알고 있는 그 웅대하고 대담한 사람을 그냥 놓아줄 수도 없는 일이었다. 왜냐하면 클레오메네스는 돈으로 달랠 수 있는 사람도 아니었고, 아무리 잘 대해 주어도 뛰쳐나가서 자유롭게 들판을 뛰어다니길 원하고 속된 쾌락도 원하지 않았다.

클레오메네스가 이처럼 딱한 처지에 놓여 있을 때 니카고라스라는 메세네 사람이 알렉산드리아에 왔다. 그는 클레오메네스를 굉장히 증오하고 있었지만 가까운 친구인양 가장을 했다. 그는 클레오메네스에게 상당한 토지를 판 일이 있었는데, 클레오메네스가 돈이 없었는지 전쟁 때문에 정신이 없었는지 그 값을 치르지 않았던 것이다. 그런데 이 사람이 배에서 내리고 있을 때 마침 부둣가를 산책하고 있던 클레오메네스가 그를 발견하고 반갑게 인사를 건넸다. 그리고는 이집트에는 무슨 일로 왔느냐고 물었다.

니카고라스도 그에 못지 않게 깎듯이 인사를 하더니, 이집트 왕이 살까 싶어 좋은 말을 몇 마리 가져왔다고 대답했다. 그러자 클레오메네스는 웃으며 이렇게 말했다. "차라리 노래를 잘 부르는 여자나 귀엽게 생긴 소년을 데리고 왔으면 좋았을 뻔했소. 왕이 제일 좋아하는 것이 바로 그런 것들이거든요."

니카고라스는 그의 익살에 웃기만 했다. 그러나 며칠 뒤에 다시 클레오메네스를 찾아왔다. 그는 그리스에서 팔았던 집값 얘기를 꺼내며, 자기가 배에 싣고 왔던 물건들이 제대로 돈벌이가 안 되어서 이런 말을 하는 것이며, 그렇지 않다면 절대로 재촉하지 않았을 것이라고 말했다. 그러자 클레오메네스는 이집트 왕에게서 받은 돈은 모두 다 써서 한 푼도 남은 것이 없다고 대답했다.

니카고라스는 이 말을 듣자 함정에 빠뜨리려고 소시비오스를 찾아갔다. 그리고는 클레오메네스가 부둣가에서 이집트 왕을 비웃는 말을 했다고 고했다. 니카고라스의 이 밀고는 소시비오스를 무척 기쁘게 했다. 그러나 그는 왕이 더 분노할 구실을 찾기 위해 니카고라스를 꾀어 클레오메네스를 불리하게 만들 편지를 쓰게 했다. 만일 왕이 배와 군대를 준다면 클레오메네스는 그것을 가지고 키레네 섬을 먹어버릴 계획이라는 내용의 편지였다. 니카고라스는 이 편지를 쓴 다음 곧 이집트를 떠나 그리스로 돌아갔다.

나흘 뒤 소시비오스는 그 편지를 들고 왕을 만나러 갔다. 그리고는 방금 편지를 받은 듯 왕에게 건네며 왕의 노여움을 부채질했다. 왕은 클레오메네스에게 연금은 계속 주었지만, 큰 집으로 옮기고 파수병을 두어 바깥 출입을 못하도록 했다. 이것만으로도 클레오메네스는 몹시 억울했지만, 그 뒤에 이어진 일들은 그를 더욱 실망하게 만들었다. 왕의 친구인 크리세르모스의 아들 프톨레마이오스는 클레오메네스와 매우 가깝게 지내며 거리낌없이 얘기를 나누는 사이였다. 그런데 하루는 클레오메네스가 이 사람을 불러 얘기를 하는 동안 왕에 대한 오해를 많이 풀 수 있게 되었다. 그러나 프톨레마이오스는 헤어지면서 클레오메네스가 따라나온 것을 모르고 파수병들에게 소리를 질렀다.

"사나운 들짐승을 지키는 자들이 이렇게 경비를 소홀히 해서야 되겠나?"

클레오메네스는 이 말을 듣고 그의 눈에 띄기 전에 안으로 들어와 친구들에게 얘기를 했다. 이 말을 들은 측근들은 그때까지 품었던 모든 희망을 포기해 버렸다. 그들은 백정이 소를 살찌워 죽일 때까지 기다릴 것이 아니라, 간사하고 비열한 프톨레마이오스에게 복수를 한 다음 스파르타의 군인답게 죽자고 결심했다. 클레오메네스는 뛰어난 군인이자 활동가인 안티고노스에게 타협하는 것조차도 부끄럽고 수치스러운 일로 생각했었다. 그러므로 나약한 왕이 북을 치우고 춤을 끝내고 나서 자기를 죽일 때까지 기다린다는 것 역시 고통스럽고 참기 어려운 일이었다.

그들이 이런 결심을 하고 있을 때, 마침 프톨레마이오스 왕은 카노보스를 돌아보기 위해 떠나고 없었다. 그래서 그들은 왕이 클레오메네스에 대한 감시를 풀라고 명령했다는 소문을 퍼뜨렸다. 그런데 이집트에서 갇혀 있던 사람을 석방할 때 왕이 음식과 예물을 보내는 관습이 있었으므로 바깥에 있던 친구들이 그런 물건들을 만들어서 보냈다. 그러자 파수병들은 왕이 보낸 물건으로 생각하고 속아넘어갔다. 클레오메네스는 신에게 감사의 제사를 올리고 파수병들에게 제물을 나누어 준 다음 친구들과 잔치를 베풀었다.

전하는 이야기에 의하면, 하인 하나가 애인을 만나러 나가고 없었는데, 그가 밀고를 하러 간 것으로 생각한 클레오메네스는 예정보다 앞당겨 행동을 개시했다고 한다. 정오가 되자 파수병들이 잠들어 있는 것을 확인한 클레오메네스는 좋은 옷으로 갈아입고 솔기를 따서 오른쪽 어깨를 드러내고는 칼을 뽑아들고 밖으로 달려나갔다.

클레오메네스의 뒤에는 똑같은 차림을 한 열세 명의 친구들이 뒤따르고 있었다. 그런데 그 중에 히피타스라는 다리를 저는 사람이 있었는데 처음에는 사람들에게 뒤지지 않았으나, 금세 이 사람 때문에 다른 사람들이 발걸음을 늦추게 되었다. 이것을 본 히피타스는 아무 소용 없는 자신 때문에 일을 망치지 말고 자기를 죽이고 어서 가라고 부탁했다. 그때 마침 알렉산드로스 사람 하나가 말을 끌고 문 앞을 지나갔다. 그들은 그를 끌어내리고는 히피타스를 말에 태운 다음 거리로 달려나갔다. 그들은 사람들에게 모두 나와서 자유를 되찾으라고 호소했다. 그러나 사람들은 클레오메네스의 대담함에 감탄하며 칭찬을 아끼지는 않았지만, 누구 하나 감히 나서서 도움을 주는 사람은 없었다.

그때 크리세르모스의 아들 프톨레마이오스가 왕궁에서 나오자, 그들 중 세 사람이 그에게 달려들어 죽여 버렸다. 그리고 알렉산드리아의 시장인 또 한 사람의 프톨레마이오스가 그들을 향해 전차를 타고 오자, 그의 병사들과 하인들을 쫓아내고 그를 끌어내려 죽여 버렸다.

그런 다음 성으로 달려갔다. 감옥을 부수고 죄수들을 풀어 자기들 편으로 만들 생각이었다. 그러나 수비병들이 그들보다 먼저 통로를 지키고 있었다. 클레오메네스는 계획이 실패로 돌아가자 시내를 휩쓸고 돌아다녔다. 그러나 사람들은 모두 겁을 집어먹고 달아날 뿐 누구 하나 가세하려는 자는 없었다. 이것을 보고 자신들의 계획이 성공할 수 없다는 것을 깨달은 클레오메네스는 동지들에게 말했다.

"남자들이 이렇게 자유를 겁내고 있으니 여자들이 이 나라를 다스리는 것도 당연하오."

그리고 그는 일이 이렇게 된 이상 모두 명예롭게 죽어 자신들의 이름을 빛내라고 말했다. 맨 먼저 절름발이인 히피타스가 죽었다. 뒤를 이어 그들은 모두 침착하게 스스로 목숨을 끊었다. 그리고 메갈로폴리스에 제일 먼저 쳐들어갔던 판테우스만이 마지막까지 남았다. 그는 스파르타에서 가장 잘생긴 젊은이로 스파르타 식 교육에 의해 철저히 단련된 사람이었으며 클레오메네스의 총애를 입고 있던 사람이었다. 클레오메네스가 다른 사람들이 모두 쓰러지면 완전히 숨이 끊겨졌는지를 확인하려고 그를 남게 한 것이었다.

사람들이 모두 쓰러지자 판테우스는 한 사람 한 사람을 칼로 찔렀다. 그런데 클레오메네스의 발목을 찌르자 그의 얼굴에 경련이 일어나는 것이 보였다. 그러자 판테우스는 조용히 왕에게 입을 맞추고 가만히 곁에 앉아 숨이 완전히 끊어질 때까지 기다렸다. 그리고 왕이 죽자 그의 몸을 감싸고 자결했다.

이렇게 해서 클레오메네스는 16년 동안 스파르타를 다스리다가 일생을 끝마쳤다. 크라테시클레아는 뛰어난 정신을 지닌 여자였지만, 아들이 죽었다는 소식에는 견디지 못하여 손자들을 끌어안고 통곡했다.

프톨레마이오스는 이 소식을 듣고 불같이 노여워하였다. 그래서 그는 클레오메네스의 시체를 가죽을 벗기고, 그의 어머니와 아들, 그리고 시녀들까지 전부 죽여 버리라고 명령했다. 그 속에는 판테우스의 아내도 끼여 있었는데, 그녀는 어느 누구보다도 아름답고 고상한 여인이었다. 그러나 결혼한 지 얼마 되지도 않아서 이처럼 불행한 일을 당하게 된 것이었다.

이보다 앞서 판테우스가 이집트로 가려 할 때 그녀가 따라나서자 친정 부모는 그녀를 집에다 가두었다. 그러나 며칠 뒤 그녀는 말 한 필과 약간의 여비를 구해 밤중에 집에서 도망을 나왔다. 그리고는 타이나론까지 말을 타고 가서, 이집트로 출항하는 배에 올랐다. 이렇게 해서 남편 곁으로 온 그녀는 타향에서 겪는 고생까지 행복으로 생각하며 살아왔던 것이다.

병사들이 크라테시클레아를 끌어가자 그녀는 크라테시클레아의 옷자락을 잡고 따라다니며 용기를 불어넣어 주었다. 크라테시클레아 또한 결코 죽음을 두려워하지 않았다. 다만 그녀는 손자들보다 먼저 죽고 싶다는 소망밖에는 아무것도 없었다. 그러나 그녀의 이 마지막 소망은 이루어지지 못하고, 어린 손자들은 그녀가 보는 앞에서 죽임을 당하고 말았다.

한편 판테우스의 부인은 마음이 굳센 여자였다. 그녀는 크라테시클레아의 옷을 하나하나 여며 주었고, 다른 사람들의 명복을 빌며 죽을 차비를 했다. 그녀는 죽음 앞에서도 자신의 옷을 고쳐 입고, 사형집행인 외에는 아무도 가까이 오지 못하게 했다. 그리고 자기가 죽은 다음에 자신의 시체를 바로잡아 줄 필요가 없다고 얘기한 다음 조용한 태도로 죽음을 맞이했다. 이처럼 그녀는 죽음 앞에서도 겸손과 봉사의 정신을 나타냈으며, 일생 동안 지켜온 지조를 마지막 순간까지 상하지 않게 했다. 그녀는 나라의 운명이 기울어졌어도 스파르타의 지조가 운명보다 더 강하다는 것을 뚜렷이 보여준 것이다.

며칠 뒤, 클레오메네스의 시체는 공중에 매달려 사람들의 구경거리가 되었는데, 지켜보던 사람들은 이상한 것을 발견하게 되었다. 클레오메네스의 머리와 얼굴을 커다란 뱀 한 마리가 칭칭 감고 있어 시체를 쪼려는 새들이 달려들지 못하고 주위만 돌고 있는 모습이었다. 이 얘기에 놀란 왕은 두려움에 벌벌 떨었다. 신들의 사랑을 받던 위대한 사람을 죽였으니 천벌을 받지나 않을까 두려웠던 것이다. 그래서 그는 제사를 드리고 죄를 빌었다. 알렉산드리아 인들도 클레오메네스를 영웅이나 신의 아들이라고 생각하여 그에게 경배를 드렸다.

39

티베리우스 그라쿠스

(TIBERIUS GRACCHUS, BC 163~133)

로마의 정치인이며 뛰어난 웅변가. 카이우스 그라쿠스가 그의 동생이며, 어머니는 코르넬리아, 아내는 클라우디아이다. 민중에게 이익을 주는 법률을 만들어 훌륭한 정책을 많이 폈다. 그러나 정적들에게 살해 당했다.

이제 우리는 불행한 일생을 마쳤던 티베리우스와 카이우스 형제의 일생을 이야기하기로 하겠다. 이 두 사람은, 감찰관을 지내고 집정관을 두 번 지냈으며 개선식도 두 번이나 올린 티베리우스 셈프로니우스 그라쿠스[1]의 아들들이다. 이 티베리우스 셈프로니우스 그라쿠스는 훌륭한 인격을 갖추어 많은 사람들의 존경을 받았던 인물이기도 하다. 그래서 그는 한니발을 제압한 스키피오의 딸 코르넬리아와 결혼하는 영광을 얻었다. 그는 스키피오의 친구라기보다는 오히려 정적이었지만, 그럼에도 불구하고 그는 스키피오가 죽은 뒤, 그의 딸 코르넬리아를 아내로 맞을 수 있었던 것이다.

그는 언젠가 침대 속에 뱀 한 쌍이 들어가 있는 것을 보고 점술가들에게 물어보았다. 그때 그는 이런 대답을 들었다.

---

1) 그는 호민관, 집정관, 감찰관 등의 직책을 지냈으며, 스페인의 켈티베리아 족과 사르디니아 섬을 평정했던 사람이다.

"두 마리를 다 놓아 주어서도 안 되고 그렇다고 두 마리를 죽여서도 안 됩니다. 수놈을 죽이면 티베리우스 당신이 죽고, 암놈을 죽이면 부인께서 돌아가시게 됩니다."

부인을 무척 사랑하고 있던 티베리우스는 차라리 나이가 많은 자기가 죽고 젊은 아내는 더 오래 살아야 한다고 생각했다. 그래서 그는 수놈을 죽이고 암놈은 도망가게 내버려 두었다. 그런 얼마 후 그는 열두 명의 아들 딸을 코르넬리아에게 남기고 세상을 떠나고 말았다. 이렇게 해서 코르넬리아는 남편이 남긴 재산과 함께 아이들을 맡아 착실하게 살림을 하는 한편 아이들을 정성껏 교육시켰다. 그녀는 훌륭한 주부였으며, 좋은 어머니였고, 지조가 높은 여자였다. 그래서 세상 사람들은 티베리우스가 이처럼 훌륭한 아내를 남겨두고 스스로 죽음을 선택한 것은 과연 그 보람이 있었다고 생각했다.

이집트의 프톨레마이오스 왕은 자신의 왕비가 되어 달라고 구혼하기도 했지만, 코르넬리아는 그의 요청을 거절하고 홀몸으로 살았다. 그런데 아들 딸들은 불행히도 모두 일찍 죽고, 나중에는 스키피오 2세와 결혼한 딸 하나와 티베리우스, 카이우스만이 남게 되었다. 이 두 명의 아들은 코르넬리아의 정성 어린 교육 덕택으로 로마의 청년들 가운데 누구보다 훌륭한 사람이 되었다. 물론 그들은 훌륭한 성품을 타고나기도 했지만, 그보다는 어머니 코르넬리아의 뛰어난 가르침 덕택이었다고 말하는 사람들이 많았다.

카스토르와 폴룩스[2]의 조각이나 그림을 보면 과연 이 두 사람은 얼굴 생김새부터 아주 많이 닮아 있다. 그러나 권투 선수와 달리기 선수 간에 있는 외모의 차이가 있다. 티베리우스와 카이우스의 경우에도 용기나 절제, 웅변이나 도량 등에 있어서는 비슷하지만 그 행동과 일의 처리 방법에 있어서는 뚜렷한 차이가 있었다. 그러므로 여기서 미리 그들의 차이점을 얘기해 두는 것이 좋겠다.

먼저 얼굴 표정이나 성격, 그리고 동작에 있어서 티베리우스는 부드럽고 침착했으며, 카이우스는 활발하고 성질이 급한 편이었다. 사람들 앞에서 연설을 할 때도 마찬가지여서 티베리우스는 처음부터 끝까지 한자리에 서서 말을 했지만, 카이우스는 로마인으로서는 처음으로 연단 위를 왔다갔다하며 어깨에 걸친 가운[3]을 벗어던진 사

---

2) 유피테르와 레다 여신 사이에서 태어난 쌍둥이 형제. 뱃사람들의 수호신이며, 형제애의 전형으로 유명하다. 나중에 그들은 각각 천상과 지하의 신이 되었다.
3) 고대 로마 시민들이 입던 느슨한 겉옷으로, 성년의 표로서 14세 이상의 남자들이 입었다.

람이었다. 마치 클레온[4]이 아테네인으로서는 처음으로 연설을 할 때 외투를 벗어 던지고 허벅다리를 두드렸던 것과 같다.

카이우스의 웅변은 힘이 넘쳐서 마치 불을 토하는 듯 열렬했고, 티베리우스의 웅변은 이와 반대로 부드럽고 차분하여

<그라쿠스 형제의 어머니 코르넬리아>,
안젤리카 카우프만, 1785년

사람들을 타이르듯이 끌어들였다. 또 티베리우스의 음성과 말은 순수하고 세련되었으며, 카이우스는 강하고 자신만만했다. 생활이나 식사에 있어서도 티베리우스는 소박하고 단순했으며, 카이우스는 다른 사람들과 비교했을 때는 소박하고 검소한 편이었지만 티베리우스와 비교하면 호화롭고 새로운 것을 즐기는 편이었다.

연설에서 나타나는 이러한 차이들은 이들의 성격에서도 나타난다. 티베리우스는 이성적이고 온화한 성격의 소유자였으며, 카이우스는 정열적이고 씩씩한 사람이었다. 그렇기 때문에 카이우스는 연설을 하다가도 가끔 열정에 휩쓸려 분별없이 목소리를 높이며 본래 하던 이야기에서 벗어나는 경우가 많았으며 때로는 욕설 투성이인 연설을 할 때도 없지 않았다. 그는 이런 단점을 고치기 위해 리키니우스라는 똑똑하고 교양 있는 노예를 시켜 피리를 가지고 뒤에 서 있게 하였다. 그래서 만약 자기의 말이 감정에 휩쓸려서 거칠어지면 피리를 불어 부드러운 소리를 내게 했다. 그러면 카이우스는 이 소리를 듣고 음성을 낮추어 다시 차분하게 연설을 했다고 한다.

이처럼 두 형제는 서로 차이점을 가지고 있었다. 그러나 전쟁터에서 보여준 용기와 정치에서의 정의로움, 그리고 일에 대한 부지런함과 개인적인 생활에 있어서의 절제 등에서 두 사람은 똑같이 뛰어났다.

---

4) 아테네의 웅변가로 니키아스의 전기에서 이미 말한 바 있다.

티베리우스는 카이우스보다 아홉살이 많았으므로 두 사람이 정치적으로 활동했던 시기는 그만큼의 차이가 있었다. 그리고 바로 이러한 차이 때문에 그들 두 사람의 계획은 실패로 돌아갔다. 만일 그들이 동시에 정치에 뛰어들어 하나의 목적을 이루기 위해 힘을 합쳤더라면, 어느 누구도 그처럼 강력한 세력을 꺾지는 못했을 것이다. 그러면 이제 티베리우스의 생애부터 천천히 더듬어 보기로 하자.

티베리우스는 성년이 되자 곧 복점관[5]이 되었다. 이것은 그의 가문이 좋아서가 아니라, 인격이 훌륭하고 뛰어난 덕을 지니고 있었으므로 젊은 나이에 이미 큰 명성을 얻고 있었기 때문이다. 그때 집정관과 감찰관을 지냈던 아피우스 클라우디우스는 원로원 의장으로 있었는데, 그는 지위에서는 물론이고 인격에 있어서도 로마 제일의 인물이었다. 그는 티베리우스를 뛰어난 인물로 보고, 복점관들의 연회에 나가 그에게 특별한 친절을 보이며 사위가 되어 달라고 말했다. 티베리우스는 그의 요청을 기쁘게 받아들여 곧 두 사람은 약혼을 하게 되었다. 아피우스는 집으로 돌아가자, 큰 소리로 아내를 부르며 이렇게 말했다.

"여보, 안티스티아! 우리 클라우디아의 남편감을 정하고 오는 길이오."

그러자 그의 아내는 깜짝 놀라서 물었다.

"아니, 왜 이렇게 갑자기 서두르셨어요? 티베리우스 그라쿠스를 사위로 삼는다면 모르지만요."

이 이야기는 그라쿠스 형제의 아버지 티베리우스와 스키피오 아프리카누스 사이에서 일어났던 일이라고 전하는 역사가들도 없지는 않다. 그러나 대부분의 역사적 기록들은 위에서 말한 것처럼 전하고 있다. 폴리비오스에 의하면, 스키피오 아프리카누스가 죽은 뒤 그의 친척들이 모여 의논한 결과 아직 혼처가 정해져 있지 않던 그의 딸 코르넬리아를 티베리우스와 결혼시켰다고 한다.

그때 아들인 티베리우스는 매부인 스키피오 2세를 따라 아프리카로 출정하였다. 이때 그는 한 막사에서 생활하며 그의 위대한 정신과 훌륭한 행동들을 그대로 본받았다. 그리고 그는 군무에 부지런했고 전투에서 용맹스러웠으므로 모든 군인들 중에서 가장 뛰어난 사람으로 인정을 받았다. 또한 적의 성에 가장 먼저 뛰어올라간 사람도

---

5) 고대 로마의 직책으로, 새가 날아가는 모양이나 구름이 흐르는 모양을 보고 징조를 판단하던 제관이다. 당시 로마에서는 모든 일에 착수하기 전에 반드시 하늘을 통해서 신의 계시를 받았으므로 이 제관들의 지위는 매우 중요했다.

다름아닌 티베리우스였다. 이것은 적의 성에 맨 먼저 올라간 사람은 티베리우스와 자기 자신이라고 자랑했던 판니우스의 이야기에서도 충분히 증거를 찾아볼 수 있다. 더욱이 티베리우스는 진중에 있는 모든 병사들로부터 큰 존경과 신망을 얻고 있었으므로, 그가 군대를 떠날 때는 모두 섭섭해하며 다시 돌아오기를 소망했다고 한다.

전쟁이 끝나자 티베리우스는 재무관으로 선출되었다. 추첨 결과 그는 집정관인 카이우스 만키누스의 부대에 근무하게 되어 곧 누만티아[6]로 출정했다. 만키누스는 결코 나쁜 사람은 아니었지만, 로마의 장군들 중에서는 가장 운이 나쁜 사람이었다. 그렇기 때문에 그가 전쟁에서 지고 군대가 어려운 처지에 놓였을 때, 티베리우스의 침착한 판단력과 용기는 더욱 빛이 났다. 더욱이 티베리우스는 전투에서 패하고 넋이 빠져 자신의 임무와 위신까지도 완전히 잊어버린 장군을 받들어, 그를 돕고 용기를 일깨우며 눈부신 활약을 하였다.

여러 차례의 전투에서 거듭 패배를 당한 만키누스는 어느 날 밤 진지를 버리고 군대를 철수시키려고 하였다. 그러나 이것을 눈치챈 누만티아 사람들은 곧 진지를 점령하고 철수하는 로마 군을 뒤쫓아왔다. 그들은 로마 군의 후미를 공격하여 많은 병사들을 죽이고, 마침내 전군을 포위하여 도망갈 길도 없는 곳에 몰아 넣었다. 만키누스는 더 이상 싸워봤자 목숨을 건질 수도 없을 것이라고 생각하여 휴전을 제안하기 위해 대표자들을 보냈다. 그러나 누만티아 사람들은 티베리우스가 대표로 오지 않는 이상 상대도 하지 않겠다면서 그들을 돌려보냈다.

만키누스는 이들의 제안을 받아들이기로 했다. 왜냐하면 티베리우스는 병사들 사이에서 널리 이름을 떨치고 있었고, 그의 아버지인 티베리우스도 스페인을 정벌하러 와서 많은 종족들을 복속시키고 누만티아와 휴전을 맺어 그 조건들을 잘 지킨 일이 있었기 때문이었다.

이렇게 해서 티베리우스가 대표로 가서 휴전을 의논하게 되었다. 그는 자신들에게 유리한 조건도 내세우고, 상대방의 조건을 들어주기도 하여 휴전을 성립시켰다. 이 조약에 따라 그는 2만 명의 로마인과 그 밖의 많은 노예들, 그리고 군대를 따라 왔던 노동자들을 무사히 구해낼 수 있었다.

그러나 로마 군의 진지와 함께 빼앗긴 재물들은 모두 누만티아의 전리품이 되고

---

6) 스페인 북부에 있던 옛 도시.

말았다. 그 중에는 티베리우스가 재무관으로 일할 때 썼던 회계장부도 들어 있었다. 티베리우스는 이 장부를 돌려받기 위해 서너 명의 친구들과 함께 누만티아로 돌아가 그곳의 장군들을 만났다. 로마로 돌아갔을 때 군대의 공금을 사용한 이 계산장부를 보이지 못하면 정치가들의 중상 모략을 받게 될까봐 몹시 걱정이 되었던 것이다.

누만티아 인들은 그에게 은혜를 베풀 수 있는 좋은 기회가 생겼다고 기뻐하면서 그를 시내로 초대하였다. 그러나 티베리우스는 선뜻 시내로 들어갈 수가 없어 한동안 망설이고 있었다. 그러자 누만티아의 관리들이 그의 손을 붙잡으며 휴전이 성립된 이상 적이 아닌 친구로 대해 달라고 말했다.

티베리우스는 장부를 꼭 찾아야 한다는 생각도 있었고, 누만티아 사람들이 자기네들을 믿지 않는다는 느낌을 받아 불쾌하게 생각하는 것도 좋지 않다고 생각했으므로 곧 그들의 초대를 받아들였다. 드디어 그가 시내로 들어가자 누만티아 시민들은 잔치를 베풀고, 티베리우스의 마음도 모르는 채 같이 식사를 하자고 했다. 그리고 잔치가 끝나자 그들은 회계장부를 돌려 주며 전리품들 중에서 무엇이든 갖고 싶은 것을 말하라고 했다. 그러나 티베리우스는 군대를 위해 신께 제사를 지낼 때 쓰는 약간의 향만 받고는 누만티아 시민들과 아쉬운 작별을 나누었다.

그가 로마로 돌아왔을 때, 이번 전쟁은 참으로 비굴하고 수치스러운 전쟁이었다는 여론이 가득했다. 그러나 시민의 대부분을 차지하고 있던 병사들의 친척들과 친구들은 큰 단체를 만들고서 티베리우스의 공로를 칭찬했다. 그들은 많은 시민들을 구해준 위대한 사람으로서 티베리우스를 찬양했고, 전쟁에서 패배한 것은 티베리우스 때문이 아니라 만키누스 장군 때문이었다고 말하며 장군을 공격했다.

한편 이 전쟁의 패배로 큰 피해를 입은 사람들은 옛날 조상들의 법에 따라 휴전 조약과 관계 있는 자들을 처벌하자고 했다. 즉, 옛날 삼니움 족[7]과의 전쟁에서 패하고 수치스러운 휴전을 맺었을 때, 휴전에 조금이라도 가담한 자는 장군, 재무관, 호민관 할 것 없이 모두 옷을 벗겨 적에게 넘겨준 일이 있었다. 즉, 로마는 휴전 조약의 모든 약속과 그에 대한 책임을 모두 이들에게 씌우고 서슴없이 휴전 조약을 깨뜨렸던 것이다.

---

7) 삼니움 군과의 전쟁 때 로마 군의 장군으로 출정한 두 집정관 포스투미우스와 베투리우스는 적에게 포위되자 목숨을 구하기 위해 수치스러운 휴전 조약을 맺었다. 그러나 원로원은 이 조약을 받아들이지 않았으며, 포스투미우스는 휴전에 관계된 모든 사람들을 적에게 넘겨 주자고 제안했다. 그러나 삼니움 군은 이를 받아들이지 않고, 다만 휴전 조약을 어겼다는 이유로 로마를 공격했다.

그러나 민중은 티베리우스에 대해 특별한 애정과 친절을 베풀어 주었다. 그들은 집정관인 만키누스의 옷을 벗기고 사슬에 묶어 누만티아 인들에게 넘겨 주었으나, 티베리우스를 보아 다른 사람들에게는 책임을 묻지 않았다. 그때 로마에서 가장 큰 세력을 가지고 있던 스키피오가 그를 도왔던 것도 물론 큰 힘이 되었다.

그러나 스키피오는 만키누스를 도와주지 않고, 또 자기의 처남이며 친구인 티베리우스가 맺은 휴전 조약을 지키는 데 힘쓰지 않았다는 비난을 받았다. 이때 스키피오와 티베리우스 사이에 불화가 생겨서 그랬다면 그것은 아마 서로의 명예심 다툼 때문이었거나, 아니면 티베리우스의 친구나 측근들이 농간을 부렸기 때문이었을 것이다. 실제로 두 사람 사이에는 심한 충돌이 없었으며, 이 일 때문에 그 뒤 어떤 불미스러운 일이 생긴 것도 아니었다. 그리고 내 생각으로는 만약 그때 스키피오가 로마에 남아 티베리우스의 정치적 활동을 도왔더라면, 티베리우스가 살해되는 딱한 지경까지 몰리지는 않았을 것 같다. 티베리우스가 정치적 활동을 시작한 것은 스키피오가 누만티아로 출정하여 로마를 떠나 있을 때였는데, 티베리우스가 한 사람의 입법자로 등장한 데는 다음과 같은 이유가 있었다.

로마 사람들은 이웃 나라와 전쟁을 해서 땅을 얻게 되면 더러는 팔고 나머지는 국가의 공동재산으로 만들었다. 그리고 이 땅은 싼 값으로 가난한 사람들에게 나누어 주어 농사를 짓게 하고, 그 소작료를 나라에 바치게 했다. 그러나 그 뒤 부자들이 더 비싼 값으로 땅을 사들이고 가난한 사람들의 토지를 빼앗게 되자, 한 사람이 5백 에이커 이상의 토지를 가질 수 없도록 하는 법률을 정하게 되었다. 이 법이 생기자 부자들은 토지를 마음대로 가질 수 없게 되었고 가난한 사람들은 어느 정도 숨을 돌릴 수 있었다. 그러나 부자들은 다시 꾀를 내서 다른 사람의 이름으로 토지를 사들이더니, 나중에는 많은 땅을 버젓이 소유하게 되었다. 이렇게 해서 가난한 사람들은 농사를 지을 땅을 잃게 되자 전쟁이 일어나도 열심히 싸우려 하지 않았고, 자식들의 교육도 제대로 돌볼 수 없게 되었다. 그래서 이제 이탈리아에는 자유민의 수가 급격하게 줄어든 대신, 노예들로 가득찬 노역장[8]이 곳곳에 생겨나기 시작했다. 부자들은 가난한 동포들을 몰아내고, 이들을 노예로 부려 빼앗은 토지를 경작했던 것이다.

---

8) 당시 로마인들은 전쟁 포로들을 사슬에 묶어 위쪽에서 햇빛이 들어오는 지하 감옥에 가두고, 짐승처럼 살게 하며 노동을 시켰다. 이 지하 감옥은 그 뒤 하드리아누스 황제 시대에 비로소 없어졌다.

그러자 스키피오의 친구인 카이우스 라일리우스는 이 폐단을 바로잡으려고 시도했다. 그러나 부자들이 들고 일어나 소동을 일으켰으므로 그는 이 계획을 중단하고 말았다. 이 일 때문에 그는 현명한 자 또는 분별있는 자라는 뜻을 가진 사피엔스라는 별명을 얻게 되었다.

티베리우스는 호민관으로 당선되자마자 곧 카이우스 라일리우스가 중단했던 계획을 실천하기로 했다. 대부분의 역사가들은, 웅변가인 디오파네스와 철학자인 블로시우스가 이 일에 큰 도움을 주었다고 전한다. 디오파네스는 미틸레네에서 온 그리스인이었고, 블로시우스는 이탈리아의 쿠마이에서 왔으며 타르소스의 안티파트로스에게서 사사받은 사람으로, 나중에 그의 철학 강연집을 증정받는 큰 영광을 얻었다.

그러나 어떤 사람들은 티베리우스가 어머니인 코르넬리아 때문에 이 계획을 실행하게 되었다고도 한다. 즉, 그의 어머니는 사람들이 자신을 그라쿠스의 어머니라고 부르지 않고 스키피오의 딸이라고 부른다는 얘기를 했기 때문이라는 것이다. 이 말은 결국 그라쿠스 형제의 명성이 스키피오를 따르지 못한다는 얘기가 된다.

또 어떤 사람은 스푸리우스 포스투미우스라는 사람과 서로 명예를 다투는 야심이 이 일의 동기가 되었다고 한다. 즉, 티베리우스가 전쟁에서 돌아와보니, 같은 나이였던 포스투미우스가 권세와 명성을 얻은 것을 보고 몹시 시기를 했다고 한다. 그래서 그는 이 계획이 성공한다면 그의 명예를 꺾어놓을 수 있을 것이라고 생각했다는 것이다.

그러나 그의 동생 카이우스 그라쿠스는 다음과 같은 일을 기록하고 있다. 그의 형 티베리우스는 누만티아를 정복하러 가는 도중 토스카나 지방을 지나다가 수입 노예나 야만족들이 피폐한 토지에서 농사를 짓거나 가축을 기르고 있는 풍경을 보게 되었다. 그때 티베리우스는 이것을 보고 장차 자신에게 큰 재난을 안겨줄 위험한 개혁을 결심하게 되었다고 한다.

그러나 티베리우스가 그런 일을 하려고 결심했던 것은 주로 시민들의 영향이었다. 그들은 거리의 벽이나 기둥에, 국유지를 찾아 가난한 동포들에게 되돌려 달라는 격문을 써붙여 티베리우스를 부추기고 그의 명예심에 불을 붙였던 것이다.

그러나 티베리우스는 혼자서 이 법안을 만들지는 않았다. 여기에는 당시의 저명한 대제관 크라수스, 집정관이면서 법률가였던 무키우스 스카이볼라, 그리고 장인인 아피우스 클라우디우스 등의 도움과 협조가 아주 컸다. 또 압제를 막고 제지하고 온건하고 공평한 법으로 나라를 다스리려고 한 것은 지금까지 한 번도 유례가 없는 일이었다. 왜냐하면 부자들은 법을 어기고 함부로 빼앗은 토지들을 모두 내놓아야 마땅했지만, 그가 제정한 법률은 그들에게 퍽 너그러운 조치를 취했기 때문이었다. 즉, 티베리우스의 법률은 불법적으로 빼앗은 토지에 대해서도 적당한 가격을 지불하고 이것을 다시 가난한 동포들에게 나누어 주려는 것이었다.

이 개혁은 이처럼 너그러웠으므로 사람들도 지난 일을 묻지 않고 다만 앞으로는 그런 일이 없도록 다짐을 받아내는 정도로 그쳤다. 그러나 부자나 지주들은 지나친 욕심 때문에 이 법률에 대해 심한 반대를 했으며, 티베리우스를 꺾기 위해 들고 일어났다. 그들은 티베리우스가 나라를 뒤흔들어 혁명을 일으키려고 이러한 법을 만든 것이니 그에게 속지 말라고 악선전을 했다.

그러나 이들의 계획은 성공하지 못했다. 티베리우스는 정의롭고 공정한 법을 제안하였으며, 검은 것을 희다고 말해도 믿게 할 수 있을 만큼 뛰어난 웅변술로 그들의 반대를 물리쳤던 것이다. 티베리우스는 시민들이 모인 장소에 나가 열띤 목소리로 말했다.

"이 나라에는 들짐승도 자기 굴이 있어서 쉴 수도 있고 몸을 감출 수도 있습니다. 그러나 싸움터에 나가 생명을 던지는 사람들은 바람과 햇빛 말고는 가진 것이 없습니다. 그들은 집도 없고 몸을 의지할 곳도 없어 처자를 데리고 이리저리 헤매고 있는 것입니다. 지휘관들은 조상들의 무덤과 제단을 지키기 위해 적과 싸워야 한다고 부하들에게 요구하지만 그것은 모두 헛된 거짓말에 지나지 않습니다. 왜냐하면 이 많은 로마 사람들 중에 조상의 무덤과 제단을 갖추어 놓고 자신의 집과 가정을 보호할 수 있을 만한 사람은 없기 때문입니다. 그런데도 그들은 남들의 재산과 호강을 지켜주기 위해 싸웠고 또 죽음을 맞아야 했습니다. 그들은 세계의 주인이라는 이름은 얻었지만, 내 것이라고 부를 만한 손바닥만한 땅도 없이 죽어야 했던 것입니다."

고결한 정신과 진정한 뜻을 지닌 티베리우스의 이와 같은 열변이 감동받기 쉬운 청중들의 귀에 전해지자 그의 적들은 누구도 얼굴을 들지 못했다. 그래서 그들은 티베리우스와 이론으로 대항하겠다는 생각을 버리고, 호민관이었던 마르쿠스 옥타비우스[9]를 움직이기로 했다.

---

9) 기원전 133년에 호민관을 지냈던 사람으로 기원전 230년에 재무관을 지낸 그나이우스 옥타비우스의 후손이다.

옥타비우스는 지조가 굳은 청년으로 티베리우스와 가까운 친구 중의 하나였다. 그러므로 처음에는 옥타비우스도 그들의 꾐에 빠져들지 않았다. 그러나 수많은 귀족들의 요청과 강요를 이기지 못한 그는 결국 그들에게 넘어가 티베리우스의 법률에 반대표를 던졌다. 당시 호민관들의 권한은 따지고 보면 한 사람이 가지고 있는 것이나 마찬가지였다. 왜냐하면 모든 법률은 만장일치를 얻어야만 통과될 수 있었으며, 한 사람이라도 반대를 하면 무효가 되었기 때문이다. 일이 이렇게 되자 티베리우스는 화가 나서 견딜 수가 없었다. 그래서 그는 새로운 법안을 제출했다. 이 새 법안은 민중에게는 더 유리한 데 비해 부자들에게는 그만큼 더 불리한 것으로, 법률을 어기고 토지를 사유화시킨 사람들을 그 고장에서 쫓아낸다는 내용이었다.

티베리우스와 옥타비우스는 이 법안을 사이에 두고 날마다 격렬한 토론을 벌였다. 그러나 감정을 해치거나 서로를 헐뜯는 말은 한 마디도 나오지 않았다. 그러므로 고상한 성격과 교양을 지닌 사람은, '흥청거리는 잔치나 바코스 신의 기념제[10]'에서 뿐만 아니라 정치적인 논쟁에서도 항상 자기 감정을 누르고 단정함을 잃지 않는다는 것을 알 수 있다.

티베리우스는 나중에 옥타비우스가 이 법률을 어기고 많은 재산을 사유화했다는 것을 알게 되었다. 그래서 그는 앞으로 자기의 의견에 반대를 하지 말아 달라면서, 얼마 안 되는 재산이지만 옥타비우스의 땅값으로 내놓겠다는 말까지 했다. 그러나 옥타비우스는 여전히 반대 의견을 내놓았다. 참다 못한 티베리우스는 마침내 법안에 대한 투표가 끝날 때까지는 나라의 모든 관리들에게 직무를 중지하라고 선포했다.

그리고는 사투르누스 신전[11]의 문을 모두 닫아걸고, 재무관들이 돈을 꺼내지 못하게 만들었다. 이 명령을 어기는 자는 그가 누구든지 간에 무서운 처벌을 하겠다고 덧붙였다. 그러자 몹시 겁이 난 관리들은 모든 직무를 중단하였다.

그러자 지주들은 모두 상복으로 갈아입고는 초라하고 처량한 모습으로 나와서 티베리우스를 암살하려는 음모를 꾸몄다. 그러므로 티베리우스는 암살에 대비하기 위해서 라틴 말로 '돌로'라고 부르는, 강도들이 쓰는 단도를 옷 속에 품고 다녔다.

드디어 이 법안에 대한 투표날이 되어 각 지방에서 사람들이 모여들었다. 그런데

---

10) 그리스 시인들이 즐겨 인용한 구절로, 에우리피데스의 비극 〈바코스 제〉에 나오는 부분이다.
11) 농경 신인 사투르누스의 신전으로, 이곳은 국고로 사용되고 있었다.

티베리우스가 투표의 시작을 선언했을 때 부자와 지주들이 투표에 쓰는 병[12]을 빼앗는 바람에 큰 소란이 일어났다. 그러자 티베리우스를 지지하는 수많은 사람들이 그들과 싸우려고 모여들었다. 집정관까지 지낸 만리우스와 풀비우스는 이것을 보고, 티베리우스의 손을 잡으며 제발 싸움을 진정시켜 달라고 눈물을 흘리며 호소했다. 티베리우스는 앞으로 어떤 험악한 일이 일어날지 충분히 짐작할 수 있었을 뿐 아니라 자기가 존경하는 두 사람의 애절한 부탁을 거절할 수 없었다. 그래서 그는 자기가 어떻게 했으면 좋겠느냐고 물었다. 두 사람은 이렇게 중대한 일에 대해 함부로 말할 수 없으니 모든 것을 원로원에 물어보라고 말했다. 티베리우스는 그들의 제안을 받아들이기로 했다.

그러나 원로원에서는 부자들의 세력이 훨씬 강했으므로 그들의 반대에 부딪혀 아무런 결정도 내릴 수가 없었다. 그러자 티베리우스는 이런 방법으로는 도저히 법안을 통과시킬 수 없다는 것을 알고, 옥타비우스를 호민관의 직위에서 해임시키는 불법적인 계획을 세웠다. 그는 우선 시민들 앞에 나가 옥타비우스의 손을 잡으며 정답게 얘기했다.

"옥타비우스! 부디 시민들의 소원을 들어 주시오. 그들이 요구하는 것은 법률에 의한 정당한 권리일 뿐이오. 그들은 나라를 위해 큰 희생을 치렀으며 지금까지 고생도 많이 겪지 않았소? 사실 거기에 비하면 그들의 소망은 별 것도 아니오. 그러니 제발 바다 같은 은혜를 그들에게 베풀어 주시오."

그러나 옥타비우스는 티베리우스의 간절한 부탁을 끝까지 거절했다. 그러자 티베리우스도 더 이상 참고 있을 수가 없었다.

"이것 보시오, 옥타비우스! 우리는 둘 다 호민관으로 똑같은 지위에 있고 똑같은 권력을 가지고 있소. 그러나 이렇게 의견이 엇갈린다면 결국 싸우는 도리밖에 없소. 둘 중 한 사람이 그 자리에서 물러나는 수밖에 없는 거요. 그러니 먼저 내 직위를 박탈하자는 제안을 하시고 투표를 하시오. 만일 시민들이 원한다면 나는 깨끗이 물러나 개인으로 돌아가겠소."

그러나 옥타비우스가 이 제안마저도 거부하자 티베리우스는 그에게 말했다.

---

12) 목이 좁은 이 병은 시텔라라고 불리었는데, 나무 조각을 병 안에 넣고 하나씩 병목에 떠오르는 것을 끄집어내어 어느 구역부터 투표를 하느냐를 결정했다. 이것이 정해지면 사람들은 각각 키스타라는 원기둥 모양의 바구니에 표를 넣었다.

"그렇다면 당신의 직위를 박탈하기 위한 투표를 시민들에게 제안하겠소. 그러나 그런 수치스러운 일을 당하기 전에 당신이 생각을 고쳤으면 좋겠소."

그 날의 대화는 결국 이렇게 끝나 버렸다.

다음날 시민들이 다시 모이자 티베리우스는 연단에 올라섰다. 그리고 또다시 옥타비우스를 설득하기 위해 애썼다. 그러나 그는 끝까지 티베리우스의 제안을 거부했다. 그러자 티베리우스는 시민들을 향해 옥타비우스의 해임 문제에 대한 투표를 재촉하고, 얼마 뒤 표결을 시작했다.

이때 투표 구역은 모두 서른다섯 개[13]였다. 열일곱 구역의 개표 결과가 모두 옥타비우스에게 불리했으므로 이제 한 구역만 더 개표하면 옥타비우스는 호민관의 직위를 박탈당하게 되는 것이었다. 그때 티베리우스는 개표를 잠시 중단시켰다. 그리고는 시민들이 지켜보는 앞에서 옥타비우스를 끌어안고 다시 간곡한 말로 부탁했다.

"이런 불명예스러운 일을 가만히 기다리고 있어서는 안 됩니다. 부디 내가 그런 가혹한 짓을 했다는 말을 듣지 않게 해주시오."

이렇게 되자 옥타비우스도 조금은 마음이 움직였다. 전하는 이야기에 의하면, 그때 그의 눈에도 눈물이 고였으며 한참이나 말없이 서 있었다고 한다. 그러나 건너편에 모여 있던 지주와 부자들을 보더니 그들의 지지를 잃을까봐 두려워, 어떤 불행을 당해도 좋다는 듯이 마음대로 하라고 말했다.

결국 옥타비우스는 호민관의 직위를 박탈당했다. 티베리우스는 자신의 해방 노예에게 옥타비우스를 연단에서 끌어내리라고 말했다. 호민관은 해방 노예를 관리 대신으로 쓰는 것이 통례였으므로, 그때 티베리우스도 해방 노예를 관리 대신 사용하고 있었다.

옥타비우스가 정식 관리도 아닌 해방 노예의 손에 의해 끌려내려가는 장면은 참으로 애처롭고 비참한 광경이었다. 그가 연단에서 내려오자 시민들은 모두 그에게 달려들었다. 그때 부자들이 달려와서 그를 구해 주지 않았더라면 옥타비우스는 그 자리에서 죽을 뻔했다. 그러나 옥타비우스를 보호하려던 그의 충실한 하인은 그만 시민들에게 두 눈을 뽑히고 말았다. 그리고 티베리우스는 뜻밖의 이 사태를 가슴 아

---

13) 이때는 35개의 종족이 있었으므로, 한 종족이 하나의 투표함을 사용했다는 사실을 알 수 있다. 원래 개표는 모든 종족의 투표가 끝난 다음에 하는 것이 원칙이었지만, 본문에서처럼 종족 단위로 개표하는 경우도 있었던 것 같다. 투표의 가부는 과반수로 결정하였다.

파하며 소란을 수습하기 위해 현장으로 달려갔다.

이렇게 해서 토지개혁법이 통과되고 곧 토지 측량이 실시되었다. 그리고 그 토지를 평등하게 분배하기 위한 세 명의 감시위원이 선출되었다. 그 세 사람은 티베리우스 자신과 그의 장인 아피우스 클라우디우스, 그리고 동생 카이우스 그라쿠스였다. 그런데 당시에 카이우스는 로마를 떠나 스키피오의 군대에서 누만티아 사람과 싸우고 있었지만, 티베리우스는 이 개혁을 실시하는 동안 큰 저항을 받지 않고 조용히 일을 처리할 수 있었다.

한편 티베리우스는 옥타비우스의 후임으로 자기의 부하인 무키우스를 호민관에 임명했다. 그런데 이 사람은 이름도 지위도 별로 알려지지 않았던 인물이었다. 이렇게 티베리우스의 세력이 자꾸만 자라나자 부자들은 이것을 몹시 못마땅하게 생각했다. 그래서 그들은 기회가 있을 때마다 원로원에서 그의 체면을 깎아내리려고 애를 썼다.

예를 들어, 티베리우스가 토지를 분배하러 나갈 때 사용할 천막을 공금으로 사 달라고 요구하자, 그들은 이 요구를 받아들이지 않았다. 원래 그러한 용도의 물품은 물론 그보다 덜 중요한 사무에 필요한 물품도 공금으로 사주는 것이 보통이었지만 그들은 이 요구를 거절했던 것이다.

그리고 푸블리우스 나시카의 제안에 따라 하루에 겨우 9오볼[14]의 수당만을 지급하기로 결정해 버렸다. 나시카는 많은 토지를 가지고 있는 사람이었는데 이제 그것들을 모두 빼앗기게 되자 티베리우스를 증오하게 되었던 것이다.

그러나 부자와 지주에 대한 사람들의 분노는 훨씬 더 심했다. 티베리우스의 친구 하나가 갑자기 죽었는데, 시체에 이상한 반점이 생겨나 있었다. 사람들은 반점들을 보고 틀림없이 그가 독살당했다고 숙덕거리며 장례식에 모여들었다. 그들은 관을 메고 화장터로 가서 시체가 타는 동안 계속 둘러서 있었다. 그리고는 마침내 독살의 증거를 찾아내고 말았다.

장작더미 위에서 타고 있던 시체에서 썩은 진물이 흘러나와 불이 꺼지고 말았던 것이다. 그들은 다시 불을 지피려고 했지만 불이 붙지 않았다. 그래서 결국 자리를 옮겨 한참이나 고생을 한 뒤에야 겨우 불을 붙일 수 있었다. 그러자 티베리우스는 그런 사람들의 노여움을 더욱 자극시키기 위해 상복으로 갈아입고 자기의 아이들을

---

14) 1오볼은 6분의 1드라크마.

사람들 앞으로 데리고 나왔다. 그리고는 이제 안심하고 살 수가 없으니, 아이들과 어미를 잘 보호해 달라고 말했다.

그때 마침 필로메토르라는 별명을 가진 아탈루스 왕이 세상을 떠나, 페르가몬의 에우데모스라는 사람이 왕의 유서를 가지고 찾아왔다. 왕은 자신의 재산을 로마 사람들에게 상속하겠다는 것이었다.

티베리우스는 이 유서를 이용해 사람들의 인기를 모으기 위해 새로운 법률 하나를 제안했다. 이 법률은, 첫째, 아탈루스 왕의 재산은 농기구와 경작에 필요한 도구를 갖추는 데 사용하고, 둘째, 원로원은 이 유산에 대해 아무런 권리도 없으니 민회에서 이 문제를 처리한다는 내용이었다.

원로원은 이 제안에 대해 몹시 노여워했다. 특히 폼페이우스는 의원들 앞에서 노골적으로 티베리우스를 공격했다.

"나는 티베리우스의 이웃에 살고 있습니다. 그래서 페르가몬에서 온 에우데모스가 왕관과 함께 왕이 입는 자줏빛 옷을 티베리우스에게 주는 것을 우연히 보게 되었습니다. 이것으로 알 수 있듯이 티베리우스는 지금 로마의 왕이 되려고 공작을 꾸미고 있는 것이 확실합니다."

퀸투스 메텔루스도 티베리우스를 공격했다.

"저희 아버지가 감찰관으로 계실 때, 일이 다 끝나고 집으로 돌아오실 때면 시민들은 모두 불을 껐습니다. 지나치게 술을 마시며 논다고 생각할까봐 그랬던 것입니다. 그런데 지금은 제일 뻔뻔스럽고 가난한 놈들이 밤거리에 횃불을 훤히 밝히며 티베리우스를 모셔다 드리고 있습니다."

다음으로는 티투스 안니우스가 일어났다. 그는 평판도 나쁘고 행동도 단정하지 못했지만, 질문을 하거나 대답을 하는 데는 교활하다고 이름난 사람이었다.

"호민관은 법률[15]로 정해진 신성한 직위요. 그런데도 당신은 동료 호민관을 파면시켜 모욕을 준 일이 있었소, 없었소?"

많은 의원들은 큰 소리로 고함을 지르며 사실이라고 떠들어댔다. 그러자 티베리우스는 곧 민회를 열고 안니우스를 고발했다.

---

15) 기원전 495년부터 평민이 정권을 쥐게 되면서, 호민관의 신분은 신성 불가침이라고 법률에 명시했다. 이 법률을 사크라타 법률이라고 한다.

안니우스는 웅변이나 인기에 있어서 티베리우스와 도저히 상대가 안 되었다. 그는 한 가지 꾀를 내어, 연설하기 전에 티베리우스에게 물어볼 것이 있다고 했다. 티베리우스는 그의 요구를 받아들여 질문에 대답하겠다고 말했다. 장내가 조용해지자 안니우스는 이렇게 물었다.

"만약 내 지위를 빼앗을 모욕을 주려고 하는데 다른 호민관 한 사람이 나를 도와주려 한다면, 그 사람의 지위까지 빼앗을 생각이십니까?"

안니우스가 이렇게 묻자 뛰어난 말솜씨와 재치를 자랑하던 티베리우스도 그만 말문이 막혀 버렸다. 그래서 당황한 그는 아무 대답도 못한 채 가만히 서 있기만 했다.

티베리우스는 그 날의 대회를 해산한다고 선언했다. 그러나 그는 옥타비우스에게 행한 일 때문에 귀족뿐만 아니라 시민들도 자신에 대해서 좋지 않은 감정을 갖고 있다는 것을 깨닫게 되었다. 그는 지금까지 한 번도 침범한 적이 없는 호민관의 명예를 더럽혔던 것이다. 그래서 그는 자신의 입장을 밝히기 위해 시민들에게 연설을 했다. 그 연설은 티베리우스의 힘찬 웅변력과 지혜를 엿볼 수 있게 하므로 잠시 여기에 인용하는 것도 나쁘지 않을 것이다.

"호민관이라는 지위는 어느 누구도 침해하지 못할 위엄을 가지고 있습니다. 왜냐하면 호민관은 시민들을 섬기고 보호하는 일을 하기 때문입니다. 그러나 만일 어떤 호민관이 이러한 임무를 저버린 채, 시민들의 권한을 빼앗고 시민들에게 해를 끼친다면 그는 호민관의 자격을 잃은 것이 됩니다. 왜냐하면 그 지위를 맡으면서 했던 약속을 지키지 않았기 때문입니다. 예를 들어, 어떤 호민관이 신성한 카피톨리누스를 무너뜨리고 무기 창고에 불을 질렀다고 합시다. 그래도 우리는 그 사람을 호민관으로 모셔야합니다. 그런 것은 이미 분수를 넘어선 것이지만 단순히 그는 좋지 않은 호민관일 뿐입니다. 그러나 시민들을 탄압하고 시민들의 권리를 빼앗았다면 그는 이미 호민관이라고 할 수가 없습니다.

호민관은 집정관을 처벌할 수 있는 권력까지 가지고 있습니다. 그러나 그런 권력을 만약 시민들에게 남용한다면, 그리고 만약 그럴 때에도 시민들이 그를 파면할 수 없다면, 이것이야말로 이치에 맞지 않는 일이 아닙니까? 호민관도 집정관도 모두 다 민중이 선출하는 것이 아닙니까?

옛날 왕들은 정무를 돌보는 일뿐만 아니라 나라의 중요한 제사까지 맡아 보았기 때문에 언제나 신성하게 여겨 왔습니다. 그러나 타르퀴니우스 왕이 왕답지 못한 행동을 하자, 사람들은 그의 지위를 박탈했습니다. 로마 대대로 내려 오던 왕권은 바로 이 한 사람 때문에 허물어졌던 것입니다.

사실 로마에서 영원히 타오르는 성화를 지키는 베스타의 처녀[16]들보다 더 신성한 것은 없습니다. 그러나 이처럼 신성한 그들도 죄를 지었을 때는 생매장을 당했습니다. 왜냐하면 신을 섬기기 때문에 그들에게 주어진 신성함은 신에 대해 죄를 짓는 순간 잃게 되는 것이기 때문입니다.

마찬가지로 호민관의 신성함도 시민을 섬기기 때문에 얻는 것이고 죄를 저지르면 잃게 되는 것입니다. 호민관이 되려면 과반수 시민들의 찬성이 있어야 합니다. 그렇다면 모든 시민들의 찬성으로 그 지위를 파면한다는 것 또한 법에 어긋나는 일은 아닐 것입니다.

가장 신성한 것은 신에게 바쳐진 물건입니다. 그러나 시민들은 지금까지 한 번도 그런 물건들을 사용하거나 옮기는 것을 금지하지 않았습니다. 그러므로 호민관이라는 직책도 이 사람으로부터 저 사람에게로 옮겨갈 수 있는 것입니다. 호민관이라는 직위는 절대로 침범할 수 없을 만큼 신성한 것도 아니고, 절대로 박탈할 수 없는 것도 아닙니다. 이러한 점은 스스로 이 직위를 내놓았던 사람들이 있었다는 사실로도 충분히 알 수 있을 것입니다."

티베리우스는 이러한 말들로 자신의 정당함을 변호했다. 그러나 그를 노리고 있는 위험과 정적들의 음모가 뚜렷해져가자 티베리우스의 친구들은 그가 다음 해에도 호민관에 당선되어야 한다고 생각했다. 티베리우스는 이러한 친구들의 충고를 받아들여 시민들의 지지를 굳히기 위한 새 법안을 제안했다. 이 법안은, 첫째, 전쟁 복무 기간을 단축시키고, 둘째, 재판 결과에 불만이 있을 때에는 민회에서 다시 판결을 받을 수 있게 하며, 셋째, 원로원 의원들로만 구성하던 법관 자리에 같은 숫자만큼의 기사 계급 시민들을 참가시킨다는 내용이었다.

이러한 법률은 여러 가지 면에서 원로원의 권리를 감소시키는 것이었다. 그러나 이것은 나라의 이익을 위해서 한 일이라기보다는 오히려 개인적인 야망과 감정에 의해서 한 일이었다.

---

16) 고대 로마의 여신으로 '아궁이'를 맡았다고 한다. 이 여신의 성화는 나라를 대표하는 것이라고 하여 신성하게 여겨졌는데, 이 불이 꺼지지 않도록 지키는 것이 베스타의 처녀들의 임무였다.

마침내 이 법안에 대해 투표하는 날이 되었다. 그러나 티베리우스는 반대파의 세력이 더 강한 것을 재빨리 눈치 챘다. 계절탓으로 시민들이 많이 모이지 못했던 것이다. 그래서 티베리우스 일파는 다른 호민관들을 공격하면서 시간을 끌다가 대회를 해산해 버렸다. 그리고 투표는 다음날로 연기하였다.

티베리우스는 대회장을 나가면서 사람들 틈으로 들어갔다. 그는 말씨를 공손히 낮추고 눈물을 글썽거리면서, 반대파들이 밤중에 자기 집을 부수고 들어와 죽이려 할 것 같다고 말했다. 이 말을 들은 시민들 중에는 티베리우스의 집 근처에 천막을 치고 밤새도록 그의 집을 호위하는 사람도 있었다.

다음날 이른 새벽, 새점을 치는 사람 하나가 찾아와서 새들에게 모이를 뿌려 주려고 했다. 새점을 치는 사람이 새들을 밖으로 내몰려고 새장을 흔들었다. 그런데 그 중 한 마리만 나오고 다른 새들은 새장 안에 쭈그리고 앉아 있었다. 그러나 밖으로 나온 새도 왼쪽 날개를 치켜든 채 모이에는 눈길도 주지 않더니, 새장 속으로 그냥 들어가 버렸다.

이것을 본 티베리우스는 언젠가 있었던 또 하나의 이상한 징조를 머릿속에 떠올렸다. 그는 전쟁 때에 쓸 좋은 투구를 잘 보관해 두고 있었다. 그런데 언제 들어갔는지 그 안에 뱀 두 마리가 들어가서 알을 낳고 새끼를 깐 일이 있었다.

이런 기억과 새벽에 있었던 일 때문에 티베리우스는 마음이 몹시 언짢았다. 그러나 시민들이 카피톨리누스에 모여 있을 것이라는 데 생각이 미치자 그는 곧 집을 나섰다. 그런데 집을 나서다가 잘못해서 문지방을 차는 바람에 엄지발가락을 크게 다치고 말았다. 상처에서 난 피가 신발 바깥으로까지 흘러나왔다. 또한 얼마 못 가서 왼쪽에 있던 어떤 집 지붕에서 까마귀들이 싸우는 것이 눈에 띄었다. 많은 사람들이 지나가고 있었지만 까마귀들은 계속 싸움을 그치지 않더니 돌 하나를 굴려 떨어뜨렸다. 그런데 그 돌이 바로 티베리우스의 발 옆에 떨어졌다. 그러자 대담하게 그를 지지하던 사람들도 잠시 멈칫했다. 그러나 쿠마이 사람 블로시우스라는 철학자는 티베리우스에게 이렇게 말했다.

"당신은 그라쿠스의 아들이며 스키피오 아프리카누스의 외손자입니다. 게다가 로마 사람들의 보호자이신 당신이 그까짓 까마귀 한 마리가 겁나서 민중의 부름에 응하지 않는다면, 이보다 더 수치스러운 일이 어디 있겠습니까? 반대파들은 분명히 이것을 비겁한 행동이라고 비웃을 것이고, 함부로 이래라 저래라 하며 사람들을 모아놓고는 나타나지도 않는다면서 사람들을 선동할 것입니다."

그때 카피톨리누스에 가 있던 티베리우스의 동지들이 보낸 사람이 달려왔다. 그리고는 모든 일이 순조롭게 진행되고 있으니 걱정말고 어서 오라는 말을 전했다. 과연 처음에는 일이 예측했던 대로 진행되는 것 같았다. 티베리우스가 나타나는 것을 보고 사람들은 함성을 지르며 그를 맞았다. 그리고 티베리우스가 자리에 앉으러 갈 때에도 그를 에워싸며 반가운 인사를 건넸을 뿐만 아니라 이상한 사람이 얼씬하지 못하도록 호위까지 했다.

무키우스는 투표를 시작하기 위해 각 종족의 유권자들을 불러모으기 시작했다. 그런데 대회장 주변이 시끄러워지는 바람에 일을 제대로 진행시킬 수가 없었다. 반대파들이 사람들을 헤치고 들어와 제 편끼리 합세를 하려고 아우성을 쳤던 것이다. 이 혼란 속에서 집정관 플라비우스 플라쿠스가 높은 곳으로 올라갔다. 그러나 티베리우스와 멀리 떨어져 있어서 소리를 질러봐야 들릴 리가 없었다. 그래서 그는 티베리우스를 향해 손을 저으며 직접 만나 할 말이 있다는 뜻을 전했다. 티베리우스는 그의 신호를 보고 플라쿠스가 올 수 있도록 길을 터주라고 지시했다. 플라쿠스는 간신히 티베리우스의 곁으로 왔다. 그리고는 지금 원로원 회의가 열리고 있으며 부자들은 집정관이 반대를 하자 자기들이 티베리우스를 죽이겠다고 결심하고는 많은 노예와 부하들을 무장시키고 있다는 사실을 일러 주었다.

이 소식을 들은 티베리우스는 사람들에게 이 음모를 알려 주었다. 그러자 그들은 부자들의 공격에 저항할 준비를 했다. 멀리서 지켜 보던 사람들은 이들의 행동을 이상하게 생각하여, 무슨 일이냐고 물었다. 티베리우스는 아무리 크게 소리를 지른다고 해도 안들릴 것이므로, 자기 목숨이 위험하다는 뜻을 나타내기 위해 자신의 머리를 손으로 가리켰다.

이것을 본 반대파 사람들은 곧 원로원으로 달려가, 티베리우스가 자기 머리를 가리킨 것은 왕관을 달라는 뜻이 틀림없다고 말했다. 이 말을 들은 원로원은 발칵 뒤집혀 큰 혼란이 일어났다.

나시카는 폭군을 없애고 나라를 지켜야 한다고 집정관에게 호소했다. 그러나 집정관은 이렇게 말했다. "먼저 주먹을 휘두를 생각은 없습니다. 그리고 공정한 재판을 하지 않고는 시민의 생명을 함부로 빼앗고 싶지도 않습니다. 그러나 사람들이 티베리우스의 선동이나 강요에 넘어가 불법적인 표결을 한다면, 그때는 결코 가만히 있지 않을 겁니다."

그러자 나시카는 자리를 박차고 일어나면서 거칠게 외쳤다.

"자! 이제 집정관까지 나라를 배반했소. 그러니 법을 수호하고자 하는 사람들은 모두 나를 따라오시오."

이렇게 말한 나시카는 옷자락을 들어 깃발처럼 높이 들고는 카피톨리누스를 향해 달렸다. 그를 뒤따르는 의원들도 사람들을 밀치며 달려갔다. 그들은 모두가 높은 지위에 있었으므로, 사람들은 아무도 감히 대항하지 않고 길에서 비켜나느라 떠밀리고 짓밟으며 소란을 빚었다.

나시카의 수행원들은 집에서 가지고 나온 곤봉과 몽둥이를 들고 있었다. 그리고 원로원 의원들은 시민들이 도망치면서 쓰러뜨린 의자 다리를 떼내어 무기로 삼았다. 그들은 티베리우스를 가로막은 사람이나 이리저리 도망치는 군중들을 향해 닥치는 대로 무기를 휘둘렀다. 이 바람에 군중들은 모두 흩어졌으며 곳곳에서 죽어 넘어지는 사람도 적지 않았다.

한편 티베리우스는 급히 달아나다가 누군가에게 옷자락을 잡히고 말았다. 그러자 그는 겉에 입고 있던 가운을 벗어던지고 속옷 바람으로 달아나기 시작했다. 그러나 그는 곧 땅에 쓰러져 있던 사람에게 걸려 넘어지고 말았다. 그리고 그가 겨우 정신을 차리고 일어서려 할 때 갑자기 둔중한 무기가 날아왔다. 자신과 함께 호민관을 지내고 있던 푸블리우스 사투레이우스가 의자 다리로 그의 머리를 내려쳤던 것이다. 이렇게 해서 몽둥이와 돌에 맞아 죽은 사람의 숫자는 3백 명을 훨씬 넘었다. 그러나 칼에 맞아 죽은 사람은 아무도 없었다.

이것은 로마에서 왕권 정치가 없어진 이후 유혈 참극으로 막을 내린 최초의 사건이었다고 한다. 그때까지의 정치 싸움들도 결코 사소하지는 않았지만, 원로원은 평민을 두려워했고, 또 평민은 원로원의 권위를 존중하여 서로 양보를 했기 때문에 평화적인 해결을 보아 왔다. 만약 이때에도 반대파들이 티베리우스를 잘 설득했더라면 그는 쉽게 양보를 했을 것이다. 당시 티베리우스를 지지하는 사람은 3천 명 정도에 불과했으므로 이처럼 불행한 사태에 이르기 전에 그는 굴복했을 것이다.

그러나 부자들이 티베리우스를 군이 없애려고 했던 것은 개인적인 감정과 증오에 더 큰 원인이 있었던 것 같다. 이것은 그들이 그의 시신에 대해 보여 주었던 잔인한 모욕을 보면 충분히 알 수 있는 일이다.

그들은 형의 시신을 주면 밤중에 몰래 매장하겠다는 카이우스의 간절한 요청을 단호하게 거절했다. 그리고는 다른 시신들과 함께 강에다가 던져 버렸다. 뿐만 아니라 그들은 티베리우스의 친구들을 재판도 없이 추방하기도 했으며, 웅변가 디오파네스를 비롯한 몇 사람은 잡아서 죽여 버렸다. 그리고 카이우스 빌리우스는 뱀과 구렁이가 든 통 속에 가두어 끔찍하게 죽였다.[17] 또 쿠마이 사람 블로시우스를 집정관의 집으로 끌고 가서 그의 죄를 추궁했다. 그러자 그는 티베리우스가 시키는 대로 했을 뿐이라고 말했다.

"그러면 티베리우스가 너한테 카피톨리누스에 불을 지르라고 했다면 그렇게 했겠나?"

나시카가 묻자 블로시우스는 이렇게 대답했다.

"티베리우스는 그런 명령을 할 사람이 아니오."

이 대답을 듣고도 여러 사람이 몇 번이나 같은 질문을 하자 블로시우스는 분명하게 대답했다.

"만일 카피톨리누스에 불을 지르라고 했다면, 나는 아마 그렇게 했을 거요. 민중에게 이익이 되지 않는다면, 티베리우스는 그런 명령을 내리지도 않았을 테니까요."

다행히 블로시우스는 무죄로 석방되었다. 그 후 그는 아시아의 아리스토니코스[18]에게 가 있다가 그가 망하자 스스로 목숨을 끊었다.

그 뒤 원로원은 사람들을 진정시키기 위해 국유지를 그들에게 분배해 주고, 티베리우스 대신에 토지를 분배할 의원을 뽑기로 결의했다. 이때 푸블리우스 크라수스가 당선되었는데, 그는 카이우스 그라쿠스의 장인이었다. 그러나 코리넬리우스 네포스가 전하는 바에 의하면, 카이우스의 아내는 크라수스의 딸이 아니라 루시타니아 사람들을 정벌한 브루투스의 딸이었다고 한다. 그러나 대부분의 역사가들은 앞에서 말했던 것처럼 카이우스는 크라수스의 딸과 결혼했다고 전하고 있다.

한편 사람들은 티베리우스를 죽인 나시카에 대해 큰 원한을 품고 복수의 기회만

---

17) 이것은 자신의 아버지를 죽인 사람에게 내려지는 형벌이었다.

18) 페르가몬의 에우메네스 2세의 서자로, 아탈루스 3세가 왕국을 로마에 바치라고 유언했지만 이것을 어기고 왕국을 점령해 버렸다. 로마는 기원전 131년에 그를 징벌하기 위해 푸블리우스 크라수스를 보냈으나 그가 전사함으로써 실패로 돌아갔으며, 다음 해의 집정관인 페르페르나가 그를 정벌하는 데 성공했다. 이렇게 해서 아리스토니코스는 로마로 잡혀와 감옥에서 죽임을 당했다.

엿보고 있었다. 그러다가 그들이 나시카를 처단하겠다고 들고 일어서자, 원로원은 그의 안전을 염려하여 할 일도 별로 없는 아시아로 그를 파견했다. 사람들은 나시카가 눈에 띄기만 하면 분함을 감추지 못하고 달려들어 살인을 저지른 포악한 독재자라고 욕설을 퍼부었고, 누구도 침해하지 못하는 신성한 호민관의 피로 더럽혀진 놈이라며 마구 소리를 질러댔던 것이다.

그러므로 나시카는 제관장이라는 대단한 지위를 가지고 있었지만 이탈리아를 떠날 수밖에 없었다. 로마를 떠난 그는 넋이 나간 사람처럼 이곳저곳을 떠돌다가, 얼마 뒤 페르가몬 근처에서 죽고 말았다.

그러나 스키피오와 비교해 보면, 나시카에 대한 이토록 심한 미움도 별로 지나친 것은 아니었던 것 같다.

스키피오는 사실 로마 사람들로부터 대단한 사랑과 존경을 받고 있던 인물이었다. 그러나 티베리우스가 죽었다는 소식을 누만티아에서 듣고, 호메로스의 시에서 "그런 짓을 하는 자는 다 그렇게 망하는 법이다[19]"라는 구절을 읊었다는 이유 때문에 그는 민중들의 지지를 모두 잃고 말았다.

그리고 그 뒤 민회에서 카이우스와 풀비우스가 티베리우스의 죽음을 어떻게 생각하느냐고 물었을 때, 스키피오는 티베리우스의 정책에 찬성하지는 않는다고 대답했다. 그러자 시민들은 소리를 지르고 야유를 보내며 그의 연설을 방해하였다. 스키피오에 대해 시민들이 이런 반응을 보인 것은 처음 있는 일이었다.

이 일 때문에 몹시 화가 난 스키피오는 시민들을 비난하기도 했다. 이 일에 대해서는 '스키피오의 전기'에서 자세히 얘기하였다.

---

19) 호메로스의 《오디세이아》에 나오는 구절로 신들의 모임에서 아테나 신이 했던 말이다.

40

카이우스 그라쿠스

(CAIUS GRACCHUS, BC 153~121)

로마의 정치인이며 뛰어난 웅변가. 티베리우스 그라쿠스가 그의 형이며. 어머니는 코르넬리아. 아내는 리키니아이다. 훌륭한 인격으로 민중들에게 추앙을 받았다. 그러나 정적 오피미우스에게 쫓기다가 스스로 목숨을 끊고 말았다

카이우스 그라쿠스는 형을 살해한 정적들이 두려워서 그랬는지, 아니면 정적들에 대한 사람들의 미움을 더욱 자극하려고 그랬는지, 공회장에 나가지 않고 매일 집에만 틀어박혀 지냈다. 그는 정치에는 결코 손을 대지 않을 것 같고, 남은 여생을 조용히 지내려는 것처럼 보였다. 그래서 사람들은 그가 형의 정책의 잘못을 인정하고 있으며 형을 변호할 생각도 없다고 생각했다. 그는 아직 나이도 젊었다. 서른 살에 죽음을 당한 형보다 아홉 살이나 젊은 나이였다. 그러나 카이우스는 나이가 들어가면서 조금씩 본성을 드러냈다. 그는 게으름과 사치를 피하고, 음식이나 술, 돈벌이에는 전혀 관심을 갖지 않았다. 이렇게 해서 그는 그저 이름없는 인간으로 일생을 마치려는 것이 아니라 자신의 뜻을 펼칠 날개를 기르고 있었다는 것을 분명하게 보여 주었다.

베티우스라는 친구가 고발을 당했을 때 카이우스가 변호를 맡은 적이 있었다. 그때 방청객들은 그의 조리있는 변론과 재치있는 웅변력에 모두 감탄을 하여 넋을 잃을 정도였다. 다른 웅변가들의 연설은 카이우스에 비하면 한낱 어린아이의 말장난

에 지나지 않다고 생각될 정도였다. 그러자 귀족들은 카이우스가 호민관이 되어서는 안 된다고 수군거리며, 그에 대한 은근한 두려움을 느꼈다.

얼마 후 카이우스는 집정관 오레스테스[1]의 재무관이 되어 사르디니아 섬으로 떠나게 되었다. 정적들은 이 일을 무척 기뻐했다. 카이우스 자신도 별로 싫어하지는 않았다. 카이우스는 전쟁을 무척 좋아했고, 또 법정에서의 웅변술에 못지 않게 전술에 대한 훈련도 쌓아왔기 때문이었다. 게다가 카이우스는 그때까지도 정치에 뛰어들어 연단에 서게 될 일을 두려워하고 있었는데, 시민과 친구들의 계속되는 권유로 몹시 곤란한 지경이 되어 있었다. 바로 그런 때에 전쟁터에 나갈 일이 생겼으므로 그는 이 기회를 무척 기뻐하였다. 말하자면 그는 로마를 떠날 수 있게 된 것이 반가웠던 것이다.

그러나 많은 사람들은 카이우스가 형 티베리우스보다 더 열렬한 선동가였으며, 민중의 인기를 더 탐냈다고 얘기한다. 그러나 이것은 사실이 아니다. 카이우스가 정치에 뛰어든 것은 스스로 선택한 것이라기보다는 오히려 마지 못해서 끌려들어갔다고 하는 편이 옳다. 웅변가 키케로가 전하는 바에 의하면, 카이우스는 관직에 대한 욕심도 없고 정치와는 아무런 관계도 갖고 싶어하지 않았다고 한다. 그러나 형이 꿈 속에 나타나서 이렇게 말했기 때문에 정계에 나섰다.

"카이우스야! 왜 그러고 있느냐? 피하려고 해서는 안 된다. 너와 나는 똑같은 일생을 살아가도록 이미 정해져 있다. 민중을 위해 목숨을 바치는 것이 바로 우리의 운명이란 말이다."

카이우스는 사르디니아 섬에 도착하자, 곧 여러 면에서 두각을 나타내게 되었다. 적에 대해서는 용맹성을, 주민들에게는 정의로움을, 그리고 사령관에 대해서는 충성과 존경을 나타내어, 그는 다른 청년 장교들보다 여러 면에서 뛰어났다. 또한 검소하고 부지런하고 절제된 생활은 자신보다 나이 많은 사람들보다 훨씬 더 훌륭하였다.

사르디니아는 추운 겨울이어서 병사들에게 더 많은 옷을 제공해 주어야 했다. 사령관은 여러 도시들에게 병사들의 옷을 보내 달라고 요구했다. 그러나 여러 도시의 시민들은 로마에 사람을 보내어 이것을 면제해 달라고 요청했다. 원로원은 이 요청을 받아들이고 다른 방법으로 문제를 해결하라고 명령했다. 그러나 장군들은 다른 방법을 찾지 못하여 병사들은 심한 추위에 시달려야 했다. 이 딱한 사정을 지켜보던

---

1) 레피두스와 함께 기원전 126년에 집정관을 지냈다.

카이우스는 직접 각 도시들을 돌아다니며 시민들을 설득하여, 그들이 자발적으로 로마군에 협조하도록 만들었다. 이러한 소식이 로마에 전해지자 원로원은 불안을 느꼈다. 카이우스가 민중의 지지를 받아 지도자로 나서지 않을까 두려웠던 것이다.

원로원을 놀라게 한 것은 이 일뿐만이 아니었다. 아프리카의 미킵사 왕이 보낸 사절단이 로마를 찾아와 카이우스 그라쿠스를 위해 사르디니아에 있는 로마 군대에 식량을 전달하겠다고 말했던 것이다. 이 이야기를 들은 원로원은 도저히 마음을 놓을 수가 없었다. 그래서 원로원은 사절단을 만나지 않고 그냥 돌아가게 하는 한편, 새로운 군대를 사르디니아에 있는 군대와 교대시키라는 명령을 내리고 오레스테스 사령관은 그냥 머물러 있으라고 했다. 그렇게 하면 오레스테스 장군의 재무관인 카이우스도 당연히 그곳에 남아 있으리라고 생각했던 것이다.

그러나 원로원의 속셈을 눈치 챈 카이우스는 화를 내며 곧 배에 올라 로마로 돌아왔다. 이 뜻밖의 사태에 놀란 정적들은 카이우스를 맹렬히 공격했으며, 시민들도 재무관이 장군을 버리고 먼저 돌아왔다며 비난했다. 그러나 카이우스는 이 일로 법정에 서게 되자 여론을 바꾸어 놓았다. 그는 무죄로 석방되었을 뿐 아니라 사람들은 그가 억울한 대우를 받았다고 생각하게 되었다. 그는 법정에서 자신을 이렇게 변호했다.

"다른 사람들은 10년 동안만 군대에 복무하는데 저는 지금까지 12년간이나 군대에 몸담고 있었습니다. 또한 재무관은 1년만 일하면 귀국할 수 있다고 법률에 씌어 있는데 저는 같은 사령관 밑에서 3년이나 재무관으로 일해 왔습니다. 그런데도 저는 다른 사람들처럼 돈자루를 지고 온 것이 아니라 아무것도 들어 있지 않은 빈 자루만 메고 왔습니다. 다른 사람들은 사르디니아에 술통을 메고 가 술을 비운 다음 금과 은을 다시 채워 돌아왔는데도 말입니다."

그 뒤 정적들은 카이우스가 동맹국들의 반란을 선동한 프레겔라이 음모 사건[2]에 가담했다면서 그를 다시 고발해 버렸다. 그러나 카이우스는 이때에도 누명을 벗고 무죄를 증명하였다. 그리고 곧 호민관에 출마했다.

귀족과 부자들은 한결같이 그를 반대했다. 그러나 이탈리아 곳곳에서 얼마나 많

---

2) 프레겔라이는 원래 볼스키 사람들의 도시였다. 그런데 기원전 125년에 집정관 마르쿠스 풀비우스 플라쿠스가 로마의 동맹국들에게 로마의 시민권을 주자는 제안을 냈으나 부결되고 말았다. 그러자 동맹국들이 반란을 일으켰는데 그때 제일 처음 나섰던 것이 프레겔라이였다. 카이우스 그라쿠스는 이 음모에 가담했다는 혐의로 기원전 124년에 재판을 받았다.

은 사람들이 투표를 하려고 몰려들었는지 잠잘 곳을 구하기도 어려울 정도였다. 군신의 광장을 임시 숙소로 썼지만 그곳 또한 발 디딜 틈도 없이 사람들이 들끓었다. 심지어는 지붕 위에까지 올라가서 카이우스를 외치는 사람들도 있었다.

귀족들은 빈민들에게 심한 공작을 펼쳤다. 그래서 카이우스는 4등으로 당선되었다. 그러나 그는 호민관의 직무를 시작하자마자 곧 뛰어난 능력을 나타내어, 누가 가장 세력있는 호민관인지 금방 드러나게 되었다. 그는 로마에서 가장 뛰어난 웅변가였다. 형의 죽음에 대해 품고 있던 슬픔 때문에 그의 연설은 더욱 대담해졌다. 그는 기회가 있을 때마다 지난 일을 끄집어내어 기억을 새롭게 만들었고, 선조들의 옛 일과 비교하기도 했다. 즉, 카이우스는 팔리스키 사람들이 호민관 게누키우스를 모욕했기 때문에 그들과 전쟁했던 일, 그리고 호민관이 포럼에 나왔을 때 길을 비키지 않았다는 이유로 카이우스 베투리우스에게 사형을 선고했던 일 등을 예로 들었다. 그는 계속해서 이렇게 말했다.

"여러분! 그들은 여러분이 지켜보는 가운데 저의 형 티베리우스를 몽둥이로 때려 죽이고, 시체를 끌고 도시 곳곳을 돌아다녔으며, 나중에는 그의 친구들도 잡아들이는 대로 재판도 하지 않고 죽여 버렸습니다. 그런데 우리나라의 오랜 풍습에 의하면, 사형죄로 고발당한 사람이라도 법정에 나오지 않으면 아침에 나팔수가 그 집 앞에 가서 나팔을 불었습니다. 그러기 전에는 재판관들도 함부로 선고를 할 수가 없었습니다. 우리의 선조들은 이처럼 죄인을 재판할 때도 생명을 소중히 여겨 왔던 것입니다."

카이우스는 이런 웅변으로 시민들의 마음을 움직여 놓고는 두 개의 법안을 제출했다. 그 하나는 시민들에 의해 관직에서 파면된 자는 다시는 관직에 나설 수 없다는 것이고, 다른 하나는 재판 없이 시민들을 쫓아낸 관리는 시민들의 재판을 받아야 한다는 것이었다. 이 두 개의 법안 중에서 앞의 것은 티베리우스에 의해 호민관 직책을 박탈당한 마르쿠스 옥타비우스를 겨냥한 것이었고, 뒤의 것은 티베리우스의 친구들을 재판도 없이 추방시켜 버린 포필리우스를 겨냥해서 정한 것이었다. 이 법안이 통과되어 시민들의 재판을 받게 될까봐 겁이 난 포필리우스는 이탈리아 땅에서 도망을 가 버렸다. 그러나 카이우스는 옥타비우스를 벌하지 말라는 어머니 코르넬리아의 부탁 때문에 첫 번째 법안을 스스로 철회시켰다.

시민들은 카이우스의 행동에 찬사를 보냈다. 왜냐하면 시민들은 코르넬리아의 인격과 덕망을 매우 존경하고 있었기 때문이었다. 그래서 시민들은 나중에 그녀의 동상을 만들어 세우고 '그라쿠스 형제의 어머니 코르넬리아'라는 글을 새겨 넣었던 것이다. 카이우스는 정적들을 얘기할 때 가끔 어머니에 대한 이야기를 하기도 했다. 말재주가 너무 지나쳐서 다소 예의를 벗어난 듯한 느낌이 들기는 하지만 그는 자신을 비난하는 사람에게 이렇게 대꾸했다.

"당신은 감히 티베리우스의 어머니인 코르넬리아를 모욕하겠다는 겁니까?"

또 공격하는 사람이 행실이 바르지 못하다는 평판을 듣고 있을 때는 이렇게 비꼬았다.

"어떻게 감히 당신을 나의 어머니와 비교하는 것이오? 자신이 코르넬리아처럼 훌륭한 어머니라고 생각하는 거요? 적어도 로마 사람이라면, 코르넬리아가 당신보다 훨씬 오랫동안 남자를 멀리해 왔다는 걸 잘 알고 있소."

좀 거칠기는 하지만 카이우스의 웅변은 대개 이런 식이었다. 이처럼 매서운 말들은 그가 남겨 놓은 원고들 가운데서도 쉽게 찾아볼 수 있다.

그가 민중의 이익을 돕고, 원로원의 세력을 억누르기 위해 만든 법률들 가운데는 다음과 같은 것들이 있다.

첫째, 식민지를 개척하여 가난한 시민들에게 나누어 준다.

둘째, 국고로 병사들에게 군복을 공급하고 그 값을 급료에서 공제하지 않으며, 열일곱 살 미만의 소년은 군무를 면제한다.

셋째, 이탈리아의 여러 동맹국[3] 시민들에게 로마 시민과 동등한 선거권을 준다.

넷째, 가난한 시민들을 위해 곡식의 가격을 낮춘다.[4]

다섯째, 법정에 대한 규정을 고쳐 원로원 의원의 권력을 줄인다.

이 마지막 법률은 원로원의 권한을 크게 감소시킨 것이었다. 그때까지 원로원은 모든 사건에서 재판관의 역할을 해 왔으므로 시민들은 물론 기사 계급들에게도 몹시 두려운 존재가 되어 왔다. 그러나 카이우스가 내놓은 이 새로운 법률에 의하면, 3백 명으로 구성된 원로원에 3백 명의 기사 계급을 더 보태어 모두 6백 명이 재판을

---

3) 로마의 동맹국들은 로마에 예속되어 있으면서 전쟁 때 자금과 군대를 제공하는 등 무거운 부담을 지고 있었다. 그러나 그곳 시민들은 동등한 로마 시민권을 갖지 못했다. 그래서 항상 분쟁이 생겨났는데, 동맹국 전쟁이 벌어진 뒤에야 이 문제는 완전히 해결을 보았다. 더 자세한 내용은 마리우스와 술라의 전기를 참고할 것.

4) 이 법은 가난한 빈민들을 위해 곡물의 가격을 내리거나 통제하려는 데 그 목적이 있었다. 곡식에 세금을 매기지 않고 여러 곳에서 반입할 수 있게 하는 것은 물론 정부가 그것을 사서 다시 싼 값으로 파는 방법 등을 썼다. 로마에는 많은 빈민들이 모여들어 이 정책은 선거에 큰 영향을 끼쳤다. 그러자 정부는 이들의 세력을 두려워하여 계속 아부하는 정책을 쓰게 되었으므로 국고는 텅텅 비고 빈민들은 더욱 게을러지게 되었다.

맡게 되는 것이었다.

카이우스는 이 법률을 통과시키기 위해 무척 애를 썼다. 그때까지는 민회에서 연설을 할 때 코미티움[5]을 향해 연설을 하는 것이 보통이었지만 그는 처음으로 반대쪽에 있는 시민들을 향해 부르짖었으며, 그 뒤부터 이렇게 하는 것이 정착되었다고 한다. 카이우스의 이 연설 방법은 커다란 정치적 변화를 일으켰다. 즉, 정치가는 원로원이 아니라 평민들을 향해 연설해야 한다는 것을 보여 주어, 귀족 중심의 정치를 민주적으로 바꾸어 놓았던 것이다.

시민들은 카이우스의 이 법률을 통과시켰을 뿐 아니라 기사 계급의 법관을 선출하는 권리도 모두 그에게 맡겼다. 이렇게 되자 카이우스는 절대적인 권력을 가지게 되었으며, 원로원은 그의 제안을 거부할 수 없게 되었다. 그렇지만 카이우스는 원로원의 명예를 손상시킬 만한 제안은 하지 않았다. 예를 들어, 프로프라이토르[6]로 스페인에 나가 있던 파비우스가 곡식을 보내왔을 때, 그가 내놓은 제안이 바로 그런 것이다. 그때 카이우스는 보내온 곡식을 팔아 그 돈을 스페인의 각 도시에 돌려보내고, 그곳 주민들에게 지나친 부담을 주어 로마 정부를 원망하게 만들었다는 혐의로 파비우스를 처벌하자는 제안을 내놓았다. 그 결과 카이우스는 식민지의 주민들로부터도 큰 존경을 받게 되었다.

또한 카이우스는 이민을 보내고, 도로를 만들고, 나라의 곡식을 쌓아둘 창고를 지을 것 등의 여러 가지 제안을 했다. 그리고는 직접 이 일을 지도하고 관리하여 좋은 결실을 맺을 수 있게 했다. 더욱이 그는 이렇게 많은 일을 한꺼번에 도맡아 하면서도 전혀 피곤한 기색을 드러내지 않았고, 하나하나의 사업에 놀랄 만한 정성과 정열을 기울여 마치 다른 일은 없고 오직 그 일만 진행하고 있는 것처럼 모든 일을 신속하게 처리해 나갔다. 이처럼 모든 사업을 어느 틈엔가 완성해 놓는 그의 놀라운 능력에는 그를 미워하던 사람들도 감탄하지 않을 수 없었다.

그러나 시민들은 그의 인격에 더 큰 찬사를 보냈다. 그는 이런 사업을 해나가면서 항상 토목기술자, 외국에서 온 사절, 고급 관리, 군인, 그리고 학생 등 온갖 종류

---

5) 민회장에는 한쪽에 귀족인 원로원들의 자리가, 다른 한쪽에는 평민들의 자리가 놓여 있었다. 그리고 중간에 코미티움, 즉 민회의 의원석이 있었고 연단은 한가운데 놓여 있었다.

6) 법무관을 지낸 사람으로서 나가는 속주 총독.

의 사람들에게 둘러싸여 지냈지만 결코 사람을 가리는 일이 없었다. 그는 누구에게나 상냥하게 대했고, 자신의 체면을 지키면서 만나는 사람들에 따라 적절한 태도를 취했다. 이것을 지켜본 사람들은 그가 독재를 한다거나 교만하다거나 사납다고 하는 말 따위는 모두 그를 시기하는 사람들이 꾸며낸 거짓말이라는 것을 알게 되었다. 이렇게 해서 그는 연단에 뛰어올라가 연설을 할 때보다, 오히려 일상생활을 함께 하며 사람들을 대하는 태도에서 더욱 뛰어난 지도자라는 것을 뚜렷이 보여 주었다.

카이우스가 특히 마음을 쏟았던 것은 도로 건설로, 그는 쓰기 좋고 편리하며 아름다운 도로를 만들기 위해 노력했다. 이 도로는 채석장에서 캐온 돌과 자갈을 넣어 만들어졌으며, 카이우스의 설계에 의해 들판을 꿰뚫어 곧게 건설되었다. 지형이 낮은 곳은 돋우어 올리고, 물줄기나 계곡을 만나게 되면 다리를 놓아 수평이 되게 하였으므로 똑바로 뻗어 있는 길은 보기에도 아름다웠다. 도로 위에는 마일로 거리를 재어 이정표를 세웠다. 그리고 이 이정표보다 좀 더 가까운 간격을 두고 길 양쪽에 돌을 심어, 여행을 하다가 쉬려고 말에서 내렸던 사람이 부축을 받지 않아도 쉽게 올라탈 수 있도록 했다.

사람들은 이러한 카이우스의 공로에 대해 깊은 감사를 보내면서, 거기에 대해 어떤 보답을 하고 싶어했다. 그러자 카이우스는 어느 날 연설을 하면서, 간절한 청이 하나 있는데 그것을 들어 준다면 정말 감사하겠고, 만약 거절하더라도 결코 원망하지 않겠다고 말했다.

이 말을 들은 사람들은 집정관으로 뽑아달라는 얘기라고 생각했다. 드디어 집정관을 선출하는 날이 되자, 사람들은 그가 어떻게 나오는지 보고 싶어서 선거장으로 몰려들었다. 그러나 카이우스는 판니우스[7]를 데리고 군신의 광장으로 나오더니, 그를 집정관으로 뽑아달라는 찬조 연설을 했다.

카이우스의 찬조 연설은 큰 힘을 발휘해, 판니우스는 집정관으로 선출되었다. 카이우스도 다시 호민관으로 당선되었다. 그때 카이우스는 출마를 하겠다는 말도 하지 않았고 선거 운동도 전혀 하지 않았다. 그가 당선된 것은 오로지 민중의 절대적인 지지 때문이었다고 말할 수 있을 것이다.

그러나 카이우스는 원로원이 자신을 반대하고 있고 판니우스도 믿을 만한 친구

---

7)   도미티우스와 함께 기원전 122년에 집정관을 지냈다.

가 못 된다는 것을 알고 시민들의 인기를 얻을 수 있는 새로운 정책을 제안했다. 즉, 타렌툼과 카푸아에 새로운 이민들을 보내고, 라티움 시민들에게 로마 시민권을 주려는 것이었다.

한편 원로원은 카이우스의 세력이 점차 커지는 것을 보고 큰 두려움을 느꼈다. 그래서 카이우스에 대한 시민들의 인기를 떨어뜨리기 위해 비상 수단을 쓰기로 했다. 그 당시에 카이우스와 같이 호민관을 지내고 있던 리비우스 드루수스라는 사람이 있었는데, 그는 문벌이나 교양에 있어서 로마의 어느 누구에게도 뒤떨어지지 않았고, 명성이나 권세, 그리고 재산을 두루 갖춘 뛰어난 사람이었다. 원로원은 그를 찾아가, 카이우스를 공격하는 데 힘을 빌려 달라고 설득했다. 그들은, 폭력적인 방법으로 시민들과 충돌하려는 것이 아니라, 비난을 듣거나 반대를 무릅쓰더라도 한 걸음 더 양보하여 시민들에게 호감을 살 수 있는 방법을 이용하자고 했다.

리비우스는 호민관의 세력을 이용해서 원로원과 힘을 합치기로 하고, 별로 떳떳하지도 않고 필요하지도 않은 정책을 꾸며냈다. 그는 오로지 카이우스를 누르기 위해 마치 희극에서처럼 시민들에게 아첨하기 시작했고, 경쟁자를 물리치기 위해 정신없이 서둘렀다. 한편 원로원은 카이우스의 정책에 반대하지는 않았지만, 그를 완전히 실각시키고 명성을 떨어뜨리려는 속셈을 드러내기 시작했다. 그러므로 이들의 법안은 시민들에게 결코 이로운 것도, 올바른 것도 아니었다.

예를 들어, 카이우스가 가장 훌륭한 로마 시민들만을 추려서 이민을 내보내자고 제안했을 때, 원로원은 그를 비난했다. 그러나 리비우스가 빈민 3천 명으로 편성된 이민단을 내보내자고 했을 때는 아무런 반대도 없이 찬성을 했다. 또한 카이우스가 빈민에게 토지를 나누어 주고 해마다 소작료를 받자고 했을 때, 그들은 인기를 끌어모으려는 수단이라며 반대를 했다. 그러나 소작료를 면제해 주고 이민을 보내자고 리비우스가 제안했을 때는 찬성을 하였다.

뿐만 아니라, 카이우스가 라티움 사람들에게 로마의 시민권을 주자고 제안했을 때는 심각하게 반대를 했던 원로원이, 로마 장교가 라티움 사병을 채찍으로 때리는 것을 금지하자는 리비우스의 제안에는 찬성을 했다. 그러자 리비우스는 연설을 할 때마다 원로원은 시민들의 이익을 위해 항상 노력하고 있으며 자신도 시민을 위한 법안만을 제안한다고 자기 자랑을 늘어놓았다. 그러나 그의 정책이 어떤 성과를 거두었던 것은 이것들뿐이었다. 즉, 리비우스는 원로원에 대한 민중의 반감을 식히는

데 큰 역할을 했다. 원로원의 이름 있는 의원들은 그때까지 심한 의혹과 미움을 받고 있었는데, 리비우스의 등장으로 이러한 것들이 깨끗이 사라지게 되었다. 리비우스는 자신이 정계에 뛰어들어 시민들을 위한 여러 가지 정책을 펼 수 있었던 것은 모두가 원로원의 적극적인 협조 덕분이라고 선전을 했던 것이다.

시민들은 리비우스가 자기 자신이나 자기의 이익을 위한 제안을 전혀 하지 않는 것을 보고, 그야말로 진심으로 시민들을 위해 일하는 사람이라고 생각했다. 그는 식민 도시를 개척하거나 건설할 때도 다른 사람들에게 감독을 맡기고, 회계에 관한 일에는 전혀 관계하지 않았다. 그러나 카이우스는 대부분의 일을 스스로 맡아했고, 중요한 일일수록 더욱 자신의 책임 하에서 일을 진행시켰다.

그때 카이우스와 같이 호민관을 지내고 있던 루브리우스가 스키피오에 의해서 파괴되었던 카르타고를 다시 건설하자고 제안했다. 제비를 뽑은 결과 카이우스가 이 일을 떠맡게 되었다. 카이우스는 도시를 다시 건설하기 위해 바다를 건너 카르타고로 떠났다.

카이우스가 없는 사이에 로마에 남아 있던 리비우스는 여러 가지 공작을 했다. 특히 카이우스와 가까운 친구이며 토지 분배에 관한 일을 맡고 있던 풀비우스를 공격하여 시민들의 인기를 끌려고 했다. 풀비우스는 원래 소란스러운 사람이어서 원로원의 귀족들은 그를 무척 싫어하고 있었다. 그리고 그는 이탈리아의 동맹 도시들을 선동하여 반란을 일으키려 한다는 의심까지 받게 되었다. 그러나 이 혐의를 뒷받침할 만한 증거도 없었고 조사를 해 본 결과 헛소문이라는 것이 드러났다. 그렇지만 풀비우스의 친구였던 카이우스까지 미움을 나누어 가지게 되어 카이우스의 인기는 그만큼 떨어지고 말았다.

그때 스키피오 아프리카누스[8]가 급작스레 죽고 말았다. 그러나 그의 급작스런 죽음에 대해서는 그 원인으로 내세울 만한 것이 없었다. 다만 그의 전기에는, 시체에 두들겨 맞은 듯한 흔적이 보였다고 씌어 있다. 그래서 풀비우스는 스키피오의 죽음

---

8) 로마의 장군. 카이우스가 호민관이 되기 6년 전인 기원전 120년에 사망하였다. 그는 토지개혁법을 시행하기가 곤란함을 지적하는 연설의 초안을 쓰려고 저녁 때 자기 방으로 들어갔다가 다음날 아침에 시체로 발견되었다. 그러므로 그의 죽음은 자연사나 자살이 아니라 살해당한 것이라는 소문이 떠돌았다. 그래서 그의 아내 셈프로니아를 비롯하여 장모인 코르넬리아와 카이우스 그라쿠스까지 이 문제로 의심을 받게 되었다. 스키피오가 죽은 이유에 대해 조사를 하지 않았다는 데에는 모든 역사가들의 의견이 일치하고 있다. 특히 아피우스가 전하는 바에 의하면 정식 장례식도 치르지 않았다고 한다.

에 대해 의심을 받게 되었다. 왜냐하면 풀비우스는 스키피오와 언제나 맞섰던 사람이었고, 그가 죽던 날에도 스키피오를 공격하는 연설을 퍼부었기 때문이었다. 그러므로 풀비우스의 친구였던 카이우스까지 덩달아서 의심을 받게 되었다. 그러나 로마에서 제일가는 큰 인물이 이처럼 끔찍한 죽임을 당했는데도, 범인을 처벌하기는커녕 범인을 찾는 수사조차 하지 않았다. 시민들이 이 살인 사건에 혹시 카이우스가 연루되어 있으면 어쩌나 하는 생각으로 재판을 위한 수사를 반대했기 때문이었다. 이 일은 좀 앞서 일어났던 사건이었다.

카이우스는 아프리카로 가서 카르타고를 유노니아라는 이름으로 고치고 도시의 재건에 힘을 기울였다. 그런데 괴상한 일이 잇따라 생겨나 카이우스의 일을 방해했다고 한다. 이를 살펴 보면, 기수가 깃발을 힘껏 붙잡고 있었는데도 갑자기 불어닥친 세찬 바람에 깃대가 부러지고 말았다. 그리고 제단에 올려 놓은 제물이 바람에 날아가 시가지를 구획하려고 쳐놓은 새끼줄 밖으로 떨어졌다. 또 별안간 늑대들이 나타나 경계를 표시하려고 세워 놓은 말뚝을 마구 쓰러뜨리고 멀리 달아나 버렸다.

그러나 카이우스는 이런 일에 마음을 두지 않고 계속 일을 추진하여 70일만에 모든 사업을 끝마쳤다. 그때 풀비우스가 드루수스에게 고발을 당하여 매우 곤란한 처지에 있었으므로 카이우스는 곧 로마로 돌아갔다.

로마에는 루키우스 오피미우스가 다시 집정관 후보로 출마해 있었다. 그는 귀족의 힘을 입어 원로원에서 큰 세력을 가지고 있었으나, 지난번 집정관 선거에서는 카이우스가 판니우스를 도와주는 바람에 낙선하고 말았다. 그러나 이번에는 자신을 지지해 주는 강한 세력이 있었으므로 집정관으로 선출될 가능성이 매우 컸다. 그래서 사람들은 루키우스 오피미우스가 만약 집정관에 당선된다면, 카이우스의 세력을 완전히 꺾어 놓을 수 있을 것이라고 생각하고 있었다. 더욱이 그때는 카이우스의 세력도 어느 정도 기울어져 있는 상태였고, 시민들도 예전처럼 카이우스를 지지하고 있지 않았다. 이처럼 시민들이 카이우스의 정책에 싫증을 느끼고 있다는 사실이 드러나자, 시민들의 환심을 사기 위해 새로운 방법을 쓰는 정치인들도 점차 늘어났고, 원로원들도 그들의 제안을 무조건 받아들이고 있었다.

로마에 돌아온 카이우스는 팔라티누스 언덕[9]에서 시장 근처로 이사를 했다. 가

---

9) 로마의 귀족들이 모여 살던 거리.

난한 사람들 중에서도 가장 가난한 사람들이 그곳에 모여 살고 있었으므로 그들과 가까워지려는 생각이었다. 이사를 끝낸 다음, 그는 민중들의 지지를 얻기 위한 여러 가지 정책들을 제출하기 시작했다. 그러자 각 지방에서 카이우스의 정책을 지지하기 위해서 사람들이 구름처럼 몰려들었다.

이것을 본 원로원은 집정관 판니우스를 설득하여, 로마인이 아닌 사람은 모조리 물러가라고 명령하게 했다. 또한 동맹 도시에서 온 사람들도 선거 기간 동안은 로마에서 물러가라는 이상한 명령을 하게 하였다. 그러자 카이우스는 집정관을 실컷 비난한 다음, 동맹 도시 사람들에게 로마에 머무르면 자기가 모든 협력과 협조를 아끼지 않고 보호하겠다고 약속하였다. 그러나 그는 이 약속을 지키지 않았다. 예를 들면, 그는 동맹 도시에서 온 자신의 친구 한 사람이 판니우스의 부하에게 끌려가는 것을 보고도 그를 도와주지 않고 그냥 지나가 버렸다. 기울어져가는 자신의 세력을 시험하기가 겁이 나서였는지, 아니면 자신의 말처럼 싸울 구실을 찾는 정적들에게 기회를 주기가 싫어서였는지는 알 수가 없다.

카이우스는 또 다음과 같은 일로 다른 호민관들의 미움을 사게 되었다. 언젠가 광장에서 검투사들의 시합이 벌어져서 많은 사람들이 구경을 하려고 몰려들었다. 관리들은 이 기회를 이용해서 돈을 벌어보려고 주위에 관람석을 만들어 돈을 받았다. 이것을 본 카이우스는 가난한 사람들도 구경을 할 수 있도록 관람석을 모두 헐어 버리라고 명령했다. 그러나 아무도 그의 말을 듣지 않았다. 그러자 카이우스는 시합 전날 밤에 일꾼들을 데리고 가서 관람석을 모두 허물어 버렸다. 그리고 다음날 아침이 되어 시민들이 모여들자, 관람석을 깨끗이 치워버렸으니 잘 구경하라고 말했다. 이 때문에 시민들은 카이우스야말로 남자다운 남자라고 생각하게 되었다. 그러나 동료 호민관들은 화를 내고 폭력으로 다른 사람들의 일을 방해했다면서 비난을 해댔다.

그는 세 번째로 호민관에 출마했지만 다음과 같은 이유 때문에 떨어지고 말았다. 즉, 그는 절대 다수의 표를 얻었지만, 동료들이 표를 속여서 발표했다는 의심을 받았다. 그러나 이 문제에 대한 확실한 증거는 나오지 않았다. 낙선된 카이우스는 이 일을 몹시 분하게 여기면서, 통쾌해서 어쩔 줄 몰라 하는 정적들을 향해 이렇게 말했다.

"나를 비웃는 너희들이 오히려 가엾구나. 너희들을 잡으려고 검은 그물을 쳐둔 것이 너희들 눈에 안 보이느냐?"

한편 오피미우스를 집정관으로 당선시킨 카이우스의 적들은 카이우스가 만들었던 법을 전부 폐지해 버렸으며, 카르타고에서 행한 조치들도 모두 허물어 버렸다. 그들은 카이우스가 화를 내고 싸움을 걸기만을 기다리며, 만일 덤벼들기만 하면 그를 죽여 버릴 생각을 하고 있었다. 그러므로 그들은 더욱더 카이우스를 자극할 만한 일들을 골라서 해댔다.

카이우스는 얼마 동안 이런 일들을 꾹 참고 견뎠다. 그러나 풀비우스를 비롯한 친구들의 적극적인 권유를 듣고, 그는 다시 동지들을 모아 집정관과 싸우기로 결심했다. 어떤 설에 의하면, 그때 어머니인 코르넬리아도 이 일에 가담하여, 멀리 외국에서 사람들을 사서 품팔이를 하러 온 사람처럼 꾸며 로마로 모이게 했다고 한다. 그녀가 아들에게 보낸 편지에도 이 일에 관한 내용이 실려 있다고 한다. 그러나 다른 설에 의하면 코르넬리아는 오히려 이 일을 반대했다고도 한다.

오피미우스 일파들이 카이우스의 법들을 모두 폐기하기로 한 날이었다. 두 파의 사람들은 이른 아침부터 카피톨리누스로 모여들었다. 집정관이 여느 때처럼 제사를 지내고 나자, 집정관의 수행원인 퀸투스 안틸리우스가 제물로 썼던 짐승의 내장을 들고 가면서 풀비우스 일파를 향해 호통을 쳤다.

"귀한 분께서 행차하시니, 어서 길을 비켜라, 이 악한 무리들아!"

그는 이렇게 말하면서 팔뚝을 휘둘러 그들을 위협했다고 한다. 그러나 이 일이야 어찌 되었든, 그때 안틸리우스는 그 자리에서 철필[10]에 맞아 숨이 끊어지고 말았다. 그런데 전하는 이야기에 의하면, 이 철필은 보통 것들보다 훨씬 커서 이런 일에 쓰려고 일부러 만들어 낸 것이었다고 한다.

살인 사건이 일어나자 대회장은 곧 걷잡을 수 없는 혼란에 빠졌다. 두 파의 지도자들은 이 사건에 대해 다른 입장을 가지고 있었다. 카이우스는 이 일을 몹시 슬퍼하며, 적에게 싸움의 구실을 만들어준 동지들을 몹시 나무랐다. 그러나 오피미우스는 기다리고 있던 기회를 만난 듯이 몹시 기뻐했으며, 살인자를 처단해야 한다고 민중들을 향해 부르짖었다. 그런데 갑자기 소나기가 퍼붓는 바람에 대회는 해산되고 말았다. 로마 사람들은 이런 일을 불길한 징조라고 여겼기 때문이었다.

오피미우스는 다음날 아침 원로원 회의를 소집했다. 그리고 한창 회의가 진행되

---

10) 로마의 철필은 한 쪽이 뾰족하고 다른 한 쪽은 납작한 것으로 철 또는 놋쇠로 만들어져 있었다. 뾰족한 끝으로는 밀초를 바른 판자를 긁어 글씨를 썼고, 납작한 쪽은 글씨를 지우는 데 썼다.

고 있을 때 안틸리우스의 시체를 실은 들것이 나타나자 사람들은 대성통곡을 하면서 원로원 앞을 지나 군중들에게로 갔다. 이 일은 오피미우스가 시킨 일이었지만 그는 시치미를 떼고 무슨 일이냐고 놀라서 물었다. 그러자 의원들은 밖을 보기 위해 우르르 몰려나갔다. 그리고는 민중들의 한복판에 놓여 있는 시체를 보면서, 이처럼 무섭고 끔찍한 일을 그냥 넘길 수는 없다며 분개했다.

그러나 시민들은 의원들의 그런 능청스런 태도가 더욱 못마땅했다. 호민관인 티베리우스 그라쿠스를 죽이고 시체마저 강물에 던져 버린 일을 그들은 기억하고 있었던 것이다. 그러므로 그들은 한낱 하인일 뿐인 안틸리우스의 시체를 시장 한가운데에 갖다 놓고, 원로원 의원들이 모두 얼굴을 내밀고는 슬픈 표정을 짓고 있는 것은 이제 단 하나 남아 있는 민중의 보호자 카이우스마저 파멸시키려는 수작이라고 생각하였다.

의원들은 얼마 후 원로원으로 되돌아갔다. 그리고 집정관 오피미우스에게 이 반역자를 잡아내기 위해서는 어떤 방법을 써도 좋다는 특별한 권한을 부여하였다. 그러자 오피미우스는 원로원 의원들은 무장을 하고, 기사들은 각자 두 명씩의 노예를 무장시켜 다음날 아침에 모이라고 명령했다.

한편 풀비우스도 모든 준비를 갖추고 사람들을 집결시켰다. 그러나 카이우스는 시장을 지나다가 아버지의 조각상 앞에서 눈물을 흘리며 말없이 서 있더니, 한숨을 깊게 내쉬고는 집으로 돌아갔다. 이 모습을 지켜본 사람들은 카이우스처럼 위대한 인물을 저버리고 배반하는 일은 있을 수 없다면서 자신들의 악한 마음을 스스로 꾸짖었다. 그리고는 모두 카이우스의 집으로 달려가 밤새도록 경비를 섰다.

그러나 풀비우스의 집에서 밤을 새운 사람들은 이와는 정반대였다. 그들은 밤새도록 떠들며 고함을 질렀고, 풀비우스 또한 술을 마시고는 나이에 맞지 않는 추태를 보였다. 한편 카이우스를 경호하던 사람들은 나라의 큰 불행을 걱정하면서, 번갈아 경호를 하며 밤을 지새웠다.

다음날 날이 밝자 풀비우스의 동지들은 술에 취해 잠들어 있던 풀비우스를 흔들어 깨우고, 집 안에 있는 무기들로 무장을 했다. 이 무기들은 일찍이 풀비우스가 집정관으로 있을 때 갈리아로 출정갔다가 빼앗아 온 전리품들이었다. 그들은 무장을 다 갖추자, 아벤티누스 언덕을 점령하기 위해 뛰어나갔다.

한편 카이우스는 무장을 갖추지 않고, 마치 민회에 나가는 것처럼 평상복을 입었다. 다만 그는 허리에 작은 칼 하나를 차고 있었을 뿐이었다. 그런데 그가 막 집을 나설 때 그의 아내가 뛰어나왔다. 그녀는 한 손에는 어린아이를 안고 다른 한 손으로 카이우스의 옷소매를 잡으며 이렇게 말했다.

"카이우스! 오늘의 이 작별은 당신이 호민관으로서, 또는 입법관으로서 민중 앞에 연설을 하러 나갈 때와는 다릅니다. 그리고 이것은 영광스러운 전쟁을 위해 출정을 하는 길도 아닙니다. 만일 당신이 전쟁터에서 나라를 위해 싸우다가 돌아가신다면, 저는 세상 사람들에게서 듣는 존경의 말로써 그 설움을 잊을 수 있을 겁니다. 그러나 지금 당신은 티베리우스를 죽인 사악한 무리들을 찾아가고 있습니다. 무장도 안 하고 나가시는 것은 남을 해치기보다는 차라리 자신이 상처를 입겠다는 뜻이니 참으로 훌륭한 일일 것입니다. 그러나 당신은 지금 나라에 아무 이로움도 없는 죽음을 맞으려는 겁니다. 지금은 악이 승리하고, 힘과 칼이 모든 것을 결정하는 때입니다.

만일 당신의 형님이 누만티아에서 전사하셨더라면, 숨이 끊어진 시신이나마 집으로 돌아올 수 있었을 것입니다. 그런데 저는 어느 강이나 바다의 신을 찾아가서 당신의 시신을 돌려 달라고 통곡을 해야 할 운명입니다. 티베리우스가 그렇게 되신 이후로, 우리가 어떻게 법이나 신을 믿을 수 있었겠습니까?"

눈물을 흘리는 리키니아의 팔을 내려놓고 카이우스는 친구들과 묵묵히 걸어갔다. 리키니아는 다시 그의 옷자락을 잡으려다가 놓치고는 그 자리에 쓰러져 버렸다. 하인들은 죽은 것처럼 조용히 쓰러져 있는 리키니아를 일으켜서 오빠인 크라수스의 집으로 데리고 갔다.

사람들이 다 모이자 풀비우스는 카이우스의 의견에 따라 막내아들에게 전령의 지팡이를 들려 공회장으로 보내 화해를 제안했다. 이 소년은 예절도 바르고 몹시 귀엽게 생겼다. 소년은 두 눈에 눈물을 가득 담고 집정관과 원로원 의원들에게 가서 화해의 조건을 공손하게 말했다. 대부분의 사람들은 이 제안을 받아들여 화해를 하려고 했다.

그러나 오피미우스는 이 제안에 반대했다. 그는 풀비우스와 카이우스가 사람을 보내서 화해를 제안할 것이 아니라, 자신들의 행동에 책임을 지고 용서를 빌어야 한다고 말했다. 그리고는 이 조건을 받아들이지 않는다면, 여기에 다시 올 필요도 없다고 소년에게 덧붙였다.

전하는 이야기에 의하면, 그때 카이우스는 자신이 직접 원로원으로 가서 해명을 하려 했지만, 주위 사람들이 모두 반대했다고 한다. 그래서 풀비우스는 또다시 아들을 보내어 전과 같은 말을 되풀이하였다. 그러자 처음부터 싸울 구실만 찾고 있던 오피미우스는 이 소년을 잡아 감옥에 처넣어 버렸다. 그리고는 수많은 병사들과 크레타 섬에서 데려온 활 쏘는 병사들을 이끌고 나와 풀비우스를 공격하기 시작했다. 화살이 빗발치자, 풀비우스 일파는 모두 흩어져 달아나 버렸다. 풀비우스는 사람들의 눈을 피해 쓰지 않고 버려져 있던 목욕탕으로 달아나서 숨었지만 금방 들통이 나서 큰아들과 함께 죽임을 당했다.

한편 카이우스는 어느 누구에게도 폭력을 행사하지 않았다. 다만 그는 사태가 이렇게까지 확대된 것을 몹시 슬퍼하다가, 디아나 신전으로 들어가서 자살을 하려고 했다. 그러나 친구 폼포니우스와 리키니우스가 그를 말리는 바람에 뜻을 이룰 수가 없었다. 그들은 카이우스의 단도를 빼앗아 버리고는 빨리 피신을 하라고 재촉했다. 그러자 카이우스는 디아나 신의 신상 앞으로 가서 무릎을 꿇고 은혜를 배신한 로마인들을 영원히 노예가 되게 해 달라고 기도했다고 전해진다. 왜냐하면 집정관이 죄를 묻지 않고 카이우스 일파를 용서해 주겠다는 포고령을 내리자 로마 시민들 대부분은 카이우스를 버리고 적에게 넘어가 버렸기 때문이었다.

카이우스는 도망을 치기 시작했다. 그러나 적들은 그의 발뒤꿈치까지 뒤쫓아 왔다. 카이우스는 나무 다리가 있는 곳까지 와서야 겨우 안전해졌다. 거기서 두 친구는 부디 몸을 잘 숨기라고 부탁하고는 자신들은 아무도 다리를 건너오지 못하게 그곳을 지키겠다고 말했다. 그렇게 해서 이들이 맞서 싸웠기 때문에 적들은 다리를 넘어가지 못했지만, 두 친구는 결국 죽임을 당하고 말았다. 카이우스는 필로크라테스라는 하인과 단 둘이 남게 되었다. 시민들은 그가 지나가는 것을 보고 마치 달리기 선수를 응원하듯 격려해 주었지만, 어느 누구도 도와주지는 않았다. 더구나 적이 바로 뒤쫓아 왔으므로 말을 빌려 달라고 부탁해도 선뜻 내주는 사람이 없었다.

카이우스는 복수의 여신의 숲으로 뛰어들어갔다. 그리고 따라온 필로크라테스의 손을 빌려 목숨을 끊고 말았다. 그가 죽자 필로크라테스도 자결했다고 한다. 그러나 다른 설에 의하면, 두 사람은 사로잡혔는데, 하인이 주인을 안고 떨어지지를 않아서 먼저 하인을 죽인 다음에 카이우스를 죽였다고도 한다.

또 이런 이야기도 있다. 어떤 사람이 카이우스를 죽이고 머리를 잘라서 들고 가다가 오피미우스의 친구 셉티뮬레이우스에게 빼앗겼다고 한다. 싸움을 시작하기 전에 오피미우스는 카이우스나 풀비우스의 목을 잘라 오는 자에게는 그 무게만큼의 금을 준다고 했기 때문이었다. 그래서 셉티뮬레이우스는 카이우스의 머리를 창끝에 꽂아들고 오피미우스에게 갔다. 그리고 저울로 무게를 달아보았는데, 17파운드나 되었다고 한다. 그런데 셉티물레이우스는 말할 수 없을 정도로 잔인한 자여서, 카이우스의 머리를 갈라 골수를 꺼내고 그 대신 납을 채워 넣었던 것이다. 그러나 풀비우스의 머리를 가지고 온 자는 약속한 상도 받지 못한 채 쫓겨나고 말았다.

이렇게 해서 카이우스와 풀비우스 일파들의 시체는 모두 강에 던져졌는데 그 숫자가 3천 명이나 되었다고 한다. 그들의 재산은 전부 몰수되었고, 그들의 가족들은 우는 것은 물론이고 상복을 입는 것까지 금지되었다고 한다. 특히 카이우스의 아내 리키니아는 법으로 정한 과부 급여까지도 모조리 몰수당하고 말았다. 또 풀비우스의 막내아들에 대한 행동도 이에 못지 않을 만큼 잔인한 것이었다. 그들은 자신들의 잔인성을 자랑이라도 하려는 듯 그 소년을 죽여 버렸는데, 그 죄는 적들과 무기를 들고 싸웠기 때문도 아니었고, 전쟁터에 나타났기 때문도 아니었고, 오직 전투가 벌어지기 전에 화해를 요청하러 왔었다는 것이 그 이유였다. 이 때문에 소년은 감옥에 갇혀 있다가 전투가 끝난 다음에 죽임을 당하고 말았던 것이다.

그러나 무엇보다도 민중의 노여움을 불러일으킨 것은 오피미우스의 다음 행동이었다. 그는 그토록 많은 사람들을 학살한 것이 무슨 큰 명예라도 되는 듯 자신의 성공을 기념하기 위해 콘코르디아[11] 신전을 세웠던 것이다. 그러나 누군가가 밤중에 이 신전으로 숨어들어와서 이런 글귀를 덧붙여 새겨 놓았다.

카이우스 그라쿠스의 죽음.

콘코르디아(화합) 신전은
어리석음과 불화의 열매이다.

로마의 집정관으로서 1인 독재관의 권력까지 빼앗았던 사람은 이 오피미우스가

---

11) 로마 시민들의 화합을 이루어낸 여신.

처음이었다. 그리고 그는 카이우스와 풀비우스를 비롯한 3천 명의 시민들을 재판도 없이 함부로 죽여 버렸다. 그 중 풀비우스는 집정관을 지내고 개선식까지 올린 적이 있는 사람이었으며, 카이우스는 당시 인격과 신망이 가장 높았던 사람이었다.

그러나 그 뒤 오피미우스는 부정한 방법으로 공금을 가로챘다는 수치스러운 혐의를 받게 되었다. 그는 누미디아의 유구르타 왕에게 사절로 갔을 때 그곳에서 뇌물을 받고 귀국했었다. 그래서 그는 죄에 대한 대가를 받고, 그때까지 쌓아 놓은 명예를 잃은 것은 물론 사람들의 증오와 모욕 속에서 남은 일생을 살아야 했다.

사람들은 한동안 억압에 눌려 있었지만 얼마 뒤에는 그라쿠스 형제를 그리워하며 몹시 슬퍼하였다. 그리고 시민들의 광장에 그라쿠스 형제의 조각상을 만들어 세우고, 두 사람이 죽은 자리를 신성한 땅이라고 공포했다. 그 후에도 사람들은 철마다 햇과일을 가지고 이곳을 찾아왔으며, 신전에 들어온 것처럼 경건하게 제사를 지냈다.

한편 코르넬리아는 높고 굳은 의지로 두 아들을 잃은 슬픔을 견뎌냈다. 그리고는 두 아들이 죽임을 당한 장소를 신성한 땅이라고 이름 붙인 것을 보고, 과연 보람있는 무덤이라고 말했다고 전해진다. 그녀는 그 뒤 미세눔 근처로 이사를 가서 그 전과 다름없는 생활을 계속했다. 주위에는 친구들이 많이 있었는데, 그녀는 항상 그들을 반갑게 맞이하여 후한 대접을 해주었다. 또 그녀에게는 그리스 사람들과 학자들도 많이 찾아왔으며, 선물을 보내오는 왕들도 있었다.

찾아오는 손님들이나 같이 지내는 친구들은 코르넬리아로부터 그녀의 아버지인 스키피오 아프리카누스의 생활과 습관에 대한 자세한 이야기를 재미있게 들었다. 그런데 그녀가 비참하게 죽은 두 아들에 대한 이야기를 하는 것을 본 사람들은 모두 놀랐다고 한다. 그녀는 마치 옛날 이야기를 하는 것처럼, 조금도 슬퍼하거나 눈물을 흘리는 일 없이 아들들의 불행이나 업적에 대해 이야기했다는 것이다.

어떤 사람은 그런 그녀를 보며, 나이가 너무 많아서이거나 고통이 너무 커서 머리가 약간 이상해졌기 때문에 슬픔에 무감각해진 것이라고 말하기도 했다. 그러나 사실은 그렇게 말하는 그들이야말로 너무 무감각해서, 고결한 천성과 교양이 고통을 이기고 있다는 것을 몰랐던 것이다. 또한 그들은 아무리 운명이라고 해도 의연한 정신으로 불행을 딛고 일어서려는 인간의 힘은 결코 빼앗을 수 없다는 것을 알지 못했던 것이다.

그라쿠스 형제와 아기스와 클레오메네스의 비교

지금까지 네 사람의 생애를 이야기했으므로, 이제부터 그들의 삶을 서로 비교해 보기로 하겠다. 그라쿠스 형제에 대해서는, 그들을 가장 미워하고 비난했던 적들까지도 그들이야말로 모든 로마 사람들 중에서 가장 높은 덕성을 가졌으며 가장 훌륭한 교양을 갖춘 인물들이었음을 인정하지 않을 수 없었다.

한편 타고난 성품에서는 아기스와 클레오메네스가 그라쿠스 형제보다 더 뛰어났던 것 같다. 그들은 제대로 된 교육을 받지 못했을 뿐 아니라 오히려 선조들이 타락시켜 놓은 좋지 못한 환경 속에서 자라났음에도 불구하고 절제되고 검소한 생활을 다시 일으켜 세워 그들의 굳센 의지를 보여 주었기 때문이다. 그라쿠스 형제는 로마의 명예와 영광이 절정에 도달해 있을 때 살았던 인물이었다. 그러므로 그들이 선조들의 영광스러운 유산을 다음 세대에 이어 주지 못했다면 그것이 더욱 부끄러운 일이 되었을 것이다.

이와는 달리 아기스와 클레오메네스는 각각 정반대의 정책을 펼친 아버지를 가지고 있었고 나라는 어두운 운명을 걸고 있었지만, 올바르고 명예로운 일을 지향하는 그들의 뜻은 조금도 변하지 않았다.

한편 그라쿠스 형제는 재물에 대해 아무런 욕심도 없는 청렴한 사람들이었기 때문에 공직에 머물러 있는 동안에 한 번도 부정한 방법을 써서 손을 더럽힌 일이 없었다.

그러나 아기스의 경우는 남에게 뇌물을 받지 않았다는 정도의 칭찬만 받는 데 그쳤다면, 오히려 모욕당했다고 노여워할 만큼 깨끗한 사람이었다. 왜냐하면 그는 6백 탈렌트나 되는 재산을 시민들을 위해 아낌없이 나누어 주었기 때문이다. 그는 정당하게 얻은 재산이라 할지라도 시민들보다 더 많이 가지고 있으면 절대로 안 된다고 생각했다. 그러므로 그는 부정한 방법으로 재산을 늘린 사람들은 돌이킬 수 없는 큰 죄를 저질렀다고 생각했을 것이다.

그들이 전개했던 정치 활동이나 개혁의 규모에도 적지 않은 차이가 있었다. 먼저 그라쿠스 형제는 도로를 건설하고 도시를 개척하는 데에 많은 노력을 기울였다. 그리고 티베리우스의 가장 큰 개혁은 국유 농지를 시민들에게 골고루 나누어 준 것이었고, 카이우스의 가장 훌륭한 업적은 3백 명의 원로원 의원에다가 3백 명의 로마 기사 계급을 추가시켜 재판권을 행사하게 했던 것이다.

그러나 아기스와 클레오메네스가 이룩한 개혁은 이것과는 전혀 다른 종류였다. 플라톤의 말을 빌리면, 단순한 개혁은 히드라의 머리를 베는 것처럼 별 소용이 없는 일이라고 했다. 그러므로 이들 두 사람은 국가의 병폐를 완전히 제거하기 위해 철저한 개혁을 실시하였다. 그러나 이들은 부패한 정치 체제를 고치고 바로잡아 옛날의 상태로 되돌려 놓았다고 말하는 편이 사실에 더 가까울 것이다. 또 하나 지적할 것은 그라쿠스 형제의 개혁에는 로마의 세력가들이 큰 반대를 했다는 사실이었다. 그러나 아기스가 계획하고 클레오메네스가 완성한 이 사업은 리쿠르고스의 법률을 계승한 것에 지나지 않았다. 즉, 그들은 리쿠르고스가 아폴론의 신탁을 바탕으로 세운 소박하고 공평한 고대 법률을 다시 부활시키려 했던 것이다. 또 하나의 중요한 사실은 그라쿠스 형제의 개혁은 로마를 그 전보다 더 위대하게 만들어 놓지는 못했다는 것이다. 그러나 클레오메네스는 스파르타를 펠로폰네소스 반도에서 가장 강한 나라로 만들었다. 또 그는 당시 가장 강력한 왕들과 패권을 겨루었으며, 일리리아와 갈리아의 군대를 그리스에서 몰아내고, 헤라클레스의 후손들이 그리스를 다스려 옛 영광을 회복하기 위한 개혁을 추진하였다.

한편, 이 네 사람의 최후에서도 그들의 용기를 비교해 볼 수 있다. 먼저 그라쿠스 형제는 시민들과 함께 싸우다가 패배하자 도망을 치는 도중에 죽임을 당했다. 그러나 아기스는 한 사람의 시민도 죽이지 않으려고 스스로 죽음을 택했으며, 클레오메네스는 모욕과 학대를 당했기 때문에 원수를 갚기 위해 일어섰지만 끝내 뜻을 이루지 못한 채 스스로 목숨을 끊었다.

다음으로 그들이 전쟁터에서 세운 공훈을 비교해 보자. 우선 아기스는 갑작스레 죽었으므로 장군으로서 이렇다할 업적을 남기지 못했다. 그러나 클레오메네스의 용맹스러운 행동은 티베리우스가 카르타고 성에 사다리를 놓고 올라갔던 것만큼 빛나는 것이었다. 그리고 티베리우스 그라쿠스는 누만티아 사람들과 휴전을 맺어, 살 길을 잃고 헤매던 2만 명의 로마 병사들을 구했다는 사실을 잊어서는 안 된다. 또 카이우스는 이탈리아와 사르디니아에서 몇 번이나 뛰어난 용맹성을 보여 주었다. 그러므로 이들 형제가 그토록 일찍 죽지만 않았더라면, 그들은 로마의 어느 장군과도 명예를 다툴 만큼 위대한 업적을 이루었을 것이 틀림없다.

한편 정치 생활을 비교해 보면, 먼저 아기스는 아게실라오스에게 속아서 토지를 나누어 주겠다는 시민들과의 약속을 이행하지 못했다. 이처럼 자신의 계획을 선언하기만 해놓고 실천을 하지 못했으므로, 그는 결단성이 부족했다고 말할 수 있을 것이다.

이와는 달리 클레오메네스는 자신의 생각을 너무 성급하게 결정하고 지나치게 서둘렀다. 그래서 그는 다른 방법이 있었음에도 불구하고 폭력적인 방법을 써서, 자기 편으로 끌어들일 수도 있었던 에포로스들을 재판도 없이 죽여 버렸다. 어쩔 수 없는 사정도 아닌데 칼을 휘두르는 것은 결코 좋은 의사나 현명한 정치가가 할 일이 못 된다. 왜냐하면 이것은 기술이 부족하다는 증거이며, 더구나 정치가의 경우에는 정의롭지 못하고 잔인한 짓이기 때문이다.

현편 그라쿠스 형제는 다같이 시민들이 피를 흘리게 되는 일을 피하였다. 특히 카이우스는 외적에게는 용맹스러운 모습을 보였지만, 나라 안에서 소란이 있었을 때는 무기를 드는 것조차 꺼렸다. 그래서 그는 습격을 당했을 때도 자신의 생명을 지키기 위한 최소한의 방어조차 하지 않았다. 그가 무장도 하지 않은 채 대회장에 나가고, 전투가 시작되자 자신보다는 남들이 다칠까봐 퇴각을 했던 것도 바로 그런 이유 때문이었다. 그러므로 그라쿠스 형제가 도망을 간 것은 결코 그들이 비겁해서가 아니며, 오히려 시민들을 다치지 않게 하려는 생각 때문이었음을 알 수 있다. 만약 그들이 공격을 받았을 때 도망을 가지 않았더라면, 싸우는 수밖에 방법이 없었던 것이다.

티베리우스에게 던질 수 있는 가장 큰 비난거리는 동료 호민관을 파면시키고 자기 스스로 호민관에 출마했던 일이다. 그러나 카이우스가 안틸리우스를 죽였다고 비난받은 것은 참으로 억울한 일이었다. 왜냐하면 안틸리우스의 죽음은 카이우스 자신도 모르는 일이었으며, 오히려 그는 안틸리우스의 죽음을 가슴 아프게 생각했기 때문이다.

한편 클레오메네스는 에포로스들을 함부로 죽였으며, 노예들에게 함부로 자유를 주어서, 사실상 나라의 독재자가 되었다. 비록 동생을 동료 왕으로 세우기는 했지만, 두 사람 다 같은 집안 출신이었으며 실권은 모두 자기가 쥐고 있었다. 그는 왕가의 또 다른 사람인 아르키다모스를 망명지인 메세네로부터 불러들이기는 했지만, 그가 암살당했어도 범인을 찾으려고 노력하지 않았다. 그래서 그가 이 살인 사건에 가담한 것이 아닌가 하는 의심까지 받게 되었던 것이다. 그가 존경하고 있던 리쿠르고스는 자신의 조카인 카릴루스를 왕위에 앉히려고 했으며, 혹시 어린 조카에게 무슨 일이 생기면 자신이 의심을 받을까봐 멀리 외국으로 떠났던 것이다. 그리고는 카릴루스가 왕위를 계승할 왕자를 낳은 다음에야 비로소 스파르타로 돌아왔다. 그러나 그리스에서 리쿠르고스와 비교할 만한 사람을 찾는다는 것은 무리한 욕심일 것이다. 한편 클레오메네스는 그리스에서 가장 큰 개혁을 했지만, 그만큼 불법적이었으며 법을 무시했다고 말할 수 있을 것이다.

아기스와 클레오메네스는 젊었을 때부터 소란을 많이 일으켰고 싸움을 좋아했으며 전제적인 권력자가 되는 것을 목표로 했다는 평가를 받고 있다. 그리고 티베리우스와 카이우스는 명예와 영광에 대해 지나친 욕심을 가지고 있었으며, 이러한 욕구는 천성적으로 타고난 것이었다고 한다. 그러나 아무리 그들의 정적이라 해도 이 이상의 비난거리는 찾을 수 없을 것이다. 다만 그들은 야망의 회오리바람에 휩싸여 정도를 지나쳤기 때문에 나중에는 과격한 계획들을 아무렇게나 추진하고 말았다. 물론 그들이 세운 개혁의 목적은 매우 훌륭하고 명예로운 것이었다. 그러나 부자들은 폭력과 권세를 휘두르며 그들의 제안에 반대했고, 티베리우스는 자신의 생명을 구하기 위해 싸움에 나섰으며, 카이우스는 재판도, 원로원의 결의도 없이 죽임을 당한 형의 원한을 풀기 위해 치명적인 싸움에 휩쓸리고 말았다.

지금까지 얘기한 것으로 네 사람에 대한 공정한 평가를 내릴 수 있을 것이다. 만일 이들에 대한 나의 의견을 말할 수 있다면 나는 그들을 이렇게 평가하겠다. 먼저 미덕에 있어서는 티베리우스가 그들 중 가장 뛰어났으며, 젊은 아기스 왕은 허물이 가장 적었다. 그리고 용기와 업적에 있어서는 카이우스가 클레오메네스보다 한결 뒤떨어지는 것 같다.

41
데모스테네스
(DEMOSTHENES, BC 385경 ~322)

아테네의 정치가이며 뛰어난 웅변가. 허약한 체질을 타고났고 말까지 더듬었으나 당대 최고의 웅변가가 되었다. 명예와 정의를 소중히 여기는 신중한 성격의 소유자였으며, 평생 동안 마케도니아와 안티파트로스에 대한 저항을 늦추지 않았다. 결국 적에게 쫓기다가 독약을 먹고 스스로 목숨을 끊었다.

소시우스여![1] 옛날 올림피아 제전에서 알키비아데스가 우승을 했을 때, 그에 대한 시를 썼던 사람이 에우리피데스였는지, 아니면 다른 사람이었는지는 모르지만, 어쨌든 그 시는 사람이 완전한 행복을 누리기 위해서는 이름난 도시에 태어나야 된다고 노래하고 있다. 그러나 참된 행복이란 그 사람의 성격과 마음에 달린 것이며, 이름 없는 산골에서 태어났건 불운한 여자를 어머니로 두었건 아무 상관이 없다고 나는 생각한다.

저 작은 섬 케오스 안에 있는 이울리스라는 작은 도시를 그대는 알고 있는가? 또한 차라리 아테네 사람들이 말했던 피라이우스 항구 앞에 거추장스럽게 놓여 있는 아이기나 섬을 알고 있는가? 이울리스나 아이기나 섬에서 유명한 연극 배우나 시인이 태어날 수는 있지만, 정의롭고 현명하며 큰 뜻을 가슴에 품은 사람은 태어날 수

---

1) 이 책을 쓴 플루타르코스가 로마에 머물러 있을 때, 그의 가르침을 받았던 제자이다.

없다고 생각한다면 그것은 얼마나 어리석은 생각인가.

영광과 명예를 얻기 위한 크고 작은 기술들은 작고 이름 없는 마을에서는 제대로 다듬어지지 못할지도 모른다. 그러나 미덕은 질긴 생명력을 지닌 나무와 같아서, 어느 나라나 어느 도시에서도 강한 뿌리를 내리고 튼튼하게 자라날 수 있다. 그러므로 나는 내 자신의 지식이나 미덕이 변변치 못한 것은 내가 태어난 곳이 보잘것없어서가 아니라 바로 나 자신 때문이라고 생각한다.

그러나 역사를 기록하는 사람은 자료들 대부분이 여기저기에 흩어져 있거나 외국어로 기록되어 있는 경우가 많은 데다가 그것들을 모두 다 구하기도 어려우므로, 유서깊고 문화가 높으며 여러 곳의 사람들이 많이 모여드는 큰 도시에 사는 것이 좋다. 큰 도시에 있어야만 여러 가지 책들을 구할 수도 있고, 역사가들의 기록에서 빠져 있는 옛날 이야기들을 전해 들을 수도 있기 때문이다.

그러나 사실 내 경우는 그렇지 못했다. 나는 아주 작은 도시에서 태어났으며, 내가 태어난 이 도시가 더 작아지지 않도록 하기 위해서 아직도 이곳에 살고 있다. 그리고 나는 로마나 그 밖의 이탈리아 각 지방들을 돌아다닐 때도 정치에 관련된 일이나 철학 강의 때문에 시간을 너무 많이 빼앗겨, 로마어를 배울 시간이 없었다. 그래서 내가 로마어로 씌어진 책을 접하기 시작한 것은 이미 나이가 많이 든 다음이었다.

그런데 참으로 이상한 것은 말의 뜻을 통해서 사물을 알 수 있게 된 것보다는 경험을 함으로써 말의 뜻을 알게 된 경우가 더 많다는 것이다. 아름답고 유창하게 로마 말을 하고 여러 가지 구절을 적절하게 사용하는 것은 문예에 뜻을 둔 사람에게는 무척 유쾌하고 흥미로운 일이다. 그러나 그 정도가 되려면 상당한 공부와 연습이 필요하며, 적어도 나보다는 젊은 사람이라야 그런 시간을 가질 수 있을 것이다.

그러므로 데모스테네스와 키케로의 생애를 기록하는 이 책에서는 주로 그들의 성격과 인품, 그리고 정치적 활동을 기초로 하여 서술하고자 한다. 그리고 나는 그들 중 누가 더 뛰어난 웅변가였고, 어느 쪽이 더 말을 잘했는지를 비교하지 않으려고 한다. 만일 그런 비교를 한다면 나는 시인 이온[2]이 말했던 것처럼 '물을 떠난 물고기'가 되어, 데모스테네스와 키케로를 비교했던 카이킬리우스[3]의 잘못을 되풀이하

---

2) 아테네의 서정시인.
3) 로마에서 웅변을 가르치던 유대계의 해방 노예.

데모스테네스

게 되고 말 것이다. 그러나 사람은 때때로 자기 자신의 분수를 알지 못하고 지나친 일을 하는 수도 있다. 그렇지 않다면 '너 자신을 알라[4]'는 격언이 생기지도 않았을 것이다.

사실 데모스테네스와 키케로의 성격은 신이 똑같은 틀에 부어 만들었다고 생각될 만큼 천성적으로 비슷한 점이 많다. 그들의 높은 공명심과 자유에 대한 사랑, 위험이나 전쟁에서 보여준 행동까지도 닮아 있으며, 그것 말고도 우연한 유사점들은 많이 찾아볼 수 있다. 그들은 둘 다 보잘 것없는 가문에서 태어났지만 둘 다 위대하고 유력한 인물이 되었다. 또 그들은 왕이나 독재자들과 싸움을 벌였고, 그 때문에 사랑하는 딸을 잃었다. 그리고 자기 나라에서 추방되었다가 명예롭게 귀국했고, 다시 자기 나라에서 도망을 가다가 적에게 잡혔으며, 그들의 죽음과 함께 조국의 자유도 끝나버렸다.

이처럼 비슷한 삶을 살다간 두 웅변가를 우리가 다른 데서 찾으려고 해도 찾기 힘들 것이다. 그러므로 이들이 이렇게까지 비슷했던 것은 그들을 창조해 낸 자연의 조화이거나 아니면 똑같은 환경 속에 그들을 던져 버린 운명의 장난이었는지도 모른다. 우선 두 사람 중 먼저 태어났던 사람부터 이야기를 시작해 보기로 하자.

데모스테네스의 아버지는, 역사가 테오폼포스가 전하는 말에 의하면, 아테네의 훌륭한 시민이었으며, 칼 만드는 기술을 가진 일꾼들을 많이 부렸다고 한다. 그래서 그는 흔히 '칼쟁이'라는 별명으로 불리기도 했다고 전해진다. 그러나 웅변가 아이스키네스가 전하는 기록에 의하면, 데모스테네스의 어머니는 반역죄로 추방을 당한 길론이라는 사람과 어떤 야만인 여자 사이에서 태어났다고 한다. 그러나 이것이 과연 사실인지, 아니면 누군가가 꾸민 얘긴지는 알 수가 없다.

데모스테네스는 겨우 일곱 살 때 아버지를 잃어, 15탈렌트나 되는 집을 물려받았다. 그런데 그 재산을 관리해 주던 사람이 재산의 대부분을 가로챘을 뿐 아니라 나머지의 재산에 대한 관리마저 소홀히 했기 때문에 수업료조차 낼 수 없었다고 한다. 그러므로 그는 어렸을 때 제대로 교육을 받지 못하면서 자랐다. 더구나 몸이 아주 허약했기 때문에 어머니는 그를 학교에 보내려 하지 않았다. 또 학교에 가더라도 친

---

4) 델포이의 아폴론 신전 앞에 다른 격언들과 함께 새겨져 있다.

구들은 언제나 그를 '바탈루스'라는 별명으로 부르면서 허약한 체격을 놀려댔다. 바탈루스라는 말은 원래 어떤 힘없는 피리꾼의 이름이었는데, 데모스테네스가 살았던 당시의 희극작가인 안티파네스는 그를 조롱하는 희극을 쓰기도 했다. 또 다른 학설에 의하면, 바탈루스는 추잡한 노래를 지은 시인의 이름이었다고도 한다.

데모스테네스의 또 다른 별명은 아르가스였는데, 어떤 시인이 이 말을 뱀이라는 뜻으로 쓴 것을 보면, 아마 그의 야만적이고 악랄한 행동 때문에 이런 별명이 붙은 것 같다. 그러나 다른 설에 의하면, 듣기 민망할 정도로 난폭한 시를 썼던 시인인 아르가스의 이름에서 따온 것이라고도 한다. 어쨌든 이 부분에 대한 얘기는 플라톤의 말대로 '이 정도로 그치기'로 하겠다.

데모스테네스가 웅변에 뜻을 품게 된 데에는 다음과 같은 계기가 있었다. 언젠가 오로포스 시(市)[5]에 대한 문제로 재판이 열렸을 때, 웅변가 칼리스트라토스[6]가 그 변호를 맡게 되었다. 사람들은 사건 자체에도 관심이 많았지만, 당시의 가장 이름난 웅변가가 이 재판의 변호를 맡게 되자 모두들 손에 땀을 쥐고 재판이 진행되는 것을 지켜보고 있었다.

그때 데모스테네스는 학교의 선생님과 가정교사들이 이 재판을 보러가자고 하는 소리를 듣고, 자기도 데려가 달라고 가정교사를 졸랐다. 그 가정교사는 법정의 문지기와 잘 아는 사이였으므로, 그에게 특별히 부탁을 하여 데모스테네스를 위한 자리를 마련해 주었다. 그때 그는 아직 어린 소년이었으므로 남의 눈에 띄지 않게 몰래 숨어서 칼리스트라토스의 변론을 들었다.

그 날 칼리스트라토스는 뛰어난 변론을 펼쳐서 수많은 축하의 말을 들었다. 그리고 재판에서 승리를 거둔 그는 많은 군중들에게 둘러싸여 당당하게 집으로 돌아갔다. 그 모습은 어린 데모스테네스에게는 아주 인상적이었다. 그러나 정말 감탄하게한 것은 모든 사람들의 마음을 움직이게 하는 웅변의 힘이었다. 그때부터 데모스테네스는 다른 모든 공부들을 다 걷어치우고, 오로지 웅변만을 배우고 익히며 미래에 대한 꿈을 키우기 시작했다.

---

5) 아테네와 테베의 경계선에 있던 작은 도시. 이 도시에 대한 소유권 다툼으로 아테네와 테베 사이에 분쟁이 일어났다.
6) 기원전 4세기경의 웅변가. 펠로폰네소스 전쟁 이후 아테네에서 가장 유명했던 웅변가이다.

당시 웅변을 가르치던 사람으로는 이소크라테스[7]가 있었다. 그러나 어떤 설에 의하면 데모스테네스는 고아였기 때문에 그에게 줄 10므나의 수업료를 마련할 수가 없었다고 한다. 그래서 그랬는지, 아니면 이소크라테스보다는 이사이오스의 힘차고 날카로운 웅변이 더 마음에 들었는지, 데모스테네스는 이사이오스에게 가르침을 받게 되었다.

헤르미포스는 우연히 보게 된 어떤 책 속에, 데모스테네스는 플라톤의 제자였으며 웅변술도 사실 대부분은 그로부터 배웠다고 씌어있었다고 전한다. 그는 또 크테시비오스라는 사람으로부터 들었다면서, 데모스테네스는 이소크라테스와 알키다마스의 웅변법을 독학으로 공부했으며 시라쿠사의 칼리아스 등으로부터 여기에 관한 자료를 얻었다고 한다.

데모스테네스는 어른이 되자 자신의 재산을 관리하던 후견인을 횡령죄로 고발하였다. 그러나 그들은 법률적인 온갖 수단을 다 쓰면서 횡령한 돈의 배상을 계속 피하였다. 역사가 투키디데스가 전하는 바에 의하면, 그때 데모스테네스는 법정에 나가서 자신의 권리를 주장하고 위험 속에 직접 뛰어들어 기술을 익힌 결과, 비록 일부분이기는 하지만 재산을 되찾았다고 한다. 이렇게 해서 그는 웅변에 대해 어느 정도의 자신감과 경험을 얻게 되었고, 이것을 계기로 정치에도 발을 들여놓게 되었다.

옛날 오르코메노스에 라오메돈이라는 사람이 있었는데, 그는 의사의 권유대로 자신의 병을 고치기 위해 매일 먼 거리를 달렸다. 이렇게 해서 병을 모두 고쳤을 뿐만 아니라 나중에는 운동 경기에 참가하여 뛰어난 달리기 선수가 되었다고 한다. 데모스테네스도 이 사람과 마찬가지로 처음에는 자신의 재산을 되찾기 위해 웅변을 시작했지만, 점차 웅변의 기술을 익히게 되어 정치적인 집회에서도 가장 뛰어난 웅변가가 되었다.

그러나 그가 처음으로 연설을 했을 때 사람들은 그 따위 연설을 집어치우라며 심한 욕설과 야유를 보냈다. 연설이 싱겁고 지루한 데다가 내용 또한 논리가 제대로 서 있지 않기 때문이었다. 또한 그의 목소리가 너무 작아서 무슨 말인지 잘 알아들을 수도 없었고, 숨이 차서 말을 자주 멈추었기 때문에 말의 앞뒤가 연결되지 않았다. 이 일로

---

7) 아테네의 10대 웅변가 중의 한 사람.

인해서 그는 정치에 뛰어들 생각을 단념하고 피라이우스 항구 주위를 어슬렁거렸다.

그런데 트리아시아에 사는 에우노모스라는 노인이 데모스테네스 앞에 나타나 이렇게 나무랐다.

"이봐 젊은이! 페리클레스처럼 뛰어난 웅변가의 소질을 타고난 사람이 한 번 실패했다고 좌절해서야 되겠나? 군중들의 야유 같은 건 잊어버리고 부지런히 웅변을 익히면서 몸을 단련하게나. 그렇게 나약해가지고 어디다 쓰겠나?"

그 뒤 또 어떤 집회에 나갔을 때도 청중들은 그의 연설을 들지 않으려고 했다. 데모스테네스는 몹시 마음이 상해서 외투로 얼굴을 가리고 집으로 돌아가는데 연극 배우인 사티로스가 뒤따라왔다. 그들은 평소에도 가까운 사이였으므로 여러 이야기를 나누었다. 데모스테네스는 눈물을 글썽이면서 이렇게 하소연했다.

"모진 고생을 하면서도 오로지 웅변에만 매달렸는데, 시민들은 내 얘기를 들으려고도 하지 않는다네. 술주정꾼이나 뱃사람들이 연단에 올라와 무식한 소리를 내뱉으면 칭찬을 하면서도 나 같은 건 상대도 안 해 준단 말일세."

이 말을 듣고 사티로스가 대답했다.

"데모스테네스! 자네 말이 맞네. 그러면 소포클레스나 에우리피데스의 연극 중에서 긴 구절을 한 번 외워보게. 내가 들어보고 잘못된 곳을 지적해 줄 테니."

데모스테네스가 그의 말대로 긴 구절 하나를 외우자 사티로스가 그 똑같은 구절을 다시 외워 보였다. 그런데 사티로스는 필요한 대목마다 알맞은 표정과 몸짓을 섞어가며 그 구절을 외웠으므로 마치 자기가 외웠던 것과 다른 시를 외우는 것처럼 너무나 아름답게 들렸다. 이것을 본 데모스테네스는 같은 말이라도 몸짓과 표정에 따라 얼마나 달라지는지, 그리고 아무리 좋은 내용이라도 말하는 태도나 방법이 갖추어져 있지 않으면 아무 소용이 없다는 것을 깨달았다.

그 날 이후 데모스테네스는 지하실을 만들어 날마다 그 안에 들어가 웅변에 필요한 표정과 몸짓, 발성법 등을 익혔다. 그는 지하실에 내려가면 두 달이고 석 달이고 밖으로 나오지를 않았는데, 일부러 외출을 하지 않기 위해 머리를 반만 깎고 반은 그대로 두었다고 한다.

또 그는 자신을 찾아오는 손님들과 만나 세상 돌아가는 이야기들을 듣기도 했다. 그리고 그들이 돌아가면 곧장 지하실로 내려가, 들은 얘기를 가지고 연설 내용을 만들고, 스스로 반대할 만한 말을 해 보았다. 그는 어떤 이야기든지 연설문으로 고쳤으며, 자신이 했던 말과 남으로부터 들은 말들을 다시 되풀이하고 고치면서 웅변술을 익혔다. 그러므로 그가 웅변가로서 이름을 떨칠 수 있었던 것은 타고난 재주가 아니라 끊임없는 노력의 결과였다고 말하는 사람도 적지 않다.

사실 데모스테네스는 즉석에서 바로 연설을 하는 법이 거의 없었으며, 민회에 나가더라도 미리 준비한 것이 없으면 아무리 간청을 해도 침묵을 지켰다. 그래서 다른 웅변가들은 그의 이러한 조심성을 비웃었으며, 피테아스는 그의 웅변에서는 등잔불 냄새가 난다고 조롱하였다. 그때 데모스테네스는 그에게 이렇게 응대하였다.

"그러나, 내 등잔과 당신 등잔은 밝기가 다르지 않소?"

그러나 그는 자신이 모든 연설의 원고를 써 두는 것은 아니지만, 연설을 미리 준비한다는 것은 사실이라고 고백했다. 그리고 그렇게 꼼꼼하게 준비를 하는 것은 시민들을 사랑하고 존경하기 때문이며, 시민들이 어떻게 받아들일지를 생각하지 않고 나오는 대로 말을 하는 것은 자신이 폭력적이고 독재적인 사람이라는 것을 드러내는 것밖에 안 된다고 말하곤 했다. 또 그가 데마데스를 공격하면 데마데스는 즉시 일어나 반박연설을 했지만 데모스테네스는 그런 일이 없었다는 사실을 들어, 세상 사람들은 데모스테네스의 웅변 실력은 타고난 것이 아니라 노력의 결과였다고 말하기도 한다.

그러면 그의 정적이었던 아이스키네스가 그를 비난하면서, 그의 말투가 대담하고 교만하다고 말한 것은 어떤 이유인가 하는 의문이 생긴다. 그리고 비잔티움의 피톤이, 소나기가 퍼붓듯이 아테네 사람들에 대해 욕설을 퍼부었을 때, 데모스테네스가 혼자 일어나 대항한 것은 어떻게 설명해야 할까. 또 미리나이 사람인 라마르코스가 필리포스 왕과 알렉산드로스 대왕을 칭송한 글을 지어 올림피아 제전에서 낭독했을 때 데모스테네스가 테베 인과 칼키디아 인들이 그리스를 위해 세운 공이 얼마나 크며, 반대로 마케도니아에 아첨한 자들이 얼마나 큰 피해를 주었는가를 역사적 사실을 들어 증명하자, 라마르코스가 흥분된 청중들의 욕설에 얼굴색이 변해 쫓겨나갔던 일은 또 어떻게 설명할 수 있을까.

데모스테네스는 페리클레스의 다른 점은 배우지 않았지만 그의 흔들리지 않는 태도와 신중함을 본받아 사소한 일에는 연설을 하지 않았던 것이다. 그리고 어떤 사람의 말이 마음에 들지 않는다고 금방 일어나 반박을 함으로써 이름을 떨치겠다는 욕망보다는 함부로 연설을 했다가 명성을 잃게 되지나 않을까 하는 두려움이 더 컸다고 볼 수 있다.

팔레론의 데메트리오스나 여러 희극 시인들의 말에 의하면, 그의 연설은 미리 준비했던 것보다 즉석에서 한 것이 오히려 더 박력있고 자신 있어 보였다고 한다. 에라토스테네스는, 데모스테네스는 연설을 할 때 제정신을 잃은 사람처럼 황홀경에 빠진 것 같았다고 하며, 데메트리오스는 그가 "땅에, 샘물에, 강에, 그리고 시냇물에"라고 외치면서 민중에게 맹세한 부분은 마치 뛰어난 시처럼 아름다웠다고 한다. 그러나 시인들은 그를 아무렇게나 떠들어대는 장사꾼 같다고 했고, 또 어떤 사람은 그가 대조되는 말을 함부로 썼다고 비웃으면서 이런 글을 쓰기도 했다.

데모스테네스의 말에 의하면
그냥 받는 것이 아니라 되돌려받는 것이다.

안티파네스도 똑같은 내용의 글을 썼지만, 그가 할로네소스[8]에 대한 데모스테네스의 웅변을 생각하고 쓴 것이라면 조롱의 뜻으로 한 말은 아닐 것이다. 그때 데모스테네스는 아테네 시민들을 향해, 그 섬을 그냥 받는 것이 아니라 도로 돌려받는 것이라고 말했던 것이다.

그러나 사람들은 준비를 하거나 연습을 하지 않고 타고난 재능만으로 따진다면 데마데스를 당할 사람이 없다고 얘기한다. 그는 그때그때 생각나는 대로 연설을 해도 데모스테네스가 미리 연구하고 준비해 온 연설을 뒤엎어 버렸다고 한다. 당시의 철학자인 테오프라스토스가 이 두 웅변가에 대해 평가한 것이 키오스 사람 아리스톤의 기록에 남아 있는데, 그는 데모스테네스를 아테네 사람다운 웅변가라고 평가하였으며, 데마데스는 아테네 사람 이상 가는 웅변가라고 말했다고 한다.

또한 이 철학자는 계속해서 그 당시의 아테네에서 가장 유명한 정치가의 한 사람이었던 스페토스의 폴리에욱토스는, 웅변 그 자체로서는 데모스테네스가 가장 뛰어났지만, 적은 말로도 많은 사람의 마음을 움직였던 포키온이 가장 뛰어난 웅변가라고 평가했다는 얘기를 전하고 있다. 실제로 데모스테네스는 포키온이 자신의 말을

---

8) 원래 아테네의 영토였지만 해적들에 의해 이곳을 점령당하고 말았다. 그런데 마케도니아의 필리포스 왕이 해적들을 쫓아내자 아테네는 그 섬을 돌려 달라고 했다. 그때 필리포스가 그 섬을 주겠다고 말하자, 데모스테네스는 받는 것이 아니라 '되돌려 받는' 것일 뿐이라고 대답했다.

반박하려고 일어설 때마다 옆에 있던 친구에게 자기가 한 말을 뒤엎어 버릴 사람이 나온다고 말하곤 했다는 얘기가 전해온다.

그러나 이 말은 데모스테네스가 포키온의 웅변력을 평가한 것인지, 아니면 그의 정직한 생활과 높은 정신에 감탄하여 민중의 지지를 받고 있는 사람의 한 마디가 다른 천 사람의 말보다 더 힘이 있다는 뜻으로 한 말인지는 알 수가 없다.

팔레론 사람 데메트리오스는 데모스테네스에게서 직접 들은 이야기를 우리에게 전해 주고 있다. 데모스테네스는 그가 태어나면서부터 약점 투성이였던 자신의 육체를 고치기 위해 어떻게 노력했는지를 데메트리오스에게 이야기해 주었다. 데모스테네스는 자주 말을 더듬었고 발음을 똑바로 하지 못하는 버릇이 있었다고 한다. 그래서 그는 항상 입에다 조약돌을 물고 연설하고, 가파른 산이며 평지를 내달리며 숨이 가빠오르는 때에야 연설을 하여 그 좋지 않은 버릇을 고쳤다고 한다. 또한 집에서는 커다란 거울을 바라보며 자신의 몸짓을 바로잡았다고 한다.

어느 날인가는 어떤 사람이 그를 찾아왔다. 그 사람은 누구에겐가 혹독하게 매를 맞아 재판을 걸 작정이었는데, 데모스테네스가 변호를 맡아 주기를 바랐다.

"그런 봉변을 당할 분 같진 않은데요?"

데모스테네스는 의아스럽다는 듯이 말했다.

"선생! 그렇다면 내가 그런 변을 당하지 않았다는 거요?"

그는 큰 소리로 벌컥 화를 냈다.

"이제 알겠군요. 당신의 그 외침이 지독한 변을 당했다는 걸 알려 주고 있군요."

그는 청중의 마음을 사로잡기 위해서는 연설가가 취하는 음성과 동작이 중요하다고 여겼다. 그의 독특한 말과 태도는 듣는 사람들의 마음을 묘하게 끌어당겼다. 그렇지만 팔레론의 데메트리오스처럼 교양있는 사람들에게는 과장되고 속된 모습으로 보였다.

전하는 말에 의하면, 헤르미포스가 아이시온에게 옛날의 웅변가들과 데모스테네스 시대의 웅변가들에 관해 물었을 때, 아이시온은 옛날 웅변가들이 청중을 끌어당겼던 자연스러운 태도와 고상한 말투를 칭찬하면서도 그들보다는 데모스테네스가 더욱 훌륭했다고 한다. 데모스테네스가 쓴 연설문을 낭독해 보면 참으로 논리적이고 설득력이 있었다는 것이다.

그렇지만 그는 연설 도중에 즉흥적으로 대답하고 질문할 때에는 익살이나 욕설을 내뱉기도 했다고 한다. 언젠가 데마데스가 데모스테네스에게 말했다.

"데모스테네스, 나를 가르쳐 보시오. 암퇘지도 아테나 신[9]을 가르칠 수 있겠지."

그러자 데모스테네스는 앉은 자리에서 이렇게 대답했다.

"그 아테나 신께선 얼마 전 콜리토스[10]에서 매춘을 하다가 잡혔다고 그러더군요."

그리고 '철면피'란 별명을 가진 도둑이, 촛불을 의지해 밤새워 글을 쓰는 그를 비웃었다는 이야기를 전해 들었을 때, 그는 이렇게 쏘아붙였다.

"도둑질을 하는 자네한테는 나처럼 등불 밑에서 밤새워 글을 쓰는 일을 하기란 참 어려운 일이지. 하지만 친애하는 시민 여러분! 그 도둑이 무쇠처럼 두꺼운 낯가죽을 한 '철면피'인데 반해서 우리들 집은 흙벽으로 만들어졌으니, 이 땅에 도둑이 들끓는 것도 무리가 아니죠."

이와 같은 그의 일화는 이 정도로 그치고, 이제 정치가로서의 활동 속에서 그의 성품을 살펴보도록 하자.

그는 포키스 전쟁[11] 때에 정치에 첫발을 내딛었다. 그가 한 말과 연설문을 보면 그것을 알 수 있다. 그 연설은 필리포스 탄핵 연설[12]이었는데, 그리고 포키스 전쟁이 끝날 무렵과 전쟁 후에 이뤄졌다. 그는 아무런 세력이나 명성도 없었던 겨우 서른두 살 때에 아테네의 큰 부자였던 미디아스[13]를 고소하였다. 이때 그는 3천 드라크마의 돈을 받고서 미디아스와 화해하였다고 한다. 본래 데모스테네스는 온순하지도 않으며 겸손하지도 않고, 반격을 할 때는 사납고 격렬했다. 하지만 그렇게 할 수밖에 없었다. 그가 아무리 정치력이 있었다 하더라도 돈 많고 힘 있는 친구를 많이 갖고 있었던 미디아스를 이기기에는 힘에 부쳤던 것이다. 만일 그가 이길 가능성이 조금이라도 있었다면 그는 고소를 취하하고 화해하지는 않았을 것이다.

---

9) 지혜의 여신.
10) 아테네 시내 남서쪽 지역.
11) 델포이에 있는 아폴론 신전을 차지하기 위해 신성 동맹을 맺고 있던 테살리아, 보이오티아, 포키스 등 12부족 사이에서 일어난 전쟁. '신성 전쟁'이라고 불리기도 한다. 제1 신성 전쟁은 기원전 355~346년 사이에 일어났다. 마케도니아의 필리포스 2세가 테베를 도와 승리를 거뒀다.
12) 아테네 사람들을 향한 12개의 탄핵 연설이 있었다고 필리포스 왕은 말한다.
13) 기원전 348년 바코스 제전 때 데모스테네스는 합창단을 지휘하였는데, 가장 부유한 아테네 시민이었던 미디아스가 관중 앞에서 평민들에게 행패를 부렸다. 이때 그는 미디아스의 행동이 한낱 평민을 욕되게 한 것이 아니라 종교를 모독한 행동이라며 고발하였다.

데모스테네스는 전쟁을 맞아 그리스인들에게 힘찬 연설을 시작하였다. 필리포스의 침략에 맞서 싸워서 그리스를 지켜야 한다고 강조함으로써 그는 곧바로 이름을 날리게 되었다. 그의 연설에 대해 그리스인뿐만 아니라 페르시아의 대왕마저도 칭찬하였고, 페르시아 대왕은 그의 연설을 이용하려 하였다. 그리고 필리포스도 데모스테네스를 웅변가로 존경하였으며, 정치적인 적대자들도 그를 만만치 않은 인물로 인정하였다. 아이스키네스와 히페리데스가 그를 공격하고 비난했던 것을 보더라도 그러한 사실을 엿볼 수 있다.

그런데 테오폼포스는 데모스테네스를 가리켜 지조가 없고, 변덕쟁이이며 인내력이 없다고 주장하였다. 그러나 나는 그의 말을 믿을 수가 없으며, 오히려 그 반대였다고 생각한다. 그는 소속된 정당과 항상 함께 행동을 하고, 생의 목표를 이루기 위해 목숨을 걸고서 한평생을 싸웠다. 데마데스나 멜라노포스, 그리고 니코데모스처럼 지조 없이 때때로 자신의 정치적 입장을 바꾸거나 공약을 뒤집지는 않았다.

데마데스는 자주 정당을 바꾸고 정견을 뒤집었으면서도 뻔뻔스럽게 시(市)의 이익을 저버린 일이 없다고 말했다. 그리고 멜라노포스는 칼리스트라토스의 입장에 반대하였으나 그에게서 뇌물을 받은 다음에는, "칼리스트라토스는 나의 적이다. 하지만 우리 두 사람 모두 국가의 이익을 위해야만 한다"라고 변명하며 민중들을 속였다. 니코데모스는 카산드로스[14]와 결별하고 데메트리오스[15]와 손을 잡으면서도, "사람은 강한 사람과 협력해야 한다"라며 지조 없는 자신을 변명하였다.

그러나 데모스테네스는 그들처럼 어긋난 말과 행동을 하지 않고, 항상 올바른 정치적 입장을 가지고 행동하였다. 그러므로 그런 그를 비난할 사람은 없었다. 데모스테네스는 명예로운 일이라면 무슨 일이 있든지 항상 그 뜻을 버리지 않아야 한다는 원칙을 굳게 지키고 있었다고 철학자인 파나이티오스[16]가 말한다. 금관 사건이나 아리스토텔레스에 대한 연설, 면세자에 대한 지지, 필리포스에 대한 탄핵 연설 등은 그런 원칙을 잘 보여 준다. 그는 자신의 안전만을 생각하기 이전에 정의로운 행동을 하는 것을 더 중요한 것으로 생각했던 것이다. 만일 그가 뇌물에 손을 대지 않고 그의

---

14) 마케도니아의 장군 안티파트로스의 아들로, 기원전 324년 알렉산드로스의 아시아 원정에 참가하였다.

15) 마케도니아의 장군.

16) 스토아학파 철학자로 기원전 2세기의 로도스 섬 사람.

연설이 전쟁을 대하는 용기와 합치되었더라면, 마이로클레스[17], 폴리에욱토스, 히페리데스와 같은 웅변가가 아니라, 키몬이나 투키디데스[18], 페리클레스와 같은 위인들과 어깨를 나란히 할 수 있었을 것이다.

포키온은 데모스테네스와 같은 시대의 사람으로 마케도니아측에 많이 기울어져 있었다. 그럼에도 불구하고 그는 에피알테스[19]와 아리스티데스[20], 그리고 키몬에 못지 않는 용기와 의리로 명성을 얻고 있었다. 그러나 데모스테네스는 군사적인 용기도 부족하였고, 필리포스나 마케도니아로부터는 뇌물을 받지 않았으나 수사[21]나 엑바타나[22]로부터 온 황금을 받음으로써 그의 청렴함이 손상받았다고 한다. 참으로 안타까운 일이었다. 하지만 포키온을 제외하면 그는 그 당시에는 누구보다도 고결한 삶을 살다가 간 인물이며, 쉽고 대담하며 솔직한 말로 민중을 이끌어간 정치가였다.

테오폼포스가 전하는 말에 따르면, 일찍이 아테네 사람들이 어떤 사람을 규탄하라고 데모스테네스에게 요구하였다. 그러나 그는 이 요구를 거절하였고, 군중들은 그런 그를 비난하며 소동을 일으켰다. 그러자 데모스테네스는 다음과 같은 자신의 입장을 설명했다.

"여러분! 여러분이 저를 상담자로서 대해 주신다면 싫든 좋든 여러분의 의견을 따르겠습니다. 하지만 사실이 아닌 것을 가지고 다른 사람을 고발하는 것은 따를 수 없습니다."

이와는 반대로 안티폰 사건에 있어서는 군중들이 석방을 요구했음에도 불구하고 끝내 안티폰이 죄가 있음을 입증해 보였다. 처음에는 민회에서 안티폰을 무죄라고 선언하였다. 그러나 그는 군중들이 화를 내며 떠드는 속에서도 안티폰을 아레오파고스 법정[23]까지 끌고 갔다. 그리고 마침내는 안티폰이 필리포스를 위해 무기고에 불을 지르겠다고 약속했음을 밝혀내 사형 선고를 받게 만들었다. 뿐만 아니라 그는 여

---

17) 마케도니아에 반대한 변론가로 살라미스 사람.
18) 기원전 5세기의 아테네 장군이며 역사가로, 참된 역사 의식으로 《펠로폰네소스 전쟁사》를 썼다.
19) 페리클레스의 친구로 귀족에 대항하는 기원전 462~461년 경에 암살당함.
20) 정의심으로 이름이 높은 기원전 5세기의 아테네의 장군.
21) 페르시아 왕이 추위를 피했던 곳.
22) 페르시아 왕의 피서지.
23) 살인범을 재판하던 아테네 시 서부의 고등 재판소. 이 당시에는 과두정치적인 권력이 약화되어 판결을 받은 피고를 민중 재판소에 넘기는 정도였다.

자 제관인 테오리스가 다른 여러 가지 죄를 지은 것 이외에도 노예들에게 주인을 속이는 방법을 가르쳐 주었다는 죄상을 들추어내어 사형을 받게 하였다.

또한 데모스테네스는 변론을 대신 써주기도 하였다. 아폴로도로스가 빚을 지고도 갚지 않는 티모테오스 장군을 고발하였을 때 그가 변론을 써줌으로써 장군에게 많은 벌금형을 내리게 만들었다. 또한 포르미온과 스테파노스를 위해서도 대신 변론을 써주었는데 성실하지 못했다고 전해진다. 즉, 아폴로도로스가 승리한 변론을 그대로 포르미온에게 넘겨 주어 사건에 걸맞지 않는 변론이 되게 하였던 것이다. 이외에도 안드로티온, 티모크라테스, 아리스토크라테스 등을 공격하였다고 알려진 그의 정치 연설도, 사실은 그가 정치가가 되기 전 다른 사람을 대신해서 준 연설문일 가능성이 높다.

그러한 연설문이 만들어졌던 때는 그가 스물일곱이나 스물여덟 살 정도의 나이였으리라고 짐작된다. 그러므로 그는 많은 관중들 앞에 나서서 연설을 할 나이는 아니었다. 그렇지만 아리스토기톤에 대한 연설이나 면세를 위한 변론은 자신이 직접 행하였다. 그의 말에 따르면, 그는 카브리아스의 아들인 크테시포스의 청으로 그런 연설을 하였다고 하지만, 젊고 아름다운 크테시포스의 어머니를 그가 사랑하고 있었기 때문에 그런 연설을 하였을 것이라는 이야기도 있다. 그러나 그는 그 부인과 결혼하지 않고 사모스 섬에서 태어난 여인과 결혼하였는데, 이러한 사실은 마그네시아 사람인 데메트리오스의 기록에도 실려 있다.

그리고 아이스키네스가 사신으로서 욕된 비행을 저질렀다고 비난한 연설문도 실제로 연설을 행한 것인지 확실하지 않다. 이도메네오스는 아이스키네스가 30표 차이로 무죄로 석방되었다고 하지만, 금관 문제를 둘러싸고 벌어졌던 논쟁[24]을 보면 데모스테네스가 연설을 했는지 확실치가 않다. 왜냐하면 사신으로서 저지른 비행 때문에 소송을 하였다는 이야기가 두 사람의 논쟁 속에 전혀 언급되지 않았기 때문이다. 이 문제에 있어선 다른 사람들의 결정에 맡기고자 한다.

데모스테네스는 항상 마케도니아 인의 행동을 비난하였고, 기회가 있을 때마다 아테네 민중을 격려하며 모든 것을 떨치고 싸움에 나설 것을 호소하였다. 따라서 필리포스 왕도 데모스테네스의 명성을 전해 듣게 되었고, 그에 대한 이야기를 화제로

---

24) 데모스테네스는 아테네 성을 수리할 때 자신의 많은 재산까지 들여가며 그 일을 성공리에 마쳤다. 그러자 사람들은 그에게 감사의 표시로 금관을 만들어주자고 하였다. 그런데 아이스키네스가 데모스테네스의 좋지 않은 행실을 들어 금관을 주는 일에 반대하였다. 이때 두 사람 사이에서 심한 논쟁이 벌어졌다.

삼곤 하였다.

그러던 어느 날, 데모스테네스를 포함한 열 명의 사절단이 마케도니아로 가서 필리포스 왕을 만났는데, 왕은 그의 연설을 주의 깊게 듣고 그의 질문에 신중하고 정확하게 대답하였다고 한다. 그런데 그의 연설을 듣고 난 이후에 왕은 별로 그에게 관심을 보이지 않고, 아이스키네스와 필로크라테스 일파에게만 친절하게 대하는 것이었다. 다른 사람들은 필리포스 왕을 가리켜 누구보다도 말씀을 잘하시고, 잘생기셨으며, 술자리에서 행하는 교우 관계를 훌륭하다고 칭찬하였다.

이 말을 듣고 있던 데모스테네스는 그런 칭찬에 대해, "첫 번째 이야기는 말재주꾼이란 말이며, 두 번째 이야기는 여자 같다는 것이며, 세 번째 이야기는 솜처럼 물렁물렁하다는 표현이니 왕으로서는 자랑할 만한 것이 못 된다"며 그들의 말을 비웃었다고 한다.

그러나 필리포스 왕은 평화롭고 조용하게 지내지 못했고, 데모스테네스는 아테네 민중들을 선동함으로써 마침내 전쟁이 터지고야 말았다. 이때 데모스테네스가 행한 첫 번째 일은 아테네인들로 하여금 그곳의 참주가 필리포스 왕에게 넘겨 준 에우보이아 섬을 공격하도록 선동한 것이었다. 그의 제안에 따라 아테네 군은 그 섬으로 건너가 마케도니아 군을 몰아냈다. 그 뒤 필리포스는 비잔티움과 페린토스를 포위하였다. 그러자 데모스테네스는 아테네인들에게 "동맹전쟁 때에 이들 도시가 우리에게 행한 잘못을 잊고 군을 파견하여야 한다"고 주장하여 마침내는 그곳 사람들을 구해냈다.

데모스테네스는 또 그리스 각지를 돌아다니며 필리포스 왕에 대한 적개심을 불러일으켰다. 그렇게 해서 몇 군데를 제외한 나머지 도시들은 모두 한데 뭉치게 되었다. 필리포스 왕에 맞서 싸우는 1만 5천 명의 보병과 2천 명의 기병이 편성되었고, 각 시에서는 그 용병들에게 줄 돈과 그 밖에 전쟁을 치를 돈을 기꺼이 내놓았다. 테오프라스토스에 따르면, 이때 연합국은 각자 거두어야 할 전쟁자금 액수를 정해 달라고 요구했다고 한다. 그러자 크로빌로스라는 아테네의 웅변가가 '전쟁은 하루에 얼마를 먹어도 배가 부를 줄 모르는 것'이라는 옛말을 인용했다고 한다.

이렇게 해서 그리스는 무기를 들고 일제히 일어섰다. 물론 그들은 전쟁에서의 승리를 확신하고 있었다. 에우보이아, 아카이아, 코린트, 메가라, 레우카디아, 코르키라 등의 도시가 동맹을 맺고 무기를 들었다. 그렇지만 데모스테네스에게는 어려운 일이 남아 있었다. 테베를 동맹에 끌어들이는 일이었다. 테베는 아테네와 이웃하고 있었고, 그리스에서 가장 강한 나라였다. 그리고 테베는 포키스 전쟁에서 필리포스 왕으로부터 큰 원조를 받았고, 아테네와는 잦은 분쟁이 잇따랐으므로 필리포스 왕과의 관계를 끊게 하는 일은 쉽지 않았다.

필리포스는 암피사[25]에서 승리를 거두고 그 여세를 몰아 엘라테아를 습격하더니 포키스마저 점령해 버렸다. 이런 지경에까지 이르자 아테네 사람 가운데 그 누구도 연단에 나서서 연설할 용기를 갖지 못했다. 그러나 데모스테네스만은 시민들 앞에 나서서 테베와 동맹을 맺어야 한다고 부르짖었다. 그는 시민들을 격려하고 희망을 잃지 말아야 한다고 강조하였다. 그리고 사절이 되어 테베로 건너갔다.

이때 필리포스 왕 역시 마케도니아인 아민타스와 클레아르코스, 그리고 테살리아인 다오코스와 트라시다이오스를 테베로 보내어 데모스테네스에 대비하게 하였다고 마르시아스는 전한다. 이런 상황에서 테베 사람들은 포키스 전쟁의 참상을 떠올리며 여러 번의 평의회를 열었다고 한다. 어떻게 해야 할지를 몰라 갈팡질팡하는 그들 앞에 데모스테네스가 나섰다. 데모스테네스는 불을 뿜는 듯한 연설로 그들에게 용기를 복돋아 주어 명예로운 길을 택하게끔 하였다.

데모스테네스에 의해 전쟁의 상황이 뒤바뀌어지자, 필리포스 왕은 사자를 보내어 휴전을 제안하였다. 아테네의 장군들과 테베의 장군들은 데모스테네스의 명령에 따랐으며, 그는 아테네와 테베의 모든 회의를 움직였다. 그는 존경을 한몸에 받게 되었으며, 최고의 권위를 얻었다. 이것은 민족을 바른 길로 이끈 사람에 대한 당연한 결과였다고 테오폼포스는 말한다.

이 무렵 델포이의 여자 제관은 슬픈 신탁을 말했고, 신탁서에 있는 시빌 무녀의 말이 사람들 입에 오르내리고 있었다. 돌이켜 보면 그때 그곳에는 신이 지배하는 어떤 숙명 같은 것이 있었던 것처럼 보인다. 사람들의 입에 불려지던 그 노랫말들은 이미 그리스의 자유가 끝나고, 그리스 민족의 운명이 다하였음을 예견하고 있었던 것 같다.

> 테르모돈 언덕에 닥친 운명의 날
> 나는 독수리처럼 멀리 날아가

---

25) 로크리스 오조리스 지방의 작은 도시. 필리포스 왕은 신성 동맹을 모독했다고 하여 기원전 339년에 암피사를 공격했다.

패자의 눈물과 승자의 죽음을
아득한 하늘에서 지켜보리라.

어떤 사람은 테르모돈이 내가(저자) 태어난 카이로네아 근방의 작은 시냇물이라고
한다. 그리고 시냇물은 케피소스 강으로 흘러든다고 한다. 그러나 오늘날 그런 이름
을 가진 시냇물은 없다. 지금의 하이몬[26]이란 시냇물을 가리켜 테르모돈이라고 부
르지 않았을까 추측할 뿐이다. 하이몬은 헤라클레스 신전을 끼고 흐르고 있는데, 그
곳에 그 옛날의 그리스 군이 진을 치고 있었고 전투로 강이 피로 물들여지고 시체가
떠다녔기 때문에 붙여진 이름이 아닐까 하고 생각해 볼 뿐이다.

그런데 두리스라는 역사가는, 몇 명의 장병들에 의해 발견된 석상에 새겨져 있던
'테르모돈'이란 글귀에서 나왔으리라고 말한다. 그 장병들은 천막을 치고 주위에 참
호를 파다가 그 석상을 발견하였다고 한다. 이 이야기와 관련하여 다음과 같은 신탁
도 그때에 널리 퍼졌다.

검은 까마귀야, 와서 보아라.
테르모돈 강 주위를 떠돌면
사람의 고기를 실컷 먹게 될 것이다.

이에 대하여 정확한 사실을 알아내기란 참으로 어렵다. 오로지 데모스테네스에
관해 전하는 이야기만을 옮겨 보면 다음과 같은 것이 있다.

데모스테네스는 사기가 하늘을 찌를 듯한 그리스 대군을 거느리고 자신만만했
다. 그는 위에서 말한 무녀들의 예언이 필리포스가 뇌물을 주고 그들에게 유리하도
록 만들어 낸 것이라고 말했다. 또한 테베인들에게는 에파미논다스를, 그리고 아테
네인들에게는 페리클레스를 상기시키며, 겁쟁이들이나 두려워하는 신탁이나 예언
은 믿을 것이 못 된다며 무시하고 자신의 생각대로 움직였다고 한다. 여기까지 보면
그는 참된 용사의 모습이었다.

그런데 막상 전투가 시작되자 그는 연설할 때와 전혀 다른 모습을 취하는 것이었

---

26) 피의 강.

다. 매우 수치스럽게도 그는 자신의 진지를 버리고 무기까지 내동댕이치며 도망쳤다. 그의 방패에는 금으로 '무운장구[27]'라고 새겨져 있었다고 한다. 정말로 한심하기 짝이 없는 모습이었다.

대승을 거둔 필리포스 왕은 너무 기뻐서 술에 취한 채 시체가 나뒹구는 전쟁터를 돌아다니면서 데모스테네스에 의해 제안되고, 그의 동의에 의해 통과된 결의문의 첫머리를 박자까지 맞춰가며 노래했다.

데모스테네스의 아들인 데모스테네스의 뜻에 따라 ….

그러나 필리포스 왕은 잠시 후 다시 정신을 수습하고 데모스테네스라는 한 웅변가의 힘에 새삼 몸서리를 쳤다. 데모스테네스는 불과 몇 시간만에 왕국의 운명과 필리포스 자신의 목숨까지 내걸고 싸우게 만들었던 것이다.

데모스테네스의 명성은 페르시아 왕의 귀에까지 들어가 있었던 것이다. 페르시아의 왕은 해안 지방의 한 태수에게 명령하여 데모스테네스에게 금품을 보내고, 그를 가장 존귀한 사람으로 떠받들라고 하였다. 그렇게 한 이유는 데모스테네스가 마케도니아와 맞서 싸워서 페르시아가 안전할 수 있었기 때문이다. 이 사실은 훗날 알렉산드로스가 사르디스에게 발견했던 데모스테네스의 편지와 그에게 바친 금액을 기록한 장교의 편지를 통해 확인할 수 있었다.

전쟁 직후 그리스는 큰 내란이 일어났다. 그러자 데모스테네스의 반대파들은 그를 공격하고 고발할 좋은 기회를 갖게 되었다. 그렇지만 아테네 시민들은 예전처럼 그를 존경하였으므로 계속하여 그가 국사에 참여할 수 있도록 하였다. 카이로네이아에서 전사한 사람들의 유골이 매장되었을 때 시민들은 데모스테네스로 하여금 추도 연설을 하게 하였다. 테오폼포스는 이에 대하여, 아테네 사람들은 매우 낙심하였음에도 불구하고 그들의 조언자인 데모스테네스를 여전히 존경하고 예의로 대하여, 불만을 품은 시민들이 없음을 보여 주었다고 말하고 있다. 그는 전사자들을 위해 추도 연설을 하였다. 그러나 그 후로는 자신의 이름으로 민회에서 정치적 입장을 주장하지 않고 항상 친구의 이름을 빌렸다고 한다. 자신의 이름을 좋지 않다고 여겨 피했던 것이다.

---

27) 무인으로서의 운수가 길고도 오래감.

그런데 필리포스 왕이 카이로네아 전투에서 승리를 거둔 뒤에 죽임을 당하자 데모스테네스는 다시 용기를 내어 선두에 섰다. 위에서 말한 신탁에 딱 맞는 결과였다. "패자의 눈물과 승자의 죽음."

필리포스의 왕의 사망 소식을 먼저 알게 된 데모스테네스는 민중들이 용기와 희망을 갖게 하고 싶었다. 그래서 그는 집회에 나가 아주 좋은 꿈을 꾸었다며 기쁨에 찬 얼굴을 지었다. 그때 사자가 달려와 필리포스 왕의 죽음을 알렸다. 이 소식과 함께 아테네 민중들은 신에게 제사를 드리고 파우사니아스[28]에게 금관을 주기로 하였다. 이때 딸을 잃은지 7일밖에 안 된 데모스테네스가 화려한 옷을 입고 월계관을 머리에 쓰고 사람들 앞에 나타났다. 아이스키네스는 자식을 사랑하지 않는 자라면서 데모스테네스를 비난했다. 그러나 눈물을 흘리는 것만이 자식을 사랑하는 것이라고 아이스키네스가 생각했다면, 그것은 그의 속됨을 드러내는 것일 뿐이다.

나의 생각으로는 필리포스가 승리를 거두었음에도 관용과 온정으로 아테네 민중들을 대했는데,[29] 그런 군주의 죽음을 기뻐하며 월계관을 쓰고 신에게 제사까지 지내는 것은 현명하거나 명예로운 일이라고는 생각되지 않는다. 필리포스 왕이 살아 있을 때는 그렇게 존경을 표시하고도 부족해 하더니, 그가 다른 사람에 의해 죽임을 당하자 마치 자기네들이 그를 이겨낸 것처럼 기뻐 날뛰는 것은 참으로 비열하고 부끄러운 일이었다.

한편, 데모스테네스의 행동은 칭찬하지 않을 수가 없는 것이었다. 자기 딸이 죽은 슬픔은 집안 여자들에게 맡겨 둔 채로 국가의 이익을 먼저 생각하는 그의 모습은 참으로 훌륭하였다. 개인적인 슬픔을 뿌리치고 나라의 경사를 앞세운 그의 행동은 장한 일이며, 더욱이 월계관까지 써가며, 왕후장상으로 분장하여 무대에서 연기하는 배우보다 더 훌륭하게 자신의 역할을 수행한 것은 그의 품격을 잘 드러내 준다.

우리들의 이웃이 어떤 설움에 빠져 있을 때 그들을 위로하고 기쁜 생각을 하도록 돕는 것은 사람으로서 마땅히 해야 할 일이다. 의사는 시력이 약한 환자에게 자극적인 빛 대신 녹색이나 부드러운 색채를 보게 하는 것과 같이, 슬픔에 빠져 있는 한 집

---

28) 기원전 336년에 필리포스 왕을 죽임.
29) 필리포스는 카이로네아 전쟁이 끝나자 아테네 포로들을 돌려 보냈고, 부담스럽지 않은 조건으로 강화를 맺었다.

안을 위로하기 위해서는 조국의 번영에서 그 방법을 찾는 것이 옳다. 많은 독자들은 아이스키네스의 말처럼 나약하고 사내답지 못한 눈물을 흘릴지도 모른다. 그러나 나는 그런 감정에 싸여 데모스테네스를 인정머리 없는 사람이라고 여기는 것은 잘 못된 것이라고 생각한다.

그리스의 여러 도시는 또다시 데모스테네스의 노력으로 용기를 얻고 동맹을 맺게 되었다. 테베 사람들은 데모스테네스에게서 무기를 받아 테베에 주둔하고 있던 마케도니아 수비대를 공격하여 많은 적군을 죽였다. 그리고 아테네는 테베와 힘을 합쳐 싸울 준비를 갖추었다.

데모스테네스는 민회에서 최고의 권위를 발휘하였다. 그는 병력을 거느리고 있던 페르시아의 장군들에게 편지를 보냈다. 그 편지에는 마케도니아와 대항할 것을 설득하면서, 알렉산드로스를 철 모르는 아이라고 비웃으며 그를 공격하라고 격려하는 내용이 씌어 있었다.

그런데 알렉산드로스는 나라를 잘 평정시킨 다음 몸소 군대를 이끌고 테베의 영토인 보이오티아로 침입하였다. 그러자 아테네인들은 용기를 잃었고, 데모스테네스도 입을 다물어 버리고 말았다. 동맹국의 응원을 받지도 못하고 혼자 그들과 상대하던 테베 사람들은 결국 도시를 잃고 완전히 멸망하고야 말았다.

이런 심각한 사태에 이르자 아테네 시민들은 데모스테네스를 사절로 알렉산드로스에게 보냈다. 그러나 데모스테네스는 알렉산드로스의 노여움을 풀 자신이 없어 키타이론 산까지 갔다가 돌아와 버렸다. 그리고는 사절의 지위를 내놓고 말았다. 한편 역사가 이도메네오스와 두리스가 전하는 바에 의하면, 알렉산드로스는 아테네에 있는 열 명의 웅변가를 잡아 보내라는 요구를 했다고 한다. 그런데 더욱 믿을 만한 역사가들이 전하는 바에 의하면, 열 명이 아니라 여덟 명이었다고 한다. 즉, 그 여덟 명은 데모스테네스, 폴리에욱토스, 에피알테스, 리쿠르고스[30], 마이로클레스, 데몬, 칼리스테네스, 카리데모스를 가리키는 것이었다.

알렉산드로스의 요구를 들은 데모스테네스는 그를 가리켜 '마케도니아의 사나운 늑대'라고 비아냥거리면서, 자기들을 지켜준 개를 늑대에게 넘겨준 양의 우화를 아

---

30) '아테네의 카토'라고도 불렸던 아티카 10대 웅변가 중의 한 사람. 아테네의 재정에 힘써서 외항인 피라이우스와 무기고를 고쳤다고 전한다.

테네 시민들에게 돌려 주었다. 즉, 자신은 아테네 시민을 지켜 준 사람으로 그 이야기 속의 양 떼를 지켜 준 개와 같다는 것이며, 알렉산드로스는 늑대라는 비유인 것이다. 그는 또 다음과 같이 덧붙여 말했다.

"우리들을 그에게 넘겨 준다면 여러분은 자신을 넘겨 주는 것과 다름이 없습니다. 여러분들은 보리쌀 장수가 보리쌀의 견본만 가지고 다니면서 사람들에게 보여 주고는 가게에 있는 보리쌀을 모두 팔아치운다는 것을 알고 있을 것입니다. 그와 다를 바 없습니다. 처음엔 불과 몇 명 안 되는 사람을 요구하지만 마침내는 여러분 전체를 요구할 것입니다."

이 이야기는 아리스토불로스라는 카산드리아 인의 기록에 실려 있는 것이다.

아테네 시민들은 어떻게 해야 할지 막막했다. 그때 데마데스가 나서서, 알렉산드로스가 요구한 웅변가들과 상의한 뒤 5탈렌트의 사례금을 준다면 자기 혼자서 알렉산드로스를 만나보겠다고 말했다. 그리고 그는 알렉산드로스를 만나러 갔다. 그때 알렉산드로스가 데마데스를 좋게 생각했는지, 아니면 피로 배부른 사자라 그랬는지는 모르지만, 어쨌든 데마데스는 알렉산드로스를 만나 웅변가들을 보내라는 요구를 취소하게 만들었고 아테네와 평화 관계를 맺도록 하였다.

따라서 알렉산드로스가 아테네에 간섭을 하지 않게 되었을 때, 데마데스 일당이 큰 세력을 잡게 되었고 데모스테네스는 실각하게 되었다. 그 후 스파르타의 아기스 왕이 데마데스에 반대해 일어섰을 때, 데모스테네스는 아기스 왕을 응원했지만 아테네인들은 그를 지지하지 않았다. 결국 아기스 왕[31]이 전사하고 스파르타가 패하자 데모스테네스는 다시 물러날 수밖에 없었다.

이때에 저 유명한 '금관사건'으로 아이스키네스가, 데모스테네스에게 금관 수여를 제안한 크테시폰을 고발하는 사건이 발생했다. 이 소송은 원래 카이로네아 전투가 있기 얼마 전, 즉 카이론다스가 아르콘으로 있을 때 발생하였다. 그러나 10년의 세월이 흐른 후까지도 그 문제는 여전히 결말지어지지 않은 채 아리스토폰이 아르콘으로 있

---

31) 알렉산드로스가 원정하고 있는 동안 마케도니아에 대항하는 그리스인을 지도했던 아기스 3세. 그는 페르시아 제독이 보낸 군함과 돈을 가지고 압수스 강 싸움에서 도망한 8천 명의 그리스인을 모아 크레타와 펠로폰네소스 전쟁에서 승리함으로써 몇몇 도시를 마케도니아로부터 빼앗았다고 한다(기원전 331년). 그러나 메갈로폴리스를 포위 공격하던 중 안티파트로스와 힘겨운 전투를 치르다가 끝내 장렬한 최후를 맞이하고야 말았다. 그때 메갈로폴리스, 메세네, 아르고스, 아테네는 참전하지 않았다.

는 때에 다시 대두된 것이다. 어떤 정치적인 사건보다도 이처럼 커다란 관심을 불러일으켰던 사건은 없었을 것이다. 왜냐하면 첫째, 데모스테네스와 아이스키네스 두 웅변가가 신랄한 논쟁을 행했다는 점, 둘째, 재판관들이 오로지 법에 의거하여 공명정대하게 처리하였다는 점 때문에 그렇게 많은 관심거리가 되었을 것이다. 재판을 한 결과 아이스키네스는 전체 투표 중에 오분의 일[32]도 얻지 못했고, 데모스테네스는 무죄 판결을 받게 되었다. 그 재판이 있은 후 아이스키네스는 로도스 섬과 이오니아 해안의 여러 도시를 오가며 수사법을 가르치며 여생을 보냈다.

그 일이 있은 얼마 뒤에 하르팔로스(알렉산드로스의 재무관)는 아시아로 진출한 알렉산드로스의 진지에서 도망쳐 나왔다. 알렉산드로스는 사치스러웠던 까닭에 갖은 행패를 다 부렸다고 한다. 게다가 그즈음에 알렉산드로스의 성미가 사나워져서 부하 장교들마저 무슨 봉변을 당할까봐 두려워하는 상황이었으므로 그는 그곳에서 도망쳐 나올 수밖에 없었던 것이다.

아테네로 돌아온 그는 자신의 딱한 사정을 이야기하고 그의 재산과 배, 그리고 자신에 대한 처분을 아테네 시민들에게 맡겼다. 이때 웅변가들은 그의 재산에 눈이 뒤집혔다. 그래서 그들은 그를 두둔하며 정치적 망명을 허락하고 보호해 주어야 한다고 아테네 시민들에게 주장했다. 데모스테네스는 처음에 하르팔로스 때문에 전쟁이 일어날까봐 그를 쫓아 버려야 한다고 잘라 말했다. 며칠이 지난 후, 데모스테네스는 그의 재산을 살피다가 페르시아에서 그가 가져온 금잔을 탐이 나는 듯이 바라보았다. 그런 모습을 지켜본 하르팔로스는 얼마나 무거운지 들어보라고 데모스테네스에게 말했다. 그 금잔은 뜻밖에도 매우 무거웠다. 그는 금잔의 무게가 얼마나 되는지 하르팔로스에게 물었다.

"아마도 20탈렌트는 족히 될 겁니다."

하르팔로스는 입가에 미소를 띠고 있었다.

날이 어두워지자 하르팔로스는 금잔과 20탈렌트를 데모스테네스에게 보냈다. 눈치가 빠른 하르팔로스는 유심히 금잔을 들여다보는 데모스테네스의 눈초리를 보고서 그의 마음을 재빠르게 읽어냈던 것이다.

---

32) 오분의 일 표를 얻지 못한 고발자는 1천 드라크마나 되는 벌금을 물어야 했지만, 그 사람은 그 뒤 아테네 법정에 소송을 할 수 있는 권리를 빼앗겼다.

하르팔로스의 꾀에 넘어간 데모스테네스는 결국 그가 아테네로 망명하도록 허락하였다. 뇌물을 받은 다음날 아침에 데모스테네스는 목에다 털수건을 칭칭 감고 집회에 나타났는데, 시민들이 발언할 것을 요구하자 목소리가 나오지 않는 것처럼 손을 휘휘 저을 따름이었다. 비꼬기를 잘 하는 사람들은 그가 목에 털수건을 두른 것은 감기 때문이 아니라 뇌물 때문이라고 비아냥거렸다. 뇌물을 받고 난 데모스테네스는 하루 아침에 하르팔로스의 꼭두각시가 되어 버렸던 것이다. 이 사실을 알게 된 사람들은 크게 격분하였고, 데모스테네스가 아무리 변명하려 해도 비난의 소리만 높을 뿐 들어주지 않았다. 그때 한 사나이가 연단으로 뛰어올랐다.

"아테네 시민 여러분! 이제 잔을 들고 있는 사람[33]의 얘기를 들어볼까요?"

이렇게 하여 마침내 시민들은 하르팔로스를 아테네에서 몰아냈다. 그리고 웅변가들이 먹은 뇌물 때문에 가택 수색이 있을 것이라고 본 시민들은 먼저 손을 쓰느라고 웅변가들의 집을 뒤지는 일이 벌어졌다. 그때 신혼이었던 아레니다스의 아들인 칼리클레스의 집만은 뒤지지 않았다. 신부에게 실례되는 일은 하지 않기 위해서였다. 이상과 같은 이야기는 테오폼포스가 전하고 있다.

데모스테네스는 가택 수색을 거절하면서, 이 사건을 아레오파고스 법정으로 옮겨 유죄로 판결난 자들을 처벌하자고 제안하였다. 체면이라도 유지해 보려는 그의 생각이었다. 그러나 법정은 이미 그에게 유죄를 선고하였고, 그가 법정에 나타나 변명을 늘어놓았지만 결국은 50탈렌트의 벌금을 물게 하였다. 그러나 그는 벌금을 물지 않았고 감옥 생활을 해야 했다. 감옥 생활은 그의 몸을 쇠약하게 만들었고, 게다가 그는 수치스러움으로 몸둘 바를 몰라 했다. 그는 옥중 생활을 견디지 못해 간수가 부주의한 틈을 타서 탈출하였다.

아테네 시를 막 빠져나가 얼마 달아나지 못했을 때, 데모스테네스는 그를 쫓아온 몇 명의 적대자들을 발견하고 허둥지둥 몸을 숨기려 하였다. 그러나 그는 그들의 눈에 띄었고, 그들은 벌써 가까이 다가와 있었다. 그런데 그들은 여행을 하려면 돈이 좀 들 거라며 자신들이 가져온 돈을 받아 달라고 간청하는 것이었다. 그리고는 단지 그것을 전달하려고 뒤따라온 것이라는 말과, 용기를 잃지 말고 이 불행을 참아내라는 말까지 덧붙였다. 이 말을 들은 데모스테네스는 목놓아 울기 시작했다.

---

33) 그때에는 술잔치에서 차례로 잔을 돌리다가 그 잔을 든 사람은 연설이나 노래를 하곤 하는 관습이 있었다.

"적까지도 나를 위로해 주는 아테네와 같은 땅이 어디 있단 말인가? 아는 사람이 아무도 없는 남의 나라에서 내가 어찌 살 수 있을까?"

이렇게 해서 데모스테네스는 조국을 떠나 망명 생활을 하게 되었다. 그는 몹시 슬픈 심정으로 트로이젠과 아이기나를 방황하며 다녔다. 고국의 하늘을 멍하니 쳐다보던 그의 눈에는 눈물 방울이 흘러내리고 있었다. 세상에 이름을 떨치던 웅변가의 모습은 온데간데 없었다.

아테네를 떠날 때 그는 아크로폴리스를 향해 두 손을 높이 들어 이렇게 외쳤었다.

"아테네의 수호신 아테나 여신이여! 당신은 어찌하여 올빼미와 뱀, 그리고 민중, 그런 사나운 짐승들을 좋아하십니까?"

여기저기로 떠돌던 그에게 청년들이 찾아와 가르침을 청하곤 했다. 그때 그는 정치에는 관여하지 말라며 이렇게 말했다고 한다.

"정치가는 공포와 시기, 중상과 모략, 타인들을 배척하는 몹쓸 생활을 해야 한다네. 만약 누군가 정치와 죽음 중에 무엇을 택하겠는가고 묻는다면, 나는 차라리 죽음을 택하지 정치가가 되지는 않을 것이라고 말하겠네."

데모스테네스의 망명 생활이 한창이던 때에 알렉산드로스가 세상을 떠났다. 그러나 아테네의 장군인 레오스테네스를 중심으로 그리스가 단결하기 시작했다. 그는 마케도니아의 장군 안티파트로스를 라미아 시에 가두어 두고 주위에 성벽을 쌓고 있었고, 이를 지켜본 그리스인들이 다시 용기를 얻어 무장하고 일어섰던 것이다. 이때 마케도니아 편에 섰던 웅변가 피테아스와 '계란' 별명을 가진 칼리메돈은 안티파트로스에게로 도망쳤다. 그리고 그들은 안티파트로스의 부하 장군들과 사절들과 합세하여, 그리스 전역을 돌며 반란을 일으키거나 아테네에 편들지 못하도록 방해 공작을 펼쳤다.

이즈음에 아테네에서 몇 명의 사절들이 데모스테네스를 찾아와 협력해 줄 것을 요청했다. 데모스테네스는 그들과 협력하여 여러 도시를 돌아다니며 마케도니아 군을 그리스에서 몰아내자고 설득하였다.

양쪽의 사절들은 아르카디아에서 마주치게 되었다고 필라르코스는 전하고 있다. 그들은 각각 아테네와 마케도니아를 위해 서로에게 노골적인 욕설을 퍼부었다고 한다. 피테아스는 어떤 집에서 노새의 젖을 구해 들인다면 그 집안에는 틀림없이 아픈 사람이 있는 것을 알 수 있는 것처럼 아테네에서 사절이 올 정도라면 그 도시는 이미 병들었음을 알려 주는 것이라고 말하였다. 이에 질세라 데모스테네스는 그 말을 돌려 다음과 같이 공격하였다.

"노새의 젖이 병자를 구하는 것처럼 아테네의 사절을 반가이 맞아들인다면 나라를 구하게 될 것이오."

이처럼 재치있는 데모스테네스의 행동이 아테네 시민들에게 알려졌다. 그러자 시민들은 그를 다시 본국으로 불러들이자고 결의하였다. 이러한 제안은 데모스테네스의 사촌인 데몬에 의해 이루어졌다. 마침내 데모스테네스를 모시고 갈 배가 아이기나에 도착하였고 그는 그 배를 타고 무사히 아테네의 피라이우스 항구에 도착했다. 항구에는 아르콘과 제관들이 모두 나와 그를 따뜻이 맞아 주었다.

마그네시아의 데메트리오스는 그 귀환에 대해 전하고 있다. 데모스테네스는 그 옛날 알키비아데스보다도 더 명예롭게 귀국하게 된 것에 대하여 두 손을 높이 들어 감사했다고 전한다. 알키비아데스는 사람들이 압력을 넣어 돌아오게 하였지만 데모스테네스는 동포들의 요청에 의해 돌아온 것이었기 때문에 영광된 귀환이 아닐 수 없었던 것이다.

이전에 그가 내야 했던 벌금 문제는 간단하게 처리할 수 있는 것이 아니었다. 그런데 시민들은 한 가지 방법을 찾아냈다. 데모스테네스에게 제우스 소테르 희생제의 제단 장식을 맡겼던 것이다. 원래 이 제단 장식을 맡게 되면 그 수당으로 상당한 돈을 주어야 했는데, 아테네인들은 수당 대신에 그의 벌금을 면제해 주는 혜택을 베풀었던 것이다.

그러나 그리스는 얼마 지나지 않아 완전히 패망하고 말았다. 그가 귀국한 뒤에 고국에서 기쁨을 누린 것도 잠깐이었다. 메타기트니온 달에 크라논의 전투가 있었고, 그 다음 달인 보이드로미온 달에는 마케도니아 수비대가 무니키아를 침략하였고, 마침내 데모스테네스도 피아넵시온 달에 죽임을 당했던 것이다. 그때의 상황을 설명하면 다음과 같다.

안티파트로스와 크라테로스가 아테네로 쳐들어온다는 소문이 들렸다. 이 소문을 들은 데모스테네스는 동료들과 함께 겁을 먹고 꽁무니를 빼며 도망쳤다. 그러자 데마데스와 시민들은 그들을 사형시켜야 한다는 데 의견을 함께했다. 그러므로 도망친 그 일파들은 뿔뿔이 흩어져서 그리스의 여러 지방으로 피해 다니고 있었다.

안티파트로스는 그들을 잡기 위해 여러 지방으로 사람들을 보냈고, 총지휘는 정치범을 잡는 사냥개란 별명을 가진 아르키아스가 맡았다. 총지휘관인 아르키아스는 투리스 사람으로, 유명한 배우 폴로스의 스승으로 한때는 연극 배우였다고 전해진다. 또 헤르미포스는 아르키아스가 웅변가인 라크리토스의 제자라고 주장했고, 데메트리오스는 아르키아스가 한때 아낙시메네스의 문하에 있던 사람이라고 전하고 있다.

어쨌든 그는 사냥개란 별명에 맞게 웅변가인 히페리데스와 마라톤 사람인 아리토니코스, 데메트리오스의 형인 히메라이오스 세 사람을 아이기나의 아이코스 신전에서 찾아냈다. 그리고 그들은 당시 클레오나이에 머물던 안티파트로스에게 보내져 모두 사형당했다. 특히 웅변가인 히페리데스는 혀를 잘라 죽였다고 한다.

아르키아스는 데모스테네스가 칼라우리아 섬의 포세이돈 신전에 숨어 있다는 정보를 얻고, 작은 배를 모아 트라키아 장병들과 함께 그곳으로 찾아갔다. 그는 데모스테네스를 찾아내고는 안티파트로스는 절대로 모진 벌을 내리지 않을 테니 걱정지 말라며 그를 꾀었다. 그런데 그날 밤 데모스테네스는 아르키아스와 함께 비극의 배역을 맡아 누가 더 좋은 연기를 하는가 겨루는 꿈을 꾸었다. 꿈속에서 데모스테네스는 아르키아스보다 훨씬 멋지게 연기를 해냈다. 그러나 아르키아스의 분장과 소도구가 더 멋있기 때문에 데모스테네스가 졌다는 것이다. 이상한 꿈이었다.

그 꿈을 꾸고 난 데모스테네스는 아르키아스의 온갖 친절한 말이나 설득을 지긋이 듣고만 있었다. 그러다 그는 이렇게 말했다.

"아르키아스, 자네가 하는 연극을 구경하면서 나는 한 번도 잘한다고 감탄해 본 적이 없었네. 지금 자네가 나에게 약속하는 것도 그 연극처럼 곧이들리지 않네."

아르키아스는 불끈 화를 냈다. 그는 데모스테네스를 협박하기 시작했다. 그러자 데모스테네스는 다시 이런 말을 하는 것이었다.

"그게 바로 진짜 마케도니아의 신탁이지. 지금까지 당신은 연극을 한 게 맞지? 본국에 편지 한 장을 전하고 싶으니 잠시만 기다려 주게나."

그는 신전 안으로 들어가 편지를 쓸 듯이 두루마리 하나와 붓을 집어 들었다. 그는 무슨 말을 써야 할지 골똘히 생각하는 것처럼 붓대를 입에 가져갔다. 그러더니 갑자기 붓대를 깨물었고, 옷자락을 머리에 뒤집어 쓰며 꼬꾸라졌다. 문간에 서 있던 병졸들이 "비겁한 놈"이라고 욕을 퍼부었고, 아르키아스는 그에게 다가가 일어나라고 재촉하였다. 그리고 안티파트로스와 화해시켜 주겠다는 말을 덧붙였다.

그러나 데모스테네스의 몸에는 독이 퍼지고 있었다. 그는 머리를 들고 아르키아스를 노려보았다.

"이제, 자네가 비극 속의 크레온 노릇을 할 때가 되었네. 내 시체를 매장하지 말고 이대로 들에 버려 주게. 하지만 포세이돈 신이시여! 숨이 다하기 전에 저는 당신의 신전에서 나가야 합니다. 이 신성한 신전을 더럽히고 싶지 않습니다. 안티파트로스와 그 병사들은 당신의 신전 안에서 죽이기를 서슴지 않는군요."

말을 끝내고 그는 앞으로 걸어나갔다. 그러나 이미 힘이 다 빠져 있어 부축을 받아야 했다. 그러다가 갑자기 신음소리를 내면서 쓰러지더니 곧 숨을 거두고 말았다.[34]

아리스톤은 데모스테네스가 갈대로 만들어진 붓대통에 두었던 독약을 마셨다고 전한다. 그러나 파포스가 한 말이라고 하며 전하는 헤르미포스가 인용한 부분을 보면, 데모스테네스가 제단 옆에 쓰러지며 떨어뜨린 종이에는 '데모스테네스부터 안티파트로스에게'라는 글만이 씌어 있었다고 한다. 그가 쓰러지는 광경을 지켜본 한 병사는, 그가 헝겊에 싸여 있던 무언가를 입에다 넣는 것을 보았다고 한다. 헝겊에 싸여 있던 것은 독약이었던 것이다. 그러나 그 병졸들은 단지 금을 삼킨 것쯤으로 생각했던 것이다. 나중에 데모스테네스의 시중을 들었던 여종을 아르키아스가 조사한 결과, 데모스테네스는 급할 때 사용할 독약을 늘 팔찌에 숨기고 다녔다고 했다. 또 에라토스테네스도 데모스테네스가 항상 속이 빈 팔찌 속에 독약을 넣고 다녔다고 말했다.

데모스테네스의 죽음에 관해 많은 설이 있으므로 여기서는 이 정도로 그치고자 한다. 다만 그의 친척인 데모카레스의 말만은 빠뜨릴 수 없을 것 같다. 그의 의견에 따르면, 데모스테네스가 그렇게 갑작스럽게 어느 한편으로는 편안하게 세상을 등진 것은 절대로 독약의 도움이 아니라 마케도니아의 잔악함을 피하도록 신들이 돌보았기 때문이라는 것이다. 그는 피아넵시온 달 16일에 죽었다. 이 날은 부인들이 여신의 신전에서 밥을 굶고 모두 엄숙하게 보내는 테스모포리아 제삿날이었다. 아테네 시민들은 데모스테네스가 죽자 그에게 합당한 영광을 주었다. 그의 동상을 세웠고, 프리타네움에서 그의 장손을 언제나 특별한 대접을 하기로 결의하였다. 더불어 동상 받침대에 다음과 같은 글을 새겼다.

그대의 지혜만큼 그대 또한 용감했더라면

---

34) 기원전 322년 11월 10일.

마케도니아가 그리스를 지배하지는 못했을 것이다.

이 글은 칼라우리아 섬에서 독약을 마시기 바로 전에 자신이 직접 쓴 글이라는 이야기도 있다. 그러나 그것은 틀린 말이다.

필자가 아테네로 가기 직전에 이런 일이 있었다고 한다. 한 병사가 죄를 지어 상관 앞에 불려 가게 되었는데, 그는 상관에게 가던 도중에 데모스테네스 동상 앞을 지나며 마침 손에 쥐고 있었던 동전 한 닢을 그 동상 손에다 얹어 두었다고 한다. 그런데 동상 곁에 서 있던 플라타너스 나뭇잎 몇 개가 바람에 날렸는지 아니면 그 병사가 돈을 감추기 위해 일부러 따다 덮었는지는 확실치 않지만, 어쨌든 그 나뭇잎들이 한동안 병사의 돈을 덮고 있었다고 한다. 물론 병사가 나중에 돌아왔을 때 그 돈은 그대로 있었다. 이 일이 널리 알려지자 어떤 문인들은 글을 지어서 데모스테네스가 이처럼 돈을 탐내지 않는 청렴한 사람이었음을 노래하였다.

한편, 데모스테네스를 죽음에 이르게 한 데마데스는 오랫동안 세도를 부리지는 못했다. 데모스테네스의 죽음에 대한 신의 복수가 그를 따라다녔던 것이다. 결국 그는 마케도니아에서 자신이 아첨하던 자들에 의해 비참하게 살해되고 말았다.

마케도니아 정부는 일찌감치 그를 탐탁지 않게 여겼다. 그러다가 그가 페르디카스에게 보내는 편지를 가로채서 그의 음모를 알게 되었던 것이다. 편지에는 페르디카스에게 마케도니아를 쓰러뜨려 썩은 새끼줄, 즉 안티파트로스에 매달려 간신히 목숨을 이어가는 그리스를 구해 달라고 씌어 있었던 것이다.

일이 이렇게 되자 코린트의 디나르코스는 데마데스를 반역죄로 고발하였다. 안티파트로스의 아들 카산드로스는 머리 끝까지 치솟는 노여움을 이기지 못하고, 데마데스의 아들을 먼저 찔러 죽인 다음, 데마데스를 사형시키라고 명령하였다. 그는 인간이 받을 수 있는 가장 커다란 아픔을 받아야만 했다. 그렇게 해서 이 사건은 "배신자는 자기 자신부터 배신하게 된다"는 진리를 깨닫게 하였다. 이것은 데모스테네스가 항상 한 말이었으나 그들은 이 말을 믿지 않았다고 한다.

친애하는 소시우스여! 지금까지 말한 것이 데모스테네스의 삶에 대해 읽고 들은 이야기의 전부라네.

42

키케로

(CICERO, BC 106~43)

> 로마의 뛰어난 정치가이며 웅변가. 재무관, 법무관, 집정관 등을 지냈으며, 렌툴루스 일당의 음모를 밝혀내어 로마를 위기에서 구해냈다. 카이사르, 폼페이우스와 함께 당시 로마의 세력가였으며, 한때 클로디우스의 음모로 로마를 떠나 망명 생활을 하기도 했다. 안토니우스가 보낸 자객의 손에 의해 비참한 죽음을 맞았다.

키케로의 어머니 헬비아는 좋은 가문에서 태어났으며 훌륭한 여자였다고 한다. 그러나 아버지에 대해서는 정반대의 이야기가 전해 내려오고 있다. 어떤 역사가는 옷감을 표백하는 공장 일꾼의 아들로 자라났다고 말하고, 또 다른 역사가는 그의 족보를 툴루스 아티우스[1]에게까지 거슬러 올라간다. 툴루스는 볼스키 지방의 유서깊은 가문으로, 로마 군과 싸워 뛰어난 공적을 쌓았던 사람이다. 어쨌든 그의 조상 가운데서 키케로라는 이름을 제일 처음 썼던, 아마도 대단히 유명했던 사람이었던 것 같다. 왜냐하면 그 이름 자체는 놀림감이 될 만한 이름이었으나, 그 이후의 자손들은 그 이름을 버리지 않았을 뿐만 아니라 매우 영광스럽게 생각했기 때문이다.

---

1) 볼스키 사람으로 툴루스 아우피디우스이다. 키케로의 집안은 그 지방에 있던 아르피눔, 즉 오늘날 이탈리아의 아르피노에서 오랫동안 뿌리를 내리고 있었다.

키케로[2]라는 말은 라틴말로 살갈퀴를 뜻하는 것이었다. 맨 처음에 키케로라는 이름을 썼던 사람은 아마도 콩의 깍지 속처럼 코끝에 흠이 있었는지도 모르겠다.

이 전기의 주인공인 키케로만 하더라도, 관리가 되겠다면서 처음으로 정치에 발을 들여놓았을 때 친구들은 이름을 고치라고 권유했지만, 그는 키케로라는 이름을 스카우루스나 카툴루스보다 더 유명하게 만들겠다고 대답했다. 그리고 그가 재무관으로 시칠리아에 가 있을 때 은그릇을 신에게 바친 일이 있었는데, 거기에다가 그의 두 이름인 마르쿠스와 툴리우스라는 글자를 새기고, 맨 마지막에는 키케로 대신 콩 그림을 새겨 놓았다고 한다. 아무튼 그의 이름에 대해서는 이런 이야기들이 전해지고 있다.

키케로의 어머니는 1월 3일에 아무 고통도 느끼지 않고 그를 낳았다고 한다. 오늘날 로마에서 관리들이 황제의 만수무강을 빌며 제사를 지내는 날이 바로 이 날이다. 그런데 그의 유모의 꿈에, 지금 젖을 먹이고 있는 그 아기는 장차 로마에 큰 영광을 가져올 것이라는 예언이 있었다고 전해지고 있다. 이런 것들은 대개 망상이나 꿈, 아니면 실없는 소리라고 생각해 버리기 쉽지만, 키케로의 경우는 틀림없는 예언으로 믿을 수밖에 없다. 즉, 그는 학교에 다닐 나이가 되자 천재적인 소질을 나타내기 시작했으며, 친구들 사이에서 칭찬이 끊이지 않았다. 그래서 그 아이들의 부모들까지 도대체 키케로가 어떤 아이인지를 보려고 학교에 찾아올 정도였다.

그러나 생각이 모자라는 부모들은 아이들이 길을 다닐 때도 키케로를 가운데 세워 받드는 것을 보고, 자신의 아이들을 꾸짖었다. 유명한 철학자인 플라톤은, 지식과 학문을 사랑하는 사람은 어떤 종류의 지식이라도 다 받아들이며, 어떤 공부나 예술도 소홀히 하지 않는다는 말을 했는데, 키케로가 바로 그런 사람이었다. 그리고 그는 특히 시를 좋아했다고 하는데, 어렸을 때 쓴 시 가운데 〈폰티우스 글라우쿠스〉라는 짤막한 시는 오늘날까지도 남아 있다.

키케로는 나이가 들어가면서 여러 가지 방면에서 소질을 나타냈는데, 특히 시인으로서는 로마뿐만 아니라 그리스에서도 최고의 명성을 떨쳤다. 그리고 웅변술에 있어서 그의 명성은 지금까지도 빛을 잃지 않고 있다. 그러나 그 뒤에 나타난 많은 천재적인 시인들의 빛에 가려 그의 시 작품들은 잊혀지고 말았다.

---

2) 키케로라는 말은 살갈퀴라는 콩과 식물의 이름이었던 만큼 로마의 다른 가문의 이름들도 우스꽝스러운 것들이 많았다. 즉, 파비우스는 땅콩, 렌툴루스는 렌즈콩, 카툴루스는 강아지, 스카우루스는 안짱다리를 의미하는 것들이었다. 로마인들의 이름에 대한 이야기는 카이우스 마리우스의 전기에서도 이야기하였다.

어린 시절 키케로의 독서 모습

소년 시절의 학업을 마친 키케로는 곧 아카데미파의 철학자인 필로[3]의 강의를 듣게 되었다. 필로는 클리토마코스의 제자들 중에서도 가장 뛰어난 웅변 실력과 인격을 갖춘 사람이어서 로마 사람들로부터 큰 존경을 받고 있었다. 키케로는 또 원로원 의원이며 유명한 정치가였던 무키우스와도 가까이 지내며, 법률에 대한 지식을 넓혀갔다. 그리고 마르시 전쟁이 일어났을 때는 술라의 군대에 들어가 전쟁 경험을 쌓기도 했다.

그러나 나라가 내란의 소용돌이에 휘말리면서 군주제로 옮아가게 되자 그는 나라가 안정될 때까지 그리스 학자들과 사귀면서 학문을 연구하였고, 사색 속에서 조용한 시간을 보냈다.

그 뒤 술라가 정권을 잡으면서 정치적인 소란들은 조금씩 가라앉게 되었다. 그때 술라의 해방 노예 중에 크리소고누스라는 사람이 있었는데, 그는 정치범으로 몰려 사형당한 어떤 사람의 토지를 2천 드라크마라는 헐값에 사들였다. 그러나 사형당한

---

3) 카르타고의 학자인 클리토마코스의 제자. 필로는 아테네가 미트리다테스의 군대에게 점령 당하자 기원전 88년에 로마로 피난해왔다

사람의 아들인 로스키우스가 이 일에 불만을 품고, 그 토지의 가격이 250탈렌트의 가치가 있다고 주장하고 나섰다.

이 일 때문에 술라가 책임을 추궁당하게 되자, 그는 몹시 화를 내며 로스키우스에게 아버지를 죽였다는 죄를 씌워 고발을 해버렸다. 그리고는 크리소고누스를 증인으로 불러 여러 가지 증언을 하게 했다. 그러나 술라의 횡포가 두려워서 아무도 로스키우스를 변호해 주려 하지 않았다. 그러자 억울한 누명을 뒤집어쓴 로스키우스는 키케로를 찾아가 자기를 구해 달라고 부탁했다.

키케로의 친구들은 이렇게 좋은 기회는 좀처럼 오지 않는다면서 그 청년을 변호해 주라고 격려했다. 그러자 키케로도 선뜻 이 사건을 맡았다. 키케로는 그 청년을 변호하여 재판에서 이겼고, 이 일로 크게 이름을 떨칠 수 있었다.

그러나 술라의 보복이 두려워진 키케로는 몸이 아파서 휴양을 간다는 핑계를 대고 그리스로 여행을 갔다. 사실 그때 키케로는 몹시 야위어 있었고, 위가 약해서 음식도 많이 먹지 못하고 오후에 가벼운 식사만 할 수 있었다고 한다. 또 그의 목소리는 우렁차기는 했지만 거칠고 다듬어지지 않아서, 연설 도중에 소리를 너무 크게 지르면 저러다가 건강을 해치는 게 아닐까 염려될 정도였다.

키케로는 아테네에 가서 아스칼론의 안티오코스의 강의를 들었다. 그는 안티오코스의 유창한 말과 단정한 태도는 좋게 생각했지만, 그가 부르짖는 새로운 철학 이론에는 찬성하지 않았다. 그때 안티오코스는 신(新)아카데미파[4]에서 갈라져 나와 카르네아데스[5]의 학설에서 벗어나고 있었다. 안티오코스는 인식과 감각에 대한 이론 때문에 생각이 달라졌는지 아니면 클리토마코스나 필로파 학자들과 맞서기 위해서 그랬는지는 몰라도, 어쨌든 스토아학파의 이론에 많이 기울어져 있었다. 그러나 키케로는 신아카데미파의 이론을 더 좋아했으며, 만일 정치에서 뜻을 이루지 못한다면 아예 이곳으로 옮겨 와서 철학 연구에 평생을 바칠 생각까지 하고 있었다.

그러나 얼마 뒤 술라가 죽었다는 소식이 들려왔다. 그때 그는 적당한 운동으로 몸도 건강해져 있었고, 목소리도 잘 다듬어져 우렁차고 듣기 좋은 소리를 내고 있

---

4) 아르케실라오스가 시작한 이론으로, 이 이론은 어떤 일도 절대적으로 확실한 것은 없으며, 감각을 바탕으로 한 지식은 진실이 아니라고 주장했다. 그러므로 이 사상은 스토아학파에 가까운 구 아카데미파와는 완전히 달랐다

5) 클리토마코스의 스승.

었으며, 로마의 친구들로부터도 어서 돌아오라는 편지가 날아들었다. 그리고 안티오코스도 정계로 나가라고 권유하였다. 그래서 그는 마치 무기를 닦는 것처럼 열심히 웅변을 연습하고 더 유명한 수사학자들을 찾아다니며 정치적인 역량을 길렀다. 그는 아시아로 가서 아드라미티움의 크세노클레스, 마그네시아의 디오니시오스, 칼리아의 메니포스 등에게서 가르침을 받았다. 그리고 다시 로도스 섬으로 건너가 몰론의 아들인 아폴로니오스 밑에서 웅변술을 배우고, 포시도니오스로부터 철학을 배웠다.

키케로가 로도스 섬에 있을 때 이런 일이 있었다. 아폴로니오스는 로마어를 잘 몰랐으므로, 키케로에게 그리스어로 글을 지어 웅변을 해 보라고 말했다. 키케로는 그가 시키는 대로 했다. 그런데 연설이 다 끝나고 나자 다른 사람들은 모두 감탄과 칭찬을 아끼지 않는데 아폴로니오스는 아무 말도 없이 잠자코 있기만 했다. 생각에 빠져 있는 그를 키케로가 불안스럽게 쳐다보자 아폴로니오스는 이렇게 말했다.

"키케로! 나는 칭찬과 감탄의 말밖에는 다른 할 말이 없네. 내가 이러고 있는 건 그리스의 딱한 운명 때문이라네. 지금까지 우리가 자랑해 왔던 것은 학문과 웅변뿐이었는데, 이제 그것마저 로마에 빼앗기게 되었으니 말일세."

키케로는 큰 기대를 품고 다시 정치에 뛰어들기로 마음먹었다. 그런데 어떤 신탁이 내려오는 바람에 그의 이러한 열기는 많이 식어 버렸다. 그가 델포이에 가서 어떻게 하면 큰 명성을 얻을 수 있겠느냐고 묻자, 자기 천성대로 살아야지 사람들의 의견을 좇아서는 안 된다는 신탁이 내려왔던 것이다. 그래서 그는 로마에 돌아와서도 모든 행동을 삼가며 관직에도 나서려 하지 않았다. 그러므로 사람들 사이에서도 두드러진 평가를 받지 못했고, 사람들은 그에게 '그리스 사람'이니 '샌님'이니 하는 별명을 붙이기도 했다.

그러나 그는 원래 큰 야망을 타고난 데다가 그의 아버지나 친구들의 권유 또한 열렬했으므로 법정에 나가서 다른 사람을 변호하는 일에 두드러진 활동을 보이기 시작했다. 그런데 그는 조금씩 명성을 얻게 된 것이 아니라 한 번에 높이 뛰어올라 모든 변호사들 사이에서도 가장 큰 빛을 내게 된 것이었다.

키케로도 사실 처음에는 데모스테네스처럼 몸짓이 어색했다고 한다. 그래서 희극 배우 로스키우스와 비극 배우 이솝에게서 말할 때의 몸짓을 배웠다고 전한다. 이 이솝에 대해서는 이런 이야기가 전해지고 있다. 언젠가 그는 아트레우스[6]라는 역할을 맡아 티에스테스에게 복수를 하려고 잔뜩 벼르는 장면을 연기하게 되었다. 그런데 그는 연기에 너무나 빠진 나머지 지나가는 자신의 하인을 지팡이로 때려 그 자리에서 숨지게 했다고 한다.

키케로의 웅변은 이러한 면을 본받아 더욱더 힘을 갖게 되었다. 그는 소리를 지르면서 말하는 웅변가들을 몹시 비웃었는데, 마치 절름발이가 뛰려는 것처럼 웅변에 재능이 없기 때문에 소리만 지르는 것이라고 얘기하였다. 그는 재치있고 날카로운 말을 많이 사용했기 때문에 법정에 서서 변호를 하기에는 아주 적당했지만, 그 정도가 지나쳐서 많은 사람들의 감정을 해쳤으므로 잦은 원망을 듣기도 했다.

로마에 흉년이 들어 식량이 부족했을 때 키케로는 재무관으로 임명되어 시칠리아로 건너갔다. 그는 그곳에서 강제로 식량을 모아 로마로 보냈으므로 섬사람들은 그를 무척 원망하였다. 그러나 그가 얼마나 공정하고 너그럽게 일을 처리하는지를 차차 알게 되자, 그들은 키케로를 지금까지의 어느 총독보다 더 존경하게 되었다. 또 로마의 유명한 가문 자제들이 군대의 규율을 어지럽힌 죄로 시칠리아에 끌려 왔을 때는 그들의 변호를 맡아 그들을 무죄로 석방시킨 일도 있었다. 그런데 키케로는 이런한 일들로 무척 뿌듯해하며 로마로 돌아오다가 아주 재미있는 일이 있었다고 스스로 전하고 있다.

그는 캄파니아[7]에서 로마의 명사가 된 그의 친구를 만나게 되었다. 키케로는 그 친구를 보고, 자기가 시칠리아에서 세운 업적에 대해 로마에서는 어떤 이야기가 나오고 있느냐고 물었다. 그는 마음속으로, 로마에서는 분명히 자신에 대한 칭찬의 소리들이 들끓고 있으리라고 생각하고 물었던 것이다. 그 친구는 뜻밖에도 이렇게 되물었다.

"그런데 그동안 자네는 어디서 뭘 하고 지냈나?"

이 말을 들은 키케로는 자신이 한 일이라는 것이 마치 로마라는 커다란 바다에 돌멩이 하나를 던진 것처럼 보잘것없다는 것을 알고 무척 실망하였다. 그는 이 일로 인

---

6) 트로이 전쟁 때 그리스 연합군의 총사령관이었던 아가멤논의 아버지로, 미케네의 왕이었다. 그의 동생 티에스테스가 자신의 아내와 정을 통한 것을 알고 분노하여, 티에스테스의 아들들을 죽이고 그 몸으로 요리를 하여 잔인하게도 아버지인 티에스테스에게 먹였다. 이 사건이 발단이 되어 이 왕가에는 대대로 추잡한 사랑 문제와 살인 사건이 끊이지를 않았다고 한다. 이 사건은 아이스킬로스의 〈아가멤논〉, 소포클레스의 〈엘렉트라〉, 아이스킬로스가 지은 〈에우메니데스〉 등의 비극에 잘 나타나 있다.
7) 온천과 경치가 유명한 로마 사람들의 휴양지.

해 자신이 얻고자 하는 명예는 끝도 없이 아득하고 먼 곳에 있다는 것을 깨닫고 그 전보다 겸손해지게 되었다. 그러나 그는 너무도 큰 명예욕에 불타고 있었기 때문에 언제나 남보다 월등한 칭찬을 받고 싶어했고, 죽을 때까지 이것을 위해 몸부림쳤다. 그래서 이 지나친 명예욕 때문에 현명한 판단을 흐리는 일도 적지 않았다.

정치에 대한 결심을 굳히고 직접 활동을 하기 시작하자 그의 생각도 조금씩 변해 갔다. 그는 생명이 없는 연장이나 도구를 다루는 장인들도 그 물건 하나하나의 이름과 놓을 장소, 그리고 사용하는 방법까지 잘 알고 있는데, 하물며 사람을 다루는 정치인이 시민들에게 소홀하거나 무관심하는 것은 수치스럽고 어리석은 일이라고 생각하게 되었다. 그래서 그는 유명한 시민들에 대해서는 그가 사는 곳, 가지고 있는 토지, 친한 친구나 이웃까지도 모두 외워 버렸다. 그 결과 그는 이탈리아의 어떤 길을 여행할 때도 저 집은 누구의 집이며 저 땅은 누구의 땅이라는 것을 다 가리킬 수 있을 정도가 되었다.

키케로의 재산은 생활하는 데는 지장이 없었지만 그리 넉넉한 편이 못 되었다. 그러나 그는 변호를 해주고 보수를 받지 않았으므로 그에 대한 칭찬이 자자했다. 그러나 무엇보다도 그의 신망을 다져준 것은 시칠리아의 법무관이었던 베레스의 변호를 맡았던 일 때문이었다. 베레스는 비리 때문에 시칠리아 시민들로부터 고발을 당했는데, 이때 키케로는 변호를 해준 것이 아니라 변호를 해주지 않음으로써 그가 유죄 선고를 받게 했다. 그때 법관들은 베레스를 위해 갖은 수단을 동원하여 재판을 자꾸 연기하다가, 드디어 마지막 날이 되어서야 재판을 열었다. 그 날 하루에는 도저히 변호사의 변론을 끝내고 결말까지 지을 수 없을 것이라고 생각했던 것이다. 그러나 그때 키케로는 자리에서 일어나, 이 사건은 변론을 할 필요도 없다면서 곧 선고를 내리라고 요구했다. 그가 했던 얘기 중에서 몇 가지 재치있는 말들을 들어보면 다음과 같다.

유대교에 빠져 있던 카이킬리우스라는 해방 노예는 시칠리아 사람들을 제쳐놓고 자기가 베레스의 고발자로 나서려 했다. 그러자 키케로는 그를 향해 이렇게 쏘아붙였다. "유대인과 돼지[8]는 무슨 인연이 있소?"

로마어로 베레스는 수퇘지라는 뜻으로, 이것을 이용해서 카이킬리우스를 공격했던 것이다. 베레스에게는 장성한 아들이 하나 있었는데, 젊은 사람이 씩씩하지 못하

---

8) 유대교에서는 돼지를 더러운 짐승이라고 여겨 그 고기를 먹지 않았다

고 건달처럼 돌아다닌다는 소문이 있었다. 그런데 베레스가 키케로를 보고 건달 같은 생활을 하고 있다고 비난하자 키케로가 대꾸했다.

"그런 충고는 집에 가서 아드님에게나 하시지요."

또 웅변가 호르텐시우스는 베레스를 드러내놓고 변호하지는 않았지만 그가 낼 벌금을 좀 낮추어 주기로 약속하고 그 보수로 상아로 만든 스핑크스[9]를 받았다. 이 사실을 알고 있던 키케로는 변론을 하는 도중에 말을 빙빙 돌리면서 그에게 빈정거렸다. 그때 호르텐시우스가, 자신은 수수께끼는 잘 풀지 못한다 말하자 키케로는 이렇게 쏘아붙였다.

"집에 스핑크스를 두고 있는 사람이 어째서 모른다는 말만 하시오?"

이렇게 해서 결국 베레스는 유죄 판결을 받고, 75만 드라크마를 벌금으로 내게 되었다. 그때 키케로는 뇌물을 받고 베레스의 벌금을 줄여 주었다는 의심을 받았다. 그러나 시칠리아 사람들은 이 일을 무척 고맙게 여겼고, 나중에 조영관[10]이 되었을 때는 여러 가지 선물도 보내왔다. 키케로는 이 물건들을 개인적으로 쓰지 않고, 그것을 보낸 사람들의 마음을 생각해서 물가를 안정시키는 데 이용하였다.

그는 아르피에 좋은 별장을 가지고 있었으며, 나폴리 근처와 폼페이에도 농장을 가지고 있었다. 그러나 둘 다 그리 큰 것은 아니었다. 그에게는 아내 테렌티아가 결혼할 때 가지고 온 10만 데나리우스와 자신이 물려받은 9만 데나리우스[11] 가량의 재산이 있었다. 키케로는 이 재산을 가지고 알뜰하게 살림을 꾸려가면서, 그리스와 로마에서 온 학자들을 손님으로 맞아 가깝게 지냈다고 한다.

그는 해가 지기 전에 식탁에 앉는 일이 매우 드물었다. 일이 너무 바빠서였기보다는 오히려 위가 너무 약했기 때문에 건강을 위해서 그랬던 것이다. 또 평소에도 자신의 건강에 대해 세심한 주의를 기울여 매일 산책을 하고 규칙적으로 안마를 받았다. 이렇게 몸을 단련하여, 그는 앓아눕는 일도 없어졌고 나중에는 심한 피로도 극복할 수 있게 되었다.

---

9) 머리는 남자, 몸은 사자의 모습을 한 괴물로, 고대 이집트에서는 신의 사당이나 무덤 앞에 이것을 세워 놓았다. 그러나 그리스 신화에 등장하는 스핑크스는 여자의 머리에 날개달린 사자의 몸을 하고 있다. 스핑크스는 길가에서 사람에게 수수께끼를 냈는데 만약 답을 맞추지 못하면 그를 죽였다고 한다.

10) 호민관을 돕는 직책으로 원래는 두 명이었으며, 감옥이나 신전을 관리하고, 공공 문서를 감독했다. 그러나 기원전 367년에 네 명으로 늘어났고, 로마 시 전반에 대한 관리를 맡았다.

11) 로마의 은화 단위.

키케로는 아버지로부터 물려받은 집을 동생에게 주고, 팔라티누스 언덕에 집을 지어 거기서 살았다. 자신을 찾아오는 손님들에게 먼 길을 오는 수고를 덜어 주기 위한 것이었다. 사실 매일 수많은 사람들이 그를 찾아왔다. 그 당시 로마에서 가장 큰 세력을 쥐고 있었던 사람은 크라수스와 폼페이우스였는데, 크라수스는 재산을 많이 가지고 있었고 폼페이우스는 군대에서 큰 세력을 가지고 있었기 때문에 많은 사람들이 그들을 찾았다. 그러나 그들처럼 큰 세력도, 많은 재산도 없는 키케로에게도 그들에 못

키케로

지 않을 정도로 많은 사람들이 찾아왔다. 심지어 폼페이우스도 그의 힘을 빌리기 위해 자주 찾아왔는데, 따지고 보면 폼페이우스의 정치 활동에 끼친 그의 영향은 결코 적은 것이 아니었다.

그 뒤 키케로는 법무관에 출마를 했다. 그는 이름난 여러 사람들을 모두 물리치고 가장 많은 표를 얻어 법무관에 당선되었다. 그리고 법무관을 지내면서 그는 항상 정의의 편에 섰으며 사건들을 아주 공정하게 처리하였다. 그런데 어느 때인가 리키니우스 마케르라는 사람이 불법적으로 재산을 손에 넣었다는 혐의로 고발을 당하게 되었는데, 마침 키케로가 재판을 맡게 되었다. 이 사람은 로마 시내에서 제법 큰 세력을 가지고 있었고, 크라수스의 지지까지 받고 있었으므로 법정에서도 아주 건방지게 굴었다. 그는 법무관들이 선고를 하기 위해 합의하고 있을 때 집으로 돌아가 이발을 하고 옷을 갈아입고는, 마치 석방이라도 된 사람처럼 다시 공회장으로 나가려고 했다. 그러나 집을 나서다가 크라수스를 만나, 만장 일치로 유죄 판결이 내려졌다는 소식을 듣게 되었다. 리키니우스 마케르는 이 말을 듣자 곧 집으로 들어가 침대로 쓰러지더니 그대로 숨이 끊어지고 말았다. 이 판결로 키케로가 얼마나 법을 잘 다루는지가 알려지게 되어 그는 더 큰 명예를 얻게 되었다.

또한 바티니우스라는 사람이 있었는데, 그는 목 여기저기에 혹이 난 성질 사나운 사람으로 법정에서도 무척 건방지게 행동했다. 그런데 언젠가 그가 법정에 나와서

키케로에게 어떤 일을 요구했는데 키케로가 선뜻 들어주지 않았다. 그러자 바티니우스는, 자기가 법무관이라면 그런 요구는 무조건 다 들어줄 것이라고 말했다. 이 말을 들은 키케로는 그를 바라보며 이렇게 대꾸했다.

"당신처럼 굵은 목[12]을 가졌다면 나도 그렇게 했을 거요."

키케로의 임기가 이틀 정도 남았을 때였는데, 마닐리우스가 공금을 횡령했다는 혐의로 그의 앞에 끌려왔다. 그러나 마닐리우스는 평민들의 절대적인 지지를 받고 있는 사람이었고, 단지 폼페이우스와 친하다는 것 때문에 억울한 누명을 쓰게 된 것이라고 생각되었다. 그런데도 그는 마닐리우스가 재판을 좀 연기해 달라고 하자 단 하루의 여유만 허락해 주었다. 보통 피고인이 이런 요구를 했을 때는 10일 정도의 여유를 주는 것이 관례였으므로 평민들은 키케로에게 불만을 품었다. 호민관들은 사람들 앞에 키케로를 불러내어 그 책임을 물었다. 키케로는 그들에게 다음과 같이 말했다.

"나는 지금까지 법이 허락하는 한 너그럽고 인도적인 태도로 피고인들을 대해 왔습니다. 그리고 마닐리우스에 대해서도 그렇게 하지 않으면 안 된다고 생각합니다. 그러나 내가 법무관으로서 일할 수 있는 시간은 단 하루밖에 남지 않았으므로 그 하루를 연기해 준 것입니다. 만약 다음 법무관에게 이 일을 미룬다면 그것은 마닐리우스를 돕는 것이 아니라고 생각합니다."

이 말에 사람들의 마음은 완전히 바뀌어 키케로를 칭찬하는 소리가 나오기 시작했다. 그리고 키케로에게 이 사건을 맡아 달라고 외쳤다. 키케로는 그들의 요구를 기꺼이 받아들이고, 폼페이우스의 과두 정치를 반대하는 자들을 날카롭게 공격하였다.

그 뒤 귀족들뿐만 아니라 평민들도 키케로를 집정관 후보로 추천하였다. 이처럼 평민과 귀족의 두 세력이 힘을 합쳐 그를 집정관으로 앉히려는 데는 좀 특별한 이유가 있었다.

이전에 술라가 실시한 정치적인 개혁은 처음에는 무리한 것처럼 보였다. 그러나 시간이 지나면서 자리가 잡혀 이제는 그리 나쁘지 않은 제도로 받아들여졌다. 하지만 민중을 위해서가 아니라 자신들의 이익을 챙기기 위해 정부를 뒤흔들고 개혁을 부르짖는 사람들도 없지는 않았다. 그때 폼페이우스는 폰토스 및 아르메니아와 싸

---

12) 이 사람은 그 뒤 기원전 47년에 집정관이 되었다. 그래서 로마 사람들은 이 사람처럼 염치없는 사람을 '굵은 목'이라고 빗대어 말했다.

우기 위하여 로마를 떠나 있었으므로 그들을 억제할 만한 사람이 없었다. 더구나 그들은 루키우스 카틸리나라는 사납고 횡포한 인물을 지도자로 내세우고 음모를 꾸미기 시작했다. 카틸리나는 여러 가지 죄를 짓고 있었지만, 특히 자신의 딸을 범하고 자기 동생까지 살해한 악질적인 인간이었다. 그러나 그는 술라에게 부탁을 해서 자기 동생이 아직 살아 있는 것처럼 꾸미고는, 추방시킬 대상자의 명단에 동생의 이름을 넣도록 하였다.

불법적인 개혁을 꾀하던 자들은 카틸리나를 우두머리로 떠받들고 온갖 맹세로 그들의 단결을 확고히 했다. 그들은 심지어 사람을 죽여 그 고기를 먹으면서 맹세를 할 정도였다. 또 카틸리나는 로마의 청년들을 술과 여자로 꾀어내어 자기 손 안에 넣었으며, 그런 일을 위해 돈을 물쓰듯 쓰고 있었다. 뿐만 아니라 그는 에트루리아와 갈리아 지방 사람들을 선동하여 반란을 일으켰다.

한편 로마 자체도 큰 어려움에 빠져 있었는데 그 원인은 재산의 분배가 평등하지 못한 데 있었다. 즉, 귀족이나 높은 지위에 있는 사람들은 향락과 제전, 선거 운동, 그리고 엄청난 건축물을 짓는 데 많은 재산을 써 버렸다. 그렇게 해서 빠져나간 돈은 모두 돈을 바르게 사용하지 못하는 사람들에게 흘러들어가고 있었던 것이다. 이와 같이 병든 상태에 놓이게 된 로마는 용기가 있는 사람이 나타나기만 하면 곧바로 동요가 일어나 금방이라도 전복될 위기에 놓여 있었다.

그러나 카틸리나는 자신의 계획을 실현시키기 위해서는 무엇보다도 강한 권력을 가져야 한다고 생각하고 집정관 후보로 출마하였다. 그리고 카이우스 안토니우스를 동료 집정관으로 선출시키기 위해 애를 썼다. 사실 이 사람은 좋은 일에서든 나쁜 일에서든 지도자가 될 만한 인물은 아니었지만 그를 이용하면 권력을 얻는 데는 큰 도움이 되리라고 생각했던 것이다.

명예를 존중하는 대부분의 선량한 시민들은 이러한 움직임을 눈치 채고서 키케로를 적극적으로 추천하였다. 그러자 평민들도 그를 지지하고 나서서 마침내 카틸리나를 물리치고 키케로와 카이우스 안토니우스가 집정관의 자리에 앉게 되었다. 그때 입후보했던 사람들 중 기사 출신이었던 사람은 오직 키케로 하나뿐이었고, 나머지는 모두 원로원 의원의 계급에 속한 사람들이었다. 그러나 키케로는 그들을 모두 물리치고 집정관의 자리에 올랐던 것이다.

그러나 카틸리나는 아직 음흉한 계획을 표면에 드러내지는 않았지만 집정관이 된 키케로의 앞길에는 커다란 암초가 놓여 있었다.

술라의 법률에 의해 공직에 나갈 자격을 빼앗긴 사람들의 그 숫자도 많았고, 그들의 세력도 아주 컸다. 그런데 그들이 이제 민중의 환심을 사려고 애쓰면서 계속 후보로 출마하였고, 술라의 전제 정치를 공격하기 시작했다. 물론 그들이 공격하는 내용은 정당한 것이었으나 어지러운 나라를 더욱 혼란에 빠뜨리는 결과를 낳고 말았다.

그리고 호민관들도 10인 위원회를 만들어서 그들에게 나라의 모든 권력을 맡기자는 새로운 법안을 제안하였다. 즉, 그들은 이 위원회에게, 이탈리아와 시리아, 그리고 폼페이우스가 새로 정복한 땅들을 마음대로 팔 수 있는 권리, 누구든지 재판을 통해 추방시킬 수 있는 권리, 식민지를 개척하는 권리, 그리고 국고금을 마음대로 사용하며, 필요한 만큼의 군대를 뽑아 그들을 양성할 수 있는 권리를 주자는 것이었다.

이 제안에 대해 귀족들은 많은 지지를 보냈다. 그리고 키케로의 동료 집정관이던 안토니우스도 이 위원회의 한 사람이 되기를 기대하면서 이 제안을 지지했다. 사실 안토니우스는 카틸리나의 음모가 무엇인지를 잘 알고 있었지만 자신이 지고 있는 빚 때문에 오히려 그들의 음모가 성공하기를 바라고 있었다. 그러므로 많은 귀족들은 안토니우스에 대해 큰 불안을 느끼고 있었다.

키케로 또한 이것 때문에 걱정이 많았다. 그래서 그는 안토니우스가 마케도니아의 총독으로 임명되도록 힘을 썼다. 이때 키케로는 갈리아의 총독으로 임명되었지만 사양을 했다. 이런 은혜를 입은 안토니우스는 마치 돈만 주면 무슨 역할이라도 하는 연극 배우처럼 키케로가 나라를 위해 내놓는 의견에는 무조건 찬성의 뜻을 나타냈다. 이렇게 해서 안토니우스를 마음대로 조종할 수 있게 된 키케로는 더욱 자신감을 가지고 음모자들을 공격하기 시작했다.

키케로는 원로원에서 10인 위원회의 제안을 날카롭게 공격하여 그들을 당황하게 만들었다. 그러자 그들도 겁이 났는지 아무도 입을 열지 못했다. 그러나 음모자들은 다시 고개를 들고 빈틈없이 준비를 갖춘 다음 민회를 열고 집정관들의 참석을 요구했다.

키케로는 조금도 동요하지 않고 원로원 의원들과 함께 태연히 그 자리에 나타났다. 그리고는 성난 파도와 같은 웅변을 토하여 그들의 제안을 부결시켜 버렸다. 그러자 겁을 먹은 호민관들은 다른 계획들까지도 모두 취소해 버렸다.

이렇게 해서 키케로는 웅변이 얼마나 큰 힘을 가지고 있으며, 정의로운 웅변이 힘을 빌렸을 때는 또 얼마나 강한 힘을 내는지를 뚜렷이 보여 주었다. 뿐만 아니라 정치가들은 민중이 듣기 좋아하는 말만 골라서 할 것이 아니라 항상 올바르고 정의로운 일을 부르짖어야 하며, 유익한 말을 하되 감정을 다치게 하는 말은 피해야 한다는 것을 깨닫게 해주었다. 키케로의 웅변이 얼마나 큰 힘을 가졌는지는 그가 집정관으로 있을 때 극장에서 했던 연설을 보면 알 수 있다.

원래 로마에서는 기사 계급들도 평민들과 한데 섞여서 연극을 구경하였다. 그러나 마르쿠스 오토가 법무관으로 있을 때 기사 계급을 위한 특별석이 마련되어, 오늘날처럼 평민들보다 좋은 자리에 앉을 수 있게 되었다. 그런데 시민들은 이것이 자신들을 무시한 처사라고 생각하여, 오토가 극장에 들어오면 "우우, 우우" 하는 소리를 내며 야유를 보냈다. 반대로 기사들은 오토에게 감사의 박수를 보내어 시민들의 야유소리를 누르려고 하였다. 그러자 극장 안은 야유와 박수소리로 소란해졌으며, 나중에는 욕설까지 오가는 큰 소동이 일어나고 말았다.

키케로는 이 소식을 듣고 곧장 극장으로 달려가 사람들을 벨로나 신전 앞에 모이게 했다. 그리고는 훈계의 연설을 했는데, 그러면서도 그들의 마음을 전혀 상하지 않게 하면서 설득하였다. 그러므로 다시 극장으로 돌아간 사람들은 기사들에 못지 않을 정도로 오토에게 존경과 환호를 보냈다.

그런데 카틸리나를 비롯한 음모자들은 얼마 동안 잠잠하게 지내더니 어느 틈엔가 다시 용기를 회복하였다. 그들은 폼페이우스가 군대를 이끌고 돌아오기 전에 계획했던 일을 해치우려고 서두르기 시작했다. 곧 폼페이우스가 돌아온다는 소식이 전해지고 있었기 때문이었다.

그때 카틸리나가 특히 의지하고 있었던 것은 과거에 술라를 섬겼던 병사들의 힘이었다. 병사들은 군대가 해산되자 이탈리아 각지에 흩어져 있었는데, 그 중에서도 가장 사나운 무리들은 에트루리아 근처에서 마음대로 재물을 약탈할 꿈을 꾸고 있었다. 이들은 술라 밑에서 뛰어난 공을 세웠던 만리우스를 우두머리로 내세우고 카틸리나를 돕기 위해 로마에 들어왔다. 카틸리나를 집정관으로 뽑고, 선거로 소란한 틈을 타서 키케로를 죽이려는 것이었다. 그런데 신도 앞일을 예언하려는 듯 천둥과 지진을 보내고 이상한 환영을 많이 나타나게 해서 큰 소란이 날 것을 미리 알려 주었다.

사람들의 웅성거리는 소리만으로도 카틸리나의 음모는 의심할 여지가 없었지만, 카틸리나는 귀족으로서 큰 세력을 가지고 있었기 때문에 그것만 가지고는 죄를 따질 수가 없었다. 그러므로 키케로는 일단 선거 날짜를 미루고 카틸리나를 원로원으로 불렀다. 그리고는 들리는 소문에 대해 여러 가지 질문을 했다. 그러자 카틸리나는 원로원 안에도 자신의 의견을 지지하는 사람들이 많을 것으로 생각했고, 또 자신의 세력을 자랑해 보고 싶은 욕심도 있었기 때문에 이렇게 무례한 말을 했다.

"내가 도대체 무슨 해를 끼쳤다고 이러시오? 몸뚱이가 둘이 있는데, 하나는 머리가 있는 대신 여위고 말라 볼품없이 되어 있고, 또 하나는 튼튼하고 건강하지만 머리가 없길래, 그 머리에다가 튼튼한 몸을 붙여주려고 그러는 거요."

물론 이 말은 원로원과 민중들을 빗대서 한 말이었다.

이런 말을 들은 키케로는 무척 걱정스러워졌다. 그래서 그는 갑옷을 입고 귀족들의 호위를 받으면서 집을 나섰고, 다시 청년들의 경호를 받으면서 선거장인 군신의 광장으로 갔다.

그곳에 도착한 키케로는 일부러 어깨에 걸쳤던 웃옷을 떨어뜨려 그 속에 입은 갑옷을 민중들에게 보여 주었다. 자신에게 큰 위험이 닥치리라는 것을 미리 알려 주려는 것이었다. 이것을 본 시민들은 곧 키케로를 보호하기 위해 그를 에워쌌다. 그리고 투표를 통해 카틸리나를 또 한 번 물리치고, 실라누스와 무레나를 집정관으로 선출하였다.

그 얼마 뒤 에트루리아에서 술라의 잔당과 카틸리나 군이 힘을 합쳐 부대를 편성하였다. 그리고 이들이 반란을 일으킬 날짜가 다가오고 있던 어느 날 밤, 키케로의 집으로 여러 사람들이 모여들었다. 그들은 로마에서 가장 이름높은 사람들로 마르쿠스 크라수스, 마르쿠스 마르켈루스, 스키피오 메텔루스 등이었다. 그들이 이렇게 달려온 것은 다음과 같은 일 때문이었다.

그날 저녁 크라수스가 저녁 식사를 마쳤을 때, 어떤 사람이 주고 갔다면서 문지기가 여러 통의 편지를 들고 왔다. 그 편지들은 각각 다른 사람들에게 보낸 것이었는데, 그 중 한 통은 크라수스에게 온 것이었다. 크라수스는 보낸 사람의 이름도 적혀 있지 않은 그 편지를 뜯어 보았다. 그런데 그 편지에는 카틸리나가 로마에 엄청난 피를 불러올 것이니 어서 몸을 피하라는 내용이 적혀 있었다. 크라수스는 너무나 놀라 다른 편지들은 열어 보지도 않은 채 곧장 키케로의 집으로 달려갔다. 무섭기도 하고 겁도 났지만, 자신이 카틸리나와 친했기 때문에 받아왔던 오해를 풀려는 생각도 있었던 것이다.

키케로는 오랫동안 생각한 끝에 날이 밝는 대로 원로원 회의를 소집했다. 그리고는 아직 뜯지 않은 여러 통의 편지들을 각각 주인에게 나누어 주고, 읽어 보라고 했다. 그 속에는 한결같이 음모가 진행되고 있으니 몸조심하라는 내용이 적혀 있었다. 그때 법무관급 대우를 받고 있던 퀸투스 아리우스가, 에트루리아에서 그들은 이미 군대를 편성하였고, 만리우스는 대군을 이끌고 그 지방 곳곳을 돌아다니며 로마에서 연락이 오기만을 기다리고 있다는 사실을 보고했다. 그러자 원로원 의원들은 모든 권한을 두 집정관에게 맡기고 그들의 지휘에 따라 나라의 위기를 구하자고 결의하였다. 이런 일은 자주 있는 일이 아니었으며, 나라의 위급한 일이 생겼을 때만 취하는 긴급 수단이었다.

키케로는 이러한 권한이 자기에게 내려지자 대외적인 일들은 모두 퀸투스 메텔루스에게 맡기고 자신은 로마 시내만 관리하기로 했다. 그리고 그는 외출할 때마다 수많은 호위병을 데리고 다녔기 때문에, 그가 시장에 나가면 대부분이 그의 호위병으로 가득 찰 정도였다.

일이 이렇게 되자 카틸리나도 더 이상 기다리고 있을 수가 없었다. 그는 한시바삐 만리우스에게 가기로 결심하고, 마르키우스와 케테구스를 불러들였다. 그리고는 두 사람에게 이른 아침에 키케로를 찾아가서 안부 인사를 하는 척하면서 칼로 찔러 죽이라고 명령하였다. 그런데 풀비아라는 귀부인이 이 일을 알고 키케로를 찾아갔다. 그리고는 살해 음모를 모두 얘기하고 케테구스와 마르키우스를 조심하라고 일러 주었다. 예정대로 암살자들은 다음날 이른 새벽, 키케로를 찾아갔다. 그러나 문지기들이 그들을 들어오지 못하게 하자, 그들은 문 밖에서 마구 고함을 지르고 욕설을 퍼부었다. 그러므로 그들이 음모를 꾸미고 있었다는 사실은 더욱 분명하게 확인되었다.

그러나 키케로는 전혀 마음을 쓰지 않고, 유피테르 신전으로 가서 원로원 의원들을 소집하였다. 이 신전은 팔라티누스 언덕을 올라가는 길에 있는데, '성스러운 길'이라고 불리는 길 끝에 위치해 있었다.

한편 카틸리나도 자신의 음모를 변명하려는 듯 이 자리에 참석하였다. 그러나 원로원 의원들은 그와 가까이 앉기를 꺼리는 듯 모두 멀찌감치 다른 자리로 피해갔다. 그리고 카틸리나가 연설을 시작하자 모두들 고함을 치면서 집어치우라고 소리를 질러댔다. 마침내 키케로가 일어나서 카틸리나를 보고, 곧 로마를 떠나라고 명령했다. 자신은 로마를 언어로 다스리고, 카틸리나는 칼로 다스리니 그 둘 사이에는 서로 담을 쌓을 수밖에 없다는 것이 키케로의 얘기였다.

결국 카틸리나는 3백 명의 병사들을 이끌고 로마를 떠나갔다. 그는 마치 나라의 큰 관리라도 지냈던 사람처럼, 지위를 나타내는 권표(權標)와 깃발들을 갖추고 만리우스를 향해 진군했다. 그리고 그곳에서 2천 명 정도의 병사들을 더 모으고는 여러 도시를 돌아다니며 반란을 일으키기 위한 공작을 꾸몄다. 그들이 이처럼 공공연하게 전쟁을 준비하고 있었으므로 로마는 그들을 정벌하도록 안토니우스를 파견하였다.

한편 카틸리나 일당에 가담한 사람 중에서도 로마에 남아 있는 무리들이 있었는데, 그들은 코르넬리우스 렌툴루스의 지휘를 받으며 힘을 키우고 있었다. 렌툴루스는 유서깊은 가문 출신이었지만 너무나 방탕한 생활을 하여 원로원에서 쫓겨난 사람이었다. 그는 법무관을 지내고 있었는데, 원로원 의원 자격을 회복하려는 사람들을 위한 관례[13]에 따른 것이다. 그런데 그에게는 수라는 별명이 붙어 있었는데, 이런 별명을 갖게 된 데는 다음과 같은 사연이 있었다.

예전에 그가 술라의 재무관으로 있을 때 많은 액수의 공금을 가로챈 적이 있었다. 술라는 원로원에 나와 돈을 쓴 내력을 보고하라고 그에게 명령했다. 그러나 렌툴루스는 보고할 필요가 없다고 생각한다며 아주 뻔뻔스럽게 대답을 했다. 그리고는 마치 어린아이가 잘못했을 때처럼 종아리를 때려 달라고 말했는데, 로마어로 종아리를 수라라고 한다.

그는 또 언젠가 법을 어긴 죄로 재판을 받게 되었는데, 법관들에게 뇌물을 먹인 결과 두 표 차이로 무죄 석방을 받게 되었다. 그러자 그는 한 표 차이로도 석방이 될 수 있었는데 한 사람에게는 괜히 뇌물을 썼다면서 불평을 늘어놓았다. 이런 렌툴루스는 카틸리나가 선동을 하고 점쟁이들이 큰 운이 트일 것이라고 부추기자 멋도 모르고 날뛰기 시작했다. 그때 점쟁이들은 로마의 신탁집을 들먹이면서, 코르넬리우스라는 이름을 가진 세 사람이 절대적인 권력을 가지게 될 것이라는 그럴듯한 신탁을 지어내어 그를 꾀어냈다. 렌툴루스는 그 중에서 킨나와 술라는 이미 그런 운명을 받았으니, 이제 남은 사람은 자신뿐이라고 생각했던 것이다. 그는 하늘이 내려 주신 운명을 기꺼이 받아들여야 하며, 카틸리나처럼 머뭇거리다가 기회를 놓쳐서는 안 되겠다고 생각하였다.

그는 아주 엄청난 음모를 계획하기 시작했다. 그는 원로원 의원들을 모두 죽여 버리고, 되도록 많은 시민들을 학살한 다음 도시에 불을 질러 버리기로 했다. 그러나

---

13) 원로원에서 제명된 사람들도 다시 관직에 선출되면, 의원으로 복권될 수 있었다.

폼페이우스의 아들만은 살려두었다가 나중에 어떤 협정을 맺을 때 이용해야겠다고 생각했다. 왜냐하면 폼페이우스가 로마로 돌아오고 있다는 소식이 들려왔기 때문이었다. 렌툴루스는 이 엄청난 일을 사투르누스 제[14] 기간 중에 실행하기로 결심했다.

마음을 굳힌 렌툴루스는 케테구스의 집에다가 칼과 불쏘시개, 유황 등을 숨겨 두었다. 또한 시내를 백 개의 구역으로 나누고 각 구역마다 한 사람씩 책임자를 배치하였다. 시내 여러 곳에서 동시에 불을 질러 도시를 순식간에 불바다로 만들려고 생각했던 것이다.

이 계획이 진행되고 있을 때, 알로브로게스 족[15]의 사절 두 사람이 로마에 와서 머무르고 있었다. 그때 이 나라는 로마의 억압으로 매우 큰 어려움을 겪고 있었는데, 이런 문제들 때문에 부탁을 하려 사절단을 보냈던 것이다. 그러자 렌툴루스는 이 사절들을 이용하면 갈리아 지방의 반란을 선동하기가 더욱 쉬워질 것이라고 판단하였다. 그는 그들에게 그들 나라에 자유를 줄 것을 약속하는 편지를, 카틸리나에게는 노예를 해방시켜 그들을 이끌고 로마로 쳐들어 오라는 내용의 편지를 썼다. 그는 이 사절들에게 두 통의 편지를 전해 달라고 부탁했다. 그리고는 이 사절단 일행과 함께 크로톤 출신의 티투스라는 사람을 카틸리나에게 보내 자신의 편지를 전달하라고 했다.

키케로는 그들의 움직임을 하나하나 파악하고 있었다. 그는 부하들을 이 무리들 속에 몰래 잠입시키고는 비밀 연락까지 취하고 있었으므로 그들이 외국 사절들과 만난 사실도 미리 알고 있었다. 그래서 그는 부하들을 밤중에 잠복시켰다가 크로톤 사람을 붙잡아서 편지를 손에 넣었다. 사실 알로브로게스 족의 사절들은 키케로와도 몰래 연락을 하고 있었던 것이다.

다음날 날이 밝자 키케로는 콘코르디아 여신[16]의 신전에서 원로원 회의를 열고, 렌툴루스의 반역 음모를 모두 밝혀냈다. 그때 유니우스 실라누스는, 그들이 집정관급 인물 세 사람과 법무관급 인물 네 사람을 죽이겠다고 말하는 것을 들은 사람이 있다고 얘기했고, 집정관을 지냈던 피소 또한 이런 내용을 증언하였다. 그리고 법무관의 한 사람이었던 카이우스 술피키우스는 케테구스의 집을 뒤져 숨겨 두었던 창과

---

14) 로마의 농경 신으로 12월 19일부터 3일 동안 제사가 행해졌다. 이 기간 중에 로마인들은 축제 기분에 들떠서 정신을 못차릴 정도였다.

15) 론 강 왼쪽과 레만 호수 남쪽에 걸쳐 살던 민족이다.

16) 화합의 여신.

무기, 그리고 크고 작은 칼들을 찾아냈다.

마침내 원로원은 크로톤 사람이 모든 내용을 숨김없이 자백하자 그를 용서해 주기로 결정했다. 그러나 유죄를 선고받은 렌툴루스는 법무관의 자리에서 쫓겨났으며, 렌툴루스와 손을 잡았던 사람들은 감옥에 갇히게 되었다. 그러는 동안 저녁이 되었다. 시민들은 그때까지도 돌아가지 않고 남아있었으므로 키케로는 사건의 결과를 보고하였다. 그러자 시민들은 키케로를 둘러싸고는 그의 집 근처에 있는 친구의 집까지 호위해 주었다.

그런데 그 집에는 마침 여러 귀부인들이 모여 비밀 제사를 올리고 있었다. 그 제사는 로마에서는 데아라고 부르고, 그리스에서는 여인들의 여신이라고 부르는 여신에게 드리는 것이었는데, 해마다 베스타의 처녀라 불리는 여사제들이 참석한 가운데 집정관의 부인이나 어머니들이 모여서 올리는 비밀 제사였다.

친구의 집에 도착한 키케로는 몇몇 친구들과 함께 범인에 대한 처벌 문제를 의논하였다. 사실 이들에게는 가장 엄하고 무서운 벌이 내려져야 마땅했지만 키케로는 왠지 망설이고 있었다. 그의 성격이 원래 온순하고 너그러운 탓도 있었지만, 범인들이 모두 상당한 권력을 지니고 있는데다가 유명한 집안 출신이었고 그들의 친구들도 상당한 세력을 지닌 인물들이었기 때문에 함부로 다루었다가는 어떤 비난을 받게 될지 두려웠던 것이다.

그렇다고 해서 너무 관대한 처벌을 내린다면 나중에 어떤 보복을 당할지도 걱정스러웠다. 만일 그들을 사형시키지 않고 내버려 둔다면, 범인들은 고마워하기는커녕 오히려 새로운 분노를 불태워 무슨 짓을 할 지 알 수 없었기 때문이다. 뿐만 아니라 평소에도 키케로의 용맹스럽지 못함을 탓하던 민중은 이제 완전히 그를 비겁한 사람으로 간주할 것이라는 생각도 들었다.

이처럼 키케로가 망설이고 있을 때, 제사를 드리고 있던 부인들은 아주 이상한 징조를 보게 되었다. 제단에 불이 모두 꺼져 있었는데, 갑자기 다 타버린 숯덩이 속에서 커다란 불기둥이 솟아오르는 것이었다. 이것을 본 귀부인들은 모두 무서워서 벌벌 떨었다. 그러나 여사제들은 키케로의 아내인 테렌티아를 향해 이렇게 말했다. "어서 남편께 달려 가세요. 그리고 나라를 위한 일이라면 무엇이든 두려워하지 말고 하라고 전하세요. 여신께서 이처럼 큰 빛을 보내신 것은 그분께 큰 영광을 주시겠다는 뜻입니다."

테렌티아는 보통 여자들과는 달리 겁도 없고 야심도 만만치 않은 여자였다. 그래서 키케로는 그녀에 대해 말하기를, 집안일보다는 정치적인 문제에서 도움이 되는 여자라고 하였다. 테렌티아는 곧 남편에게 달려가 이 일을 알리고, 음모자들을 가차없이 처벌하라고 격려해 주었다. 뿐만 아니라 키케로의 동생 퀸투스도, 그리고 철학을 논하는 친구였던 푸블리우스 니기디우스도 똑같이 그를 격려하였다.

다음날, 원로원에서는 음모자들에 대한 처벌 문제가 논의되었다. 그때 제일 먼저 일어나 자기 의견을 밝힌 사람은 실라누스였는데, 그는 가장 무거운 벌을 주어야 한다고 말했다. 이어서 의원들에게 차례로 의견을 물었으나 모두 실라누스의 의견에 찬성한다고 말했다. 마침내 훗날 로마의 1인 집정관[17]이 된 카이우스 카이사르가 말할 차례가 되었다.

카이사르는 아직 나이도 젊었으며 이제 막 정계에서 두각을 나타내기 시작하고 있었다. 그러나 그는 이미 로마를 군주 정치로 개혁하려는 커다란 야심을 가지고 그것을 위해 모든 정책을 진행시키고 있었다. 그의 이러한 계획은 증거를 잡지 못했을 뿐 대체로 짐작은 하고 있었다. 카이사르는 이때 하마터면 키케로에게 꼬리를 잡힐 뻔했지만 겨우 피했다는 얘기도 있고, 이와는 달리 키케로는 증거를 가지고 있었지만 카이사르와 그 주변 세력들이 무서워서 일부러 모르는 체했다고 얘기하는 사람들도 있다. 즉, 이들은 만일 카이사르를 음모자들과 함께 고발했다면 모두 다 석방되었을 것이며, 그 이유는 음모자들과 함께 카이사르를 처벌할 재주가 없었기 때문이라고 한다.

카이사르는 음모자들을 사형시켜서는 안 되며 다만 그들의 재산을 몰수한 뒤 키케로가 좋다고 생각하는 이탈리아의 어느 곳에든 가두어 두고, 우선은 카틸리나를 잡아야 한다고 주장했다. 이 제안은 현명하고 타당한 것이었고, 카이사르의 연설 또한 아주 설득력이 있었다. 그러자 이번에는 키케로가 일어나 두 가지 제안의 장점들을 골고루 지적하고, 자신은 카이사르의 의견을 더욱 지지한다는 뜻을 은근히 드러냈다. 키케로의 친구들 또한 그들을 사형시키지 않으면 그만큼 원망도 덜 받을 것으로 생각하여, 카이사르의 의견이 키케로에게는 더 유리하다고 판단했다.

여러 사람의 의견이 이렇게 모아지자 실라누스도 의견을 취소할 수밖에 없었다. 그는 자리에서 일어나, 자신이 제안했던 것은 사형을 내리자는 것이 아니라 다만 아

---

17) 비상시에 임명되는 집정관으로 최고의 권력을 가지고 있었다.

주 무거운 벌을 내리자는 것이었으며, 그것은 로마의 원로원 의원에게 줄 수 있는 가장 엄한 벌인 감금을 뜻하는 것이었다고 말했다.

그러나 오직 한 사람, 카툴루스 루타티우스만은 카이사르의 의견에 반대를 나타냈다. 그러자 카토가 일어나서 루타티우스의 의견에 지지를 나타냈고, 카이사르에게까지 혐의를 씌우며 날카로운 공격을 퍼부었다. 일이 이렇게 되자 원로원 의원들의 마음은 다시금 뒤바뀌어, 음모자들을 사형에 처하자는 제안을 통과시켰다.

카이사르는 다시 일어나서, 자신의 너그러운 제안을 저버리고 그들에게 그런 심한 벌을 내리면서 재산까지 몰수하는 것은 너무 지나친 행동이라고 비난했다. 그러나 원로원 의원들은 그의 말을 듣지 않았으므로 카이사르는 호민관들에게 이 문제를 호소했다. 그렇지만 호민관들도 마찬가지였다. 그러자 키케로가 스스로 양보를 하고, 재산 몰수에 대한 의견을 거두어들였다.

회의가 모두 끝나자 키케로는 원로원 의원들과 함께 음모자들에게 갔다. 그들은 여러 법무관들이 분담해서 가두어 두고 있었다. 그들은 우선 팔라티누스 언덕으로 가서 음모자들의 우두머리인 렌툴루스를 끌어내어 '신성한 길'을 지나 시장으로 갔다. 렌툴루스가 끌려오는 것을 본 시민들은 몸서리를 치며 묵묵히 지나갔다. 그리고 청년들은 어떤 신성한 의식에 참석한 것처럼 큰 공포와 전율을 느꼈다.

키케로는 시장을 지나 감옥으로 갔다. 그리고 사형을 집행하는 사람에게 렌툴루스를 넘겨 주고 사형에 처하라고 명령했다. 이어서 케테구스를 비롯한 나머지 음모자들도 차례로 끌어다가 모두 사형시키도록 명령했다. 그때 시장에는 음모에 가담했던 자들이 아직도 많이 섞여 있었는데, 혹시라도 동지들을 구할 수 있지나 않을까 기대를 걸고 있었던 것이다. 키케로는 그들을 향해 이렇게 선언하였다. "그들은 벌써 다 살았소."

로마 사람들은 불길한 말을 꺼렸기 때문에 죽었다는 말을 이렇게 표현하곤 했다. 키케로가 일을 끝내고 집으로 돌아올 때는 이미 해가 저문 뒤였다. 그가 집으로 돌아갈 때 시민들은 그를 뒤따르지는 않았지만 그를 향해 환호와 박수를 보내며 나라를 구한 위인이라며 칭송했다. 그리고 집집마다 문 앞에 내건 횃불은 거리를 지나는 키케로에게 존경의 뜻을 나타내는 것이었다. 또 귀족들의 호위를 받으면서 집으로 돌아가는 그를 보려고 부인들은 지붕 꼭대기까지 올라가 횃불을 들고 서 있었다.

시민들 가운데는 큰 전쟁에서 승리를 거두어 개선식을 거행하고, 육지나 바다에서 로마의 판도를 넓힌 사람들도 적지 않았다. 그러나 그들은, 로마 시민들에게 전리품과 재물을 안겨준 것은 뛰어난 장군들의 공로였지만, 로마를 튼튼히 세운 것은 나라를 위기에서 구한 키케로 한 사람의 공로였다고 말하였다. 왜냐하면 음모를 미리 제거하고 이에 가담한 무리들을 처벌한 것은 별로 대단한 일이 아니었지만, 그토록 커다란 음모를 그렇게 평온한 가운데 제거해 냈다는 것은 감탄하지 않을 수 없는 일이었기 때문이었다.

한편 카틸리나 곁에 모여 있던 사람들은 렌툴루스와 케테구스의 죽음을 전해 듣자 모두들 뿔뿔이 흩어져 달아나 버렸다. 카틸리나는 얼마 남지 않은 부하들을 이끌고 안토니우스에게 대항했지만 곧 부하들과 함께 완전히 전멸당했다.

이 일로 인해 키케로를 헐뜯고 비난하는 사람도 적지 않았다. 그들은 새해에 법무관에 당선된 카이사르, 호민관의 자리에 오른 메텔루스와 베스티아 등을 중심으로 모인 무리들이었다. 이들이 관직에 취임을 하였을 때 키케로의 임기가 아직 며칠 더 남아 있었다. 그들은 연단 위에 긴 의자를 쌓아놓고는 키케로가 연설을 하지 못하게 막았을 뿐 아니라 그에게 퇴임 연설이나 하고 내려가라며 소리를 질렀다. 그러자 키케로는 그러겠다고 말하고는 연단으로 올라갔다. 그러나 그는 청중들이 조용해지기를 기다리더니, 자신은 집정관으로 있는 동안 나라를 구하고 안전하게 지켰다는 내용의 연설을 하였다. 그러자 사람들은 모두 그의 연설에 동의를 나타냈다. 이것을 보고 화가 난 카이사르와 두 호민관은 키케로의 횡포를 꺾는다는 구실로, 폼페이우스와 그의 군대를 어서 소환하자는 제안을 내놓았다.

이때 카토가 호민관들 중의 한 사람이었다는 것은 키케로를 위해서도, 그리고 나라를 위해서도 매우 다행스러운 일이었다. 다른 호민관들보다 민중에게서 더 큰 신망을 얻고 있는 카토는 카이사르의 이 계획에 맞설 수 있었기 때문이다. 그는 카이사르가 내놓은 여러 가지 제안들을 쉽게 꺾어 버리고 키케로가 집정관으로 있는 동안에 쌓았던 공적들을 입이 닳도록 찬양했다. 카토의 연설을 들은 사람들은 키케로에게 '나라의 아버지'라는 칭호를 주었는데, 이것은 카토가 연설을 할 때 키케로를 그렇게 부른 데서 유래한 것으로, 그 칭호를 받은 사람은 그가 처음이었다.

그 당시 키케로는 로마에서 가장 막강한 세력을 가지고 있었다. 그러나 그는 많은 사람들의 감정을 상하게 하고 또 그들로부터 따가운 시선을 받아야 했다. 그가 무슨 잘못을 저질렀거나 실수를 했기 때문에 아니라, 자기 자신을 지나치게 자랑했기 때문이었다. 그는 원로원이나 민회, 법정 등 장소를 가리지 않고 카틸리나와 렌툴루스 사건 때 자기가 했던 일을 자랑하곤 했다. 뿐만 아니라 그는 자기가 저술한 책이나 글에도 자기 자랑을 가득 늘어놓았다. 그가 한 일 자체는 참으로 명쾌하고 훌륭했지만, 언제나 따라다니는 이 고질적인 버릇 때문에 듣는 사람들은 항상 불쾌한 마음을 느꼈던 것이다.

이처럼 키케로는 명예나 야심이 높고 자기 자랑도 심했지만 남을 시기하는 일은 전혀 없었다. 그가 쓴 글에서도 찾아볼 수 있듯이 그는 자기를 칭찬하는 사람에게나 비난하는 사람에게 언제나 칭찬을 아끼지 않았다. 남을 칭찬했던 이야기는 아직도 많이 남아 있는데, 몇 가지 예를 들어보면 다음과 같다.

먼저 그는 아리스토텔레스를 가리켜 황금의 강물 같다고 말했다. 그리고 플라톤의 《대화》에 대해서는, 만일 유피테르가 말을 한다면 플라톤처럼 했을 것이라고 했다. 그리고 테오프라스토스[18]를 자신의 특별한 보물이라고 얘기한 적도 있었다. 또 언젠가 데모스테네스의 연설 중 가장 좋아하는 것이 어떤 것이냐는 질문을 받았을 때는 가장 긴 것이 제일 좋다고 대답했다. 그런데 데모스테네스를 모범으로 여긴다는 사람들 중에는, 키케로가 자기 친구에게 보낸 편지 중에 데모스테네스의 연설은 사람들을 졸게 만든다는 내용이 들어 있다면서 그를 욕하는 자도 있었다. 그러나 키케로가 데모스테네스에게 바치는 높은 찬사나 자기가 가장 노력을 기울여 지은 연설문인 안토니우스에 대한 탄핵연설의 제목을 데모스테네스를 그대로 본따서 '필리포스를 탄핵함'이라고 지은 것을 보면, 그에 대한 존경심을 충분히 엿볼 수 있을 것이다.

그와 같은 시대를 살았던 사람 중 웅변이나 철학으로 이름을 떨쳤던 사람들을 보면, 그들은 모두 키케로의 글이나 연설 속에서 칭찬을 받았던 사람들이었다. 카이사르가 정권을 장악하고 있을 때, 그는 소요학파[19] 철학자인 크라티포스[20]가 로마의 시민권을 얻도록 도와주었다. 그리고 아테네의 아레오파고스 회의를 움직여 로마 청년들의 교육과 로마의 명예를 위해 크라티포스를 선생으로 추대한다는 결의를 하게 만들기도 했다.

---

18) 그리스의 철학자로, 아리스토텔레스의 뒤를 이어 소요학파를 이끌었다.
19) 아리스토텔레스로부터 시작된 철학의 한 갈래로, 나무 사이를 거닐면서 가르쳤다고 해서 이런 이름이 붙었다.
20) 미틸레네 출신의 철학자.

또한 키케로가 헤로데스와 자기 아들에게 보낸 많은 편지들 중에는 크라티포스에게 철학을 배우라고 권유한 것도 있다. 그는 또 웅변가 고르기아스에게 술과 사치로 청년들을 방탕하게 만든다고 비난하면서, 자기 아들과 가까이 하지 말라는 충고를 한 편지도 있었다. 이밖에도 비잔티움 사람인 펠롭스에게 보낸 편지가 있는데, 이것은 고르기아스에게 보낸 편지와 함께 그가 분노의 감정을 담아 쓴 단 두 통의 편지 중 하나였다. 그런데 고르기아스가 정말로 그렇게 방탕한 사람이었다면 그런 편지를 보낸 것은 당연한 일이겠지만, 펠롭스에게 보낸 편지는 아무래도 비열하다는 평가를 피할 수가 없다. 왜냐하면 펠롭스에게 보낸 그 편지는 비잔티움이 자기에게 어떤 명예와 표창을 내리도록 노력하지 않았음을 탓하는 내용이었기 때문이다.

그의 이러한 태도는 다음의 이야기에도 잘 나타난다. 언젠가 그는 무나티우스라는 사람의 변호를 맡아 무죄로 석방시킨 일이 있었다. 그런데 무나티우스가 나중에 키케로의 친구인 사비누스를 고발하자 키케로는 몹시 화를 내며 이렇게 소리쳤다. "이봐, 무나티우스! 자네가 대단한 사람이라서 무죄로 석방된 줄 아나? 법정이 자네 잘못을 찾아내지 못한 건 내가 웅변으로 어둡게 만들었기 때문이라네, 알겠나?"

언젠가 그는 연단에 올라가서 마르쿠스 크라수스에 대해 굉장한 칭찬을 했는데, 그때 관중들은 아주 큰 박수를 보내 주었다. 그런데 며칠 뒤 그는 똑같은 연단에 올라가 크라수스를 몹시 공격하는 연설을 했다. 그러자 크라수스는 그를 불러서 물었다. "아니, 이것 보시오. 바로 며칠 전에 당신은 바로 여기서 내 칭찬을 하지 않았소?"

키케로는 이렇게 대답했다.

"그랬지요. 나쁜 일을 한 사람을 얼마나 칭찬할 수 있는지, 내 웅변 실력을 한 번 시험해 봤었지요."

또 어느 때인가 크라수스는 연단에 올라서서, 자기 조상 중에 60이 넘도록 수명을 누린 사람이 없다고 얘기했다. 그러나 며칠 후 그것은 사실이 아니었다고 말하며 자기가 왜 그런 말을 했는지 모르겠다고 키케로에게 말했다. 그러자 키케로는 대답했다. "그거야 시민들의 인기를 끌려고 그랬겠지요. 시민들은 그런 말을 들으면 기뻐할 테니까요."

또한 크라수스가, 자기는 스토아 철학자들을 좋아하며, 착한 사람은 언제나 부자라는 그들의 격언을 좋은 말이라고 말하자 키케로는 이렇게 대꾸했다.

"당신 말은 모든 것은 현명한 사람의 것이라는 뜻이 아닙니까?"

크라수스는 원래 돈에 대한 욕심이 아주 심하다는 소리를 듣고 있었으므로 이것을 비꼬아서 말한 것이었다.

크라수스의 아들 중 하나가 악시우스라는 사람의 얼굴 생김새를 너무나 많이 닮아서 크라수스의 아내의 행실이 의심 받을 정도였다. 그런데 이 아들이 원로원에서 아주 훌륭하게 연설을 한 적이 있었다. 그것에 대해 평가를 해보라는 청을 받자, 키케로는 이렇게 대답했다. "과연, 악시우스[21] 크라수스로군."

시리아로 출정하게 된 크라수스는 키케로를 식사에 초대했다. 키케로는 이 초대를 기꺼이 받아들였다. 그런데 며칠 뒤 한 친구가 키케로를 찾아와서, 바티니우스가 그와 친하게 지내고 싶어 한다고 말했다. 그러자 키케로는, "그러면, 바티니우스도 나와 저녁을 먹고 싶다는 얘긴가?"라고 하여, 크라수스의 형식적인 초청을 비꼬았다. 크라수스에 대한 키케로의 태도는 항상 이런 식이었다.

한편 바티니우스는 목에 혹 같은 것이 달려 있어 목이 아주 굵어 보였다. 그래서 언젠가 그가 변론하는 것을 본 키케로는, 목이 부은 사람이라고 흉을 보았다. 또 한 번은 바티니우스가 죽었다는 소문이 떠돌았는데, 나중에 이것은 사실이 아니라는 것이 밝혀졌다. 그러자 키케로는 이렇게 쏘아붙였다.

"그런 서툰 거짓말을 한 놈은 죽어 버려라."

키케로가 캄파니아의 땅을 병사들에게 나누어 주자는 제안을 내놓았을 때 대부분 원로원 의원들은 반대했다. 그 중에서도 가장 나이가 많은 의원이었던 루키우스 겔리우스는 눈을 감기 전에는 절대로 이 제안을 통과시킬 수 없다고 말했다. 이 말을 듣고 키케로는 이렇게 말했다. "그럼, 어디 기다려 보지요. 뭐 그리 오래 걸릴 것 같지도 않으니 말이오."

옥타비우스라는 사람이 있었는데, 그는 아프리카에서 태어난 사람이 아닌가 하는 의심을 받고 있었다. 언젠가 그는 재판정으로 키케로의 변론을 들으러 나왔는데, 키케로가 무슨 소리를 하는지 도대체 알아듣지를 못했다고 말했다. 그러자 키케로는 이렇게 대답했다. "당신 귀에 구멍[22]이 뚫려 있으니 그렇지요."

또한 메텔루스 네포스는, 키케로가 변호를 해서 남을 구해준 일보다는 증인으로

---

21) 악시우스라는 말은 원래 그리스어로 '잘 어울리는'이라는 뜻이 있다.

22) 당시 아프리카를 비롯한 야만인들은 귀걸이를 달기 위해 귀에 구멍을 뚫었었다. 키케로는 옥타비우스가 아프리카 태생이라는 의심을 받고 있는 사실을 알았으므로 이렇게 빗대어서 얘기했던 것이다.

서서 벌을 받게 한 일이 오히려 더 많다는 얘기를 했었다. 이 말을 들은 키케로는 이렇게 대답했다.

"당연하지요. 내게는 웅변술보다는 진실이 더 많으니까요."

또 한 번은 어느 젊은이가 자기 아버지에게 독을 바른 과자를 드렸다는 혐의로 재판을 받게 되었다. 그때 젊은이는, 키케로가 아무리 웅변을 잘 한다고 해도 이번만은 코를 납작하게 해주겠다고 장담을 했다. 그러자 키케로는 그 젊은이에게 말했다.

"자네가 주는 과자를 먹는 것보다는 차라리 그게 나을지도 모르지."

푸블리우스 섹스티우스는 키케로와 그 밖의 몇몇 사람에게 어떤 사건에 대한 변호를 부탁했다. 그러나 섹스티우스는 혼자서 얘기를 다 하고는 변호인들에게는 변호할 기회도 주지 않았다. 그가 무죄 석방될 것이 분명한 상태에서 법관들은 투표를 하기 시작했다. 그때 키케로는 섹스티우스를 향해 이렇게 말했다. "오늘 실컷 떠들게, 섹스티우스. 내일이면 당신은 잊혀질 테니까 말이야."

또 푸블리우스 코타라는 사람이 있었는데, 사실 그는 아주 무식하고 어리석은 사람이었지만 자신을 법률가라고 떠벌이곤 했다. 그런 그가 한번은 법정에 증인으로 나서게 되었는데, 키케로가 묻는 말마다 모른다고만 대답을 했다. 그러자 키케로는 이렇게 말했다. "당신은 우리가 법률에 대한 질문을 하는 걸로 착각하고 계신 것 같군요."

또 언젠가는 메텔루스 네포스와 키케로가 말다툼을 하게 되었는데, 그때 네포스는 키케로에게 몇 번이나 당신 아버지가 누구냐고 물었다. 그러자 키케로는 이렇게 빙 돌려서 대답을 했다.

"당신 어머니께 그런 질문을 한다면, 아마 대답을 하기가 곤란하실 겁니다."

그때 네포스의 어머니는 행실이 단정하지 못하다는 소문이 퍼져 있었으며, 네포스 자신도 아주 변덕스러운 사람이었다. 그는 호민관의 직책에 있다가 별안간 사직하고 폼페이우스를 찾아 시리아로 가더니, 또 얼마 있다가 갑자기 되돌아왔다. 그리고 자기의 스승이 세상을 떠났을 때는 지나칠 정도로 성대하게 장례식을 치르고, 그 무덤 위에는 까마귀 모양의 비석을 세웠다. 이것을 보고 키케로는 말했다.

"이 일만은 제대로 하신 것 같군요. 웅변을 가르치신 게 아니라 날아다니는 재주를 가르쳤던 선생이었으니 말이오."

그리고 마르쿠스 아피우스라는 사람이 있었는데, 그는 친구로부터 성실하고 분별력있게 변호해 달라는 부탁을 받았다고 했다. 이때 키케로는 그가 법정에서 변호하는 모습을 보더니 그에게 이렇게 물었다.

"그런데 당신은 왜 그 친구가 요청하는 대로 하지 않았소?"

자신의 정치적인 적에 대해서나 법정에서 변론을 할 때, 이처럼 매섭고 날카로운 말을 하는 것은 흔히 있을 수 있는 일이라고 생각할 수도 있다. 그러나 키케로는 누구에게나, 그리고 아무데서나 이런 말을 함부로 했기 때문에 많은 사람들의 미움을 사게 되었다. 그런 예를 몇 가지 더 들어보면 다음과 같다.

마르쿠스 아퀴니우스라는 사람이 있었는데, 그는 사위를 둘이나 추방했다. 키케로는 이 사람에게 아드라스투스 왕[23]이라는 별명을 붙여 조롱하였다.

키케로가 집정관으로 출마하였을 때, 루키우스 코타라는 사람이 감찰관으로 있었다. 그는 술을 대단히 좋아하는 사람이었다. 그런데 감찰관으로 여기저기를 돌아다닐 때 선거 운동을 하던 키케로가 목이 말라 물을 마시게 되었는데, 그때 주위에 둘러서 있던 친구들에게 이렇게 말했다.

"여러분들이 코타를 두려워하는 것도 당연한 일이오. 내가 술이 아니라 물을 좋아하는 것을 보면, 감찰관께서는 굉장히 화를 내실 테니까 말이오."

또 보코노니우스라는 사람이 아주 못생긴 딸 세 명과 함께 걸어가고 있었는데, 이것을 본 키케로는 다음과 같은 시구절을 읊었다.

"아폴론[24]의 허락도 없이 자식을 얻었다네."

그리고 노예의 아들이라는 소문이 있는 마르쿠스 겔리우스가 원로원에서 어떤 편지를 씩씩한 목소리로 읽자 키케로는 이렇게 말했다.

"뭐, 이상할 것 없네. 저 사람은 원래 소리꾼[25]의 자식이니까."

술라가 1인 집정관으로 있었을 때, 그는 많은 사람들의 명단을 마치 광고하는 것

---

23) 아르고스의 왕이었으며, 그의 사위인 테데우스와 폴리니케스를 왕국에서 추방했다.

24) 테베의 라이우스 왕은, 장차 태어날 자식이 아버지를 죽이고 어머니와 결혼하게 될 것이라는 신탁을 아폴론으로부터 받았다. 그러므로 오이디푸스 왕자가 태어나자 멀리 갖다 버리고 말았다. 그러나 오이디푸스는 어느 목동에게 발견되어 코린트의 왕 포리부스의 양자로 들어가게 되었다. 그뒤 델포이의 신탁을 듣고 방랑길에 오른 오이디푸스는 라이우스를 만나 그를 죽여 버리고, 스핑크스의 수수께끼를 풀어 그 괴물도 죽여 버렸다. 그러자 스핑크스 때문에 항상 괴로워하던 테베 사람들은 오이디푸스를 왕으로 추대하였고, 그 뒤 그는 자신의 어머니인 이오카스터와 결혼하여 네 명의 자식을 얻게 되었다. 그 뒤 모든 사실을 알게 된 오이디푸스는 홀로 방황하다가 죽었다.

25) 관청의 명령이나 행사 등의 시민들에게 큰 소리로 알리던 사람. 보통 노예나 그 자식들이 이 일을 맡았다.

처럼 작성한 뒤 그들의 재산을 몰수하고 모두 죽여 버린 일이 있었다. 그런데 술라의 아들인 파우스투스가 재산을 모두 탕진하고 집안 물건들을 판다고 광고를 내자, 키케로는 이렇게 한 마디 했다.

"그래도 아버지의 광고보다는 자식의 광고가 더 볼 만하군."

이런 성격 때문에 키케로는 많은 사람들의 미움을 받았다. 그런데다가 클로디우스 일파가 다음과 같은 일로 음모까지 꾸미게 되었다.

클로디우스는 매우 오만하며 대담한 성격을 가진 귀족 출신의 청년이었는데, 그는 카이사르의 아내인 폼페이아와 몰래 정을 통하고 있었다. 그러던 어느 날 여인들만의 비밀 제사가 진행되고 있을 때였다. 클로디우스는 이곳에 남자가 하나도 없다는 것을 알고, 노래 부르는 여자로 변장을 하여 카이사르의 집으로 들어갔다. 클로디우스는 아직 수염도 나지 않았으므로 다른 여자들과 섞여 무사히 폼페이아에게 다가갈 수 있으리라고 생각했던 것이다. 그런데 막상 집 안으로 들어간 그는 어두운 밤인데다가 집이 너무나 넓은 탓에 그만 길을 잃고 말았다.

그때 카이사르의 어머니인 아우렐리아의 하녀가 어물거리고 있는 그를 발견하고 놀라서, 누구냐고 물었다. 당황한 그는 폼페이아의 하녀인 아브라를 만나러 왔다고 거짓말을 했다. 그러나 뜻밖에도 남자의 목소리가 튀어나왔으므로, 그 하녀는 깜짝 놀라서 남자가 들어왔다고 소리를 질러댔다. 귀부인들은 이 소리를 듣자 문을 모두 잠그고는, 온 집 안을 샅샅이 뒤져 클로디우스를 찾아냈다. 그때 클로디우스는 자신을 집 안으로 들어올 수 있도록 도와준 폼페이아의 하녀의 방에 숨어 있었다.

이 일이 세상에 알려지자 카이사르는 폼페이아와 이혼을 하였다. 그리고 클로디우스는 신성한 제사를 더럽힌 죄로 고발되었다.

그 당시 키케로와 클로디우스는 가깝게 지내던 사이였다. 카틸리나의 음모 사건 때 클로디우스가 키케로를 적극적으로 도와주는 한편 가까이에서 보호해 주었던 것이 계기가 되었던 것이다.

그런데 클로디우스는 법정에서, 그 날 자신은 로마에 있지 않고 멀리 떨어진 시골에 가 있었다고 말했다. 그러자 키케로가 클로디우스는 그날 자기 집에 와 있지 않았다고 증언하였다. 이것은 사실이었다. 그러나 키케로가 이렇게 말한 것은 진실을 위해서라기보다는 오히려 자신의 아내인 테렌티아와 평화를 유지하기 위해서였다. 왜냐하면 테렌티아는 클로디우스의 누이 클로디아가 키케로와 결혼하기 위해 공작을 꾸미며 키케로의 친한 친구인 툴루스를 이용하려 한다는 소문을 들었기 때문이다. 게다가 키케로가 이웃에 있는 클로디우스를 자주 찾아가고, 클로디아에게 친절히 대한다는 얘기까지 들리자 테렌티아는 질투를 참을 수가 없었다. 그래서 그는 남편인 키케로는 물론 클로디우스까지 미워하고 있었다.

그렇지 않아도 성질이 사나워 남편까지 마음대로 휘두르고 있던 테렌티아는 클로디우스에게 불리한 증언을 하라고 키케로를 졸랐던 것이다.

그러나 키케로 이외에도 수많은 사람들이 거짓 증언, 소란, 사람들을 매수한 죄, 그리고 부녀자들을 유혹했다는 죄목 등을 들어 클로디우스에게 불리한 말을 하였다. 또한 루쿨루스도 클로디우스의 막내누이가 자기의 아내였을 때 클로디우스가 그녀를 유혹했다고 하녀를 시켜 증언하였다. 그 외에도 그는 다른 두 누이인 테르티아와 클로디아에게도 비슷한 짓을 했다는 소문이 떠돌았다. 테르티아는 마르키우스 렉스와 결혼을 했으며, 클로디아는 메텔루스 켈레르의 아내가 되었는데 '콰드란티아'라는 별명으로 불리고 있었다. 이 별명은 클로디아의 한 애인이 동전을 지갑에 넣어 은화처럼 보여준 일 때문에 생긴 것이었는데, 로마에서는 가장 싼 동전을 콰드란트라고 부르고 있었다. 어쨌든 클로디우스가 세상 사람들로부터 손가락질을 받게 된 것은 모두 이 누이와의 관계 때문이었다.

그러나 이와 같은 악평에도 불구하고 시민들은 클로디우스에게 불리한 증언을 하여 그를 공격하는 사람들에게 저항했다. 그러자 겁이 난 법관들은 언제나 호위병들을 데리고 다녔으며, 투표를 할 때도 글씨를 알아보지 못하게 흘려 썼다. 이렇게 해서 무죄를 찬성하는 사람의 수가 반을 넘었으나 뇌물을 많이 썼다는 소문이 나돌았다. 그러므로 카툴루스는 법관들을 만났을 때 이런 말을 했다. "호위병들을 데리고 다니는 것도 당연합니다. 당신들의 돈을 뺏으려는 놈이 있을지도 모르니까 말이오."

또 클로디우스가 키케로에게, "법관들은 당신의 증언을 안 믿더군요"라고 비웃자 키케로는 이렇게 대답했다.

"그래도 25명은 내 말을 믿었지요. 그리고 나머지 서른 명도 당신을 믿지는 않습니다. 돈을 받기 전까지는 당신을 석방시키려 하지 않았으니까요."

카이사르도 증인으로 불려 나오게 되었는데, 그는 클로디우스를 불리하게 만들 만한 증언은 별로 하지 않았다. 다만 이런 말을 했을 뿐이었다.

"나는 내 아내가 그런 짓을 했다고는 생각지 않소. 다만 카이사르 집안의 여자들은 그런 짓을 해서도 안 되고, 또 그런 소문도 있어서는 안 되기 때문에 나는 이혼을 한 것뿐이오."

이렇게 해서 클로디우스는 위기에서 벗어났다. 뿐만 아니라 곧 호민관의 자리에까지 오르게 되었다. 그러자 그는 곧 여러 사람을 동원하고 온갖 수단을 다 써서 키케로를 공격하기 시작했다. 또 그는 시민들의 환심을 살 만한 법률들을 통과시키고, 집정관 피소에게는 마케도니아를, 그리고 가비니우스에게 시리아를 각각 나누어 주었다. 뿐만 아니라 평민들의 인기를 이용하여 자신이 내는 제안은 무엇이든 지지하게 만들었고, 항상 무장시킨 노예들을 자기 곁에 두어 호위하게 만들었다.

이때 로마에서 가장 큰 권력을 지닌 사람은 크라수스와 폼페이우스, 그리고 카이사르였다. 그리고 그 중 크라수스는 키케로와 공공연하게 대립하고 있었으며, 폼페이우스는 겉으로만 두 사람을 가까이하고 있었다.

한편 카이사르는 군대를 이끌고 갈리아의 총독으로 가게 되었다. 그러자 키케로는 카틸리나 음모 사건으로 틈이 벌어져 별로 친하지는 않았지만, 카이사르를 찾아가 자신을 부장으로 임명해 달라고 부탁했다. 이때 카이사르는 그의 부탁을 기꺼이 받아들였다.

그러나 호민관 클로디우스는 키케로가 자신의 권력을 피해 달아나려는 것이라고 생각하고, 키케로와 화해하려는 듯한 움직임을 보였다. 즉, 그는 모든 연설에서 테렌티아에게 모든 책임을 돌리고 키케로에 대해서는 좋은 이야기만을 하였다. 또 키케로에 대해서는 아무런 미움도 증오도 없으며, 다만 친구로서 좀 섭섭한 마음이 들 뿐이라고 이야기하였다.

키케로는 결국 클로디우스의 잔재주에 넘어가고 말았다. 그래서 그는 카이사르의 부장 자리를 집어던지고, 다시 정치에 뛰어들었다. 화가 난 카이사르는 클로디우스와 손을 잡고 키케로를 공격하는 한편, 그와 폼페이우스의 사이를 갈라 놓으려고 했다. 그리고 민회에 나가, 렌툴루스나 케테구스 등을 재판도 없이 함부로 사형시킨 것은 부당한 일이라고 이야기하였다. 키케로는 곧 이 죄목으로 고발을 당하여 재판을 받게 되었다.

생명의 위협을 느낀 키케로는 남루한 옷으로 갈아 입고 머리를 풀어헤치고는 시민들을 찾아다니며 자신의 처지를 호소했다. 그러나 그때마다 클로디우스가 불량배들을 데리고 와서, 그의 초라한 차림새를 비웃으며 돌과 진흙을 던져댔다. 이제는 피고인이 된 키케로가 시민들의 도움을 애원하며 돌아다니자 대부분의 기사 계급의 사람들이 키케로처럼 옷을 바꾸어 입고 머리를 풀어헤치고 나왔다. 그리고는 곳곳을 돌아다니며 사람들에게 도움을 요청했다.

이렇게 되자 원로원도 회의를 열었다. 원로원은 나라가 큰 불행을 당했을 때처럼 온 국민이 모두 키케로와 같은 차림새를 하도록 결정하였다. 그러나 클로디우스는 무장한 병사들을 거느리고 와서 원로원을 포위해 버렸다. 그러자 대부분의 원로원 의원들은 옷을 찢고 통곡을 하며 거리로 달려나갔다. 이 광경은 보기에만 흉할 뿐 어떤 동정도 불러일으키지 못했다. 키케로는 이제 도망을 가거나 아니면 클로디우스와 직접 맞붙는 수밖에 다른 도리가 없었다.

폼페이우스는 이런 일에 말려들지 않으려고 알반 산의 별장에 가 있었는데, 키케로는 그에게 찾아가 도움을 부탁하기로 했다. 처음에는 사위인 피소를 보냈으며, 나중에는 직접 그를 찾아갔다. 그러나 키케로가 온다는 소식을 들은 폼페이우스는 다른 문을 통해 빠져나가 버렸다. 폼페이우스는, 예전에 키케로는 자기 때문에 여러 가지 의심을 받기도 했고, 또 자신에게 이익이 되는 방향으로 정책을 조정해 주기도 했던 일들을 상기했다. 폼페이우스는 키케로에게 미안했지만, 카이사르의 사위가 된 지금은 그를 도울 수가 없었던 것이다.

폼페이우스에게까지 배신을 당한 키케로는 이번에는 두 집정관을 찾아갔다. 그들 중 가비니우스는 아직도 그를 적으로 생각하고 있었다. 그러나 피소는 정중하게 대접하면서, 일단 클로디우스의 손아귀에서 달아났다가 정세가 달라질 때까지 기다리고 있으라고 권했다. 그리고는 클로디우스의 말썽으로 소란해진 나라를 다시 구해 달라고 덧붙였다.

이 말을 들은 키케로는 가까운 친구들과 함께 이 문제를 의논하였다. 루쿨루스는 조금만 기다리면 곧 승리를 거둘 수 있으니 그냥 머물러 있으라고 말했다. 그러나 다른 친구들은 클로디우스가 지금은 제멋대로 날뛰고 있지만 오래지 않아 시민들이 키케로를 다시 부르게 될 것이라며, 잠시 동안 피신해 있으라고 권유했다. 이렇게 되자 키케로는 오랫동안 집에 모시고 받들어오던 미네르바 여신의 조상을 유피테르 신전으로 옮기고, '로마를 지키시는 미네르바 여신께'라고 새겨 넣었다. 그리고는 한밤중에 몰래 빠져나와 루카니아를 거쳐 시칠리아로 향했다.

한편 키케로가 도망쳤다는 사실이 알려지자 클로디우스는 아예 그를 추방시키자고 제안했다. 그리고 물과 불의 사용을 금지하며, 이탈리아에서 5백 마일 이내에서는 누구도 그를 재우거나 먹일 수 없다고 선포하였다. 그러나 키케로를 존경하고 있던 많은 사람들은 그런 선포쯤은 무시해 버리고 그를 정성껏 대접하였다.

그러나 루카니아의 히포니움에 살고 있던 비비우스라는 사람은 키케로를 자기 집에 맞아들이기를 꺼려, 다른 곳에 적당한 집을 마련해 두었으니 그리로 가라는 연락을 보내왔다. 이 사람은 키케로가 집정관을 지낼 때 그 밑에서 기술관을 지내며 많은 은혜를 입은 사람이었다. 그러나 지금 와서는 키케로에 대한 은혜를 모두 저버리고 말았던 것이다. 뿐만 아니라 시칠리아의 법무관인 카이우스 베르길리우스는 키케로와 가까운 친구 사이였음에도 불구하고 그가 시칠리아에 오는 것을 거절하는 편지를 보내왔다.

실망을 한 키케로는 발길을 돌려 브룬디시움으로 향했다. 그리고 순풍이 불기를 기다려 디라키움으로 건너가려고 했다. 그러나 갑자기 바람의 방향이 바뀌어 버렸으므로 다시 배를 띄워야 했다. 그런데 겨우 디라키움에 도착했을 때, 갑자기 땅에서 지진이 일어나고 바다에는 심한 파도가 일기 시작했다. 이것을 본 점쟁이들은 아주 큰 변화가 일어날 것이며, 키케로의 망명 생활도 얼마 남지 않았다고 예언했다.

많은 사람들이 키케로를 찾아와 경의를 표하였고, 그리스의 각 시에서도 대표자들이 찾아와 존경의 뜻을 나타냈다. 그러나 여전히 슬픔에 잠겨 있던 키케로는 마치 실연당한 사람처럼 이탈리아의 하늘만 바라보곤 했다. 오랜 시간 동안 학문에 몸 담았던 사람답지 않게 그는 실망과 근심의 나날을 보냈던 것이다.

키케로는 친구들에게 자기를 웅변가로 부르지 말고 철학자라고 불러 달라는 말을 하곤 했었다. 그는 언제나 철학이 자기 생애의 목표라고 말하면서, 웅변은 정치적 목적을 달성하기 위한 수단일 뿐이라고 여겨왔던 것이다. 그러나 세상 사람들의 평판이라는 것은 절대로 무시할 수 없는 것이다. 정치가들이 오랫동안 정치 생활을 하다보면, 그들이 품어 왔던 철학은 어느새 그 색채가 변해 버리고, 그들의 마음속에는 속되고 비열한 생각만이 낙인처럼 찍혀 있게 되는 것이다. 그러므로 정치가는 나랏일을 돌볼 때는 오직 그 일 자체에만 매달려야 하며, 결코 거기에 따라오는 세상 사람들의 평판에는 귀를 기울이지 말아야 한다.

한편 클로디우스는 키케로를 몰아낸 다음 여기저기에 흩어져 있던 그의 농장과 집들을 불태워 버리고, 그의 집이 있던 자리에 자유의 신전을 세웠다. 그리고 나머지 재산은 모두 경매에 붙였으나, 그 물건들을 사러오는 사람은 아무도 없었다. 이런 일들로 해서 귀족들은 클로디우스에 대한 두려움에 몸을 벌벌 떨었다. 그리고 클로디우스는 평민들을 선동하여 제멋대로 행패를 부리고 다녔으며, 마침내는 폼페이우스와 세력을 겨뤄 보려고 했다. 그래서 그는 폼페이우스가 정복한 여러 나라에서 베풀었던 몇 가지 조치들에 대해 공격하기 시작했다.

이렇게 명예가 땅에 떨어진 폼페이우스는 예전에 키케로를 푸대접했던 일들을 몹시 후회하게 되었다. 그는 생각을 바꾸어, 키케로를 귀국시킬 계획을 세우고 이 공작을 실행에 옮기기 시작했다. 이에 대해 클로디우스가 저항을 하자 원로원은 키케로가 돌아올 때까지는 아무런 법령도 통과시키지 않을 것이며 회의도 열지 않겠다고 결의했다.

렌툴루스가 집정관으로 있을 때 혼란은 더할 수 없는 상태에까지 이르렀다. 호민관들이 포룸에서 부상을 당하는가 하면, 키케로의 동생 퀸투스는 시체들 속에 숨어 있다가 겨우 목숨을 구하기도 했다. 일이 이렇게까지 발전되자 시민들의 생각도 조금씩 달라지기 시작했다. 마침내 호민관이었던 아니우스 밀로가 폭동을 일으킨 죄로 클로디우스를 고발해 버렸다. 또한 로마를 비롯한 여러 이웃 도시의 평민들도 모두 폼페이우스를 지지하며 그에게 모여들었다. 폼페이우스는 이들을 이끌고 포룸으로 가서 클로디우스를 몰아내고, 키케로의 소환 문제에 대한 투표를 실시했다. 시민들은 만장 일치로 찬성표를 던졌는데, 이런 일은 역사상 처음 있는 일이었다고 한다.

한편 원로원도 평민들에게 지지 않으려는 듯 키케로가 망명 생활을 할 때 그를 잘 대접해 준 도시에 감사장을 보냈다. 그리고 클로디우스가 불태워 버린 키케로의 별장과 농장을 나랏돈으로 다시 지어 주기로 결정했다.

이렇게 해서 키케로는 로마를 떠난지 16개월 만에 다시 이탈리아로 돌아왔다. 그가 돌아올 때 각 도시에서는 시민들이 모두 나와 뜨거운 환영의 마음을 나타냈다. 민중의 기쁨과 환영이 얼마나 열광적이었는지, 그는 뒷날 이탈리아가 자기를 두 어깨에 태워 로마까지 모셔왔다고 말했을 정도였다. 게다가 키케로가 망명 생활을 하기 전까지 적으로 대해 왔던 크라수스까지도 그를 반갑게 맞아들이며 화해를 청했다. 그러나 이것은 키케로를 무척 존경하고 있던 그의 아들 푸블리우스를 기쁘게 해주려고 한 일이었다는 이야기도 전해진다.

로마에 돌아온 지 며칠 지난 뒤, 키케로는 클로디우스가 없는 틈을 타서 부하들과 함께 카피톨리누스로 갔다. 그리고 클로디우스가 호민관을 지내면서 이룩한 업적들을 새긴 조각들을 모두 부수어 버렸다. 나중에 클로디우스가 돌아와서 이 일을 비난하자, 키케로는 귀족 출신인 클로디우스가 호민관이 된 것부터가 불법이므로 그가 한 일도 모두 무효라고 주장했다.

한편 카토는 키케로의 처사를 몹시 못마땅하게 여겨 반대를 했다. 클로디우스를 칭찬하는 뜻에서가 아니라 그동안 한 일을 모두 무효로 만든다는 것은 너무 지나친 조처이며, 그렇게 하면 자기가 키프로스와 비잔티움에 가서 한 일도 모두 무효라는 소리가 아니냐는 얘기였다. 이 문제 때문에 키케로와 카토는 서로 대립하게 되었다. 그러나 이것은 두 사람의 사이가 벌어지는 것으로 그쳤을 뿐 더 큰 사건은 일어나지 않았다.

그 뒤 클로디우스는 밀로에게 살해당하고, 밀로는 곧 살인죄로 고발되어 키케로의 변호를 받게 되었다. 그러나 원로원은 그처럼 유명하고 대단한 인물을 재판했다가는 로마에 소란이 일어날 것 같아 아무래도 걱정이 되었다. 그래서 그들은 폼페이우스를 불러 재판을 감독하고 로마 시와 법정의 치안을 지켜 달라고 부탁했다. 그래서 폼페이우스는 부하들과 함께 한밤중에 포룸으로 가서 주위의 높은 곳을 점령하고, 재판이 시작되기를 기다렸다.

한편 밀로는 키케로가 이 사실을 알게 되면 변호를 제대로 못 할 것이라고 생각하여 미리 포룸에 나와 법관이 올 때까지 기다리라고 권유했다. 왜냐하면 키케로는 전쟁에 있어서 뿐만 아니라 연설을 할 때에도 늘 겁에 질려, 처음에는 음성이 떨리다가 나중에 절정의 대목이 되어서야 긴장이 풀리곤 했기 때문이었다. 예전에 무레나가 카토에게 고발당했을 때도 키케로가 변호를 맡게 되었는데, 그는 먼저 공격 연설을 하여 큰 박수를 받은 호르텐시우스를 꺾기 위해 밤새도록 준비를 한 결과, 다음날 오히려 평소보다도 못한 연설을 했었다.

이때에도 키케로는 무장한 군대를 거느리고 있는 폼페이우스의 위풍당당한 모습과 포룸을 둘러싸고 있는 번쩍거리는 무기들을 보자, 기가 질리고 온몸이 떨려 혀가 굳어 버리고 말았다. 그러나 밀로는 오히려 담담한 표정으로 재판을 기다리고 있었다. 그는 머리도 헝클어지지 않았고 상복도 입지 않았으며 처음부터 끝까지 침착한 태도를 보여 주었다. 그러나 바로 이것 때문이었는지, 밀로는 결국 유죄 판결을 받고 추방당하고 말았다. 하지만 사람들은 그때 키케로가 보여준 태도는 비겁해서가 아니라, 친구를 걱정하는 마음이 너무 컸기 때문이었다고 생각했다.

키케로는 파르티아에서 전사한 크라수스 2세의 뒤를 이어 복점관[26]이 되었다. 그리고 곧 킬리키아의 총독이 되어, 보병 1만 2천 명과 기병 2천 6백 명을 거느리고 그곳으로 건너갔다. 거기서 그가 할 일은 카파도키아를 안정시키고 아리오바르자네스 왕을 귀순시키는 것이었다. 키케로는 이 임무를 평화적인 방법으로 잘 해결해 냈다.

그 뒤 파르티아 군과 싸우던 로마 군이 크게 패배하자 킬리키아 사람들이 반란을 일으킬 기미를 보였다. 그래서 키케로는 온화한 정책을 써서 그들을 가라앉히고, 다시금 로마에 순종할 수 있게 만들었다.

그리고 그는 여러 나라의 왕들이 보내는 선물을 하나도 받지 않았고, 각 지방에서 베풀던 성대한 제사나 잔치도 중지시켜 주민들의 부담을 덜어 주었다. 뿐만 아니라 재주가 있는 여러 인사들은 오히려 자기 집에 초대하여 화려하지는 않았지만 정성껏 대접해 주었다. 또한 그는 누가 찾아오더라도 누워서 마중하는 일이 없었다. 아침마다 그는 뜰에 나와 산책을 했고, 인사하러 온 사람들을 반갑게 맞아 주었다. 그리고 그는 어떤 경우에도 사람을 때리거나 옷을 찢지 않았으며, 심한 욕설을 하거나 가혹한 형벌을 내린 적도 없었다.

또 그는 많은 공금을 개인적으로 사용하는 일을 완전히 뿌리뽑아 각 도시 주민들의 부담을 덜어 주었으며, 손해를 변상한 사람에게는 그 이상의 벌을 주지 않았음은 물론 시민으로서의 권리도 보장받을 수 있게 했다. 또한 그는 아마누스 산에 소굴을 두고 있던 산적들을 모두 소탕하여 군대로부터 대장군이라는 명예로운 칭호까지 받게 되었다.

한번은 카이킬리우스라는 웅변가가 시민들을 위해 큰 잔치를 베풀려고 하니 킬리키아의 표범 몇 마리를 로마로 보내 달라는 편지를 보내왔다. 그때 키케로는 언제나처럼 자기 자랑을 늘어놓고는, 킬리키아는 평화를 되찾아 무기들을 모두 사냥에만 쓰기 때문에, 표범들은 모두 달아나 버리고 그림자도 보이지 않는다고 썼다.

그는 임기를 모두 마치고 로마로 돌아오던 중 로도스 섬에 들렀다. 그리고 다시 옛날 일이 그리워서 아테네에도 잠시 머물러 있었다. 그는 이곳에서 유명한 학자와 옛 친구들을 만나보고, 그리스로부터 몇 가지 명예를 받은 다음 로마로 돌아왔다. 그때

---

26) 구름의 모습이나 새의 그림자 등을 보고 점을 치는 사람으로, 이들의 예언은 나라의 정치에 크게 반영되었다.

로마는 마침 내란의 불길이 여기저기에서 솟아오를 기세를 보이고 있었다.

　원로원은 그에게 개선식을 거행할 수 있는 영광을 주기로 결의하려고 했다. 그러나 그는 나라 안에서 벌어지고 있는 불화를 잠재울 수만 있다면, 카이사르의 개선식을 뒤따라 가는 것만으로도 충분하다고 말했다. 그리고 한편으로는 카이사르에게 편지를 보내기도 하고, 폼페이우스를 찾아가 부탁을 하기도 하면서 두 사람을 화해시키는 데 온갖 노력을 기울였다. 그러나 사태는 이미 돌이킬 수 없는 지경에까지 이르러 있었다. 곧 카이사르의 군대가 로마에 들어왔으며, 폼페이우스는 저항도 해보지 못하고 멀리 달아나 버렸던 것이다. 그때 키케로는 폼페이우스와 함께 도망치지 않았기 때문에 카이사르에게 가담했다는 의심을 받게 되었다.

　사실 이때 키케로는 누구를 편들어야 할지 몰라 무척 고민을 하고 있었던 것 같다. 이것은 그의 편지 속에 적혀 있는 다음 구절만 보아도 충분히 짐작할 수 있다.

　"나는 어느 편에 가담해야 좋을지 정말 모르겠다. 폼페이우스는 명예롭고 떳떳한 이유로 싸우고 있고 카이사르는 자기 자신과 민중을 구할 만한 뛰어난 능력을 가지고 있다. 그래서 나는 누구를 피해야 할지는 알겠지만, 누구를 편들어야 할지는 도무지 알 수가 없다."

　그때 카이사르의 친구였던 트레바티우스는 키케로에게 편지를 보내, 카이사르는 키케로가 자신을 지지하고 자기와 같이 뜻을 이루기 바란다고 전했다. 그리고 계속해서, 나이가 너무 많아 이런 일에 가담하고 싶지 않다면 그리스로 가서 잠시 자연을 벗삼아 쉬는 것이 어떻겠느냐는 뜻을 적어 보냈다. 그러나 키케로는 카이사르가 직접 편지를 쓰지 않은 것을 이상하게 생각하고 지금까지의 정치 생활에 맞지 않는 행동은 하지 않을 것이라고 카이사르에게 답장을 써서 보냈다. 다른 편지들을 보아도 그가 이런 생각을 갖고 있었다는 것은 충분히 알 수 있다.

　그러나 카이사르가 스페인을 정벌하기 위해 로마를 떠나자 키케로는 곧 폼페이우스를 찾아갔다. 그는 많은 사람들로부터 환영을 받았지만, 카토만은 그를 조용히 불러 폼페이우스에게 온 것을 심하게 나무랐다. 지금까지 지켜오던 중립적인 태도를 지키면서 나라의 형세에 따라 행동했더라면 나라나 친구들을 위해 도움이 되었을지도 모르지만, 이처럼 폼페이우스에게 달려온 것은 무조건 카이사르를 원수로 만드는 아주 위험한 것이라는 얘기였다.

　이런 말을 들은 데다가 폼페이우스도 그에게 중요한 임무를 맡기지 않자 키케로의 마음은 몹시 동요되었다. 그러나 그 이유는 오히려 키케로 자신에게 있었다. 키케로는 여기 온 것을 후회하고 있다는 자신의 생각을 감추지 않았고, 폼페이우스의 군대가 약하다고 비웃었으며, 폼페이우스가 없는 자리에서 그의 전략을 비꼬기도 하였다. 또 그는 병사들 사이를 침울한 표정으로 돌아다니면서, 까닭없이 다른 사람들을 웃음거리로 만들어 버리곤 했다. 그러한 예를 몇 가지 들어보면 다음과 같다.

도미티우스는 군인답지 못한 어떤 사람을 한 부대의 지휘관으로 임명하면서, 그는 매우 겸손하고 착실한 사람이기 때문에 그런 지위를 맡긴 것이라고 변명했다. 그러자 키케로는 이렇게 비꼬았다.

"그러면 아드님 가정교사로나 쓰지 그러셨소?"

그리고 군대의 기술 책임자인 레스보스 사람 테오파네스가 로도스 사람들이 해군을 잃은 것을 위로했을 때는 이렇게 말했다.

"그리스 사람을 책임자로 모셨다는 게 얼마나 다행스러운 일인지 모르겠소."

카이사르의 작전이 점차 성과를 거두어 폼페이우스의 군대가 거의 포위당할 위기에 놓였을 때, 렌툴루스는 카이사르 군대의 사기가 꺾여 있다는 얘기를 들었다고 말했다. 이 말을 듣고 키케로는 이렇게 비아냥거렸다.

"그러면 그들이 카이사르를 원치 않는다는 것이오?"

또 마르키우스라는 사람이 로마에서 막 도착하여 폼페이우스의 군대가 포위되었다는 소문이 로마에 자자하다고 말했다. 그러자 키케로가 대꾸했다.

"그래서 그걸 확인하려고 여기까지 온 거요?"

어떤 싸움에서 패한 뒤에 노니우스는, 아직 폼페이우스의 진영에는 독수리가 일곱 마리나 남아 있으니 실망하지 말라며 장병들을 격려하였다. 그러자 키케로는 이렇게 말했다.

"아주 좋은 얘기요. 적이 까마귀라면 말이오."

또 라비에누스가 어떤 신탁을 가지고 와서, 그래도 폼페이우스는 반드시 이길 것이라고 말하자 키케로는 이렇게 쏘아붙였다.

"그렇겠지요. 그런 작전을 가지고 싸웠으니 진지까지 빼앗겼지요."

키케로는 그때 병이 나서 파르살로스 전투에서는 직접 참가하지 못했다. 그런데 전투가 끝나고 폼페이우스가 도망을 가 버리자, 디라키움에서 상당한 군대와 많은 수의 해군을 거느리고 있던 카토는 지위의 순서에 따라 키케로를 총사령관의 자리에 앉히려고 했다. 그러나 키케로는 그 요청을 거절했을 뿐만 아니라 전쟁을 계속하는 것조차 반대를 하고 나섰다. 그러자 폼페이우스 2세 등은 배신자라고 외치며 칼을 빼들고 그를 죽이려고 달려드는 바람에 하마터면 목숨을 잃을 뻔했다. 그러나 다행히 카토가 구해 주고는 군대를 떠나 몸을 피하라고 했다.

이렇게 해서 브룬디시움으로 건너간 키케로는 그곳에 머물면서 카이사르가 돌아오기만을 기다렸다. 그리고 카이사르가 타렌툼에 상륙하여 그곳으로 오고 있다는 소식을 듣자 그를 마중나갔다. 그러나 키케로는 마음속으로 승리를 거두고 돌아오는 그가 적이었던 자신을 어떻게 대할까 하고 몹시 걱정을 하였다. 여러 사람들이 보는 앞에서 어떤 수치스러운 일을 당하게 될지도 모르는 일이었기 때문이다. 그러나 그는 체면을 떨어뜨릴 말이나 행동을 할 필요가 전혀 없었다. 카이사르는 키케로가 많은 사람들 중에서 제일 앞장서서 걸어오는 것을 보자 말에서 내려 그에게 반갑게 인사를 하고는, 몇 펄롱의 길을 함께 걸으며 얘기를 나누었기 때문이다.

그 뒤에도 카이사르는 키케로를 늘 존중해 주었다. 키케로가 카토를 찬양하기 위해 글을 쓰고, 카이사르는 이 글을 반박하는 글을 썼을 때도 그는 키케로의 생애와 웅변에 대해서만은 칭찬을 아끼지 않았다. 그래서 그는 키케로를 페리클레스나 테라메네스에 비교하였던 것이다. 그때 키케로의 글의 제목은 〈카토〉였으며, 카이사르의 글의 제목은 〈카토를 반박함〉이었다.

또 이런 이야기도 전해진다. 퀸투스 리가리우스가 카이사르를 적대시했다는 이유로 고발을 당하게 되었는데, 그때 키케로가 그의 변호를 맡게 되었다. 그러자 카이사르는 친구들에게 이런 말을 했다.

"오랫만에 키케로의 변론을 들어보는 게 어떻겠소? 어차피 저 놈은 악당이며 적으로 알려져 있으니 사형은 못 면할 테고 말이오."

그러나 키케로가 변론을 시작하자 카이사르의 생각은 조금씩 달라졌다. 사람의 온갖 감정을 자극하는 유창한 화법과 매력적인 언어에 따라 자꾸만 얼굴빛이 변하는 카이사르의 모습은, 그가 착잡한 마음을 달래고 있음을 뚜렷이 보여 주었다. 키케로의 열변이 파르살로스 전투에 대한 이야기에 이르렀을 때 카이사르는 손에 들고 있던 서류까지 떨어뜨릴 만큼 몸을 떨었다. 이렇게 해서 카이사르는 키케로의 웅변에 완전히 감동하였고, 리가리우스는 결국 무죄로 석방되었다.

그 뒤 공화정이 군주 정체로 바뀌자 키케로는 정계를 떠나 청년들에게 철학을 가르치며 조용한 생활을 보냈다. 그러나 지위나 가문이 뛰어난 청년들과 가까이 지냄으로써 그는 다시 큰 명성을 얻게 되었다. 그때 그는 철학에 관한 대화들을 책으로 엮어내거나, 윤리학 또는 자연과학에 관한 전문 용어를 로마어로 번역하는 일을 하고 있었다. 표상, 동의, 협정, 판단의 억제, 원자, 명료개념, 진공 등의 단어는 바로 키케로가 처음으로 지어낸 낱말이라고 한다. 그는 비유나 그 밖의 적절한 방법을 써서 전문 용어를 쉽게 이해할 수 있도록 로마어로 바꾸었다.

키케로는 또 취미로 많은 시를 짓기도 했다. 마음만 내키면 하룻밤에도 자그마치 5백 행이나 되는 시를 짓기도 했다고 한다. 그러면서 그는 대부분의 시간을 투스쿨룸에 있는 별장에서 보냈다. 그렇게 지내면서 키케로는 라에르테스(오디세우스의 아버지)처럼 산다고 친구에게 보내는 편지에 적기도 했다. 원래 농담을 잘하는 사람이었으므로 이 말 또한 농담이었는지도 모르지만, 세상 돌아가는 꼴에 불만을 품고 다시 정계로 되돌아가고 싶은 야심을 나타낸 말일 수도 있을 것이다.

키케로는 로마에는 좀처럼 나타나지 않았다. 그러나 일단 로마에 가면 반드시 카이사르를 찾아가 존경을 나타냈으며, 카이사르에게 어떤 명예를 주자는 제안이 나오면 누구보다 앞장서서 찬성을 표시했다. 그리고 언제나 카이사르의 인격과 공적에 대해, 신선하고 기억에 남을 만한 칭찬을 하려고 애썼다. 예를 들어, 카이사르가 폼페이우스의 동상을 다시 일으켜 세웠을 때, 키케로는 이렇게 말했다.

"카이사르는 폼페이우스의 동상을 다시 일으켜 세웠다. 그리고 그렇게 함으로써 자기 자신의 설 자리 또한 굳건히 다졌다."

키케로는 로마의 역사를 써보려고 했다는 이야기가 전해지고 있다. 로마의 역사를 그리스의 역사와 밀접하게 연결시키고, 그 속에 자기가 수집한 여러 가지 전설이나 이야기 등을 넣으려는 것이 그의 계획이었다. 그러나 이 일은 키케로 자신이 벌인 여러 가지 문제로 인해 결국 이루어지지 않았다.

그 첫 번째 문제는 아내인 테렌티아와의 이혼이었다. 그녀는 전쟁 중에도 그를 보살펴 주지 않았고, 피난을 갈 때는 필요한 물건들도 챙겨 주지 않았다. 또한 키케로가 로마에 돌아왔을 때도 반갑게 맞아 주지 않았고, 그가 브룬디시움에 오랫동안 머물고 있을 때도 한 번도 만나러 간 적이 없었을 뿐만 아니라, 어린 딸이 먼 길을 혼자 떠날 때도 호위할 사람이나 필요한 물건들을 챙겨주지 않았다. 게다가 키케로가 없는 동안에 그 많던 살림을 다 처분해 버리고 큰 빚까지 만들어 놓았다.

키케로는 이런 일들을 이혼의 이유로 밝혔다. 그러나 테렌티아는 이 이유들을 모두 부인하면서 진짜 이유는 다른 데 있다고 말했다. 키케로는 이혼한지 얼마 되지 않아 곧 젊은 여자와 결혼을 했는데, 테렌티아가 말하는 진짜 이유라는 것이 바로 이것이었다. 그러나 키케로의 해방노예인 티로는, 키케로가 빚을 갚기 위해 돈많은 그 여자와 결혼을 했던 것이라고 말했다. 사실 그 여자는 엄청난 재산을 가지고 있었으며, 키케로는 처음에는 후견인으로서 그녀의 재산을 관리하고 있었다. 그러다가 빚 때문에 괴로움을 당하게 된 키케로는 친구와 친척들의 권유를 받아들여 나이 차이가 많음에도 불구하고 결혼을 했다는 것이다.

그러나 안토니우스는 키케로의 재혼 문제에 대해 날카로운 비난을 퍼부었다. 그는 키케로의 〈필리포스에 대한 탄핵〉이라는 글에 대해 반박하면서, 키케로는 함께 지내던 조강지처를 버렸으며, 언제나 집에만 처박혀 있으면서 군인답지 못한 생활을 하고 있다고 지적했다.

키케로가 재혼을 하고 나서 얼마 뒤, 그의 딸은 남편 피소가 죽자 렌툴루스와 재혼을 했으나 아이를 낳다가 세상을 떠나고 말았다. 많은 철학자들이 그를 찾아와 위로의 말을 해주었다. 그러나 그는 슬픔을 참지 못하고, 새로 맞은 젊은 아내는 자기의 딸 툴리아가 죽은 것을 슬퍼하지도 않는다면서 그녀를 멀리하였다. 키케로의 가정 생활은 대체로 이와 같았다.

키케로는 평소에 브루투스를 가장 가까운 친구 중의 하나로 생각하였다. 그리고 당시의 정계에 대해서 누구보다 큰 불만을 품고 옛날의 체제를 그리워했지만, 카이사르의 암살 음모에는 전혀 관여하지 않았다. 원래 그는 용기가 좀 부족한 사람이었던 데다가 나이도 많았기 때문에 음모자들은 그를 별로 달가와하지 않았던 것이다.

그러나 브루투스와 카시우스의 암살 음모가 성공하여 카이사르가 살해되자, 카이사르의 잔당들은 로마를 다시 내란의 소용돌이 속으로 몰아넣었다. 그러자 집정관 안토니우스는 서둘러 원로원 회의를 열고 화해를 호소하는 연설을 했다. 그때 키케로도 연설을 했는데, 그는 아테네 사람들이 옛날에 그랬던 것처럼 카이사르의 암살자들을 특별히 용서해 주고, 브루투스와 카시우스에게 속주를 맡기자고 제안하였다. 그러나 제안은 결국 말로만 끝나고 말았다.

카이사르에게 마음이 기울어져 있던 민중은 그의 시체가 시장을 지나가는 것을 본 데다가, 온통 칼에 찔려 피투성이가 되어 있는 카이사르의 옷을 안토니우스가 보여 주자 모두 미친 듯이 일어났다. 그들은 저마다 손에 횃불을 들고 거리를 돌아다니며 암살자들의 집에 불을 질렀다. 그러나 암살을 모의했던 사람들은 모두 도망간 다음이었다. 음모자들은 아예 로마를 빠져나가 버린 것이다.

그러자 안토니우스가 갑자기 세도를 부리기 시작했다. 그래서 모두들 그를 두려워하기 시작했다. 안토니우스는 그 중에서도 특히 키케로를 경계하였다. 왜냐하면 키케로의 세력이 점차 되살아나고 있었고, 또 키케로가 브루투스와 친하게 지냈던 것을 알고 있었기 때문에 그를 제거해야 할 필요성을 느꼈던 것이다. 그렇지 않아도 이들 두 사람은 성격도 다르고 의견도 달라 서로 좋지 않은 감정을 품고 있었다. 그래서 키케로는 돌라벨라[27]가 시리아에 가는 것을 보고 그를 따라가려고 마음먹었다.

그러나 다음 해에 집정관이 된 히르티우스와 판사는 원래 선량한 사람들이었고, 키케로를 매우 존경하여 그에게 로마에 머물러 있으라고 권했다. 그리고 만약 키케로가 로마에 있어 준다면 안토니우스의 세력을 꺾어 버리겠다고 약속했다. 키케로는 그들의 말을 완전히 믿을 수도 없었고, 그렇다고 전혀 안 믿을 수도 없었다. 그래서 그는 아테네에 가서 여름을 보내고 두 사람이 집정관에 취임하면 돌아오겠다고 히르티우스에게 약속한 다음 혼자서 길을 떠났다.

이렇게 해서 키케로는 여행길에 올랐는데, 로마로부터 새로운 소식을 듣게 되었다. 안토니우스의 태도가 신기할 만큼 달라져서 모든 일은 원로원의 뜻에 따라 잘 진행되고 있으며, 키케로가 돌아오기만 하면 일을 더욱 훌륭하게 처리할 수 있을 것이라는 소식이었다. 키케로는 자신의 걱정이 너무 지나쳤음을 나무라면서 다시 로마로 돌아왔다.

로마에 도착하니 과연 그가 기대했던 그대로였다. 수많은 시민들이 성문 밖에까지 밀려나와서 그를 기쁘게 맞았으며, 성문 안에 들어와서도 환영 인사를 받느라고 온종일을 지체할 정도였다.

다음날 안토니우스는 원로원을 소집하고 키케로를 초청했다. 그러나 그는 여행 때문에 몸이 피곤하다면서 자리에 누워 있었다. 그러나 사실은 로마로 돌아오면서 자신에 대한 좋지 않은 소문을 들었으므로, 혹시라도 무슨 흉계가 있을까봐 두려웠

---

27) 키케로의 딸 툴리아의 남편이었으며, 안토니우스와 함께 집정관을 지내기도 했다. 기원전 43년에는 시리아의 총독이 되었다.

기 때문이다.

안토니우스는 키케로가 자신을 얕잡아 보았다며 몹시 노여워했다. 그는 군대를 보내 키케로를 데려오든지, 아니면 그의 집에 불을 질러 버리라고 명령했다. 그러나 여러 사람들이 이 일을 말렸으므로 안토니우스는 할 수 없이 참고 말았다. 이 일이 있은 뒤, 두 사람은 서로 만나도 인사도 하지 않았으며, 언제나 서로를 경계하였다.

그러는 동안 카이사르 2세(옥타비아누스)가 아폴로니아에서 돌아와 카이사르의 유산을 상속받았다. 그런데 그 유산 중에서 안토니우스가 맡고 있던 2천 5백만 드라크마[28] 때문에 카이사르 2세와 안토니우스 사이에는 또 다른 불화가 생겨났다. 그러자 카이사르 2세는 그의 어머니와 결혼한 필리푸스, 그의 누이와 결혼한 마르켈루스와 함께 키케로를 찾아갔다. 그래서 키케로는 웅변과 원로원이나 민중의 지지로 그들을 도와주고, 카이사르 2세는 그의 재산과 군대로 키케로를 보호해 주기로 서로 약속했다. 그때 카이사르 2세는 죽은 카이사르를 따르던 대부분의 병사들을 가지고 있었기 때문이다. 그런데 키케로가 이 제안을 선뜻 받아들인 데는 또 다른 이유가 있었다고 한다. 즉, 폼페이우스와 카이사르가 모두 살아 있을 때, 키케로는 다음과 같은 이상한 꿈을 꾸었다는 것이다.

키케로의 꿈 속에 유피테르가 나타나더니 청년들 중 하나를 로마의 통치자로 삼겠다고 말했다. 그래서 키케로는 원로원 의원들의 자제들을 모두 유피테르 신전 앞에 모이게 했다. 그리고 소식을 전해 들은 시민들도 모두 이곳으로 달려나와 신전 주위를 둘러쌌다. 한편 이곳에 모인 젊은이들은 모두 자줏빛 단을 두른 옷을 입고 조용히 앉아 있었다. 그때 갑자기 신전의 문이 활짝 열렸고, 곧 젊은이들이 한 명씩 신 앞을 지나갔다. 그러나 신은 청년들을 가만히 바라볼 뿐 아무 말도 하지 않았다. 그런데 한 젊은이가 지나갈 때 드디어 신은 오른손을 내밀며 이렇게 말했다.

"로마 사람들이여! 이 청년이 너희들을 다스리게 되는 날 모든 내란이 가라앉을 것이니라."

키케로는 그 소년의 얼굴을 기억해 두려고 했지만, 꿈에서 깨어난 다음에는 누구였는지 생각이 나지 않았다. 그런데 다음날 우연히 군신의 광장으로 내려가다가 훈련을 마치고 돌아오는 소년들과 마주쳤는데, 맨 앞에 있는 소년의 얼굴이 꿈속에

---

28) 카이사르의 부인 칼푸르니아가 안토니우스에게 맡긴 돈이었다. 약 4천 탈렌트에 해당한다.

서 본 소년의 얼굴과 똑같았다. 그래서 키케로는 그 소년에게 아버지가 누구냐고 물었다. 이 소년이 바로 카이사르 2세였는데, 그의 아버지인 옥타비우스는 별로 지위가 높지 않은 사람이었지만, 어머니인 아티카는 카이사르의 조카딸이었다. 자식이 없던 카이사르가 자기의 재산과 집을 모두 카이사르 2세에게 물려준 것도 바로 이런 관계 때문이었다.

이 일이 있은 후부터 키케로는 카이사르 2세를 항상 유심히 살펴보았으며, 소년 또한 이것을 기쁘게 받아들였다. 더욱이 카이사르 2세는 우연히도 키케로가 집정관을 지내던 해에 태어났다고 한다.

흔히 키케로가 카이사르 2세와 손을 잡게 된 것은 이러한 이유 때문이었다고 한다. 그러나 실제로는 안토니우스에 대한 적개심과 자기의 세력을 키워 보려는 야망이 키케로의 마음을 움직였던 것이다. 더구나 이 소년은 키케로를 너무나 존경하여 아버지라고 부를 정도였다고 한다.

그러므로 브루투스는 아티쿠스에게 보내는 편지에서 다음과 같이 키케로를 비난하고 있다.

"키케로가 안토니우스를 겁내서 카이사르 2세의 비위를 맞추는 것은, 나라를 버리고 자신을 위해서 주인을 구하는 짓이다."

그러면서도 브루투스는 그때 아테네에서 철학을 공부하고 있던 키케로의 아들을 군대의 지휘관으로 임명하고, 여러 가지 중요한 임무를 맡겨 좋은 성과를 거두고 있었다.

한편 로마에서는 키케로의 권력이 그 절정에 달해 있었으므로 그가 하고자 하는 일은 마음대로 할 수 있게 되었다. 그래서 그는 안토니우스를 몰아내고, 두 집정관 히르티우스와 판사를 보내 그를 정벌하라고 했다. 그리고 한편으로는 원로원을 움직여, 카이사르 2세가 마치 나라를 보호하는 사람이나 되는 듯 호위병과 휘장을 갖는 것을 허락하게 했다. 그러나 안토니우스가 전투에 패하고 두 집정관도 전사해 버리자 군대는 모두 카이사르 2세에게 모여들었다. 원로원은 젊은 카이사르 2세가 엄청난 수의 군대를 거느리게 되자 그의 세력을 두려워하게 되었다. 그래서 안토니우스가 도망간 이상 군대가 필요없다면서 여러 가지 명예와 상을 내리고 군대를 해산시키려고 했다.

그러자 겁이 난 카이사르 2세는 키케로에게 사람을 보내, 함께 집정관의 자리에 오르자고 했다. 그러면 모든 일은 키케로에게 맡길 것이며, 자신은 그저 명예를 가지는 것에 만족한다고 전했다. 나중에 카이사르 2세가 말했듯이, 군대가 해산되면 자기 혼자 고립될까봐 두려워서 키케로의 도움을 청했으며 그의 야심을 이용하기 위해 적당한 때를 노렸던 것이었다.

이렇게 해서 늙은 키케로는 카이사르 2세의 달콤한 말에 넘어가 원로원의 지지를 얻도록 도와주고 그의 선거 운동도 해주었다. 그러나 그의 친구들은 이 일을 무척 반대했으며, 키케로 자신도 나중에는 그것이 자신을 파멸시키고 민중을 배반하는 행동이었다는 것을 깨닫게 되었다. 왜냐하면 카이사르 2세는 자기의 세력이 굳혀져 집정관으로 당선되자 키케로를 떼어버리고 안토니우스, 레피두스와 손을 잡았던 것이다. 그는 나라의 정권을 마치 자기 재산인 것처럼 마음대로 나누어 주고, 2백 명이 넘는 사람들을 사형시키기 위해 명단을 작성하기도 했다.

그때 가장 큰 논쟁거리는 키케로를 죽이느냐 살리느냐 하는 문제였다. 안토니우스는 키케로를 죽이지 않는다면 협정도 맺지 않겠다고 주장했고, 레피두스도 그의 의견에 찬성했다. 그러나 카이사르 2세만은 이들과 생각이 달랐다.

세 사람은 보노니아 부근에서 사흘 동안 계속 비밀 회의를 했다. 그곳은 군대의 진영에서 조금 멀리 떨어진, 한 줄기의 시냇물에 둘러싸인 곳이었다. 전하는 기록에 의하면, 처음 이틀 동안은 카이사르 2세가 키케로를 죽일 수는 없다며 고집을 부렸지만 마지막 날이 되자 양보를 했다고 한다. 이렇게 해서 세 사람은 협정을 맺고 카이사르 2세는 키케로를, 레피두스는 친동생인 파울루스를, 그리고 안토니우스는 외삼촌인 루키우스 카이사르를 죽이기로 약속했다. 이처럼 그들은 원한과 분노에 사로잡힌 나머지 인간으로서의 도리를 저버리고 말았다. 그들은 분노로 미쳐 날뛰는 사람이 권력을 쥐게 되면, 그 어느 짐승보다 더 사납고 잔인해진다는 것을 뚜렷이 보여 주었다.

한편 이런 일이 진행되고 있는 동안 키케로는 동생 퀸투스와 함께 투스쿨룸에 있는 별장에 가 있었다. 그때 로마로부터 사형자 명단이 만들어졌다는 소문이 들려오자 그들은 곧 아스투라로 몸을 피하기로 했다. 바다와 가까운 아스투라에도 별장이 하나 있었는데, 거기서 배를 타고 마케도니아로 갈 작정이었다. 그 이유는 브루투스가 마케도니아에서 큰 부대를 가지고 있다는 얘기를 들었기 때문이었다.

키케로 형제는 가마에 몸을 싣고 길을 떠났다. 그리고는 서로의 신세를 한탄하며 위로하였다. 그때 아무것도 챙기지 못하고 집에서 뛰쳐 나온 동생 퀸투스는 여비가 없어서 더욱 실망하고 있었고, 키케로 또한 여비가 넉넉하지 못했다. 결국 키케로는 빨리 도망을 가고, 퀸투스는 다시 집으로 가서 여비를 마련해 오기로 결정한 후 두 사람은 눈물을 흘리며 작별했다.

그러나 며칠 뒤, 퀸투스는 노예의 배신으로 아들과 함께 죽임을 당하고 말았다. 한편 키케로는 아스투라에 도착하여, 다시 순풍을 타고 키르카이움으로 갔다. 그러나 선원들은 도착하자마자 빨리 돛을 올려 떠나자고 했다. 그러나 키케로는 그곳에 내리더니 로마를 향해 100펄롱(20km) 쯤을 조용히 걸어갔다. 그러나 역시 불안했던지 곧 발길을 돌려 되돌아왔다.

다시 키르카이움에 돌아온 키케로는 공포와 서글픔 때문에 밤새 뒤척였다. 그러면서 그는, 카이사르 2세의 집으로 몰래 숨어들어가 그 집 제단에서 자살을 하여, 귀신이 되어서 복수를 할까 하는 생각까지 했다. 그러나 만일 발각당한다면 죽을 고생을 하게 될 것이 두려워 그러지도 못했다. 그는 이런저런 생각을 하던 끝에, 하인들의 힘을 빌려 카이에타까지 배를 타고 가기로 결정했다.

그곳에는 자신의 땅과 별장도 있었다. 여름에는 에테시안[29]이 불어와 살기가 아주 좋은 곳이었다. 그리고 바닷가에서 멀지 않은 곳에는 아폴로의 신전도 있었다. 그런데 키케로의 배가 육지에 가까와졌을 때, 한 떼의 까마귀들이 울면서 날아오더니 별안간 돛줄을 쪼기 시작했다. 이것을 본 하인들은 모두 다 나쁜 징조라고 생각하였다.

그러나 키케로는 배에서 내려 별장에 들어가더니 곧 쉬려고 자리에 누웠다. 그러자 까마귀들은 거기까지 따라와 창문 앞에서 소란스럽게 울어댔다. 그 중 한 마리는 키케로의 침대 위에까지 날아와 얼굴을 덮은 이불을 벗기려고 하였다. 이것을 본 하인들은, 멋모르는 짐승들도 키케로의 슬픈 운명을 보호하려 하는데, 주인이 죽기만 기다리며 꼼짝도 하지 않는 것은 부끄러운 일이라고 스스로를 꾸짖었다. 그리고 애원 반 억지 반으로 키케로를 가마에 태우고는 바닷가를 향해 걸어갔다.

그때 키케로를 죽이려는 자들이 병사들을 이끌고 쫓아왔다. 그들은 헤렌니우스라는 백인대장과 옛날에 아버지를 죽인 죄로 고발되었을 때 키케로가 변호를 해주었던 포필리우스라는 호민관이었다. 별장에 도착한 그들은 문이 모두 닫혀 있는 것을 보고, 문을 부수고 들어갔다. 그러나 키케로는 그림자도 보이지 않았다. 그러나 키케로

---

29) 그리스 말로는 에트스라고 하며, 매년 일정한 시기에 불던 바람의 이름이다. 이 바람은 약 40일 동안 부는 서북풍이다.

의 동생 퀸투스의 해방 노예이며, 키케로에게 학문을 배우기도 했던 필롤로구스라는 청년이 키케로는 숲길을 따라 바다로 가고 있다고 일러바쳤다.

이 말을 들은 호민관은 두세 명의 부하들을 데리고 키케로를 앞질러 바닷가로 달려갔다. 헤렌니우스가 달려오는 것을 발견한 키케로는 가마를 내리라고 말했다. 그리고 평상시의 버릇대로 왼손으로 턱을 쓰다듬으면서 자신을 죽이러 달려오는 무리들을 쳐다보았다. 그때 그는 먼지를 뒤집어 써서 머리와 몸이 지저분했고, 얼굴은 근심의 빛이 가득한 채 여위어 있었다. 그래서 헤렌니우스가 그를 죽일 때 다른 사람들은 모두 얼굴을 가리고 쳐다보지도 못했다고 한다. 그는 키케로가 가마에서 내민 목을 그대로 쳐서 죽였는데, 그때 그의 나이는 64세였다.

헤렌니우스는 〈필리포스에 대한 탄핵〉이라는 글을 쓴 키케로의 손을 베어 오라는 안토니우스의 명령대로, 그의 목과 손을 잘랐다. 키케로는 안토니우스를 공격하는 글을 짓고는 그 제목을 〈필리포스에 대한 탄핵〉이라고 했는데, 이 제목은 오늘날에도 그대로 전해져 온다.

키케로의 머리와 손이 로마에 도착했을 때, 마침 안토니우스는 관리를 선출하는 선거장에 나가 있었다. 그는 이 소식을 듣고 눈으로 확인한 다음, 정치범들에 대한 처벌은 이제 끝났다고 선언했다. 그리고는 부하들을 시켜 키케로의 머리와 손을 연단 위에 걸어 놓게 했다. 이것을 본 로마 시민들은 모두 몸서리를 치며, 그들의 눈 앞에 있는 것은 키케로의 머리가 아니라 안토니우스의 잔인함의 상징이라고 생각했다.

그러한 안토니우스도 단 한 가지 옳은 일을 한 것이 있었는데, 그것은 퀸투스(키케로의 동생)의 해방노예인 필롤로구스를 잡아서 퀸투스의 아내인 폼포니아에게 넘겨 준 일이었다. 그때 폼포니아는 그 자에게 온갖 고문을 한 다음, 그의 살을 조각조각 베어냈다고 한다. 그러나 이 이야기는 몇몇 역사가들의 기록에서만 찾아볼 수 있는 것이다. 한편 키케로의 해방 노예인 티로는 필롤로구스의 배신에 대해서는 한 마디도 적어 놓지 않았다.

그 뒤 오랜 시간이 흐른 어느 날 카이사르 2세는 외손자를 보러 갔는데, 아이는 마침 키케로가 쓴 책을 읽고 있었다. 그러다가 인기척이 나자 곧 그 책을 옷 속에 감추어 버렸다. 카이사르 2세는 그 책을 빼앗아 한참을 읽더니 이렇게 말하면서 돌려 주었다.

"애야! 이분은 뛰어난 학자였고, 훌륭한 애국자였단다."

카이사르 2세는 마침내 안토니우스를 정복하고 얼마 뒤 집정관이 되었는데, 그때 동료 집정관으로 키케로의 아들을 임명하였다. 그리고 이 두 사람이 집정관을 지내는 동안 그들은 안토니우스의 동상과 그를 위해 세운 모든 기념물을 없애 버렸다.

뿐만 아니라 안토니우스의 자손은 마르쿠스라는 이름을 쓸 수 없도록 하는 명령을 내렸다. 이렇게 해서 신은 안토니우스에 대한 복수를 결국 키케로 가문에게 맡겨 주었던 것이다.

데모스테네스와
키케로의 비교

데모스테네스와 키케로에 대해 알려져 있는 것들은 이상과 같다. 여기서 나는 두 사람의 웅변력에 대한 비교는 잠시 접어두기로 하겠다. 그러나 다음의 사실들은 분명히 지적해야 할 것들이다.

먼저 데모스테네스는 뛰어난 웅변가가 되기 위해, 타고난 소질에다가 온갖 노력을 기울였다. 그러므로 그의 웅변은 간단 명료했고 박력이 있었으며, 당시의 어느 법률가나 정치가들의 웅변보다도 힘 있고 설득력이 있었다. 또 그의 문체는 어느 문인보다 아름답고 찬란했으며, 논리의 정확함과 치밀성에 있어서는 어느 논리학자나 수사학자들보다도 뛰어났다.

한편 키케로는 대학자였으며, 여러 방면에서 두각을 나타낸 문인이기도 했다. 그래서 그는 아카데미파의 여러 철학적인 원리에 대한 훌륭한 논문과 저서를 남겼으며, 법정이나 정치 집회에서 한 연설에서도 자신이 학자임을 뚜렷이 드러냈다.

이 두 사람의 차이점은 연설에서도 잘 나타난다. 데모스테네스의 연설에는 꾸밈말이나 우스갯소리가 전혀 없고, 주제에 대해서만 집중되어 있는 무서울 정도의 진지함이 살아 있다. 그리고 그것은 피테아스가 비웃은 것과 같은 등잔 냄새가 아니라 그의 깊은 생각과 빈틈없는 기질에서 풍겨 나오는 그의 향기였다.

반면에 키케로의 연설은 농담이 너무 심해서, 자신의 품위까지 깎아내리는 일도 있었다. 그래서 그는 법정에서 아주 심각한 문제를 변론할 때도 우스갯소리를 곧잘 했으며, 변론을 부탁한 사람을 위해서는 자신의 체면이 깎여도 신경쓰지 않았다. 그런 예로 다음과 같은 이야기가 있다. 키케로가 언젠가 카일리우스를 변호하게 되었을 때 그는 다음과 같이 말했다. "세상이 온통 사치스럽고 문란하니 누가 쾌락을 즐긴다고 해도 그것은 전혀 탓할 일이 아닙니다. 오히려 모두들 즐길 수 있는 쾌락을 즐기지 못하는 사람이 어리석은 것이지요. 그 유명한 철학자들도 인간의 가장 큰 행복은 쾌락에 있다고 말하지 않았습니까?"

또 카토가 무레나를 고발했을 때, 키케로는 집정관으로 있으면서 무레나의 변호를 맡게 되었다. 그때 키케로는 카토를 비웃으면서, 스토아 학자들이 말하는 역설에 대해 심한 농담을 했다. 청중들은 물론 법관들까지 웃음을 참지 못하였다. 그러자 카토는 곁에 앉은 사람에게, "우리는 참 재미있는 집정관을 모시고 사는군요"라고 말하며 조용히 웃었다고 한다. 실제로 키케로는 이야기하기를 아주 좋아했으며, 항상 웃는 얼굴로 사람들을 대했다. 그러나 데모스테네스는 항상 생각에 잠긴 듯한 얼굴을 하고 있었으며, 어딘가 침울해 보였다. 그래서 데모스테네스를 싫어하는 사람들은 그를 비위 맞추기 어려운 사람이라고 비난했다고 한다.

한편 데모스테네스는 자기를 칭찬하는 말은 매우 삼갔으며, 어떤 말을 하든지 듣는 사람의 비위를 거스르지 않으려고 노력했고, 보통 때에도 매우 겸손하고 조심스러운 태도로 말을 했다.

그러나 이와는 반대로 키케로는 자기 자신을 칭찬하는 말을 너무 지나치게 많이 하였다. "무기는 평상복에, 그리고 군인의 월계관은 혓바닥에게 양보해야 한다"는 말만 보아도, 그가 얼마나 명예에 급급했던가를 짐작할 수 있다. 키케로의 자기 자랑은 자기의 행동이나 업적에서 뿐만 아니라 자기의 연설이나 문장에서도 드러났다. 이것을 보면 그는 이소크라테스나 아낙시메네스 같은 전문적인 웅변가들과 재주를 겨루어 보려는 어리석은 사람이었으며, 결코 '전쟁을 직업으로 삼는 무서운 종족'[1]인 로마인들을 가르치고 이끌 만한 사람은 못 되는 것 같다. 물론 정치가에게는

---

1)   아이스킬로스의 비극에 나오는 시 구절

뛰어난 웅변 능력이 필요하겠지만, 말을 잘해서 박수를 받고자 하는 욕심이 지나치면 그것은 부끄러운 일이다.

이렇게 볼 때 데모스테네스가 훨씬 더 위대하고 신중한 정신을 가졌던 것으로 보인다. 그는 웅변을 자신을 수련하고 청중의 호의를 얻기 위한 수단으로 생각했다. 그래서 자기 자랑을 늘어놓는 사람이야말로 가장 저속한 무리에 속한다고 비웃었다.

이 두 사람은 다같이 민중을 설득하고 지배하는 힘이 강했다. 그러므로 군대를 지휘하는 장군들도 그들에게 도움을 요청했던 것이다. 카라스, 레오스테네스, 디오피테스가 데모스테네스의 힘을 빌린 것처럼, 폼페이우스나 카이사르 2세는 키케로의 도움을 얻었다. 이러한 사실은 카이사르 2세가 마이케나스와 아그리파에게 보낸 회상록에 기록되어 있다.

사람의 성격을 가장 정확히 알아보려면 그 사람이 권력을 잡고 있을 때 하는 행동을 보면 된다고 한다. 그러나 데모스테네스는 필리포스 왕과 싸우려고 동맹군을 일으켰을 때도 사령관의 지위를 사양하는 등 평생동안 그런 높은 지위에는 앉지도 권력을 잡지도 않았으므로 이러한 방법으로는 그를 평가할 수가 없다.

한편 키케로는 시칠리아에 재무관으로 가기도 했고, 카파도키아와 킬리키아의 총독으로도 가 있었다. 그리고 그 시대는 악덕이 판을 치고 있었던 때였다. 그래서 로마의 장군이나 총독들은 공금을 몰래 챙기는 것은 오히려 비겁하다는 듯이 아예 드러내놓고 약탈하곤 했다. 그 지방 주민들의 재산을 약탈하는 것은 당연한 일이었으며, 그것이 너무 지나치지만 않으면 훌륭한 총독으로 이름을 떨치던 때였다. 그러나 그런 시대에 살면서도 키케로는 돈에 대해 무관심했으며, 어질고 너그러운 태도로 한층 더 큰 명성을 얻었다. 그는 집정관을 지낼 때도 카틸리나의 내란을 잘 다스려 칭찬을 받았으며, 1인 집정관이나 다름없는 권력을 행사할 수 있는 여건이 주어졌다. 그러나 그때에도 키케로는, "통치자가 공정한 정치를 해야만 나라에 재난이 없다"는 플라톤의 말을 뚜렷이 증명해 보였다.

그러나 데모스테네스는 남을 위해 연설 연고를 써주고 사치스럽게 돈을 벌었다는 비난을 받고 있다. 즉, 포르미온과 아폴로도로스가 서로 경쟁했을 때, 두 사람이 서로 알아차리지 못하리라고 여기고는, 두 사람 모두의 연설 원고를 써주고 돈을 받았던 것이다. 그는 페르시아의 왕한테서 뇌물을 받았다는 혐의로 고발을 당했으며, 하르팔로스한테서 뇌물을 받다가 들킨 적도 있었다. 만약 많은 역사가들이 증명하고 있는 이 일들이 사실이 아니라고 하더라도, 뱃사람들을 상대로 비싼 이자놀이를 했던 그가 왕이 내주는 돈이나 선물을 사양했을 것 같지는 않다.

그러나 키케로는 시칠리아와 카파도키아에 가 있었을 때 왕이나 주민들이 주는 선물을 거절했으며, 망명 생활로 고생을 할 때도 로마의 친구들이 보내 주는 돈이나 재물들을 모두 사양하였다.

데모스테네스가 나라에서 추방을 당한 것은 뇌물을 받은 죄 때문이었으므로 이 것은 참으로 수치스러운 일이었다. 그러나 키케로는 나라를 구하려다가 나쁜 무리 들에게 쫓겨난 것이니 다른 어떤 것보다 명예롭고 영광된 일이 되었다. 그러므로 데 모스테네스가 추방당했을 때는 아무도 그를 변호해 주지 않았지만, 키케로가 추방 되었을 때는 원로원 의원들까지 상복을 입었고, 그의 소환이 결정될 때까지는 모두 사무를 중지하겠다는 결의까지 했었다.

그러나 키케로는 마케도니아에서 망명 생활을 하는 동안 아무 하는 일도 없이 세 월만 보냈지만, 데모스테네스는 망명 기간 동안 중요한 업적을 이룩하였다. 즉, 그는 아테네의 사절들을 따라 돌아다니며 전쟁에 참가했고, 마케도니아의 사절단을 그리 스에서 쫓아내기도 했다. 이것은 테미스토클레스나 알키비아데스가 같은 처지에 있 을 때 했던 일보다 훨씬 더 훌륭한 일이었다. 그리고 아테네에 돌아온 뒤에도 그는 같 은 일을 계속해 나가면서, 안티파트로스와 마케도니아에 대한 저항을 늦추지 않았다.

그러나 키케로는 데모스테네스와는 달리 로마에 돌아오자 곧 원로원에 앉았다. 그리고는 아직 수염도 나지 않은 카이사르 2세가 법을 어기면서까지 집정관에 출 마하겠다고 했을 때도 아무 말 없이 듣고만 있었다. 그래서 브루투스는, 자신들이 몰아낸 폭군보다 더 무섭고 사나운 폭군을 길러냈다며 키케로를 비난했던 것이다.

끝으로, 두 사람의 죽음에 대해 살펴보자. 먼저 키케로의 죽음은 너무도 가엾고 안타까운 것이었다. 왜냐하면 어차피 살 날이 얼마 남지 않은 노인이었는데도 위험 을 피해 헤매다가 죽임을 당했기 때문이다. 그러나 데모스테네스는 애원하는 것같 이 보였지만, 자신이 미리 독약을 준비해 가지고 있었다는 것은 참으로 감탄할 만한 일이다. 왜냐하면 신전도 자신을 보호해 줄 만한 장소가 못 된다는 것을 알고, 또 적 의 병사들에게 둘러싸이자, 적에게 잡혀가 처참하게 죽임을 당하느니보다는 오히려 자살을 선택하여 영원한 안전을 찾았기 때문이었다.

43

데메트리오스

(DEMETRIUS, BC 337~BC 283)

데메트리오스 1세 폴리오르케테스(포위자). 마케도니아의 왕(BC 294~288 재위). 아버지는 안티고노스, 어머니는 스트라토니케이다. 술과 여자에 빠져 방탕한 생활을 하기도 했지만, 전쟁터에 나서면 가장 뛰어난 군인으로 이름을 떨쳤다. 여러 도시를 해방시키고, 특히 아테네에서는 대단한 영광과 명예를 받았다. 몇 번이나 뒤바뀌는 운명을 살았으며, 셀레우코스 1세에게 잡혀 케로소네소스에 감금되어 있다가 54세에 세상을 떠났다.

옛부터 우리는 흔히 예술과 육체적 감각을 비교해 왔다. 그것은 이 두 가지가 다같이 대조되는 것을 이루고 있다는 데 주목했기 때문이다. 그러나 그것이 대상으로 삼고 있는 물건은 각각 차이가 있다. 대체로 감각이라는 것은 검은 것과 흰 것, 쓴 것과 단 것, 연한 것과 딱딱한 것 등을 가리지 않고 받아들여서 그 인상을 이성에 전달하는 것이다.

그러나 이와는 달리 예술은 좋은 것은 선택하여 가꾸지만 좋지 않은 것은 거부한다. 따라서 예술이 맡은 본래의 임무는 좋은 것을 받아들이고 좋지 않은 것을 거부하기 위한 연구와 관찰에 있는 것이다.

의사는 병을 치료하기 위해 그 질병에 대해서 미리 연구를 해야 하고, 음악가는 화음을 만들어 내기 위해서 불협화음을 연구해야 한다. 마찬가지로 가장 완전한 예술이라고 할 수 있는 절제와 정의, 지혜 등을 판단하고 선택하기 위해서는 좋은 것뿐만 아니라 잘못되고 그릇된 것에 대해서도 미리 알아야만 한다. 즉, 그것이 얼마나 명예롭고 공정하고 이로운가를 판단하는 데만 그치는 것이 아니라, 무엇이 부끄러운 일이며 무엇이 그릇되고 해로운 일인가에 대해서도 충분한 이해가 있어야 한다는 말이다.

그러므로 지금까지 한 번도 악한 짓을 하지 않았다는 것은 별로 자랑할 만한 일이 못 되며, 그 단순한 결백성은 오히려 어리석은 것이라고도 할 수 있다. 다시 말하면 그것은 아주 단순한 진리이며, 올바르게 살려는 사람이라면 누구나 다 알아야 할 성질의 것이라는 얘기이다.

옛날 스파르타 사람들은 술을 잔뜩 먹인 노예들을 잔치에 끌고나와 일부러 청년들에게 구경을 시켰다고 한다. 술에 취한 주정뱅이가 어떤 모습인지를 그들에게 보여 주려는 것이었다. 물론 어떤 사람을 가르치기 위해서 다른 사람을 희생시킨다는 것은 사회의 정의나 도덕에 어긋나는 일이다. 그러나 높은 지위와 권세를 가지고도 스스로 자신의 명예를 더럽힌 사람들을 여기에 소개함으로써 여러 사람들에게 본보기가 된다면, 이것은 그다지 나쁜 일은 아닐 것이다. 따라서 이 전기에서는 그런 사람들의 일생을 이야기하여, 다른 사람들에게 도움을 주고자 한다.

그러나 내가 이런 글을 쓰려는 것은 결코 이 책을 읽는 독자들의 기분 전환을 위해서도, 또 내 이야기에 변화를 주기 위해서도 아니다. 테베 사람인 이스메니아스는 제자들에게 피리부는 법을 가르칠 때, 한 번은 피리를 제대로 불고는 "이렇게 불어야 한다"고 말하고, 또 한 번은 잘못 분 다음에 "이렇게 불면 안 된다"고 얘기했다고 한다. 그리고 안티게니다스라는 사람은 "처음에 나쁜 음악을 들려 주고 다음 번에 훌륭한 음악을 들려 주면 그때의 기쁨은 한층 더 커진다"고 이야기했다.

마찬가지로 나는 일생을 그르친 사람들의 이야기를 들려줌으로써 더욱 훌륭한 사람들의 삶을 본받게 하려는 목적으로 이 글을 쓰려는 것이다. 그러므로 여기에서는 '포위자'라는 별명을 가진 데메트리오스 폴리오르케테스와, 로마의 삼두정치가 중 한 사람인 안토니우스의 생애를 이야기하도록 하겠다.

플라톤은, 영웅은 큰 죄와 큰 덕을 함께 가지고 있다는 말을 했는데, 지금부터 이야기할 두 사람이야말로 이러한 사실을 충분히 증명해 줄 만한 인물들이다. 이들은 둘 다 여자를 좋아했고 거기에 열중했으며, 술을 아주 많이 마셨고 생활도 사치스럽고 거만했다. 더구나 그들은 둘 다 호탕한 성격과 교만한 생활을 즐겼으며, 큰 성공과 함께 큰 불행을 겪었던 사람들이다. 그들은 대단한 권력을 손에 쥐었다고 생각한 순간 금세 닥쳐드는 파멸을 맛보아야 했고, 그 다음 순간 다시 그만큼의 권력을 회복했다. 또한 이 두 사람은 살았을 때 뿐만 아니라 죽을 때도 같은 운명의 지배를 받아, 데메트리오스는 적에게 잡혀 죽임을 당했으며, 안토니우스는 적에게 잡히자 스스로 목숨을 끊어버렸다.

안티고노스는[1] 코라이오스라는 마케도니아 귀족의 딸 스트라토니케와 결혼하여 두 명의 아들을 낳았다. 그 중 형은 작은 아버지의 이름을 따서 데메트리오스라고 지었고, 동생은 할아버지의 이름을 따라 필리포스라고 지었다. 그러나 널리 알려진 얘기에 의하면 필리포스는 안타깝게도 젊은 나이에 세상을 떠났다고 한다. 그러나 다른 역사가들의 이야기를 들어보면, 데메트리오스는 안티고노스의 친아들이 아니라 조카였으며, 과부인 어머니가 안티고노스와 결혼을 하는 바람에 안티고노스의 아들이 되었다고도 한다.

데메트리오스는 훌륭한 청년으로 성장했다. 아버지보다는 작지만 키가 아주 큰 편이었고, 얼굴과 몸매가 아름다워 조각가들도 제대로 표현하지 못할 정도였다. 그의 얼굴 표정은 아름다운 가운데서도 따스함과 활기가 배어 나왔고, 사람을 꼼짝못하게 하는 위엄 또한 지니고 있었다. 그의 성격도 겉모양과 비슷하여, 무서우면서도 지극히 다정하였다. 그는 어떤 사람과도 허물없이 잘 지냈으며, 화려한 잔치나 술자리가 있으면 그 시대의 어떤 왕보다도 쾌활하게 즐겼다. 그러나 일단 무슨 일이 생기면 놀라운 열정과 인내심을 보여 주기도 했다. 그는 마치 디오니소스 신[2]처럼 전쟁에서는 부하들을 훌륭하게 다스렸고, 평화시에는 즐거움과 풍요로움을 골고루 안겨 주었던 것이다.

데메트리오스는 아버지인 안티고노스를 유난히 좋아했다고 한다. 그가 아버지를 사랑한 것은 어떤 두려움이나 의무 때문이 아니라 마음속에서 우러나온 진실이었다. 전해지는 이야기를 보면, 언젠가 안티고노스가 두세 명의 사절단과 회담을 하고 있었을 때, 마침 사냥에서 돌아온 데메트리오스가 아버지에게 키스를 하고는 손에 창을 든 채로 곁에 앉았다고 한다. 그리고 사절들이 일을 끝내고 막 물러가려고 할 때 안티고노스는 큰 소리로 이렇게 얘기했다.

---

1) 데메트리오스의 아버지로 안티고노스 1세이다. 알렉산드로스 대왕의 부하였으며, 애꾸눈 장군이라는 별명을 가지고 있었다. 기원전 306년에 마케도니아의 왕위에 올랐다.
2) 그리스 신화에 나오는 술의 신으로, 로마에서는 바코스라고 부른다.

"우리 부자(父子)는 늘 이렇게 지내고 있소. 당신들 나라에 돌아가거든 이것도 함께 보고하시오."

자신과 아들이 철저한 믿음과 이해를 가지고 있는 만큼 자신의 권력과 정치적 위치 또한 굳건하다는 것을 암시하는 것이었다. 생각해 보면, 권력에는 언제나 질투와 의심이 따라다니게 마련이고, 그만큼 왕은 고독한 존재인 것이다. 그러므로 알렉산드로스의 후계자들 중 가장 뛰어났던 안티고노스는 자신의 아들이 무기를 쥐고 곁에 서 있어도 두려워하지 않는다는 것을 큰 자랑으로 생각했다. 사실 알렉산드로스의 후계자들 중에서 그런 죄를 저지르지 않은 집안은 오직 이 가문 하나뿐이었다. 때로는 아버지가 아들을 죽이고, 남편이 아내를 죽였으며, 아들이 어머니를 죽인 일도 헤아릴 수 없을 만큼 많았다. 그래서 형제끼리 서로 죽이는 것쯤은 왕위에 오르기 위해서는 당연히 치러야 하는 수학공식처럼 여겨질 정도였다. 그러나 안티고노스의 왕가에서는 필리포스가 자신의 아들을 죽인 것 말고는 한 번도 그런 일이 일어나지 않았다.

데메트리오스는 인정이 많고 친절한 성격을 지니고 있었다. 아리오바르자네스의 아들 미트리다테스와의 사이에서 있었던 다음과 같은 이야기는 이러한 그의 성품을 잘 보여 줄 것이다.

미트리다테스는 데메트리오스와 동갑인 친구로, 안티고노스 왕을 충실하게 섬기고 있었다. 그런데 그는 안티고노스의 꿈 때문에 아무런 이유도 없이 왕의 의심을 받게 되었다.

안티고노스는 꿈속에서 넓고 아름다운 벌판에 나가 황금의 씨를 뿌리고 있었다. 그 씨앗은 땅에 떨어지자마자 금세 싹을 틔웠다. 그런데 잠시 뒤에 뒤돌아보니 누군가가 곡식을 다 거두어가고 그 자리에는 빈 그루터기만 남아 있는 것이었다. 안티고노스는 너무나 화가 나 근처를 두루 뒤졌다. 그랬더니 어딘가에서 "황금빛 곡식은 모두 거두어가지고 폰토스로 가져갔다"는 소리가 들려 왔다.

안티고노스는 꿈에서 깨어난 뒤에도 마음이 몹시 산란했다. 그래서 그는 아들 데메트리오스를 불러 아무에게도 얘기를 하지 않겠다는 약속을 받아낸 후, 꿈 이야기를 해주었다. 그리고는 곧 미트리다테스를 없애 버려야겠다고 덧붙였다.

데메트리오스는 아버지의 이야기를 듣고 몹시 걱정스러웠다. 그런데 얼마 후 아무것도 모르는 미트리다테스가 여느때처럼 그를 찾아왔다. 그러나 아버지와의 맹세 때문에 아무 말도 할 수가 없었다. 그래서 그는 미트리다테스를 데리고 조용한 곳으로 간 다음 창끝으로 바닥에 글씨를 썼다.

"도망쳐, 미트리다테스!"

미트리다테스는 그 뜻을 알아채고 그날 밤 카파도키아로 달아났다. 그뒤 오래지 않아 안티고노스의 꿈은 사실로 나타났다. 미트리다테스는 그곳에서 넓은 땅을 개척하고 폰토스의 왕이 되었던 것이다. 이 폰토스 왕국은 나중에 8대까지 계속 이어지다가 나중에 로마에게 점령당하고 말았다. 이러한 이야기로 우리는 데메트리오스의 성격을 잠시 엿볼 수 있었을 것이다.

한편 엠페토클레스[3]는 세상의 모든 사물은 서로 끌고 미는 성질이 있으며, 그 사이가 가까울수록 둘 간의 싸움은 더욱 심해진다는 얘기를 했다. 실제로 알렉산드로스 대왕의 후계자들 사이에는 언제나 전쟁의 불길이 끊이지 않았다. 가끔은 특별히 심한 경우도 있었는데, 안티고노스와 프톨레마이오스[4]가 바로 그런 경우였다.

안티고노스는 키프로스 섬을 떠난 프톨레마이오스가 시리아에 상륙하여 그 지방을 마구 짓밟고 있다는 소식을 듣게 되었다. 그러자 그는 아들 데메트리오스를 보내 프톨레마이오스를 치게 하고 자신은 프리기아에 머물기로 했다. 그때 데메트리오스는 겨우 스물두 살이었고, 이런 큰 싸움을 혼자 맡게 된 것은 처음이었다.

전쟁 경험이 부족한 데다가 젊은 혈기만 믿고 있던 그는 알렉산드로스 대왕의 지휘를 받으며 여러 번의 전쟁으로 몸을 단련한 적을 향해 무조건 돌격을 감행했다. 결국 그는 가자 시[5] 근처에서 벌어진 전투에서 크게 패하여, 5천 명의 전사자를 내고 8천 명을 포로로 넘겨 주어야만 했다. 뿐만 아니라 자신의 천막과 재물, 그리고 하인들까지 몽땅 적에게 빼앗기고 말았다. 그러나 프톨레마이오스는 전리품을 포로가 된 장군들과 함께 돌려보내면서, 전쟁을 하는 목적은 명예와 영토 때문이지 개인적인 미움이나 원한은 없다는 정중한 내용의 편지를 함께 보내왔다. 데메트리오스는 아무도 모르게 신께 기도를 울렸다. "하루빨리 프톨레마이오스에게 진 빚을 갚을 수 있도록 도와주십시오."

그는 첫 전투에서 패배한 절망에 빠지지 않고 오히려 수많은 전투 경험을 가진

---

3) 기원전 5세기 경의 과학자.
4) 마케도니아의 귀족인 라구스의 아들로 기원전 304년에 이집트의 왕이 되었다.
5) 팔레스티나 남쪽에 있던 해안도시.

상군 같은 모습을 보여 주었다. 그는 흩어진 병사들을 다시 모으고, 무기를 새로 장만하고, 근처의 도시들과 손을 잡고 새로운 군대를 훈련시키는 데 온 힘을 다했다.

안티고노스는 아들이 전쟁에 졌다는 소식을 듣고 이렇게 얘기했다.

"프톨레마이오스는 아직 수염도 나지 않은 어린애와 싸워 이겼지만, 다음번에는 어른과 싸워야 될 것이다."

그러나 그는 실수를 만회할 기회를 달라는 아들의 부탁을 듣고는, 용기를 꺾지 않기 위해 데메트리오스를 다시 한 번 출정시켰다.

얼마 뒤 프톨레마이오스와 부하인 킬레스 장군은 대군을 거느리고 시리아로 쳐들어왔다. 그는 한 번 싸움에 진 데메트리오스는 풀이 죽어 있을 테니 간단하게 시리아를 정복할 수 있으리라고 생각했다. 그러나 그의 예상은 완전히 뒤집히고 말았다. 데메트리오스는 적을 습격하여 그들이 놀랄 틈도 없이 무찔러 버린 것이다. 그리고 킬레스 장군을 비롯한 7천 명의 적을 포로로 잡고 많은 재물들을 빼앗았다.

데메트리오스는 몹시 기뻤다. 그 기쁨은 적의 재물을 전리품으로 빼앗았기 때문이 아니라 오히려 그것들을 적에게 돌려줄 수 있는 기회가 왔기 때문이었다. 그가 신에게 감사한 것도 승리의 영광이나 재물보다는 프톨레마이오스에게 진 빚을 갚게 된 것 때문이었다.

그러나 그는 이 일을 제멋대로 처리하지는 않았다. 데메트리오스는 우선 아버지에게 자신의 생각을 적어 편지를 보냈다. 아버지는 "네가 얻은 승리의 열매이니 네마음대로 하라"는 답장을 보내왔다. 그러자 데메트리오스는 킬레스와 여러 장군들을 프톨레마이오스에게 보내는 것은 물론, 거기에 값진 선물까지 덧붙여 보냈다. 이렇게 해서 프톨레마이오스의 군대는 시리아를 떠나게 되었다.

그 뒤 데메트리오스는 나바타이아라는 아라비아 종족을 정벌하기 위해 파견되었는데, 물이 없는 사막지대로 들어갔다가 큰 위험에 빠지고 말았다. 그러나 그는 어려움을 극복하고 용감하게 싸워 야만족들을 모두 물리치고 7백 마리의 낙타에 수많은 전리품들을 싣고 돌아오는 승전을 거두었다.

얼마 뒤, 셀레우코스[6]가 엄청난 군사들을 이끌고 반란을 일으켰다. 그는 옛날에 안티고노스에게 바빌론 성을 빼앗겼다가 다시 되찾았던 사람이었다. 그런데 바로

---

6) 알렉산드로스 대왕의 부장으로 있었으며, 셀레우코스 왕조를 창시하였다.

그가 군대를 일으켜 인도와 이웃한 여러 나라와 카프카스 산맥 근처에 있는 나라들을 정벌하려 했던 것이다.

데메트리오스는 이 일로 메소포타미아가 텅 비어 있다는 것을 알고, 급히 군대를 이끌고 유프라테스 강을 넘어 메소포타미아로 쳐들어갔다. 그는 먼저 시내에 있는 두 개의 성 가운데 하나를 손에 넣고, 셀레우코스가 남겨 두었던 수비대를 몰아냈다. 그런 다음 이곳을 지키기 위해 자신의 군대 7천 명을 머무르게 하고, 나라 안에 있는 재물들을 마음껏 노략질할 수 있도록 허락해 주었다. 이 일이 모두 끝나자 데메트리오스는 다시 바다로 물러났다.

그러나 이것은 오히려 셀레우코스의 왕위를 더욱 굳건히 다져준 결과가 되고 말았다. 데메트리오스가 이곳을 약탈한 것은 결국 이 나라에 대한 통치권을 가지고 있지 않다는 사실을 스스로 인정한 것이었기 때문이다. 그런데 프톨레마이오스가 할리카르나소스를 포위하고 있었으므로 데메트리오스는 급히 군대를 돌려 그 도시를 구해 주었다.

이 싸움에서 자신을 얻은 데메트리오스와 그의 아버지 안티고노스는 그리스 전체를 프톨레마이오스의 손아귀에서 구해 주자는 큰 야망을 갖게 되었다. 당시 그리스는 프톨레마이오스와 카산드로스에게 점령당하여 노예와 다름없는 생활을 하고 있었던 것이다. 이러한 데메트리오스의 야망은 일찍이 어느 왕도 꿈꿔 보지 못한 정의롭고 고귀한 뜻을 담고 있었다.

그리스를 해방시켰다는 빛나는 영광을 차지하기 위해 그들 두 사람은 야만인들과의 전쟁에서 얻은 재물들을 모두 투자하였다. 그리고 우선 아테네부터 공격하기로 마음을 먹었다. 이때 안티고노스의 한 친구는 그에게 이렇게 충고하였다. "만일 아테네를 손에 넣게 되면 그 도시를 꼭 움켜 쥐고 있어야 하네. 아테네는 그리스로 들어갈 수 있는 출입문이거든."

그러나 안티고노스는 그의 말을 듣지 않았다. "민중들의 지지를 받는 것보다 더 확실한 출입문은 없다네. 아테네는 온 세상이 지켜보고 있는 봉화대 같은 곳이야. 그래서 나는 옳은 정치를 베풀어 온 세상이 지켜볼 수 있도록 만들 생각이네."

마침내 데메트리오스는 전쟁 비용으로 쓸 5천 탈렌트의 돈과 2천 5백 척의 배를 이끌고 아테네를 향해 출발했다. 그때 아테네는 카산드로스의 통치를 받고 있었고 무니키아 항구에는 수비대가 머무르고 있었다. 그러나 데메트리오스는 타르겔리온 달 26일에 피라이우스 항구로 무사히 숨어 들어갈 수 있었다.

한편 이들의 상륙을 전혀 모르는 적들은 데메트리오스의 함대를 프톨레마이오스의 함대로 잘못 알고 도리어 환영 준비를 서둘렀다. 지휘관들은 한참 뒤에야 자신들이 착각했다는 것을 알고 몹시 놀라 황급히 싸울 준비를 했다. 그러는 동안 데메트리오스의 군대는 항구가 허술한 것을 틈타 거침없이 육지에 내리고 있었다. 이 일이 모두 끝나자 아테네 시민들에게 저항하지 말고 조용히 자신들의 말을 따르라고 신호를 보냈다. 아테네 시민들은 이들의 제안을 받아들였다. 그러자 데메트리오스는 전령을 시켜 다음과 같은 말을 전했다.

"나는 안티고노스의 명령에 따라 마케도니아의 군대를 몰아내고 시민들에게 자유를 주기 위해 이곳에 왔소. 우리는 아테네가 예전부터 지켜오던 법률을 회복하여 스스로의 법률에 따라 나라를 다스리기를 원할 뿐 다른 뜻은 전혀 없소."

그러자 시민들은 모두 칼과 방패를 땅에 내던지고 데메트리오스를 구세주라고 부르면서 환영했다. 그때 팔레론에 있던 적들은 데메트리오스의 말이 의심스러웠지만 그를 막을 길은 없다고 생각했다. 그래서 그들은 데메트리오스에게 사절을 보내 항복의 뜻을 전했다. 데메트리오스는 사절단들을 정중히 맞이했다. 그리고 아버지의 친구인 밀레토스 사람 아리스토데모스 장군에게 부탁하여 그들을 잘 돌려보내라고 했다.

한편 데메트리오스는 우선 아테네를 해방시키기 위해 적군부터 몰아내겠다고 선포했다. 그는 참호와 나무 울타리 등으로 무니키아를 둘러싼 다음, 메가라 시에 있는 카산드로스의 군대를 정벌하기 위해 출발했다.

그때 데메트리오스는 파트라이 시[7]에 살던 크라테시폴리스 부인이 은밀히 만나고 싶어한다는 얘기를 듣게 되었다. 그녀는 폴리스페르콘의 아들인 알렉산드로스의 부인으로 미모를 자랑하고 있었다. 데메트리오스는 몹시 기뻐하며 메가라에 군대를 남겨둔 채 부하 몇 명만 데리고 그녀가 있는 곳으로 갔다. 그리고 그 도시에 도착하자 부하들마저 물리치고, 외따로 천막을 쳤다. 그녀가 사람들의 눈에 띄지 않고 찾아올 수 있도록 하려는 것이었다. 이 일은 곧 적에게 들키고 말았다. 적들은 곧 데메트리오스를 습격하였고, 그는 초라한 옷차림으로 도망을 칠 수밖에 없었다. 만약 빠져나오지 못했다면 그는 어리석은 욕정 때문에 적에게 사로잡혔다는 낯 뜨거

---

7) 펠로폰네소스 반도의 북쪽에 있던 도시.

운 비난을 받았을 것이다.

그 뒤 메가라 시를 점령하자 병사들은 시내를 샅샅이 뒤지고 다니면서 재물을 마구 약탈했다. 그러나 아테네 시민들의 간곡한 애원을 들은 데메트리오스는 이 같은 행위를 금지시켰다. 그리고 마케도니아의 군대를 몰아내어 도시를 해방시켜 주었다.

데메트리오스는 이곳에 스틸포라는 유명한 철학자가 살고 있다는 것을 알고 있었다. 그래서 그는 스틸포에게 사람을 보내어, 혹시 이번 싸움 때문에 잃은 물건이 있는지를 물어보았다. 스틸포는 이렇게 대답했다.

"없습니다. 아무도 내 머릿속에 든 지식을 빼앗아가지는 못했습니다."

그러나 그는 전쟁 중에 노예들을 모두 빼앗겼다. 데메트리오스는 그와 헤어질 때 공손하게 인사를 하고 이렇게 덧붙였다.

"나는 선생의 고향에 자유를 주고 떠납니다."

그러자 스틸포가 말했다. "그렇소. 우리 노예들을 모두 빼앗아갔으니 말이오."

무니키아로 돌아온 데메트리오스는 성벽 앞에 진을 쳤다. 그리고 며칠에 걸린 공격 끝에 드디어 성벽을 무너뜨려 버렸다. 그리고는 시민들의 초대를 받아들여 아테네로 들어갔다. 그는 곧 시민 대회를 소집하고, 아테네의 옛 법률을 되찾게 해주었다. 또한 그의 아버지 안티고노스는 15만 석의 밀과 백 척의 배를 만들 수 있는 충분한 목재를 보내 주겠다는 약속을 했다.

이렇게 해서 아테네는 15년만에 다시 민주적인 정치 제도를 되찾았다. 라미아 전쟁 때부터 크라논의 전투 때까지 아테네는 이름만 공화 정치였을 뿐 사실은 팔레론의 데메트리오스로부터 모진 독재 정치를 받아오고 있었던 것이다.

데메트리오스가 아테네 시민들에게 보여준 행동들은 사실 커다란 영광을 받기에 충분한 것이었다. 그러나 아테네인들이 너무 지나치게 그를 받들어모시는 바람에 그는 오히려 싫증과 비난의 대상이 되고 말았다. 아테네 사람들은 안티고노스와 데메트리오스를 왕이라 불렀는데, 그리스인들은 왕이라는 말만 들어도 치를 떨었다. 왕이라는 호칭은 필리포스와 알렉산드로스 대왕의 혈통을 이어받은 사람들에게만 사용하지 다른 사람들은 감히 쓸 수도 없었던 말이었다. 따라서 감히 이 칭호를 받은 사람은 안티고노스와 데메트리오스 외에는 아무도 없었다.

또한 아테네 사람들은 이들 두 사람을 자신들의 보호자요 구원자라고도 불렀다. 그리고 그때까지 아르콘의 이름을 그 해의 이름으로 삼던 오랜 제도를 바꾸어, 제관을 뽑아 이 두 사람의 제단을 섬기도록 하자는 결의를 투표로 통과시켰다. 또 아테나 신의 성스러운 옷에 안티고노스와 데메트리오스의 얼굴을 수놓으라는 포고령을 내리고, 데메트리오스가 전차에서 내려 처음 밟은 땅을 신성한 땅으로 지정한 뒤 그곳에 신전을 지어 '땅에 내려온 데메트리오스'라는 이름을 붙였다.

뿐만 아니라 그들은 두 종족을 늘려서, 그들을 각각 데메트리오스 족과 안티고노스 족이라고 불렀다. 그러므로 한 종족에서 50명씩 뽑아 구성되던 시민 회의는, 이 새 종족 때문에 백 명이 늘어나 모두 6백 명이나 되었다.

이처럼 지나친 대접을 위해 머리를 짜냈던 사람은 스트라토클레스라는 사람이었는데 그의 아첨 중에서도 가장 심한 것은 그들에게 보내는 사절단에 대한 것이었다. 즉, 그때부터 데메트리오스나 안티고노스에게 보내는 사절단에게는 올림피아나 델포이로 보내는 사절들에게 주는 것과 똑같은 칭호를 주자는 제안이 바로 그것이었다.

스트라토클레스는 몹시 파렴치하고 방탕한 사람이었다. 그는 민중들에게 아부를 일삼았던 클레온의 행동을 그대로 본받아 행동했다. 하루는 필라키온 출신의 그의 부인이 시장에 갔다가 양의 골과 목뼈를 사온 것을 보고 대뜸 이렇게 말했다. "오늘 저녁에는 우리 정치가들의 장난감을 먹게 되겠군 그래."

또 언젠가 아테네 군이 아모르고스 해전에서 참패를 당했을 때는 이런 일이 있었다. 스트라토클레스는 이 소식이 아테네에 닿기 전에 아테네로 급히 돌아와, 월계관을 쓰고 케라미코스 거리로 말을 타고 나가서는 아테네가 큰 승리를 거두었다고 외쳐댔다. 그리고는 승리의 기쁨을 신께 감사드리고, 축하잔치에 쓸 고기들을 각 종족에게 나누어 주었다. 그러나 얼마 뒤 싸움에 지고 흩어졌던 배들이 하나둘씩 돌아왔다. 시민들은 그에게 속은 것을 알게 되었다. 그는 시민들이 욕설을 퍼붓자 담담하게 말했다.

"내 덕분에 이틀이나 잘 먹고 놀았으면 됐잖소? 도대체 내가 뭘 잘못했단 말입니까?"

스트라토클레스는 이처럼 교만하고 뻔뻔스러운 사람이었다. 그러나 "활활 타는 불에 불씨를 던지다"는 아리스토파네스의 말처럼 그보다 더한 아테네 사람이 나타났다. 이 사람은 데메트리오스가 아테네에 올 때마다 데메테르[8]와 디오니소스 신에게 바치는 것처럼 화려한 잔치를 벌리고, 이 잔치를 가장 성대하게 연 사람에게는 정

---

8) 농사를 맡은 그리스 여신.

부에서 상금을 내리자고 했다. 그리고 무니키온 달[9]이라는 이름 대신 데메트리온 달이라는 새 이름을 쓰고 그 달의 첫날을 데메트리오스 날이라고 부르기로 했으며, 디오니소스 신의 제사인 디오니시아를 데메트리아, 즉 데메트리오스 축제라는 이름으로 고쳐 버렸다.

이처럼 그들을 지나치게 받들자, 신들이 노여워하고 있다는 징조가 나타나기 시작했다. 새 법률에 의해 안티고노스와 데메트리오스의 모습을 신성한 옷에 수놓고 케라미코스 거리를 막 지나가고 있던 행렬 앞에 별안간 거센 바람이 몰아닥치더니 그 옷을 두 갈래로 찢어 버렸던 것이다. 그리고 안티고노스와 데메트리오스를 모신 제단 근처에 난데없이 독이 든 풀들이 자라나기 시작했다. 원래 이런 풀들은 아무데서나 나지 않는 것이었다.

또한 디오니소스 제사가 있던 날[10]에는 때아닌 추위가 몰아닥치고 서리가 내렸다. 그래서 이 행사는 중단되었으며, 무화과와 포도가 시들고 곡식도 모두 추위에 죽어 버렸다. 그러자 스트라토클레스와 반대 세력인 필리피데스[11]는 그의 희극에 이런 시구절을 넣었다.

신성한 옷이 찢어진 것은 누구 때문일까?
포도가 서리를 맞고 시든 것은 또 누구 때문일까?
그것은 신의 영광을 인간에게 훔쳐다 준 어떤 사람 때문이지.

필리피데스는 리시마코스 왕과 가까운 사이로 그의 총애를 받고 있었다. 그래서 왕은 필리피데스를 생각하는 마음으로 아테네 시민들을 위해 이로운 일을 많이 베풀어 주었다. 리시마코스 왕은 전쟁을 하기 전에 그를 만나면 반드시 이길 징조라고 생각했다. 시민들도 그가 다른 사람들처럼 말을 꾸미거나 아첨하지 않고 언제나 솔직하고 담백한 말을 한다며 늘 그를 칭찬했다. 언젠가 리시마코스는 그에게 선물을 주고 싶어서 물어보았다.

---

9) 지금의 4월 중순에서 5월 중순 사이.
10) 지금의 3월 중순에서 4월 중순 사이.
11) 아테네의 희극작가, 시인.

"필리피데스, 내가 가진 것 중에 뭘 갖고 싶소?"

그러자 필리피데스가 말했다.

"무엇이든 다 좋습니다. 나라의 비밀만 아니라면요."

이러한 일화는 필리피데스의 전기에도 기록되어 있는데, 무대에 서는 시인과 연설을 하는 정치가들의 차이를 잘 보여 주고 있는 이야기이다.

데메트리오스에게 바친 아첨 가운데 가장 터무니없는 것은 스페토스 사람인 드로모클리데스가 내놓은 제안이었다. 어떤 방패를 놓고 그것이 신성한 것인지 아닌지를 묻기 위해 델포이로 사람을 보내려 하고 있는데, 차라리 데메트리오스에게 물어보는 것이 어떻겠느냐는 제안을 했던 것이다. 그때 내린 법령을 옮겨 보면 다음과 같다. "아테네 시는 좋은 날짜를 기다려 다음과 같이 법령을 내린다. 시민들 가운데 한 사람을 우리들의 보호자에게 보내, 그에게 제물을 바치고 방패에 대한 신탁을 기다린다. 그리고 아테네 시민들은 그분의 말씀에 따라 행동해야 한다."

데메트리오스는 그다지 머리가 좋은 사람은 아니었는데, 아테네 시민들이 이렇게까지 아첨을 해대자 더욱 정신을 못 차리게 되었다.

그는 아테네에 머무르고 있는 동안 에우리디케와 결혼을 했다. 이 여자는 밀티아데스[12]의 후손으로, 처음에는 키레네의 오펠타스 왕과 결혼하였으나 왕이 세상을 떠나자 아테네로 돌아와 있었던 것이다. 아테네 시민들은 데메트리오스가 그녀와 결혼한 것을 대단한 영광으로 생각하며 매우 기뻐했다. 그러나 데메트리오스는 이 결혼을 대수롭지 않게 생각했는데, 그때 이미 일곱 명이나 되는 아내를 거느리고 있었던 것이다.

데메트리오스가 자신의 아내들 중에서 가장 사랑했던 것은 필라였다. 안티파트로스의 딸인 그녀는 크라테로스와 결혼한 경험이 있었는데, 크라테로스는 당시 알렉산드로스 대왕의 후계자들 중 가장 큰 존경을 받던 사람이었다. 그런데 그가 죽었으므로 필라는 과부가 되었다. 그래서 안티고노스는 아직 나이도 차지 않았던 데메트리오스를 필라와 결혼시키려고 했다.

처음에 데메트리오스가 거절을 하자 안티고노스는 아들의 귀에 대고 다음과 같은 에우리피데스의 시구절을 속삭였다고 한다.

---

12) 아테네의 장군으로 기원전 490년에 마라톤 전쟁에서 승리를 거두었다.

이익이 돌아온다면

싫든 좋든 결혼해야 한다네.

이 시에는 원래 "복종해야 한다네"라고 되어 있는데, 그는 이것을 "결혼해야 한다네"로 고쳤던 것이다.

데메트리오스는 필라를 비롯하여 많은 아내를 거느리고 있었고, 또 기생이나 첩들까지 두어 추잡한 사랑놀음에 빠져 있었다. 이런 부분에 있어서는 다른 어느 왕보다도 나쁜 소문을 많이 가지고 있었다.

얼마 뒤 데메트리오스는 키프로스 섬에 있는 프톨레마이오스를 치라는 명령을 아버지로부터 받았다. 그리스를 두고 가는 것이 몹시 안타까웠지만, 아버지의 명령을 거역할 수는 없었다. 그래서 그는 시키온과 코린트를 지키고 있던 프톨레마이오스 군의 지휘관 클레오니데스에게 사람을 보냈다. 군대를 철수시켜 그 도시에 자유와 독립을 준다면 많은 돈을 주겠다는 것이었다. 그러나 클레오니데스는 거절을 했고, 그는 곧 키프로스를 향해 출발할 수밖에 없었다. 그러나 그는 그곳에서 프톨레마이오스의 동생인 메넬라오스 군과 싸움을 벌여 큰 승리를 거두었다.

그러자 이번에는 프톨레마이오스가 직접 군대를 이끌고 나타나 바다와 육지 양쪽에서 그를 에워쌌다. 그들은 서로 마주치자 설전을 벌였다. 프톨레마이오스는 데메트리오스에게 이렇게 소리쳤다.

"이제 곧 전 군사가 모여들 것이다. 그러니 지금이라도 어서 도망가라."

그러자 데메트리오스가 대꾸했다.

"시키온과 코린트를 포기한다면 살아서 돌아갈 수 있도록 해주겠다."

당시 이 싸움은 세계의 모든 왕들의 관심이 집중되어 있었고 모든 나라들이 싸움의 결과를 지켜보고 있었다. 이 싸움에서 이기는 사람이 키프로스와 시리아의 운명뿐만 아니라 세계의 운명까지 손에 쥐게 되기 때문이었다.

그때 프톨레마이오스는 150척의 배를 지휘하고 있었다. 그는 싸움이 한창 치열해지자 동생 메넬라오스에게 60척을 내주었다. 그리고는 살라미스 항구를 조용히 빠져나가 적의 뒤통수를 치라고 했다.

한편 데메트리오스는 이 60척의 배와 맞서기 위해 10척의 배를 배치했다. 살라미스 항구는 입구가 좁았으므로 그 정도면 충분했던 것이다. 그리고 나서 그는 육군을 무장시켜 근처를 지키게 하고, 180척의 배를 지휘하여 적을 무찌르기 시작했다.

프톨레마이오스는 이들의 갑작스런 습격과 치열한 공격을 당해내지 못하고, 결국 8척의 배만 거느린 채 도망가고 말았다. 70척은 병사들과 함께 데메트리오스의 손에 넘어갔으며 나머지는 모두 바닷속으로 가라앉아 버리는 참패를 당했다.

포로 중에는 라미아라는 유명한 여자도 있었다. 그녀는 처음에는 피리를 잘 불어서 이름이 났지만 나중에는 미모 때문에 더 유명해진 여자였다. 그러나 라미아는 젊었을 때의 꽃향기가 다 사라져 버린 뒤라 데메트리오스보다도 나이가 많았다. 그런데도 그녀는 데메트리오스에게 갖은 애교를 다 부려 그의 마음을 완전히 빼앗아 버렸다. 그 뒤부터 데메트리오스는 다른 여자들은 거들떠보지도 않고, 오직 라미아만을 사랑하고 가까이했다고 한다.

싸움이 데메트리오스의 승리로 끝나자, 메넬라오스는 더 이상 저항을 하지 않았다. 그는 싸울 힘을 모두 잃고 함대 전체와 천 2백 명의 기병, 그리고 만 2천 명의 보병에 자신의 토지까지 넘겨 주면서 항복을 했다. 이처럼 빛나는 승리를 거둔 데메트리오스는 죽은 적병에게는 영광스러운 장례식을 치러 주고 살아남은 적에게는 자유를 주어, 승리를 더욱 빛냈다. 그리고 아테네에는 천 2백 벌의 갑옷을 선물로 보냈다.

그러고 나서 그는 밀레토스 사람인 아리스토데모스를 아버지에게 보내, 승리의 기쁨을 전하라고 했다. 아리스토데모스는 데메트리오스의 부하들 중에서도 제일 아부를 잘하는 사람이었다. 이때 그는 한 가지 꾀를 생각해냈다.

그는 키프로스 섬을 떠나 바다로 나오자 군함을 세우게 했다. 그리고 병사들은 모두 배 안에서 기다리게 하고, 작은 배 한 척을 타고 혼자서 육지로 가 안티고노스의 궁궐을 향했다.

안티고노스는 전쟁 소식이 궁금하여 몹시 초조해하고 있었다. 그 싸움이 얼마나 중요한 것이었는지를 생각해보면 그의 마음이 어땠는지는 충분히 짐작할 수 있는 일이다. 그러다가 아리스토데모스가 혼자 찾아왔다는 소식을 듣자, 그는 불안해서 어쩔줄을 몰랐다. 그는 얼른 뛰어나가 소식을 물어보고 싶었지만 부하를 대신 보냈다. 그러나 아리스토데모스는 그들에게 아무 말도 하지 않고 그저 묵묵히 걸어오기만 했다. 안티고노스는 더 이상 앉아 있을 수만은 없어서 문 앞에까지 나가서 그를 기다렸다.

아리스토데모스는 수많은 왕의 시종들에게 둘러싸여 안티고노스 왕을 향해 유유히 걸어갔다. 그리고 자기 목소리가 왕에게 들릴 만한 곳까지 이르자 팔을 지켜

들고 외쳤다.

"안티고노스 왕 만세! 저희들은 프톨레마이오스를 바다에서 무찌르고, 키프로스 섬과 만 6천 8백 명을 얻었습니다."

이 말을 들은 안티고노스는 안도의 숨을 내쉬고는 천천히 말했다.

"아리스토데모스! 정말 수고했소. 그러나 우리를 애태운 만큼 그대가 받을 상도 좀 기다려야겠소."

승리의 소식이 전해지자 시민들은 안티고노스와 데메트리오스를 왕이라고 불렀다. 안티고노스의 친구들은 그에게 왕관을 씌워 주고 데메트리오스에게도 왕관을 보냈다. 그리고 함께 보낸 편지에서 그를 데메트리오스 왕이라고 칭했다. 그러자 이 소식을 들은 이집트 사람들도 프톨레마이오스에게 왕의 칭호를 바쳤다. 비록 전쟁에 지기는 했지만 싸울 용기까지 꺾인 것은 아니라는 것을 보여 주고 싶었던 것이다. 이렇게 되자 알렉산드로스 대왕의 후계자들까지 앞을 다투어 이들을 흉내 내기 시작했다. 리시마코스는 왕관을 썼으며, 셀레우코스는 아시아 사람들 앞에서 왕 행세를 했다. 하지만 이야기를 나눌 때나 편지를 받을 때 언제나 왕이라고 불렸던 카산드로스는 본래의 자기 이름만 썼지 왕이라는 호칭은 사용하지 않았다.

그런데 이것은 단순히 왕의 호칭을 사용했다거나 새로운 격식이 시작되었다는 정도로 그치는 것이 아니었다. 일단 왕의 호칭을 얻게 되자 모두들 거만해졌고, 그러한 생각은 일상생활에까지 스며들어 방탕한 겉모습으로 나타났다. 연극배우가 왕의 의상을 입고 무대에 서면, 목소리나 동작들까지 달라져 버리는 것과 같은 이치였다. 그때까지는 자신들의 권력을 감추고 신하들에게도 너그럽고 온화한 태도를 보였던 그들이, 이제는 가면을 내던지고 본래의 모습을 드러내어 민중들에게 말할 수 없이 잔인한 형벌을 내리기 시작했다. 아첨을 일삼던 한 사람의 힘이 전세계에 이처럼 큰 영향을 주었던 것이다.

안티고노스 또한 아들 데메트리오스의 승리로 무척 교만해졌다. 그는 자신의 행동을 더욱 크게 하기 위해 프톨레마이오스를 치기로 마음먹었다. 그리고 곧 군대를 이끌고 떠났다. 자신은 육군을 지휘하고, 데메트리오스에게는 해안을 따라 바다에서 공격하라고 명령했다. 그런데 이 싸움의 결과는 안티고노스의 친구인 메디오스의 꿈에 미리 나타났다.

그는 꿈에서 안티고노스가 달리기 시합을 하고 있는 것을 보았다. 그런데 처음에는 아주 힘차게 달리더니, 나중에는 힘이 모두 빠져 숨을 헐떡거리며 반환점을 돌아오는 것이었다.

과연 이 꿈이 맞았는지, 육지로 가던 안티고노스는 많은 어려움을 겪어야 했다. 뿐만 아니라 바닷길로 가던 데메트리오스도 무서운 태풍을 만나 배를 모두 잃었으며, 아무 소득도 없이 고생만 잔뜩 하고 돌아왔다.

그때 안티고노스는 이미 여든 살이나 되는 나이에다가 몸이 너무 뚱뚱해서 먼 길을 행군할 수가 없었다. 그래서 아들 데메트리오스에게 모든 일을 맡겨 버렸다. 데메트리오스는 술과 여자를 좋아했으며 사치와 낭비가 심했지만 그 때문에 걱정이 되지는 않았다. 왜냐하면 그는 평소에는 온갖 향락에 빠져 방탕하게 보냈지만, 일단 전쟁에 나서면 어느 누구보다 뛰어난 활약을 보인다는 것을 잘 알고 있었기 때문이었다.

데메트리오스가 라미아에게 얼마나 빠져 있었던가에 대해서는 다음과 같은 이야기가 전해진다. 언젠가 데메트리오스가 멀리서 돌아와 아버지를 오랫만에 만났다. 그래서 그가 아버지를 반갑게 끌어안으며 키스를 하자 안티고노스는 이렇게 말했다. "애야, 내가 라미안줄 아느냐?"

또 언젠가는 며칠 동안 술을 퍼마신 데메트리오스가 심한 설사 때문에 못 찾아뵀었다고 거짓말을 했다. 그러자 안티고노스는, "그 설사가 타소스의 술 때문이냐, 키오스의 술 때문이냐?" 하고 물었다. 또 아들이 심한 열병에 걸렸다는 소식을 듣고 안티고노스가 그를 보러갔다가 문 앞에서 어떤 여자 하나와 마주치게 되었다. 안티고노스는 아들의 방으로 가서 손을 잡았다. 그랬더니 데메트리오스는 방금 전에 열이 내렸다고 말했다. 그러자 안티고노스가 말했다.

"그렇겠지. 방금 전에 문 앞에서 만났다."

안티고노스는 이처럼 아들의 방탕한 생활을 너그럽고 유쾌하게 받아주었다. 아마도 그것은 데메트리오스가 세운 수많은 공적들 때문이기도 할 것이다.

시리아 사람들은 술을 마실 때 활줄을 퉁기는 풍습이 있었는데, 환락 속에 빠져들려는 용기를 일깨우기 위한 것이었다. 그러나 데메트리오스는 즐길 때는 즐기고, 싸울 때는 싸우는 사람이었다. 그는 쾌락을 즐기기는 했지만, 그것 때문에 전쟁 준비를 소홀히 하는 사람은 아니었다.

사실 그의 뛰어난 재주는 전쟁을 지휘하는 것보다는 오히려 그것을 준비하는 데서 더 돋보였다. 그는 모든 준비란 완전할 수 없는 것이라고 생각하여 아무리 충분해도 만족해하지 않았으며, 항상 큰 배와 무기를 만드는 데 흥미를 두고 있었다. 또 그는 다른 왕들처럼 장난감을 만들거나, 피리를 불거나, 그림을 그리거나, 게으른 상상을 하는 데 시간을 소비하지 않고 기계에 대한 연구에 자신의 모든 재주와 힘을 쏟아부었다.

마케도니아의 아이로포스 왕은 작은 램프나 탁자 같은 것을 만들면서 시간을 보냈으며, 필로메토르라는 별명을 가진 아탈로스 왕은 독이 든 풀을 키우는 것을 취미로 삼았다고 한다. 그래서 아탈로스 왕은 사리플, 헬레보아, 독당근, 바곳, 도리크니움 등의 독초를 구해다가 왕궁의 뜰에 손수 심고 가꾸었으며, 철따라 열매를 따고 즙을 짜두는 일을 자신의 임무라고 생각했다. 또 파르티아의 왕들은 창끝을 갈아 뾰족하게 만드는 것을 큰 자랑으로 삼기도 했다.

그러나 데메트리오스는 새로운 무기들을 만들 때도 웅장한 규모에 아주 짜임새 있는 구조를 갖춘 무기를 만들었다. 그가 만든 물건들은 모두 독창적이고 우수할 뿐만 아니라 그가 품었던 큰뜻을 잘 나타내 주었다. 왕이 직접 설계하고, 돈을 내고, 손수 만든 이 물건들을 보고, 친구들은 그 거대함에 놀랐고, 또 적들은 그 아름다움에 감탄했다. 이 말이 너무 지나친 과장처럼 들릴지도 모르지만, 그것은 엄연한 사실이었다. 5층이나 6층으로 노를 젓게 한 배들이 나타나면 적군은 바닷가로 달려나와 서로 구경하기 바빴다. 그리고 '도시의 침략자'라고 불리던 데메트리오스의 공성기계를 보기 위해 포위당한 도시의 주민이 성벽으로 기어올라와 넋을 잃고 구경을 한 적도 있었다.

그 당시 왕들 중에 데메트리오스와 가장 사이가 안 좋았던 왕은 리시마코스였다. 그는 킬리키아의 솔리 시가 포위되었다는 소식을 듣고 도와주러 왔다가 그의 유명한 배와 공성기계를 보여 달라고 부탁했다. 데메트리오스가 구경시켜 주자 리시마코스는 너무나 겁이 나서 싸울 생각도 못한 채 그대로 돌아가 버렸다고 한다. 또 데메트리오스에게 포위를 당했던 로도스 섬의 주민들은 휴전을 청해오면서 그에게 무기를 좀 달라고 요청하기도 했다. 그것은 데메트리오스의 군사력과 자신들의 뛰어난 용기를 기념하자는 뜻에서 나온 이야기였다.

데메트리오스가 로도스와 전쟁을 한 것은 이 섬이 프톨레마이오스와 동맹을 맺고 있었기 때문이었다. 그때 데메트리오스는 공성기계 중에서 가장 큰 것을 가져다가 성벽을 공격했다. 그것은 밑바닥이 각각 24큐빗[13](12m)으로 된 정사각형에, 높이는 약 33큐빗(16m)이었으며, 위로 올라갈수록 차츰 좁아졌다. 그 속에는 여러 층으로 된 방들이 많이 들어 있었는데, 각 방에는 적을 공격하기 위해 구멍이 뚫려 있었다. 그곳을 통해 온갖 무기를 갖춘 병사들이 적을 공격하였다.

그런데 공성기계는 결코 흔들리거나 기울어지는 일이 없었다. 적은 그렇게 커다란 기계가 엄청난 소리와 함께 다가오는 모습을 쳐다보면서 말할 수 없는 두려움을 느꼈고, 그것을 구경하던 사람들은 무척 통쾌해했다.

데메트리오스가 이곳을 포위하고 있을 때, 키프로스 섬에서 강철로 만든 갑옷 두 벌이 전해져 왔다. 그것은 각각 40파운드나 되는 아주 무거운 것이었다. 이것을 만든 사람은 조일로스라는 자였는데, 그는 이 갑옷이 얼마나 튼튼한가를 시험하기 위해 스물여섯 걸음 떨어진 거리에서 석궁을 쏘게 했다. 그리고 그 자리를 살펴봤더니 조각할 때 쓰는 작은 칼끝으로 할퀸 듯한 자국만 어렴풋이 남아 있었다. 데메트리오스는 이 갑옷 중 하나는 자기가 입고, 나머지 하나는 에페이로스 사람인 알키모스에게 주었다. 그는 모든 군사들 중에서 가장 용감한 사람이었다. 다른 사람은 무게가 보통 1탈렌트짜리 갑옷을 입었으나 이 사람은 늘 2탈렌트[14]나 되는 갑옷을 입고 다녔다. 그러나 그는 로도스 섬을 포위하고 있던 중 극장 근처에서 전사하고 말았다.

한편 로도스 섬 주민들의 저항이 어찌나 거센지 데메트리오스는 별 성과를 올리지 못한 채 시간만 보내고 있었다. 그런데가 아내 필라가 편지와 옷, 침구 등을 실어보냈던 배가 로도스 사람들의 손에 넘어가서 고스란히 프톨레마이오스에게 끌려가는 일이 생겼다. 로도스 주민들의 이러한 행동은 아테네 사람들의 행동을 따르지 못한 것이었다. 즉, 아테네 군은 필리포스 왕이 보낸 전령을 잡았을 때도 다른 편지들은 모두 뜯어 보았지만, 그의 아내 올림피아에게 보낸 편지만은 그대로 왕에게 보냈던 것이다.

데메트리오스가 로도스 주민들에 대해 심한 노여움을 갖게 된 것도 당연한 일이었다. 그러나 곧 복수할 기회가 생겼지만 그는 결코 비굴한 행동은 하지 않았다. 즉,

---

13) 1큐빗은 45센티미터.

14) 1탈렌트는 26킬로그램.

카우노스에 살던 프로토게네스[15]가 로도스 사람들의 부탁을 받아 이알리오스[16] 이야기를 그리고 있었는데, 이 작품이 거의 완성될 무렵 데메트리오스에게 잡히고 말았다. 그러자 로도스 섬 사람들은 전령을 보내 부디 그림은 망치지 말아 달라고 애원했다. 그때 데메트리오스는 이렇게 대답했다.

"내 아버지의 초상화를 태우는 한이 있어도, 그런 뛰어난 예술품을 다치게 하지는 않을 것이오."

프로토게네스가 이 작품을 모두 완성하는 데는 7년이라는 세월이 걸렸다고 한다. 그래서 아펠레스[17]는 이 그림들을 처음 보았을 때, 너무나 놀란 나머지 숨이 막혀 말도 제대로 못하였다. 그는 한참 뒤에야 겨우 입을 열었다.

"놀라운 작품이오. 아마도 엄청난 공을 들여야만 했을 거요."

그러나 그는 천국과 통할 만한 그런 신성한 힘이 이 그림에는 없다는 말을 덧붙였다. 이 그림은 그리스의 다른 그림들과 함께 로마로 옮겨졌다가 화재로 불타 없어지고 말았다.

한편 로도스 사람들이 결사적으로 저항을 계속하자 데메트리오스도 지치고 말았다. 그렇다고 해서 아무 이유도 없이 물러날 수도 없는 노릇이었다. 그때 마침 아테네에서 휴전을 주선하는 사절단이 도착하였다. 데메트리오스는 그들을 반갑게 맞았다. 그리고 협상을 한 결과, 로도스 사람들은 안티고노스와 데메트리오스를 도와 프톨레마이오스를 제외한 모든 적과 싸우겠다는 약속을 하게 되었다.

그때 마침 카산드로스의 공격을 받고 있던 아테네가 데메트리오스에게 도움을 요청해 왔다. 그래서 그는 330척의 군함과 많은 군대를 이끌고 아테네로 달려갔다. 그리고는 먼저 카산드로스를 아티카에서 쫓아낸 다음, 계속 테르모필라이까지 쫓아가 전투를 벌여 적을 크게 무찔렀다. 그러자 헤라클레아 시[18]가 곧 항복을 해왔고, 6천 명이나 되는 카산드로스의 병사들도 모두 그에게 넘어갔다.

그런 다음 테르모필라이의 남쪽 땅들을 마케도니아로부터 해방시키고, 보이오티

---

15) 유명한 화가.
16) 로도스 섬 북쪽 해안에 있는 이알리소스를 건설한 신화적 인물.
17) 기원전 4세기경의 유명한 화가.
18) 테르모필라이의 서쪽에 있는 도시.

아와 동맹을 맺고 켄크레아이[19]를 점령했으며, 아티카 지방의 필레와 파낙툼에 머물러 있던 카산드로스의 군대를 몰아내고 그곳을 아테네에 되돌려 주었다.

그러자 아테네 사람들은 지금까지 바쳤던 예찬에 뒤지지 않을 새로운 찬양 방법을 생각해 냈다. 즉, 그들은 신성한 파르테논 신전을 숙소로 제공하고, '아테나 여신의 손님'으로 받들었던 것이다. 그러나 사실 데메트리오스는 그토록 순결한 여신의 손님이 되기에는 행실이 너무 어지러운 사람이었다.

언젠가 그의 동생 필리포스는 젊은 여자 세 사람이 사는 집에 머물게 되었는데, 그 소식을 듣게 된 안티고노스는 곧 숙소를 정한 책임자를 불렀다. 그리고는 자신의 아들에게 좀 덜 붐비는 조용한 숙소를 찾아 주라고 말했다고 한다.

그러나 데메트리오스는 아테나 여신을 자신의 누님이라고 부르는 사람이었다. 그러나 누님으로 모시기는커녕, 유명한 집안의 미소년들과 아테네 여자들을 아크로폴리스로 불러들여 온갖 추잡한 짓을 일삼았다. 오히려 크리시스, 라미아, 데모, 안티키라 같은 유명한 기생들을 상대하는 것이 오히려 그것보다는 덜 부정한 일이라고 여겨질 정도였다.

아테네 시의 명예를 생각해서 더 이상 자세한 이야기는 하지 않겠으나, 다모클레스가 보여준 훌륭한 미덕만은 얘기하지 않을 수 없다. 다모클레스는 흔히 '아름다운 다모클레스'라고 불릴 만큼 아름답기로 유명한 미소년이었다. 데메트리오스는 이 소년에게 눈독을 들이고 있었다. 그는 온갖 선물을 보내기도 하고, 나중에는 협박까지 하면서 다모클레스를 꾀어내려 했지만, 소년은 한결같이 거절을 했다. 그리고는 사람들이 모이는 곳에는 모습을 드러내지 않았고, 목욕도 혼자 집에서 하였다. 그러나 기회만 엿보고 있던 데메트리오스는 결국 혼자 목욕을 하고 있던 그 소년을 붙잡았다. 그러자 아무도 도와줄 사람이 없는 것을 깨달은 다모클레스는 그만 끓는 물 속에 뛰어들어 자살을 하고 말았다. 이렇게 목숨을 끊는다는 것은 안타까운 일이었지만, 그의 정신은 아름다웠던 미모만큼 뛰어난 것이었다.

그런가 하면 클레오메돈의 아들 클레아이네토스의 행동은 이와 정반대였다. 그는 자신의 아버지가 50탈렌트의 벌금을 내게 되자 스스로 데메트리오스의 침실에 찾아갔다. 그리고는 벌금을 면제해 주라는 편지를 받아내어 아테네 시에 제출했다. 이렇

---

19) 코린트 동쪽에 있던 항구도시.

게 해서 그는 자신의 몸을 더럽히고, 나라를 혼란스럽게 만들었다.

이 편지 때문에 그의 아버지는 벌금을 면제받을 수 있었다. 그러자 아테네 사람들은 앞으로는 이처럼 데메트리오스의 글을 받아와서는 안 된다는 법령을 선포하기에 이르렀다. 그러나 이 소식을 들은 데메트리오스가 화를 내자, 시민들은 겁이 나서 그 법령을 거두고, 그 법령을 제안했던 사람들을 사형시키거나 다른 나라로 추방해 버렸다. 그리고는 다시 새로운 법령을 선포했다.

"아테네 시민들은 데메트리오스 왕께서 내리는 말씀이 신에 대한 것이든 사람에 대한 것이든 간에 모두 마땅한 것으로 받아들여야 한다."

어떤 현명한 시민이, 이런 법을 내놓은 스트라토클레스는 분명히 미친 사람이라고 말했을 때, 레우코노이에서 사는 데모카레스[20]는 이렇게 말했다.

"그 사람이야 미칠 만한 이유가 있어서 미쳤지요."

스트라토클레스는 데메트리오스에게 아첨한 보답으로 큰 부자가 되었는데, 이 일을 두고 그런 말을 했던 것이다. 그러나 이 말은 스트라토클레스의 귀에까지 들어가게 되어 데모카레스는 추방을 당하고 말았다. 마케도니아의 군대를 쫓아내고 이제 자유를 누리게 되었다고 생각하던 아테네 사람들은 이러한 대우를 받으며 살고 있었던 것이다.

얼마 뒤 데메트리오스는 펠로폰네소스로 쳐들어갔다. 그러나 적들은 잔뜩 겁을 먹어 제대로 저항도 해보지 않고 항복을 해 왔으므로, 여러 도시를 손쉽게 손에 넣을 수 있었다. 이렇게 해서 아크테 지방[21]과 만티네이아[22]를 뺀 아르카디아 전체를 점령할 수 있었다. 그는 또 백 탈렌트의 돈을 뇌물로 써서 적군을 철수시켜 버리고, 아르고스, 시키온, 코린트 등의 도시에 자유를 되찾아 주었다.

그가 아르고스에 머물고 있었을 때, 그곳은 마침 헤라 신[23]의 제사를 지내고 있었다. 그때 데메트리오스는 행사를 맡게 되었다. 그는 거기 모여든 그리스 사람들과 함께 제사에 나갔으며, 몰로시아의 왕인 아이아키데스의 딸이며 피로스 왕의 누이인 데이다미아와 결혼을 하였다.

---

20) 아테네의 웅변가이며 정치가. 데메트리오스의 조카이다.
21) 펠로폰네소스 동쪽 지방.
22) 아르카디아 동쪽 지방.
23) 아르고스의 수호신.

그런 다음 시키온에 간 그는 시민들이 변두리에 모여 사는 것을 보고 그쪽으로 수도를 옮겼다. 그리고 그 도시의 이름을 자신의 이름을 따서 데메트리오스라고 부르게 했다.

또 이스트모스에서 열린 시민 대회에서는 필리포스와 알렉산드로스 대왕에게 그랬던 것처럼, 데메트리오스를 '지도자'라고 부르기로 결정했다. 이렇게 해서 그는 영광과 권력의 절정에 올랐으며, 스스로도 자신이 옛 영웅들보다 뛰어나다고 생각하며 '지도자'라는 이름에 만족스러워했다.

알렉산드로스 대왕은 어느 왕으로부터 왕의 칭호를 빼앗은 일도 없었고, 또 자기 자신을 대왕이라 부르며 거만하게 뽐낸 일도 없었다. 오히려 그는 여러 사람들에게 왕의 칭호와 명예를 나누어 준 사람이었다. 그러나 데메트리오스는 자기 자신과 아버지 이외의 누군가를 왕이라고 부르면, 몹시 못마땅해하면서 제멋대로 비아냥거렸다. 또 잔치를 하는 자리에서는 자신을 왕이라고 부르면서 건배를 하게 한 다음, 셀레우코스는 코끼리부대의 장군, 프톨레마이오스는 해군 지휘관, 리시마코스는 재무관, 아가토클레스는 시칠리아 섬의 총독이라고 부르면서 술잔을 권하고, 굉장히 즐거워하였다.

이처럼 데메트리오스가 허풍을 떨자 여러 왕들은 속으로 몹시 비웃었다. 그러나 리시마코스는 자신을 내시[24] 따위로 취급한다며 노여움을 표시했다. 왜냐하면 당시의 재무관은 내시를 쓰는 것이 관례였기 때문이었다. 그러지 않아도 데메트리오스를 미워하고 있던 리시마코스는 라미아와의 연애놀음을 들추어내고 창녀가 왕비가 되는 일은 연극에서도 본 일이 없다며 조롱했다. 그러자 데메트리오스는, 라미아는 리시마코스의 페넬로페보다는 훌륭하고 정숙한 여자라고 대꾸했다.

데메트리오스는 아테네로 떠나면서 편지를 띄웠다. 자신이 아테네에 도착하는 대로 곧 작은 의식과 큰 의식, 특별 의식 등 종교적인 모든 행사를 할 수 있도록 준비를 해 두라는 것이었다. 그런데 이것은 법률에 어긋났을 뿐만 아니라 지금까지 한 번도 없었던 일이었다. 작은 의식은 안테스테리온 달에 있는 것이었고, 큰 의식은 보이드로미온 달에 행해지는 것이었으며, 특별 의식은 큰 의식을 치른 일 년 후에만 열게 되어 있는 것이었다.

---

24) 생식기가 불완전한 남자들을 궁궐의 관리로 썼는데, 이들을 내시라고 불렀다.

아테네에서는 이처럼 엄격한 규칙에도 불구하고 데메트리오스의 요구를 받아들이지 않을 수 없었다. 횃불을 들고 제사를 지휘하는 사람인 피토도로스가 반대하기는 했지만 아테네 시민들의 마음을 움직이지는 못했다. 그들은 오히려 무니키온 달을 안테스테리온 달이라고 고쳐 부르자는 스크라토클레스의 제안을 받아들였다.

데메트리오스는 먼저 작은 의식을 치른 다음, 곧 달 이름을 보이드로미온이라고 고치고 큰 의식을 잇따라 거행하였다. 이렇게 해서 데메트리오스는 여러 가지 의식을 모두 치러 에포프테스라는 특별한 권리를 갖게 되었다. 희극배우 필리피데스는 이 일을 비꼬아 스트라토클레스를 비난하였다.

아부를 하기 위해서
일 년을 한 달에 몰아넣어 버리는 사람.

또 데메트리오스가 파르테논 신전에서 사는 일을 가리켜서는 다음과 같이 비꼬았다.

아크로폴리스를 술집처럼 더럽히고
순결한 여신의 신전을
범죄의 소굴로 만들었다네.

그런데 데메트리오스가 아테네에 돌아와서 저지른 일들 가운데는 아테네 시민들의 비위를 상하게 한 일이 있었다. 그것은 자신이 베푼 은혜에 대해 당장 250탈렌트의 돈을 바치라는 명령을 내리고, 온갖 수단을 다써가면서 시민들로부터 돈을 긁어낸 일이었다. 더구나 그는 이렇게 해서 거두어들인 돈을 라미아를 비롯한 몇몇 여자들에게 화장품값으로 주어 버렸다.

아테네 시민들은 재물을 빼앗긴 것만 해도 몹시 마음이 상해 있었던 데다가 자신들의 돈을 그런 식으로 써버리자 그 모욕을 참을 수가 없었다. 그런데 어떤 역사가는 데메트리오스가 돈을 거두어들인 것은 아테네에서가 아니라 테살리아에서라고도 한다.

얼마 뒤 라미아는 데메트리오스 왕의 잔치 비용을 마련한다며 시민들에게 다시 한 번 돈을 거두어들였다. 그래서 이 화려하고 사치스러운 잔치는 여러 사람들의 입에 오르내리는 이야깃거리가 되었으며, 사모스의 린케우스[25]는 이 일에 관한 역사까지 썼을 정도였다. 당시 어떤 희극 시인은 라미아를 가리켜 '헬레폴리스'[26]라고 불렀으며, 솔리 사람인 데모카레스는 데메트리오스를 '미토스'라고 부르기도 했다. 데메트리오스 곁에 언제나 라미아가 붙어 있는 것을, 미토스 전설에 나오는 괴물 라미아[27]에 빗대어서 한 말이었다.

데메트리오스가 이처럼 라미아에서 빠져 정신을 못 차리는 것을 보고, 그의 다른 아내들은 물론 신하들도 몹시 못마땅해했다. 그들의 미움을 잘 드러내는 것으로 다음과 같은 이야기가 있다.

언젠가 데메트리오스의 신하들이 리시마코스에게 사절로 갔을 때였다. 그때 리시마코스는 자신의 팔과 허벅지에 난 상처를 보여 주면서, 알렉산드로스 왕이 자기를 사자 우리에 넣었을 때 사자와 싸우다가 할퀸 자국이라고 말했다. 이 이야기를 들은 사절들은 한바탕 웃더니, 자기들의 왕에게도 사자에게 당한 것 못지 않은 상처가 목에 나 있다고 말했다. 물론 이것은 데메트리오스와 라미아의 관계를 비유해서 한 말이었다.

그런데 이상한 일은 그가 필라를 보고는 철지난 꽃이라고 흠을 잡으면서도 그보다 나이가 훨씬 많은 라미아에게는 꼼짝도 못한다는 것이었다. 언젠가 잔치에서 라미아가 피리를 불고 있었는데, 데메트리오스는 사람들이 '미친 여자'라고 부르는 데모에게 저 여자를 어떻게 생각하느냐고 물어보았다. 그러자 데모는 선뜻 이렇게 대답했다.

"할머니 같은데요."

잠시 후 맛좋은 요리가 나오자, 데메트리오스는 데모에게 말했다.

"잘 보시오. 라미아는 이렇게 좋은 맛을 낼 줄 안답니다."

"저희 어머님이라면 이 정도는 아무것도 아닙니다."

데모는 이렇게 덤덤하게 맞받아서 말했다.

라미아는 또 보코리스[28]의 유명한 판결을 두고 몹시 못마땅해했는데 그 이야기는 다음과 같다.

어느 이집트 사람이 토니스라는 기생을 몹시 좋아했다. 그래서 사랑을 구하기 위

---

25) 희극시인, 역사가.
26) 리비아의 여왕. 자신의 아이가 죽자 닥치는 대로 아이들을 유괴하거나 잡아 먹었다.
27) 몸의 윗부분은 여자이고 아래는 뱀인 괴물로, 사람을 잡아먹었다.
28) 기원전 9세기경 이집트의 왕.

해 많은 돈을 쓰려 했지만 토니스는 도저히 넘어오지 않았다. 그러다가 그 남자는 어느 날 밤 그녀와 사랑을 나누는 꿈을 꾸었는데, 그 뒤 그녀에 대한 사랑이 완전히 식어버렸다. 그러자 토니스는 그 꿈에 대한 돈을 받으려고 이 남자를 고발해 버렸다. 재판을 맡게 된 보코리스는 두 사람의 이야기를 듣고는 토니스가 요구한 돈을 유리그릇에 담아오게 했다. 그리고는 그 그릇을 흔들게 한 다음, 돈의 그림자는 토니스의 몫이라고 판결을 내렸다. 그러나 라미아는 이 재판이 옳지 못하다면서, 남자의 욕망은 만족되었지만 토니스의 욕망은 돈의 그림자만으로는 채워질 수 없는 것이라고 말했다.

그런데 이제부터 전개될 데메트리오스의 이야기는 희극의 무대에서 비극의 무대로 옮겨지게 된다.

안티고노스는 그때 여러 왕들과 힘을 합쳐 군대를 모으는 일에 한창이었다. 데메트리오스가 아테네를 떠나 아버지에게 달려갔더니, 안티고노스는 노령의 나이에도 불구하고 바쁘게 움직이고 있었다. 이것을 본 데메트리오스는 아버지의 눈부신 활동에 자극을 받아 한층 더 용기를 냈다.

만약 그때 안티고노스가 한 걸음 양보해서 지나친 야심을 조금만 억눌렀더라면, 그는 마지막 날까지 최고의 권력을 누리고 그것을 아들에게 물려줄 수 있었을 것이다. 그러나 그는 거만하고 양보를 모르는 성격이었으며, 남을 얕잡아보는 말이나 행동을 아무렇게나 하는 사람이었다. 그러므로 안티고노스에게 업신여김을 당한 젊은 장군들과 왕들은 동맹을 만들어 안티고노스에게 대항하려고 했다. 그러나 안티고노스는 그 소식을 듣고도, 논에 모여드는 새들은 돌멩이를 던지면서 큰 소리 한 번만 치면 모두 도망치고 말 것이라면서 대수롭지 않게 생각했다.

그리고는 7만 명의 보병과 만 명의 기병, 75마리의 코끼리를 이끌고 싸움터로 나갔다. 적군의 병력도 만만치 않아서 보병이 6만 4천 명, 기병이 만 5천 명, 코끼리가 4백 마리, 그리고 120대의 전차가 있었다. 양쪽 군대가 맞부딪쳤을 때 안티고노스는 이 싸움이 아무래도 자신에게 불리하다는 것을 알 수 있었다. 왜냐하면 그는 싸움에 나갈 때마다 언제나 거만하게 큰 소리를 지르며 적을 업신여기는 말을 하곤 했는데, 이번에는 이상하게도 아무 말도 없이 데메트리오스에게 총지휘권을 모두 넘겨 버렸던 것이다.

안티고노스 군대의 병사들도 뭔가 심상치 않은 기운을 느끼고 있었다. 그것은 그가 아들 데메트리오스를 자신의 막사로 불러 작전에 대한 의논을 했던 일 때문이었다. 지금까지는 언제나 혼자서 생각하고, 결정한 것을 명령만 하던 그가 아들을 불러 비밀회의를 했다는 것은 아무래도 이상한 일이었다.

데메트리오스가 젊었을 때 이런 일이 있었다. 그는 언제 출정할 것인지가 궁금해서 아버지에게 물어보았다. 그랬더니 안티고노스는 버럭 화를 내면서 소리를 질렀다. "출정 나팔 소리가 네 귀에 안 들릴까봐 걱정이냐?"

그런데 이번 싸움에서는 그것말고도 몇 가지 불길한 징조들이 꼬리를 물고 나타났다. 데메트리오스는 꿈에 알렉산드로스 대왕이 눈부신 갑옷을 입고 나타나는 것을 보았다. 알렉산드로스 대왕은 이번 전쟁에서 쓸 암호가 무엇이냐고 물었다. 그래서 그는 '제우스와 승리'라고 말했다. 그러나 알렉산드로스는, "그러면 나는 적군에게 가서 그 암호를 알려 주어야겠구나"라는 말을 남기고 사라져 버렸다.

또 싸움을 하는 날 아침, 안티고노스는 군대의 배치 상태를 돌아보려고 막사에서 나가다가 그만 얼굴을 땅에 박고 넘어지고 말았다. 그때 그는 일어나면서 두 손을 높이 쳐들고, 이기게 해주시든지 아니면 부하들이 도망가는 것을 보기 전에 죽게 해 달라고 기도를 드렸다.

드디어 싸움이 시작되었다. 데메트리오스는 가장 강력한 기병들을 이끌고 셀레우코스의 아들 안티오코스의 부대를 습격하여 적들을 모두 무찔러 버렸다. 그러나 그는 승리에 들뜬 나머지 너무 멀리까지 적을 추격했다가 결국 돌이킬 수 없는 실수를 저지르고 말았다. 그가 너무 멀리 온 것을 알고 되돌아가려 했을 때는 이미 적의 코끼리부대가 앞길을 막고 있었던 것이다.

셀레우코스는 데메트리오스의 기병대와 떨어진 안티고노스가 힘을 잃고 있는 것을 보고, 자신의 기병부대에게 곧 공격을 지시할 것 같은 몸짓을 했다. 그러나 곧바로 명령을 내리지 않고 시간을 끌면서, 적군이 당황하고 겁을 먹게 만들었다. 어느 정도의 여유를 주어 적의 병사들이 자기에게 항복할 시간을 벌자는 것이었다.

그의 예상대로 안티고노스의 보병들은 무리를 지어 셀레우코스에게 넘어오고 나머지 병사들은 멀리 달아나 버렸다. 이제 적들은 안티고노스를 노리고 달려들기 시작했다. 그때 한 부하가 안티고노스에게 소리쳤다.

"조심하십시오! 대왕을 노리고 있습니다."

그러자 안티고노스가 대답했다.

"당연하지. 나 말고 누구를 노리겠느냐? 그렇지만 걱정할 것 없다. 데메트리오스가 곧 나를 구하러 올 테니 말이야."

안티고노스는 아들이 오리라는 믿음을 가지고 끝까지 싸움터를 떠나지 않았다. 그러나 그는 결국 빗발처럼 날아오는 창에 맞아 쓰러지고 말았다. 그러자 신하와 부하들은 모두 달아나 버렸다. 다만 라리사 사람 토락스만 시체를 지켰다.

전투가 끝나자 싸움에서 이긴 왕들은 데메트리오스와 안티고노스의 영토를 마치 사냥해서 잡은 짐승을 나누듯이 조각조각 나누어 가졌다.

데메트리오스는 보병 5천 명과 기병 4천 명을 데리고 에페소스를 향해 달려갔다. 그러자 사람들은 어려운 상황에 놓여 있는 그가 분명히 신전을 약탈할 것이라고 생각했다. 그러나 그는 오히려 자신의 부하들이 재물을 약탈할까봐 두려워서 곧장 그리스를 향해 출항했다. 이제 마지막으로 희망을 걸 만한 곳은 아테네밖에 없었던 것이다. 더구나 아테네에는 자신의 재물과 아내 데이다미아가 있었기 때문에 시민들은 틀림없이 자신의 말에 복종할 것이라고 믿고 있었다.

그러나 키클라데스에 이르렀을 때, 그곳에는 이미 아테네에서 보낸 사절들이 그를 기다리고 있었다. 그들은 이제 아테네 시민들은 누구도 시내에 들어오지 못하게 하기로 결정했으니, 데메트리오스도 들어올 수 없다고 했다. 그리고 그의 아내인 데이다미아는 메가라까지 정중하게 모셔다 드리겠다는 말을 덧붙였다.

지금까지의 불행들을 꾹 참고 이곳까지 왔던 데메트리오스는 노여움을 숨길 수가 없었다. 지금까지 자신에게 보내던 아테네 시민들의 지지와 믿음이 진심에서 우러나온 것이 아니라는 것을 깨닫고, 그는 쓰디쓴 배신을 맛보았던 것이다.

사실 시민들이 국왕이나 통치자에게 바치는 영광은 진심에서 우러나온 복종이라고 보기는 어렵다. 겉으로 보이는 영광은 두려움 때문에 억지로 나오는 것이며, 그런 식의 영광은 사랑이나 아끼는 마음에서 나온다는 것을 확신할 수 없는 것이다. 그러므로 생각이 깊은 사람이라면 시민들이 자신의 동상을 세운다거나 자신에게 어떤 명예나 영광을 바치려 할 때도, 자신이 그들을 위해 무슨 일을 했던가를 먼저 생각해보고, 그것이 과연 가치 있는 일이었는지를 생각해 봐야 한다. 그리고 그들이 자신을 진정으로 존경하고 있는 것인지, 아니면 무서움 때문에 억지로 그러는 것인지를 잘 판단해야 한다. 왜냐하면 사람들은 무서움에서 이를 갈면서도 겉으로는 존경하고 있는 것처럼 구는 일도 얼마든지 있기 때문이다.

데메트리오스는 아테네 시민들에게 속아 이용을 당했다는 것 때문에 분하고 서

글펐지만, 복수할 수 있는 힘은 없었다. 그래서 그는 아테네에 사람을 보내어 부드러운 말로 그들의 결정을 꾸짖고는 그곳에 있는 자신의 배들이라도 돌려 달라고 요청했다. 그리고 그 배들 가운데는 13층의 노를 가진 커다란 군선도 있다고 덧붙였다.

아테네 시민들은 다행히 그의 요구를 받아들였다. 데메트리오스는 곧 그 배들을 이끌고 이스트모스를 향해 출발했다. 그러나 군대는 모두 흩어져 있었고, 도시는 모두 적의 손에 넘어가 있었다. 할 수 없이 그는 그리스를 피로스에게 맡기고, 다시 케르소네소스를 향해 배를 띄웠다.

데메트리오스는 케르소네소스에서 리시마코스의 영토를 정복하고 전쟁에 필요한 돈과 많은 군대를 모았다. 당시 다른 왕들은 리시마코스를 매우 위험한 인물로 생각하여 그의 세력이 커지는 것을 두려워하고 있었기 때문에 이 일에 대해서는 별로 간섭을 하지 않았다.

얼마 뒤 데메트리오스와 필라 사이에서 태어난 딸 스트라토니케에게 셀레우코스로부터 청혼이 들어왔다. 셀레우코스는 이미 아파마라고 하는 페르시아 여자와 결혼하여 안티오코스라는 아들을 두고 있었다. 그러나 그는 두 사람의 왕자에게 나누어 주어도 될 만한 충분한 영토를 가지고 있었다. 더구나 리시마코스가 프톨레마이오스의 딸 중 하나와 결혼을 했고, 또 한 명의 딸로 자신의 아들 아가토클레스와 결혼을 했으므로, 셀레우코스는 데메트리오스와 인연을 맺고 싶었던 것이다.

셀레우코스의 청혼은 데메트리오스에게는 뜻하지 않았던 행운이었다. 그는 곧 딸을 배에 태우고 전 함대를 이끌고 시리아를 향해 출발했다. 그리고 항해 도중 먹을 것을 마련하기 위해 여러 곳에 상륙하게 되었다. 특히 킬리키아는 안티오코스가 세상을 떠난 뒤 여러 왕들이 땅을 나누어 갖는 과정에서 카산드로스의 동생인 플리스타르코스가 다스리고 있었다. 그러므로 플리스타르코스는 데메트리오스가 자신의 땅을 침범한 것이라고 오해하고, 곧 카산드로스를 찾아 마케도니아로 갔다. 그리고는 셀레우코스가 모두의 적인 데메트리오스와 손을 잡기 위해 모든 왕들을 배반하고 있다고 항의했다.

그러자 데메트리오스는 곧 퀸타로 쳐들어가 그곳에 남아 있던 천 2백 탈렌트의 재물을 손에 넣고 서둘러 그곳을 떠났다. 그런데 로소스로 가던 길에 우연히 그의 아내 필라를 만나 배에 태우고 떠났다.

데메트리오스는 로소스에서 셀레우코스를 만났다. 두 왕은 서로 조금의 의심도 없이 진심에서 우러나온 기쁨을 주고 받았다. 먼저 셀레우코스가 자신의 막사에 데메트리오스를 초대하여 환영잔치를 베풀었고, 다시 데메트리오스가 13층의 노를 젓는 커다란 군선에 그를 초대하여 훌륭한 잔치를 열었다. 이 두 사람은 며칠 동안 번갈아가며 잔치를 열면서 정답게 지냈다. 그러는 동안 두 사람은 한 번도 호위병을 거느리거나 무기를 가지고 있는 일이 없었다. 셀레우코스는 이렇게 시간을 보낸 다음, 스트라토니케를 아내로 맞아들이고 화려한 행렬을 지어 안티오키아로 되돌아갔다.

한편 데메트리오스는 킬리키아를 점령하고, 아내 필라를 그의 오빠인 카산드로스에게 보내 플리스타르코스[29]에 대한 비난을 풀어 주었다. 그러는 동안 아내 데이다미아가 바다를 건너 데메트리오스를 찾아왔지만, 얼마 후 병이 들어 세상을 떠나고 말았다.

데메트리오스는 셀레우코스의 중재를 통해 프톨레마이오스와 화해를 하고 그의 딸 프톨레마이스와 결혼을 하였다. 그러나 그때까지 모든 일을 깨끗하게 처리하던 셀레우코스가 갑자기 킬리키아를 팔라는 얘기를 했다. 데메트리오스는 그 요구를 받아들이지 않았다. 그러자 그는 화를 내면서 티레와 시돈 두 도시를 넘겨 달라고 했다.

이것은 너무나 거만하고 이기적인 요구였다. 그는 이미 인도에서 시리아에 이르는 넓은 땅을 가지고 있었는데도, 그것도 모자라 가난하고 불행한 처지에서 고생하고 있는 장인 데메트리오스에게 그런 요구를 했던 것이다. 셀레우코스의 욕심은 플라톤의 말을 기억나게 한다.

"정말로 부자가 되고 싶다면, 더 많이 가지려고 애쓸 것이 아니라 자신의 욕심을 줄이기 위해 노력해야 한다. 욕심을 억누르지 않으면 절대로 부족과 불만을 면할 수 없는 법이다."

데메트리오스는 셀레우코스의 요구를 단호하게 거절했다. 그리고는 입소스에서 맛보았던 실패를 수만 번 당한다고 해도 셀레우코스 같은 자를 사위로 여기는 일은 없을 것이라고 냉정하게 쏘아붙였다. 그런 다음 셀레우코스가 요구했던 두 도시를 지키기 위해 충분한 정도의 군대를 보냈다.

아테네에서는 라카레스라는 자가 정치적인 혼란을 틈타 스스로를 왕이라고 일컬으며 독재 정치를 하고 있었다. 이 소식을 들은 데메트리오스는 이 기회를 잘 이용하

---

29) 카산드로스의 형제.

면 아테네를 손쉽게 점령할 수 있을 것이라고 생각했다. 그러나 그는 대군을 이끌고 무사히 바다를 건넜지만 아티카 근처에서 폭풍우를 만나 배와 병사들을 거의 다 잃고 말았다. 결국 겨우 목숨을 건진 데메트리오스는 아테네의 전투에서 아무런 성과도 거두지 못했다. 그는 곧 부하들을 본국으로 보내 새로운 군대를 조직해 오라고 명령하고, 자신은 곧장 펠로폰네소스로 이동했다.

그곳에서 그는 메세네 시를 포위하고 싸우다가 죽을 뻔한 일을 당하기도 했다. 적이 기계로 쏜 창이 바로 얼굴 밑의 볼을 뚫고 입으로 빠져나왔던 것이다. 그는 이 상처가 낫기를 기다려 다시 싸움터에 나섰다. 그리고 자신을 배반했던 몇몇 도시들로부터 항복을 받아내고, 아티카로 돌아와 엘레우시스와 람누스를 손에 넣은 다음 그 근처를 마구 약탈하며 돌아다녔다.

그는 또 아테네로 밀을 싣고 가던 배 한 척을 빼앗아 선장과 항해사를 죽였다. 그러자 그 다음부터는 아무도 아테네 근처로 가려 하지 않았다. 그 결과 아테네에는 식량이 끊어지고 물가가 올라서 시민들은 굶주림에 떨어야만 했다. 당시 소금 1메딤누스[30]는 40드라크마, 그리고 밀 1모디우스[31]는 300드라크마에 매매되었다.

프톨레마이오스는 아테네 시민들을 구하기 위해 150척의 배를 보냈다. 데메트리오스는 가만히 지켜보고 있지만은 않았다. 그는 곧 펠로폰네소스와 키프로스에서 가져온 300척의 함대를 그곳으로 보냈다. 그러자 프톨레마이오스의 함대는 꼬리를 내리고 금세 자취를 감추어 버렸다. 이것을 본 라카레스도 위협을 느꼈는지 곧 아테네를 두고 도망을 갔다.

아테네는 그 전에 데메트리오스와 협력하는 사람이 있으면 누구나 사형에 처해 버리기로 결정을 했었다. 그러나 일이 이렇게 되자 그들도 성문을 열고 데메트리오스에게 사절을 보내 평화를 요청했다. 그가 자신들을 너그럽게 대해 주기를 기대할 수는 없었지만, 당장에 굶어죽을 수는 없었기 때문이었다.

그때 아테네 사람들은 먹을 것이 없이 여러 가지 비참한 일을 당했는데, 그 가운데는 다음과 같은 일도 있었다.

어느 아버지와 아들이 하도 굶어서 거의 죽게 되었을 때, 난데없이 죽은 쥐 한 마

---

30) 아테네의 부피 단위로 1메딤누스는 약 12갤런에 해당한다.

31) 6분의 1메딤누스.

리가 천장에서 떨어졌다. 그러자 두 부자가 서로 그 쥐를 먹으려고 덤벼들어 싸움을 했던 일이 있었다고 한다. 또 당시 철학자였던 에피쿠로스는 제자들과 땅콩을 매일 조금씩 나누어 먹으면서 겨우 목숨을 부지했다고 한다.

데메트리오스가 아테네에 들어왔을 때 시민들은 이처럼 비참한 고생을 겪고 있었다. 데메트리오스는 그들을 모두 극장에 모이라고 명령했다. 사람들이 모두 모이자 데메트리오스는 부하들을 극장 뒤에 배치한 다음, 배우가 등장하는 출입구로 나와 무대 위에 섰다. 시민들은 그의 이상한 행동을 보고 모두 죽을 각오를 했다. 그러나 데메트리오스의 첫 마디는 그들의 두려움을 말끔히 씻어 주었다. 그는 아주 부드러운 음성으로 아테네 시민들을 조용히 꾸짖더니, 모든 것을 다 용서해 주겠다고 말했다. 그리고 그는 10만 메딤니의 밀을 시민들에게 나누어 주는 한편 신뢰가 있는 사람들을 골라 관직도 주었다.

시민들은 데메트리오스에게 온갖 찬사와 영광을 바치고도 그것으로는 데메트리오스의 은혜에 부족하다고 생각했다. 그때 웅변가 드로모클리데스가 나서서, 데메트리오스 왕에게 피라이우스와 무니키아를 바치는 것이 어떻겠느냐고 제안했다. 이 제안은 만장일치로 통과되었다. 그러자 데메트리오스는 박물관에 군대를 배치하겠다는 제안을 하여 시민들로부터 허락을 받았다. 이것은 자신이 전쟁을 하러 다른 곳에 나가 있는 동안 그 전처럼 시민들의 반란이 일어나지 못하도록 하려는 것이었다.

아테네를 완전히 장악한 데메트리오스는 곧 스파르타를 향해 진격했다. 그는 먼저 스파르타의 아르키다모스 왕을 무찌르고, 도망가는 적을 쫓기 위해 라코니아로 들어갔다. 그리고 그곳에서 가장 큰 스파르타 성 부근에서 다시 한 번 그들을 무찔러 2백 명을 죽이고 5백 명을 사로잡았다. 그때까지 한 번도 점령당한 일이 없었던 스파르타는 이렇게 해서 남의 손에 넘어갈 위기를 맞게 되었다. 그러나 데메트리오스에게는 다시 한 번 뒤바뀔 운명이 기다리고 있었다. 이렇게 그의 일생은 비참한 상황에서 금세 영광과 권력의 자리로 뛰어올랐다가도 다시 추락하곤 하는 일의 반복이었다. 데메트리오스처럼 변화무쌍한 운명을 겪었던 사람은 역사적으로도 아주 드문 경우일 것이다.

그래서 데메트리오스 자신도 아이스킬로스의 시를 읊으면서 자신의 운명을 한탄했다고 한다.

그대는 나를 일으켜 세웠구나,

다시 나를 쓰러뜨리기 위하여.

데메트리오스가 영토를 조금씩 넓혀가고 있을 때 뜻밖의 소식이 날아들었다. 아시아에 있던 땅은 리시마코스에게, 키프로스 섬은 프톨레마이오스에게 모두 빼앗겼으며, 어머니와 자식들을 남겨두었던 살라미스 시는 적에게 포위되어 있다는 소식이었다. 이처럼 데메트리오스에게 닥친 운명은 마치 아르킬로코스[32]의 시에 나오는 어느 여자와 같았다.

그녀는 한 손에 물그릇을 쥐고 그 물을 마시라고 얘기하지만

물을 마시러 다가가면 다른 손에 들었던 횃불을 들이댄다네.

이 일로 데메트리오스는 스파르타 정복의 꿈을 포기해야만 했다. 그러나 운명은 그에게 다시 한 번 희망을 주었다. 그는 다음과 같은 일을 겪게 되었던 것이다.

마케도니아의 카산드로스 왕이 죽자 큰아들 필리포스가 왕위에 올랐다. 그러나 얼마 안 가서 그도 세상을 떠나고 말았다. 그러자 남아 있던 두 아들은 서로 왕좌를 차지하기 위해 싸우기 시작했다. 그런 와중에서 둘째 왕자인 안티파트로스가 자신의 어머니인 테살로니카를 죽여 버렸다. 일이 이렇게 되자 셋째 왕자인 알렉산드로스는 에페이로스의 피로스 왕과 펠로폰네소스에 있던 데메트리오스에게 도움을 청했다.

피로스는 이 소식을 듣고 곧 알렉산드로스에게 달려갔다. 그러나 도와주는 대가로 마케도니아 땅의 대부분을 넘기라고 요구했다. 이 요구에 알렉산드로스는 섣부르게 그를 불러들인 일을 몹시 후회하였다. 그때 마침 데메트리오스가 대군을 이끌고 달려왔다. 그러나 알렉산드로스는 한참 세력을 넓히고 있던 데메트리오스가 분명 피로스보다 더 큰 것을 요구하리라고 생각했다. 그래서 그는 데메트리오스에게 이제는 도움이 필요없게 되었다고 정중하게 얘기했다. 그리고는 그를 저녁 식사에 초대했다.

데메트리오스는 알렉산드로스가 무슨 꿍꿍이속을 가지고 있을 거라고 짐작하며 길을 나섰다. 그런데 어떤 사람이 다가와서 술잔치가 한창 무르익을 때 암살할 음모

32) 기원전 6세기경 그리스의 시인.

가 꾸며지고 있다고 일러 주었다. 그러나 데메트리오스는 조금도 의심하는 빛을 보이지 않았다. 다만 자기가 자리에서 일어설 때까지는 절대로 움직이지 말라고 호위병들에게 지시했다.

한편 알렉산드로스는 데메트리오스가 거느린 호위병들의 숫자가 자기보다 훨씬 많은 것을 보고 감히 죽일 엄두가 나지 않았다. 더구나 데메트리오스가 몸이 불편하다는 이유로 금방 자리를 떠나고 말았다.

다음날 데메트리오스는 곧 떠날 준비를 서둘렀다. 그는 알렉산드로스에게 갑자기 급한 일이 생겨서 곧 돌아가야겠다는 양해를 구하고 나중에 다시 찾아오겠다는 약속을 했다. 알렉산드로스는 데메트리오스가 전혀 노여워하지 않는 데다가 사정이 생겨서 가는 줄로만 생각하고 몹시 다행스럽게 생각하였다. 그래서 그는 데메트리오스를 테살리아의 국경까지 모셔다 드리겠다고 제의했다.

라리사에 이른 그들은 또다시 잔치를 열어 서로를 초대했다. 그들은 기회를 만들어 서로 암살할 음모를 꾸미고 있었던 것이다. 알렉산드로스는 자기가 놓은 덫에 자기가 먼저 걸려들고 말았다.

데메트리오스의 초대를 받은 알렉산드로스는 호위병을 거느리지 않은 채 그의 막사로 갔다. 다음에 데메트리오스를 초대할 때 마음놓고 혼자 오게 하려는 술책이었다. 그런데 잔치가 무르익기 시작했을 때쯤 데메트리오스가 갑자기 벌떡 일어나더니 밖으로 나가 버렸다. 알렉산드로스도 겁이 나서 그를 따라 밖으로 나갔다. 그러자 데메트리오스가 호위병들을 향해 외쳤다.

"내 뒤를 따라오는 자를 죽여 버려라!"

명령을 받은 호위병들은 곧 뒤따라 나오던 알렉산드로스를 순식간에 죽여 버렸다. 그리고 뒤늦게 달려온 부하들도 남김없이 죽여 버렸다. 그중 하나가 죽기 전에 말했다. "그대들이 우리보다 하루 빨랐다."

두려움에 휩싸였던 소란한 하룻밤이 지나갔다. 마케도니아 군은 데메트리오스의 습격을 받지 않고 아침을 맞아 어느 정도 마음을 놓고 있었다. 그때 데메트리오스가 보낸 사절이 와서, 데메트리오스의 방문을 청했다. 마케도니아 군대는 데메트리오스의 방문을 허락했다. 그런데 데메트리오스가 도착하자, 마케도니아 군은 자신의 어머니를 죽이는 안티파트로스 같은 사람은 믿을 수가 없다면서 데메트리오스를 왕으로 추대했다. 이렇게 해서 데메트리오스는 마케도니아의 왕좌에 올라 군대

와 함께 마케도니아로 돌아갔다. ·

　마케도니아 사람들은 알렉산드로스 대왕이 죽은 뒤에 벌어졌던 끔찍한 일들을 잘 알고 있었기 때문에 새로운 왕을 결코 싫어하지 않았다. 그러나 그들은 안티파트로스가 펼쳤던 어진 정치를 그리워하고 있었다. 이것 또한 데메트리오스에게는 다행스러운 일이었다. 왜냐하면 데메트리오스의 아내 필라는 안티파트로스의 딸이었으며, 그 사이에서 태어난 아들은 자신을 이어 마케도니아의 왕이 될 가능성이 가장 컸기 때문이었다.

　생각지도 못했던 이 행운에 이어서 또 기쁜 소식들이 날아들었다. 먼저 프톨레마이오스가 자신의 어머니와 자식들을 무사히 석방시켜 주었다는 소식이었다. 그리고 곧이어서 셀레우코스에게 시집을 갔던 딸이 셀레우코스의 아들 안티오코스와 결혼하여 아시아 지방의 왕비가 되었다는 소식이 전해졌다. 여기에 대한 이야기는 좀 더 자세히 살펴보기로 하겠다.

　데메트리오스의 딸 스트라토니케는 셀레우코스와 결혼을 하여 아들까지 하나 낳았지만 여전히 젊고 아름다웠다. 그런데 왕자인 안티오코스가 왕비를 사랑하게 되었다. 물론 처음에는 이루어질 수 없는 사랑을 억누르기 위해 갖은 애를 다 썼지만 사랑의 열병은 식을 줄을 몰랐다. 마침내 안티오코스는 자살을 결심하고, 병을 핑계대며 아무것도 먹지 않았다. 날로 야위어가는 안티오코스를 지켜보던 의사는 그것이 사랑의 병이라는 것을 눈치 챘다. 그러나 누구를 사랑하고 있는지는 도저히 알 수가 없었다.

　의사는 하루종일 안티오코스 곁에 붙어 있으면서, 젊은 궁녀들이 문병을 올 때마다 그의 얼굴 표정과 동작들을 살폈다. 그런데 다른 사람들이 왔을 때는 가만히 있던 안티오코스가 스트라토니케가 들어올 때마다 사포[33]가 말한 증세를 나타냈다. 안티오코스는 그녀만 보면 말을 더듬고 식은땀을 흘리면서 그녀의 얼굴을 제대로 쳐다보지도 못했다. 감정이 격렬해지면서 핏기가 없어지고 정신까지 산란해지는 것이었다. 의사 에라시스트라토스는 왕자가 그토록 사랑하는 사람이 다름 아닌 계모라는 것을 알게 되었고, 사랑에 괴로워한 나머지 결국 자살을 택했다는 것을 알게 되었다. 그러나 이러한 사실을 왕에게 말할 수는 없는 노릇이었다.

　그러나 셀레우코스가 왕자를 사랑하고 있다는 것을 믿었으므로 안티오코스의 병

---

33)　기원전 5세기경 여류시인. 사랑에 실패하여 스스로 목숨을 끊었다.

에 대해 이야기해 주었다. 그는 왕자의 병이 틀림없는 상사병이라는 것과 그것은 도저히 이루어질 수 없는 사랑이라는 것을 덧붙였다. 뜻밖의 얘기에 놀란 왕은 의사에게 물었다.

"아니, 이루어질 수 없는 사랑이라니? 그게 무슨 소리요?"

"사실, 왕자님은 제 아내를 사랑하고 있습니다."

에라시스트라토스가 대답했다.

"이보게, 에라시스트라토스! 그렇다면 이혼을 하고 그대의 아내를 왕자에게 주면 안 되겠는가? 그대는 왕자의 친구고, 또 왕자를 살릴 수 있는 건 그 길밖에 없다는 걸 잘 알고 있지 않나?"

"안 됩니다. 만약 왕자님이 스트라토니케 왕비님을 사랑한다면 대왕께서는 허락할 수 있으시겠습니까? 그건 도저히 허락할 수 없는 일입니다."

"이것 보게. 만약 왕자가 스트라토니케를 사랑한다면 나는 무슨 일이라도 하겠네. 안티오코스를 구할 수만 있다면, 나는 왕좌도 버릴 수가 있단 말일세."

왕은 두 눈에 눈물까지 글썽이면서 얘기했다. 그러자 에라시스트라토스는 왕의 손을 잡으며 말했다.

"이제 제가 할 수 있는 일은 다했습니다. 더 이상 의사는 필요없습니다. 왕자님께서는 사실 집안 식구인 한 여인을 사랑하고 있습니다."

왕은 말뜻을 곧 알아챘다.

왕은 곧 신하들을 모두 모은 다음, 안티오코스 왕자는 아시아 지방의 왕으로, 그리고 스트라토니케는 그의 왕비로 결정하고 두 사람을 결혼시키겠다고 선언했다. 그는 이어서 신하들에게 부탁했다.

"왕자는 지금까지 내 말을 어긴 일이 없으므로 이번 일도 잘 따라줄 것이라 믿소. 그러나 스트라토니케는 도리에 어긋난다면서 내 말을 거역할지도 모르는 일이오. 그러니 여러분들은 왕이 내린 명령은 모두 명예롭고 옳은 일이라고 타일러 그녀를 설득해 주시오."

이렇게 해서 안티오코스는 새어머니였던 스트라토니케와 결혼하게 되었다.

한편 마케도니아의 왕이 된 데메트리오스는 테살리아로 진출하여 그곳을 다스리고 있었다. 그리고 펠로폰네소스 반도를 거의 다 손에 넣은 다음 메가라와 아테네를 장악하고 다시 보이오티아로 쳐들어가고 있었다. 보이오티아 인들은 처음에는 휴전을 요청해 오고 동맹까지 맺었다. 그러나 그 뒤 스파르타의 클레오니모스 왕이 군대를 이끌고 구하러 오고, 테스피아이에서 가장 큰 세력을 가지고 있던 피시스도 저항을 부르짖자 그들은 약속을 깨뜨렸다.

데메트리오스는 공성기계로 테베를 공격했다. 그러자 겁이 난 클레오니모스 왕은 몰래 달아나 버렸다. 결국 보이오티아는 데메트리오스에게 항복하지 않을 수 없었다. 데메트리오스는 도시의 곳곳에 군대를 주둔시키고, 시민들에게 많은 돈을 거두어들였다. 그리고 보이오티아를 다스릴 총독으로 역사가인 히에로니모스를 임명했다. 히에로니모스는 보이오티아 사람들을 너그럽게 대해 주었다. 그는 저항을 부르짖었던 피시스가 끌려나오자 아무런 해도 끼치지 않고 용서해 주었다. 오히려 피시스와 정답게 이야기를 나누었으며, 그를 테스피아이 시의 장관으로 임명하였다.

그 얼마 뒤 리시마코스는 드로미카이테스에게 잡혀 포로가 되었다. 그러자 데메트리오스는 왕이 없어 허술해져 있는 트라키아로 쳐들어갔다. 이 틈을 타서 보이오티아는 곧 반란을 일으켰다. 게다가 리시마코스가 석방되었다는 소식까지 들려왔다. 몹시 당황한 데메트리오스는 군대를 돌려 보이오티아로 향했다. 그러나 돌아오는 길에 그의 아들 안티고노스가 보이오티아 군대를 무찔렀다는 소식을 전해듣고 다시 테베 시로 달려가 도시를 포위해 버렸다.

그때 피로스는 테살리아로 침입하여 테르모필라이까지 들어와 있었다. 데메트리오스는 안티고노스에게 테베의 포위를 맡기고 자신은 피로스를 공격하기 위해 달려갔다. 피로스는 곧 물러갔다. 데메트리오스는 만 명의 보병과 천 명의 기병을 테살리아에 남겨두고 다시 테베로 돌아갔다.

데메트리오스는 테베에 도착하자마자 공성기계로 습격을 감행했다. 이 기계는 지렛대를 써도 겨우 조금씩밖에 안 움직일 만큼 대단히 무거워서, 2펄롱(400m)을 움직이는 데만도 자그마치 두 달이 걸렸다고 한다. 데메트리오스를 맞은 테베 군은 아주 용감하게 저항하였다. 그러자 데메트리오스는 홧김에 별로 필요도 없는 무모한 전투를 감행하여 부하들을 위험한 곳으로 몰아놓곤 했다. 언젠가 전투가 끝난 뒤 아들 안티고노스는 전사자들이 많은 것을 보고 슬퍼하며 아버지에게 말했다.

"아버님! 이렇게 많은 사람들의 목숨을 왜 쓸데없는 일에 버리는 것입니까?"

데메트리오스는 버럭 화를 내며 아들을 꾸짖었다.

"그것이 너와 무슨 상관이냐? 죽은 놈들이 너한테 돈이라도 내라고 하더냐?"

그러나 데메트리오스는 부하들의 목숨을 함부로 버리면서 제 목숨만 아낀다는 소리를 들을까봐 항상 제일 선두에 섰다. 그런데 맨 앞에서 싸움을 하다가 그만 기계로 쏜 적의 창을 맞아 목에 부상을 입었다. 이 상처 때문에 죽을 고비를 넘기면서도 그는 공격을 계속하여 마침내 테베를 다시 점령할 수 있었다.

데메트리오스가 테베 시내로 들어오자 시민들은 그의 보복을 두려워하여 공포에 떨었다. 그러나 그는 단지 열세 명의 시민을 사형시키고 몇 명을 추방시키는 것으로 보복을 그쳤다. 이렇게 해서 테베는 재건된 지 10년도 못 돼서 두 번이나 남에게 점령을 당하게 되었다.

얼마 뒤 델포이에서 제사를 드릴 날짜가 되자 데메트리오스는 역사상 한 번도 없었던 대개혁을 단행하였다. 델포이 신전으로 가는 길을 아이톨리아의 군대가 가로막고 있었기 때문에 아테네에서 제사를 치르라고 선포했던 것이다. 아폴론 신은 원래 아테네의 수호신이자 조상이므로 아테네에서 제전을 여는 것은 오히려 당연하다는 것이었다.

그 뒤 데메트리오스는 마케도니아로 돌아왔다. 그러나 그는 편하고 한가하게 지내는 생활을 못 견뎌하는 사람이었다. 더구나 마케도니아는 전쟁 때는 고분고분했지만 평화가 찾아오자 자주 말썽을 일으키곤 했다. 그는 다시 남은 군대를 이끌고 피로스를 공격하러 떠났다. 피로스도 데메트리오스를 치기 위해 전진하고 있던 중이었다. 그러나 두 군대는 서로 다른 길을 가고 있었기 때문에 도중에 길이 어긋나 전투를 하지 못했다. 그래서 데메트리오스는 피로스의 본국인 에페이로스로 들어가고, 피로스는 판타우코스의 군대와 싸움을 벌이게 되었다. 이 싸움은 양쪽 군대의 장군인 피로스와 판타우쿠스의 결투가 되었는데, 피로스의 승리로 돌아갔다. 판타우코스는 병사를 잃고 5천 명을 포로로 넘겨 주어야 했다. 이 싸움으로 마케도니아 인들은 피로스를 용감한 장수라고 칭찬하였다. 이렇게 피로스의 승리는 데메트리오스에게 큰 타격을 안겨 주었다.

이 전투로 피로스의 명성은 온 마케도니아에 널리 퍼졌다. 사람들은 피로스야말로 알렉산드로스 대왕처럼 용맹스러운 장수라고 추켜세웠다. 그와는 반대로 데메트리오스를 비롯한 나머지 왕들은 호화로운 옷을 걸치고 으스대기만 하는 연극배우일 뿐이라고 했다. 데메트리오스는 사실 허풍이 심하고 잘난 척을 많이 하는 편이었다. 그는 자줏빛 옷과 이중으로 된 모자를 쓰고 다녔으며, 금으로 수를 놓은 자줏빛 신발을 신고 다녔다. 또한 오랫동안 수를 놓아 만든 휘황찬란한 옷이 있었는데, 거기에는 우주와 별들이 수놓아져 있었다. 그러나 이 옷이 채 완성되기도 전에 그는 왕좌에서 밀려나고 말았다. 그밖에도 마케도니아의 왕위에 올랐던 사람들 중에는 거들먹거리는 인물들이 많았지만, 하늘이 무서워서였는지 아무도 그 옷을 입지는 못했다.

마케도니아 왕들의 옷은 대체로 화려한 편이었지만, 데메트리오스의 사치에는 시민들도 놀라움을 감추지 못했다. 더구나 그의 방탕하고 호사스러운 생활 태도와 거만한 성격은 시민들을 몹시 불쾌하게 만들었다. 시민들은 자신들의 왕을 좀처럼 만날 수도 없었고, 어쩌다가 만날 수 있는 기회가 생겨도 그는 몹시 차고 냉정한 태도로 손님을 대하곤 했다. 그는 아테네의 사절단도 자그마치 2년이나 기다리게 한 뒤에 만난 일도 있었다. 또 스파르타에서 사절이 왔을 때는 자신을 얕본다면서 언성을 높이면서 이렇게 물었다.

"스파르타가 단 한 명을 사절로 보냈다는 게 사실이냐?"

그 사절은 스파르타 식으로 짧고 현명하게 대답했다.

"그렇습니다. 대왕 한 분께 사절 한 사람이 왔습니다."

언젠가 데메트리오스는 그날따라 몹시 유쾌한 얼굴을 하고 왕궁을 나왔다. 그가 말을 타고 오는 것을 보자 많은 사람들이 몰려와 마치 기다리고 있었다는 듯이 여기저기서 진정서를 바쳤다. 데메트리오스는 그들이 내미는 것들을 거절하지 않고 받더니 모두 옷소매에 집어넣었다. 사람들은 모두 기뻐하며 데메트리오스 뒤를 쫓아갔다.

그런데 그는 악시우스 강에 있는 다리에 이르자 옷소매를 툭툭 털어 진정서들을 모두 강물에 띄워보냈다. 이것을 본 마케도니아인들은 왕은 자신들을 통치하고 있는 것이 아니라 무시하고 있는 것이라고 떠들어댔다. 더구나 그들은 옛날 필리포스 왕의 어진 정치에 대해서 잘 알고 있었기 때문에 노여움은 더했다.

필리포스 왕에 대해서는 이런 이야기가 전해온다. 어느 날 필리포스 왕이 거리에 나와 돌아다니고 있는데 어떤 노파가 다가와서 자신의 억울한 사정을 좀 들어달라고 애원했다. 왕은 그럴 시간이 없다면서 냉정하게 노파를 물리쳤다. 그러자 노파가 소리쳤다. "그렇다면 왕이 될 시간도 없겠군요."

이 말은 왕의 가슴을 아프게 찔렀다. 왕은 곧 궁궐로 돌아가 억울한 사정이 있는 사람은 모두 찾아오라고 선언했다. 그리고는 며칠 동안 다른 일은 제쳐 놓고, 그 노파부터 시작하여 국민들의 억울한 사정을 모두 들어주었다.

사실 왕이 해야 할 일은 국민들이 억울한 일을 당하지 않도록 법에 따라 바른 정치를 하는 것이다. 시인 티모테오스는 아레스[34] 신을 원래 포악한 왕이라고 말했으며, 시인 핀다로스는 법이란 모든 것을 다스리는 왕이라고 얘기했다. 또 호메로스는, 제우스가 세상의 왕들에게 내린 것은 공성기계나 전쟁용 배 같은 무기가 아니라 정의를 지키고 존중하는 임무라고 했다. 또 제우스는, 전쟁에서 승리를 거두는 잔인한 왕이 아니라 가장 정의로운 왕을 사랑한다고 말했다.

데메트리오스는 다른 왕들처럼 '보호자'라는 이름으로 불리지 않고 '도시의 포위자'라는 별명을 가졌는데도 이것을 큰 자랑으로 생각했다. 항상 폭력을 존중하던 그는 자신의 좋은 점까지도 모두 없애 버리고 빛나는 명예까지 점차 더럽히고 말았던 것이다.

한편 데메트리오스는 병에 걸려서 펠라라는 도시에 가 있었다. 그때 피로스가 쳐들어와 온 마케도니아 땅을 모두 휩쓸고 다녔다. 그러나 얼마 후 병에서 나온 데메트리오스는 곧 군대를 몰고 나가 피로스를 쫓아내고 그와 휴전을 맺었다. 더 큰 계획을 완성시키기 위해서는 이런 사소한 일에 얽매이지 말아야겠다고 생각했던 것이다.

데메트리오스가 마음속에 품었던 큰 계획이란 아버지가 다스렸던 땅을 모두 되찾겠다는 것이었으며, 그는 이 야망을 위해 차분히 준비를 하고 있었다. 그는 이미 9만 8천 명이나 되는 보병과 만 2천 명에 가까운 기병들을 모아 군대를 편성하고 있었다. 아테네, 코린트, 칼키스, 그리고 펠라 근처에 있는 여러 항구에는 5백 척의 군선을 만들어 함대를 준비하고 있는 중이었다.

데메트리오스는 이 항구들을 직접 돌아보면서 계획들이 제대로 진행되고 있는지를 둘러보았다. 사람들은 만들고 있는 배들의 숫자에도 놀랐지만 그 크기를 보고도 놀라움을 감추지 못했다. 그때까지 15층이나 16층의 노를 가진 배들은 한 번도 만들어진 역사가 없었기 때문이었다. 프톨레마이오스 필로파토르가 40층의 노를 젓는 큰 배를 만든 적이 있기는 하지만 이것은 이보다 훨씬 나중의 일이었다. 이 배는 길이가 280큐빗(140m), 높이가 48큐빗(24m)에 달했고, 해군 4백 명과 노젓는 사람 4천명, 그리고 천 명의 병사가 갑판 위에서 싸울 수 있을 만큼 어마어마한 것이었다. 그러나 사실 이 배는 적을 위협하기 위한 것이었을 뿐 움직일 수 없는 큰 건물과 다를

---

34) 전쟁의 신. 로마에서는 마르스라고 부른다.

바 없어 별로 도움이 되지는 못했다. 이 배를 움직이기 위해서는 엄청난 힘과 노력이 필요했고, 그나마 아주 위험할 때가 많았다. 그러나 데메트리오스가 만든 배는 적에게 두려움을 줄 수 있을 뿐만 아니라 싸우기에도 좋았으며, 그 큰 덩치와는 달리 움직임도 아주 빠르고 튼튼했다.

데메트리오스가 알렉산드로스 대왕의 아시아 원정 이래 가장 큰 계획을 준비하자 셀레우코스, 프톨레마이오스, 리시마코스 등은 서로 힘을 합치기로 하고 동맹을 맺었다. 그리고 그들은 피로스에게 사람을 보내서 마케도니아를 공격하라고 권유하면서, 데메트리오스가 휴전을 맺었던 것은 평화를 얻기 위해서가 아니라 다른 나라들을 공격할 시간을 벌기 위한 것이었다고 말했다.

피로스는 그들의 제안을 받아들였다. 데메트리오스는 전쟁 준비를 멈추고 사방에서 달려드는 적을 맞아 싸움을 해야만 했다. 프톨레마이오스는 대함대를 이끌고 들어와 그리스에 반란을 일으켰고, 리시마코스는 마케도니아의 국경을 침범했으며, 피로스는 에페이로스 쪽에서 달려와 마케도니아 국토를 제멋대로 짓밟고 다녔다. 데메트리오스는 아들에게 그리스를 맡기고, 자신은 리시마코스를 무찌르고 마케도니아로 달려갔다.

그러나 그는 도중에 피로스가 베로이아 시를 점령했다는 소식을 듣게 되었다. 이 이야기가 군대 안에 퍼지자 병사들은 목을 놓아 통곡하면서 데메트리오스를 원망하기 시작했다. 군대의 규율은 하루아침에 무너졌다. 병사들은 모두 집으로 돌아가겠다고 하면서 데메트리오스에 대한 노여움으로 아우성을 쳤다. 그들은 가족을 구하러 가야 한다고 소리를 쳤지만, 마음속으로는 리시마코스에게 넘어갈 생각을 하고 있었다.

데메트리오스는 리시마코스와 되도록이면 멀리 떨어져 있어야겠다고 생각하고 피로스를 향해 방향을 바꾸었다. 원래 마케도니아 사람이었던 리시마코스는 알렉산드로스의 부하 장군으로 출정했었기 때문에 그를 따르는 병사들도 적지 않았지만, 피로스는 외국 사람이므로 그보다는 오히려 자신을 지지해 줄 것이라고 생각했던 것이다. 그러나 이것은 아주 잘못된 생각이었다. 데메트리오스가 군대를 이끌고 피로스와 싸우는 동안, 병사들이 피로스의 용감한 모습에 모두 감탄을 했던 것이다. 그들은 가장 용감한 사람이야말로 가장 어진 왕이 될 수 있다는 옛말을 굳게 믿고 있었다. 또 포로들을 아주 너그럽게 대우한다는 소식까지 들려오자 기회를 노리고 있던 병사들은 피로스야말로 충성을 바칠 만한 왕이라고 생각하게 되었다. 그래서 차츰 이탈자가 생기더니 급기야는 군대 전체가 소란을 일으켰다. 그들 가운데 몇몇은 직접 데메트리오스를 찾아와서 이렇게 말하기도 했다.

"목숨을 구하고 싶거든 얼른 달아나시오. 우리는 이제 더 이상 당신에게 목숨을 걸지는 않을 것이오."

그러나 이런 무례한 말은 다른 부하들에 비하면 아주 따뜻한 충고에 속하는 것이었다.

데메트리오스는 이제 더 이상 왕이 아니었다. 그는 한낱 힘없는 연극배우처럼 초라한 평민으로 변장하고 몰래 빠져나갈 수밖에 없었다. 데메트리오스가 떠나자 병사들은 피로스에게 아무런 저항도 하지 않고 고스란히 진지를 넘겨 주었다. 피로스와 리시마코스는 마케도니아 땅을 둘로 나누어 가졌다. 이렇게 해서 데메트리오스의 마케도니아 통치는 7년으로 막이 내렸다.

데메트리오스는 간신히 카산드레아로 들어가 몸을 숨겼다. 슬픔에 잠긴 그의 아내 필라는 남편이 왕위를 잃고 이제 한낱 평민이 되어 있는 처지를 차마 지켜볼 수가 없었다. 모든 희망을 잃게 된 그녀는 결국 헤어날 수 없는 운명을 서러워하며 독약을 마시고 스스로 목숨을 끊었다. 그러나 데메트리오스는 다시 일어서겠다는 굳은 각오를 하고 그리스로 향했다. 그리고 다시 병사들을 모집하기 시작했다.

소포클레스가 쓴 희곡 중에는 메넬라오스가 자신의 뒤바뀌는 운명을 노래한 구절이 있다.

> 나의 서글픈 운명이여,
> 너는 쉬지 않고 돌아가는 수레바퀴처럼
> 얽히고설키며 변해만 가는구나.
> 밤마다 찼다가 기울어지는 저 달처럼
> 보름이 될 때까지 조금씩 자라나 세상을 비추었다가는
> 다시 그믐까지 조금씩 여위어져
> 마침내 어둠 속으로 사라져 버리고 마는구나.

이 노래는 쉬지 않고 변해가는 데메트리오스의 운명을 그대로 옮긴 것처럼 보인다. 그는 이때처럼 완전히 기울어졌는가 하면, 곧 다시 세력을 되찾아 눈부신 빛을

비추며 다시 힘을 얻곤 했다.

평민으로 변장한 데메트리오스는 그리스 이곳저곳을 돌아다녔다. 그때 그를 만난 어느 테베 사람은 에우리피데스의 시를 인용하면서 그의 처지를 얘기했다.

신의 옷을 벗고 인간의 모습이 되어
디르케[35]의 시냇가에 나타났구나.

그러나 그는 곧 왕의 길로 다시 들어서게 되었다. 데메트리오스의 곁에는 새로운 제국이 나타나고 그는 테베 시민들의 옛 법률을 되찾아 주었던 것이다. 그러나 아테네 사람들은 끝내 그를 저버리고 말았다. 그들은 데메트리오스가 임명했던 제관 디필로스를 쫓아내 버리고, 옛날처럼 아르콘을 뽑아 나라를 다스리게 했다. 그리고 데메트리오스의 세력이 다시 커지는 것을 보고 두려운 나머지 마케도니아에 있는 피로스에게 사절을 보내 보호를 요청했다.

그러자 화가 난 데메트리오스는 노여움을 더 이상 참지 못하고 아테네를 치러 달려왔다. 그는 도착하자마자 곧 도시를 포위하고 공격을 시작했다. 이렇게 되자 아테네 시민들은 크라테스라는 유명한 철학자를 데메트리오스에게 보내 휴전을 요청했다. 크라테스는 지혜와 이론을 모두 동원하여 아테네의 소망을 말하고, 어떻게 하는 것이 그에게 이로운 것인가를 얘기하였다. 마침내 데메트리오스는 그들의 요청을 받아들이고 포위를 풀어 주었다.

이제 데메트리오스는 보병과 기병 만 천 명을 배에 모두 싣고 아시아를 향해 진격했다. 리시마코스로부터 리디아와 카리아 두 지방을 빼앗으려는 계획이었다. 그런데 밀레토스에 도착했을 때, 그는 뜻밖에도 죽은 아내 필라의 언니인 에우리디케를 만나게 되었다. 에우리디케는 프톨레마이오스 왕과 결혼하여 프톨레마이스라는 딸을 두고 있었다. 프톨레마이스는 셀레우코스의 중매로 데메트리오스와 약혼을 한 적이 있었기 때문에, 그는 이곳에서 정식으로 결혼식을 올렸다.

그는 곧이어서 이오니아 지방을 손에 넣고 자신의 계획을 실행시키기 시작했다. 행운이 그를 도왔는지 이 계획은 순조롭게 잘 진행되어 많은 도시들이 저절로 항복

---

35) 테베 옆을 흐르던 시내 이름.

을 해왔다. 특히 사르디스를 점령해 버리자 리시마코스의 부하들은 재물과 군사들을 데리고 도망쳐 왔다.

그러나 얼마 뒤 리시마코스의 아들 아가토클레스가 쳐들어 왔다. 데메트리오스는 아르메니아로 군대를 이동시키기 위해 우선 프리기아까지 물러났다. 할 수만 있다면 그 옆에 붙어 있는 아르메니아를 손에 넣고 메디아에 반란을 일으켜 아시아 내륙지방을 차지할 수 있을 것이라는 계산이 있었던 것이다. 그곳은 지형적인 조건이 좋아서 적의 추격을 받더라도 쉽게 숨을 수 있는 유리한 곳이 많았다.

마침내 아가토클레스는 맹렬한 기세로 데메트리오스를 쫓아왔다. 양쪽 군대는 몇 번이나 싸움을 벌였지만 그때마다 데메트리오스의 승리로 끝났다. 그러자 아가토클레스는 데메트리오스에게 가는 식량 보급로를 끊어 심한 고생을 겪게 만들었다. 이 일로 데메트리오스의 부하들은 어려움을 당하게 되자 자신들을 멀리 아르메니아와 메디아까지 끌고 가려는 속셈이라며 불평을 터뜨렸다. 더구나 그들은 굶주림과 싸우며 리코스 강을 건너다가 많은 병사들을 실수로 잃고 말았다. 이런 사정에서도 어떤 병사는 데메트리오스의 막사 앞에 오이디푸스의 한 구절을 고쳐 이렇게 장난을 해놓았다.

안티고노스의 눈먼 아드님!
지금 우리는 어디로 가는 겁니까?

굶주림에 시달리다 보면 흔히 아무것이나 닿는 대로 입에 넣게 되고, 그러면 자연히 전염병이 퍼지게 마련이다. 이때 데메트리오스의 군대에도 전염병이 일어나 굶주림으로 고생하고 있던 그들을 더욱 괴롭혔다. 데메트리오스는 8천 명에 가까운 병사를 잃고 할 수 없이 나머지 군대를 이끌고 돌아설 수밖에 없었다.

타르소스에 도착한 그는 셀레우코스가 다스리는 이 지방을 약탈하지 못하도록 병사들에게 명령을 내렸다. 자칫하면 셀레우코스가 그들을 공격해 올지도 몰랐기 때문이다. 그러나 굶주릴 대로 굶주려 있는 그들을 막는다는 것은 도저히 불가능한 일이었다. 더욱이 아가토클레스가 타우로스 산맥을 빠져나가지 못하도록 모든 길을 막고 있었기 때문에 사정은 더욱 딱했다.

데메트리오스는 할 수 없이 셀레우코스에게 편지를 썼다. 지금까지 겪은 고생을 호소하면서, 이제는 적의 동정과 친절을 빌 만큼 딱한 사정이니 자기를 좀 도와 달라는 편지였다. 셀레우코스는 편지를 받고 그의 신세를 안타깝게 여겼다. 그래서 그 지방의 총독에게 데메트리오스를 왕으로 대우하고, 충분한 식량을 나누어 주라는 명령을 내렸다.

셀레우코스의 친구 중에 파트로클레스라는 사람이 있었는데, 그는 지혜롭기로 이름이 높은 사람이었다. 그런데 그가 셀레우코스를 찾아가, 병사들을 먹여살리는 데 드는 돈은 대단치 않다고 해도 데메트리오스를 나라 안에 두는 것은 큰 잘못이라고 지적하였다. 평생 동안 전쟁만 하면서 살아온 거칠고 무모한 사람이기 때문에 여기서 다시 무슨 일을 저지를지 모른다는 것이었다.

이 말에 셀레우코스는 직접 군대를 이끌고 킬리키아로 갔다. 데메트리오스는 셀레우코스가 갑자기 태도를 바꾸자 겁을 먹고 타우로스 산 기슭에 있는 요새로 숨었다. 그리고는 셀레우코스에게 다시 편지를 써서, 야만족들 틈이라도 좋으니 마음놓고 살 수 있게 해주든지, 아니면 겨울 동안만이라도 좋으니 머무를 수 있게 허락을 해 달라고 부탁했다. 그리고 모든 힘을 잃고 쓰러져 있는 자신을 내쫓는 잔인한 일을 하지 말아 달라고 호소했다.

그러나 미움으로 가득 차 있던 셀레우코스는 나쁜 쪽으로만 해석했다. 그는 카타오니아에서 두 달 동안 지내게 해 줄 테니 장군들을 모두 인질로 보내라고 했다. 그리고는 시리아로 통하는 길을 전부 다 막아 버렸다.

그러자 데메트리오스는 함정에 빠진 짐승처럼 목숨을 걸고 덤벼들었다. 재물을 마음대로 빼앗고 몇 번은 셀레우코스 군대와 싸워 작은 승리를 거두기도 했다. 또 전차부대를 무찔렀으며, 시리아로 가는 산마루를 지키고 있던 적군을 몰아내고 길을 텄다. 이렇게 되자 데메트리오스의 부하들도 다시 용기를 회복하게 되었다. 힘을 얻은 데메트리오스는 내친 김에 셀레우코스의 왕국을 빼앗기로 마음을 먹었다. 이제는 거꾸로 셀레우코스가 불리한 지경에 놓이고 말았다. 그때 리시마코스가 그를 돕겠다고 제의했다. 그러나 그는 속셈이 의심스러워 거절해 버렸다. 이제는 미친 듯이 날뛰는 데메트리오스를 혼자서 상대할 수밖에 없었다. 그는 데메트리오스가 몇 번이나 비참한 처지에 떨어졌다가도 언제나 다시 세력을 되찾는 일을 여러 차례 지켜보았기 때문에 그에 대한 두려움은 더욱 컸다.

그런데 하필이면 그때 데메트리오스는 큰 병에 걸려 자칫하면 목숨을 잃을 뻔했다. 죽을 고비를 무사히 넘기고 다시 회복하기는 했지만 그때는 이미 기회를 놓친 뒤였다. 부하들이 적에게 넘어가기도 하고 더러는 고향을 찾아 뿔뿔이 흩어지고 없었던 것이다. 40일만에 자리에서 일어난 데메트리오스는 남은 군대를 이끌고 킬리키아 쪽으로 군대를 이동하기 시작했다. 그런데 밤이 되자 방향을 바꾸더니 갑자기 아마노스 산맥을 넘어 키레스티카 평원으로 달려갔다. 그리고는 이 지방에서 재물을 마구 빼앗고 영토를 짓밟았다.

셀레우코스는 곧 그를 뒤따라와 데메트리오스의 진영에서 멀지 않은 곳에서 멈추었다. 그러자 데메트리오스는 한밤중에 셀레우코스의 군대를 치기로 결심했다. 그런데 데메트리오스의 군대에서 도망나온 한 병사가 셀레우코스에게 미리 계획을 알려 주었다. 셀레우코스는 부하들에게 전투 준비를 명령했다.

"사나운 짐승들이 몰려오고 있으니 모두들 조심해라."

갑자기 적의 진영이 소란스러워진 것을 눈치 챈 데메트리오스는 비밀이 새어나간 것을 알아채고 군대를 서둘러 진영으로 돌아왔다.

다음날 해가 뜨자마자 셀레우코스는 데메트리오스를 공격해 왔다. 데메트리오스는 정면으로 달려나가 적과 맞붙어 싸웠다. 그런데 갑자기 셀레우코스가 말에서 내리더니 투구를 벗었다. 그리고는 작은 방패 하나만을 들고 데메트리오스의 외국인 부대 쪽으로 걸어왔다. 그는 먼저 자기가 누구인지를 밝히고, 지금까지 여러분의 부대를 공격하지 않은 것은 모두 여러분들을 아끼기 때문이라고 말했다. 그리고는 지금이라도 늦지 않았으니 자기에게 넘어오라고 설득했다. 그러자 그들은 셀레우코스가 틀림없이 자기들을 보호해 줄 것이라고 믿고 투항해 버렸다.

지금까지 몇 번이나 운명의 고비를 넘었던 데메트리오스는 이것이 자신의 마지막 운명이라고 생각하였다. 전세가 불리해진 그는 몇몇 부하들과 함께 숲속 깊이 들어가 몸을 숨겼다. 일단 밤을 지내고 나서 카우노스[36]로 달아나, 그곳에서 자신의 함대를 이끌고 더 멀리 도망치려는 생각이었다. 그러나 그들에게는 하루치의 식량도 남아 있지 않았기 때문에 이 계획도 곧 포기할 수밖에 없었다.

데메트리오스가 마음을 태우고 있을 때, 소시게네스라는 친구가 다가왔다. 황금 400조각을 허리띠에 두르고 왔다고 했다. 이 말을 듣고 다시 희망을 품게 된 데메트

---

36) 로도스 섬과 마주보고 있는 해안 도시로 소아시아의 남서쪽에 있다.

리오스 일행은 어두워지기를 기다렸다가 곧 산을 넘기 시작했다. 그러나 산마루마다 적이 피운 모닥불이 번득거리고 있어서 산길로는 도저히 바다에 이를 수가 없었다. 하는 수 없이 그들은 다시 산 속으로 되돌아오고 말았다.

그러나 거기까지 따라온 부하는 이미 눈에 띌 정도로 줄어 있었고, 그나마 남아 있는 자들도 절망에 빠져 있었다. 그때 한 부하 장군이 이제는 셀레우코스에게 항복하는 수밖에 없다고 얘기했다. 이 소리를 들은 데메트리오스는 불같이 화를 내며 그를 죽이려고 칼을 뽑아들었다. 그러나 다른 부하들이 그를 뜯어말리면서 항복하는 것이 최선의 방법이라고 충고했다. 앞길이 막막해진 데메트리오스도 그제야 어쩔 수 없다는 것을 깨닫게 되었다. 그는 마침내 셀레우코스에게 사람을 보내 항복의 뜻을 전했다.

데메트리오스가 항복을 표시하자 셀레우코스는 그가 살 길을 찾기로 한 것은 그 사람 자신을 위해서보다 오히려 너그러운 왕의 미덕을 세상에 보여줄 기회를 갖게 된 자기 자신에게 더 좋은 일이라며 무척 기뻐하였다. 그래서 그는 그 지방의 총독에게 명령을 내려, 데메트리오스가 쓸 훌륭한 천막을 세우고 풍성한 잔치를 준비하라고 일렀다.

셀레우코스는 데메트리오스의 옛 친구였던 아폴로니데스를 보내 데메트리오스를 호위하라고 했다. 그가 친구를 믿고 두려움 없이 올 수 있게 하려는 것이었다. 셀레우코스 왕이 이처럼 데메트리오스를 기쁘게 맞아들이려 하자 그의 부하들은 모두 데메트리오스에게 존경을 드리려고 따라나섰다. 그들은 데메트리오스가 왕 다음으로 큰 세력을 갖게 될 것임을 미리 짐작했던 것이다.

그러자 데메트리오스에게 품었던 셀레우코스 왕의 동정심은 갑자기 미움과 질투로 변했다. 간사한 신하들은 이것을 눈치 채고 재빨리 왕에게 몰려갔다. 그리고는 데메트리오스 같은 자에게는 은혜를 베풀 필요가 없으며, 그가 도착하면 옛날에 그를 섬겼던 병사들이 모두 반란을 일으킬 것이라고 충고했다.

데메트리오스는 아폴로니데스를 비롯한 많은 사람들이 그를 맞으러 오자 왕의 친절에 감사하며 무척 기뻐했다. 그토록 많은 어려움을 겪고 항복을 했으니 부끄러운 생각은 없지 않았지만, 이제는 희망을 가지고 자신의 미래를 그릴 수 있으리라 생각했다. 그런데 파우사니아스가 천 명이나 되는 호위병들을 데리고 와서 그를 잡아세우더니, 시리아의 케르소네소스로 데려갔다.

데메트리오스는 이곳에서 심한 감시를 받으며 지내야만 했으나, 적당한 잠자리와 먹을 것이 마련되어 있었으므로 큰 불편은 없었다. 가끔 승마나 산책도 할 수 있었고, 숲에 들어가 사냥도 할 수 있었다. 또한 신하들을 마음대로 만나볼 수도 있었고, 셀레우코스도 가끔 편지를 보내, 안티오코스와 스트라토니케가 오는 대로 모든 일이 해결될 것이라고 위로하기도 했다.

데메트리오스는 자신의 아들과, 아테네와 코린트에 두고 온 부하들에게 몰래 편지를 보냈다. 그는 자신이 직접 쓰고 자신의 도장을 찍은 편지를 받더라도 절대로 믿지 말고, 자신은 죽은 것으로 치고 그 도시들을 잘 다스려 달라고 부탁했다. 그리고 자신의 권력을 모두 아들 안티고노스에게 맡기며 그를 후계자로 결정했다는 말을 덧붙였다.

이 편지를 받은 안티고노스는 아버지가 갇혀 있다는 소식을 듣고 슬픔을 억누르지 못했다. 그는 즉시 셀레우코스를 비롯한 여러 왕들에게 편지를 보내 아버지를 석방시켜 달라고 애원했다. 왕은 이 편지에 감탄하여 모두 그를 도와주기로 했다. 그러나 리시마코스는 도리어 데메트리오스를 죽인다면 많은 돈을 주겠다고 제안을 해왔다.

리시마코스를 싫어하고 있는 셀레우코스는 이 제안을 받고 그의 잔인함에 치를 떨었다. 그러나 그는 데메트리오스를 가두어두는 편이 좋겠다고 생각했다. 그리고 안티오코스와 스트라토니케가 오면 석방해 주겠다며 계속 시간을 끌었다.

처음에는 데메트리오스도 갇혀 지내는 생활을 잘 견뎌냈다. 가끔 운동도 하고 정해진 구역 안에서 사냥도 하면서 시간을 보내며 감금생활에 익숙해지려고 무척 애를 썼다. 그러나 시간이 지나자 그는 점차 괴로워했고 나중에는 술과 주사위놀이로 시간을 보냈다. 술에 취해서 자신의 딱한 처지와 괴로움을 잊어버리려고 했던 것인지도 모른다. 그는 때때로 이런 말들을 하곤 했다.

"이것이야말로 내가 늘 꿈꾸던 생활이오. 지금까지 나는 하찮은 야망에 휩쓸려 다니며 시간을 낭비했던 것 같소. 그러느라고 다른 사람도 고생시키고, 또 나도 고생만 실컷 했으니 말이오. 사람들이 무기를 들고 전쟁터에 나가는 것도 결국은 이렇게 쉬기 위한 것이 아니겠소?"

사실 어리석은 왕들은 목숨을 담보로 전쟁을 수없이 많이 했지만 그들에게 남은 것은 결국 아무것도 없었다. 그들은 오로지 사치와 쾌락만을 좇을 뿐 자신의 미덕과 명예를 가꿀 줄 몰랐으며, 진정한 기쁨이 무엇인지도 몰랐다.

데메트리오스는 결국 케르소네소스에서 3년 동안 감금되어 생활하다가 세상을 떠났다. 이때 그의 나이는 54세였다.

사람들은 데메트리오스의 죽음이 셀레우코스의 쓸데없는 의심 때문이었다면서 비난의 화살을 쏘아댔다. 셀레우코스 스스로도 데메트리오스를 미워하고 질투했던 자신을 뉘우치게 되었다. 트라키아의 드로미카이테스는 리시마코스를 포로로 잡아 왕으로 대접하면서 친절과 정성을 다했지만, 셀레우코스 자신은 그렇지 못했기 때문이었다.

데메트리오스의 장례식은 큰 구경거리가 되었다. 아버지의 유골이 시리아에서 온다는 소식을 듣자, 안티고노스는 자신의 함대를 모두 이끌고 나가 셀레우코스가 보낸 배들을 맞았다. 안티오코스는 금항아리에 담긴 아버지의 유해를 자기가 타고 온 가장 큰 배에 모셨다. 그리고 이 배가 닿는 곳마다 시민들이 달려나와 꽃을 바쳤으며, 각 지방의 대표들이 장례식에 참석하였다.

함대가 코린트 항구에 닿자 사람들은 유해가 든 항아리를 갑판 맨 위에 올려놓고, 그 위에 왕이 입는 자줏빛 옷을 덮고 왕관을 얹었다. 그리고 무장한 호위병들로 하여금 배에서 내리게 했다. 그때 유명한 음악가였던 크세노판토스가 장엄한 노래를 피리로 연주했는데, 이 가락에 장단을 맞추어 노를 젓는 소리는 마치 상여소리의 후렴처럼 들렸다. 그리고 구름처럼 몰려나온 사람들은 안티고노스가 고개를 숙인 채 슬픔의 눈물을 흘리자 자신들도 똑같은 슬픔에 빠져들었다.

코린트에서 왕관을 비롯한 몇 가지의 명예가 바쳐진 다음, 유해는 다시 데메트리오스 시(市)로 옮겨졌다. 이곳은 이올코스의 여러 마을들이 모인 도시로, 데메트리오스의 이름을 따서 이름붙인 도시였다.

데메트리오스는 필라와의 사이에 안티고노스 왕자와 스트라토니케 공주를 두었다. 그밖에 데메트리오스라는 이름을 가진 왕자가 두 명이 있었는데, 그 중 하나는 일리리아 여자와의 사이에서 태어나 틴이라는 별명으로 불렸으며, 다른 하나는 프톨레마이스와의 사이에서 태어난 아들로 나중에 키레네의 왕이 되었다. 또 데이다미아와의 사이에서 태어난 아들로 알렉산드로스가 있었는데, 그는 평생을 이집트에서 보냈다. 그리고 에우리디케와의 사이에서 코라보스라는 아들이 있었다고 전하는 사람도 있다. 데메트리오스의 후손들은 대대로 마케도니아의 왕위를 이어가다가, 페르세우스가 왕이었을 때 로마에게 정복당하여 대가 끊어지고 말았다.

44
안토니우스

(ANTONIUS, BC 83경~30)

로마의 장군. 어머니는 율리아이고 아버지는 안토니우스였다. 뛰어난 용모에 체격도 좋았으나, 향략과 사치를 좋아하여 몹시 방탕한 생활을 했다. 뛰어난 장군이었던 그는 일생 동안 카이사르와 싸움을 벌였다. 이집트의 여왕 클레오파트라와의 사랑으로 유명하며, 결국 그녀 때문에 파멸의 길을 걷게 된다.

안토니우스의 할아버지는 유명한 변호사였다. 그러나 술라 파에 가담한 이유로 마리우스에게 살해당했다. 그리고 아버지인 안토니우스는 정치적으로 이름을 떨치지는 못했지만 매우 바르고 단정한 성품을 지닌 인물이었다. 가난하게 살았지만 친구를 위해서는 돈을 아끼지 않았다고 한다. 그래서 언제나 아내에게 잔소리를 들었다. 다음의 이야기를 보면 이것을 충분히 짐작할 수 있을 것이다.

언젠가 친구가 찾아와서 돈을 좀 빌려 달라고 했다. 그런데 마침 안토니우스에게는 돈이 한 푼도 없었다. 그는 하인을 불러 은그릇에다가 물을 떠오라고 일렀다. 하인이 물그릇을 가져오자 면도라도 할 것처럼 턱에 물을 묻히고는 다시 하인에게 심부름을 시켰다. 하인이 나가자 안토니우스는 그 은그릇을 친구에게 주면서, 그것이라도 팔아서 돈을 구하라고 했다. 그 얼마 뒤 부인이 그 그릇을 찾느라고 하인들을 모두 불러 닦달을 했다. 그러자 안토니우스는 자기가 한 일을 솔직하게 털어놓고 부인에게 용서를 빌었다.

그의 아내인 율리아는 카이사르 가문의 딸로 어느 귀부인 못지 않게 생각이 깊고 정숙한 여자였다. 지금부터 이야기할 안토니우스는 바로 이런 어머니의 품에서 자라났다. 안토니우스의 아버지가 세상을 떠나자 어머니는 코르넬리우스 렌툴루스와 재혼을 했다. 그러나 이 사람은 카틸리나 음모 사건에 가담한 죄로 키케로에게 잡혀 사형을 당하고 말았다. 안토니우스가 그토록 키케로를 미워했던 것은 바로 이런 일들이 배경이 되었던 것 같다.

안토니우스의 이야기를 들어보면, 키케로는 렌툴루스의 시체조차 내주지 않았다고 한다. 그래서 율리아가 키케로의 부인을 찾아가 눈물로 애원해 겨우 시체를 찾아 땅에 묻을 수 있었다. 그러나 이것은 지어낸 이야기이다. 왜냐하면 키케로가 집정관을 지내고 있는 동안에는 사형된 사람 가운데 매장까지 금지된 적은 한 번도 없었기 때문이다.

안토니우스는 아주 잘생긴 청년이었다. 그러나 그가 젊은 시절에 쿠리오라는 청년과 사귄 것은 불행한 일이었다. 쿠리오는 몹시 방탕한 사람이었다. 그는 안토니우스와 사귀는 동안 술과 여자를 찾아다니면서 낭비를 일삼게 하는 등 못된 수렁 속으로 그를 몰아넣었다. 그런 생활을 하면서 안토니우스는 2백 5십 탈렌트라는 막대한 빚을 지게 되었다. 이것은 그의 나이로서는 상상도 못할 만큼 엄청난 액수였다. 쿠리오는 이 빚에 보증을 섰는데, 이 사실을 알게 된 쿠리오의 아버지는 안토니우스를 집 근처에 얼씬도 못하게 만들었다고 한다.

그 뒤 안토니우스는 클로디우스라는 선동정치가들의 무리에 섞여 한동안 거리를 휘젓고 돌아다녔다. 클로디우스는 당시 가장 지독한 정치깡패로 이들 무리는 온갖 나쁜 짓을 도맡아 하고 다녔다. 그러나 안토니우스는 미치광이처럼 날뛰는 그들에게 곧 염증을 느꼈다. 더구나 이들을 없애기 위한 반대세력이 생기자 두려움을 느끼고 이탈리아를 떠나 그리스로 갔다. 여기서 그는 군사적인 훈련을 익히고 웅변 공부를 하면서 시간을 보냈다. 그는 그때 한창 유행하고 있던 아시아식 웅변술을 배웠는데, 헛된 과장이나 자기 자랑을 좋아하던 성격에 아주 잘 어울렸다.

그가 그리스에 머물고 있는 동안 집정관인 가비우스가 시리아를 공격하기 위해 출정하게 되었다. 그는 안토니우스에게 자신과 함께 가지 않겠느냐고 물었다. 안토니우스는 보잘것없는 병사로는 따라나서지 않겠다며 그의 요청을 거절했다. 그러자 가비니우스는 기병대장의 임무를 맡겼고, 그제야 요청을 받아들여 함께 시리아로 갔다.

시리아에서 안토니우스가 맡은 첫번째 임무는 유대인을 꾀어서 반란을 일으킨 아리스토불로스[1]를 몰아내는 일이었다. 여기서 그는 튼튼하게 구축된 적의 성벽 위로 가장 먼저 올라가서 아리스토불로스를 쫓아냈다. 그리고 자기가 거느린 군대보다 몇 배나 더 많은 적들을 모두 무찌르고 아리스토불로스와 그의 아들을 포로로 잡았다.

그 뒤 가비니우스는 프톨레마이오스 왕[2]으로부터 한 가지 제안을 받았다. 이집트를 공격하고 왕위를 되찾는 일을 도와주면 만 탈렌트의 돈을 주겠다는 것이었다. 장군들 대부분은 이 제안에 반대했고, 가비니우스도 돈에는 욕심이 났지만 전쟁을 피하려고 했다. 그러나 큰 공을 세울 기회만 노리고 있던 안토니우스는 가비우스를 설득하여 프톨레마이오스의 요청을 받아들이게 하려고 애썼다.

그때 장군들이 가장 두려워하고 있던 것은 사실 전쟁 그 자체보다도, 펠루시움으로 가는 길에 있는 아크레그마 강과 세르보니아 늪, 그리고 물이 없는 사막을 지나가는 일이었다. 이집트 사람들은 세르보니아 늪을 티폰 신[3]의 숨구멍이라고 불렀는데, 이것은 아마도 홍해가 물러나다가 남았거나 아니면 지중해의 물이 좁은 틈으로 새어들어와 만들어진 것으로 보인다.

안토니우스는 기병대를 이끌고 곧 전쟁터로 나갔다. 그러나 그는 이 위험한 곳들을 아무 어려움 없이 지나갈 수 있었을 뿐만 아니라 펠루시움이라는 큰 도시도 손에 넣었고, 그곳에 있던 적군도 모두 포로로 사로잡았다. 이렇게 군대는 별 어려움을 겪지 않고 손쉽게 승리를 거두었다.

펠루시움에 들어선 프톨레마이오스는 원한을 풀기 위해 이집트 사람들을 마구 잡아죽이려 했다. 그러나 명예욕이 강한 안토니우스는 프톨레마이오스를 설득해 이집트인들을 구해 주었다. 이렇게 해서 적들은 오히려 안토니우스의 욕심 때문에 뜻밖의 은혜를 입게 되었다.

그 뒤에는 크고 작은 전투가 수없이 벌어졌지만, 그때마다 안토니우스는 빈틈없는 작전과 뛰어난 용맹성을 보여 주었다. 특히 적의 뒤쪽을 포위하여 정면 공격을 하고 있던 우군에게 승리를 안겨줌으로써 많은 상과 함께 눈부신 명예를 얻었다. 또한

---

1) 유대인의 왕으로 대제사장을 겸하고 있었다.
2) 이집트의 여왕 클레오파트라의 아버지로, 아우레테스 왕가의 마지막 왕이다.
3) 이집트의 신으로 땅의 여신인 가이아의 아들. 역사가 헤로도토스의 기록에 의하면, 이집트 사람들은 티폰 신이 세르보니아 늪에 살고 있다고 믿었다고 전한다.

아르켈라오스[4]가 죽었을 때 보여준 그의 따뜻한 인간미는 많은 사람들의 가슴을 뭉클하게 만들기도 했다.

사실 안토니우스와 아르켈라오스는 가까운 친구 사이였지만, 전쟁터에 나온 이상 서로를 향해 창을 겨눌 수밖에 없었다. 그러나 아르켈라오스의 전사 소식을 들은 안토니우스는 그의 시체를 찾아 왕에게 바칠 만한 정중한 장례를 치러 주었다. 이런 일들로 알렉산드리아 사람들은 그를 매우 높이 평가했으며, 같은 로마 병사들도 그를 가장 뛰어난 장군이라고 하면서 존경을 바쳤다.

안토니우스는 얼굴도 잘생겼지만 몸집도 아주 좋았다고 한다. 멋진 수염과 넓은 이마, 높은 코 등은 그림이나 조각에서 보는 헤라클레스 신을 많이 닮아 있었으며, 매우 남성적이었다. 더구나 안토니우스의 조상은 헤라클레스의 아들 안톤으로부터 시작되었다는 전설이 오래 전부터 전해지고 있었다.

안토니우스는 특히 얼굴과 옷차림에 많은 신경을 썼는데, 사람들에게 그 전설을 믿게 하려고 했기 때문이다. 그는 언제나 소매없는 웃옷에 나지막히 허리띠를 두르고 큰 칼을 찬 다음, 그 위에 다시 커다란 외투를 걸치고 다녔다. 그러나 그는 너무 자기 자랑을 심하게 했고, 남의 흉을 들추어내기를 좋아했다. 또한 술을 지나치게 마셨고, 병사들이 식사를 할 때마다 곁에서 음식을 집어먹는 버릇이 있었기 때문에 사람들은 그를 몹시 못마땅하게 생각했다. 그러나 병사들은 오히려 그런 면을 좋아하여 군대에서는 거의 절대적인 인기를 얻고 있었다.

그는 또 여자를 사귀는 데에도 대단한 재주를 가지고 있었다. 다른 사람의 연애 문제를 도와주기도 하고, 사람들이 연애를 일삼는 자신을 놀려댈 때도 아무렇지도 않게 받아 주었다. 또 친구나 부하들의 부탁이라면 무엇이든 가리지 않고 들어주었으므로 친구들 사이에서도 큰 신뢰를 쌓고 있었다. 그렇기 때문에 그가 아무리 못된 짓을 저지르고 다녀도 여전히 자기 위치를 지킬 수 있었다. 그의 아버지처럼 안토니우스도 친구들을 많이 도와주었는데, 그런 이야기를 하나 소개해 보겠다.

그는 한 친구에게 25만 드라크마, 즉 로마 돈으로 1데키에스의 돈을 주라고 자기 집의 관리인에게 말했다. 그런데 관리인은 금액이 너무나 엄청났으므로, 안토니우

---

4) 미트리다테스 왕의 장군인 아르켈라오스의 아들. 그의 아버지가 로마 군에게 항복을 해 어렸을 때 로마로 와서 살게 되었는데, 그때 안토니우스를 사귀게 되었다고 한다.

스가 지나갈 만한 곳에다 일부러 그 돈을 쌓아놓았다. 그곳을 지나가던 안토니우스가 돈이 쌓여 있는 것을 보고 웬 돈이냐고 관리인에게 물었다.

"저게 바로 친구분께 주라고 하신 돈입니다."

안토니우스는 관리인이 왜 그 돈을 쌓아 두었는지를 충분히 짐작할 수 있었다. 그래서 안토니우스는, "1데키에스 정도면 꽤 많은 줄 알았는데, 겨우 저것뿐이냐? 안 되겠다. 그 친구에게 갑절의 돈을 갖다주어라"라고 말했다고 한다.

당시 로마는 두 개의 세력으로 크게 갈라져서, 귀족들은 로마에 있는 폼페이우스를 지지하고, 민중들은 군대를 거느리고 갈리아에 가 있던 카이사르의 도움을 요구하고 있었다. 안토니우스의 친구인 쿠리오는 카이사르파에 참가하여 안토니우스도 그쪽으로 끌어들였다. 그리고 그의 웅변실력과 카이사르가 보내준 선거자금을 마음껏 이용해서 안토니우스를 호민관으로, 그리고 다음에는 복점관으로 당선시켰다.

안토니우스가 관직에 오르자 카이사르는 큰 도움을 받게 되었다. 안토니우스는 먼저 집정관 마르켈루스와 맞서 싸웠다. 즉, 마르켈루스가 지금 있는 군대를 폼페이우스에게 보내고 새로 모집하는 군대들까지 지휘할 수 있게 해주자고 했을 때 안토니우스는 이 제안에 강력하게 반대를 하고 나선 것이다. 그리고는 지금 있는 군대는 파르티아 군대와 대치하고 있는 비불루스에게 보내고, 새로 모집하는 군대도 폼페이우스에게 줄 수는 없다고 말했다.

다음으로 그는 카이사르가 보낸 편지를 원로원에서 읽지 못하게 했을 때 자기의 권리를 내세워 억지로 그 편지를 읽었다. 그러자 이 편지의 내용을 들은 많은 의원들이 마음을 바꾸고 카이사르의 요구가 정당하다고 인정하게 되었다.

또 폼페이우스의 군대를 해산시키느냐, 아니면 카이사르의 군대를 해산시키느냐 하는 문제가 원로원에 올라왔을 때, 의원들 대부분은 카이사르의 군대를 해산시키자는 데 찬성을 나타냈다. 그러자 안토니우스는 새로운 제안을 내놓았다. 즉, 폼페이우스와 카이사르의 군대 모두를 동시에 해산시키자는 것이었다. 그런데 뜻밖에도 의원들 모두가 여기에 찬성하며 투표로 이 문제를 마무리 짓자고 외쳤다. 그러나 두 집정관이 반대를 하고 나서는 바람에 카이사르 쪽에서는 다시 한 번 새로운 제안을 내놓았다. 그러나 이번에는 카토가 반대를 하였다. 결국 집정관 렌툴루스는 안토니우스를 원로원에서 퇴장시켜 버렸다. 안토니우스는 저주의 말을 내뱉으면서 원로원에서 물러나왔다. 그리고 하인의 옷으로 갈아입은 다음, 카시우스와 함께 마차를 타고 카이사르에게 달려갔다. 카이사르의 군대가 있는 곳에 도착한 이들 두 사람은 로마에서는 더 이상 법과 질서를 찾아볼 수 없으며, 호민관도 말할 권리를 잃었고, 바른 소리를 내세우는 사람은 모조리 쫓겨나 생명이 위태로울 지경이라고 말했다.

이 말을 들은 카이사르는 곧 군대를 이끌고 이탈리아로 쳐들어갔다. 그래서 키케로는 안토니우스를 욕하는 글 〈필리포스에 대한 탄핵〉에서, 트로이 전쟁은 헬레네라는 여자 하나 때문에 일어났고, 로마의 내란은 안토니우스라는 남자 하나 때문에 일어났다고 했던 것이다. 그러나 이것은 사실 좀 지나친 표현이었다. 왜냐하면 카이사르는 절대로 순간적인 분노를 못 참아서 큰 일을 저지를 사람이 아니었으며, 오랫동안 다져온 결심에 따라 로마로 진격했던 것이다.

무엇보다 그를 부추긴 것은 그의 끊임없는 야망과 그칠 줄 모르는 명예욕이었다. 그래서 그는 전세계를 상대로, 마치 옛날의 알렉산드로스나 키로스처럼 가장 높은 자리를 노리고 있었던 것이다. 그리고 이러한 야망을 이루기 위해서 그는 제일 먼저 폼페이우스를 꺾어야 한다고 생각하고 있었다.

이러한 계획을 가지고 있던 카이사르는 로마를 점령하고, 곧이어 폼페이우스를 이탈리아에서 내쫓았다. 그리고 다시 군대를 돌려 스페인에 머무르고 있던 폼페이우스의 군대를 먼저 공격하고, 배가 준비되면 폼페이우스를 추격하기로 결정했다. 그리고 그는 집정관 레피두스에게는 로마를 맡기고, 호민관 안토니우스에게는 이탈리아와 군대를 맡기기로 했다.

안토니우스는 병사들과 함께 훈련도 하고 대부분 그들과 함께 했다. 그는 돈과 재물까지 나누어 주어 군대의 절대적인 신뢰를 얻게 되었다. 그러나 병사들이 아닌 다른 사람들은 그에 대한 원망과 불평을 늘어놓았다. 그는 억울한 일을 당한 사람의 사정에 조금도 귀를 기울이지 않았을 뿐만 아니라 오히려 화를 냈고, 다른 사람의 아내까지 건드렸기 때문에 그에 대한 나쁜 소문은 점점 커져만 갔다.

사실 카이사르의 정치는 결코 독재적인 것이 아니었지만 부하 장군들 때문에 심한 비난의 소리들이 끊이지 않았다. 그런 주위사람들 중에서 가장 큰 신뢰를 받고 있었고, 또 가장 큰 잘못을 저지른 것이 바로 안토니우스였다. 그러나 스페인에서 돌아온 카이사르는 안토니우스에 대한 나쁜 소문들을 모두 무시해 버렸다. 안토니우스는 전쟁에서 가장 용감하고 작전도 뛰어났기 때문에 그에게는 항상 필요한 존재였던 것이다.

카이사르는 곧바로 얼마 안 되는 군사들을 배에 태우고 브룬디시움을 떠났다. 그리고 이오니아 바다를 건너자마자 배를 가비니우스와 안토니우스에게 돌려보내면서, 군대를 태우고 마케도니아로 오라고 명령했다. 그런데 파도가 몹시 심하게 일어 가비니우스는 군대를 육지 쪽으로 이끌고 멀리 돌아서 갔다. 그러나 안토니우스는 카이사르가 거느리고 간 병사들이 너무 적었으므로 혹시라도 적의 공격을 받게 될까봐 걱정스러웠다. 그래서 그는 배 몇 척을 끌고 나가서, 브룬디시움 항구를 포위하고 있던 리보 장군의 군함을 부수어 버렸다. 그리고 혼란한 틈을 이용하여 보병 2만 명과 기병 8백 명을 이끌고 서둘러 항구를 떠났다.

적들은 곧 안토니우스를 뒤쫓아왔지만 때마침 강한 바람이 불어와 배가 뒤집히고 말았다. 그런데 갑자기 바람의 방향이 남서쪽으로 바뀌어 다행히도 안토니우스는 밀려나가는 파도를 타고 바다 쪽으로 나갈 수 있었다. 이렇게 해서 안토니우스는 전혀 힘들이지 않고도 많은 포로와 전리품을 얻을 수 있었으며, 리소스 시까지 손에 넣을 수 있었다. 그리고는 많은 군대를 이끌고 항해를 계속하여 어려움을 겪고 있던 카이사르에게 도착했다.

안토니우스는 끊임없이 이어진 전투에서 언제나 뛰어난 공을 세웠다. 싸우다가 도망가는 군대를 돌려세우고 적을 공격하게 만들어 두 번이나 승리를 거두기도 했다. 그래서 그는 군대 안에서 카이사르 다음으로 큰 명성을 떨치게 되었다. 카이사르 또한 안토니우스에 대한 믿음이 대단했는데, 파르살로스에서 벌어진 치열한 전투에서 카이사르는 우익을 직접 지휘하고 안토니우스에게 군대의 좌익을 맡긴 것만 보아도 충분히 짐작할 수 있을 것이다.

이 전투에서 승리를 거둔 카이사르는 독재관으로 올라서고, 곧 폼페이우스를 추격하기 위해 다시 군대를 이끌고 떠났다. 그때 그는 안토니우스에게 기병대의 총사령관 자격을 주어 자기를 대신하여 로마에 보냈다. 안토니우스가 얻게 된 지위는 독재관 다음 가는 것으로, 독재관이 나라를 떠나 있을 때는 최고의 권력을 가지는 높은 지위였다. 왜냐하면 독재관이 선출되면 호민관 말고는 어떤 지위나 권력도 허용되지 않았기 때문이다.

호민관 중에는 돌라벨라라는 사람이 있었다. 그는 나이도 아직 젊고 개혁에 큰 뜻을 둔 사람이었다. 그는 모든 빚을 무효로 만들자는 법안을 내놓았다. 그리고는 시민들의 인기를 위해서는 물불을 가리지 않는 안토니우스를 찾아가 도와 달라고 부탁했다. 그러나 한편으로는 아시니우스와 트레벨리우스도 안토니우스를 찾아와 절대로 그 법을 지지해서는 안 된다고 충고를 하고 있었다.

그런데 안토니우스는 돌라벨라가 자기의 아내[5]와 몰래 사귀고 있다는 소문을 듣게 되었다. 그는 몹시 화가 나서 그녀를 쫓아버렸다. 그리고 아시니우스와 손을 잡고 돌라벨라에 맞섰다. 돌라벨라는 자기가 제출했던 법안을 억지로라도 통과시키기로 마음먹고 포룸을 점령했다. 그러자 안토니우스는 원로원으로 달려가 돌라벨라를 몰아내는 데 무력을 써도 좋다는 허락을 받고는 곧 그를 습격하였다. 이 싸움으로 양쪽 모두는 심한 희생을 치러야만 했다.

안토니우스는 이 일로 인해 민중들의 인기를 잃고 원망의 소리를 들어야 했다. 또한 꼿꼿한 성품을 지닌 높은 지위의 사람들로부터는 그릇된 행동을 일삼는다는 이유로 비웃음을 당했다. 그는 날마다 술로 밤을 지새고, 여자들과 어울려 다니면서 돈을 마구 써댔다. 낮에는 낮잠을 자거나 아니면 술냄새를 풀풀 풍기면서 거리를 쏘다니고, 밤에는 다시 술과 여자에 묻혀 살았다. 또 연극을 구경하러 다니거나 기생과 광대들의 결혼식에까지 참석하면서 세월을 보냈다. 그래서 사람들로부터 아주 나쁜 평판을 받았다.

언젠가 그는 연극배우인 히피아스의 결혼식 피로연에 가서 밤새도록 술을 퍼마셨는데, 마침 다음날 아침에는 시민 대회가 있는 날이었다. 그런데 그는 연설을 하다가 그만 술 때문에 속이 몹시 거북하여 친구의 옷에다가 음식물을 토해 버렸다고 한다.

안토니우스가 가까이 지내던 친구 중에는 세르기우스라는 배우가 있었다. 또 키테리스라는 여자 배우를 몹시 사랑하여 가는 곳마다 마차에 태워 데리고 다니기도 했다. 이때 수많은 하인들이 마차를 따랐는데, 이 광경은 그의 어머니의 행차와 비교해도 결코 뒤지지 않는 것이었다. 또 그는 여행을 할 때에도 마치 종교적인 행사 때처럼 금술잔을 가지고 다녔으며, 경치 좋은 숲이 나타나면 시냇가에 천막을 치고 호화스러운 식사를 즐기기도 했다. 그리고 가끔 사자가 끄는 수레를 타고가다가 조용히 사는 사람들의 집을 빼앗아 기생과 무희들을 재우기도 하는 등 온갖 추잡한 행동을 다했다.

그래서 사람들은, 카이사르는 먼 외국에 나가 허허벌판에서 잠을 자는 등 갖은 고생을 다하며 전쟁을 하고 있는데, 그의 권력을 빌린 사람은 온갖 사치를 다 부리고 있다면서, 그것은 참을 수 없는 모욕이라고 생각하였다. 이런 일들 때문에 로마의 질

---

5) 그의 사촌누이이며, 집정관 카이우스 안토니우스의 딸이기도 했다.

서는 더욱 어지러워졌고, 병사들은 방탕한 생활과 약탈에 더욱 열을 올렸다. 그러자 로마로 돌아온 카이사르는 곧바로 돌라벨라를 용서해 주고, 세 번째로 집정관이 되었을 때는 안토니우스 대신 레피두스를 동료 집정관으로 앉혔다.

안토니우스는 폼페이우스가 자신의 집을 내놓았을 때 그것을 샀다. 그러나 돈을 달라고 하자 그는 오히려 화를 내며 원망의 소리를 해댔다. 안토니우스는 카이사르가 리비아를 정벌하러 갈 때 함께 따라나서지 않았던 것은 과거에 공을 세우고도 아무런 상도 받지 못했기 때문이라고 말했는데, 돈을 못 치른 것은 바로 그런 이유 때문이었다고 얘기했다.

그러나 카이사르는 안토니우스의 잘못된 행동과 방탕한 생활을 조심스럽게 충고하면서 나쁜 행실을 많이 고쳐 주었다. 그때까지의 좋지 못한 생활을 버리고 바르게 살기로 결심한 안토니우스도 정식으로 아내를 맞아 결혼을 하기로 했다. 그의 아내가 된 사람은 선동가인 클로디우스와 결혼을 했던 풀비아라는 여자였다. 그런데 이 여자는 조용히 집안일을 돌보거나 평범하고 이름도 없는 아내로 만족하고 살 수 있는 여자가 아니었다. 그녀는 장군이나 정치가들을 마음대로 호령하고 뒤흔들지 않으면 못 견디는 그런 성격의 소유자였다. 그렇기 때문에 클레오파트라는 풀비아에게 감사의 인사를 드릴 만도 했다. 그가 클레오파트라를 만났을 때 그녀의 말이라면 무엇이든 다 듣게 길들여 놓은 사람이 다름 아닌 풀비아였기 때문이다.

이런 풀비아를 즐겁게 해주기 위해 안토니우스는 늘 어린애 같은 장난으로 그녀의 비위를 맞추었다. 그런 이야기들 중에는 다음과 같은 것도 있다.

카이사르가 스페인에서 승리를 거두고 로마로 돌아온다는 소식이 전해지자 많은 시민들이 환영을 나갔다. 물론 안토니우스도 이들 틈에 섞여 있었다. 그런데 난데없이 카이사르가 이미 전쟁터에서 죽고 적이 이탈리아에 쳐들어온다는 소식이 떠돌기 시작했다. 소문을 들은 안토니우스는 노예로 변장을 하고 몰래 로마로 숨어들었다. 그리고는 풀비아를 찾아가 편지를 전하러 온 사람이라고 말했다. 걱정에 싸여 있던 풀비아는 안토니우스의 생사부터 물었다. 안토니우스는 아무 말도 하지 않고 편지를 내밀었다. 풀비아가 그것을 받아서 막 읽기 시작하자 그는 갑자기 아내의 목을 끌어안고 키스를 했다. 이런 장난은 얼마든지 예를 들 수 있지만 이것 하나로만 그치겠다.

카이사르가 스페인에서 돌아올 때, 사람들은 모두 먼 곳까지 마중을 나갔다. 그러나 카이사르에게 가장 큰 대접을 받은 사람은 안토니우스였다. 카이사르는 로마로 올 때까지 줄곧 안토니우스를 자기 전차에 함께 타게 했던 것이다. 그리고 그 다음 전차에는 알비누스와 옥타비아누스를 태웠는데, 옥타비아누스는 자기 조카딸의 아들이며 나중에 카이사르의 이름을 이어받아 로마를 다스렸던 사람이다.

카이사르는 다섯 번째 집정관이 되었다. 그는 안토니우스를 동료 집정관으로 선택했지만, 자신의 집정관 자리는 돌라벨라에게 물려 주려고 했다. 그러나 그가 원로원에 이러한 뜻을 전달하려고 하자 안토니우스는 온힘을 다해 그를 말렸다. 안토니우스는 온갖 욕설을 다 동원하여 돌라벨라를 비난했고, 돌라벨라도 똑같이 응수를 해왔다. 이러한 일을 몹시 부끄럽게 생각한 카이사르는 할 수 없이 이 일을 다음으로 미루었다.

그 뒤 카이사르는 시민 대회를 열고 돌라벨라를 집정관으로 앉히려고 했다. 그러자 안토니우스는 새들이 보여준 징조가 몹시 불길하다면서 또다시 이 일을 방해했다. 이렇게 되자 카이사르는 자신의 생각을 완전히 포기했고, 돌라벨라는 몹시 노여워했다.

그러나 사실 카이사르는 안토니우스와 돌라벨라를 둘 다 미워했던 것 같다. 어떤 사람이 카이사르에게 와서 이 두 사람에 대한 욕을 퍼부었을 때 그는 이렇게 대답했다고 한다.

"내가 정말로 두려워하는 것은 퉁퉁하고 번질번질한 그 두 사람이 아니라 핏기없이 창백하고 야윈 두 사람이오."

이것은 브루투스와 카시우스를 빗대어서 한 말이었는데, 이들은 과연 뒷날 카이사르를 암살한 사람들이다. 그리고 원래 그럴 뜻은 아니었지만 이 음모에 가장 큰 도움을 준 것은 다름아닌 안토니우스였다.

옛부터 로마에는 루페르칼리아라고 부르는 큰 행사가 있었다. 카이사르는 개선식을 할 때 입는 화려한 옷을 입고 나와 높은 연단에서 행사를 구경하고 있었다. 이 행사에는 귀족 청년들이 몸에 기름을 바르고 나와서 만나는 사람들을 가죽띠로 때리는 풍습이 있었다. 안토니우스도 이 청년들 틈에 섞여 이러저리 뛰어다니고 있었다. 그런데 그는 옛날부터 내려오는 순서를 생략해 버리고, 카이사르가 있는 연단 밑으로 월계관을 가지고 갔다. 그리고는 친구들과 함께 카이사르의 머리에 월계관을 씌우려고 했다.

그러나 카이사르는 월계관을 원하지 않는다는 듯 고개를 돌려 버렸다. 군중들 사이에서는 요란한 박수가 터져나왔다. 안토니우스는 다시 한 번 관을 씌우려고 했지만 이번에도 카이사르는 고개를 돌리며 거절의 뜻을 나타냈다. 이런 일은 몇 번이나 되풀이되었다. 그런데 안토니우스가 월계관을 씌우려 했을 때는 몇 명만이 손뼉을 쳤지만, 카이사르가 이것을 사양할 때는 수많은 사람들이 큰 박수를 보냈다. 이것은 매우 이상한 일이었다. 군중들은 카이사르가 왕 노릇을 하고 있었지만, 그럼에도 불구하고 왕의 칭호를 직접 인정한다는 것은 자신들의 자유를 빼앗기는 일이라고 생각했던 것이다. 몹시 실망한 카이사르는 자리에서 벌떡 일어나서 목을 쑥 내밀었다. 그리고는 자기를 죽이고 싶은 사람이 있으면 어서 목을 치라고 말했다.

결국 이 관은 카이사르의 동상들 중 하나에 씌워졌다. 그러나 호민관들은 곧 그것을 벗겨 버렸다. 함께 몰려온 시민들은 박수를 치며 호응을 했다. 그러자 카이사르는 화를 억누르지 못하고 그 호민관들을 모두 파면시켜 버렸다. 이 일은 브루투스와 카시우스의 암살 계획에 큰 도움을 주었다. 그들은 카이사르를 암살할 동지들을 모아놓고, 안토니우스를 여기에 참가시킬지 아닐지를 의논하였다. 이들은 대부분 그를 받아들이자고 했지만, 트레보니우스만은 반대를 하고 나서면서 다음과 같은 이유를 댔다.

카이사르가 스페인에서 돌아올 때 그는 안토니우스와 함께 마중을 나갔는데, 그 동안 내내 같은 천막에서 자고 길을 걸을 때도 늘 함께 다녔다. 그래서 그는 안토니우스의 마음을 슬쩍 떠보았는데, 그 뜻은 넉넉히 알아들었지만 별로 찬성하는 기색이 아니었다. 그러나 카이사르에게는 이 일을 알리지 않고, 끝까지 비밀을 지켜 주었다고 한다.

이 이야기를 들은 음모자들은 카이사르와 함께 안토니우스도 죽이는 의견을 놓고 다시 의논을 했다. 그런데 이번에는 브루투스가 반대를 하고 나서서, 이 일은 법과 정의를 위한 일인 만큼 그런 일로 성스러운 계획을 더럽혀서는 안 된다고 주장했다. 그렇지만 그들은 안토니우스의 세력과 지위를 두려워하고 있었기 때문에 결국 한 가지 방법을 생각해 냈다. 즉, 카이사르가 원로원에 들어가고 암살 계획이 진행되는 동안, 몇 사람이 안토니우스를 바깥에 붙잡아 두자는 것이었다.

이 음모는 계획대로 착착 진행되어 카이사르는 원로원에서 쓰러졌다. 그러자 안토니우스는 재빨리 하인으로 변장하고 자취를 감추어 버렸다. 그러나 안토니우스는 그들이 더 이상 다른 사람을 죽일 계획이 없다는 것을 알고 자기 아들을 그들이 숨어 있는 카피톨리누스 언덕에 인질로 보냈다. 그리고는 어서 아래로 내려오라고 했다. 이렇게 해서 그날 저녁 안토니우스는 카시우스를, 레피두스는 브루투스를 각각 초대하여 저녁을 함께 먹었다.

다음날, 날이 밝자 안토니우스는 원로원 회의를 열었다. 거기서 그는 암살자들을 처벌하지 않고 브루투스와 카시우스를 각각 속주 총독으로 임명하자는 제안을 내놓았다. 이 제안은 어려움 없이 통과되었다. 또 카이사르가 살아 있는 동안 만들어 놓은 여러 가지 법률들도 계속해서 지키기로 결정했다.

회의를 마치고 원로원을 나서는 안토니우스는 이미 로마에서 가장 위대한 인물이 되어 있었다. 내란을 미리 막았고, 곤란하고 복잡한 문제들을 침착하고 현명하게 처리했기 때문이었다. 그러나 그는 만약 브루투스를 없앤다면 자신이 로마에서 가장 큰 세력을 갖게 되리라는 생각이 들었다.

그때 카이사르의 유해가 공회장에 도착했다. 안토니우스는 그의 죽음을 추모하는 연설을 하였다. 그는 군중들이 자신의 연설을 듣고 매우 감동하는 것을 보고, 더욱더 카이사르에 대한 칭찬과 아울러 고인의 운명을 안타까워하는 연설을 했다. 그리고 연설이 끝나자 칼로 찢겨진 채 피로 물들어 있는 카이사르의 옷을 높이 쳐들며, 이런 짓을 한 놈들은 하늘도 노여워할 살인자들이라고 부르짖었다. 그러자 군중들은 몹시 흥분하여 책상과 걸상들을 높이 쌓아올리고는 카이사르를 화장시켰다. 그리고는 살인자들의 집을 습격하기 위해 달려갔다.

일이 이렇게 되자 브루투스 파의 무리들은 로마에서 도망을 치고, 카이사르파는 안토니우스에게 모여들었다. 그리고 카이사르의 미망인인 칼푸르니아는 4천 탈렌트나 되는 재산을 모두 안토니우스에게 맡겼다. 안토니우스는 그 외에도 카이사르의 서류들을 맡았는데, 그 중에는 카이사르가 실행했던 일은 물론 아직 실행되지 않은 계획들도 있었다.

안토니우스는 자기의 계획에 맞게 이 서류들을 조금씩 꾸몄다. 즉, 그는 카이사르가 미리 결정해 놓은 것처럼 제멋대로 서류를 꾸며서 자기 마음에 드는 사람은 관리로 임명하고, 어떤 사람은 원로원 의원으로 만들어 주고, 어떤 정치범들은 죄를 용서해 주는가 하면, 생사람을 감옥에 집어넣기도 하였다. 로마 시민들은 이런 혜택을 받은 사람들을 가리켜 '카론[6]의 무리들'이라고 조롱했다. 왜냐하면 그렇게 혜택을 입은 증거를 대라고 할 때마다 죽은 카이사르의 서류를 가리켰기 때문이었다. 그때 안토니우스는 나라 안의 일을 자기 마음대로 처리하는 완전한 독재자였다. 그 자신은

---

6) 사람이 죽으면 건너야 한다는 스틱 강의 뱃사공 이름이다.

집정관의 자리에 있었고, 형제들 중 카이우스는 법무관을, 루키우스는 호민관을 지내고 있었기 때문에 모든 일을 자기 마음대로 처리할 수 있었던 것이다.

로마가 이렇게 돌아가고 있을 때 소(小) 카이사르(옥타비아누스)가 로마에 왔다. 그는 카이사르의 조카딸의 아들로, 고인의 유언에 따라 유산의 상속자로 정해져 있었다. 카이사르가 암살될 때 아폴로니아에 머물고 있던 그는 소식을 듣고 곧 로마로 달려온 것이다. 그는 먼저 안토니우스를 찾아가 인사를 드리고, 맡겨놓은 재산을 달라고 요구했다. 그는 유서에 따라, 로마 시민들 모두에게 각각 75드라크마씩의 돈을 나누어 줄 의무가 있다고 말했다. 안토니우스는 어린 그를 얕잡아보고, 카이사르의 유산을 물려받고 그의 짐을 대신 진다는 것은 아무래도 힘든 일이라고 말했다.

그러나 소 카이사르는 그의 말에 꺾이지 않고 유산을 돌려 달라고 계속 요구했다. 그러자 안토니우스는 온갖 말과 행동으로 모욕을 주기 시작했다. 그는 소 카이사르가 호민관의 후보로 나서자 반대하고 나섰고, 법률에 따라 죽은 카이사르를 위한 황금 의자를 만들려 했을 때는 민중들을 선동한다면서 감옥에 처넣어 버리겠다고 협박하기도 했다. 그러나 소 카이사르는 키케로를 비롯하여 안토니우스를 미워하던 사람들의 도움을 받아 시민들의 인기를 얻고, 외국에 나가 있던 병사들을 불러모았다. 결국 몹시 당황한 안토니우스는 카피톨리누스로 그를 찾아가 화해를 청했다.

그날 밤 안토니우스는 이상한 꿈을 꾸었다. 벼락을 맞아서 오른손이 잘려나가는 꿈이었다. 그 며칠 뒤 안토니우스는 소 카이사르가 자신의 생명을 노리고 있다는 정보를 얻었다. 소 카이사르는 전혀 그런 일이 없다고 말했지만 안토니우스는 믿지 않았다. 두 사람은 다시 예전처럼 사이가 나빠지게 되었다. 그래서 그들은 이탈리아를 두루 돌아다니면서 흩어져 있던 병사들을 끌어들이기 위해 더 많은 보수를 약속하기에 이르렀다.

그 당시 로마에서 가장 큰 세력을 가진 사람은 키케로였다. 그는 모든 사람들을 움직여 안토니우스를 미워하도록 만들었고, 원로원을 설득하여 그를 반역자로 몰아세웠다. 그리고 소 카이사르에게 법무관의 표지와 명예의 휘장을 주고, 집정관이었던 히르티우스와 판사를 시켜 안토니우스를 이탈리아에서 추방시키라는 명령을 내렸다. 이렇게 되자 안토니우스와 카이사르의 군대는 모데나 근처에서 싸움을 벌이게 되었는데, 결국 카이사르가 승리를 거두고 두 집정관은 모두 전사하고 말았다.

싸움에서 패배한 안토니우스는 도망을 가면서 심한 어려움을 겪었다. 특히 가장 무서운 것은 굶주림과의 싸움이었다. 그러나 안토니우스는 어려운 일이 닥칠수록 새로운 힘을 내는 이상한 특성을 가지고 있었다.

불행을 당한 안토니우스는 이때 뛰어난 인격을 보여 주었다. 큰 어려움에 부딪혔을 때 어떻게 해야 바르고 어떻게 하면 그릇된 것인지를 판단할 수 있는 사람은 적지 않다. 그러나 옳고 바른 길을 용기있게 헤쳐나가고 그릇된 일을 피할 수 있는 힘을 가진 사람은 사실 그다지 많지 않다. 사람들은 흔히 제 습관대로 행동하고 잠시 이성을 저버린다. 그러나 안토니우스가 보여준 행동은 훌륭한 모범이 될 만한 것이었다. 그때까지 놀라울 만큼 사치를 하던 그가 이제는 썩은 물을 달게 마시고, 야생 열매와 풀뿌리도 맛있게 먹었다. 심지어 나무껍질까지 벗겨먹으면서 알프스를 넘을 때는, 한 번도 먹어본 적이 없는 짐승까지 잡아먹으며 목숨을 이었다고 한다.

안토니우스의 계획은 알프스를 넘어가 레피두스의 군대와 합치려는 것이었다. 카이사르의 우정을 이용하여 많은 도움을 준 일이 있었으므로 어쨌든 자기를 도와주리라고 생각했던 것이다. 그러나 레피두스는 전혀 반가워하지 않았다. 그래서 안토니우스는 운명을 걸고 모험을 해 보기로 결심했다. 싸움에서 진 이후 한 번도 수염을 깎지 않았던 안토니우스는 초라한 옷을 입고 레피두스의 진영으로 들어가 적의 장병들을 향해 연설을 시작했다. 병사들은 그의 초라한 모습에, 혹은 그의 애절한 연설에 감동을 하였다. 이것을 본 레피두스는 몹시 불안한 마음이 들었다. 그래서 그는 나팔을 불게 하여 연설을 못 듣게 만들었다. 그러나 이것은 안토니우스에 대한 연민을 더욱 불러일으켰다. 그래서 병사들은 라일리우스와 클로디우스를 여자로 변장시켜 몰래 안토니우스에게 보냈다. 이들은 안토니우스를 만나자, 아무 걱정 말고 레피두스를 공격하라고 말하고, 안토니우스의 뜻이라면 레피두스를 죽이겠다는 사람도 있다고 전했다.

그러나 안토니우스는 레피두스에게 손을 댈 생각은 없다고 말했다. 그리고는 다음날 군대를 끌고 강을 건너왔다. 안토니우스가 제일 먼저 강에 뛰어들자 레피두스의 진영에 있던 병사들은 방어벽을 허물기 시작했다. 이렇게 해서 안토니우스는 아무 어려움 없이 레피두스의 진영을 점령할 수 있었다. 그러나 안토니우스는 레피두스에게 모든 예의를 갖추었고, 그를 아버지라고 불렀다. 또 군대의 지휘권은 모두 자기가 가지고 있었지만 레피두스를 여전히 대장군으로 대접하였다. 안토니우스가 이처럼 훌륭한 조치를 취하자 거기서 멀지 않은 곳에 떨어져 있던 무나티우스 플란쿠스도 안토니우스의 군대에 합류해왔다.

이렇게 해서 안토니우스는 다시 엄청난 군대를 가지게 되었다. 안토니우스는 17개 군단의 보병과 만 명의 기병을 이끌고 알프스를 넘어 이탈리아로 들어갔다. 그 외에도 6개 군단의 병력을 갈리아 지방에 남겨 그곳을 지키게 하였다. 이 군대의 지휘권은 바리우스였는데, 그는 안토니우스와 가까운 술친구로 코틸론이라는 별명을 가지고 있었다.

한편 소 카이사르는 키케로가 아직도 나라의 자유를 위해 애쓰는 것을 보고 더 이상 이용 가치가 없다는 것을 깨달았다. 그래서 그는 안토니우스를 끌어들여 그와 손을 잡기로 결심했다. 이들 두 사람은 레피두스와 함께 어느 작은 섬에서 만나 사흘 동안에 걸친 회의를 하였다. 그리고 여러 가지 문제에서 의견을 모아, 아버지의 유산을 나누는 형제들처럼 모든 땅을 셋으로 나누어 가졌다.

그러나 누구누구를 없애느냐 하는 것은 역시 쉽지 않은 문제였다. 그들은 자기를 미워하는 사람들을 더 많이 처단하고, 자신의 친구나 친척들은 구하려고 했기 때문이다. 그러나 결국 그들은 자신들의 적을 없애는 것을 우선으로 정하여, 친구나 친척들을 희생시키기로 결정을 보았다. 이렇게 해서 소 카이사르는 안토니우스의 적인 키케로를 죽이기로 하고, 안토니우스는 자신의 외삼촌인 루키우스 카이사르를, 레피두스는 자기의 동생 파울루스를 없애기로 결정하였다. 어떤 사람들은 레피두스가 직접 자신의 동생을 카이사르와 안토니우스에게 넘겨 주었다고도 한다.

이렇게 인간의 생명을 서로 주고받는 일보다 더 잔인하고 야만적인 일은 일찍이 한 번도 없었을 것이다. 왜냐하면 그들은 자신이 넘겨준 사람과 넘겨받은 사람을 다같이 살해했으며, 더욱이 자신이 아끼던 사람들을 죽이는 무서운 죄를 저질렀기 때문이다.

모든 일을 결정한 그들은 안토니우스의 아내 풀비아가 데리고 온 딸 클로디아를 카이사르와 결혼시키자고 했다. 이 결혼으로 그들의 신뢰를 더욱 단단히 굳히자는 것이었다. 이 문제는 별 어려움없이 받아들여져서 두 사람은 곧 결혼을 하였고, 얼마 뒤 명단에 씌어진 300명의 시민에게는 추방 명령이 내려졌다.

안토니우스는 키케로를 살해하기 위해 사람을 보내면서, 그의 머리와 오른손을 잘라오라고 명령했다. 자기를 공격하는 글을 썼다는 이유 때문이었다. 안토니우스는 부하들이 키케로를 죽이고 그의 머리와 오른손을 가지고 오자 껄껄 웃으며 기쁨을 감추지 않았다. 그리고 싫증이 날 만큼 들여다본 다음에 광장의 연단 위에 높이 달아놓게 했다. 안토니우스는 이렇게 해서 시체를 마음껏 모욕한다고 생각했지만, 이것이 자신의 승리와 운명을 얼마나 비웃고 자신의 인격이 얼마나 보잘것없는가를 보여 주었는지는 전혀 깨닫지 못하고 있었다.

그의 외삼촌 루키우스 카이사르는 자기를 죽이러 병사들이 달려들자 그의 누님인 안토니우스의 어머니 집으로 도망을 갔다. 안토니우스의 어머니는 병사들이 그를 쫓아오자 방문을 두 팔로 가로막고 서서 이렇게 소리쳤다.

"루키우스 카이사르를 죽이려거든 너희들의 대장을 낳은 나부터 죽여라." 이렇게 해서 그녀는 자기 동생의 목숨을 구해 주었다.

안토니우스와 카이사르, 그리고 레피두스가 이끄는 로마의 정치는 시민들을 못 살게 굴었다. 그 중에서도 안토니우스는 미움을 가장 많이 받았는데, 카이사르보다 나이가 많고 레피두스보다 세력이 컸던 그는 로마의 질서가 제자리를 찾게 되자 또다시 옛날처럼 방탕하고 사치스러운 생활을 시작했기 때문이었다. 그는 옛날 폼페이우스가 살던 집에서 살고 있었는데, 이것 때문에도 안 좋은 소리를 많이 들었다. 폼페이우스는 개선식을 세 번이나 올렸을 만큼 훌륭한 일을 많이 했으므로 시민들은 그를 높이 우러러 보았다. 뿐만 아니라 그는 늘 검소하고 규모있는 생활 태도를 보여 주었으므로 이것 또한 많은 사람의 존경의 대상이 되었다.

그러나 안토니우스는 그런 사람의 집에 살면서도 장군이나 외국 사절들이 찾아오면 만나기는커녕 대문에서 쫓아 버리기가 일쑤였다. 더구나 집에는 광대나 기생, 술주정꾼들이 우글거리고 있었고, 잔인한 방법으로 빼앗은 돈을 마구 뿌려대고 있었다. 그가 물쓰듯 쓰는 돈은 사형당했거나 추방당했던 사람들로부터 빼앗은 것이거나, 남아 있던 유가족이나 과부들에게 죄를 뒤집어씌우는 등 온갖 비열한 방법을 다 써서 긁어모은 것이었다. 또 베스타의 성녀들에게 맡겨놓은 시민들과 외국인들의 돈을 강제로 빼앗아들인 것도 있었다.

소 카이사르는, 안토니우스에게는 아무리 많은 돈을 맡겨두어도 소용이 없다는 것을 알고 재산을 둘로 나누어 가지자고 요구했다. 또 이들은 각각 브루투스와 카시우스를 공격하기 위해 마케도니아로 떠나면서도 군대를 둘로 나누어 가졌다. 그동안 로마는 레피두스에게 맡기기로 했다.

로마를 떠난 두 사람은 바다를 건너 적을 향해 돌진했다. 이때 안토니우스는 카시우스를, 카이사르는 브루투스를 맞아 싸우기로 하고 전투를 시작했다. 소 카이사르는 첫 전투에서 브루투스에게 완전히 패배하고 진지까지 빼앗긴 채 달아나야 했다. 그러나 그가 쓴 일기를 보면 자신의 부하 한 사람이 불길한 꿈을 꾸었기 때문에 전투가 시작되기 전에 미리 후퇴했던 것이라고 적혀 있다.

한편 안토니우스는 카시우스의 군대를 완전히 무찔러 버렸다. 그러나 어떤 기록을 보면, 안토니우스는 이 전투에 참가하지 않았고, 다만 적을 추격할 때만 끼었다고 전해지기도 한다.

브루투스의 승리를 모르고 있던 카시우스는 핀다로스라는 자신의 충성스런 노예에게 명령을 내려 스스로 목숨을 끊고 말았다. 그리고 며칠 뒤에 다시 전투가 벌어졌지만 브루투스는 이 전투에서 지고 자살해 버렸다. 마침 소 카이사르는 병이 들어 싸움에 참가하지 못했으므로, 이 승리의 영광은 모두 안토니우스에게 돌아왔다. 그때 브루투스의 시체를 내려다보던 안토니우스는 브루투스가 자기의 동생 카이우스를 죽인 일을 원망했다. 브루투스는 키케로의 원수를 갚기 위해 이곳 마케도니아에서 카이우스를 죽였던 것이다.

그러나 안토니우스는 브루투스보다 호르텐시우스의 죄가 더 크다고 생각하여 그를 동생의 무덤에서 죽여 버렸다. 그런 한편 브루투스의 시체 위에 자신의 값비싼 외투를 덮어 주고, 정중하게 장례를 치러 주라고 했다.

그 뒤 소 카이사르는 로마로 돌아갔지만, 병이 위독해서 오래 살 것 같지는 않았다. 한편 안토니우스는 속주들로부터 돈을 거두기 위해 군대를 이끌고 그리스로 갔다. 안토니우스는 부하 장병들에게 각각 5천 드라크마의 돈을 주기로 약속했으므로 그것을 메우기 위해서는 속주들의 재물을 빼앗을 수밖에 없었던 것이다.

안토니우스가 그리스에 베푼 정책은 처음에는 결코 강압적이거나 야만적인 것이 아니었다. 원래 놀기를 좋아하는 그는 그리스의 여러 학자들과 잘 어울렸고, 운동회나 종교 행사에 참가하는 것도 무척 즐겼다. 그는 또 모든 일을 공정하게 처리한다고 하여 '그리스를 사랑하는 사람', '아테네를 사랑하는 사람'이라고 불리기도 했다. 그는 사람들이 이렇게 불러 주는 것을 무척 기뻐했으며, 아테네 시를 위해 여러 가지 재물을 기증하기도 했다. 그때 메가라 시민들이 의사당을 자랑하고 싶어서 안토니우스를 초대하였다. 안토니우스는 그들의 초대를 받아들였다. 그가 의사당을 둘러보자 시민들이 물었다.

"어떻습니까?"

"별로 크지는 않은데 꽤 오래됐나 보군요."

안토니우스는 또 델포이의 아폴론 신전을 수리할 것처럼 측량을 하게 하고는 원로원에도 그 뜻을 밝혔다. 그러나 실제로는 수리를 하지 않았다고 한다.

얼마 뒤 안토니우스는 루카우스 켄소리누스를 그리스에 남겨두고 아시아로 건너갔다. 그러자 왕들은 모두 그를 찾아와 인사를 드리고, 왕비들도 그의 눈에 들기 위해 다투어 선물을 보내왔다.

소 카이사르가 로마의 내란에 힘을 쏟고 있을 때, 안토니우스는 이곳에서 다시 화려한 생활로 돌아갔다. 하프를 연주하는 아낙세노르, 피리를 부는 크산토스, 춤을 추는 메트로도로스, 그리고 그 밖에도 아시아의 광대들이 떼거리로 몰려들었는데, 이들은 안토니우스가 이탈리아에서 데리고 온 무리들보다 더욱 방탕하게 굴며 온갖 재물들을 다 써서 없앴다. 이렇게 아시아는 소포클레스의 희곡[7]에 나오는 도시처럼 변해 버렸다.

> 향을 태우는 자욱한 안개 사이로
> 기쁨의 노래가 절망의 한숨 소리로 가득했다.

안토니우스가 에페소스 시내로 들어가자 여자들은 술의 신 디오니소스의 시녀처럼 꾸미고 나왔고, 아이들은 사티로스와 판 신처럼 분장을 하였으며, 거리에는 푸른 등나무덩굴로 꾸민 장대와 갖가지 악기 소리로 가득했다. 그리고 시민들은 디오니소스 신이 오셨다, 기쁨과 은혜를 내리실 신이 찾아오셨다며 노래를 불렀다.

안토니우스는 과연 디오니소스 신처럼 여러 사람에게 은혜를 내렸다. 그러나 대부분의 사람들은 그를 잔인한 오메스테스나 야만적인 아그리오니오스 신으로 생각했다.[8] 착한 시민들의 재산을 함부로 빼앗아 자기에게 아첨하는 무리들에게 나누어 주었기 때문이었다. 그러자 어떤 자들은 심지어 살아 있는 사람을 죽었다고 속이고

---

7) 소포클레스의 희곡 <오이디푸스 왕>.

8) 술의 신 디오니소스는 다른 여러 가지 이름으로도 불리었는데, 오메스테스는 살아 있는 동물을 잡아먹는 신이었고, 아그리오니오스는 야만적이고 성질이 사나운 신을 뜻하는 것이었다.

재산을 빼앗기도 했다. 또 안토니우스는 마그네시아에서 잔칫상을 아주 잘 차린 요리사에게 시민의 집을 빼앗아 주기도 했다.

안토니우스는 세금을 일 년에 두 번씩 거두어들이려고 했는데, 그때 웅변가 히브레이스는 아시아 시민들을 대표하여 이런 말을 했다.

"그렇다면 안토니우스 님께서는 일 년에 추수를 두 번 할 수 있도록 여름과 가을도 두 번씩 내려 주시겠지요?"

이 말은 언뜻 들으면 안토니우스의 비위에 맞추려는 이야기 같지만, 사실은 시민들의 원망을 잘 나타낸 것이었다. 히브레이스는 아시아가 이미 20만 탈렌트나 되는 돈을 바친 사실을 지적하면서 솔직하고 용기있게 말했다.

"만약 장군님이 그 돈을 못 받으셨다면 그 돈을 거둬들인 책임자에게 물어보십시오. 그리고 만일 받으시고도 그 돈을 다 써버리신 거라면 이제는 저희들도 어떻게 할 수가 없습니다."

안토니우스는 이 말을 듣고 많은 것을 깨달았다. 그때까지 그는 부하들이 무슨 짓을 하고 다니는지 전혀 모르고 있었던 것이다. 이것은 그가 주위 사람들을 너무 지나치게 믿고 있었기 때문이었다. 이런 일로도 알 수 있는 것처럼 그는 성격이 아주 단순하고, 자신의 잘못을 알아채는 데도 퍽 둔한 편이었다. 그러나 일단 잘못을 깨달으면 깊이 뉘우치고, 자기가 피해를 준 사람들에게는 진심으로 용서를 구하려 했다. 그는 잘못을 벌주는 일과 마찬가지로 자신의 잘못을 보상해 주는 일에도 늘 정확하고 완벽했다. 그리고 대체로는 처벌보다 상을 내리는 일이 더 많았다. 또한 그는 즐겁게 놀 때는 심한 농담도 자주 했지만 그만큼 남이 하는 농담도 잘 받아주었고 지나친 농담도 마음에 새겨두지 않았다. 농담을 할 수 있을 만큼 솔직한 사람들은 다른 마음을 품거나 거짓으로 아첨하지는 않을 것이라고 생각했기 때문이다.

어떤 사람들은 아첨하는 말을 하면서도 적당히 바른 말을 섞어 싫증이 나지 않게 만들었다. 그리고 술을 마시면서 농담을 하여, 다른 중요한 일에서도 무조건 따르기만 하는 것이 아니라 나름대로 지혜로운 의견을 내놓는 것이라 믿게 하였다. 그러나 안토니우스는 그들의 속셈과 마음 속에 품은 간사스러움을 전혀 눈치 채지 못하고 있었다.

이런 성격을 가졌기 때문에 클레오파트라⁹⁾와의 사랑에도 쉽게 빠져들고 말았다. 그는 클레오파트라를 만나면서부터 가슴속에 잠자고 있던 온갖 열정이 불꽃을 일으켰고, 이 불꽃은 다시 그의 마음 한 구석을 채우고 있던 올바른 이성과 선량한 마음을 모두 불살라 버렸으며 끝내는 그를 파멸시키고 말았다. 그가 클레오파트라가 만들어 놓은 사랑의 함정에 빠지게 된 데는 다음과 같은 배경이 자리하고 있었다.

안토니우스는 파르티아와의 전쟁을 준비하면서 클레오파트라에게 사람을 보내, 킬리키아로 자기를 찾아와서 사과하라고 전했다. 옛날 카시우스와 전쟁을 하고 있을 때 클레오파트라가 그에게 많은 도움을 주었다고 들었기 때문이었다. 그런데 안토니우스의 명령을 전하러 갔던 델리우스는 그녀의 아름다움과 지혜에 놀라지 않을 수 없었다. 그리고 분명히 안토니우스는 그녀를 나쁘게 대하지 않을 것이며, 오히려 아끼고 가까이 두려 할 것이라고 생각했다. 그래서 그는 클레오파트라의 비위를 맞추려고 온갖 애를 썼다. 그는 호메로스의 시에 나오는 말대로 '아름답게 꾸미고' 킬리키아로 가라고 부드럽게 권하고, 안토니우스처럼 너그럽고 친절한 사람은 없으니 겁낼 필요가 없다고 얘기했다.

클레오파트라는 자신이 가진 매력에 자신이 있었다. 카이사르와 폼페이우스의 아들 크나이우스의 애타는 사랑을 받은 일도 있었으므로, 안토니우스 정도는 쉽게 사로잡을 수 있으리라고 생각했던 것이다. 더욱이 카이사르나 크나이우스를 만날 때는 아직 어리고 세상물정도 몰랐지만, 지금은 여자로서의 아름다움을 모두 지니고 있었고 지혜와 재치도 한창 넘쳐 흐르는 시기였다. 클레오파트라는 곧 부유한 이집트의 여왕답게 화려한 차림으로 온갖 예물들을 준비하여 안토니우스를 만나기 위해 길을 나섰다. 그러나 그녀는 온갖 재물들보다도 자신의 아름다움과 애교를 더욱 믿고 있었다.

한편 안토니우스는 클레오파트라에게 초대의 편지를 여러 통 보냈다. 안토니우스의 친구들도 그녀에게 편지를 써서 안토니우스의 초대를 거절하지 말라고 권유했다. 그러나 클레오파트라는 편지들을 거들떠보지도 않았다. 그리고는 앞머리에 금칠을 하고 붉은 돛을 높이 단 배를 띄우고, 피리와 하프 가락에 맞추어 은으로 만든

---

9) 프톨레마이오스 12세인 아우레티우스의 둘째 딸. 교양있고 활동적인 여자로 이집트에서 대단한 명성을 가지고 있었다. 스스로를 태양신의 딸이라 믿었으며, 카이사르의 연인으로서 로마에까지 따라갔다. 카이사르가 죽은 뒤에는 안토니우스의 애인이 되었으며, 기원전 37년에 그와 정식으로 결혼했다.

<안토니우스와 클레오파트라>, 로렌스 알마-타데마, 1883년

노를 젓게 하여 키드노스 강을 거슬러 올라갔다. 금을 수놓은 비단 장막 밑에 기대어 앉아 있는 클레오파트라는 그림에서나 볼 듯한 아프로디테를 연상하게 했다. 그녀의 양쪽에는 큐피드처럼 아름다운 소년들이 부채질을 하고 서 있었고 선녀처럼 아름다운 시녀들이 키를 잡거나 돛줄을 잡으며 배를 조종하고 있었다. 그리고 배에서는 이상한 향기가 풍겨나와 강기슭까지 흘러나왔다.

사람들은 이 배를 구경하기 위해 구름처럼 모여들었다. 시내에 있던 사람들 대부분이 쏟아져 나왔기 때문에 공회당에는 사람의 그림자조차 찾아볼 수가 없었다. 안토니우스는 이렇게 텅 빈 광장에 혼자 덩그러니 앉아 있었다.[10] 그리고 아프로디테 여신이 큰 잔치를 베풀기 위해 아시아에 왔다는 소문이 구경꾼들 사이에서 퍼져나왔다.

클레오파트라가 도착하자 안토니우스는 그녀를 잔치에 초대했다. 그런데 클레오파트라는 자기가 안토니우스를 먼저 초대하는 것이 예의라며 자기가 연 잔치에 먼저 와 달라고 했다. 안토니우스는 자신의 너그러운 아량을 보여 주기 위해 그녀의 초대

---

10) 클레오파트라가 찾아왔을 때, 안토니우스는 키드노스 강가에 있는 타르소스 시에 머무르고 있었다. 그때 클레오파트라는 스물여덟 살이었다. 셰익스피어는 그때의 광경을 <안토니우스와 클레오파트라>라는 희곡의 2막 2장에서 생생하게 그리고 있다.

를 받아들였다. 그러나 막상 잔치에 참석한 안토니우스는 놀라움을 감추지 못했다. 수없이 아름다운 장식들이 그의 눈을 현란스럽게 했기 때문이다. 특히 그 자리를 가득 메우고 있는 등불은 너무나 아름다워서 말로는 다 표현할 수 없을 정도였다. 그 아름다움은 세상에서 보기 드물 정도로 황홀한 광경이었다.

다음날 안토니우스는 그녀를 초대하고 잔치를 베풀었다. 그러나 클레오파트라가 보여 준 아름다움과 호화로움에 비하면 아무것도 아니었다.

클레오파트라는 안토니우스를 대하면서 과연 군인답고 씩씩하다고 생각했다. 그래서 그녀는 스스럼없이 안토니우스와 어울렸다. 그런데 전해지는 기록에 의하면, 클레오파트라는 세상사람들이 흔히 이야기하는 것처럼 그렇게 뛰어난 외모를 지니지는 않았다고 한다. 다만 묘하게 사람을 끄는 매력이 있었으며, 몸매나 말씨, 성격이나 몸동작 등이 매혹적이었다고 한다.

특히 그녀의 목소리는 듣는 것만으로도 큰 즐거움이었다. 그녀의 목소리는 마치 여러 줄의 현을 매단 악기처럼 여러 나라의 말을 거침없이 쏟아냈다. 그래서 그녀는 어느 나라의 사신이 오더라도 통역하는 사람 없이 상대할 수 있었다. 에티오피아 사람, 트로글로디타이 사람, 히브리 사람, 아라비아 사람, 시리아 사람, 메디아 사람, 파르티아 사람, 그리고 그 밖에 여러 나라 민족의 말을 마치 자기 나라 말처럼 자유롭게 할 줄 알았다. 그녀의 조상인 여러 왕들이 이집트 말조차 배우려 하지 않았고, 심지어는 마케도니아 말조차 모른다는 얘기를 들어보면, 그녀의 이런 재주는 정말 놀라운 것이었다.[11]

클레오파트라를 알게 된 안토니우스는 단번에 마음을 빼앗기고 말았다. 그래서 그는 로마에 두고 온 아내 풀비아가 소 카이사르와 싸우고 있고, 라비에누스가 지휘하는 파르티아 군대가 메소포타미아에 들어와 시리아를 노리고 있다는 사실도 잊어버리고 말았다.

안토니우스는 클레오파트라를 따라 알렉산드리아로 갔다. 거기서 그는 마치 철없는 어린아이처럼 놀기에 바빴다. 안티폰이 얘기한 것처럼 세상에서 가장 소중한 보물인 시간을 흘려보내고 있었던 것이다. 또한 '즐기기 위한 모임'을 만들어 번갈아

---

11) 클레오파트라는 프톨레마이오스 왕의 후손이다. 프톨레마이오스 1세는 마케도니아의 장군이었으므로 마케도니아의 말은 원래 자기 나라의 말이었다.

<클레오파트라>, 존 워터하우스, 1888년

가며 잔치를 베풀고 상상도 못할 정도의 돈을 마구 뿌려댔다.

암피사 사람인 필로타스는 당시 알렉산드리아에서 의학 공부를 하고 있었는데, 그는 나[12]의 할아버지 람프리아스에게 이런 이야기를 해 주었다.

젊은 필로타스는 우연히 왕실의 요리사와 알게 되었다고 한다. 어느 날 그 요리사가 잔치를 얼마나 화려하게 준비하는지 보여 주겠다고 하였다. 필로타스는 초대를 받아들이고는 요리사를 따라 식당으로 들어가 보았다. 거기에는 귀중한 음식들이 산더미처럼 쌓여 있었고, 산돼지를 여덟 마리나 굽고 있었다. 필로타스는 손님이 얼마나 많으냐고 물었다. 그랬더니 요리사는 크게 웃으면서 대답했다.

"손님은 모두 열두 명 정도라네. 그렇지만 어떤 음식이든 가장 알맞게 요리하고 또 제때에 드려야 한다네. 만약 일 분이라도 어기게 되면 그 음식은 그냥 버리고 말지. 그런데 안토니우스는 식사를 하려고 하다가도 술을 한 잔 더 들거나 얘기가 좀 더 길어지게 되곤 하기 때문에, 그때 올리려고 했던 음식을 그만 못쓰게 만들곤 한다네. 그러니 정확한 식사 시간을 알 수 없는 우리들로서는 한 번이 아니라 여러 번의 식사를 준비해 두어야 하는 거라네."

필로타스는 또 다음과 같은 이야기도 전해 주었다.

그는 세월이 지난 뒤 안토니우스와 풀비아 사이에서 태어난 큰아들의 주치의가 되었다. 이 아들은 안토니우스와 함께 식사를 하지 않을 때는 필로타스 등 여러 의사를 식사에 초대하곤 했다. 어느 날 이들이 함께 식사를 하게 되었다. 그런데 한 의사가 듣기 민망할 정도로 자기 자랑을 늘어놓았다. 그때 필로타스는 논리적으로 따져서 그의 말문을 막아 버렸다.

---

12) 플루타르코스

"열병이 있는 환자에게는 찬물을 주어야 합니다. 그리고 열이 있는 사람은 누구나 열병이 일어날 수 있습니다. 그러므로 이들에게도 찬물을 주어야 합니다."

자기 자랑을 늘어놓던 의사는 이 말에 아무런 대꾸도 하지 못했다. 그러자 안토니우스의 아들이 통쾌하게 웃으며 말했다.

"필로타스 선생, 이것들을 모두 가지시오."

이렇게 말하면서 그는 식탁 위에 놓인 값진 그릇들을 가리켰다. 필로타스는 그에게 감사를 드렸다. 그러나 마음 속으로는 어린 나이에 그토록 값진 물건들을 함부로 처리해 버리는 것을 보고 놀라지 않을 수 없었다. 그런데 잠시 후 하인 하나가 그 그릇들을 모두 담아가지고 필로타스에게 오더니 그릇에 도장을 찍으라고 말했다. 그러나 필로타스는 사양을 하면서 아무래도 못 받겠다고 말했다. 그러자 하인은 이렇게 말했다.

"선생님도 참, 왜 사양을 하십니까? 이 그릇을 드리는 사람이 안토니우스의 아들이라는 것을 잊으셨습니까? 만약 이것이 전부 금으로 만든 것이라고 해도 그분은 마음대로 처분할 수 있습니다. 그러나 주제넘은 얘긴지는 모르겠지만, 이 그릇을 그냥 받지 말고 돈으로 쳐서 달라고 하시는 게 나을 겁니다. 이 중에는 굉장히 오래된 예술품도 있기 때문에 혹시 안토니우스님께서 찾으실지도 모르거든요."

나의 할아버지는 필로타스에게서 들었다면서 이런 이야기를 자주 들려주곤 하셨다.

플라톤에 의하면, 아첨에는 모두 네 가지 종류가 있다고 하였다. 그러나 클레오파트라가 가진 아첨의 재주는 수백, 수천 가지가 넘었다. 그녀는 중요한 일이든 장난스러운 일이든 간에 항상 새로운 매력과 위로를 주어 안토니우스를 완전히 사로잡았다. 그래서 안토니우스는 밤이고 낮이고 간에 클레오파트라 곁을 떠나지 못했다. 클레오파트라는 늘 안토니우스와 함께 주사위 놀이를 하고, 사냥을 하고, 술을 마셨다. 또 안토니우스가 운동을 하러 갈 때도 함께 따라나가서 구경을 했고, 밤거리를 돌아다니며 시민들 속에서 농담을 주고받을 때도 안토니우스처럼 초라한 옷차림을 하고 함께 돌아다녔다.

사람들은 이런 안토니우스의 행동을 별로 좋게 생각하지 않았다. 그러나 알렉산드리아 사람들은 로마에서는 비극만을 연출하던 그가 여기서는 희극을 보여 준다며, 그를 고맙게 여기고 친절하게 대해 주었다.

이처럼 어리석은 그의 행동을 이야기하자면 끝이 없겠지만, 하나만 더 이야기하는 것으로 그치겠다.

하루는 이 두 사람이 낚시질을 갔는데, 그 날은 이상하게도 고기가 물리지 않았다. 안토니우스는 고기를 못 낚자 체면이 안 선 나머지 한 가지 꾀를 생각해 냈다. 어부를 시켜서 물 속에 들어가 이미 잡은 생선을 낚시에 걸게 했던 것이다. 이집트의 요염한 여왕은 이것을 눈치 채고 말았다. 그러나 클레오파트라는 모르는 척하며 안토니우스의 재주를 몹시 칭찬해 주었다.

그런데 다음날이 되자 클레오파트라는 더 많은 사람들에게 그의 솜씨를 자랑하고 싶다면서 친구들과 신하들을 모두 불러들였다. 이렇게 해서 많은 사람들이 함께 배를 타고 나갔다. 안토니우스는 낚싯대를 던졌다. 그런데 클레오파트라는 미리 시종 한 사람을 시켜 그의 낚싯바늘에 폰토스 청어를 끼우게 했다. 안토니우스가 낚싯대를 끌어올리자 구경꾼들은 소금에 절어 있는 물고기를 보고 모두 폭소를 터뜨렸다. 그때 클레오파트라가 말했다.

"그 낚싯대는 파로스[13]와 카노보스[14]의 낚시꾼들에게 주세요. 장군께서 낚으실 것은 여러 도시와 왕국과 대륙이니까요."

안토니우스가 이런 장난으로 세월을 보내고 있을 때 두 가지 놀라운 소식이 날아들었다. 하나는 로마에서 온 것으로, 그의 동생 루키우스와 아내 풀비아가 서로 다투다가 나중에는 소 카이사르와 싸우기 위해 손을 잡았지만 결국 패배하여 이탈리아에서 쫓겨나게 되었다는 소식이었다. 그리고 또 하나는, 파르티아 군대의 우두머리 라비에누스가 대군을 이끌고 들어와 유프라테스 강에서부터 시리아, 리디아, 이오니아에 이르는 아시아 땅을 모두 정복했다는 것이었다.

이 보고를 받은 안토니우스는 파르티아 군대를 정복하기 위해 페니키아로 진군했다. 그러나 아내 풀비아가 로마로 돌아오라는 애원의 편지를 잇따라 보내왔다. 안토니우스는 곧 2백 척의 배와 함께 방향을 돌려 이탈리아로 갈 수밖에 없었다. 그런데 그는 이탈리아로 가는 도중 로마에서 탈출해온 친구들 몇몇을 만나게 되었다. 안토니우스는 그들로부터 로마에서 벌어진 전쟁이 모두 풀비아 때문에 벌어졌다는 사실을 알게 되었다.

---

13) 알렉산드리아 시의 변두리에 있던 섬.
14) 알렉산드리아 동쪽의 나일 강 입구에 있던 도시.

풀비아는 원래 성질이 드센 여자였다. 그녀는 로마에서 소란을 일으키면 안토니우스가 클레오파트라를 버리고 돌아올 것이라고 생각했던 것이다. 그러나 풀비아는 안토니우스를 만나기 위해 배를 타고 오다가 그만 병에 걸려서 시키온에서 죽고 말았다. 이렇게 되자 안토니우스와 소 카이사르는 좀 더 쉽게 화해를 할 수 있었다. 왜냐하면 로마에 도착한 안토니우스가 소 카이사르에게 내란의 책임을 묻지 않고 자신의 아내에게 돌렸으며, 서로 이 일에 대한 이야기를 꺼내지 않고 곧바로 영토와 통치권에 대한 문제를 의논했기 때문이었다. 결국 그들은 이오니아 바다를 경계로 삼아 동쪽은 안토니우스가, 서쪽은 소 카이사르가, 그리고 아프리카는 레피두스가 차지하기로 결정했다. 그리고 이 세 사람이 스스로 집정관이 되기를 원하지 않는다면 그들의 친구들을 교대로 집정관에 추대하기로 약속했다.

이 결정에 대해서는 서로 충분한 인정을 해주었지만 좀 더 확실한 약속이 필요했다. 그런데 때마침 그들에게 좋은 기회가 다가왔다.

소 카이사르에게는 비록 배다른 형제이기는 하지만 옥타비아라는 손윗 누이가 하나 있었다. 다시 말하면, 이 누이는 안카리아의 딸이다. 소 카이사르는 그보다 나중에 아티아에게서 태어났던 것이다. 소 카이사르는 이복 누이인 옥타비아를 무척 사랑하고 있었다. 전하는 기록에 의하면, 그녀는 놀랄 만큼 아름다운 여자였다고 한다. 옥타비아는 카이우스 마르켈루스와 결혼을 했지만 남편이 죽어 과부가 되어 있었다.

안토니우스도 풀비아를 잃고 홀아비가 되어 있었다. 물론 그의 가슴속에는 여전히 클레오파트라에 대한 사랑이 불타고 있었지만, 그녀를 정식 아내로 맞이할 생각은 없었다. 그래서 사람들은 안토니우스와 옥타비아의 결혼을 권유하였다. 옥타비아는 얼굴도 아름다웠지만 인격과 지혜도 높았다. 만약 안토니우스와 결혼을 한다면 소 카이사르와 안토니우스 사이는 더욱 튼튼해질 것이라고 생각했던 것이었다.

마침내 두 사람은 결혼식을 위해 로마로 왔다. 원래 로마에서는 남편이 죽은 지 열 달이 되기 전에는 어떤 여자도 결혼을 할 수 없게 되어 있었다. 그러나 원로원에서는 특별히 옥타비아에게만은 이 법을 적용하지 않았다.

이 무렵 섹스투스 폼페이우스[15]는 여전히 시칠리아를 점령하고 있었다. 그러면서 한편으로는 해적 메나스와 메네크라테스를 시켜 이탈리아의 본토와 해안지방을

---

15) 폼페이우스의 둘째 아들.

마구 짓밟고 있었다. 따라서 배들은 그 근처의 바다를 마음놓고 나다닐 수가 없었다. 그러나 섹스투스는 안토니우스만은 친절히 대해 주었으며, 그의 어머니가 풀비아와 함께 시칠리아로 도망갈 때도 잘 보호해 주었다. 그래서 안토니우스는 카이사르에게 섹스투스와 사이좋게 지내는 것이 어떻겠느냐고 제안을 했다.

이렇게 해서 세 사람은 회의를 하였다. 그때 폼페이우스의 함대는 가까운 바다에 머무르고 있었고, 안토니우스와 소 카이사르의 군대는 해안지방에 있었다. 여기서 폼페이우스는 사르디니아와 시칠리아를 통치하고, 그대신 바다에서 해적들을 몰아내고 해마다 얼마씩의 곡식을 보내기로 했다.

회의는 순조롭게 끝났다. 세 사람은 서로 돌려가며 잔치를 마련하기로 했다. 제비뽑기를 해서 폼페이우스가 가장 먼저 하기로 결정되었다. 안토니우스는 어디서 잔치를 열 것이냐고 물었다. 폼페이우스는 여섯 층의 노를 가진 커다란 배를 가리키면서 말했다.

"저기요. 제가 아버님으로부터 물려받은 집이라고는 저것밖에 없거든요."

그의 아버지 폼페이우스가 살던 집은 안토니우스가 차지했기 때문에 그것을 빗대어 한 말이었다. 그는 배를 튼튼하게 동여매고는 곧바로 배까지 이를 수 있게 구름다리를 놓아 손님들을 정중히 맞았다. 그런데 잔치가 무르익을 무렵 해적 메나스가 폼페이우스에게 슬그머니 다가와서 속삭였다.

"이 배의 닻줄만 끊어 버리면 장군님은 시칠리아와 사르디니아는 물론 로마 전체를 차지하실 수도 있습니다. 어떻습니까?"

폼페이우스는 잠시 생각에 잠기더니 이렇게 대답했다.

"메나스! 나한테 얘기하지 말았더라면 좋았을 걸 그랬소. 그러나 이미 얘기를 들은 이상 허락을 할 수는 없소. 남을 속이는 일은 도저히 못하겠소."

그 뒤 폼페이우스는 카이사르와 안토니우스로부터 차례로 초대를 받은 다음 시칠리아로 돌아갔다.

이 협정이 맺어진 뒤 안토니우스는 파르티아의 진출을 막기 위해 벤티디우스를 아시아로 보냈다. 그리고 자신은 소 카이사르를 기쁘게 해주기 위해 대 카이사르를 모시는 제관이 되었다. 이처럼 두 사람은 나라의 일을 잘 이끌어나갔다. 그러나 개인적으로 무슨 놀이를 할 때는 언제나 카이사르가 이겼다. 안토니우스는 이것을 몹시 꺼림칙하게 생각했다.

그 무렵 안토니우스의 집에는 이집트에서 온 점쟁이 하나가 묵고 있었다. 그 점쟁이는 사람이 태어난 시간과 별의 위치를 따져서 점을 치는 놀라운 재주를 가지고 있었다. 그런데 이 사람이 클레오파트라에게 잘 보이려고 그랬는지, 아니면 점괘가 그렇게 나왔는지 안토니우스에게 이렇게 말했다.

"장군님을 지키는 별은 무척 찬란하고 아름답지만 카이사르의 별 때문에 빛을 잃고 있습니다. 그러니 될 수 있으면 그와 멀리 떨어져 계십시오. 말하자면 장군님의 수호신이 카이사르의 수호신을 두려워하고 있는 겁니다. 그래서 멀리 떨어져 있으면 힘이 나고 용감해지지만, 가까이 가면 기가 꺾이고 약해지는 겁니다."

사실 그 뒤에 일어난 모든 일은 이 이집트인의 말대로 진행되었다. 무슨 일로 제비를 뽑거나 주사위 놀이를 할 때도 언제나 안토니우스는 카이사르에게 지고 말았다. 또 수탉이나 메추리에게 싸움을 붙여도 항상 카이사르 편이 이기곤 했다. 그러자 안토니우스는 그 이집트인의 말을 믿을 수밖에 없었다. 그래서 이탈리아의 일은 카이사르에게 모두 맡기고, 자신은 딸아이를 갓 낳은 옥타비아를 데리고 그리스로 갔다.

안토니우스가 아테네에서 겨울을 지내는 동안 아시아로 보낸 벤티디우스는 파르티아 군대와 싸워 라비에누스와 파르나파테스를 죽이고 큰 승리를 거두었다. 파르나파테스는 파르티아의 왕인 히로데스의 장군들 중에서도 가장 뛰어난 사람이었다. 이 소식을 전해들은 안토니우스는 온 그리스에 잔치를 베풀어 승리를 축하하고 아테네에서 열린 운동제의 대회장이 되었다. 이때 그는 장군의 지위를 나타내는 장식과 휘장들을 모두 집에다 두고, 운동제의 대회장답게 흰 옷과 흰 신발에 지휘봉을 들고 나타났다. 또한 선수들이 심하게 맞붙으면 몸소 덜미를 잡아 서로 갈라놓는 등 대회장의 역할을 충실히 하였다.

그리고 전쟁터를 향해 떠날 시간이 되자 신성한 올리브 나무 가지로 화관을 만들어 쓰고, 신탁에 따라 신성한 클렙시드라 샘물[16]을 병에 담아가지고 떠났다.

그때 파르티아의 파코로스 왕자가 대군을 이끌고 시리아로 침입해 들어왔다. 그러나 벤티디우스가 이들을 맞아 키레스티카에서 싸움을 벌이고 그들을 무찔러 버렸다. 여기서 파르티아 군의 많은 병사들이 죽임을 당했으며, 파코로스도 전사하고 말

---

16) 아테네의 아크로폴리스에 있는 샘. 물시계라는 뜻이다. 계절풍이 불 때만 샘이 솟고, 다른 때는 말라 있었기 때문에 생긴 이름이다.

았다. 옛날에 크라수스 장군의 부대가 이들에게 여러 번 참패를 당했으므로 이 승리는 로마 군에게 큰 기쁨이 아닐 수 없었다. 그리고 파르티아 군은 세 번이나 연거푸 패배를 당하고 메디아와 메소포타미아 지방에 갇히게 되었다.

벤티디우스는 도망간 파르티아 군의 병사들을 더 추격하려고 하지 않았다. 너무 큰 공을 여러 번 세우면 안토니우스의 질투를 사게 될까봐 두려웠던 것이다. 그래서 그는 반란이 일어난 곳을 찾아다니며 그곳을 진압하는 것으로 자신의 할 일을 그쳤다. 예를 들어, 콤마게네[17]에서 안티오코스 왕을 사모사타 시에 가두었을 때, 왕은 천 탈렌트의 돈을 안토니우스에게 바치고 충성을 맹세하겠다며 휴전을 제의해 왔지만, 그는 안토니우스에게 직접 사절을 보내 휴전을 제안하라고 대답했다. 왜냐하면 안토니우스는 벤티디우스에게 사람을 보내, 자기가 그곳에 도착하기 전까지는 절대로 휴전을 허락하지 말라고 미리 알려왔기 때문이었다. 안토니우스는 더 이상 자신의 공적이 부하 장군들 덕택에 거두어진 것이라는 말을 듣고 싶지 않았던 것이다.

안티오코스는 자신들의 제안이 받아들여지지 않자 필사적으로 저항을 했다. 그래서 안토니우스는 아무런 성과도 거두지 못했다. 그제야 그는 자신이 한 일을 후회하고, 겨우 3백 탈렌트의 배상금으로 안티오코스와 휴전을 하였다.

안토니우스는 그 밖에 사소한 일 몇 가지를 처리한 다음 군대를 거두어 아테네로 돌아왔다. 그리고 벤티디우스에게 몇 가지 명예를 내리고, 로마로 보내 개선식을 올리도록 했다. 지금까지 파르티아의 군대와 싸움을 벌여 승리를 거둔 사람은 오직 벤티디우스뿐이었다. 그는 원래 비천한 가문에서 태어났지만 안토니우스를 알게 되면서 자신의 재능을 드러낼 기회를 얻게 되어 큰 공을 세울 수 있었다. 그리고 그가 세운 공적들은 안토니우스의 명예를 빛내는 데도 큰 보탬이 되어 주었다.

사실 따져보면 안토니우스와 카이사르에게는 자기 스스로 세운 것보다 부하 장군들이 세워 준 공이 훨씬 더 많았다. 소시우스[18]는 시리아에서 큰 승리를 거두었으며, 안토니우스가 아르메니아에 두고 온 카니디우스[19]는 멀리 알바니아와 이베리아의 군대까지 격파하고 카프카스 산맥까지 진출하였다. 결국 부하들이 이룬 이러한 승리

---

17) 킬리키아, 카파도키아와 이웃에 있는 나라. 유프라테스 강기슭에 있는 사모사타가 수도이다.

18) 시리아와 킬리키아 속주의 총독.

19) 안토니우스의 부하 장군으로 그가 가장 신임하는 부하였다.

때문에 안토니우스는 야만족의 나라에까지 자신의 이름을 떨칠 수 있었던 것이다.

그런데 안토니우스는 자신에 대한 나쁜 소문을 듣고 다시 카이사르를 미워하게 되었다. 몹시 분노한 그는 카이사르를 공격하기 위해 3백 척의 전함을 이끌고 이탈리아로 갔다. 그러나 브룬디시움에 도착하자 그곳 시민들이 안토니우스를 항구에 들어오지 못하게 막았다. 그는 할 수 없이 배를 돌려 타렌툼에 닻을 내렸다. 그런데 그리스에서부터 따라왔던 아내 옥타비아는 이곳에 도착하자 남편의 허락을 얻어 카이사르를 찾아갔다. 이 두 사람을 어떻게든 화해시켜 보려고 했던 것이다.

그때 옥타비아는 안토니우스와의 사이에서 두 번째 딸을 보고, 다시 임신을 하여 몸이 무거운 때였다. 옥타비아는 로마로 가는 도중에 군대를 이끌고 오는 카이사르를 만났다. 옥타비아는 먼저 카이사르의 두 부하 장군인 아그리파와 마이케나스를 조용히 불러, 지금까지 가장 행복하게 지내온 자신을 가장 불행한 여자로 만들지 말아 달라고 애원했다. 그리고 자신은 지금 위대한 한 장군의 아내이며 또 다른 위대한 장군의 누이로서 세상 사람들의 부러움을 받고 있다고 했다.

"만일 두 분이 성급하게 전쟁을 일으킨다면, 둘 중 누가 이기고 질지는 아무도 모릅니다. 그러나 결과야 어떻든 나는 세상에서 가장 불행한 여자가 되리라는 건 분명합니다."

이 말을 듣고 마음을 바꾼 카이사르는 곧 안토니우스와 화해를 하기 위해 타렌툼으로 갔다. 육지에는 수많은 군사가 정렬해 있었고, 바닷가에는 많은 배들이 닻을 내리고 있었다. 이런 광경 속에서 위대한 두 장군이 만나 서로 인사를 나누고 친구처럼 정답게 이야기를 나누는 모습은 참으로 아름답고 보기좋은 광경이었다.

안토니우스는 먼저 잔치를 열어 카이사르를 초대했다. 카이사르도 누님을 위해서 초대를 고맙게 받아들이고 잔치에 참석했다. 이렇게 해서 두 사람 사이에는 하나의 협정이 이루어졌다. 카이사르는 안토니우스에게 파르티아 정벌을 위한 군대 2개 군단을 주고, 그 대신 안토니우스는 카이사르에게 백 척의 전함을 주기로 했다. 그리고 옥타비아는 이것 외에 남편으로부터 빠르고 가벼운 배 2백 척을 얻어 동생에게 주고, 동생으로부터 천 명의 군대를 받아 남편에게 넘겨 주었다.

그 뒤 카이사르는 시칠리아를 정복하기 위해 떠났다. 그리고 안토니우스는 옥타비아와 두 딸, 죽은 아내 풀비아에게서 난 아이들을 카이사르에게 맡기고, 멀고 먼 아시아 원정길에 올랐다.

그런데 시리아가 점점 가까워 오자 안토니우스의 마음속에 오랫동안 자리잡고 있던 클레오파트라에 대한 사랑의 불씨가 다시금 되살아나기 시작했다. 사람의 마음이란 걷잡을 수 없는 사나운 짐승과 같다고 했던 플라톤의 말처럼, 그의 마음속에 자리잡고 있던 올바른 정신과 이성은 사라져 버리고 어느새 클레오파트라에 대한 사랑만이 날뛰고 있었다.

견디다 못한 안토니우스는 폰테이우스 카피토를 시켜 클레오파트라를 시리아로 불러들였다. 클레오파트라는 시리아로 왔다. 그러자 안토니우스는 페니키아, 코일레시리아, 키프로스, 킬리키아 땅의 대부분과 유다 나라의 유향[20]이 나는 지방과 큰 바다에 이르는 광활한 아라비아 땅을 모두 그녀에게 선물로 주었다.

로마 사람들은 안토니우스가 클레오파트라에게 아낌없이 선뜻 내주어 버린 이 선물을 보고 모두들 눈살을 찌푸렸다. 클레오파트라에게 이런 특별 대우를 한 것은 로마 사람들의 수치심을 자극했기 때문이었다. 더구나 안토니우스는 클레오파트라에게서 낳은 쌍둥이를 정식 자식으로 인정하고, 하나는 알렉산드로스, 하나는 클레오파트라라고 이름짓고, 각각 해와 달이라고 불렀다. 이것을 본 로마 사람들의 분노는 더욱 커져갔다.

그러나 안토니우스에게는 이처럼 부끄러운 일도 아름답게 채색해 버리는 남다른 재주가 있었다. 그는 이 일에 대해서도, 로마의 위대함은 남의 것을 빼앗는 데만 있는 것이 아니라 남에게 주는 데도 있다고 말했다. 그리고 아이들을 많이 낳아 여러 나라에 왕의 혈통을 만드는 것은 로마의 고귀한 혈통을 넓히는 것이라고 말했다. 그는 또, 당시 솔론의 법이 이것을 금지하고 있었지만, 헤라클레스는 자연의 이치를 받아들이는 것을 두려워하지 않고 많은 여자들과 관계를 맺은 결과 여러 가문의 조상이 되었다고 덧붙였다.

한편 파르티아의 프라테스 왕자가 자신의 아버지 히로데스 왕을 죽이고 나라를 빼앗자 많은 파르티아 인들은 다른 나라로 망명을 했다. 그 가운데 한 사람이었던 모나이세스는 안토니우스를 찾아와 보호를 요청했다. 그때 안토니우스는 모나이세스를 테미스토클레스와 비교하면서, 자신의 부유함과 권력은 당시의 페르시아 왕과 같은 것이라고 말했다. 그리고는 라리사, 아레투사, 밤비케라고 불리던 히에라폴리

---

20) 유향나무에서 나오는 진물로, 이것을 건조시켜 약재나 향료, 방부제 등으로 사용했다.

스 등 세 도시를 모나이세스에게 주고 그를 극진히 대우해 주었다.

그런데 얼마 뒤 파르티아의 왕이 모나이세스를 용서할 테니 돌려보내라고 요청해 왔다. 안토니우스는 그 요청을 선뜻 받아들였다. 그러나 프라테스를 안심시킨 뒤 그를 급습할 계획을 품고 있었다. 왜냐하면 크라수스가 예전에 파르티아 군에게 졌을 때 빼앗겼던 군대의 깃발과 그때 끌려갔던 병사들 중 살아있는 포로들을 되찾고 싶었던 것이다.

안토니우스는 클레오파트라를 이집트로 돌려보냈다. 그리고 자신은 아라비아와 아르메니아를 지나 진군을 계속했다. 그리고 전 군대가 한 곳에 모이자, 자신의 군대와 여러 동맹국 왕들의 군대를 정렬시켰다. 동맹국 왕들이 보낸 군대는 그 숫자가 대단했는데, 그 중에서도 가장 강력했던 것은 아르메니아의 왕 아르타바스데스로 기병 6천 명과 보병 7천 명을 거느리고 있었다. 그리고 로마 군은 6만 명의 보병과 만 명의 기병이 있었고 스페인과 갈리아, 그 밖의 여러 병사들을 합쳐 3만 명의 대군이 정렬해 있었다.

이렇게 막대한 숫자의 군대는 아시아 전체를 공포의 도가니로 몰아넣었다. 그러나 이처럼 엄청난 군사도 클레오파트라 때문에 결국 아무 힘도 쓰지 못했다. 그 해의 겨울을 클레오파트라와 함께 지내고 싶다는 생각 때문에 전쟁을 서둘렀던 것이다. 그는 마치 요술에 걸린 사람처럼 클레오파트라에 대한 그리움 때문에 자제력을 잃고 말았다. 그래서 그는 전쟁에서 이겨야 한다는 생각보다는 어서 클레오파트라에게 돌아가야 한다는 생각밖에 없었다.

무엇보다 큰 잘못은, 장병들에게 충분한 휴식을 제공하지 않은 것이다. 어느 때 같으면 안토니우스도 8천 펄롱(1600km)이나 되는 먼 길을 행군해 오느라고 지칠대로 지쳐 있는 병사들을 겨울 동안 아르메니아에서 쉬게 했을 것이다. 그리고 충분히 피로를 풀고 나서 이른 봄쯤 파르티아 군대가 움직이기 전에 그들을 공격하여 메디아를 점령하는 작전을 선택했을 것이다. 그러나 안토니우스는 그때까지 기다리고 있을 수가 없었다. 그는 곧장 군대를 이끌고 달려나가 아르메니아를 버려둔 채, 메디아의 아트로파테네 지방으로 쳐들어가 재물을 약탈하기 시작했다.

두 번째 잘못은, 안토니우스가 조급한 마음에 공성기계를 남겨두고 떠났다는 것이다. 안토니우스는 원래 도시를 공격하는 데 꼭 필요한 공성기계를 3백 대의 수레에 싣고 다녔다. 그 중에는 길이가 80피트(24m)나 되는 거대한 것도 있었다. 만일 이

기계들 중에 하나를 잃어버리거나 조금이라도 고장이 났을 때는 아시아의 내륙 지방에서는 그렇게 크고 단단한 나무도 없는 데다가, 수리를 하거나 새로 만드는 일도 불가능했으므로 아무 쓸모 없는 짐이 될 수도 있었다. 그러므로 시간을 다투고 있던 안토니우스는 오히려 방해가 된다면서 스타티아누스가 지휘하는 부대에 이 기계들을 남기고 떠났다.

안토니우스는 메디아 왕이 아내와 자식들을 남겨둔 프라타라는 큰 도시를 포위했다. 그러나 이 도시는 좀처럼 무너질 것 같지가 않았다. 그제야 안토니우스는 공성기계를 남겨두고 온 일이 후회되었다. 할 수 없이 엄청난 시간과 노력을 들여 성벽 주위에 둑을 쌓기 시작했지만, 그러는 동안 시간만 흘러가고 있었다. 프라테스 왕은 안토니우스가 공성기계를 두고 왔다는 사실들을 알고, 기계를 지키고 있던 스타티아누스의 부대를 습격하여 만 명의 병사들을 죽이고 기계를 불살라 버렸다. 그리고 그 밖에도 폴레몬 왕[21]을 비롯하여 많은 포로들을 사로잡았다.

이처럼 큰 피해를 입자 안토니우스 군의 사기는 땅에 떨어지고 말았다. 그러자 아르메니아의 아르타바스데스 왕은 로마 군이 전쟁에서 도저히 이기지 못할 것이라고 판단했다. 그래서 그는 자기 때문에 시작된 것이나 다름없는 이 전쟁을 포기하고 군대를 철수시켜 버렸다. 이렇게 되자 파르티아 병사들은 자신들을 포위하고 있는 로마 군 앞에 버젓이 나타나 그들을 비웃어 주었다. 안토니우스는 병사들의 절망과 두려움이 커질 것이라고 생각하고, 새로운 작전을 세웠다. 10개 군단의 보병과 3개 연대의 중무장부대, 그리고 기병부대 전부를 거느리고 나가 그 근처 지방을 마음대로 약탈하려는 것이 그 계획이었다. 이렇게 해서 화가 난 적을 성에서 끌어내어 싸움을 벌일 기회를 만들자는 것이었다.

안토니우스는 이 작전을 위해 군대를 이동시켰다. 그러자 곧장 파르티아의 군대가 뒤쫓아와 사방에서 공격할 기회를 엿보았다. 이것을 눈치 챈 안토니우스는 전투를 알리는 깃발과 함께 천막을 거두라는 명령을 내렸다. 다른 곳으로 이동할 것처럼 보여 적을 속이자는 것이었다.

그러나 한편으로는 적이 보병군단과 가까워지면 돌격하라고 기병부대에게 미리 일러두었다. 그리고 자신은 중무장부대를 이끌고 진을 치고 있는 적을 향해 나아갔

---

21) 폰토스의 왕.

다. 파르티아 군은 일정한 간격을 맞추어 질서있게 지나가는 로마 군의 모습을 바로 눈앞에서 보고는 이들의 당당한 모습에 놀라지 않을 수 없었다. 그런데 그때 전투 시작을 알리는 깃발이 올라가면서 동시에 기병대가 달려나오기 시작했다.

파르티아 군은 적과의 거리가 너무 가까워서 제대로 화살을 쏠 수가 없었다. 그러나 물러서지 않고 용감히 싸웠다. 이때 안토니우스가 거느린 부대가 한꺼번에 들이닥쳤다. 그러자 파르티아 군은 이리저리 도망을 가기 시작했다. 안토니우스는 이 한 번의 싸움으로 전쟁을 매듭짓기 위해 서둘러 적을 뒤쫓았다. 그러나 결과는 그다지 만족스럽지 못했다. 보병대가 50펄롱(10km), 기병대는 그 세 갑절이나 추격을 계속했지만 포로는 겨우 3백 명뿐이었고, 적이 버리고 간 시체는 80구에 지나지 않았다. 전투에서는 승리를 거두었지만 남은 것은 겨우 그것뿐이었다.

다음날 안토니우스는 천막을 거두고 본부가 있는 프라타 시로 발길을 돌렸다. 그런데 도중에 적을 만나게 되었다. 처음에는 숫자가 별로 많지 않더니 조금씩 모여들어 나중에는 큰 군대와 맞서게 되었다. 적들은 새로 솟아나오는 것처럼 사방에서 쏟아져 나와 안토니우스의 군대를 공격했다. 이렇게 로마 군은 온갖 어려움을 다 겪고서야 겨우 본부가 있는 곳에 다다를 수 있었다. 그러나 둑을 쌓던 병사들은 모두 달아나 버리고 말았다. 이것을 보고 몹시 화가 난 안토니우스는 '열 명 중 한 명 처형'이라는 군법을 쓰기로 했다. 즉 병사 열 사람을 한 반으로 하고, 각 반에서 제비를 뽑아 한 명씩을 사형시키는 것이었다. 또 남은 병사들에게 식량으로 밀 대신 보리를 주기로 했다.

이 전쟁은 양 편 모두에게 큰 고통을 주었다. 안토니우스의 마음은 더욱 어두워졌다. 전쟁이 오랫동안 계속된다면 식량이 떨어져 굶주림이 찾아올 것이고, 약탈을 해서 식량을 얻으려면 많은 부하들이 다치는 것을 각오해야 했기 때문이었다.

한편 프라테스도 나름대로 고민에 빠져 있었다. 로마 군이 포위를 풀지 않는다면 겨울철에 야영을 하며 전쟁을 계속해야 하기 때문에 병사들이 모두 달아날 것이 틀림없었다. 그래서 프라테스는 날씨가 점점 쌀쌀해지자 내내 불안에 휩싸여 한숨만 쉬고 있었다. 그러다가 그는 작전을 세웠다. 그는 부하 장병들 중에서 로마 병사들 사이에서 웬만큼 얼굴이 알려져 있는 자들을 골랐다. 그리고는 로마 병사들이 약탈을 하러 나오거나 공격을 하더라도 그냥 내버려 두라고 했다. 또 로마 군대는 세상에서 가장 용감하다고 칭찬을 하고, 파르티아의 왕도 감탄을 하더라고 말하게 했다.

그들은 로마 군대 옆으로 다가가서 안토니우스를 비난하기 시작했다. 프라테스 왕은 용감한 로마 군대를 칭찬하면서 어떻게 해서든 휴전을 맺고 평화롭게 지내기를 바라지만, 안토니우스는 받아들일 생각도 하지 않은 채 고집만 부린다고 말했다. 게다가 인간에게 가장 무서운 적인 굶주림과 추위를 기다리고 있으니, 만일 이 무서운 적이 한꺼번에 밀어닥친다면 살아날 희망이 없다고 얘기했다.

안토니우스는 이런 보고를 듣고 무척 반갑게 생각했다. 그러나 곧장 프라테스 왕에게 사람을 보내지는 않고, 먼저 파르티아 병사에게 왕이 정말 휴전을 바라고 있는지를 물어보았다. 그들은 왕은 진심으로 휴전을 원하고 있으며 조금도 의심할 필요가 없다고 대답했다. 그러나 안토니우스는 곧 사람을 보내어 로마 군의 깃발과 포로를 돌려 달라고 요구했다. 자신들이 철수하고 싶어한다는 것을 보이고 싶지 않았던 것이다. 프라테스 왕은 요구 조건을 다 받아들이겠다면서, 당장 철수한다면 평화와 안전을 지켜 주겠다고 약속했다.

며칠 후 안토니우스는 철수 준비를 명령했다. 그는 원래 군중이나 병사들 앞에 나서면 그 시대의 어느 누구에게도 뒤지지 않을 만큼 힘차고 열띤 웅변을 토할 수 있었다. 그러나 그때는 자신의 행동이 너무나 부끄러운 나머지 병사들 앞에 나서지 않고 모든 일을 도미티우스 아이노바르부스에게 맡겼다. 병사들 중에는 이러한 안토니우스의 행동을 보고 자신들을 무시하는 것이라며 흥분하는 사람들도 있었다. 그러나 대부분은 안토니우스의 마음을 짐작하고 오히려 그의 깊은 뜻에 감격했으며, 그처럼 훌륭한 장군에게 새로운 존경과 복종을 다짐하였다.

안토니우스는 올 때 거쳐왔던 길을 통해 돌아가기로 했다. 이 길은 나무 한 그루 없는 평원이었다. 그런데 파르티아 사람들의 성격을 잘 알고 있는 마르디 사람[22] 하나가 안토니우스를 찾아와 말했다.

"오른쪽에 있는 산을 따라서 행군하십시오. 중무장부대를 데리고 넓은 벌판으로 나갔다가는 적의 기병대와 궁수들에게 죽임을 당하고 맙니다. 프라테스가 평화니 뭐니 한 것은 다 포위를 풀게 하려는 속셈이지, 사실은 돌아가는 길을 기다리고 있다가 습격할 생각을 가지고 있습니다. 저한테 이 일을 맡겨 주신다면 길을 안내해 드리겠습니다. 게다가 그 길은 물자도 넉넉히 준비되어 있습니다."

안토니우스는 고민을 했다. 그러나 프라테스와 이미 휴전을 약속하고서 이제 와

---

22) 카피스 남동쪽에 살고 있던 종족으로, 성질이 매우 포악했다고 한다.

서 의심한다는 것은 아무래도 꺼림칙한 일이었다. 더구나 길도 가깝고 사람도 많이 사는 곳을 택해 행군하는 것이 현명한 일이었다. 안토니우스는 그 말을 어떻게 증명할 수 있느냐고 물었다. 그러자 그는 아르메니아까지 안내하고 갈 동안 자기를 사슬에 묶어 앞장세우라고 했다.

안토니우스는 그의 말대로 행군을 시작했다. 그들은 이틀 동안 한 번도 적군을 만나지 않았다. 사흘째가 되자 적에 대한 생각은 완전히 잊어버리게 되었다. 병사들도 마음이 풀어져 있었다. 그런데 강둑이 터져 그들의 앞길은 물바다가 되었다. 이것을 본 마르디 사람은 파르티아 사람들의 짓이 틀림없다며 가까운 곳에 군대가 숨어 있을 테니 조심하라고 했다.

안토니우스는 그제야 흐트러져 있던 대열을 정리하기 시작했다. 창 던지는 부대와 돌 던지는 부대를 공격하기 좋은 간격으로 배치해 놓았다. 바로 그때 파르티아 군대가 튀어나와 로마 군을 포위하며 달려들었다. 가볍게 무장하고 있던 로마의 경무장부대가 이들을 맞아 일제히 공격을 개시했지만 쏟아지는 적의 화살 때문에 큰 어려움을 겪어야만 했다. 그러나 로마 군의 반격으로 적은 잠시 물러났다. 그러다가 조금 있다가 다시 공격을 해왔다. 그러나 이번에는 로마 군의 기병부대가 한꺼번에 습격을 감행하여 적군을 막을 수 있었다. 이렇게 물러난 적은 그 날은 다시 공격을 하지 않았다.

안토니우스는 파르티아 군의 공격을 막아내기 위해 군대를 다시 배치했다. 군대의 뒷부분뿐만 아니라 좌우 양쪽에도 창과 돌 던지는 부대를 배치하고 행군을 계속했다. 그리고 기병부대에게는, 적이 오면 격퇴시키기만 하고 추격은 하지 말라고 지시했다. 그 뒤 나흘 동안 파르티아 군이 습격을 해왔지만 그들은 오히려 더 심한 피해를 입고 물러났다.

드디어 행군 닷새째가 되었다. 로마 군의 장군들 중에 플라비우스 갈루스라는 사람이 있었는데, 그는 싸움에 용감했고 공적도 많이 세운 사람이었다. 그는 안토니우스의 뒤에 있는 보병과 맨 앞에 있는 기병을 자기에게 주면 그들을 이끌고 나가 큰 공을 세워보겠다고 말했다. 안토니우스는 허락을 했다. 그는 적이 습격을 해오자 군대를 이끌고 나가 반격을 시작했다. 그러나 여느 때처럼 적을 쫓으면서 동시에 중무장부대가 있는 곳으로 물러나는 방법을 쓰지 않고 그곳에 계속 머무르면서 본격적인 전투를 벌였다.

뒤쪽 부대를 지휘하고 있던 장군들은 그가 너무 멀리 떨어져서 싸우는 것을 보고, 전령을 보내 그만두고 따라오라고 전했다. 갈루스는 들은 체도 하지 않았다. 그러자 군대의 재정을 맡고 있던 티티우스가 병사들을 공연히 죽음으로 몰아넣지 말라고 갈루스를 꾸짖었다. 갈루스는 오히려 그를 나무라면서, 절대로 물러서지 말고 끝까지 싸우라고 소리쳤다. 이것을 본 티티우스는 할 수 없이 되돌아오고 말았다.

그런데 갈루스가 적의 앞부분을 공격하고 있을 때였다. 갑자기 뒤에서 적이 나타나더니 순식간에 그들을 포위해 버렸다. 그는 도움을 요청하러 사람을 보냈다. 그런데 안토니우스의 사랑을 가장 많이 받고 있던 카니디우스 장군은 아주 큰 실수를 저지르고 말았다. 중무장부대를 모두 그쪽으로 돌려 적을 몰아붙쳤어야 하는데 병사들을 조금씩 내보냈던 것이다. 그리고 병사들이 모두 쓰러지면 또 조금씩 내보내곤 했다. 이렇게 해서 로마 군은 거의 무너지고 있었다.

만약 그때 안토니우스가 직접 중무장부대를 이끌고 달려오지 않았더라면 큰 불행을 겪었을지도 모른다. 그러나 다행히 그는 제3군단의 방향을 돌렸다. 그리고는 쫓기고 있는 우군 속을 헤치고 들어가서 적들을 막아냈다. 여기서 로마 군은 무려 3천 명의 전사자와 5천여 명의 부상자를 냈다. 그 속에는 갈루스 장군도 끼어 있었는데, 그에게는 정면에서 날아온 화살이 네 개나 꽂혀 있었다. 안토니우스는 부상자들의 천막을 하나하나 찾아다니면서 눈물을 흘리면서 위로를 했다. 여기에 감동한 부상자들은 오히려 안토니우스의 건강을 빌었다. 그리고 대장군님만 안전하다면 자신들은 더 바랄 것이 없다고 했다. 이처럼 용감하고 씩씩하고 강한 군대를 가진 장군은 그 시대에서 오직 안토니우스 한 사람뿐이었다. 그리고 장군을 존경하고 순종하며, 지위와 인격을 막론하고 모든 병사들이 하나같이 장군의 사랑과 칭찬을 받기 위해 노력하며, 그것을 자신의 목숨보다 더 귀중하게 생각한 부대는 오랜 로마의 역사 속에서도 찾아볼 수 없었다.

이처럼 안토니우스가 병사들의 헌신적인 사랑을 받게 된 데는 몇 가지 이유가 있었다. 그는 좋은 집안에서 태어났고, 훌륭한 웅변가였으며, 성격이 단순하면서도 너그러웠다. 그리고 그는 은혜와 상을 후하게 베풀었고, 누구나 마음놓고 이야기할 수 있도록 만드는 능력이 있었다. 특히 전시에는 부상자들을 찾아다니면서 진심에서 우러나온 위로를 해주었으며, 그들이 필요로 하는 물건은 하나도 아끼지 않고 해주었다. 그렇기 때문에 부상당한 사람들은 건강한 병사들보다 오히려 더 빨리 움직이고 한층 두터운 충성을 바쳤던 것이다.

승리를 거둔 적은 무척 들떠 있었다. 그들은 마치 엄청난 승리를 거둔 것처럼 로마 군을 깔보기 시작했다. 이제 곧 로마 군이 도망칠 것이라고 믿은 나머지 전리품을 챙기기 위해 로마 군의 진지 주위를 맴돌며 밤을 지냈다. 그리고 다음날 아침에는 새로운 군대까지 몰려와 만 명에 이르는 기병들이 모여 있었다. 그러자 왕은 완전한 승리를 다지기 위해 자신의 주위를 지키던 호위병까지 그곳으로 보냈다.

안토니우스는 일이 다급하게 벌어지는 것을 보고, 장병들의 용기를 북돋기 위해 연설을 하기로 했다. 그는 지금까지 잘 싸워온 병사들을 칭찬하고, 적에게 지고 달아났던 병사들을 심하게 꾸짖었다. 그러자 칭찬을 받은 병사들은 더 용감히 싸워 반드시 승리를 안기겠다고 맹세했고, 질책을 받은 부대는 눈물을 흘리며 용서를 빌었다.

안토니우스는 두 손을 높이 치켜들고 하늘의 신을 불렀다. 그리고는 지금까지 많은 은혜를 내려 주셨으니 이제 벌을 내리시려거든 자기 한 사람에게만 주시고 모든 병사들에게는 승리를 내려 달라고 기도했다.

다음날 사정은 완전히 뒤바뀌었다. 로마 군은 질서있게 진군을 시작했다. 그러나 파르티아 군은 전리품이나 거둘 생각으로 계속 몰려왔다. 용기를 되찾은 로마 군은 그들을 공격했다. 그러자 파르티아 군은 허겁지겁 도망을 쳤다. 그러나 어떤 산을 내려가고 있을 때, 적들이 로마 군을 향해 화살을 쏘아대기 시작했다. 로마 군의 중무장부대는 경무장부대 앞으로 달려나와 방패를 앞에 세웠다. 그리고 다음 줄의 병사들은 앞 줄의 병사들을 방패로 막아 주고, 그 다음 줄도, 또 그 다음 줄도 모두 그렇게 했다. 이 모양은 마치 군대 위에 지붕을 덮은 것처럼 보였는데, 적의 화살을 막아내는 데는 더할 수 없이 좋은 방법이었다.[23] 이렇게 해서 로마 군은 적의 화살을 모두 피할 수 있었다.

파르티아 군은 로마 병사들이 땅에 앉는 것을 보고 지쳐서 그러는 것인 줄로만 생각했다. 그래서 이제는 창을 움켜쥐고 사방에서 달려들었다. 로마 군은 기다렸다는 듯이 함성을 지르며 적을 향해 투창을 던지기 시작했다. 날마다 이런 전투를 되풀이했으므로 로마 군의 진군은 그만큼 늦어졌다. 게다가 식량까지 바닥나게 되자 병사들은 굶주림에 시달리기 시작했다. 식량을 얻기가 너무나 힘들었으며 그나마 위험한 싸움이 뒤따라야 했다. 뿐만 아니라 그들에게는 곡식을 갈아 빵을 만들 수 있는 기구

---

23) 로마 군대가 흔히 쓰던 전술로, 거북이 전술이라고도 한다. 성이나 도시를 공격할 때도 자주 사용되었다.

도 없었다. 짐을 나르던 말들이 많이 죽었고, 살아 남은 말은 다친 병사들을 운반하는 데도 모자랐기 때문에 대부분의 기구들은 도중에 버리고 왔던 것이다.

그러자 한 홉의 밀이 50드라크마에 팔리고, 보리 가루로 만든 빵 한 덩어리가 같은 무게만큼의 은과 맞바뀌었다. 또 병사들은 풀뿌리와 나무껍질까지도 닥치는 대로 먹기 시작했다. 그러나 먹을 수 없는 것을 잘못 먹어서 때로는 생명을 잃는 경우도 있었다. 또 기억력을 완전히 잃어버리거나 돌을 볼 때마다 이리저리 굴리면서 대단한 일을 한 것처럼 기뻐 날뛰는 자들도 많았다. 그들은 벌판에 엎드려 돌을 굴리다가 심한 구토를 일으키면서 죽어갔다. 포도주를 마시면 이 병을 고칠 수 있었지만 먹을 것도 없는 군대에 남아 있을 리 없었다. 그렇게 그들은 괴로움을 참으며 죽어갈 수밖에 없었다.

많은 병사들이 죽어가는 동안에도 파르티아 군은 끈질기게 습격해 왔다. 그러나 안토니우스는, "아! 일만 명이여!"라고 몇 번이나 소리쳤다고 한다. 이 말은 크세노폰이 이끈 그리스 군 일만 명이 바빌론에서 후퇴할 때, 이보다 더 먼 길을 더 많은 적을 물리치면서 무사히 뚫고 지나간 일을 생각하면서 외친 것이었다.[24]

한편 파르티아 군은 로마 군의 대열을 허물어뜨릴 수가 없었다. 그래서 병사들은 식량을 구하러 나온 로마 병사들을 붙들고 친절히 인사를 건네기도 하고 활시위를 벗긴 활을 내보이기도 했다. 이제 더 이상 싸우지 않고 고향으로 돌아가기로 했다는 것이다. 로마 군은 또다시 파르티아 인들의 말을 믿기 시작했다. 안토니우스는 마실 물도 구할 수 없는 산길 대신 평야를 선택하기로 결심했다.

그런데 로마 군이 한창 준비를 하고 있을 때, 적군으로부터 도망쳐 나온 사람 하나가 진영을 찾아왔다. 그는 안토니우스에게 후한 대접을 받았던 모나이세스의 조카뻘 되는 미트리다테스였다. 그는 진영에 도착하자마자 파르티아 말이나 시리아 말을 할 줄 아는 사람이 있으면 빨리 불러달라고 외쳤다. 안토니우스는 알렉산드로스를 그와 만나게 해주었다. 미트리다테스는 먼저 자기가 누구인지를 밝히고, 모나이세스가 로마 군을 도와주고 싶어한다는 말을 전했다. 그리고는 알렉산드로스에게 저 멀리 높은 산이 보이느냐고 물어보았다. 그리고 이렇게 말했다.

---

24) 크세노폰이 이끄는 그리스 군 1만 명이 바빌론에서 아르메니아 산악지대를 지나 무사히 후퇴한 일을 가리킨다. 크세노폰의 〈아나바시스〉는 이때의 일을 회고하면서 쓴 일기이다.

"저깁니다. 바로 저 산 밑에 파르티아 군대가 모여 기다리고 있습니다. 저 산 기슭이 들판까지 이어져 있는데, 여러분들이 산길을 버리고 그 평야로 나올 것이라고 믿고 있습니다. 산길은 물론 물도 없고 길도 몹시 험해서 엄청난 고생을 해야 할 겁니다. 그러나 그런 고생에 이미 익숙해져 있지 않습니까? 평야 쪽으로 행군해 가다가는 안토니우스 장군께서도 크라수스와 똑같은 운명을 겪어야 할 겁니다."

이야기를 끝낸 미트리다테스는 곧 가 버렸다. 안토니우스는 곧 장군들을 불러모았다. 그리고 마르디 사람에게 의견을 물어보았다. 그도 역시 미트리다테스와 똑같은 얘기를 했다. 그는 이렇게 말했다.

"평야는 길이 없어서 자칫하다가는 방향을 잘못 잡을 수도 있습니다. 그렇게 되면 아주 위험하지요. 그러나 산길로 간다면 물이 없어서 고생은 하겠지만 하루만 잘 참으면 됩니다."

안토니우스는 그날 밤 산길로 방향을 바꾸기로 결심을 굳혔다. 그리고는 각자 마실 물을 준비해 두라고 했다. 그러나 대부분의 병사들은 물통이 없어서 투구에 물을 담거나 가죽 자루에 넣고 떠났다.

안토니우스 군이 산길로 방향을 바꾸었다는 사실이 전해지자 파르티아 군은 밤새도록 그들을 뒤따라왔다. 그래서 아침 해가 떠오를 무렵에는 로마 군의 마지막 행렬이 보이는 곳까지 이르렀다. 밤새도록 240펄롱(48km)이나 행군을 하여 불면과 피로로 녹초가 되어 있던 로마 군은 별안간 적군까지 나타나자 모두 겁을 집어먹었다. 더구나 계속 적군과 상대하면서 행군을 하느라고 갈증은 더욱 심해졌다.

그때 선두 부대가 시냇물을 발견했다. 병사들은 너무나 기뻐 어쩔 줄을 몰라 했다. 그런데 그 물은 차고 맑기는 했지만 물맛이 짜고 이상한 냄새까지 났다. 그리고 금방 배가 아프고 설사가 나면서 더욱 목이 말라왔다. 마르디 사람은 물을 마시지 말라고 경고를 했지만, 병사들은 미친듯이 물로 뛰어들었다.

안토니우스도 허겁지겁 병사들을 말렸다. 조금만 더 가면 시냇물이 있으니 참으라고 하면서, 산길로는 말을 탄 적병들이 뒤쫓아오지 못할 것이라고 했다. 그리고 험한 적과 싸우고 있던 부대들까지 모두 불러들인 다음, 천막을 치라고 명령했다. 병사들을 그늘에서 좀 쉬게 하려는 것이었다.

로마 군이 천막을 치자 파르티아 군은 뒤로 물러나기 시작했다. 그때 미트리다테스가 다시 로마의 진영을 찾아와 안토니우스를 찾았다. 그는 여기서 오래 머무르면 위험하니 병사들의 피로가 풀리는 대로 곧 강을 건너가라고 말하고, 파르티아 군도 그 강 너머까지는 추격하지 않을 것이라고 덧붙였다. 안토니우스는 미트리다테스에게 많은 금그릇을 선물로 주었다. 미트리다테스는 이것을 받고는 다시 어딘가로 사라져 버렸다.

해가 조금 남았을 때 로마 군은 천막을 모두 거두고 다시 행군을 시작했다. 파르티아 군은 더 이상 그들을 추격하지 않았다. 그러나 로마 군은 전우들을 죽이고 재물을 빼앗았으며, 군수품들을 약탈하였고, 나중에는 안토니우스의 물건에까지 손을 댔던 것이다.

한밤중에 이 소리를 듣고 있는 안토니우스는 적이 습격하여 부대를 짓밟고 있는 것이라고 생각하였다. 그는 자신의 호위병인 람누스라는 해방노예를 불렀다. 그리고는 언제든 자기가 명령을 내리면 자기를 죽여 목을 잘라, 누군지 알아보지 못하도록 하라고 명령했다.

그때 마르디 사람이 달려왔다. 그는 공기가 서늘하고 축축해지는 것으로 보아 곧 강이 나타날 것이라고 말했다. 또 밤도 거의 끝날 때쯤 되었고 행군한 시간을 계산해 보아도 강에 이를 때가 되었다는 것이었다. 그때 몇몇 병사들이 달려와서 한밤중에 있었던 소란은 군대 내부의 폭력과 약탈 때문에 일어난 사고였다고 보고하였다. 안토니우스는 혼란을 가라앉히고 질서를 바로잡기 위해 일단 행군을 정지시키고 그 자리에 천막을 치게 했다.

아침이 되자 군대는 조용히 질서를 되찾게 되었다. 그런데 뒤쪽에서 파르티아 군의 화살이 퍼붓기 시작했다. 안토니우스는 곧 전투 명령을 내렸다. 그리고 중무장부대로 하여금 적이 더 이상 가까이 오지 못하게 만들었다. 이렇게 하면서 천천히 행군을 하고 있을 때 강이 나타났다. 안토니우스는 강가에 기병대를 배치하여 적을 막게 하고는 우선 부상병들부터 건너게 했다. 병사들도 이제는 마음놓고 목을 축일 수 있었다. 강이 보이는 곳에 이르자 파르티아 군이 공격을 멈춘 것이었다. 이렇게 해서 로마 군은 무사히 강을 건널 수 있었다. 다시 행군은 계속되었다.

이 마지막 전투가 있은지 엿새만에 로마 군은 아락세스 강에 도착했다. 이 강은 메디아와 아르메니아의 경계를 이루고 있었는데, 강이 깊고 물살이 세어서 강을 건너기가 쉽지 않았다. 더구나 파르티아 군이 습격해 올 것이라는 소문까지 떠돌고 있었다.

그러나 아무 일 없이 강을 건너 드디어 아르메니아 땅을 밟았다. 로마군은 무서운 폭풍 속에서 항해를 하다가 신대륙을 발견한 것처럼 서로 얼싸안고 기쁨을 나누었다. 그런데 그때부터는 물자가 풍부한 나라들만 지나게 되었다. 그래서 그동안 굶주림에 시달린 병사들이 무턱대고 많이 먹어대는 바람에 몸이 붓거나 설사로 고생하는 자들이 많아졌다.

안토니우스는 군대를 정렬시켰다. 그 결과 보병 2만 명과 기병 4천 명을 잃었다는 것을 알게 되었다. 그런데 그들은 전장에서 싸우다가 쓰러진 것이 아니라 반 이상이 병으로 죽은 것이었다. 이들은 파르티아 군과 싸운 것만도 무려 18번이나 되었다. 그러나 싸움에 이기고도 적을 추격하지 못했기 때문에 별로 큰 전과는 거두지 못했다.

이런 사실로 짐작해 보면, 안토니우스가 이 전쟁을 마무리짓지 못한 것은 모두 아르메니아의 왕 아르타바스데스 때문이라는 사실을 알 수 있다. 아르타바스데스는 파르티아 군과 같은 무장을 갖추고 여러 차례 싸운 경험이 있는 만 6천 명의 기병을 데리고 있었는데, 만일 그들이 메디아에서 철수하지 않고 추격을 했더라면 도망치던 적이 덤벼들지는 못했을 것이기 때문이다. 부하 장군들은 아르메니아 왕을 쳐야 한다고 안토니우스에게 건의했다. 그러나 안토니우스는 요구를 받아들이지 않았다. 가진 군대도 약하고 식량도 넉넉하지 못하기 때문에 아르메니아를 공격할 만한 힘이 없다는 것이었다. 안토니우스는 아르메니아에 대해 여전히 존중하는 태도를 취할 수밖에 없었다.

그러나 얼마 뒤 다시 아르메니아로 갔을 때, 안토니우스는 아르타바스데스를 초대하는 척하면서 그를 사로잡아 알렉산드리아로 데리고 갔다. 그리고 개선식에 끌어내어 구경거리로 만들었다. 그러나 로마 사람들은 가장 영광스럽고 엄숙한 이 개선식을 자기 나라에서 하지 않고 클레오파트라에게 빠져 이집트인들 앞에서 거행한 안토니우스를 욕했다. 이것은 훨씬 나중에 일어난 일이었다.

안토니우스는 행군을 서두르기 시작했다. 하루라도 빨리 클레오파트라를 만나 싸움에서 이긴 자신의 모습을 자랑하고 싶었던 것이다. 그러나 그때는 이미 모진 추위가 몰아치던 겨울이었다. 안토니우스는 눈보라를 뚫고 이어지는 강행군을 거듭해 8천 명에 이르는 병사를 잃고 말았다.

안토니우스는 엄청나게 줄어든 군대를 이끌고 겨우 바닷가에 도착했다. 그리고 클레오파트라가 오기를 기다렸다. 그곳은 베리투스와 시돈 사이에 있는 '하얀 마을'이라는 곳이었다. 아무리 기다려도 클레오파트라는 오지 않았다. 그는 초조함과 걱정을 잊기 위해 술을 마셔댔다. 늘 취한 정신으로 시간을 잊으려 애썼다. 먼 바다를 내다보며 그리움을 달랬다.

그러던 어느 날 드디어 클레오파트라가 도착했다. 그녀는 군대에게 나누어 줄 많은 옷과 식량을 가지고 왔다. 그러나 어떤 기록에는, 옷은 클레오파트라가 가져온 것이었지만 그 밖의 물건들은 안토니우스의 것으로, 마치 클레오파트라가 가져온 선물처럼 꾸며서 나누어 주었다고도 한다.

그 얼마 뒤 메디아의 왕과 파르티아의 왕 프레테스 사이에 로마 군으로부터 빼앗은 전리품을 분배하다가 싸움이 일어났다. 메디아의 왕은 나라를 빼앗길 것이 두려워 안토니우스에게 사절을 보내 함께 파르티아 왕을 물리치자고 제안했다. 안토니우스는 뛸듯이 기뻤다. 파르티아 군을 완전히 무찔러 버리지 못해 늘 가슴 한 구석에 남아 있었는데, 메디아의 왕이 기병대와 궁수들을 데리고 와서 협력해 달라고 부탁을 하였기 때문이다. 안토니우스는 이 제안을 받아들이고 다시 아르메니아를 거쳐 아락세스 강으로 갔다. 그리고는 메디아 군대와 합친 다음 파르티아를 공격할 준비를 시작했다.

한편 로마에 있던 안토니우스의 아내 옥타비아는 카이사르에게 안토니우스를 찾으러 가겠다고 말했다. 카이사르는 만일 그녀를 푸대접했다가는 안토니우스가 전쟁을 일으킬지도 몰랐기 때문에 부탁을 들어주었다.

옥타비아는 로마를 떠나 아테네에 도착했다. 거기에서 안토니우스의 편지를 받았다. 새로운 전쟁이 있어 떠날 예정이니 당분간 아테네에 머물러 있으라는 내용이었다. 옥타비아는 이 편지를 읽고 그것은 다만 핑계일 뿐이라고 생각했다. 그러나 그녀는 이런 마음을 누르고, 가져온 물건들을 어디로 보내면 좋겠느냐는 편지를 보냈다. 그녀는 안토니우스의 군대에게 줄 옷과 가축, 부하 장군들에게 줄 선물, 그리고 화려한 무장을 갖춘 정예군 2천 명을 거느리고 왔던 것이다. 옥타비아의 편지는 니게르를 통해 안토니우스에게 전달되었다. 니게르는 편지를 전해 주면서 옥타비아에 대한 칭찬을 아끼지 않았다. 옥타비아는 사실 그런 칭찬을 받을 만한 훌륭한 여자였다.

클레오파트라는 두려움을 느꼈다. 옥타비아는 행실이 바르고 품위있는 여자였으며 카이사르의 강력한 권력이 받치고 있었기 때문이었다. 그래서 클레오파트라는 안토니우스에게 불타는 사랑을 보여 주기로 결심했다.

클레오파트라는 일부러 음식을 줄여서 몸이 야위어지게 만들었다. 그리고는 안토니우스가 가까이 다가오면 반갑고 기쁘게 맞아들이고 떠나갈 때면 슬픔으로 넋을 잃은 듯한 표정을 지었다. 또 안토니우스가 오면 괴로움에 눈물을 흘리는 척하다가 놀라서 눈물을 씻으며 마치 자신의 모습을 들킨 것처럼 부끄러워했다. 안토니우스가 시리아를 거쳐 메디아로 원정을 떠날 준비를 하는 동안 클레오파트라는 내내 이렇게 지냈다.

그러자 사람들은 안토니우스를 몰아세우기 시작했다. 생명을 걸고 사랑을 바치는데도 거들떠보지 않는 나무토막 같은 사람이라고 떠들어댔다. 그리고 옥타비아가 안토니우스를 만나러 왔을 때는 자기는 다만 안토니우스의 애인으로서 슬퍼서 자살을 할지도 모른다고 덧붙였다.

이 소식을 들은 안토니우스는 군대를 돌려 알렉산드리아로 되돌아왔다. 그리고 메디아로 원정하려던 계획을 여름까지 연기했다. 파르티아가 내란으로 소란스러워 정복하기 쉬운 기회를 놓치고 만 것이다. 안토니우스는 그 뒤 메디아로 가서 왕과 평화를 약속하고, 클레오파트라와의 사이에서 난 아들을 메디아의 어린 공주와 결혼시켰다. 그리고는 카이사르와 싸울 준비를 하기 시작했다.

한편 옥타비아가 로마로 돌아오자, 카이사르는 그녀가 안토니우스로부터 부당한 대우를 받았다고 생각하고는 자기 집에 와서 살라고 했다. 그러나 옥타비아는 안토니우스의 집을 떠나고 싶지 않았다. 그녀는 카이사르가 안토니우스와 싸우려 하는 것이 다른 이유 때문이라면 간섭하지 않겠지만 자기 때문이라면 당장 그만두라고 했다. 로마에서 가장 뛰어난 두 장군 중 한 사람은 여자에게 빠져 있고, 다른 하나는 한 여자를 푸대접한 데 대한 노여움으로 나라를 혼란스럽게 만든다면 얼마나 어리석고 부끄러운 일이겠느냐는 것이었다. 이 말이 진심이라는 것을 그녀는 자신의 행동으로 충분히 증명해 주었다.

옥타비아는 남편이 없는 동안에도 남편이 집에 있을 때처럼 생활했다. 자기가 낳은 아이들뿐만 아니라 전처였던 풀비아의 자식들도 정성껏 보살펴 주었다. 또 안토니우스의 친구들이 로마에 찾아오면 그들을 친절하게 맞아들였다. 그러나 이처럼 훌륭한 행동들이 세상에 알려지자 그녀 자신도 모르는 사이에 안토니우스의 명예는 점점 바닥으로 떨어지기 시작했다. 사람들은 안토니우스가 훌륭한 부인을 저버렸다며 그를 미워하게 되었던 것이다. 안토니우스는 또 알렉산드리아에 있으면서 아들들에게 땅을 나누어준 일 때문에 시민들로부터 원망의 소리를 듣게 되었다.

안토니우스는 민중들을 모두 운동장에 모이게 하고 은으로 만든 연단 위에 금으로 만든 왕좌 두 개를 놓게 했다. 그는 클레오파트라와 나란히 앉았다. 그리고 조금 낮은 곳에 다른 왕좌를 만들어 아들들을 앉혔다. 그는 먼저 클레오파트라를 이집트와 키프로스, 리비아 그리고 시리아의 위쪽을 다스리는 여왕으로 임명했다. 그런 다음 자신과 클레오파트라 사이에서 낳은 두 아들에게 '왕중의 왕'이라는 칭호를 내렸다. 큰아들 알렉산드로스에게는 아르메니아와 메디아, 그리고 앞으로 정복할 계획인 파르티아를 주고, 작은아들 프톨레마이오스에게는 페니키아와 시리아, 그리고 킬리키아를 준다고 선언했다.

알렉산드로스는 메디아 식으로 된 왕의 옷을 입고 있었는데, 머리에는 티아라라는 원추형 모자와 인도 풍의 두건을 쓰고 있었다. 그리고 프톨레마이오스는 긴 외투에 장화를 신고 테가 넓은 마케도니아 식 모자에 왕관을 덧쓰고 있었다. 알렉산드로스는 메디아와 아르메니아 왕의 옷을 입고, 프톨레마이오스는 알렉산드로스 대왕의 후계자들이 입어 왔던 옷차림을 하고 있었던 것이다. 두 아들이 부모에게 인사를 드리자, 마케도니아인과 아르메니아인으로 구성된 호위대가 그들 주위에 늘어섰다. 한편 클레오파트라는 여신 이시스[25]처럼 옷을 입고 있었는데, 이때부터 국민들 앞에 나타날 때는 언제나 이런 옷차림을 했다고 한다.

로마에 있던 카이사르는 이러한 일들을 원로원에 보고했다. 그리고 시민들 앞에 설 때마다 안토니우스를 비난하면서 시민들이 그를 미워하도록 만들었다. 그러자 안토니우스도 카이사르를 공격하는 내용의 편지를 로마로 보내 그와 맞서기 시작했다. 안토니우스는 다음과 같은 이유를 들면서 카이사르를 공격했다.

첫째, 카이사르는 폼페이우스로부터 시칠리아를 빼앗고도 자기에게 나누어 주지 않았다는 것, 둘째, 전쟁을 하기 위해 빌려간 배들을 돌려 주지 않았다는 것, 셋째, 레피두스를 파면하고 그의 군대와 땅을 빼앗았다는 것, 그리고 마지막으로, 이탈리아 땅 대부분을 부하들에게 나누어 주면서 자기 부하들에게는 아무것도 남기지 않았다는 것이 그 이유들이었다.

카이사르는 여기에 대해서 하나하나 대답을 해왔다. 레피두스를 파면시킨 것은 그가 자신의 권력을 이용해서 나쁜 짓을 저질렀기 때문이었고, 안토니우스가 아르

---

25) 이집트에서 가장 높이 받들어지는 여신. 의학과 결혼, 보리재배를 맡아보았다고 한다. 이 여신은 다섯 가지 색깔로 이루어진 화려한 옷을 입었다고 하는데, 그리스의 데메테르 여신에 해당한다.

메니아를 분할한다면 자신도 그렇게 하겠다고 말했다. 그리고 안토니우스의 군대는 자기들의 장군을 따라 전쟁터에 나갔고, 로마의 영토가 된 메디아와 파르티아를 자기들끼리 나누어 가졌으므로 이탈리아에 대해서는 아무런 권리도 없다고 했다.

그러자 안토니우스는 즉시 카니디우스에게 16개 군단을 주어 바다로 보냈다. 그리고 자신은 클레오파트라와 함께 에페소스로 갔다. 여기서 그는 사방에 흩어져 있던 배들을 모두 모아 8백 척의 대함대를 만들었다. 클레오파트라도 2백 척의 배와 만 탈렌트의 전쟁 비용, 그리고 전쟁 중에 먹을 식량을 내놓았다. 안토니우스는 도미티우스와 그 밖의 사람들의 충고를 받아들여, 클레오파트라에게 이집트로 돌아가 전쟁의 결과를 기다리라고 말했다.

그러나 그녀는 옥타비아가 이들을 화해시킬까봐 걱정이 되었다. 그래서 카니디우스에게 많은 돈을 주고 안토니우스에게 이런 말을 하게 했다.

"전쟁을 위해 그렇게 애쓰신 분을 그냥 돌려보낸다는 것은 말도 안 됩니다. 더구나 그렇게 된다면 해군 병사의 대부분을 차지하고 있는 이집트 사람들이 불만을 품게 될 것이니 아무래도 이익이 될 게 없습니다. 그리고 클레오파트라는 지혜롭고 생각도 깊어 다른 어느 나라 왕과 비교해도 전혀 뒤떨어지지 않습니다. 또 그분은 오랫동안 이집트 같은 큰 나라를 다스려 왔으니 이런 일에도 많은 경험을 쌓아 오셨습니다."

안토니우스는 결국 카니디우스의 말을 듣기로 했다. 그러나 운명은 바로 이때부터 카이사르를 위해 움직이기 시작했다.

군대가 모두 모이자 안토니우스의 군대는 배를 타고 사모스 섬으로 건너가 큰 잔치를 열고 마음껏 놀았다. 그리고는 시리아에서 마이오티드 호수[26]까지, 그리고 아르메니아에서 일리리아에 이르는 모든 나라들에게 전쟁을 위한 물자를 바치라는 명령을 내리는 한편 모든 연예인들을 사모스 섬에 모이게 했다.

이 때문에 전세계는 신음소리로 들끓기 시작했다. 오직 사모스 섬에서만은 밤낮 노랫소리가 흘러나왔다. 극장마다 사람이 가득했으며, 광대들은 재주를 뽐내느라고 한창이었다. 또한 여러 도시에서 살찐 소들을 제물로 보내며 축하를 드리고, 왕들은 성대한 잔치와 선물을 베푸느라고 서로 다투었다. 그러자 사람들은 전쟁에서 승리한 뒤에는 도대체 어떤 잔치가 벌어질까 궁금해했다.

---

26) 지금의 흑해.

잔치가 모두 끝난 뒤 안토니우스는 연예인들에게 거주지로 프리에네를 주어 그곳에 살게 했다. 그리고는 아테네로 건너가 잔치를 열었다.

여기서 클레오파트라는 옥타비아에 대한 이야기를 듣게 되었다. 시민들이 그녀에 대한 존경과 사랑을 끊임없이 얘기했던 것이다. 질투가 난 클레오파트라는 시민들에게 온갖 은혜를 베풀어 마음을 끌어들이려고 했다.

아테네 시민들은 여기에 대한 보답으로 클레오파트라에게 몇 가지 영광을 드리기로 결정하고, 대표를 뽑아 그녀가 머물고 있는 집으로 보냈다. 아테네 시민의 자격을 가지고 있던 안토니우스도 대표단 속에 끼어 있었다. 그는 클레오파트라 앞으로 나아가 아테네 시를 대표하여 인사를 했다.

안토니우스는 또한 로마에 사람을 보내 옥타비아를 집에서 내쫓아 버렸다. 그때 풀비아의 아들은 자신의 아버지에게 가 있었으므로 옥타비아는 남은 아이들만 데리고 집을 나섰다. 전하는 기록에 의하면, 그때 옥타비아는 기어이 자신이 내란의 원인이라는 말을 듣게 되었다면서 몹시 서러워했다고 한다. 그러나 로마 사람들은 오히려 옥타비아보다 안토니우스를 더 불쌍하게 생각했다. 더구나 클레오파트라를 본 사람들은 그녀가 옥타비아보다 더 아름답지도 젊지도 않다는 것을 알고 있었기 때문에 더더욱 그렇게 생각했다.

한편 소 카이사르는 안토니우스가 얼마 안 되는 시간 동안 그렇게 많은 군대를 모은 것을 보고 몹시 당황했다. 그리고 전쟁을 치를 걱정 때문에 몹시 불안했다. 전쟁 준비도 아직 여러 가지로 부족한데다가 민중들은 세금이 너무 많다고 불만이었다. 자유인은 자기가 번 돈의 4분의 1, 그리고 해방 노예들은 자기 재산의 8분의 1을 바쳐야 했으므로 이탈리아 전체가 시끌시끌했던 것이다.

바로 이러한 기회를 놓친 것은 안토니우스의 큰 실수였다. 안토니우스가 어물거리고 있는 동안 카이사르는 곧 전쟁 준비를 마무리하고 민중들의 소란도 다스릴 만한 시간을 벌었기 때문이었다. 세금을 거둬들일 때는 거칠게 날뛰던 민중들도 일단 세금을 다 내고나자 조용해졌던 것이다.

이때 안토니우스의 친구로 집정관까지 지냈던 티티우스와 플란쿠스는 클레오파트라가 전쟁터에 따라오는 것을 심하게 반대하여 그녀의 미움을 받고 있었다. 그런데 그녀의 미움과 모욕을 견디다 못한 그들은 그만 카이사르를 찾아가서 안토니우스의 유서에 적힌 내용을 말해 버리고 말았다. 유서는 베스타의 성녀들이 가지고 있었다.

카이사르는 그들에게 유서를 보내라고 명령했다. 성녀들은 필요하다면 직접 와서 가져가라고 거절했다. 이 대답을 들은 카이사르는 직접 찾아가 유서를 손에 넣었다.

유서를 읽어본 카이사르는 비난할 만한 곳을 표시했다. 그리고는 원로원 의원들을 모아 놓고 유서 내용을 폭로했다. 그러나 의원들 대부분은 유서를 놓고 살아 있는 사람의 책임을 따진다는 것은 옳지 못하다며 몹시 노여워했다. 그러나 카이사르는 안토니우스가 자신의 장례식에 대해 적은 부분을 맹렬히 공격했다. 안토니우스는 자기가 만약 로마에서 죽더라도 포룸에서 장례식을 마친 후에는 시신은 클레오파트라에게 보내라고 적어 놓았던 것이다. 또 카이사르의 가장 가까운 친구인 칼비시우스는 다음과 같은 일들을 하나하나 끄집어내며 안토니우스를 몰아세웠다.

안토니우스는 클레오파트라에게 페르가몬 왕궁에 있던 유명한 책을 20만 권이나 주었다는 것, 어떤 큰 잔치에서 내기를 하느라고 클레오파트라의 발을 쓰다듬었다는 것, 에페소스 시민들이 클레오파트라를 그의 아내로 불렀을 때도 가만히 있었다는 것, 법관으로서 왕들에게 판결을 내리는 자리에서도 클레오파트라가 마노나 수정에 새겨 보낸 연애편지를 읽었다는 것 등이 그것이었다. 그리고 로마의 유명한 웅변가인 푸르니우스가 변론을 하고 있을 때, 클레오파트라의 마차가 지나가는 것을 보고는 안토니우스는 재판도 때려치우고 벌떡 일어나 마차를 뒤따라갔다는 이야기도 있다.

사람들은 이러한 얘기들은 모두 칼비시우스가 지어낸 것이라며 믿으려 하지 않았다. 그러는 한편 로마에 남아있던 안토니우스파 사람들은 게미니우스를 안토니우스에게 보내, 권력을 뺏기고 나라의 적으로 몰릴지도 모르니 몸조심하라고 전했다. 그런데 그리스에 도착한 게미니우스는 그만 클레오파트라에게 옥타비아가 보낸 스파이로 오해를 받게 되었다. 그러나 게미니우스는 안토니우스와 얘기할 기회만 엿보고 있었다.

그러던 어느 날 안토니우스가 식사를 하다가 무슨 일로 이곳에 왔느냐고 그에게 물었다. 게미니우스가 대답했다.

"다른 일은 맑은 정신일 때 말씀드리겠습니다. 그러나 술이 취했건 아니건 간에 이것만은 꼭 말씀드려야겠습니다. 클레오파트라를 이집트로 돌려보내십시오. 그러면 모든 일이 다 잘 될 것입니다."

안토니우스는 무척 화를 냈다. 그때 클레오파트라가 이렇게 말했다.

"게미니우스! 아주 잘하셨소. 고문당하기 전에 미리 자백을 했으니 말이오."

그러나 게미니우스는 기회를 엿보다가 로마로 도망쳐 버렸다.

이밖에도 클레오파트라를 따르는 자들로부터 무례한 대우를 받아 안토니우스를 떠난 친구들은 적지 않았다. 그런 사람들 중에는 마르쿠스 실라누스와 역사가인 델리우스도 끼어 있었다. 델리우스는 클레오파트라가 자기를 해치려 한다는 말을 의사 글라우코스로부터 듣고 도망쳤다고 스스로 기록하고 있다.

카이사르는 전쟁 준비를 마무리했다. 그는 클레오파트라를 정벌하고 안토니우스가 그 여자에게 맡긴 권한을 빼앗자고 원로원에서 결의했다. 그는 또 안토니우스는 마약 때문에 정신을 잃고 있으며 그런 자가 지금까지 정치를 뒤흔들어 왔다고 주장했다.

그런데 전쟁을 알리는 이상한 징조들이 나타났다. 먼저 안토니우스가 이민을 보내어 만든 피사우룸이라는 도시가 지진으로 땅 속에 묻혀 버렸다. 그리고 알바에서는 안토니우스의 석상 중의 하나가 며칠 동안 땀을 줄줄 흘렸는데, 사람들이 닦아도 그치지를 않았다고 한다. 또 안토니우스가 파트라이 시에 있을 때는 벼락이 떨어져 헤라클레스 신전이 무너졌으며, 아테네에 있던 거인 전쟁[27]의 조각상 가운데 디오니소스 조각상이 강한 바람에 날려가 극장 안에 떨어져 버렸다.

안토니우스는 자신이 헤라클레스의 후손이라고 이야기하고 사람들은 그를 디오니소스라고 불렀는데, 그는 이 별명에 맞게 디오니소스 같은 생활을 하고 있었다. 그런데 아테네에 불어닥쳤던 이 바람은 다른 조각상들은 그대로 두고 하필이면 안토니우스의 이름이 새겨져 있는 에우메네스와 아탈로스의 조각상들을 떨어뜨렸다고 한다.

또한 클레오파트라의 가장 큰 배인 안토니우스 호에도 나쁜 징조가 나타났다. 제비들이 배 뒤꽁무니에 둥지를 틀었는데, 어디선가 다른 제비들이 날아와 어미를 몰아내고 새끼들을 모두 죽여 버렸던 것이다.

드디어 양쪽 군대는 결전을 준비했다. 안토니우스는 5백 척을 헤아리는 큰 함대를 거느리고 있었는데 그 가운데는 8줄에서 10줄의 노를 가진 엄청나게 큰 배들도 있었다. 화려한 이 배들은 마치 개선식에 나온 배들 같았다. 그리고 육군은 보병 10만 명과 기병 1만 2천 명을 거느리고 있었다. 또 리비아의 보코스 왕, 킬리키아의 타르콘데모스 왕, 카파도키아의 아르켈라오스 왕, 파플라고니아의 필라델포스 왕, 콤

---

27) 하늘과 땅 사이에서 태어난 거인족과 제우스를 중심으로 한 올림포스 신들의 전쟁. 이 이야기는 예술작품의 소재로 두루 쓰였다.

마게네의 미트리다테스 왕, 트라키아의 사달라스 왕 등이 그를 돕기 위해 직접 와 있었다. 그 밖에도 폰토스의 폴레몬 왕, 아라비아의 말코스 왕, 유다의 헤롯 왕, 리카오니아와 갈라티아의 아민타스 왕, 그리고 메디아 왕 등은 군대를 보내 주었다.

한편 카이사르는 250척의 배와 8만 명의 보병, 그리고 1만 2천 명에 이르는 기병 부대를 거느리고 있었다.

그때 안토니우스는 유프라테스 강으로부터 이오니아 바다, 그리고 일리리아 지방에 이르는 땅을 지배하고 있었다. 카이사르는 일리리아에서 서쪽까지, 그리고 티레니아 해에서 시칠리아 해의 연안에 이르는 지역을 다스리고 있었다. 그리고 아프리카 쪽에서 리비아 및 갈리아, 그리고 헤라클레스의 기둥[28]에 이르는 땅은 카이사르가, 키레네에서 에티오피아까지는 안토니우스가 차지하고 있었다.

안토니우스는 카이사르보다 훨씬 많은 수의 육군을 거느리고 있었다. 그러나 그는 과감하게 해전을 벌이기로 결정했다. 이미 클레오파트라의 장식품 같은 존재가 되어 있던 안토니우스는 그녀의 소원을 들어주기 위해 운명을 바다에 걸기로 한 것이다. 그러나 해병은 숫자만 많았을 뿐 제대로 싸울 수 있는 사람이 없었다. 숫자가 모자란 나머지 그리스에서 마부나 농부, 심지어는 아이들까지 마구 잡아 싣고 왔기 때문에 훈련도 안 되어 있었다.

이와는 달리 카이사르의 배들은 크고 화려하지는 않았지만 조종이 쉽고 빠르게 달릴 수 있었다. 병사들도 싸움에 능숙했다. 카이사르는 타렌툼과 브룬디시움에 함대들을 기다리게 하고, 안토니우스에게 사람을 보냈다. 쓸데없이 시간 끌지 말고 어서 나와서 한바탕 붙어 보자는 것이었다. 그리고 배를 댈 수 있는 항구와 많은 땅을 주겠다고 제안했다.

그러나 안토니우스도 물러서지 않았다. 그는 카이사르보다 나이가 훨씬 많았음에도 불구하고 빠른 시간내에 승부를 짓기 위해 장군끼리 싸움을 하자고 했다. 만일 이 제안을 받아들이지 않겠다면, 옛날에 폼페이우스와 카이사르가 싸움을 벌였던 파르살로스에서 운명을 결정짓자고 했다.

그러나 안토니우스가 악티움에 머무르고 있을 때 카이사르는 이오니아 해를 건

---

28) 지금의 지브롤터 해협.

너서 에페이로스의 토루네²⁹⁾라는 곳을 점령해 버렸다. 그러자 안토니우스의 부하 장군들은 육군이 아직 도착하지 않아 무척 불안해했다. 그때 클레오파트라는 그들을 비웃었다.

"카이사르가 기껏 손에 국자를 쥔 것을 가지고 무슨 걱정이 그렇게 많소?"

아침이 되어 적의 함대가 달려오자 안토니우스는 마음이 불안했다. 자신의 함대는 제대로 된 병사들이 부족했으므로 적에게 배를 빼앗길지도 몰랐기 때문이었다. 그래서 그는 노를 젓는 선원들까지 모두 무장을 시킨 다음 갑판 위로 올려보내고, 명령만 떨어지면 곧 공격을 퍼부을 것처럼 보이게 했다. 그리고 배들은 모든 준비를 끝마치고 악티움 해협의 양 옆으로 다가오는 적을 향해 있었다. 카이사르는 안토니우스의 이 작전에 속아 뱃머리를 돌리고 말았다.

안토니우스는 이곳은 마실 물이 적고 그나마 물이 좋지 않다는 것을 알고 있었다. 그는 교묘한 방법을 써서 적군에게 물을 대주는 수도관을 끊어 버렸다. 그래서 적군은 큰 어려움을 겪어야만 했다.

그런데 그는 도미티우스에 대해서만은 클레오파트라의 비위를 건드리면서까지 선심을 베풀어 주었다. 그때 열병을 앓고 있던 도미티우스는 작은 배를 타고 카이사르에게 넘어가 버렸다. 이 소식을 듣고 안토니우스는 굉장히 노여워했지만 얼마 뒤 그가 사용하던 물건과 부하, 그리고 시종들을 그에게 보내 주었다. 그러나 은혜를 배신한 도미티우스는 오래지 않아 세상을 떠나고 말았다. 또한 왕 가운데 아민타스와 데이오타로스 등도 카이사르에게 넘어간 여러 사람들 중의 하나였다.

안토니우스는 해군이 계속 실패를 거듭하자 육지에서 싸우기로 마음을 바꾸었다. 육군을 지휘하던 카니디우스도 불리하다는 것을 깨닫고는 클레오파트라를 이집트로 돌려보내고 트라키아나 마케도니아로 물러나 거기서 결판을 짓자고 주장했다. 그들을 도와주겠다는 게타이의 디코메스 왕의 약속도 있었을 뿐만 아니라 시칠리아 해전에서 경험을 쌓은 카이사르에게 바다를 내주는 것도 그다지 창피스러운 일은 아니었기 때문이었다. 또 그는 육지에서 전쟁의 신으로 불릴 만큼 뛰어난 안토니우스가 좋은 전술과 훌륭한 군대를 내버려 두고 힘을 낭비한다는 것은 참으로 어리석은 일이라고 했다.

---

29) 국을 뜨는 국자의 의미를 가지고 있다.

그러나 안토니우스는 카니디우스의 충고를 저버리고 클레오파트라의 주장대로 또다시 해전을 벌이기로 했다. 그때 클레오파트라는 이미 도망갈 준비를 마치고 있었다. 그리고 만일 전쟁에 지면 어디로 달아날지를 궁리하고 있었다.

안토니우스의 진지에서 함대까지는 두 줄로 된 긴 성벽이 놓여 있었다. 안토니우스는 아무 경계도 없이 이곳을 왔다갔다하곤 했다. 카이사르는 즉시 그곳에 병사들을 보냈다. 그러나 숨어서 기회를 엿보던 병사들이 너무 서두르는 바람에 안토니우스를 놓치고 말았다.

바다에서 운명을 결정짓기로 한 안토니우스는 이집트의 배들은 모두 불살라 버리고 나머지 60척만을 남겨두었다. 그리고는 3줄에서 10줄의 노를 가진 배에 2만 명의 중무장부대와 2천 명의 궁수부대를 태우고 바다로 나갔다. 그때까지 줄곧 안토니우스를 따라다니며 무수한 전투를 해왔던 한 보병대장은 안토니우스에게 이렇게 애원했다.

"장군님! 저희들이 가지고 있는 이 칼과 이 상처를 믿지 않고 썩은 나무로 만든 배에 희망을 거는 이유가 뭡니까? 페니키아나 이집트 사람들은 저들이 하고 싶은 대로 바다에서 싸우게 하고, 저희들은 땅에서 싸울 수 있게 해주십시오. 저희들은 땅위에 서서 땅을 딛고 싸워 왔으며, 죽거나 살거나 정복만을 거듭해 온 군대입니다."

그러나 안토니우스는 아무 대답도 없이 다만 손짓과 얼굴빛으로 잘 싸우라는 뜻을 비추고는 지나가 버렸다. 어쩌면 스스로도 승리를 기대하고 있지 않은 것 같았다. 그는 각 함대의 함장들이 돛을 내려놓고 출항하자고 했을 때도 허락하지 않았다.

"적이 도망치면 한 놈도 놓치지 말고 모조리 잡아야지."

그 뒤 사흘 동안은 바닷바람이 몹시 심해서 전투를 할 수 없었다. 닷새째 되는 날, 바람이 그치고 물결도 가라앉자 곧 전투가 시작되었다. 안토니우스와 푸블리콜라는 오른쪽을 맡고, 코일리우스는 왼쪽, 그리고 가운데는 마르쿠스 옥타비우스와 마르쿠스 인스테이우스가 맡았다. 한편 카이사르는 아그리파에게 왼쪽을 맡기고, 자신은 오른쪽을 지휘하였다. 또 육지에서는 카니디우스가 안토니우스의 육군을 지휘하였으며, 타우로스가 카이사르의 군대를 맡고 있었다. 양쪽 군대는 서로 바닷가에 마주보고 선 채 꼼짝도 하지 않고 있었다.

안토니우스는 작은 배를 타고 함대 사이를 돌아다녔다. 그러면서 배를 땅이라고 생각하고 각자 자기 자리를 지키며 용감히 싸우라고 병사들을 격려했다. 그리고 함장들에게는 닻을 내리고 있는 것처럼 움직이지 말고 적을 맞아야 하며 항구가 너무 좁은 곳은 위험하니 접근하지 말라고 명령했다.

카이사르에 대해서는 이런 이야기가 전해진다. 이른 새벽 어둠이 채 가시지 않았을 때 함대를 둘러보려고 천막을 나오던 카이사르는 노새를 끌고 오는 어떤 사람을 만나게 되었다. 카이사르가 누구냐고 물어보았더니 그는 이렇게 말했다. "제 이름은 행운이고, 노새 이름은 승리자입니다."

뒷날 카이사르는 전쟁이 끝난 뒤 이곳에 승리를 기념하는 배의 선수갑[30]을 세웠다. 그때 노새와 그 주인의 동상도 함께 세웠다고 한다.

카이사르는 함대를 죽 둘러보고 나서 작은 배를 타고 오른쪽으로 갔다. 그런데 적군은 닻을 내린 것처럼 조용했다. 그는 놀라지 않을 수 없었다. 그는 이상해서 한참 동안이나 살펴보았다. 그러나 아무리 봐도 닻을 내린 것 같았다. 그래서 그는 함대를 데리고 8펄롱(1.6km) 되는 거리까지 접근했다.

한낮이 되자 부드러운 바람이 불어왔다. 적의 습격을 기다리던 안토니우스의 군대는 그때 이미 지쳐 있었다. 더구나 그들은 훌륭한 배를 자랑하고 싶은 생각에 왼쪽 함대부터 움직이기 시작했다. 카이사르는 몹시 기뻐하며 오른쪽 함대를 향해 후퇴 명령을 내렸다. 적을 더 좁은 해협으로 끌어들인 다음, 날쌔고 작은 배를 이용해 느릿느릿한 적 함대를 포위해서 공격하려는 작전이었다.

마침내 전투가 시작되었다. 그러나 양쪽 군대의 배가 맞부딪치는 일은 전혀 없었다. 안토니우스의 배들은 너무 거대하고 느려 충격의 효과를 낼 만큼의 속력을 낼 수 없었으며 뱃머리를 구리로 둘러싸고 있기 때문에, 그리고 철못을 단단하게 박은 큰 목재를 써서 튼튼하게 만들어져 있었기 때문에 카이사르의 배가 닿기만 해도 뱃머리가 부서지고 말았다.

전투는 마치 성을 공격하는 싸움처럼 진행되었다. 안토니우스 군의 배 한 척에 카이사르의 배 서너 척이 한꺼번에 달려들었던 것이다. 또한 안토니우스의 군대는 나무를 쌓아올린 높은 탑 위에 올라서서 돌을 마구 던지며 공격했다. 이러는 동안 아그리파는 자신의 배들을 멀리 흩뜨려서 적을 포위하려고 했다. 푸블리콜라는 이것을 막기 위해 달려나왔다가 그만 중앙 부대와 멀리 떨어지고 말았다. 그래서 중앙에 있던 부

---

30) 뱃머리의 아래쪽에 붙어 있는 단단한 부분. 이 부분을 적의 배에 충돌시키면서 공격했다.

대는 적의 공격을 받아 갈팡질팡하기 시작했고, 푸블리콜라 부대 또한 아룬티우스의 공격을 받아 어려운 지경에 놓이고 말았다. 그야말로 목숨을 내건 처절한 전투였다.

그때 클레오파트라가 이끄는 60척의 이집트 배들이 돛을 올리더니 도망칠 준비를 서둘렀다. 그리고는 아수라장이 되어 있는 싸움터 한가운데를 지나 달아나기 시작했다. 그런데 이 배들은 커다란 배 뒤에 숨어 있다가 갑자기 튀어나오곤 하는 바람에 안토니우스의 함대는 큰 혼란에 빠졌다. 그리고 부드러운 바람을 타고 펠로폰네소스 쪽으로 달아날 때에는 적군들도 어이가 없는지 그 모습을 물끄러미 쳐다보았다.

그런데 안토니우스는 사령관으로서는 물론 한 사람의 남자로서도 너무나 부끄러운 일을 저질렀다. 그것은 완전히 이성을 잃은 사람의 행동이었다. 누군가를 사랑하고 있는 사람은 정신을 다른 사람에게 빼준다는 말이 있는데, 이때의 안토니우스가 바로 그랬다. 그는 마치 클레오파트라의 몸의 한 부분이라도 되는 것처럼 그녀가 돛을 올리고 달아나자 자신도 그 뒤를 쫓아가기 시작했다. 자신을 위해 싸우고, 자신을 위해 죽어가고 있는 부하들을 모두 잊은 채, 그는 5줄의 노를 가진 배에 시리아의 알렉산드로스와 스켈리아스만을 태우고 클레오파트라를 뒤따라 달아났다. 이렇게 그는 자신의 인생을 완전히 파멸시킬 클레오파트라의 꽁무니를 뒤따랐다.

클레오파트라는 뒤따라오는 안토니우스를 발견하고서 자신의 배로 옮겨 타라는 신호를 보냈다. 안토니우스는 클레오파트라의 배에 올라탔다. 그러나 안토니우스는 클레오파트라를 만나려 하지 않았고, 클레오파트라 역시 마찬가지였다. 안토니우스는 아무 말도 없이 뱃머리로 걸어가더니 두 손으로 머리를 감싸쥐고 주저앉았다.

그때 카이사르 군대인 리부르니아 지방의 부대가 그들을 뒤쫓아오는 것이 보였다. 안토니우스는 재빨리 뱃머리를 돌렸다. 그들은 더 이상 쫓아오지 않았다. 그런데 스파르타 사람인 에우리클레스만 계속 가까이 다가왔다. 에우리클레스는 창을 움켜쥔 채 갑판 위에 서서 안토니우스를 겨누고 있었다. 그를 발견한 안토니우스는 뱃머리에 우뚝 서 호통을 쳤다.

"누가 감히 나에게 덤벼들려는 것이냐?"

"나는 라카레스의 아들 에우리클레스이다. 카이사르 장군님의 행운을 빌려 내 아버지의 원수를 갚겠다!"

라카레스라는 사람은 옛날에 강도 혐의를 받고 안토니우스에 의해 사형을 당했던 사람이었다. 에우리클레스가 던진 창은 안토니우스의 배에 맞지 않았다. 그리고 에우리클레스는 값비싼 그릇을 싣고 있던 배 하나를 빼앗아 돌아갔다. 에우리클레스가 돌아가자 안토니우스는 다시 머리를 감싸고 주저앉았다. 그는 사흘 동안이나 그대로 있었다. 클레오파트라에게 화가 난 것인지, 아니면 그녀를 보기가 부끄러워서였는지, 배가 타이나로스 항구에 닿을 때까지 그렇게 꼼짝도 하지 않았다. 그러나 이곳에 내린 뒤에는 시녀들의 중재로 곧 예전의 모습으로 지내게 되었다.

얼마 뒤 몇 척의 운송선과 전투에 진 부하들이 하나 둘 모여들기 시작했다. 함대는 모두 부서졌지만 육군은 아직도 남아 있었다. 안토니우스는 카니디우스에게 사람을 보내, 곧장 모든 부대를 이끌고 마케도니아를 지나 아시아로 가라고 명령했다. 그리고 자신은 타이나로스에서 리비아로 가기로 결심했다.

안토니우스는 엄청난 돈과 금으로 만든 값진 물건들을 실은 배 한 척을 부하들에게 주면서, 그것을 나누어 가지고 각자 안전한 길을 찾아 떠나라고 말했다. 그리고 이들을 위해 코린트에 있는 자신의 재무관 테오필루스에게 편지를 보냈다. 그들을 카이사르와 화해할 수 있을 때까지 잘 보살펴 주라는 것이었다. 안토니우스는 누구보다도 이 테오필루스를 믿고 있었다. 그는 해방 노예들 중에서 가장 먼저 카이사르에게 넘어가 코린트에서 살았던 히파르쿠스의 아버지였다.

한편 악티움에 있던 함대는 오랫동안 카이사르 군과 맞서며 싸웠다. 그리고 결국 저항을 포기하고 말았다. 이 싸움에서 전사한 사람은 5천 명을 넘지 않았다고 한다. 그러나 카이사르의 기록을 보면 그때 빼앗은 적의 배만 해도 3백 척이 넘었다고 한다.

안토니우스의 함대에서는 대부분 그가 도망간 사실을 모르고 있었다. 그리고 도망갔다는 얘기를 들었을 때도 전혀 믿으려 하지 않았다. 아직도 보병 19개 군단에 기병 1만 2천 명이나 되는 거대한 병력이 있었던 것이다. 더구나 안토니우스는 크고 작은 전투에서 행운과 불행을 번갈아 겪어왔던 사람이었고, 싸움은 이길 수도 있고 질 수도 있다는 것 또한 잘 알고 있었다. 그래서 그들은 안토니우스가 싸움에서 진다 하더라도 절대 비겁하게 달아날 사람은 아니라고 생각했던 것이다. 이런 믿음으로 병사들은 금방이라도 안토니우스가 나타날 것이라며 희망을 버리지 않았다.

또한 그들은 안토니우스가 도망간 것이 사실로 밝혀진 뒤에도 7일 동안이나 버텼다. 카이사르가 항복하라고 했을 때도 꼼짝하지 않았다. 그러나 그들의 지휘관인 카니디우스마저 밤중에 몰래 달아나 버렸다. 모든 장군들로부터 배신을 당하고서야 카이사르에게 투항하고 말았다.

승리를 얻은 카이사르는 아테네로 갔다. 거기서 그는 그리스의 평화를 약속하고서 전쟁을 위해 모아두었던 곡식들을 각 도시에 골고루 나누어 주었다. 그리스는 재산과 노예, 가축들을 모두 안토니우스에게 빼앗겨 말할 수 없이 비참한 생활을 하고 있었던 것이다.

나는 나의 증조부인 니카르코스로부터 다음과 같은 이야기를 여러 번 들었다. 당시 우리 도시의 시민들은 안토니우스에게 끌려가서, 각각 일정한 양의 밀을 짊어지고 채찍을 맞으면서 안티키라 항구까지 갔다. 그리고 두 번째로 곡식을 짊어지고 떠나려 할 때쯤 안토니우스가 전쟁에서 패배했다는 소식이 들려왔다. 이렇게 해서 시민들[31]은 다행히 살아날 수 있었다. 그리고 시민들은 병사들이 버리고 간 곡식들을 나누어 가질 수 있었다.

안토니우스는 아프리카의 파라이토니움에서 이집트로 떠나는 클레오파트라와 헤어졌다. 그는 지독히 외로운 생활을 보내야만 했다. 그는 단 두 명의 부하 장군과 함께 이곳저곳을 떠돌아다녔다. 아리스토크라테스라는 그리스 사람과 루킬리우스라는 로마 사람이 그들이었다. 루킬리우스는 필리피 전투에서 졌을 때 자기가 브루투스라고 나서서 대신 잡히고 브루투스를 무사히 달아나게 했던 사람이었다. 안토니우스는 그의 정신을 갸륵하게 여겨 살려 주었고, 그는 끝까지 안토니우스를 섬기며 충성을 했다.

안토니우스는 아프리카에 있던 부하 장군들이 모두 카이사르에게 항복했다는 소식을 듣고 스스로 목숨을 끊으려고 했다. 그러나 친구들의 만류로 결국 뜻을 이루지 못하고, 그들의 보호를 받으며 알렉산드리아로 떠났다. 그러나 그곳에 도착한 안토니우스는 클레오파트라가 꾸미고 있던 엄청난 계획을 알고 깜짝 놀랐다.

홍해와 이집트 부근의 바다에 있는 땅은 아시아와 아프리카의 경계를 이루고 있었는데, 이 지역은 불과 3백 펄롱(60km) 밖에 안 되는 좁은 지역이었다. 클레오파트라는 자신의 배들을 끌고 지협을 건너 아라비아 바다로 갈 계획이었다. 그리고는 전쟁의 불길을 피해 먼 곳으로 가서 평화로운 여생을 보낼 계획을 세우고 있었다. 그러나 배를 육지에 갖다대자마자 페트라 지방의 아라비아 사람들이 습격해 오더니 맨 처음 올라온 배를 불태워 버렸다.

---

31) 플루타르코스의 고향인 카이로네아의 주민들을 가리킨다.

일이 이렇게 되자 안토니우스는 악티움에 두고 온 자신의 군대는 아직 무사하리라고 생각하고, 클레오파트라를 설득했다. 그래서 그녀의 계획을 포기하게 만드는한편, 이집트의 국경 지방에 튼튼한 성을 쌓게 했다. 안토니우스는 알렉산드리아와친구들을 떠나 파로스 섬으로 갔다. 거기서 바다 한가운데에 큰 둑을 쌓고, 그 위에조그마한 집을 지었다. 그리고는 이제 세상과의 인연을 끊고 티몬처럼 조용히 살고싶다고 했다. 그는 티몬처럼 자신의 친구들로부터 배신을 당하자 더 이상 사람들을믿을 수 없게 되었던 것이다.

아리스토파네스와 플라톤이 쓴 희곡을 보면, 티몬[32]은 펠로폰네소스 전쟁 무렵에 살았던 아테네의 시민이었다는 것을 알 수 있다. 이 작품 속에서 그는 사람을 싫어하는 인간으로 비웃음을 당하고 있으며, 언제나 사람을 피하고 인간과 인연을 끊고 살았다. 그러나 법을 무서워할 줄 모르던 알키비아데스라는 청년과는 매우 가깝게 지냈다고 한다. 아페만토스라는 사람이 이것을 매우 이상하게 여겨 그 이유를 묻자, 키몬은 이렇게 대답했다.

"알키비아데스는 나중에 아테네를 엄청난 불행으로 몰아넣을 사람이기 때문이오."

티몬은 그런 와중에도 아페만토스는 가끔 만났다. 이것은 그가 자신과 비슷한 사람이며 자신의 생활 방식을 흉내 내며 살기 때문이었다고 한다.

이 두 사람은 코에스 축제[33] 때 만나 술을 마셨는데 그때 아페만토스는 이렇게 말했다. "아주 기분이 좋지요? 안 그렇소, 티몬?"

그러자 티몬은 이렇게 대답했다. "당신만 없었다면 아마 그랬을 거요."

또 언젠가 시민 대회가 열리던 날, 이상하게도 티몬이 연단에 나와 있었다. 사람을 만나는 것을 꺼려하던 그가 이런 곳에 나오자 시민들은 그 이유가 몹시 궁금했다. 그래서 모두 입을 다물고 티몬이 무슨 말을 할지 기다렸다. 드디어 티몬이 연단에 나오더니 입을 열었다.

"아테네 시민 여러분! 나는 아주 조그마한 땅을 가지고 있습니다. 그 땅에는 무화과가 한 그루 서 있지요. 가끔 사람들이 목을 매고 자살을 하는 나무 말입니다. 그런

---

32) 셰익스피어는 티몬의 삶을 소재로 하여 <아테네의 티몬>이라는 비극을 썼다.

33) 코에스란 포도주를 담은 술병을 뜻한다. 이 축제는 아테네 달력으로 8월인 안테스테리온 달에 지내는데, 사흘에 걸쳐 진행되었다.

데 이번에 제가 그 땅에 집을 짓기로 했습니다. 그러니 자살을 하실 분은 나무를 베기 전에 어서 오시기 바랍니다."

티몬은 죽은 다음 할라이 해변에 묻혔다. 그런데 그 뒤 무덤 주위에 있던 땅이 가라앉는 바람에 바닷물이 들어와 사람들이 가까이 갈 수 없게 되었다. 이 무덤의 비석에는 다음과 같은 글귀가 새겨져 있었다.

인생의 무거운 짐을 벗고 나 여기에 누웠다네.
나는 사람들 모두를 미워하니 내 이름을 묻지 말아다오.

여기에 적혀 있는 글은 티몬이 죽기 전에 지은 글이라고 전해진다. 그러나 세상에 더 널리 알려진 것은 칼리마코스가 지은 다음의 글이었다.

사람을 싫어한 티몬이 여기 묻혀 있으니
지나가는 사람이여, 머물지 말고 가라.

티몬에 대한 이야기는 여러 가지가 있지만 여기서 그치기로 하겠다.

안토니우스는 얼마 뒤 악티움에 있던 카니디우스에게서 군대를 모두 잃었다는 보고를 받았다. 그리고 유다의 헤롯 왕도 카이사르에게 넘어갔으며, 다른 왕들도 모두 등을 돌려 이집트를 제외한 모든 부대가 무너졌다는 소식을 잇따라 들었다. 그러나 안토니우스는 조금도 흔들리지 않는 것 같았다.

안토니우스는 이제 모든 희망을 버리게 되어 오히려 더 시원하다는 듯 파로스 섬의 집을 떠나 클레오파트라에게 갔다. 알렉산드리아에 도착한 안토니우스는 밤새도록 잔치를 열고 돈을 물처럼 써댔다.

안토니우스는 클레오파트라와 율리우스 카이사르 사이에서 태어난 아들을 귀공자로 대접하고, 풀비아와 자기 사이에서 태어난 아들 안틸루스에게는 자주색 단을 두르지 않은 옷을 입혔다. 그리고 이들의 성년식 때에는 알렉산드리아 시가 들썩거릴 만큼 큰 잔치를 며칠 동안이나 베풀었다. 또 예전에 만들었던 '즐기기 위한 모임'을 없애 버리고 '함께 죽는 모임'이라는 이상한 모임을 새로 만들었다. 이 모임은 안토니우스와 클레오파트라와 함께 죽기로 맹세한 사람들이 가입했기 때문에 이런 이름이 붙여진 것이었다. 이들은 모임을 가지면서 그 전보다 더욱 화려하고 사치스러운 잔치를 벌이면서 밤낮을 가리지 않고 방탕하게 놀았다.

그러면서 클레오파트라는 온갖 종류의 독약을 모으고 있었다. 그녀는 어느 약을 먹어야 가장 고통을 덜 받고 죽을 수 있는지를 실험하기 위해 사형수들에게 약을 먹여 보기도 했다. 그 결과 효과가 빠른 약은 그만큼 고통이 심하고, 고통이 적은 약은 그만큼 죽는 데 시간이 오래 걸린다는 것을 알아냈다. 그래서 이번에는 독을 가진 짐승들을 써서 실험해 보았다. 날마다 짐승의 독을 다른 짐승의 몸에 넣으면서 실험해 본 결과, 그녀는 아스프라는 뱀의 독이 사람을 가장 편안하게 죽일 수 있다는 것을 알았다. 이 독사에게 물리면 몸이 떨리거나 신음소리를 내는 일도 없이 졸음이 오는 것처럼 천천히 몸이 굳어져 갔다. 그리고는 얼굴에 식은땀을 흘리면서 조금씩 의식이 없어지다가, 나중에 깨워도 일어나지 못하는 죽음 속으로 빠져들었다.

안토니우스와 클레오파트라는 아시아에 머물고 있던 카이사르에게 사람을 보냈다. 클레오파트라는 이집트의 왕좌를 자신의 아들에게 물려줄 수 있도록 해 달라고 부탁했고, 안토니우스는 만일 이집트에서 살 수 없다면 평범한 아테네의 시민으로 살수 있게 도와 달라고 했다. 이때 사절로 간 사람은 안토니우스의 아들을 가르치던 에우프로니우스라는 사람이었는데, 믿을 사람이라고는 이 사람밖에 남지 않았던 것이다.

안토니우스에게는 일찍이 로마에 있을 때 티마게네스의 소개로 알게 된 알렉사스라는 사람이 있었다. 그는 라오디케아 사람이었는데, 안토니우스 주변에 있던 그리스 사람들보다는 더 두터운 신뢰를 받고 있었다. 그는 클레오파트라를 위해 안토니우스 가까이에서 여러 가지 일을 도맡아 했다. 예를 들어, 그는 클레오파트라의 부탁을 받아, 아내 옥타비아를 그리워하는 안토니우스의 마음을 클레오파트라에게 다시 돌려놓곤 했다.

그런데 알렉사스는 그때 마침 헤롯 왕을 설득하기 위해 유대로 가고 없었다. 안토니우스를 배반하고 카이사르에게 넘어간 헤롯 왕의 마음을 다시 되돌리려는 것이었다. 그러나 이 중요한 임무를 맡은 알렉사스는 안토니우스를 배신해 버렸다. 그는 헤롯 왕의 소개를 받아 뻔뻔스럽게도 카이사르에게 빌붙으려고 했다. 그러나 헤롯 왕은 도와주기는커녕 그를 잡아서 가두었다가 나중에 카이사르의 명령에 따라 사형시켜 버렸다. 이렇게 그는 은혜를 배반한 죗값을 톡톡히 치렀다.

카이사르는 안토니우스의 요청을 들어주지 않았다. 그러나 클레오파트라에게는 안토니우스를 죽이거나 이집트에서 내쫓기만 한다면, 지나친 것이 아닌 이상 무슨 부탁이든지 다 들어주겠다고 했다. 그는 또 안토니우스와 클레오파트라가 보냈던 사절들이 돌아갈 때 티르수스라는 자신의 해방노예 하나를 딸려 보냈다. 클레오파트라가 아무리 아름다움과 말재주로 유혹해도 절대로 넘어가지 않을 사람이었다.

클레오파트라는 티르수스를 특별히 대우하면서 다른 사람들보다 훨씬 오랫동안 만나 주었다. 질투를 느낀 안토니우스는 그를 잡아다가 편지를 써서 카이사르에게 돌려보냈다. 티르수스는 분수에 넘치는 무례한 짓을 저질렀으며, 자신은 그것을 참을 만큼 너그러운 사람이 아니라는 내용이었다. 그리고 다음과 같은 말을 덧붙였다.

"만일 티르수스를 벌준 일이 못마땅하다면, 히파르코스라는 내 해방노예를 보내니 달아매고 때리시오. 그러면 서로 분풀이가 될 것이오."

클레오파트라는 이 일 때문에 안토니우스를 더욱 정성껏 보살폈다. 예를 들어, 자신의 생일에는 기울어진 신세에 맞게 소박한 상을 차리고, 안토니우스의 생일에는 막대한 비용을 들여서 화려한 잔치를 열었다. 그때 카이사르는 로마에 남아 있던 아그리파로부터 빨리 돌아오라는 편지를 받고 로마로 갔다.

전쟁은 한동안 고개를 숙였다. 그러나 추운 겨울이 지나자 카이사르는 부하들에게 이집트로 가라고 말하고, 자신도 곧장 시리아를 가로질러 이집트로 향했다. 가는 길에 그들은 펠루시움 시를 함락시켰다. 클레오파트라의 지시를 받은 셀레우코스가 그 도시를 적에게 넘겨 주었다는 소문도 떠돌았다. 그러나 클레오파트라는 셀레우코스의 아내와 자식들을 안토니우스에게 넘겨줌으로써 자신의 결백을 증명해 보였다.

그때 클레오파트라는 무덤과 기념탑을 이시스 신전 근처에 짓고 있었다. 그것은 모두가 크고 아름다운 것들이었다. 그녀는 이 속에다 보물과 금은, 에메랄드, 진주, 흑단, 상아, 향료, 그리고 불쏘시개 나무들을 넣어 두었다. 카이사르는 혹시나 그녀가 절망을 하여 이 신전에 불을 지르지 않을까 염려스러웠다. 그래서 그는 그녀를 안심시키고는 계속 진군했다.

카이사르는 알렉산드리아의 경마장 근처에 진을 쳤다. 안토니우스는 군대를 이끌고 나왔다. 그리고는 공격을 퍼부어 카이사르의 기병대와 보병대를 진영 속으로 몰아넣었다. 그리하여 안토니우스는 큰 기쁨으로 돌아와서 클레오파트라에게 입을 맞추었다. 그리고 그날 싸움에서 큰 공을 세운 부하 한 사람을 클레오파트라에게 소개하고 상을 내리도록 했다. 그녀는 그에게 금 갑옷과 투구를 상으로 주었는데, 그는 그것을 받아가지고 그날 밤에 카이사르의 군으로 넘어가 버렸다.

그 뒤 안토니우스는 다시 한 번 카이사르에게 사람을 보내 장군들끼리 일대일로 겨루자는 제안을 했다. 그러자 카이사르는 죽을 방법은 얼마든지 있지 않느냐고 비아냥거렸다. 이 말을 들은 안토니우스는 반드시 판가름을 내겠다고 결심했다.

그날 밤 안토니우스는 저녁을 들면서 시종들에게 말했다.

"우리가 이렇게 함께 지내는 것도 오늘이 마지막이오. 모두들 넉넉히 마시고 기분좋게 지내시오. 여러분들은 이제 내일이면 다른 주인을 섬기게 될지도 모르오. 그리고 나는 시체로 변해 있을지도 모르오."

병사들은 모두 눈물을 흘렸다. 안토니우스는 다시 말했다.

"나는 죽어서 이름을 남기려고 싸우는 것이 아니라 승리와 안전을 위해 싸우려는 것이오. 그러니 나는 여러분들을 함께 데려갈 생각은 없소."

그날 밤 갑자기 난데없는 악기소리와 함께 고함을 지르며 춤을 추는 사람들의 소리가 무거운 침묵에 휩싸인 도시를 깨웠다. 이 소리는 시내 한복판을 지나 적군이 있는 성문을 향해 나더니, 거기서 한바탕 요란스러운 소리를 내고서 사라져 버렸다. 사람들은 몹시 놀랐다. 어떤 사람은 평소에 안토니우스가 따르던 디오니소스 신이 이제는 그를 저버리고 떠나는 소리라고 수근거리기도 했다.

다음날 안토니우스는 보병을 이끌고 시내로 나왔다. 그리고는 자기 함대가 적에게 다가가는 모습을 잘 볼 수 있을 만한 언덕에 진을 쳤다. 안토니우스는 아래를 내려다보았다. 그런데 적에게 접근한 군사들이 노를 들고 카이사르에게 인사를 보내자 적도 똑같이 인사를 보내왔다. 그리고는 두 함대가 하나로 뭉쳐지더니 갑자기 방향을 바꾸어 시내로 쳐들어왔다. 안토니우스가 놀랄 틈도 없이 기병대도 적에게 넘어가 버렸다. 이제 안토니우스는 보병부대만으로 싸우다가 시내로 쫓겨들어왔다. 그는 클레오파트라를 위해 싸우는 전쟁이 오히려 클레오파트라의 배신 때문에 지게 되었다고 소리를 질렀다.

클레오파트라는 안토니우스가 분노와 절망을 참지 못하고 자신에게 해를 끼칠까봐 두려웠다. 그래서 그녀는 그 큰 기념탑 안으로 들어가 두꺼운 창살을 내리고 빗장을 질렀다. 그리고는 사람을 보내 클레오파트라는 자살했다고 전하게 했다. 이 말을 그대로 믿은 안토니우스는 자신을 향해 이렇게 부르짖었다. "안토니우스! 너는 왜 아직도 살아 있는 것이냐? 이제는 더 이상 살아 있을 이유도 없지 않느냐?"

그리고는 방으로 들어가 입고 있던 갑옷을 벗어던지며 말했다.

"클레오파트라! 당신을 잃은 것은 슬프지 않소. 내가 곧 당신을 만나러 갈 테니 말이오. 내가 정말 슬픈 것은, 대장군인 내가 여자인 당신이 가진 것만큼의 용기도 없어서 아직까지 숨을 쉬고 있다는 사실이오."

안토니우스에게는 에로스라는 충실한 하인이 있었다. 그는 이 하인에게, 만일 어쩔 수 없는 상황이 닥치면 자신을 죽이라는 다짐을 여러 번 해 두었었다. 안토니우스는 에로스를 찾아갔다. 그리고 지금이 바로 그때라고 말했다. 에로스는 칼을 뽑아들고 안토니우스를 겨누었다. 그런데 갑자기 돌아서더니 제 몸을 찔러 자살을 하는 것이었다. 쓰러지는 에로스를 보며 안토니우스는 이렇게 말했다. "에로스! 정말 훌륭하다. 내가 하지 못한 일을 하여 도리어 나를 가르쳐 주는구나."

안토니우스는 곧 자신의 배를 찌르고 침대에 쓰러졌다. 그러나 금방 숨이 끊어지지는 않았다. 한참 뒤에 다시 정신을 차리게 되었다. 안토니우스는 사람들에게 제발 자기를 죽여 달라고 애원했다. 그러나 사람들은 모두 밖으로 나가 버렸다. 안토니우스는 고함을 치면서 온몸을 비틀었다. 그때 클레오파트라의 몸종인 디오메데스가 찾아왔다. 안토니우스를 자기가 숨어 있는 곳으로 모셔오라는 클레오파트라의 지시를 받고 왔다는 것이었다.

이 말을 듣고 클레오파트라가 살아 있다는 것을 알게 된 안토니우스는 곧 하인들을 불러 자신을 그녀에게 데려다 달라고 했다. 그런데 클레오파트라는 문을 열지 않았다. 그녀는 높은 창문 앞에 나타나서는 밧줄 몇 가닥을 내려보냈다. 그리고 밧줄을 동여맨 안토니우스를 위로 끌어올렸다. 사람들은 이 처참한 광경을 보고 아무도 입을 열지 못했다. 피투성이가 된 안토니우스는 밧줄 끝에 매달려 숨이 끊어질 듯한 고통을 당하면서도, 클레오파트라를 향해 두 팔을 뻗치고 있었던 것이다.

밧줄에 매달린 안토니우스를 여자들만의 힘으로 끌어올린다는 것은 쉬운 일이 아니었다. 드디어 안토니우스가 올라왔다. 클레오파트라는 그를 침대에 눕히고 자신의 옷을 찢어 덮어 주었다. 그녀는 몹시 괴로운 듯이 몸부림쳤다. 그리고 안토니우스를 부르며 자신의 서글픈 운명조차 잊어버린 듯 울부짖었다.

안토니우스는 그런 클레오파트라를 위로했다. 그리고 술을 좀 가져다 달라고 했다. 술을 마시고 난 뒤 그는 부끄러운 일이 아니라면 무엇이든지 좋도록 하라고 그녀에게 말했다. 그리고는 카이사르의 부하 장군들 중에서는 프로쿨레이우스가 가장 믿을 만한 사람이라고 덧붙였다. 또 그는 이렇게 죽어가는 자신을 위해 슬퍼하지 말라고 했다. 자신은 세상에서 가장 큰 영광과 권력을 누리며 살았을 뿐 아니라 다행히도 마지막에는 로마인에게 정복되었으니, 그것을 기뻐해 달라고 했다.

마침내 안토니우스는 숨을 거두었다. 그는 자살한 것이다. 호위병이었던 데르케타이우스가 안토니우스의 배에 꽂힌 칼을 뽑아들고 카이사르에게 달려갔다. 그리고는 피묻은 칼을 카이사르에게 보여 주며 안토니우스의 자살 소식을 처음으로 알렸다.

카이사르는 이 소식을 듣고 자신의 천막으로 들어갔다. 그는 누님의 남편이자 정치적 동료이며, 적과 싸울 때는 동료였던 안토니우스를 생각하며 슬픔의 눈물을 흘렸다. 잠시 뒤 그는 안토니우스와 주고받았던 편지를 들고 나왔다. 그리고 부하 장군들 앞에서 읽어 주었다. 그는 안토니우스를 얼마나 정당하고 이성적으로 대했는지와 안토니우스가 얼마나 거만하고 고집스럽게 굴었는지를 증명해 보였다.

카이사르는 프로쿨레이우스를 클레오파트라에게 보냈다. 그는 될 수 있는 대로 그녀를 사로잡아 오라고 명령했다. 그녀의 수많은 재물들도 탐났지만, 그녀를 끌고 간다면 개선식을 할 때 훨씬 더 빛나는 행렬이 될 것이라고 생각했던 것이다.

그러나 클레오파트라는 프로쿨레이우스에게 쉽게 잡힐 여자가 아니었다. 클레오파트라는 그를 문 밖에 세워둔 채 이야기만 주고 받았다. 그녀는 자신의 아이들이 이집트의 왕위를 계승할 수 있도록 해 달라고 요청했다. 프로쿨레이우스는 모든 것을 허락할 테니 카이사르를 믿으라고 했다.

프로쿨레이우스의 보고를 들은 카이사르는 다시 갈루스를 보냈다. 갈루스는 문밖에 서서 일부러 이야기를 길게 끌었다. 그러는 동안 프로쿨레이우스는 긴 사다리를 놓고 창문을 통해 안으로 들어갔다. 그리고는 갈루스와 한창 이야기를 하고 있던 클레오파트라에게 다가갔다. 그것을 보고 한 시녀가 비명을 질렀다.

"여왕님! 적이 사로잡으려고……."

클레오파트라는 얼른 품 속에 품고 있던 칼을 빼들었다. 그러나 프로쿨레이우스가 재빨리 달려들어 칼을 든 그녀의 손을 가로막았다.

"안 됩니다. 여왕님을 위해서도, 그리고 카이사르를 위해서도 이래서는 안 됩니다. 카이사르 장군이 당신에게 은혜를 베풀 기회를 놓쳐서 착하고 따뜻한 그분을 오히려 차고 냉정한 분으로 만들어서는 안 되지요."

카이사르는 에파프로디투스라는 해방노예를 클레오파트라에게 보냈다. 클레오파트라가 생명의 위협을 느끼지 않도록 잘 보호해 주고, 잘 대접하여 마음을 놓을 수 있게 하는 것이 그 임무였다.

카이사르는 드디어 알렉산드리아에 들어왔다. 이때 그는 아레이오스라는 철학자와 손을 잡고 정답게 이야기를 나누었다. 자신이 그 철학자를 얼마나 존중하는지를 시민들에게 보여서, 시민들도 자신을 존경하게 만들려는 것이었다.

그는 운동장에 들어가 미리 마련되어 있던 연단 위의 자리에 가서 앉았다. 그런데 시민들이 모두 땅에 엎드려 벌벌 떨고 있었다. 그는 모든 것을 용서할 테니 일어나라고 말했다. 그러고 나서 그는 이 도시를 건설한 알렉산드로스를 위해, 아름답고 웅장한 이 도시를 위해, 그리고 이곳에서 태어난 자신의 친구 아레이오스를 위해 시민들의 죄를 용서하는 것이라고 덧붙였다.

이것으로도 알 수 있는 것처럼 아레이오스는 카이사르로부터 큰 영광을 받고 있었다. 그는 카이사르에게 부탁하여 여러 사람의 생명을 구해 주었는데, 그 중에서도 필로스트라토스라는 사람은 유명했다. 필로스트라토스는 때와 장소를 가리지 않고 어디서든 즉석 연설을 훌륭하게 해냈는데, 역사적으로도 그를 따를 만한 즉석 연설가는 찾아볼 수가 없었다. 그러나 그는 아무 근거도 없이 자신이 아카데미 학파라고 우겼다. 그래서 못마땅하게 여긴 카이사르는 아레이오스의 부탁을 거절하려고 했다. 그러자 필로스트라토스는 허연 수염을 늘어뜨린 채 상복을 입고 나와서는 다음과 같은 시를 읊고 다녔다.

정말로 지혜로운 사람이라면 지혜로운 사람을 구한다네.

그가 이런 시를 읊으며 아레이오스를 쫓아다닌다는 소문을 듣자 카이사르는 필로스트라토스를 용서해 주었다. 그러나 이것은 그 사람을 위해서가 아니라 아레이오스를 생각하는 마음 때문이었다.

안토니우스의 아들 중 풀비아가 낳았던 안틸루스는 그의 스승인 테오도루스의 배신 때문에 사형을 당했다. 그런데 병사들이 그의 목을 벨 때 테오도루스가 안틸루스의 목걸이를 슬쩍 훔쳐 허리띠 속에 감추었다. 그는 처음에는 이런 일이 없다고 잡아뗐으나 나중에 죄가 밝혀져 결국 십자가에 매달려 죽임을 당하고 말았다.

클레오파트라의 자식들은 호위병들의 보호와 시종들의 시중을 받으며 편안하게 지냈다. 그러나 카이사르와의 사이에서 태어난 아들 카이사리온은 어머니가 준 막대한 재산을 가지고 에티오피아를 거쳐 인도로 달아났다. 그런데 카이사리온의 스승인 로돈이 카이사르가 그를 왕위에 앉히기로 약속했다고 속여 도중에 돌아오게 만들었다. 카이사르가 그를 어떻게 처리할까 고민하고 있을 때 아레이오스는 이렇게 말했다고 한다.

"카이사르가 너무 많으면 좋을 게 없지요."

카이사르는 클레오파트라가 세상을 떠나자 카이사리온도 죽여 버렸다.

한편 많은 왕과 부하 장군들이 장례를 치르기 위해 안토니우스의 시체를 달라고 요청했다. 그러나 카이사르는 클레오파트라에게서 안토니우스의 시체를 뺏고 싶지 않았다. 결국 안토니우스의 장례식은 돈을 얼마든지 써도 좋다는 허락을 받은 클레오파트라의 손에 의해 화려하고 성대하게 거행되었다.

안토니우스의 죽음으로 너무나 큰 설움과 고통을 겪은 클레오파트라는 언제나 자신의 가슴을 치곤 했다. 나중에는 이것이 원인이 되어 유방에 염증이 생겼다. 클레오파트라는 이것을 핑계삼아 식사를 하지 않았다. 그녀는 그대로 죽을 수 있게 된 것을 기뻐한 것이다. 그녀에게는 올림포스라는 주치의가 있었는데, 클레오파트라는 그에게 자신의 생각을 말하고 어떻게 하면 쉽게 죽을 수 있겠느냐고 물었다. 이런 이야기는 올림포스 자신이 쓴 기록 속에 남아 있다.

이 계획을 눈치 챈 카이사르는 클레오파트라의 죽음을 막기 위해 그녀의 아이들을 죽이겠다고 협박했다. 클레오파트라는 할 수 없이 식사도 하고 의사가 주는 약도 먹기 시작했다.

얼마 뒤 카이사르는 클레오파트라를 위로해 주기 위해 그녀를 찾아갔다. 마침 클레오파트라는 속옷만 입은 채 침대에 누워 있었다. 카이사르가 왔다는 말을 듣자 그대로 일어나더니 카이사르의 발 밑에 엎드렸다. 얼굴은 창백하고 머리칼은 제멋대로 헝클어졌으며, 목소리는 바르르 떨리고, 하도 울어서 그런지 눈은 쑥 들어가 있었다. 가슴에는 시퍼런 멍이 아직도 남아 있었고, 그런 온몸의 상처 못지않게 마음도 많이 상해 있는 것 같았다. 그러나 클레오파트라가 가지고 있는 매력과 뛰어난 아름다움은 그런 처지에도 불구하고 아련히 남아 있었다.

카이사르는 그녀에게 침대에 누우라고 했다. 그리고 그녀가 눕자 그는 그 곁에 조용히 가서 앉았다. 클레오파트라는 이 기회를 이용해서 자신이 한 일을 변명하고, 모든 일은 안토니우스가 두려워서 한 것으로 돌리려고 했다. 그러나 카이사르는 그녀의 이야기를 하나하나 지적하면서 변명을 모두 묵살해 버렸다.

그러자 클레오파트라는 목숨만 살려 달라고 애원했다. 나중에는 자신이 가지고 있는 재산과 보물 목록까지 그에게 내놓았다. 그런데 그녀의 재무관인 셀레우코스가 옆에 서 있었는데, 그는 그 목록에는 빠진 것이 많고 분명히 다른 곳에 감춰 두었을 것이라고 얘기했다. 클레오파트라는 벌떡 일어났다. 그리고는 셀레우코스의 머리채를 잡고 얼굴을 때리며 소리를 질렀다. 카이사르가 웃으면서 말리려 하자 클레오파트라가 말했다.

"어떻게 이럴 수가 있습니까? 카이사르 장군님께서도 저의 신세를 가엾게 생각하시고 여기까지 찾아오셨는데, 제가 부리던 자의 입에서 어떻게 이런 말이 나올 수 있습니까? 더구나 그것들은 내 몸을 꾸미기 위해서가 아니라 옥타비아 님과 리비아 님께 선물로 드려 어떻게든 제 몸을 구해 보려고 남겨 두었던 것인데, 그런데 제가 이런 소리를 듣고도 가만히 있어야 되겠습니까?"

이 말을 들은 카이사르는 클레오파트라가 죽을 결심을 포기했다고 믿게 되었다. 그는 클레오파트라에게 그 물건들을 마음대로 처리할 수 있도록 허락해 주었다. 그리고 지금보다도 훨씬 더 훌륭한 대우를 해주겠다고 약속했다. 그런 다음 카이사르는 그녀를 달랜 것에 만족해하며 떠났다. 그러나 속은 것은 바로 카이사르였다.

카이사르의 친구 중에는 코르넬리우스 돌라벨라라는 귀족 출신의 청년이 있었는데, 그는 클레오파트라를 좋게 생각하고 있었다. 그는, 카이사르는 육군을 이끌고 시리아로 가서 귀국할 것이며, 클레오파트라와 그녀의 아이들은 사흘 안에 호송될 것이라는 계획을 그녀에게 편지로 알려 주었다. 이 계획을 알게 된 클레오파트라는 안토니우스의 무덤을 찾아가 작별인사를 드리겠다는 허락을 받았다. 그녀는 시녀들과 함께 무덤을 찾아가서 이렇게 말했다.

"아, 안토니우스! 이 손으로 당신을 묻을 때만 해도 나는 자유로운 몸이었어요. 그러나 지금 당신에게 술을 따르고 있는 나는 이미 죄인의 몸이 되어 심한 감시를 받고 있답니다. 지금 내게는 내 몸을 스스로 상하게 만들어서 이 고통과 설움을 벗어날 수 있는 길도 남아 있지 않습니다. 이대로 노예로 끌려가 당신을 정복했다고 축하하는 개선식에서 구경거리가 되어야 한답니다.

클레오파트라가 당신에게 술을 따라 드리는 것도 이것으로 마지막입니다. 이제 나는 여기를 떠나 먼 곳으로 끌려갈 테니까요. 살아 있을 때는 어느 누구도 우리를 떼어 놓을 수 없었는데, 지금은 당신과 나 사이에 죽음이 가로놓여 있군요. 로마 사람인 당신은 이집트에 묻히고, 이집트 사람인 나는 당신의 나라인 이탈리아에 묻히게 되었으니 말이에요.

그러나 만일 땅의 신들과 당신이 나를 도울 수만 있다면 부디 나를 도와주세요. 살아 있는 당신의 아내를 저버리지 마세요. 치욕스러운 개선식에 나가지 않도록, 제가 당신 곁에 묻힐 수 있도록 제발 도와주세요. 내가 지금까지 겪은 수천 가지의 고통 중에, 당신과 갈라진 뒤에 겪은 이 짧은 시간 동안의 아픔과 괴로움보다 더 크고 무서운 것은 없었어요.”

클레오파트라는 이렇게 울부짖으면서 무덤에 꽃을 바쳤다. 그리고는 무덤을 끌어안고 입을 맞춘 다음 작별인사를 했다. 무덤에서 돌아온 클레오파트라는 목욕을 하고 화려하게 마련된 식탁으로 나갔다.

그런데 그때 어떤 시골 사람 하나가 작은 바구니를 들고 찾아왔다. 문지기들이 무엇을 가지고 왔느냐고 묻자, 그는 바구니를 덮고 있던 잎사귀를 들추고 탐스러운 무화과를 보여 주었다. 문지기들이 무화과가 너무나 크고 아름다운 것에 놀라자 몇 개 가지라고 했다. 그러나 문지기들은 사양을 하면서 아무 의심 없이 그를 안으로 들여보냈다.

식사를 마친 클레오파트라는 미리 써두었던 편지를 단단히 봉한 다음 카이사르에게 보냈다. 그리고는 두 시녀만 남기고 모든 시종들을 내보내고 문을 잠갔다. 한편 카이사르는 클레오파트라가 보낸 편지를 보고 깜짝 놀랐다. 부디 안토니우스 곁에 묻어 달라는 부탁과 함께 자신의 운명을 한탄한 편지였다. 무슨 일이 일어나고 있는지 짐작할 수 있었던 것이다.

카이사르는 곧바로 달려가려다가 곧 마음을 바꾸었다. 그는 사람을 보내어 사실을 확인하라고 했다. 그러나 이미 모든 비극은 끝이 나 있었다. 그들이 클레오파트라에게 달려갈 때까지도 문지기들은 아무것도 모르고 있었다. 클레오파트라는 여왕의 옷을 입고 금으로 만든 침대 위에 쓰러져 있었던 것이다. 그리고 두 명의 시녀들 중 이라스는 클레오파트라의 발 밑에 숨이 끊어진 채 죽어 있었고, 카르미온은 안간힘을 다해 클레오파트라의 왕관을 바로잡아 주고 있었다. 이것을 보고 누군가 소리쳤다.

“아주 장한 일을 하셨군, 카르미온.”

"그럼요. 정말 장한 일입니다. 수많은 왕들의 후예답게 말입니다."

카르미온도 이 말을 마지막으로 남기고 클레오파트라의 침대 곁에 쓰러졌다. 자살을 하기 위해 쓴 독사는 무화과 잎사귀 속에 감추어 들어온 것이었다.

그러나 다른 설에 의하면, 클레오파트라는 처음에 물항아리 속에 독사를 넣어두었다고 한다. 그리고 금으로 만든 막대기로 독사를 건드려 슬슬 약을 올린 다음 자신의 팔을 물게 했다고 한다. 또 속이 비어 있는 머리핀 속에 독약을 감추어 두었었다는 이야기도 있다. 그러나 어떤 것이 정말인지는 알 수가 없다.

그러나 클레오파트라의 시체에는 독약을 썼다는 증거나 얼룩 같은 것이 전혀 나타나지 않았다. 그리고 클레오파트라가 죽은 방 어디에서도 독사는 발견되지 않았다. 다만 바다 쪽을 향해 열려 있던 창이 있었는데, 그쪽 모래밭 위에서 독사가 기어간 듯한 흔적이 보였다고 말하는 사람은 있었다. 또 클레오파트라의 팔에 뭔가에 물린 듯한 자국이 두 개 있었다고 말하는 사람도 있었다.

카이사르도 이 말을 믿었던 것 같다. 개선식 때 끌고나온 클레오파트라의 조각상에는 독사의 모습이 나타나 있기 때문이다. 클레오파트라의 죽음에 대한 이야기는 이 정도로 그치겠다.

카이사르는 클레오파트라의 자살을 매우 유감스럽게 생각했다. 그러나 그 정신에 대해서는 칭찬을 아끼지 않았다. 그는 왕처럼 성대한 장례식을 올려주고 안토니우스 곁에 묻어 주었다. 두 시녀에 대해서도 특별 명령을 내려 정중하게 장례식을 치러 주었다. 이때 클레오파트라는 39세로, 여왕으로 오른 지 22년, 안토니우스와 함께 통치를 한 지는 14년이 되는 해였다.

안토니우스는 56세에 죽었다고도 하고 53세에 죽었다고도 한다. 안토니우스의 동상은 그가 죽은 뒤 모두 철거되었지만, 클레오파트라의 동상들은 그대로 남아 있다. 이것은 클레오파트라의 친구인 아르키비오스가 카이사르에게 2천 탈렌트의 돈을 바쳤기 때문에 남아 있게 되었다 한다.

안토니우스는 세 명의 아내로부터 일곱 명의 아이를 남겼다. 그 중 카이사르에게 처형된 것은 큰아들인 안틸루스뿐이었고, 나머지는 모두 옥타비아가 맡아서 길렀다. 한편 클레오파트라가 낳은 딸 클레오파트라는 여러 나라의 왕들 가운데서도 가장 뛰어난 유바 왕과 결혼을 했다. 그리고 풀비아가 낳은 안토니우스는 카이사르로부터 큰 사랑을 받게 되었다. 즉, 카이사르는 아그리파를 첫 번째, 리비아가 낳은 아들을 두 번째, 그리고 다음으로 안토니우스를 자신의 가장 소중한 사람으로 생각했다.

옥타비아에게는 첫 번째 남편 마르켈루스와의 사이에서 낳은 두 명의 딸과 마르켈루스라는 아들 하나가 있었다. 이 마르켈루스는 카이사르의 양자로 갔다가 나중에 그의 사위가 되었으며, 딸 가운데 하나는 아그리파에게 시집을 갔다.

그런데 결혼한 지 얼마 뒤에 마르켈루스가 죽어 버리자 카이사르는 과부가 된 자신의 딸(율리아)을 누구와 결혼시킬 것인지 대단히 고민을 했다. 그러자 카이사르의 누나인 옥타비아는 아그리파와 자신의 딸을 이혼시키고, 그 대신 카이사르의 딸 율리아를 그와 재혼시키자고 했다. 이 제안에 아그리파와 카이사르가 모두 승락을 했다. 그래서 아그리파는 율리아와 결혼하고 옥타비아는 이혼한 자신의 딸을 데려다가 안토니우스 2세와 결혼시켰다.

옥타비아와 안토니우스 사이에는 두 명의 딸이 있었다. 그 중 하나(대 안토니아)는 도미티우스 아헤노바르부스와 결혼하였다. 그리고 아름다움과 지혜가 뛰어나기로 유명했던 또하나의 딸 안토니아(소 안토니아)는 리비아의 아들이며 카이사르의 양자인 드루수스와 결혼했다. 이 드루수스와 안토니아 사이에는 게르마니쿠스와 클라우디우스라는 두 아들이 있었는데, 클라우디우스는 나중에 황제가 되었다. 그리고 게르마니쿠스의 아들 중 가이우스(칼리굴라)가 또다시 황제가 되어 오랫동안 이름을 날렸다. 그러나 그는 아내와 자식들과 함께 비참한 죽음을 맞았다.

또 클라우디우스 카이사르는, 아헤노바르부스와 결혼하여 루키우스 도미티우스라는 아들을 낳았던 아그리피나와 결혼을 했는데, 그녀의 아들을 양자로 삼고 네로 게르마니쿠스라는 이름을 붙여 주었다. 네로는 우리 시대에 로마를 다스렸던 황제였는데, 자신의 어머니를 살해하는 등 여러 가지 미친 짓을 해서 하마터면 나라를 멸망시킬 뻔했다. 네로는 안토니우스로부터 따지면 5대 후손이 된다.

데메트리오스와
안토니우스의 비교

이 두 사람은 남달리 변화가 많은 운명을 겪었다. 그러면 먼저 그들이 어떻게 해서 권력과 영광을 얻게 되었는지부터 살펴보기로 하자.

데메트리오스는 사실 아버지가 이룩해 놓은 왕국을 물려받은 것뿐이었다. 그의 아버지 안티고노스는 알렉산드로스 대왕의 뒤를 이은 여러 왕들 가운데 가장 큰 세력을 가지고 있었고, 데메트리오스가 어른이 되기 전에 이미 아시아 대부분을 정복하고 있었던 것이다.

그러나 안토니우스의 아버지는 여러 가지 면에서 훌륭한 사람이기는 했지만 군인은 아니었다. 그래서 안토니우스에게 큰 권력을 물려 주지는 못했다. 하지만 안토니우스는 카이사르가 여러 차례의 전쟁을 통해 쌓아올렸던 권력을 혼자 힘으로 손에 넣었다. 다시 말하면, 별로 뛰어난 가문에서 태어나지도 못했던 그가 전세계를 둘로 나누고 그 중 하나를 차지했던 것이다. 또 그는 직접 전쟁터에 나가지도 않고 부하 장군들을 내보냈지만 파르티아 군대를 여러 번 무찌르고 카스피해에 이르는 아시아 지역을 모두 장악하였다. 그가 세상 사람들의 손가락질을 받은 것도 따지고 보면 그의 권력이 얼마나 대단했던가를 증명해 주는 것이다.

한편 데메트리오스의 아버지는 아들의 힘을 키워 주기 위해 나이가 맞지 않는 데도 안티파트로스의 딸과 결혼시켰다. 그러나 안토니우스는 아르사케스를 제외하면 그 시대 어느 나라의 왕보다 뛰어난 클레오파트라와 결혼했지만 사람들은 이것을 수치스러운 일로 생각하였다. 안토니우스의 명성이 너무나 높았기 때문에 사람들은 그를 있는 그대로보다 더 높이 평가했던 것이다.

데메트리오스는 왕의 권력을 지나치게 휘둘렀지만 이것은 별로 나무랄 일이 못 된다. 왜냐하면 국민들은 그때까지 계속 왕에게 억압을 받아 왔기 때문이었다. 그러나 안토니우스는 카이사르의 독재에서 갓 벗어난 로마인들로부터 다시 자유를 빼앗았다는 비난을 받아야만 했다. 그리고 브루투스와 카시우스를 상대로 한 전쟁은 그의 여러 가지 업적 중에 가장 큰 것이기는 하지만 이것 또한 시민들의 자유를 빼앗기 위한 것이었다.

데메트리오스는 자신이 위험한 지경에 몰리기 전까지는 항상 그리스의 자유를 지키기 위해 싸웠으며, 그리스의 여러 도시에서 외국 군대를 몰아내려고 애썼지만 결코 그것을 자랑삼지 않았다. 그러나 안토니우스는 로마의 자유를 지키려던 사람들을 마케도니아까지 쫓아가서 죽여 버리고는 그것을 대단한 일인 것처럼 자랑했기 때문에 서로 비교해서 이야기할 만한 것이 못된다.

물론 안토니우스는 은혜와 상을 많이 베풀었다는 점에서는 칭찬할 만하다. 그러나 그는 자신의 친구나 부하 장군들에게만 베풀었지만 데메트리오스는 적에게까지 큰 은혜를 베풀었다. 그러므로 이것으로도 도저히 비교할 수가 없다. 또 안토니우스는 적인 브루투스의 장례를 성대하게 치러 칭찬을 받았지만, 데메트리오스는 전사한 적의 병사들을 잘 묻어준 것은 물론 포로들에게는 많은 선물을 내려 프톨레마이오스 왕에게 돌려보냈다.

두 사람은 권력을 누리는 동안에는 다같이 교만한 모습을 보였고, 사치와 쾌락에 빠져 살았다. 그러나 데메트리오스는 그런 외중에도 행동해야 할 때를 놓친 것은 없었다. 그는 다만 한가한 시간에만 쾌락에 빠졌던 것이다. 그리고 그가 사랑했던 라미아도 옛이야기에 나오는 라미아처럼 꿈처럼 살면서 놀 때만 가까이 했을 뿐이다. 그는 일단 전쟁이 시작되면 창에 등나무 덩굴을 감거나 투구에 향수를 뿌리거나, 혹은 비단옷을 입고 침실에서 나오는 대로 전쟁터를 향해 떠나지는 않았다. 그는 에우리피데스의 시에 나오는 것처럼 화려한 금술잔을 내던지고 무서운 전쟁의 신을 따라 달려나갔던 것이다. 이렇게 데메트리오스는 게으르고 방탕한 생활 때문에 싸움에 진 일은 한 번도 없었다.

이와는 달리 옴팔레[1]가 헤라클레스의 곤봉을 훔치고 입고 있던 사자의 가죽을 벗기는 그림에서 보듯, 안토니우스는 클레오파트라 때문에 무장을 벗고 쾌락에 눈을 돌리곤 했다. 그는 클레오파트라와 함께 대정복의 계획을 모두 놓쳐 버렸던 것이다. 그리고 그는 마침내 파리스[2]처럼 전쟁으로부터 달아나 클레오파트라의 품속으로 뛰어들었다. 더욱이 파리스는 전쟁에서 졌기 때문에 달아난 것이었지만, 안토니우스는 승부도 채 나지 않은 전쟁을 버리고 클레오파트라의 꽁무니를 쫓아다녔던 것이다.

또한 데메트리오스는 여러 명의 여자와 결혼하기는 했지만, 이것은 관례를 벗어나는 일은 아니었다. 필리포스와 알렉산드로스 이후 마케도니아의 왕들은 모두가 여러 여자와 결혼을 했고, 당시 리시마코스나 프톨레마이오스 같은 왕들도 그렇게 했던 것이다. 더구나 데메트리오스는 자신의 아내들을 결코 소홀히 대한 일도 없었다.

그러나 로마에는 안토니우스처럼 두 명의 아내를 동시에 데리고 살았던 일이 한 번도 없었다. 또 안토니우스는 아직 결혼도 하지 않은 외국 여자를 기쁘게 해주기 위해 자신의 본부인이며 로마인인 아내를 쫓아 버렸다. 그러므로 데메트리오스는 결혼 때문에 해를 당한 일은 없었지만, 안토니우스는 결국 이것 때문에 파멸의 길을 걸어야 했던 것이다.

그러나 안토니우스는 적어도 데메트리오스처럼 하늘의 신을 모욕한 적은 없었다. 역사가들의 기록에 의하면, 아테네에서는 절대로 아크로폴리스에 개가 드나들지 못하게 했다고 한다. 개는 길거리에서 짝을 짓기 때문에 불결한 짐승으로 여겼던 것이다. 그러나 데메트리오스는 마치 개처럼 창녀들을 신성한 신전으로 끌어들이고, 아테네의 수많은 부인들을 유혹하였다. 이런 성격을 지녔던 그가 잔인한 일을 저지르지 않았을 것이라고는 생각하기 어렵다. 아테네의 많은 여자들이 절개를 지키기 위해 자살을 한 데 대해, 데메트리오스가 직접 죽인 것은 아니었지만 적어도 책임을 묻지 않을 수 없을 것이다. 결국 안토니우스의 타락은 자기 자신을 망치게 했지만 데메트리오스의 타락은 다른 사람을 멸망으로 몰아넣었던 것이다.

---

1) 리디아의 여왕. 헤라클레스는 이피토스를 죽인 벌로 3년 동안 옴팔레의 몸종으로 일했다.
2) 트로이 왕의 둘째 아들. 파리스가 헬레네를 유혹했기 때문에 일어난 것이 바로 트로이 전쟁이다.

그러나 데메트리오스가 그의 부모들에게 보인 행동은 조금도 흠을 잡을 수가 없다. 이와는 달리 안토니우스는 키케로를 죽이기 위해 자신의 외삼촌을 희생시켰다. 그러나 키케로를 죽이겠다는 생각 자체부터가 이미 끔찍한 것이며, 만약 외삼촌을 살리기 위해 그를 죽였다고 해도 그 죄는 용서받을 수 없을 것이다. 그러면 이제 그들이 했던 약속에 대해 살펴보기로 하자.

안토니우스는 아르타바스테스를 사로잡고, 데메트리오스는 알렉산드로스를 죽였으므로 두 사람은 모두 자신의 약속을 배반하였다. 그러나 아르타바스테스가 메디아에서 그를 먼저 배신했으므로 안토니우스에게는 충분한 변명거리가 있다. 그러나 많은 역사가들의 주장에 따르면, 데메트리오스는 알렉산드로스를 죽여놓고도, 그가 자신에게 원한을 품고 있었기 때문이라면서 오히려 죄를 뒤집어 씌웠다고 한다.

다음으로 전쟁에서 세운 공적에 대해서 살펴보면, 먼저 데메트리오스가 세운 공은 모두 자신의 힘으로 세운 것이었다. 그러나 안토니우스의 공 가운데는 전쟁터에 나가지도 않은 채 부하 장군들만 내보내서 세운 공들이 적지 않았다.

한편 이 두 사람이 맞아야 했던 비참한 최후는 모두 스스로가 만들어 낸 것이었다. 그러나 여기에도 약간의 차이는 있다. 데메트리오스는 마케도니아 군대로부터 버림을 받았고, 안토니우스는 자신을 위해 싸우고 있는 군대를 버리고 도망쳤다는 것이 그 차이점이다. 그러므로 데메트리오스는 병사들의 충성을 이끌어 내지 못했다는 점에서, 안토니우스는 병사들의 충성을 저버렸다는 점에서 둘 다 비난을 피할 수 없을 것이다.

두 사람의 죽음을 살펴보아도 그다지 칭찬할 만한 것은 발견할 수 없다. 특히 데메트리오스의 죽음은 아주 수치스러운 것이었다. 왜냐하면 그는 스스로 포로가 되어 잡혀갔으며, 3년 동안이나 배불리 먹고 실컷 마실 수 있게 된 것을 고마워했기 때문이다. 먹이를 주면 얼른 받아먹으면서 서서히 길들여지는 짐승처럼, 그는 갇힌 생활 속에서 술에 길들여져 갔다. 이와는 달리 안토니우스는 비록 비겁하고 불쌍하게 죽기는 했지만, 적의 손에 잡히기 전에 스스로 목숨을 끊었다는 점에서는 데메트리오스보다 나았다고 말할 수 있겠다.

45

디온

(DION, BC 408경~354)

시라쿠사의 정치가이며 뛰어난 장군. 디오니시오스 왕의 아내였던 아리스토마케의 동생으로, 엄격하고 정의로운 성격을 지니고 있었다. 플라톤으로부터 철학을 배웠으며, 디오니시오스 1세의 특별한 사랑을 받았다. 전제 정치에 신음하던 시라쿠사를 해방시키고 시민들에게 자유를 되찾아 주었으나, 칼리포스의 음모로 죽임을 당하고 말았다.

소시우스 세네키오여![1]

시모니데스의 말에 의하면, 트로이 사람들은 코린트 군대가 그리스의 다른 군대와 함께 공격해 왔을 때도 그들을 원망하지 않는다고 말했다고 한다. 그것은 자기들 편에 서서 싸운 글라우코스가 코린트에서 태어난 사람이었기 때문이다.

그러므로 그리스 사람이나 로마 사람들도 플라톤의 철학을 욕하지는 않을 것이다. 왜냐하면 여기서 이야기할 브루투스와 디온은 둘 다 플라톤의 영향을 받은 사람이기 때문이다. 디온은 플라톤과 가까운 친구였으며, 브루투스는 그의 책을 통해 가르침을 많이 받았던 사람이었다. 두 사람은 말하자면 같은 문을 지나 영광스러운 경기장에 나선 동창생들이었으며, 그런 만큼 두 사람 사이에는 비슷한 점이 많이 있다.

---

1) 로마의 집정관을 네 번이나 지낸 유명한 정치가. 플루타르코스는 로마에 머물고 있을 때 그를 알게 되어 친해졌다. 이 전기는 그에게 드리는 글의 형식으로 씌어있다.

그들은 현명하고 정의로운 사람이 권력과 행운을 잡았을 때가 아니면 진정으로 위대하고 고귀한 업적을 세울 수 없다는 플라톤의 말을 진리로 생각하고서 자신들의 일생을 통해 이것을 증명하였다. 레슬링의 지도자였던 히포마코스는 푸줏간에서 고기를 사가지고 집으로 돌아가는 사람들의 걸음걸이만 보고도 자기가 가르친 제자들을 알아보았다고 한다. 이와 마찬가지로 철학도 그것을 배운 사람들의 몸에 배어 있다가 그 사람의 말이나 행동으로 나타나게 된다.

이 두 사람은 자신들이 이루려고 했던 어떤 계획에서보다는, 우연히도 비슷한 운명을 겪었다는 점에서 서로 비슷했다. 그들은 열심히 노력했지만, 둘 다 운이 좋지 못해서 계획했던 큰일을 이루지 못한 채 갑자기 죽음을 맞아야 했다. 특히 죽기 전에 꿈속에서 죽음을 미리 알려 주었다는 것은 이상하게도 똑같다.

유령을 믿지 않는 사람들은, 그것이 맑은 정신을 가진 사람에게는 보이지 않는 것이며, 다만 어린아이나 어리석은 여자들, 혹은 정신이 몽롱하고 어지러운 남자들의 경우에게만 나타나는 것이라고 얘기한다. 그리고 머리가 어지럽거나 열이 심해졌을 때 나타나는 착각이며 상상일 뿐이라고 주장하면서, 따지고 보면 유령은 그런 환상을 본 사람의 마음 속에 있는 것이라고 설명한다.

그러나 디온과 브루투스는 지성을 갖춘 철학자였으며, 결코 그런 착각을 함부로 믿을 사람이 아니었다. 그런데도 그들이 친구들에게 유령을 보았다고 이야기했다면, 나는 옛날 사람들이 말했던 그 이상한 이야기들을 믿지 않을 수가 없다.

그들은, 착한 사람을 질투하는 나쁜 귀신이 있어서, 사람들이 착한 일을 할 때마다 정신을 어지럽게 하고 겁을 먹게 만들어 일을 방해한다고 얘기했다. 나쁜 귀신들은 사람들이 평생 동안 아무런 죄도 저지르지 않고 깨끗하게 살게 되면, 죽은 뒤에 자기들보다 높은 지위에 앉게 될까봐 시샘을 해서 그런 짓을 한다는 이야기이다. 그러나 이 문제는 다른 곳에서 다시 얘기하기로 하고, 여기서는 두 사람 중 먼저 태어났던 디온을 주인공으로 하여 이야기를 시작해 보자.

디오니시오스 1세는 참주가 된 다음, 시라쿠사 시민인 헤르모크라테스의 딸을 아내로 맞았다. 그러나 아직 왕권이 다져지지 않았으므로 시라쿠사 사람들은 곧 폭동을 일으켰다. 그들은 그녀를 잡아다가 심하게 때리고 욕보였고, 결국 그녀는 스스로 목숨을 끊어 버렸다. 그 뒤 디오니시오스는 참주 자리를 되찾고 다시 권력을 손에 쥔 뒤, 두 사람의 아내를 새로 맞아들였다. 한 사람은 로크리에서 태어난 도리스였고,

또 한 사람은 시칠리아에서 태어난 아리스토마케였다. 아리스토마케의 아버지인 히파리노스는 시라쿠사 시에서 꽤 이름 있는 사람으로, 예전에 디오니시오스가 장군으로 있을 때 함께 일했던 친구이기도 했다.

전해지는 이야기에 의하면, 디오니시오스는 같은 날 이 두 여자와 결혼을 했다고 한다. 그리고 두 사람 중 누구와 먼저 잠자리를 했는지는 알 수가 없다. 다만 두 아내에게 나누어 준 시간은 평생을 따져보면 똑같았다고 한다. 식사는 두 아내와 늘 함께 하고 잠자리는 하루씩 번갈아 가면서 가졌다고 한다. 시라쿠사 사람들은 다른 나라에서 데려온 아내가 자기 나라 사람인 아내보다 더 많은 사랑을 받는 것을 바라지 않았을 것이다. 그러나 그런 서러움을 씻어 버리기라도 하려는 듯이 아들을 먼저 낳은 것은 바로 도리스였다.

디오니시오스는 빨리 아이를 얻고 싶어했다. 하지만 아리스토마케는 오랫동안 아이를 낳지 못했다. 그러자 왕은 도리스의 어머니가 아이를 낳지 못하게 만드는 약을 주었다며, 억지로 죄를 덮어씌우고 사형에 처해 버렸다.

디온은 이 아리스토마케의 동생이었다. 그래서 처음에는 이것 때문에 참주의 사랑을 받았다. 그러나 점차 능력과 인품이 드러나게 되자 참주는 진정으로 그를 사랑하고 신임하게 되었다. 디온은 참주로부터 여러 가지 특별한 은혜를 많이 받았다. 특히 참주는 나라의 돈을 관리하는 장관에게 명령을 내려, 디온이 달라는 대로 얼마든지 돈을 내주고 그날 안으로 자기에게 액수만 보고하도록 했다.

디온은 씩씩하고 고결한 성품을 타고난 인물이었다. 그리고 플라톤이 시칠리아 섬을 찾아온 것이 기회가 되어 이러한 그의 사람됨은 더욱 아름답게 발전되었다. 플라톤이 이 섬에 찾아온 것은 아주 우연한 일이었다. 그러므로 이것은 시칠리아 사람들에게 자유를 주고 독재 정치에서 벗어나게 할 방법을 오랫동안 찾아오던 어떤 신이, 플라톤을 이탈리아에서 불러들여 디온을 가르치게 한 것으로밖에 생각되지 않는다.

디온은 그때 소년이었다. 그러나 플라톤의 수많은 제자들 가운데서 가장 뛰어났다. 그는 미덕의 길을 안내하는 스승의 가르침에 누구보다 열심이었다. 이러한 사실은 플라톤 자신이 남긴 기록이나 그때의 사정으로 더듬어보아도 충분히 알 수 있다.

그때까지 독재적인 참주 밑에서 살았던 디온은 윗사람에게 복종하고 아랫 사람에게는 군림하는 습관에 익숙해져 있었다. 그리고 쾌락과 사치를 인생의 가장 큰 행복으로 생각하던 사람들의 생활을 디온도 그대로 닮아 있었다. 그러나 철학과 미덕의 세계를 맛보게 되자 그의 가슴은 곧 뜨겁게 타오르기 시작했다.

디온은 플라톤에게 얻는 가르침을 디오니시오스도 받게 되면 큰 감동을 느낄 것이라고 생각했다. 그는 디오니시오스를 열심히 설득했다. 그리고 결국 만나겠다는 약속을 받아냈다.

플라톤은 디오니시오스에게 인간의 미덕에 대한 이야기를 해주었다. 특히 미덕이 가장 부족하고 비겁한 사람은 독재자라고 얘기했다. 그리고 정의에 대한 이야기로 넘어가서는, 올바른 사람의 생활은 행복하고, 정의롭지 못한 사람의 생활은 비참하다는 것을 강조했다.

디오니시오스는 이것을 자신을 비난하는 얘기로 오해하고 몹시 불쾌하게 생각했다. 더구나 같이 이야기를 듣고 있던 사람들이 모두 플라톤의 말에 감동하며 우러러보는 것을 보고 더 이상 참고 있을 수 없었다. 마침내 화가 머리 끝까지 난 그는 무엇 때문에 시칠리아로 왔느냐고 플라톤에게 고함을 질렀다.

"착한 사람을 찾으러 왔습니다."

플라톤이 대답하자 디오니시오스가 대꾸했다.

"그렇다면 아직 그런 사람을 못 만났다는 얘기군요?"

디온과 그의 친구들은 디오니시오스의 노여움이 그쯤에서 풀리지는 않을 것이라고 생각했다. 그래서 그들은 스파르타의 사절로 왔던 폴리스가 돌아가는 것을 보고, 그 배에 플라톤이 함께 탈 수 있도록 해주었다. 그러나 디오니시오스는 폴리스를 몰래 불러서, 배를 타고 가다가 플라톤을 죽여 버리거나 노예로 팔아 버리라고 부탁했다.

"노예로 팔리더라도 조금도 나쁠 게 없소. 바르게 살기만 하면 자유가 없더라도 늘 행복하게 여길 사람이니 말이오."

폴리스는 플라톤을 아이기나에 도착하자 노예로 팔아 버렸다. 그때 아이기나는 마침 플라톤의 나라인 아테네와 전쟁을 하고 있었다. 그 때문에 아테네 사람이 발견되기만 하면 무조건 노예로 팔아 버리라는 법이 만들어져 있었던 것이다.

그러나 디오니시오스는 여전히 디온을 아끼고 미더워했으며, 중요한 일들을 맡기기도 했다. 특히 카르타고에 사절로 갔을 때는 큰 성과를 거두어 디온의 이름이 널리 알려지기도 했다. 사실 디오니시오스는 디온이 무슨 말을 해도 끝까지 참고 들었으며, 자기가 생각한 것을 거리낌없이 말할 수 있었던 것도 디온 한 사람뿐이었다고 한다.

디오니시오스가 겔론 왕의 정치를 비난하면서, 그는 온 시칠리아 사람들의 웃음거리가 되었다는 말을 했을 때였다. 이 말을 들은 모든 신하들은 모두 옳은 말이라는 듯이 고개를 끄덕였다. 그러나 디온은 전혀 말을 꾸미려 하지 않고 이렇게 얘기했다.

"그러나 왕께서는 겔론이 좋은 정치를 했기 때문에 이렇게 왕좌에 오르신 겁니다. 그리고 왕께서 하시는 일을 보면 뒷날 사람들도 왕을 존경하지는 않을 것 같습니다."

디온의 이 말은 하나도 틀린 구석이 없었다. 사실 절대군주 정치 중에서 가장 훌륭한 것이 겔론의 정치였다. 디오니시오스의 정치는 반대로 최악의 정치였다.

디오니시오스는 도리스 왕비로부터 세 명을, 그리고 아리스토마케 왕비로부터는 네 명의 자식을 얻었다. 이들 중 두 명은 딸이었는데, 그 중 소프로시네는 디오니시오스의 장남과 결혼했으며, 아레테는 디오니시오스의 동생인 테아리데스와 결혼했다. 그러나 테아리데스가 죽어 버리자 그녀는 다시 외삼촌인 디온과 결혼했다.

디오니시오스 왕이 병에 걸려 거의 살아날 가망이 없어지자, 디온은 장래 문제를 의논하기 위해 아리스토마케의 자식들을 만나려고 했다. 그러나 왕을 돌보던 의사들은 왕위를 이어받을 왕자에게 잘 보이기 위해 그럴 기회를 주지 않았다. 티마이오스가 전하는 이야기로는, 왕이 잠이 안 온다며 약을 달라고 하자 의사들이 약을 주었는데, 그러고 나서 잠이 든 왕은 다시는 깨어나지 못했다고 한다.

그 뒤를 이어 디오니시오스 2세가 왕위에 올랐다. 왕위에 오른 디오니시오스 2세는 신하들을 불러 회의를 열었다. 그때 디온은 정치 상황을 정확하게 분석하였다. 다른 신하들이 내놓는 정책은 어린아이들의 말장난처럼 아무 내용이 없었다. 더구나 디온이 눈 앞에 다가온 카르타고와의 싸움에 대해 얘기했을 때는 모두들 놀라움을 감추지 못했다.

디온은 먼저 카르타고 때문에 이 나라가 얼마나 큰 위험에 빠져 있는가를 지적하였다. 그리고는 만일 평화를 원한다면 왕이 직접 아프리카로 건너가서 가능한 한 유리한 조건으로 휴전을 맺을 것이며, 전쟁을 하기를 원한다면 자신의 재산을 모두 내놓아 군함 50척을 마련하고, 군대를 유지할 비용을 대겠다고 얘기했다.

왕은 디온의 애국심에 감동하면서 그의 제안을 고맙게 받아들였다. 그러나 신하들은 디온 때문에 자신들의 세력이 작아질 것이 두려워 그를 시기하기 시작했다. 그들은 기회가 생길 때마다 디온을 헐뜯으며 왕이 디온을 못마땅하게 여기도록 만들려고 애를 썼다. 이때에도 그들은 디온이 군함을 마련하고 해군을 내놓겠다고 말한 것은 왕을 내쫓고 누님인 아리스토마케가 낳은 왕자들에게 권력을 쥐어 주려는 음모라고 이야기했다.

　그러나 사실 이들이 디온을 미워하고 시기한 것은 그가 자신들과 다른 생활을 하며 잘 어울리지도 않고 혼자서 도도하게 굴었기 때문이었다. 그들은 젊고 경험이 없는 새 왕이 왕좌에 오르자 그의 은혜와 사랑을 얻기 위해 온갖 아첨과 잔재주를 부리기 시작했고, 왕이 술과 여자를 비롯한 갖가지 추잡한 놀이에 빠져들도록 하기 위해 여러 가지로 애를 썼다. 쇳덩어리가 뜨거운 불에 물러지는 것처럼, 새 왕의 포악한 정치가 좀 느슨해지자 민중들은 왕이 한결 너그럽고 부드러워졌다고 생각하였다. 그러나 왕은 간신들의 놀음에 휩쓸려 정치를 돌보지 않고 있었다. 겉으로만 그렇게 보였던 것이었다.

　왕은 점차 사치와 방탕한 생활에 깊이 빠져들었다. 디오니시오스 1세가 왕권을 지키는 비결처럼 자랑하던 '쇠사슬' 정책도 점차 느슨해졌다. 왕은 밤낮을 가리지 않고 90일 동안이나 술을 마시며 나랏일을 완전히 잊어버린 적도 있었다. 이렇게 술과 노래와 춤과 음란한 장난으로 궁전은 난장판이 되었다. 분별 있는 신하들은 도저히 궁전에 발을 들여놓을 수도 없을 지경이었다.

　그러므로 여전히 바르고 정직하게만 생활하는 디온이 그들의 눈에는 못마땅하게 보였다. 그들은 디온의 올바른 생활을 교만한 성격 때문이라고 몰아붙쳤고, 바른 말을 하는 것은 심술 때문이라며 되지도 않는 억지를 부렸다. 디온이 좋은 충고를 해주면 자신들을 비웃고 꾸짖는 것이라며 오히려 그를 공격했으며, 자신들과 함께 어울리지 않으면 무시하고 경멸해서 그런 것이라고 얘기했다.

　사실 디온의 성격은 너무 고상하고 엄격했기 때문에 사람들과 쉽게 가까워질 수 있는 사람은 아니었다. 그리고 말투도 친근하지 못했기 때문에 새로운 왕뿐만 아니라 모든 사람들이 그와 함께 앉아 있는 것을 꺼려했다. 디온을 진심으로 아끼고 존경하는 사람들도 정치하는 사람의 태도로서는 너무 딱딱하고 직설적이며 예의가 없다고 충고를 해주었다.

　플라톤도 디온에게 편지를 써서, 너무 완고하고 엄격한 태도를 가진 사람은 일생을 고독하게 보낸다고 충고했다고 한다. 그런 가운데서도 왕은 나라에서 가장 훌륭한 인물은 디온이며 나라의 어려움을 구할 수 있는 사람도 디온뿐이라고 생각했다. 그래서 왕은 디온에게 높은 지위를 주었다. 디온 자신도 왕이 그렇게 중요한 일을 맡기는 것은 자기를 아껴서가 아니라 자기가 꼭 필요하기 때문이라는 것을 잘 알고 있었다.

디온은 왕이 추잡한 놀음에 빠져 정치를 돌보지 않는 것은 그가 제대로 배우지 못해서 그런 것이라고 생각했다. 그래서 그는 왕이 문학과 예술에 관심을 가지고 철학과 과학을 배워, 그의 인격을 옳게 발전시키려고 애썼다. 이렇게 해서 왕이 도덕적인 생활이라는 것이 어렵고 따분한 것이라는 생각을 버리고, 옳고 훌륭한 행동을 할 수 있게 하려는 것이었다.

사실 왕은 그다지 어리석은 사람은 아니었다. 그것은 디오니시오스 1세가 왕자를 교육시키고 철학자들과 사귀게 되면 무슨 음모를 꾸밀 것이라고 생각하여 궁전에 갇혀서 지내게 했기 때문이었다. 그러므로 왕은 항상 혼자서 작은 전차나 등잔, 의자, 식탁 등을 만들면서 시간을 보내야만 했다.

디오니시오스 1세는 사람을 잘 믿지 않는 성미였다. 그래서 그는 사람을 만날 때마다 저 사람이 혹시 나를 암살하려는 것은 아닐까 하고 의심했다고 한다. 이발사까지도 의심해서 머리를 깎을 때 이발 기구를 전혀 쓰지 못하게 하고 불덩어리를 가지고 머리를 그슬리게 했다. 심지어 동생이나 아들이 자기를 만나러 올 때에도 입고 왔던 옷을 벗기고 이상한 물건이 없는지 호위병들에게 샅샅이 검사를 하게 한 다음 다른 옷으로 갈아입게 하고 만나 주었다.

언젠가 그의 동생 레프티네스가 어떤 곳의 지형을 설명하다가 옆에 있던 호위병의 창을 빌려서 땅에다가 그림을 그렸다. 그러자 왕은 미친 듯이 화를 내며 창을 빌려주었던 호위병을 사형시켜 버렸다. 그는 아무리 가까운 사람이라도 믿을 수 없다고 말했으며, 그 사람이 올바르고 착하게 행동할수록 더욱 의심스러워했다. 적어도 생각이 있는 사람이라면 왕의 신하가 되는 것보다는 왕이 되고 싶어 한다는 것을 그는 잘 알고 있었기 때문이었다.

그는 마르시아스라는 신하를 사형에 처한 적도 있었는데, 그는 왕의 신뢰를 얻어 대부대의 지휘를 맡고 있던 장군이었다. 그는 왕을 죽이는 꿈을 꾸었다는 것이 알려져 억울한 처벌을 받게 되었다. 평소에 늘 그런 생각을 품고 있었기 때문에 그런 꿈을 꾼 것이라는 것이 사형시킨 이유였다. 그는 또 플라톤이 자신을 가장 용감한 사람이라고 칭찬하지 않았다고 화를 냈지만, 사실 그는 이렇게 겁이 많아 평생을 두려움에 떨면서 살았다.

디온은 새로운 왕이 그런 생활을 하는 것은 제대로 배우지 못했기 때문이라고 생각했다. 그래서 그는 왕에게 가장 뛰어난 철학자로 알려진 플라톤을 시칠리아에 초대하라고 권유했다.

"그분에게 모든 것을 맡기시고 가르침을 받으십시오. 세상에서 가장 훌륭한 그 분을 거울로 삼아 공부를 하시면, 왕께서는 영광스럽고 진실된 생활을 찾으시게 됩니다. 그것만이 어둡고 어지러운 이 세상에서 질서를 찾을 수 있는 길이며, 만약 그렇게 된다면 왕께서도 행복을 얻게 되실 겁니다. 뿐만 아니라 모든 시민들의 주인이신 왕께서는 참주가 아니라 비로소 진정한 왕이 되실 것이고, 시민들은 왕을 아버지로서 존경하게 될 것입니다. 일찍이 부왕께서는 왕권을 유지하는 방법으로 오로지 '쇠사슬' 정책뿐이라고 말씀하셨지요. 많은 군대와 야만인들을 무장시켜 군대를 만들고 그것을 자랑으로 여겼습니다. 그러나 정말로 나라를 잘 이끌어가는 길은 공포나 억압의 방법이 아닙니다. 너그러운 정치와 사랑으로 민중들의 마음속에 있는 충성심을 이끌어내는 것이 진정한 정치입니다. 얼핏 보기에는 약한 것 같지만, 사실은 왕권을 다지는 가장 튼튼한 기둥이 됩니다. 만약 나라를 다스리는 사람이 화려한 옷을 입고 사치스러운 궁전에서 살면서도 평민들보다 더 어리석고 조리가 없는 말을 한다면, 그것은 정신의 궁전이 초라하다는 증거이며, 참으로 부끄러운 일입니다."

디온은 기회가 있을 때마다 플라톤의 말을 빌려 이런 얘기를 했다. 그래서 디오니시오스 2세도 플라톤을 만나 이야기를 듣고 싶은 생각이 간절해졌다. 왕은 아테네에 있는 플라톤에게 여러 번 편지를 써보냈다. 그리고 디온과 이탈리아에 있던 피타고라스 학파 철학자들도 플라톤에게 편지를 보냈다. 부디 시라쿠사에 와서 이 젊은 왕의 마음속에 올바르고 진지한 생각들을 심어 달라는 편지였다.

플라톤은 이들의 초청을 기꺼이 받아들였다. 플라톤 자신의 고백에 의하면, 자기가 말만 앞세우고 위험한 일은 맡지 않으려 한다는 오해를 받을까봐 그랬던 것이라고 한다. 그리고 왕의 마음을 바로잡을 수 있다면 자신의 힘으로 시칠리아 사람들을 구할 수 있을 것이라고 생각을 했다고 한다.

디온을 미워하던 사람들은 디오니시오스 2세의 마음이 변할까 두려워 추방시켰던 필리스토스를 다시 불러들였다. 필리스토스는 지식이 풍부하고 왕을 상대해 본 경험도 많았으므로 이 사람을 이용하여 플라톤의 힘을 꺾어보려는 것이었다.

사실 필리스토스는 처음 왕권을 세울 때도 큰 힘이 되었으며, 오랫동안 장군으로 있으면서 시라쿠사의 중요한 성을 시키는 일을 맡아보았다. 그는 또 디오니시오스 1세의 어머니와 은밀한 관계가 있었다는 소문이 떠돌고 있었는데, 왕도 이러한 사실을 알고 있는 것 같았다. 그런데 그때 왕(디오니시우스 1세)의 동생인 레프티네스가 어떤 유부녀와 관계를 맺고 두 딸을 얻어, 그 중 한 명을 왕의 허락도 받지 않고 필리스토스와 결혼시켜 버렸다. 뒤늦게 이 사실을 알게 된 왕은 노발대발하면서 레프티네스와 관계했던 그 여자를 사슬에 묶어 감옥에 가두고 필리스토스를 추방해 버렸었다.

추방을 당한 필리스토스는 시칠리아를 떠나 아드리아 해 근처에 있는 친구를 찾아가 거기서 한가한 생활을 했다. 그의 역사책 대부분은 이곳에서 씌어진 것이라고 한다. 그러나 디오니시오스 1세가 살아 있는 동안에는 한 번도 시라쿠사 땅을 밟지 못했다. 그리고 왕이 죽고 난 뒤에, 디온을 미워한 반대파들에 의해 다시 불러들여졌던 것이다.

돌아온 필리스토스는 금방 디오니시오스 2세와 가까워졌다. 그는 참주정치를 더욱 튼튼히 다지기 위한 여러 가지 공작을 시작했다. 한편 왕은 여러 사람들에게서 디온에 대한 안 좋은 소리를 많이 들었다. 그들은 디온이 테오도테스, 헤라클레이데스 등과 함께 나라를 뒤엎으려는 음모를 꾸미고 있다고 얘기했던 것이다.

사실 디온은 이러한 오해를 받을 만했다. 그는 플라톤이 오면 왕의 방탕한 생활습관과 포악한 정치를 바로잡아 정의로운 통치자로 만들어 줄 것이라고 믿고 있었다. 그러나 만일 아무 효과가 없어서 디오니시오스 2세의 잘못을 고치지 못한다면, 왕을 없애 버리고 시라쿠사에 다시 공화 정치를 세울 계획이었다. 물론 디온은 민주 정치를 찬양하는 사람은 아니었다. 그러나 왕이 귀족 정치를 제대로 이끌어가지 못한다면 그렇게 하는 수밖에 없다고 생각했던 것이다.

이럴 때쯤 시칠리아에 도착한 플라톤은 큰 환영과 대단한 존경을 받았다. 눈이 부시도록 화려하게 장식된 왕실의 마차가 바닷가에서 기다리고 있다가 플라톤을 맞아들였다. 왕은 하늘에서 큰 은혜를 베풀어준 것처럼 여러 신들에게 제물을 바치며 감사를 드렸다. 시민들도 나라의 질서가 바로잡혀 나갈 것이라는 큰 희망을 품게 되었다. 그때부터 왕이 베푸는 잔치는 한결 단정해졌고, 궁전 곳곳에서 예의가 갖추어졌으며, 왕 스스로도 나랏일을 너그럽게 처리하려고 노력하는 모습을 보였다. 이렇게 되자 시민들 사이에는 철학을 연구하는 일이 유행처럼 번져나갔다. 궁전 안에는 항상 기하학 문제를 푸는 사람들이 도형을 그리느라고 일으킨 먼지가 가득하곤 했다.

플라톤이 도착한 지 며칠 뒤, 시라쿠사에서는 관례에 따라 신들에게 올리는 큰 제사가 거행되었다. 그런데 제관이 참주 체제가 계속되기를 빈다고 외쳤다. 그러자 디오니시오스 2세가 꾸짖었다.

"나한테 천벌이 내리라고 비는 거요?"

제관은 이 소리를 듣고 무척 놀랐다. 그러나 그보다 더 놀란 것은 오히려 필리스토스의 무리들이었다. 그들은 불과 며칠 만에 플라톤이 젊은 왕을 완전히 딴 사람으로 만든 것을 보고, 그가 더 오래 머물렀다가는 마침내 자신들에게도 영향이 올 것이라고 겁을 먹은 것이다.

이렇게 되자 디온을 미워하던 정적들은 한층 더 그를 몰아세우기 시작했다. 그들은 이제 뿔뿔이 숨어서 공작을 꾸미지 않고 모두 힘을 합쳐 드러내놓고 공격하였다. 플라톤의 말재주를 이용해서 디오니시오스 2세의 정신을 흐리게 만들어, 자신의 누님 아리스토마케의 아들들에게 스스로 왕좌를 물려 주게 만들려는 것이 디온의 속셈이라고 비난하였다. 그뿐만 아니라 어떤 사람은, 옛날에 아테네의 해군과 육군이 시라쿠사를 점령하려고 달려왔을 때는 모두 전멸을 당했는데, 지금 아테네는 단 한 사람의 궤변 철학자를 보내어 나라를 뒤엎으려 한다고 분노에 찬 목소리로 떠들어댔다. 또 어떤 사람은 디온이 왕을 농락하여 호위대와 4백 척의 배, 만 명의 기병, 그리고 그 밖의 수만 명의 보병을 버리게 만들고, 그 대신 철학에서 행복을 찾고 기하학에서 행복을 찾는 위험한 장난질을 시키고 있다고 했다. 그러는 사이에 권력과 재산은 모두 디온과 디온의 조카들에게 넘어가고 있다고 얘기했다.

처음에 왕은 단지 디온을 의심하는 정도였지만, 나중에는 그에 대한 미움을 겉으로 드러내기 시작했다. 그런데 디온이 카르타고에 있는 장군들에게 보낸 비밀 편지가 왕의 손에 들어가게 되었다. 그 편지에는 디오니시오스 왕과 평화 조약을 맺으려면 그 전에 미리 자기에게 알릴 것이며, 반드시 자기가 참석해야만 그들의 요구가 받아들여질 것이라고 적혀 있었다.

티마이오스의 기록을 보면, 디오니시오스는 이 편지를 필리스토스에게 보여주고 그의 의견에 따라 디온에 대해 일을 꾸몄다고 한다. 이 계획에 따라 왕은 디온을 만났다. 왕은 디온에게 이제 서로 화해를 하자고 다정하게 말하고는 자신도 그의 의견을 따르겠다고 얘기했다. 그리고 그를 데리고 바닷가 성벽 밑으로 갔다. 그러더니 왕은 갑자기 그 편지를 내보이며 카르타고와 몰래 내통해서 반역을 일으킬 음모를 꾸미고 있다고 호통을 쳤다. 디온이 해명을 하려고 했지만 왕은 그의 말을 들으려고도 하지 않았다. 왕은 미리 준비해 두었던 작은 배에 그를 태운 다음, 이탈리아 해안으로 데려가라고 선원들에게 명령했다.

이 일이 알려지자, 사람들은 왕의 행동이 너무 지나쳤다고 떠들어댔다. 특히 디온과 친척이었던 궁전 안의 부인들은 눈물을 흘리며 통곡을 했다. 또 시라쿠사 시민들은 디온이 추방되었으니 왕을 반대하는 무리들이 들고일어나 내란을 일으킬 것이 분명하다고 웅성거렸다.

사정이 이렇게 되자 디오니시오스 왕은 친척인 부인들과 디온의 친구들을 달래기 시작했다. 왕은 디온이 추방당한 것이 아니라고 했다. 자기가 원래 성질이 좀 과격한 사람이어서 혹시나 디온과 충돌하는 일이 생길까봐 잠시 그를 내보낸 것뿐이라고 설명했다. 왕은 디온의 친척들에게 배 두 척을 내주었다. 그리고는 디온이 펠로폰네소스로 갔으니 디온의 재산과 노예들을 마음대로 싣고 가서 그를 만나보라고 했다.

디온은 재산이 대단히 많았다. 그가 사는 집은 궁전에 못지않을 만큼 화려한 가구와 예술품들로 들어차 있었다. 디온의 친구들은 그것들을 모두 배에 실어 디온에게 보냈다. 궁전에 있던 부인들과 디온의 친구들도 많은 재산을 그에게 실어보냈다. 그래서 그는 그리스 전체에서 이름난 부자로 소문이 났다. 사람들은 추방된 사람이 그토록 많은 재산을 가졌으니 도대체 왕의 재산은 얼마나 될지 상상하며 놀라워했다.

왕은 플라톤을 성 안으로 불러들였다. 그리고는 존경하기 때문이라면서 호위병을 붙여 그를 감시하였다. 만약 플라톤이 디온을 따라 떠나 버리면 그가 디오니시오스 왕으로부터 푸대접을 받았다는 것이 세상에 알려질 것이라고 생각했던 것이다. 그러나 들짐승도 사람의 손에 길들여지면 차츰 순수해지듯이 디오니시오스 왕도 플라톤과 가까이 지내는 동안 점차 그의 정신을 따르고 사랑하게 되었다.

그러나 디오니시오스 왕의 마음속에는 여전히 폭군의 모습이 숨어 있었다. 그는 자기가 베풀어준 친절에 대한 은혜로 모든 일을 제쳐놓고 자기에게만 마음을 써주어야 한다고 플라톤에게 말했디. 그리고 그는 디온을 쫓아가지 않고 계속 있어 준다면 나랏일은 물론 왕좌까지도 맡길 생각이 있다고 했다. 플라톤은 오히려 그것을 두려워했다. 사랑에 빠진 사람처럼 왕은 때때로 화를 내거나 질투를 했으며 그러다가도 금방 사과를 하는 등 기분내키는 대로 행동했기 때문이었다. 그리고 플라톤의 말에 열심히 귀를 기울이며 철학 연구에 전념하다가도, 누군가가 철학을 공부하면 나랏일을 그르치게 된다고 말하면 또 금세 그 말에 마음이 흔들리곤 했다. 그리고는 철학을 공부하는 것을 부끄럽게 생각하고, 철학은 자기를 망치는 독약이라고 떠들어대는 것이었다.

그때 마침 전쟁이 일어났다. 왕은 디온을 여름에 불러들이겠다고 약속하고 플라톤을 아테네로 돌려보냈다. 그러나 왕은 이 약속을 지키지 않았다. 그 대신 디온에게는 그 해에 디온의 재산에서 거두어들인 수입을 보내 주고, 플라톤에게는 이렇게 부탁의 말을 전했다.

"전쟁 때문에 약속을 지키지 못하게 되었소. 용서하시오. 그러나 전쟁이 그치는 대로 곧 디온을 불러들일 것이오. 그러니 그리스 사람들 사이에서 디온이 무슨 일을 일으키거나 나쁜 말을 듣지 않도록 잘 보살펴 주시오."

플라톤은 부탁대로 디온을 자기의 아카데미에 머무르게 하고는 철학에만 전념하게 했다.

그때 디온은 아테네 시에 살고 있던 칼리포스라는 친구의 집에 머물고 있었다. 그 친구는 휴양을 위해 시골에 별장을 하나 마련해 두었는데, 나중에 시칠리아로 떠나면서 그 집을 스페우시포스에게 선물로 주었다. 이 사람은 아테네 시민들 중에서 디온과 가장 친하게 지내던 친구였다. 사실 이 두 사람이 친해지게 된 데는 플라톤의 숨은 노력이 컸다. 플라톤은 디온이 명랑하고 활발한 사람과 사귀다 보면 그의 꼿꼿한 성격이 좀 누그러질 것이라고 생각했던 것이다. 이 스페우시포스라는 사람은 티몬의 시 〈실리〉에서 '농담의 대가'라고 소개되었을 정도로 밝고 명랑한 사람이었다.

플라톤은 디온에게 아테네에 소년합창단을 만들어 달라고 부탁했는데, 그때 디온은 이 합창단을 편성하는 것은 물론 일체의 비용을 대고 연출까지 맡았다. 플라톤은 이런 방법으로 디온이 아테네 시민들의 인기를 얻고 그들의 존경을 받게 만들었다.

디온은 또 아테네를 떠나 그리스의 다른 나라들을 돌아다니면서 이름난 정치가들을 여러 명 만났다. 큰 행사가 열리면 잔치나 행렬에 직접 참석하기도 했다. 그러나 어떤 자리에서도 거만하거나 강압적인 태도를 보이는 일은 없었다. 오히려 늠름하고 의젓한 태도와 씩씩한 행동, 그리고 거침없는 말솜씨로 철학과 그 밖의 여러 가지 일에 대한 이야기를 해서 좋은 평을 받았다. 각 도시들은 앞을 다투어 그에게 명예를 바쳤다. 특히 스파르타는 테베와 전쟁을 하느라고 디오니시오스의 도움을 받고 있었지만, 디오니시오스가 불쾌하게 여길 것도 겁내지 않고 스파르타의 시민권을 디온에게 주었다.

언젠가 디온은 메가라에 살고 있는 프토이오도로스의 초대를 받아 그의 집을 찾아가게 되었다. 프토이오도로스는 큰 부자였으며 권력도 대단한 사람이었다. 문 앞에는 그를 만나려고 찾아온 사람들로 장사진을 이루고 있었다. 디온도 그를 만날 수가 없었다. 디온과 함께 갔던 친구들은 몹시 화를 냈다. 그러자 디온이 친구들을 향해 말했다. "이 사람을 탓할 게 뭐가 있소? 시라쿠사에 있을 때 우리도 그러지 않았소?"

디온에 대한 그리스의 평판은 시간이 지날수록 더욱 좋아졌다. 이것을 본 디오니시오스 왕은 그가 몹시 부럽기도 했지만 점차 시기의 마음이 커져갔다. 그래서 그는 디온의 토지에서 얻어지는 수입을 더 이상 보내지 못하게 하고, 플라톤을 푸대접했던 일 때문에 철학자들이 가지고 있는 나쁜 인상을 지우기 위해 유명한 철학자들을 계속 궁전에 초대하였다.

그런데 왕은 이 철학자들과 토론을 하게 되면서 그들에게 이기고 싶다는 욕심이 들기 시작했다. 그러나 플라톤에게서 배운 지식이 아직은 어설펐으므로 제대로 끌어다 쓸 수가 없었다. 그런 일로 여러 번 창피를 당한 디오니시오스는 새삼스럽게 플라톤이 그리워지기 시작했다. 그가 있을 때 제대로 배우지 못하고 그의 가르침을 귀담아 들어두지 못했던 일이 후회스러웠던 것이다.

원하는 것이라면 반드시 무엇이든지 손에 넣고 마는 왕들처럼 디오니시오스 또한 무슨 수를 써서라도 플라톤을 불러들이려고 했다. 그는 고민 끝에 결국 피타고라스 학파 철학자인 아르키타스 등을 시켜 플라톤을 시칠리아에 불러오게 했다. 그가 아르키타스를 사귀게 된 것도 사실은 플라톤의 소개 때문이었다.

아르키타스는 플라톤에게 아르케데모스를 보내 그를 모시고 오게 했다. 디오니시오스 왕도 자신의 친구들을 플라톤에게 보내 플라톤에게 방문을 부탁하도록 했다. 그리고 자신도 직접 편지를 보내서, 만일 와 주지 않는다면 디온이 다시는 권리를 누리지 못할 것이고, 와 준다면 무슨 요구든지 다 들어주겠다고 했다. 또 디온의 누님과 아내도 플라톤에게 간절한 애원의 편지를 보냈다. 디오니시오스가 더 이상 나쁜 짓을 못하게 하려면 초대를 받아들여야 된다는 내용이었다. 이렇게 해서 플라톤은 '다시 카리브디스의 사나운 파도를 넘어'라는 옛 시구를 읊조리면서 세 번째로 스킬라 해를 건넜다.

플라톤이 도착하자 디오니시오스는 말할 수 없이 기뻐했다. 시칠리아도 새로운 희망에 부풀었다. 사람들은 모두 플라톤과 그의 철학이 필리스토스와 전제적인 정치를 물리쳐 주기를 진심으로 빌었다. 왕궁에 있던 부인들은 그를 정답게 맞이했으며, 디오니시오스 왕도 누구에게도 베푼 적이 없는 친절과 믿음을 보여 준 것이다. 그는 자기 동생이나 아들까지도 몸을 수색한 다음에야 만나주었지만 플라톤에게는 그런 검사를 하지 않았다. 그리고 왕은 값진 선물도 많이 내렸다. 그런데 플라톤은 한사코 거절하였다. 그러자 키레네에서 온 아리스티포스라는 사람이 불평을 늘어놓았다.

"디오니시오스 왕은 정말 현명한 사람이야. 무엇이든 사양하지 않고 받는 사람에게는 싼 물건을 주고, 싫다고 거절하는 사람에게는 값비싼 선물을 내리니 말이야."

플라톤은 곧 디온에 대한 이야기를 꺼냈다. 처음에 왕은 그 이야기를 슬슬 피했지만 플라톤이 하도 끈질기게 물고늘어지자 나중에는 그만 언짢은 표정을 드러냈다. 그리고 이것은 마침내 말다툼으로까지 번졌다.

그러나 왕은 이 일을 아무에게도 말하지 않았다. 그리고는 다음날에도 플라톤을 아주 극진히 대접하였다. 그리고 플라톤이 디온보다 자기를 더 친하게 대해 주기를 바라는 마음으로 여러 가지로 애를 썼다. 그러나 플라톤은 왕이 약속을 지키지 않자 무척 화가 났다. 하지만 모든 일이 잘 마무리되기만을 조용히 기다리기로 했다.

두 사람이 이렇게 서먹서먹한 상태에 있다는 것을 아무도 모르고 있을 때였다. 플라톤의 친구인 키지코스 사람 헬리콘이 일식이 일어날 것이라고 예언을 했다. 신기하게도 그 예언이 정확히 맞아떨어졌다. 왕은 그에게 은 1탈렌트를 선물로 주고 그의 재주를 칭찬했다. 그러자 아리스티포스가 나서더니 자기도 예언을 할 수 있다고 말했다. 사람들이 무슨 예언이냐고 묻자 그는 농담처럼 이렇게 말했다.

"머지 않아 플라톤과 디오니시오스 왕이 싸우게 될 거요."

얼마 뒤 왕은 디온의 재산을 모두 팔아 버리고 그 돈을 챙겼다. 그리고 왕궁의 별채에 살고 있던 플라톤도 호위병들이 지내는 방으로 쫓아 버렸다. 이 호위병들은 플라톤이 왕을 설득시켜 왕좌를 내놓게 하고 호위병까지 해산시키라고 했을 것이라며 처음부터 그를 미워하고 있었다. 그래서 그들은 틈만 나면 플라톤을 죽일 생각으로 벼르고 있었다.

아르키타스와 그의 친구들은 플라톤의 처지가 위험해진 것을 알게 되자 곧 사람을 왕에게 보냈다. 곧장 플라톤을 돌려보내줄 것을 요구하면서, 플라톤을 시칠리아로 초대한 것은 자기들이니 그의 안전도 자신들이 책임지겠다는 내용이었다.

왕은 결국 플라톤을 보내기로 했지만 그를 시기하는 자신의 마음을 들키고 싶지가 않았다. 그래서 그는 플라톤과 헤어지게 된 것을 슬퍼하듯이 가장하고서 성대한 이별 잔치를 열었다. 그러나 그는 어느 날 이런 말을 내뱉아 버렸다.

"귀국하시면 다른 철학자나 친구들에게 내 욕을 하시겠군요."

이 말을 들은 플라톤은 싱긋 웃으며 대답했다.

"제가 있는 아카데미는 당신 얘기를 꺼내야 될 만큼 이야깃거리가 없는 곳이 아닙니다. 그러니 아무 염려 마십시오."

플라톤 자신이 이야기하고 있는 것과는 약간 차이가 있지만, 어쨌든 두 사람은 이렇게 헤어졌다고 한다.

한편 디온은 이러한 디오니시오스 왕에 대해 대단히 화가 나 있었다. 그리고 그가 자신의 아내에게 어떻게 했는지를 알게 된 뒤에는 아예 드러내놓고 미워하기 시작했다. 그 일에 대해서는 플라톤도 비밀 편지로 연락을 했었는데, 대개 다음과 같은 사건이었다.

디오니시오스 왕은 플라톤을 돌려보낸 뒤, 디온의 아내를 다른 사람에게 시집보내려고 했다. 그러나 어떻게 생각할지 모르니 디온의 마음을 알아봐 달라고 플라톤에게 부탁했다. 그런데 디온이 그 결혼을 몹시 못마땅해하고 있으며 아내와도 사이가 나쁘다는 소문이 나돌았다. 플라톤은 아테네로 돌아오자마자 디온을 만나 이 일에 대해 이야기를 나누었다. 그리고는 왕에게 편지를 보내 그 결과를 알려 주었다.

이 편지는 누구나 다 알아볼 수 있게 씌어 있었지만 단 한 구절은 왕 혼자만 알아볼 수 있도록 적혀 있었다. 그 부분은 디온과 이야기를 해본 결과 만일 그렇게 한다면 디온은 대단히 화를 낼 것이라는 내용이었다.

왕은 디온과 화해할 희망이 아직은 남아 있다고 생각하고, 이 일을 그만두기로 했다. 그리고 디온의 누이인 아레테가 디온의 아이들과 같이 살도록 허락해 주었다.

그러나 일이 틀어져 왕과 디온은 도저히 화해할 수 없는 원수가 되고 말았다. 그리고 플라톤이 불쾌한 마음을 안고 돌아가 버리자 왕은 싫다는 그의 누이를 자신의 친구 티모크라테스와 억지로 결혼시켜 버렸다. 이런 점에서 디오니시오스 2세는 아버지의 너그러운 성품을 본받지 못한 것 같다. 디오니시오스 1세 역시 그의 누이 테스테의 남편 폴리크세노스와 사이가 별로 좋지 않았다. 그래서 폴리크세노스는 자신의 생명이 위험하다는 것을 알고 몰래 시칠리아를 떠나 버렸다. 그러자 왕은 누이를 불러서 남편이 도망갈 것을 미리 알고 있으면서도 왜 미리 말하지 않았느냐고 호통을 쳤다. 그러자 테스테는 서슴없이 대답했다.

"제가 아무리 비겁하고 아내답지 못하다고 해도 남편이 도망가는 것을 알면서도 따라가지 않았겠습니까? 정말 몰랐기 때문에 못 간 겁니다. 만약 알았더라면 참주 디오니시오스의 누이라고 불리기보다는, 망명자인 폴리크세노스의 아내라고 불리는 것을 택했을 겁니다."

테스테가 이렇게 당당하게 말하자 폭군이었던 디오니시오스 1세도 감탄을 했다고 한다. 테스테의 용기와 지조에 시라쿠사 시민들은 아낌없는 찬사를 보냈고, 왕정이 무너진 뒤에도 그녀만은 왕족으로 대우해 주었다. 그리고 그녀가 죽었을 때는 모든 시민들이 테스테의 장례식에 참석했다고 한다. 이것은 본론에서 좀 벗어난 이야기이긴 하지만, 그럴 만한 가치가 있는 것으로 생각된다.

그때부터 디온은 전쟁을 준비하기 시작했다. 그러나 플라톤은 이 일에 전혀 간섭하지 않았다. 이미 나이가 많이 들었고 디오니시오스 왕에게 받은 극진한 대우도 무시할 수 없었기 때문이었다. 그러나 스페우시포스를 비롯한 친구들은 디온을 열심히 도와주었다. 그들은 시칠리아를 폭군의 손에서 해방시키자고 주장했다. 시칠리아 시민들은 구원을 바라고 있으므로 디온이 간다면 두 팔 벌려 환영하리라는 사실을 잘 알고 있었던 것이다. 더욱이 그들은 플라톤과 함께 시라쿠사에 갔을 때 플라톤보다 훨씬 자유롭게 시민들을 만날 수 있었으므로 그들의 사정을 누구보다 잘 알고 있었다.

시라쿠사 시민들은 디온이 전쟁 준비를 하고 있다는 얘기를 듣고도 왕이 시민들의 마음을 떠보기 위해 일부러 만들어낸 헛소문이라고 생각하였다. 그러나 얼마 뒤에는 디온이 오기만을 기다리게 되었다. 그들은 오직 디온만을 기다렸으며, 그의 이름만 빌릴 수 있다면 시칠리아의 시민들은 모두 떨치고 일어나서 디오니시오스 왕을 몰아낼 생각을 하고 있었다.

이 소식은 디온에게 큰 힘을 주었다. 그는 자신을 숨기고 군대를 모집하기 시작했다. 그러자 많은 정치가와 철학자들이 도움을 아끼지 않았다. 그 중에는 키프로스의 에우데모스와 같은 사람도 있었는데, 그가 죽자 아리스토텔레스는 〈영혼에 대한 이야기〉라는 글을 지었을 정도로 유명한 사람이었다. 또 레우카스의 티모니데스도 도움을 주었고, 예언자이면서 아카데미에서 철학을 배웠던 테살리아의 밀타스도 협력을 했다. 디오니시오스 왕으로부터 추방당한 사람은 천 명이 넘었으나, 그들 중에 디온의 계획에 찬성하고 협조를 한 사람은 겨우 25명뿐이었다. 그 밖의 사람들은 디오니시오스에 대한 두려움 때문에 감히 디온을 도울 수가 없었던 것이다.

디온과 그를 돕는 무리들은 자킨토스 섬을 중심으로 모여들었다. 병력은 8백 명도 되지 않았다. 그러나 그들 대부분은 여러 번 전투에 참가한 경험이 있었으며, 몸도 튼튼하고 용기도 대단하였다. 그들은 시칠리아에 가서 디온을 기다리고 있던 시민들을 이끌고 그들에게 용기를 줄 수 있을 만한 인물들이었다. 그러나 시칠리아에 가서 디오니시오스 왕과 싸우려 한다는 사실을 밝히자 처음에는 겁을 집어먹고 가지 않으려고 했다. 그들은 디온이 이런 무모한 전쟁에 뛰어들려는 것은 개인적인 싸움 끝에 몹시 흥분한 탓이며, 그것은 자신들까지 파멸로 몰아넣으려는 바보 같은 짓이라고 수군댔다. 그러면서 왜 처음부터 전쟁의 목적을 밝히지 않았느냐고 대들고 지휘관들에게 분노를 터뜨렸다.

그러자 디온은 시칠리아의 정치는 썩을 대로 썩어 있으며 단지 병사로 싸우는 것이 아니라 시라쿠사와 시칠리아의 다른 지방 군대들을 지휘하는 장군이 될 것이라고 얘기했다. 그리고 사람들은 오래 전부터 왕에 대한 분노로 들끓고 있기 때문에 싸울 기회만 기다리고 있다고 연설하였다. 바로 뒤를 이어서 아카이아의 유명한 가문 출신으로 크게 이름을 떨치고 있던 알키메네스가 나왔다. 그는 디온과 똑같은 이야기를 하며 그들을 격려하였다. 이렇게 되자 병사들은 마음을 바꾸고 출정하는 데 찬성하였다.

그때는 한여름이라서 에테시아의 거센 바람[2]이 바다 물결을 일으키고 있었다. 디온은 아폴론 신에게 제사를 드리기 위해 성대하게 준비를 한 다음, 무장을 갖춘 군대를 이끌고 신전으로 올라갔다. 하늘에는 보름달이 걸려 있어서 사방은 대낮처럼 밝았다. 제사가 끝난 다음 디온은 자킨토스의 경마장과 운동장에서 병사들을 위한 큰 잔치를 열었다. 병사들은 이 잔치에 나온 금그릇과 은그릇의 숫자와 푸짐한 음식을 보고, 한 사람의 재산으로 이 큰 잔치를 열었다는 것을 도저히 믿지 못했다. 그들은 또 이렇게 많은 재산을 가진 디온이 전쟁의 불길 속으로 뛰어든다는 것은 본국에 있는 친구들로부터 많은 도움을 받고 있다는 증거이며, 분명히 이길 자신이 있는 것이라고 생각했다.

그런데 잔치를 열기 위해 기도를 막 끝냈을 때 갑자기 달빛이 희미해지기 시작했다. 하필이면 그때 월식이 일어났던 것이다. 디온과 그의 친구들에게 월식은 전혀 이상한 일이 아니었다. 달과 해 사이에 지구가 끼어들면 그 그림자 때문에 월식이 생기

며, 그것이 언제쯤 일어날 것인지도 계산할 수 있었다. 그러나 병사들은 그것을 보고 겁을 냈다. 어떻게든 그들이 힘을 낼 수 있도록 만들어야 했다. 그때 예언자인 밀타스가 병사들 앞으로 나섰다.

"여러분! 이것은 우리가 완전한 승리를 거두게 되리라는 징조입니다. 지금까지 빛을 내던 그 무엇인가가 드디어 빛을 잃게 되리라는 것을 신께서 알려 주시는 것입니다. 지금 세상에서 가장 밝은 빛을 내고 있는 것은 디오니시오스 왕의 권력뿐입니다. 그러니까 결국 여러분들이 시칠리아에 도착하면 그가 완전히 빛을 잃고 망하게 되리라는 것을 알려 주는 것입니다."

밀타스의 얘기를 들은 병사들은 다시 힘을 얻었다. 얼마 뒤 배의 앞머리에 벌 떼가 달라붙어 있는 것을 발견했다. 밀타스는 디온에게 다가갔다. 그리고는 디온과 그의 친구들에게만, 그들의 계획은 일시적으로 성공하여 크게 영광을 누릴 수 있으나 그것은 단기간이며 곧 망할 것이라는 징조 같아서 두렵다고 얘기했다.

그런데 디오니시오스 쪽에서도 여러 가지 불길한 징조가 나타나고 있었다. 독수리 한 마리가 호위병이 들고 있던 창을 낚아채서는 바다 한가운데에다 떨어뜨린 일이 있었던 것이다. 그리고 하루는 시라쿠사 성벽에 부딪치는 바닷물에서 향기가 나길래 마셔보았더니 전혀 짠맛이 없었다. 또 어떤 곳에서는 귀가 없는 돼지가 태어나기도 했다.

예언자들은 이 현상들을 반란이 일어날 징조라고 해석했다. 귀가 없는 돼지는 민중들이 왕의 명령을 듣지 않는다는 것을 뜻하며, 바닷물이 짠맛을 잃었다는 것은 시라쿠사 시민들의 고생이 끝나고 행복한 시대가 찾아온다는 것을 의미한다고 풀이하였다. 그리고 독수리는 제우스 신의 신성한 새이고 창은 왕의 권력을 상징하는 것이므로, 독수리가 창을 빼앗아간 것은 하늘의 신이 왕을 멸망시키려는 징조라고 했다. 이것은 모두 테오폼포스의 책에 실려 있는 이야기들이다.

디온은 마침내 커다란 배 두 척에 병사들을 태우고 떠났다. 뒤로는 작은 배 한 척과 30개의 노를 가진 군함이 뒤따르고 있었다. 디온은 또 2천 개의 방패와 수많은 창과 활, 그리고 충분한 양식들을 가지고 있었다. 그들이 지나는 육지는 모두 디온에게 적의를 가지고 있고 또 필리스토스가 이아피기아에서 맞아 싸우려고 기다린다는 정보가 있었기 때문이었다. 그래서 항해를 하는 동안 한 번도 상륙하지 않고 달리기로 했던 것이다.

디온은 순풍을 타고 12일 동안 항해를 계속하여 13일째 되는 날 시칠리아의 남쪽 끝에 있는 파키노스에 도착하였다. 선장인 프로토스는 도착하자마자 곧 육지로 올라가자고 했다. 만일 상륙하지 않으면 남풍을 만날 때까지 계속 바다 위를 떠다녀야 하는데, 여름에는 남풍이 잘 불지 않는다는 것이었다. 그러나 디온은 이곳은 적과 너무 가깝기 때문에 상륙하는 것은 위험하다고 판단했다. 그는 파키노스 항구를 끼고 항해를 계속하라고 명령했다.

잠시 후 북풍이 몰아닥쳐 심한 풍랑이 일었다. 배들을 시칠리아 섬에서 점점 멀어지기 시작했다. 더구나 이때는 아르크투루스 별이 나타나는 계절이었기 때문에 갑자기 날씨가 변하고 무서운 폭우까지 쏟아지기 시작했다. 병사들은 두려움에 떨면서 모든 것을 바람에 맡겨둔 채 넋을 놓고 말았다.

얼마 후 아프리카 해안에서 조금 떨어져 있는 케르키타 섬의 절벽이 나타났다. 배는 절벽에 부딪쳐 박살날 위기를 간신히 벗어나 암초가 떠있는 험난한 바다를 조심스럽게 빠져나갔다. 얼마 후 바다 한가운데에 이르게 되자 폭풍우도 가라앉았다. 그곳은 시르티스라는 곳이었다.

그런데 이번에는 바람이 완전히 가라앉아 배가 꼼짝도 하지 않았다. 그러나 뜻하지 않은 남풍이 불어오기 시작했다. 병사들은 곧 돛을 높이 세우고 신들에게 감사를 드렸다. 이렇게 해서 아프리카를 벗어나 다시 시칠리아로 항해하여 달리기 시작했다.

남풍을 타고 떠난 지 닷새째 되는 날, 디온의 일행은 시칠리아의 미노아에 닻을 내렸다. 이곳은 카르타고가 점령하고 있는 작은 도시였다. 디온은 이곳 수비대장인 시날로스를 잘 알고 있었다. 시날로스는 디온이 타고 있는 사실을 몰랐다. 그래서 이들의 상륙을 허락하지 않았다. 그러자 디온의 군대가 완전 무장을 갖추고 배에서 내렸다. 디온은 사령관이 친구라는 이유로 절대로 사람은 다치게 하지 말라고 병사들에게 명령했다. 디온의 명령대로 하면서 병사들은 적의 군사를 시내로 밀어부치고 그곳을 점령하였다.

두 장군은 만나게 되자 반갑게 인사를 나누었다. 디온은 아무런 피해도 끼치지 않고 도시를 고스런히 시날로스에게 되돌려 주었다. 시날로스도 디온과 군대를 기꺼이 맞아들이고 필요한 물자를 제공해 주었다.

디오니시오스 왕은 이 중요한 시기에 시라쿠사를 비우고 없었다. 그는 80척의 배를 이끌고 이탈리아에 가 있었던 것이다. 디온의 군대는 이 소식을 듣게 되자 더욱 사기가 높아져 어서 시라쿠사로 쳐들어가자고 아우성을 쳤다. 그러나 디온은 오랜 항해로 고생을 겪은 병사들을 좀 쉬게 하고 병력도 증강시킬 생각이었다. 병사들은 막무가내였다. 이런 좋은 기회를 놓쳐서는 안 된다는 것이었다. 결국 디온은 시라쿠사를 공격하기로 결정했다. 그는 필요한 무기와 식량만을 챙기고 나머지는 미노아에 남겨두기로 하고, 필요할 때에는 보내 달라고 시날로스에게 부탁을 했다.

디온의 군대는 시라쿠사를 향해 떠났다. 그런데 가는 도중에 에크노뭄 근처에 사는 아그리겐티네스 인들이 2백 명의 기병을 이끌고 와서 그들에게 협력하겠다고 말했다. 뒤이어 겔로아 사람들도 디온의 군대에 가담했다.

디온이 군대를 이끌고 온다는 소식은 시라쿠사에까지 퍼졌다. 티모크라테스는 급히 왕에게 이 소식을 전했다. 티모크라테스는, 디오니시오스의 누이이며 디온의 아내였던 여자와 결혼한 사람인데, 왕이 없는 시라쿠사를 지키는 중요한 임무를 맡고 있었다. 그는 디오니시오스에게 사람을 보내 디온이 쳐들어온다는 소식을 알리는 한편 시민들이 반란을 일으키지 못하도록 대책을 세웠다. 시민들은 디온이 온다는 소식을 듣고 모두 들떠 있었다. 그러나 이 정보를 완전히 믿을 수는 없었으므로 때가 되기만을 기다렸다.

디오니시오스에게 급히 소식을 전하러 가던 사람은 이상한 사고를 당했다. 그는 디오니시오스가 있는 카울로니아를 향해 레기움 거리를 달리고 있었는데 뜻밖에도 옛친구를 만나게 되었다. 그 친구는 제사에 바쳤던 고기를 집으로 가지고 가는 길이었다. 친구는 고기를 조금 나누어 주었다.[3] 그는 고기를 얻어가지고 다시 걸음을 재촉하였다.

밤이 되자, 그는 너무나 피곤한 나머지 숲속에서 잠을 청했다. 그런데 고기 냄새를 맡은 늑대들이 그가 자는 사이에 고기를 물어갔는데, 공교롭게도 편지까지 물고 달아나 버렸다. 편지를 고기와 함께 자루 속에 넣어 두었던 것이다. 잠에서 깨어나 사실을 안 그는 주위를 샅샅이 뒤졌다. 편지는 찾을 수가 없었다. 이렇게 되자 그는 차라리 몸을 숨기는 것이 낫다고 생각하고서 달아나 버렸다. 이렇게 해서 디오니시오스는 전쟁이 일어난 사실을 훨씬 나중에야 듣게 되었다.

디온의 군대는 계속 행군해 나갔다. 카마리나 사람들과 여러 곳에 흩어져 살던 시라쿠사 사람들도 디온의 군대에 합세했다. 이들의 세력은 날로 커지고 있었다. 디온

---

3) 그 당시에는 제사에 바쳤던 고기를 만나는 사람마다 나누어 주는 풍습이 있었다.

은 일부러 레온티네와 캄파니아를 먼저 공격한다는 소문을 퍼뜨렸다. 그러자 티모크라테스의 군대에서 에피폴라이를 지키고 있던 병사들 중 레온티네와 캄파니아 출신들이 자기 집과 고향을 지키기 위해 군대를 이탈하여 모두 고향으로 돌아가 버렸다. 디온은 마크라 근처에서 이 소식을 한밤중에 들었다. 그러자 그는 잠자고 있던 병사들을 깨워서 아나포스 강까지 행군을 하였다.

시라쿠사 시까지는 겨우 10펄롱(2km)밖에 되지 않았다. 디온의 군대는 질서 있게 강가에 늘어서서 막 솟아오르는 아침해를 바라보았다. 그리고 제물을 놓고 기도를 올렸다. 점술가들은 신들이 승리의 징조를 보내셨다고 말했다.

디온의 군대에 가담한 병사는 거의 5천 명에 이르렀다. 이들은 아무렇게나 무장을 하고 왔기 때문에 장비는 그리 변변치 못했지만 군대의 열기는 그것을 다 메우고도 남을 정도였다. 드디어 디온은 공격 명령을 내렸다. 병사들은 자유를 찾는다는 기쁨에 젖어 선두에 선 디온을 앞다투어 따랐다.

시내에 있던 시라쿠사 시민들 중에서 이름 있는 사람들과 귀족들은 제일 좋은 옷으로 갈아입고 성문까지 나와 디온을 맞이했다. 그리고 시민들은 디오니시오스 왕의 무리들을 습격하고, 시민들의 움직임을 살펴보고 있던 첩자들을 잡아냈다. 그들은 늘 시내 여기저기를 돌아다니면서 누가 어떤 말을 하고 누가 어디에 숨어 있는지를 알아내서 디오니시오스에게 일러바치던 자들이었는데, 시민들은 이들을 잡아 모조리 죽여 버렸다. 이들은 맨 먼저 죄의 대가를 치른 것이다.

티모크라테스는 제일 큰 성에 남아 있는 자신의 군대로 돌아가려고 했다. 그러나 길이 막혀 있었다. 할 수 없이 그는 말을 타고 도망가 버렸다. 그는 자기에게 책임이 돌아올 것이 두려워 가는 곳마다 디온이 이끈 군대의 숫자를 부풀려서 말했다. 그가 지나가는 곳마다 심한 공포와 혼란이 일어났다.

디온은 찬란한 갑옷을 입고 시민들 앞에 나타났다. 그는 항상 맨 앞에 서서 병사들을 이끌었으며, 양 옆에는 그의 동생 메가클레스와 아테네의 칼리토스가 머리에 월계관을 쓰고 따르고 있었다. 그 뒤를 이어 그리스에서 데리고 온 외국인 부대 백 명이 디온의 호위병으로 따라오고, 나머지 부대들도 장군의 지휘를 받으며 씩씩하게 그들 뒤를 따르고 있었다. 42년 동안이나 참주 정치 밑에서 신음해 오던 시라쿠사 시민들은 자유와 민주 정치를 되찾게 되는 이 순간을 신이 찾아오는 광경처럼 경건한 마음으로 바라보며 환호성을 올렸다.

디온은 먼저 시민들의 소란을 가라앉히기 위해 나팔을 불게 했다. 그리고 전령을 시켜 참주 정치를 무너뜨리고 독재자들을 몰아내기 위해, 그리고 시민들에게 자유를 주기 위해 이곳에 왔다고 선언하였다.

그런 다음 디온은 시민들에게 연설을 하기 위해 아크라디나 거리를 지나갔다. 시민들은 술과 제물을 차려놓고 양 옆에 늘어서서 마치 신이라도 지나가는 것처럼 열렬한 박수와 축복을 보냈다.

다섯 개의 대문이 있는 커다란 성 밑에는 디오니시오스가 세운 큰 해시계가 높이 솟아 있었다. 디온은 그 위에 올라서서 시민들을 내려다보면서 모두 힘을 합쳐 다시 찾은 자유를 끝까지 지키자고 말했다. 기쁨과 감사의 마음으로 가득 찬 시민들은 디온 형제를 나란히 대장군으로 선출하고 모든 권한을 주었다. 그리고 이들의 요청에 따라 다시 20명의 지도자들을 뽑았다. 그 가운데 10명은 디온과 함께 돌아온 사람들이었다.

점술가들은 디온이 해시계 위에서 연설한 것은 좋은 징조지만, 해시계 위에서 대장군으로 선출된 것은 그의 운명에 변화가 있을 좋지 못한 징조라고 얘기했다.

대장군이 된 디온은 곧장 에피폴라이를 점령하고 갇혀 있는 시민들을 풀어 주었다. 그리고 시라쿠사 성을 포위하기 위해 주위에 높은 둑을 쌓았다. 디오니시오스 왕은 7일 만에 이탈리아에서 돌아와 바다 쪽을 통해 성 안으로 들어갔다. 시날로스에게 맡겨 두었던 무기를 실은 마차들도 그때쯤 도착했다. 디온은 이 무기들을 시민들에게 나누어 주었다. 무기가 모자라서 받지 못한 사람들은 나름대로 무장을 갖추고서 디온의 군대에 가담하였다.

이렇게 되자 디오니시오스는 디온에게 은밀히 사람을 보내어 어떤 조건이라도 좋으니 휴전을 하자고 제안했다. 디온은 모든 이제 시민들은 자유를 가지고 있으니 그들 앞에서 공개적으로 제안하라고 대답했다. 이 말을 들은 디오니시오스는 시민들에게 사절을 보내, 세금을 줄이고 군대 복무도 덜어줄 테니 협상을 하자고 했다. 시민들은 그의 제안을 비웃으며 단호하게 거절하였다.

디온은 자신과 시민들 모두는 디오니시오스가 왕위를 내놓지 않는 이상 어떤 제안도 받아들이지 않겠다고 했다. 그러나 만일 왕좌를 내놓는다면 안전을 보장해 주겠으며 되도록 너그러운 조건으로 용서해 주겠다고 했다.

디오니시오스는 이 조건을 받아들이기로 했다. 디온은 곧 시민 대표들을 뽑아 디오니시오스의 성으로 보냈다. 그때 성에는 디오니시오스가 왕위를 내놓고 디온보다 더욱 시민을 생각하는 지도자가 되려 한다는 소문이 새어 나왔다.

그러나 휴전 협정이라는 것은 시민들을 잠시 속이려는 계략일 뿐이었다. 디오니시오스는 성 안에 들어온 시민 대표들을 잡아가두고는, 다음날 아침 성을 지키는 병사들에게 실컷 포도주를 먹인 다음 디온이 있는 성을 공격했다. 뜻밖의 일을 당한 디온은 정신을 차리지 못했다. 그러는 동안 왕의 군대는 미친 듯이 성벽을 허물고 시민들을 공격하기 시작했다. 시민들은 모두 맥을 놓고 있었고, 오직 그리스에서 데려온 디온의 군대만이 간신히 저항을 하였다. 그러나 이들도 처음에는 아우성을 치며 도망가는 시민들 틈에서 섞여 제대로 싸울 수가 없었다.

디온은 사태를 수습하기 위해 적진을 향해 뛰어나갔다. 적들은 디온의 얼굴을 알아보고는 소리를 지르면서 달려들었다. 그러자 디온의 병사들이 합세하여 곧 맹렬한 싸움이 벌어졌다. 그때 디온은 전쟁터에 몸을 던질 만한 나이는 아니었다. 그러나 그의 용기만큼은 과감하게 달려드는 적을 쓰러뜨리기에 충분했다.

그러나 디온은 달려드는 적의 창과 칼을 당해낼 수가 없었다. 수많은 적의 창들이 한꺼번에 날아들었으므로 그의 방패도 제구실을 하지 못했다. 결국 빗발치는 적의 공격을 막아내고 있는 것은 갑옷뿐이었다. 그러나 그것마저도 찢어져 버렸다. 디온은 그만 바닥에 쓰러지고 말았다. 마침 부하들이 그를 발견하고는 간신히 구출할 수 있었다.

디온은 티모니데스에게 자신의 지휘권을 넘겨 주고, 말을 타고 시내를 돌아다니며 시민들의 단결을 외쳤다. 그리고는 아크라디나를 지키기 위해 남겨두었던 그리스 군에게 출동 명령을 내렸다. 투지에 불타고 있는 새 군대가 몰려오자 전세는 역전되기 시작했다. 적들은 성으로 후퇴해 들어가기 시작했다. 적이 도망치는 것을 보자 그리스 군대는 더욱 강하게 공격을 퍼부었다. 이제 적들은 도저히 당해낼 수가 없다는 것을 깨닫고 서둘러 성 안으로 도망쳐 들어갔다. 이 전투에서 디온 군은 74명의 전사자를 냈다. 그러나 적은 그보다 훨씬 많은 피해를 입었다.

영광스러운 승리를 거둔 시민들은 그리스 군의 용기에 감사를 드리며 백 미나이의 상금을 그들에게 주었다. 그리고 그리스 군은 디온에게 금관을 만들어 바쳤다. 디오니시오스는 사람을 보내, 디온의 가족들과 부인이 쓴 편지를 디온에게 전했다. 그 편지들 중의 하나에는 '아버님께, 히파리노스로부터'라고 적혀 있었는데, 히파리노스는 디온의 아들의 이름이었다. 그러나 티마이오스가 전하는 바에 의하면, 디온의 아들은 아레테라는 그의 어머니의 이름을 따서 아레타이오스라고 지었다고 한다. 그러나 여기서는 디온의 친구이며 그의 충실한 신하였던 티모니데스의 말을 믿는 것이 좋겠다.

그 밖의 편지들은 대부분 부인들이 보낸 것이었는데, 모두가 눈물로 쓴 애원의 사연이었다. 디온은 이 편지들을 시민들이 보는 앞에서 읽었다. 그런데 디온의 아들이 썼다는 편지는 사실 디오니시오스가 쓴 것이었다. 디온에게 썼다기보다는 시라쿠사 시민들에게 보내는 호소문이었다. 거기에는 자기 자신을 변명하는 내용과 디온에게 보내는 간절한 부탁이 적혀 있었다. 그러나 그 속에는 시민들이 디온을 의심하게 만들려는 목적이 숨어 있었다. 즉, 디오니시오스는 디온이 옛날에 참주 정치를 적극적으로 지지했다는 내용을 지적하고, 만일 요구를 받아들이지 않으면 디온의 누님과 가족 등 가까운 사람들을 모두 죽이겠다고 협박했다. 특히 디온을 분노하게 했던 것은, 참주 정치를 파괴하지 말고, 이유없이 자신을 미워하거나 죽이려 하는 자들에게 자유를 내주어서는 안 되며, 차라리 디온을 왕으로 내세워서 친척과 친구들을 구해 달라는 내용이었다.

그러자 시민들은 디온이 친척들의 이런 애원도 물리치고 정의와 명예를 지키기 위해 자기들을 돌보고 있다는 것도 잊어버리고, 오히려 의심을 품기 시작했다. 그리고 디온은 분명히 왕이 되고 싶어할 것이니 빨리 다른 사람을 지도자로 내세우자고 했다. 그때 마침 헤라클레이데스가 시칠리아에 들어왔다는 소식이 들려왔다. 시민들은 무척 기뻐하였다.

헤라클레이데스는 디오니시오스 2세에 의해 추방당했던 사람들 중의 하나로, 디오니시오스 1세 때에 큰 공을 많이 세웠던 유명한 장군이었다. 그러나 그는 변덕이 심한 사람이어서 적당한 인물이 못 되었다. 그는 펠로폰네소스에 있을 때 디온과 의견이 틀어지자 혼자서 군대를 일으키고는 디오니시오스를 정벌하기 위한 전쟁을 벌이기로 마음 먹었다.

그러나 그가 전함 7척과 작은 배 3척을 거느리고 시라쿠사에 왔을 때는 이미 디오니시오스는 성에 갇히고 시민들은 승리의 기쁨으로 한창 들떠 있었다. 그래서 그는 말재주를 부려 민중들에게 아첨을 일삼기 시작했다. 시민들도 디온이 너무 당당하고 건방진 태도를 보이자, 만일 그가 정권을 잡는다면 자신들을 억누를 것이라고 걱정하던 중이었다. 이들은 일이 다 성공한 것처럼 콧대가 높아져서, 민주적 정권이 갖추어지기도 전에 벌써부터 자신들의 비위를 맞춰줄 지도자를 기다리고 있었던 것이다.

시민들은 곧 시민 대회를 열었다. 그리고 헤라클레이데스를 해군 사령관으로 선출해 버렸다. 그러자 디온이 연단에 올라와 이렇게 지적했다.

"헤라클레이데스에게 그렇게 중요한 일을 맡긴다는 것은 결국 내게 맡겼던 권한을 빼앗는다는 얘기가 됩니다. 해군의 지휘권이 다른 사람에게 넘어간다면 나는 절대적 권한을 지닌 대장군이 될 수 없는 것입니다."

시민들은 그의 말이 무척 못마땅했지만 헤라클레이데스의 사령관 임명을 취소하는 수밖에 없었다.

디온은 헤라클레이데스를 조용히 불렀다. 그리고는 이런 중요한 시기에 공연한 문제로 소란을 일으켰다가는 모두가 망할 것이니 자기에게 맞서지 말라고 부드럽게 충고했다. 그리고 나서 디온은 정식으로 시민 대회를 열었다. 그리고 헤라클레이데스를 해군 사령관으로 뽑고 자기와 똑같은 호위병을 주었다.

헤라클레이데스는 디온을 상관으로 대하면서 그의 명령을 잘 따랐다. 또한 해군 사령관으로 임명해 준 일을 무척 고맙게 생각했다. 그러나 다른 한쪽으로는 몰래 시민들을 선동하여 디온의 처지를 아주 곤란하게 만들었다. 즉, 디온이 만일 휴전을 하고 디오니시오스가 다른 나라에 가서 살 수 있도록 해준다면, 사형을 내려야 할 사람을 살려 주었다는 비난을 받게 만들어 놓았다. 그리고 민중들의 요구대로 계속 성을 포위하고 있으면, 장군의 자리에 눌러앉아 시민들을 억압하려고 일부러 전쟁을 오래 끄는 것이라는 소리를 듣게 만들었다.

시라쿠사에는 소시스라는 뻔뻔스럽고 흉악한 자가 살고 있었다. 그는 아무 말이나 생각도 없이 마구 떠들어대는 사람이었다. 그러나 시민들은 소시스를 좋아하였다. 그런데 어느 날, 이 소시스가 디온을 공격하기 위해 시민대회장에 나타났다. 그는 시민들에게 어리석은 술주정꾼 대신 똑똑하고 술도 안 마시는 왕의 억압을 받는다는 것은 참으로 무서운 일이라고 외쳤다. 그리고는 자기는 디온의 적이라고 말하고 물러났다.

다음날에도 또 옷도 입지 않고 피투성이가 된 채 누구에게 쫓기고 있다는 듯 거리를 뛰어다녔다. 디온의 부하들이 자기를 죽이려 한다는 것이었다. 이것을 보고 흥분한 사람들은 디온에게 달려갔다. 그들은 디온이 언론의 자유를 가로막고 협박과 살인으로 왕위를 차지하려 한다고 욕을 해댔다.

디온은 이 억울한 누명을 벗기 위해 시민들을 모이게 한 뒤 연단으로 올라갔다. 그는 먼저 소시스의 형이 디오니시오스의 호위병이라는 것을 밝히고, 소시스는 분명 형의 꾀임에 넘어가 시민들을 혼란 속에 빠뜨리려는 것이라고 말했다. 그리고 포위당한 디오니시오스가 자기의 몸을 구할 방법은 시민들 사이를 이간질하는 것밖에 없지 않느냐고 말했다.

그리고 의사들에게 소시스의 상처를 진찰하게 했더니, 그것은 칼로 찍힌 상처치고는 너무 가볍다고 말했다. 칼로 내리쳤다면 그 무게만으로도 상처 한가운데가 깊게 파였을 것이기 때문이었다. 더구나 이 상처는 한 번에 베인 것이 아니라 여러 번에 걸쳐 만들어진 상처라는 것이었다. 그때 시민 몇 사람이 면도칼을 들고 광장으로 달려와서 사람들에게 말했다.

"우리들은 피투성이가 되어 있는 소시스를 거리에서 보았소. 그는 그때 디온의 군대가 자기를 죽이려 한다고 외쳤지요. 그래서 우리가 디온의 부하들을 잡으려고 곧 달려가 보았지만 거기에는 아무도 없었소. 그리고 소시스가 달려나왔던 곳 근처에 있는 돌 밑에서 이 면도칼을 발견했소."

일은 점점 소시스에게 불리해졌다. 더구나 소시스의 하인들을 조사해 보았더니, 날이 밝기 전에 소시스가 면도칼을 들고 집을 나가는 것을 보았다는 사람이 있었다. 그러자 디온을 공격하고 욕하던 사람들은 투표해서 소시스에게 사형을 내리기로 결정했다.

그러나 시민들은 디온이 거느리고 있는 그리스 군대를 여전히 믿지 않았다. 전쟁은 주로 바다 위에서 벌어질 것이기 때문에 필리스토스가 이아기피아로부터 많은 배를 거느리고 디오니시오스를 도우러 온 만큼, 육지에서 싸울 디온의 중무장부대는 별로 필요가 없을 것 같았기 때문이었다. 또 자기들은 배를 잘 타고 해전에는 능숙했으므로 디온의 부대는 아무래도 귀찮은 존재였다. 더구나 해전에서 이기고 필리스토스를 사로잡으면서 더욱 자신감이 강해졌다.

에포로스의 기록에 의하면, 필리스토스는 자기의 배를 빼앗기고 시민들에게 고문을 당하다가 자살해 버렸다고 전해진다. 그러나 이 전쟁에서 처음부터 끝까지 디온과 함께 있었던 티모니데스가 철학자 스페우시포스에게 보낸 편지에는 다음과 같이 씌어 있었다.

"필리스토스가 타고 있던 배가 해안에 부딪히는 바람에 그는 시라쿠사 시민들에게 사로잡혔소. 시민들은 그가 입고 있던 옷을 모두 벗긴 다음 여기저기로 끌고다니면서 그 늙은이에게 온갖 모욕을 다 주었소. 그러고 나서 그들은 필리스토스의 목을 베고 아이들에게 시체를 던져 주면서 아크라디나 거리 끝에 있는 채석장 골짜기에 갖다 버리라고 했소."

또 티마이오스의 기록에 의하면, 필리스토스는 이보다 더 심한 모욕을 받았다고 한다. 아이들이 필리스토스의 시체를 받아 그의 병신 다리를 끈으로 묶고 돌았는데, 그것을 본 어른들이 껄껄 웃으면서 이렇게 말했다고 한다.

"옛날에 디오니시오스 1세가 말을 타고 시라쿠사 시에서 도망갈 때, 필리스토스는 왕위를 버리지 말고 다리를 잡아당길 때까지 왕좌에 앉아 있으라고 했었단다. 그런데 지금 이 놈이 바로 그 꼴을 당하고 있구나."

그러나 필리스토스 자신은 디오니시오스에게 그런 말을 했던 사람은 자신이 아니라 다른 신하였다고 말했다.

물론 그가 참주에게 충성을 바쳤던 일은 역사가들의 비난을 받을 만하다. 그러나 역사가 티마이오스처럼 자신의 감정을 섞어서 역사를 쓴다는 것은 옳지 않은 일이다. 만일 티마이오스가 필리스토스에게 무슨 학대를 받았었다면 죽은 시체까지 모욕한 일도 이해할 수 있을지 모른다. 그러나 역사가는 시간이 한참 지난 뒤에 과거의 일을 기록하는 사람이므로 그렇게까지 한 사람을 모욕한다는 것은 부끄러운 일이다. 아무리 착한 사람이라고 해도 불행하게 죽어가는 사람은 흔히 있을 수 있으므로 이미 죽은 사람을 욕보이는 것은 결코 훌륭한 역사가가 할 일이 아니다.

그러나 에포로스처럼 필리스토스를 지나치게 칭찬하는 것 역시 올바른 일이라고는 볼 수 없다. 에포로스는 필리스토스가 저지른 나쁜 일도 그럴싸한 이유를 붙여 꾸미는 재주를 가지고 있었다. 필리스토스가 참주에게 충성을 바치고, 재물과 권력과 사치를 누리면서 왕녀와 결혼한 일을 무슨 대단한 일이나 되는 것처럼 내세웠지만, 이것은 결코 정의로운 일이 아니다. 그러므로 역사가는 언제나 공정하게 역사를 기록해야 하며, 나쁜 일을 옳다고 고치거나 한 사람의 불행을 모욕해서는 안 될 것이다.

필리스토스를 잃은 디오니시오스는 디온에게 사람을 보내 휴전을 요청했다. 그는 성 안에 있는 무기와 군대, 그리고 그 군대를 위한 다섯 달치의 봉급을 보낼 테니 전쟁을 중지하고, 자신을 이탈리아까지만 보내 달라고 했다. 자신은 기아르타에서 들어오는 세금만 받으면서 살겠다는 것이었다. 기아르타라는 곳은 시라쿠사 시에 딸린 영토로 바닷가에서부터 섬의 안 쪽까지 기름진 평야가 펼쳐져 있는 곳이었다.

그러나 디온은 디오니시오스가 보낸 사람을 만나지 않고 모든 것을 시민들에게 직접 이야기하라고 했다. 시민들은 디오니시오스를 사로잡을 계획을 가지고 있었으므로 대표들을 그대로 돌려보냈다.

그러자 디오니시오스는 성을 큰아들인 아폴로크라테스에게 맡기고, 가장 가까운 사람과 값비싼 재물을 배에 싣고는 빠져나가 버렸다. 해군을 이끌고 있던 헤라클레이데스 장군은 이들을 놓치고 말았다.

이 일 때문에 헤라클레이데스는 시민들로부터 심한 공격을 받았다. 이렇게 되자 헤라클레이데스는 정치인 한 사람을 돈으로 매수하여, 시민들에게 토지를 골고루 나누어 주자는 법안을 제출하게 했다. 그리고는 자유의 기본은 경제적인 평등인 데도 가난한 사람들에게는 여전히 노예와 같은 생활이 그림자처럼 붙어다닌다고 부르짖고, 시민들이 토지를 평등하게 소유할 수 있어야 한다고 주장했다. 그러면서 그는 이 제안에 찬성하는 무리들을 이끌고 디온을 정면으로 공격하였다.

시민들은 결국 투표를 통해 이 제안을 통과시켰다. 그리고 디온의 군대에게는 더 이상 봉급을 주지 않기로 결정하고, 새로운 장군을 여러 명 뽑아서 디온의 독재적인 세력을 꺾으려 했다. 그러나 오랫동안 깊은 병을 앓던 사람이 갑자기 일어나 걸을 수는 없는 것처럼, 참주 정치에 시달려온 시민들이 너무 급하게 서두른 나머지 이 계획은 실패로 돌아가고 말았다. 이들은 훌륭한 의사처럼 규칙과 절제를 지키며 힘을 키워 주려 했던 디온을 꺾으려 했던 것이다.

시민들이 새로운 장군들을 뽑기 위해 회의를 연 것은 한여름이었다. 그런데 이상하게도 보름 동안이나 내내 비가 쏟아지고 천둥이 쳐서 사람들은 제대로 모일 수도 없었고, 계속 모였다가 흩어지는 일을 몇 번이나 되풀이해야 했다. 예년에는 없던 이러한 날씨 때문에 시민들은 새로운 장군을 선출하는 일을 자꾸 미룰 수밖에 없었다. 그러다가 모처럼 날씨가 개어 사람들이 모여 들었는데 또 이상한 일이 일어났다. 다른 때는 아무리 사람이 많아도 무서워하지 않고 잘 다니던 황소 한 마리가 별안간 멍에를 벗어던지고 대회장으로 뛰어들더니 모여 있는 시민들을 뿔뿔이 흩어놓았다. 그리고는 다시 길거리로 뛰쳐나가 이곳저곳을 마구 짓밟고 돌아다녔다. 그런데 이 황소가 돌아다닌 곳은 나중에 적이 들어와서 짓밟은 곳과 희한하게도 똑같았다고 한다.

그러나 시민들은 이러한 일들을 무시하고 헤라클레이데스를 비롯해서 새로운 장군 25명을 뽑았다. 뿐만 아니라 디온의 병사들을 찾아가, 디온을 버리고 온다면 시라쿠사 시민과 똑같은 특권을 주겠다고 꾀어냈다. 그러나 이들은 시민들의 제안을 딱 잘라 거절했다. 그리고는 자신들의 성실성과 용감함을 보이기 위해 곧 무장을 갖추고, 디온을 부대 한가운데에 세워 보호하면서 질서있게 시가지를 빠져나갔다. 그들은 시민들을 해치지는 않았지만, 만나는 사람들에게 은혜를 저버린 비열한 자들이라고 욕을 퍼부었다. 그러나 시민들은 군대의 숫자가 얼마 되지 않은 것을 보고 오히려 그들을 비웃었다. 그리고는 시라쿠사 시민들이 모이면 그들이 시가지를 채 벗어나기도 전에 전멸시킬 수 있다면서 시민군을 이끌고 이들과 맞섰다.

이렇게 되자 디온의 처지는 난처해졌다. 자기 나라 시민들과 싸울 수도 없었고, 그렇다고 해서 자신의 부하들과 함께 죽을 수도 없었기 때문이었다. 두 개의 갈림길에서 오랫동안 고민하던 디온은 시민들에게 애원을 했다. 그는 성벽 위에 올라서서 그들을 내려다보고 있는 적의 부대를 가리켰다. 그러나 성난 군중들은 그의 말에는 귀도 기울이지 않고, 디온의 군대를 향해 거세게 달려들었다.

디온은 할 수 없이 부하들에게 전진하라는 명령을 내렸다. 그러나 함성을 지르고 무기를 두드리면서 전진하게 하고, 절대로 시민들을 해치지 못하게 했다. 그러자 겁을 집어먹은 시민들은 순식간에 흩어져 버렸다. 디온은 도망가는 그들을 뒤쫓지 않고 곧바로 군대를 돌려 레온티네 시를 향해 전진했다.

한편 도망친 시민군과 새 장군들은 부녀자들의 웃음거리가 되었다. 그들은 다시 용기를 내서 무장을 갖추고 앞서간 디온을 뒤쫓기 시작했다. 그들은 디온과 군대가 강을 막 건너가고 있는 것을 보고 싸움을 걸었다. 그러자 디온도 이제 더 이상은 부드러운 표정을 짓고 있을 수가 없었다. 그는 지금까지 시민들에게 보여왔던 아버지처럼 너그러운 얼굴을 지우고, 무섭고 차가운 태도로 부하들에게 공격 태세를 갖추라고 명령을 내렸다. 새로 뽑힌 장군들은 이것을 보고 겁이 나 곧바로 군대를 후퇴시켰다. 이렇게 해서 그들은 등 뒤에 전사자들을 남긴 채 그 전보다 더욱 부끄러운 꼴로 도망쳤다.

레온티네 사람들은 디온을 반갑게 맞아들였다. 그들은 디온의 부하들에게 봉급을 주고 자신들의 도시를 활짝 열었다. 또한 시라쿠사 시에 사절단을 보내 이 군대에 대해 정당한 대우를 요구했다. 그러나 시라쿠사 시는 도리어 디온을 비난하는 사절단을 보내왔다.

얼마 뒤 각 시의 대표자들이 이곳에 모여 회의를 열었는데, 이 문제에 대해 얘기를 한 결과 시라쿠사 시의 잘못이라는 결정이 내려졌다. 그러나 시라쿠사 사람들은 이들의 결정을 받아들이지 않았다. 더구나 그들은 다른 어느 누구의 말도 듣지 않앉았으며, 장군들은 이미 시민들이 시키는 대로만 움직이는 허수아비가 되어 있었다.

그때 디오니시오스는 네오폴리스 사람인 니프시오스를 시켜, 시라쿠사 성을 지키는 군대에게 식량과 전쟁 비용을 배로 실어 보내왔다. 그러자 시민들은 이 함대들을 무찌르고 적의 배 네 척을 빼앗아 버렸다. 이 승리의 기쁨은 오히려 그들을 망하게 만들었다. 시민군을 지휘하는 사람이 없었으므로 이들은 술을 마시면서 승리를 축하하는 잔치를 진탕 베풀었는데, 방어가 허술했기 때문에 디오니시오스의 성까지 빼앗을 수 있었던 그들은 도리어 자신들의 도시를 빼앗기고 말았던 것이다.

사실 이들에게는 군대의 엄격함이라는 것은 전혀 찾아볼 수 없었다. 그들은 아침부터 밤까지 술을 마시며 노는 데 빠져 있었고, 장군이라는 자들도 이들 속에 섞여 광대노릇이나 하며 흥을 돋구고 있었다. 누구 하나 이들을 통솔할 사람이 없었던 것이다. 이것을 본 니프시오스는 갑자기 성에서 뛰쳐나오더니 시민군의 진지를 습격했다. 그런 다음 야만족으로 구성된 부대를 모두 풀어 시민들과 시내를 마음대로 짓밟고 약탈하도록 했다. 시민들은 그때서야 자신들의 실수를 깨달았지만 때는 이미 늦어있었다. 시가지는 점령되었고 남자들은 죽임을 당했으며 여자와 아이들은 성 안으로 끌려들어갔다. 장군들도 도저히 손을 쓸 수가 없었다.

시라쿠사가 이렇게 되고 아크라디나까지 위험해지자, 사람들은 비로소 자신들을 구할 수 있는 사람은 디온뿐이라는 사실을 깨달았다. 그러나 그들은 자신들이 무슨 짓을 해왔는지를 누구보다 잘 알고 있었으므로 차마 그런 생각을 입 밖으로 드러낼 수가 없었다. 그러나 그런 것을 생각하고 있을 수만은 없었다. 맨 먼저 시민군과 기병부대에 있던 몇몇 사람이 디온과 그리스 군대를 불러오자고 외쳤다. 그 소리를 들은 시민들도 눈물을 글썽이며 여기에 찬성했다.

그들은 아르코니데스와 텔레시데스를 시민군의 대표로, 그리고 헬라니코스를 비롯한 네 사람을 기병부대의 대표로 뽑아서 디온에게 보냈다. 이들은 말을 타고 서둘러 레온티네로 갔는데, 그들이 도착했을 때는 이미 해가 진 뒤였다. 일행은 말에서 뛰어 내리자마자 디온의 발 밑에 꿇어 엎드리고는 시라쿠사 시의 비참한 사정을 얘기했다.

디온이 이들을 광장으로 데려가자 많은 사람들이 모였다. 아르코니데스와 헬라니코스는 시라쿠사의 비참한 사정을 간단하게 말하고, 예전에 자기들이 못살게 굴었던 그리스 군대를 향해 지난 일은 잊어버리고 부디 자기들을 도와 달라고 애걸했다. 그리고 시라쿠사는 이미 그 죗값을 톡톡히 치르고 있다면서 용서를 빌었다.

사람들은 이들의 말을 듣고 잠시 동안 아무 말도 없었다. 디온은 그들에게 연설을 하려고 자리에서 일어섰다. 그러나 서러움이 복받치고 눈물이 쏟아지는 바람에 목이 메어 말을 할 수가 없었다. 디온의 마음을 짐작한 부하들은 그를 위로해 주었다. 마침내 디온은 감정을 가라앉히고 이렇게 입을 열었다.

"펠로폰네소스에서 온 전우 여러분! 그리고 이 자리에 계신 시민 여러분! 제가 여러분을 이렇게 모이게 한 것은, 여러분들 스스로에게 돌아올 이익과 피해를 따져서 어떻게 행동할지를 결정해 달라는 뜻에서입니다. 시라쿠사 시가 멸망할 위기에 빠져 있는데 내 생각만 하고 있을 수는 없습니다. 만약 내 나라를 구하지 못한다고 해도 나는 시라쿠사에 돌아갈 생각입니다. 그리고 내 나라를 불사르는 불길 속에 뛰어들어 이 몸을 묻을 것입니다. 그러나 여러분들이 만약 지금까지의 일을 모두 잊고, 나의 동포들을 구해주려 하신다면 여러분들의 행동은 영원히 명예롭게 기억될 것입니다. 하지만 여러분들이 은혜를 베풀어주시지 않는다 해도, 나는 지금까지 나를 위해 목숨을 걸고 용감하게 싸워준 여러분들께 하늘의 보답이 있을 것이라고 믿습니다.

여러분! 부디 나 디온을 잊지 마시기 바랍니다. 동포들이 여러분들을 저버리고 학대했을 때도 나는 여러분들과 함께 있었습니다. 마찬가지로 동포들이 불행을 당하고 있을 때도 디온은 그들을 버리지 않았다는 것을 기억해 주십시오."

펠로폰네소스에서 데리고 온 군사들은 디온의 말이 채 끝나기도 전에 우렁찬 함성을 질렀다. 어서 시라쿠사를 구하러 가자는 것이었다. 시라쿠사에서 온 대표들도 감격하여 디온과 그의 군대에 하늘의 축복을 내려 달라고 기도했다.

시라쿠사에서는 디오니시오스의 병사들이 하루 종일 도시를 약탈하고 돌아다녔다. 그리고 밤이 되자 성으로 물러났다. 그러자 시민들을 선동하던 우두머리들은 이제 다시는 적이 성 밖으로 나오지 않을 것이라면서, 디온이 그리스 군대를 거느리고 오더라도 절대 시내에 들어오게 해서는 안 된다고 시민들을 설득했다. 시민들의 힘만 가지고도 충분히 시라쿠사 시를 지킬 수 있다는 것이었다. 시민들과 장군들은 곧 디온에게 사람을 보내, 오지 않아도 좋다는 말을 전달했다. 그러나 이름 있는 시민들과 기병부대는 빨리 달려와 달라고 재촉하는 사자를 보냈다. 디온은 더욱 결심을 굳히고 조심스럽게 군대를 이끌어갔다. 한편 디온을 반대하는 무리들은 시내 곳곳에 수비대를 배치하여 그의 군대가 들어오지 못하도록 지키고 서 있었다.

다음날 날이 밝자 니프시오스는 전날보다 훨씬 더 많은 병사들을 이끌고 성 밖으로 나왔다. 그리고 성과 시가지 사이에 남아 있던 성벽을 무너뜨리고 시내로 들어오더니, 사방으로 흩어져 약탈하기 시작했다. 그들은 남자들은 물론 여자와 아이들도 가리지 않고 죽였으며 눈에 띄는 물건들을 전부 파괴하였다.

디오니시오스는 이제 왕위를 되찾을 희망이 없다는 것을 깨닫고 시민들에 대한 증오만 불태우고 있었다. 그래서 그는 디온의 군대가 달려오기 전에 이미 폐허가 된 시라쿠사에 시민들을 모두 묻어 버리려고 했다. 병사들은 빠른 시간 내에 시라쿠사를 완전히 없애 버리라는 디오니시오스의 명령을 받아 도시 곳곳에 불을 놓았다. 가까운 곳에는 횃불을 놓고 먼 곳에는 불을 붙인 화살을 쏘아대자 온 도시는 불바다를 이루었다.

시민들은 이 지옥 같은 도시에서 갈팡질팡하고 있었다. 불붙은 집을 버리고 밖으로 나오는 자들은 병사들에게 붙잡혀 길에서 죽어갔고, 집 안에 갇혀 있는 자들은 그대로 불타 죽기도 했다. 이제 어디를 둘러보아도 하늘로 치솟는 불길과 아우성치는 시민들, 그리고 그 위에 불타는 집이 무너져 내리는 광경뿐이었다.

이런 끔찍한 일을 당한 시민들은 이제 모두들 디온의 군대를 맞아들이자고 했다. 그때 디온은 마침 적군이 성 안으로 들어갔다는 보고를 받고 행군의 속도를 늦추고 있었다. 그런데 다음날 아침, 연락병이 시내가 완전히 점령되었다는 소식을 전해왔다. 그리고 곧이어 디온의 반대파들도 사람을 보내, 서둘러 시내로 와서 자신들을 구해 달라고 애원하였다. 일이 한층 더 절박해지자 헤라클레이데스는 처음에는 자기 동생을, 그리고 다음에는 자신의 큰아버지인 테오도테스를 디온에게 보내 빨리 와서 구원해 달라고 요청해 왔다. 테오도테스는 시내에는 적과 대항할 사람이 아무도 없으며 헤라클레이데스도 부상을 당했다고 말했다. 그리고 얼마 안 있어 시내는 완전히 폐허가 되고 말 것이라고 덧붙였다.

디온이 이 소식을 받았을 때, 그들은 아직도 시라쿠사 시에서 130km나 떨어진 곳에 있었다. 그는 부하들에게 재빨리 이 소식을 전하고 그때부터 속도를 높여 있는 힘껏 달리기 시작했다. 군대가 줄기차게 달리는 동안에도 시내에서는 잇따라 전령을 보내 그들을 재촉했다. 디온은 놀랄 만큼 빨리 달려준 병사들 덕택에 얼마 안 있어 헤카톰페돈이라는 성문을 지나 시라쿠사 시내로 들어갔다.

그는 도착하자마자 가볍게 무장한 부대를 풀어서 적을 공격하게 했다. 자신들이 도착했다는 것을 알려 시민들에게 희망과 용기를 주자는 것이었다. 그리고 디온은 다른 한편으로 달려온 시민들과 중무장부대를 모아 여러 개의 부대를 만들고 각각 장군을 임명했다. 디온은 사방에서 동시에 공격을 시작하여 적을 물리치려는 계획을 세웠던 것이다.

이렇게 해서 모든 준비를 갖춘 다음, 디온은 신들에게 기도를 드렸다. 그리고 곧장 군대를 이끌고 시가지로 달려나가 적을 공격하기 시작했다. 이 광경을 본 시민들은 모두들 기쁨의 함성을 지르며 디온에 대한 감사의 기도를 올렸다. 그리고 디온은 자신들의 보호자이며, 그들이 데리고 온 그리스 병사들은 자신들의 친구요 형제라고 외쳤다. 아무리 자기 생각만 하는 비겁한 사람이라고 해도 이때만은 자신의 안전을 잊고 디온이 무사하기만을 빌었다. 그들은 시체로 뒤덮인 거리를 내달리며 적을 찾아내고, 군대의 선두에 서서 불길을 가리지 않은 채 죽음을 향해 뛰어드는 디온을 보며, 그를 자신들의 목숨보다도 더 귀하게 생각했던 것이다.

적들은 튼튼한 진지를 차지하고 자신만만해 있었다. 그들은 성과 시가지 사이에 쌓여 있던 성벽을 부수어 버리고 유리한 위치를 점령하고 있었으며 지금까지의 승리로 사기가 높았기 때문에 가까이 접근하기도 힘든 노릇이었다. 더구나 시가지는 온통 불바다였기 때문에 병사들은 이것을 헤치고 나가기 위해서도 모진 고생을 했다. 불길이 치솟는 집터를 넘고 무너져내리는 벽을 피해야 했으며, 자욱한 연기와 먼지 때문에 대열을 지키는 것도 여간 힘든 일이 아니었다.

이렇게 죽을 고생을 해서 겨우 적의 진지까지 갔지만 이번에는 또 길이 너무 좁고 울퉁불퉁해서 군대가 한꺼번에 공격을 할 수가 없었다. 그러나 병사들은 이런 어려움을 뚫고 용감히 적을 공격하여 얼마 뒤에는 드디어 니프시오스 군을 성 안으로 몰아넣어 버렸다. 그러나 채 그들을 따라가지 못한 적의 병사들은 디온 군의 칼을 맞고 곳곳에 쓰러졌다.

이런 승리를 거둔 뒤에는 흔히 축하 잔치를 열고 기쁨을 나누는 것이 보통이지만 이때에는 그럴 겨를조차 없었다. 불길에 휩싸여 있는 집들을 구하기 위해 곧바로 시내를 뛰어다녀야 했기 때문이다. 이렇게 해서 다음날 새벽이 가까와서야 불길을 잡고 완전히 불씨를 없앨 수 있었다.

다음날, 시민들을 선동하던 무리들은 모두 사라지고 없었다. 그들은 자신이 저지른 죄를 알았으므로 목숨을 구하기 위해 모습을 감추어 버렸던 것이다. 그러나 헤라클레이데스와 테오도테스만은 도망가지 않고 남아 있었다. 그들은 디온을 찾아가 자신들의 죄를 너그럽게 용서해 달라고 애원했다.

"지금까지는 명예에 지나친 욕심을 내느라고 큰 실수를 했습니다. 그러나 저희들의 죄를 너그럽게 용서하시고 은혜를 베풀어 주신다면, 장군님의 이름은 더욱 빛날 것입니다."

그러나 디온의 친구들은 그들을 용서해서는 안 된다고 말했다.

"헤라클레이데스처럼 믿을 수 없는 못된 놈들은 더 이상 살려두어서는 안 되오. 저런 놈은 병사들 손에 죽어야 되오. 그렇게 해서 권력을 위해 시민들에게 아첨하는 놈들의 뿌리를 뽑아 버리시오. 저런 자들의 야심은 독재적인 왕이 되려는 것과 똑같이 무서운 병이라서 다른 사람들에게 전염이 되기 쉽소."

그러나 디온은 그런 친구들을 달래며 이렇게 말했다.

"다른 장군들 대부분은 평생을 전쟁으로 살아온 사람들이오. 그러나 나는 아카데미에서 플라톤으로부터 철학을 배웠소. 거기서 나는 분노를 참고 시기심을 이기는 것을 배웠지요. 그것은 자기 친구들을 돕는 것만으로는 이룰 수가 없는 것이오. 오히려 자기에게 피해를 준 사람을 용서할 줄 알아야 분노와 시기심을 이길 수 있다는 것이지요. 나는 헤라클레이데스보다 더 뛰어난 장군이 되고 싶은 생각은 없소. 그보다 나는 정의와 너그러움에서 그를 이기고 싶소. 왜냐하면 전쟁에서 거둔 승리라는 것은 우리들의 힘만으로는 안 되는 것이며 반드시 행운의 도움이 있어야 하기 때문이오. 비록 헤라클레이데스가 시기심이 많고 비열하고 악한 사람이라고 해도, 내가 분노를 못 이겨 그와 똑같은 행동을 한다면 그것은 내 이름을 더럽히는 것밖에 안 되는 것이오. 나에게 해를 끼친 사람을 벌주는 것은, 물론 내가 어떤 사람에게 해를 끼치는 것보다는 가볍겠지만, 이 행동들은 둘 다 칭찬할 것이 못 됩니다. 그러나 아무리 악하고 못된 인간이라고 해도, 항상 올바르게 대하고 거듭 은혜를 베풀어 주면, 그 사람도 언젠가는 착한 사람으로 변하게 마련이지요."

디온은 이렇게 말하고 헤라클레이데스와 테오도테스를 풀어 주었다. 그런 다음 그는 성 주위에 성벽의 무너진 것을 고치기 위해 모든 시민들에게 말뚝 한 개씩을 가져오라고 했다. 그러나 시민들이 오자 디온은 그들을 모두 돌려보내 푹 쉬게 하고 자신의 부하 병사들에게만 일을 시켜 하룻밤 사이에 수리를 모두 끝냈다. 다음날 그런 큰 일을 그렇게 빨리 끝낸 것을 보고, 시민들은 물론 적들도 깜짝 놀랐다.

그 다음날 디온은 죽은 전사자들의 장례를 치러 준 뒤, 막대한 돈을 주고 적에게 잡혀간 2천 명의 포로들을 도로 데려왔다. 그런 다음 곧 시민 대회를 열었다. 여기서 헤라클레이데스는, 디온을 바다와 육지에서 모든 권력을 가지는 대장군으로 뽑자고 제안했다. 선량한 시민들은 모두 이 제안에 찬성을 하고, 투표를 통해 이것을 통과시키자고 했다. 그러나 해군과 평민들은 헤라클레이데스가 바다의 지휘권을 잃게 되면 자신들이 불리해질 것이라고 생각하여 소동을 일으켰다. 헤라클레이데스가 다른 일에서는 쓸데없는 사람인지 모르지만 어쨌든 디온보다는 훨씬 더 평민들의 요구를 잘 받아들였기 때문이었다. 디온은 이들의 요구를 받아들이고 헤라클레이데스가 계속 해군을 지휘할 수 있도록 해주었다.

그러나 디온은 시민들이 토지와 집을 다시 분배해 달라는 요구를 하자 딱 잘라서 거절을 했다. 그리고 이 문제에 대해서는 이미 통과된 것들까지도 모두 무효로 만들어 버렸다.

민중들은 이 일 때문에 굉장히 화가 났다. 헤라클레이데스는 이것을 틈타 메세나에 머물고 있는 자신의 군대를 향해, 디온은 시라쿠사의 왕이 되려 하니 그를 없애 버려야 한다고 선동했다. 그리고 한편으로는 스파르타의 파락스라는 자를 통해서 디오니시오스 2세에게 넘어가려고 몰래 협상을 하고 있었다. 이 일이 시라쿠사 시민들의 귀에 들어가자 군대 안에서 싸움이 일어났고, 그 결과 시라쿠사 시민들은 식량이 모자라 큰 고생을 하게 되었다. 그러므로 디온은 헤라클레이데스처럼 믿을 수 없는 자에게 그런 중요한 자리를 맡겨서 이런 일이 생겼다며 크게 비난을 들었다.

그때 파락스는 군대를 이끌고 아그리겐툼 지방에 있는 네아폴리스에 머물고 있었다. 디온은 시라쿠사 군대를 모두 이끌고 이곳으로 달려왔지만, 기회를 기다리며 전투를 피하고 있었다. 헤라클레이데스와 그가 이끌고 있는 해군은 이것을 보고, 디온이 전투를 미루는 것은 조금이라도 더 오래 군대의 지휘권을 쥐고 싶어서 그런 것이라며 터무니없는 말을 해댔다. 디온은 이 소리가 듣기 싫어서 서둘러 전투를 시작했다가 그만 실패를 하고 말았다. 큰 손해는 없었으므로 적에게 진 것은 아니었지만 군대 내부에서 싸움이 일어나 잠시 혼란이 생겼던 것이다. 그래서 디온은 다시 군대를 정렬시키고 용기를 복돋아 주기 위한 연설을 한 뒤 군대를 다시 출동시켰다. 그런데 그때 헤라클레이데스는 저녁이 되자 자신의 함대를 이끌고 시라쿠사로 달려갔다. 디온이 여기 있는 동안 시라쿠사를 손에 넣으려는 것이었다.

이 소식을 들은 디온은 화가 치밀었다. 그는 곧 가장 빠르고 강한 병사들을 골라 직접 지휘를 하면서 밤새 쉬지 않고 달려, 다음날 아침에 시라쿠사 시에 도착했다.

한편 헤라클레이데스는 함대를 전속력으로 달리게 했지만 디온의 군대가 먼저 도착해 있는 것을 보고, 다시 바다로 돌아나왔다. 그리고는 바다 위를 떠돌고 있을 때 우연히 스파르타의 가이실로스 장군을 만나게 되었다.

그는 옛날에 길리포스가 그랬던 것처럼, 시칠리아에 있는 그리스 장군으로 임명되어 가고 있는 길이라고 했다. 헤라클레이데스는 그와 만난 것을 굉장히 기뻐하며 마치 그림자처럼 옆에 붙어다녔다. 그리고는 부하들에게 디온 따위는 비교도 안 되는 장군이라고 그를 소개하였다. 헤라클레이데스는 시라쿠사에 전령을 보내, 이 사람을 대장군으로 맞을 준비를 하라고 전했다. 그러자 디온은 이렇게 대답을 해왔다.

"시라쿠사에는 장군이 너무 많아서 탈이오. 그러나 시민들이 굳이 스파르타 장군의 지휘를 받고 싶어한다면, 나도 스파르타 시민권이 있으니 내가 맡겠소."

가이실로스는 이것을 보고 장군이 되려는 야심을 깨끗이 버렸다. 그리고 디온을 찾아가서 헤라클레이데스와 화해를 하라고 권유했다. 결국 화해가 성립되어, 헤라클레이데스는 이제 다시는 배신을 하지 않겠다고 엄숙하게 맹세를 하였다. 그리고 가이실로스는, 만약 헤라클레이데스가 다시 배신을 한다면 그때는 자신이 디온을 대신해서 처벌을 하겠다고 굳게 약속했다.

이렇게 되자 시민들은 더 이상 해군이 필요없으므로 해산을 시키기로 결정했다. 많은 비용을 들여 유지한다고 해도 별로 쓸모가 없었고, 오히려 장군들 사이에 다툼만 생겨날 뿐이라는 것이 그 이유였다.

디온은 디오니시오스의 성을 계속 포위공격하면서, 시내와 통하는 쪽에는 성벽을 쌓아 완전히 길을 막아 버렸다. 그러자 성 안에 갇혀 있던 군대는 식량이 끊어져 금방이라도 반란을 일으킬 낌새를 보였다. 디오니시오스의 큰아들은 이제 더 이상 저항할 힘이 없다는 것을 깨닫고 아버지의 성을 포기했다.

그는 디온에게 항복하면서, 성 안에 있던 모든 무기와 전쟁 물자들을 내놓았다. 그리고 어머니와 누이들이 가진 물건들을 다섯 척의 배에 나누어 싣고, 디오니시오스가 있는 곳으로 떠났다.

디온은 그들의 배가 항구를 떠나는 것을 보았지만 그대로 내버려 두었다. 그리고 시민들은 그들이 떠나는 것을 구경하려고 일부러 부둣가에 몰려나왔다. 그들은 이제 자유를 되찾은 시라쿠사가 찬란한 햇빛을 받고 있는 모습을 보면서, 이 행복한 순간을 보지 못하고 죽어 버린 사람들의 이름을 소리쳐 불러보며 안타까워했다.

사실 디오니시오스가 왕좌에서 쫓겨나 이렇게 허무하게 무너진 것은 인간의 운명에 얼마나 굴곡이 많은가를 보여 주는 역사적으로 보기드문 예 중의 하나이다. 그 시대에 가장 크고 강했던 한 왕조가 얼마 안 되는 군대에 의해 완전히 무너져 버렸다는 것을 생각해 보면, 시라쿠사 시민들이 그때 느낀 기쁨이 얼마나 크고 자랑스러웠는지는 충분히 상상할 수 있을 것이다.

디오니시오스의 아들 아폴로크라테스가 이렇게 떠난 뒤 디온은 성으로 들어갔다. 그 안에 남아 있던 디온의 가족들과 부인들은 가만히 기다릴 수가 없어 성문 앞에까지 달려나와 있었다. 아리스토마케가 디온의 아들의 손을 잡고 있었고, 그 뒤에는 아레테가 눈물을 흘리며 서 있었다. 그녀는 그동안 다른 남자의 아내가 되어 있었으므로 이제 다시 디온을 만나게 되자 어떻게 대해야 할지를 몰랐던 것이다. 디온은 맨 먼저 누이와 아들을 끌어안고 서로 반갑게 인사를 나누었다. 그때 아리스토마케가 아레테의 손목을 끌며 그에게 다가섰다.

"디온! 그대가 다른 나라를 떠돌며 고생할 때 우리도 역시 많은 고생을 했소. 그러나 이제 그대가 다시 돌아와 이렇게 승리를 거두었으니 우리들의 서러움도 다 씻겨 내려갔소. 그러나 아레테는 아직도 서러움을 거두지 못하고 있소. 그대가 살아 있는데도 억지로 다른 남자를 남편으로 맞아야 했을 때, 나도 그냥 가만히 있기만 했소. 이제 우리가 죽고 사는 운명은 모두 그대 손에 달려 있소. 어떻게 하면 좋겠소? 아레테가 당신을 외삼촌이라 불러야겠소, 아니면 남편으로 맞아야겠소?"

아리스토마케의 얘기를 들으며 눈물을 글썽이던 디온은 그의 아내를 다정하게 안아 주었다. 그리고 아들의 손을 끌어다가 그녀에게 쥐어 주고 모두 함께 살기로 했다. 한편 디온은 디오니시오스의 성을 시라쿠사 정부에게 넘겨 주었다.

이렇게 해서 디온은 모든 일을 훌륭하게 끝냈지만 조금도 자기의 이익을 생각하지 않았다. 다만 그는 그리스 군대와 시민군, 또 전쟁 중에 자기를 도와준 여러 친구들에게 여러 가지 명예와 표창을 내리고, 심지어는 자신의 재산까지 털어서 상을 주기도 했다. 그러나 자신은 검소한 생활에 만족하였다.

시칠리아와 카르타고뿐만 아니라 그리스의 모든 나라들은 이처럼 높은 디온의 인격에 크게 감동하였다. 그들은 디온이야말로 이 시대 제일가는 영웅이라고 우러러보았다. 그러나 디온은 플라톤과 함께 아카데미에서 철학을 공부할 때처럼 모든 생활을 검소하게 했고, 전쟁 중에 심한 고생을 겪었던 병사들이 누리고 있는 생활보다 오히려 더 못한 생활을 하였다. 이런 점에서 볼 때 디온은 한 사람의 훌륭한 철학자였던 것 같다. 그는 온갖 욕심을 누르고 오직 자신의 부하들과 시라쿠사 시민들을 위해 생활을 꾸려나갔던 것이다.

그때 플라톤은 디온에게 편지를 보내어, 세상 사람들이 모두 디온을 눈여겨보고 있다고 말했다. 그러나 플라톤이 여기서 말한 세상이란 단지 한 도시의 일부분인 아카데미를 뜻한 것이었던 것 같다. 즉, 아카데미에 모여 있던 학자와 정치가들은 디온이 세운 공적과 승리에 감탄했다기보다는, 지금 영광의 절정에 있는 디온이 얼마나 자기 생활을 절제하고 현명한 생활을 하고 있는가를 지켜보고 있다는 뜻이었다.

한편 디온은 높은 인격과 지조를 굽히지 않고 시민들을 여전히 엄격하게 대했다. 앞에서도 말한 것처럼 플라톤은 디온에게 보낸 편지에서, 너무 엄격하게 생활하면 고독한 인생을 보내기 쉽다고 말한 적이 있었다. 그는 디온에게, 좀 더 자기자신을 누그러뜨리고 좀 더 부드럽고 정답게 사람들을 대하라고 충고했던 것이다. 그러나 사실 디온은 이 말을 제대로 듣지 않았다. 디온은 천성 자체가 워낙 곧고 강직해서 남들의 비위를 맞추며 살 수 있는 사람이 아니었다. 그래서 그는 시민들이 너무 방탕하고 소신없이 살아가는 것을 보고 스스로 좋은 모범을 보여 그들의 생활습관을 고쳐 주려고까지 애썼다.

그러자 헤라클레이데스는 다시 디온에게 맞서서 반항하기 시작했다. 디온이 의원의 한 사람으로 그를 정치 회의에 초대했지만 그는 한 사람의 시민일 뿐이므로 시민 대회에만 참석하겠다고 거절을 했다. 또 디온은 성을 허물지 못하게 하고, 디오니시오스 1세의 무덤을 파헤쳐 시체를 욕보이려고 했을 때도 허락해 주지 않았는데, 헤라클레이데스는 이것을 구실로 디온에게 비난의 화살을 퍼부었다. 또 그는 디온이 코린트에서 정치에 대해 도움을 줄 고문들을 불러들였을 때도 이것은 시라쿠사 시민들을 업신여기는 행동이라면서 디온을 공격하였다.

디온은 그때 두세 명의 코린트 사람에게 자신을 좀 도와 달라는 편지를 썼었다. 자신이 계획하고 있는 민주 정치는 일정한 정치 형태를 가지고 있는 것이 아니었기 때문에 아무래도 그들의 도움이 필요했던 것이다. 그는 지나친 민중들의 권리를 억제하려고 했는데, 그것은 플라톤이 말했던 것처럼 온갖 종류의 정치 형태를 뒤섞어 놓은 정치 시장과 같았기 때문이었다. 그래서 디온은 스파르타와 크레타의 정치 체계처럼 민주 정치와 귀족 정치를 조화시켜 민중들이 거의 정치에 참여하지 않는 귀족 중심의 정치 제도를 만들려고 했으며, 그때 코린트가 바로 그런 정치를 하고 있었다.

디온은 헤라클레이데스가 또다시 반대를 하고 나서자 마침내 그가 얼마나 변덕스럽고 자신에게 얼마나 큰 방해물인가를 깨닫게 되었다. 그래서 지금까지는 그를 없애 버리자는 부하들을 말려왔던 디온도, 이제는 더 이상 그의 배신을 참을 수가 없어서 마음대로 하라고 그냥 내버려 두었다. 디온의 허락이 떨어지자 그들은 곧장 헤라클레이데스의 집으로 뛰어들어가 그를 죽여 버렸다.

시민들은 이 일을 알게 되자 대단히 노여워했다. 디온은 헤라클레이데스의 장례식을 아주 성대하게 치러 주고, 자신의 군대를 모두 끌고나와 그의 죽음을 슬퍼하는 애절한 연설까지 해주었다. 그러자 시민들은 디온과 헤라클레이데스가 함께 있는 이상은 평화롭게 지낼 수 없을 것이라고 생각하고 디온의 행동을 용서하기로 했다.

디온의 친구 중에는 칼리포스라는 아테네인 친구가 하나 있었다. 플라톤의 얘기로는 두 사람은 처음에 그냥 얼굴만 아는 사이였으나 나중에는 무척 가까운 사이가 되었다고 한다. 그런데 이들의 우정은 두 사람이 철학을 함께 공부했기 때문이 아니라, 어떤 비밀 종교에 함께 참가하면서 비롯된 것이었다고 한다. 칼리포스는 디온이 참가하는 전투마다 따라다녔는데, 시라쿠사 시내에 들어갈 때도 디온과 나란히 머리에 화관을 쓰고 있었다고 한다. 또 그는 전쟁터에 나가서도 여러 번 공적을 세워 용감한 사람으로 널리 알려져 있었는데, 디온은 여러 친구들 중에서도 특히 이 사람에게 가장 중요한 지위를 주었다.

그런데 칼리포스는 전쟁으로 많은 친구들이 죽고 헤라클레이데스까지 암살당하자 시라쿠사에는 별로 큰 세력을 가진 사람이 없다는 것을 깨달았다. 그래서 칼리포스는 그래도 자기가 디온의 군사들에게 가장 큰 신임을 얻고 있다는 것을 알고, 드디어 끔찍한 흉계를 꾸미기 시작했다. 어떤 사람들은 그가 디온을 미워하는 적으로부터 20탈렌트의 돈을 받고 이 일을 꾸몄다고 하는데, 어쨌든 그는 친구이며 은인인 자신의 친구 디온을 죽이고 시칠리아 전체를 자기 손 안에 넣으려는 음모를 꾸몄다.

그러기 위해 칼리포스는 우선 디온의 그리스 군사 가운데 몇 사람을 꾀어내어 이 음모에 가담시키고, 아주 교묘한 방법을 써서 계획을 차근차근 진행시켰다. 그는 군대 내에서 누가 무슨 말을 했는지를 매일 조사하여 디온에게 직접 보고했다. 이렇게 해서 그는 디온이 자신을 믿도록 만들었던 것이다. 그런 다음 칼리포스는 군대 내에서 누가 디온의 계획을 찬성하고 누가 반대하는지를 알아낸다는 구실로, 아무데서

나 버젓이 디온의 욕을 해도 괜찮다는 허락을 받아냈다. 그러나 칼리포스는 이것을 이용해서 자신의 음모를 꾸며나갔다. 그는 누가 디온에 대한 불평이 가장 심한가를 알아내서 그 사람들을 자신의 주위로 끌어들였다. 때로는 음모에 가담하지 않고 디온에게 이 비밀을 보고하는 사람도 있었지만, 디온은 칼리포스가 그저 자기가 시킨 일을 하고 있는 것이라고만 생각하고 이들의 말을 그냥 흘려버렸다.

그런데 이러한 음모가 진행되는 동안, 디온은 아주 이상한 일을 겪게 되었다. 어느 날 저녁 늦게 디온은 자기 집 안마당에 혼자 앉아서 이런저런 생각에 잠겨 있었는데, 별안간 마당 한 쪽에서 이상한 소리가 들려왔다. 깜짝 놀라서 고개를 들고 쳐다 보니, 키가 큰 여자 하나가 마당을 쓸고 있는 것이 보였다. 그 여자는 마치 연극에 나오는 복수의 여신 같은 모습을 하고 있었다. 디온은 이것을 보고 너무나 무서워서 친구들을 불렀다. 그는 자기가 본 것을 이야기하고는 그날 함께 있어 달라고 했다. 디온은 여느 때와는 달리 굉장히 겁을 먹고 그런 환상이 다시 나타날까봐 무척 두려워했다. 그러나 그 여자의 모습은 더 이상 나타나지 않았다.

이 일이 있은 며칠 뒤, 이제는 다 자란 그의 외아들이 무슨 일인가로 무척 상심을 하여 지붕 위에서 뛰어내려 목뼈가 부러져서 죽고 말았다.

디온이 아들을 잃고 깊은 슬픔에 잠겨 있는 동안 칼리포스는 자신의 음모를 더욱 빠르게 진행시키고 있었다. 그는 아들을 잃은 디온이 디오니시오스의 아들인 아폴로크라테스를 양자로 들이려 한다는 소문을 퍼뜨리고 다녔다. 아폴로크라테스는 디온의 아내의 조카였고 또 누님의 손자였으므로 생각해 보면 있을 법한 일이었다. 그러나 이쯤 되자 디온이나 디온의 아내, 그리고 그의 누님도 칼리포스의 음모를 어렴풋이 눈치 채게 되었다. 그리고 다른 곳에서도 이런 정보가 계속 그의 귀에 흘러들어오고 있었다.

그러나 디온은 헤라클레이데스를 암살하도록 내버려 두었던 일을 무척 후회하고 있었다. 그것은 자신의 빛나는 업적을 한꺼번에 더럽혀 놓은 짓이었다는 생각이 들었던 것이다. 더구나 그는 적은 물론 친구들까지도 의심하면서 살아야 한다는 것이 너무나 비참하게 느껴져, 차라리 누가 자기를 죽이러 왔으면 하는 생각까지 들었다.

한편 칼리포스는 디온의 집안 부인들이 자신의 음모를 눈치 채고 있는 것을 알게 되자, 그들에게 달려와 억울하다는 듯이 눈물을 흘렸다. 그리고는 자신은 절대로 그런 일을 꾸민 적이 없으며 디온에 대한 자신의 마음을 증명할 수만 있다면 어떤 일이라도 하겠다고 말했다. 그러자 부인들은 '큰 맹세'를 하라고 했다. 큰 맹세란 데메테르와 페르세포네 신전 앞에서 행하는 특별한 의식 중의 하나였는데, 페르세포네 여신의 자줏빛 옷을 입고 횃불을 손에 든 다음 맹세를 했다. 그러나 그는 신을 두려워할 줄 모르는 자였다. 칼리포스는 자신이 맹세를 한 바로 그 페르세포네의 제삿날을 기다려 디온을 죽여 버렸던 것이다. 어쩌면 그는, 예전에 자기와 함께 이 여신의 비밀 종교 행사에 참가하여 그 여신을 모시던 사람을 죽이는 것이니, 신의 거룩한 제삿날에 죽이거나 그 날을 피해 다른 날에 죽이거나 간에 신의 노여움을 사는 것은 마찬가지라고 생각했는지도 모른다.

칼리포스의 음모에 가담한 사람의 숫자는 적지 않았다. 디온은 그때 자기 집에서 친구들과 함께 잔치를 열고 있었는데, 음모자들은 디온의 집을 빙 둘러싸고 모든 문과 창문을 지키고 섰었다. 디온을 직접 죽이기로 한 사람들은 자킨토스 출신이었는데, 이들은 보통 때와 똑같은 옷차림으로 칼도 차지 않고 집 안에 뛰어들었다. 그러자 밖에서 지키고 있던 자들이 문을 닫아 버리고, 안에 들어온 자들은 디온에게 달려가 목을 졸랐다. 그러나 쉽게 숨이 끊어지지 않았으므로 이들은 바깥에다 대고 칼을 들여보내라고 외쳤다.

그러나 안에는 디온의 친구들이 많았기 때문에, 밖에 있던 사람들은 무서워서 감히 문을 열지 못했다. 그러나 뜻밖에도 디온의 친구들은 아무도 그를 구해주려 하지 않았다. 만약 그랬다가는 자신에게도 피해가 돌아올 것이라고 생각했던 것이다.

잠시 후 리콘이라는 시라쿠사 사람이 창문을 통해 칼을 들여보냈다. 그러자 자킨토스인들은 이 칼을 받아서 마치 제사에 쓸 제물을 잡듯이 축 늘어져 있던 디온을 찔러 죽였다. 그런 다음 이들은 디온의 누님과 임신중인 아내를 감옥에 집어넣었다. 이 불행한 여자는 감옥 안에서 사내 아이를 낳았는데, 감옥을 지키는 간수에게 눈물로 애원을 하여 아이를 죽이지 않고 감옥 안에서 기를 수 있도록 허락을 받았다. 칼리포스는 그때 여러 가지 복잡한 문제에 시달리고 있었으므로 그런 일에까지 신경 쓸 겨를이 없었던 것이다. 디온을 죽인 칼리포스는 금방 시라쿠사의 모든 권력을 손에 넣고 큰 영광을 누렸다. 그는 하늘에 계신 신 다음으로 두려워해야 할 자신의 조국 아테네에 편지를 보내, 뻔뻔스럽게도 흉악한 일을 저지르고 얻은 자신의 성공을 자랑했다.

아테네는 옛날부터, 가장 착한 사람과 가장 악한 사람이 태어나는 곳이라는 얘기가 있는데 과연 이 말은 틀리지 않는 것 같다. 사실 아테네는 가장 향기로운 꿀과 함께 가장 무서운 독이 나는 곳으로도 유명한 곳이었다.

이렇게 해서 재물과 권력을 얻은 칼리포스는 하늘을 비웃는 듯이 나쁜 짓을 많이 저질렀지만 그도 별로 오래가지는 못했다. 하늘의 신과 운명은 그토록 악한 자를 가만히 내버려 두지는 않는다는 것을 이 사람을 통해 보여 주었던 것이다.

칼리포스가 카타나를 점령하러 나간 사이에 그는 시라쿠사 시를 빼앗겼다. 그때 그는 쓰레기를 주우러 나갔다가 수도를 빼앗겼다며 자신의 실수를 한탄했다고 한다. 그리고 또 얼마후 메세나와 싸우다가 자신의 부하 대부분을 잃었는데, 그중에는 디온을 살해한 자들이 모두 포함되어 있었다고 한다.

칼리포스는 시칠리아 쪽으로 갔으나 그곳의 도시에서는 아무도 그를 받아들여 주지 않고 오히려 그를 죽이려고만 했다. 그래서 그는 이탈리아로 건너가 레기움을 점령했다. 그러나 이미 힘이 다 떨어져 얼마 남지 않은 군대조차 먹여 살릴 수가 없었다. 그러자 레프티네스와 폴리스페르콘이 그를 칼로 죽여 버렸다.

칼리포스를 죽인 칼은 디온을 죽일 때 썼던 바로 그 칼이었는데, 이것을 보면 아마도 이 칼은 복수의 칼이었던 것 같다. 이것은 스파르타 식으로 만든 짧은 칼이었는데, 자루 끝에는 공들여 만든 조각이 새겨져 있어서 디온을 죽일 때 썼던 칼이라는 것을 한눈에 알 수 있었다.

한편 아리스토마케와 아레테는 감옥에서 풀려나, 시라쿠사 사람인 히케테스의 집으로 옮겨졌다. 히케테스라는 사람은 디온의 친구였으므로 그들을 정성껏 대접해 주었다. 그러나 나중에 디온의 반대파의 꾐에 넘어가, 펠로폰네소스로 데려간다고 핑계를 대어 이들을 배에 태우고는 가는 도중에 모두 죽여 버렸다. 그때 뱃사람들은 산 채로 이 여자들을 바다에 던져 버렸는데, 갓난아기까지 함께 던졌다고 한다.

그런데 이 히케테스라는 자도 나중에 자기가 저지른 죄에 대해 값을 치르게 되었다. 그는 티몰레온에게 잡혀 죽임을 당했으며, 시라쿠사에 남아 있는 그의 두 딸은 시라쿠사 시민들에게 끌려가서 죽었다고 한다. 이렇게 해서 디온과 그 집안은 원수를 모두 갚게 되었다. 이 이야기는 티몰레온의 전기에서 자세하게 이야기했던 것과 같다.

46

마르쿠스 브루투스

(MARCUS BRUTUS, BC 85~42)

로마의 정치가이며 군인. 기원전 85년에 태어났으며, 어머니는 세르빌리아였다. 뛰어난 인격을 가진 사람으로 철학을 사랑했으며, 평생 동안 카토를 존경했다. 카시우스와 함께 카이사르를 암살한 것으로 유명하며, 내란의 소용돌이에서 조국을 구해내기 위해 많은 노력을 했다. 결국 안토니우스와 옥타비아누스에게 져 스스로 목숨을 끊었다.

마르쿠스 브루투스의 조상은 유니우스 브루투스[1]이다. 이 유니우스 브루투스가 칼을 빼들고 있는 동상은 카피톨리누스에 있는 여러 왕들의 동상 사이에 남아 있는데, 이것은 그 옛날 타르퀴누스를 쫓아내고 왕정을 멸망시킨 데 대한 공적을 기념하기 위해 세운 것이었다. 그러나 유니우스 브루투스는 철을 두드려서 만든 강철처럼 성격이 너무 강직한 데다가, 학문을 배워 그것을 누그러뜨릴 기회도 없었다. 그래서 유니우스는 전제 왕에 대한 미움 때문에 자기 아들까지도 한 패거리라고 하여 사형시켰던 사람이었다.

그러나 지금 쓰려는 브루투스는 성격이 착한 데다가 수양과 철학으로 그것을 닦고 실천으로 개발하여 더할 나위 없이 잘 조화된 훌륭한 인격을 가진 사람이었다.

---

1) 로마에 공화 정치를 처음 세운 사람으로 기원전 509년에 집정관을 지낸 귀족이었다. 그에 대해서는 '포플리콜라의 전기'에서 자세히 이야기했다.

그래서 카이사르를 암살한 일 때문에 그를 미워하던 사람들도 그 이후에 생긴 좋은 일들은 모두 브루투스에게 돌리고, 조금이라도 나쁘거나 잔인한 일들은 모두 브루투스의 친척이고 친구이며 진실하지도 순수하지도 못했던 카시우스에게 돌렸다.

브루투스의 어머니인 세르빌리아는 세르빌리우스 아할라의 후손이었다. 옛날에 스푸리우스 마일리우스가 민중들을 선동하여 왕이 되려고 할 때 칼을 품고 공회장으로 들어가 그를 찔러 죽인 사람이다.

그러나 브루투스의 아버지 쪽에 대해서는 여러 가지 이야기가 전해지고 있다. 카이사르를 암살한 것 때문에 브루투스를 미워하던 사람들은 타르퀴누스 왕정을 무너뜨린 그 브루투스의 후손이 아니라고 하는데, 유니우스 브루투스는 하늘의 도리를 어기고 자기 아들까지 사형시켰으므로 가문이 끊어지고 말았다는 것이다. 따라서 그의 조상은 보잘것없는 평민으로, 남의 집살이를 하다가 나중에 말단 관리로 있던 사람이라고 얘기하고 있다.

그러나 철학자 포시도니오스[2]가 전하는 이야기를 보면, 유니우스 브루투스가 사형시킨 두 명의 아들은 이미 성인이 된 아들이었고 그 밖에 아직 어린 아들이 하나 더 있었다고 한다. 그리고 이 셋째 아들이 살아나서 가문을 이어 마르쿠스 브루투스에까지 이르렀다고 한다. 또 포시도니오스가 살았던 시대에도 브루투스라는 성을 가진 유명한 사람들이 많았는데, 그 중에는 옛날 유니우스 브루투스의 얼굴과 닮은 사람도 적지 않았다고 한다.

브루투스의 어머니인 세르빌리아는 철학자 카토[3]와 남매였으므로, 카토는 브루투스에게 외삼촌인 셈이다. 브루투스는 로마 사람들 중에서 카토를 가장 따르고 존경했으며, 훗날 그의 딸 포르키아를 아내로 맞이하여 카토의 사위가 되었다.

브루투스는 그리스 모든 철학에 대해 가리지 않고 공부했다. 특히 플라톤의 철학에는 남다른 관심이 있었다. 그러나 신 아카데미 학파와 중기 아카데미 학파에 대해서는 그다지 마음이 없었고, 고대 아카데미 학파의 연구에만 중점을 두었다. 그래서 그는 평생동안 아스칼론 출신의 안티오코스를 무척 존경했으며, 그의 동생

---

2) 기원전 2세기 그리스의 스토아 철학자.

3) 소(小) 카토를 가리킨다. 카토의 어머니 리비아는 카토를 낳은 뒤, 세르빌리우스 카이피오와 재혼하여 브루투스의 어머니인 세르빌리아를 낳았다. 그런데 그 뒤 카토의 딸 포르키아가 브루투스와 결혼을 했으므로 카토는 브루투스의 외삼촌인 동시에 장인이 되는 것이다.

인 아리스토스를 자기 집으로 불러들여 우정을 나누기도 했다. 아리스토스는 학식에 있어서는 다른 학자들보다 좀 부족했지만, 아름답게 융화된 인격과 곧은 지조는 어느 누구도 따를 수 없는 것이었다.

이 밖에도 브루투스의 집에서 지냈던 사람으로는, 그가 친구들에게 보낸 편지에 자주 등장하는 엠필루스라는 사람이 있었다. 그는 수사학자였는데, '브루투스'라는 제목으로 카이사르의 암살 사건에 대해 간결하고 좋은 글을 남기기도 했다.

브루투스는 라틴어를 열심히 공부하여 공식적인 자리에서도 라틴어로 거침없는

마르쿠스 브루투스

웅변을 토하였다. 그리고 그리스 말 중에서는 스파르타 식의 간결한 말투를 즐겨 썼는데, 그가 쓴 편지에도 이것이 잘 나타나 있다. 예를 들어, 그가 전쟁 중에 페르가몬 사람에게 보낸 편지에는 이렇게 씌어 있다.

"돌라벨라에게 전쟁 비용을 주었다고 들었다. 주고 싶어서 준 것이라면 내게 사과하고, 할 수 없이 준 것이라면 나한테도 주어서 그것을 증명하라."

또 언젠가 사모스 사람들에게 쓴 편지에는 이렇게 적혀 있었다.

"당신들은 말도 신통치 않고 행동도 느리다. 그렇다면 결과는?"

또 파타라 사람들에게는 이런 편지를 썼다.

"크산토스 사람들은 내 뜻을 거절하여 온 나라를 무덤으로 만들었다. 파타라 사람들은 나를 믿었으므로 자유를 누렸다. 파타라 사람의 결단과 크산투스 사람들의 불행—선택은 그대들에게 맡긴다."

브루투스는 젊었을 때 키프로스 섬의 프톨레마이오스 왕을 치러가는 외삼촌 카토를 따라 로마를 떠났다. 그러나 프톨레마이오스가 갑자기 자살을 했다. 남은 일 때문에 로도스 섬에 머무르게 된 카토는 우선 부하인 카니디우스를 키프로스로 보내 왕의 재산을 지키고 있으라고 했다. 그러나 카니디우스는 아무래도 못 미더워 팜필

리아에 머물고 있던 브루투스에게 편지를 써서 어서 키프로스 섬으로 가라고 했다. 그러나 브루투스는 카토가 카니디우스를 함부로 대하는 것 같아 먼저 카니디우스에게 안쓰러운 마음이 들었고, 또 공부와 독서에 열중하고 있던 젊은 나이였으므로 그런 임무가 영 달갑지 않았다. 그래서 억지로 키프로스 섬에 갔지만 맡은 일을 잘 처리하여 카토에게 칭찬을 받았다. 그리고 로마로 돌아올 때는 왕의 재산을 모두 돈으로 바꾸어 대부분을 배에 싣고 돌아왔다.

그때 로마는 폼페이우스와 카이사르의 싸움으로 금방이라도 전쟁이 일어날 것처럼 위험한 상태였다. 대부분의 사람들은 브루투스가 카이사르와 손을 잡을 것이라고 생각했다. 브루투스의 아버지가 그 얼마 전에 폼페이우스에게 사형을 당했었기 때문이었다. 그러나 브루투스는 개인적인 감정보다는 모든 사람의 이익을 중요시하는 사람이었다. 그는 카이사르보다는 폼페이우스가 더 떳떳하다고 생각하여 폼페이우스 편에 들어갔다.

브루투스는 그 전까지 폼페이우스를 만나도 이야기는커녕 인사도 제대로 하지 않았다. 그러나 그는 폼페이우스를 나라를 구할 최고의 장군으로서 받들게 되었다.

얼마 뒤, 브루투스는 속주 총독으로 떠나는 세스티우스의 부하 장군으로 부임하여 그와 함께 킬리키아로 갔다. 그러나 킬리키아에는 별로 할 일이 없었다. 그런데 마침 폼페이우스와 카이사르가 곧 결전을 벌이게 되었다는 소식이 들려왔다. 브루투스는 명령을 받지는 않았지만 나라를 구하는 전쟁에 참가하고 싶다는 생각으로 마케도니아로 달려갔다. 브루투스가 도착했을 때 폼페이우스는 몹시 놀라며 기뻐했다. 마치 자신의 지휘관이라도 오는 것처럼 자리에서 일어나 모든 병사들이 지켜보는 가운데 그를 끌어안으며 반갑게 맞았다고 한다.

브루투스는 진지 안에서 지내는 동안 폼페이우스와 이야기를 나눌 때 말고는 항상 책을 들여다보고 있었다. 천하의 운명을 건 큰 싸움이 있기 바로 전날까지도 손에서 책을 놓지 않았다고 한다. 그때는 한창 찌는 듯한 여름이었다. 군대는 어떤 호수 주변에 막사를 치고 있었다. 그런데 브루투스의 천막을 실은 마차는 아무리 기다려도 오지를 않았다. 정오가 되어 다른 장병들이 이미 자리를 잡고 누워 낮잠을 자거나 앞일에 대한 생각에 골똘히 빠져 있을 때에야 브루투스가 몸에 향유를 바르고 변변찮은 식사를 했다. 그리고는 몸이 피곤한 줄도 모르고 그대로 저녁 때까지 앉아서 폴리비오스[4] 역사를 요약하고 있었다.

　카이사르도 브루투스를 무척 아꼈다고 한다. 카이사르는 부하 장병들에게 전투를 할 때도 브루투스는 죽이지 말라고 특별히 명령을 내렸으며, 만일 그가 항복을 해 오면 자기에게 데려오고 끝까지 저항하더라도 다치게 하지 말고 도망가게 두라고 했다. 카이사르가 이렇게 한 것은 사실 브루투스의 어머니인 세르빌리아를 생각하는 마음 때문이었다고도 한다. 카이사르는 젊은 시절 세르빌리아를 알게 되어 그녀를 깊이 사랑했었다. 그리고 브루투스가 태어난 것도 바로 그때의 일이었다. 카이사르는 어쩌면 브루투스가 자신의 아들일지도 모른다는 생각을 하고 있었다. 여기에 대해서는 다음과 같은 이야기가 전해진다.

　로마를 뒤엎으려는 카틸리나의 큰 음모로 원로원에서 회의가 벌어졌을 때였다. 카토와 카이사르는 이 문제에 대해 열띤 논쟁을 벌이고 있었다. 그런데 그때 쪽지가 한 장 카이사르에게 전해졌다. 이것을 본 카토는 분명히 적과 내통하는 자들로부터 온 편지일 것이라며 카이사르를 공격했다. 다른 의원들까지 카이사르를 몰아세웠다. 할 수 없이 카이사르는 그 종이 쪽지를 카토에게 넘겨 주었다. 그런데 그것은 바로 카토 자신의 누이인 세르빌리아가 보낸 사랑의 편지였다. 이것을 본 카토는 그것을 카이사르에게 도로 던져 주며 이렇게 말했다.

　"에이, 술주정뀨 같으니라구. 집어치우시오."

　그런 뒤 카토는 다시 회의의 본론으로 들어가 얘기를 계속했다. 카이사르와 세르빌리아의 사랑은 이처럼 세상 사람들에게 다 알려져 있는 유명한 이야기였다.

　파르살로스 전쟁에서 진 폼페이우스는 배를 타고 멀리 달아났다. 군대의 진영이 카이사르에게 포위를 당하자 브루투스는 밤중에 진지를 빠져나와 물풀들이 우거진 늪지대를 지나서 라리사로 갔다. 그곳에 도착한 브루투스가 카이사르에게 편지를 보내자 카이사르는 그가 무사한 것을 무척 기뻐하였다. 그리고 브루투스를 불러 그를 용서해 주고, 자기의 부하 장군들과 동등하게 대우해 주었다.

　한편 폼페이우스가 어디로 도망갔는지는 아무도 몰랐다. 장군들도 근거없이 억측만 늘어놓고 있었다. 그러던 어느 날 브루투스를 데리고 산책을 나간 카이사르는

---

4)　기원전 2세기 메갈로폴리스의 정치가이며 역사가. 유명한 로마사의 저자.

폼페이우스가 어디로 간 것 같으냐고 넌지시 물어보았다. 두 사람은 여기에 대해 한참 동안 얘기를 했다. 카이사르는 브루투스의 짐작이 옳다고 생각했다. 그래서 다른 사람들의 주장을 모두 뿌리치고 폼페이우스를 뒤쫓기 위해 곧장 이집트로 떠났다. 브루투스의 짐작대로 폼페이우스는 이집트에 있었다. 그러나 그들이 이집트에 도착했을 때 그는 이미 세상을 떠난 뒤였다.

그러는 동안 브루투스는 카이사르에게 애원하여 카시우스의 용서를 받아냈다. 또 리비아의 왕은 워낙 지은 죄가 많아 도저히 살아날 가망이 없는 데도 브루투스의 간곡한 부탁과 변호 덕택에 살아날 수 있었다. 뿐만 아니라 카이사르는 그의 영토 대부분도 그대로 갖고 있게 해주었다.

브루투스가 처음으로 민중들 앞에서 연설을 했을 때 그것을 지켜보던 카이사르가 곁에 있던 친구들에게 이런 말을 했다고 한다.

"저 젊은이가 어떤 꿈을 갖고 있는지는 모르겠지만 어쨌든 한 번 마음먹은 건 끝까지 이룰 사람인 것 같군."

브루투스는 사실 타고난 성품이 진지했다. 남의 말에 쉽사리 넘어가지 않았으며, 반드시 깊이 생각해 본 후에 빈틈없이 행동하는 사람이었다. 그래서 일단 목표로 삼은 일에 대해서는 실수나 실패가 없었으며, 철저히 목적을 이루어내고 말았다. 그는 또 옳지 않은 일은 어느 누구의 부탁이라고 해도 절대 귀를 기울이지 않았다.

카이사르는 카토와 스키피오를 치기 위해 아프리카로 떠나게 되었다. 그는 알프스 안쪽에 있는 갈리아 지방을 브루투스에게 맡겼다. 이것은 무척 다행스러운 일이었다. 다른 지방 주민들은 탐욕스럽고 잔인한 총독 밑에서 노예나 포로처럼 시달리고 있었지만, 갈리아 지방은 브루투스 같은 어진 통치자를 만나게 되었던 것이다. 그러나 브루투스는 주민들이 보내는 감사의 마음을 모두 카이사르의 덕택으로 돌렸다.

카이사르는 아프리카에서 돌아와 이탈리아 각 지방을 돌아보면서 브루투스가 다스리고 있는 여러 도시를 지나면서 자신의 영광을 한층 더 빛내고 있는 브루투스를 보고 무척 기뻐하였다.

그즈음 법무관[5]의 자리가 몇 개 비어 있었다. 법무관들 중에서도 가장 힘이 강한 것은 로마를 담당하는 법무관이었다. 사람들은 브루투스나 카시우스 중의 하나가

---

5) 로마 시민들 사이에서 일어나는 여러 가지 문제들을 처리하는 관직.

이 자리에 앉게 될 것으로 생각하고 있었다. 또 어떤 사람들은 카시우스는 브루투스의 누이인 유니아의 남편이었지만 두 사람은 사소한 일 때문에 그 전부터 사이가 벌어져 있었다고 한다. 그러므로 이 지위를 누가 차지하느냐 하는 문제까지 걸리자 두 사람 사이는 더욱 나빠졌다.

그러나 어떤 사람들은 그들이 이렇게 싸우게 된 것은 카이사르가 이 두 사람을 번갈아 편들면서 경쟁을 붙였기 때문이었다고 한다. 브루투스는 카시우스가 멀리 파르티아에 가서 세운 빛나는 공적에 대해, 자신의 명예와 높은 지위를 가지고 맞서려고 했다. 카이사르는 이 두 사람의 이야기를 들은 뒤 막료들에게 이렇게 얘기했다. "카시우스의 주장이 더 옳기는 하지만, 그 자리는 브루투스가 가져가야겠군."

결국 카시우스는 다른 곳의 법무관이 되었고, 가장 높은 자리를 브루투스에게 빼앗긴 것 때문에 분한 생각이 들었다.

브루투스는 여러 가지 일에서 카이사르의 권력을 마음껏 이용할 수가 있었다. 만약 브루투스가 그럴 생각만 있었다면, 카이사르의 절대적인 신뢰를 받고 다른 어떤 사람들보다도 큰 권력을 가질 수도 있었다. 그러나 카시우스와 그의 친구들은 카이사르 곁에서 브루투스를 떼어 놓으려고 애썼다.

브루투스는 법무관 문제 때문에 카시우스와 사이가 벌어져 껄끄러운 사이가 되었다. 그러나 카시우스와 그의 친구들은 카이사르의 달콤한 말에 넘어가지 말고, 독재자가 베푸는 친절은 인격을 존경해서가 아니라 용기를 꺾으려는 술책이니 조심하라고 계속 충고를 했다.

또한 카이사르도 브루투스에 대해 전혀 의심이 없는 것은 아니었다. 그리고 못마땅한 점도 적지 않았다. 그는 브루투스의 높은 정신과 고상한 인격, 그리고 그를 따르는 수많은 친구들이 두려웠다. 그러나 브루투스의 도덕성과 정의로움을 믿었으므로 어느 정도는 마음을 놓고 있었다. 언젠가 안토니우스와 돌라벨라가 음모를 꾸미고 있다는 말을 들었을 때 카이사르는 이렇게 얘기했었다. "나는 살찌고 머리 긴 놈들은 두렵지 않다. 오히려 나는 여위고 창백한 얼굴을 가진 놈들이 무섭다."

카이사르는 이렇게 브루투스와 카시우스를 두려워하고 있었던 것이다.

또 어떤 사람이 브루투스를 조심하라고 말하자 그는 마치 브루투스가 권력을 이어받을 사람이라도 되는 것처럼 말했다.

"무슨 소리냐? 이 허약한 몸이 끝날 때까지도 못 기다린다는 얘기냐?"

실제로 브루투스가 카이사르 곁에 머물면서 그의 권세가 절정을 넘고 그 빛이 기울어질 때까지 기다리고 있었다면 틀림없이 로마 최고의 자리를 차지했을 것이다. 그러나 카시우스는 워낙 성질이 사나운 데다가 카이사르에 대한 미움이 매우 심했기 때문에 틈만 나면 브루투스를 부추겼다. 다시 말하면, 브루투스는 카이사르의 정치를 미워했고, 카시우스는 카이사르 자체를 미워했던 것이다.

뿐만 아니라 카시우스는 여러 가지 사사로운 문제들 때문에 카이사르에 대한 감정이 좋지 않았다. 그런 일들 중 하나로, 카시우스가 예전에 조영관의 자리에 올랐을 때 사자를 몇 마리 얻었는데 그것을 카이사르에게 빼앗긴 일이 있었다. 칼레누스[6]가 지휘하는 군대가 메가라 시를 점령했을 때, 그는 카시우스의 사자를 보고 그것을 빼앗아 카이사르에게 보내 버렸던 것이다.

그런데 이 사자들 때문에 메가라 시는 큰 재난을 당했다고 한다. 적이 메가라 시로 들어오자 시민들은 사자들의 우리를 열어놓았다. 그랬더니 오히려 아무 무기도 없는 시민들을 물어뜯었던 것이다. 이 광경은 너무나 비참해서 적군들조차 눈을 감아 버렸다고 한다.

어떤 역사가는 카시우스가 카이사르를 암살하기로 결심한 것은 바로 이 일 때문이었다고 한다. 그러나 그것은 크게 잘못된 생각이다. 카시우스는 아주 어렸을 때부터 독재자에 대한 미움과 증오를 가지고 있었다.

카시우스는 어렸을 때 술라의 아들 파우스투스와 같은 학교를 다녔다. 그런데 어느 날 파우스투스가 여러 아이들 앞에서, 자기 아버지는 권력이 대단하다면서 자랑을 늘어놓았다. 그러자 갑자기 카시우스가 일어나더니 그에게 달려가 뺨을 갈겨 버렸다.

이 일이 터지자 파우스투스의 친척들은 철저히 조사를 해서 법적으로 처리해야 한다고 난리를 쳤다. 그러자 폼페이우스가 이들을 가로막고 두 아이를 함께 불렀다. 그때 카시우스는 파우스투스에게 이렇게 말했다.

"야! 파우스투스! 다시 한 번 얘기해봐. 먼저처럼 또 때려줄 테니까."

이런 이야기를 보면 카시우스가 얼마나 날카로운 성미를 가진 사람인지를 짐작할 수 있을 것이다.

---

6) 카이사르의 충실한 부하 장군. 기원전 61년에 호민관을 지내고 59년에는 집정관이 되었다.

그러나 브루투스가 카이사르의 암살 음모를 꾸미게 된 데는 카시우스와는 좀 다른 이유가 있었다. 친구와 시민들이 찾아와서 끊임없이 설득을 하고, 사람들로부터 수많은 격려의 편지가 쏟아졌던 것이다. 심지어 어떤 시민은 옛날에 왕정을 뒤엎었던 유니우스 브루투스의 동상에다가 몰래 이런 말을 써놓기도 했다.

"지금까지 살아 계셨더라면!"

"우리를 구해 주세요."

그리고 브루투스가 법정에 나가면 자리 옆에 종이 쪽지들이 수북히 쌓여 있었다.

"브루투스, 아직도 잠에서 안 깨셨소?"

"당신 정말 브루투스 맞소?"

그러나 브루투스가 카이사르를 암살하기로 결심한 것은 사실 카이사르에게 아첨하는 사람들 때문이었다. 그들은 민중들의 이름을 빙자하여 카이사르에게 온갖 영광을 주려고 했다. 심지어 그들은 밤중에 몰래 카이사르의 동상 위에 왕관을 씌워놓고, 독재관으로도 부족해서 이제는 그를 왕으로 내세울 것이라고 믿게 했다. 그러나 이러한 행동들은 예상했던 것과 정반대의 결과를 불러왔다. 그것은 이미 카이사르의 전기에서도 얘기한 것과 같다.

카시우스는 친구들을 찾아다니면서 카이사르를 암살하는 일을 도와 달라고 했다. 그러자 이들은 만약 브루투스가 나선다면 그러겠다고 대답했다. 왜냐하면 사람이나 결단이 아니라, 브루투스에 대한 사람들의 존경과 권위가 필요했던 것이다. 그렇게만 된다면 이 음모는 신성한 행동처럼 보일 것이라고 생각했다. 민중들은 브루투스가 이 일에 끼어들지 않았다면 자기들을 의심하겠지만, 만약 그가 거절하지 않는다면 민중들은 이 일이 정의에 어긋나는 일이 아니며 오히려 명예로운 일로 생각할 것이라고 말했다.

카시우스는 이들의 말을 깊이 생각해 본 뒤, 서로 사이가 벌어져 있는 브루투스를 처음으로 찾아갔다. 두 사람은 인사를 주고받은 뒤 오랫동안 얘기를 나누며 오해를 풀었다. 화해를 하고 다시 전처럼 가까운 사이가 되자 카시우스가 물었다.

"3월 1일에 카이사르의 부하들이 그를 왕으로 내세우겠다고 제안을 할 거라던데, 그 날 원로원에 나갈 생각이오?"

브루투스는 나가지 않겠다고 대답했다. 카시우스는 그들이 부르러 온다면 어쩔 거냐고 다시 물었다. 브루투스는 단호히 대답했다.

"만약 그런다면, 자리에서 일어나 이 나라의 자유를 위해 싸우다가 죽을 것이오."

카시우스는 브루투스의 대답을 듣고는, 속으로 '됐다'고 생각하면서 이렇게 말했다.

"그러나 적어도 로마 사람이라면 당신이 죽는 것을 가만히 보고만 있지는 않을 거요. 안 그렇소? 당신에게 종이 쪽지를 준 사람들은 날품팔이나 술꾼들이 아니라, 로마의 이름 있는 시민들이라는 것을 모르시오? 그들은 다른 사람들에게는 기껏해야 선물을 받거나 구경거리를 만들어 달라고 하지만, 당신에게는 나라를 구해 달라고 요청하고 있소. 그것이야말로 당신이 할 일이라고 생각하고 있소, 알겠소? 당신이 그걸 진정한 당신의 임무로 받아들인다면, 그들은 당신을 위해 목숨까지도 내놓을 거요."

이야기를 마친 카시우스는 두 팔을 벌려 브루투스를 끌어안았다. 그리고 각자 친구들을 만나보기로 약속하고 헤어졌다.

한편 카이우스 리가리우스라는 사람이 있었는데, 그는 폼페이우스의 친구라는 것 때문에 재판을 받았으나 카이사르가 특별히 풀어준 사람이었다. 그런데 그는 자신이 풀려난 것을 고마워하기는커녕 오히려 카이사르의 독재 때문에 이런 일을 당했다면서 카이사르를 몹시 미워했다. 그는 또 브루투스와 가까운 친구로 지내고 있었다. 브루투스는 이 리가리우스가 아파서 누워 있다는 얘기를 듣고 그를 찾아갔다.

"이봐, 리가리우스! 지금이 어떤 때인데 이렇게 앓아누웠나?"

리가리우스는 곧 몸을 일으켰다. 그리고 이렇게 말했다.

"브루투스, 자네가 자네다운 큰 일을 계획했다면 내 병은 다 나았네."

그때부터 이들은 믿을 만한 사람들을 모으며 동지들을 하나씩 늘려갔다. 가까운 친구들뿐만 아니라 목숨을 내놓고 용감하게 일할 수 있는 사람이라면 모두 다 이 계획에 참가시켰다. 그러나 단 한 사람, 키케로에게만은 비밀로 하고 있었다. 그들은 키케로를 누구보다 존경했고 또 믿고 있었지만, 그는 원래 조심성이 많은데다가 나이까지 많아서 아무리 확실한 일도 꼭 확인하려고 들었다. 오히려 그는 대담하고 신속하게 처리해야 될 이 일을 망쳐놓을지도 모르고, 다른 동지들의 용기와 의지까지 꺾어놓을 우려가 있기 때문이었다.

브루투스는 또 자신의 친구이자 에피쿠로스[7] 학파의 철학자인 스타틸리우스와 카토를 숭배하고 있는 파보니우스에게도 이 음모를 숨기고 있었다.

---

7) 기원전 341~270년 그리스의 철학자. 그는 가장 옳은 것은 쾌락뿐이라고 주장했다.

브루투스는 이 두 사람을 만나 철학적인 논쟁을 하는 것처럼 그들의 마음을 떠보았다. 파보니우스는 내란은 불법적인 왕정보다 더 해로운 것이라고 말했다. 그리고 스타틸리우스는 지혜로운 사람은 결코 어리석은 무리들 때문에 자기 자신을 위험으로 몰아넣는 일은 하지 않는다고 했다. 이 말을 들은 브루투스는 이 두 사람에게는 음모를 밝히지 않기로 결정했다. 그런데 그 자리에 함께 있던 라베오라는 사람은 이 두 사람의 의견에 반대를 했다. 브루투스는 이런 문제는 간단하게 결론을 내릴 수 없는 문제라면서 토론을 매듭지었다. 그리고 나중에 라베오를 조용히 불러 계획을 모두 털어놓았다. 그렇게 해서 라베오도 이 일에 가담하게 되었다.

알비누스라는 별명으로 불리던 또 한 명의 브루투스도 그들을 돕기로 했다. 그는 적극적이거나 용감한 사람은 아니었지만, 시민들을 위해 운동 경기를 열어 주려고 많은 검투사들을 모아놓고 있었으며, 카이사르의 신임도 두터운 편이었다. 그러나 카시우스와 라베오가 그를 찾아가 계획을 털어놓았을 때 그는 아무런 대답도 하지 않았다. 그런데 그 뒤 브루투스와 조용히 만나 그가 이 계획의 주동자라는 것을 확인한 후에야 이 일을 돕겠다고 약속했다.

이것으로도 알 수 있듯이, 대부분의 사람들과 이름 있는 몇몇 음모자들은 브루투스의 이름만 듣고 이 일에 뛰어들었다. 그들은 엄숙한 선서를 하거나 제물을 바치고 맹세를 한 일은 없었지만, 모두들 비밀을 철저하게 지키고 아주 소심스럽게 행동했다. 또 징조나 예언들이 불길하게 나와도 그들의 계획을 의심하지 않았다.

브루투스는 이제 용맹과 문벌로 로마에서 제일가는 인물들의 운명이 자기 한 사람에게 달려 있다는 것을 깨달았다. 그래서 그는 집 밖에 나가면 행동을 조심하면서 어느 때처럼 일을 처리했다. 그러나 일단 집 안에 발을 들여 놓은 후에는 문제점들을 생각하느라고 밤을 꼬박 새기도 했다.

같은 방을 쓰는 아내가 이것을 눈치 못 챌 리가 없었다. 그의 아내는 남편이 무슨 중대하고 어려운 문제 때문에 고민을 하고 있거나 아니면 어떤 위험한 일을 마음속에서 계획하고 있다는 것을 알아챘다.

브루투스의 아내 포르키아는 카토의 딸로, 사실 두 사람은 외삼촌 간이었다. 그러나 젊었을 때 첫남편이 죽자, 어린 아들 비불리우스를 데리고 그와 다시 결혼을 했던 것이다. 이 비불리우스가 쓴 브루투스의 작은 회상록은 지금까지도 남아 있다.

포르키아는 남편과 마찬가지로 철학을 사랑했다. 용기도 뛰어났고 이해심도 넓었다. 그녀는 남편의 비밀을 묻기 전에 먼저 자기의 의지력을 시험해 보았다. 그녀는 우선 시녀들을 모두 밖으로 보낸 다음 손톱을 깎는 날카로운 칼을 꺼내 자신의 허벅다리를 푹 찔렀다. 피가 쏟아지고 심한 통증으로 온몸이 떨릴 정도였다.

그런 뒤 포르키아는 남편 브루투스가 간호를 해줄 때, 아픈 것을 참으며 이렇게 말했다.

"나는 카토의 딸이에요. 내가 당신에게 시집을 온 건 천한 여자들처럼 먹고 자기 위해서가 아니라 당신과 운명을 함께하기 위해서예요. 지금까지 우리는 아주 잘 지내왔고 당신도 잘못한 게 없었어요. 그러나 지금 당신은 무엇 때문인지는 모르지만 무척 괴로움을 당하고 있고, 그런데도 내게는 말 한 마디 안 하고 있어요. 중대한 일이라 비밀과 믿음이 꼭 지켜져야 하겠지만, 나는 무슨 일인지를 알아야겠어요. 만약 당신이 얘기하지 않는다면 나는 더 이상 당신을 사랑할 수가 없어요. 원래 여자들은 마음이 약해서 큰 비밀을 잘 지키지 못한다는 건 나도 알아요. 그러나 좋은 가문에서 태어나 바른 마음씨를 기르고 늘 훌륭한 사람들과 함께 지내다보면 여자들도 달라지는 법이에요. 나는 카토의 딸이고, 브루투스의 아내예요. 그리고 나는 이것을 자랑으로 생각하고 있어요. 그 전에는 내가 과연 그럴 만한 자격이 있는지 의심스러웠지만 지금은 내 스스로 시험을 해보고 어떤 고통도 참고 이겨낼 수 있다는 걸 알게 되었어요."

그리고는 상처를 남편에게 내보이며 자신을 시험해 보기 위해 그런 것이라고 말했다. 브루투스는 너무나 놀랐다. 그는 포르키아에게 부끄럽지 않은 남편이 되고, 자기의 계획에 신의 축복이 있기를 신께 기도드렸다. 그리고 아내의 마음을 다정하게 위로해 주었다.

마침내 원로원의 소집 날짜가 정해졌다. 카이사르도 여기에 참석할 것이라는 발표가 있었다. 음모자들은 바로 이 날 계획을 실행하기로 결정했다. 그런 날에는 사람들이 모여들어도 의심을 받지 않을 것이고, 또 로마의 유명인사들이 모두 참가하기 때문에 그 자리에 바로 나라의 자유를 선언할 수 있으리라고 생각했던 것이다.

원로원 의원들이 모이기로 결정된 장소도 마치 하늘의 신이 그들을 돕는 것 같았다. 그곳은 큰 극장과 연결되어 지어진 건물이었는데, 거기에는 폼페이우스의 동상이 서 있었기 때문이었다. 이 동상은 폼페이우스가 극장과 도시를 아름답게 만든 일을 기념하여 세워진 것이었다. 바로 이곳에서 3월 15일[8]쯤에 원로원 회의가 열리기로 결정되었는데, 이런 기막힌 우연은 마치 폼페이우스의 원수를 갚아 주기 위해 운명이 카이사르를 끌어당긴 것처럼 생각되기도 했다.

그 날 아침이 되자 브루투스는 아내 말고는 아무도 모르게 옷에 단검을 품고 집을 나섰다. 다른 사람들은 이미 카시우스의 집에 모여 있었다. 마침 카시우스는 아들이 성년식을 올리게 되어 있었으므로, 아들과 함께 나왔다. 그들은 서둘러 폼페이우스의 기념관으로 들어가 카이사르가 오기를 기다렸다. 그들은 매우 침착하고 자연스럽게 행동했다.

이들 가운데는 법무관도 많아 재판을 해야 할 일들이 적지 않았다. 이들은 여느 때와 다름없이 판결을 받으러 온 사람들을 만나고, 큰 일을 눈앞에 둔 사람답지 않게 그들의 이야기를 하나하나 냉정하고 성실하게 들어주었다. 그리고는 정확한 판결을 내리고 제대로 격식을 갖추어 모든 일을 거침없이 처리했다. 그때 어떤 사람이 브루투스의 판결에 불만을 품고, 여러 가지 증거를 내밀면서 카이사르에게 다시 판결을 받겠다고 외쳤다. 그러나 브루투스는 주위 사람들을 쭉 훑어보면서 이렇게 말했다.

"나는 법률에 따라 판결을 내렸으니 카이사르도 어쩔 도리가 없을 거요. 그리고 앞으로도 그럴 겁니다."

그러나 몇 가지 일이 그들의 마음을 졸이게 했다. 시간이 꽤 많이 지났는데도 카이사르가 나타나지 않은 것이다. 그때 카이사르는 제물에 나타난 징조가 좋지 않아서 아내에게 붙들려 있었다. 제관도 그가 밖으로 나가지 못하게 막고 있었다.

또 함께 일을 하기로 한 카스카에게 어떤 사람이 와서 이렇게 말했다.

"카스카! 당신은 우리한테 말을 안 했지만, 브루투스에게 이미 다 들었소."

카스카는 깜짝 놀랐다. 그는 빙그레 웃더니 다시 얘기했다.

"어떻게 해서 돈을 벌었길래 조영관 선거에 나가려는 거요?"

카스카는 그의 말을 듣고 까딱하면 비밀을 고백할 뻔했다. 그러나 위험한 고비를 무사히 넘겼다.

또 포필리우스 라이나스라는 원로원 의원은 브루투스와 카시우스를 보더니, 여느 때와는 달리 무척 반갑게 인사를 건넸다. 그리고는 이 두 사람에게 소근거렸다.

---

8) 로마에서는 이 날을 이데스라고 불렀다.

"뜻하신 일이 성공하시기를 바랍니다. 망설이지 말고 반드시 행동으로 옮기십시오. 세상이 다 알고 있으니까요."

그러자 두 사람은 혹시 비밀이 새나간 것이 아닐까 몹시 불안해졌다. 그런데다가 갑자기 브루투스의 집에 있는 하인이 달려와 부인이 몹시 위독하다는 소식을 전했다.

브루투스의 아내 포르키아는 남편의 일이 걱정스러워 방 안에 가만히 앉아 있을 수가 없었다. 그녀는 안절부절못하다가 밖에서 무슨 소리만 들리면 미친 사람처럼 달려나갔으며, 공회장에서 돌아오는 사람마다 붙들고는 브루투스는 어떻더냐고 물어보았다. 그러면서 한편으로 계속 공회장으로 사람을 보내 남편의 소식을 알아오게 했다. 시간이 흐르자, 포르키아는 초조와 불안 때문에 가슴이 터질 것 같았다. 그리고 결국은 견디지 못하고 쓰러져 버렸다. 그녀는 시녀들의 간호를 받아 곧 정신을 차렸지만, 바깥에는 벌써 포르키아가 죽었다는 소문이 퍼지고 있었다.

브루투스는 이 소식을 듣고 걱정스러워 마음을 진정시키지 못했다. 그러나 나라를 위한 큰 일을 눈앞에 두고 있었기 때문에 사사로운 슬픔을 씻어내야만 했다. 바로 그때 카이사르가 마차를 타고 온다는 소식이 왔다.

카이사르는 제물에 나타난 불길한 징조 때문에 마음이 좋지 않아 원로원 회의를 연기하기 위해서 오는 참이었다. 그가 마차에서 내리자 포필리우스 라이나스가 카이사르에게 달려갔다. 그리고는 그의 귀에 대고 무언가 속삭였다. 카이사르는 그 말을 조용히 듣고 있었다. 음모자들은 그가 무슨 말을 하는지 들을 수는 없었지만, 분명히 자신들의 계획을 알려 주는 것이라고 생각했다. 절망한 그들은 차라리 스스로 목숨을 끊자는 얘기를 눈빛으로 주고 받았다.

카시우스를 비롯한 몇몇이 옷 속에 품고 있던 칼을 막 뽑으려고 했다. 그때 브루투스는 그의 표정이나 몸짓이 뭔가 다르다는 것을 눈치 챘다. 음모를 알려 주는 것이 아니라 분명히 무엇인가 열심히 부탁을 하는 태도였던 것이다. 브루투스는 곧 밝은 표정을 지어보이며 카시우스에게 용기를 내라고 격려해 주었다. 이때 라이나스가 카이사르의 오른손에 입을 맞추고는 뒤로 물러났다. 이것으로 라이나스가 카이사르와 주고받았던 얘기는 어떤 개인적인 부탁이었다는 것이 분명해졌다.

드디어 원로원 의원들이 회의장으로 들어갔다. 음모자들은 카이사르에게 무슨 부탁이라도 할 것처럼 그의 곁으로 모여들었다. 그때 카시우스는 폼페이우스의 동상을 보며, 마치 살아 있는 사람에게 말하듯이 도와 달라고 기도를 드렸다고 한다. 그러는 동안 트레보니우스는 문 밖에서 안토니우스를 붙잡고 얘기를 하면서 그가 안으로 들어가지 못하게 막고 있었다.

카이사르가 들어서자 모든 의원들이 일어나 그에게 인사를 건넸다. 음모자들은 카이사르가 앉기를 기다려 카이사르 근처로 몰려갔다. 그들 중에서 틸리우스 킴베르가 먼저 일어나, 추방당한 동생을 좀 도와 달라고 카이사르에게 말했다. 그러자 다른 음모자들도 모두 도와 달라면서, 카이사르의 손을 잡기도 하고 가슴이나 머리에 입을 맞추기도 했다.

카이사르는 이들의 부탁을 물리치다가 계속 귀찮게 굴자 화가 치밀어서 자리에서 일어나 버렸다. 그때 틸리우스가 재빨리 두 손을 뻗어 카이사르의 어깨에 걸쳐 있던 옷을 잡아당겼다. 그러자 카이사르 뒤에 서 있던 카스카가 맨 먼저 칼을 뽑아들고 카이사르의 어깨를 내리쳤다. 그 칼은 깊숙이 꽂히지 못했다. 카이사르는 카스카의 칼자루를 잡으며 외쳤다.

"카스카, 이 못된 놈! 이게 무슨 짓이냐?"

카스카는 도와 달라고 소리를 질렀다. 많은 사람들이 카이사르에게 달려들기 시작했다. 카이사르는 나갈 길을 찾으려고 주위를 돌아보다가 브루투스가 칼을 움켜쥐고 달려오는 것을 발견했다. 그는 곧 카스카를 붙잡았던 손을 놓고 옷을 머리끝까지 뒤집어썼다. 그리고는 빗발처럼 쏟아지는 칼날 밑에 몸을 맡겼다.

음모자들은 한동안 카이사르를 찌르느라 정신이 없었다. 그래서 저희들끼리 다치기도 했다. 브루투스도 손에 상처를 입었으며, 다른 사람들도 대부분 피범벅이 되었다.

카이사르는 그렇게 죽었다. 브루투스는 연설을 하기 위해 가운데로 나섰다. 그들은 도망치려는 의원들을 불러 세우고는 그렇게 두려워하지 말고 잠시 기다리라고 했다. 그러나 겁이 난 의원들이 정신없이 도망을 치느라고 큰 소란이 벌어졌고, 음모자들은 카이사르만 죽이기로 결정했기 때문에 아무도 그들을 해치려 하지 않았다.

그런데 이런 결정을 내릴 때, 안토니우스도 죽어야 한다고 주장했던 사람도 적지 않았다. 안토니우스는 왕정을 편들 뿐 아니라 교만하고 사나운 인물이며, 당시 카이사르와 함께 집정관으로 있었기 때문에 그의 세력도 무시할 수 없다는 것이었다. 그러나 브루투스는 안토니우스를 죽이는 것은 정의에 어긋나는 일이며, 그 사람도 변할 것이라고 말하면서 이 제안에 반대했다. 안토니우스는 융통성도 있고 명예욕도 강한 사람이었다. 그러므로 카이사르가 완전히 제거된다면 나라의 자유를 되찾는 데 큰 일을 했다는 소리를 듣기 위해서라도 그들에게 협조할 것이라고 생각했던 것이다. 이렇게 해서 브루투스는 안토니우스의 목숨을 구해 주기로 했다. 그러나 카이사르가 암살당하는 것을 본 그는 겁이 나서 평민으로 변장하고는 달아나고 말았다.

브루투스와 동지들은 피묻은 칼을 든 채 카피톨리누스로 올라갔다. 그리고 시민들에게 자유를 되찾았다는 소식을 알렸다. 그러자 시민들은 함성을 지르면서 기쁨에 취해 이리저리 뛰어다니느라고 소란을 일으켰다. 그러나 재물을 약탈하거나 시민들을 해치는 일은 없었다. 원로원 의원과 시민들은 안심하고서 카피톨리누스 언덕으로 올라갔다.

사람들이 몰려들자 브루투스는 그들을 향해 지지를 부탁하는 연설을 했다. 연설을 들은 그에게 박수를 보내면서 지지를 표시했다. 그는 다시 언덕의 공회장으로 갔다. 이때 많은 유명 인사들은 브루투스를 공회장 연단 위로 올려보냈다. 소란스럽던 군중들은 브루투스의 위엄있는 모습을 보자 모두 겁이 나서 입을 다물었다.

군중들은 그의 말에 조용히 귀를 기울였다. 잠시 후 킨나가 나서서 카이사르가 지은 죄를 늘어놓았다. 그러자 화가 난 군중들은 그를 향해 심한 욕설을 퍼부었다. 이것을 본 음모자들은 시민들이 이 사건을 달가와하고 있지 않다는 것을 깨닫고 다시 카피톨리누스로 올라갔다. 브루투스는 민중들이 그곳을 포위할 것이라고 생각했다. 위험을 느낀 그는 곧 이 사건과 관계없는 사람들을 내려보냈다.

다음날 원로원은 땅의 여신 신전에서 회의를 열었다. 이때 안토니우스, 플란쿠스, 키케로가 차례로 일어나 암살자들을 처벌하지 말고 그들과 화해를 하자고 주장했다. 이 제안은 곧바로 통과되었다. 뿐만 아니라 집정관은 그들에게 표창과 명예를 내리기로 결정했다.

원로원 회의가 끝나자, 안토니우스는 카피톨리누스에 있는 음모자들에게 아들을 보내, 그를 인질로 줄 테니 화해하자고 전했다. 브루투스 일행은 마음을 놓고 그곳에서 내려왔다. 그날 밤 안토니우스는 카시우스를 초대하여 잔치를 열었다. 또 레피두스는 브루투스를, 그리고 다른 사람들도 각각 친한 사람을 초대하여 잔치를 베풀었다.

다음날 원로원은 아침 일찍 다시 모임을 가졌다. 먼저 의원들은 안토니우스에게 내란을 미리 막은 데 대해 감사를 드렸다. 브루투스와 그의 동지들에게는 속주를 나누어 주었다. 브루투스는 크레타 섬을 받고, 카시우스는 아프리카를, 트레보니우스는 아시아를, 킴베르는 비티니아를, 그리고 또 한 사람의 브루투스는 포 강 근처의 갈리아 땅을 선물로 받았다.

사건은 이렇게 매듭되었다. 이번에는 카이사르의 유서와 장례를 어떻게 처리하느냐에 대한 문제를 얘기하기로 했다. 안토니우스는 먼저 카이사르의 유서를 시민들에게 공개하라고 했다. 그리고 장례식을 소홀하게 치르는 것은 불명예스러운 일이며, 만약 그렇게 되면 시민들도 가만히 있지는 않을 것이라고 말했다. 카시우스는 이 의견에 맹렬히 반대를 하고 나섰다. 그러나 브루투스는 이 문제를 안토니우스에게 양보하였다. 그런데 이것은 브루투스가 저지른 두 번째 실수가 되고 말았다. 먼저 카이사르의 암살을 계획할 때 자신들에게 가장 위험하고 무서운 적인 안토니우스를 살려두기로 했다는 것이 첫 번째 실수였고, 카이사르의 장례식을 안토니우스의 주장대로 맡겨 버렸다는 것이 또 한 번의 실수였던 것이다.

카이사르는 자신의 유서에서, 시민들에게 각각 75드라크마씩의 돈을 나누어 준다고 했다. 그리고 티베르 강 건너편에 있는 자신의 정원을 시민들을 위해 개방하겠다고 하였다. 이것을 안 시민들은 카이사르에게 깊은 고마움을 느끼고 그의 죽음을 안타까워했다. 그리고 암살자들을 미워하게 되었던 것이다.

얼마 후 안토니우스는 카이사르의 유해를 포룸에 옮겨 관례에 따라 카이사르의 공적을 기리는 연설을 하게 되었다. 그런데 군중들이 이 연설을 듣고 감동하기 시작했다. 안토니우스는 피투성이가 된 카이사르의 옷을 집어들며 얼마나 많이 찔렸는지를 하나하나 헤아렸다. 군중들은 미친 듯이 아우성을 쳤다. 그리고 암살자들을 죽이라고 부르짖었다. 그리고 여기저기 책상과 의자를 끌어다가 신성한 그 광장에 쌓아 올린 뒤, 카이사르의 시체를 올려놓고 불을 붙였다.

군중들은 불길이 치솟자 구름처럼 몰려들었다. 그리고는 암살자들의 집을 찾아 불을 질렀다. 음모자들은 이런 일을 미리 짐작하고 있었기 때문에 위험을 피할 수 있었다.

그때 킨나라는 시인이 있었는데, 그는 카이사르의 친구로 암살 사건과는 아무 관련이 없었던 사람이었다. 그는 전날 밤, 카이사르가 자기를 저녁 식사에 초대하는 꿈을 꾸었다. 꿈속에서 킨나가 그의 초대를 거절하자 카이사르는 그를 억지로 끌고 넓고 컴컴한 곳으로 데려갔다. 킨나는 무섭고 겁이 나면서도 할 수 없이 카이사르에게 끌려가고 있었다.

잠에서 깬 킨나는 그날 밤 내내 열이 나서 고생을 했다. 다음날 아침이 되어, 카이사르의 시체를 옮겨가는 요란한 소리가 들리자 그는 바깥으로 나갔다. 마침 그때는 안토니우스의 연설을 들은 군중들이 한창 흥분되어 있을 때였다. 그런데 킨나가 나타났다는 소문이 퍼지자 시민들은 그를 카이사르를 비난하던 그 킨나로 잘못 생각했다. 그래서 군중들은 그에게 달려들어 킨나를 찢어 죽이고 말았다.

킨나가 이렇게 잔인하게 죽임을 당한 것과 안토니우스가 교묘하게 태도를 바꾼 것은 브루투스와 동지들을 두렵게 만들었다. 결국 그들은 목숨에 위협을 느끼고 로마를 떠나 안티움으로 가야만 했다.[9] 민중들이 흥분이 가라앉을 때까지 기다리다가 다시 질서가 잡히면 로마로 돌아올 생각이었던 것이다.

민중들은 보통 격하게 흥분을 하고 과격한 일을 저지르다가도 얼마 안 있으면 곧 가라앉곤 했다. 그리고 원로원은 킨나를 죽인 자들은 처벌하지는 않았지만 브루투스와 카시우스의 집에 불을 지른 자들은 찾아내어 모두 감옥에 가두고 있었다. 그러므로 이들은 원로원이 자기들을 지지하는 이상 민중들의 감정은 쉽게 누그러질 것이라고 생각했다.

그때 민중들은 안토니우스가 권력을 혼자 독차지하려고 일을 꾸미고 있다는 것을 깨닫고 그의 행동을 못마땅하게 생각하고 있었다. 그래서 민중들은 브루투스가 법무관의 직책으로라도 빨리 돌아오기만을 기다리고 있었다.

그런데 예전에 카이사르를 따라 전쟁에 참가하고 그로부터 많은 땅과 도시들을 나누어 받은 병사들이 각지에서 로마로 몰려들고 있다는 소식이 들려왔다. 브루투스는 로마로 돌아가는 모험은 그만두기로 했다. 그러나 그는 한편으로 온갖 성대한 행사를 열어 로마 시민들에게 좋은 구경거리를 제공해 주었다.

브루투스는 직접 네아폴리스까지 달려가 연극 배우들을 보내기도 했다. 그는 카누티우스라는 유명한 배우가 있다는 소리를 듣고는, 그리스에 있는 친구들에게 편지를 보냈다. 그 사람을 간곡히 설득해 로마로 데려오라는 것이었다. 또 그는 키케로에게도 편지를 보내, 자기 대신 그 행사에 참석하여 자리를 빛내달라고 부탁했다.

그때 카이사르 2세가 돌아오면서 로마는 달라지기 시작했다. 그는 카이사르의 조카딸의 아들이었지만, 카이사르가 그를 양자로 삼았기 때문에 그의 상속자가 되었던

---

9) 로마의 남쪽에 있던 항구 도시.

것이다. 카이사르가 암살되었을 때 카이사르 2세는 아폴로니아에서 철학을 공부하고 있었는데, 파르티아 원정을 가기로 했던 카이사르가 그곳에 오기를 기다리고 있었다. 그러나 뜻밖에도 카이사르가 죽었다는 소식을 듣고 그는 곧 로마로 달려왔다.

로마에 도착한 그는 카이사르라는 이름을 내세워, 물려받은 재산을 시민들에게 아낌없이 나누어 주었다. 그는 곧 시민들의 인기를 모으고 안토니우스와 대항할 만한 세력을 가지게 되었다. 또 그는 예전에 카이사르를 섬기던 병사들에게 선물과 돈을 뿌려 군대를 다시 모았다. 그러자 안토니우스를 미워하던 키케로는 곧 그를 지지하기 시작했다. 브루투스는 키케로에게 다음과 같은 내용의 편지를 써서 그의 행동을 비난했다.

브루투스는, 사실 키케로가 싫어한 것은 전제자가 아니라 자신을 미워하는 전제자였으며, 그가 글이나 연설을 통해 카이사르 2세를 찬양하고 있는 것을 보아도 어떤 목적을 가지고 그런 행동을 했는지를 알 수 있다고 했다. 그러나 로마의 조상들은 아무리 너그러워도 전제자는 결코 원하지 않았다고 말했다. 또 덧붙여서, 그는 전쟁과 평화 중 어느 것을 선택해야 할지는 아직 결정하지 못했지만, 자유를 잃은 노예가 되지는 않을 것이라고 말했다. 그러나 키케로가 내란을 무서워하면서도 비굴한 평화를 두려워하지 않는다는 것은 이해할 수 없는 일이며, 또 안토니우스의 독재를 전복시키는 것에 대한 보상은 카이사르의 전제 정치를 확립시키는 것이라고 말했다. 브루투스는 이렇게 키케로에게 편지를 써서 자신의 생각을 전했다.

그러나 로마는 이제 두 갈래로 나뉘어져 어떤 사람들은 안토니우스 쪽에, 또 어떤 사람들은 카이사르 쪽에 넘어가 있었다. 그리고 군대는 마치 경매를 부르는 것처럼 돈을 더 많이 주겠다는 쪽으로 팔려가고 있었다. 이것을 본 브루투스는 정치를 단념하고 그곳을 떠나기로 결심했다.

로마를 떠난 브루투스는 루카니아 지방을 지나 엘레아 해안으로 갔다. 여기서 그는 자신의 아내 포르키아를 로마로 되돌려보내는 것이 낫겠다는 생각이 들었다. 포르키아는 너무나 가슴이 아팠지만 군게 마음을 다지고 슬픔을 참았다. 그러나 한 폭의 그림을 보게 되면서 누르고 참았던 슬픔을 더 이상 숨길 수가 없었다.

그 그림은 그리스의 옛날 이야기를 담은 그림이었다. 전쟁터로 떠나는 헥토르가 그의 아내 안드로마케에게 아들을 맡기고, 안드로마케는 떠나는 남편을 보며 눈물을 글썽이고 있는 장면이었다. 포르키아는 이 그림이 마치 자기와 똑같은 얘기를 담고 있는 것 같아 하루에도 몇 번씩 그 그림을 보며 눈물을 쏟았다. 브루투스의 친구 아킬리우스는 그런 포르키아에게 안드로마케가 헥토르에게 얘기하는 장면을 표현한 호메로스의 시를 들려 주었다.

헥토르, 당신은 나의 아버지요, 어머니이며,
오빠이자, 사랑하는 남편입니다.[10]

이것을 들은 브루투스는 엷은 웃음을 띠며 이렇게 말했다.

"그러나 나는 헥토르가 아내에게 얘기한 것처럼, '당신의 마음을 베틀에 묶고 집안일을 잘 보살펴 주시오'라고 포르키아에게 얘기할 수는 없소. 포르키아는 몸이 약해서 우리처럼 힘든 일은 못 하오. 그러나 나라를 위해서라면 누구 못지 않게 씩씩한 정신을 보여줄 여자라오."

이것은 포르키아의 아들인 비불루스가 브루투스 회상록에 남긴 이야기이다.

브루투스는 거기서 배를 타고 아테네로 갔다. 아테네 시민들은 그를 반갑게 맞으며 그에게 여러 가지 명예를 주었다. 그는 한 친구의 집에 머무르며 아카데미 철학자인 테옴네스토스와 소요학파 철학자인 크라티포스와 가까이 지냈다. 그리고 그들의 철학을 열심히 공부했다. 사람들은 이제 그가 정치 생활을 완전히 정리하고 한가하게 공부만 하고 있는 것으로 생각했다. 그러나 브루투스는 남모르게 전쟁 준비를 하고 있었다.

그는 헤로스트라토스를 마케도니아로 보내서 그곳에 있는 장군들을 자기 편으로 끌어들이는 한편, 아테네에 와서 공부하고 있던 로마 사람들을 설득하여 그들도 자기 편으로 만들었다. 그런 사람들 중에는 키케로의 아들도 있었는데, 브루투스는 그 청년을 특히 칭찬하면서 그토록 전제 정치를 증오하는 사람은 꿈속에서라도 칭찬하지 않을 수 없다고 말했다.

마침내 브루투스는 공식적인 활동을 시작했다. 마침 로마의 배가 많은 재물을 싣고 아시아에서 돌아오고 있었는데, 그 배를 지휘하는 사람이 자기의 친구라는 얘기를 듣게 되었다. 브루투스는 그 친구를 만나기 위해 아테네를 떠나 카리스토스로 달

---

10) 호메로스의 《일리아드》에 나오는 구절이다.

려갔다. 다행히 그 친구는 브루투스를 도와주기로 하고 배를 돌렸다. 마침 그날은 브루투스의 생일이었다. 그들은 어느 때보다 화려한 잔치를 열었다. 사람들은 앞날을 축복하며 브루투스와 로마의 자유를 위해 축배를 들자고 했다. 브루투스는 동지들의 용기를 더욱 북돋우기 위해 큰 술잔에 가득히 술을 따른 뒤 느닷없이 시를 읊었다.

  사나운 운명과 레토의 아들이 손을 잡고
  나의 죽음을 준비했구나.[11]

  그런데 묘하게도 브루투스가 필리피에서 마지막 전투를 벌일 때 썼던 암호가 바로 아폴로였다. 그러므로 브루투스가 이 시를 읊은 것은 자신의 앞날을 미리 예언한 셈이 되었다.

  사령관이었던 안티스티아우스[12]는 이탈리아로 싣고 가던 돈 중에서 50만 드라크마를 주었다. 그리고 예전에 폼페이우스의 군대에 있다가 전쟁에서 진 뒤 테살리아 지방에 흩어져 떠돌고 있던 병사들도 모두 브루투스에게 달려왔다. 그리고 브루투스는 칸나가 아시아에 있는 돌라벨라에게 가지고가던 말 5백 마리를 빼앗고, 데메트리아스를 점령하여 안토니우스에게 보내기 위해 이곳에 저장해 두었던 군수물자를 빼앗았다. 이것은 사실 죽은 카이사르가 파르티아 전쟁 때 쓰려고 마련해 둔 것들이었다. 얼마 후 마케도니아의 총독 호르텐시우스를 시작으로 하여 그 부근 속주의 왕과 장군들도 모두 브루투스를 돕겠다고 나섰다.

  한편 안토니우스의 형제인 카이우스가 이탈리아를 떠나 디라키움과 아폴로니아에 있던 가비니우스의 군대를 향해 진군하고 있다는 소식이 들려왔다. 이 소식을 전해들은 브루투스는 카이우스의 작전을 방해하기 위해 그곳에 먼저 도착했다. 험한 산과 매서운 눈보라가 막고 있었지만 브루투스의 군대는 거침없이 달려나갔다. 그러나 양식을 운반하는 부대는 훨씬 뒤처지고 말았다.

  그런데 디라키움을 눈 앞에서 두고 이들은 그만 피로와 추위 때문에 불리미아라

---

11) 호메로스의 《일리아드》에 나오는 구절로, 그리스의 파트로클로스 장군이 트로이의 헥토르의 창에 찔려 숨이 끊어지면서 한 말이다. 그리고 레토는 제우스의 첫 번째 아내이고, 그의 아들은 아폴론이다.
12) 이것은 잘못 기록한 것으로 보인다. 키케로와 아피우스의 기록에 의하면 그는 아시아에서 재무관을 지냈던 아폴레이우스였다고 한다.

는 이상한 병에 걸리게 되었다. 그 병은 동물들도 걸렸는데, 추운 데서 너무 고생을 할 때 생기는 병이었다. 병의 원인은 추위와 굶주림으로 몸이 쇠약해지면서 몸 안에 있던 영양이 모두 소비되기 때문이라고도 하고, 또 눈이 녹을 때 생긴 수증기가 땀구멍으로 빠져나가는 체온을 파괴하기 때문이라고도 한다.

브루투스가 쓰러질 만큼 상황은 어려운 지경이었다. 먹을 만한 음식도 하나도 없었다. 이처럼 군대가 굶어죽을 위기에 놓이게 되자, 적에게 넘어가는 병사들도 생겼다. 병사들은 브루투스만이라도 먹여야겠다고 생각하고 먹을 것을 구하기 위해 도시의 성문으로 갔다. 그리고는 성문을 지키고 있던 파수병들에게 먹을 것을 좀 나누어 달라고 애원했다. 브루투스의 군대가 겪고 있는 고생을 전해 들은 파수병들은 먹을 것을 가지고 브루투스에게 달려갔다. 그래서 브루투스는 나중에 이 도시를 점령한 뒤, 이들에게 보답하기 위해 그 파수병들뿐만 아니라 시민들에게도 큰 친절을 베풀었다고 한다.

아폴로니아에 도착한 카이우스 안토니우스는 시내에 있는 군사를 모아 자기의 군대와 합치려고 했다. 그러나 이미 브루투스의 군대에 들어가 있었기 때문에 안토니우스의 말을 받아들이지 않았다. 안토니우스는 할 수 없이 부트로툼으로 옮겨갔다. 그러나 이동해가는 도중 브루투스의 습격을 받아 3개 연대의 병력을 잃고 말았다. 또 이미 브루투스 군대가 점령하고 있던 빌리스 시 부근의 요새를 빼앗으려 했지만, 도리어 브루투스의 부하였던 키케로 2세의 군대에게 격파되고 말았다. 브루투스는 그 뒤에도 키케로 2세의 눈부신 활약으로 많은 성과를 올렸다.

또 얼마 뒤 카이우스는 나머지 부대와 떨어진 어느 늪 근처에 머무르고 있었는데, 이번에는 브루투스가 직접 공격을 해왔다. 그러나 브루투스는 오래지 않아 적이 항복해 올 것이라는 생각에 될 수 있는 대로 적군을 죽이지 말라고 명령하고서 기병대로 적군의 진지를 포위하였다. 과연 생각했던 대로 적군은 병사들뿐만 아니라 장군들까지 모두 넘어왔다. 이제 엄청난 숫자의 군대를 거느리게 되었다.

어떤 설에 의하면, 키케로를 비롯한 로마 사람들이 그에게 편지를 보내 카이우스를 죽이라고 권유했다고 한다. 그러나 브루투스는 오랫동안 카이우스를 존중하고 잘 대접해 주었으며, 그의 지위도 그대로 두었다. 그런데도 카이우스는 장군들을 자기 편으로 끌어들여 반란을 일으키려고 음모를 꾸몄다. 브루투스는 그를 배에 태워 바다에 띄워놓고, 감시를 하도록 했다. 그때 카이우스의 음모에 걸려들어 아폴로니아로 달아났던 병사들 중 일부가 브루투스에게 회담을 요청했다. 그러나 브루투스는 로마의 군대는 지금까지 한 번도 그런 일이 없었다면서, 스스로 찾아와 용서를 빌라고 했다. 병사들은 이 말대로 다시 돌아왔고 브루투스는 그들을 용서하고 받아들였다.

그런데 브루투스가 아시아로 이동할 준비를 하고 있을 때 로마의 정세가 달라졌다는 보고가 왔다. 그때 로마에서는 카이사르 2세가 원로원의 지지에 힘입어 이탈리아에서 안토니우스를 쫓아내고 엄청난 세력을 가지고 있었다. 또한 원로원의 허락도 받지 않고 굉장한 숫자의 군대를 모아 집정관이 되려고 했다. 당황한 원로원은 브루투스에게 기대를 걸고 그에게 몇몇 속주를 맡기기로 결정했고 카이사르 2세는 적지 않은 위협을 느끼게 되었다.

이렇게 되자 카이사르 2세는 안토니우스에게 서둘러 화해를 청했다. 그리고 한편으로는 군대로 로마를 포위한 뒤 집정관의 자리에 올랐다. 스스로도 회상록에서 밝히고 있듯이 그는 스무 살밖에 안 되는 나이로 집정관이 되었던 것이다.

그는 집정관이 되자마자 최고의 지위에 있던 사람을 재판도 거치지 않고 사형시켰다는 혐의로 브루투스와 그의 일파를 살인죄로 몰았다. 그리고는 루키우스 코르니피쿠스와 마르쿠스 아그리파를 내세워 각각 브루투스와 카시우스를 고발하도록 했다. 그러나 브루투스와 카시우스는 법정에 나오지 않았고, 법관들은 그들에게 유죄를 선고해 버렸다. 전하는 바에 의하면, 법정에서 서기가 큰 소리로 브루투스의 출두를 외쳤을 때 민중들과 귀족들은 가는 신음 소리와 함께 비통하게 고개를 떨구었다고 한다. 그때 눈물을 흘린 푸블리쿠스 실리키우스는 카이사르 2세의 눈에 띄어 사형자 명단에 오르기도 했다.

이 일이 있은 뒤 카이사르와 안토니우스, 그리고 레피두스는 로마의 판도를 셋으로 나누어 각각 나누어 가졌고, 키케로를 포함한 2백 명의 명단을 만들어 사형시키거나 추방시켰다. 이 소식을 들은 브루투스는 할 수 없이 카이우스 안토니우스를 사형시키기로 하고 호르텐시우스에게 명령을 전달했다. 이것은 친척인 알비누스 브루투스와 친구인 키케로가 사형된 데 대한 복수였다. 그리고 나중에 마르쿠스 안토니우스가 필리피 전투에서 호르텐시우스를 포로로 잡았을 때 카이우스 안토니우스의 무덤으로 끌고 가서 죽인 것은 여기에 대한 복수였다.

한편 브루투스는 키케로가 사형당했다는 얘기를 듣고, 그의 불행한 운명을 슬퍼하기보다는 그렇게 될 수밖에 없었던 원인을 더 부끄러워했다고 한다. 그는 로마에 남아 있는 친구들을 나무라면서 키케로를 죽인 것은 법을 어긴 폭군이 아니라, 멀리서 듣기만 해도 참을 수 없는 일을 바로 눈앞에서 지켜보면서도 가만히 있었던 친구들이었다고 노여워했다.

브루투스는 한층 더 많아진 군대를 이끌고 아시아로 갔다. 그는 비티니아와 키지코스 근처에서 함대를 마련하기 시작했다. 그러면서 그는 각 도시를 돌아다니며 많은 왕들을 만났고, 도시의 질서를 바로잡았다. 또 이집트에 가 있던 카시우스에게 사람을 보내, 어서 시리아로 건너오라고 했다. 자기가 그렇게 바쁘게 군대를 모으러 돌아다니는 것은 세력을 넓히기 위해서가 아니라 독재자를 무찌르고 나라를 되찾기 위한 것이니, 그 목적을 아직 잊지 않았다면 서둘러 이탈리아로 돌아가 함께 시민들을 구하자고 한 것이다.

카시우스는 곧 스미르나로 달려와 브루투스를 만났다. 이것은 아테네의 피라이우스 항구에서 헤어진 후 처음 만나는 것이었다. 카시우스는 시리아로, 브루투스는 마케도니아를 향해 떠났다. 두 사람은 서로 기쁘게 악수를 나누었다. 그리고 서로가 거느리고 있는 군대의 수가 대단한 것을 보고 앞날에 대해 큰 기대와 믿음을 갖게 되었다. 로마를 떠나올 때 무기 하나도 제대로 갖추지 못한 채 알몸으로 도망쳐 나온 유랑민과 같은 처지에서 이제는 로마와 맞붙을 만한 힘을 갖추고 수많은 함대와 병사, 그리고 기병과 전쟁 비용까지 갖추고 다시 만나게 되었던 것이다.

카시우스는 브루투스에게 자신과 동등한 권한을 주었다. 브루투스도 그에게 그에 못지않은 존경과 대우를 해주었다. 그러나 카시우스는 나이도 많고 몸도 약했기 때문에 큰 일을 당해낼 수가 없었다. 그래서 브루투스가 대부분의 일을 맡아 하게 되었고, 마침내는 카시우스의 위에 올라서게 되었다. 대부분의 사람들은 카시우스가 전략은 노련하지만 성질이 너무 엄격해서 남을 호령하고 누르는 것을 좋아한다고 생각했다. 그러나 그는 친구들과 함께 있을 때에는 워낙 농담을 잘해서, 같이 있는 사람들의 웃음을 자아내곤 했다.

그러나 브루투스는 인격과 덕이 높아서 민중들로부터는 존경을, 동지들로부터는 사랑을, 귀족들로부터는 찬사를 받았다. 심지어는 적들도 그를 미워하지 않았다고 한다. 사실 그는 매우 부드럽고 따뜻한 성격을 지닌 데다가 의지력도 강했으며, 분노와 쾌락, 그리고 권력에 대한 탐욕에 빠지는 일도 없었다. 또 자신의 판단에 따라 정의와 명예를 지킬 줄 아는 사람이었다. 그가 이처럼 큰 존경과 사랑을 받게 된 것도 큰 일을 위해 사사로운 감정을 씻어낼 줄 아는 사람이기 때문이었다. 만약 그 유명한 폼페이우스가 카이사르를 정복했다면, 아무리 그리고 해도 곧 권력을 내놓고 법률에 복종하지는 않았을 것이다. 분명 집정관이나 독재관, 아니면 그 밖의 어떤 지위에 올라서 권력을 거머쥐고 독재를 실시했을 것이다.

카시우스 또한 성질이 불같이 과격했다. 때로는 자기 자신의 이익을 챙기기 위해 정의를 거스르는 행동도 서슴지 않는 사람이었다. 그는 민중들의 자유를 위해서가 아니라 자신의 세력을 키우고 이익을 차지하기 위해 싸우는 사람이었다. 또 킨나나 마리우스, 그리고 카르보 같은 장군들도 나라를 어떤 상품이나 전리품으로 생각하고 싸움을 벌였으며, 다만 그것을 겉으로 드러내지 않았던 것뿐이었다.

그렇기 때문에 안토니우스는, 카이사르를 암살한 사람들 가운데서 영광과 정의로움을 위해 그 일을 했던 사람은 오직 브루투스 한 사람뿐이고 나머지는 모두 카이사르에 대한 개인적인 미움이나 시기심 때문이었다고 말했다. 이것은 브루투스가 자신의 편지에서, 권력에 대한 욕심이 아니라 오직 명예를 위한 것이었다고 여러 번 말한 것을 보아도 알 수 있다. 그는 싸움을 벌이기 전에 아티코스에게 편지를 보내, 자기가 뜻하는 일이 잘 이루어질 것이니 반드시 승리를 거두어 로마 시민들에게 자유를 되찾아 줄 것이라고 말했다. 만약 실패한다면 죽을 것이라고 했다. 그리고 모든 일들이 안심하고 믿을 수 있을 만큼 잘 되어 있지만 앞으로 자유를 누리며 살게 될지, 아니면 실패해서 죽게 될 지는 알 수 없다고 얘기했다.

그는 그 편지에서 마르쿠스 안토니우스에 대해 브루투스, 카시우스, 카토와 나란히 좋은 이름을 남길 수 있는 기회를 버리고 카이사르와 손을 잡고 있어 너무나 안타까운 일이라고 했다. 그리고 그가 카이사르와 함께 죽지 않는다면 반드시 서로가 전쟁을 하게 될 것이라고 말했다. 브루투스의 이 말은 마치 예언처럼 앞날의 일을 얘기하고 있었다.

스미르나에서 카시우스를 만난 브루투스는 카시우스가 가진 전쟁 자금 중 일부를 나누어 달라고 했다. 함대를 만드느라고 군자금을 모두 다 써버렸다는 것이었다. 그러나 카시우스의 동료들은 브루투스에게 전쟁 자금을 나누어 주는 것을 반대했다.

"장군께서는 그 돈을 안 쓰고 모으느라고 온갖 시기와 원망의 소리를 다 들어왔습니다. 그런데 그런 돈을 브루투스에게 주어, 그에게 군대의 신임과 기대를 얻게 한다는 것은 말도 안 되는 일입니다."

그러나 카시우스는 자기가 가진 군자금의 3분의 1을 브루투스에게 떼어 주었다.

그리고는 곧 헤어졌다. 카시우스는 곧장 로도스 섬을 점령하고서 시내로 들어갔다. 그때 어떤 사람 하나가 그를 왕이라고 불렀다. 그러자 카시우스는 이렇게 대꾸했다. "나는 왕이 아니라 왕을 처벌하는 사람이오."

브루투스는 리키아로 사람을 보내 군자금과 병사들을 얻어오라고 했다. 그런데 이곳 사람들은 리키아의 지도자 라우크라테스의 명령에 따라 브루투스에게 맞서며 반란을 일으켰다. 그리고는 산악지대로 들어가 몇 군데를 점령하고 브루투스 군의 앞길을 막아 버렸다. 그러자 브루투스는 기병부대를 보내 그들을 습격했다. 리키아 군대는 브루투스 군의 습격을 받아 6백 명의 병사를 잃는 패배를 당했다. 브루투스의 기병대는 계속해서 도시들을 모두 점령했지만 포로들은 풀어 주었다. 주민들에게 은혜를 베풀어 민심을 돌리자는 것이었다. 그러나 리키아 사람들은 값싼 동정으로 여기고 더욱 강하게 저항해 왔다.

브루투스는 가장 사납게 저항하는 리키아 군대를 추격하여 크산토스까지 따라갔다. 그리고는 적들을 강에 몰아넣고는 포위해 버렸다. 포위당한 적군들은 대부분 브루투스 군에게 잡히고 말았다.

그러자 크산토스 사람들은 모두 힘을 모아 한밤중에 브루투스 군을 공격하였다. 그들은 공성기계를 빼앗아 불을 질렀다. 그러나 곧 들통이 나서 시내로 쫓겨나고 말았다. 그런데 때마침 바람이 몹시 강하게 불었다. 그들이 놓았던 불은 마을 쪽으로 옮겨붙었다. 브루투스는 이것을 보고 병사들을 시켜 불을 끄게 했다.

리키아 사람들은 이제 죽을 결심을 하고 도저히 상상도 못할 일을 저지르기 시작했다. 여자나 아이, 노예와 자유민, 노인이나 젊은이 등 모두 들고일어나 성벽 위로 올라가 미친 듯이 소리를 질렀다. 그리고는 불을 끄러 달려온 브루투스의 병사들을 향해 짚, 나무, 갈대 등 불에 탈 만한 물건들을 던져댔다. 시가지는 삽시간에 불바다가 되었다. 불길은 하늘을 찌를 듯이 치솟아올랐다. 브루투스는 가슴이 터질 것 같았다. 그는 말을 타고 시내를 돌아다니면서, 제발 온 힘을 다해서 도시를 구하자고 애원했다. 그러나 브루투스의 말에 귀를 기울이는 사람은 아무도 없었다.

그리고 그들은 곧 남자와 여자, 아이와 어른을 가리지 않고 앞을 다투어 자살을 하기 시작했다. 불길 속으로 뛰어들기도 하고, 성벽 위에서 몸을 던지기도 했으며, 아버지의 칼에 목을 맡기는 사람도 있었다. 이렇게 해서 시가지는 온통 죽음의 광풍이 휘몰아쳤다. 시내가 완전히 타버린 뒤에 들어가보니, 어떤 여자가 목을 매고 자살을 했는데, 그 목에는 어린아이가 죽은 채 매달려 있고 손에는 집에 불을 지르려고 들고 있던 횃불이 타고 있었다고 한다.

브루투스는 차마 이것을 눈뜨고 볼 수가 없었다. 그래서 그는 크산토스 사람의 목숨을 구하는 자에게는 상을 내리겠다고 병사들에게 알렸다. 그렇게 해서 살아난 사람은 채 150명을 넘지 않는다고 한다. 크산토스 사람들은 페르시아의 침략을 받았을 때도 시가지를 불태우고 모두 자살을 한 일이 있었다고 하는데, 오랜 시간이 지난 지금에 와서 다시 그 끔찍한 일을 되풀이했던 것이다.

그 뒤 파타라 시가 또 들고일어났다. 브루투스는 그곳에서도 크산토스에서와 같은 일이 일어날까봐 무척 겁이 났다. 그래서 그는 파타라 시를 포위하지 않고 아무 조건도 없이 포로로 있던 여자들을 풀어 주었다. 그들은 높은 지위를 차지하고 있는 사람들의 딸과 아내들이었다.

파타라 시로 돌아간 이들은 브루투스가 얼마나 너그럽고 정의로운 사람인지를 얘기하며 그에게 도시를 맡기자고 했다. 이렇게 해서 파타라 시는 브루투스에게 넘어갔다. 그러자 다른 도시들도 잇따라 넘어왔다. 그 후 이들은 브루투스가 자신들이 상상하고 있던 것보다 훨씬 더 친절하고 너그러운 사람이라는 것을 알고 놀라워했다.

그때 카시우스는 로도스 섬을 정복하고는 금과 은을 빼앗아 8천 탈렌트의 돈을 마련하고, 다시 5백 탈렌트의 돈을 거두어들였다. 그러나 브루투스는 리키아에서 겨우 150탈렌트의 세금을 거두어 들였을 뿐, 그 밖에는 아무런 해도 끼치지 않고 조용히 이오니아로 떠났다.

브루투스는 이 원정 기간 동안 상과 벌을 알맞게 내려 그가 얼마나 훌륭하고 정의로운 인물인지를 보여 주었다. 그 중에는 로마 사람들은 물론 자기 자신도 퍽 만족스러워하는 일이 있는데, 그 이야기는 다음과 같다.

카이사르에게 패배한 폼페이우스가 이집트로 쫓겨가 펠루시움에 이르렀을 때였다. 이집트의 왕은 아직 나이가 어려서 신하들이 나랏일을 돕고 있었다. 이들은 폼페이우스가 오자 그를 어떻게 처리해야 할지에 대해 회의를 했는데, 어떤 사람은 그를 따뜻하게 맞아들여야 한다고 했으며, 또 어떤 사람은 이집트에서 내쫓아야 한다고 주장했다. 이렇게 신하들의 의견이 제각기 엇갈리고 있을 때 테오도토스라는 사람이 일어났다. 키오스 출신인 그는 어린 왕에게 수사학을 가르치고 있었다. 워낙 인물이 없었기 때문에 그도 함께 참석했던 것이다.

테오도토스는 폼페이우스를 받아들여서도, 내쫓아서도 안 된다고 했다. 그리고는 폼페이우스를 받아들인 다음에 죽여 버리는 것이 가장 좋은 방법이라며, "죽은 사람은 물지 못한다"는 말로 이야기를 마쳤다. 이 의견은 통과되었고, 폼페이우스는 죽임을 당했다. 이것은 도저히 상상도 하지 못할 사건이었지만, 궤변 철학자 테오도토스는 뻔뻔스럽게도 이 일을 자신의 지혜 덕분이라며 자랑삼곤 했다.

이집트에 도착한 카이사르는 폼페이우스를 죽인 자들을 모조리 잡아 죽였다. 그런데 테오도토스만은 용케도 빠져나갔다. 그는 운명에게 잠시 시간을 빌린 듯 온갖 고생을 하며 이곳저곳을 숨어다녔다. 그러나 그는 끝내 브루투스의 눈에 띄어 아시아에서 잡혀서 죽임을 당했다.

브루투스는 사르디스에 머물면서 카시우스에게 사람을 보내 만나자는 말을 전했다. 카시우스는 곧 제안을 받아들였다. 브루투스는 동료들과 함께 카시우스를 마중 나갔는데, 이때 모든 병사들은 줄을 맞추어 선 뒤 이 두 장군을 총사령관이라고 부르며 경례를 부쳤다.

그러나 큰 사업을 계획하는 도중에 그들은 의심과 질투 때문에 서로 사이가 안 좋게 되었다. 어느 날 두 장군은 단 둘이서 회담을 하기로 하고 방으로 들어가 문을 닫았다. 처음에 충고와 조언으로 시작했던 얘기는 점차 과격해져서 욕설과 폭언으로 변했다. 나중에는 눈물을 흘리는 일까지 일어났다.

문 밖에 서 있는 사람들은 고함소리에 놀라 무슨 일이 일어나지나 않을까 몹시 불안해했다. 그러나 방에는 절대로 들어가지 못하게 되어 있어서 그들도 어쩔 줄 모른 채 걱정만 하고 있었다. 이 중에는 카토를 몹시 존경하는 파보니우스라는 사람이 있었는데, 행동이 아주 거칠고 겉으로 철학자 행세를 하는 사람이었다. 성질도 몹시 사나워서 한 번 마음을 먹으면 무슨 수를 써서라도 뜻한 일을 해내는 사람이었다. 그리고 거친 기질이 한 번 튀어나오기 시작하면 아무도 그를 말릴 수가 없었다. 그런데 이 파보니우스가 가로막는 병사들을 밀치고 방으로 들어갔다. 그리고는 호메로스의 일리아드 중에서 네스토르[13]가 한 말을 읊었다.

---

13)　트로이 전쟁 중 아가멤논과 아킬레우스의 싸움을 중재했던 사람으로, 152살까지 장수를 누렸다고 한다.

내 명령을 따르라.

나는 그대들보다 나이가 많다.

카시우스는 이 말을 듣고 그만 웃음을 터뜨리고 말았다. 그러나 브루투스는 건방진 가짜 철학자라고 욕을 해대며 그를 바깥으로 내쫓아 버렸다. 이 일 때문에 두 사람은 화해를 하기로 했다.

그날 밤, 카시우스는 브루투스를 초대해 잔치를 벌였다. 마침 파보니우스가 목욕을 마치고 들어왔다. 브루투스는 그를 보고, 초대도 안 했는데 왔으니 맨 아랫자리에 가서 앉으라고 했다. 그러나 파보니우스는 맨 윗자리로 가서 털썩 자리를 차지해 버렸다. 하지만 그 때문에 그날은 재미있는 얘기와 철학적인 논쟁으로 즐거운 밤이 되었다.

다음날, 사르디스 사람들은 루키우스 펠라는 로마인을 공금을 횡령했다는 혐의로 고발했다. 펠라는 브루투스의 친구로 감찰관까지 지냈던 사람이었다. 그러나 브루투스는 그에게 유죄 판결과 함께 그의 직위도 빼앗아 버렸다. 이 일은 카시우스의 입장을 아주 곤란하게 만들었다. 바로 얼마 전에 자신의 친구도 똑같은 죄로 고발을 당했던 일이 있었다. 그때 카시우스는 조용히 꾸짖기만 하고서 석방시켰었다. 물론 직위도 그대로 두었다. 카시우스는 그런 브루투스를 비난했다. 여러 가지 은혜와 정책을 함께 베풀어야 할 때인데도 지나치게 법과 정의만 고집한다는 것이었다. 그러자 브루투스는 이렇게 대꾸했다.

"카이사르를 죽인 3월 15일을 생각해 보시오. 자기가 스스로 민중들을 짓누르고 그들의 재산을 빼앗았던 건 아니지만, 카이사르는 그런 짓을 일삼는 놈들을 내버려두었기 때문에 그런 일을 당했던 것요. 만일 정의를 내팽개쳐도 괜찮다면, 자기 친구들의 죄를 모른 척하는 것보다는 카이사르의 친구들이 저지른 죄를 모른 척해 주는 게나을 거요. 카이사르 친구들의 죄를 처벌하지 않았을 때는, 비겁하다는 소리를 듣는 것으로 끝이 날테니 말이오. 그러나 목숨을 걸고 온갖 고생을 다한 끝에 자기 친구들의 죄를 모른 척해 버린다면 분명히 부정을 저지른 놈이라는 소리를 듣게 될 것이오."

우리는 이러한 이야기를 통해, 브루투스의 사상과 가치관을 엿볼 수 있을 것이다. 그런데 브루투스는 아시아에서 그리스로 건너갈 때 아주 이상한 일을 당했다. 원래 그는 잠이 적은 사람이었는데, 훈련과 의지력으로 잠을 줄이고 있었다. 그는 평생 동안 한 번도 낮잠을 잔 일이 없으며, 밤에도 다른 사람들이 모두 잠들 때까지는 계속 깨어 있었다고 한다. 그런데 특히 전쟁이 시작된 뒤라서 모든 일을 자기 혼자 처리해야 했으므로, 초저녁에 잠깐 눈을 붙이고는 밤새도록 일을 하곤 했다. 그리고 일을 다 끝내고 나면, 각 부대의 지휘관들이 명령을 받으러 오는 새벽 3시[14]까지 주로 책을 읽으면서 시간을 보냈다.

어느 날, 모두들 잠들어 사방이 죽은 듯이 고용한 가운데 브루투스는 여느 때처럼 희미한 등잔 밑에서 이런저런 생각에 빠져 있었다. 그런데 누군가가 천막을 열고 들어오는 것 같은 기척이 났다. 브루투스는 고개를 들고 쳐다보았다. 그런데 한 번도 본 적이 없는 무서운 유령이 가만히 다가오는 것이었다. 브루투스는 용감하게 물었다.

"누구냐? 사람이냐 귀신이냐? 여긴 왜 왔느냐?"

그러자 그 유령이 대답했다.

"브루투스! 나는 너를 해칠 귀신이다. 필리피에서 나를 다시 만날 것이다."

브루투스는 침착하게 대답했다.

"좋다. 그래, 만나자!"

유령이 사라진 뒤, 브루투스는 호위병들을 불렀다. 그리고는 혹시 무슨 이상한 소리를 듣거나 유령 같은 것을 보지 못했느냐고 물었다. 호위병들은 모두 그런 일은 없었다고 대답했다.

브루투스는 그날 밤 한숨도 자지 못하고 날이 새기만을 기다렸다. 그리고는 카시우스에게 가서 지난 밤에 있었던 일을 이야기해 주었다.

카시우스는 에피쿠로스 철학을 믿는 사람이었다. 그래서 이런 문제에 대해서 가끔 브루투스와 이야기를 나눈 적도 있었다. 그는 자신의 생각을 말했다.

"우리들 철학에 의하면, 브루투스! 사람이 보거나 느끼는 것이 전부 다 사실이나 진실은 아니오. 감각이라는 건 속임수이기 때문에 완전하게 믿을 수는 없다는 것이오. 그리고 인간의 두뇌라는 것은 아주 예민해서 감각에 따라 없는 것을 있는 것으로 착각하기도 하고, 때로는 그 형태까지 만들기도 하지요. 초를 가지고 장난을 하는 것처럼 어떤 모양도 마음대로 만들어 낼 수가 있는 것이라오. 말하자면 사람의 머리에는 온갖 형태를 만들 수 있는 재료와 능력이 들어 있고, 그것이 작용하면 별의별 모양이 다 나타나게 되는 것이오. 꿈속에서 일어나는 엄청난 변화들처럼 말입니다. 아

---

14) 로마의 군대에서는 오후 6시로부터 다음날 오전 6시까지를 넷으로 나누어 야간 감시를 하였다.

주 사소한 일이라도 꿈속에서는 희한한 변화를 일으키지 않소? 사람의 머리는 항상 움직이고 있고, 바로 그 움직임이 가끔은 환상이 되어서 눈앞에 나타나기도 하고 귀에 들리기도 하는 것이오. 장군은 계속 일에 시달려 몸이 많이 지쳐 있기 때문에 그런 이상한 환상을 보게 된 것이오. 유령이란 있을 수도 없고, 또 만일 있다고 해도 사람의 모습을 했거나 사람의 목소리를 내지는 않을 거요. 또 인간에게 어떤 힘을 끼칠 수도 없다고 생각하오. 만약 그런 힘이 있다면 우리가 뭣하러 그렇게 많은 무기와 말과 배를 장만하겠소? 가장 정의롭고 가장 명예로운 전쟁을 하는 우리를 신이 도와주실 텐데 말이오? 안 그렇소?"

카시우스는 이런 말로 브루투스의 마음을 달래 주었다.

그런데 병사들이 배에 막 오르려고 할 때 어디선가 독수리 두 마리가 날아와 깃발 위에 내려앉았다. 병사들이 모이를 주자, 이 독수리는 필리피까지 계속 따라왔다. 그러나 이상하게도 전투가 있기 바로 전날, 어딘가로 날아가 버리고 말았다.

브루투스는 예전에 이 지방을 지나가면서 이 근처의 도시들을 대부분 다 정복했었다. 또한 그때 내버려 두었던 도시들이 모두 다 항복을 해 왔다. 이렇게 해서 타소스 섬을 건너다 보는 해안 지방에 이르기까지 이제 이 지방은 모두 다 그의 점령지가 되었다.

이곳 심볼룸 산 근처 지방에는 노르바누스가 지휘하는 군대가 진영을 만들어 놓고 있었다. 그러나 브루투스와 카시우스가 이곳을 포위해 버리자 노르바누스는 진지를 버리고 다른 곳으로 옮겨갔다. 카이사르 2세는 병이 나서 한참 뒤처져 있었다. 안토니우스가 그렇게 빨리 달려오지 않았더라면 노르바누스의 군대는 완전히 전멸당하고 말았을 것이다.

카이사르 2세는 열흘이 지난 뒤에야 도착했다. 그는 브루투스의 진영과 마주한 곳에 진지를 마련했다. 안토니우스는 카시우스의 군대 맞은 편에 진을 쳤다. 양쪽 군대 사이에는 필리피 평원에 넓게 자리하고 있었다. 이렇게 엄청난 숫자의 군대가 결전을 벌이게 된 것은 역사적으로 처음 있는 일이었다.

브루투스의 군대는 카이사르의 군대보다 훨씬 열세였다. 그러나 무기는 훨씬 나은 편이었다. 그들의 무기는 브루투스가 아끼지 않고 나누어준 금과 은으로 장식되어 있었다. 브루투스는 다른 면에서는 항상 병사들에게 절약을 강조했지만 무기에 있어서만은 그렇지 않았다. 값진 갑옷을 입고 비싼 무기를 들고 싸우게 되면, 그 명예를 지키기 위해 더욱 열심히 싸울 것이고, 또한 값비싼 무기를 잃지 않기 위해서라도 더욱 용기를 낼 것이라고 생각했기 때문이었다.

카이사르 2세는 참호 속에서 신에게 제사를 올렸다. 그리고는 병사들 모두에게 약간의 곡식과 함께 5드라크마씩의 돈을 주어 제사를 드리라고 했다. 브루투스는 그런 것을 비웃기라도 하듯이 전 군사를 평원에 데리고 나와 성대한 제사를 지냈다. 또 제사를 위해 각 병사들에게 50드라크마의 돈과 충분한 양의 고기를 나누어 주었다. 병사들의 사기는 하늘을 찌를 듯이 높아졌다.

그런데 제사를 드리고 있던 카시우스에게 아주 불길한 징조가 일어났다. 어떤 병사가 제사를 드릴 때 쓰는 월계관을 카시우스에게 가져왔는데, 그것을 거꾸로 준 것이었다. 그리고 어떤 엄숙한 행렬에 참석했을 때는 카시우스 바로 앞에서 금으로 만든 신상을 들고 가던 병사가 그만 신상을 떨어뜨린 일도 있었다. 또 육식 새들이 매일 진지 위를 맴돌고 있었고, 참호의 한 쪽 구석에는 벌 떼들이 집을 짓고 있었다. 그때 점을 치는 사람들은 다른 사람들이 이것을 보고 겁을 먹을까봐 못 보게 막아 버렸다고 한다. 카시우스는 에피쿠로스 철학을 공부했기 때문에 미신을 믿지는 않았지만, 이런 일들이 자꾸 생기자 마음이 흔들리기 시작했다. 병사들 또한 용기가 많이 꺾이고 말았다.

카시우스는 할 수 없이 시간을 좀 미루자고 주장했다. 식량은 넉넉하지만 무기나 병사의 숫자가 적에게 뒤진다는 것이 그 이유였다. 그러나 브루투스는 카시우스의 의견에 반대를 했다. 하루라도 빨리 전쟁을 매듭지어 조국의 자유를 되찾아야 하며, 전쟁 비용 때문에 시달리고 있는 많은 민중들을 해방시켜야 한다는 것이었다. 또한 브루투스의 기병부대가 작은 전투에서 계속 승리를 거두고 있었기 때문에 결심은 더욱 굳어졌다.

그때 카시우스의 군대에서는 적에게 넘어가는 병사들이 자꾸만 생겨나고 있었다. 그래서 동료들은 모두 브루투스의 의견 쪽으로 기울어졌다. 그런데 그 중 아텔리우스라는 사람이 반대하고 나서며 전투를 겨울까지 미루자고 했다. 브루투스는 일 년이 지나면 뭐가 나아지느냐고 물었다. 그러자 그는 이렇게 대답했다.

"글쎄요. 그만큼 더 오래 살게 되겠지요."

카시우스와 다른 장군들은 모두 불쾌해하며 화를 냈다. 이렇게 해서 그들은 결국 다음날 결전을 벌이기로 결론을 지었다.

그날 밤 브루투스는 아주 기분좋게 식사를 마쳤다. 그리고는 친구들과 철학에 대한 이야기를 나누고 막사로 들어갔다. 그러나 카시우스는 친한 친구 몇몇하고만 저녁 식사를 했으며, 여느 때와 달리 무척 우울해하며 이야기도 별로 안 했다고 한다. 카시우스는 가까운 사람에게 다정하게 얘기를 할 때는 그리스 말을 썼는데, 이 날도 식사를 마친 뒤 메살라의 손을 꼭 잡고는 그리스 말로 이렇게 얘기했다고 한다.

"메살라! 나는 폼페이우스처럼 난처한 지경에 놓여 있소. 원하지 않는 전쟁에 운명을 걸고 싸워야 하니 말이오. 그러나 모든 것을 운명에 맡기고 용기를 냅시다. 계획이 옳든 그르든 간에 이제는 운명을 믿을 수밖에 없지 않소?"

카시우스는 이 말을 마지막으로 메살라와 작별 인사를 나누었다.

다음날, 아침 일찍 브루투스와 카시우스의 진지에는 전투를 알리는 진홍색 깃발이 올라갔다. 카시우스는 그 한가운데서 브루투스를 만났다. 그때 카시우스가 말했다.

"브루투스 장군! 어쨌든 오늘 전쟁에서 승리를 거두어 남은 인생을 행복하게 보냈으면 좋겠소. 그러나 사람의 앞일은 알 수 없는 것이오. 만일 전투 결과가 좋지 않으면 이제 우리는 다시 만나기도 어려울 거요. 그때는 어쩌실 생각이시오?"

브루투스는 이렇게 대답했다.

"나도 나이가 젊고 경험도 없었을 때에는 인생의 중요한 문제들을 별로 깊이 생각하지 않았었소. 왜 그랬는지는 모르겠지만 철학적으로 어떤 결론을 내리고는 그걸로 만족하고 있었지요. 그래서 나는 카토가 자살을 했을 때도 비난했소. 자기에게 주어진 운명을 피하고, 자기에게 닥칠 고통과 괴로움을 기꺼이 받아들이지 않은 채 등을 돌린다는 것은 비겁한 짓이라고 생각했소. 그러나 이제는 생각이 많이 달라졌소. 만일 운명이 우리에게 원하지 않는 것을 억지로 시키려 한다면, 나는 희망이나 기대를 갖지 않고 운명의 뜻에 만족하며 스스로 목숨을 끊기로 했소. 3월 15일 이미 나는 나라를 위해 죽었던 사람이오. 그날 이후 지금까지 자유와 영광을 누리며 살았던 것은 새로운 인생을 한 번 더 살았던 것으로 생각하고 있소."

카시우스는 얼굴 가득히 미소를 짓고 브루투스를 힘껏 끌어안았다.

"좋습니다! 우리 그런 각오로 적을 맞읍시다. 우리가 이기든 지든 간에 두려움 없이 싸우도록 합시다!"

두 장군은 막료들과 함께 전투의 순서에 대해서 의견을 나누었다. 나이나 경험으로 보았을 때 카시우스가 우익을 맡는 것이 당연했지만, 그는 브루투스에게 우익을 맡기겠다고 했다. 또 가장 용감하고 잘 싸우는 병사들을 메살라에게 주고 우익을 도우라고 했다. 브루투스는 곧 기병대와 보병을 이끌고 나갔다.

한편 안토니우스의 군사들은 카시우스의 군대가 해안 쪽으로 들어오지 못하게 하기 위해 진지 근처에 있는 호숫가부터 들판까지 깊은 도랑을 파고 있었다. 카이사르는 병 때문에 나오지 않았다. 그래서 군대가 근처에 머물러 있었다. 그러나 이들은 적이 본격적인 공격을 할 것이라고는 상상도 못하고 있었다. 그저 도랑 파는 작업을 방해하기 위해 출동한 것이며, 투창이나 몇 개 던지면서 위협이나 하다가 갈 것이라고 생각했다. 적이 눈앞에까지 다가왔을 때도 그들은 별로 대수롭게 여기지 않았다. 또 도랑 쪽에서 아우성을 치는 소리가 들려와도 그냥 무슨 일이 일어났나 하고 이상하게 생각할 뿐이었다.

브루투스는 각 장군들에게 명령을 내린 뒤, 말을 타고 각 부대를 돌아다니면서 병사들을 격려하였다. 그러나 이들 대부분은 명령을 따르지 않고 함성을 지르면서 곧바로 적을 향해 달려나갔다. 대열은 흩어져 군데군데 끊어진 곳도 생겨났다. 이때 메살라의 군단이 제일 앞장서서 달리자, 그 주위에 있던 다른 군단들도 잇따라 달려왔다. 이들은 함께 적의 왼쪽으로 돌아서 적을 수없이 죽였다. 또 달아나는 적군을 뒤쫓아 카이사르 2세의 진영으로 들이닥쳤다.

그러나 카이사르는 이미 다른 곳으로 떠나 버린 뒤였다. 동료 중의 하나인 마르쿠스 아르토리우스의 꿈에, 카이사르 2세가 진지를 떠나야 한다는 예언이 있었기 때문이었다. 그러나 브루투스의 군사들은 카이사르 2세의 빈 마차를 창으로 실컷 찌르고는 그가 죽은 줄로만 생각하고 있었다.

패배한 카이사르 2세의 진영에는 시체로 가득 했다. 그리고 카이사르 2세를 돕기 위해 왔던 2천 명의 스파르타 군도 전멸하고 말았다.

한편 카이사르 2세의 군대를 포위하지 않았던 나머지 부대들은 적과 정면으로 싸움을 벌이고 있었다. 적은 혼란에 빠져 있었다. 그러자 이 틈을 타서 적 3개 군단을 무찔렀다. 그들은 또 승리의 기세를 몰아 달아나는 적을 진지까지 쫓아갔다. 이 부대는 브루투스가 지휘하고 있었다. 그런데 이들은 아군의 우익이 너무 깊숙이 들어가는 바람에 다른 부대와 떨어지게 되었다는 것을 미처 깨닫지 못하고 있었다. 적군은 이 허점을 찔러 브루투스 군의 우익을 공격하기 시작했다. 그러나 브루투스 군은 만만치 않았다. 전투는 더욱 치열해졌고, 오랫동안 계속되었다. 카시우스의 좌익은 이러한 상황을 전혀 모르고 있었다. 그래서 그만 진지를 빼앗기고 말았다. 그러나 안토니우스와 카이사르 2세는 둘 다 이곳에 없었다.

전하는 이야기로는, 안토니우스는 전투가 시작되자마자 적의 공격을 피하기 위해 늪 근처로 피신해 버렸고, 병을 앓고 있던 카이사르 2세는 언제 없어졌는지 도무지 찾을 수가 없었다고 한다. 그런데 병사들이 브루투스에게 카이사르 2세를 죽였다고 보고했다. 그러면서 그들은 피묻은 칼을 내보였다. 중앙 부대도 적을 격파하고 수많은 적을 죽였다고 보고해 왔다. 브루투스는 완전한 승리를 거두었다고 생각하였다. 그러나 카시우스는 완전히 패배한 것으로 생각하고 있었다.

바로 이것이 이들을 멸망으로 몰아넣은 원인이 되고 말았다. 브루투스는 카시우스도 당연히 이긴 것으로 생각하고 그들을 도우러 갈 생각을 하지 않았고, 카시우스는 또 그 나름대로 브루투스의 군대도 패배했을 것이라고 생각하여, 도움을 청할 생각도 하지 않았던 것이다. 그러나 메살라는 이 전투에서, 브루투스 군은 적의 깃발을 세 개나 빼앗았지만 적은 하나도 빼앗지 못했으므로 브루투스가 승리한 것이라고 얘기하고 있다.

적군의 진지를 마음껏 휩쓸고 돌아오던 브루투스는 카시우스의 진지나 그밖의 다른 진지들이 보이지 않자 이상한 생각이 들었다. 사실 그때 대부분의 천막들은 적군에게 짓밟혀 있었다. 마침 카시우스의 진지에서 수많은 투구와 은방패가 번쩍거리는 것이 보이기는 했지만, 진지를 지키는 부대라고 하기에는 갑옷이 너무 많고 또 그 모양도 좀 다른 것 같았다. 더구나 많은 병사들이 전사를 했다면 시체가 많이 보여야 하는데 그렇지 않은 것도 좀 이상했다. 브루투스는 갑자기 불길한 예감이 들었다. 그는 빼앗은 적의 진지를 지킬 병사를 남겨두고, 카시우스 군을 돕기 위해 달려갔다.

한편 카시우스는 브루투스의 군대가 명령도 받지 않고 공격한 것 때문에 몹시 불쾌하게 생각하고 있었다. 더구나 적을 무찌르자 남은 적을 포위할 생각도 하지 않고 바로 적 진지로 달려가 약탈하는 것을 보자 화가 나 있었다. 그러나 카시우스는 시간만 끌다가 결국 적에게 포위를 당하고 말았다. 그러자 기병부대는 바다를 향해 달아나 버렸고, 곧이어 보병들도 무너지기 시작했다.

카시우스는 도망가는 병사들을 돌려세우기 위해 고함을 지르는 한편, 기수가 들고 있던 깃발을 빼앗아 땅바닥에 꽂았다. 그러나 그는 바로 곁에 남아 있던 호위병들도 붙잡지 못했다. 할 수 없이 카시우스는 몇몇 부하들만 데리고, 벌판이 내려다보일

만한 언덕으로 올라갔다. 그러나 카시우스는 눈이 나빠서 자신의 진지가 파괴되어
있는 것도 제대로 보이지 않았다. 그때 주위에 있던 부하들이 브루투스의 기병부대가
달려오고 있는 것을 보았다. 그러나 카시우스는 뒤쫓아오는 적의 부대라고 착각하고,
혹시나 하는 생각에 어느 편인가를 확인해 보고 오라고 티티니우스를 보냈다. 달려
오고 있던 기병부대는 카시우스의 부하 장군 티티니우스가 달려오자 반갑게 맞았다.

그런데 이것은 다시 없는 큰 불행을 만들어내고 말았다. 카시우스는 티티니우스
가 적에게 사로잡힌 것으로 생각했던 것이다.

"내 목숨을 아끼다가 친구를 적에게 넘겨 주었구나."

카시우스는 이렇게 한탄을 하다가 해방노예인 핀다루스를 데리고 천막으로 들어
갔다. 카시우스는 예전에 크라수스가 적에게 잡혀 죽임을 당하는 것을 보고, 만약 자
기가 그런 일을 당하게 되면 자기를 죽여 달라고 미리 핀다루스에게 부탁을 해두었
다. 카시우스는 결심을 굳게 하고서 겉옷을 머리끝까지 뒤집어쓰고 핀다루스에게 목
을 내밀었다. 카시우스는 목과 몸이 두 동강 나면서 싸늘한 시체로 변했다. 그 뒤 핀다
루스는 어디로 가 버렸는지 보이지 않았다. 그렇기 때문에 어떤 사람은 카시우스가 명
령을 내리지도 않았는데 핀다루스가 그를 죽였던 것이 아닐까 하고 의심하기도 했다.

잠시 후 티티니우스가 월계관을 머리에 쓰고 기병대와 함께 달려왔다. 티티니우
스는 곧 병사들이 목놓아 우는 것을 보고 카시우스가 착각을 해서 불행한 최후를 맞
았다는 것을 알 수 있었다. 그러자 그는 자기 때문에 카시우스 장군이 죽은 것이라면
서 스스로 칼을 뽑아 자살하고 말았다.

그때 브루투스는 카시우스를 돕기 위해 서둘러 달려오고 있었다. 그는 카시우스
의 진지 가까이에 이르러서야 그가 자살했다는 소식을 듣게 되었다. 브루투스는 카시
우스의 시체를 끌어안고 울부짖었다. 그는 카시우스야말로 로마의 마지막 인물이었
고, 그런 위대한 정신을 지닌 사람은 다시는 태어나지 못할 것이라며 몹시 슬퍼했다.

브루투스는 카시우스의 시체를 타소스 섬으로 보내 장례를 치르도록 했다. 진지
안에서 장례식을 하면 병사들이 혼란에 빠져 염려가 있었던 것이다. 브루투스는 카
시우스의 병사들을 위로해 주기 위해 그들에게 2천 드라크마씩을 주기로 약속했다.
병사들은 이 말을 듣고 다시 용기를 내기 시작했다.

사실 몇 개 안 되는 군단으로 적을 모두 물리친 것을 보면, 확실히 브루투스는 승
리를 거두었다고 볼 수 있다. 그러나 만일 적의 진지를 약탈하는 데 정신이 팔리지

않았다면 그래서 적의 다른 부대가 어디서 무엇을 하고 있는지를 알았더라면, 정말로 적을 완전히 무찌를 수 있었을 것이다.

브루투스가 브리게스라고 부르던 노예부대까지 합친다면, 이 전투에서 잃은 브루투스 군의 전사자는 모두 8천 명이었다. 그러나 메살라의 기록에 의하면, 적의 전사자는 이것의 두 배를 훨씬 넘었다고 한다. 안토니우스도 너무나 실망한 나머지 싸울 용기를 잃고 있었다.

그런데 카시우스의 하인인 데메트리우스가 그날 밤 안토니우스를 찾아왔다. 그는 죽은 카시우스의 옷과 칼을 보여 주었다. 이것을 본 안토니우스는 다시 한 번 용기를 냈다. 그리고 다음날, 날이 밝기를 기다려 다시 전투 대열을 갖추기 시작했다.

브루투스의 군대는 매우 불안하고 혼란스러운 상태였다. 포로의 감시와 카시우스 장군을 잃은 슬픔과 패배의 쓰라림, 그리고 승리한 부대에 대한 질투 때문에 몹시 혼란스러운 상태였다. 브루투스는 전투 준비를 갖추면서도 싸움을 미루는 것이 좋겠다고 생각하고 있었다.

브루투스는 포로들 가운데 노예들은 모두 죽이라고 명령했다. 노예들 중에는 병사들 사이를 돌아다니며 수상한 짓을 하는 자들이 많았기 때문이었다. 그러나 그는 자유민들의 일부를 풀어 주었다. 브루투스는, 그들은 억울하게 적군에게 잡혀 이제 자유를 되찾은 것이므로 석방하는 것이 마땅하다고 말했다. 또한 적 밑에서는 포로나 노예에 지나지 않으나 자기 밑에서는 훌륭한 로마의 시민이라고 말하며 그들을 놓아주었다. 그러나 동료 장군이나 병사들은 이 일을 몹시 못마땅하게 생각했다. 그래서 브루투스는 그들이 무사히 도망칠 수 있도록 도와주었다.

포로들 가운데는 볼룸니우스라는 배우와 사쿨리오라는 광대가 끼어 있었는데, 브루투스는 이들에게 별 관심을 두고 있지 않았다. 그런데 그의 동료 장군들이 이 두 사람을 끌고 와서, 이런 처지에서도 익살을 늘어놓으며 수작을 하는 놈들을 어떻게 살려둘 수 있느냐고 다그쳤다. 브루투스는 이들의 말에 대꾸를 하지 않았다.

그러나 메살라 코르비누스라는 사람은 그 둘을 무대 위로 끌고 올라가 매를 때리기 시작했다. 그리고는 이들을 발가벗긴 뒤 적의 장군에게 데려가서, 이런 놈들을 전쟁터에까지 끌고 와 놀아야 되겠느냐고 물어보자고 했다. 이 말을 들은 장군들은 웃음을 터뜨렸다. 그러나 카이사르를 암살할 때 맨 먼저 칼을 뽑았던 카스카는 이렇게 얘기했다.

"카시우스 장군의 영혼을 위해 우리가 할 수 있는 일이 겨우 이 따위 광대 놀음입니까? 브루투스 장군! 카시우스 장군을 비웃고 조롱했던 이놈들을 죽이든지 살리든지 마음대로 하십시오. 장군이 카시우스를 어떻게 생각하고 있는지는 그것으로 알 수 있을 테니 말이오."

이 말을 들은 브루투스는 몹시 화가 나서 소리를 질렀다.

"이것 보시오, 카스카 장군! 왜 이 문제를 나한테 맡기는 거요? 당신이 하고 싶은 대로 하면 되지 않소?"

그들은 이 말을 두 광대를 죽여도 좋다는 허락의 말로 받아들였다. 그래서 이 두 사람을 끌고 가서 죽여 버렸다.

브루투스는 그 전에 병사들에게 약속했던 상금을 주고, 명령을 기다리지 않고 무질서하게 적을 공격했던 일을 나무랐다. 그리고 이번 전쟁에서 완전히 승리를 거두게 되면, 테살로니카와 스파르타 두 곳을 마음대로 약탈할 수 있게 해 주겠다고 약속했다. 그런데 이것은 브루투스의 인생에서 가장 큰 잘못으로, 어떤 변명도 할 수 없는 것이 되고 말았다. 그러나 카이사르 2세와 안토니우스는 병사들에게 이보다 더한 것을 승리의 대가로 주었다. 그들은 이탈리아 거의 대부분의 땅에서 오래 전부터 살아 온 주민들을 내쫓고, 그곳의 땅과 도시를 자기의 병사들에게 나누어 주었던 것이다.

안토니우스와 카이사르 2세가 이 전쟁을 시작한 이유는 나라의 권력을 손에 쥐고 땅을 넓히기 위한 것이었다. 그러나 훌륭한 인격을 갖춘 브루투스는 옳고 명예로운 방법이 아니면 하지 않았다. 더구나 과격한 행동을 주장하던 카시우스마저 죽은 뒤였으므로 그런 생각은 더더욱 굳어졌다.

폭풍우를 만나서 배의 키가 부러지면, 뱃사람들은 급한 대로 다른 아무 나무라도 그것 대신 꽂아서 쓰곤 한다. 마찬가지로 브루투스도 많은 군대를 이끌어가야 할 중요한 상황에 놓여 있는 데다가 제대로 자기를 도와줄 만한 장군들도 눈에 띄지 않자, 아쉬운 대로 여러 장군들을 시기에 맞게 쓰면서 그들의 의견을 받아들였다. 또한 브루투스는 지휘관을 잃고 날뛰는 카시우스 군대의 규율을 바로잡아야 했다. 그들은 명령도 잘 따르지 않고 성질도 사나와져서 다루기가 무척 힘들었으며, 패배의 경험 때문에 전쟁터에 나가서도 비겁하게 굴었다.

카이사르 2세와 안토니우스의 군대의 사정도 별로 나을 것이 없었다. 식량도 넉넉하지 못했고, 낮은 땅에 진지를 마련했기 때문에 다가오는 겨울에 당할 고생도 각

오해야 했다. 그들의 진지는 늪지대 근처에 있었기 때문에 전투가 끝난 뒤부터 쏟아지기 시작한 가을비로 바닥에는 흙탕물이 흥건히 고여 있었고, 그나마 기온이 떨어지자 곧 얼음판으로 변해 버렸다. 더구나 바다에서 그들의 함대가 참패를 당했다는 소식까지 들려왔다. 이탈리아에서 그들을 돕기 위해 지원 부대를 보냈는데, 그들이 브루투스 함대의 습격을 받아 완전히 깨지고 말았던 것이다. 그리고 겨우 목숨을 건진 병사들마저도 식량이 없어 배의 밧줄과 돛을 삶아 먹으며 목숨을 이어가고 있다는 소식이 전해졌다.

이 소식을 듣자, 그들은 브루투스가 이 사실을 알기 전에 빨리 전쟁을 매듭지어야겠다고 생각했다. 우연히도 같은 날, 바다와 땅에서 전투가 벌어졌기 때문에 브루투스가 해전에 대한 보고를 미처 못 받았을 수도 있기 때문이었다. 사실 브루투스는 부하 장군의 실수 때문이었는지, 아니면 중간에 무슨 사고가 있어서 그랬는지는 몰라도 20일이나 지난 뒤에야 해군의 승리를 보고받았다.

만약 그 보고를 받았더라면, 브루투스는 그렇게 서둘러서 두 번째 전투를 치르지는 않았을 것이다. 군대에는 아직도 충분한 식량이 남아 있었고 진지도 튼튼하게 갖추어져 있어서, 전쟁이 오랫동안 계속 되더라도 별 걱정 없이 겨울을 지낼 수 있었다. 또 그는 적군이 감히 가까이 오지도 못하는 유리한 위치에 있었고, 바다에서는 완전히 주도권을 움켜쥐고 있었으며, 승리에 대한 희망으로 가득 차 있는 군대를 가지고 있었다. 그러므로 브루투스가 해전의 승리를 보고받지 못했던 것은 그의 불행한 운명 때문이었다고 말할 수밖에 없을 것이다.

그러나 로마는 이미 민중들의 정치가 아니라 한 사람에 의한 군주 정치를 필요로 하고 있었는지도 모른다. 그래서 하늘의 신은 로마의 군주 정치를 막으려는 유일한 사람인 브루투스를 없애기 위해, 그가 승리했다는 기쁜 소식을 도중에 가로챈 것으로 생각된다.

사실 브루투스는 이 소식을 제때에 들었을 수도 있었다. 전투가 있기 하루 전 날 밤에 클로디우스라는 적의 병사가 탈출해 와서, 카이사르 2세가 패전 소식을 듣고 그것이 알려지기 전에 싸움을 하려고 서두르고 있다는 소식을 전했던 것이다. 그러나 사람들은 그가 애매한 소문을 듣고 왔거나, 아니면 호감을 사려고 지어낸 이야기라고만 생각했기 때문에 제대로 상대도 하지 않았고, 브루투스에게도 이 일을 알리지 않았던 것이다.

그날 밤 브루투스는 예전에 보았던 유령을 다시 보았다. 그 유령은 아무 말도 없이 가만히 서 있다가 사라져 버렸다고 한다. 푸블리우스 볼룸니우스는 처음부터 브루투스와 같이 다녔던 사람인데, 그는 좀 다른 일을 기록하고 있다. 그는 이 유령에 대한 이야기는 하지 않고, 맨 앞에 있던 군대의 깃발에 벌 떼가 달라 붙어 있었으며, 어떤 장교의 팔에서 희한하게도 장미꽃 냄새가 나기 시작했는데 아무리 씻어도 소용이 없었다고 했다. 그리고 전투가 막 시작되려 할 때쯤 하늘에 독수리 두 마리가 나타나더니 서로 싸움을 했다고 한다. 벌판에 있던 병사들은 모두 숨을 죽이고 그 광경을 쳐다보았는데, 결국 브루투스 쪽에 있던 독수리가 지고 도망갔다고 한다. 또 에티오피아 사람에 대한 이야기는 특히 유명하다. 이 사람은 군대가 깃발을 앞세우고 진지를 나설 때 그 앞에 얼쩡거리고 서 있었다. 그러자 병사들이 재수 없는 놈이라면서 그를 칼로 찔러 죽여버렸다고 한다.

병사들을 이끌고 나간 브루투스는 적을 공격하기 위해 전투 태세를 갖추었다. 그러나 곧장 공격하지 않고 잠시 시간을 끌었다. 그가 각 부대를 돌아보고 있을 때 어떤 사람이 다가오더니, 수상한 사람이 있다는 얘기를 했던 것이다. 더구나 기병부대의 병사들은 싸울 의지가 없는 것처럼 보병부대가 먼저 공격하기를 기다리며 눈치만 보고 있었다. 그때 브루투스의 총애를 받는 부하 장군으로 카물라투스라는 사람이 있었는데, 그가 갑자기 말을 달려 나오더니 브루투스의 옆을 지나 적에게 넘어가 버렸다. 이것을 본 브루투스는 몹시 분한 생각과 함께 병사들의 배반에 대한 강한 두려움이 일어났다. 그래서 그는 곧바로 병사들을 향해 공격 명령을 내렸다.

그때는 해가 막 기울어지기 시작한 오후 3시쯤이었다. 브루투스는 부대를 거느리고 맹렬하게 적을 향해 돌격했다. 여기에 맞서 있던 적의 좌익이 무너지기 시작했다. 기병부대는 적이 쓰러지는 것을 보자 앞으로 달려나와 보병부대와 함께 전진했다.

그러나 적의 포위를 막기 위해 일부러 길게 늘어섰던 중앙 부대는 그만 세력이 약해져서 적의 돌격을 감당해 내지 못했다. 적은 이들을 무찌르자 곧장 브루투스가 지휘하고 있는 부대를 향해 달려나와 이들을 포위해 버렸다.

브루투스는 이 위험한 고비를 넘기기 위해 침착하게 움직였다. 그러나 훌륭한 작전과 함께 눈부신 활약을 펼치기는 했지만 첫 번째의 전투와는 달리 이번에는 큰 피해를 입고 말았다. 그때는 브루투스 군대가 승리를 거두었다. 카시우스의 군대도 지기는 했지만 전사한 사람은 별로 없었다. 그러나 패전을 했던 카시우스의 군사들이 두려움을 퍼뜨려 놓았기 때문에 병사들은 모두 혼란에 빠지고 말았다.

그러는 와중에도 카토의 아들인 마르쿠스를 비롯하여 좋은 가문의 훌륭한 청년들은 파도처럼 밀려드는 적을 맞아 용감히 싸우다가 전사했다. 그들은 적에게 한 걸음도 양보하지 않고 자기 자신과 아버지의 이름을 외치며 싸웠고, 결국 적의 시체더미 위에 쓰러져 전사했다. 그들 중에서도 가장 용감했던 사람들은 브루투스를 지키기 위해 끝까지 싸우다가 죽음을 맞이했다.

그때 브루투스의 부하 장군들 중에는 루킬리우스라는 사람이 있었다. 그는 한 무리의 야만인 기병대가 브루투스를 향해 똑바로 달려오는 것을 보았다. 이것을 본 그는 자신의 목숨을 내걸고서라도 브루투스를 구해야겠다고 결심하고, 일부러 말의 속도를 늦추고는 자기가 브루투스라고 소리쳤다. 그리고는 카이사르 2세는 못 믿겠으니 안토니우스에게 안내해 달라고 말했다. 야만인들은 이 말을 그대로 믿고 적의 장군을 사로잡았다며 뛸 듯이 기뻐했다. 그리고는 안토니우스에게 사람을 보내서 이 사실을 알리고, 어둠이 내릴 무렵에 진지로 데려갔다.

안토니우스는 이 보고를 받고 몹시 기뻐했다. 브루투스가 잡혀 온다는 소식을 들은 병사들도 그의 얼굴을 보기 위해 앞을 다투어 밀려나왔다. 안토니우스는 브루투스를 만나면 어떻게 해야 할지를 생각하면서 그를 기다렸다. 그러나 침착하게 끌려오는 사람은 브루투스가 아니라 루킬리우스였다. 루킬리우스는 안토니우스에게 이렇게 말했다.

"안토니우스 장군! 마르쿠스 브루투스는 포로로 잡힌 일도 없고 앞으로도 그럴 겁니다. 아무리 사나운 운명이라고 해도 그분을 꺾을 수는 없으며, 살아서든 죽어서든 결코 자신의 이름을 더럽히실 분이 아닙니다. 그러나 장군의 군대를 속이고 잡혀 온 저는 어떤 벌을 받아도 좋습니다."

병사들은 루킬리우스의 이 말에 모두들 어이가 없는 표정을 지었다. 그러나 안토니우스는 루킬리우스를 데리고 온 병사들을 돌아보며 이렇게 말했다.

"여러분들을 보니, 모두들 이 사람에게 속은 것을 분하게 생각하고 있는 것 같소. 그러나 여러분들이 바라던 것보다 훨씬 좋은 성과를 거두었소. 나를 위해 친구를 데려왔기 때문이오. 만약 브루투스를 잡아 왔다면 나는 어떻게 처리해야 할지 무척 고민을 했을 거요. 그러나 안심하시오. 이 사람은 적으로 두기보다는 친구로 삼고 싶은 사람이오."

안토니우스는 루킬리우스를 끌어안았다. 나중에 루킬리우스는 안토니우스의 진정한 친구가 되어 그에게 충성을 바쳤다고 한다.

한편 브루투스는 도망을 치다가 숲속 바위 사이를 흘러가는 시냇물을 건너게 되었다. 시냇가에는 나무들이 빽빽히 들어 차 있고 언덕은 가파랐다. 어두워지자 그들은 큰 바위가 나와 있는 어느 동굴 속으로 들어갔다. 브루투스는 거기서 별이 가득한 하늘을 보며 시 두 편을 읊었는데, 볼룸니우스는 그 중의 한 편만을 기록하고 있다.

하늘에 계신 유피테르 신이여!
재앙을 만들어낸 그 사람에게 벌을 내리소서.[15]

브루투스는 눈 앞에서 죽어갔던 친구들의 이름을 하나하나 부르며 서글퍼했다. 특히 플라비우스와 라베오의 죽음을 매우 슬퍼했는데, 라베오는 그의 부하 장군이었고, 플라비우스는 공병부대의 대장이었다.

그런데 일행 중의 한 사람이 몹시 목이 마르다고 했다. 브루투스도 마침 갈증이 나던 참이었다. 부하들은 투구를 벗어들고 시냇가로 내려갔다. 그런데 건너편 쪽에서 소란스러운 소리가 들렸다. 그래서 볼룸니우스는 다르다누스와 함께 조사를 하러 갔다. 잠시 뒤 두 사람은 다시 돌아와서 물을 좀 마시고 싶다고 했다. 브루투스는 웃으며 이렇게 말했다.

"다 마시고 없소. 더 떠오도록 하시오."

그래서 물을 떠왔던 사람들이 다시 시냇가로 내려갔다. 그런데 적을 만나 상처를 입고 겨우 도망을 쳐 왔다. 그러자 브루투스는 스타틸리우스에게 진지를 둘러보고 오라고 했다. 그리고 별 탈이 없다면 횃불을 올려 신호를 하기로 했다. 스타틸리우스는 적의 사이를 뚫고 진지로 갔다. 얼마 후 횃불이 올랐다. 스타틸리우스는 무사히 그곳으로 갔고, 진지에도 아무 일이 없었던 것이다. 그러나 아무리 기다려도 스타틸리우스가 돌아오지를 않았다.

"살아 있다면 반드시 돌아올 텐데."

---

15) 에우리피데스의 비극 《메데이아》에서, 메데이아가 배신한 남편 이아손을 저주하는 장면에 나오는 시이다.

기다리다 못한 브루투스는 이렇게 말했다. 그러나 스타틸리우스는 돌아오는 길에 적을 만나 죽임을 당했었다.

그러는 동안 밤이 길어지고 있었다. 브루투스는 땅바닥에 앉아 호위병인 클레이토스와 무언가를 소근거리고 있었다. 그런데 클레이토스는 눈물을 흘리고 있었다. 브루투스는 다시 다르다누스를 부르더니 또 뭐라고 소근거렸다. 그리고 마지막으로 볼룸니우스를 불렀다. 그는 그리스 말로 옛날에 공부했던 일과 훈련받았던 일들을 가만히 얘기했다.

이야기를 마친 브루투스는 이제 자살을 하려고 하니 자신을 좀 도와 달라고 했다. 사람들은 도저히 그럴 수는 없다고 하여 모두 거절을 했다. 그때 한 사람이 일어나 이러고 있을 것이 아니라 멀리 떠나자고 말했다. 그러자 브루투스가 벌떡 일어나며 말했다.

"그래야지요. 그러나 발이 아니라 손으로 떠나야지요."

브루투스는 기쁜 얼굴로 여러 사람들의 손을 잡으며, 어느 한 사람도 배신하지 않은 것이 얼마나 고마운지 모르겠다고 말했다. 그는 계속 말을 이었다.

"나라를 구해 주지 않은 운명이 원망스럽기는 하오. 그러나 나는 옛날에도, 그리고 지금도 세상에 이름을 남길 수 있는 일을 했으니 비록 남에게 정복되기는 했어도 정복자보다 더 큰 행복을 느끼고 있소. 이 영광은 많은 무기와 재물을 가지고도 얻을 수 없는 것이오. 그들은 옳지 못한 방법으로 권력을 빼앗고, 그것으로 세상을 짓밟았다는 소리를 후세 사람들에게 듣게 될 테니 말이오."

이어서 브루투스는 친구들을 둘러보며 부디 안전한 길을 찾아 행복하게 살기를 바란다고 말했다. 그리고 그와 함께 수사학을 배웠던 스트라토를 비롯하여 두세 명의 친구를 데리고 일어났다.

브루투스는 칼을 뽑아들고 자루를 손에 쥐더니 그 위에 쓰러져서 자살을 했다. 그러나 다른 설에 의하면 브루투스가 스스로 찌른 것이 아니라, 그의 애원에 못 이긴 스트라토가 그를 죽였다고 한다. 스트라토에게 칼을 잡고 서 있게 한 뒤 브루투스가 달려들어 죽었다는 것이다.

한편 브루투스의 친구였던 메살라는 카이사르 2세와 화해를 하고 가까이 지내게 되었다. 메살라는 어느 날 눈물을 글썽이면서 스트라토를 카이사르 2세에게 데려왔다.

"사랑하는 내 친구 브루투스를 끝까지 지켜준 사람이 바로 이 사람입니다."

그 뒤 스트라토는 카이사르 2세로부터 특별한 대우를 받았다. 스트라토 또한 목숨을 걸고 도왔으며, 여러 가지 어려운 일들도 도맡아 했다. 나중에 악티움 전투에서 큰 활약을 보였던 그리스 사람 중의 하나가 바로 이 사람이었다.

그 뒤 카이사르 2세는 메살라에게 이런 말을 한 적이 있었다. "당신은 필립피 전투에서 브루투스를 위해 싸웠소. 그때는 우리의 무서운 적이었소. 그러나 악티움 전투에서는 나를 위해 가장 열심히 싸워 주었소."

그러자 메살라가 대답했다.

"나는 언제나 가장 올바른 쪽을 위해 싸우는 사람입니다."

브루투스의 시체는 안토니우스에게 발견되었다. 안토니우스는 브루투스의 시체를 가장 값진 붉은 색의 옷으로 감싸 주었다. 브루투스의 유골은 그 뒤 어머니인 세르빌리아에게 보내졌다.

한편 브루투스의 아내 포르키아는 몇 번이나 자살을 하려고 했지만 주위의 감시가 너무 심해 도저히 죽을 수가 없었다. 그래서 그녀는 벌겋게 달아오른 숯덩이를 입에 물고 질식해서 죽었다고 한다. 이 이야기는 철학자 니콜라우스와 역사가 발레리우스 막시무스의 기록에 나타나 있다.

그런데 브루투스가 그의 친구들에게 보낸 편지를 보면, 브루투스는 포르키아의 죽음을 애통해하면서, 병으로 쇠약해진 나머지 자살할 때까지 그녀를 소홀히 했다고 비난하고 있다. 이것을 보면 니콜라우스는 시간적인 착오를 일으켰던 것 같다. 만일 이 편지를 정말로 브루투스가 썼다면 그녀는 병과 남편에 대한 사랑 때문에 목숨을 끊은 것이기 때문이다.

디온과
브루투스의 비교

이 두 사람의 일생에는 몇 가지 존경할 만한 점이 있다. 먼저 그들은 별로 강한 힘을 가지고 있지 않았으면서도 큰 일을 하여 나라에서 가장 위대한 인물이 되었다. 그리고 이 점에서는 디온이 브루투스보다 더 훌륭했다. 브루투스는 카시우스의 도움을 받았지만 디온은 혼자서 모든 일을 해냈기 때문이다.

카시우스는 명성이나 인격에서는 브루투스를 따라가지 못했지만, 용감하고 끈기 있게 전쟁을 겪어나가면서 브루투스에 못지 않는 공적을 세웠다. 그래서 어떤 역사가들은 카이사르의 암살이 성공할 수 있었던 것은 모두 카시우스의 힘이 컸다고 했다. 이 일을 계획한 것은 카시우스이고 브루투스는 단지 참가했던 것뿐이므로 카시우스에게 모든 영광을 돌려야 한다고 주장하기도 한다.

그러나 디온은 무기나 군함, 병사들은 물론 큰일을 함께 할 동지들까지도 자기 자신의 힘으로 구했다. 더욱이 그는 브루투스처럼 전쟁이나 반란을 일으켜 재물이나 권력을 모은 것이 아니라, 오히려 전쟁을 위해 자기의 재산을 썼던 사람이었다. 그는 시라쿠사 시민들에게 자유를 주기 위해 자신의 재산을 아낌없이 내놓았던 것이다.

여기에는 또 하나 기억해야 될 사실이 있다. 먼저 브루투스와 카시우스는 로마에서 떠난 다음 사형이 내려져 이리저리 쫓겨다니는 몸이었다. 그렇기 때문에 그들은 자기가 살기 위해서라도 어쩔 수 없이 무기를 들어야 할 형편이었다. 그러나 시칠리아에서 추방을 당한 디온은 자기를 쫓아낸 참주보다 오히려 더 행복한 생활을 즐기고 있었다. 그러나 그는 조국이 자신을 부르자 시칠리아를 해방시키기 위해 목숨까지 내던졌던 것이다.

더욱이 시라쿠사 사람들을 디오니시오스의 전제로부터 해방시킨 것은 로마를 위해 카이사르를 없앤 것과는 비교할 수 없는 일이다. 디오니시오스는 스스로를 전제 왕이라고 부르면서 시칠리아 시민들을 괴롭혔다. 그러나 카이사르는 최고의 권력을 손에 쥐고 있을 때는 민중들의 노여움을 샀지만 일단 정권을 잡은 다음에는 매우 너그러운 정책을 썼다. 독재자라는 것도 이름뿐이었다. 잔인하고 흉칙한 짓을 저지른 적이 없었음은 물론, 그는 오히려 하늘에서 보낸 의사처럼 썩은 정치를 고치고 온건한 정치를 펼쳤던 사람이다. 그래서 로마 사람들은 그의 죽음을 몹시 슬퍼했으며 그를 죽인 자들에게 단호한 태도를 보였던 것이다. 그러나 시라쿠사 시민들이 디온을 공격한 것은 디오니시오스 왕을 놓쳤다는 것과 전제 왕의 무덤을 파헤치지 않았다는 정도뿐이었다.

디온은 또 전쟁에 있어서도 완벽한 장군이었다. 자기가 세운 작전을 훌륭하게 수행하여 빛나는 승리를 거두었을 뿐만 아니라 다른 사람의 농간으로 나라가 위험에 처했을 때도 금방 수습했다. 그러나 브루투스는 최후의 결전을 벌일 때 적당한 때를 가리지 못했을 뿐만 아니라 지고 난 다음에도 그것을 다시 돌이킬 노력도 하지 않고 스스로 목숨을 끊어 버렸다. 이것을 보면 그는 폼페이우스보다도 더 신념이 약했던 사람이었던 것 같다. 사실 그때 브루투스의 사정은 그다지 절망적인 것도 아니었다. 아직도 많은 군대와 전쟁 비용이 남아 있었고, 그의 함대도 바다의 해상권을 쥐고 있었다. 그런데도 그는 폼페이우스처럼 마지막 승부도 가리지 않은 채 희망을 팽개치고 모든 것을 포기해 버렸던 것이다.

이러한 브루투스에게 내려지는 비난 중에서 가장 큰 것은, 카이사르가 자기의 목숨을 구해 주고 자기의 청을 들어 친구와 동료들까지 살려 주고, 게다가 다른 사람보다 높은 지위까지 내려 주었는데도 은혜를 저버리고 그를 암살했다는 것이다.

그러나 디온에게는 비난할 만한 일이 하나도 없다. 디온은 친척이며 친구로서 디오니시오스에게 많은 도움을 주고 그를 위해 온 힘을 기울였다. 그리고 자신이 시칠리아에서 쫓겨나고, 자신의 아내가 수치스러운 일을 당하고, 재산마저 모두 빼앗긴 뒤에야 비로소 그를 몰아내기로 결심했다. 한 마디로 떳떳한 전쟁을 한 것이다.

그러나 이 점에 대해서는 다르게 생각해 볼 수도 있을 것이다. 즉 이 두 사람은 모두 전제 정치와 불의에 대한 증오심을 가지고 있었다. 그런데 브루투스는 카이사르에 대해 아무런 감정도 없었지만 오직 민중들에게 자유를 되찾아 주기 위해 자신의 목숨을 내던지기로 결심했으므로 동기 자체는 매우 순수한 것이었다. 그러나 디온은 직접 디오니시오스로부터 피해를 입지 않았더라면 아마 그와 싸우지 않았을 것이다. 이것은 플라톤의 편지를 보아도 알 수 있는데, 이 편지에는 디온이 전쟁을 시작하고 전제 왕을 몰아낸 것은 디오니시오스에게 쫓겨난 뒤였다고 분명하게 씌어 있다.

그러나 브루투스는 나라를 위해서 자신의 사사로운 분노를 버렸던 사람이다. 즉, 그는 자기 아버지를 죽인 폼페이우스에 대한 원한을 억누르고 그와 함께 일을 하기로 결심을 했다. 사실 폼페이우스와 카이사르는 개인적으로나 정치적으로 서로 맞서는 적대적인 관계였다. 그러나 브루투스는 어느 쪽이 더 정의로운가를 생각해 본 다음 그에게 가담했던 것이다. 그러나 디온은 디오니시오스가 자기를 아끼는 동안에는 그에게 도움을 주었지만, 자신의 충성심이 의심을 받게 되자 곧 전쟁을 일으켰다. 그렇기 때문에 디온의 친구들은 그가 디오니시오스를 몰아낸 다음에 왕좌를 거머쥐거나, 아니면 다른 이름을 내세워서라도 민중들을 억누르지 않을까 의심했던 것이다. 그러나 브루투스에 대해서는 그가 싸움을 한 것은 오직 로마의 오랜 정치 체제를 되살리기 위한 것이었다는 것을 적들까지도 잘 알고 있었다.

뿐만 아니라 디온이 디오니시오스와 싸운 것은 브루투스가 카이사르와 싸운 것과는 비교도 안 되는 일이었다. 디오니시오스는 언제나 술과 여자에 빠져 방탕한 세월을 보내고 있었으므로 가까이 있는 사람들에게도 언제나 업신여김을 당했다. 그러나 카이사르는 지혜롭고 힘이 강했으며 행운까지 뒤따르는 사람이었기 때문에 세상 저 끝에 있는 파르티아나 인도의 왕들도 그의 이름을 들으면 놀라서 잠이 깰 정도였다. 이처럼 두려운 카이사르를 겁내지 않고 감히 쓰러뜨리려 했다는 것은 브루투스가 얼마나 대담한 정신을 지니고 있었는지를 잘 보여 준다.

그리고 디온이 시칠리아에 도착했을 때는 수많은 사람들이 군대로 몰려들었으며, 디오니시오스에게 칼을 들이댔다. 그러나 카이사르의 이름은 죽은 뒤에도 힘을 잃지 않았으며, 그 이름을 물려받은 한 소년을 로마 최고의 영웅으로 만들어 안토니우스의 권력과 야망을 꺾으려 할 정도였다.

어떤 사람들은 디온은 어려움을 견디면서도 디오니시오스와 싸워 그를 몰아냈지만 브루투스는 무장도 하지 않은 채 맨몸으로 있던 카이사르를 죽이지 않았느냐고 얘기한다. 그러나 그런 큰 권세를 가진 사람이 맨 몸으로 있을 때 암살을 했다는 것부터가 얼마나 훌륭한 작전이었던가를 보여 준다. 왜냐하면 이것은 결코 순간적인 감정 때문도 아니었고, 혼자나 혹은 몇몇 사람이 모여서 세운 계획도 아니었으며, 오래 전부터 수많은 동지들과 함께 이 일을 의논하고 계획을 추진했으며, 그 중 단 한 사람도 비밀을 누설하거나 배신하지 않았다는 것을 보여 주기 때문이다. 그러므로 이것은 브루투스에게 정의로운 사람을 알아보는 눈이 있었거나, 아니면 모든 사람들이 그의 마음에 감동을 받아 정의로운 사람이 되었다는 말이 된다.

그러나 디온은 여기에 대한 눈이 어두워서 처음부터 믿어서는 안 될 사람을 믿기도 했고, 때로는 착한 사람을 사악한 사람으로 만들기도 했다. 이런 점으로 볼 때 디온은 지혜가 모자랐던 사람이었다고밖에 말할 수 없다. 그래서 플라톤도 디온은 사람을 잘못 골랐다고 평가했으며, 결국은 자기가 믿었던 사람들에 의해 죽임을 당하고 말았던 것이다. 디온이 죽고 난 뒤, 그의 원수를 갚기 위해 일어난 사람은 단 한 사람도 없었다. 그러나 안토니우스는 브루투스와 사이가 안 좋았으면서도 그의 장례를 정성껏 치러 주었고, 카이사르 2세도 그에게 드린 영광이 오랫동안 지켜지기를 빌었다.

알프스 내륙의 갈리아 지방에는 오늘날까지도 브루투스의 동상이 남아 있다. 카이사르 2세는 몇 년 뒤에 이곳을 지나다가 동상을 발견했는데, 브루투스의 얼굴과 너무나 닮아 있는 훌륭한 작품이었다. 카이사르 2세는 얼마쯤을 지나가다가 걸음을 멈추더니 여러 시민들이 보는 앞에서 그곳 관리를 꾸짖었다. 이 도시가 적을 감추어 두고 있으니 도저히 용서할 수 없다는 것이었다. 그러자 관리들은 절대 그런 일이 없다면서 저희들끼리 멀뚱멀뚱 얼굴만 쳐다보았다. 그러자 카이사르 2세는 브루투스의 동상을 가리키고, 이렇게 물으면서 얼굴을 찡그렸다.

"보시오! 저기에 우리의 적이 서 있지 않소?"

이 말을 들은 관리들은 고개를 숙인 채 아무 대답도 못했다. 그러자 카이사르 2세는 얼굴에 미소를 띠더니, 비록 망한 친구이긴 하지만 그 사람에 대한 의리를 잃지 않는 것은 아름다운 일이라며 오히려 갈리아 사람들을 칭찬해 주었다. 그리고는 그 동상을 오랫동안 잘 보존하라고 말했다.

47
아라토스

(ARATOS, BC 271~ 213)

시키온 출신의 정치가이며 군인. 아버지가 참주의 손에 죽음을 당하자 아르고스로 망명한 후 니코클레스를 몰아내고 시키온을 해방시켰다. 아카이아 동맹군의 장군이 되어 아크로코린토스 성을 점령했으며, 아이톨리아 동맹국과의 싸움에서 승리를 거두었다. 참주를 몰아내고 시민들의 자유를 되찾는 일에 평생을 바쳤지만 필리포스 왕에게 독살당하고 말았다.

폴리크라테스여![1]

철학자 크리시포스는 옛날부터 전해내려오는 속담을 고쳐서 얘기했는데, 아마 그 말이 귀에 거슬렸기 때문이었던 것 같다. "훌륭한 자손이 아니라면 누가 그 조상을 자랑하겠는가." 그러나 트로이젠[2]의 디오니소도로스는 이것을 다시 본래대로 고쳐놓았다. "못난 자손이 아니라면 누가 그 조상을 자랑하겠는가." 디오니소도로스는 이 말을 통해, 제대로 공적을 세우지 못한 사람들이 훌륭한 일을 했던 조상을 찾아냄으로써 자신의 부족함을 감추고 마치 그 일을 자신이 한 것처럼 곧잘 자랑을 늘어놓는다는 이야기를 하고 있다.

---

1) 플루타르코스의 친구로 아라토스의 후손이다.
2) 펠로폰네소스 동쪽에 있던 작은 도시.

그러나 핀다로스가 그의 시에서 '조상의 훌륭한 정신을 본받은 사람'이라고 노래했듯이, 그대는 조상의 빛나는 영광을 본받으려고 하는 사람이므로, 선조들이 남긴 훌륭한 일을 이야기하거나 아니면 다른 사람들이 하는 이야기를 듣는 것을 큰 기쁨으로 생각할 것이다. 왜냐하면 그런 사람은 자기 자신이 별 볼일 없는 사람이기 때문에 조상의 영광을 자랑하는 것이 아니라, 조상이 남긴 업적을 거울삼아 그들을 존경하려는 것이기 때문이다.

그러므로 내가 지금 아라토스의 전기를 쓰려는 것은, 그대가 이미 자세하게 연구하여 잘 알고 있다는 사실을 몰라서가 아니다. 그대의 두 아들인 폴리크라테스와 피토클레스가 조상의 훌륭한 발자취를 따라가 주기를 바라는 마음 때문이다. 그리고 사람들이 자기 자신을 완전하다고 생각하고 더 이상 배울 것이 없다고 여기는 것은, 사실은 지나친 자만심에서 나온 것이며 덕이 모자라서 그런 것이라고 생각한다.

시키온 시(市)는 원래 도리아 식의 귀족 정치를 하고 있었는데 잦은 파벌 싸움과 개인적인 투쟁으로 민중들의 마음이 떠나 있었다. 그리고 많은 참주들이 번갈아 나타나기 시작했다. 마지막 참주였던 클레온이 시민들의 손에 죽임을 당한 뒤, 가장 우수한 시민이었던 티모클레이데스와 클레이니아스 두 사람이 권력을 쥐게 되었다.

그러나 시키온의 질서가 겨우 제자리를 찾아가고 있을 때, 그만 티모클레이데스가 죽고 말았다. 그러자 파세아스의 아들인 아반티다스는 자기가 참주의 자리를 차지하기 위해서 클레이니아스를 죽이고 그의 친척과 친구들을 모조리 죽이거나 나라 밖으로 내쫓아 버렸다. 이렇게 해서 권력을 손에 쥐게 된 아반티다스는 클레이니아스의 일곱 살 난 아들 아라토스까지 죽이려고 했다.

그러나 어린 소년이었던 아라토스는 집 안에서 일어나는 피비린내 나는 끔찍한 일들을 보고 겁이 나서 나와 버렸다. 그리고 아무도 돌봐줄 사람이 없었으므로 이리저리 거리를 헤매다녔다. 그러다가 그는 우연히 소소라는 여자의 집으로 들어가게 되었다.

소소는 아반티다스의 누이로, 클레이니아스의 동생 프로판토스와 결혼한 여자였다. 원래 마음이 깨끗하고 착했던 소소는 아이가 자기 집으로 들어온 것은 그 아이를 구해 주라는 신의 뜻이라고 생각했다. 그래서 그녀는 아이를 잘 숨겨두었다가, 그날 밤 아르고스로 보내주었다.

그때 아라토스의 어린 마음에는 참주들에 대한 미움과 그들에 대한 증오가 깊이 새겨졌다. 그리고 이런 마음들은 나이가 들어감에 따라 점점 더 강하고 굳게 다져졌다. 그는 아르고스에서 아버지 친구들의 따뜻한 보호를 받으며 자라났다. 그는 이들의 도움으로 교육도 충분히 받았으며, 나이가 들면서 키도 많이 크고 몸도 아주 튼튼해지게 되었다.

그는 운동으로 몸을 단련시켰고, 5종 경기 대회에 나가서도 곧잘 우승을 하였다. 그의 동상에 나타나 있는 강인한 모습은 바로 이러한 생활로 다져진 것이었으며, 지혜롭고 위엄있는 모습은 성실한 생활을 한 사람이라는 것을 말해 준다.

아라토스는 이렇게 운동에만 마음을 썼던 탓에 정치인이 되기 위한 웅변술을 배우지 못했다. 그러나 그가 죽은 뒤에 남긴 회상록을 보아도 알 수 있듯이, 그는 우리가 흔히 알고 있는 것보다 훨씬 더 연설을 잘 했다. 그는 머릿속에 떠오르는 생각들을 빠르고 정확하게 글로 옮겼기 때문에 그다지 긴 시간과 노력을 들이지 않아도 그처럼 훌륭한 회상록을 남겼던 것이다.

그 뒤 오랜 시간이 흘러, 데이니아스라는 사람과 논리학자 아리스토텔레스는 아반티다스를 암살할 계획을 세웠다. 어느 날 이 두 사람은 광장에서 시민들에게 강의를 하고 있었다. 그런데 이런 자리를 늘 즐겨 찾던 아반티다스가 그날도 여기에 나와 그들의 이야기에 열심히 귀를 기울이고 있었다. 이것을 본 두 사람은 기회를 엿보다가 아반티다스를 죽여 버렸다. 그리고 그 뒤 아반티다스의 아버지 파세아스가 정권을 잡았지만, 그도 역시 니코클레스에게 암살을 당했다.

파세아스를 죽인 니코클레스는 이제 자신이 시키온을 다스리는 통치자라고 선언을 했다. 니코클레스는 키프셀로스의 아들 페리안드로스와 놀랄 만큼 얼굴이 많이 닮아 있었다. 페르시아의 오론테스가 암피아라토스의 아들 알크마이온과 닮았고, 스파르타의 어느 청년이 트로이의 헥토르와 똑같이 생겼던 것과 마찬가지였다. 그런데 미르실로스의 기록에 의하면, 헥토르의 얼굴과 똑같이 닮았던 그 스파르타의 청년은 자신의 얼굴을 구경하러 온 구경꾼들에게 깔려서 죽었다고 한다.

넉 달의 통치 기간 동안 니코클레스가 내놓은 정책들은 계속 실패를 거듭했다. 더구나 아이톨리아 군에게 도시 전체를 빼앗길 뻔한 일도 있었다. 그때 아라토스는 이미 훌륭한 청년이 되어 있었다. 좋은 집안에서 태어난 데다가 남달리 훌륭한 성품을 갖춘 그는 어느새 큰 세력을 가지게 되었다. 뿐만 아니라 그는 나라를 구하려는 큰 야망을 가슴에 간직한 사람치고는 퍽 신중하게 일을 처리하였다. 또한 젊은 사람답지 않게 깊은 지식을 갖추고 있었으므로 여러 사람들의 존경을 받았다. 그러므로 시키온에서 추방된 망명객들은 모두 그의 모습을 조용히 지켜보고 있었다.

이러한 사실을 알게 된 니코클레스는 불안해서 견딜 수가 없었다. 결국 사람을 보내 그를 감시하게 했다. 그러나 그는 아라토스가 무슨 음모를 꾸밀 것이라고는 생각지도 못했다. 다만 아라토스의 아버지와 친구였던 사람들 중에 알렉산드로스 대왕의 후계자들이 있었으므로, 혹시나 그들과 무슨 왕래가 있지 않나 하고 의심을 했던 것뿐이었다.

사실 아라토스도 그런 사람들로부터 도움을 받을 생각을 했었다. 그러나 안티고노스는 도와준다는 약속만 있었을 뿐 계속 시간만 끌고 있었다. 다시 이집트의 프톨레마이오스 왕에게 도움을 얻으려고 했지만, 거기는 너무 멀었기 때문에 시간만 낭비할 것 같아 그만두었다. 그래서 그는 혼자의 힘으로 참주를 없애기로 마음을 정했다.

아라토스는 우선 이 계획을 아리스토마코스와 엑델로스에게 얘기했다. 아리스토마코스는 시키온에서 쫓겨난 망명객이었고, 엑델로스는 아르카디아 지방에 있는 메갈로폴리스에 사는 사람이었다. 엑델로스는 지혜와 용기를 두루 갖춘 인물이었으며, 아카데미 학파의 철학자인 아르케실라오스와도 가까운 친구 사이였다. 이 두 사람은 아라토스의 계획을 듣고 무척 기뻐하며 찬성을 했다. 그래서 아라토스는 더욱더 용기를 내어 망명한 다른 사람들을 만나기 시작했다. 그러나 그 중 몇몇은 나라를 구하는 일에 참가하지 않는 것을 부끄러운 일이라며 적극적으로 찬성을 했지만, 그밖에 대부분의 사람들은 하나같이 아라토스를 말렸다. 나이도 젊고 경험도 별로 없는 아라토스가 위험한 일을 자처하는 것이 걱정스러웠던 것이다.

아라토스는 시키온 시내에 요새를 만들어 그곳을 싸움의 근거지로 삼기로 했다. 그런데 그럴 만한 장소를 찾고 있을 때, 시키온의 감옥에서 탈출한 크세노클레스라는 망명객의 동생이 형을 따라서 아라토스를 만나러 왔다. 그는 시키온의 성벽 중에서 자기가 뛰어넘어온 곳은 안쪽이 평평하고 바깥쪽은 낭떠러지였으며, 사다리를 놓으면 충분히 넘어갈 수 있는 높이라고 말했다.

이 말을 들은 아라토스는 크세노클레스와 함께 자신의 하인 세우타스와 테크논을 보내 그 성벽을 살펴보고 오라고 했다. 아라토스는 세력도 없는 자신이 참주를 꺾기 위해서는, 오랜 시간 동안 싸움을 끌 것이 아니라 단번에 해치울 수 있는 방법이 나을 것이라고 생각했다. 성벽을 조사하러 갔던 크세노클레스는 성벽의 높이와 함께 그 부근의 지형을 조사하고 돌아왔다. 그는 성벽을 넘어가는 것은 그다지 힘든 일이 아니지만, 그 근처에 있는 과수원 주인이 사나운 개를 여러 마리 키우고 있어서 몰래 접근하기가 어려울 것 같다고 말했다. 이 보고를 들은 아라토스는 곧바로 준비를 서둘렀다.

그런데 그 시대에는 각 지방의 주민들이 서로 이웃 도시를 습격하여 재물을 빼앗는 일이 예사였기 때문에 누구나 무기를 지니고 있었다. 그러므로 아라토스는 아주 쉽게 무기를 구할 수 있었다. 또 에우프라노르라는 망명자는 원래 목수일을 하는 사람이었기 때문에 그의 작업장에서 사다리를 만들어도 아무도 의심하지 않았다.

이 일에 참가한 사람은 별로 많지 않았다. 아르고스의 친구들이 각각 10명씩의 병사를 보내주었고, 아라토스의 병사가 30명이었다. 그리고 그 당시 이름난 도둑떼인 크세노필로스로부터 부하 몇 명을 돈을 주고 빌렸다. 아라토스는 이 도둑들에게 시키온에 있는 안티고노스 왕의 말을 훔치러 가는 것이라고 둘러댔다. 이들은 모두 흩어진 뒤, 폴리그노토스 탑[3]으로 가서 지휘자를 기다리라는 명령을 받았다. 그리고 카피시아스는 가볍게 무장한 병사 네 명을 데리고 먼저 길을 떠났다. 카피시아스 일행은 땅거미가 질 무렵에 과수원 주인집을 찾아가 날이 저물어서 들어온 나그네인 척 하룻밤을 재워 달라고 한 뒤, 주인과 개를 붙잡아 두기로 했다. 성벽을 넘어가자면 우선 이들을 가두어 두어야 했기 때문이었다. 그리고 사다리는 다시 맞추어 쓸 수 있게끔 조립식으로 만들어 상자에 넣은 다음 수레에 실어서 먼저 보냈다.

그런데 이때 니코클레스가 아르고스에 사람을 보내서 아라토스의 행동을 감시하고 있다는 소문이 나돌고 있었다. 이 소문을 전해들은 아라토스는 일부러 아침 일찍부터 광장에 나가 친구들과 하루 종일 이야기를 나누었다. 그리고 저녁에는 몸에 향유를 바르고, 늘 함께 술을 마시던 친구들을 데리고 집으로 갔다. 감시하러 온 사람들은 아라토스가 돌아간 얼마 뒤 그의 하인들 몇몇이 광장에 나오는 것을 보았다. 그 하인들은 꽃을 사고, 불을 땔 장작을 사더니, 노래하고 춤출 기생들을 사려고 값을 흥정하였다. 그러므로 이들은 아라토스가 밤을 새워가며 술을 마시려는 줄로 알고, 서로 얼굴을 쳐다보면서 이렇게 얘기했다.

"니코클레스는 정말 겁쟁이야. 그렇게 큰 도시와 군대를 가지고 있으면서도 저런 애숭이 같은 놈을 겁내고 있다니 말이야. 거참, 남의 나라로 쫓겨와서 입에 풀칠하기도 어려울 텐데, 저렇게 대낮부터 술이나 처먹고 있잖아. 그런데도 저 따위 젊은 놈

---

3) 아르고스와 네메아 사이에 있었다.

을 겁내다니, 정말 웃기는군."

감쪽같이 속은 이 사람들은 곧 니코클레스에게로 돌아갔다.

감시의 눈길을 없애 버린 아라토스는 저녁 식사를 마치자마자 아르고스 시를 떠났다. 그리고 폴리그노토스 탑 밑에서 기다리고 있던 병사들을 만나 네메아로 갔다. 네메아에 도착한 아라토스는 거기서 처음으로 자신의 계획을 털어놓았다. 그리고 그들에게 성공만 하면 굉장한 보수를 주겠다고 약속하고 용기를 복돋워 주었다. 아라토스는 이들에게 '행운의 아폴론'이라는 암호를 정해주고, 움직이는 달빛을 횃불 삼아 서둘러 시키온으로 달려갔다. 그들은 달이 산 너머로 사라질 무렵에 드디어 과수원에 도착했다.

아라토스는 이곳에 먼저 도착해 있던 카피시아스를 만났다. 그런데 그는 주인은 잡아서 묶어 두었지만, 개들은 그만 놓쳐 버렸다고 말했다. 이 말을 들은 사람들은 이미 일은 다 틀어져 버렸으니 도로 돌아가자고 말했다. 그러나 아라토스는 만일 개들이 덤벼든다면 그때 행동을 중지하기로 하자면서 이들을 달래고 용기를 일깨워 주었다.

아라토스는 우선 엑델로스와 므나시테오스를 사다리 부대와 함께 출발시켰다. 그리고 남은 사람들을 이끌고 가만히 뒤따랐다. 그런데 그때 엑델로스의 부대를 본 개들이 마구 짖어대기 시작했다. 이들은 성벽 아래 쪽으로 재빨리 사다리를 세웠다. 그런데 맨 앞 사람이 막 사다리를 올라가고 있을 때였다. 새벽 보초들과 교대를 하고 오는 야간 보초들이 횃불을 치켜들고 종을 흔들어대면서 그쪽으로 다가왔다. 모든 것을 운명에 맡긴 일행은 온몸을 벌벌 떨면서 사다리 위에 움츠린 채 숨을 죽였다. 다행히 감시대는 이들을 보지 못하고 그냥 지나갔다. 그런데 그때 반대쪽에서 또 한 떼의 새 보초들이 오고 있는 소리가 들렸다. 그들은 이번에는 분명히 들킬 것이라고 생각하고 있었다. 그러나 아슬아슬하게 이번에도 보초들은 그냥 지나가 버렸다.

다시 용기를 되찾은 므나시테오스와 엑델로스는 곧바로 사다리를 타고 성벽을 오르기 시작했다. 그리고 성벽 위에 도착하자 좌우로 통하는 통로에 병사들을 배치하고, 아라토스의 부대를 불러오라고 테크논을 보냈다.

과수원에서 그리 멀지 않은 곳의 망대에는 큰 사냥개들이 있었다. 그런데 이 사냥개들은 너무 늙어서 그랬는지, 아니면 전날 훈련이 너무 힘든 나머지 잠에 빠져서 그랬는지 사다리 부대가 와도 발소리를 듣지 못했다. 그러나 그때 성 밑에 있던 과수원 집 개가 자꾸 짖어댔으므로 망대 위의 개들도 눈을 뜨고 같이 으르렁대기 시작했다.

아라토스 부대는 순간 머리카락이 쭈뻣서고 온몸에 소름이 끼쳤다. 이들 부대가 지나가자 이 개들은 한꺼번에 컹컹거리며 마구 짖어댔다. 그러자 망대 위에 있던 보초가 그 개를 지키던 사람에게 소리를 질렀다.

"이봐! 무슨 일이야? 왜 그렇게 개들이 짖어대는 거야?"

그러나 개를 지키고 있던 사람이 대답했다.

"방금 보초들이 종을 흔들면서 횃불을 들고 지나갔는데, 아마 그 소리를 듣고 그러는가 봐."

아라토스 일행은 그 사람이 자기네들이 들어오는 것을 보고도 일부러 모르는 척하는 것이라고 생각했다. 그러므로 시내에 들어가면 그 사람처럼 자신들을 도와주려는 사람들이 적지 않을 것이라고 생각했다. 이렇게 생각하자 아라토스 일행은 저절로 힘이 솟아났다. 그러나 사다리를 타고 성벽을 올라가는 데는 꽤 시간이 걸렸고, 또 상당히 위험했다. 급히 만든 사다리였으므로 한 사람씩 조용히 오르지 않으면 몹시 흔들렸기 때문이었다.

시간은 흘러서 첫닭이 홰를 치고 울었다. 시골 사람들이 시장에서 팔 물건들을 가지고 시내로 들어올 시간이 가까워져갔다. 그러므로 아라토스는 이제 더 이상 기다릴 수가 없어 자기가 먼저 사다리를 타고 올라갔다. 위에 올라와 있는 사람은 40명이었고, 나머지는 계속 사다리를 올라오고 있었다.

그들이 모두 성벽 위로 올라오자 아라토스는 서둘러 니코클레스의 궁전으로 갔다. 그리고 그곳에 있는 호위대를 재빨리 습격했다. 호위병들은 난데없이 일을 당하는 터라 별 저항도 없이 이들에게 잡히고 말았다.

아라토스는 시내에 있는 동지들에게 빨리 모이라는 연락을 보냈다. 그러자 새로운 날이 밝아오고 있는 거리로 사방에서 동지들이 모여들었다. 그리고 날이 밝자 운동장에는 시민들이 구름처럼 모여들었는데, 이들은 무슨 영문인지 몰라서 모두들 불안해하고 있었다. 잠시 뒤 아라토스가 보낸 전령이 달려와 아우성치고 있는 궁중들 앞에 섰다.

"클레이니아스의 아들 아라토스가 여러분을 구하러 왔습니다. 그러니 우리 모두 힘을 합쳐서 잃어버렸던 자유를 되찾읍시다!"

시민들은 그토록 기다리던 날이 이제야 왔다면서 모두 환호성을 질렀다. 그리고 기쁨의 무리를 지어 곧장 참주의 궁전으로 달려가 불을 질렀다. 이때 하늘을 치솟던 불길은 얼마나 높았던지 멀리 코린트에서도 보였다. 그래서 이들은 그 불길이 시키온 시를 다 삼키는 줄 알고 구하러 달려올 생각까지 했다고 한다.

한편 니코클레스는 지하도로 숨어서 도시 바깥으로 도망을 쳤고, 그의 군대는 시민들과 함께 불길을 잡은 다음 참주의 재산을 빼앗았다. 아라토스는 이들의 행동을 말리지 않고, 참주가 모아두었던 다른 재물들까지 모두 시민들에게 나누어 주었다.

한 사람의 희생도 없이 이 일은 성공적으로 끝이 났다. 운명의 여신은 시민들이 피를 흘리지 않도록 도와주었던 것이다. 이것은 모두가 아라토스의 위대한 업적이었으며, 그로 인해 이 영광스러운 일은 더더욱 빛이 나게 되었다.

아라토스는 곧 니코클레스에게 추방당했던 사람들을 다시 시키온으로 불러들였는데 그 숫자가 80명이나 되었다. 그리고 그보다 먼저 있던 참주들에게 내쫓겼던 망명자들도 다 불러들였는데 모두 5백 명 정도가 되었다. 그 중에는 50년이나 다른 나라를 떠돌았던 사람도 있었다. 그런데 나라 밖으로 헤매다가 거지가 되어온 이 사람들은 돌아오자마자 예전에 있던 자기 땅과 재산을 내놓으라고 요구했다. 이 일 때문에 아라토스는 고민이 이만저만이 아니었다. 밖에서는 자유로운 정권을 세운 것을 보고 안티고노스가 노리고 있었고, 안에서는 싸움과 무질서가 끝도 없이 계속되고 있었다.

아라토스는 이제 시키온을 구할 수 있는 길은 아카이아 동맹[4]에 가입하는 길밖에 없다는 것을 깨달았다. 시키온 사람들은 원래 도리아 인이었지만 자진해서 아카이아 사람들의 정책을 받아들이기로 했다.

그때의 아카이아 사람들은 사실 세력도 별로 크지 않고 이름도 널리 알려져 있지 않았다. 그들은 대부분 좁은 산자락이나 메마른 땅에 작은 마을을 이루고 살고 있었다. 바다에는 흰 파도가 부서지는 바윗돌만 있었을 뿐 배를 댈 만한 항구조차 없었다.

그러나 이들은 그들을 이끌어갈 훌륭한 지도자만 있다면, 그리스의 어떤 나라보다 훨씬 더 질서있고 평화롭게 살 수 있으며, 세상의 어느 누구에게도 지지 않는다는 것을 보여 주었다. 아카이아는 옛날 그리스의 영광에 비교해 본다면 정말 보잘것없는 나라였고, 당시 그리스의 도시 하나만큼의 힘도 없었다. 그러나 그들은 지혜로운 정책과 평화를 가지고 있었고, 훌륭한 지도자를 시기하지 않고 잘 따랐다. 그렇

---

4) 기원전 280년에 펠로폰네소스 북부에 아르카디아의 여러 도시가 함께 결심한 동맹으로 도리아를 비롯한 여러 도시가 참가하고 있었다. 여기에 가입한 도시들은 동등한 권리를 가지고 자유를 누리며, 이 동맹에서 각 도시들 간의 전쟁과 휴전이 결정지어졌다.

기 때문에 아카이아는 강대국 사이에 끼여 있으면서도 자신들의 자유를 지켜나갈 수 있었고, 거듭해서 침략을 당하고 있던 그리스의 다른 나라들까지 도와 그들을 노예의 처지에서 풀어 주었다.

아라토스는 정치가가 되기 위해 태어난 사람 같았다. 그는 너그럽고 정의로운 사람이었으며, 자기 자신의 이익보다는 민중들의 이익에 더 마음을 썼다. 그는 참주의 이름이 붙은 사람을 배척했으며, 그렇지 않은 사람에게도 자기와의 관계가 아니라 나라의 이익에 비추어서 행동을 했다. 그래서 어떤 면에서 보면, 그는 친구를 돕는 것보다는 적을 용서하는 것을 더 좋아하는 사람처럼 보이기도 했다. 그만큼 아라토스는 개인적인 감정을 버리고 민중들을 섬기는 사람이었다.

그는 또 나라와 나라 사이의 관계를 더욱 다지고, 종족과 종족을 서로 화합시켰으며, 다스리는 사람과 다스림을 받는 사람은 모두 한 마음이 되어야 한다고 가르쳤다. 아라토스는 행복이나 은혜보다 이런 것들을 더욱 소망하는 사람이었다.

그런데 그는 무기를 들고 전투를 벌이는 데는 이상하게도 서툴렀다. 그 대신 남모르게 계획을 세워서 참주를 몰아내고 도시를 빼앗을 때는 뛰어난 재능을 발휘했다. 그래서 그는 남들이 무모하다고 생각한 일도 훌륭하게 성공시키곤 했다. 그러나 반대로 그는 아주 간단한 전투에서도 몇 번이나 진 경험이 있었다.

동물들 중에는 밤에는 잘 보지만 반대로 낮에는 잘 보지 못하는 동물들이 있다. 그런 동물들은 눈의 광채가 너무 강하기 때문에 밝은 햇빛 밑에서는 잘 보지 못하는 것이다. 사람도 이것과 비슷하다. 대낮에 적을 똑바로 공격하려면 이상하게 가슴이 두근거리다가도, 밤에 적을 습격하거나 몰래 세운 계획을 실행할 때는 용기가 나는 사람이 있는 것이다. 그러나 위대한 인물이 이런 모습을 보이는 것은 아마 철학적인 깊이가 없기 때문인 것 같다. 참된 지식도 없이 어떤 큰 일을 했다면, 그것은 마치 야생의 나무가 어쩌다가 좋은 열매를 맺은 것과 같은 것이기 때문이다. 그런 일을 예를 들어서 얘기해 보기로 하겠다.

아라토스는 시키온을 아카이아 동맹에 가입시킨 뒤, 동맹군의 기병대에 들어갔다. 그는 이 기병부대에서 장군의 명령을 잘 따르고 그에게 충성을 바쳐 장군으로부터 사랑을 받았다. 그는 자신의 명성과 시키온 시의 세력을 이용하여 아카이아 동맹을 위해 큰 일을 했다. 그러나 그는 보잘것없는 한 사람의 병사처럼 장군에게 절대적인 충성을 바쳤던 것이다. 만약 그 장군이 디나이나 트리타이아 같은 도시, 혹은 그보다 더 작은 도시의 출신이었다 해도 아라토스는 마찬가지로 절대적인 복종을 바쳤을 것이다.

또 언젠가 아라토스가 이집트의 왕으로부터 25탈렌트의 돈을 받은 일이 있었다. 그때 그는 어려운 시민들을 구하고 노예로 팔려간 동포들을 자유롭게 풀어주는 데 이 돈을 아낌없이 썼다.

한편 추방되었다가 돌아온 망명자들은 끈덕지게 자신의 재산과 땅을 요구했다. 싸움은 끝이 없는 데다가 점차 사나워졌으므로, 이런 일이 계속되다가는 시키온이 망할 지경이었다. 아라토스는 프톨레마이오스 왕으로부터 돈을 빌려서라도 나라를 구해야겠다고 생각했다.

아라토스는 모토네 항구를 떠난 뒤, 말레아 곶을 거쳐 곧장 이집트로 건너가려고 했다. 그러나 파도가 심하게 치는 데다가 바람까지 반대 방향으로 부는 바람에 선장은 바닷가 가까이를 따라가다가 안드로스 섬[5]에 배를 댔다. 그런데 불행히도 여기에는 안티고노스가 이끄는 마케도니아의 군대가 머물고 있었다. 아라토스는 티만테스라는 친구와 함께 적의 눈에 띄지 않게 조심하면서 배에서 내려왔다. 그들은 바다에서 한참 들어간 어느 숲에서 두려운 하룻밤을 보냈다. 그런데 얼마 뒤 마케도니아의 병사들이 아라토스를 잡으러 달려왔다. 그러자 그의 하인들은, 아라토스는 에우보이아 섬으로 가려고 배를 옮겨타고는 떠나 버렸다고 거짓말을 했다. 마케도니아 군은 이 말에 속아 더 이상 아라토스를 찾지 않았지만, 이번에는 배와 함께 거기에 있는 짐과 사람들을 모두 압수하겠다고 선언했다.

아라토스는 며칠 동안 그 숲속에 숨어 있으면서, 그곳을 탈출할 방법을 골똘히 생각하고 있었다. 그런데 어느 날 생각지도 못했던 행운이 그를 찾아왔다. 그가 숨어 있던 바로 그곳에 시리아로 가는 로마의 배 한 척이 도착했던 것이다. 아라토스는 카리아에서 자기를 내려 달라고 부탁한 뒤 그 배에 올랐다. 바람과 파도 때문에 가는 동안 많은 고생을 했지만 무사히 카리아에 도착하였다. 아라토스는 거기서 곧장 이집트를 향해 걸음을 재촉하였다.

이집트의 왕 프톨레마이오스의 대접은 융숭했다. 왕은 아라토스에 대해 좋은 이야기를 많이 들어왔을 뿐만 아니라 그가 이름난 그리스 화가들의 그림을 여러 번 선물했었기 때문이었다. 아라토스는 그림을 아주 좋아해서 기회가 닿는 대로 유명한

---

5) 에게 해 남부에 있던 키클라데스 제도의 섬들 중의 하나.

화가들의 그림을 사두곤 했다. 프톨레마이오스 왕에게 선물한 그림은 그 중에서도 팜필로스와 멜란토스의 작품이 많았다.

시키온 사람들의 그림은 그 당시 그리스에서 아무리 오래 되어도 색깔이 변하지 않는다는 점에서 유명했다. 그래서 아펠레스라는 유명한 화가는 1탈렌트나 되는 돈을 내면서 이곳 화가들에게 그림을 배웠다고 한다. 그러나 이것은 그림 그리는 기술을 배우기 위한 것보다는, 시키온에서 공부했다는 것으로 자신의 이름을 더욱 유명하게 만들려는 속셈이었다.

그런데 아라토스는 시키온을 해방시킨 뒤, 참주들의 초상화를 모두 없애 버렸다고 한다. 그러나 필리포스 왕의 시대에 이곳의 참주였던 아리스트라토스의 초상화 앞에서는 오랫동안 망설였다. 이 그림은 전차를 탄 승리의 여신 옆에 그가 서 있는 모습이었다. 멜란토스의 모든 제자들이 함께 완성시킨 공동 작품이었으며, 지리학자 폴레몬의 말에 의하면 아펠레스도 그 중 일부분을 그렸다고 한다.

아라토스는 이 뛰어난 작품을 보고 처음에는 그것을 떼어낼 엄두를 내지 못했다. 그러나 곧 아리스트라토스가 참주였다는 것을 생각하자 불 같은 미움이 일어났으므로 마침내 그 그림도 없애 버리게 했다. 그러나 어떤 사람의 말에 의하면 아라토스의 친구이며 화가였던 네아클레스가 그 그림을 없애지 말아 달라고 눈물로 애원했다고 한다. 아라토스가 친구의 부탁을 거절하자 네아클레스는 이렇게 말했다고 한다.

"우리는 참주와 싸워야 하오. 그러나 그 이외의 것까지 없애서는 안 되오. 그러니 승리의 여신은 그대로 둡시다. 내가 참주 아리스트라토스를 지워 버릴 테니 말이오."

아라토스는 친구의 부탁을 더 이상 거절할 수가 없었다. 아라토스의 허락을 받은 네아클레스는 아리스트라토스의 모습을 지우고 그 자리에 종려나무 한 그루를 그려 넣었다. 그런데 전해 내려오는 이야기에 의하면, 그때 아리스트라토스의 발을 잊어 버리고 지우지 않았기 때문에 오늘날까지 남아 있는 그림에도 전차 밑에 그의 발이 희미하게 보인다고 한다.

어쨌든 이런 그림들 때문에 이집트의 프톨레마이오스 왕은 미리부터 아라토스에게 좋은 인상을 가지고 있었다. 뿐만 아니라 그를 가까이 사귀게 되면서부터 더욱 그를 아끼고 사랑하게 되어 시키온 시를 위해 150탈렌트의 돈을 내주었다. 그 중에서 40탈렌트는 아라토스가 시키온으로 돌아갈 때 직접 가지고 왔고, 나머지는 그 뒤 몇 차례에 걸쳐 보내주었다.

그 시대는 왕들이 다른 나라의 장군이나 정치가들을 매수하여 나라를 팔아먹던 시대였다. 그러나 아라토스는 이 돈을 자기 한 사람의 이익을 위해 쓴 것이 아니라, 부자와 가난한 사람을 화해시켜 내란을 미리 막는 데 썼다. 또 그는 막강한 권력을 가지고 있으면서도 늘 겸손했으므로, 많은 사람들로부터 더할 수 없는 존경과 사랑을 받게 되었다.

추방당했다가 돌아온 시민들의 재산을 처리할 때도 그는 혼자서 모든 일을 맡아 하도록 특별한 권리를 받았지만 이것을 사양했다. 그리고 나서 그는 15명의 위원들을 뽑아 그들과 함께 공정하게 일을 처리했다. 그 결과 모든 사태가 원만하게 해결되어 시민들은 다시 평화를 찾을 수 있게 되었다. 시민들은 이러한 아라토스에게 감사의 마음을 전하고 상을 주었다. 그러나 추방되었다가 돌아온 망명자들은 그것만으로는 부족하다는 듯이 그의 동상을 세우고, 거기에 다음과 같은 시를 새겨넣었다.

> 지혜롭고 용감한 아라토스는 수없이 많은 공을 세우고
> 헤라클레스의 기둥까지 그 이름을 떨치고 있다네.
> 오랜 세월 남의 땅을 떠돌던 우리들은
> 이제야 조국의 품으로 돌아와 그대의 동상을 우러러보네.
> 시키온에 찾아온 평화와 행복은
> 모두가 그대를 도와 하늘의 신이 베풀어 주신 선물이라네.

이처럼 아라토스는 시민들의 절대적인 존경을 받게 되었으며, 누구 하나 그를 시기하는 사람이 없었다. 그러나 그의 명성을 듣는 안티고노스는 도무지 못마땅하고 불안했다. 그러므로 안티고노스는 아라토스를 자기 편으로 끌어들이든지, 아니면 이간질을 해서라도 프톨레마이오스의 의심을 받게 만들려고 했다. 그래서 그는 아라토스에게 아무 이유도 없이 자꾸만 선물을 보냈다. 코린트 시에서 신에게 제사를 드렸을 때 제물로 썼던 고기를 시키온에 있는 아라토스에게까지 일부러 보내기도 했다. 그리고 나서 안티고노스는 그날 밤 잔치에 온 손님들에게 큰 소리로 이렇게 말했다.

"나는 시키온의 그 젊은이가 처음에는 단지 자유를 사랑하고 시민을 아끼는 사람이라고만 생각했었소. 그런데 이제 보니 왕들의 성격은 물론 그들의 정치까지도 제대로 분석할 줄 알더군요. 처음에는 나를 제쳐놓고 저 멀리 있는 이집트의 왕만

왕인 줄 알더니 이제는 달라졌소. 프톨레마이오스가 코끼리와 배를 많이 가지고 있고, 또 화려한 궁전에서 살고 있다는 소리를 듣고 아마 잘못 생각하고 있었던 것이지요. 그러나 직접 이집트에 가서 그 소문이 전부 다 허풍이고 광대들 장난이라는 것을 알게 되자, 곧 나한테 기울어지더군요. 그래서 나는 그 사람을 내 부하로 생각하고 잘 대접해 주려고 합니다. 그러니 여러분들도 모두 그를 친구로 생각해 주시오."

안티고노스의 이 말은 아라토스를 시기하고 그가 잘못되기를 바라던 무리들의 귀에 금방 흘러들어갔다. 이 말을 듣고 신이 난 그들은 프톨레마이오스 왕에게 편지를 보내어 아라토스를 욕했다. 그러자 프톨레마이오스는 자신의 믿음을 저버렸다며 아라토스를 비난했다. 이처럼 왕이 누구를 아끼고 사랑하면, 언제나 그의 사랑을 빼앗으려는 패거리들이 그 사람을 욕하고 몰아세우기 마련이다.

한편 아라토스는 처음으로 아카이아 동맹의 장군으로 뽑혀, 아카이아와 해협을 마주 보고 있던 칼리돈과 로크리스 두 나라를 공격하여 재물을 빼앗았다. 그는 또 만 명의 병사를 거느리고 보이오티아를 도우러 갔다. 그러나 그가 도착했을 때에는 이미 보이오티아 군이 카이로네아 전투에서 아이톨리아 군에게 진 뒤였다. 이 전투에서 보이오티아 군은 아보이오크리토스 장군을 비롯한 천 명의 군사를 잃고 말았다.

아라토스는 그 다음 해에 다시 장군으로 뽑혀, 이번에는 코린트 시에서 가장 큰 아크로코린토스 성을 빼앗기로 했다. 그런데 아라토스가 이런 계획을 세운 것은 오로지 시키온이나 아카이아 사람들의 이익만을 위한 것이 아니었다. 그는 더 나아가, 그리스 전체를 노리고 있던 안티고노스의 수비군을 몰아내고 그리스를 해방시키려는 데 목적을 두고 있었다. 예전에 아테네의 카레스 장군은 마케도니아의 군사와 싸워 승리를 거둔 다음에 아테네에 이런 편지를 보낸 일이 있었다.

"이것은 마라톤의 승리와 비교해도 좋을 만큼 큰 승리였소."

만약 그렇다면 아라토스가 아크로코린토스를 빼앗은 이 승리는, 테베의 펠로피다스나 아테네의 트라시불로스가 각기 자기 나라의 폭군들을 무찔렀던 것과 비교해도 좋을 만큼 위대한 승리였다고 말할 수 있을 것이다. 다만 그들 사이에 차이가 있다면, 이들이 몰아낸 폭군은 자기 나라 사람이었지만 아라토스가 몰아낸 것은 다른 나라의 지배자였다는 것이다.

코린트 해협은 바다와 바다 사이에 둑처럼 솟아 있어서 그리스 땅의 중심이 되고 있었다. 그러므로 그리스의 한가운데에 높이 솟아 있는 아크로코린토스를 먼저 점령하는 쪽이 펠로폰네소스 전체의 경제적·군사적 교통을 완전히 장악하는 것은 물론 그리스 전체를 손에 쥐게 되어 있었다. 그러므로 필리포스 왕이 이곳 코린트를 가리켜 '그리스의 족쇄'라고 했던 말은 결코 농담이 아니었다. 그렇기 때문에 옛날부터 지금까지 수많은 왕들이 이곳 아크로코린토스를 탐내고 있었다. 그 중에서도 특히 안티고노스의 욕심은 대단했다. 그러나 드러내놓고 침략할 수는 없었으므로, 늘 이곳을 몰래 차지하기 위해 여러 가지 계획을 꾸미고 있었다.

그러는 중에 아크로코린토스를 점령하고 있던 알렉산드로스가 세상을 떠났다. 일설에 의하면 안티고노스가 그에게 독약을 먹였다는 얘기도 있다. 어쨌든 알렉산드로스의 아내 니카이아가 남편의 정권과 함께 이곳을 물려받게 되었다. 그러자 안티고노스는 자신의 젊고 건강한 아들을 니카이아에게 보내 결혼을 시키겠다고 했다. 남편을 잃은 데다가 이미 시들어가는 꽃과 같았던 니카이아에게 이것은 아마 무척 반가운 일이었을 것이다.

이처럼 안티고노스는 자신의 욕심을 채우기 위해서는 아들(데메트리오스)의 결혼까지도 미끼로 삼는 사람이었다. 그러나 니카이아는 아크로코린토스를 전과 다름없이 군대로 튼튼하게 지키고 있었다.

그러나 안티고노스는 일부러 이곳에 대해 관심이 없는 척하면서 코린트에서 정식으로 아들의 결혼식을 올리기로 했다. 그는 매일같이 화려한 잔치를 베풀고 여러 가지 축하 행사를 열며 이 결혼을 무척 기뻐하는 듯이 행동했다.

그러나 얼마 뒤 운명의 순간이 다가왔다. 안티고노스는 아모이베오스의 노래를 들으러 가자면서 니카이아를 극장으로 데리고 갔다. 니카이아는 눈이 부실 만큼 아름다운 마차를 타고 가면서 온통 행복에 취해 있었다. 그녀는 안티고노스의 속셈은 꿈에도 생각지 못했다. 안티고노스는 아크로코린토스로 가는 갈림길에 이르자 니카이아에게 먼저 극장에 들어가 있으라고 말했다. 그리고는 결혼식과 노래에는 아랑곳없다는 듯 늙은이답지 않은 재빠른 걸음으로 아크로코린토스를 향해 달려갔다. 안티고노스는 닫힌 성문을 지팡이로 두드리면서 어서 열라고 호령을 했다. 파수병들은 안티고노스의 기세에 겁을 먹고 얼른 성문을 열어 주었다.

이렇게 해서 아크로코린토스를 손에 넣은 안티고노스는 너무나 기뻐서 어쩔 줄을 몰라 했다. 오랫동안 수많은 운명의 고개를 넘었던 늙은이였지만 이 기쁨은 도저히 감출 수가 없었던 것이다. 그는 술에 취한 채 머리에 월계관을 쓰고 거리로 뛰쳐

나왔다. 그리고는 허리에 기생을 끼고는 비틀거리며 돌아다니다가 사람을 만나면 손을 잡고 술잔치에 끌고 가곤 했다.

안티고노스는 이처럼 손쉽게 아크로코린토스를 빼앗은 다음 가장 믿을 만한 부하들을 골라 이곳을 굳게 지키도록 했다. 그리고 철학자 페르사이우스에게 이곳의 관리를 맡겼다.

한편 아라토스는, 이미 알렉산드로스가 이곳을 지키고 있을 때부터 아크로코린토스 성을 빼앗을 계획을 가지고 있었다. 그러나 알렉산드로스가 아카이아 동맹에 가입하는 것을 보고 이 계획을 중지시켰다. 그러나 그는 다시 같은 방법으로 새로운 계획을 꾸미기 시작했는데 그 계획은 이러했다.

그때 코린트 시에는 시리아 출신의 네 형제가 살고 있었다. 그 중의 하나였던 디오클레스는 이 성의 수비대가 되어 성 안에서 일을 하고 있었다. 그런데 나머지 세 사람이 안티고노스 왕의 금덩어리를 훔쳐다가 시키온에 있던 아이기아스라는 은행원에게 팔았다. 아라토스는 바로 이 은행원을 자기의 계획에 끌어들였던 것이다.

그런데 얼마 뒤부터는 그들 중 에르기노스라는 사람만 이따금씩 와서 남은 물건을 돈으로 바꿔가곤 했다. 에르기노스는 은행원 아이기아스와 가까워지게 되자 가끔 아크로코린토스 성에 대해 여러 가지 이야기를 하게 되었다. 그는 성에서 일을 하는 동생을 만나러 가자면 산으로 올라가야 하는데, 산 중턱에 지름길인 갈라진 좁은 바위 틈이 있어 그 길로 가면 성벽의 가장 얕은 곳에 이른다는 이야기를 하였다. 생각지도 않던 말을 듣게 된 아이기아스는 웃으면서 이렇게 농담 같은 말을 했다.

"이보게! 거기가 어딘데 이렇게 새 눈물만큼씩만 훔쳐오나? 머리만 잘 쓰면 하루 아침에 큰 부자가 될 수 있잖은가? 왕의 물건을 훔쳐내는 것도 왕을 반역하는 것과 마찬가지니 잡히면 목이 달아나기는 마찬가지 아닌가?"

에르기노스는 이 말을 듣고 무슨 뜻인지 알겠다는 듯이 의미 있는 웃음을 지어보였다. 그리고는 성에 있는 자기 동생을 만나봐야겠다고 했다. 또 다른 두 형제는 그런 큰 일을 같이 할 사람이 못 되니 아무 말도 하지 말아야겠다고 얘기했다.

얼마 뒤 그는 다시 은행원을 찾아오더니, 아라토스를 데리고 성벽이 가장 얕다는 곳으로 안내했다. 성벽은 과연 15피트(약 4.5미터) 정도밖에 되지 않았다. 에르기노스와 동생 디오클레스는 있는 힘껏 그를 돕겠다고 약속을 했다.

이 말을 들은 아라토스는 만일 일이 성공하면 60탈렌트를 주고, 실패하더라도 자기가 죽지만 않는다면 집 한 채와 1탈렌트씩을 주겠다고 굳게 약속했다. 그러자 에르기노스는 그 돈을 은행원인 아이기아스에게 미리 맡겨두었으면 좋겠다고 얘기했다. 그러나 아라토스는 그만한 돈을 가지고 있지도 않았고, 그렇다고 다른 사람에게 빌리면 의심을 받을 것 같았다. 그래서 그는 집안 살림은 물론 아내의 패물까지 몰아다가 아이기아스에게 돈 대신 맡겼다.

아라토스는 이러한 인품을 가지고 있었으며, 영광스러운 일을 하고자 하는 욕망도 컸다. 아라토스는 포키온이나 에파미논다스와 같은 사람이 뇌물로 자신의 명예를 더럽히지 않기 때문에 지금까지도 그리스에서 가장 정의롭고 명예로운 사람으로 존경받고 있다는 사실을 잘 알고 있었다. 그래서 그는 이 계획에 드는 돈은 모두 자기의 재산을 팔아서 쓰기로 했다. 자기가 무슨 일을 하는지도 모르는 시민들을 위해서 자신의 생명을 내던지기로 결심했다.

이 계획은 순조롭게 진행되었다고 해도 매우 위험한 일이었는데, 처음에는 실수까지 있었다. 아라토스는 부하 테크논을 보내 성에서 일을 하고 있던 디오클레스를 만나 성벽을 직접 조사해 오라고 시켰다. 그런데 테크논은 한 번도 디오클레스를 만난 적이 없었으므로 그의 형 에르기노스가 디오클레스의 생김새를 일러 주었다. 테크논이 아는 디오클레스의 모습은 머리가 곱슬곱슬하고, 얼굴은 거무스름한 편이고, 수염이 없다는 것뿐이었다.

테크논은 에르기노스와 디오클레스를 만나기 위해 코린트 변두리에 있는 약속 장소로 갔다. 그런데 에르기노스와 디오클레스의 형인 디오니시오스가 우연히 그곳을 지나가고 있었다. 물론 디오니시오스는 모습이 자기가 생각했던 디오클레스와 너무나 닮았으므로 분명히 디오클레스일 것이라고 믿고 혹시 에르기노스와 친척이 아니냐고 물었다. 디오니시오스는 에르기노스의 형이라고 대답했으므로, 테크논은 디오클레스를 만난 것이라고 믿게 되었다. 그래서 그는 디오니시오스에게 악수를 청하고는, 곧장 그 계획에 대해서 묻기 시작했다.

한편 디오니시오스는 엉큼하게 시치미를 떼고는 그 계획을 다 아는 것처럼 굴었다. 그리고는 그를 데리고 코린트 시를 향해 걸어갔다. 이윽고 성문 앞에 이르자 디오니시오스는 테크논을 잡으려고 했다. 그런데 그때 마침 에르기노스와 만나게 되었다. 에르기노스는 테크논이 자기 형 디오니시오스에게 속은 것을 알고, 빨리 도망가라는 눈치를 보냈다. 이렇게 해서 재빨리 달아난 에르기노스와 테크논은 아라토스에게 갔다. 보고를 들은 아라토스는 조금도 실망하는 표정을 짓지 않았다. 그리고 는 에르기노스에게 돈을 주면서, 디오니시오스를 찾아가 그 돈을 주고 입을 열지 못하게 하라고 했다. 잠시 후 에르기노스는 디오니시오스에게 돈을 주고 입을 열지 않겠다는 약속을 받아낸 뒤, 아라토스에게 데리고 왔다. 그러자 아라토스는 디오니시오스를 가둬놓고, 다시 그 계획을 진행시켰다.

모든 준비가 갖추어지자 아라토스는 병사들에게 무장을 갖추고 대기하라는 명령을 내렸다. 그리고 나서 자기는 정예 부대 4백 명을 이끌고 아크로코린토스를 향해 출발했다. 그러나 그 비밀을 알고 있는 사람은 그 중에 몇 명 되지 않았다. 아라토스는 이들을 헤라 신전이 있는 코린트의 한쪽 성문으로 이끌고 갔다.

그때는 한여름인데다가 날씨도 맑았고, 밤하늘에는 보름달까지 둥실 떠있었다. 그러므로 달빛에 무기가 번쩍거려서 자칫하면 적의 파수병의 눈에 띌 위험이 있었다. 그러나 군대의 맨 앞에 서던 병사들이 성에 다가갈 때쯤, 다행히도 바다에서 안개가 올라오더니 시가지와 그 주변을 뿌옇게 덮어 주었다. 성 밑에까지 이르른 병사들은 모두 신발을 벗었다. 사다리를 오를 때 소리가 안나고 미끄럽지 않게 하기 위해서였다.

한편 에르기노스는 일곱 명의 병사에게 행인으로 변장시켜서 성문으로 갔다. 그리고 기회를 엿보아 보초와 문지기를 죽여 버렸다. 동시에 반대편에서는 병사들이 사다리를 성에 갖다 세웠다. 아라토스는 먼저 백 명의 병사들을 성벽 위에 올라가게 하고, 나머지 병사들도 곧 뒤따라 올라오게 했다. 그리고 이들이 완전히 성을 넘어오자 사다리를 끌어올려놓았다.

아라토스는 먼저 올라온 백 명의 군사를 거느리고 시가지를 거쳐 성으로 달려갔다. 아라토스는 이제 성공은 확실하다고 믿었다. 그러나 성은 아직도 멀었는데, 횃불을 든 병사 네 명이 보였다. 달이 구름 속에 들어가 있었으므로 겨우 그들의 눈을 피할 수 있었지만, 이쪽으로 똑바로 걸어온다면 들킬 것이 분명했다. 그래서 아라토스는 부하들을 후퇴시켜 어느 허물어진 건물과 성 그림자 뒤에 숨게 했다. 그리고 순찰하는 병사들이 오자 재빨리 뛰어나가 그 자리에서 세 명을 죽였다.

그러나 나머지 한 명은 머리에 칼을 맞은 채 도망치면서 성 안에 적이 들어와 있다고 소리를 질러댔다. 곧 나팔소리가 울려퍼지고 온 시내가 발칵 뒤집혔다. 골목마다 병사들이 뛰쳐나와 아우성을 쳤다. 수많은 횃불들이 시내와 성에 가득했다. 그리고 귀를 찢어놓을 듯이 요란한 소리가 캄캄한 밤하늘에 멀리 퍼져나갔다.

그때 아라토스는 성을 향해 절벽을 기어오르고 있었다. 처음에는 깊이 패어 있는 바위의 그림자를 따라 가파른 길을 꼬불꼬불 올라갔는데, 너무 위험해서 도저히 더 나아갈 수 없는 곳까지 이르렀다. 그런데 이때 마침 달이 구름에서 빠져나와 가장 힘든 고비에서 고생하고 있던 그들의 앞길을 환하게 비춰 주었다. 덕분에 아라토스는 성을 넘기로 계획했던 곳까지 무사히 도착할 수 있었다. 그러자 달은 다시 구름 속으로 사라져 버렸다.

한편 아라토스가 성을 넘는 동안 헤라 신전 근처에 남겨 두었던 3백 명의 군사들은 아무 영문도 모른 채 두려움에 떨고 있었다. 시내가 발칵 뒤집히고 사방에서 횃불이 번쩍거리고 있었으므로 먼저 들어간 부대처럼 시내를 뚫고 지나갈 수도 없었다. 그래서 그들은 낭떠러지 밑에 숨어서 두려움과 불안에 떨고 있었다. 그때 아라토스가 먼저 데리고 갔던 부대가 성 위에 올라가 적들과 싸우고 있는 소리가 들려왔다. 그러나 그 소리는 메아리가 되어 돌아왔으므로 도무지 어느 곳에서 싸우는지 방향을 가늠할 수가 없었다. 그들은 어디로 가면 좋을지 몰라 마음만 졸이고 앉아 있었다.

그런데 그때 안티고노스의 지휘관 아르켈라오스가 많은 군사를 이끌고 함성을 지르며 그들 앞을 지나갔다. 이들은 아라토스의 부대를 공격하기 위해 나팔을 불며 달려가는 것이었다. 이것을 본 3백 명의 군사들은 일제히 아르켈라오스의 군대를 향해 달려들었다. 그들은 앞장서 오는 적을 죽이고, 겁에 질린 아르켈라오스와 적의 병사들을 죽이며 시내로 들어갔다. 이 때문에 적군은 완전히 흩어져 버리고 말았다.

바로 그때 성에서 달려나온 에르기노스가, 아라토스가 지금 불리한 상황이니 도와 달라고 소리를 질렀다. 3백 명의 군사는 에르기노스의 안내로 산을 올라가면서, 자기네들이 도우러 간다는 것을 알리기 위해 함성을 질렀다. 좁은 산길을 길게 늘어서서 오르는 동안 보름달이 다시 나타나 그들의 창과 칼을 비추었다. 그러므로 적은 창과 칼의 반사되는 불빛과 함성소리에 놀라 엄청난 숫자의 군대가 올라온다고 생각하였다. 한밤중이라서 이들이 지르는 함성소리는 몇 배나 더 크게 울렸기 때문에 온 천지가 흔들리고 있는 것 같았다.

그들은 아라토스의 군대와 힘을 합쳐 적을 완전히 무찌르고 드디어 성을 빼앗았다. 그럴 때쯤 서서히 날이 밝아오면서 그들의 머리 위에 새로운 태양이 눈부시게 떠올랐다. 그때 시키온에 남겨 두었던 아라토스의 본대가 도착했다. 코린트 시민들은 성문을 활짝 열어젖히고 그들을 환영해 주었다. 그리고 이들과 함께 마케도니아의 수비대를 모조리 잡아냈다.

모든 일이 끝나자, 아라토스는 이제 안전하다고 생각하고 성을 내려와 극장으로 갔다. 그곳에는 아라토스의 연설을 듣기 위해 몰려온 시민들이 가득 모여 있었다. 그는 연단의 양쪽에 아카이아 병사들을 호위대로 세우고 한가운데에 나타났다. 그는 미처 갑옷도 벗지 못한 채 연단 위에 나타났는데, 밤새도록 적과 싸우느라고 몹시 지쳐 있어서 얼굴에는 핏기가 없었다. 승리의 기쁨도 피로에 묻혀서 그의 얼굴에서는 만족스러운 표정을 찾을 수가 없었다.

그가 연단 위에 나타나자 군중들은 열광적으로 함성을 올렸다. 아라토스는 들고 있던 창을 오른손으로 옮겨잡고 창에다 몸을 기댄 채 잠시 동안 갈채와 환호를 묵묵히 듣고 있었다. 군중들의 환호가 그치기를 기다려 아라토스는 몸을 일으켜 세웠다. 그리고 아카이아 동맹의 이름을 언급하며 연설을 시작하여 마침내는 코린트도 아카이아 동맹에 가입하라고 권유했다. 그리고 나서 그는 필리포스 왕의 침략 이후 지금까지 빼앗겼던 성문 열쇠들을 비로소 코린트 사람들에게 넘겨 주었다.

아라토스는 안티고노스의 여러 장군들 중 아르켈라오스를 석방시켰다. 그러나 테오프라스토스는 자기의 직책을 내놓지 않겠다고 고집을 부렸기 때문에 사형을 면할 수가 없었다. 그리고 페르사이오스는 성이 점령되었을 때 켄크레아이로 도망을 가버렸다. 그 뒤의 페르사이오스의 이야기는 유명한 일화로 남아 있다.

"현자만이 진정한 장군이 될 수 있소"라고 상대편이 말하자 페르사이오스는 대뜸 이렇게 대꾸했다.

"제논의 격언 가운데서 내가 제일 좋아했던 것이 바로 그 말이었소. 그러나 시키온의 한 청년에게 모욕을 당한 뒤부터는 생각이 달라졌소."

역사가들 대부분은 페르사이오스에 대한 이야기를 전하고 있다.

그 뒤 아라토스는 곧 헤라 신전과 레카이움 항구를 점령했다. 그리고 그곳에 남아 있던 안티고노스의 배 25척과 말 5백 마리를 빼앗고, 시리아 사람 4백 명을 노예로 팔아 버렸다. 그런 다음 아라토스는 아크로코린토스에 중무장 부대 4백 명과 군대에서 기르는 개 50마리, 그리고 그 개들을 부리는 병사 50명으로 구성되어 있는 아카이아 동맹군을 이곳에 두어 성을 지키게 했다.

로마 사람들은 필로포이멘을 가리켜, 그리스의 마지막 인물이라고 불렀다. 이제 그리스에서 다시는 그런 훌륭한 인물이 나오지 않을 것이라는 말이었다. 그러나 아크로코린토스를 빼앗은 아라토스야말로 그리스의 마지막 인물이며 가장 큰 일을 한 사람이었다. 이 일에 따른 큰 위험과 하늘의 도움, 이 일이 가져온 결과를 보아도 그 것은 정말 큰 업적이 아닐 수 없었다. 이 일이 있은 뒤 메가라가 안티고노스를 저버 리고 곧바로 아라토스에게 달려왔으며, 트로이젠과 에피다우로스도 아카이아 동맹 에 가입했던 것이다.

그 뒤 아라토스는 처음으로 나라 밖으로 나가 아티카를 공격하고, 거기서 다시 바 다를 건너가 살라미스 섬을 점령하였다. 이렇게 되자 그때까지 펠로폰네소스 반도 에 갇혀 있는 아카이아 군은 이제 자유의 홍수처럼 본토로 몰려들기 시작했다. 그때 아라토스는 포로로 잡은 자유인들을 아무 대가 없이 모두 풀어 주었는데 그것은 아 테네를 아카이아 동맹에 끌어들여 마케도니아에 대해 반기를 들게 하려는 것이었다.

그는 또 이집트의 프톨레마이오스 왕을 아카이아 동맹에 가입시키고 육군과 해 군을 동시에 지휘하는 대장군으로 추대했다. 이렇게 되자 아카이아 동맹에서 아라 토스가 갖는 세력은 더더욱 커졌다. 아카이아의 각 도시들은 한 해 건너마다 아라토 스를 장군으로 뽑았는데, 그것은 같은 사람을 해마다 장군으로 뽑는 것이 법률로 금 지되어 있기 때문이었다. 그러나 실제로는 아라토스의 지시에 따라 모든 일을 결정 했다. 사람들은 그가 돈이나 명예, 혹은 왕들의 총애나 자기 나라의 이익을 위해서 가 아니라 언제나 아카이아 동맹국 전체의 영광과 발전만 생각하고 있다는 것을 알 고 있었기 때문이었다.

아라토스는 각 도시들도 혼자의 힘으로 있을 때는 힘을 발휘할 수 없지만, 커다란 전체의 한 부분으로서 의견을 같이하면 강해진다고 생각하고 있었다.

이웃에 있는 도시들은 모두 아카이아 동맹에 가입하여 자유를 누리고 있는데, 아 르고스는 아직도 참주 밑에서 괴로움을 당하고 있는 것을 본 아라토스는 무척 안타 까운 마음이 들었다. 그래서 그는 참주 아리스토마코스를 몰아내고 아르고스를 해 방시키기 위한 계획을 세웠다. 아르고스는 원래 아라토스 자신이 자라난 곳이었으 므로, 그들에게 자유를 되찾아 주고 아카이아 동맹에 가입시키는 것은 고향에 대한 보답이라고 생각했다.

아르고스의 많은 사람들이 그의 계획에 찬성을 했다. 그 중에서도 특히 아이스킬 로스와 예언자 카리메네스는 유명한 사람이었다. 그러나 참주 아리스토마코스가 보 통 사람들은 무기를 갖지 못하게 금지시켰기 때문에 무기를 구할 수가 없었다. 아라토스는 할 수 없이 코린트에서 무기를 가져와야만 했다. 그리고 그것을 자루에 넣어 말에 싣고, 다른 물건들로 그 위를 덮은 다음 몰래 아르고스로 보냈다.

그런데 예언자 카리메네스가 낯선 사람을 이 음모에 가입시키는 바람에 아이스킬로스를 비롯한 몇몇 사람들이 이 일을 몹시 못마땅하게 생각했다. 그래서 이들은 카리메네스와의 관계를 끊고 자기네들끼리만 이 일을 실행하기로 결심했다. 이것을 알고 몹시 화가 난 카리메네스는 적에게 그들의 계획을 모두 밀고했다. 그러므로 참주를 공격하려던 사람들은 비밀이 탄로나자 급히 코린트로 도망쳐왔다. 그러나 아리스토마코스는 얼마 후 부하들의 손에 암살당했고, 아르고스에는 그보다 더 잔인한 아리스티포스가 들어서게 되었다.

이 소식을 들은 아라토스는 청년들을 모두 불러모아 곧 아르고스로 출발했다. 그는 그곳에 가면 아르고스의 시민들이 모두 그들을 도와줄 것이라고 믿었다. 그러나 그곳 시민들은 길고 긴 억압의 생활에 젖어 있었으므로, 아무도 그들을 도와주려 하지 않았다. 이렇게 되자 아라토스는 군대를 되돌릴 수밖에 없었다. 평화로운 때에 이유 없이 남의 나라를 침략했다는 것 때문에 아카이아 동맹은 억울한 원망의 소리를 듣게 되었다. 그리고 만티네이아 시를 재판장으로 하여 이 일로 재판까지 받게 되었다. 그러나 아라토스가 법정에 나가지 않는 바람에 자연히 아리스티포스가 이기고, 재판에 진 아카이아 동맹은 30미나이의 벌금을 물게 되었다.

그러나 아리스티포스는 아라토스를 미워하고 또 두려워했다. 그는 아라토스를 죽이기 위해 아주 끔찍한 계획을 세우고 안티고노스 왕의 도움을 받기로 했다. 그렇게 해서 아라토스 뒤에는 항상 수많은 암살자들이 뒤따르게 되었다.

그러나 정치가를 가장 잘 지켜주는 호위병은 바로 민중들의 사랑과 충성이었다. 민중들이 자신들의 지도자가 혹시나 자기들에게 무슨 해를 끼칠까 하는 것을 두려워하는 것이 아니라, 그 사람이 무슨 피해를 입을까봐 걱정하게 된다면 그 사람은 분명히 훌륭한 지도자일 것이다. 그리고 백성들은 그 지도자의 눈과 귀와 손발이 되기 때문에, 어떤 음모가 있더라도 곧 그 비밀이 밝혀지게 마련이다.

그런데 여기서 아라토스의 이야기를 멈추고, 아리스티포스가 참주가 되어 어마어마한 권력을 쥐게 된 뒤, 어떤 생활을 하고 있었던가를 잠시 말하고자 한다.

아리스티포스는 안티고노스 왕과 손을 잡았지만 항상 호위병을 두어 자기를 지키게 했다. 그리고 자기에 대한 불평을 하는 사람은 한 사람도 살려두지 않았다. 그는 많은 호위병들을 궁전의 주변에 배치했다. 그리고 매일 저녁을 먹은 뒤에는 모든 하인들을 밖으로 내보낸 뒤 직접 문을 잠갔다. 그런 다음 그는 천장 위에 만들어 놓은 비밀문에 사다리를 놓고 자기의 애첩과 함께 그 위에 있는 다락방으로 올라갔다. 그곳이 바로 이 참주의 침실이었다. 그런 곳에서 불안에 떨면서 잤으므로 그는 잠을 자다가도 늘 놀라서 깨어나곤 했다.

이 두 사람이 다락방으로 올라가고 나면 그 애첩의 어머니가 사다리를 들어서 다른 방에 갖다넣고 열쇠로 잠갔다. 그리고 아침이 되면 다시 사다리를 그곳에 세우고 두 사람을 내려오게 했다. 그러면 이 참주는 마치 굴을 나서는 짐승처럼 어슬렁거리며 밑으로 내려오곤 했다.

그러나 아라토스의 생활은 이것과 정반대였다. 아라토스는 언제나 보통 사람들처럼 간편한 옷을 입고 다녔고, 참주들을 모두 자신의 원수로 생각했다. 그는 오랫동안 장군의 자리에 있었지만, 그것은 무력으로 빼앗은 권력이 아니라 정당한 방법으로 얻은 영광의 자리였다.

아라토스는 아리스티포스를 몰아내고 아르고스를 해방시키기 위해 수없이 많은 노력을 했다. 그러나 공공연한 수단을 쓰기도 하고, 몰래 음모를 꾸미기도 했지만 한 번도 성공하지는 못했다. 한 번은 부하들 몇 명을 데리고 아르고스 성에 몰래 들어간 적도 있었다. 그리고는 성벽에다 사다리를 세운 뒤 대담하게 성으로 올라가, 막으려고 달려온 수비병들을 죽였다. 그러나 아리스티포스의 군대가 사방에서 그들을 공격해 와 큰 어려움을 당했다. 그러나 시민들은 냉담했다. 자기들의 해방을 위해 피흘리고 있는 그들을 마치 네메아 경기 대회를 구경하는 것처럼 담담하게 지켜보고 있었다.

아라토스는 싸우는 도중에 허벅지에 창이 꽂혔지만 용기를 잃지 않고 열심히 싸웠다. 그들은 아르고스 시의 일부분을 완전히 점령하고 밤이 될 때까지 한 발자국도 뒤로 물러나지 않았다. 그때 아리스티포스는 이미 자기의 재산과 보물들을 배로 옮기고 도망칠 준비를 하고 있었다. 그러나 시민들은 아무도 그런 사실을 알려 주지 않았다. 또한 마실 물도 떨어지고 상처의 고통도 점점 더 심해졌으므로 아라토스는 할 수 없이 군대를 철수시켰다.

아라토스는 이런 방법으로는 결코 성공을 거두지 못한다는 것을 깨달았다. 그래서 그는 아예 아르고스 시로 버젓이 들어가 재물을 마구 약탈했다. 그리고 나서 아라토스 군은 카레스 강에서 아리스티포스의 군대와 큰 싸움을 벌이게 되었다. 그때 아라토스 군의 한 부대는 적을 멀리까지 뒤쫓고 있었지만 아라토스가 직접 지휘하고 있던 부대는 도리어 심한 피해를 입고 있었다. 아라토스는 싸움이 계속되면 전멸당할 것 같아 군대를 철수시켰다.

적을 추격하다 돌아온 부대는 아라토스의 철수 소식을 듣고, 손 안에 들어온 승리를 놓친 격이라며 그에게 비난을 퍼부었다. 아라토스 장군이 제대로 싸우지 못했기 때문에 적군보다 더 많은 전사자를 냈으며, 싸움에서 패배한 적이 도리어 승리의 기념비를 세우게 했다고 불평을 늘어놓았던 것이다.

아라토스는 병사들의 말을 듣자 너무나 부끄럽고 분했다. 그는 다음날 다시 군대를 이끌고 싸움터로 나갔다. 그러나 아라토스는 이번에도 군대를 되돌릴 수밖에 없었다. 그동안 적군은 더 많은 부대를 불러 막강한 세력을 갖추고 있었다. 사기 또한 한층 높아져 있었던 것이다. 이것을 본 아라토스는 굳이 싸움을 하는 것보다 물러가는 편이 자신들을 위해 훨씬 유리할 것이라고 생각했다. 그래서 그는 휴전을 요청하고 전사들의 시체를 찾은 뒤 군대를 되돌렸다.

그러나 아라토스는 이런 전투에서 입은 손해를 정치적인 방법으로 보충시킬 수 있었다. 그는 클레오나이 시를 아카이아 동맹에 끌어들였으며, 그곳에서 네메아 경기 대회를 열었다. 예부터 이곳은 네메아 경기 대회를 주관하는 곳이었기 때문이다. 아르고스 사람들도 이 경기 대회에 참석했는데, 이때 처음으로 운동 경기에 참가한 선수들의 안전이 짓밟히게 되었다고 한다. 그때 아카이아의 동맹군은 경기 대회에 참가하는 아르고스 사람들이 아카이아 땅에 들어오자 모조리 잡아서 노예로 팔아버렸던 것이다. 이러한 사실로도 알 수 있듯이 아라토스는 참주뿐만 아니라 그 나라의 민중들까지도 모두 미워하는 사람이었다.

그 뒤, 아라토스는 아주 기분좋은 소식을 한 가지 듣게 되었다. 아리스티포스는 클레오나이를 공격하고 싶지만 아라토스가 무서워 그러지 못하고 있다는 뜻밖의 소식이었다. 이 이야기를 듣고 다시 용기를 얻은 아라토스는 곧 군대를 소집하였다. 그리고 그들에게 며칠분의 식량을 준비하게 한 다음, 켄크레아이로 달려갔다. 아라토스는 아리스티포스가 이 기회를 이용해서 클레오나이를 공격할 것이라고 생각했던 것이다.

아라토스의 이 예상은 적중했다. 아리스티포스는 아라토스가 그 먼 켄크레아이에 가 있다는 정보를 듣고, 곧 군대를 이끌고 클레오나이로 출발했다. 그러나 이럴 것을 미리 짐작하고 있던 아라토스는 밤중에 군대를 돌려 코린트로 되돌아와 있었다. 아라토스는 모든 길마다 복병을 숨겨둔 뒤, 나머지 군대를 데리고 클레오나이로 갔다. 아라토스는 아카이아 군대를 질서있고 재빨리 이끌고 왔기 때문에 아리스티포스의 군대는 이들의 움직임을 전혀 눈치 채지 못했다. 아라토스는 클레오나이에 도착하자 군사들을 무장시켜 시내 각 곳에 배치시켰다. 물론 아리스티포스는 그가 시내에 있으리라고는 상상도 못하고 있었다.

아침이 오자 아라토스의 군대는 성문을 활짝 열어젖힌 뒤, 함성을 지르고 나팔을 불면서 적군을 향해 달려갔다. 적은 난데없는 공격에 모두 뿔뿔이 흩어져 버렸다. 길이 복잡했기 때문에 도망칠 길은 많이 있었지만, 아라토스는 그 중에서 아리스티포스가 도망쳤을 만한 길을 골라 곧 달려갔다. 데이니아스의 기록에 의하면, 아라토스 군은 미케나이까지 뒤쫓아 갔는데 마침 아리스티포스가 보였으므로 크레테 출신의 트라기스코스라는 병사가 달려나가 그를 죽였다고 한다.

이 싸움에서 적은 천 5백 명에 달하는 전사자를 냈다. 그러나 아라토스는 이처럼 빛나는 승리를 거두었으면서 단 한 명의 병사도 잃지 않았다. 하지만 아라토스는 결국 아르고스 시를 점령하지도 못하고 시민들을 해방시키지도 못했다. 그동안 아기아스와 아리스토마코스가 마케도니아 군대를 이끌고 달려와 이미 아르고스를 점령해 버렸던 것이다.

어쨌든 아라토스는 이 공적으로 지금까지 각 도시의 참주들에게 아첨하던 자들이 만들어 냈던 수많은 조롱과 욕설을 씻어 버렸다. 그들은 참주들의 사랑을 받기 위해 이런 이야기들을 하고 있었다.

"아카이아 동맹군의 장군이라는 사람은 싸움터에만 나가면 꼭 속이 불편하고, 나팔소리만 들으면 언제나 눈이 아프고 머리가 어지럽답니다. 그리고 군대를 배치한 다음에는 장군들을 불러다가, 이제 주사위는 던져졌으니 자기가 없어도 되지 않느냐면서 저 뒤로 물러나 비겁하게 결과만 기다리고 있답니다."

이런 터무니없는 이야기들은 사람들의 입으로 전해지고 있었다. 그래서 철학자들은, 위급한 일을 당했을 때 가슴이 심하게 두근거리고 얼굴이 파랗게 질리는 것이 두려움 때문인지 아니면 병이나 오한 때문인지를 토론할 때면 곧잘 아라토스를 예로 들었다. 그는 사실 훌륭한 장군이기는 했지만, 싸움터에 나갈 때마다 이런 증세를 보였다고 한다.

아라토스는 아리스티포스를 죽인 뒤, 곧 메갈로폴리스의 참주가 된 리디아데스를 몰아낼 생각에 빠졌다. 리디아데스는 원래는 좋은 가문에서 태어나 큰 뜻을 품고 있던 사람이었다. 그는 다른 참주들처럼 쾌락에 빠져서 이기적인 욕심을 탐내거나 무서운 범죄를 저지르지는 않았다. 단지 그는 젊었을 때부터 명예욕이 대단히 강했다. 참주가 되면 보람되고 행복하게 살 수 있을 것이라는 어처구니 없는 말들을 그냥 아무 생각 없이 받아들였던 것이다. 그러나 막상 참주의 자리에 앉게 되자 지배자의 시늉을 하기 시작했다.

그러나 그는 아라토스의 성공이 부러웠고, 그가 하는 일이 무섭기도 했다. 그래서 그는 자기가 할 수 있는 한 가장 훌륭한 조치를 취하였다. 그는 자기의 호위병으로부터 자기를 해방시키고 백성들의 미움을 없애서 나라의 은인이 되는 길을 선택하기로 했던 것이다. 그래서 리디아데스는 아라토스에게 사절단을 보내 정권을 넘겨 주고, 메갈로폴리스를 아카이아 동맹에 가입시켰다. 그러자 아카이아 사람들은 리디아데스를 칭찬하면서 그를 아카이아 동맹군의 장군으로 뽑아 주었다.

이렇게 되자 그는 아라토스보다 더 많은 공적을 세우고 싶어했다. 그는 스파르타를 공격하기로 하는 등 필요하지도 않은 계획을 마구 세우려고 했다. 아라토스는 그 원정 계획을 반대했지만, 시민들은 오히려 그가 리디아데스를 질투해서 그러는 것이라고 얘기했다. 그리고는 리디아데스를 다시 한 번 장군으로 선출했다. 그때 아라토스는 다른 사람을 장군으로 추천했지만, 시민들은 아라토스의 의견을 완전히 무시해 버리고 굳이 리디아데스를 장군으로 추대했던 것이다. 이때 아라토스는 앞에서 말했던 것처럼 한 해 건너마다 장군이 되었는데, 리디아데스에 대한 평판이 아주 좋았기 때문에 그 또한 번갈아 세 번이나 장군의 자리에 오르고 있었다.

이렇게 되자 리디아데스는 아라토스에 대한 미움을 겉으로까지 드러내어, 아카이아 동맹국의 시민들 앞에서도 그에 대한 욕설을 늘어놓았다. 그러나 시민들은 차츰 아라토스의 미덕은 가슴속에서 우러나온 것이지만 리디아데스는 거짓으로 만든 것이라는 것을 깨닫게 되었다.

인심을 잃은 리디아데스는 결국 참주의 자리를 내놓기는 했지만, 사람들은 그가 언제 또다시 참주로 변할지 모른다는 생각을 버릴 수 없었다.

아라토스는 아이톨리아 전쟁에서도 크게 이름을 떨쳤다. 그때 아카이아 동맹은 아이톨리아 군과 메가라 국경 지대에서 전쟁을 벌이려 했으므로, 스파르타의 아기스 왕도 군대를 이끌고 아라토스의 군대를 도우러 오고 있었다. 아라토스가 반대를 하고 나서자, 시민들은 그에게 온갖 욕설과 비난을 퍼부어댔다. 그러나 아라토스는 이런 모욕을 참았다. 그는 한 번 옳다고 생각한 일은 어떤 일이 있더라도 굽혀서는 안 된다고 생각했다.

아라토스는 아이톨리아의 군대가 게라네아를 넘어 펠로폰네소스 반도를 들어올 때까지도 가만히 내버려 두었다. 그러나 그들이 펠레네를 점령했다는 소식이 들리자 갑자기 군대를 움직이기 시작했다. 적군은 그때 승리의 기쁨에 들떠서 긴장이 완전히 풀려 있었으므로 아라토스는 그들을 간단하게 무찌를 수 있었다.

그때 펠레네에 들어온 아이톨리아 군은 시민들의 재산을 빼앗기 위해 병사들끼리 서로 싸우고 있었다. 그리고 사령관과 부하장군들은 시민들의 아내와 딸을 닥치는 대로 붙잡아 자신의 전리품으로 삼았다. 그들은 자신의 투구를 여자들의 머리에 씌우고, 이것은 내 것이니 다른 사람은 건드리지 말라는 표지로 삼았다. 이런 장난을 벌이고 있을 때 아라토스의 군대가 습격해 온다는 보고가 전해졌으므로, 그들은 온몸이 얼어붙는 것 같았다. 더구나 성 밖과 성문을 지키고 있던 병사들이 금세 아카이아 군에게 쫓겨 들어오는 것을 보자 시내에 있던 군대까지 아수라장이 되고 말았다.

이런 혼란 속에서 다음과 같은 일이 있었다.

아이톨리아 군에게 잡힌 여자들 중에는 에피게테스라는 유명한 시민의 딸이 있었는데, 그녀는 키도 크고 얼굴도 아주 예뻤다. 그때 그녀는 정예 부대의 대장에게 붙잡혀 세 겹의 깃털을 꽂은 그의 투구를 쓰고, 아르테미스 신전 안에 잡혀 있었다. 그런데 밖에서 난데없는 아우성 소리가 들려왔으므로, 그녀는 무슨 일인지 궁금하여 신전 밖으로 나왔다. 그녀는 세 겹의 깃털을 꽂은 투구를 쓴 채 신전 정문에 서서 밖을 내려다 보고 있었다. 그런데 이것을 본 시민들은 그녀가 아르테미스 여신이라고 생각했다. 그리고 적군은 신이 자기들에게 벌을 주려고 온 것인 줄 알고 공포에 사로잡혀 완전히 싸울 힘을 잃고 있었다.

그런데 펠레네 사람들은, 그때 여자 제관들이 진짜 아르테미스 신상을 들고 나와 적군들의 사기를 떨어뜨렸다는 이야기를 전하고 있다. 나무로 깎아 만든 아르테미스 신은 아무도 손대지 못하게 되어 있었다. 그러므로 무슨 큰 일 때문에 이 신상을 옮길 때도 여자 제관들이 이 일을 맡아했고, 그럴 때도 시민들은 감히 그 신상을 쳐다보지 못하고 얼굴을 돌려야 했다. 이 여신을 보는 사람은 무서운 벌을 받고, 여신이 지나간 길에는 자라던 나무도 열매를 맺지 못하고 곧 말라 죽는다는 믿음 때문이었다. 그래서 여자 제관들은 전투가 벌어진 것을 보고 이 여신의 신상을 들고 나와 아이톨리아 군이 더 이상 싸울 수 없게 만든 것이라고 한다.

그러나 아라토스가 직접 쓴 회상록에는 이런 이야기가 없다. 그는 다만 시내로 들어가 아이톨리아 군을 무찔렀으며 7백 명의 적을 죽였다고만 적고 있다. 아무튼 이 승리는 아라토스가 거둔 승리 중에서 가장 영광스러운 승리가 되었으며, 화가 티만테스는 이 전투의 광경을 생생하게 그려 후세 사람들에게 남기고 있다.

그런데 그때쯤 많은 나라와 여러 왕들이 아카이아 동맹을 깨뜨리기 위해 힘을 모으고 있었다. 그러므로 아라토스는 할 수 없이 아이톨리아 동맹국과 휴전을 맺고 그 나라의 지도자인 판탈레온의 도움을 받아 두 동맹 사이에도 평화 동맹을 체결하였다.

그런데 아라토스는 아테네를 해방시키려고 너무나 애를 쓴 나머지 아카이아 동맹국들로부터 심한 비난을 받게 되었다. 아카이아는 마케도니아와 이미 휴전 조약을 맺고 있었는데, 아라토스가 피라이우스 항구를 공격했기 때문이었다. 그러나 아라토스는 자신의 회상록에서, 그 일은 자신도 모르는 일이라고 쓰고 아크로코린토스 성을 점령할 때 그를 도와주었던 에르기노스에게 그 책임을 돌리고 있다. 즉 그의 말에 의하면, 에르기노스는 혼자서 피라이우스 항구를 공격했으며, 성을 넘어들어갈 때 사다리가 부서지는 바람에 도망을 갔는데, 이때 일부러 아라토스의 이름을 불러 적이 못 쫓아오게 했다는 것이다.

그러나 이 일은 신빙성이 없다. 평민인데다가 시리아 태생인 그가 아라토스가 시키지도 않은 그런 큰 일을 했다는 것은 믿을 수 없는 일이기 때문이다. 그러므로 아마 아라토스가 그에게 군대와 물자를 내주고, 그 일을 뒤에서 조종하지 않았나 하는 생각이 든다.

아라토스 자신의 행동도 이것을 증명하고 있는데, 그는 한두 번이 아니라 마치 버림받은 애인처럼 몇 번이나 이 일을 되풀이했다. 그는 계속 실패를 하면서도 그때마다 조금만 힘이 더 있었더라면 분명히 성공했을 것이라면서 또다시 새로운 힘을 모아 공격을 시도하였다. 그러다가 한 번은 실패해서 도망을 치다가 트라시아 평원에서 다리를 다친 일도 있었다. 그 후 여러 번 수술을 했지만 다리는 별로 나아지지 않아 오랫동안 마치 마차를 타고 전쟁터에 나갔다고 한다.

한편 안티고노스가 죽은 뒤, 그의 아들 데메트리오스가 왕좌를 이어받았다. 그러자 더욱더 힘을 낸 아라토스는 마케도니아로 쳐들어갔다. 그러나 필라키아 근처에서 데메트리오스가 보낸 비티스 장군의 군대에게 아깝게 지고 말았다. 그러므로 아라토스는 분명히 적에게 포로로 잡혔거나 아니면 싸움터에서 죽었을 것이라는 뜬소문이 나돌기 시작했다. 피라이우스 항구를 지키고 있던 디오게네스는 이 소문을 듣자 코린트로 편지를 보내, 아라토스가 죽었으니 아카이아 인들은 모두 그곳에서 물러가라고 명령했다. 그러나 이 편지가 도착했을 때, 아라토스는 코린트에 있었으므로 편지를 가져온 전령은 실컷 비웃음만 당하고 되돌아갔다.

그런데 그때 마케도니아의 데메트리오스 왕은 배를 한 척 보내, 아라토스를 묶어 그곳에 태우고 오라고 했다. 아테네 사람들도 마케도니아에게 잘 보이려고, 아라토스가 전사했다는 소문을 듣고는 월계관을 쓰고 축제 분위기를 내기도 했다. 아라토스는 이런 얘기를 듣고 너무나 화가 나 다시 아테네를 공격하려고 했다. 그러나 시민들의 애원에 못이겨 아카데미까지 갔다가 되돌아왔다.

그러나 그 뒤 아테네 사람들은 자유를 되찾기 위해 데메트리오스와 싸우기로 하고, 아라토스에게 도움을 요청했다. 그때 아라토스는 아카이아의 사령관도 아니었고 병까지 앓고 있는 중이었지만 이들의 요청을 받자 곧 자리에서 일어났다. 그는 마차를 타고 곧장 아테네로 달려가 마케도니아의 사령관 디오게네스를 만났다. 그리고 결국 피라이우스, 무니키아, 살라미스, 수니움 등을 아테네에 돌려주겠다는 약속을 받고 그 대신 150탈렌트의 돈을 주기로 했다. 아라토스는 이때 20탈렌트의 돈을 수고비로 받았는데, 이것을 다시 아테네 시에 되돌려 주었다.

그 뒤 아이기나와 헤르미오네가 아카이아 동맹에 들어왔으며, 아르카디아의 대부분도 여기에 가입하였다. 그때 마케도니아는 이웃 나라와 전쟁을 하느라고 몹시 바빴으므로 아카이아 동맹에는 신경쓸 겨를이 없었다. 이렇게 해서 아카이아 동맹은 아이톨리아와 동맹을 맺은 뒤 점차 그 힘이 강해지고 있었다.

그러자 아라토스는 자신의 처음 계획을 굽히지 않고, 아직도 참주의 그늘에서 신음하고 있는 아르고스로 눈을 돌렸다. 그는 아리스토마코스에게 사람을 보내, 참주의 자리에서 물러나 아카이아 동맹에 들어오라고 권유했다. 그리고는 조그마한 한 도시의 참주 자리 때문에 언제 죽을지 몰라 괴로움을 당하며 살지 말고, 리디아데스처럼 빨리 아카이아 동맹의 위대한 장군이 되라고 간절히 권했다.

아리스토마코스는 이러한 아라토스의 권유를 받아들이고 그 대신 하나의 조건을 내놓았다. 자기가 다른 나라에서 사들인 군인들을 해산시킬 테니, 그들에게 줄 봉급 50탈렌트를 보내 달라는 것이었다. 아라토스는 그의 조건을 들어주기로 하고 서둘러 그 돈을 구했다.

그런데 그러는 동안 아카이아의 리디아데스 장군이 욕심을 내기 시작했다. 자기가 그 조약을 성공시킨 것처럼 보이려는 것이었다. 그래서 그는 아리스토마코스에게, 아라토스는 원래 참주라면 원수처럼 생각하는 사람이니 자기가 이 일을 중간에서 맡겠다고 제안하고, 아카이아의 중앙회의에 이 같은 내용을 건의했다. 그때 아카이아의 중앙 위원들이 아라토스를 얼마나 존경하고 아끼고 있었는지가 잘 나타났다. 그들은 아라토스가 이 제안을 듣고 반대 연설을 하자 곧바로 그 제안을 무시해 버렸으며, 한참 뒤 아리스토마코스와 화해를 한 아라토스가 같은 내용의 제안을 하자, 그것을 곧바로 받아들였다. 그리고 아르고스와 플리아시아를 동시에 아카이아 동맹에 가입시키고, 다음 해에는 아리스토마코스를 아카이아 동맹국 군대의 장군으로 뽑아 주었다.

한편 아카이아 사람들로부터 존경을 받게 된 아리스토마코스는 자신의 능력을 뽐내고 싶었다. 그래서 그는 스파르타를 공격할 계획을 세우고, 아테네에 가 있던 아라토스가 돌아오기를 기다렸다. 그러나 아라토스는, 스파르타의 왕 클레오메네스는 용감한 장군이며 지금까지 수많은 승리를 거두었으므로 섣불리 싸움을 거는 것은 위험한 일이라고 생각했다. 그래서 그는 아리스토마코스에게 편지를 보내서 그 계획을 중단하라고 했다. 그러나 아리스토마코스는 끝까지 고집을 굽히지 않고 곧바로 스파르타에 쳐들어갈 기세였으므로 아라토스는 급히 아카이아로 돌아와 그와 함께 출전하였다.

클레오메네스 왕은 팔란티움[6]에서 싸움을 걸어왔다. 그러자 아리스토마코스는 곧 대응을 하려고 했지만 아라토스는 그를 말렸다. 리디아데스는 이러한 아라토스의 행동을 몹시 비난했다. 그러나 다음 해에 리디아데스가 아라토스와 함께 장군 후보로 나왔을 때, 아카이아 사람들은 리디아데스를 버리고 아라토스를 12번째 장군으로 뽑았다.

아라토스는 그 해에 라카이움 산 근처에서 클레오메네스의 군대와 싸우다가 안타깝게도 지고 말았다. 그때 그는 한밤중에 도망을 가다가 자취를 감추었는데, 이 일 때문에 다시 한 번 그가 죽었다는 헛소문이 떠돌았다. 그러나 그때도 아라토스는

---

6) 메갈로폴리스 동쪽에 있던 작은 도시.

버젓이 살아 있었으며, 그런 헛소문이 나돌고 있는 동안 흩어졌던 군사를 다시 끌어모으고 있었다.

그러나 그는 그대로 돌아가려고 하지 않고, 클레오메네스 쪽을 편들고 있던 만티네이아 시를 습격해 들어갔다. 아라토스는 이곳을 점령하고 여기에 자신의 군대를 주둔시키는 한편, 그곳에 살고 있던 외국인들에게 시민권을 주었다. 이렇게 해서 그는 전투에 졌음에도 불구하고 성과를 거두어 다시 한 번 아카이아 동맹을 떠들썩하게 만들었다.

그 뒤 스파르타가 메갈로폴리스 시를 공격하자, 아라토스는 서둘러 그곳으로 달려갔다. 그러나 아라토스는 클레오메네스가 아무리 싸움을 걸어도 꼼짝도 안했고, 오히려 싸우려고 일어서는 메갈로폴리스 군을 다독거려 싸움을 못하게 만들었다. 왜냐하면 그는 정식으로 벌어지는 싸움에는 자신이 없었으며, 특히 그때는 적군에 비해 병력도 한참 뒤떨어졌다. 더구나 이미 나이를 먹을 만큼 먹은 자신이 용감하고 젊은 장군과 맞선다는 것은 어리석은 일이라고 판단했다. 클레오메네스가 공명심 때문에 날뛰는 것은 당연한 일이지만, 자기는 이미 영광을 가지고 있으므로 그것을 걸고 싸우는 것은 경솔한 짓이라고 생각했던 것이다.

그때 경무장부대가 달려나가 스파르타의 군대를 무찌르고 그들의 진지까지 뒤쫓아갔다. 그러나 아라토스는 여전히 중무장부대를 잡아두었다. 그는 중무장부대에게 시냇물 한쪽 편에 진을 치게 하고는, 절대로 그 시냇물을 건너지 못하게 했다. 그러자 몹시 화가 난 리디아데스는 아라토스를 비난하기 시작했다. 그는 기병대의 병사들을 불러모아놓고, 고생하고 있는 경무장부대를 도와 승리를 거두고, 목숨을 걸고 나라를 위해 용감하게 싸우자고 외쳤다.

그러자 수많은 병사들이 리디아데스를 따라 적의 우익을 공격하였다. 그들은 적이 도망가자 그들을 열심히 뒤쫓아갔다. 그러나 공명심에 눈이 멀어 있던 리디아데스는 여기저기 도랑이 파여 있는 과수원까지 쫓아들어가고 말았다. 그때 마침 클레오메네스가 갑작스럽게 그들을 공격해 왔으므로, 그는 용감하게 싸웠지만 고향 도시의 성문 앞에서 쓰러지고 말았다.

리디아데스가 전사했다는 소식을 듣자 부하들은 모두 아라토스의 중무장부대가 있는 시냇가로 도망을 왔다. 그러나 이들이 도망쳐 오는 것을 보자 충분히 전투 준비를 갖추고 있던 중무장부대까지 혼란에 빠져 버렸다. 그래서 결국 이 싸움은 아카이아 동맹군의 패배로 끝이 났다.

이 일 때문에 아라토스는 심한 원망의 소리를 듣게 되었다. 용감한 리디아데스를 배신하여 죽도록 내버려 두었다는 것이다. 화가 난 군사들은 모두 아이기움으로 물러갔으므로, 아라토스도 그들을 따라갈 수밖에 없었다. 그들은 아이기움에 도착하자 곧 회의를 열고 이 문제를 의논하였다. 그들은 이제부터 아라토스에게는 전쟁 비용과 군대를 주지 말고, 만일 군대가 필요하다면 자기 돈으로 군대를 사서 쓰도록 하라고 결정을 내렸다. 이런 모욕을 당한 아라토스는 당장이라도 장군의 자리를 내던지고 싶었다. 그러나 다시 아카이아 군을 지휘하여 클레오메네스의 의붓아버지인 메기스토노스 군을 공격하였다. 여기서 그는 적병 3백 명을 죽이고 메기스토노스를 사로잡았다.

그때까지 아라토스는 한 해 건너마다 장군으로 임명되었었다. 그러나 다음 해에 자기 차례가 왔을 때 아라토스는 그 자리를 거절했으므로 대신 티목세노스가 그 해의 장군으로 임명되었다. 그러나 그가 장군 자리를 거절한 것은 민중들의 노여움에 대한 분풀이였다기보다는 나날이 위태로워지는 아카이아 동맹의 운명 때문이었던 것 같다.

왜냐하면 그때 클레오메네스는 다른 정치인들의 방해를 받아오면서 펼쳐왔던 지금까지의 소극적인 정책을 버리고, 새로운 방법을 쓰기 시작했던 것이다. 그는 에포로스들을 죽이고, 토지를 개혁하고, 다른 나라 사람들에게 시민권을 나누어 주었다. 그리고 아카이아 동맹에 대해서 본격적인 공격을 퍼붓기 시작했으며, 자기가 아카이아의 지휘자가 되겠다고 나섰다. 이렇게 되자 아라토스는 또다시 비난을 받게 되었다.

"장군 자리를 거절한 아라토스는 너무나 비겁한 사람이오. 폭풍을 만난 배의 선장이 다른 사람에게 키를 맡기는 것과 똑같은 짓이 아니오? 시민이 원하지 않는다고 해도 해야 할 일인데도 그는 비겁하게 도망을 갔던 것이오."

또 어떤 사람은 이렇게 말했다.

"만일 아카이아 동맹이 감당못할 일이었다면, 차라리 클레오메네스와 휴전을 맺었어야 했소. 그런데도 그는 야만인 같은 마케도니아와 손을 잡고 그들의 군대를 펠로폰네소스에까지 불러들였소. 게다가 아크로코린토스에는 일리리아와 갈리아 놈들을 가득 채워놓았소."

아라토스에게 퍼붓는 욕설은 이 정도에서 그치지 않았다.

"지금까지 마음대로 주물렀던 그까짓 놈들을, 그리고 자기의 회상록에서도 그렇게 욕설을 퍼붓던 놈들을 이제는 동맹군이라는 허울좋은 이름으로 모셔오다니 이게 말이나 되는 일이오?"

"아라토스의 말대로, 만약 클레오메네스가 전제자이고 그래서 무시한다고 해도 그의 조국은 스파르타고, 같은 헤라클레스의 후손이 아니오? 적어도 그리스에서 태어난 것을 자랑스러워하는 사람이라면, 마케도니아에서 제일 뛰어난 인물보다는, 변변치 않더라도 스파르타인을 장군으로 뽑는 것이 당연한 일 아니오?"

"클레오메네스는 장군이 될 때, 바다와 땅에서 아카이아의 이름을 널리 떨쳐 그 은혜를 갚겠다고 약속했소. 그러나 안티고노스는 총사령관의 자리를 주었을 때는 거절을 하더니 아크로코린토스를 뇌물로 받고 나서야 그 자리를 받아들였소. 이솝 이야기에 나오는 사냥꾼과 다를 게 뭐가 있소? 안티고노스는 아카이아의 등에 타라고 해도 거절하고, 사절단과 결의문을 보내도 거절하더니, 결국 코린트 성에다 수비대를 세워놓고는, 우리가 인질을 보내면서 스스로 밥이 되기를 기다린 것 아니오?"

이런 비난을 받자 아라토스는 애써 변명을 늘어놓았다. 그러나 폴리비오스의 기록을 보면, 아라토스는 이런 일이 생기기 훨씬 전부터 클레오메네스를 두려워하여 안티고노스와 몰래 손을 잡고 있었다고 한다. 뿐만 아니라 그는 메갈로폴리스 사람들에게 아카이아는 반드시 안티고노스의 도움을 받아야 한다며 그들을 설득했다고 했다. 메갈로폴리스는 계속 클레오메네스의 공격을 받고 있었으므로, 아라토스는 그들의 미움과 원한을 이용해 보려고 했던 것이다.

필라르코스의 기록에도 이것과 비슷한 이야기가 전해진다. 그러나 폴리비오스가 같은 내용을 전하고 있기 때문에 믿는 것이지, 만일 필라르코스 혼자서 전하는 것이었다면 아무도 그 얘기를 믿지 않았을 것이다. 왜냐하면 필라르코스는 클레오메네스를 좋아하고 그를 절대적으로 지지하는 사람이었다. 그래서 그가 쓴 역사는 역사가 아니라 마치 법정의 변호연설문처럼 처음부터 끝까지 아라토스를 비난하고 클레오메네스만을 추켜세우는 내용의 글이었다.

아카이아 군은 클레오메네스에게 만티네이아 시를 빼앗기고, 또 헤카톰바이움 부근의 전투에서도 완전히 패배를 당하자 더 이상 싸울 힘을 잃고 말았다. 그래서 그들은 클레오메네스에게 사람을 보내, 아르고스에 와서 아카이아 군을 지휘해 달라고 애원했다. 클레오메네스는 이 요청을 받아들였다.

아라토스는 그가 군대를 이끌고 레르나를 지나고 있다는 소식을 듣자 갑자기 겁이 나기 시작했다. 그래서 그는 클레오메네스에게 사람을 보내 동맹군의 자격으로 와 달라면서, 인질을 보내 안전을 보장해 줄 테니 3백 명만 데리고 오라고 전했다.

그러나 아라토스의 제안을 전해들은 클레오메네스는 그가 자신을 얕잡아본다고 화를 내면서 곧 군대를 돌려 버렸다. 그리고 아라토스에게 심한 비난과 욕설을 쏟아부은 편지를 보내어 그와 맞섰다. 두 사람은 서로 유치한 욕설을 퍼붓다가 나중에는 서로 아내의 행실까지 들먹이며 추잡한 비난을 해댔다.

결국 클레오메네스는 화가 머리 끝까지 나서 아카이아 동맹에 대해 선전포고를 내리고, 다른 한편으로는 시키온 시를 들쑤셔 반란을 일으키고 그곳을 점령할 계획을 세웠다. 그러나 이 계획은 거의 다 성공을 했다가 마지막에 일을 그르치고 말았다.

다른 곳으로 눈을 돌린 클레오메네스는 곧 아카이아의 장군이 내버려 둔 펠레네 시를 점령하고, 다시 페네우스와 펜텔레움을 손에 넣었다. 그러자 겁을 먹은 아르고스가 그에게 저절로 넘어왔으며, 플리아시아도 스파르타 군이 머무를 수 있게 허락을 해주었다. 이렇게 해서 아카이아는 지금까지 정복했던 땅을 전부 다 잃게 될 지경에 이르렀고, 펠로폰네소스 반도까지 들썩거리고 있었다. 그래서 각 도시에는 아카이아 동맹에서 빠져나오자고 민중들을 공작하는 사람들이 점점 더 늘어났다.

그러자 시키온과 코린트 시민까지 클레오메네스와 손을 잡고 그에게 하나둘씩 넘어가기 시작했다. 이들은 정권을 잡기 위해서 아카이아 동맹에 대해 계속 쌓아 왔던 불만을 터뜨리고 이 기회를 이용하려 했던 것이다.

그러나 아라토스는 아직까지 절대적인 권력을 손에 쥐고 있었으므로, 먼저 시키온에서 그런 자들을 찾아내어 모두 사형시켜 버렸다. 그리고 나서 코린트에서도 그렇게 하려고 하자, 아카이아 동맹의 지배를 거부하는 시민들은 모두 아폴론 신전 앞에 모여 반란을 일으켰다. 아라토스를 죽이든지 아니면 그를 붙잡아 가두어두려는 것이었다.

아라토스는 이들이 자기를 찾고 있다는 소식을 듣고, 곧 말고삐를 끌고 그들이 모여 있는 신전으로 갔다. 그러나 그의 얼굴에는 걱정이나 의심의 빛을 전혀 찾아볼 수가 없었다. 아라토스는 욕설을 퍼붓는 군중들을 진정시키고 너무 흥분하지 말라고 말하면서, 문간에 붙어서 있던 사람들도 모두 들어와 앉으라고 했다. 그리고는 말을 맡겨둘 사람을 찾는 것처럼 천천히 그곳을 나왔다.

아라토스는 도중에 만나는 사람들에게 아폴론 신전 앞에 가 있으라고 아주 침착하게 얘기하면서, 조심스럽게 성 가까이까지 갔다. 그리고 거기서 성을 지키고 있는 클레오파테르 장군에게 뒷일을 부탁하고, 재빨리 말 등에 올라타고 시키온으로 달려갔다. 그때 그가 데리고 간 부하는 겨우 30명이었으며, 코린트에 남아 있던 그 밖의 군대는 저절로 흩어져 버리고 말았다.

코린트 사람은 나중에야 아라토스가 달아났다는 것을 알고 급히 그를 뒤쫓았다. 그러나 그는 이미 시키온으로 도망간 뒤였으므로 잡을 수가 없었다. 그들은 클레오메네스를 불러들이고 자신들의 도시를 그에게 맡겼다. 그러나 클레오메네스는 코린트를 얻었다는 기쁨보다는 아라토스를 잃은 데 대한 분함이 더 컸다.

그때 다시 바닷가에 있는 아크테 사람들도 도시를 그에게 맡겨왔으므로 클레오메네스의 세력은 한층 더 커지게 되었다. 그러자 클레오메네스는 이제 자신의 강력한 권력을 믿고 아크로코린토스 성을 공격하기로 마음먹었다. 그래서 그는 사람들을 동원하여 성 주위에 진지를 구축하고 그 속에 있던 군대를 완전히 가두어 버렸다.

아라토스는 시키온으로 돌아가, 곧 아카이아 동맹국의 각 대표자들을 불러모았다. 아라토스는 여기서 절대적인 권력을 인정받게 되자 시키온 사람들 중에서 호위대를 뽑고, 자신의 몸을 보호하였다.

아라토스는 그때까지 33년 동안 아카이아 동맹을 이끌어 왔으며, 그동안 그리스에서 가장 높은 명성과 지위를 가지고 있었다. 그러나 이제 모든 것이 무너져 버리자 그는 시키온을 의지하며 새롭게 살아갈 길을 찾게 되었다.

그는 아이톨리아에 도움을 청했지만 거절을 당했다. 아테네 사람들은 그를 가엾게 생각하였으므로 도움을 주려 했지만 에우클리데스와 미키온의 반대 때문에 그들에게도 결국 거절당하고 말았다.

한편 코린트에는 아라토스의 집과 땅이 있었다. 그런데 코린트를 점령한 클레오메네스는 부하들에게 그것을 건드리지 못하도록 했으며, 오히려 아라토스의 것이니 잘 보살피라고 명령을 내렸다. 그리고 아라토스에게 회계 보고서까지 보내 주는 등 온갖 친절을 다했다.

또 그는 트리필로스를, 그리고 나중에는 자신의 의붓아버지인 메기스토노스를 그에게 보내, 여러 가지 다른 혜택과 함께 해마다 12탈렌트의 돈을 제공하겠다고 약속했다. 이것은 일 년에 6탈렌트씩을 보내주겠다고 했던 이집트의 프톨레마이오스 왕보다 갑절이나 많은 액수였다. 클레오메네스는 이러한 약속 대신 아카이아 장군이라는 이름을 자기에게 주고, 코린트에 아카이아와 스파르타의 부대를 주둔시키게 해 달라고 요구했다.

아라토스는 그의 제안에 대해, 자신은 정치를 하고 있는 사람이 아니라 정치를 받고 있는 사람이라고 대답했다. 이것은 협정을 거절하겠다는 말과 다름없었으므로 클레오메네스는 곧 군대를 이끌고 시키온 시로 달려왔다. 그러나 아라토스는 그들이 포위하고 있는 석 달 동안 한 번도 시내에 나오지 않았다. 그러는 동안 그는 코린트 성을 안티고노스에게 넘겨 주고 도움을 받는다면 어떤 이익과 손해가 있을지를 하나하나 따져보고 있었다. 안티고노스는 결코 다른 조건으로는 그들을 도와줄 리가 없었기 때문이었다.

한편 아카이아 사람들은 아이기움에서 회의를 열고 아라토스의 참석을 요청했다. 그러나 클레오메네스가 시키온 시를 포위하고 있었으므로 아라토스는 도저히 회의에 참석할 수가 없었다. 그런데다가 시민들은 자기들을 지켜 달라고 애원하고, 여자와 어린아이들까지 그를 붙잡고 마치 아버지에게 하듯이 매달리며 그의 발길을 가로막았다.

그러나 아라토스는 그들을 잘 달래고 위로의 말을 해 주었다. 그리고는 부하 열 명과 그의 아들을 데리고 바다 쪽을 향해 말을 달렸다. 바닷가에서 기다리고 있던 배를 타고 그들은 아이기움으로 갔다.

그곳의 회의에서 안티고노스의 도움을 청하고 그 대가로 코린트를 넘겨주기로 하자는 결정이 내려졌다. 그와 함께 아라토스는 자신의 아들을 안티고노스의 볼모로 보냈다. 이 소식을 들은 코린트 사람들은 몹시 노여워했다. 그래서 그들은 아라토스의 집과 땅을 모두 빼앗아 클레오메네스에게 선물로 바쳤다.

한편 안티고노스는 아라토스의 요구를 받아들이고, 곧 군대를 이끌고 그를 도우러 왔다. 그가 데리고 온 군사는 마케도니아의 보병 2만 명과 기병 1만 1천 명이었다. 아라토스는 아카이아 동맹군의 장교들을 데리고, 적의 눈을 피하기 위해 배를 타고 페가이로 갔다. 그리고 거기서 드디어 안티고노스와 만났다. 그러나 아라토스의 마음속에는 안티고노스와 마케도니아 군대에 대해 불안한 의심이 숨어 있었다. 자기가 크게 이름을 떨친 것도 안티고노스를 공격했기 때문이었으며, 정치적으로 모습을 나타낸 것도 안티고노스를 공격해서 얻어진 것임을 누구보다 잘 알고 있었기 때문이었다. 그러나 사정이 너무나 위급했을 뿐만 아니라 권력을 가진 사람은 그런 사정에 따라가기 마련이라고 믿었으므로, 그는 모든 것을 운명에 맡겼다.

그러나 안티고노스 왕은 아라토스를 무척 반겨 주었으며, 그의 일행들도 친절하게 대해 주었다. 안티고노스는 아라토스와 가까워지게 되면서 그가 정의롭고 지혜로운 사람이라는 것을 알게 되었으므로, 나중에는 마음을 터놓는 친구로까지 생각하게 되었다. 사실 아라토스는 정치적으로 뿐만 아니라 개인적으로도 그에게 큰 힘이 되었으며, 한가로울 때는 누구보다 좋은 친구가 되어 주었다.

안티고노스는 젊은 왕이었지만, 아라토스는 왕에게 아첨하는 사람들과는 다른 사람이라는 것을 알아보았다. 그래서 그는 아카이아 사람들 중에서 그를 가장 소중하게 생각했으며, 자신의 부하들보다 그를 더 한층 아꼈다. 그런데 예전에 아라토스가 신에게 감사의 제사를 올릴 때, 이런 일이 있을 것이라는 징조가 이미 보였었다.

아라토스는 제사를 올리면서 짐승을 제물로 바쳤는데, 그 짐승의 간 속에 희한하게도 쓸개가 두 개나 들어 있었다. 점술가는 이것을 보더니, 멀지 않아 가장 미워하던 적이 다정한 친구가 될 징조라고 얘기했다. 아라토스는 그때 이 말을 대수롭지 않게 여기고 그냥 흘러버렸다. 왜냐하면 그는 예언이나 징조보다는 논리적인 생각과 이치를 더 믿는 사람이기 때문이었다.

그 후 전쟁이 순조롭게 진행되어 가던 어느 날, 안티고노스는 코린트에서 큰 잔치를 열고 많은 사람들을 초대했다. 아라토스와 나란히 앉아 있던 안티고노스 왕은 담요를 가져오라고 하고는, 아라토스에게 춥지 않느냐고 다정하게 물었다. 아라토스가 무척 춥다고 대답하자 왕은 바싹 다가앉으라고 권했다. 그리고 부하가 담요를 가져오자 두 사람의 무릎을 같이 덮었다. 이때 아라토스는 옛날의 예언이 생각나 크게 웃으며 안티고노스에게 그 이야기를 해주었다. 그러나 이것은 훨씬 뒤에 있었던 일이다.

아라토스는 안티고노스와 페가이에서 만나 서로 협약을 맺고, 곧 적을 향해 진군했다. 양쪽 군대는 코린트 시외에서 만나 여러 차례에 걸쳐 격렬한 전투를 벌였다. 그때 클레오메네스는 코린트 시민들의 도움으로 단단하게 진지를 구축하고, 아라토스의 군대를 막아냈다.

이때 아라토스의 친구인 아리스토텔레스가 아르고스에서 뜻밖의 편지를 부쳐왔다. 아르고스 시민들이 클레오메네스에 대해 반란을 일으킬 눈치를 보이고 있으므로 마케도니아의 군대를 약간만 얻어가지고 온다면, 아라토스의 계획은 아주 쉽게 성공할 수 있을 것이라는 내용이었다. 아라토스는 이 편지의 내용을 안티고노스에게 이야기했다. 안티고노스도 이 일에 찬성을 했으므로 그는 1천 5백 명의 마케도니아 군사를 얻어, 서둘러 에피다우로스를 향해 배를 저어갔다.

그때 아르고스에서는 이미 반란이 일어나, 시민들은 클레오메네스의 군대를 그들의 성 안에 몰아넣어 버렸다. 이 소식을 전해들은 클레오메네스는 아르고스를 적에게 빼앗긴다면 본국으로 돌아갈 길이 막힌다는 것을 깨닫고, 코린트를 내팽개치고 그날 밤 안으로 아르고스를 향해 달려갔다. 그는 아라토스보다 먼저 도착하여 어느 정도 사태를 회복했으나 곧 아라토스가 쳐들어오고, 그 뒤에 안티고노스까지 진격해 오자 그만 만티네이아로 도망쳐 버렸다.

이렇게 해서 아르고스는 드디어 아카이아 군의 손에 들어가고, 안티고노스는 아크로코린토스 성을 되찾게 되었다. 아르고스 시민들은 아라토스를 자기들의 장군으로 뽑았다. 그러자 아라토스는 그곳의 참주와 그 앞잡이들의 재산을 모두 빼앗아 안티고노스에게 선물했다. 그리고 켄크레아이에서 아리스토마코스를 사로잡아 고문을 한 뒤 바다에 던져 죽여버렸다.

이 때문에 아라토스는 적지 않은 비난을 듣게 되었다. 아리스토마코스는 인격도 갖추고 있고, 예전에 아라토스도 가깝게 지냈던 사람이었다. 또한 그의 말을 듣고 참주의 자리까지 스스로 내놓고 아카이아 동맹에 들어왔던 사람이었다. 그런데 아라토스는 그러한 아리스토마코스를 인정도 무시하고 법도 외면한 채 잔인하게 죽였던 것이다. 아르고스 시민들뿐만 아니라 다른 많은 도시들도 한결같이 아라토스를 비난했다.

"그 사람은 코린트를 한낱 이름도 없는 마을인 것처럼 취급하고, 안티고노스에게 넘겨줘 버렸소. 그리고 안티고노스가 오르코메노스 시를 점령하고 거기에다 자기의 군대를 갖다 세워도 그냥 보고만 있었답니다. 또 안티고노스는 자기의 허락을 받지 않는 이상 다른 나라 왕들에게 사절단은 물론 편지도 보낼 수 없게 하는 법령을 아카이아에서 결정시켜 버렸소. 게다가 그들은 안티고노스한테 잘 보이려고 제물을 차려놓고는 제사를 올리고 억지로 경기 대회까지 열었지요. 그건 전부 다 아라토스의 조국인 시키온이 앞장서서 저지른 장난이었소. 그곳 사람들은 아라토스가 안티고노스를 데리고 갈 때 성문까지 마중을 나갔다고 하지 않습니까?"

아라토스에게 쏟아지는 이런 비난의 말들은, 그가 정권을 안티고노스에게 빼앗겼다는 사실을 모르고 있었기 때문에 나온 말들이었다. 아라토스는 그때 이미 혀밖에 가진 것이 없었으며, 그나마 마음대로 움직일 수 있는 것도 아니었다.

아라토스가 그때의 형편을 한탄하고 있었다는 것은 동상 문제 하나만 보아도 알 수 있다. 그때 안티고노스는 없애 버렸던 참주들의 동상을 다시 세우고, 코린트의 아크로코린토스 성을 빼앗았던 영웅들의 동상은 아라토스의 것만 빼놓고 모두 없애 버렸다. 이때 아라토스는 다른 영웅들의 동상도 없애지 말아 달라고 간절하게 부탁했지만 안티고노스는 그의 말을 듣지 않았던 것이다.

또 아카이아 군이 만티네이아에서 저질렀던 일들도 그리스 사람으로서는 도저히 상상도 못할 것들이었다. 아카이아 군은 안티고노스의 힘을 빌려 만티네이아를 점령하자, 그곳에 있던 이름 있는 지도자들을 모조리 잡아서 죽여 버렸다. 뿐만 아니라 그들은 나머지 사람들을 팔아넘기기도 하고, 사슬에 꽁꽁 묶어 마케도니아로 보내기도 했으며, 여자와 어린아이들은 모두 노예로 만들어 버렸다. 그리고는 사람을 팔아 만든 돈 가운데서 3분의 1을 아카이아 병사들끼리 나누어 가지고, 나머지 3분의 2는 마케도니아에 갖다 바쳤다.

이러한 행동들은 적에 대한 복수였다고 변명할 수도 있을 것이다. 아무리 노여운 일이 있다고 해도 절대 자기 나라 사람들에게 그런 잔인한 짓을 한다는 것은 끔찍한 일이지만, 시모니데스의 말처럼 복수라는 것은 분노를 풀기 위한 것이므로 그런 가혹한 행동들이 용서될 수도 있다는 것이다.

그러나 만티네이아에서 그 뒤에 저질러진 행동들은 어떤 이유와 변명을 붙인다고 해도 절대 덮어줄 수 없는 것이었다. 안티고노스가 이 도시를 아카이아에 넘겨 주자, 그곳 중앙회의에서는 이곳을 이민도시로 만들고 아라토스 장군에게 이 일을 맡겨, 그를 도시의 건설자로 세우기로 결정했다. 그러자 아라토스는 이 도시의 이름을 만티네이아 대신 안티고네이아라고 고쳐 버렸다.

이렇게 해서 호메로스가 말한 '아름다운 만티네이아'라는 이름은 영영 사라져 버리고, 그대신 도시를 파괴하고 시민들을 잡아죽인 사람의 이름만 오늘날까지 남게 되었다.

그 뒤 클레오메네스는 셀라시아[7]에서 큰 패배를 맛본 다음, 스파르타를 버리고 이집트로 달아났다. 그리고 안티고노스는 아라토스에게 온갖 친절과 호의를 베풀고 나서 마케도니아로 돌아갔다. 안티고노스는 그곳에 가서 병을 앓게 되자 아들인 필리포스를 펠로폰네소스에 보내, 아라토스의 말을 잘 따르고 그의 도움을 받아 여러

---

7) 스파르타 북쪽에 있던 작은 도시.

도시를 다스리면서 아카이아 사람들과 좋은 관계를 맺으라고 일러 주었다.

아라토스도 필리포스를 진심으로 반갑게 맞아 주었다. 그러므로 필리포스는 마케도니아로 돌아간 뒤에도 그리스에 대해 아주 좋은 인상을 가지고 있었으며, 그곳을 위해 어떤 도움을 주고 싶다는 희망을 갖게 되었다.

그런데 그 후 안티고노스가 세상을 떠나버리자, 아이톨리아 사람들은 아카이아 사람들을 얕잡아 보게 되었다. 사실 아카이아 사람들은 오랫동안 다른 나라의 보호를 받아왔기 때문에 게으르고 방탕한 생활에 완전히 젖어 있었다. 그러다가 안티고노스를 잃게 되자, 규율은 모두 무너지고 더욱더 질서 없는 생활에 빠져들게 되었다. 아이톨리아는 이렇게 혼란한 틈을 이용해서 펠로폰네소스로 침입해 들어왔다. 그들은 오는 도중에 파르타이와 디메를 손에 넣고, 메세네로 들어가 그곳을 마구 짓밟아 버렸다.

이 소식을 들은 아라토스는 도저히 참고 있을 수가 없었다. 그때 아카이아의 장군은 티목세노스였는데, 그는 그 소식을 듣고 메세네를 구하러 갔지만 임기가 며칠 안 남았기 때문에 별로 열심히 싸우지 않았다. 티목세노스가 장군 자리에서 물러나고 그 뒤를 아라토스가 이어받게 되자, 그는 날짜가 닷새나 남아 있는데도 곧장 메세네를 향해 달려갔다.

그는 서둘러 아카이아 군사들을 소집하였다. 그러나 병사들은 그동안 훈련도 제대로 받지 않았을 뿐만 아니라, 싸울 힘도 없고 또 싸우고 싶은 마음도 별로 가지고 있지 않았다. 그러므로 아라토스는 이들을 이끌고 카피아이로 나갔지만, 적군에게 무참하게 지고 말았다. 그러자 사람들은 그가 전쟁을 너무 무모하게 서둘렀기 때문에 진 것이라며 그에게 비난의 말들을 퍼부었다.

아라토스는 적을 공격할 만한 좋은 기회가 와도 이제는 가만히 앉아있기만 했다. 그러자 아이톨리아 군사들은 펠로폰네소스에서 온갖 못된 짓을 다하고 다녔다. 일이 이렇게 되자 아카이아는 다시 마케도니아에 도움을 요청하고, 필리포스를 그리스로 불러들였다. 그들은 필리포스가 아라토스를 존경하고 신뢰하고 있다는 것을 알고 있었기 때문에 그가 여러 가지로 도움을 줄 것이라고 생각했던 것이다.

그러나 필리포스는 아펠레스와 메갈레아스, 그리고 그 밖의 부하들의 조언을 들었다. 그들은 왕에게 아라토스를 너무 믿지 말라고 했는데, 왜냐하면 그들은 아라토스의 반대파와 손잡고 있었기 때문이다. 그리고 에페라토스를 지지하여 아카이아의 장군으로 선출되도록 하였다. 그러나 아카이아 사람들은 에페라토스를 경멸하고 있었으며, 아라토스의 도움 없이 장군으로 선출될 수 없었다. 이렇게 되자 필리포스는 드디어 자신의 실수를 깨달았다. 필리포스는 이제 완전히 아라토스에게 기울어져 버려, 그 사람의 말만 듣고 그가 시키는 대로만 움직이게 되었다. 필리포스는 자신의 명성과 업적이 점점 더 쌓여가는 것을 보고 모든 것이 아라토스의 덕분이라고 생각하였다.

사실 아라토스는 민주 정치를 성장시킨 사람이긴 했지만 왕의 정치에 대해서도 좋은 스승이었다. 필리포스 왕은 아라토스의 훌륭한 충고들을 모두 받아들였으므로 그의 행동 속에는 아라토스의 생각과 지식이 가득 들어차 있었다. 그래서 그는 반기를 든 스파르타를 다독거려 너그럽게 대해 주었고, 크레타에서 온 사절들과 며칠 동안 회담을 해서 그 섬을 손에 넣었으며, 아이톨리아와 싸워 빛나는 승리를 거두기도 했던 것이다. 이처럼 젊은 필리포스 왕은 아라토스의 충고를 받아들여, 모든 일을 그의 가르침대로 따라 했다고 한다.

이렇게 아라토스와 필리포스 왕의 사이가 가까워지게 되자, 신하들은 아라토스를 시샘하기 시작했다. 그러나 조용히 숨어서 욕을 해서는 아무 소용이 없었으므로 나중에는 드러내놓고 그를 미워하였다. 그들은 많은 손님들이 모이는 잔치 자리에서 괜한 트집을 잡거나 욕을 퍼부었다. 또 한 번은 잔치가 끝나고 자기 막사로 돌아가는 아라토스에게 돌을 던지기도 했다. 그 얘기를 들은 필리포스 왕은 화가 나서 신하들에게 20탈렌트의 벌금을 물게 하였다. 그러나 신하들은 그 뒤에도 계속 아라토스를 못살게 굴었으므로, 왕은 결국 그들을 잡아다가 모조리 사형시켜 버렸다.

한편 큰 성공을 거듭하고 있던 필리포스의 마음속에는 서서히 탐욕과 야심이 눈뜨기 시작했다. 그때까지 누르고 있던 악한 성질이 폭발하여 드디어 본색을 드러낸 것이었다. 먼저 필리포스는 아라토스의 아들인 아라토스 2세의 아내를 범했다. 그러나 왕은 그때 아라토스의 집에 머물며 좋은 대접을 받고 있었기 때문에, 이 일은 훨씬 나중에야 밝혀지게 되었다.

또 그는 그리스 사람들을 억압하면서 아라토스를 없앨 계획을 세웠다. 이러한 그의 마음은 메세네에서 뚜렷이 드러나게 되었다.

아라토스는 메세네가 반란을 일으켰다는 소식을 듣고 곧장 그곳으로 달려갔다. 그런데 아라토스가 메세네에 도착해 보니, 필리포스 왕이 하루 먼저 그곳에 도착하여 내란을 더욱 부채질하고 있었다. 필리포스는 귀족들을 조용히 불러 시민들의 횡포를 억누를 법률이 없느냐고 물었다. 그리고 다시 시민들을 불러들여 귀족들의 독재를 뒤엎을 방법이 없느냐고 물었던 것이다. 그러자 이 말을 듣고 용기를 낸 귀족들은 시민군의 주동자들을 습격하고, 또 시민들은 귀족들의 우두머리와 2백 명에 가까운 귀족들을 죽여 버렸다. 필리포스 왕은 이런 비열한 방법을 써서 메세네 인들끼리의 싸움을 더욱 부추겼다.

메세네에 도착한 아라토스는 피비린내 나는 잔인한 싸움을 보고 슬픔을 감추지 못했다. 또 그의 아들 아라토스 2세도 필리포스 왕을 몹시 원망하며 비난의 말을 늘어놓았다. 이 청년은 필리포스 왕의 애인이라는 말을 들을 정도로 그에게 경도되어 있었지만, 이때 그는 이런 말을 했다.

"이제 더 이상은 그분이 아름답게 보이지 않는군요. 그런 짓을 하다니 너무나 추한 사람입니다."

이 말을 들은 필리포스는 여느 때 같았으면 불같이 화를 냈겠지만 아무 말도 하지 않았다. 그러나 그는 노여움을 억지로 참고 있는 것뿐이었다. 필리포스 왕은 좋은 충고로 받아들이겠다는 듯 꾸미면서, 마치 자신이 대단히 슬기로우며 참을성있는 사람이라는 것을 보여 주려는 것처럼 행동했다. 그리고 나서 그는 너그러운 사람처럼 다정하게 아라토스 2세의 손을 잡더니 극장으로 데리고 갔다.

그들은 제우스 신에게 제사를 지내고, 시가지의 지형을 살펴보기 위해 이토마타스 산에 올라갔다. 이 산은 아크로코린토스에 못지않게 중요한 요새였으므로, 군대를 주둔시켜 이곳을 지키게 하면 다른 나라는 감히 넘보지도 못하고 또 절대로 함락될 염려도 없었다.

필리포스 왕이 제사를 올리자, 점술가가 제물로 썼던 황소의 내장을 들고 왔다. 왕은 그것을 두 손에 받쳐들고 아라토스 2세와 파로스[8]의 데메트리오스에게, 자기가 성을 점령할 징조인지 아니면 메세네에게 성을 돌려 주어야 할 징조인지를 물어보았다. 이때 데메트리오스는 웃으면서 이렇게 얘기했다.

"점쟁이 수준의 정신을 가지셨다면 성을 돌려 주시고, 왕다운 정신을 가지셨다면 황소의 두 뿔을 꽉 움켜쥐고 계십시오."

황소는 펠로폰네소스를 가리키는 말이었으므로, 두 뿔은 메세네와 아크로코린토스를 뜻하는 것이었다. 그러니까 필리포스 왕이 이 두 곳의 성을 틀어잡고 있으면

---

8) 알렉산드리아 항구 근처에 있던 섬.

꼼짝도 못할 것이라는 얘기였다.

필리포스 왕은 아라토스가 잠자코 있는 것을 보고 어서 의견을 말해 보라고 했다. 그러자 아라토스가 말했다.

"크레타 섬에는 유명한 산이 많습니다. 그리고 보이오티아와 포키스에는 요새가 많고, 아카르나니아에도 바다와 산 쪽에 군사 요새들이 많이 있습니다. 그런데 왕께서는 그곳을 점령하지 않았지만, 그 나라 국민들은 왕을 잘 따르고 있습니다. 도둑들은 흔히 높은 산이나 험한 낭떠러지에 살고 있지만, 왕은 국민들의 충성과 사랑을 성벽으로 삼는 법입니다. 왕께서 크레타의 뱃길을 열고 펠로폰네소스를 손에 넣은 것도 전부 그 때문입니다. 그래서 왕께서는 젊은 나이에 크레타의 주인이 되고, 펠로폰네소스의 지도자가 될 수 있었던 것입니다."

왕은 이 이야기를 들으면서 내장을 점술가에게 준 다음, 그의 손을 꼭잡았다. "자! 그럼 이제 돌아갑시다."

필리포스는 아라토스의 말을 듣고 제정신을 차린 것처럼, 메세네의 자유를 빼앗지 않기로 결정했다.

그 뒤 아라토스는 왕을 조금씩 멀리하기 시작했다. 필리포스 왕이 에페이로스를 치러 함께 가자고 했을 때도, 그는 전쟁에서 패배하는 일을 피하기 위해 그 제안을 사양하고 뒤에 남아 있었다.

필리포스 왕은 바다에서 로마 군의 습격을 받아 엄청난 숫자의 함대를 잃고, 펠로폰네소스로 되돌아왔다. 그리고 여기서 다시 메세네 사람들을 속여 도시를 빼앗으려 했지만 실패했다. 그러자 왕은 아예 본심을 드러내놓고 노골적으로 메세네 땅으로 치고 들어가 시민들의 재산을 마구 빼앗았다.

그때쯤 아라토스는 필리포스 왕이 자신의 며느리에게 몹쓸 짓을 했다는 사실을 알게 되었다. 그래서 그는 필리포스와 관계를 완전히 끊어 버렸다. 그러나 그는 아들에게는 이 일을 알리지 않았고, 또 아무런 힘도 없었으므로 왕에게 복수를 하지도 못했다.

한편 이것과 때를 같이 하여 너그럽고 착한 청년처럼 행동하던 필리포스 왕도 서서히 방탕하고 잔인한 폭군으로 변해가기 시작했다. 그러나 이것은 성격이 달라진 것이 아니라, 여태까지 감추어 왔던 악한 기질을 겉으로 드러내기 시작한 것뿐이었다.

그는 사실 아라토스에 대해서도 두려움과 존경의 감정을 한꺼번에 가지고 있었다. 하지만 아라토스가 살아 있는 한 자신은 왕은커녕 사람으로서의 자유도 누릴 수 없을 것이라고 생각하고 그를 죽이기로 결심했다. 그러나 그렇다고 해서 무조건 끌어다가 사형을 시킬 수도 없는 노릇이었다.

한동안 고민을 계속하던 필리포스는 자기의 부하 장군인 타우리온을 불러 아라토스를 죽이라고 했다. 그리고 될 수 있으면 아무도 눈치 채지 못하게 하고, 만약 몰래 죽이기가 어려우면 자기가 없는 동안 독약을 먹여 죽이라고 지시했다.

타우리온은 아라토스에게 가까이 접근을 한 뒤, 마침내 그에게 독약을 먹였다. 그런데 이 독약은 먹은 뒤 바로 죽는 것이 아니었다. 처음에는 열과 함께 기침이 조금 나다가, 나중에 몸이 점점 약해져서 사람을 죽게 만드는 것이었다. 아라토스는 이 음모를 알게 되었지만 들추어내도 아무 소용이 없다는 것을 잘 알고 있었다. 그래서 그는 독약을 먹었다는 사실을 감추고, 그저 병을 앓고 있는 것처럼 행동했다. 한번은 친구가 있는 곳에서 피를 토했는데, 그 친구가 놀라는 것을 보고 아라토스는 이렇게 말했다.

"케팔론! 이것이 내가 왕을 도와준 대가라네."

아라토스는 결국 아이기움에서 세상을 떠났다. 이것은 그가 17번째로 아카이아 동맹의 장군 자리에 올랐을 때의 일이었다. 아카이아 사람들은 그 곳에서 아라토스의 장례식을 치르고, 그가 평생동안 이룬 업적에 맞는 큰 기념비를 세우려고 했다. 그러자 아라토스의 조국인 시키온 사람들은, 아라토스가 다른 나라 땅에 묻힌다는 것은 말도 안 되는 일이라며 그의 시신을 요구했다.

그런데 시키온에는 성벽 안에는 누구의 시체도 묻을 수 없다는 법률이 옛날부터 전해내려오고 있었고, 또 거기에 대해 종교적인 믿음도 아주 강하였다. 그래서 그들은 델포이에 사람을 보내 아폴론 신의 뜻을 물어보기로 했다. 그때 델포이에 갔던 사람들은 다음과 같은 대답을 가지고 돌아왔다.

아름다운 시키온이여!
수없이 구원을 받아온 너는 대답을 하라.
나라의 영웅을 잃은 네가 어찌하여 몸을 아끼느냐.
그의 몸 위에, 혹은 그의 몸 아래에 있기를
거절하는 땅이 있다면
그곳은 영원토록 하늘과 바다의 저주를 받을 것이다.

아카이아 사람들은 이러한 신의 대답을 듣고 무척 기뻐했으며, 시키온 사람들의 기쁨은 그보다 더욱 컸다. 이들은 모든 서러움을 기쁨으로 바꾸고 흰 옷을 입고 월계관을 쓴 채, 아라토스의 시신을 아이기움에서 시키온으로 모셔왔다. 그들은 이 행렬을 엄숙하게 이어갔고, 노래를 부르고 춤을 추는 행렬이 그 뒤를 따랐다.

그들은 시내에서 가장 좋은 자리를 잡아서 나라를 구한 영웅을 묻었다. 이 무덤은 지금까지 남아 있으며 아라티움이라는 이름으로 불리고 있다. 시키온 시는 일 년에 두 번씩 제사를 지내는데, 그 중에서 소테리아라는 제사는 아라토스가 시키온의 참주를 몰아내고 나라를 해방시킨 것을 기념하여 거행되는 행사로, 제우스 소테르 신의 제관이 다이시우스 달의 5일에 이 제사를 집행했다. 아테네 사람들은 이 달을 안테스테리온이라고 부르며 2월로 정하고 있다.

또 하나의 제사는 아라토스가 태어난 날이 되면 아라토스 신전의 제관이 흰 바탕에 자줏빛 무늬가 들어간 띠를 머리에 두르고 거행하는 행사로 아직까지도 전해지고 있다. 이때에는 디오니소스 제의 가수들이 하프의 가락에 맞추어 노래를 부르게 되어 있다. 그리고 공동 훈련소의 소장이 젊은이들을 이끌고 맨 앞장을 서면, 그 뒤에 월계관을 쓴 정무위원들이 뒤따르고, 다시 뒤에는 수많은 시민들이 이 행렬을 따라온다. 이 행사의 절차 중 일부분은 종교적인 양식으로 굳어져 오늘날까지도 그대로 남아 있다. 그러나 아라토스를 위한 행사들은 오랜 세월이 지나는 동안 많이 잊혀져 지금은 거의 자취가 남아 있지 않다.

아라토스의 일생과 그가 이루어놓은 업적에 대해서 역사책이 전하고 있는 이야기는 이상과 같다. 그 뒤 잔인하고 악한 필리포스 왕은 아라토스의 아들에게까지 독약을 먹여 그를 폐인으로 만들어 버렸다. 그런데 그 약은 이상한 효과를 나타내어, 아라토스 2세는 정신없이 화를 내고, 싸움을 벌이고, 여자를 밝히다가 결국 젊은 나이에 죽었다.

한편 필리포스는 자기에게 우정을 베풀고 도움을 준 사람을 배신한 대가를 톡톡히 치러야 했다. 그는 로마 군과 싸워 심한 타격을 입고 결국 항복을 하고 말았던 것이다. 이렇게 해서 그는 그 넓은 영토를 다 잃고, 배는 다섯 척만 남기고 모조리 빼앗겼으며, 1천 탈렌트나 되는 배상금을 물어 주고, 사랑하던 아들까지 인질로 보내야 했다. 그리고 자신은 마케도니아 본토와 거기에 딸린 아주 작은 땅덩어리만 간신히 차지할 수 있었다.

그러나 필리포스는 그러고 나서도 정신을 못 차리고, 가장 가까운 친척과 신하들을 잇따라 사형시켜 온 나라를 공포와 원망으로 들끓게 했다. 그런 불행 속에서도 훌륭한 왕자를 가지고 있었다는 것은 정말 다행스러운 일이었다. 그러나 그는 로마 사람들이 자신의 아들을 존경하고 따르는 것을 보고는 그것을 질투하여 자기의 아들까지도 죽여 버리고, 페르세우스에게 자신의 왕국을 물려 주었다.

전하는 이야기에 의하면, 페르세우스는 필리포스의 적자가 아니라 그나타이니온이라는 여자 재봉사와의 사이에서 낳은 사생아였다고 한다. 이 페르세우스는 나중에 로마의 파울루스 아이밀리우스 장군에게 잡혀가 개선식의 전리품이 되었으며, 이렇게 해서 안티고노스 가문은 완전히 막을 내리고 말았다.

그러나 아라토스의 후손들은 시키온과 펠레네에 대를 잇고 살았으며, 그 자손들은 오늘날까지도 계속 이어지고 있다.

48

아르타크세르크세스

(ARTAXERXES II, BC 404~359/358 재위)

페르시아의 왕. 아르타크세르크세스 1세의 손자로, 너그럽고 인자한 인품을 지니고 있었다. 코논과 파르나바조스를 보내 스파르타를 꺾고 안탈키다스의 평화 조약을 맺었다. 키로스의 반란과 다리우스의 암살 음모 등 왕좌를 둘러싼 집안 싸움이 끊이지 않았으나, 94세까지 살면서 62년 동안 왕좌를 지켰다.

아르타크세르크세스 1세는 페르시아의 역대 왕들 가운데 가장 어질고 너그러운 왕이었다. 그는 오른손이 왼손보다 더 길어 '긴 손 왕'이라는 별명을 가지고 있었으며 크세르크세스의 아들이었다. 여기서 이야기하고자 하는 아르타크세르크세스 2세는 음네몬(주의깊은 사람)이란 별명을 가진 왕이었으며, 아르타크세르크세스 1세의 손자였다. 아르타크세르크세스 1세는 파리사티스라는 딸을 두었는데, 그녀는 다리우스와 결혼하여 네 명의 왕자를 낳았다. 첫째가 아르타크세르크세스, 둘째가 키로스, 그리고 오스타네스와 옥사트레스가 그들이었다. 그 중 둘째 아들의 이름은 옛날 키로스 왕의 이름을 그대로 따온 것이며, 페르시아 말로는 태양이라는 뜻을 가지고 있다.

크테시아스의 기록에 의하면, 아르타크세르크세스의 본명은 아르시카스였다고 한다. 그러나 역사가 디온은 오아르세스가 그의 본래 이름이었다고 전하고 있다. 크테시아스는 자신의 책에서 온갖 터무니없는 이야기들을 늘어놓고 있지만, 왕과 왕비, 왕자 등을 모시는 의사였기 때문에 적어도 왕의 이름은 기억하고 있었을 것으로 생각된다. 그러므로 여기서는 크테시아스의 기록을 믿기로 하겠다.

아르타크세르크세스의 동생 키로스는 어렸을 때부터 고집이 무척 세고 성격도 거친 편이었다. 그러나 아르타크세르크세스는 여러 가지 면에서 부드럽고 침착한 기질을 나타냈다. 그는 부모님의 뜻대로 착하고 예쁜 여자와 결혼을 했다. 그러나 부모님이 이 여자를 못마땅해했을 때는 끝까지 아내를 보호했다.

그때 다리우스 왕은 자기 며느리의 오빠를 사형시키고, 며느리마저 죽이려고 했었다. 그러자 아르시카스는 제발 아내를 죽이지 말아 달라고 어머니에게 눈물을 흘리며 애원을 했다. 이렇게 해서 그는 아내를 구하고 나중까지 함께 살 수 있게 되었다.

그의 어머니는 둘째인 키로스를 유난히 사랑했다. 그래서 키로스가 형을 제쳐놓고 왕위를 물려받았으면 하는 생각까지 하고 있었다. 왕이 병들어 세상을 떠날 때 키로스는 자기가 있던 바닷가 지방에서 왕궁으로 서둘러 달려왔다. 당연히 자기가 왕좌를 물려받게 될 것으로 기대하고 있었던 것이다. 그의 어머니인 파르사티스 왕비도 키로스를 위해 그럴듯한 주장을 내세우고 있었다. 그것은 예전에 크세르크세스 왕이 데마라토스의 얘기를 듣고 주장했던 것과 똑같은 방법이었다. 아르시카스를 낳을 때는 그의 아버지 다리우스가 평범한 사람이었지만, 키로스는 왕이 된 뒤에 낳은 첫아들이라는 것이 그녀의 주장이었다.

그러나 왕은 왕비의 의견을 받아들이지 않고, 맏아들 아르시카스에게 정식으로 왕좌를 계승하고 이름을 아르타크세르크세스라고 고쳐 주었다. 결국 키로스는 계속해서 리디아와 바닷가 지방의 사령관을 지내게 되었다.

다리우스 왕이 죽고 난 뒤, 아르타크세르크세스는 대관식을 올리기 위해 파사르가다이로 갔다. 여기에는 아테나 신에 해당하는 전쟁의 신을 모시고 있는 신전이 있었다. 새로 왕이 되는 사람은 이곳에 들어가서 먼저 옷을 벗고, 옛날 키로스 대왕이 왕이 되기 전에 입었던 옷으로 갈아입어야 했다. 그런 다음 무화과로 만든 과자를 먹고, 테레빈 나무 열매를 씹고, 신 우유 한 잔을 마시게 되어 있었다. 그러나 그 밖에 어떤 의식이 있었는지는 베일에 싸여 있어서 전혀 알 수가 없다.

아르타크세르크세스가 의식을 막 시작하려고 할 때, 티사페르네스가 제관 한 명을 데리고 왔다. 그는 마기 철학[1]을 연구한 사람으로, 키로스 왕자를 가르쳤던 선생

---

1) 페르시아의 종교인 조로아스터교.

이었다. 그는 키로스가 왕이 되지 못한 것을 몹시 섭섭해하고 있었다. 그런데 이 사람은, 키로스가 신전 안에 숨어 있으며, 아르타크세르크세스가 옷을 갈아입을 때 습격할 것이라는 계획을 알려 주었다. 아르타크세르크세스는 키로스를 가르쳤던 선생의 말이므로 믿지 않을 수 없었다.

결국 키로스는 이 사람의 밀고 때문에 잡혔다고 한다. 그러나 어떤 사람은, 제관에게 들켜서 잡히게 되었다고도 한다. 아무튼 이렇게 해서 잡힌 키로스는 사형을 당하게 되었다. 그런데 파리사티스 태후가 달려와서 눈물을 흘리며 애원을 했다. 결국 아르타크세르크세스는 키로스를 용서해 주고, 다시 그를 바닷가 지방으로 보냈다. 그러나 키로스는 왕이 되려는 꿈을 버리지 않았을 뿐만 아니라 잡혔다가 죽을 뻔했던 일을 몹시 분하게 생각했다. 그리고 반드시 왕이 되겠다는 마음을 더욱 굳게 다졌다.

어떤 사람은 키로스가 반란을 일으킨 것은 생활비가 너무 부족해서였다고 하지만 그것은 억지일 뿐이다. 만약 그의 생활이 정말로 어려웠다면 어머니가 가만히 있었을 리가 없기 때문이다. 또 크세노폰의 기록을 보면, 그는 수많은 군대를 끌어모아 친구나 친척들에게 맡겨 놓았다고 하는데, 이것만 보아도 키로스는 결코 적지 않은 재산을 갖고 있었다는 것을 알 수 있다.

그는 전쟁 준비를 하고 있다는 사실이 탄로나지 않도록 하기 위해 이곳저곳에서 여러 가지 구실을 대고 군대를 모았다. 그곳에는 부하들을 보내 병사들을 다스리게 했다. 그리고 한편으로는 태후 파리사티스가 아르타크세르크세스 왕 곁에서 키로스에 대한 감정을 풀기 위해 갖은 수단을 다 쓰고 있었다. 또 키로스도 직접 편지를 보내, 형에 대한 충성심을 나타냈다. 때로는 왕에게 은혜를 베풀어 달라고 빌기도 하고, 티사페르네스에 대한 욕을 써보내기도 하여, 자신은 왕에게 불만이 있는 것이 아니라 티사페르네스를 미워하여 그와 다투고 있는 것처럼 보이게 했다.

아르타크세르크세스 왕은 행동이 좀 느린 편이다. 그래서 백성들은 그가 너그럽고 어진 성품을 가졌다고 생각했다. 그는 만나는 사람들에게 모두 친절했고, 지나칠 만큼 큰 상을 수없이 내렸으며, 죄인에게도 벌을 주지 않으려고 했다. 자기에게 뭔가를 갖다 바치는 사람이든 아니면 자기에게 받기를 원하는 사람이든 모두 다 다정하게 대했다. 그리고 아무리 보잘것없는 물건을 바쳤다고 해도 굉장히 기뻐했다. 언젠가 오미세스라는 사람이 아주 큰 석류를 바쳤는데, 그때 아르타크세르크세스는 이렇게 말했다.

"그것 참 신기하구나! 이 사람한테는 작은 마을을 맡겨도 아주 커다란 도시로 만들어 놓겠구나."

또 어느 때인가 왕이 지방을 둘러보러 나갔는데, 그때 많은 사람들이 신기한 물건을 바쳤다. 너무나 가난했던 한 농부도 두 손에 강물을 떠다가 왕에게 바쳤다. 아르타크세르크세스는 굉장히 기뻐하면서 그에게 금으로 만든 술잔 하나와 1천 다리크의 돈을 선물로 주었다.

한번은 스파르타의 에우클레이다스라는 사람이 아주 건방진 태도로 연설을 했는데, 그때 아르타크세르크세스는 장군을 시켜서 이런 말을 전했다.

"어떤 말이든 하고 싶은 대로 해라. 그러나 나 또한 어떤 말이나 할 수 있으며, 또 어떤 행동도 할 수 있다는 것을 잊지 말도록 하라."

또 언젠가 사냥을 나갔을 때였다. 테리바조스란 사람이 옷이 찢어졌다는 것을 일러 주었다. 그래서 어떻게 하면 좋겠느냐고 물었더니 테리바조스는 이렇게 말했다.

"다른 것으로 갈아입으시고, 그 찢어진 것은 저를 주셨으면 좋겠습니다."

"그래? 그렇다면 주겠다. 그러나 절대로 입지는 말라."

왕은 이렇게 대답하고 입었던 옷을 벗어서 그에게 주었다. 테리바조스는 무슨 다른 뜻을 품었던 것은 아니었다. 다만 원래부터 좀 덤벙거리는 데다가 경솔한 성격을 가지고 있었다. 그래서 그는 왕이 지나가자 왕이 준 옷을 입고 여자들의 금목걸이를 왕의 패물처럼 두르고는 마치 자기가 대단한 사람이나 되는 것처럼 여기저기를 돌아다녔다. 그것은 법에 어긋나는 일이었다. 신하들은 그런 모습을 보고 몹시 눈살을 찌푸렸다. 그러나 왕은 테리바조스를 보고 웃으면서 이렇게 말했다.

"목걸이를 건 것은 꼭 여자 같고, 그 옷은 좀 바보처럼 보이는군. 그렇지만 그게 좋으면 그렇게 하고 다니도록 하라."

원래 페르시아 왕이 식사를 할 때에는 왕의 어머니가 윗자리에 앉고 왕비가 아랫자리에 앉게 되어 있으며, 다른 자리는 모두 비워두는 것이 전통이었다. 그러나 아르타크세르크세스 왕은 두 동생 오스타네스와 옥사트레스도 식탁에 함께 앉게 했다.

아르타크세르크세스가 한 일 중에는 백성들이 무척 고마워한 일이 하나 있었는데, 그것은 스타티라 왕비가 마차를 타고 외출을 할 때 마차의 발을 거두도록 한 일이었다. 이렇게 해서 왕비는 백성들의 인사를 받고 또 가까이 올 수도 있게 했으므로 모두들 무척 기뻐했다.

그러나 개혁을 꿈꾸는 사람들은 전쟁을 좋아하고 우정을 중요하게 여기는 키로스 왕자를 원했다. 키로스 왕자는 지혜롭고 가슴에 품은 뜻도 크기 때문에 드넓은 페르시아 왕국을 이끌어가기에 적당한 인물이라는 것이었다. 마침내 키로스는 자기가 다스리고 있는 사람들은 물론 다른 지방 사람들도 모두 자기를 밀어 줄 것이라고 생각했다.

그래서 그는 전쟁을 하기로 결심하고서 스파르타에 편지를 보내 도와 달라고 했다. 그러면서 그는 만일 군대가 걸어오면 말을 줄 것이고, 말을 타고 오면 전차를 줄 것이며, 밭을 가졌던 사람들에게는 마을을, 그리고 마을을 가졌던 사람에게는 도시를 줄 것이라고 약속했다. 그리고 봉급으로 줄 돈을 말로 쳐서 주겠다고 했다.

그는 이 편지에서 자기 자랑도 적지 않게 했는데, 자기는 형보다 더 용감하고 철학적인 지식도 더 많고 신에 대한 믿음도 더 강하고 술도 더 잘 마신다고 했다. 그리고 형은 겁이 나서 말도 못 타고 사냥도 못 하며, 나라가 위험한 지경에 놓이면 왕좌에 앉아 있는 것도 무서워할 겁쟁이라고 썼다.

키로스의 편지를 받은 스파르타는 클레아르코스[2] 장군에게 편지를 보내, 키로스를 도와주라고 전달했다. 이렇게 해서 키로스는 자기가 가지고 있던 군대와, 돈을 주고 산 그리스 군사 1만 3천 명의 대군을 이끌고 왕을 공격하러 나갔다.

반란의 소식은 곧 아르타크세르크세스 왕의 귀에 들어갔다. 티사페르네스가 왕에게 달려가 이 사실을 알렸던 것이다. 왕궁 안은 발칵 뒤집히고 말았다. 왕은 어머니가 반란을 주동했을 것이라고 생각하고 어머니와 가까운 자들을 모두 반역자로 몰아세웠다. 그때 왕비 스타티라는 왕의 어머니인 파리사티스에게 이렇게 말했다.

"어머님께서 분명히 믿어도 좋다고 하셨잖습니까? 그런데 이게 무슨 일입니까? 그렇게 애원을 하시기에 살려두었더니, 결국 이런 전쟁을 일으켜 나라를 망치려 하고 있지 않습니까?"

파리사티스는 이 말을 듣고 오히려 스타티라를 미워하기 시작했다. 파리사티스는 원래부터 성격이 무척 거셌고 복수심이 남달리 강한 여자였다. 그러므로 스타티라를 미워하게 된 파리사티스는 마침내 그녀를 죽일 생각까지 하게 되었다.

디논의 기록에 따르면, 파리사티스는 전쟁이 일어나고 있는 동안에 스타티라를 죽였다고 한다. 그러나 크테시아스는, 스타티라가 죽은 것은 전쟁이 끝난 뒤였다고

---

2) 헬레스폰토스에 머물러 있던 스파르타의 장군.

선하고 있다. 크테시아스는 당시 그곳에 함께 있었으므로 이 사람의 주장이 더 믿을 만한 것 같다. 사실 크테시아스의 글은 사실 그대로 적은 것보다는 꾸민 이야기가 더 많다. 그러나 그는 사건을 직접 목격한 사람이었고, 또 굳이 날짜를 뒤바꿔 놓을 이유도 없으므로 디논의 말보다는 크테시아스의 말을 믿기로 하겠다.

키로스의 군대가 밀려오는 동안, 왕은 수많은 소문과 보고를 듣고 있었다. 그러나 그는 전쟁터로 나가지 않고, 나라 안의 군사들이 모두 모여들기를 기다리며 페르시아에 머물러 있었다. 그리고 한편으로 깊이와 넓이가 열 길이나 되고 길이가 4백 펄롱(80km)이나 되는 큰 참호를 파놓고, 키로스의 군대가 이곳을 지나 바빌론으로 오기만을 조용히 기다리고 있었다.

그때 테리바조스가 왕을 찾아와 충고했다.

"왕께서는 지금 적들보다 몇 배나 많은 군대를 가지고 계십니다. 게다가 키로스보다 작전도 더 잘 세우고 훨씬 더 용감한 장군과 총독들도 수없이 많습니다. 그러나 왕께서는 메디아와 바빌론, 그리고 수사까지 다 버리면서도 싸우지 않고 계십니다. 그러면서 멀리 페르시스까지 물러난다는 것은 말도 안 되는 얘깁니다."

이 말을 들은 왕은 곧 적을 무찌르기로 결심했다.

왕은 화려하게 무장한 90만 명의 대군을 이끌고 곧바로 출정했다. 그러자 이제까지 왕의 군사를 얕잡아보던 반란군은 잔뜩 겁을 집어먹었다. 그 결과 전투 대형조차 흐트러져 버렸다. 키로스는 대열을 바로잡기 위해 고함을 지르면서 병사들 사이를 뛰어다녔다. 왕의 군대는 질서있게 대열을 유지하며 조용히 진군해 들어왔다.

아르타크세르크세스는 전차부대를 군대의 제일 앞에 내세웠다. 양쪽 군대가 맞붙기 전에 전차로 공격을 하여 적군을 혼란에 빠뜨릴 작전을 세우고 있었던 것이다.

이 전투[3]에 대해서는 많은 역사가들이 자세하게 기록하고 있지만, 그 중에서도 크세노폰의 기록은 마치 눈에 보이듯 생생하게 그려져 있다. 그의 생동감 있는 묘사는 직접 전쟁터에 나가 있는 것처럼 느껴질 정도였다. 나는 여기서 그가 빠뜨린 몇 가지를 보충하는 정도로만 기록하겠다.

두 군대는 바빌론에서 약 500펄롱(100km)쯤 떨어진 쿠낙사에서 만났다. 클레아르코스는 전투가 시작되기 조금 전에 키로스를 보고, 아무래도 위험할 것 같으니 뒤

---

3) 쿠낙사 전투. 기원전 401년 9월 7일에 벌어진 전투였다.

쪽에 가서 서 있으라고 말했다. 그러나 키로스는 이렇게 대꾸했다.

"무슨 소리요? 왕국을 얻기 위해 싸우는 이 순간에, 그럴 가치도 없는 사람처럼 뒤에 가 있으라는 거요?"

그러나 키로스는 전투를 벌이는 동안 큰 실수를 하고 말았다. 자신의 몸을 돌보지 않고 적군의 한가운데로 뛰어들어갔던 것이다. 클레아르코스도 키로스에 못지 않은 실수를 했다. 그가 지휘하는 그리스 군대가 왕을 공격하도록 배치하지 않은 것은 자신의 잘못이 아니었다고 하더라도, 적에게 포위를 당할까봐 두려운 나머지 자신의 우익 부대에게 강가에다가 진을 치라고 명령했던 것이다.

이처럼 살 길만 찾으며 편안히 잠잘 궁리만 하는 사람이었다면, 그는 아예 전쟁터에 나오지 않았던 편이 나았을 것 같다. 키로스를 페르시아 왕으로 만들어 주기 위해 바다에서 1만 펄롱(2000km)이나 떨어진 이곳까지 행군해 왔지만, 그는 오히려 안전한 곳으로 숨어들려고만 했다. 그리고는 적을 보자마자 겁에 질려 싸우는 목적도 다 잊어버렸으니 그의 행동은 배반이나 다름없는 것이었다.

사실 왕의 호위병들에게는 그리스 군을 막아낼 힘이 없었다. 그러므로 만약 클레아르코스의 그리스 군이 왕의 호위부대를 공격했더라면 어렵지 않게 승리를 거둘 수 있었을 것이다. 만약 그렇게 되었더라면 왕은 죽임을 당했거나 달아났을 것이고, 키로스는 승리를 거두고 그토록 바라던 왕좌를 차지했을 것이다. 그러므로 이 전투에서 키로스가 죽고 그의 계획이 완전히 무너지게 된 것은 키로스의 무모한 계획 때문이 아니라 클레아르코스의 지나친 조심성 때문이었다고 할 수 있을 것이다.

만약 적군인 페르시아의 왕이 그리스 군을 배치했다고 해도 클레아르코스의 군대를 그렇게 멀리 떨어뜨려 놓지는 않았을 것이다. 그들 군대는 오직 안전만을 생각했기 때문에 페르시아 왕의 군대와 아주 멀리 떨어진 곳에다가 진을 쳤다. 그래서 키로스는 왕과 싸우던 그리스 군대가 승리를 거둔 것도 전혀 모르고 있었으며, 그때는 이미 키로스가 전사한 다음이었으므로 이 승리도 쓸모없는 것이 되고 말았다. 그때 키로스는 눈치가 빠른 사람이었으므로, 클레아르코스의 군대를 중앙에 배치하려고 했었다. 그러나 클레아르코스는 자기가 알아서 할 테니 걱정 말라고 해놓고는 모든 일을 다 망쳐놓았던 것이다.

그리스 군은 맞붙은 적들을 아주 쉽게 무너뜨리고 달아나는 적을 멀리까지 뒤쫓아갔다. 크테시아스의 기록에 의하면, 그때 키로스는 파사카스라는 훌륭한 말을 타고 있었다고 하는데, 이 말은 고집이 세고 사나운 말이었다고 한다. 그런데 그때 카두시아 부대의 장군인 아르타게르세스가 달려나오더니 키로스에게 소리를 질렀다.

"이 어리석고 못된 놈! 위대한 키로스 대왕의 이름을 더럽히다니! 그리스 놈들을 불러들여 페르시아 땅을 짓밟다니! 그래, 재물이라도 훔치러 온 거냐? 어디서 감히 형님이시며 대왕이신 분을 해치려고 덤벼드는 것이냐? 대왕님이 거느린 대군은 너희 같은 놈들은 흉내도 못낼 뛰어난 장수들이다. 이 놈, 나한테 어디 맛 좀 봐라! 대왕님의 얼굴을 뵙기 전에 네 머리통이 땅바닥에 나뒹굴 거다."

그는 키로스를 향해 창을 날렸다. 그러나 그 창은 키로스의 가슴막이 갑옷에 맞아 도로 튕겨나왔다. 키로스는 상처는 입지 않았지만 창이 워낙 강하게 날아와 말 위에서 잠시 흔들렸다.

이번에는 아르타게르세스가 말머리를 돌리는 순간 키로스가 창을 던졌다. 창은 아르타게르세스를 향해 날아가 목에 깊숙이 박혔다. 아르타게르세스는 이렇게 전사하고 말았다.

그러나 크세노폰은 키로스의 전사에 대해서는 너무 간단하게만 적어 놓았다. 그는 이 전투에 직접 참가하지 않았기 때문에 자세하게 쓸 수가 없었던 것이다. 그러므로 여기서는 디논과 크테시아스의 책에 적힌 이야기들을 추려서 이야기하겠다.

디논에 의하면, 아르타게르세스를 죽인 키로스는 그 기세를 몰아 왕의 호위부대를 공격했다고 한다. 그때 키로스는 왕의 말을 찔렀는데, 이 바람에 왕이 말에서 멀리 떨어지고 말았다. 그러자 급히 달려온 테리바주스가 그를 일으켜 다른 말에 태웠다. 그리고 왕에게 말했다.

"대왕님! 오늘 일을 절대 잊지 마십시오."

키로스는 말을 타고 한 번 더 왕을 공격했다. 그리고 그가 다시 세 번째로 달려들었을 때, 왕은 화가 머리끝까지 치밀었다.

"죽음이 너에게 더 어울린다."

왕은 이렇게 고함을 치면서 키로스를 향해 달려갔다. 키로스는 왕을 죽여야겠다는 조급한 생각 때문에 왕이 창을 움켜쥐고 있는 것도 아랑곳하지 않았다. 왕은 그가 왕을 향해 덤벼들었을 때 키로스를 향해 창을 던졌다. 그리고 동시에 호위병들도 그를 향해 창을 던져댔다. 마침내 키로스는 땅에 떨어지고 말았다. 이렇게 해서 키로스는 왕 자신이 죽인 것이라고 한다.

그러나 다른 설에 의하면, 카리아 출신의 어떤 병사가 그를 죽였다고도 한다. 왕은 나중에 그의 공적을 칭찬하면서, 금으로 만든 수탉을 창끝에 달고 군대의 제일 앞에 설 수 있는 영광을 주었다고 한다. 페르시아 사람들은 카리아 사람들을 수탉이라고 불렀는데, 이것은 그들이 수탉의 꼬리를 투구에 꽂고 다녔기 때문에 붙은 별명이었다.

한편 크테시아스가 전하고 있는 이야기를 요약해 보면 대체로 다음과 같다.

키로스는 아르타게르세스를 죽인 뒤, 말을 타고 왕에게 달려갔다. 그러자 왕도 그를 향해 조용히 다가갔다. 두 사람이 이렇게 아무 말 없이 마주보고 있을 때, 키로스의 친구인 아리아이우스가 왕을 향해 창을 던졌다. 그러나 왕은 아무런 상처도 입지 않았다. 이번에는 왕이 키로스를 향해 창을 던졌다. 그러나 이 창은 키로스를 지나, 키로스의 믿음직한 친구인 사티페르네스에게 날아가 그를 쓰러뜨리고 말았다.

친구가 죽는 것을 보고 화가 치민 키로스는 다시 왕에게 창을 던졌다. 이 창은 왕의 가슴에 댄 갑옷을 뚫고 들어가 깊은 상처를 냈다. 왕은 창을 맞고 말에서 굴러떨어졌다. 이것을 본 왕의 호위병들은 정신없이 달아나 버렸다. 왕은 겨우 몸을 일으켜서 가까운 언덕 밑으로 몸을 숨겼다. 이때 왕을 모시고 간 사람은 불과 몇 명밖에 되지 않았는데, 그 중에는 크테시아스 자신도 끼어 있었다고 한다.

한편 키로스는 자기가 타고 있는 말이 사납게 날뛰는 바람에 그만 적의 한가운데로 들어가게 되었다. 그러나 그때는 이미 날이 어둑어둑해진 뒤라서 모두들 그가 누구인지를 알아보지 못했다. 키로스의 부하들도 모두 흩어져서 그를 찾았지만 도무지 그림자도 보이지 않았다. 그런데 승리로 도취되어 있던 키로스가 적진을 헤치고 나가기 시작했다. 그리고는 페르시아 말로 세 번씩이나 이렇게 외쳤다. "길을 비켜라! 이 놈들아."

이 말을 듣고 정말로 길을 비켜서는 병사들도 없지는 않았다. 그러나 워낙 많은 병사들이 몰려 혼잡했기 때문에 키로스는 그만 머리에 쓰고 있던 원뿔 모양의 투구를 떨어뜨리고 말았다. 그때 미트리다테스라는 페르시아의 젊은 병사 하나가 그 곁에 있다가, 그가 누구인지도 모르는 채 무턱대고 창을 던졌다. 이 창은 키로스의 관자놀이를 꿰뚫어 순식간에 피를 펑펑 쏟아냈다. 정신을 잃은 키로스는 말에서 떨어졌다. 주인을 잃은 말도 마음대로 날뛰기 시작했다. 그때 말 안장에서 깔려 있던 피 묻은 헝겊이 떨어지자 미트리다테스의 친구가 그것을 주웠다.

얼마 뒤 키로스가 정신을 차리자 거기까지 따라왔던 하인들이 그를 안전한 장소로 모셔가려고 했다. 그러나 그는 말을 탈 힘조차 없었으므로 걸어가겠다고 말했다. 그는 하인들의 부축을 받으려 걸어가는 동안에도 눈 앞이 아찔해지고 자꾸만 다리가 휘청거렸다. 그때 달아나고 있던 적군들이 그를 왕이라고 부르면서 살려 달라고 애원하는 소리가 들려왔다. 그 소리를 들은 그는 완전히 승리한 것으로 믿었다.

키로스의 무리 속에는 왕의 군대를 따라다니면서 잡일을 하던 카우니오이 인들 몇 명이 섞여 있었다. 키로스의 군대를 자기 군대인 줄 착각했던 것이다. 얼마쯤 가다가 그들은 입고 있는 옷 때문에 적군이라는 것을 알게 되었다. 왕의 군대는 흰 옷을 입었는데, 그들이 입고 있는 것은 붉은 색 옷이었던 것이다. 그러자 그 중 한 명이 키로스 뒤에 숨어 있다가, 그가 누구인지도 모르면서 대뜸 창으로 찔러 버렸다. 창은 무릎에 꽂혀 동맥을 끊어 버렸다. 그때 키로스는 그 자리에 쓰러지면서 관자놀이가 돌에 부딪쳐 숨이 끊어졌다. 무딘 칼로 목을 베는 것처럼 지루하긴 하지만, 이것이 크테시아스가 전하고 있는 이야기이다.

키로스가 죽은 뒤, 왕의 감찰관인 아르타시라스가 그곳을 지나가다가 통곡을 하고 있는 하인들을 보았다. 그는 그들 중에 낯익은 사람에게 물었다.

"파리스카스! 누가 죽었길래 그렇게 울고 있는 거요?"

"아르타시라스 님! 어떻게 키로스 전하를 몰라보십니까?"

아르타시라스는 뜻하지 않은 소식에 너무나 기뻤다. 그는 하인들을 달래면서 시체를 잘 지키고 있으라고 부탁하고 아르타크세르크세스 왕에게 쏜살같이 달려갔다.

왕은 싸움에서 졌다고 생각하고 몹시 풀이 죽어 있었다. 더구나 상처는 계속 아파오고 목도 몹시 말랐다. 그때 아르타시라스가 활짝 웃으면서 나타나, 키로스의 시체를 보고 오는 길이라고 말했다. 왕은 자리에서 일어나 자기가 직접 가 보겠다며 길을 안내하라고 했다. 그러나 아직도 그리스 군이 맹렬하게 뒤쫓고 있다는 소식이 들려왔다. 왕은 할 수 없이 부하들을 보내 시체를 확인하도록 했다. 이렇게 해서 30명의 장병들이 횃불을 들고 길을 나섰다.

왕은 목이 말라서 죽을 것만 같았다. 시종 사티바르자네스는 그런 왕을 보다못해 물을 구하러 나갔다. 그러나 물은 아무 데도 없었다. 이리저리 헤매던 사티바르자네스는 우연히 카우니아 사람 하나를 만나게 되었는데, 그 사람은 마침 가죽 자루에 흙탕물을 조금 담아가지고 있었다. 사티바르자네스는 그 물을 얻어다가 왕에게 바쳤다. 왕은 물을 맛있게 마셨다. 그러자 그는 물맛이 괜찮으냐고 물었다. 왕은 이렇게 대답했다.

"지금까지 이렇게 향기롭고 맛있는 물이나 술은 한 번도 마셔본 적이 없었다."

그리고 왕은 기도를 했다.

"제가 만일 이 물을 준 사람을 찾지 못하면, 하늘에 계신 신이시여! 당신께서 그에게 영광과 축복을 내려주십시오."

30명의 장병들은 곧 돌아왔다. 그들은 그 소식이 사실이었다고 보고했다. 왕은 다시 용기를 냈다. 그래서 그는 횃불로 앞길을 밝히면서 산을 내려갔다.

그들이 키로스의 시체가 있는 곳에 도착했을 때, 그의 시체는 페르시아의 풍습대로 오른손과 머리가 잘려진 뒤였다. 왕은 키로스의 머리를 가져오라고 했다. 그리고는 숱이 많은 그 머리채를 잡아들고, 아직도 도망칠 생각을 하고 있던 자기 군대의 병사들에게 보여 주었다. 병사들은 모두 놀라 왕에게 절을 했다. 그리고 7만 명이나 되는 많은 군사들이 삽시간에 모여들었다. 왕은 그들을 이끌고 진영으로 돌아갔다.

크테시아스의 기록에 의하면, 다음날 아침 왕이 싸움터에 데리고 나온 군대는 40만 명이었다고 한다. 그리고 디논과 크세노폰의 기록에는 그보다 더 많았다고 적혀 있다. 또 왕에게 적어올린 전사자의 숫자는 9천 명이었는데, 크테시아스는 자기가 직접 눈으로 본 것만 해도 2만 명은 되었다고 한다.

전쟁이 마무리되자 아르타크세르크세스 왕은 키로스에게 죽임을 당한 아르타게르세스의 아들에게 몇 가지 선물을 내렸다. 또한 크테시아스를 비롯한 부하들을 크게 칭찬하고 후한 상을 내렸다. 또 그는 물을 주었던 카우니오이 사람을 찾아내어 많은 재산을 주었다. 그 사람은 원래 몹시 가난한 사람이었으나 물 한 그릇을 바친 일 때문에 큰 부자가 되었다.

왕은 죄를 지은 사람들에게 깊이 생각을 해본뒤에 알맞은 벌을 내렸다. 아르바케스라는 메디아 사람도 그 중 한 사람인데, 그는 싸우는 도중에 키로스 편이 유리하자 그쪽으로 넘어갔다가 키로스가 죽자 다시 되돌아온 사람이었다. 그런데 왕은 반역자라고 생각하지 않고 다만 겁이 많아서 그랬던 것이라고 생각했다. 그래서 그에게 벌거벗은 창녀를 어깨에 메고 하루종일 시장에 서 있게 하는 벌을 주었다.

아르타크세르크세스는 키로스를 죽인 사람이 바로 자신이라는 것을 사람들에게 알리고 싶었다. 그래서 그는 맨 처음에 키로스에게 상처를 입혔던 미트리다테스에게 큰 상을 내리고, 그것을 전하러 가는 심부름꾼에게 이렇게 시켰다.

"이 상은 키로스의 안장에 깔려 있던 헝겊을 주워서 대왕님께 바쳤기 때문에 주는 상이다."

그러자 키로스의 무릎을 찔렀던 카리아 사람이 자기에게도 상을 달라고 요구했다. 그러자 왕은 그 사람에게도 상을 내리면서, 이번에는 이런 말을 전하게 했다.

"대왕님께 기쁜 소식을 두 번째로 전해준 사람에게 내리는 상이다. 제일 처음에 그 소식을 알려준 사람은 아르타시라스였고, 그 다음이 바로 너다."

미트리다테스는 억울한 생각이 들었지만, 아무 말도 못하고 돌아갔다. 그러나 불쌍한 카리아 사람은 섣부른 짓을 하다가 그만 목숨을 잃고 말았다. 그는 이제 상상도 못할 행운이 내려질 것이라고 기대하고 있었으므로, 그 정도의 상으로는 만족할 수가 없었다. 그래서 그는 왕이 내린 상을 거절하고, 키로스를 죽인 것은 바로 자기라고 외치고 다녔다.

이 이야기를 들은 왕은 그의 목을 베어 버리라고 했다. 그러자 그의 어머니 파리사티스가 왕에게 말했다.

"그 무엄한 카리아 놈에게 내리는 벌치고는 너무 가볍소. 그 따위 소리를 떠들고 다니는 놈에게 적당한 벌을 내리겠으니, 나한테 맡기시오."

왕은 그 일을 어머니에게 맡겼다. 파리사티스는 사형을 집행하는 사람에게 카리아 사람을 묶게 한 뒤, 열흘 동안 무서운 고문을 했다. 그리고는 눈알을 빼내고, 귀에다가 쇳물을 부어서 죽여 버렸다.

미트리다테스 또한 며칠 뒤 어리석음 때문에 죽임을 당했다.

그는 왕과 왕의 어머니, 그리고 궁중의 시종들이 함께 참석한 화려한 잔치에 초대를 받았다. 그는 왕이 선물로 내린 옷과 패물로 한껏 모양을 내고 잔치에 나왔다. 술잔이 한창 돌아가고 있을 때, 가장 높은 시종 하나가 미트리다테스를 가리키면서 왕의 어머니에게 말했다.

"멋있는 옷차림이군요. 대왕께서 내리셨다더니 역시 옷과 목걸이, 그리고 팔찌까지 대단하군요. 그리고 그 허리띠도 도대체 값이 얼마나 나갈지 상상도 못하겠소. 대왕께서는 당신에게 정말 큰 은총을 베푸셨군요. 세상 사람들이 전부 다 당신을 부러워할 거요."

이미 술기운이 돌기 시작한 미트리다테스는 그 말을 듣고 이렇게 대답했다.

"이것 보시오. 스파라미제스! 이게 다 뭡니까? 사실 그 날 내가 세운 공을 생각하면 이 정도로는 어림도 없소. 그 힘들었던 전투는 대왕께서도 직접 보셨을 거요.”

스파라미제스는 미소를 지으며 다시 말했다.

“그대가 지나친 상을 받았다는 얘기는 아니오. 그런데 미트리다테스! 그리스 속담에는 술취한 사람이 잔실을 말한다는 얘기가 있지 않소? 이 기회에 한 번 그 얘기 좀 들어봅시다. 그래, 말 등에서 떨어진 헝겊을 주운 것보다 더 큰 공이라는 게 도대체 어떤 거요?”

그는 술을 마신 미트리다테스를 충동질해서 분별없는 소리를 하게 만들려는 것이었다. 미트리다테스는 과연 아무 생각 없이 떠들어댔다.

“안장 같은 얘기는 아예 집어치우시오. 사실 키로스를 죽인 건 바로 나요, 나. 내가 아르타게르세스처럼 허공에다가 창을 던질 사람처럼 보이시오? 내가 던진 창은 똑바로 키로스의 관자놀이를 맞췄지요. 그래서 키로스가 땅바닥에 굴러떨어졌구요. 그래서 죽은 거요, 알겠소?”

이 말을 듣고 있던 사람들은 모두들 미트리다테스의 목숨도 끝이 났다고 생각하고 고개를 수그린 채 잠자코 있었다. 그러자 그날 잔치를 열었던 주인이 앞으로 나오면서 이렇게 말했다.

“미트리다테스! 이제 그만두고 대왕님의 장수와 영광을 빌면서 마음껏 술이나 마십시다. 우리 신분으로는 좀 지나친 얘기는 이제 그만두고 말입니다.”

시종 스파라미제스는 미트리다테스가 한 말을 모두 왕의 어머니 파리사티스에게 전했다. 파리사티스는 이것을 다시 왕에게 그대로 전했다. 왕은 자기가 한 말을 전부 거짓말로 만들고, 자기가 가장 자랑스러워하던 일을 모두 망쳐놓은 그 놈을 용서할 수가 없었다. 결국 왕은 미트리다테스를 배에 싣고 가서 사형시키라고 명령했다. 그것은 다음과 같은 방법으로 진행되었다.

먼저 서로 꼭 들어맞는 작은 배를 두 개 만들어, 그 중 하나에 죄인을 눕혀놓고 그위에 다른 배 하나를 뚜껑처럼 덮어 꽁꽁 묶는다. 그리고 죄인은 배에 난 구멍을 통해 머리와 두 손만 바깥으로 내놓게 된다. 그러고 나서 죄인에게 음식을 주는데, 만약 안 먹으면 눈을 찔러서 억지로 음식을 먹인다. 그런 다음 꿀과 우유를 잘 섞어서 죄인의 입에다가 붓는데, 얼굴에도 그것을 찐득찐득하게 칠해 둔다. 그러면 죄인의 얼굴이 태양을 향하도록 눕혀 있어 새까만 파리 떼가 얼굴에 달라붙는다. 죄인이 내놓은 배설물들도 모두 배 안에서 썩게 되어서 구더기들이 생기게 된다. 그리고 그 구더기들은 사람의 살을 파먹는다. 미트리다테스는 이런 방법으로 17일 동안 고통을 당하다가 죽고 말았다.

그러나 파리사티스가 복수하고 싶은 사람은 아직도 하나 더 남아 있었다. 왕의 시종인 마사바테스였다. 그는 사랑하는 아들 키로스의 머리와 손을 잘랐던 사람이었다. 마사바테스는 좀처럼 걸려들지 않았다. 그래서 파리사티스는 한 가지 꾀를 생각해냈다.

왕의 어머니는 주사위놀이에 남다른 솜씨를 가지고 있었다. 그녀는 전쟁 전에도 왕과 자주 주사위놀이를 하곤 했다. 전쟁이 끝나고 화해를 한 뒤에는 더욱 많은 종류의 놀이로 내기를 하곤 했다. 그러면서 그녀는 왕의 말동무가 되어 주기도 하고 다른 여자를 붙여 주기도 하면서 될 수 있으면 왕비 스타티라와 같이 있는 시간을 줄이려고 했다. 스타티라를 굉장히 미워하고 있었기 때문이었다. 또 그녀가 자기에게 맞먹을 힘을 키울까봐 걱정스럽기도 했던 것이다.

그러던 어느 날 왕과 파리사티스는 1천 다리크를 걸고 내기를 했다. 그녀는 처음에는 일부러 져주는 척하면서 1천 다리크를 주었다. 그리고는 아주 분하다는 듯이 시종 한 사람을 걸고 다시 내기를 하자고 했다. 왕은 제안을 받아들였다. 그런데 이긴 사람은 상대편이 가장 아끼는 시종 다섯 명만 빼놓고 그 밖의 사람은 누구든지 골라서 가질 수 있게 하기로 했다.

이런 조건으로 두 사람은 내기를 시작했다. 파리사티스는 마음을 단단히 먹고 주사위를 던졌다. 운도 아주 좋았는지 결국 그녀가 이기게 되었다. 경기에서 이긴 그녀는 마사바테스를 골랐다. 그리고 왕이 자신의 속셈을 알아차리기 전에 재빨리 그를 사형집행인에게 넘겨 버렸다. 그녀는 그의 살가죽을 살아 있는 채로 벗기고, 몸뚱이는 세 개의 말뚝에 가로로 꽂아놓고 살가죽은 따로 걸어두라고 했다.

왕은 이 사실을 알고 무척 슬퍼하면서 다른 한편으로는 대단히 분개했다. 그러나 왕의 어머니는 그를 비웃으며 이렇게 말했다.

"늙은 시종 하나 잃은 것을 가지고 뭘 그렇게 화를 내시오? 왕이라는 사람이 그렇게 속이 좁아서야 되겠소? 나는 1천 다리크를 잃고도 가만히 있는데 말이오."

왕은 자기가 속았다는 것을 알고 몹시 분했지만 더 이상은 아무 말도 하지 않았다. 그러나 다른 일에도 가끔 그녀와 맞서왔던 왕비 스타티라는 이번 일을 그냥 넘길 수가 없었다. 그래서 그녀는 키로스 때문에 가장 충성스러운 시종을 제물로 바친 그녀의 행동은 인간적으로도, 그리고 법률적으로도 도저히 용서받을 수 없는 일이라며 비난했다.

그 뒤 티사페르네스는 클레아르코스와 그 밖의 몇몇 장군들을 속이고서 그들을 잡아가두었다. 크테시아스가 전하는 이야기에 의하면, 클레아르코스는 그때 자기를 보고 머리빗이 있으면 좋겠다고 얘기했다고 한다. 그래서 빗을 갖다 주었더니 머리를 빗고는 그가 끼고 있던 반지를 크테시아스에게 주었다고 한다. 이것은 스파르타에 있는 자기 친구들이나 친척들이 그 반지를 보게 되면, 크테시아스가 자기의 은인이라는 것을 알 수 있게 하려는 것이었다고도 한다. 이 반지에는 카리아티데스[4]가 춤을 추고 있는 그림이 새겨져 있다고 한다.

크테시아스는 또 클레아르코스와 함께 갇혀 있던 병사들이 클레아르코스에게 가는 음식을 몰래 훔쳐 먹고 그에게는 조금만 주었다고 한다. 그래서 크테시아스는 클레아르코스에게 많은 음식을 따로 갖다주었다고 한다. 그리고는 그들에게 호의를 베풀 수 있었던 것은 그들을 구하려고 애쓰고 있던 왕의 어머니 덕분이었다고 얘기하고 있다.

크테시아스는 또한 클레아르코스에게는 음식 말고도 따로 고기를 넣어 주었다는 이야기를 하고 있다. 그리고 왕의 어머니 파리사티스는 그 고기 속에 칼을 몰래 넣어 주라고 그에게 부탁을 하면서, 그가 잔인한 죽음을 맞기 전에 자살이라도 할 수 있게 해 달라고 얘기했다고 한다. 그러나 크테시아스는 너무나 무서워서 칼을 넣어 주지 못했다고 고백하고 있다.

왕은 어머니의 애원을 듣고 클레아르코스를 살려 주기로 했다. 그러나 다시 왕비 스타티라의 얘기를 듣고는 메논을 제외한 모든 사람들에게 사형을 내렸다. 크테시아스의 말에 의하면, 파리사티스가 왕비를 죽일 결심을 하게 된 것은 바로 이 일 때문이었다고 한다. 그러나 왕좌를 이어받을 자기 손자들의 어머니를 단지 그런 일 때문에 죽였다는 것은 아무래도 믿기가 어렵다. 크테시아스의 역사책에 실려 있는 이야기들은 여기서 보는 것처럼 모두 재미를 위해 꾸며진 것이거나, 아니면 클레아르코스를 존경하는 마음 때문에 일부러 지어낸 것으로 생각된다. 이것은 크테시아스가 계속해서 전하고 있는 그 뒤의 이야기로도 알 수 있을 것이다.

---

4) 스파르타 근처에 있는 아르테미스 신전에서 해마다 춤을 추는 여자.

장군들이 모두 사형을 당한 뒤, 그들의 시체는 아무렇게나 버려졌다. 결국 그들의 시체는 동물의 먹이가 되고 말았다. 그러나 강한 바람이 일어나 클레아르코스의 시체는 흙으로 덮이게 되었다. 그 뒤 그의 시체 위에는 아름다운 숲이 생겨났다. 이 것을 본 왕은 클레아르코스가 신의 사랑을 받고 있는 사람이라고 믿으며 그를 죽인 것을 몹시 후회하게 되었다고 한다. 크테시아스는 이런 어처구니 없는 이야기들을 자신의 역사책에 적고 있다.

왕의 어머니 파리사티스는 아주 오래 전부터 왕비를 미워하고 있었다. 그녀는 자신의 세력은 왕의 존경에서 나온 것이지만, 스타티라의 세력은 왕의 사랑과 믿음에 깊이 뿌리를 내리고 있다고 생각했다. 그래서 그녀는 자기의 목숨을 내걸고라도 왕비를 죽이기로 마음 먹었다.

파리사티스에게는 가장 아끼는 시녀가 하나 있었다. 기기스라는 여자였다. 디논의 기록에 의하면, 파리사티스가 독약을 만들 때 기기스가 옆에서 거들었다고 한다. 그러나 크테시아스는, 기기스는 그런 음모를 알려고 했던 것이 아니라 우연히 눈치를 채고 있던 것뿐이었으며, 독약을 먹인 것은 벨리타라스라는 남자였다고 한다. 그런데 디논은 벨리타라스라는 사람 대신 멜란타스라는 이름을 기록하고 있다.

파리사티스와 왕비는 화해를 하고서 서로 자주 만나 식사도 함께 하곤 했다. 그러나 그토록 미워하던 사람들이 마음을 터놓고 지낸다는 것은 어려운 일이었다. 마음속으로는 여전히 서로를 미워하고 질투하고 있었고, 상대방에 대한 감시의 눈길을 늦추지 않았다.

페르시아에는 린타케스라는 새가 살았는데, 이 새의 내장에는 똥이 없고 대신 노란 비계만 들어 있었다. 사람들은 이 새가 바람과 이슬만 먹고 산다고 생각하여, 린타케스라는 이름을 붙였던 것이다.

크테시아스는 전하는 이야기를 보면, 파리사티스는 한 쪽에만 독을 바른 칼로 이 새를 반으로 잘라 독이 발라진 쪽은 왕비에게 주고 독이 없는 쪽은 자기가 먹었다고 한다. 그러나 디논은 독이 묻어 있는 새의 반쪽을 왕비에게 준 것은 파리사티스가 아니라 멜란타스였다고 전하고 있다. 어쨌든 독약을 먹은 스타티라는 고통과 경련이 일어나 바닥을 뒹굴었다. 그리고는 비로소 독약을 먹었다는 것을 알게 되었다.

왕비가 죽자 왕은 어머니를 의심하기 시작했다. 왕은 그녀가 얼마나 복수심이 강한 여자인지를 누구보다 잘 알고 있었고, 왕비를 미워한다는 것도 이미 알고 있었다.

왕은 즉시 범인을 조사하기 시작했다. 먼저 왕비의 시체를 해부해 보고, 그날 식탁에 있었던 어머니의 시녀들을 모두 잡아다가 고문을 했다.

그러나 파라사티스는 기기스를 자기 방에 숨겨 두었기 때문에 왕도 그녀만은 손을 댈 수가 없었다. 그러던 어느 날 기기스가 집으로 가겠다고 했다. 파라사티스는 어두운 한밤중에 그녀를 내보내기로 했다. 그러나 왕은 이러한 사실을 미리 눈치 채고, 그녀가 지나가는 길에 사람을 숨겨 두었다. 그리고는 기기스가 잡혀오자 곧장 사형시켜 버렸다.

페르시아에서는 독약으로 사람을 죽인 살인범은 평평한 돌 위에 머리를 올려놓고 그 위에 다른 돌을 눌러 머리를 짓이겨서 죽였는데, 기기스도 이런 방법으로 죽임을 당했다. 그러나 왕은 그 뒤 어머니에게 아무 말도 하지 않았고, 또 따로 벌을 내리지도 않았다. 다만 그녀가 바빌론으로 가겠다고 하자, 그곳으로 보내 바빌론을 벗어나지 못하도록 유폐시켜 버렸다. 그리고 어머니가 살아 있는 동안에는 절대로 그곳에 발길을 들여놓지 않겠다고 말했다. 아르타크세르크세스 왕의 집안 싸움은 대개 이런 것들이었다.

아르타크세르크세스 왕은 키로스를 정벌하고 자신의 왕좌를 지키려고 했던 것 못지 않게 키로스를 따라왔던 그리스 군사들을 손에 넣고 싶어했다. 그러나 온갖 노력을 다했지만 그의 희망은 결국 성공하지 못했다. 그들은 키로스와 장군들을 모두 잃었지만 왕궁을 한 번 휩쓴 후, 모두 탈출하고 말았던 것이다. 그러므로 이것은 황금과 아름다운 여자를 자랑하는 페르시아 왕국은 사실 빈껍데기뿐이라는 것을 세상에 알려 주고 말았다. 이렇게 되자 그리스 사람들은 다시 용기를 얻어 페르시아를 얕잡아 보기 시작했다. 그 중에서도 특히 스파르타는 소아시아에 가 있는 그리스 사람들을 페르시아의 손아귀로부터 해방시키지 못한다면 나라의 수치라고 생각했다.

스파르타는 곧 팀브론과 데르킬리다스 두 장군을 차례대로 보내 페르시아를 공격했다. 그러나 이 두 사람이 별 성과를 거두지 못하자, 이번에는 아게실라오스 왕에게 이 전쟁을 맡기기로 했다. 아게실라오스는 바다를 건너 아시아에 도착하자마자 활동을 개시했다. 그는 처음부터 큰 승리를 거두었다. 그래서 티사페르네스 군을 물리치고 그리스의 이민 도시들을 해방시키기 시작했다.

아르타크세르크세스는 그리스 군을 무찌르기 위해 어떤 작전을 써야 할지를 신중히 생각한 끝에 좋은 방법을 생각해 냈다. 그는 로도스 섬 사람인 티모크라테스에게 많은 돈을 주고, 그를 그리스로 보냈다. 그 돈으로 그리스의 여러 도시에 있는 정치인들을 매수하여 스파르타와 전쟁을 걸게 하려는 것이었다. 이 작전은 보기좋게 성공했다. 그리스의 여러 도시들이 동맹을 맺고 스파르타를 공격하려 했고 펠로폰네소스는 큰 혼란이 일어났다. 그러자 스파르타는 아시아에 가 있던 아게실라오스의 군대를 급히 불러들였다.

전하는 바에 의하면, 그때 아시아에서 물러가던 아게실라오스는 친구들에게 이런 말을 했다고 한다. "페르시아의 궁수 3만 명이 쏘는 화살에 쫓겨 아시아에서 물러나게 되었소."

아르타크세르크세스가 그리스에 뿌린 페르시아의 금화에는 활을 쏘는 병사의 그림이 새겨져 있었기 때문에 이런 말을 했던 것이다.

그 뒤 아르타크세르크세스는 아테네 사람인 코논을 불러들였다. 그리고 파르나바조스 장군과 함께 스파르타의 해군을 물리치게 했다. 코논은 아이고스포타미[5] 전투가 끝난 뒤, 키프로스 섬으로 건너가 평범하게 살고 있었다. 그는 자기의 몸을 보호하기 위해서라기보다는 태풍이 지나고 바다가 잔잔해지기를 기다리듯 세상의 사정이 달라지기를 기다리고 있었던 것이다. 그때 코논에게는 좋은 전술이 있었지만 군대가 없었다.

그런데 페르시아 왕에게는 많은 군대가 있는 대신 그것을 이용할 만한 장군이 없는 것을 보고, 코논은 자신의 계획을 적어 왕에게 보냈다. 그러면서 그는 될 수 있으면 그것을 왕에게 곧바로 전하지 말고, 크레타 사람인 제노나 멘데 사람인 폴리크리토스의 손을 거쳐 왕에게 전달되도록 하라고 부탁했다. 그리고 만약 둘 다 없으면 크테시아스에게 맡기라고 얘기했다. 제노는 왕실의 무용단 단장이었고, 폴리크리토스는 왕실에서 활동하는 의사였으며, 크테시아스도 의사 중의 한 사람이었다.

결국 이 편지는 크테시아스의 손에 전해졌다. 크테시아스는 코논의 편지를 보고는 바다에 대한 일은 크테시아스가 잘 아니 그를 보내 달라는 내용을 중간에 써넣었다고 한다. 그러나 크테시아스는 왕이 자기의 능력을 알고 보냈던 것이라고 얘기하고 있다.

어쨌든 아르타크세르크세스는 코논과 파르나바조스를 보내 크니도스 해전에서 큰 승리를 거두었다. 그리고 그때까지 스파르타가 쥐고 있던 바다의 패권을 꺾어 버

---

5) 헬레스폰토스에 있던 강 이름.

렸다. 이렇게 해서 그는 그리스에서 큰 세력을 갖게 되고, 그 유명한 안탈키다스 평화 조약을 맺게 되었다.

스파르타 사람인 안탈키다스는 레온의 아들이었다. 그러나 그는 이 조약을 맺을 때 페르시아 왕의 이익을 위해 노력을 했다. 그는 스파르타가, 아시아에 있는 그리스의 모든 이민 도시와 바닷가에 있는 섬들 전부를 페르시아 왕에게 넘겨 주자는 데 찬성을 하게 만들었던 것이다. 이것은 바로 그가 내세운 평화의 조건이었다. 그러나 이 조약은 사실 그리스 전체에 대한 배신이었고 모욕이었으며, 지금까지 전쟁에서 패배하고 맺었던 것들 중 가장 수치스러운 조약이었다.

디논의 말에 따르면, 아르타크세르크세스는 스파르타 사람이라면 누구든지 원수이며, 가장 파렴치한 인간이라고 생각했다고 한다. 그러나 그는 페르시아로 온 안탈키다스를 정성을 다해 대접해 주었다.

어느 날 저녁 잔치가 끝나자, 아르타크세르크세스는 월계관을 하나 집더니 가장 값비싼 향수에 그것을 적셔 안탈키다스에게 선물했다. 사람들은 왕이 그렇게 영광스러운 선물을 주는 것을 보고 모두 깜짝 놀랐다. 그러나 안탈키다스는 그런 선물을 받을 만한 인물이었다. 그는 레오니다스나 칼리크라티다스 같은 스파르타의 영웅들을 욕되게 하는 일을 적지 않게 한 것이다. 그래서 어떤 사람은 이렇게 한탄을 했다.

"그리스의 운명도 이제 다 끝났나 봅니다. 스파르타 사람들이 이제 전부 페르시아인이 되어가고 있으니 말입니다."

이 말을 들은 아게실라오스는 이렇게 대답했다.

"아니지요. 오히려 페르시아 사람들이 스파르타 사람이 되어가고 있는 것이지요."

그러나 이처럼 지혜로운 말로도 안탈키다스가 맺었던 조약의 수치스러움은 씻을 수가 없었다. 그러므로 스파르타 왕국이 권세를 잃게 된 것은 레욱트라 전투에서 진 후부터지만, 사실은 이 조약을 맺을 때부터 이미 스파르타는 빛을 잃기 시작했던 것이다.

한편 스파르타가 그리스를 이끌어 나가고 있는 동안, 아르타크세르크세스는 안탈키다스를 왕의 손님으로 대접하고 그의 친구로 대해 주었다. 그러나 스파르타가 레욱트라 전투에서 지고 나라의 위신이 땅에 떨어지자 그의 태도도 달라지기 시작했다. 아게실라오스 왕이 돈을 벌기 위해 이집트에서 가서 돈을 받고 전쟁을 해주고 있을 때 안탈키다스가 그를 찾아와 도움을 청했다. 그러나 아르타크세르크세스는 그의 부탁을 차갑게 거절해 버렸다. 이런 모욕을 당하고 스파르타에 돌아간 안탈키다스는 그곳에서도 온갖 비웃음을 당하게 되었다. 더구나 에포로스들의 움직임도 뭔가 이상하게 느껴졌다. 결국 그는 두려운 나머지 자살해 버렸다.

그 뒤 아르타크세르크세스 왕에게 테베의 이스메니아와 레욱트라 전투에서 이긴 펠로피다스가 찾아왔다. 펠로피다스는 자신의 명예를 지키기 위해 페르시아 식의 절을 하지 않았다. 그리고 이스메니아는 일부러 반지를 떨어뜨리고 그것을 줍는 척하면서 고개를 숙였다.

아르타크세르크세스는 또 아테네 사람인 티마고라스가 전해준 비밀 정보를, 벨루리스라는 비서를 통해 듣게 되었다. 그러자 왕은 기뻐하면서 1만 다리크나 되는 돈을 그에게 선물로 주었다. 또 티마고라스가 병에 걸려 우유를 많이 마시라는 의사의 처방을 받자, 그에게 젖소 80마리를 보내 주었다. 또한 침대와 가구들을 보냈고, 그와 함께 하인도 딸려 보냈다. 또 그가 떠날 때는 가마까지 주어서 바다까지 모셔다 주게 했다.

티마고라스가 그의 궁전에 머무르고 있을 때, 한 번은 그를 위해 아주 큰 잔치가 벌어졌다. 이때 왕의 동생인 오스타네스는 티마고라스에게 이렇게 말했다.

"티마고라스! 이 잔치를 잘 기억해 두시오. 그대가 하신 일이 있으니 이 만한 잔치가 벌어진 것 아니겠소?"

이것은 왕이 베풀어준 은혜를 고맙게 생각하라는 단순한 얘기가 아니라, 그가 자기 나라를 팔아먹은 것을 비꼬아서 한 말이었다. 과연 그는 아테네로 돌아가자마자 다른 왕에게 뇌물을 받았다는 혐의로 사형을 당하고 말았다.

아르타크세르크세스는 그리스 사람들에게 그밖에도 수많은 설움을 주었다. 그러나 그리스를 기쁘게 한 일도 한 가지 있었는데, 그들이 가장 미워하던 티사페르네스를 잡아 죽인 일이었다. 그러나 이것은 그의 어머니 파리사티스의 농간으로 벌어진 일이었다.

그때 왕은 어머니에 대한 노여움을 풀고 곧 궁전으로 모셔왔다. 어머니의 지혜는 자신의 정치에도 큰 도움이 될 것 같았고, 또 사이가 나빠질 만한 일도 생길 이유가 없었기 때문이었다. 이렇게 해서 궁전으로 돌아오게 된 파리사티스는 왕의 마음을 끌려고 무척 애를 썼다. 그리고 왕이 하려고 하는 일은 절대로 반대하지 않았다. 그러자 왕도 어머니의 부탁이라면 무조건 들어주었다. 이제 그녀는 다시 옛날의 세도를 되찾게 되었다.

파리사티스는 왕이 자신의 두 딸 중에 아토사를 몹시 사랑하고 있다는 것을 눈치 채게 되었다. 그러나 왕은 체면 때문에 그런 기색을 숨긴 채 아무 말도 못하고 있었다. 어떤 역사가들은, 그때 이미 왕은 아토사와 관계를 맺고 있었다고 얘기하기도 한다. 파리사티스는 이 사실을 알고 왕을 볼 때마다 아토사를 칭찬하곤 했다. 그리고는 마침내 왕을 설득하여 아토사를 왕비로 삼게 했다.

그녀는 또 그리스의 도덕이나 풍습으로 보면 끔찍한 일이지만 페르시아에서는 왕이 바로 법률이니 옳고 그른 것도 왕이 판단하기에 달린 것이라고 말했다. 그러면서 아토사를 왕비로 맞이한 것은 절대로 부끄러운 일이 아니라고 얘기했다. 쿠마 사람인 헤라클레이데스 같은 역사가는, 아르타크세르크세스는 아토사뿐만 아니라 아메스트리스라는 작은 딸도 아내로 맞았다고 하지만 그 이야기는 뒤로 미루기로 한다.

아토사는 왕의 아내가 되어 남편으로부터 많은 사랑을 받았다. 그러나 어처구니 없이 나병에 걸리고 말았다. 그러나 왕은 그녀를 조금도 멀리하지 않았다. 그는 헤라 여신의 신전을 찾아가 아토사를 위해 기도를 드렸다. 그리고 각 도시에 관리들과 신하들에게 명령을 내려 헤라 여신께 제물을 바치라고 했다. 이곳 헤라 신전에서 궁전까지는 약 16필롱(3.2km)쯤 떨어져 있었는데, 이 길에는 금과 은과 비단, 그리고 그것을 싣고 온 말들로 항상 붐볐다고 한다.

아르타크세르크세스 왕은 파르나바조스와 이피크라테스 두 장군을 보내 이집트를 정벌하라고 했다.[6] 그러나 이 두 장군은 서로 사이가 안 좋았던 탓에 전쟁에서도 그만 지고 말았다. 그리고 왕은 30만 명의 보병과 1만 명의 기병대를 직접 이끌고 카두시아를 공격해 들어갔다. 그런데 이곳은 지형이 험하고 안개도 아주 심했다. 그 때문에 씨를 뿌려서 얻을 수 있는 곡식은 전혀 없었다. 여기에는 거칠고 용맹스러운 민족들이 배나 사과 같은 나무 열매를 따먹으며 살고 있었다. 깊숙이 쳐들어온 왕은 먹을 것을 구할 수도 없었을 뿐만 아니라 밖에서 실어들일 길도 없었다. 따라서 병사들은 짐을 싣고 왔던 짐승들을 잡아먹으면서 하루하루 목숨을 이어나갔다.

바로 이때 테리바조스가 위기에 처한 군대를 구해 냈다. 그는 가끔 큰 공을 세워 왕의 총애를 받기도 했지만, 터무니없는 짓을 저지르곤 해서 초라한 지위에 있을 때도 적지 않았다. 그런데 왕이 한창 괴로움을 당하고 있을 때, 다음과 같은 방법으로 이런 큰 일을 해 냈던 것이다.

---

6) 이집트가 페르시아에 대해 반란을 일으킨 것은 기원전 358년의 일이었다.

이곳 카두시아에는 왕이 두 명이었다. 그때 이 두 왕은 각기 자신의 군대를 이끌고 나와 다른 곳에 진지를 마련하고 있었다. 이 사실을 알고 있던 테리바조스는 왕에게 자기 계획을 자세히 설명하고는 허락을 얻었다. 자기는 그 둘 중 한 사람에게 가고 자기 아들을 다른 한 사람에게 보내서 두 왕을 속이자는 것이었다. 두 사람은 각각 자기가 맡은 왕에게 가서, 저쪽 편에 있는 왕은 아르타크세르크세스에게 사절단을 보내 혼자서만 휴전 조약을 맺으려 하고 있다면서, 무슨 큰 비밀을 알려 주는 것처럼 속삭였다. 그리고는 왕에게 이렇게 말했다.

"그러니까 왕께서 먼저 휴전을 맺으셔야 합니다. 만일 그렇게 하신다면 제가 모든 일을 도와드리겠습니다."

두 왕은 이 말에 감쪽같이 속았다. 그들은 서둘러 평화 조약을 맺기 위해 이들에게 사람을 딸려 보냈다. 이렇게 해서 양쪽 왕이 보낸 사신은 각각 그들을 따라 아르타크세르크세스를 찾아왔다.

한편 아르타크세르크세스는 아무리 기다려도 테리바조스가 돌아오지 않자, 간사한 속임수에 속은 것이라고 생각했다. 더구나 사람들까지 테리바조스는 믿을 만한 사람이 아니라고 얘기했다. 그래서 그는 풀이 죽어 있었다.

그러나 얼마 뒤 테리바조스와 그의 아들이 제각기 적의 사신을 한 사람씩 데리고 돌아왔고, 휴전은 쉽게 이루어졌다. 이렇게 해서 테리바조스는 크게 이름을 떨치게 되었고, 왕을 따라 귀국한 뒤에는 다시 높은 지위에 오르게 되었다.

아르타크세르크세스는 이 전쟁을 통해 좋은 교훈을 얻게 되었다. 즉 비겁함이나 나약함은 그 사람의 덕이 모자라고 정신이 누추한 데서 오는 것이지, 사람들이 흔히 생각하듯이 사치나 재물 때문에 생겨나는 것은 아니라는 것이었다. 아르타크세르크세스는 늘 황금과 장식으로 몸을 치장했는데, 그 값이 1만 3천 탈렌트나 되었다. 그러나 그는 다른 병사들과 똑같이 굶주림을 겪었으며, 그들과 함께 힘든 노동을 참아냈다. 그는 말고삐를 손에 쥐고 등에는 화살통을 멨으며 언제나 군대의 제일 앞에서서 험난한 산길을 걸어나갔다. 병사들은 왕이 이렇게 고생을 하는 것을 보고 더욱 힘을 냈고 그들은 하루에 200필롱(40km)이나 되는 길을 매일 행군할 수 있었다.

날씨가 몹시 추워지고 있던 어느 날, 군대는 드디어 아르타크세르크세스의 별궁에 도착했다. 그러나 그곳은 풀 하나 나지 않은 황무지였다. 별궁에 있는 정원에만 아름다운 나무들이 빽빽하게 들어서 있었다. 그때는 한창 추운 때였으므로 왕은 정원에 있는 나무들을 아끼지 말고 잘라내서 장작불을 피우라고 했다. 이렇게 해서 그들은 하룻밤을 따뜻하고 편안하게 지낼 수 있었다.

그러나 아르타크세르크세스 왕은 이 싸움에서 많은 병사들과 대부분의 말을 잃었다. 왕은 전쟁의 실패로 인해 자신에게 쏟아질 백성들의 비난이 너무나 두려웠다. 특히 귀족들이 어떻게 나올지 무척 걱정스러웠다. 그래서 왕은 귀족들을 많이 죽였는데, 때로는 노여움 때문이었고 때로는 두려움 때문이었다. 이처럼 왕들은 두려움이라는 잔인한 감정에 사로잡힐 때가 많다. 그러나 반대로 믿음이라는 것은 너그럽고 정당하며 의심하지 않는 마음에서만 생겨나는 것이다. 이것은 동물의 경우에서도 마찬가지이다. 가장 겁이 많고 자주 놀라는 동물이야말로 가장 길들이기가 쉬우며, 좀더 지능이 높은 동물일수록 용감해져서 사람에게도 덤벼들기 마련이다.

이제 아르타크세르크세스도 나이가 많이 들어 늙기 시작했다. 그러자 왕자들은 신하나 귀족들과 손을 잡고 왕좌를 노리고 있었다. 그러나 마음이 곧은 신하들은 아르타크세르크세스가 그랬던 것처럼 맏아들인 다리우스가 왕위를 물려받아야 한다고 생각했다.

동생인 오코스는 성질이 몹시 사나웠다. 그런데 이상하게도 많은 신하들이 그를 지지하고 있었다. 오코스는 이들과 손을 잡고 아토사의 마음을 움직이려고 온갖 수단을 다 썼다. 심지어 그는 아토사가 자기를 왕위 계승자로 지명하게 하려고, 왕이 죽으면 왕비로 맞아들이겠다는 얘기까지 했다. 그리고 왕이 버젓이 살아 있는데도 아토사와 이미 깊은 관계라는 소문까지 나돌았다.

왕은 이런 사실을 전혀 모르고 있었다. 그러나 오코스의 엉뚱한 욕심을 버리게 해야 한다는 생각은 하고 있었다. 그는 키로스가 그랬던 것처럼 전쟁을 일으키고 나라를 혼란에 빠뜨리는 일이 생길까봐 두려웠던 것이다. 그래서 왕은 그때 25살이었던 다리우스를 왕위 계승자로 결정하고, 티아라[7]를 머리에 쓰게 했다.

옛부터 페르시아에는 왕이 후계자를 결정하게 되면, 그 후계자는 왕에게 한 가지 선물을 청하게 되어 있었다. 그것이 영토 안에 있는 것이라면 반드시 들어주어야 했다. 다리우스는 아스파시아를 달라고 했다. 아스파시아는 예전에 키로스가 아끼던 애첩이었지만 지금은 아르타크세르크세스의 여자였다. 이오니아에서 자유민의 딸

---

7) 페르시아 왕이 머리에 쓰던 모자.

로 태어난 그녀는 상당한 교양을 갖추고 있었다.

아스파시아는 키로스를 어느 잔치에서 처음 만났었다. 그때 아스파시아는 다른 여자들과 함께 키로스에게 불려나갔는데, 그들은 키로스 옆에 앉자마자 마구 떠들어대며 농담을 했다. 그러나 아스파시아는 아무 말도 없이 서 있기만 하고, 키로스가 불러도 가까이 오려고 하지 않았다. 그러자 키로스의 시종들이 그녀에게 달려가 억지로 키로스에게 끌고가려고 했다. 그러자 그녀는 이렇게 쏘아붙쳤다.

"누구든지 내 몸에 손을 댔다가는 곧 후회하게 될 겁니다."

이 말을 들은 사람들은 아스파시아를 예의도 모르는 천한 여자로 생각했다. 그러나 키로스는 기분좋게 웃으며 그녀를 데리고 왔던 사람에게 말했다.

"자네가 데리고 온 여자들 중에서 귀부인 같은 성품을 갖춘 여자는 이 여자 하나뿐일세. 자네 눈에는 그렇게 안 보이나?"

이렇게 해서 아스파시아를 알게 된 키로스는 그녀를 어떤 여자보다 아끼고 사랑했다. 그러자 다른 사람들도 그녀를 '지혜로운 아스파시아'라고 부르게 되었다. 그러나 키로스가 전사한 뒤, 그녀는 다른 전리품들과 함께 아르타크세르크세스에게 잡혀왔다.

왕은 다리우스가 이 여자를 달라고 하자 화가 치밀었다. 페르시아 사람들은 질투가 몹시 심해서, 여자들을 항상 감시하며 쾌락을 즐기곤 했다. 그래서 왕의 후궁에게는 아무도 가까이 가거나 말을 건넬 수 없었으며, 마차를 타고 갈 때는 그 옆을 지나가기만 해도 사형시켜 버렸다. 아르타크세르크세스는 특히 여자를 좋아했다. 그는 아토사 외에 3백 60명이나 되는 후궁들을 거느리고 있었다.

아르타크세르크세스는 다리우스의 청을 듣고는 아스파시아는 자유인의 딸이니 그녀의 의견을 직접 물어보자고 했다. 좋다면은 그녀를 주겠지만, 싫다면 어쩔 도리가 없다고 말했다. 그러나 아스파시아는 왕의 기대와는 달리 다리우스를 선택했다. 왕도 어쩔 수 없이 약속대로 아스파시아를 넘겨 주었다. 왕이라고 해도 정해져 있는 오랜 법을 어길 수는 없었던 것이다. 그러나 그는 얼마 뒤, 아스파시아를 엑바타나[8]에 있는 아나이티스, 즉 아르테미스에 해당하는 여신의 신전에 보내 신을 섬기게 했다. 그렇게 그녀는 남은 삶을 홀로 쓸쓸히 지내야 했다.

---

8) 수사의 북쪽에 있던 여름 별궁.

왕은 아들의 버릇을 고치기 위해 이런 일을 꾸몄던 것이다. 그러나 다리우스는 이 일을 몹시 불쾌하게 생각했다. 이것은 다리우스가 아스파시아를 무척 사랑했기 때문이었거나, 아니면 아르타크세르크세스가 자신을 놀린 것이라고 생각했기 때문이었던 것 같다.

테리바조스는 다리우스가 화를 내자 더욱 그를 부추겼다. 그 전에 자기도 똑같은 일을 당한 적이 있었기 때문이었다.

아르타크세르크세스 왕에게는 딸이 많았는데, 그는 그중에서 아파마를 파르나바조스에게, 로도구네를 오론테스에게, 그리고 아메스트리스를 테리바조스에게 주기로 약속했었다. 그런데 두 사람은 약속대로 결혼을 시켰지만, 테리바조스에게 주기로 약속했던 아메스트리스는 자신의 아내로 삼아버리고, 대신 막내딸 아토사를 주겠다고 했다. 그러나 아토사도 왕의 아내가 되어 버렸다.

이렇게 되자 워낙 변덕이 심한 테리바조스는 왕에게 큰 원한을 품게 되었다. 그는 조심성이 없고 앞뒤 분간을 못하는 성격 때문에 지위도 오르락내리락 했다. 그래서 가장 높은 지위에 올랐다가도, 금세 교만을 부려 자리를 빼앗기고 이름조차 묻혀버릴 때도 있었다. 그러나 이렇게 되면 곧 조용히 참고 있지 못하고 다시 덤벙거리며 설쳐대기 시작했다.

테리바주스는 다리우스를 따라다니면서 젊은 가슴속에 불씨를 던져넣었다.

"티아라를 높이 쓰고 다녀봤자, 자기가 스스로 성공을 다져놓지 않으면 아무 소용도 없습니다. 더구나 동생께서는 여자의 힘까지 빌려서 왕이 될 재주를 부리고 있는데 이렇게 앉아 있으면 어떻게 합니까? 대왕의 마음도 자꾸 흔들리고 있지 않습니까? 그런데도 기다리기만 하면 왕위가 굴러떨어질 것이라고 믿고 계시니 그건 정말 어리석은 생각입니다. 그리스에서 굴러들어온 여자 하나 때문에 페르시아의 국법까지 어기신 국왕께서 가장 중요한 약속을 제대로 지키실 것이라고 믿으십니까?"

다리우스에게는 이 말들이 모두 큰 불길을 일으키는 부채질이었다. 그러고 보면 "간사한 말일수록 더 빨리 귀에 들어간다"는 소포클레스의 시구에는 확실히 진리가 담겨져 있다. 왜냐하면 우리는 우리가 바라는 소망과 일치하는 일을 믿고 싶어하며, 어리석은 우리들은 대부분 그릇된 길을 따라가기 때문이다. 마찬가지로 페르시아 왕국이 크다는 것과 다리우스가 오코스를 시샘하고 있다는 것은 곧 테리바조스에게 좋은 재료가 되었고 다리우스를 솔깃하게 만들었다. 그런데다가 아스파시아를 빼앗긴 데 대한 분노까지 섞여 있었으므로, 사랑의 여신도 가만히 있지만은 않았다.

그때부터 다리우스는 테리바조스의 말에 따라 움직였다. 곧 많은 사람들이 그들의 음모에 가담했다. 그러나 그들의 계획은 어느 시종에게 발각되었다. 시종은 그들의 계획을 낱낱이 왕에게 보고했다.

아르타크세르크세스 왕은 시종의 말을 듣고 어떻게 해야 할지를 몰랐다. 그런 중요한 일을 가만히 보고 있을 수도 없었고, 그렇다고 아무런 증거도 없는 시종의 말을 곧이곧대로 믿을 수도 없었다. 고민 끝에 왕은 그 시종에게 음모에 함께 가담해서 함께 침입을 하라고 하고, 자신은 침대 뒷벽에 문을 내고 그것을 장막으로 가려놓았다.

왕은 시종으로부터 언제, 몇 시에 암살 음모가 있을 것이라는 보고를 받고 그 시간이 되자 침대에 누웠다. 그리고는 음모자들이 들어오자 그들을 다 확인하고서 침대에서 일어났다. 그들은 칼을 빼고 달려들었다. 그러자 왕은 장막을 걷고 옆방으로 달아나며 호위병들을 불렀다. 음모자들은 암살 계획이 실패하자 모두 궁전 밖으로 도망을 갔다. 그러나 다른 사람들은 모두 도망을 쳤지만, 테리바조스는 왕의 호위병들에게 포위되고 말았다. 그는 병사들을 상대로 싸우다가 날아온 창을 맞고 숨을 거두고 말았다.

다리우스와 그의 자식들은 특별 재판에 끌려나오게 되었다. 왕은 직접 나가지 않고 사람을 보내 그를 고발한 뒤 판사들이 재판 결과를 가져오라고 했다. 다리우스는 만장일치로 사형이 결정되었고, 곧 감옥에 갇히고 말았다.

사형을 집행할 사람은 칼을 들고 나타났다. 페르시아의 법에는 죄인의 목을 베도록 되어 있었기 때문이다. 그러나 그는 도저히 왕자의 목을 벨 수는 없다고 울부짖었다. 이것을 본 판사들이 호통을 치자, 그는 다시 감옥으로 들어갔다. 그리고 다리우스의 머리를 끌어내리고는 그의 목을 베었다.

어떤 역사책에는, 왕이 직접 법정에 나가서 다리우스를 고발했다고 적혀 있기도 하다. 그때 다리우스는 살려 달라고 빌었지만, 왕은 화를 내면서 칼을 뽑아 그를 찔러 죽였다고 한다. 그리고 나서 법정을 나온 왕은 백성들에게 이렇게 선언했다고 한다.

"페르시아의 동포들이여! 이제 안심하고 돌아가서 모든 사람들에게 이렇게 전하라! 저 찬란한 오로마스데스[9]께서 배신자들을 심판하셨다고 말이다."

---

9) 페르시아의 태양 신.

음모는 이렇게 해서 끝이 났다. 그러자 아토사를 믿고 있던 오코스는 큰 희망을 가지게 되었다. 이제 그는 자기가 왕위를 물려받게 될 것이라고 생각했다. 그러나 왕비가 낳은 아리아스페스와 서자인 아르사메스 때문에 영 마음이 놓이지 않았다. 아리아스페스는 오코스보다 나이도 많고 성격도 너그럽고 온화한 편이었기 때문에 백성들은 모두 아리아스페스가 왕위를 이어받았으면 하고 바라고 있었던 것이다. 또 아르사메스는 매우 총명해서 왕으로부터 특별한 사랑을 받고 있었다.

잔인한 기질을 가진 오코스는 이 두 왕자를 모두 없애 버리기로 결심했다. 그리고는 왕과 가까운 신하들과 시종을 아리아스페스에게 보내, 그를 아껴서 하는 말처럼 왕이 그를 죽이려 한다고 거짓말을 했다. 그리고는 아주 잔인하게 이러이러한 방법으로 죽일 것이라는 얘기까지 했다. 그들이 계속 찾아와서 죽음이 바로 눈 앞에까지 와 있다며 이상한 소리를 해대자, 아리아스페스는 너무나 무섭고 절망스러워 그만 독약을 먹고 스스로 목숨을 끊어버렸다.

왕은 아리아스페스가 자살을 했다는 소식을 듣고 너무나 슬펐다. 그러나 그는 이미 나이가 많았기 때문에 자살한 원인을 밝혀낼 힘도 없었다. 왕은 이제 아르사메스에게 모든 사랑을 쏟았다. 그는 누구보다 아르사메스를 믿고 사랑했다. 모든 일을 그와 함께 의논하고 결정하였다. 그러자 다급해진 오코스는 테리바조스의 아들인 아르파테스의 원한을 이용해 아르사메스를 암살하도록 했다.

이미 많이 늙어 있던 아르타크세르크세스 왕은 이 소식을 듣고 그만 슬픔과 한탄에 휩쓸려 숨을 거두고 말았다. 그러나 그는 94세까지 살았으며 62년 동안 왕으로 있으면서 어진 정치를 베풀었다. 하지만 그의 뒤를 이은 오코스는 페르시아의 그 어느 왕보다 잔인한 왕이 되었다.

49
갈바
(GALBA, BC 3 ~AD 69)

세르비우스 술피키우스 갈바는 네로 황제 시대에 스페인의 총독으로 임명되어 집정관, 제관 등을 거쳐 로마의 황제가 되었다. 비니우스에게 여러 가지로 이용을 당했으며, 오토의 반란으로 끔찍한 죽음을 맞았다.

아테네의 장군 이피크라테스는, 병사를 뽑을 때는 돈과 쾌락을 좋아하는 자를 쓰라고 입버릇처럼 말했다. 그 이유는, 이들은 욕심을 채우기 위해서라면 목숨을 걸고 싸운다는 것이었다. 그러나 대부분의 사람들은 군대의 기둥이 되는 병사들은 사람의 몸과 같이 머리에 복종해야 하며 제멋대로 움직여서는 안 된다고 생각하고 있다.

마케도니아 군대의 지휘를 맡게 된 파울루스 아이밀리우스는 병사들이 모두 자신이 장군이나 되는 듯이 떠들어대는 것을 보고 이런 말을 했다고 한다.

"병사들은 몸을 단련시키고 칼을 날카롭게 가는 데만 마음을 써야 한다. 그 밖의 일은 모두 장군에게 맡겨 두어라."

그래서 철학자 플라톤도 아무리 뛰어난 장군이나 정치가라도 잘 훈련된 병사와 스스로 복종하는 민중들이 없으면 아무 소용이 없다고 말했다. 그리고 다른 사람을 진정으로 따르는 자는 그들을 잘 다스리는 사람과 마찬가지로 귀중한 정신과 철학적 깊이가 있어야 한다고 했다. 플라톤은 이러한 생각을 증명해 보이기 위해 여러 가지 예를 들었는데, 특히 네로 황제[1]가 죽은 뒤 나타났던 로마의 혼란스러운 사정은 이것을 가장 뚜렷하게 증명해 주는 좋은 예가 된다. 그때 로마에서는 맹목적이고 분별없이 날뛰던 군대보다 더 무서운 것은 없었다는 것이다.

알렉산드로스 대왕이 죽은 뒤 마케도니아의 군대가 행패를 부리는 것을 본 데마테스는 그 군대를 눈이 하나뿐인 괴물 키클로프스[2]에 비유해서 말했다. 또 네로 황제가 죽은 뒤의 로마는 하늘과 싸움을 벌이고 있는 거인족의 전쟁처럼 온 세상은 갈기갈기 찢어져서 쫓고 쫓기고 있는 형

갈바

편이었다. 더욱이 그것은 누가 황제의 자리에 앉느냐 하는 것보다도 야심에 불타던 군대들이 황제를 제멋대로 갈아치웠기 때문에 벌어진 일이었다.

디오니시오스는 페라이의 알렉산드로스가 열 달 동안 테살리아의 왕좌에 있다가 암살된 일을 가리켜서 그는 연극 속의 왕이었다고 비웃었다. 그러나 로마에 있는 팔라티움 궁전은 이보다 더 짧은 시간 동안 네 번이나 황제를 갈아치웠던 곳이다. 군사들은 계속 황제를 교체하여 궁전을 마치 배우들이 들락거리는 연극 무대처럼 만들었던 것이다.

이처럼 불행을 당했던 로마 사람들에게 그래도 한 가지 만족스러운 일이 있었다면, 그것은 자기들을 짓밟았던 자들이 각자의 죗값을 받는 광경을 지켜볼 수 있었던 일이다. 그들은 서로의 손에 죽고 죽임을 당했다. 맨 처음 죽임을 당한 사람은, 황제를 갈아치우면 큰 돈을 벌 수 있다는 약속을 하고 군대를 매수하여, 네로를 없애는 영광스러운 일을 부끄러운 반란으로 만들었던 사람이었다.

---

1) 티투스 클라우디우스 네로 게르마니쿠스. 로마의 황제를 지냈으며, 특히 기독교를 박해하여 악명이 높았다. 그러나 문학 예술에 대한 남다른 애정을 가지고 있어 로마의 문화를 발전시켰다. 음모의 소용돌이에 괴로워하다가 60년에 로마를 탈출하고 스스로 목숨을 끊었다.
2) 호메로스의 《오디세이아》에 나오는 눈이 하나 달린 괴물.

앞에서 얘기한 님피디우스 사비누스라는 사람은 궁전을 지키는 근위대를 지휘하고 있었다. 그런데 절망적인 사태를 눈치 챈 네로가 이집트로 도망갈 준비를 하는 것을 보자, 그는 네로가 이미 사라지기라도 한 것처럼 갈바를 황제로 선언해 버렸다. 그리고 근위대에게는 각각 7천 5백 드라크마를, 그리고 지방에 있는 군대에게는 각각 1250드라크마씩을 나누어 주겠다고 약속했다. 사실 이 돈은 황제가 마련하기에도 벅찰 만큼 굉장한 액수였다. 이 돈을 만들려면 적어도 네로가 한 것보다 몇 배나 더 심하게 민중들을 착취해도 겨우 모을까말까 할 정도였다.

그러므로 이 약속은 곧바로 네로를 무덤으로 보내고, 뒤이어 갈바까지 멸망시키는 계기가 되었다. 군대는 이 돈을 받기 위해 네로를 배신했고, 그 돈을 받지 못하자 이번에는 갈바를 죽여 버렸던 것이다. 군사들은 다시 그만한 돈을 줄 사람을 찾느라고 혈안이 되었으며, 결국 탐내던 돈을 얻기도 전에 자기들끼리 서로를 배신하고 반란을 일으켜 스스로를 멸망시켰다.

그때에 일어났던 모든 사건을 그대로 기록하는 일은 이 일을 연구한 역사가들이 할 일일 것이다. 그러므로 나는 황제들이 어떤 말과 어떤 행동을 했는지, 그리고 그들이 어떻게 자신의 행동을 보상받았는지에 대해서만 쓰기로 하겠다.

술피키우스 갈바는 평범한 시민에서 로마 황제의 자리에까지 올랐던 사람들 중에서 가장 큰 부자였다고 한다. 그는 옛날부터 유명했던 세르비우스 집안에서 태어났으며, 카툴루스와 친척 사이였다. 카툴루스는 이미 정치에서 물러나 있었지만 그 시대에 가장 훌륭한 사람으로 손꼽히던 로마 시민으로, 갈바도 항상 그런 친척을 둔 것을 자랑으로 생각했다. 갈바는 아우구스투스 황제의 부인인 리비아와도 친척이었는데, 아우구스투스 황제가 그를 집정관 자리에 앉힌 것도 바로 이러한 이유 때문이었다.

그는 게르마니아에서 지휘관으로 이름이 높았으며, 리비아 총독으로 나갔을 때도 많은 업적을 쌓았다고 한다. 또 그는 조용하고 검소한 생활을 좋아했으며 규칙과 절제를 중요하게 여겼으나, 황제가 된 뒤로는 너무 인색한 것 때문에 조롱을 받았다. 네로가 아직 명성이 높은 신하들을 두려워하기 전에, 그는 갈바를 스페인 총독으로 보냈다. 갈바는 성격이 부드럽고 나이도 많았으므로, 결코 무모한 일을 저지를 사람은 아니라고 생각했던 것이다.

갈바가 스페인의 총독이 된 후, 네로는 세금관리[3]를 보내 민중들의 재산을 마구 긁어갔다. 그러나 갈바는 재물을 잃게 된 사람들을 위로하고 그들의 서러움과 고생을 동정하는 것 밖에는 아무것도 할 수가 없었다. 그러나 억울한 처벌을 받고 노예로 팔려가는 사람들에게는 이것만으로도 큰 위로가 되었다.

또 그는 네로 황제를 욕하는 노래들이 사방에서 불려지는 것을 보고도 그것을 금지시키지 않았다. 그러므로 이미 그를 지지하고 있던 사람들은 더욱 그를 존경하게 되었다.

그런데 그가 이곳에 온 지 8년째 되던 해에, 갈리아에 와 있던 유니우스 빈덱스 장군이 군대를 이끌고 네로 황제에 대해 반란을 일으켰다. 빈덱스 장군이 군대를 이끌고 네로 황제에 대해 반란을 일으키기 전에 갈바에게 편지를 보냈지만, 갈바는 찬성도 반대도 하지 않았고 네로에게 이 사실을 알리지도 않았다. 그러나 똑같은 편지를 받은 다른 지방의 총독들은 이 사실을 황제에게 알리고 빈덱스의 계획을 방해하려고 했다. 그러나 이들은 막상 반란이 일어나자 여기에 가담을 함으로써, 빈덱스뿐 아니라 자기 자신까지도 배반을 하고 말았다.

빈덱스는 드디어 반란을 일으키고 네로 황제에게 도전장을 내놓았다. 그리고 다른 한편으로는 갈바에게 편지를 보내, 자기를 방패로 삼아 로마의 황제가 되고 갈리아땅의 주인이 되어 달라고 부탁했다. 그때 이미 갈리아에는 10만 명이 넘는 대군이 무장을 갖추고 있었던 것이다.

갈바는 일이 이렇게 되자 믿을 만한 동료들을 불러모아 회의를 열었다. 그 중 어떤 사람은 좀 더 시간을 두고 움직임을 지켜보자고 권유했다. 그러나 호위 부대의 지휘관인 티투스 비니우스는 자신있는 목소리로 이렇게 얘기했다.

"왜 이렇게 망설이는 겁니까? 이렇게 가만히 있다가는 네로에게 충성을 바친다는 의심을 받게 됩니다. 그러니 네로는 우리의 적으로 생각한다면, 어서 빈덱스가 내민 손을 잡으십시오. 그렇지 않다면, 폭군 네로를 없애고 갈바 장군을 내세우겠다고 떠들어대는 빈덱스를 공격해야 합니다."

그래서 갈바는 노예들을 해방시키는 날을 정해서 그 날짜를 널리 알렸다. 기다리던 날이 되자 사람들은 여기저기에 나도는 소문들을 듣고, 혁명을 일으키기 위해 모

---

3) 나라의 세금을 거둬들이는 관리로, 세금을 징수하기 위해 잔인한 짓을 많이 했다.

여들었다. 갈바가 높은 연단으로 올라가자 군중들은 모두들 그를 황제라고 불렀다. 그러나 갈바는 군중들이 황제라고 부르는 것을 선뜻 받아들이지 않았다. 먼저 네로가 저지른 악행들을 낱낱이 들추어내기 시작했다. 그는 네로가 죽인 여러 인물들의 운명을 한탄하고, 자신의 목숨을 바쳐서라도 나라를 구하겠다고 얘기했다. 그리고 자신은 황제로서가 아니라 원로원과 민중들을 대표하는 한 사람의 장군으로 일하겠다며 연설을 끝마쳤다.

빈덱스가 갈바를 황제로 떠받든 것이 현명하고 옳은 판단이었다는 것은 네로의 행동으로 곧 증명되었다. 네로는 그때 빈덱스를 우습게 생각하고 갈리아의 반란에도 별로 신경을 쓰지 않고 있었다. 그러나 갈바가 반란을 일으켰다는 소식을 들었을 때는 그만 너무 놀라 먹고 있던 아침 밥상을 엎었을 정도였다.

그러나 원로원이 갈바를 모두의 적으로 결정하자 네로는 대단한 자신감이라도 있는 것처럼 신하들 앞에서 이렇게 농담을 했다.

"안 그래도 돈이 좀 필요했는데 아주 잘됐군. 갈바가 모두의 적이 되었으니 이제 그 놈의 재산을 팔아서 쓰면 되겠군."

이렇게 말한 뒤 네로는 갈바의 재산을 모두 경매에 붙여 팔아 버렸다. 그러자 이 소식을 들은 갈바 또한 스페인에 있는 네로의 재산을 모두 팔아 버렸다.

마침내 수많은 사람들이 네로에게 반기를 들고 갈바의 주위로 몰려들었다. 그러나 아프리카에 있던 클로디우스 마케르와 갈리아 지방에 있던 게르마니아 군의 비르기니우스 루푸스 장군은 갈바에게 합세하지 않았다. 이 두 장군이 그런 데에는 각각 다른 이유가 있었다. 먼저 욕심 많고 잔인한 마케르는 많은 사람들을 함부로 죽이고 재산을 함부로 빼앗았던 사람이었다. 그래서 그는 군사를 내놓을 수도 없었고 그렇다고 해서 이들을 이끌고 전쟁을 하러 나가기도 두려워 망설이고 있었던 것이다. 그리고 루푸스는 로마에서 가장 강한 군대를 지휘하고 있었으며, 그의 부하들은 그를 황제라고 부르고 있었다. 그러나 그는 언제나 이렇게 딱 잘라서 대답했다.

"원로원이 허락을 하지 않는 한, 나는 물론 어느 누구도 황제가 될 수는 없소."

그러므로 갈바는 처음부터 몹시 불안한 마음이 들었다. 그런데 얼마뒤, 빈덱스와 비르기니우스의 군대가 모두 정신없이 싸우는 통에 갈리아군 2천 명이 죽고 빈덱스가 자살하는 일이 일어났다. 비르기니우스가 이처럼 큰 승리를 거두자, 그의 부하들은 비르기니우스를 황제로 추대하거나 아니면 네로를 지지하게 될 것이라는 소문이

나돌기 시작했다. 이렇게 되자 더욱 괴로워진 갈바는 비르기니우스에게 편지를 보냈다. 로마를 구하고 민중들의 자유를 지키기 위해 자신과 힘을 합치자는 것이었다. 그런 다음 갈바는 부하 장군들을 데리고 스페인에 있는 클루니아 시로 돌아갔다. 그는 여기서 지금까지 경솔하게 행동했던 것을 반성하면서, 옛날처럼 한가롭고 평화롭게 살기 위해 꼼짝도 하지 않았다.

그런데 초여름의 어느 초저녁에, 갈바가 해방시켜 주었던 이켈루스라는 노예가 갑자기 로마에서 그를 찾아왔다. 그는 로마에서 거기까지 일주일 동안이나 쉬지 않고 달려 왔다고 했다. 그는 갈바가 잠을 자러 들어갔다는 말을 들었지만, 말리는 하인들을 뿌리치고 갈바의 방으로 뛰어들어갔다. 그리고는 네로가 아직 살아 있는 데도 근위대는 갈바를 황제로 선언했으며, 이어서 원로원과 민중들도 이것을 받아들였다고 말했다. 그리고 얼마 전에 네로가 죽었다는 소문이 떠돌았다고 전했다.

"저도 처음에는 그 말을 믿지 않았습지요. 하지만 제 눈으로 직접 네로의 시체를 확인하고, 이 기쁜 소식을 전하기 위해 서둘러 달려온 겁니다."

이 소식이 전해지자 사람들은 다시금 갈바에게 눈을 돌렸다. 로마에서 겨우 7일 동안에 이곳까지 달려왔다는 말이 좀 못 미더웠지만, 어쨌든 수많은 사람들은 이켈루스의 말을 믿었고, 갈바의 집 문 앞으로 모여들어 그에게 축하의 말을 전했다.

그런데 이틀 뒤 티투스 비니우스[4]를 비롯한 몇몇 사람들이 그를 찾아와서 군대와 원로원의 움직임을 자세히 전해 주었다. 이 때문에 비니우스는 높은 관직으로 승진을 하고, 이켈루스는 금반지[5]와 함께 마르키아누스라는 성을 얻었다. 그 뒤 이 사람은 갈바의 해방 노예들 중에서 가장 높은 지위까지 오르게 되었다.

한편 로마에서는 궁전 근위대장 님피디우스 사비누스가 한꺼번에 나라의 권력을 장악하고 있었다. 그는 갈바가 이미 73살이나 된 늙은이이므로 로마에 도착하기도 전에 죽고 말 것이라고 얘기했다. 또 그는 로마의 군대를 항상 아껴왔다면서 각 지방의 병사들에게 많은 돈을 주겠다고 약속했다. 그러자 군사들은 님피디우스는 자기들의 은인이고, 갈바는 빚쟁이라면서 그 빚을 받을 사람은 님피디우스뿐이라

---

4) 갈리아의 총독을 지냈던 사람. 천성이 악하고 지조가 없어서, 황제와 백성들 사이를 이간질하다가 결국 파멸당하고 말았다.
5) 로마의 황제가 특별한 공을 세운 사람에게 내리던 선물로, 이 선물을 받는 것은 큰 영광으로 생각되었다.

고 떠들어댔다.

님피디우스는 자신의 이익을 따져 자신의 동료로 일하고 있던 티겔리누스로부터 강제로 관직을 빼앗았다. 그리고는 집정관이나 법무관을 지냈던 사람들을 모두 자기 집으로 초대해서 큰 잔치를 베풀었다. 또 그는 많은 군대를 돈으로 매수하여, 자기를 영원히 로마 군대의 장군으로 임명하고 동료를 두지 않고 혼자서만 군사를 지휘할 수 있게 해 달라고 갈바에게 요구하도록 했다.

원로원은 님피디우스를 로마의 은인으로 대우하고 날마다 그에게 찾아가서 굽신거렸으며, 그에게 모든 법률과 명령을 허락받았다. 이렇게 되자 님피디우스는 날이 갈수록 점점 더 오만해졌다. 그래서 그와 가까이 지내던 사람들은 그를 시샘하다 못해 나중에는 그를 두려워하게 되었다.

이때에는 집정관들이 원로원의 결의문을 황제에게 보낼 때는 사절단에게 도장 찍어서 만든 여행허가서를 주는 것이 관례였다. 이 서류를 보여주면 그 도시의 관리들은 사절단에게 필요한 말이나 마차 등을 내주게 되어 있었다. 그런데 님피디우스는 집정관들이 그 서류에 자신의 도장을 찍지 않았다는 것과 사절단도 자기의 부하들 중에서 뽑지 않았다는 것 때문에 무척 화가 났다. 그러나 집정관들이 먼저 사과를 했으므로 님피디우스는 이번만은 용서해 주겠다고 했다.

님피디우스는 또 민중들의 인기를 얻기 위해, 네로의 부하들이 민중들의 손에 잡혀 맞아죽은 일도 슬쩍 눈감아 주었다. 그래서 시민들은 검투사였던 스피클루스를 네로의 동상 밑에서 질질 끌고 다니다가 포룸에서 죽였고, 법관이었던 아포니우스는 땅바닥에 쓰러뜨려 놓고는 그 위로 돌을 가득 실은 마차가 지나가게 해서 죽였다. 그 밖에도 수많은 사람들이 잔인한 방법으로 죽음을 당했는데, 그 중에는 아무 죄도 없이 죽은 사람도 적지 않았다.

그때 로마에서 가장 뛰어난 인격을 가지고 있던 마우리스쿠스는 이것을 보다 못해 원로원에서 이런 말을 하기도 했다. "이런 일이 계속된다면, 민중들은 차라리 네로가 다시 살아나는 것이 낫겠다고 생각하게 될 거요."

님피디우스는 자신의 계획이 하나하나 진행되어가자 이제 목적을 달성할 날도 멀지 않았다고 생각했다. 그래서 그는 티베리우스 황제의 후계자인 카이우스 카이사르의 사생아라는 소문이 떠돌아도 그냥 내버려 두었다. 이 소문에 의하면, 카이우스 황제는 젊었을 때 님피디우스의 어머니와 가까이 지냈다고 한다. 님피디우스의 어머니는 카이우스 황제가 풀어준 해방 노예 칼리스투스의 딸이었다. 하지만 바느질은 잘 했지만 소문만큼 예쁘지는 않았다고 한다. 그러나 카이우스가 이 여자와 가까이 지낸 것은 님피디우스가 태어난 다음의 일이었던 것 같다.

님피디우스의 아버지는 검투사였던 마르티아누스였다. 그의 어머니 님피디아는 이 검투사의 뛰어난 재주에 매력을 느끼고 그를 사랑하였는데, 님피디우스가 그 검투사의 얼굴과 많이 닮은 것을 보면 아마 이것은 사실이었던 것 같다. 그리고 님피디우스 스스로도 님피디아가 자신의 어머니라고 생각하고 있었다.

한편 님피디우스는 네로를 없앤 것이 자신의 공적이었다고 자랑하고 있었다. 그러면서 그는 자기가 얻은 명예와 재산에 만족하지 못했다. 네로의 여자였던 스포로스를 네로를 화장하는 불이 채 꺼지기도 전에 불러들였다. 그는 이 여자를 자기 아내로 맞아들여 포파이아라는 새이름을 준 다음, 황제의 자리에 오르려고 공작을 꾸몄다. 그는 자기의 친구들이나 원로원 의원들, 그리고 귀부인들을 끌어들여 세력을 다지는 한편, 겔리아누스라는 친구를 스페인에 보내 갈바의 움직임을 감시하게 했다.

네로가 죽자 사람들의 마음은 모두 갈바에게 쏠렸다. 그러나 비르기니우 루푸스가 태도를 분명히 밝히지 않았으므로 갈바의 마음은 편치 못했다. 비르기니우스는 뛰어난 군사들을 데리고 있었으며, 빈덱스를 정복한 뒤 로마 제국에 속해 있던 갈리아 지방을 지배하고 있었다. 그러므로 비르기니우스를 황제로 받들자는 소리가 들리기 시작하고, 갈리아 지방의 정세도 그에게 유리하게 돌아가고 있었다. 그는 잔인한 폭군의 손에서 민중들을 해방시키고 갈리아를 전쟁의 불길에서 구하는 데 큰 역할을 했으므로 크게 이름을 떨치고 있었던 것이다.

그때까지 비르기니우스는 황제를 선출하는 권리는 원로원에게 있다고 말하면서 한사코 부하들의 요청을 거절해 왔었다. 그러나 네로가 죽고나자 부하들은 다시 그를 황제로 추대하려고 했다. 심지어 어떤 호민관은 칼을 뽑아들고 그의 막사로 들어가 칼과 황제 중 어느 것을 선택하겠느냐고 협박을 했을 정도였다. 그러나 이때쯤 그의 부하 장군인 파비우스 발렌스가 갈바에게 충성을 맹세하고, 또 로마에서 갈바를 황제로 인정한다는 결의문이 날아오자 비르기니우스는 자기의 부하들을 설득하여 갈바를 황제로 받들도록 만들었다.

갈바는 플라쿠스 호르데오니우스를 비르기니우스에게 보내 군대를 넘겨 주라고 하였다. 그래서 비르기니우스는 자신의 군대를 넘겨 주고, 로마로 돌아가는 도중에 갈바를 만나 인사를 드렸다. 그러나 갈바는 티투스 비니우스 등의 질투 때문에 그에게 명예를 내릴 수도 없었고, 그를 존경하고 있었기 때문에 어떤 피해를 줄 수도 없었다. 그러나 티투스 비니우스가 비르기니우스의 명예를 질투했던 것은, 결과적으로는 비르기니우스를 도운 셈이 되었다. 즉, 다른 장군들이 전쟁의 불길에 휩싸여 죽을 고생을 당하고 있을 때, 비르기니우스는 끝까지 자신의 신념을 지키며 평화롭게 여생을 보냈던 것이다.

갈바가 갈리아에 있는 나르보 시에 도착했을 때, 로마의 원로원에서 보낸 사절들이 그를 기다리고 있었다. 그들은 갈바에게 인사를 드린 뒤, 로마 시민들이 새로운 황제를 애타게 기다리고 있으니 서둘러 로마로 돌아가자고 말했다. 갈바는 사절단들을 위해 잔치를 베풀고 그들을 친절하게 대해 주었다. 그리고 님피디우스가 네로 황제가 쓰던 호화로운 그릇들을 보내주었지만, 그는 자기가 쓰던 그릇들만 내놓았다. 이런 소식이 전해지자 사람들은 갈바가 과연 뛰어난 인격을 가진 인물이라며 찬사를 아끼지 않았다.

그러나 비니우스는 갈바의 이러한 행동을 역이용했다. 그는 이렇게 소박하고 검소하게 생활하는 것은 민중들의 인기를 끌어모으기 위한 속임수이며 황제로서 갖추어야 할 위엄을 떨어뜨리는 짓이라고 말했다. 이 말을 들은 갈바는 그 다음부터 네로 황제가 쓰던 호화로운 그릇들을 쓰기 시작했다. 잔치를 열 때마다 풍성한 음식을 베풀며 마음껏 사치를 부렸다. 늙은 갈바는 이렇게 해서 완전히 비니우스의 꼭두각시가 되고 말았다.

비니우스는 돈과 여자를 좋아하기로는 그 시대 누구도 따를 수 없는 인물이었다. 그는 젊었을 때 칼비시우스 사비누스를 따라 처음으로 전쟁터에 나가게 되었는데, 지휘관의 부인이 행동이 단정하지 못한 것을 보고 그녀를 병사처럼 꾸며서 부대 안으로 데리고 들어왔다. 그리고는 프린키피아라고 부르는 장군의 천막에서 함께 잠을 자다가 들키고 말았다. 황제 카이우스 카이사르는 그를 감옥에 집어넣었지만, 황제가 죽자 곧 감옥에서 풀려났다.

또 클라우디우스 카이사르 황제의 초대를 받아 어떤 잔치에 갔을 때는 은으로 만든 술잔을 훔친 일도 있었다. 이 사실을 알게 된 클라우디우스 황제는 일부러 다음 날 그를 다시 초대하고, 그 사람 앞에는 은그릇 대신 흙으로 빚은 그릇을 놓게 했다. 클라우디우스는 그런 사람에게 화를 내는 것은 오히려 어리석은 일이라고 생각했기 때문에, 이런 식으로 그를 비웃어 주었던 것이다.

그러나 비니우스는 이제 갈바를 자기 마음대로 주무르게 되자, 돈에 눈이 어두워져서 수많은 비극을 연출하기 시작했다.

한편 님피디우스는 갈바의 움직임을 살펴보라고 보냈던 겔리아누스가 돌아오면서부터 몹시 불안해지기 시작했다. 갈바가 코르넬리우스 라코를 근위부대의 대장으로 임명했고, 비니우스가 그를 쥐고 흔들고 있으며, 자기는 만나주지도 않았다고 겔리아누스가 보고를 했기 때문이다. 그래서 님피디우스는 자기의 군대를 불러 모아놓고 이렇게 말했다.

"갈바는 어질고 점잖은 노인이오. 그러나 그는 자기 뜻대로 움직이는 것이 아니라 비니우스나 라코가 시키는 대로 모든 일을 처리하고 있소. 그러므로 그들이 티겔리누스가 가졌던 병권을 빼앗지 못하도록 막아야 하오. 그리고 우리는 갈바 황제에게 사람을 보내서, 그 두 사람을 물리치고 로마로 돌아온다면 시민들이 더 크게 환영할 것이라고 전해야 할 것이오."

그러나 병사들은 그 제안을 거절했다. 왜냐하면 갈바가 처음으로 군대를 지휘하게 된 젊은이도 아니고 나이가 든 사람인데, 그에게 누구를 멀리 해라 어쩌라 하는 것은 실례가 되는 일이라고 생각했기 때문이었다. 그러자 님피디우스는 다시 방법을 바꾸어, 갈바를 놀라게 할 만한 내용을 적어 여러 통의 편지를 보냈다. 로마는 아직도 질서가 잡히지 않아 몹시 불안하다든가, 클로디우스 마케르가 모든 배의 출입을 금지시켜 아프리카에서 오는 식량이 끊겨졌다든가, 게르마니아의 군대가 반란을 일으킬 조짐이 있고, 시리아와 유대 지방에서도 반란이 일어났다는 것 등이 그것이었다.

그러나 갈바는 이런 소식을 믿지도 않았고, 마음도 쓰지 않았다. 그래서 님피디우스는 갈바가 로마에 오기 전에 자기가 황제가 되어야겠다고 마음을 먹었다. 그러나 그의 친구 중 안티오크 출신이었던 클로디우스 켈수스라는 사람이 있었다. 그는 생각도 깊고 분별력도 있는 사람이었는데 님피디우스를 황제라고 부를 사람은 로마에 단 한 명도 없다면서 그를 말렸다. 그러나 그때에는 갈바를 비웃고 있는 사람도 적지 않았다. 특히 폰토스의 미트리다테스 왕은 갈바의 대머리와 주름살이 가득한 얼굴을 못 봤으니 망정이지 만약 직접 보게 된다면 그런 사람을 황제로 모셨다는 사실을 부끄러워하게 될 것이라고 비웃었다.

결국 님피디우스는 밤 12시에 그의 일행을 거느리고 가서 황제라고 선언을 하기로 결정하였다. 그러나 그날 저녁에 호민관 중에서도 가장 우두머리인 안토니우스 호노라투스는 부하들을 모아놓고 이렇게 말했다. "그렇게 짧은 동안에 몇 번씩이나 마음을 바꾸다니 마치 유령에게 쫓기는 기분이오."

그는 자기 자신과 부하들을 이렇게 꾸짖으며 계속 말을 이어나갔다.

"어떤 원칙이 있었던 것도 아니고, 그렇다고 가장 훌륭한 사람을 황제로 뽑은 것도 아닌데 그토록 여러 번 배반을 했다는 것은, 아마 성난 운명의 장난이었을 거요. 네로를 배반했던 것은 그가 저지른 죄 때문이었지만, 갈바는 자기 아내나 어머니를 죽인 일도 없었고, 비극 무대에 나가 신성한 황제의 지위를 더럽힌 일도 없었던 사람이오."

그런 다음 그는 부하들을 향해 이렇게 물었다.

"우리가 네로를 배반한 것은 그가 우리를 버리고 이집트로 달아난다는 님피디우스의 거짓말 때문이었소. 그런데 네로뿐만 아니라 이제는 갈바까지 죽이려는 거요? 천한 님피디아의 아들을 황제로 떠받들고, 리비아의 아들 갈바를 죽이려는 거냐 말이오? 아그리피나의 아들을 죽인 것만으로는 부족하시오? 죄많은 그 놈을 죽여 네로의 원수를 갚아 주고, 우리들 모두는 갈바를 보호하는 근위대가 되어야 하지 않소?"

병사들은 이 말에 모두들 찬성했다. 그리고 다른 병사들에게도 황제에게 충성을 다하자며 서로를 격려했다.

그러나 님피디우스는 진지에서 시끄러운 함성 소리가 들리자 병사들이 자기를 부르는 것으로 잘못 생각했는지, 아니면 소란이 커지기 전에 그들을 진정시키려고 그랬는지 횃불을 들고 밖으로 나왔다. 그의 손에는 킹고니우스 바로가 쓴 원고가 들려 있었는데, 그는 이미 그것을 다 외우고 있었다.

그러나 성문은 굳게 닫혀 있었고, 성벽 위에는 무장을 갖춘 병사들이 빽빽히 늘어서 있었다. 님피디우스는 이것을 보고 가슴이 두근거렸지만 애써 무서움을 누르며 이렇게 물었다.

"무슨 일이냐? 누구의 명령으로 무장까지 갖추고 있는거냐?"

병사들은 모두 함성을 지르면서, 갈바를 황제로 모시기로 했다면서 만세를 불렀다. 그러자 님피디우스가 성벽 가까이로 다가가며 그들의 결심을 칭찬하고, 자기와 함께 온 일행들에게도 만세를 외치라고 말했다. 그러자 병사들은 님피디우스와 그의 일행 중 몇 사람을 성 안에 들어오게 해주었다. 그러나 몇 걸음 걷기도 전에 어디선가 투창이 그에게 날아왔다. 셉티미우스가 방패로 그 창을 막았지만 이번에는 훨씬 더 많은 병사들이 칼을 들고 달려들었다. 님피디우스는 재빨리 어떤 막사 안으로 달아났지만, 병사들은 거기까지 따라와 기어이 그를 죽여 버렸다. 그의 시체는 광장으로 끌려나왔으며, 주위에 창을 세워 울타리를 만들어 다음날 시민들의 구경거리가 되었다.

님피디우스의 죽음을 전해들은 갈바는, 그와 함께 일을 꾸몄던 자는 자살을 하라고 하면서 그렇지 않은 자는 사형을 시키겠다는 명령을 내렸다. 이렇게 해서 죽은 사람들 가운데는 연설문을 써준 킹고니우스 바로와 미트리다테스 같은 사람도 끼여 있었다. 갈바의 이 결정은 법에는 어긋나지 않았다. 그러나 유명한 사람들을 재판도 거치지 않고 죽였기 때문에 많은 사람들의 비난을 받았다. 지금까지 모진 시달림을 받았던 시민들은 새로운 정치를 기대하고 있었으므로, 갈바의 이 조치에 대해 적지 않게 실망했다.

특히 집정관 대우를 받고 있던 페트로니우스 투르필리아누스가 단지 네로에게 충성을 바쳤다는 이유 때문에 죽임을 당하자 시민들은 무척 노여워했다. 또 그는 트레보니우스를 시켜 아프리카에 있던 마케르를 죽이고, 파비우스 발렌스를 시켜 게르마니아에 있던 폰테이우스를 죽였는데, 그들은 엄청난 군사를 거느리고 갈바에게 반기를 들었기 때문에 그에게는 위험한 존재였던 것이다. 그러므로 여기에는 그럴싸한 이유가 있었다. 그러나 투르필리아누스처럼 힘도 못 쓰는 늙은이를 재판도 없이 죽인 것은, 너그러운 정치를 펴겠다고 선언했던 갈바로서는 처음에 했던 약속을 저버린 행동이었다.

그런데 갈바가 로마에서 25펄롱(5km)쯤 떨어진 곳까지 이르렀을 때, 어디선가 나타난 한 떼의 선원들이 그들의 길을 가로막았다. 그들은 예전에 네로가 군대로 편성해서 병사로 썼던 자들이었는데, 이제 새 황제가 오자 정식으로 자신들을 임명해 주고, 군대 깃발과 지낼 거처도 마련해 달라고 시끄럽게 떠들어댔다. 그러므로 새로운 황제를 환영하려고 마중나왔던 시민들은 황제의 애기를 듣기는커녕 멀리서 구경도 할 수 없었다.

갈바는 나중에 애기할 테니 우선은 물러가라고 그들에게 말했다. 그러자 그 무리들은 갈바가 거절을 한 것으로 생각하고 소리를 지르면서 계속 소란을 피웠다. 그 중에는 칼까지 뽑아든 성질 급한 사람도 있었다. 갈바는 이것을 보자 기병부대를 향해 그들을 쫓아 버리라고 명령했다. 그러므로 이들은 저항도 하지 못하고 뿔뿔이 흩어져 쓰러지고 말았다. 새로운 황제가 로마로 들어오는 길에 이처럼 많은 사람들[6]의 피를 흘리게 한 것은 매우 불길한 징조였다. 그러므로 지금까지 그를 맥도 못추는 늙은이라고 비웃던 사람들도 이제는 모두 그가 두려워 벌벌 떨게 되었다.

갈바는 옛날에 네로가 상금을 마음껏 뿌렸던 것과는 좋은 대조가 된다. 그는 오히려 이 나쁜 풍습을 없애기 위해 애를 썼던 것이다. 그러나 사치를 막은 것까지는 좋았지만 그는 때때로 예의에 벗어나는 행동을 하기도 했다. 피리를 잘 분다고 이름난 카누스가 황제를 위해 피리를 불었는데, 그때 갈바는 신하에게 지갑을 가져오게 했다. 그리고는 거기서 금화 몇 푼을 꺼내 주면서, 이것은 나랏돈이 아니라 자기가 주는 돈이라는 얘기를 하였다.

또 그는 예전에 네로가 배우나 씨름 선수들에게 주었던 상금을 10분의 1만 남기고 나머지는 도로 반납하라는 명령을 내렸다. 그러나 이 돈을 받았던 사람들은 앞뒤 생각없이 그늘그날 살아가는 사람들이었으므로, 그 돈을 다 써버린 뒤였다. 그러자 갈바는 그 돈의 출처를 샅샅이 조사했다. 이렇게 해서 많은 사람들이 이 일에 걸려들게 되자 모두들 갈바를 원망하게 되었다.

한편 그런 일을 시킨 비니우스 또한 시민들로부터 심한 미움을 받게 되었다. 비니우스는 갈바를 이렇게 인색한 사람으로 만들고, 자신은 권력을 이용하여 다른 사람들의 재산을 빼앗아 자기 주머니에 털어놓고 있었던 것이다.

술통을 열었으면 끝까지 다 마셔라.

헤시오도스의 이 시에서처럼, 그는 갈바가 연로하여 살 날이 얼마 안 남은 것을 보고 자기 배를 채우고 있었다.

이런 때에 황제가 된 갈바는 여러 곳에서 온갖 비난의 소리를 듣게 되었다. 비니우스는 이 늙은 황제의 이름을 팔아서 온갖 못된 짓을 일삼고 다녔고, 갈바가 정치를 바로하려고 해도 어떻게든 훼방을 놓았기 때문이었다. 네로 황제에게 아부하던 자들을 처벌할 때도 이러한 사정은 마찬가지였다.

---

6) 디오 카시우스의 기록에 의하면, 이때 갈바는 무기도 가지고 있지 않은 사람을 7천 명이나 죽였다고 한다. 그 밖에도 수많은 사람들이 감옥에 끌려가 갈바가 죽을 때까지 갇혀 있었다.

갈바는 헬리우스, 폴리클레투스, 페티누스, 그리고 파트로비우스 같은 잔인한 놈들을 사형시킨 뒤 광장으로 끌고 나가게 했다. 이것을 본 시민들은 뛸 듯이 기뻐하면서 하늘에 계신 신들도 이 광경을 보고 기뻐할 것이라고 말했다. 그런데 네로가 무서운 짓을 저지르도록 부추겼던 티겔리누스는 죽어 마땅한 사람이었지만, 그는 이미 비니우스에게 돈을 주고 사형을 면제 받았다.

투르필리아누스 같은 사람은 폭군을 배반하지 않았다는 이유 때문에 죽임을 당했다. 그러나 네로에게 못된 짓을 가르쳐 잔인한 폭군으로 만들고, 그 뒤에는 스스로 배반을 해버린 티겔리누스는 비니우스에게 뇌물을 바쳤기 때문에 살아남았던 것이다. 이것은 비니우스에게 돈만 준다면 무엇이든지 다 얻을 수 있다는 증거였다.

이것을 본 민중들은 티겔리누스가 죽는 꼴을 보아야만 속이 시원하겠다고 분개했다. 극장이나 운동장에 모일 때마다 그를 죽이라고 소리쳤다. 그러므로 갈바 황제는 연단에 올라서서 흥분한 그들을 진정시켜야만 했다.

"티겔리누스는 병으로 점점 쇠약해지고 있으니 어차피 오래는 못 살거요. 그러니 내가 잔인한 정치를 했다는 말을 듣지 않도록 해주시오."

갈바의 말을 들은 시민들은 실망했다. 더구나 티겔리누스는 이런 민중들을 비웃듯 얼마 뒤 병이 다 나았다고 신에게 감사의 제사를 올리고 큰 잔치를 베풀어 황제의 은혜에 감사를 드렸다.

얼마 뒤 비니우스는 황제와 식사를 한 뒤, 과부가 된 자기 딸을 데리고 요란한 행렬과 함께 티겔리누스에게 갔다. 그러자 티겔리누스는 그에게 감사하다는 말을 전하고, 25만 드라크마의 돈을 주었다. 그런 다음 자기 곁에 있던 첩을 시켜, 자기 목에 두르고 있던 15만 드라크마짜리 목걸이를 벗기게 한 뒤 그것을 비니우스의 딸에게 주라고 했다.

이런 일이 있은 다음부터 갈바는 아무리 옳은 일을 해도 좋은 소리를 듣지 못했다. 그는 빈덱스와 함께 반란을 일으켰던 갈리아인들에게 세금을 낮춰주고 로마의 시민권까지 주었다. 그러나 그들은 이것을 황제의 은혜로 생각하지 않고 비니우스가 돈에 욕심을 낸 덕분이라고만 생각하였다.

이렇게 해서 시민들은 황제를 싫어하게 되었다. 또한 군대는 님피디우스가 약속했던 돈을 아직 구경도 못했지만, 그들은 적어도 갈바가 네로가 주었던 만큼은 줄 것이라고 기대했다. 그래서 그들은 처음 얼마 동안은 아무 말도 없었지만 나중에는 불만을 드러내기 시작했다. 그때 갈바는 그들에게 이렇게 큰 소리를 쳤다.

"나는 군대를 모집해서 썼지 돈을 주고 사 본 일은 한 번도 없소."

이 말을 들은 병사들은 분해서 참을 수가 없었다. 마땅히 주어야 할 돈을 주지 않았을 뿐만 아니라 앞으로 황제들에게도 똑같은 짓을 하도록 나쁜 선례를 남긴다고 생각했기 때문이었다.

그러나 병사들은 마음속에 이런 미움이 들끓고 있었음에도 불구하고 로마에는 아무 일도 일어나지 않았다. 갈바가 바로 눈 앞에서 버티고 있었으므로 반란을 일으킬 만한 용기도 없었고, 그럴 만한 적당한 기회도 오지 않았기 때문이었다. 그러나 예전에 비르기니우스 장군 밑에 있다가 지금은 플라쿠스의 지휘를 받고 있던 게르마니아 군대는 빈덱스를 무찌른 뒤 이것을 큰 자랑으로 삼고 있었는데, 여기에 대해 이렇다 할 보상을 받지 못하자 장군의 명령도 듣지 않게 되었다. 더구나 플라쿠스 장군은 일년 내내 신경통을 앓느라 꼼짝도 못했을 뿐 아니라 전쟁 경험도 없었기 때문에 병사들은 그가 뭐라고 하든 들은 척도 하지 않았다.

그러던 어느 날 모든 군대가 축하 잔치를 열게 되었는데, 거기에 앞서서 장군들이 모여 황제를 위해 기도를 올리고 있었다. 그러자 병사들은 당장 집어치우라고 고함을 지르기 시작했다. 그래도 장군이 계속 기도를 하자 그들은 다시 이렇게 외쳤다.

"그렇다면 황제 노릇이라도 제대로 하라고 해."

갈바는 황제를 무시하는 사건이 비텔리우스의 군대에서도 일어났다는 얘기를 들었고, 뒤이어 각 지방에서도 비슷한 일이 자꾸만 보고되어 올라왔다. 그러자 갈바는 겁이 나기 시작했다. 그리고 자기가 이렇게 업신여김을 당하는 것은 나이가 많고, 아들도 없기 때문이라고 생각하였다.

그때 마침 로마에는 마르쿠스 오토라는 청년이 있었다. 그는 좋은 가문에서 태어나 어릴 때부터 풍족하고 방탕하게 살아온 젊은이였다. 호메로스는 자신의 시에서 파리스를 아무리 칭찬하려고 해도 그럴 만한 구실이 없어 '아름다운 헬레네의 연인'이라고만 얘기했다고 한다. 마찬가지로 오토도 포파이아와 결혼한 사람으로서만 알려진 사람이었다.

포파이아는 그 전에 크리스피누스와 결혼을 했었는데, 네로는 그때부터 그녀를 사랑하고 있었다. 그러나 당시에 네로는 아내를 존중하고 있었고 어머니의 눈도 무서웠으므로, 오토를 이용해서 이 여자를 유혹하려고 했다.

오토는 사치와 방탕한 짓을 일삼던 사람이었는데, 네로는 바로 그런 점을 마음에 들어했던 것 같다. 그래서 그는 오토가 자신을 보고 구두쇠라고 비웃어도 허물없는 농담이라고만 생각하며 그와 친하게 지냈다.

언젠가 네로는 굉장히 값비싼 향수를 뿌리면서 오토에게도 살짝 뿌려주었다. 그런데 오토는 다음날 네로를 저녁 식사에 초대하고는 금과 은으로 만든 파이프로 똑같은 향수를 네로에게 물처럼 퍼부었다고 한다. 그 전날 네로가 인색하게 굴자 거기에 대해 은근히 앙갚음을 할 정도로 심술궂은 사람이었다.

오토는 먼저 포파이아를 만나 크리스피누스와 이혼을 하고 네로와 정식으로 결혼을 하라고 설득했다. 그러나 포파이아가 이혼을 하자 자기 집으로 데려와 자신의 아내로 삼아 버렸다. 오토는 그녀의 사랑을 네로에게 주기 싫어했으며 그에게 심한 질투를 했다고 한다. 그리고 포파이아 역시 오토가 없을 때도 네로의 유혹을 물리쳤다고 한다. 이 같은 포파이아의 행동은 오토가 싫어할까봐 그랬다는 얘기도 있고, 또 황제를 애인으로 둔다는 것은 좋지만 결혼까지 할 생각은 없어서 그랬다는 얘기도 있다.

어쨌든 오토가 이런 행동을 했다는 것은 아주 위험한 일이었다. 네로는 포파이아와 결혼하기 위해 자기 아내와 누이까지 죽였기 때문이다. 그러나 오토의 친구인 세네카가 네로에게 간절히 부탁을 하여 오토를 루시타니아[7] 지방의 총독으로 가게 해주었다. 그러나 오토는 명목상으로는 총독으로 임명된 것이지만, 사실은 네로에게 쫓겨난 것이라는 사실을 잘 알고 있었다. 그러나 오토는 그곳에서 민중들에게 너그러운 정치를 베풀어 존경을 받았다.

그러나 스페인에서 갈바가 네로에 대한 반란을 일으키자, 제일 먼저 그를 도와준 것은 다름아닌 오토였다. 그는 자기가 가지고 있던 물건 중에서 금이나 은으로 만든 것들을 모두 갈바에게 보내 돈으로 쓰게 하고, 황제를 섬길 만한 신하들까지 그에게 보냈다. 그는 또 다른 여러 가지 면에서도 갈바에게 충성을 바쳤으며, 일을 처리하는 데도 남다른 능력을 발휘했다. 그래서 갈바가 로마에 들어갈 때는 며칠 동안이나 같은 마차를 타고 올 정도로 가까운 사이가 되었다.

그런데 그는 새로운 황제와 가까이 지내는 동시에, 비니우스와도 굳게 손을 잡고 있었다. 오토는 첫 번째 자리를 비니우스에게 양보하고 그 다음 자리를 차지했던 것

---

7) 지금의 포르투갈에 해당한다.

이다. 그러나 사실 오토는 이렇게 해서 다른 사람들의 질투도 피하고, 귀찮은 일도 덜어보려는 속셈이었다.

오토는 사람들이 무슨 부탁을 하러 올 때도 돈을 받지 않고 그 부탁을 들어주었다. 그리고 모든 사람들에게 친절하게 대했으며 특히 병사들의 요청은 있는 힘을 다해 들어주려고 했다. 그래서 그는 황제나 비니우스를 찾아가 그들의 요청이 받아들여지게 만들고, 어떤 때는 갈바 황제의 사랑을 받고 있던 이켈루스나 아시아티쿠스의 힘까지 빌려서 여러 사람에게 관직을 주기도 했다.

또 그는 갈바를 자기 집에 초대하고 가끔 잔치를 열기도 했다. 그럴 때마다 그는 황제의 근위병들에게 각각 금화 한 닢씩을 나누어 주며, 갈바에게 존경을 바치는 것처럼 보이게 했다. 그러나 사실 이것은 황제의 근위병들에게 인기를 얻기 위한 속임수였으며 갈바를 함정에 빠뜨리려는 술책이기도 했다.

그러므로 갈바가 대를 이을 후계자를 찾자 비니우스는 선뜻 오토를 추천했다. 그러나 이것도 미리 계산된 일이었다. 만일 갈바가 오토에게 왕좌를 물려 주게 되면, 비니우스의 딸과 오토가 결혼을 하기로 미리 약속이 되어 있었던 것이다.

그러나 갈바는 자기 자신보다 나라를 먼저 생각하는 사람이었으므로 이때에도 국익을 따져 보았다. 그는 오토의 사치성과 이미 5백만 드라크마의 빚까지 지고 있다는 사실을 알고 있었다. 그러므로 그는 오토에게 황제의 자리는 물론 자신의 재산을 물려줄 생각도 없었다.

그래서 그는 비니우스의 말을 가만히 듣기만 하고 결정은 뒤로 미루었다. 그리고는 스스로 집정관의 자리로 물러나와 비니우스를 동료 집정관으로 지명했다. 그러므로 사람들은 황제의 자리를 물려받을 계승자가 새해에 정해질 것이라고 생각했으며, 군인들은 특히 오토가 계승자로 결정되기를 바라고 있었다.

그런데 갈바가 이 문제를 결정짓지 못하고 머뭇거리고 있는 동안, 게르마니아에서 병사들의 반란이 일어났다. 어느 군대든 모두 기대했던 돈을 받지 못해서 갈바에게 불만을 가지고 있었지만, 특히 게르마니아에 있던 군대에게는 반란을 일으킬 만한 구실이 주어져 있었다. 그들은 자기들의 사령관이었던 비르기니우스 루푸스를 함부로 파면시킨 일은 대단한 모욕이라고 여겼다. 또 자기들과 싸운 갈리아 군대에게는 상을 주고 그들에게 가담하지 않은 자들에게는 벌을 주어 마치 빈덱스가 갈바를 로마 황제로 만들어준 것처럼 고마워하고 있다고 떠들어댔다.

그러다가 새해 첫날이 되자, 플라쿠스 장군은 황제에 대한 충성을 다짐하는 의식을 올리려고 병사들을 집합시켰다. 그러자 병사들은 갈바 황제의 동상을 쓰러뜨리고, 원로원과 민중들에게 충성을 약속한 다음 뿔뿔이 흩어져 버렸다. 장군들은 계속 이렇게 나가다가는 폭동이 일어날 것이라고 염려하여 병사들 앞에 나가 이렇게 말했다.

"전우 여러분! 지금 있는 사령관을 인정하지 않고 버린다면 어떻게 되겠습니까? 갈바에게 충성을 바치기 싫다는 것은 누구에게도 복종하지 않겠다는 것 아닙니까? 플라쿠스 장군은 갈바의 그림자일 뿐이니 그 사람을 모시는 것은 아무 소용도 없습니다. 그러나 여기서 하루만 걸어가면 게르마니아의 사령관 비텔리우스가 있습니다. 그의 아버지는 감찰관이었고 집정관도 세 번이나 지낸 분이었습니다. 또 그분은 가난하다고 해서 흠을 잡는 사람이 있지만, 그건 그분의 정신이 맑고 너그러우며 재물에 욕심이 없다는 증거입니다. 그러니 어서 그분을 받들어, 스페인이나 루시타니아에 있는 군대보다 훨씬 황제를 잘 선택했다는 것을 세상에 보여줍시다."

이 제안에 대해 찬성과 반대가 결정되기 전에 군대의 깃발을 드는 한 병사가 진지를 몰래 빠져나가 비텔리우스에게 이 소식을 전했다.

비텔리우스는 그때 많은 장군들과 함께 저녁을 먹고 있던 중이었다. 이 소식은 곧바로 군대 안에 퍼졌으며, 다음날에는 파비우스 발렌스가 기병부대를 이끌고 와서 비텔리우스에게 황제가 된 데 대한 축하의 인사를 드렸다.

비텔리우스는 지금까지 나라의 운명을 짊어지는 어려운 일은 싫다면서 황제가 되기를 한사코 거절했었다. 그러나 그 날은 점심에 많은 음식과 함께 술을 마셔 뱃심이 커졌던 탓인지 이들의 요청을 받아들였다. 그러나 황제라는 칭호는 사양하고, 병사들이 드린 게르마니쿠스라는 이름은 기꺼이 받아들였다.

그러자 플라쿠스의 군대는 나라와 원로원을 위해 충성을 다하겠다던 맹세를 까맣게 잊어버린 듯 비텔리우스를 황제로 받들어 그에게 무조건 복종하겠다고 맹세했다. 이렇게 해서 비텔리우스는 로마의 황제로 선포되었다. 이 소식을 들은 갈바는 이제 더 이상 후계자 결정을 망설이고 있을 수가 없었다. 오토와 돌라벨라의 지지자들은 여러 가지 노력을 하고 있었지만, 갈바는 뜻밖에도 조용히 피소를 불러들였다.

피소는 네로에게 살해된 크라수스와 스크리보니아의 아들이었다. 고상한 인격과 지조가 뚜렷하여 엄격한 생활을 하고 있던 젊은이였다. 갈바는 이 청년을 근위부대의 진영으로 데려가서 황제로 선언하려고 했다.

그러나 갈바는 궁전을 떠날 때부터 나쁜 징조가 나타나기 시작했다. 그리고 병사들을 세워놓고 준비한 연설을 시작하려고 했을 때는 난데없이 번개가 치더니 갑자기 폭우가 쏟아지며 세상이 캄캄해졌다. 이것은 피소에게 황제의 지위를 물려 주는 일을 신이 달가워하지 않고 있으며, 결과도 좋지 않으리라는 것을 미리 알려 주는 징조였다. 그러나 병사들은 이런 와중에도 상금을 안 주는 것에 불만을 품고 얼굴을 험하게 찡그리고 있었다.

그러나 이들은 피소의 태도를 보고는 그를 존경하지 않을 수 없었다. 그는 황제의 은혜로 큰 행운을 얻었지만 그런 기색을 조금도 드러내지 않았고, 말소리나 얼굴 표정도 침착했다.

한편 오토는 자기가 후계자로 지명되지 않자 실망과 분노로 얼굴이 일그러져 있었다. 그는 자기밖에 후계자가 될 사람이 없었는데도 자기를 지명하지 않았다는 것은 분명 황제가 자기를 미워하기 때문이라고 생각했다. 앞일을 생각하자 불안해진 오토는 피소와 갈바와 또 비니우스를 못마땅해하며 로마로 돌아가 버렸다.

그러나 그가 데리고 다니던 점쟁이들은 절대로 희망을 버리지 말라고 부추겼다. 특히 프톨레마이오스는 이렇게 예언을 했다.

"네로 황제는 오토를 죽이지 못한다. 네로가 먼저 죽고 오토는 황제가 된다."

프톨레마이오스는 이 예언의 반은 이미 맞았으니 나머지 반도 맞을 것이라고 말했다.

오토를 찾아와서 그의 불행을 위로하는 사람들도 많았다. 이들 중에는 님피디우스와 티겔리누스를 지지했다가 지금은 몰락한 사람들도 적지 않았는데, 그들은 오토를 찾아와 그의 마음속에 복수심을 불어넣고 돌아가곤 했다.

이런 사람들 중에는 비투리우스와 바르비우스라는 사람도 있었다. 비투리우스는 군대의 부대장이었고 바르비우스는 전령이었는데, 이들은 오토의 해방 노예인 오노마스투스와 함께 병사들을 찾아다니면서, 돈과 좋은 조건을 약속하고 자기 편으로 끌어들였다.

이미 썩은 대로 썩어서 갈바를 배반할 구실만 찾고 있던 군대는 이들의 말에 쉽게 넘어왔다. 그러므로 전 군대가 반란에 가담하게 하는 데는 겨우 나흘이라는 시간밖에 걸리지 않았다. 적어도 충성심을 지닌 군대였다면, 갈바가 피소를 후계자로 선언한 지 나흘만에 암살당하는 일은 없었을 것이다. 계승자를 결정한 날까지 합쳐서 정확히 6일 만인 1월 15일에 이들은 죽임을 당했다.

이날 갈바는 이른 아침에 신하들을 궁전에 모아놓고 신에게 제물을 드리고 있었다. 그런데 희생물의 내장을 들여다본 제관 움브리키우스가 이렇게 중얼거렸다. "큰일이 일어날 징조요. 주위 사람들이 황제의 목숨을 노리고 있소."

신은 오토의 마음을 완전히 꿰뚫어보고 있었다. 그때 제관 뒤에 서서 그가 하는 말을 들은 오토는 얼굴이 하얗게 질려 버렸다.

그때 그의 해방 노예인 오노마스투스가 다가와서, 집에 건축가가 와서 기다리고 있다고 말했다. 이것은 군대가 기다리고 있다는 것을 알려 주는 암호였다. 오토는 이 말을 듣자, 낡은 집을 하나 샀는데 그것을 판 사람에게 수리시키기 위해 건축가를 데려가야 한다고 변명하고 이곳을 빠져나왔다.

그는 티베리우스라는 이름의 건물을 지나 시민들이 모여 있는 광장을 거쳐서 금빛 기둥[8]이 서 있는 곳에 이르렀다. 이 기둥은 이탈리아의 모든 도로의 종점이 되는 곳이었다.

여기서 오토를 기다리고 있던 병사는 모두 23명이었다고 한다. 오토는 사치에 빠져서 방탕하게 살던 사람이므로 몸은 허약했지만 뱃심은 좋은 사람이었다. 그러나 이때는 병사들의 수가 너무 적었으므로 아무래도 겁이 났다.

병사들은 오토가 어물거리는 것을 보자 칼을 뽑아들고, 오토의 마차를 출발시켰다. 오토는 달리는 마차 안에서 몇 번이나 "큰일이군" 하며 중얼거렸다고 한다. 지나가는 사람들은 이들을 보고 그렇게 적은 숫자로 큰일을 벌인다는 것이 믿어지지 않는다는 듯 가던 걸음을 멈추고 그들을 지켜보았다.

그러나 광장을 지나가는 동안 병사들이 둘씩 셋씩 끼어들어 나중에는 원래 있던 만큼의 병사들이 더 모여들었다. 이들은 드디어 칼을 뽑고 오토를 황제라고 부르짖으며 근위부대의 진영을 향해 달려갔다. 이 부대의 입구를 지키고 있던 마르티알리스는 사실 이 음모에 가담했던 사람이 아니었다. 그러나 갑작스런 일을 당하자 너무 겁이 나 이들에게 문을 열어 주고 말았다.

일단 이들이 진영 안에 발을 들여놓자, 감히 아무도 저항하려 하지 않았다. 이 음모에 가담했던 자들은 벌써 몇 명씩을 둘러싸고 있었으므로, 음모를 모르고 있던 병사들은 처음에는 겁을 먹었다. 그러나 반란군의 설명을 들은 다음에는 모두들 찬성

---

8) 아우구스투스 황제가 세운 것으로 이정표 구실을 했다.

을 하며 반란군에 합세했다.

반란이 일어났다는 갑작스러운 소식은 곧 갈바가 있는 팔라티움 궁전까지 전해졌다. 그때 갈바는 아직도 제물로 쓴 내장을 손에 받아들고 있었다. 그러므로 희생물에 나타난 징조를 믿지 않았던 사람들도 모두 신의 힘에 놀라지 않을 수 없었다.

그러는 사이 온 시민들이 밀물처럼 달려왔다. 비니우스와 라코를 비롯한 갈바의 해방노예들은 황제를 지키기 위해 칼을 뽑아들고 서 있었다. 이때 피소는 궁전을 지키는 호위병들에게 황제를 지키라고 소리쳤다. 그리고 용감하기로 이름난 마리우스 켈수스는 비프사누스라는 건물에 모여 있는 군대를 부르기 위해 그곳으로 달려갔다.

그러자 갈바는 바깥으로 나가서 민중들에게 호소해 보는 것이 어떻겠느냐고 물었다. 그러자 켈수스와 라코는 찬성하면서 여기에 반대하는 비니우스를 나무랐다. 그런데 바로 그때 오토가 근위대의 진영 안에서 살해되었다는 소식이 잇따라 들려왔다. 그리고 잠시 후 율리우스 아티쿠스라는 자가 달려와 황제의 적을 자기가 죽였다고 외치고, 피묻은 칼을 황제에게 보여주었다.

"누구의 명령을 받고 죽였느냐?"

갈바가 이렇게 묻자 그는 황제에게 충성을 바치기로 맹세한 이상 할 일을 한 것이라고 대답했다. 주위에 있던 병사들은 이 말을 듣고 환호성을 올리며 그를 칭찬하였다.

갈바는 유피테르 신에게 감사의 제사를 올리기 위해 마차를 타고 나갔다. 그런데 광장에 이르렀을 때, 마치 바람의 방향이 갑자기 바뀌는 것처럼 정반대의 소식이 휘몰아쳤다. 군영을 점령한 오토가 군대를 이끌고 쳐들어오고 있다는 소식이었다. 그러자 광장에 모여 있던 민중들은 "궁전으로 돌아가라", "두려워하지 말고 전진하라", "그들을 물리쳐 버려라" 하고 제각기 외쳐댔다.

황제를 태운 마차는 마치 성난 바다 위에 떠있는 작은 조각배처럼 이리저리 흔들리고 있었다. 바로 그때 한 떼의 기병부대가 달려오고 곧이어 보병들이 그들을 뒤따랐다. 그들은 "저 놈을 죽여라" 하고 일제히 소리를 지르며 파울루스 거리를 달려오고 있었다. 이것을 본 시민들의 무리는 순식간에 흩어졌다. 그러나 그들은 무서워서 달아난 것이 아니라 모두들 구경을 하기 위해 기둥 꼭대기나 광장의 높은 곳으로 서둘러 올라갔던 것이다.

아틸리우스 베르길리오가 광장에 세워져 있던 갈바의 동상을 땅바닥에 쓰러뜨리자 이것을 신호로 수많은 투창이 황제가 타고 있는 마차를 향해 날아들었다. 그러나 소나기처럼 쏟아지던 투창이 모두 빗나가자 이번에는 칼을 뽑아들고 달려들기 시작했다.

마차 주위에는 그렇게 많았던 병사들은 모두 어디로 갔는지 보이지 않고, 오직 한 사람만이 황제를 위해 칼을 들었다. 그는 셈프로니우스 덴수스라는 백인대장이었는데, 그날 로마를 비추던 태양 밑에서 과연 로마인답게 싸우다가 장렬한 죽음을 맞았다. 그는 갈바 황제로부터 특별한 은혜를 받은 일은 없었지만, 자신의 이름과 충성심을 위해 끝까지 마차를 지켰다. 그는 처음에 부하들을 벌줄 때 쓰던 포도덩굴 채찍을 휘두르며 가까이 오는 군사를 막아냈다. 그리고 반란군이 그를 밀치고 마차를 향해 뛰어들자 칼을 뽑아들었다. 그러나 한참 동안 이들과 싸우다가 결국 무릎을 맞아 땅에 쓰러지고 말았다.

갈바의 마차는 라쿠스 쿠르티우스라는 연못 근처에서 뒤집혔다. 갑옷을 입고 땅에 쓰러져 있는 갈바를 향해 수많은 반란군이 뛰어들어 그의 온몸을 찔러댔다. 그러자 갈바는 목을 내밀면서, "로마를 위한 것이라면 찔러라"라고 말했다. 그는 다리와 팔에 칼을 맞은 다음, 마침내 목을 찔리고 숨을 거두었다. 역사책들의 기록에 의하면, 그를 죽인 사람은 제15군단에 소속되어 있던 카무리우스라는 병사였다고 한다. 그러나 테렌티우스, 레카니우스, 또 파비우스 파불루스였다고 말하는 사람들도 있다.

파불루스는 갈바의 목을 잘랐는데, 대머리라서 들고 가기가 힘들었기 때문에 자신의 옷을 벗어 거기에 싸가지고 갔다고 한다. 그러나 병사들이 용감한 행동을 널리 보여 달라고 외치자, 그는 바코스의 제전 때처럼, 그들의 너그러운 황제였고 집정관이었던 노인의 머리를 창끝에 꽂아 높이 들고 다녔다. 그는 피가 줄줄 흘러내리는 창의 자루를 잡고 사람들에게 그것을 자랑하였다.

갈바의 머리를 가져가자 오토는 이렇게 말했다.

"이건 아무것도 아니다. 피소의 머리를 가져와라."

이 말이 떨어지기가 무섭게 오토의 눈 앞에는 피소의 머리가 나타났다. 피소는 부상을 입은 채 도망가고 있었는데, 무르쿠스라는 병사가 베스타 신전까지 쫓아가 그 앞에서 피소를 죽였다. 비니우스도 죽임을 당했다. 그는 갈바를 죽이는 음모에 가담하고 있었으므로, 자기를 죽이는 것은 오토의 뜻이 아니라고 외쳤지만 아무 소용이 없었다. 그리고 라코 역시 죽임을 당했다. 이들을 죽인 병사들은 상금을 받기 위해 이들의 머리를 오토에게 가져갔다.

적을 죽였다는 사람은 천 명이나 됐지만
시체를 헤아려보니 일곱 명뿐이었다네.

아르킬로쿠스는 이렇게 노래하고 있지만, 사실 이 음모에 가담하지 않았던 병사들도 죽은 사람의 피를 손과 칼에 바르고, 오토에게 달려와 상금을 달라고 요구했다고 한다. 나중에 비텔리우스가 조사를 해 보았더니 이런 짓을 한 사람은 120명이나 되었는데 오토는 이들을 모두 잡아서 사형시켜 버렸다.

많은 사람들이 마리우스 켈수스를 가리키며, 그가 갈바를 위해 싸우라고 선동했다며 그를 죽이라고 했다. 그러나 오토는 그를 죽이고 싶지 않았다. 그러나 병사들의 요구를 꺾을 수도 없었다. 조사할 것이 많아서 지금 죽일 수 없다고 대답하고는, 믿을 만한 부하를 시켜 그를 잘 보살펴 주도록 했다.

곧 원로원 회의가 열렸다. 원로원 의원들은 갑자기 다른 사람처럼 변해서, 마치 다른 신을 섬기는 것처럼 오토에게 충성을 다짐했다. 오토는 갈바에게 충성을 맹세하고 저버린 사람이었는데, 원로원은 바로 그에게 신의 이름으로 충성을 맹세했던 것이다. 또 원로원은 아직도 집정관의 옷을 입은 시체가 광장에 쓰러져 있는데도, 오토에게 카이사르와 아우구스투스라는 이름을 바쳤다.

한편 살인자들은 죽은 사람의 머리는 쓸모가 없었으므로 비니우스의 머리는 그의 딸에게 2천 5백 드라크마에 팔렸다. 피소의 머리는 애원하는 그의 아내에게 주었으며, 갈바의 머리는 파트로비우스에게 주었다. 이들은 또 갈바의 머리를 가지고 온갖 짓을 다 한 다음, 오토의 명령에 따라 사형된 시체를 버리는 곳인 세소리움에 던져 버렸다. 그리고 오토의 허락을 받아 갈바의 시체는 프리스쿠스로 옮겨졌는데, 갈바의 하인이었던 아르기우스가 밤중에 묻어 주었다.

갈바의 운명은 이렇게 끝이 났다. 그는 가문이나 재산에서 당시 최고의 인물이었으며, 다섯 황제를 섬기면서 이름을 떨쳤고, 힘이나 권력이 아니라 명성만으로 네로 황제를 쓰러뜨렸던 사람이었다. 그가 아니고도 황제의 자리를 노리던 사람은 많았지만 어떤 사람은 그만한 인물이 못되었고, 어떤 사람은 스스로 그 야망을 꺾어 버렸다.

그러나 갈바는 황제의 칭호를 받고 그 이름을 빈덱스에게 빌려주자, 지금까지의 반란은 내란으로 변하고, 이어 그는 황제의 자리에까지 오르게 되었다. 그러므로 그가 황제의 자리를 탐냈던 것이 아니라 오히려 황제의 자리가 그를 필요로 했던 것이었다.

또 그는 님피디우스와 티겔리누스가 돈으로 더럽혀 놓은 군대를 옛날 스키피오나 파비우스, 카밀루스 등이 거느렸던 군대처럼 훌륭하게 만들 결심을 가지고 있었다. 그리고 비록 나이가 많아서 힘이 딸리기는 했지만, 스스로도 그런 훌륭한 장군이 되어 군대를 이끌어 나갔다.

그러나 그는 비니우스와 라코에게 모든 것을 넘겨준 채 허수아비가 되고 말았다. 그들은 돈에 눈이 어두워 네로와 똑같은 짓을 하며 갈바를 이용하였다. 그러므로 갈바의 죽음을 슬퍼하는 사람은 많았지만, 어느 누구도 그의 정치를 그리워하지는 않았다.

50
오토

(OTHO, AD 32 ~ 69)

로마의 황제. 너그럽고 온화한 성격을 지녔으며, 지도력이 강했다. 로마가 내란으로 들끓던 시기에 비텔리우스를 맞아 싸움을 벌였다. 그러나 비텔리우스에게 패배했고, 결국 로마의 평화를 위해 스스로 목숨을 끊었다.

새로운 황제 오토는 아침 일찍 유피테르 신전에 올라가 제물을 바쳤다. 그리고는 감옥에 갇혀 있던 마리우스 켈수스를 불러 점잖게 말했다.

"고발은 잊어버리고 석방만을 기억하시오."

켈수스는 조용히 감사의 마음을 바치면서 이렇게 말했다.

"제가 갈바 황제에게 충성을 바친 것이 죄였다고 하지만, 저는 그분께 개인적으로 도움을 받은 일이 전혀 없습니다. 그러니 그것은 오히려 제게 죄가 없다는 것을 증명하는 것입니다."

이 모습을 지켜보던 사람들은 오토와 켈수스의 행동에 감탄했다고 한다.

오토는 원로원으로 가서 부드럽고 너그러운 태도로 연설을 했다. 그는 그 해의 얼마 동안 집정관의 자리에 앉게 되었지만, 비르기니우스 루푸스에게 양보하였다. 그리고 네로와 갈바 황제가 임명했던 집정관들은 그대로 두고, 나이가 많고 신뢰가 두터운 사람들을 골라 제관으로 임명하였다. 또한 네로에게 추방당했다가 갈바가 불러들였던 원로원 의원들에게도 다시 의원의 자격을 주고, 빼앗겼던 재산 중에서 아직 팔리지 않은 것들은 모두 돌려 주었다. 이렇게 되자 로마의 귀족이나 정부 요인들은 오토를 자신들의 원수를 갚아주기 위해 나타난 복수의 신처럼 우러러보며, 인자하게 미소짓는 그에게 나라의 장래와 희망을 걸었다.

그밖에도 티겔리누스에게 정당한 벌을 내리는 것을 보고, 시민들은 매우 기뻐하며 더욱 오토를 지지하게 되었다. 그때 사람들은 사실 티겔리누스를 처벌할 생각을 잊고 있었지만, 그는 이미 하늘의 벌을 받고 있었다. 티겔리누스는 시민들의 한맺힌 소리에 벌벌 떨고 있었으며, 고칠 수 없는 병으로 고생까지 하고 있었다. 그러나 그런 가운데서도 여자를 좋아하는 본성만은 버리지 못해 죽어가면서도 추잡한 짓을 계속하고 있었다. 사람들은 이것을 보면서 그는 이미 충분한 벌을 받고 있는 것이라고 생각했다. 그러나 또 다른 사람들은 그렇게 많은 사람을 죽이고도 햇빛을 보고 있는 그에게 참을 수 없는 분노를 느꼈다.

오토 황제는 티겔리누스가 살고 있던 시골 별장으로 병사들을 보내어 그를 잡아오라고 했다. 그때 티겔리누스는 시누에사 앞바다에 배를 띄워놓고 언제라도 도망칠 준비를 해두고 있었다. 그는 처음에 오토가 보낸 사람들을 돈으로 매수하여 어떻게든 도망가려고 했지만 아무 소용이 없었다. 그러자 그는 값비싼 선물을 주면서 잠깐 면도라도 할 수 있게 해 달라고 사정을 했다. 그리고는 면도칼로 목을 베어 자살을 하고 말았다.

이처럼 오토는 민중들이 원하는 것이면 무엇이든 들어주었으나, 자기 자신에게 손해를 끼친 사람에게 처벌을 하는 일은 없었다. 처음에 민중들이 극장에서 그를 네로라고 불렀을 때도 그는 그들을 존경하는 마음으로 가만히 참았다. 그리고 사람들이 네로의 동상을 세워도 간섭하지 않았다. 클로비우스 루푸스의 기록에 의하면, 스페인으로 보낸 황제의 편지에도 오토와 네로의 이름을 나란히 쓴 것이 있었다고 한다. 그러나 시민들이 이것을 못마땅하게 여기자 그는 곧 이 일을 그만두었다.

그러나 오토가 이와같이 부드러운 정책으로 정권을 다져나가자 용병들은 불만을 품기 시작했다. 그래서 오토가 귀족 계급을 의심하고 억압하게 만들려고 애를 썼다. 그것이 정말 오토의 안전을 위한 염려 때문이었는지 아니면 이것을 핑계로 내란을 일으키려고 그랬던 것인지는 알 수가 없다.

언젠가 오토는 오스티아에 있던 제17연대에게 이동 명령을 내렸다. 크리스피누스는 날이 밝기도 전에 무기들을 실으며 이동할 준비를 하고 있었다. 그러자 병사들이 몰려오더니 마구 떠들어댔다.

"크리스피누스가 반란을 일으키려고 한다! 원로원이 꾸민 음모에 가담하고 황제를 죽이기 위해 무기를 싣고 있다!"

이것이 널리 퍼지자 모든 병사들이 달려나왔다. 잠시 뒤 군대 안에는 폭동이 일어났다. 병사들은 마차를 빼앗고, 크리스피누스를 죽이고, 저항하던 백인대장 두 사람을 죽여 버렸다.

M. SYLVIVS OTHO.

오토

그리고는 황제를 구하자고 외치며 로마로 달려갔다.

이들이 로마에 도착했을 때 오토는 원로원 의원 80명과 함께 잔치를 벌이고 있었다. 그들은 이 소식을 듣자 지금이야말로 황제의 적들을 한꺼번에 없앨 수 있는 좋은 기회라고 외치며 궁전으로 달려가기 시작했다. 이 때문에 도시 전체는 약탈의 두려움에 떨었고, 궁전 안에서는 말할 수 없는 혼란이 일어났다.

오토는 어떻게 해야 하는지 갈피를 잡을 수가 없었다. 더러는 부인까지 데리고 온 의원들도 있었는데, 오토는 혹시라도 그들이 자기를 의심하지 않을까 걱정스러웠던 것이다. 한편 새파랗게 질린 의원들은 두려운 눈길로 그를 지켜보고 있었다. 잠시 후 오토는 근위대장에게 병사들을 진압하라고 명령하고, 그 사이에 의원들을 뒷문으로 내보냈다. 병사들은 손님들이 다 나간 다음에야 안으로 밀려들어왔다. 그들은 황제의 원수들은 모두 어디로 갔느냐고 외쳤다.

오토는 의자 위에 올라서서 어떻게 된 일인지 설명했다. 그러나 흥분한 병사들은 계속 웅성거렸다. 그들은 오토가 눈물까지 흘리면서 애원했을 때에야 마음을 가라앉히고 돌아갔다.

다음날 오토는 군대를 찾아가서 병사들에게 1250드라크마씩의 상금을 나누어 주었다. 그는 병사들의 높은 충성심을 칭찬하면서 이렇게 말했다.

"그러나 여러분들 가운데 음모자가 끼어 있습니다. 그들은 내가 베푸는 너그러움을 나쁘게 이용해서, 여러분들의 충성심까지 오해하게 만들고 있습니다. 여러분들은 그 놈들을 찾아낼 수 있도록 도와주시기 바랍니다."

연설을 마친 오토는 두 사람의 목을 베는 데 대해 그들의 허락을 얻었다. 오토의 행동에 대해서 병사들은 이 조치를 만족스러워했다. 이처럼 너그러운 행동에 사람들은 감사와 존경의 마음으로 오토를 우러러보았다. 그러나 어떤 사람들은 전쟁이 일어날까봐 두려워서 그랬던 것이라고 말했다. 그즈음 비텔리우스가 자신을 황제라고 내세우며 게르마니아에서 계속 세력을 키우고 있다는 소식이 전해졌기 때문이었다.

그러나 판노니아, 달마티아, 모이시아에 있던 군대들이 오토를 지지하겠다고 약속했고, 곧이어 시리아와 유다에 있던 무키아누스와 베스파시아누스 두 장군으로부터 오토에 대한 지지와 충성을 다짐하는 편지가 날아왔다.

오토는 큰 용기를 얻었다. 그래서 그는 비텔리우스에게 편지를 보냈다. 다른 생각을 하지 않고 충성을 바치겠다면, 많은 돈과 함께 일생을 편안하게 지낼 도시 하나를 주겠다는 내용이었다. 비텔리우스는 이 편지를 받고 화를 내면서 험한 욕설로 가득 찬 답장을 보냈다. 두 사람은 서로를 비웃고 욕하며 상대방의 허물을 샅샅이 들추어댔다. 그러나 사실 두 사람은 서로 욕할 수 있을 만한 인물이 아니었다. 그들은 누가 더 사치스럽고 누가 더 여자를 밝히는가, 아니면 누가 더 비겁하고 누가 더 빚이 많은가를 따지고 있었기 때문이다.

그런데 이상한 일이 자꾸 일어난다는 소문이 떠돌기 시작했다. 사람들 대부분은 그것이 누구에게서 나온 말인지도 모르는 채 떠들어댔다. 책에 있는 기록을 살펴보아도 여러 의견으로 나누어져 있어 정확하게 믿을 수는 없다. 그러나 카피톨리누스에서 일어났던 일은 여러 사람들이 직접 목격한 일이었다. 카피톨리누스에 서 있던 전차에는 승리의 여신이 타고 있었는데, 그 여신이 잡고 있던 고삐가 떨어져 버렸던 것이다. 그리고 센 바람이나 지진이 일어난 것도 아닌데 티베르 강 중류의 섬에 있던 카이우스 카이사르의 동상이 서쪽에서 동쪽으로 돌아서 버린 것이다. 이것은 베스파시아누스가 자신을 황제라고 선언했을 때쯤에 일어난 일이었다.

그밖에도 시민들은 티베르 강이 넘치는 것을 보고 나쁜 징조라고 떠들어댔다. 마침 강물이 불어날 때이기는 했지만, 그렇게 심한 홍수가 일어난 것은 처음이었다. 이 때문에 로마 시 전체가 물 속에 잠기는 등 피해가 많았는데, 특히 식량창고에 물이 들어가 시민들은 한동안 굶주림으로 고생을 했다.

그때 비텔리우스의 부하 장군인 카이키나와 발렌스가 알프스를 점령했다는 소식이 들려왔다. 그러자 오토는 음모를 꾸미고 있다는 의심을 받고 있던 돌라벨라를 아퀴눔 시로 보내 버렸다. 그의 음모가 두려워서 그랬는지, 아니면 그를 믿을 수가 없어서였는지 모르지만 아무튼 오토는 그를 로마에서 멀리 떨어뜨려 놓은 것이다. 이때 루키우스도 함께 보냈다. 루키우스는 비텔리우스의 동생이었지만 특별히 안 좋게 본다거나 일부러 잘해 주려고 하지는 않았다. 또 그는 비텔리우스의 아내와 어머니를 위해서도 여러 가지 은혜를 베풀어 그들이 안심하고 살 수 있도록 해주었다.

그리고 나서 오토는 플라비우스 사비누스를 로마의 총독으로 임명했다. 그는 베스파시아누스와 형제간으로, 네로 황제 때도 이 지위에 있었지만 갈바 때문에 파면을 당했었다. 오토가 다시 그를 총독으로 임명한 것이 네로를 기억하기 위해서였는지 아니면 베스파시아누스에 대해 신임한다는 뜻을 보이기 위해서였는지는 알 수 없다.

이때 오토는 이탈리아의 포 강 근처에 있는 브릭실룸에 잠시 머무르고 있었다. 여기서 그는 마리우스 켈수스, 수에토니우스 파울리누스, 갈루스, 그리고 스푸리나 장군 등에게 군대의 지휘권을 맡기고 앞으로 전진하라고 했다. 이들은 모두 이름난 장군들이었지만, 병사들은 그들의 말을 전혀 듣지 않았다. 특히 황제의 근위대는 황제가 아닌 이상 누구의 명령도 듣지 않겠다며 이들의 명령을 외면해 버렸다.

군대의 규율로 따지자면 적군도 전혀 나을 것이 없었다. 그들은 로마 병사들과 똑같은 이유를 대며 오만하게 굴었다. 그러나 적어도 그들은 전쟁의 경험도 많았기 때문에 어려움을 참고 견디는 데는 익숙하였다.

하지만 오토의 군사들은 매일 오락과 놀이로 시간을 보내고 있었다. 힘든 일은 무조건 피하려고만 했고 힘도 아주 약했다. 그러면서도 이들은 힘든 일을 하면 마치 체면이 깎이기라도 하는 것처럼 허풍을 쳤고, 부끄러운 일을 한다는 듯이 변명을 늘어놓기 일쑤였다. 스푸리나 장군은 병사들에게 일을 시켰다가 죽을 뻔한 적도 있었다. 병사들은 그에게 갖은 욕설을 퍼부으며 황제를 배반하고 황제에게 피해를 주는 놈이라고 몰아세웠다. 뿐만 아니라 어떤 병사는 술을 마시고 그의 천막에 뛰어들어, 황제에게 고발을 하러 갈 테니 여비를 내놓으라고 소리를 지르기도 했다.

그러므로 이들이 플라켄티아에서 적군에게 모욕을 당한 것은 오토나 스푸리나를 위해서는 아주 다행스러운 일이었다. 군대가 이곳에 와서 머무르고 있을 때, 비텔리우스의 군대는 성 바로 밑에까지 몰려와 성 위에 있는 오토의 병사들에게 욕을 해댔다.

"너희놈들은 겁쟁이고 구경꾼이야. 칼을 들고 춤이나 추는 허수아비 녀석들이라구. 전쟁을 해본 적도 없는 너희들은 갈바처럼 무장도 하지 않은 늙은이를 죽여놓고 매일 자랑을 하지만, 지금은 우리가 무서워서 꼼짝도 못하잖아."

병사들은 분통을 터뜨리며 화를 냈다. 그들은 곧 스푸리나 장군에게 달려와 힘든 일이라도 하겠으며, 어떤 위험이나 괴로움도 참고 견디겠다고 맹세했다. 그러므로 적군이 공성기계까지 들고 나와 공격을 했지만, 스푸리나 군대는 용감히 싸워 많은 적들을 모두 물리쳤다. 이렇게 해서 그들은 이탈리아에서 가장 유명하고 화려한 이 도시를 무사히 지킬 수 있었다.

한편 오토의 부하 장군들은 비텔리우스의 부하 장군들에게 비하면 도시나 시민들에게 피해를 훨씬 덜 주었다고 한다. 비텔리우스의 부하 중에서도 특히 카이키나 같은 사람은 말씨나 옷차림마저도 전혀 로마 사람답지 않았다. 그는 커다란 몸집에 언제나 승마복을 입고 갈리아 사람들처럼 긴 소매가 달린 옷을 입고 다녔다. 그리고 로마의 장교나 관리들을 만날 때도 아주 무례한 태도를 보였다. 또 그의 아내 또한 화려한 옷을 입고 말을 타고는 호위 기병대를 거느리며 남편을 따라다녔다.

그리고 파비우스 발렌스라는 장군은 욕심이 얼마나 많은지, 적군으로부터 재물을 빼앗거나 동맹국으로부터 아무리 뇌물을 받아도 전혀 만족할 줄을 모르는 사람이었다. 그는 플라켄티아 전투에 올 때에도 도중에 재물을 약탈하느라고 시간을 끄는 바람에 전투가 다 끝난 뒤에야 도착했다고 한다. 그러나 어떤 사람은 혼자서 승리의 영광을 차지하려는 야심 때문에 카이키나가 공격을 서둘렀던 것이라면서 패배의 책임을 모두 그에게 돌리기도 한다.

플라켄티아에서 참패를 당한 카이키나는 다시 크레모나라는 부자 도시로 눈을 돌렸다. 한편 안니우스 갈루스는 플라켄티아에 있는 스푸리나 군대를 도우러 가다가, 적은 이미 물러나 크레모나 시로 가고 있다는 소식을 들었다. 그래서 그는 군대를 돌려 곧장 그곳으로 달려가 적군과 가까운 곳에 진지를 마련했다. 여기에 많은 응원군들까지 도착하자, 갈루스 군대의 기세는 더욱 당당해졌다.

카이키나는 지형이 험하고 울창한 숲속에 강력한 보병부대를 숨겨 두었다. 그리고는 기병대를 내보내 적을 그 쪽으로 꾀어들이는 작전을 세웠다. 그러나 도망친 그의 부하가 켈수스에게 이 사실을 알려 주었다. 그러자 켈수스는 강력한 기병부대를 이끌고 조심스럽게 전진하여 숨어 있는 복병들을 물리쳐 버렸다. 만일 그때 진영에 남아 있던 보병부대까지 뛰어나왔더라면 카이키나 군은 완전히 전멸되고 말았을 것이다. 그러나 보병대를 거느린 파울리누스가 너무 늑장을 부리는 바람에 기회를 놓치고 말았다. 그는 그 일로 조심성이 너무 지나쳤다는 비난을 받게 되었다. 그리고 병사들은 그를 오토에게 고발하고는 눈 앞에 있는 승리를 그 사람 때문에 놓쳤다고 떠들어댔다.

오토 황제는 병사들의 말을 곧이곧대로 믿지는 않았다. 그래서 자신의 동생 티티아누스를 군사령관으로 임명하고 근위부대와 지휘관 프로쿨로스와 함께 싸움터에 보냈지만, 실제로는 프로쿨로스에게 모든 권한을 주었다. 그리고 켈수스와 파울리누스는 황제의 친구라고 불리긴 했지만 사실은 아무 권력도 없는 고문관의 직책을 가지고 있었을 뿐이었다.

그 무렵 적군의 내부에도 소란이 일어나고 있었다. 발렌스가 이끄는 부대는 특히 심했다. 그들은 카이키나의 복병 부대 이야기를 듣고 몹시 슬퍼하며 적을 무찌를 기회조차 주지 않았다고 화를 냈다. 그리고는 좀 더 일찍 달려가지 않았기 때문에 그토록 많은 전우들이 죽었다고 대들며 발렌스를 돌로 때려죽이려고 했다. 그러자 발렌스는 겨우 부하들을 달래고 카이키나의 군대와 합쳤다.

그때 오토는 크레모나 시 근처에 있는 베드리아쿰이라는 작은 도시에 진지를 만들었다. 그는 군사회의를 열었다. 프로쿨루스와 티티아누스는 근래에 거둔 승리 때문에 병사들의 사기가 매우 높으니 어서 결판을 내야 한다고 주장했다. 그리고 갈리아에 있는 비텔리우스가 올 때까지 기다릴 필요가 없다고 덧붙였다. 그러나 파울리누스의 생각은 이들과 달랐다.

"적은 지금 있는 병력을 모두 모은 상태이기 때문에 더 이상 뒤따라올 부대가 없소. 그러나 우리에게는 지금의 부대에 못지 않은 군사들이 있고, 그들은 지금 모이시아와 판노니아에서 이쪽으로 달려오고 있소. 그러니 너무 일찍 서두르지 말고 천천히 기회를 기다립시다. 지금도 이렇게 사기가 높으니 지원군과 합쳐진다면 병사들은 더욱 용기를 낼 것이오. 뿐만 아니라 우리에게는 식량이 충분하니 시간을 오래 끌수록 유리합니다. 더구나 적은 너무 깊숙이 들어왔기 때문에 식량이 부족할 것이고, 얼마 안 있어 큰 어려움을 당할 것이오."

마리우스 켈수스는 파울리누스의 의견에 찬성을 했다. 안니우스 갈루스는 마침 말에서 떨어진 부상 때문에 회의에 참석하지 못하고 있었다. 오토는 그에게 편지를 보내서 의견을 물어보았다. 그러자 그는, 서두르지 말고 모이시아를 떠나 이리로 행군해 오고 있는 군대를 기다리자고 했다. 그러나 오토는 이 의견을 따르지 않고, 있는 부대만 가지고 즉시 전쟁을 벌이기로 결정했다.

오토가 이렇게 결정한 데는 몇 가지 이유가 있었다. 먼저 처음으로 전쟁에 참가한 그의 근위부대가 어서 로마로 돌아가고 싶어했기 때문이었다. 그들은 늘 그랬던 것처럼 극장이나 거리를 돌아다니며 평화롭고 환락적인 생활을 하고 싶은 마음에 어서 전쟁을 끝내려고 했다. 또한 그들은 싸우기만 하면 금세 적을 물리치고 로마로 개선해 들어갈 수 있을 것으로 생각하고 있었다. 오토 역시 운명을 빨리 결정짓고 싶어했다. 그는 오랫동안 사치스럽게 살아왔으며 전쟁이 어떤 것인지도 잘 몰랐다. 그래서 그는 다가올 위험에 대해 침착하게 대비할 줄을 몰랐고, 어떤 식으로든 어서 운명이 결정되기만을 원했다. 마치 절벽을 뛰어넘으려는 사람이 너무나 무서워서 눈을 감아 버리는 것과 마찬가지 마음이었다. 이것은 오토의 비서였던 수사학자 세쿤두스의 설명이다.

그러나 또 다른 이유가 있었다고 한다. 당시 양쪽 군대는 서로 협정을 맺고 행동을 통일하기로 했다고 한다. 이들은 여러 장군들 중에서 황제를 뽑기로 하고 만일 이것이 불가능하면 황제를 선출할 권한을 원로원에 주기로 했다. 황제라고 불리는 두 사람은 똑같이 평판이 나쁘고 말과 행동이 틀린 사람들이었기 때문에 군대 내에서 능력있고 생각이 깊은 사람들 사이에서 이런 의견이 나온 것은 당연했다. 로마 시민들은 이제 다시 술라냐 마리우스냐, 혹은 카이사르냐 폼페이우스냐 하는 피비린내 나는 싸움을 되풀이하고 싶지도 않았고, 비텔리우스의 탐욕과 술주정, 또는 오토의 사치와 방탕함을 만족시키기 위해 나라의 돈을 쓰는 것도 도저히 참을 수가 없었다. 마리우스 켈수스도 이런 생각에 적군과 싸우지 않고 문제를 해결할 때까지 시간을 끌려고 했다. 이런 속셈을 알고 있던 오토는 더욱 빨리 싸움을 벌이려 했던 것이다.

군사회의가 끝난 뒤 오토는 다시 브릭실룸으로 돌아갔다. 그런데 이것은 아주 큰 실수가 되고 말았다. 황제가 그곳에 계속 머물렀더라면 병사들은 그에게 존경을 바치기 위해서든, 아니면 그의 칭찬을 받기 위해서든 간에 더욱 용감하고 훌륭하게 싸웠을 것이다. 그러나 오토는 기병과 보병 중에서도 가장 빠르고 용감한 병사들을 뽑아서 브릭실룸으로 데리고 가 버렸기 때문에, 남아 있던 군대는 날이 무디어진 칼이 되고 말았다.

그즈음 포 강에서 양쪽 부대 사이에 전투가 벌어졌다. 카이키나 군대가 다리를 만들어 강을 건너오려고 하자 오토의 군대가 이것을 방해하려고 하면서 벌어진 싸움이었다. 그러나 오토는 도저히 적을 막아낼 수가 없었다. 그래서 적이 만든 다리를 불태우려고 했다.

그는 몇 척의 작은 배에 유황과 기름을 싣고 거기에 불을 붙여서 떠내려 보냈다. 그런데 갑자기 거센 바람이 불어오면서 불길이 높이 치솟아, 처음에는 검은 연기만 내던 불길이 곧 하늘에 닿을 듯한 열기를 내뿜기 시작했다. 그러자 병사들이 강물에 뛰어들고 배가 뒤집히는 등 큰 난리가 일어났다. 이렇게 해서 그들은 비웃음을 받으며 죽어가기도 하고 나머지는 적의 손에 잡히기도 했다. 그러나 강의 중류에 있던 섬을 빼앗기 위해 싸움이 일어났을 때는 게르마니아 군대가 오토 황제의 검투사 부대를 물리치고 큰 승리를 거두었다.

이 소식을 듣고 몹시 화가 난 오토의 군사들은 어서 싸우자고 날뛰었다. 그래서 프로쿨루스는 군대를 이끌고 약 50펄롱(10km)쯤 전진하여 진을 쳤다. 그러나 싸움의 경험이 없었던 이들은 마침 봄철이라 물을 얻기가 쉬웠는데도 물을 구하기 힘든 곳에 진영을 마련했다. 다음날 프로쿨루스는 군대를 이끌고 약 100펄롱(20km)을 전진한 뒤 곧바로 적을 치려고 했다. 그러나 파울리누스는 절대로 그럴 수 없다고 반대를 했다. 행군 직후에 몹시 피곤한 군대가 가만히 쉬고 있다가 충분한 전투 준비를 갖추고 나오는 적과 싸워서 어떻게 이길 수가 있겠느냐는 것이었다. 더구나 짐을 실은 짐승과 군대를 따라온 일꾼들이 함께 뒤섞여 있는 상태에서 적과 맞붙는다는 것은 너무나 불리한 일이라고 말했다.

장군들의 의견이 이렇게 맞서고 있을 때, 누미디아 사람인 한 전령이 말을 타고 달려왔다. 그는 곧장 싸우라는 오토의 명령을 장군들에게 전달했다. 그들은 곧 싸움을 결심하고 군대를 출동시켰다.

한편 카이키나는 적이 달려온다는 보고를 듣고 너무나 놀라고 당황했다. 그래서 그는 강가에 있던 진영을 버리고 재빨리 군대의 본부로 돌아갔다. 그리고 발렌스는 병사들을 무장시키고 전투에 쓸 암호를 알려준 다음, 정예 기병부대를 제일 먼저 출동시켰다. 그리고 뒤에 있는 보병부대를 각각 자기 위치에 배치시켰다.

그런데 오토의 부대는 어떤 근거도 없는 소문을 듣고서, 적군의 장군들이 항복해 올 것이라고 믿고 있었다. 그들은 비텔리우스의 군대와 가까와지자 '전우'라고 부르면서 정답게 인사를 건넸다. 그러나 적군은 오히려 무서운 욕설을 퍼부었다. 이 일로 오토의 부대는 잠시 동안 큰 혼란에 빠져들었다.

그 뒤의 전투는 뚜렷한 작전도 없이 진행되었다. 마차와 짐을 나르는 일꾼들이 병사들 사이에서 어물거리느라고 큰 소동이 일어났다. 더구나 땅에 도랑이 많고 울퉁불퉁하여 소란은 더욱 심했다. 양쪽 군대 가운데서 제대로 싸움을 할 수 있었던 것은 각각 한 부대씩밖에 없었다. 이들은 전투를 하기에 좋은 들에서 맞붙었다. 비텔리우스 쪽은 '약탈'이라는 이름을 가진 부대였고, 오토 쪽은 '구원'이라는 이름을 가진 부대였다. 오토의 군대는 힘이 세고 용감했지만 한 번도 싸움을 해 본 적이 없었고, 비텔리우스의 부대는 싸워 본 경험은 많았지만 이미 나이가 많이 든 병사들뿐이었다.

처음 공격에서 오토의 군대는 적의 깃발까지 빼앗는 등 제일 첫 줄에 서 있던 적병들을 거의 다 죽였다. 그러나 비텔리우스의 군대가 미친 듯이 달려와 무서운 반격을 시작하여, 사령관 오르피디우스를 죽이고 깃발도 여러 개 빼앗아갔다. 이들 게르마니아의 기병대 중에는 감히 누구도 당할 수 없다는 바타비아 군대가 있었는데, 바루스 알페누스라는 로마 사람이 이들을 거느리고 있었다. 그런데 바로 이들이 오토의 검투사 부대를 습격했다. 검투사 부대는 일부는 분투했으나, 대부분은 강가로 도망을 갔는데, 거기서 적의 다른 부대를 만나거나 추격을 당해 모두 전멸당하고 말았다.

그러나 로마 군 중에서도 가장 수치스러운 꼴을 보였던 것은 근위부대였다. 그들은 적이 가까이 오기도 전에 정신없이 도망쳐 멀쩡한 우군의 부대를 혼란에 빠뜨렸다. 그러나 그 밖의 부대는 적을 용감하게 무찌르며 이긴 적군들 사이를 뚫고 진지로 돌아오는 부대도 적지 않았다.

오토의 부하 장군들 가운데 프로쿨루스와 파울리누스는 감히 진지로 돌아오지도 못하고 도망가 버렸다. 병사들이 패배의 책임을 모두 장군들에게 돌리며 달려들었기 때문에 그들을 피해 달아난 것이었다. 결국 안니우스 갈루스만이 흩어졌던 병사들을 보아 베드리아쿰 시로 돌아왔다. 그는 이곳으로 모여든 병사들에게 이번 싸움은 진 것이 아니라 비긴 것이며, 어떤 면에서는 오히려 크게 이긴 것으로 볼 수도 있다면서 용기를 복돋워 주었다. 그러나 마리우스 켈수스는 장군들을 불러모으고는 나라의 이익을 먼저 생각해야 한다면서 이렇게 말했다.

"이처럼 많은 사람들을 잃었으니 이제는 오토 황제도 전쟁을 계속하지는 못할 겁니다. 카토나 스키피오도 물론 로마의 자유를 위해서 싸웠습니다. 그러나 그들은 파르살로스에서 지고 나서도 카이사르에게 굽히지 않았고, 아프리카에까지 가서 용감한 병사들을 피흘리게 했기 때문에 비난을 받고 있습니다. 사람이라면 누구든지 운명의 힘을 따를 수밖에 없습니다. 전쟁에서 패배한 우리는 무엇이 과연 현명한 행동인지 알 수 있을 겁니다."

장군들도 그의 말에 동감했다. 그들 역시 평화를 원하고 있었던 것이다. 그래서 티티아누스는 켈수스와 갈루스를 대표로 보내 카이키나와 발렌스에게 휴전을 제의하도록 했다. 켈수스와 갈루스는 적의 진영으로 가는 도중에 적의 장군 몇 사람을 만났다. 그들의 군대는 이미 베드리아쿰 시를 공격하기 위해 떠났는데, 자신들은 휴전을 제안해 보라는 사령관의 명령을 받고 미리 왔다는 것이었다. 두 사람은 그들에게 카이키나에게 데려다 달라고 했다.

그런데 갈루스는 적의 군대 가까이 갔다가 죽을 뻔한 일을 당했다. 예전에 켈수스에게 당했던 복병들이 그를 보자 함성을 지르며 달려들었던 것이다. 그러자 장군들이 켈수스 앞을 가로막으며 병사들에게 고함을 질렀다. 소란스러운 소리를 듣고 달려나온 카이키나는 곧 무슨 일이 벌어졌는지를 알 수 있었다. 그는 곧 병사들을 진정시키고 켈수스를 친절하게 맞아들이고, 함께 베드리아쿰으로 떠났다.

그러는 동안 티티아누스는 휴전을 위해 사절단을 보낸 일을 후회하고 있었다. 그래서 그는 병사들에게 싸울 용기를 복돋아 주고 성벽 위에 배치시키는 한편, 다른 장군들을 설득하여 자신의 의견에 따르도록 했다. 그러나 막상 카이키나가 성벽 밑에 와서 손을 높이 들어올리자 아무도 싸우려는 사람이 없었다. 어떤 사람은 성벽 위에 서서 그들에게 손을 흔들며 환호성을 질렀고, 어떤 사람은 성문을 열고 달려나가 적군의 손을 잡으며 기뻐했다. 그리고 비텔리우스에게 충성을 약속한다고 외치며 그의 군대가 되었다.

이것이 이 전투에 참가했던 대부분의 사람들이 말하는 내용이다. 그러나 그 당시는 혼란스러웠고 무질서했기 때문에 정확한 것은 알 수 없다. 나중에 나는 이 싸움터를 지난 적이 있었다. 그때 집정관 대우를 받았던 사람으로, 그 전쟁에서는 오토의 명령 때문에 할 수 없이 싸움을 해야 했던 메스트리우스 플로루스라는 사람이 있었는데, 그는 아주 오래된 신전을 가리키면서 나에게 이런 말을 했다.

"전쟁이 막 끝난 다음에 보니까, 죽은 시체가 이 신전 꼭대기와 나란히 쌓여 있었소. 어떻게 해서 그렇게 많은 사람이 죽었는지 알 수가 없습니다."

내란이 일어난 경우에는 포로를 잡아도 돈을 받을 수 없었다. 그러므로 흔히 다른 전쟁 때보다 많은 사람이 죽게 되어 있었다. 그러나 어째서 그토록 많은 시체가 그곳에 쌓이게 되었는지는 전혀 알 수가 없었다.

오토는 처음에 이 전투에 대해 애매모호한 소문만 듣고 있었다. 그러다가 전쟁터에서 돌아온 부상병들로부터 전쟁에 졌다는 확실한 보고를 듣게 되었다. 황제의 친구와 신하들은 모두 실망하는 빛을 드러냈지만, 뜻밖에도 오토의 군사들은 용기를 가다듬고 더 큰 충성을 바쳤다. 도망을 가거나 적군에게 넘어가는 병사는 하나도 없었으며, 오히려 자신의 운이 다했다며 절망에 빠진 오토를 위해 목숨까지도 내놓으려 했다. 그들은 오토의 막사 앞으로 몰려가 황제의 이름을 불렀고, 그가 나오자 서로 손을 잡으려고 했다. 어떤 병사는 무릎을 꿇고 눈물을 흘리면서 자신들을 저버리지 말라고 애원을 했고, 또 어떤 병사는 몸과 마음을 모두 바치겠으니 끝까지 싸우자고 호소하기도 했다. 그리고 한 병사는 칼을 뽑아들고 단호하게 말했다.

"부디 저희들의 충성심을 알아 주십시오. 저희들의 충성심은 목숨도 아끼지 않습니다."

병사는 말을 마치고는 그 자리에서 자살을 했다. 오토는 침착한 얼굴로 그들을 돌아보면서 이렇게 말했다.

"여러분! 여러분들이 이처럼 뜨거운 충성심을 보여준 오늘은 내가 황제로 선출된 날보다 더 기쁜 날입니다. 그러므로 여러분처럼 훌륭한 병사들을 위해 내 생명을 바치는 일은 더욱더 큰 기쁨이 될 것입니다. 부디 나에게서 그런 기쁨을 빼앗아가지는 말기 바랍니다. 적어도 나는 로마 제국의 황제라면 나라를 위해 목숨을 내놓을 줄도 알아야 한다고 생각합니다.

나는 적이 완전한 승리를 거두었다고는 생각하지 않습니다. 그리고 모이시아를 떠난 우리의 군대도 아드리아 해를 지나 며칠 뒤면 이곳에 도착할 것입니다. 또한 아시아, 시리아, 이집트 그리고 유대 나라에서 싸우고 있는 군대도 우리를 지지하고 있으며, 적군의 아내와 자식들도 우리의 손 안에 있고, 원로원도 우리와 함께 있습니다.

그러나 우리가 싸우는 적은 한니발도 아니고, 피로스도 아니고, 킴브리 족도 아닌, 바로 로마 군입니다. 로마 군과 서로 싸움을 벌이고 있는 것입니다. 누가 승리를 거두어도 피해를 입은 것은 로마이며, 승리자가 얻는 것만큼 이 나라는 고통을 당해야 합니다. 그러니 여러분, 한 번만 더 깊이 생각해 보십시오.

나는 이 나라를 지배하는 것보다 차라리 나라를 위해 죽는 것이 더 영광스럽고 명예로운 일이라고 생각합니다. 내가 승리함으로써 이 나라에 줄 수 있는 평화는 아주 작습니다. 그러나 내 목숨을 버리고 얻는 평화, 이 나라가 오늘과 같은 불행을 다시는 맞지 않게 하는 평화는 그보다 훨씬 클 것입니다."

연설을 마친 오토는 그곳에 있던 친구와 원로원 의원들에게 떠나라고 명령했다. 그리고 그곳에 없는 사람들에게는 유서를 남겼다. 그런 다음 오토는 여러 도시에 편지를 보내 그들이 무사히 로마로 돌아갈 수 있게 도와 달라는 부탁의 말을 전했다.

오토는 자신의 조카인 코케이우스라는 소년을 불렀다. 그는 이 소년에게 자신은 비텔리우스의 어머니와 아내를 가족처럼 잘 보살펴 주었으니, 비텔리우스를 두려워하지 말고 편히 살라고 말했다. 또 그를 아들처럼 여기면서도 양자로 삼지 않은 것은 전쟁에서 이긴다면 몰라도 진다면 오히려 해를 끼칠 수도 있기 때문이라고 말했다. 그리고 이렇게 덧붙였다.

"너의 큰아버지가 황제였다는 사실을 너무 깊이 생각해서도, 그리고 아주 잊어버려서도 안 된다. 이것이 내 마지막 부탁이다."

잠시 후 바깥에서 떠들썩한 소리가 들려왔다. 원로원 의원들이 떠나려하자 병사들이 그들을 가로막으며 황제를 버리고 떠난다면 모두 죽여 버리겠다고 협박을 하고 있었던 것이다. 오토는 장병들 앞에 나타났다. 그러나 아까처럼 은은하고 부드러운 태도가 아니라, 몹시 화가 난 얼굴로 모두 물러나라고 소리를 질렀다. 그러자 병사들은 모두 고개를 숙이고 물러났다.

날이 저물자 그는 늘 지니고 있던 단도 두 자루를 꺼내 가만히 살펴본 다음 하나는 버리고, 하나는 옷 속에 감추었다. 그리고 하인들을 불러서 돈을 나누어 주었다. 그러나 아무렇게나 나누어주는 것이 아니라 공로에 따라 더 많이, 혹은 더 적게 주었다. 그리고는 잠을 잤다.

그는 이른 아침부터 일어나 원로원 의원들이 떠나는 것을 시중들었던 사람을 불러 그들을 잘 보냈느냐고 물었다. 그가 그렇다고 대답하자 오토가 말했다. "그러면 나가서 병사들과 함께 있도록 해라. 여기 있다가는 내가 자살하는 것을 도와주었다고 오해를 받아 죽임을 당할지도 모르니까 말이야."

오토는 그를 내보낸 다음, 두 손으로 칼을 곧게 세우고 그 위에 쓰러졌다. 그는 신음소리 한 번 내지 않고 그대로 숨이 끊어졌다. 문 밖에 서 있던 사람들도 몰랐을 정도였다.

그가 자살한 것을 발견한 시종들은 목놓아 통곡을 했다. 그리고 황제의 죽음을 알게 된 병사들과 시민들도 슬픔에 잠겼다. 병사들은 침실로 달려와, 황제를 좀 더 잘 지켜서 자살을 막았어야 했다며 뼈저린 후회를 했다. 그리고 근위병들도 적군이 가까이 다가오는 것을 보고도 아무도 달아나지 않고 모두 황제의 시체를 지켰다.

그들은 황제의 시체를 화장하기 위해 나무를 높이 쌓고는 황제의 관을 모셔왔다. 황제의 유해를 옮겼던 사람들은 누구나 다 그 일을 큰 영광으로 생각했다. 또한 사람들은 황제의 몸에 입을 맞추기도 하고 손을 잡아 보기도 했으며, 그것조차 할 수 없었던 사람은 관이 지나가는 길 옆에 엎드려서 통곡을 했다.

나무에 불을 붙였을 때는 병사들 중에서 자살을 하는 사람도 있었다. 그들은 특별히 오토의 은혜를 받은 일도 없었으며, 적에게 죽임을 당할까봐 두려워서 그런 것도 아니었다. 세상의 어떤 왕도 이들이 오토를 섬기고 그의 다스림을 원한 것만큼 절대적인 존경과 충성을 받지는 못했을 것이다. 왜냐하면 그들의 불타는 충성심은 오토의 죽음과 함께 사라져 버린 것이 아니라 가슴속에 깊숙이 새겨져 비텔리우스에 대한 미움으로까지 이어졌기 때문이다.

오토의 장례가 끝나자 사람들은 기념비를 세웠다. 나도 브릭실룸에 갔을 때 그 소박한 기념비와 거기에 새겨진 글을 읽은 일이 있는데, 거기에는 단지 이렇게만 새겨져 있었다.

"마르쿠스 오토를 기억하며 이 기념비를 바친다."

오토는 황제에 오른 지 석달 만에 38살의 나이로 이 세상을 떠났다. 많은 사람들은 그의 삶을 비난하지만, 그의 죽음은 존경하지 않을 수 없다. 살아 있는 동안에는 네로와 다를 것이 없었지만, 그의 죽음은 너무나 고귀한 것이었기 때문이다.

그가 죽고 난 뒤, 두 명의 근위대장 중 하나였던 폴리오는 비텔리우스에게 충성을 바치자고 말했다가 병사들에게 엄청난 미움을 받았다. 병사들은 그때까지 브릭실룸에 남아 있던 원로원 의원들도 로마로 돌아갈 수 있게 해주었다. 그러나 병사들은 비르기니우스 루푸스만은 돌아가지 못하게 막고서, 무장을 갖추고 나와서 제국의 황제의 자리에 오르거나, 아니면 대표로 적군을 찾아가 평화를 맺게 해 달라고 요청했다.

그는 전쟁에서 이겼을 때도 황제의 자리를 거절했는데 싸움에서 패배한 지금 그들의 요청을 받아들인다는 것은 우스꽝스러운 일이라고 생각했다. 또 평화를 맺기 위해 적군을 찾아가고 싶은 생각도 없었다. 예전에 그가 이 게르마니아 부대에게 원하지 않는 일을 여러 번 시킨 적이 있었기 때문이었다. 비르기니우스는 이러한 이유 때문에 병사들을 피해 자기 집 뒷문으로 빠져나가 자취를 감추었다. 이것을 알게 된 병사들은 곧 비텔리우스를 새 황제로 앉히고 충성을 맹세했다.

현대지성 클래식 7

플루타르코스 영웅전 전집 Ⅱ

1판 1쇄 발행 2000년 10월 5일
2판 1쇄 발행 2016년 4월 6일
2판 7쇄 발행 2024년 7월 1일

지은이 플루타르코스
옮긴이 이성규
발행인 박명곤 **CEO** 박지성 **CFO** 김영은
기획편집1팀 채대광, 김준원, 이승미, 이상지
기획편집2팀 박일귀, 이은빈, 강민형, 이지은, 박고은
디자인팀 구경표, 구혜민, 임지선
마케팅팀 임우열, 김은지, 전상미, 이호, 최고은

펴낸곳 (주)현대지성
출판등록 제406-2014-000124호
전화 070-7791-2136 **팩스** 0303-3444-2136
주소 서울시 강서구 마곡중앙6로 40, 장흥빌딩 10층
홈페이지 www.hdjisung.com **이메일** support@hdjisung.com
제작처 영신사

ⓒ 현대지성 2016

"Curious and Creative people make Inspiring Contents"
현대지성은 여러분의 의견 하나하나를 소중히 받고 있습니다.
원고 투고, 오탈자 제보, 제휴 제안은 support@hdjisung.com으로 보내 주세요.

현대지성 홈페이지

"인류의 지혜에서 내일의 길을 찾다"
현대지성 클래식

현대지성 클래식 살펴보기